Wirtschaftsbürger-Taschenbuch

Wirtschaftliches und rechtliches Grundwissen

von
Prof. Dr. Dr. h.c. Hermann May
unter Mitarbeit von
Dipl.-Hdl. Ulla May

8., völlig überarbeitete, aktualisierte und erweiterte Auflage

Oldenbourg Verlag München

Bibliografische Information der Deutschen Nationalbibliothek

Die Deutsche Nationalbibliothek verzeichnet diese Publikation in der Deutschen Nationalbibliografie; detaillierte bibliografische Daten sind im Internet über <http://dnb.d-nb.de> abrufbar.

© 2009 Oldenbourg Wissenschaftsverlag GmbH
Rosenheimer Straße 145, D-81671 München
Telefon: (089) 45051-0
oldenbourg.de

Das Werk einschließlich aller Abbildungen ist urheberrechtlich geschützt. Jede Verwertung außerhalb der Grenzen des Urheberrechtsgesetzes ist ohne Zustimmung des Verlages unzulässig und strafbar. Das gilt insbesondere für Vervielfältigungen, Übersetzungen, Mikroverfilmungen und die Einspeicherung und Bearbeitung in elektronischen Systemen.

Lektorat: Lektorat: Wirtschafts- und Sozialwissenschaften, wiso@oldenbourg.de
Herstellung: Anna Grosser
Coverentwurf: Kochan & Partner, München
Gedruckt auf säure- und chlorfreiem Papier
Druck: Tutte Druckerei GmbH, Salzweg
Bindung: Thomas Buchbinderei GmbH, Augsburg

ISBN 978-3-486-58840-8

Inhaltsverzeichnis

Vorwort		XIII
Abkürzungsverzeichnis		XV

I	**Wirtschaftliche Grundbegriffe und Grundtatbestände**	1
1	Bedürfnisse – Bedarf – Nachfrage	3
2	Güter	4
3	Knappheit – Wert	5
4	Wirtschaftliches Handeln – Ökonomisches Prinzip	5
5	Produktion	7
5.1	Produktionsfaktoren	7
5.2	Kombination und Ersetzung (Substitution) der Produktionsfaktoren	7
5.3	Gesetz der Massenproduktion	8
6	Arbeitsteilung	8
7	Wirtschaftskreislauf	9

II	**Konsum**	13
1	**Die privaten Haushalte als Nachfrager von Konsumgütern**	15
2	**Verbraucherpolitik in der Bundesrepublik Deutschland**	17
2.1	Ziele der Verbraucherpolitik	17
2.2	Träger der Verbraucherpolitik	18
2.3	Instrumente der Verbraucherpolitik	19
2.4	Kontaktadressen in Verbraucherfragen	21
2.4.1	Allgemeine Beratungsstellen	21
2.4.2	Spezielle Beratungsstellen	22
2.4.3	Schlichtungs-, Gutachter- und Schiedsstellen	22
2.4.4	Schuldnerberatung	26
3	**Verbraucherrecht**	27
3.1	Allgemeine rechtliche Grundlagen	27
3.1.1	Geschäftsfähigkeit	27
3.1.2	Der Kaufmann (im Sinne des HGB)	27
3.1.3	Stellvertreter des Kaufmanns	29
3.1.4	Juristische Personen und Personenvereinigungen	30
3.1.5	Unternehmungsformen	31
3.1.5.1	Die Einzelunternehmung	32
3.1.5.2	Die Gesellschaftsunternehmung	32
3.1.5.2.1	Personengesellschaften	32
3.1.5.2.1.1	Die offene Handelsgesellschaft (oHG)	32
3.1.5.2.1.2	Die Kommanditgesellschaft (KG)	33
3.1.5.2.1.3	Die stille Gesellschaft	33
3.1.5.2.2	Kapitalgesellschaften	34
3.1.5.2.2.1	Die Aktiengesellschaft (AG)	34
3.1.5.2.2.2	Europäische Aktiengesellschaft (Societas Europaea, SE)	36

Inhaltsverzeichnis

3.1.6.2.2.3	Die Kommanditgesellschaft auf Aktien (KGaA)	36
3.1.5.2.2.4	Die Gesellschaft mit beschränkter Haftung (GmbH) und die Unternehmergesellschaft (UG)	36
3.1.5.2.2.5	Limited Company (Ltd.)	37
3.1.5.2.3	Gesellschaften besonderer Art	37
3.1.5.2.3.1	Die Genossenschaft (eG) und die Europäische Genossenschaft (Societas Cooperativa Europaea, SCE)	37
3.1.5.2.3.2	Der Versicherungsverein auf Gegenseitigkeit (VVaG)	38
3.1.6	Unternehmungszusammenschlüsse	39
3.1.7	Besitz und Eigentum	41
3.1.7.1	Der Besitz	41
3.1.7.2	Das Eigentum	42
3.1.8	Rechtsgeschäfte	45
3.1.8.1	Arten von Rechtsgeschäften	45
3.1.8.2	Form der Rechtsgeschäfte	45
3.1.8.3	Wirksamwerden der Willenserklärung	46
3.1.8.4	Vertragsabschluß	46
3.1.8.5	Nichtigkeit von Willenserklärungen und Rechtsgeschäften	47
3.1.8.6	Anfechtung von Rechtsgeschäften	47
3.1.8.7	Vertragserfüllung	48
3.1.8.7.1	Erfüllungsort	49
3.1.8.7.2	Gerichtsstand	49
3.1.8.7.3	Gefahrübergang	50
3.1.8.7.4	Übernahme der Versand- und Zahlungskosten	50
3.1.8.8	Verjährung	51
3.1.8.9	Abtretung von Forderungen (Zession)	55
3.1.8.10	Schuldübernahme	55
3.1.8.11	Erlöschen der Schuldverhältnisse	55
3.2	Rechtsgeschäfte des Alltags	55
3.2.1	Kaufvertrag	57
3.2.1.1	Haustürgeschäfte	63
3.2.1.2	Fernabsatzverträge	63
3.2.1.3	Ratenlieferungsverträge	65
3.2.1.4	Teilzahlungsgeschäfte	66
3.2.1.5	Auktion/Internetauktion	67
3.2.1.6	Tausch	67
3.2.2	Schenkung	67
3.2.3	Dienst- und Werkvertrag	67
3.2.3.1	Reparaturvertrag	71
3.2.3.2	Architektenvertrag	75
3.2.3.3	Arztvertrag	76
3.2.3.3.1	Behandlungs- und Krankenhausvertrag	76
3.2.3.3.2	Das Arzthaftungsrecht	77
3.2.3.4	Reisevertrag	80
3.2.4	Miete	83
3.2.4.1	Allgemeine Regelungen	83
3.2.4.2	Sonderprobleme der Wohnungsmiete	84

Inhaltsverzeichnis

3.2.5	Leasing	109
3.2.6	Pacht	112
3.2.7	Leihe	113
3.2.8	Produkthaftung	113
3.2.9	Darlehen	116
3.2.9.1	Sachdarlehen	116
3.2.9.2	Verbraucherdarlehen	117
3.2.9.3	Baufinanzierung	118
3.3	Kreditsicherungen	120
3.3.1	Bürgschaft	120
3.3.2	Forderungsabtretung (Zession)	121
3.3.3	Sicherungsübereignung	122
3.3.4	Grundpfandrechte	123
3.3.4.1	Hypothek	123
3.3.4.2	Grundschuld	124
3.3.5	Wechsel	125
3.4	Zahlungsverkehr	127
3.4.1	Girokonto	128
3.4.2	Überweisung	129
3.4.3	Scheck	132
3.4.4	Bankcard ec (ec-Karte)	134
3.4.5	Kreditkarte	135
3.5	Mahnverfahren, Klageverfahren, Zwangsvollstreckung	135
3.6	Insolvenzverfahren	141
4	**Markt und Preis**	**144**
4.1	Marktformen	145
4.2	Marktmodelle	145
4.3	Marktrealität	147
4.4	Wettbewerbsbeschränkungen	148
4.5	Wirtschaftliche Wirkungen der Unternehmenskonzentration	149
4.6	Unternehmenskonzentration und Wettbewerbspolitik	150
4.7	Unerlaubter Wettbewerb	152
4.8	Staatliche Preispolitik	152
4.9	Kalkulierter Preis und Marktpreis	153
5	**Sparen ist Konsumverzicht**	**155**
5.1	Kontensparen	156
5.2	Sparbriefe und Sparschuldverschreibungen	158
5.3	Wertpapiersparen	159
5.3.1	Festverzinsliche Wertpapiere	160
5.3.1.1	Festverzinsliche Wertpapiere inländischer Emittenten	160
5.3.1.1.1	Anleihen der öffentlichen Hand	160
5.3.1.1.2	Industrieobligationen	162
5.3.1.1.3	Bankschuldverschreibungen	162
5.3.1.1.4	Wandelschuldverschreibungen, Optionsanleihen und Gewinnschuldverschreibungen	162
5.3.1.2	Anleihen ausländischer Emittenten	163
5.3.2	Aktien	163

5.3.3	Investmentzertifikate	164
6	**Private Versicherungen (Individualversicherungen)**	**165**
6.1	Allgemeine Rechtsgrundlagen	166
6.2	Sachversicherungen	168
6.2.1	Hausrat- und Wohngebäudeversicherung	168
6.2.2	Reisegepäckversicherung	170
6.2.3	Kraftfahrtversicherung	173
6.3	Personenversicherungen	176
6.3.1	Lebensversicherung	176
6.3.2	Unfallversicherung	178
6.3.3	Krankenversicherung	180
6.4	Haftpflichtversicherung	182
6.5	Rechtsschutzversicherung	183
7	**Eheliches Güterrecht**	**184**
8	**Erbrecht**	**185**
8.1	Das Testament	186
8.2	Der Erbvertrag	187
8.3	Der Pflichtteil	187
8.4	Die gesetzliche Erbfolge	187
8.5	Vor- und Nacherbfolge	188
8.6	Das Vermächtnis	188
8.7	Die Auflage	188
III	**Arbeit**	**185**
1	**Mensch und Arbeit**	**193**
2	**Arbeit und Produktion**	**193**
2.1	Der Produktionsprozeß	196
2.1.1	Die Minimalkostenkombination	196
2.1.2	Produktionsfunktionen	197
2.1.2.1	Die Produktionsfunktion vom Typ A	198
2.1.2.2	Die Produktionsfunktion vom Typ B	199
2.2	Produktionskosten	200
2.2.1	Die Kostenfunktion zur Produktionsfunktion vom Typ A	200
2.2.2	Die Kostenfunktion zur Produktionsfunktion vom Typ B	201
3	**Arbeitsbewertung**	**204**
4	**Die Entlohnung der Arbeit**	**210**
4.1	Theoretische Grundlagen der Einkommensverteilung	210
4.2	Der Arbeitsmarkt	213
4.3	Die Arbeitsmarktparteien	213
4.3.1	Gewerkschaften	213
4.3.2	Arbeitgeberverbände	215
4.4	Lohnfindung als Verhandlungsprozeß	215
4.5	Entlohnungsformen (Lohnformen)	216
4.6	Entgeltschutz und Lohnzahlung	218
5	**Arbeitsrecht**	**220**
5.1	Aufgaben, Inhalt und Geltungsbereich	220

Inhaltsverzeichnis

5.2	Individuelles Arbeitsrecht (Arbeitsvertragsrecht)	223
5.2.1	Pflichten des Arbeitnehmers aus dem Arbeitsvertrag	224
5.2.2	Verletzung der Arbeitnehmerpflichten	231
5.2.3	Pflichten des Arbeitgebers aus dem Arbeitsvertrag	233
5.2.4	Verletzung der Arbeitgeberpflichten	244
5.2.5	Beendigung des Arbeitsverhältnisses	245
5.2.5.1	Aufhebungsvertrag	245
5.2.5.2	Kündigung	246
5.2.5.2.1	Ordentliche Kündigung	248
5.2.5.2.2	Außerordentliche (fristlose) Kündigung	250
5.2.5.3	Anhörung des Betriebsrates und Sprecherausschusses bei der Kündigung	251
5.2.5.4	Kündigungsschutz	253
5.2.5.4.1	Allgemeiner Kündigungsschutz	253
5.2.5.4.2	Besonderer Kündigungsschutz	256
5.2.5.4.3	Kündigunsschutz bei Massenentlassungen	260
5.2.5.5	Pflichten des Arbeitgebers nach der Kündigung/bei Beendigung des Arbeitsverhältnisses	261
5.2.5.6	Pflichten des Arbeitnehmers nach der Kündigung/bei Beendigung des Arbeitsverhältnisses	263
5.2.5.7	Verjährung, Verwirkung, Ausschlußfristen von Ansprüchen aus Arbeitsverhältnis	264
5.2.6	Sonderformen des Arbeitsvertrages	265
5.2.6.1	Berufsausbildungsverhältnis	265
5.2.6.1.1	Pflichten des Ausbildenden	267
5.2.6.1.2	Pflichten des Auszubildenden	269
5.2.6.1.3	Beendigung des Ausbildungsverhältnisses	269
5.2.6.2	Teilzeitarbeitsverhältnis	270
5.2.6.3	Geringfügiges Beschäftigungsverhältnis und Beschäftigung in der Gleitzone	273
5.2.6.4	Arbeitnehmerüberlassung (Leiharbeitsverhältnis)	274
5.2.7	Betriebliche Altersversorgung	276
5.2.8	Förderung der Vermögensbildung der Arbeitnehmer	279
5.3	Kollektives Arbeitsrecht	282
5.3.1	Tarifverträge	282
5.3.1.1	Schlichtungsrecht	287
5.3.1.2	Arbeitskampfrecht	288
5.3.1.2.1	Streik	288
5.3.1.2.2	Aussperrung	290
5.3.1.2.3	Die soziale Sicherung bei Arbeitskämpfen	290
5.3.2	Betriebsverfassung	291
5.3.2.1	Geltungsbereich	292
5.3.2.2	Institutionen	295
5.3.2.2.1	Betriebsrat	296
5.3.2.2.2	Sonstige betriebsverfassungsrechtliche Institutionen	301
5.3.2.3	Mitwirkung und Mitbestimmung der Arbeitnehmer	307
5.3.2.3.1	Beteiligungsrechte des Arbeitnehmers	308

5.3.2.3.2	Beteiligungsrechte des Betriebsrates	309
5.3.2.3.2.1	Mitwirkung und Mitbestimmung in sozialen Angelegenheiten	310
5.3.2.3.2.2	Mitwirkung und Mitbestimmung in personellen Angelegenheiten	315
5.3.2.3.2.3	Mitwirkung und Mitbestimmung in wirtschaftlichen Angelegenheiten	318
5.3.2.3.2.4	Mitwirkung und Mitbestimmung bei der Gestaltung von Arbeitsplatz, Arbeitsablauf und Arbeitsumgebung	320
5.3.3	Unternehmensmitbestimmung	321
5.3.3.1	Mitbestimmungsgesetz 1976	321
5.3.3.2	Gesetz über die Drittelbeteiligung der Arbeitnehmer im Aufsichtsrat	324
5.3.3.3	Montan-Mitbestimmungsgesetz 1951	326
5.3.3.4	Montan-Mitbestimmungsänderungsgesetz 1956	328
5.3.4	Regelungen zur Mitbestimmung in der Europäischen Union	329
5.4	Arbeitsschutzrecht	330
5.4.1	Sozialer Arbeitsschutz	331
5.4.2	Technischer Arbeitsschutz	343
5.5	Arbeitsgerichtsbarkeit	348
6	**Die soziale Sicherung des Arbeitnehmers**	351
6.1	Krankenversicherung	354
6.2	Unfallversicherung	356
6.3	Rentenversicherung	357
6.4	Arbeitslosenversicherung	364
6.5	Arbeitslosengeld II und Sozialgeld	365
6.6	Pflegeversicherung	366
6.7	Sozialgerichtsbarkeit	367
7	**Arbeit und Qualifikation**	368
7.1	Technischer Wandel und Qualifikation	368
7.2	Aus- und Weiterbildung	370
8	**Beruf, Berufswahl und Berufswahlvorbereitung**	371
9	**Humanisierung der Arbeit**	374
9.1	Industriearbeit und Humanität	374
9.2	Schwerpunkte im Aktionsbereich „Humanisierung der Arbeitswelt"	375
9.2.1	Arbeitsbedingungen	376
9.2.2	Arbeitsstrukturierung	376

IV	**Gesellschaft**	381
1	**Die Ordnung der Wirtschaft**	383
1.1	Wirtschaft – Gesellschaft – Staat	383
1.2	Wirtschaftssysteme	384
1.2.1	Allgemeine Strukturelemente eines Wirtschaftssystems	384
1.2.2	Das marktwirtschaftliche System	385
1.2.3	Das zentralverwaltungswirtschaftliche System	389
1.3	Wirtschaftsordnungen	391

Inhaltsverzeichnis

1.3.1	Die Sozialistische Planwirtschaft der ehemaligen Deutschen Demokratischen Republik	392
1.3.1.1	Ausgangslage und konzeptionelle Grundlagen	392
1.3.1.2	Aufbau und Entwicklung seit 1952	393
1.3.1.3	Die außenwirtschaftliche Integration	397
1.3.1.4	Rückblick	398
1.3.2	Die Soziale Marktwirtschaft der Bundesrepublik Deutschland	400
1.3.2.1	Ursprünge und Konzeption	400
1.3.2.2	Aufbau und Entwicklung seit 1948	402
1.3.2.3	Die handelspolitische Integration	412
1.3.2.4	Rück- und Ausblick	417
1.3.2.5	Die Konvergenzthese – ein Irrtum!	419
1.3.2.6	Die Wirtschaft im Verständnis der bundesdeutschen Parteien und Verbände	421
2	**Wirtschaftspolitik in der Sozialen Marktwirtschaft der Bundesrepublik Deutschland**	434
2.1	Ziele der Wirtschaftspolitik (wirtschaftspolitische Ziele)	436
2.2	Träger der Wirtschaftspolitik	441
2.3	Instrumente der Wirtschaftspolitik	443
2.3.1	Traditionelle Instrumente der Wirtschaftspolitik	443
2.3.1.1	Wettbewerbspolitik	443
2.3.1.1.1	Allgemeine, konzeptionelle und rechtliche Grundlagen der Wettbewerbspolitik	442
2.3.1.1.2	Träger der Wettbewerbspolitik	446
2.3.1.1.3	Instrumente der Wettbewerbspolitik	446
2.3.1.1.4	Ungelöste Probleme der Wettbewerbspolitik	450
2.3.1.2	Stabilitätspolitik	450
2.3.1.2.1	Konzepte der Stabilitätspolitik	453
2.3.1.2.1.1	Die Konzeption der nachfrageorientierten Stabilitätspolitik	453
2.3.1.2.1.2	Die Konzeption der angebotsorientierten Stabilitätspolitik	454
2.3.1.2.1.3	Die Stabilitätspolitik in der Bundesrepublik Deutschland	456
2.3.1.2.1.4	Chancen und Risiken der bundesdeutschen Stabilitätspolitik	461
2.3.1.3	Sozialpolitik	461
2.3.1.3.1	Ziele, Bereiche und Maßnahmen staatlicher Sozialpolitik	462
2.3.1.3.2	Sozialpolitik als Umverteilungspolitik	464
2.3.1.3.3	Träger der Sozialpolitik	465
2.3.1.3.4	Grenzen staatlicher Sozialpolitik	466
2.3.1.4	Außenwirtschaftspolitik	467
2.3.1.4.1	Handelspolitik	468
2.3.1.4.2	Währungspolitik	471
2.3.1.4.3	Entwicklungspolitik	473
2.3.2	Neuere Instrumente der Wirtschaftspolitik	479
2.3.2.1	Sektorale Strukturpolitik	479
2.3.2.1.1	Strukturwandel und Strukturprobleme in der Bundesrepublik Deutschland	479
2.3.2.1.2	Ziele, Instrumente und Träger der sektoralen Strukturpolitik	481

Inhaltsverzeichnis

2.3.2.1.3	Bisherige Erkenntnisse und Schlußfolgerungen	482
2.3.2.2	Umweltpolitik	483
2.3.2.2.1	Ziele und Instrumente der Umweltpolitik	483
2.3.2.2.2	Ökonomie und Ökologie	486
2.3.2.2.3	Bilanz und Schlußfolgerungen	487
2.3.2.3	Bildungspolitik	490
2.3.2.3.1	Bildungspolitik und Bildungsökonomie	490
2.3.2.3.2	Berufliche Bildung als Schwerpunkt der Bildungspolitik	490
2.3.2.3.3	Die marktwirtschaftliche Herausforderung in der Weiterbildung	493
2.3.3	Sonstige Instrumente der Wirtschaftspolitik	493
2.3.3.1	Geldpolitik	494
2.3.3.2	Beschäftigungspolitik	499
2.3.3.2.1	Die keynesianische Beschäftigungspolitik	499
2.3.3.2.2	Die neoklassische Beschäftigungspolitik	500
3	**Finanzen und Steuern**	502
3.1	Einnahmen und Ausgaben des Staates	502
3.2	Steuerarten	503
3.3	Steuerverfahren	504
3.4	Einzelne Steuern	505
3.4.1	Einkommensteuer	505
3.4.2	Lohnsteuer	509
3.4.3	Abgeltungsteuer	512
3.4.4	Körperschaftsteuer	513
3.4.5	Erbschaft- und Schenkungsteuer	514
3.4.6	Gewerbesteuer	516
3.4.7	Grundsteuer	517
3.4.8	Umsatzsteuer	518
3.4.9	Grunderwerbsteuer	520
3.4.10	Kraftfahrzeugsteuer	520
3.5	Der Rechtsbehelf in Steuersachen	521
3.6	Die Vollstreckung im Steuerrecht	521
4	**Volkswirtschaftliche Gesamtrechnung**	522

Stichwortverzeichnis 529

Vorwort

Das hier vorliegende Taschenbuch folgt der Absicht, dem heute in einer weitgehend rechtlich normierten Wirtschaftsgesellschaft oft überforderten Bürger eine Handreichung zur Bewältigung der wirtschaftlichen Alltagsprobleme zu geben. Der Alltag erfaßt ihn nämlich unabweisbar in drei existentiellen Bereichen: dem Konsum, der Arbeit und der demokratischen gesellschaftlichen Teilhabe.

Als **Konsument** ist jeder vor die Aufgabe gestellt, mit seinen begrenzten finanziellen Mitteln möglichst viele Bedürfnisse zu befriedigen. Die mit dem Erwerb von Gütern und Dienstleistungen notwendigerweise einzugehenden Rechtsbeziehungen sind häufig hoch differenziert und nur schwer erfaßbar. Wer jedoch im Dschungel dieser Rechtsbeziehungen bestehen möchte, muß sie kennen und durchschauen.

Als **Arbeitender** begibt sich jeder (direkt oder indirekt) in eine Welt komplexer technischer, wirtschaftlicher und rechtlicher Beziehungen. Ohne Einblick in die ökonomisch-technischen Grundstrukturen moderner Arbeitssysteme ist arbeiten nicht mehr sinnvoll. Ohne umfassende Kenntnis unserer Rechte und Pflichten als Mitglied eines solchen Systems laufen wir Gefahr, unsere Interessen zu verfehlen.

Als Bürger einer vorrangig von der Wirtschaft getragenen **Gesellschaft** ist jeder gefordert, den Staat in seinen wirtschafts- und sozialpolitischen Aktivitäten kritisch zu beurteilen und danach seine (Wähler-)Stimme abzugeben. Ein solches Verhalten erfordert ein entsprechendes Wissen über die wirtschaftspolitischen Grundprobleme und -tatbestände und die Möglichkeiten ihrer Begegnung.

Das (Grund-)Wissen zur Bewältigung der wirtschaftlichen Alltagsprobleme in den aufgezeigten Bereichen wird hier in leicht verständlicher Weise dargelegt und über rund 2500 Stichwörter mit einer Vielzahl von Querverweisen (→) zugänglich gemacht.

Heidelberg, im Januar 1994   Hermann May

Gesetzliche Sonderbestimmungen für die neuen Bundesländer wurden nur insoweit erfaßt, als es sich nicht um kurzfristige Übergangsregelungen handelt.

Vorwort zur dritten Auflage

Die Vielzahl der seit dem Erscheinen dieses Buches den Wirtschaftsbürger angehenden Veränderungen und Fortentwicklungen veranlaßten mich zu einer umfassenden Aktualisierung in der hier vorliegenden 3. Auflage.

Heidelberg, im Oktober 1997   Hermann May

Vorwort zur sechsten Auflage

Der anhaltende Veränderungsprozeß in vielen Bereichen unserer Wirtschaft und Gesellschaft macht wiederum nach relativ kurzer Zeit eine weitere Überarbeitung und Aktualisierung dieses Buches notwendig.

Heidelberg, im Dezember 2003　　　　　　　　　　　　　　　　　Hermann May

Vorwort zur achten Auflage

Die Unstetigkeit unserer Wirtschafts- und Gesellschaftsordnung mit ihren entsprechenden Niederschlägen im Recht sowie eine Vielzahl dem ökonomischen Fortschritt folgender Konsequenzen und Veränderungen machen eine abermalige Überarbeitung und Aktualisierung dieses Buches erforderlich.

Heidelberg, im November 2008　　　　　　　　　　　　　　　　　Hermann May

Abkürzungen

ABM	Arbeitsbeschaffungsmaßnahmen
Abs.	Absatz
AERB	Allgemeine Bedingungen für die Versicherung gegen Schäden durch Einbruchdiebstahl und Raub
AFG	Arbeitsförderungsgesetz
AFRG	Arbeitsförderungs-Reformgesetz
AG	Aktiengesellschaft
AGB	Allgemeine Geschäftsbedingungen
AGB-G	Gesetz zur Regelung der allgemeinen Geschäftsbedingungen
AgV	Arbeitsgemeinschaft der Verbraucher e.V.
AHB	Allgemeine Versicherungsbedingungen für die Haftpflichtversicherung
AktG	Aktiengesetz
ALB	Allgemeine Lebensversicherungsbedingungen
AO	Abgabenordnung
AR	Aufsichtsrat
ARB	Allgemeine Bedingungen für die Rechtsschutzversicherung
ArbGG	Arbeitsgerichtsgesetz
ArbPSchG	Arbeitsplatzschutzgesetz
ArbZG	Arbeitszeitgesetz
Art.	Artikel
AUB	Allgemeine Unfallversicherungsbedingungen
AÜG	Gesetz zur gewerbsmäßigen Arbeitnehmerüberlassung (Arbeitnehmerüberlassungsgesetz)
AVB	Allgemeine und Besondere Versicherungsbedingungen
AVBR	Allgemeine Bedingungen für die Versicherung von Reisegepäck
AWG	Außenwirtschaftsgesetz
AWV	Außenwirtschaftsverordnung
AZ	Aktenzeichen
AZO	Arbeitszeitordnung
AZR	Aktenzeichen für Revisionen des BAG
BA	Bundesagentur für Arbeit
BäckArbZG	Gesetz über die Arbeitszeit in Bäckereien und Konditoreien
BAföG	Bundesausbildungsförderungsgesetz
BAG	Bundesarbeitsgericht
BAV	Bundesaufsichtsamt für das Versicherungswesen
BAVAZ	Bedarfsorientierte variable Arbeitszeit
BBiG	Berufsbildungsgesetz
BDA	Bundesvereinigung der Deutschen Arbeitgeberverbände
BDSG	Bundesdatenschutzgesetz
BErzG	Bundeserziehungsgesetz
BErzGG	Bundeserziehungsgeldgesetz
BeschFG	Beschäftigungsförderungsgesetz
BetrAVG	Gesetz zur Verbesserung der betrieblichen Altersversorgung

Abkürzungen

BetrVG	Betriebsverfassungsgesetz
BGB	Bürgerliches Gesetzbuch
BGH	Bundesgerichtshof
BIP	Bruttoinlandsprodukt
BIZ	Bank für Internationalen Zahlungsausgleich
BMZ	Bundesministerium für wirtschaftliche Zusammenarbeit
BPersVG	Bundespersonalvertretungsgesetz
BSP	Bruttosozialprodukt
bspw.	beispielsweise
BUrlG	Bundesurlaubsgesetz
bzw.	beziehungsweise
CDU	Christlich-Demokratische Union
COMECON	Council for Mutual Economic Assistance (Rat für gegenseitige Wirtschaftshilfe)
CSU	Christlich-Soziale Union
DAC	Development Assistance Commitee
DAG	Deutsche Angestellten-Gewerkschaft
DDR	Deutsche Demokratische Republik
DGB	Deutscher Gewerkschaftsbund
d. h.	das heißt
d. i.	das ist
DIN	Deutsche Industrie-Norm (Verbandszeichen des Deutschen Normenausschusses)
DM	Deutsche Mark
d. s.	das sind
ec	Eurocheque
ECE	Wirtschaftskommission der Vereinten Nationen für Europa (Economic Commission for Europe)
ECOFIN	Rat der EG-/EU-Wirtschafts- und Finanzminister
EEA	Einheitliche Europäische Akte
EFTA	Europäische Freihandelsassoziation (European Free Trade Association)
EntgFzG	Entgeltfortzahlungsgesetz
eG	eingetragene Genossenschaft
EG	Europäische Gemeinschaft(en)
EG BGB	Einführungsgesetz zum Bürgerlichen Gesetzbuch
EGKS	Europäische Gemeinschaft für Kohle und Stahl
EGV	EG-Vertrag
ErbbRVO	Erbbaurechtsverordnung
ErbStG	Erbschaft- und Schenkungsteuergesetz
ERP	Marshall-Plan-Hilfe (European Recovery Program)
EStDV	Einkommensteuer-Durchführungsverordnung
EStG	Einkommensteuergesetz
EStR	Einkommensteuer-Richtlinien

ESVG	Europäisches System Volkswirtschaftlicher Gesamtrechnungen
EU	Europäische Union
EuGH	Europäischer Gerichtshof
EUR	Euro
EURATOM	Europäische Atomgemeinschaft
etc.	et cetera (und so weiter)
e. V.	eingetragener Verein
EWG	Europäische Wirtschaftsgemeinschaft
EWI	Europäisches Währungsinstitut
EWR	Europäischer Wirtschaftsraum
EWS	Europäisches Währungssystem
EZB	Europäische Zentralbank
EZBS	Europäisches Zentralbanksystem
f.	folgende(r)
ff.	folgende
FDP	Freie Demokratische Partei
FGO	Finanzgerichtsordnung
GATT	Allgemeines Zoll- und Handelsabkommen (General Agreement on Tariffs and Trade)
GEMA	Gesellschaft für musikalische Aufführungs- und mechanische Vervielfältigungsrechte
GenG	Genossenschaftsgesetz
GewO	Gewerbeordnung
GewStG	Gewerbesteuergesetz
GG	Grundgesetz
GmbH	Gesellschaft mit beschränkter Haftung
GmbHG	GmbH-Gesetz
GOÄ	Gebührenordnung für Ärzte
GOZ	Gebührenordnung für Zahnärzte
GrStG	Grundsteuergesetz
GWB	Gesetz gegen Wettbewerbsbeschränkungen (Kartellgesetz)
HandwO	Handwerksordnung
HGB	Handelsgesetzbuch
HV	Hauptversammlung
IBRD	Weltbank (International Bank for Reconstruction and Development)
i. d. R.	in der Regel
i. e. S.	im engeren Sinne
IG	Interessengemeinschaft
IG	Industriegewerkschaft
insb.	insbesondere
InsO	Insolvenzordnung
i. Verb. m.	in Verbindung mit

Abkürzungen

IWF	Internationaler Währungsfonds (Weltwährungsfonds, International Monetary Fund)
JArbSchG	Jugendarbeitsschutzgesetz
Jg.	Jahrgang
KAGG	Gesetz über die Kapitalanlagegesellschaft
KAPOVAZ	Kapazitätsorientierte variable Arbeitszeit
KAW	Konzertierte Aktion Weiterbildung
KfW	Kreditanstalt für Wiederaufbau
Kfz	Kraftfahrzeug
kg	Kilogramm
KG	Kommanditgesellschaft
KGaA	Kommanditgesellschaft auf Aktien
KraftStG	Kraftfahrzeugsteuergesetz
KSchG	Kündigungsschutzgesetz
KStG	Körperschaftsteuergesetz
KW	Kilowatt
KWG	Kreditwesengesetz
LadschlG	Ladenschlußgesetz
LohnFG	Lohnfortzahlungsgesetz
LPG	Landwirtschaftliche Produktionsgenossenschaft
LZB	Landeszentralbank
m	Meter
MHRG	Gesetz zur Regelung der Miethöhe
MitbestG	Mitbestimmungsgesetz
Mrd.	Milliarde(n)
MuSchG	Mutterschutzgesetz
n. F.	neue Fassung
NJW	Neue Juristische Wochenschrift
NÖS	Neues Ökonomisches System
NÖSPL	Neues Ökonomisches System der Planung und Leitung der Volkswirtschaft
Nr.	Nummer
NSDAP	Nationalsozialistische Deutsche Arbeiterpartei
OECD	Organisation für wirtschaftliche Zusammenarbeit und Entwicklung (Organization for Economic Cooperation and Development)
OEEC	Organisation für europäische wirtschaftliche Zusammenarbeit (Organization for European Economic Cooperation)
ÖSS	Ökonomisches System des Sozialismus
oHG	offene Handelsgesellschaft
OLG	Oberlandesgericht

Abkürzungen

PDS	Partei des Demokratischen Sozialismus
PflVG	Pflichtversicherungsgesetz
PGH	Produktionsgenossenschaft des Handwerks
PKW	Personenkraftwagen
ProdHaftG	Produkthaftungsgesetz
rd.	rund
RE	Rechnungseinheiten
REFA	Reichsausschuß für Arbeitszeitermittlung (ursprünglich); heute: Verband für Arbeitsstudien und Betriebsorganisation e.v.
RGW	Rat für Gegenseitige Wirtschaftshilfe (COMECON)
RVO	Reichsversicherungsordnung
SCE	Societas Cooperativa Europaea (Europäische Genossenschaft)
Schufa	Schutzgemeinschaft für allgemeine Kreditsicherung e.V.
SchwbG	Schwerbehindertengesetz
SDR	Special Drawing Rights
SE	Societas Europaea (Europäische Aktiengesellschaft)
SED	Sozialistische Einheitspartei Deutschlands
SGB	Sozialgesetzbuch
SGG	Sozialgerichtsgesetz
SGN 79a	Sonderbedingungen für die Gleitende Neuwertversicherung von Wohn-, Geschäfts- und landwirtschaftlichen Gebäuden von 1979
s. o.	siehe oben
sog.	sogenannte(r)
SozVersArbKorrektG	Gesetz zu Korrekturen in der Sozialversicherung und zur Sicherung der Arbeitnehmerrechte
SPD	Sozialdemokratische Partei Deutschlands
SprAuG	Sprecherausschußgesetz
StGB	Strafgesetzbuch
StVG	Straßenverkehrsgesetz
SVR	Sachverständigenrat zur Begutachtung der gesamtwirtschaftlichen Entwicklung
SvZ	System vorbestimmter Zeiten
TEUR	(in) Tausend Euro
TVG	Tarifvertragsgesetz
u.	und
u. a.	und andere(s)
u. ä.	und ähnliches
u. a. m.	und andere(s) mehr
UNO	Vereinte Nationen (United Nations Organization)
US	United States (of America), Vereinigte Staaten (von Amerika)
usw.	und so weiter
u. v. m	und viele(s) mehr
UWG	Gesetz gegen unlauteren Wettbewerb

Abkürzungen

v.	vom/von
VAG	Gesetz über die Beaufsichtigung der Versicherungsunternehmen (Versicherungsaufsichtsgesetz)
VBG 1	Unfallverhütungsvorschrift „Allgemeine Vorschriften"
VDE	Verband Deutscher Elektrotechniker
VEB	Volkseigene Betriebe
VerglO	Vergleichsordnung
vgl.	vergleiche
VGR	Volkswirtschaftliche Gesamtrechnung
v. H.	vom Hundert
VHB2000	Allgemeine Hausratversicherungsbedingungen von 2000
VGB2002	Allgemeine Wohngebäudeversicherungsbedingungen von 2002
VOB	Vergabe- und Vertragsordnung für Bauleistungen
VVaG	Versicherungsverein auf Gegenseitigkeit
VVB	Vereinigung Volkseigener Betriebe
VVG	Versicherungsvertragsgesetz
WEG	Gesetz über das Wohnungseigentum und das Dauerwohnrecht (Wohnungseigentumsgesetz)
WG	Wechselgesetz
WWU	Europäische Wirtschafts- und Währungsunion
z. B.	zum Beispiel
Ziff.	Ziffer
ZK	Zentralkomitee
ZPO	Zivilprozeßordnung
z.T.	zum Teil
ZVG	Gesetz über die Zwangsversteigerung und Zwangsverwaltung

I
Wirtschaftliche Grundbegriffe und Grundtatbestände

Wirtschaftliche Grundbegriffe und Grundtatbestände **I**

1 Bedürfnisse – Bedarf – Nachfrage

Daß der Mensch wirtschaftlich tätig wird, ist letztlich dadurch bedingt, daß ihn ein hochdifferenziertes Mangelempfinden veranlaßt, sich Befriedigung zu verschaffen. Diese Gefühle des Mangels bezeichnen wir als **Bedürfnisse**. Bedürfnisse können ihren Trägern bewußt, aber auch unbewußt und damit (noch) verborgen sein. Sie treten mit unterschiedlicher Dringlichkeit in Erscheinung. In Anlehnung an den amerikanischen Psychologen Abraham H. Maslow (1908–1970) lassen sie sich wie folgt (siehe Übersicht I, 1) ordnen:

Übersicht I, 1

Mit höchster Dringlichkeit drängen die **leiblichen**, auf Selbsterhaltung abzielenden **Bedürfnisse** nach Befriedigung. Sie umfassen das angeborene Verlangen nach Nahrung, Kleidung, Wohnung, Schlaf, Sexualität. Diesen **elementaren Bedürfnissen** nachgeordnet sind diejenigen, deren Befriedigung der Mensch erst erlernen muß. Diese **erlernten Bedürfnisse** treten in folgender Rangfolge in Erscheinung: Zunächst verlangen die **Sicherheitsbedürfnisse** nach Schutz in wirtschaftlicher (zum Beispiel Sicherung des Einkommens, des Arbeitsplatzes, der Altersversorgung, Schutz bei Krankheit und Invalidität) und politischer (zum Beispiel militärischer und vertraglicher Schutz vor fremdstaatlichen Übergriffen) Hinsicht. Diesen Sicherheitsbedürfnissen folgen die **sozialen Bedürfnisse**. Sie richten sich auf die Herstellung zwischenmenschlicher Beziehungen, wie Gemeinschaft, Geselligkeit, Zuneigung, Freundschaft. Diesen Bedürfnissen schließen sich solche nach **Selbstachtung** und **gesellschaftlicher Wertschätzung** an. So verlangt der Mensch auf mehr oder minder hohem Anspruchsniveau nach persönlichem Erfolg als Beweis seiner Fähigkeiten und damit als Voraussetzung seiner Selbstachtung; andererseits verlangt er gleichzeitig nach Aufmerksamkeit, Achtung, Wertschätzung und Bewunderung durch seine Mitmenschen. Streben nach Prestige, Macht, sozialem Ansehen folgen aus diesem Verlangen.

Den Gipfel der menschlichen Bedürfnisse bildet das Verlangen nach **Selbstverwirklichung**, das heißt nach dem, was man nach seinen individuellen Anlagen sein könnte oder aber glaubt sein zu können.

I Wirtschaftliche Grundbegriffe und Grundtatbestände

Die aufgezeigte Strukturierung der menschlichen Bedürfnisse macht deutlich, daß Bedürfnisse höherer Rangfolge ihre Träger erst dann zu entsprechenden Handlungen veranlassen, wenn die Bedürfnisse niederer Ränge hinreichend befriedigt sind. Alles menschliche Handeln ist somit als Versuch zu sehen, dem jeweils stärksten Mangelempfinden Befriedigung zu verschaffen. Welcher Mangel nun vom einzelnen als der jeweils vordringlichste empfunden wird, hängt von dessen persönlicher Einschätzung ab. Sie ist in starkem Maße sozial bestimmt (Elternhaus, Freundeskreis, Erziehung, Ausbildung, Beruf u.a.). Dies tritt besonders deutlich bei den **Kultur- und Luxusbedürfnissen** (zum Beispiel Verlangen nach verfeinerter Nahrung bis hin zu ausgefallenen Delikatessen, nach modischer Kleidung bis hin zu teuerster Maßarbeit, nach einfachem Schmuck bis hin zu kostbarem Geschmeide u.ä.) und deren Abgrenzung zu den elementaren Bedürfnissen in Erscheinung.

1a, 1b Die Unterscheidung von **Individual- und Kollektivbedürfnissen** hebt auf die Möglichkeit der Bedürfnisbefriedigung ab. Während Individualbedürfnisse (zum Beispiel Wunsch nach eigener Wohnung, Wohnungseinrichtung, PKW, Ferienreise) in der Regel vom Bedürfnisträger selbst befriedigt werden müssen beziehungsweise befriedigt werden können, ist dies bei Kollektivbedürfnissen (zum Beispiel Verlangen nach Krankenhaus, Straßen, Theater, Bildungseinrichtungen, innere und äußere Sicherheit) im allgemeinen nur kollektiv, das heißt durch den Staat möglich.

Soweit die Befriedigung von Bedürfnissen über Güter erfolgt, die der Bewirtschaftung unterliegen, das heißt nur gegen einen entsprechenden Kaufpreis erworben
2 werden können, setzt sie **Kaufkraft** (Zahlungsmittel, Geld) voraus. Ist der Bedürfnisträger Mensch bereit, für eine bestimmte Bedürfnisbefriedigung Kaufkraft auf-
3 zuwenden, dann entsteht **Bedarf**. Unter Bedarf versteht man demnach mit Kaufkraft ausgestattete Bedürfnisse.

4 Der Bedarf wird zur **Nachfrage**, wenn er auf dem Markt in Erscheinung tritt, das heißt, wenn der Bedarfsträger dort das Gewünschte verlangt.

2 Güter

Die der menschlichen Bedürfnisbefriedigung dienenden Mittel heißen Güter.

Nur wenige Güter stellt uns die Natur in solchem Überfluß – wie Luft zum Atmen, Wasser im Meer, Sand in der Wüste – zur Verfügung, daß sie jeder (in verantwortungsvoller Weise!) in Anspruch nehmen kann. Wir nennen sie **freie Güter**. Alle anderen Güter sind nicht in dem Ausmaß verfügbar, in dem sie zur Bedürfnisbefriedigung verlangt werden. Sie sind somit knapp (**knappe Güter**) und müssen deshalb bewirtschaftet werden (**wirtschaftliche Güter**).

6 Die wirtschaftlichen Güter umfassen **Sachgüter** (Konsum- und Investitionsgüter)
7, 8 und **Dienstleistungen** sowie **Rechte** (Patente, Lizenzen, Nutzungsrechte wie Miete, Pacht).

Konsumgüter werden von den privaten Haushalten nachgefragt, sei es nun zur einmaligen Bedürfnisbefriedigung (**Verbrauchsgüter** wie Nahrungsmittel, Wasser,

Wirtschaftliche Grundbegriffe und Grundtatbestände **I**

Strom) oder zur mehrmaligen Nutzung (**Gebrauchsgüter** wie Waschmaschine, PKW, Mobiliar).

Investitionsgüter, auch Produktionsgüter oder Kapitalgüter genannt, werden von den Unternehmen nachgefragt, und zwar zum Zweck der Herstellung anderer Güter. Auch für sie gilt die Unterscheidung zwischen **Verbrauchsgütern** (wie Fertigungsmaterialien) und **Gebrauchsgütern** (wie Werkzeuge, Maschinen, Werkshallen).

Es gilt zu beachten, daß ein Gut zugleich Konsum- und Produktionsgut sein kann, je nachdem welcher Verwendung/Nutzung es zugeführt wird. So ist der in einem Privathaushalt genutzte Kühlschrank ein Konsumgut, dagegen der in einer Restaurantküche eingesetzte ein Produktionsgut.

Dienstleistungen werden von den privaten Haushalten wie auch den Unternehmen nachgefragt. Im privaten Haushalt werden außer den eigenen Dienstleistungen – so insbesondere der Hausfrau – auch solche gewerblicher Unternehmen (wie Banken, Versicherungen, Speditionen, Handel) und freier Berufe (wie Arzt, Anwalt, Musiklehrer) konsumiert. Von den Unternehmen werden neben den Dienstleistungen von Arbeitern und Angestellten gleichfalls die Dienste gewerblicher Unternehmen (wie Banken, Versicherungen, Frachtführer, Handel) und freier Berufe (wie Unternehmensberater, Anwalt, Steuerberater, Vertreter) nachgefragt.

Öffentliche Güter (Kollektivgüter) sollen → Kollektivbedürfnisse befriedigen. Im Gegensatz zu den **privaten Gütern (Individualgüter)**, die der einzelne selbst ersteht, werden diese vom Staat erworben und angeboten (z. B. Verteidigung, Bildung, Kunst, Kultur, Verkehr, Rechtsschutz). 8a,8b 8c,8d

3 Knappheit – Wert

Die **Knappheit** der Güter, das heißt ihre im Verhältnis zur Begehrtheit beschränkte 9 Menge, hat folgende Konsequenz: Die knappen Güter werden zu Objekten wirtschaftlichen Handelns und unterliegen damit der Bewertung. Der dabei im Preis zum Ausdruck gebrachte **Wert** spiegelt die relative Begehrtheit der Güter beziehungsweise der zu ihrer Herstellung benötigten Arbeit und die sonstigen in die Produktion eingegangenen Faktoren (so insbesondere Materialien, Maschinen, Räumlichkeiten) wider. Damit läßt sich die Knappheit eines Gutes an seinem Preis ablesen. Ein teures Produkt signalisiert in seinem Preis eine größere Knappheit als ein billiges. 10

4 Wirtschaftliches Handeln – Ökonomisches Prinzip

Die Tatsache, daß die menschlichen Bedürfnisse größer sind als die zu ihrer Befriedigung verfügbaren Gütermengen, schafft ein Spannungsverhältnis, in dem eine Vielzahl von Wünschen (Bedürfnissen) um ihre Befriedigung konkurrieren. Der Bedürfnisträger Mensch versucht sich aus dieser **Konfliktsituation** im allgemeinen dadurch zu lösen, daß er die verschiedenen (Wahl-) Möglichkeiten der Bedürfnisbefriedigung vergleicht und sich danach für die aus seiner Sicht günstigste **entschei-**

I Wirtschaftliche Grundbegriffe und Grundtatbestände

det. Mit anderen Worten: er versucht die vorhandenen finanziellen Mittel (das heißt das ihm zur Verfügung stehende Geld) so zu verwenden, daß sie ihm

10a – als Konsumenten den höchsten Nutzen (**Nutzenmaximierung**) und
10b – als Unternehmer den höchsten Gewinn (**Gewinnmaximierung**)
11 bringen. Ein solches Handeln nennt man **Wirtschaften**. Wirtschaften folgt dem aus
11a,12 dem **Vernunftprinzip** (Rationalprinzip) abgeleiteten **ökonomischen Prinzip,** das sich in zwei Handlungsregeln kleiden läßt:

- als **Minimierungsaufgabe:** Ein angestrebter Erfolg soll mit dem geringsten Aufwand/Geld (Minimum) erreicht werden. (Beispiel: Eine Hausfrau soll mit möglichst wenig Geld ihrer Familie ein gutes und reichliches Essen auf den Tisch bringen.)
- als **Maximierungsaufgabe:** Mit gegebenen Mitteln/Geld soll der größtmögliche Erfolg (Maximum) erreicht werden. (Beispiel: Eine Hausfrau soll mit ihrem Haushaltsgeld möglichst viele Bedürfnisse ihrer Familienmitglieder befriedigen.)

Unter Beachtung der aufgezeigten Handlungsregeln wird Wirtschaften zu vernunftgemäßem Handeln.

Es gilt jedoch zu sehen, daß die strikte Einhaltung des ökonomischen Prinzips im wirtschaftlichen Alltag keineswegs immer unterstellt werden kann. So finden sich bei den Handelnden häufig gefühlsmäßige, unkontrolliert übernommene oder aber auch spontane, ja sogar unvernünftige Verhaltensweisen. Hinzu kommt, daß sie in ihrem Verhalten durch **Unkenntnis** von für ihre Entscheidung bedeutsamen Größen oder durch **Unsicherheit** über die möglichen Lösungswege beeinträchtigt sind. So ist davon auszugehen, daß die Entscheidungen der Handelnden stets **risikobehaftet** und damit der Gefahr ausgesetzt sind, nicht die bestmögliche Mittelverwendung zu gewährleisten. Diese Feststellung führt zu der Erkenntnis, daß wirtschaftliches Handeln immer individuellen Charakter trägt und somit zwangsläufig zu unterschiedlichen Ergebnissen führen muß. Unterschiedliche Ergebnisse im wirtschaftlichen Handeln als Ausdruck unterschiedlichen individuellen Handlungsgeschicks sind aber mit auch der Grund für die recht ungleiche Bildung und Mehrung von Vermögen. Wirtschaftliches Handeln führt somit zu **Ungleichheit.** Diese Ungleichheit ist für viele Menschen ein Ansporn, selbst mehr zu erlangen und dadurch dem begehrten Status der Besserverdienenden und Mehrbesitzenden näher zu kommen. Ungleichheit wirkt damit als **Leistungsantrieb.**

5 Produktion

Die Herstellung der für die Bedürfnisbefriedigung notwendigen (knappen) Güter,
13 das sind Sachgüter und Dienstleistungen, vollzieht sich – in Betrieben (der **Betrieb** ist die organisatorisch-technische Einheit zur Herstellung/Erbringung von Gütern/
14 Dienstleistungen) organisiert – im Wege der **Produktion.** In ihr werden im Rahmen eines technischen Prozesses die Produktionsfaktoren in **Produkte** umgewandelt (transformiert).

Wirtschaftliche Grundbegriffe und Grundtatbestände **I**

5.1 Produktionsfaktoren

Unter **Produktionsfaktoren** (auch **Ressourcen** genannt) versteht man die im Produktionsprozeß in die Produkte eingehenden elementaren Bestandteile. Es sind dies nach der herkömmlichen Einteilung: Boden, Arbeit und Kapital. 14a,15

Der **Boden** ist ein ursprünglicher (originärer) Produktionsfaktor. Er umfaßt alle aus der Natur stammenden sachlichen Einbringungen zur Produktion, so insbesondere die vielfältigen Bodenschätze (Abbauboden), den für die Land- und Forstwirtschaft wichtigen Anbauboden und schließlich die Standorte, das heißt die Bau- und Stellflächen für Betriebe und wirtschaftliche Anlagen. 16

Die **Arbeit** ist der zweite ursprüngliche (originäre) Produktionsfaktor. Sie umfaßt die auf Einkommenserzielung gerichtete menschliche Tätigkeit, körperliche wie geistige. 17

Das **Kapital** ist ein abgeleiteter (derivativer) Produktionsfaktor. Dies besagt, daß es nicht ursprünglich (originär) vorhanden ist, sondern immer erst hergestellt werden muß. Dieser Produktionsfaktor umfaßt die Gesamtheit aller hergestellten Produktionsmittel, das sind alle Werkzeuge, Maschinen, maschinelle Anlagen und Bauten, die der Herstellung von Gütern dienen. Erst dieses Kapital – wir nennen es auch Produktivkapital, Realkapital, Sachkapital, Betriebsmittel – ermöglicht die für Industriegesellschaften typischen hohen Produktionserträge. 18

In Ergänzung zu den klassischen Produktionsfaktoren Boden, Arbeit und Kapital werden in neuerer Zeit häufig weitere Produktionsfaktoren genannt, so der **dispositive Faktor** (das ist die Geschäftsleitung mit ihrer Planung und Organisation), der die Elementarfaktoren menschliche Arbeitskraft, Betriebsmittel und Werkstoffe kombiniert, der **technische Fortschritt** und die **Bildung** (berufliche Qualifikation). 19

20,21

5.2 Kombination und Ersetzung (Substitution) der Produktionsfaktoren
22,23

Die Umwandlung (Transformation) der Produktionsfaktoren in Güter unterliegt dem ökonomischen Prinzip. In seiner Verfolgung wird der Unternehmer versuchen, die Produktionsfaktoren so zu kombinieren und gegenseitig zu ersetzen (substituieren), daß sich der größtmögliche (maximale), den Aufwand (Einsatz) übersteigende Ertrag (Wert der Ausbringung) ergibt. Ob und in welchem Umfang solche Ersetzungen (Substitutionen) möglich sind, hängt von den technisch-verfahrensmäßigen Bedingungen der Produktion ab. So können beispielsweise Maschinen (Kapital) bis zu einem gewissen Grad menschliche Arbeitskraft ersetzen. Man spricht in diesem Zusammenhang von **Rationalisierung**. Die Ergiebigkeit der betrieblichen Faktorkombination bezeichnet man als **Produktivität**. 24

25

I Wirtschaftliche Grundbegriffe und Grundtatbestände

5.3 Gesetz der Massenproduktion

Frägt man nach den Voraussetzungen kostengünstiger industrieller Produktion, so gilt es folgendes festzustellen. Die mit der Herstellung eines Produktes verbundenen **Kosten** (d.s. betriebsbedingte Aufwendungen) sind teils fix (in ihrer Höhe gleichbleibend feststehend), teils variabel (in ihrer Höhe veränderlich). Als **fixe Kosten** gilt der Teil der **Gesamtkosten**, dessen Höhe unabhängig ist von der Ausbringungsmenge (Fertigungsmenge) und damit vom Auslastungsgrad des Betriebes, so zum Beispiel: Mieten, Hypothekenzinsen, →Abschreibungen für Maschinen, Entwicklungskosten. Den **variablen Kosten** zugerechnet werden all jene Kosten, deren Höhe von der Ausbringungsmenge abhängt, so insbesondere die Kosten für Fertigungsmaterial und Fertigungslöhne. Aus dieser Aufteilung der Gesamtkosten läßt sich zweierlei ableiten. Erstens: Der auf das gefertigte Einzelprodukt entfallende Fixkostenanteil sinkt mit wachsender Ausbringungsmenge. Zweitens: Die variablen Kosten steigen entsprechend der Ausbringungsmenge (d. h. proportional) und sind demnach bezogen auf das gefertigte Einzelstück gleichbleibend (d. h. konstant). Dies bedeutet: Die durchschnittlichen Kosten für das Einzelstück (**Stückkosten**) fallen mit der Zunahme der Ausbringungsmenge.

Die hier getroffenen Feststellungen lassen sich formelhaft verkürzt im **Gesetz der Massenproduktion** darstellen:

$$k = \frac{K_f}{m} + k_v$$

k = Stückkosten
k_v = variable Stückkosten
K_f = fixe Kosten insgesamt
m = Ausbringungsmenge

Voraussetzung für die Haltbarkeit des Gesetzes der Massenproduktion ist allerdings, daß die variablen Kosten je Stück gleichbleiben. Dies kann jedoch nicht immer unterstellt werden, so zum Beispiel, wenn die Ausdehnung der Produktion über ein bestimmtes Maß die Kosten für die weitere Beschaffung von Rohmaterialien steigen läßt, der Verschleiß an den Maschinen verstärkt zunimmt oder Überstunden höhere Lohnkosten verursachen. – Andererseits können die variablen Kosten je Stück bei höheren Bezugsmengen (durch Preiszugeständnisse, Mengenrabatte) mehr oder weniger stark fallen.

6 Arbeitsteilung

Das Bestreben des Menschen, die Knappheit der Arbeit zu mildern und ihren Wirkungsgrad zu erhöhen, führte nicht nur zum Einsatz von Realkapital, insbesondere Werkzeugen und Maschinen, sondern auch zu verschiedenen Formen der **Arbeitsorganisation**. Die wohl spektakulärste Erhöhung ihres Wirkungsgrades erfuhr die menschliche Arbeit mit der bereits zu Anfang des 18.Jahrhunderts in den Manufakturen beginnenden Zerlegung von Produktionsprozessen in mehrere, jeweils auf eine Person oder Personengruppe entfallende Teilprozesse (**Arbeitszerlegung**). Diese Zerlegung von Arbeitsprozessen in Teilverrichtungen zwingt die beteiligten Personen beziehungsweise Betriebe in wechselseitige funktionelle Abhängigkeit (**Interdependenz**). Die Arbeitsteilung integriert somit die in ihr Befaßten in ein komplexes Geflecht wirtschaftlicher Interdependenzen und löst damit einen Prozeß der Vergesellschaftung aus.

Die aus der Arbeitsteilung resultierende Vergesellschaftung des Wirtschaftsprozesses erfordert eine Interessenabstimmung zwischen den interdependenten Produzenten einerseits und zwischen den Produzenten und Abnehmern andererseits. Die Arbeitsteilung verlangt demnach eine auf Interessenausgleich abzielende Abstimmung (Koordination) der Wirtschaftssubjekte. Einen solchen **Koordinations**mechanismus bietet in der Marktwirtschaft mit gewissen Einschränkungen der Markt.

7 Wirtschaftskreislauf

Die Vielfalt der nach Befriedigung drängenden menschlichen Bedürfnisse erfordert fortlaufend die Produktion von Gütern. Gleichzeitig sind die Hersteller von Wirtschaftsgütern selbst bestrebt, durch die Produktion neuartiger Erzeugnisse neue und zustätzliche Bedürfnisse bei den Konsumenten zu wecken und diese zur Nachfrage zu veranlassen.

Es bestehen somit gewisse Wechselbeziehungen zwischen Bedürfnis und Produktion, die jedoch in unserer heutigen arbeitsteiligen Wirtschaft so komplex sind, daß sie nicht annähernd überschaut werden können.

Um nun dieses Beziehungsgefüge wirtschaftlicher Wirklichkeit durchsichtiger zu machen, müssen wir uns auf das Elementare des wirtschaftlichen Ablaufprozesses konzentrieren. So betrachtet, stellt sich uns dieser als ein **Kreislauf** dar, in dem sich menschliche Bedürfnisbefriedigung als das wirtschaftliche Handeln schlechthin immer neu gebiert (siehe Schaubild I, 2):

Denn die menschlichen Bedürfnisse drängen nach Befriedigung, um danach entweder als Mangelempfinden zu verschwinden (so zum Beispiel bei langlebigen Gebrauchsgütern) und damit dem Nachwachsen neuer Bedürfnisse Raum zu geben oder aber durch allmählichen Abbau der Befriedigung sich zunehmend neu herauszubilden (so zum Beispiel beim Essen und Trinken).

Als Träger von Bedürfnissen ist nun der Mensch in der Regel gezwungen, sich durch den Verkauf seiner Arbeitskraft und/oder die Zurverfügungstellung anderer Produktionsfaktoren (Faktorleistungen) die (finanziellen) Mittel respektive Güter zu beschaffen, die er begehrt und auch benötigt, um die im Arbeitsprozeß (wie auch in der Freizeit) aufgewandten Energien zu regenerieren und dadurch weiterhin seine Arbeitskraft als wirtschaftliche Grundlage seiner Existenz einsetzen und verwerten zu können (siehe Schaubild I, 3).

I Wirtschaftliche Grundbegriffe und Grundtatbestände

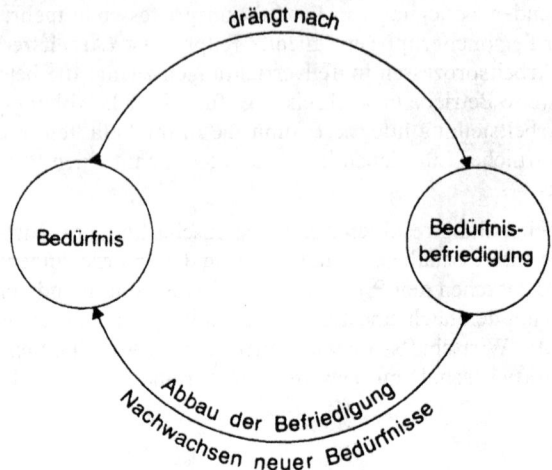

Schaubild I, 2

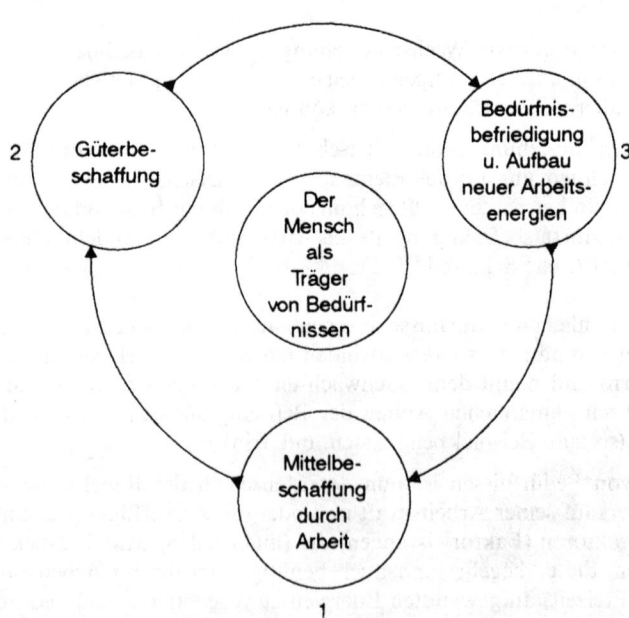

Schaubild I, 3

Wirtschaftliche Grundbegriffe und Grundtatbestände **I**

Diesen Kreislauf können wir als typisch und elementar für den privaten Haushalt bezeichnen.

Auch die gesamtwirtschaftlichen Wechselbeziehungen lassen sich vereinfacht darstellen und auf einen Kreislauf reduzieren. Diese Darstellung macht es dann erforderlich, daß die am Wirtschaftsprozeß Beteiligten (**Wirtschaftssubjekte**), das sind die privaten Haushalte und Unternehmen sowie der Staat, die Banken und das Ausland, je nach dem Grad der Vereinfachung, als mehr oder weniger viele **Pole** erscheinen, von denen mindestens ein Güter- oder Geldstrom wegführt und zu denen mindestens ein solcher hinführt und damit alle Pole direkt oder indirekt miteinander verbindet. 34

Die nachfolgende Darstellung des **volkswirtschaftlichen Kreislaufes** beschränkt sich auf die gedankliche Zusammenfassung aller produzierenden Wirtschaftseinheiten zu einem Sektor Unternehmen (U) und aller konsumierenden Wirtschaftssubjekte zu einem Sektor Haushalte (H). Diese Vereinfachung ermöglicht es, nicht nur die zwischen diesen beiden Sektoren bestehenden Güter- und Leistungsbeziehungen sichtbar zu machen, sondern auch die als Entgeltstrom für diese Leistungen entstehenden Einkommen zu verdeutlichen (siehe Schaubild I, 4). 34a

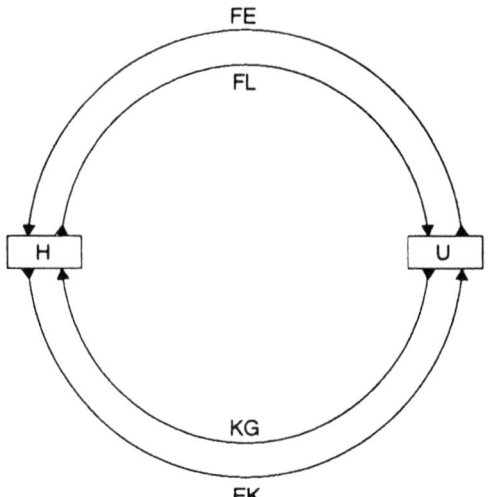

Schaubild I, 4
H = Haushalte; U = Unternehmen; FE = Einkommen aus Faktorleistungen; FL = Faktorleistungen; KG = Konsumgüter; EK = Einkommen aus dem Verkauf von Konsumgütern

II
Konsum

Konsum **II**

1 Die privaten Haushalte als Nachfrager von Konsumgütern

Wirtschaftlich betrachtet begegnet uns der **private Haushalt** als eine **Einheit des Verbrauchs.** Seine typische Handlung ist **Konsum** und diesem vorgelagert die **Nachfrage** von Konsumgütern. Unter Konsum versteht man den Verbrauch und Gebrauch von Sachgütern und Dienstleistungen, wie Nahrungsmittel, Kleider, Autos, Häuser, Wohnungen, Mobiliar, ärztliche Leistungen, Ferienreisen u. a. Auf diesen Konsum entfällt der größte Teil aller Ausgaben einer Volkswirtschaft.

Wenn auch kein Haushalt die gleichen Konsumausgaben wie ein anderer hat, lassen sich in der **Ausgabenstruktur der privaten Haushalte** doch gewisse Gemeinsamkeiten feststellen. Wohl findet mit steigendem **Einkommen** eine Verlagerung von billigeren zu höherwertigen Lebensmitteln statt. Dieser wachsende Qualitätsanspruch findet jedoch bald seine Grenzen, so daß der Anteil der Nahrungsmittel an den Gesamtausgaben abnimmt. In Ergänzung zu dieser Erscheinung läßt sich statistisch feststellen, daß die Spartätigkeit, das **Sparen,** der privaten Haushalte in der Regel rascher ansteigt als deren Einkommen.

Definieren wir Sparen (Ersparnisse) als die Differenz zwischen Einkommen und Konsum, so ist dieses außer durch die Höhe des Einkommens durch die Kosten der Lebenshaltung (**Lebenshaltungskosten**) bestimmt. Diese Kosten spiegeln die Preise der von den privaten Haushalten zum Lebensunterhalt nachgefragten Konsumgüter wider. Der allgemein verwandte Indikator (Anzeiger) für die Preisentwicklung auf dem Konsumgütermarkt ist der **Lebenshaltungskostenindex** (Preisindex für die Lebenshaltung). Er mißt die Preise für einen ausgewählten **Warenkorb**, das heißt für eine bestimmte Anzahl repräsentativ für die Konsumausgabengestaltung eines privaten städtischen Haushalts geltender Sachgüter und Dienstleistungen (Nahrungsmittel, Kleidung, Tabakwaren, Hausrat, Versicherungen, ärztliche Leistungen, Verkehrsleistungen, Mietwohnungen, Reisen u. a.). Sobald sich in den Verbrauchsgewohnheiten der Privathaushalte grundlegende Veränderungen ergeben (so kommen auch immer wieder neue Güter auf den Markt und alte gehen!), wird die Zusammensetzung des Warenkorbes vom Statistischen Bundesamt entsprechend korrigiert. Steigende Konsumgüterpreise lassen den Lebenshaltungskostenindex ansteigen, fallende Konsumgüterpreise lassen ihn sinken. Die **Inflationsrate** der Konsumgüterpreise (z. B. 2 %, 3,2 %) spiegelt den Anstieg des Preisniveaus der Konsumgüter wider.

Der Verbrauch/die Ausstattung der privaten Haushalte von/mit Konsumgütern – einfach bis luxuriös – zeigt den **Lebensstandard** ihrer Mitglieder.

Außer dem Einkommen sind es eine Vielzahl von Einflußgrößen, die die Haushaltsnachfrage oder die dieser vorgelagerte **Bedürfnisstruktur** (Bedürfnis**gestalt**) der Haushaltsmitglieder bestimmen. Es sind dies im wesentlichen: Familie, Erziehung, Geschlecht, Alter, Bildung, soziale Stellung, Freundeskreis, soziale Bezugsgruppen und -personen (z. B. in der Berufswelt oder im Freizeitbereich), weltanschaulich-religiöse Prägung, Klimazone, Nationalität, Mode, Konvention, Brauchtum, kul-

II Konsum

tureller und zivilisatorischer Standard, Rollenerwartungen, Verbrauchserfahrung, Werbung, angestrebter Lebensstandard.

13
14 Vor dem Hintergrund dieser Einflußfaktoren des Konsumentenverhaltens, insbesondere der **Werbung**, wird häufig die Frage nach der (Entscheidungs-)Freiheit des Konsumenten beziehungsweise nach der sogenannten **Konsumentensouveränität** gestellt. Es ist unbestritten, daß der Konsument über die **informativen** wie auch **suggestiven Effekte** der Werbung in seiner Kaufentscheidung beeinflußt werden soll, und sicherlich gelingt dies auch der Werbung zum Teil. Es gilt aber auch zu sehen, daß heute ein Großteil der traditionellen Konsumgütermärkte weitgehend gesättigt ist (Zigaretten, Waschmittel, Bier, Limonaden, PKW, Zeitschriften, Sportartikel u. a.), so daß es für die Anbieter lediglich darum gehen kann, ihren Marktanteil zu halten oder aber auf Kosten der Konkurrenz zu vergrößern. In einer solchen Situation ist Werbung in erster Linie ein Wettbewerbsinstrument, ein gegen den Mitbewerber gerichtetes Kampfmittel um Marktpositionen.

Dem Konsumenten ist heute im allgemeinen – insbesondere, wenn es sich für ihn um teuere Produkte handelt – eine kritische Haltung zu unterstellen. Was dieser Kritik nicht standhält, wird nicht oder nicht mehr gekauft. Eine „Verführung" durch die Werbung kann normalerweise – wenn überhaupt – nur für den erstmaligen Kauf eines Produktes gelten. Nur wenn der Konsument damit zufrieden ist und ihm in der Folgezeit kein attraktiveres gleichartiges Angebot begegnet, wird er sich auch in der Zukunft möglicherweise für dieses Produkt entscheiden. Der „Konsumtrottel", der sich dem Werbebombardement der Medien unterwirft, der
15,16 sich „diktieren" (**Konsumdiktat**) und „terrorisieren" (**Konsumterror**) läßt, ist allenfalls eine beklagenswerte Ausnahmeerscheinung, keinesfalls aber die marktwirtschaftliche Norm.

Daß das kritische Abwägen und Prüfen der vielfältigen Bedürfnisse, Kaufanstöße und Produkte nicht bei jedem Konsumenten mit dem wünschenswerten Sachverstand, der gebotenen Sorgfalt und der erforderlichen Konsequenz erfolgt bezie-
17 hungsweise erfolgen kann, erscheint einsichtig. **Kritisches Verbraucherverhalten** ist nämlich an bestimmte Voraussetzungen geknüpft: Die **Bereitschaft** zu entsprechendem Verhalten, ein zureichender **Marktüberblick** (Markttransparenz) und **Kenntnisse** zur Beurteilung des Marktangebotes.

Die **Bereitschaft** des Verbrauchers zu kritischem Konsumverhalten muß in Abhängigkeit von seinen diesbezüglichen seelischen und geistigen Dispositionen wie auch sozialen Prägungen, insbesondere seiner familialen und schulischen gesehen werden.

18 Mangelnde **Markttransparenz** wird heute häufig beklagt. Ein zureichender Überblick über die für die Kaufentscheidung bedeutsamen Produkte, ihre Qualitäts- und Preisunterschiede, wird dabei in Abrede gestellt. Mehr Verbraucherinformation und -beratung werden gefordert.

Die Verbesserung des **Kenntnisstandes** zur Beurteilung des Marktangebotes und damit zur bestmöglichen Gestaltung (Optimierung) der Kaufentscheidung fällt sicherlich zunächst in die persönliche Zuständigkeit des Konsumenten selbst und ist von diesem als Kostenfaktor (Informationsbeschaffung ist in der Regel mit entsprechenden finanziellen Aufwendungen verbunden!) zu sehen. Flankierende Dienste werden jedoch von staatlichen und nichtstaatlichen Institutionen als **Verbraucherinformation, Verbraucheraufklärung** sowie **Verbrauchererziehung** angeboten. Sie bilden Aktivitätsbereiche der Verbraucherpolitik. Ihr obliegt die **Hilfe zur Selbsthilfe** und damit die Aufgabe, dem Verbraucher zu eigenverantwortlicher Wahrnehmung der ihm in der marktwirtschaftlichen Ordnung zugedachten Rolle zu verhelfen.

2 Verbraucherpolitik in der Bundesrepublik Deutschland

Verbraucher (Konsument) ist nach § 13 BGB jede → natürliche Person, die ein → Rechtsgeschäft zu einem Zweck abschließt, der weder ihrer gewerblichen noch ihrer selbständigen beruflichen Tätigkeit zugerechnet werden kann.

Vergleichen wir die bundesdeutsche Wirtschaft mit dem Idealbild der Marktwirtschaft, so stoßen wir auf eine Reihe von Abweichungen – Störungen des Wettbewerbs, mangelnde Markttransparenz, unzulängliche und teilweise irreführende Information der Konsumenten –, die die Marktstellung des Konsumenten nicht unerheblich schwächen. Darüber hinaus treffen wir nicht selten auf eine Bedrohung hochwertiger Rechtsgüter, so insbesondere Leben und Gesundheit.

Dieser Problemverhalt veranlaßte die Bundesregierung bereits in den 1970er Jahren zu betonen, daß sie im Gesamtrahmen ihrer Wirtschafts- und Gesellschaftspolitik eine Verbraucherpolitik als notwendig erachte. Sie brachte zudem klar zum Ausdruck, daß für sie der Wettbewerb das entscheidende Ordnungsprinzip sei, das die günstigsten Voraussetzungen für die bestmögliche Versorgung der Verbraucher schaffe. Die Verbraucherpolitik wird somit als Teil der Wirtschaftspolitik gesehen und aus dem der Sozialen Marktwirtschaft zugrundeliegenden Ordnungsprinzip (→ Soziale Marktwirtschaft) abgeleitet. Diese Feststellung verkennt nicht, daß Verbraucherpolitik durch verschiedene Politikbereiche gestaltet wird, so unter anderen auch durch die Bildungspolitik.

2.1 Ziele der Verbraucherpolitik

Die Verbraucherpolitik in der Bundesrepublik ist nicht einfach am Leitbild der **Konsumentensouveränität** orientiert. Sie verbindet Elemente des **Wettbewerbsprinzips** (Gewährleistung eines funktionierenden Wettbewerbs auf der Anbieterseite im Interesse der Nachfrager!), des **Schutzprinzips** (Schutz des Verbrauchers vor allzu „geschäftstüchtigen" Anbietern!) und des **Gegenmachtprinzips** (Formierung der Nachfrageseite zu einer „respektablen" Front gegenüber den Anbietern!). Als Ziele werden genannt:

– Stärkung der Marktstellung des Verbrauchers durch Förderung des Wettbewerbs zwischen den Unternehmen;

II Konsum

- Information und Beratung des Verbrauchers über grundlegende wirtschaftliche Zusammenhänge, aktuelles Marktgeschehen, richtiges Marktverhalten und rationelle Haushaltsführung;
- Verbesserung der Rechtsposition des Verbrauchers und Schutz vor Irreführung, unerlaubten Verkaufspraktiken und benachteiligenden Vertragsbedingungen;
- Sicherung eines nach Quantität und Qualität optimalen Nahrungsmittelangebots zu angemessenen Preisen;
- umfassender Schutz des Verbrauchers vor gesundheitlichen Gefahren und umweltfreundlichere Gestaltung von Produktion und Produkten;
- bestmögliche Versorgung der Verbraucher mit öffentlichen Leistungen;
- Sicherung des Angebots an wirtschaftlichen Wohnungen;
- Stärkung und Straffung der verbraucherpolitischen Interessenvertretung.

Zusammenfassend ließe sich sagen, daß die Bundesregierung eine Stärkung der Verbraucherposition anstrebt. Dabei kann und darf sie das Verbraucherinteresse aber immer nur insoweit zu wahren versuchen, als es zum Schaden der Gesellschaft benachteiligt ist. Ziel der Verbraucherpolitik muß es sein, zwischen Konsumenten und Produzenten ein Marktgleichgewicht herbeizuführen, das es den Konsumenten ermöglicht, ihre Interessen in die Entscheidungsprozesse über die Produktion von Konsumgütern einzubringen.

2.2 Träger der Verbraucherpolitik

28

Als **allgemeine Träger** der Verbraucherpolitik gelten bei uns die Parlamente des Bundes und der Länder, die Kommunen, die politischen Parteien, die Arbeitsmarktparteien (Gewerkschaften, Arbeitgeberverbände), Wirtschaftsverbände (Vereinigungen von Unternehmen des gleichen Wirtschaftszweiges zur Wahrung gemeinsamer wirtschaftlicher Interessen) sowie zum Teil auch Selbstverwaltungseinrichtungen der Wirtschaft mit freiwilligen Selbstverwaltungsorganen bezüglich Werbe- und Marketingpraktiken (z. B. Deutscher Werberat, Zentralausschuß der Werbewirtschaft e.V.), mit produktbegleitenden Informationen und Gütesicherung (z. B. RAL – Deutsches Institut für Gütesicherung und Kennzeichnung e.V., das Deutsche Institut für Normung [DIN], Verband Deutsche Elektrotechniker [VDE]), mit Aktivitäten außergerichtlicher Streitbeilegung durch Schieds- und Schlichtungsstellen sowie mit Beratungsaktivitäten (z. B. Geld und Haushalt – Beratungsdienst der Sparkassen-Finanzgruppe, Berlin).

28a Auf Bundesebene wurde dem Verbraucherschutz durch die Gründung des **Bundesministeriums für Verbraucherschutz, Ernährung und Landwirtschaft** im Jahr 2001 explizit Rechnung getragen. Damit wurden bislang auf mehrere Ministerien verteilte verbraucherpolitische Zuständigkeiten gebündelt. – Weitere verbraucherpolitische Aufgaben auf Bundesebene übernehmen das Bundesgesundheitsamt, das Umweltbundesamt, das Bundeskartellamt, das Bundesamt für gesundheitliche Aufklärung und das Bundesamt für Verbraucherschutz und Lebensmittelsicherheit.

28b Auf supranationaler Ebene nimmt sich seit dem Jahr 2002 die **EU-Lebensmittelbehörde** in Brüssel bestimmter Verbraucherinteressen an. Die Behörde dient der Risikobewertung von Lebens- und Futtermitteln als unabhängige wissenschaftliche

Autorität und unterstützt dabei das reibungslose Funktionieren des Binnenmarktes.

Die **speziellen Träger** verbraucherpolitischer Aktivitäten lassen sich in zwei Gruppen zusammenfassen: **Verbraucherfremdorganisationen** und **Verbraucherselbstorganisationen.**

Verbraucherfremdorganisationen gehen in aller Regel nicht aus Verbraucherinitiativen hervor, sondern aus Anregungen anderer Interessengruppen oder Organisationen, denen an einer Stärkung der Verbraucherposition gelegen ist. Die wohl bedeutendste bundesdeutsche Verbraucherfremdorganisation ist der 2000 gegründete Bundesverband der Verbraucherzentralen und Verbraucherverbände – **Verbraucherzentrale Bundesverband e. V.** (vzbv), die Dachorganisation der 16 Verbraucherzentralen in den Bundesländern sowie 22 weiterer verbraucher- und sozialorientierter bundesdeutscher Organisationen mit Sitz in Berlin. In ihm verschmolzen im Zuge einer Strukturreform der deutschen Verbraucherorganisationen die traditionsreiche Arbeitsgemeinschaft der Verbraucherverbände e. V. (AgV), die Stiftung Verbraucherinstitut (VI) und der Verbraucherschutzverein (VSV). Die zweite, äußerst aktive Verbraucherfremdorganisation ist die 1964 von der Bundesregierung ins Leben gerufene **Stiftung Warentest** (Berlin) mit ihrer Zeitschrift „test". Das Hauptanliegen beider Organisationen ist eine Verbesserung der **Markttransparenz** wie auch die Bildung eines stärkeren **Verbraucherbewußtseins.**

Die **Verbraucherselbstorganisationen** gehen aus Initiativen von Verbrauchern zu gemeinsam verbundenem Handeln hervor. Auch sie unterliegen der Absicht, die Machtposition des Verbrauchers zu verbessern. Neben einer Vielzahl in der Rechtsform des eingetragenen Vereins bestehender örtlicher Verbraucherinitiativen – vorrangig zur Vertretung spezieller Verbraucherinteressen, wie zum Beispiel der Deutsche Mieterbund oder die Automobilverbände ADAC und AvD – bilden sich gelegentlich auch Spontanzusammenschlüsse von Verbrauchern zur Boykottierung bestimmter Waren, Preise und/oder Produzenten beziehungsweise Händler mit der Absicht, den Anbieter zu einer Änderung seines Marktverhaltens zu veranlassen.

2.3 Instrumente der Verbraucherpolitik

Die Instrumente der bundesdeutschen Verbraucherpolitik lassen sich im wesentlichen in drei Bündeln zusammenfassen:
– **Verbraucherinformation,**
– **Verbraucherschutz,**
– **Verbrauchererziehung** und **Verbraucheraufklärung.**

Verbraucherinformation zielt auf eine Erhöhung der **Markttransparenz.** Es geht ihr somit darum, dem Verbraucher einen besseren „Durchblick" hinsichtlich der für seine Kaufentscheidungen bedeutsamen Daten zu vermitteln. Diese Daten beziehen sich im wesentlichen auf die für seine Bedarfsdeckung grundsätzlich in Frage kommenden Sachgüter und Dienstleistungen (**Gütertransparenz**), die Eigenschaftsmerkmale der angebotenen Sachgüter und Dienstleistungen (**Nutzen- und Gebrauchswerttransparenz**), ihre Preise und ihre finanziellen Folgebelastungen (**Preis- und Kostentransparenz**) sowie die für ihren)Bezug wissenswerten Quellen (**Bezugsquellen-**

II Konsum

transparenz. – Um mehr Preis- und Bezugsquellentransparenz bemüht sich bislang vor allem das von der Verbraucherzentrale Bundesverband e.V. beauftragte **Institut für angewandte Verbraucherforschung e.V.** In zeitpunktbezogenen Preisvergleichsaktionen auf regionalen Märkten ermittelt es immer wieder für bestimmte Produktgruppen die in verschiedenen Geschäften geforderten unterschiedlichen Preise.

Die **Stiftung Warentest** sieht sich bisher hauptsächlich der Nutzen- und Gebrauchswerttransparenz sowie seit 1985 auch Angaben zur Umweltverträglichkeit von Konsumgütern verpflichtet. Durch Publikation ihrer durch unabhängige Prüfinstitute ermittelten Testergebnisse in der monatlich erscheinenden Zeitschrift „test" sowie in dem von verschiedenen Medien abgedruckten „test-Kompaß" erreicht sie beachtliche Kreise der Nachfragerschaft.

Die von Produzenten und Verbraucherorganisationen gemeinsam initiierten **Produktinformationen**, die den Waren als eine Art Steckbrief beigegeben werden und Auskunft über wichtige Produkteigenschaften geben, erfreuen sich bei den Verbrauchern zunehmender Wertschätzung.

Nach dem am 1.5.2008 in Kraft getretenen **Verbraucherinformationsgesetz** erhalten die Verbraucher Zugang zu den Informationen der Behörden von Bund, Ländern und Gemeinden, soweit diese den Anwendungsbereich des Lebensmittel- und Futtermittelgesetzbuches sowie des Weingesetzbuches berühren. Zugleich werden die Voraussetzungen erweitert, unter denen die Behörden die Öffentlichkeit über marktrelevante Vorkommnisse informieren können.

Der rechtliche Schutz des Verbrauchers (**Verbraucherschutz**) hat sich in der Praxis unserer Sozialen Marktwirtschaft zu einem beachtlichem Komplex entwickelt. Ihm sind als Teilbereiche zuzuordnen: **Schutz der Gesundheit** und **Schutz der Marktstellung**. Dem Schutz der Gesundheit dienen eine Vielzahl von Rechtsvorschriften, die sich einerseits auf Produkte (Lebensmittelgesetz, Arzneimittelgesetz u.a.), andererseits auf Produktionsverfahren (Bundesimmissionsschutzgesetz, Abwasserbeseitigungsgesetz u.a.) beziehen. Auch die von den Verbraucherverbänden lange Zeit (vergeblich) geforderte und schließlich 1989 im Produkthaftungsgesetz durchgesetzte sogenannte **Produzentenhaftung** (verschuldensunabhängige Schadenshaftung des Produzenten bei fehlerhaften Produkten) kann diesem Bereich zugeordnet werden.

Dem Schutz der Marktstellung dienen insbesondere rechtliche Vorschriften zur Erhöhung der **Markttransparenz** (Gesetz gegen den unlauteren Wettbewerb, Fertigpackungsverordnung, Textilkennzeichnungsverordnung, Handelsklassengesetz, Preisauszeichnungsverordnung, Verbot der Preisbindung u.a.) wie auch zur Stärkung der Rechtsposition des Verbrauchers gegenüber dem Anbieter (so bei Ratenlieferungsverträgen, Haustürgeschäften, Reisen, Mietverhältnissen, Fernunterricht, Gesetz zur Regelung der allgemeinen Geschäftsbedingungen u.a.).

Zuweilen kann das Bestehen auf Rechtspositionen weniger sinnvoll sein. Hier läßt sich einer Verständigung der Marktpartner möglicherweise durch Anrufung von **Gutachter-, Schlichtungs-** und **Schiedsstellen** (so beispielsweise bei den Industrie- und Handelskammern oder Handwerkskammern; siehe hierzu 2.4.3) erreichen.

Die fruchtbare Aufnahme beziehungsweise Verwertung von Verbraucherinformationen setzt seitens der Verbraucher eine entsprechende Bereitschaft voraus. Sie

Konsum **II**

muß normalerweise vom einzelnen durch Hilfe von außen entwickelt werden. Diese Hilfe von außen leisten so bewährte Sozialinstanzen wie Familie und Schule, daneben aber auch Einrichtungen der Erwachsenenbildung und Medien. Sie versuchen durch **(Verbraucher-)Aufklärung** (Familie), **(Verbraucher-)Erziehung** (Familie und Schule) und **Verbraucherbildung** (Erwachsenenbildung) den jeweiligen Adressaten grundlegende Motivationen und Fähigkeiten für das Erkennen und Verfolgen ihrer eigenen (Verbraucher-)Interessen zu vermitteln. 55,56 57

2.4 Kontaktadressen in Verbraucherfragen

2.4.1 Allgemeine Beratungsstellen 58

Euro-Info-Verbraucher e.V.
77694 Kehl, Rehfusplatz 11
Tel. 07851/99148-0

Bundesverband Verbraucherzentralen und Verbraucherverbände – Verbraucherzentrale Bundesverband e.V. (vzbv)
10969 Berlin, Markgrafenstr. 66
Tel. 030/25800-0

Arbeitsgemeinschaft Hauswirtschaft e.V.
53115 Bonn, Poppelsdorfer Allee 15
Tel. 0228/224063

Deutscher Hausfrauen-Bund e.V.
53113 Bonn, Coburger Str. 19
Tel. 0228/237718

Stiftung Warentest
10785 Berlin, Lützowstr. 11–13
Tel. 030/26310

Verbraucherzentrale
Baden-Württemberg e.V.
70178 Stuttgart, Paulinenstr. 47
Tel. 0711/669110

Verbraucherzentrale
Bayern e.V.
80336 München, Mozartstr. 9
Tel. 089/539870

Verbraucherzentrale
Berlin e.V.
10787 Berlin, Bayreuther Str. 40
Tel. 030/21485-0

Verbraucherzentrale
Brandenburg e.V.
14473 Potsdam, Templiner Str. 21
Tel. 0331/29871-0

Verbraucherzentrale
des Landes Bremen e.V.
28195 Bremen, Altenweg 4
Tel. 0421/160777

Verbraucherzentrale
Hamburg e.V.
20099 Hamburg, Kirchenallee 22
Tel. 040/248320

Verbraucherzentrale
Hessen e.V.
60323 Frankfurt/Main,
Große Friedberger Str. 13–17
Tel. 069/972010-0

Verbraucherzentrale
Mecklenburg-Vorpommern e.V.
18055 Rostock, Strandstr. 98
Tel. 0381/2087050

Verbraucherzentrale
Niedersachsen e.V.
30159 Hannover, Herrenstr. 14
Tel. 0511/91196-01

Verbraucherzentrale
Nordrhein-Westfalen e.V.
40215 Düsseldorf, Mintropstr. 27
Tel. 0211/38090

Verbraucherzentrale
Rheinland-Pfalz e.V.
55116 Mainz, Ludwigstr. 6
Tel. 06131/2848-0

Verbraucherzentrale
des Saarlandes e.V.
66117 Saarbrücken, Trierer Str. 22
Tel. 0681/50089-0

Verbraucherzentrale
Sachsen e.V.
04109 Leipzig, Brühl 34–38
Tel. 0341/696290

II Konsum

Verbraucherzentrale
Sachsen-Anhalt e.V.
06108 Halle/Saale, Steinbockgasse 1
Tel. 0345/2980329

Verbraucherzentrale
Schleswig-Holstein e.V.
24103 Kiel, Bergstr. 24
Tel. 0431/590990

Verbraucherzentrale
Thüringen e.V.
99085 Erfurt, Eugen-Richter-Str. 45
Tel. 0361/55514-0

Neben den hier genannten regionalen Verbraucherzentralen gibt es in größeren Städten durchweg **Verbraucherberatungsstellen**.

2.4.2 Spezielle Beratungsstellen

Kreditfragen
Bundesanstalt für Finanzdienstleistungsaufsicht (BaFin)
53117 Bonn, Graurheindorfer Str. 108
Tel. 0228/4108-0

Bundesarbeitsgemeinschaft
Schuldnerberatung e. V.
34117 Kassel, Friedrichplatz 10
Tel. 0561/771093

Mietfragen
Haus & Grund Deutschland
Zentralverband der Deutschen Haus-, Wohnungs- und Grundeigentümer e.V.
10117 Berlin, Mohrenstr. 33
Tel. 030/20216-0

Deutscher Mieterbund e. V. (DMB)
10179 Berlin, Littenstr. 10
Tel. 030/223230

Auf örtlicher Ebene (Mittel- u. Großstädte) finden sich für Rat und Auskunft durchweg Mietervereine sowie **Haus- u. Grundeigentümervereine**.

Umweltschutz
Umweltbundesamt
06844 Dessau-Roßlau
Wörlitzer Platz 1
Tel. 0340/2103-0

Versicherungsfragen
Bundesanstalt für Finanzdienstleistungsaufsicht (BaFin)
53117 Bonn, Graurheindorfer Str. 108
Tel. 0228/4108-0

Fernunterricht
Staatliche Zentralstelle für Fernunterricht der Länder (ZFU)
50676 Köln, Peter-Welter-Platz 2
Tel. 0221/921207-0

Bildungsfragen
Bundesinstitut für Berufsbildung (BIBB)
53175 Bonn, Robert-Schumann-Platz 3
Tel. 0228/107-0

2.4.3 Schlichtungs-,Gutachter- und Schiedsstellen

Bauwesen
Schlichtungsstellen bei den Architektenkammern
10243 Berlin, Karl-Marx-Allee 78
Tel. 030/2933070
28195 Bremen, Geeren 41
Tel. 0421/170007
01309 Dresden, Goetheallee 37
Tel. 0351/317460
40221 Düsseldorf, Zollhof 1
Tel. 0211/49670
99084 Erfurt, Bahnhofstr. 39
Tel. 0361/210500
20146 Hamburg, Grindelhof 40
Tel. 040/441841-0
30159 Hannover, Friedrichswall 5
Tel. 0511/280960
24105 Kiel, Düsternbrooker Weg 71
Tel. 0431/57065-0
39104 Magdeburg, Fürstenwall 3
Tel. 0391/536110
55118 Mainz, Hindenburgplatz 2–6
Tel. 06131/99600
80637 München, Waisenhausstr. 4
Tel. 089/1398800
14467 Potsdam, Kurfürstenstr. 52
Tel. 0331/275910

66117 Saarbrücken, Neumarkt 11
Tel. 0681/95441-0
19055 Schwerin, Alexandrinenstr. 32
Tel. 0385/590790
70182 Stuttgart, Danneckerstr. 54
Tel. 0711/2196-0
65185 Wiesbaden, Mainzer Str. 10
Tel. 0611/1738-0
Bau-Schlichtungsstellen bei den Handwerkskammern
28195 Bremen, Altenwall 7
Tel. 0421/321823
44135 Dortmund, Reinoldistr. 7–9
Tel. 0231/5493-0
40221 Düsseldorf, Georg-Schulhoff-Platz 1
Tel. 0211/8795-0
60439 Frankfurt/Main, Emil-von-Behringstr. 5
Tel. 069/95809-0
20148 Hamburg, Johnsallee 53
Tel. 040/415270

Gesundheit
Ärztliche Schlichtungs- und Gutachterstellen
Schlichtungsstelle für Arzthaftpflichtfragen der Norddeutschen Ärztekammern (Ärztekammerbereiche Berlin, Brandenburg, Bremen, Hamburg, Mecklenburg-Vorpommern, Niedersachsen, Sachsen-Anhalt, Schleswig-Holstein, Thüringen)
30173 Hannover, Hans-Böckler-Allee 3
Tel. 0511/380-2416

Gutachterkommission für ärztliche Behandlungsfehler bei der Ärztekammer Nordrhein
40474 Düsseldorf, Tersteegenstr. 31
Tel. 0211/4302-1242/5/6

Gutachterkommission für ärztliche Haftpflichtfragen bei der Ärztekammer Westfalen-Lippe,
48147 Münster,
Kaiser-Wilhelm-Ring 4–6
Tel. 0251/929-0

Konsum **II**

Gutachter- und Schlichtungsstelle für ärztliche Behandlungen der Landesärztekammer Hessen
60488 Frankfurt/Main,
Im Vogelgesang 3
Tel. 069/976720

Gutachterkommission für ärtzl. Behandlungsfehler bei der Ärztekammer des Saarlandes
66111 Saarbrücken, Faktoreistr. 4
Tel. 0681/40030

Gutachterstelle für Fragen ärztlicher Haftung bei der Landesärztekammer Baden-Württemberg
70597 Stuttgart, Jahnstr. 32
Tel. 0711/76989-0

Schlichtungsstelle bei der Bayerischen Ärztekammer
81677 München 80, Mühlbaurstr. 16
Tel. 089/41471

Landesärztekammer Rheinland-Pfalz
55116 Mainz, Deutschhausplatz 3
Tel. 06131/2882225

Schlichtungsstelle der Sächsischen Landesärztekammer
01309 Dresden, Pohlandstr. 19
Tel. 0351/826670

Schiedsstellen des Kfz-Handwerks u. -gewerbes
Die Schiedsstellen des Kfz-Handwerks haben die Aufgabe, Streitigkeiten zwischen Autofahrern und Kfz-Werkstätten über die Notwendigkeit von Reparatur- und Wartungsarbeiten, die ordnungsgemäße Durchführung von Werkstattleistungen und die Angemessenheit von Reparaturkosten möglichst gütlich beizulegen oder zu entscheiden. Die Betriebe, die sich dem Spruch der neutralen Schiedstellen unterwerfen, erkennt der Autofahrer am weißen Schild „Meisterbetrieb der Kfz-Innung".

Auch Meinungsverschiedenheiten aus einem Gebrauchtwagenkauf (aus-

23

II Konsum

schließlich bezüglich des Kaufpreises) können hier einer Einigung bzw. Entscheidung zugeführt werden.

Baden-Württemberg
76532 Baden-Baden, Rheinstr. 146
Tel. 07221/53830
79104 Freiburg, Windaustr. 2
Tel. 0761/551065
74076 Heilbronn, Kreuzenstr. 98
Tel. 07131/164398
76137 Karlsruhe, Ebertstr. 16a
Tel. 0721/386664
79539 Lörrach, Palmstr. 6
Tel. 07621/422366
68309 Mannheim, Chemnitzer Str. 10
Tel. 0621/496730
77652 Offenburg, Wasserstr. 17
Tel. 0781/74083
75179 Pforzheim, Wilferdinger Str. 6
Tel. 07231/313140
72762 Reutlingen, Hindenburgstr. 58
Tel. 07121/241231
70563 Stuttgart, Lombacher Str. 22
Tel. 0711/78239918

Bayern
86167 Augsburg, Robert-Bosch-Str. 1
Tel. 0821/749460
95030 Hof, Birtigtweg 22
Tel. 09281/734030
80992 München, Gärtnerstr. 90
Tel. 089/1436-140
90439 Nürnberg, Hermannstr. 21–25
Tel. 0911/65709-0
93055 Regensburg, Ditthornstr. 21
Tel. 0941/79973-0
97076 Würzburg, Sandäcker 10
Tel. 0931/27991-0

Berlin/Brandenburg
10963 Berlin, Obentrautstr. 16–18
Tel. 030/2590-60
14478 Potsdam, Heinrich-Mann-Allee 91
Tel. 0331/861503

Bremen
28207 Bremen, Benningsenstr. 2–6
Tel. 0421/4994-211

Hamburg
20539 Hamburg, Billstr. 41
Tel. 040/78952152

Hessen
64295 Darmstadt,
Groß-Gerauer-Weg 55
Tel. 06151/351230
60488 Frankfurt/Main, Heerstr. 149
Tel. 069/9765130
36037 Fulda, Rabanusstr. 33
Tel. 0661/902240
35390 Gießen, Goethestr. 10
Tel. 0641/974900
34117 Kassel, Scheidemannplatz 2
Tel. 0561/7848485
35043 Marburg 7, Umgehungsstr. 1
Tel. 06421/9509-0
63073 Offenbach, Markwaldstr. 11
Tel. 069/893065
35576 Wetzlar, Seibertstr. 4
Tel. 06441/42567
65185 Wiesbaden, Rheinstr. 36
Tel. 0611/372095

Mecklenburg-Vorpommern
18146 Rostock, Petridamm 2
Tel. 0381/6009020

Niedersachsen
26603 Aurich, Straße des Handwerks 2
Tel. 04941/956414
37083 Göttingen, Reinhäuser Landstr. 9
Tel. 0551/5076017
21335 Lüneburg, Friedenstr. 6
Tel. 04131/712144
26122 Oldenburg/Old., Theaterwall 32
Tel. 0441/232721
21684 Stade, Rudolf-Diesel-Str. 9
Tel. 04141/606211

Nordrhein-Westfalen
47249 Duisburg, Düsseldorfer Str. 166
Tel. 0203/996340
40233 Düsseldorf, Mendelssohnstr. 16
Tel. 0211/663434
45141 Essen, Katzenbruchstr. 71
Tel. 0201/320080

Konsum **II**

47798 Krefeld, Westwall 122
Tel. 02151/97780
40822 Mettmann, Emil-Beerli-Str. 10
Tel. 02104/9553-0
41065 Mönchengladbach,
Pescherstr. 111–115
Tel. 02161/49150
45468 Mülheim/Ruhr, Zunftmeisterstr. 26
Tel. 0208/960040
41460 Neuss, Oberstr. 18
Tel. 02131/758770
42651 Solingen, Heinestr. 5
Tel. 0212/22214-0
46485 Wesel, Handwerkerstr. 1
Tel. 0281/962620
42103 Wuppertal, Hofkamp 148
Tel. 0202/28090-0

Rheinland-Pfalz
55545 Bad Kreuznach, Rüdesheimer Str. 3, Tel. 0671/836080
67657 Kaiserslautern, Mannheimer Str. 132, Tel. 0631/3403467
56073 Koblenz, Hoevelstr. 19
Tel. 0261/406300
55116 Mainz, Dagobertstr. 2
Tel. 06131/9992-0
56564 Neuwied, Langendorfer Str. 91
Tel. 02631/94640
54292 Trier, Loebstr. 18
Tel. 0651/1462040

Saarland
66117 Saarbrücken, Untertürkheimer Str. 2, Tel. 0681/95404-0

Sachsen
09111 Chemnitz, An der Markthalle 13
Tel. 0371/670086
01219 Dresden, Tiergartenstr. 94
Tel 0351/2539211

Sachsen-Anhalt
39291 Höckern,
Hohenziatzer Chaussee 16
Tel. 039221/95555

Schleswig-Holstein
24114 Kiel 1, Saarbrückenstr. 54
Tel. 0431/6602-130

Thüringen
99817 Eisenach, Langensalzaer Str. 43
Tel. 03691/855130
99084 Erfurt, Futterstr. 13a
Tel. 0361/2119526
07552 Gera, Heinrich-Hertz-Str. 6
Tel. 0365/83985-0
98617 Meiningen, Neu-Ulmer-Str. 19
Tel. 03693/24126
99734 Nordhausen, Domstr. 23
Tel. 03631/900366

Schiedsstellen für Bergungs- und Abschleppdienste

Verband der Bergungs- und
Abschleppunternehmen e. V. (VBA)
42279 Wuppertal, Linderhauser Str. 141
Tel. 0202/26656-0

Abschleppunternehmer-Verband e. V.
31535 Neustadt/Rbg., Ernst-Abbé-Ring 22
Tel. 05032/63061

Schiedsstellen des Radio- und Informationstechnikerhandwerks

Wenn Sie mit der Ausführung eines Reparaturauftrages nicht einverstanden sind, die Reparaturkosten Ihnen zu hoch erscheinen oder wenn Sie sonst eine Streitigkeit mit Ihrem Radio- und Fernsehtechniker haben, können Sie die Schlichtungsstellen in Anspruch nehmen.

Baden-Württemberg
70376 Stuttgart, Krefelder Str. 12
Tel. 0711/955916-0

Bayern
80336 München, Schillerstr. 38
Tel. 089/5518090

Bremen
28195 Bremen, Ansgaritorstr. 24
Tel. 0421/30500-600

Hamburg
20355 Hamburg, Holstenwall 12
Tel. 040/35905-0

II Konsum

Niedersachsen
30163 Hannover, Ikarusallee 17
Tel. 0511/391102

Nordrhein-Westfalen
Handwerkskammer
44135 Dortmund, Reinoldistr. 7–9
Tel. 0231/5493-0

Rheinland-Pfalz
66497 Contwik, Hauptstr. 79
Tel. 06332/996099

Saarland
66113 Saarbrücken, Grülingsstr. 115
Tel. 0681/94861-0

Einschlägige Auskünfte erteilen auch die regionalen Elektro-Innungen.

Schiedsstellen für Textilreinigungsreklamationen

Damit die Schiedsstelle für Sie tätig wird, muß zunächst eine Gebühr zwischen 5 und 25 Euro gezahlt werden. Dafür läßt die Schiedsstelle in der Regel das eingereichte Kleidungsstück von einem Textilforschungsinstitut untersuchen. Falls Sie recht bekommen, erhalten Sie zu dem Schadensersatz die vorab geleistete Gebühr zurück.

Deutscher Textilreinigungsverband e.V.
53129 Bonn, In der Raste 12
Tel. 0228/9173-0

2.4.4 Schuldnerberatung

Bundesarbeitsgemeinschaft Schuldnerberatung e.V.
34117 Kassel, Friedrichplatz 10
Tel. 0561/771093

Landesarbeitsgemeinschaften Schuldnerberatung (LAG-SB)

LAG-SB Bayern e.V.
c/o Diakonisches Werk Untermain
63739 Aschaffenburg, Frohsinnstr. 10
Tel. 06021/399970

LAG-SB Berlin e.V.
13353 Berlin Wedding,
Genter Straße 53
Tel. 030/45300118

Fachzentrum Schuldnerberatung im Lande Bremen e.V.
28203 Bremen, Eduard-Grunow-Str. 24
Tel. 0421/168168

LAG-SB Hamburg
c/o Hamburger Schuldner- und Insolvenzberatung – H.S.I.
21073 Hamburg,
Martin-Leuschel-Ring 14
040/413608-18

LAG-SB Hessen e.V.
64289 Darmstadt, Kranichsteiner Str. 7
Tel. 06151/132163

LAG-SB Mecklenburg-Vorpommern e.V.
c/o ALVD
18439 Stralsund, Langenstr. 48
Tel. 03831/703321

LAG-SB NRW e.V.
c/o Diakonisches Werk Neuss
41462 Neuss, Plankstr. 1
Tel. 02131/56668-37

LAG-SB Rheinland Pfalz e.V.
Herr Bernhard Dietrich
c/o SPAZ GmbH
55118 Mainz, Leibnizstr. 20
Tel. 06131/220331 oder 224439

LAG-SB Sachsen e.V.
c/o Verbraucherzentrale Sachsen e.V.
04103 Leipzig, Brühl 76
Tel. 0341/96089-23

LAG-SB Thüringen e.V.
c/o Stadt Jena Sozialamt
07743 Jena, Tatzendpromenade 2a
Tel. 03641/494651

Einschlägige Auskünfte erteilen auch die regionalen Verbraucherzentralen; (siehe unten II 58)

Konsum **II**

3 Verbraucherrecht

3.1 Allgemeine rechtliche Grundlagen

3.1.1 Geschäftsfähigkeit

Das wirtschaftliche Handeln **natürlicher Personen** (das sind alle Menschen im Gegensatz zu den → juristischen Personen), so insbesondere in ihrer Rolle als Verbraucher, ist außerhalb ihres Haushalts in der Regel durch rechtliche Regelungen bestimmt. Sie legen zunächst fest, wem überhaupt das Recht zugestanden wird, **selbständig** und **rechtswirksam Rechtsgeschäfte** (das sind Geschäfte, aus denen sich Rechtsfolgen ergeben) abzuschließen. So unterscheidet das **Bürgerliche Gesetzbuch** (BGB) in den §§ 104 ff.:

62

63

Geschäftsunfähigkeit: Ihr unterliegt jeder, der 64

– das 7. Lebensjahr noch nicht vollendet hat oder
– dauernd geistesgestört ist.

Geschäftsunfähige können keinerlei Rechtsgeschäfte abschließen; für sie handelt stellvertretend der gesetzliche Vertreter. Das sind die Eltern oder der Vormund.

Beschränkte Geschäftsfähigkeit: Ihr unterliegen Minderjährige, die das 7. Lebensjahr vollendet haben. – Ein Minderjähriger bedarf zum rechtsgültigen Abschluß eines Geschäftes der **Einwilligung** seines gesetzlichen Vertreters (§ 107 BGB). Schließt er ein Rechtsgeschäft ohne dessen Einwilligung ab, so bleibt dieses **schwebend unwirksam** bis die nachträgliche **Genehmigung** des gesetzlichen Vertreters erfolgt (§ 108 BGB). Ohne die Zustimmung des gesetzlichen Vertreters kann ein Minderjähriger nur solche Rechtsgeschäfte abschließen, die

65

– ihm lediglich einen rechtlichen Vorteil erbringen (§ 107 BGB),
– er im Rahmen seines Taschengeldes eingeht (§ 110 BGB),
– im Rahmen des mit Zustimmung des gesetzlichen Vertreters geschlossenen Arbeitsvertrages anfallen (§ 113 BGB).

Die **volle Geschäftsfähigkeit** besitzen alle Personen, die das 18. Lebensjahr vollendet haben. 66

3.1.2 Der Kaufmann (im Sinne des HGB)

Die volle Geschäftsfähigkeit einer Person besagt nun noch lange nichts über deren wirtschaftliche Fähigkeiten beziehungsweise deren Stellung im Geschäftsverkehr. Dieser führt nämlich Laien und Profis, oder anders ausgedrückt, **Nichtkaufleute** und **Kaufleute** zusammen.

II Konsum

67 Kaufmann im Sinne des **Handelsgesetzbuches** (HGB § 1 neue Fassung)* ist jeder Gewerbetreibende, es sei denn, daß sein Unternehmen nach Art und Umfang einen in kaufmännischer Weise eingerichteten Geschäftsbetrieb nicht erfordert. Den sogenannten Minderkaufmann nach § 4 HGB alte Fassung gibt es nicht mehr. Gewerbetreibende, deren Unternehmen nach Art und Umfang keinen kaufmännischen Geschäftsbetrieb erfordern (d. s. die sogenannten Kleingewerbetreibenden), unterliegen ausschließlich dem Bürgerlichen Gesetzbuch. Sie üben wohl ein Gewerbe aus, gelten aber vor dem Gesetz als Nichtkaufleute. Diesen Gewerbetreibenden (zu denen auch reine Dienstleister gehören) steht es frei, die Kaufmannseigenschaft

68 zu erwerben, indem sie sich ins **Handelsregister** (das ist das bei den Amtsgerichten geführte Verzeichnis der Kaufleute und Handelsgesellschaften)** eintragen lassen. Eine solche Eintragung trägt für diesen Personenkreis (Kannkaufleute nach § 2 HGB) rechtsbegründenden (konstitutiven) Charakter. Mit der Eintragung über-

69 nimmt er alle Rechte und Pflichten eines **Kaufmanns** (z. B. Recht eine Firma zu führen, unverzügliche Rügepflicht bei Mängeln beim Handelskauf, Gültigkeit von Bürgschaften und Schuldanerkenntnissen auch bei mündlicher Vereinbarung, erhöhter Zins bei Verzug, Bestellung von Prokuristen etc.). Die bislang für die Eintragung dieses Personenkreises ins Handelsregister notwendige Überprüfung der erforderlichen betrieblichen Größenverhältnisse entfällt nunmehr.

Für diejenigen Gewerbetreibenden, die von dieser Möglichkeit der Eintragung ins Handelsregister keinen Gebrauch machen, besteht ab dem Zeitpunkt, zu dem ihr Unternehmen einen Umfang erreicht, der einen in kaufmännischer Weise eingerichteten Geschäftsbetrieb erfordert, die Pflicht, sich ins Handelsregister eintragen zu lassen. Diese Eintragung ins Handelsregister hat nunmehr aber allein rechtsbekundenden (deklaratorischen) Charakter. Dies bedeutet, daß das Handelsgesetzbuch für Unternehmen der maßgeblichen Größenordnung ab der Erreichung derselben und nicht erst ab der Eintragung ins Handelsregister gilt. – Für die Beurteilung der Größenverhältnisse, die eine Eintragung ins Handelsregister erfordern, gilt die bisherige Rechtsprechung. Ihrzufolge ist dafür eine Gesamtwürdigung der relevanten betrieblichen Aspekte, wie Umsatz, Anzahl der Beschäftigten, Größe der Räumlichkeiten, Teilnahme am Wechsel- und Scheckverkehr, Komplexität der Geschäftsvorgänge etc. maßgeblich. Der formale Akt der Eintragung ins Handelsregister ist nicht das entscheidende Faktum.

70 Die **Firma** ist der Name eines Kaufmanns, unter dem er seine Geschäfte betreibt und seine Unterschrift abgibt (§ 17 HGB). Nach der alten Rechtsregelung der §§ 1, 2 und 4 HGB war das Recht der Firmenführung nur den Personen gestattet, die

---

* Durch das Handelsrechtreformgesetz vom 22. Juni 1998 wurde der bis dahin geltende, auf das Jahr 1897 zurückreichende Kaufmannsbegriff abgeschafft und durch einen neuen, einheitlichen Kaufmannsbegriff ersetzt. Ihm zufolge wird nicht mehr zwischen Muß- und Sollkaufleuten sowie zwischen Voll- und Minderkaufleuten unterschieden. Mit der Neufassung des Kaufmannsbegriffs wird nicht nur der Tatsache Rechnung getragen, daß die meisten Eintragungen in das Handelsregister entgegen der gesetzlichen Systematik nicht nach § 1 Abs. 2 HGB alte Fassung sondern nach § 2 HGB alte Fassung erfolgten; es wird damit auch der einschlägigen Rechtslage der meisten EU-Mitgliedstaaten entsprochen.
** Seit 2007 werden die Handelsregister elektronisch geführt und können bundesweit über www.handelsregister.de eingesehen werden.

Konsum **II**

im Handelsregister einzutragen oder eingetragen waren. Die Neuregelung erlaubt das Recht, eine Firma zu führen, grundsätzlich solchen Kaufleuten, die ins Handelsregister einzutragen sind (vgl. § 1 HGB neue Fassung). Allerdings räumt § 2 HGB neue Fassung ein, daß auch Kleingewerbetreibende sich auf eigenen Antrag ins Handelsregister eintragen lassen können. Für diese Unternehmen gelten dann die Vorschriften des Handelsgesetzbuches.

Die Stichwortnummern 71–76 sind entfallen!

3.1.3 Stellvertreter des Kaufmanns

In Wahrnehmung seiner geschäftlichen Aufgaben läßt sich der Kaufmann häufig durch bestimmte Vertrauenspersonen vertreten. Es sind dies insbesondere:
- der Handlungsbevollmächtigte,
- der Prokurist und
- der Generalbevollmächtigte.

Dem **Handlungsbevollmächtigten** ist die Befugnis erteilt, alle Geschäfte und Rechtshandlungen vorzunehmen, die der Betrieb eines **derartigen** Handelsgewerbes (d. h. eines Handelsgewerbes wie das, in dem er in Diensten steht und nicht eines beliebigen Handelsgewerbes) **gewöhnlich** mit sich bringt (§ 54 (1) HGB). 77

Nach dem Umfang der Vollmacht werden drei Arten unterschieden:
- die **allgemeine Handlungsvollmacht** (Generalvollmacht), die zur Vornahme **aller** Geschäfte und Rechtshandlungen ermächtigt, die der Betrieb eines derartigen Handelsgewerbes mit sich bringt;
- die **Arthandlungsvollmacht** (Teilvollmacht), die zur dauernden Vornahme einer genau bestimmten Gattung von Geschäften (z. B. Wareneinkauf) berechtigt;
- die **Spezialhandlungsvollmacht** (Einzelvollmacht), die die Vornahme bestimmter einzelner Geschäfte erlaubt (z. B. Einzug eines Geldbetrages, Kauf eines Grundstückes).

Über eine **Sonderform** der Handlungsvollmacht verfügen die Ladenangestellten (§ 56 HGB). Sie ermächtigt jeden, der in einem Laden oder Warenlager beschäftigt ist, zu Verkäufen oder Empfangnahmen, die in einem derartigen Betrieb gewöhnlich anfallen.

Der Handlungsbevollmächtigte handelt nicht im eigenen Namen, sondern im Namen des Unternehmensinhabers (§ 164 BGB). Er unterschreibt mit einem Zusatz zu seinem Namen, wie i.V. (in Vollmacht) oder i.A. (im Auftrag).

Ohne ausdrückliche Ermächtigung sind dem Handlungsbevollmächtigten folgende Geschäfte untersagt: Belastung oder Veräußerung von Grundstücken, Führung von Prozessen, Aufnahme von Darlehen, Eingehung von Wechselverbindlichkeiten.

Die Erteilung der Handlungsvollmacht kann schriftlich, mündlich oder auch stillschweigend durch Duldung bestimmter Handlungen erfolgen. Sie wird nicht ins → Handelsregister eingetragen.

Die Handlungsvollmacht erlischt durch: Widerruf, Kündigung des Dienstverhältnisses, Zeitablauf (bei vereinbarter Frist), freiwillige oder zwangsweise Auflösung des Geschäftes, nach Erledigung des Auftrages (bei Einzelvollmacht).

29

II Konsum

78 Der **Prokurist** hat die Befugnis, alle Arten von gerichtlichen und außergerichtlichen Geschäften und Rechtshandlungen vorzunehmen, die der Betrieb **irgendeines** Handelsgewerbes mit sich bringt (§ 49 (1) HGB).
Nur der Inhaber des Handelsgeschäfts oder sein gesetzlicher Vertreter kann Prokura erteilen. Sie muß ausdrücklich (schriftlich oder mündlich) erteilt werden. Sie muß zur Eintragung ins → Handelsregister angemeldet werden.

Man unterscheidet folgende Arten von Prokuren:
- die **Einzelprokura**, wenn eine Person allein vertretungsbefugt ist;
- die **Gesamtprokura**, wenn mehrere Personen gemeinschaftlich vertretungsbefugt sind und damit nur gemeinsam handeln können;
- die **Filialprokura**, wenn sich die Vollmacht auf die Geschäfte einer Filiale beschränkt.

Der Prokurist ist direkter Vertreter des Unternehmensinhabers. Er handelt in dessen Namen, unterzeichnet mit seinem Namen und einem die Prokura anzeigenden Zusatz (pp. oder ppa.).

Der Unternehmer kann den Umfang der Prokura im Innenverhältnis (d. h. im Unternehmen) beliebig einschränken. Im Außenverhältnis (d. h. Dritten, außenstehenden Personen gegenüber) ist sie jedoch unbeschränkbar.

Die Prokura berechtigt nicht zu höchstpersönlichen Rechtsgeschäften des Unternehmers, wie: Veräußerung oder Belastung von Grundstücken; die Unterzeichnung von Bilanz, Inventar und Steuererklärungen; die Erteilung der Prokura; die Aufnahme von Gesellschaftern.

Die Prokura erlischt durch: Widerruf, Beendigung des Dienstverhältnisses, Tod des Prokuristen, Aufgabe beziehungsweise Insolvenz des Unternehmens. Das Erlöschen der Prokura ist zur Eintragung ins → Handelsregister anzumelden.

79 Der **Generalbevollmächtigte** ist befugt, den Vollmachtgeber in **allen** Rechtsgeschäften zu vertreten, für die eine Vertretung gesetzlich oder satzungsmäßig zulässig ist. Die Erteilung ist formfrei.

3.1.4 Juristische Personen und Personenvereinigungen

80 Außer natürlichen Personen können auch **juristische Personen** rechtswirksame Rechtsgeschäfte abschließen. Juristische Personen sind Vereinigungen von Personen zur Erreichung eines gemeinsamen Zweckes oder Vermögensmassen, die von
81 der Rechtsordnung mit einer eigenen **Rechtsfähigkeit** (das ist die Fähigkeit, Rechte und Rechtspflichten zu haben wie natürliche Personen) ausgestattet wurden und
82 somit eine **eigene Rechtspersönlichkeit** besitzen. Neben den → **juristischen Personen**
83 **des öffentlichen Rechts** (wie z. B. Bund, Länder, Gemeinden, Berufsgenossenschaften, Versicherungsanstalten, staatliche Rundfunkanstalten, staatliche Hochschulen, Industrie- und Handelskammern, Handwerkskammern, Ärztekammern, die staatlich anerkannten Kirchen, Stiftungen des öffentlichen Rechts) sind es insbesondere
84 die **juristischen Personen des privaten Rechts** (wie beispielsweise → Aktiengesellschaften, → Kommanditgesellschaften auf Aktien, → Gesellschaften mit beschränkter Haftung, → Genossenschaften, → Versicherungsvereine auf Gegensei-

tigkeit), denen im Wirtschaftsleben Bedeutung zukommt. Diese juristischen Personen des privaten Rechts haben einen Namen, der geschützt ist wie der Name eines Menschen. Ähnlich dem Wohnsitz einer natürlichen Person haben sie einen Geschäftssitz als Mittelpunkt ihrer Rechtsverhältnisse. Die juristische Person selbst (als Rechtsgebilde) kann selbstverständlich nicht handeln. Sie schafft sich deshalb für diesen Zweck entsprechende Organe und bedient sich dieser. So haben alle juristischen Personen eine(n) **Vorstand/Geschäftsführung**. Durch seinen/ihren Mund (d. h. seine/ihre Verlautbarungen) bekunden sie ihren Willen und durch seine/ihre Hand (d. h. seine/ihre Handlungen) setzen sie ihre Vorhaben in die Tat um, das heißt schließen sie ihre Rechtsgeschäfte ab. Der Vorstand/die Geschäftsführung ist gleichsam der gesetzliche Vertreter der juristischen Person. Die juristische Person ist verantwortlich; sie haftet für jeden Schaden, den einer ihrer (unternehmens-)verfassungsmäßig berufenen Vertreter in Ausübung seiner Dienste einem Dritten durch eine zum Schadensersatz verpflichtende Handlung zufügt.

Neben den juristischen Personen können auch andere **Personenvereinigungen** eigene Rechtsfähigkeit erlangen. Sie können einen festen oder einen veränderlichen Mitgliederbestand haben.

Besteht die Vereinigung aus ganz bestimmten Personen, die nur ausnahmsweise durch andere ersetzt werden können, so gilt sie als eine **Gesellschaft**. Nach §§ 705–740 BGB ist die **Gesellschaft des bürgerlichen Rechts** (BGB-Gesellschaft, GbR) eine Vereinigung (→ Gesellschaft) von zwei oder mehreren Personen zur Erreichung eines gemeinsamen Zweckes (z. B. eine Lotto- oder Totogemeinschaft). Der BGH zuerkannte ihr 2001 (II ZR 331/00) eine → eigene **Rechtspersönlichkeit**.

Eine Vereinigung von Personen führt dagegen zu einem **Verein**, wenn sie auf den Wechsel der Mitglieder abstellt und so konstruiert ist, daß die jeweiligen Mitglieder für den Bestand der Vereinigung nicht wesentlich sind (so besteht beispielsweise die Schützengilde in Libisau seit 150 Jahren!). Seine **Rechtsfähigkeit** erlangt der Verein durch Eintragung ins Vereinsregister oder durch staatliche Verleihung (§ 22 BGB).

Der **nichtrechtsfähige Verein** (das ist ein Verein, der weder im Vereinsregister eingetragen ist, noch durch staatliche Verleihung die Rechtsfähigkeit erlangt hat) untersteht, obwohl er keine Gesellschaft ist, den für die Gesellschaft geltenden Vorschriften.

Personenvereinigungen des Handelsrechts ohne Rechtsfähigkeit sind insbesondere die → offene Handelsgesellschaft, die → Kommanditgesellschaft und die → stille Gesellschaft.

3.1.5 Unternehmungsformen

Die Rechtsform (rechtliche Verfassung), unter der die Rechtsbeziehungen eines Unternehmens (Ein **Unternehmen** ist die organisatorisch-rechtliche Einheit zur Verfolgung wirtschaftlicher Zwecke. Ein Unternehmen kann aus mehreren → Betrieben bestehen; es kann aber auch keinen Betrieb haben wie bspw. die Holding-Gesellschaft. Die Begriffe Unternehmen und **Unternehmung** sind gleichbedeutend. In der Alltagssprache werden die Begriffe Betrieb und Unternehmen/Unternehmung häufig gleichgesetzt.) im Innen- und Außenverhältnis geregelt werden, bezeichnet

II Konsum

man als Unternehmungsform. Welche Unternehmungsform im Einzelfall zu wählen ist, hängt von Art und Umfang der jeweiligen unternehmerischen Aufgabenstellung ab. Der – je nach Aufgabenstellung – unterschiedlich hohe Bedarf an Personal und Kapital bedingt entsprechende Unterschiede in Betriebsgröße, Kapitalbeschaffung und Organisation der Unternehmung. Die Rechtsordnung trägt diesen unterschiedlichen Erfordernissen durch verschiedene Gestaltungsmöglichkeiten der Unternehmungsverfassung Rechnung. Sie unterscheidet die Einzelunternehmung und die Gesellschaftsunternehmung.

93 **3.1.5.1 Die Einzelunternehmung**

Bei der Einzelunternehmung liegt die Verantwortung für die Geschäftsführung in der Hand eines einzelnen. Personal- und Kapitalausstattung und damit Betriebsgröße sind demzufolge in der Regel begrenzt (d. h. es handelt sich vorwiegend um Klein- und Mittelbetriebe). Der Einzelunternehmer haftet allein für die durch ihn und seine Mitarbeiter eingegangenen Geschäftsverpflichtungen. Die Haftung des Unternehmers erstreckt sich auf sein gesamtes Geschäfts- und Privatvermögen.

94 **3.1.5.2 Die Gesellschaftsunternehmung**

Eine Gesellschaftsunternehmung wird durch vertraglichen Zusammenschluß von zwei oder mehreren Personen zur Erreichung eines gemeinsamen Zweckes gebildet. Die Gründe, die einem solchen Zusammenschluß unterliegen, können sehr unterschiedlich und mannigfaltig sein, so zum Beispiel: Kapitalbedarf, Risikoverteilung, Bedarf an verantwortungs- und risikobereiten Führungskräften, Verbreiterung der Kreditbasis durch Einbringung zusätzlichen Kapitals. Im Gegensatz zur Einzelunternehmung wird damit:
– das Kapital von mehreren aufgebracht, die damit Teilhaberrechte erwerben,
– die Verantwortung von mehreren getragen und
– Haftung und Risiko auf mehrere verteilt.

Die Gesellschaftsunternehmungen lassen sich in drei Gruppen einteilen: Personengesellschaften, Kapitalgesellschaften und Gesellschaften besonderer Art.

95 **3.1.5.2.1 Personengesellschaften**

96 **3.1.5.2.1.1 Die offene Handelsgesellschaft (oHG)**

Die offene Handelsgesellschaft wird in den §§ 105–160 HGB geregelt. Sie ist die (gesellschaftsvertragliche) Vereinigung von zwei oder mehreren Personen (auch → juristische Personen können Gesellschafter sein) zum Betrieb eines Handelsgewerbes unter gemeinschaftlicher → **Firma**. Die Gesellschafter haften **unbeschränkt** (d. h. mit ihrem gesamten Geschäfts- und Privatvermögen) und **gesamtschuldnerisch** (d. h. jeder Gesellschafter haftet für die gesamten Schulden des Unternehmens). Die Gesellschafter sind Mitunternehmer und Miteigentümer der Gesellschaft. Die Gesellschaft selbst besitzt keine Rechtsfähigkeit, wohl aber Prozeßfähigkeit (d. h. sie kann unter ihrer Firma klagen und verklagt werden). Die Gesellschaft entsteht und wird damit nach außen wirksam mit Geschäftsbeginn, spätestens mit der Eintragung ins → Handelsregister. Die oHG gilt als Arbeitsgemeinschaft, in der jeder Gesellschafter berechtigt und verpflichtet ist, in der **Geschäftsführung** mitzuarbeiten, es sei denn, daß der Gesellschaftsvertrag eine andere Regelung (z. B. Einzelgeschäftsführung) vorsieht. Das gleiche gilt für die **Vertretung** der Gesellschaft nach außen, das heißt Dritten gegenüber. Der Gesellschaftsvertrag kann einen Gesellschafter von der Vertretung ganz ausschließen oder ihn an die Mitvertretung eines anderen Gesellschafters oder eines Prokuristen binden. Der Ausschluß der Vertretungsmacht ist Dritten gegenüber allerdings nur dann wirksam, wenn er ins Handelsregister eingetragen ist. Einschränkungen der Vertretungsmacht sind dagegen unzulässig.

Die offene Handelsgesellschaft kann aus verschiedenen Gründen **aufgelöst** werden, so zum Beispiel: durch Beschluß der Gesellschafter, durch Kündigung, infolge Insolvenzeröffnung über das Gesellschaftsvermögen oder das Vermögen eines Gesellschafters.

Durch den Tod eines Gesellschafters endigt die oHG nur, wenn nicht vereinbart ist, daß sie mit den Erben des Verstorbenen oder unter den verbleibenden Gesellschaftern fortgeführt werden soll.

3.1.5.2.1.2 Die Kommanditgesellschaft (KG) 98

Die Kommanditgesellschaft wird in den §§ 161–177 HGB behandelt. Sie ist die vertragliche Vereinigung von zwei oder mehreren Personen (auch → juristische Personen können Gesellschafter sein) zum Betrieb eines Handelsgewerbes unter gemeinschaftlicher Firma. Im Gegensatz zur offenen Handelsgesellschaft haftet/haften ein oder mehrere Gesellschafter, **die Kommanditisten**, gegenüber den Gesellschaftsgläubigern nur **beschränkt**, das heißt mit ihrer Einlage ins Gesellschaftsvermögen. Die Haftung der übrigen Gesellschafter, der **Komplementäre** (persönlich haftende Gesellschafter), ist **unbeschränkt**, das heißt sie haften (wie die Gesellschafter der oHG) mit ihrem gesamten Geschäfts- und Privatvermögen. 99 100

Die KG gibt dem Kommanditisten die Möglichkeit, sich mit auf die Einlage begrenztem Risiko am Unternehmen kapitalmäßig zu beteiligen, ohne selbst mitzuarbeiten. Für den/die Komplementär(e) liegt der Vorteil dieser Unternehmensrechtsform darin, daß er/sie durch Aufnahme von Teilhaftern (Kommanditisten) die Kapitalbasis des Unternehmens erweitern kann/können, ohne dadurch in der Geschäftsführung wesentlich eingeschränkt zu werden.

Die für die oHG geltenden **Auflösungsgründe** gelten allgemein auch für die KG. Der Tod eines Kommanditisten führt jedoch hier nicht zur Auflösung der Gesellschaft. Der Kapitalanteil des Verstorbenen geht – soweit nichts anderes vereinbart – auf die Erben über.

3.1.5.2.1.3 Die stille Gesellschaft 101

Eine stille Gesellschaft kommt dadurch zustande, daß sich eine natürliche oder → juristische Person (der sogenannte „Stille") an dem Unternehmen eines anderen mit einer Einlage beteiligt. Mit dieser Einlage begründet der stille Gesellschafter gegenüber dem Geschäftsinhaber ein langfristiges Gläubigerverhältnis mit vertraglich vereinbarter Gewinn- und (in der Regel begrenzter) Verlustbeteiligung. Die Beteiligung am Verlust kann aber auch ausgeschlossen werden.

II Konsum

Der stille Gesellschafter nimmt an der Geschäftsführung nicht teil. Er hat auch bei außergewöhnlichen Geschäftshandlungen kein Widerspruchsrecht.

3.1.5.2.2 Kapitalgesellschaften

3.1.5.2.2.1 Die Aktiengesellschaft (AG)

Die Aktiengesellschaft wird durch das Aktiengesetz (AktG) geregelt. Sie ist eine Gesellschaftsunternehmung mit → eigener **Rechtspersönlichkeit** (→ juristische Person). Das Gesellschaftskapital (**Grundkapital**) – das mindestens 50 000 Euro betragen muß – ist in sogenannten **Aktien** aufgeteilt, die auf einen festen Nennbetrag (Nennbetragsaktien; Mindestnennbetrag 1 Euro) oder auf keinen Nennbetrag ([nennwertlose] Stückaktien; sie sind am Grundkapital in gleichem Umfang beteiligt; der anteilige Betrag des Grundkapitals darf 1 Euro nicht unterschreiten) lauten und zum Erwerb angeboten werden. Zum 31. 12. 2001 wurden alle **börsennotierten** Aktien auf nennwertlose Stückaktien umgestellt. Mit dem Kauf von Aktien wird man **Aktionär** und damit Mitglied (Teilhaber, Gesellschafter) der betreffenden Aktiengesellschaft. Die **Haftung** des Aktionärs beschränkt sich auf seinen Anteil am Grundkapital, das heißt auf seine Aktie(n). Die **Mitgliedschaftsrechte** erstrecken sich auf:
- Recht auf Teilnahme an der Gesellschafterversammlung (Hauptversammlung);
- Stimmrecht in der Hauptversammlung entsprechend dem Anteil am Grundkapital (je Aktie 1 Stimme);
- Auskunftsrecht über Angelegenheiten der Gesellschaft;
- Anfechtung von Beschlüssen der Hauptversammlung wegen Verletzung des Gesetzes oder der Satzung;
- Recht auf Anteil am Gewinn (**Dividende**) entsprechend dem Anteil am Grundkapital;
- Recht auf Bezug neuer (junger) Aktien;
- Recht auf Anteil am Liquidationserlös (bei Auflösung der Gesellschaft) entsprechend dem Anteil am Grundkapital.

Die Aktiengesellschaft hat drei **Organe**:
- den Vorstand (leitendes Organ),
- den Aufsichtsrat (überwachendes Organ) und
- die Hauptversammlung (beschlußfassendes Organ).

Der **Vorstand** wird vom Aufsichtsrat auf höchstens 5 Jahre bestellt. Wiederholte Bestellung ist möglich. Er besteht aus einer oder mehreren Personen, die nicht Aktionäre sein brauchen, aber auf keinen Fall dem Aufsichtsrat angehören dürfen. Der Vorstand leitet die Unternehmung in eigener Verantwortung und vertritt sie nach außen (**Gesamtgeschäftsführungs-** und **Gesamtvertretungsbefugnis**). Dem Aufsichtsrat muß er regelmäßig über Stand und Entwicklung des Unternehmens berichten. In den ersten drei Monaten eines Geschäftsjahres hat er den **Jahresabschluß** und den **Geschäftsbericht** für das vergangene Jahr zu erstellen und den Abschlußprüfern vorzulegen. Außerdem muß er die ordentliche Hauptversammlung einberufen.

Konsum II

In Aktiengesellschaften mit mehr als 2000 Arbeitnehmern werden die Vorstandsmitglieder mit Zwei-Drittel-Mehrheit bestellt. Es ist außerdem ein Vorstandsmitglied (**Arbeitsdirektor**) für die Personal- und Sozialpolitik zuständig.

Der **Aufsichtsrat** (AR) wird
- bei Gesellschaften bis 2000 Arbeitnehmer
zu 2/3 von der Hauptversammlung und zu 1/3 von den Arbeitnehmern der Gesellschaft auf 4 Jahre gewählt; er besteht aus mindestens 3 Mitgliedern; eine durch Satzung festgelegte höhere Zahl von AR-Mitgliedern muß durch 3 teilbar sein. (In Aktiengesellschaften mit weniger als 500 Arbeitnehmern können die Beschäftigten keine Mitglieder in den AR entsenden.)
- bei Gesellschaften mit mehr als 2000 Arbeitnehmern
mit der gleichen Anzahl von Mitgliedern der Anteilseigner und der Arbeitnehmer besetzt. Die im Unternehmen vertretenen Gewerkschaften haben im AR Sitz und Stimme. Der Vorsitzende des AR wird durch die Anteilseigner, der Stellvertreter des Vorsitzenden durch die Arbeitnehmer bestimmt.

Bei Gesellschaften der Montanindustrie besteht der AR aus 11 Mitgliedern – 4 Vertretern der Anteilseigner, 4 Vertretern der Arbeitnehmer und 3 weiteren Mitgliedern –, die nach einem mitbestimmten Modus bestellt werden.

Der Aufsichtsrat überwacht die Tätigkeit des Vorstandes, prüft den Jahresabschluß, den Geschäftsbericht und den Prüfungsbericht (Berichterstattung eines Prüfers, § 166 AktG) sowie den Vorschlag des Vorstandes über die Verteilung des Bilanzgewinnes und berichtet hierüber der Hauptversammlung. Er kann bei Vorliegen eines wichtigen Grundes den Vorstand abberufen. Außerdem kann er außerordentliche Hauptversammlungen einberufen.

Die **Hauptversammlung** (HV) als Zusammenkunft der Aktionäre wird in der Regel einmal jährlich einberufen. Sie beschließt über die Grundfragen der Gesellschaft (Satzungsänderungen, Kapitalerhöhung, Verwendung des Bilanzgewinnes, Entlastung des Vorstandes und des AR, Verschmelzung mit einer anderen Gesellschaft, Auflösung u. a.). Das Stimmrecht wird nach Aktiennennbeträgen, bei Stückaktien nach deren Anzahl ausgeübt (§ 134 AktG).

Bei Auflösung der Unternehmung erhalten die Aktionäre entsprechend ihrem Anteil am Grundkapital einen Anteil am Reinerlös aus der Verwertung des Vermögens nach Begleichung der Schulden.

Am 10. August 1994 trat das „Gesetz für **kleine Aktiengesellschaften** und zur Deregulierung des Aktienrechts" in Kraft. Ziel dieser Gesetzesnovelle, die keine neue Rechtsform im Kapitalgesellschaftsrecht kreiert, ist es, die Rechtsform der AG auch für mittelständische Unternehmen, die überwiegend als GmbH firmieren, zugänglich und attraktiv zu machen. Durch Wegfall der Mitbestimmung bei einer Mitarbeiterzahl bis zu 500, die Einpersonen-Gründung, entbürokratisierte Hauptversammlungen und größere Gestaltungsfreiheit hinsichtlich der Gesellschaftsorgane soll den mittelständischen Unternehmen eine direkte Eigenkapitalfinanzierung und eventuell ein späterer Börsenzugang ermöglicht werden.

II Konsum

110b **3.1.5.2.2.2 Europäische Aktiengesellschaft (Societas Europaea, SE)**

Seit dem 29.12.2004 können Unternehmen in Deutschland auch die Rechtsform der Europäischen Aktiengesellschaft (Societas Europaea, SE) wählen. Die Gesetzesgrundlage (Gesetz zur Einführung der Europäischen Aktiengesellschaft) basiert auf einer EU-Verordnung. Sie gestattet entsprechenden Unternehmen, anstelle von Vorstand und Aufsichtsrat einen Board of Directors (Verwaltungsrat nach britschamerikanischem Vorbild) einzuführen. Diese sogenannte „Europa-AG" erschließt Unternehmen die Möglichkeit, sich grenzüberschreitend nach einheitlichen Regeln zusammenzuschließen.

Die Form der → Mitbestimmung wird bei dieser Unternehmensrechtsform grundsätzlich in Verhandlungen zwischen Arbeitnehmervertretern und Unternehmensleitung festgelegt. Wird hier keine Einigung erreicht, greift eine Auffangregelung Platz. Ihrzufolge gestaltet sich die Mitbestimmung nach dem weitestgehenden (Mitbestimmungs-)Modell in den jeweiligen Gründungsgesellschaften.

111 **3.1.5.2.2.3 Die Kommanditgesellschaft auf Aktien (KGaA)**

Die Kommanditgesellschaft auf Aktien ist eine Unternehmung mit → eigener **Rechtspersönlichkeit**, bei der mindestens ein Gesellschafter den Gesellschaftsgläubigern **unbeschränkt** haftet (persönlich haftender Gesellschafter oder **Komplementär** genannt) und weitere Gesellschafter an dem in Aktien zerlegten Grundkapital beteiligt sind (dies sind die sogenannten **Kommanditaktionäre**), ohne persönlich für die Verbindlichkeiten der Gesellschaft zu haften.

Die **Organe** entsprechen denen der → Aktiengesellschaft. Die Komplementäre bilden den nicht absetzbaren **Vorstand**. In der **Hauptversammlung** beschließen die Kommanditaktionäre unter anderem über die Gewinnverwendung, stellen den Jahresabschluß fest und entlasten den Vorstand und den Aufsichtsrat. Der **Aufsichtsrat** wird ähnlich wie bei der AG zu 2/3 von den Kommanditaktionären und zu 1/3 von den Arbeitnehmern der Gesellschaft gewählt. (In KGaA mit weniger als 500 Arbeitnehmern können die Beschäftigten keine Mitglieder in den AR entsenden.) Persönlich haftende Gesellschafter können nicht in den AR gewählt werden.

Die Rechtsgrundlagen für die KGaA sind das Handelsgesetzbuch und das Aktiengesetz.

112,112a **3.1.5.2.2.4 Die Gesellschaft mit beschränkter Haftung (GmbH) und die Unternehmergesellschaft (UG)**

Die Gesellschaft mit beschränkter Haftung wird durch das GmbH-Gesetz (GmbHG) geregelt. Sie ist eine Unternehmung mit → eigener **Rechtspersönlichkeit**.
113 Ihr in Gesellschaftsanteile zerlegtes Gesellschaftskapital (**Stammkapital**) wird von
114 den Gesellschaftern durch Geld- oder Sacheinlagen (**Stammeinlagen**) aufgebracht. Die Einlage muß mindestens 100 Euro betragen, das Stammkapital mindestens 25 000 Euro. Im Gegensatz zur AG kann ein Geschäftsanteil nur in gerichtlicher oder notarieller Form übertragen werden. Dadurch soll der Mitgliedschaft ein persönlicher Charakter zugewiesen werden.

Die **Gründung** einer GmbH erfolgt durch eine oder mehrere Person(en) mit Abschluß eines notariell beurkundeten Gesellschaftsvertrages (**Satzung**). Nach Einzahlung von mindestens 25% jeder Stammeinlage und Eintragung ins Handelsregister ist die Gesellschaft errichtet.

Die **Haftung** ist auf das Gesellschaftsvermögen beschränkt. Die Satzung kann allerdings eine (beschränkte oder unbeschränkte) Pflicht der Gesellschafter zu weiteren Einzahlungen auf die Einlagen (**Nachschußpflicht**) vorsehen.

Die **Geschäftsführung** und **Vertretung** der Gesellschaft werden von einem oder mehreren – von den Gesellschaftern bestellten – **Geschäftsführern** wahrgenommen.

Oberstes Organ ist die **Gesellschafterversammlung**. Sie ist das beschließende Organ (Feststellung der Jahresbilanz und Gewinnverwendung, Einforderung von Einzahlungen auf die Stammeinlagen, Einforderung und Rückzahlung von Nachschüssen, Teilung sowie Einziehung von Geschäftsanteilen; Bestellung, Entlastung und Abberufung von Geschäftsführern; Bestellung von Prokuristen und Handlungsbevollmächtigten). Je 50 Euro eines Geschäftsanteils gewähren eine Stimme.

Ein **Aufsichtsrat** (AR) zur Überwachung der Geschäftsführung **kann** durch den Gesellschaftsvertrag vorgeschrieben werden. Bei Gesellschaften mit mehr als 500 Arbeitnehmern **muß** nach dem Betriebsverfassungsgesetz ein AR gebildet werden.

Die **Auflösung** der Gesellschaft (z. B. weil ihr Zweck erreicht ist oder durch Beschluß der Gesellschafter) führt – außer im Falle der Insolvenz – zur Liquidation.

Mit dem am 1. 11. 2008 in Kraft getretenen Gesetz zur Modernisierung des GmbH-Rechts und zur Bekämpfung von Mißbräuchen (MoMiG) erhielt die traditionelle GmbH eine Art Einstiegsvariante in Form der **Unternehmensgesellschaft**. Sie erfordert kein Stammkapital und kann mit einer Einlage von 1 Euro gegründet werden. Bei Übernahme des Musterprotokolls des revidierten GmbH-Gesetzes entfallen die Gründungsgebühren; die notarielle Beurkundung beträgt lediglich 20 Euro plus eine Registergebühr. Um eine entsprechende Kapitaldecke anwachsen zu lassen, muß das Unternehmen jährlich mindestens ein Viertel des Gewinns als Rücklage bilden und in die Bilanz aufnehmen. Sobald diese Rücklage auf 25 000 Euro angewachsen ist (also auf das Mindestkapital der GmbH) kann die UG (auf GmbH) umfirmieren (muß dies aber nicht!).

3.1.5.2.2.5 Limited Company (Ltd.)

Laut Urteil des Europäischen Gerichtshofes (EuGH) vom 5.11.2002 ist die englische Unternehmensrechtsform der Limited Company in der gesamten EU rechtsfähig. Mit Urteil vom 13.3.2003 hat sich der Bundesgerichtshof den Vorgaben des EuGH angeschlossen.

Die Limited Company ist geeignet an die Stelle der GmbH zu treten und damit deren bürokratischen, zeitaufwendigen und insbesondere haftungsrechtlichen Vorgaben (Haftungskapital der Limited € 1,50 statt € 25 000 der GmbH!) zu umgehen.

3.1.5.2.3 Gesellschaften besonderer Art

3.1.5.2.3.1 Die Genossenschaft (eG = eingetragene Genossenschaft) und die Europäische Genossenschaft (Societas Cooperativa Europaea, SCE)

Die **Genossenschaft** ist im Genossenschaftsgesetz (GenG) geregelt. Sie ist eine Unternehmung mit → eigener **Rechtspersönlichkeit** (→ juristische Person), die den Er-

II Konsum

werb und die Wirtschaft ihrer Mitglieder mittels gemeinsamen Geschäftsbetriebes fördert. Allseits bekannte Erscheinungsformen sind: ländliche Genossenschaften, Kreditgenossenschaften (Volksbanken u. Raiffeisenbanken), Konsumgenossenschaften, Baugenossenschaften, Einkaufsgenossenschaften, Winzergenossenschaften. Die Genossenschaften streben nicht in erster Linie nach einem möglichst großen Gewinn, sondern nach anderen wirtschaftlichen Vorteilen für ihre Mitglieder (**Genossen**) wie: bessere Absatzmöglichkeiten, günstige Einkaufsmöglichkeiten, verbilligte Kredite u. a.

Zur Errichtung einer Genossenschaft muß zunächst eine Satzung (**Statut**) durch mindestens 7 Personen (Gründer) aufgestellt werden. Es folgt die Wahl des Vorstandes und des Aufsichtsrates, die Prüfung durch den Prüfungsverband und die Eintragung ins **Genossenschaftsregister** beim Amtsgericht. Mit der Eintragung erlangt die Genossenschaft ihre Rechtsfähigkeit.

Die Mitgliederzahl der Genossenschaft ist nicht begrenzt. Die Genossen zeichnen mit ihrem Beitritt zur Genossenschaft einen **Geschäftsanteil**, auf den sie entsprechende Einzahlungen zu leisten haben. Den Gläubigern der Genossenschaft haftet das **Gesellschaftsvermögen**. Das Statut hat festzulegen, ob im Insolvenzfall von den Mitgliedern **Nachschüsse** geleistet werden müssen.

Die **Organe** der Genossenschaft sind: Vorstand, Aufsichtsrat und Mitgliederversammlung (Generalversammlung).

Der **Vorstand** führt die Geschäfte und vertritt die Genossenschaft nach außen. Er besteht nach dem GenG aus 2 Personen, die Mitglieder der Genossenschaft sein müssen und von der Generalversammlung gewählt werden. Die Satzung kann eine höhere Mitgliederzahl und eine andere Art der Bestellung (z. B. durch den Aufsichtsrat) bestimmen.

Der **Aufsichtsrat** hat die Geschäftsführung des Vorstandes zu überwachen. Er besteht aus 3 Mitgliedern, die von der Generalversammlung gewählt werden. Die Satzung kann eine höhere Zahl von Aufsichtsratsmitgliedern vorschreiben.

In der **Generalversammlung** nehmen die Genossen ihr Stimmrecht wahr. Sie beschließt mit der Mehrheit der abgegebenen Stimmen – wobei jedes Mitglied ohne Rücksicht auf die Anzahl seiner Geschäftsanteile **nur** eine Stimme hat (Stimmrecht nach Köpfen im Gegensatz zum Stimmrecht nach Kapitalanteilen bei der AG). Die Mitgliederversammlung beschließt über den Jahresabschluß, über die Verwendung des Jahresüberschusses sowie über die Entlastung von Vorstand und Aufsichtsrat.

Bei Genossenschaften mit mehr als 3000 Mitgliedern wird die Mitgliederversammlung durch eine **Vertreterversammlung** ersetzt. In ihr werden die Mitglieder durch Vertreter repräsentiert. Die Genossenschaften unterliegen einer regelmäßigen **Pflichtprüfung** (mindestens alle 2 Jahre). Sie müssen deshalb einem **Prüfungsverband** (Revisionsverband) angehören (z. B. Deutscher Genossenschafts- und Raiffeisenverband e. V.).

Die **Auflösung** der Genossenschaft kann aus unterschiedlichen Gründen erfolgen: Ablauf der in der Satzung bestimmten Zeit; Beschluß der Generalversammlung; Beschluß des Registergerichts, wenn die Anzahl der Genossen weniger als 7 beträgt; Eröffnung des Insolvenzverfahrens.

Konsum **II**

Durch das am 18. 8. 2006 in Kraft getretene Gesetz zur Einführung der Europäischen Genossenschaft und zur Änderung des Genossenschaftsgesetzes wurde nicht nur das Recht der eingetragenen Genossenschaft novelliert, sondern auch die Rechtsgrundlage geschaffen für eine vereinfachte, eigenständige Unternehmensrechtsform. Die daraus geborene **Europäische Genossenschaft** versucht dem allgemeinen Anliegen Rechnung zu tragen, die Gründung von Genossenschaften zu erleichtern und die Attraktivität dieser Unternehmensrechtsform zu erhöhen. In Verfolgung dieses Anliegens sind folgende Änderungen zu nennen: geringere Mindestmitgliederzahl, Erweiterung des Förderzweckes auf soziale und kulturelle Ziele, die Zulassung von investierenden Mitgliedern und Sacheinlagen sowie der mögliche Verzicht auf den regulären Aufsichtsrat.

Die bislang als „Genossen" bezeichneten Gesellschafter heißen nunmehr „Mitglieder"; die Bezeichnung „Statut" ist dem Terminus „Satzung" gewichen.

3.1.5.2.3.2 Der Versicherungsverein auf Gegenseitigkeit (VVaG) 118

Der Versicherungsverein auf Gegenseitigkeit ist durch das Gesetz über die Beaufsichtigung der Privatversicherungsunternehmen von 1931 (VAG) geregelt. Er ist eine mit → eigener **Rechtspersönlichkeit** (→ juristische Person) ausgestattete, besondere Unternehmungsform der Privatversicherung, bei welcher die Versicherungsnehmer mit dem Abschluß des Versicherungsvertrages **Mitglieder** des Vereins werden. Die Leistungen an die Versicherten werden aus den Beiträgen bezahlt. Überschüsse werden an die Versicherten rückvergütet, Fehlbeträge durch Beitragserhöhungen (Nachschüsse) ausgeglichen.

Mit der **Kündigung** des Versicherungsvertrages endet auch die Mitgliedschaft.

Die Organe des VVaG sind: **Vorstand** (Geschäftsführung und Vertretung), **Aufsichtsrat** (Kontrolle) und **oberste Vertretung** (beschlußfassendes Organ), die in der Regel aus Vertretern besteht, die von den Mitgliedern gewählt werden.

3.1.6 Unternehmenungszusammenschlüsse 119

Der Druck in- und ausländischer Konkurrenz veranlaßt immer mehr **Unternehmen** 120 mit anderen zusammenzuarbeiten (Kooperation) oder sich mit anderen zusammenzuschließen (Konzentration), um dadurch ihre Marktstellung zu verbessern. **Kooperation** wird in der Regel durch die lockere Form der **Arbeitsgemeinschaft** (so 121 z. B. im Baugewerbe, wo sich mehrere Handwerksmeister oder Bauunternehmer einmalig oder auf gewisse Dauer in einer Gesellschaft des bürgerlichen Rechts zur gemeinsamen Durchführung eines größeren Bauvorhabens zusammentun) oder des **Interessenverbandes** (z. B. Einkaufsverbände des Handels), die **Konzentration** durch 122 vertraglich geregelte, oft sehr straffe wirtschaftliche Bindungen bewirkt.

Wirtschaftliche Konzentrationen lassen sich auf verschiedene Grundtypen zurückführen:
- **Betriebskonzentration** (Veränderung der technisch-wirtschaftlichen Struktur von Betrieben hin zum Großbetrieb),
- **Unternehmungskonzentration** (Veränderung der rechtlichen Struktur von Unternehmungen hin zu größeren Unternehmenseinheiten),

II Konsum

- **Kapitalkonzentration** (Veränderung der Eigentumsverhältnisse durch Kapitalumschichtungen oder Kapitalübernahmen und daraus erwachsende Kapitalverflechtungen in Richtung Großkapital).

Die Übergänge zwischen diesen Grundtypen wirtschaftlicher Konzentration sind im allgemeinen fließend. So ziehen Betriebskonzentrationen meist einher mit Unternehmungskonzentrationen und diese wiederum mit Kapitalkonzentrationen.

In rechtlicher Hinsicht reichen solche Zusammenschlüsse von der schriftlichen oder mündlichen Vereinbarung (Vertrag) bis hin zur Verschmelzung (Fusion) von Unternehmungen. In betriebswirtschaftlicher Hinsicht reichen solche wirtschaftlichen Konzentrationen von völliger Entscheidungsfreiheit der Beteiligten bis hin zur totalen Unterwerfung derselben unter die Anordnungen der Zentrale.

Gehören die beteiligten Unternehmungen der gleichen Produktions- oder Handelsstufe an (z. B. mehrere Brauereien oder Reifenhersteller), so spricht man von **horizontalen (Unternehmungs-)Zusammenschlüssen**; sind die beteiligten Unternehmungen dagegen auf verschiedenen Produktions- oder Handelsstufen angesiedelt (z. B. Bergwerke, Eisenhütte, Gießerei), so spricht man von **vertikalen (Unternehmungs-)Zusammenschlüssen**. Verbinden sich Unternehmungen aus völlig verschiedenen Wirtschaftsbereichen (z. B. Brauerei und Zigarettenhersteller), so spricht man von **branchenfremden** (oder anorganischen) **(Unternehmungs-)Zusammenschlüssen**.

Es lassen sich folgende Arten von Unternehmungszusammenschlüssen unterscheiden: das Kartell, die Interessengemeinschaft, der Konzern, der Trust.

Das **Kartell** ist ein vertraglicher Zusammenschluß von Unternehmungen **einer** Branche (horizontaler Zusammenschluß), die **rechtlich selbständig** bleiben, aber einen Teil ihres wirtschaftlichen Handlungsspielraumes aufgeben. Es verfolgt die Absicht, den Markt für bestimmte Produkte durch Wettbewerbsbeschränkung zu beeinflussen und damit die Gewinnsituation der (kartellierten) Anbieter zu verbessern. Die Mitglieder verpflichten sich zur Einhaltung bestimmter Vereinbarungen und zur Zahlung einer Konventionalstrafe für den Fall deren Nichteinhaltung.

Da Kartelle den wirtschaftspolitischen Grundsätzen unserer Marktwirtschaft widersprechen, sind sie nach § 1 **Gesetz gegen Wettbewerbsbeschränkungen** (GWB, auch Kartellgesetz genannt) **grundsätzlich verboten**. So insbesondere: **Preiskartelle** (Festsetzung einheitlicher Preise wie auch gleicher Liefer- und Zahlungsbedingungen), **Produktionskartelle** (Festlegung von Produktionsquoten für die Mitglieder), **Kalkulationskartelle** (Vereinheitlichung der Kostenrechnung), **Gebietskartelle** (Aufteilung des Absatzgebietes unter den Mitgliedern).

Die Neufassung des GWB von 2005 sieht eine Reihe von Freistellungen vom Verbot des § 1 vor. So sind nach § 2 Abs. 1 freigestellt: Vereinbarungen zwischen Unternehmen, Beschlüsse von Unternehmensvereinigungen oder abgestimmte Verhaltensweisen, die unter angemessener Beteiligung der Verbraucher an dem entstehenden Gewinn zur Verbesserung der Warenerzeugung oder -verteilung oder zur Förderung des technischen oder wirtschaftlichen Fortschritts beitragen, ohne daß den beteiligten Unternehmen
- Beschränkungen auferlegt werden, die für die Verwirklichung dieser Ziele nicht unerläßlich sind, oder

Konsum **II**

- Möglichkeiten eröffnet werden, für einen wesenlichen Teil der betreffenden Waren den Wettbewerb auszuschalten.

Diesen Freistellungserfordernissen des § 2 Abs. 1 GWB fügen sich nach § 3 Abs. 1 GWB auch Vereinbarungen zwischen miteinander in Wettbewerb stehenden Unternehmen und Beschlüsse von Unternehmensvereinigungen, die die Rationalisierung wirtschaftlicher Vorgänge durch zwischenbetriebliche Zusammenarbeit zum Gegenstand haben, soweit

- dadurch der Wettbewerb auf dem Markt nicht wesentlich beeinträchtigt wird und
- die Vereinbarung oder der Beschluß dazu dient, die Wettbewerbsfähigkeit kleiner oder mittlerer Unternehmen zu verbessern.

Der Bundeswirtschaftsminister kann Kartelle, die an sich verboten sind, genehmigen (sog. **Ministerkartelle**), sofern die Beschränkung des Wettbewerbs überwiegend aus Gründen der Gesamtwirtschaft und des Gemeinwohles notwendig ist oder eine unmittelbare Gefahr für den Bestand des größeren Teils der Unternehmungen eines Wirtschaftszweiges besteht.

Die Interessengemeinschaft (IG) ist ein horizontaler oder vertikaler Zusammenschluß (meist als → Gesellschaft des bürgerlichen Rechts) **rechtlich selbständig** bleibender Unternehmungen zur Wahrung und Förderung gemeinsamer Interessen. Im Bereich dieser gemeinsamen Interessen geben die angeschlossenen Unternehmungen ihre wirtschaftliche Selbständigkeit auf. Interessengemeinschaften werden insbesondere als Betriebs-, Verteilungs-, Produktions-, Rationalisierungs- und Gewinngemeinschaften (Gewinnverteilung, Gewinnpooling nach bestimmtem Schlüssel) geführt. 126

Der Konzern ist ein horizontaler, vertikaler oder branchenfremder Zusammenschluß (in der Regel durch kapitalmäßige Verflechtung im Wege des Kaufes und Austausches von Aktien und entsprechende Verträge) von Unternehmungen, die **rechtlich selbständig** bleiben, aber ihre wirtschaftliche Selbständigkeit aufgeben. Eine **einheitliche Leitung** (durch Konzentration des Kapitals oder durch Personalunion des Managements im Vorstand und in den gegenseitigen Aufsichtsräten) bestimmt die Konzernpolitik und koordiniert die Produktion sämtlicher zum Konzern gehörender Unternehmungen und Betriebe. Ziel der Konzernbildung ist weniger die Marktbeherrschung als vielmehr die Rationalisierung des technischen Produktionsablaufs. 127

An der Spitze eines Konzern stehen häufig Dachgesellschaften (**Holding-Gesellschaften**), die alle Konzernmitglieder kapitalmäßig beherrschen. 128

Konzerne sind (im Gegensatz zu den Kartellen) **grundsätzlich erlaubt**. Soweit sie jedoch den Wettbewerb gefährden, findet auf sie das Gesetz gegen Wettbewerbsbeschränkungen Anwendung.

Der Trust ist ein horizontaler oder vertikaler Zusammenschluß von Unternehmungen, die ihre **wirtschaftliche** und zumeist auch ihre **rechtliche Selbständigkeit aufgeben**. Die sich zusammenschließenden Unternehmungen verschmelzen (fusionieren) zu **einem** Unternehmen. Diese Verschmelzung (**Fusion**) kann entweder in der Weise erfolgen, daß die ihre Selbständigkeit aufgebenden Unternehmen in eine bestehen- 129 130

II Konsum

de Unternehmung (meist eine → Aktiengesellschaft) durch Vermögensübertragung aufgenommen werden, oder aber, daß sich alle unter Aufgabe ihrer bisherigen →Firmen unter dem Dach eines **neugebildeten** (meist in der Rechtsform der Aktiengesellschaft konstituierten) Unternehmens zusammenfinden und in dieses ihre Vermögen einbringen.

Der Fusion unterliegt in erster Linie die Absicht, größere Marktmacht zu erlangen; daneben werden aber auch innerbetriebliche Rationalisierung und betriebswirtschaftliche Kontrolle der Produktion angestrebt.

131 3.1.7. Besitz und Eigentum

Die sich aus Rechtsgeschäften ergebenden Rechtsfolgen umfassen neben Beziehungen von Person zu Person (so insbesondere vermögensrechtliche Beziehungen zwischen zwei oder mehreren Personen) solche zwischen Personen und Sachen. Diese Beziehungen zwischen Personen und Sachen können **tatsächlicher** oder **rechtlicher** Natur sein. Es ist deshalb zwischen der **tatsächlichen** und **rechtlichen Herrschaft** über eine Sache zu unterscheiden. Die in der Alltagssprache häufig getroffene Gleichsetzung von Besitz und Eigentum beziehungsweise Besitzer und Eigentümer (z. B. Hausbesitzer, Grundbesitzer, Gutsbesitzer) ist rechtlich nicht haltbar.

3.1.7.1 Der Besitz

132,133,134 Die **tatsächliche Herrschaft** über eine Sache ist der Besitz. Das Gesetz unterscheidet
135 zwischen **unmittelbarem** und **mittelbarem Besitz** sowie zwischen **Eigen-** und **Fremdbesitz**, je nachdem die Sache dem Besitzer gehört oder nicht.

Unmittelbarer Besitzer ist, wer die tatsächliche Sachherrschaft persönlich ausübt (z. B. als Entleiher, Mieter). **Mittelbarer Besitzer** ist derjenige, dem der unmittelbare Besitzer durch ein bestimmtes Rechtsverhältnis (→Besitzmittlungsverhältnis) den Besitz vermittelt. Wurde dem mittelbaren Besitzer der Besitz bereits von einem Dritten eingeräumt, so ist dieser Dritte auch (entfernterer) mittelbarer Besitzer (§ 871 BGB). So ist beispielsweise bei der Untervermietung der Untermieter unmittelbarer Besitzer, der Untervermieter mittelbarer Besitzer und der Hauptvermieter entfernterer mittelbarer Besitzer.

136 Wer eine Sache mit einem anderen gemeinschaftlich besitzt, ist **Mitbesitzer**; wer
137 lediglich einen Teil einer einheitlichen Sache besitzt, ist **Teilbesitzer**.

Der Besitz wird erworben durch Erlangung der tatsächlichen Gewalt über die Sache (§ 854 BGB), ohne Rücksicht darauf, ob die Besitznahme rechtens erfolgt oder nicht. So ist der Mieter eines PKW ebenso Besitzer wie der Dieb eines PKW.

Um die Rechtsgeschäfte des Alltags, so insbesondere Käufe und Verkäufe, nicht unnötig zu verunsichern (man weiß ja häufig nicht mit letzter Sicherheit, ob jemand, der eine Sache anbietet, diese auch rechtens besitzt!), läßt unsere Rechtsordnung die Vermutung zu (d. h. man darf annehmen), daß dem jeweiligen Besitzer die Sache auch rechtmäßig gehört, das heißt, daß er auch ihr Eigentümer ist. Der Besitzer braucht also (falls beispielsweise jemand die Rechtmäßigkeit seines Besitzes anzweifelt) nicht zu beweisen, daß er rechtmäßiger Besitzer der Sache ist. Allein der Besitz spricht dafür, daß der Besitzer der Eigentümer ist. – Aus dieser berechtigten Vermutung wird der Schutz des Besitzes (**Besitzschutz**) begründet. Wird nämlich der Besitzer durch verbotene Eigenmacht Dritter (§ 858 BGB) in seinem Besitz gestört oder ihm die Sache, die er besitzt, entzogen, kann er sich dagegen zur Wehr setzen. Er kann gegen Besitzstörungen Gewalt anwenden und **Selbsthilfe** ausüben. So kann er beispielsweise eine entwendete Sache dem auf frischer Tat ertappten oder verfolgten Täter abnehmen oder einen Störer von seinem Grundstück vertreiben. Die **Besitzentziehungsklage** auf Wiedereinräumung des Besitzes und die **Besitzstörungsklage** auf Beseitigung und Unterlassung weiterer Besitzstörung sind hier mögliche Besitzklagen.

Der Besitz geht **verloren** durch freiwillige Aufgabe oder unfreiwilligen Verlust der tatsächlichen Gewalt.

Vom Besitzer zu unterscheiden ist der sogenannte **Besitzdiener**. Der Besitzdiener steht in einem persönlichen oder sozialen Abhängigkeitsverhältnis zum Besitzer. Er kann für diesen nach dessen Weisungen die tatsächliche Herrschaft über die Sache ausüben, ohne jedoch selbst Besitz zu haben. So zum Beispiel die Ladenverkäuferin hinsichtlich der angebotenen Waren, der Chauffeur hinsichtlich des Kraftfahrzeuges. Der Besitz bleibt beim **Besitzherr** (somit in den vorgenannten Beispielen beim Geschäftsinhaber, Kraftfahrzeughalter).

3.1.7.2 Das Eigentum

Die **rechtliche Herrschaft** über eine Sache ist das Eigentum. Das Eigentum ist das weitestgehende Recht an einer Sache. Nach § 903 BGB kann der Eigentümer einer Sache, soweit nicht das Gesetz oder Rechte Dritter entgegenstehen, über die Sache nach Belieben verfügen und andere von jeder Einwirkung ausschließen. Diese Freiheit wird allerdings durch die **soziale Bindung** des Eigentums nach Art. 14 GG begrenzt. Hier heißt es: „Eigentum verpflichtet. Sein Gebrauch soll zugleich dem Wohle der Allgemeinheit dienen". Dies gilt in besonderem Maße für Grundeigentum.

Wie erwirbt man Eigentum? Dies kann auf verschiedene Weise geschehen. Dabei gilt es vor allem zu unterscheiden, ob es sich um bewegliche Sachen (Mobilien) handelt oder um Grundstücke (Immobilien).

Eigentum an beweglichen Sachen kann auf folgende Weise erworben werden:
1. im Rahmen eines →Rechtsgeschäfts (z. B. Kaufvertrag)
– durch **Einigung** (d. h. die Vertragspartner kommen überein, daß das Eigentum an einer bestimmten Sache übergehen soll) **und Übergabe**, oder falls der Erwerber schon im Besitz der Sache ist, nur durch Einigung (§ 929 BGB);
– durch **Einigung und Einräumung eines** →**Besitzmittlungsverhältnisses** (Besitzkonstitut) wie Miete, Leihe, Verwahrung (d. h. es wird vereinbart, daß statt der Übergabe der Veräußerer die zu übereignende Sache aufgrund eines → Mietvertrages, eines → Leihvertrages, eines Verwahrungsvertrages u. ä. weiter im Besitz behält, § 930 BGB);
– durch **Einigung und Abtretung des Herausgabeanspruches** gegen einen Dritten, der die Sache im Besitz hat (§ 931 BGB).

Veräußert jemand im Rahmen eines → Rechtsgeschäftes (z. B. eines Kaufvertrages) eine Sache, die ihm nicht gehört, so erwirbt der Erwerber Eigentum, wenn er an-

II Konsum

149 nehmen konnte, daß der Veräußerer Eigentümer sei (**gutgläubiger Erwerb von Eigentum, § 932 BGB**).

Der Erwerber erwirbt **kein** Eigentum, wenn die Sache gestohlen, verlorengegangen oder sonstwie abhandengekommen ist, sofern es sich nicht um Geld, → Inhaberpapiere oder öffentlich versteigerte Sachen handelt (§ 935 BGB).

150   2. **kraft Gesetzes** durch **Ersitzung** (d. h. wenn jemand eine Sache 10 Jahre im Eigen-
151,152,153   besitz hat, § 937 BGB), durch **Verbindung mit einem Grundstück** oder **einer** anderen Sache als wesentlicher Bestandteil (§§ 946, 947 BGB), **Vermischung** (§ 948 BGB),
154   **Verarbeitung** (§ 950 BGB), Ausbeutung fremder Sachen auf Grund eines **Aneig-**
155,156   **nungsvertrages** (§ 954 BGB), **Aneignung einer herrenlosen Sache** (§ 958 BGB) und
157   **Fund**, falls sich der Empfangsberechtigte innerhalb von 6 Monaten nach Anzeige nicht meldet (§ 973 BGB).

158   **Eigentum an Grundstücken** (bebaute u. unbebaute) kann auf folgende Weise erworben werden:

159   1. im **Rahmen eines** →**Rechtsgeschäftes** (z. B. Kaufvertrag) durch die als **Auflassung** bezeichnete Einigung (Erläuterung siehe oben!) des Veräußerers und Erwerbers vor einem Notar oder dem Grundbuchamt beim Amtsgericht (§§ 873, 925 BGB)
160   **und die Eintragung im Grundbuch** (öffentliches, vom Grundbuchamt geführtes Register zum Zweck der Offenlegung der Rechte an Grundstücken);

161   2. durch **Ersitzung**, wenn jemand ohne Eigentümer zu sein, ein Grundstück über einen Zeitraum von 30 Jahren in Besitz hat und gleichzeitig als Eigentümer dieses Grundstückes im Grundbuch eingetragen ist (§§ 900 u. 927 BGB);

162   3. durch **Zuschlag in der Zwangsversteigerung;**

163   4. durch **Enteignungsbeschluß;**

164   5. durch **Gesamtrechtsnachfolge** (z. B. Erbschaft, § 1922 BGB, Gütergemeinschaft, §§ 1415 ff. BGB);

165   6. durch **Aneignung eines herrenlosen Grundstückes** (§ 928 BGB).

166   Das Eigentum an bebauten und unbebauten Grundstücken geht **verloren** durch Übertragung im Rahmen eines Rechtsgeschäftes, Ersitzung, Zwangsversteigerung, Enteignung, Verzicht und Ausschlußurteil gegen einen unbekannten Eigentümer.

167   Neben dem **Alleineigentum**, bei dem die rechtliche Sachherrschaft **einer** Person zu-
168   steht, kennt unsere Rechtsordnung das gemeinsame Eigentum. **Gemeinsames Eigentum** tritt in folgenden Formen auf:

169   – als **Miteigentum nach Bruchteilen** (jedem Eigentümer gehört ein frei verfügbarer Anteil, die Verwaltung erfolgt gemeinsam, §§ 1008 ff. BGB, z. B. Sammelverwahrung von Wertpapieren) und

170   – als **Eigentum zur gesamten Hand** (allen Eigentümern gehört alles gemeinsam, sie können nur gemeinsam über die Anteile verfügen, §§ 718 ff. BGB, z. B. Einlagen der oHG-Gesellschafter).

171   Einer besonderen Regelung unterliegt das **Wohnungseigentum**, das sich nach dem Wohnungseigentumsgesetz (Gesetz über das Wohnungseigentum und das Dauerwohnrecht vom 15. 3. 1951 – WEG – mit späteren Änderungen) bestimmt.

172   Das Wohnungseigentum besteht nach § 1 WEG aus dem **Sondereigentum** an einer Wohnung einschließlich der dazugehörenden Bestandteile, wie nichttragende Fuß-

Konsum **II**

böden, Innenwände, Deckenverschalung, eingebaute Schränke u. a., verbunden mit einem **Miteigentumsanteil** nach Bruchteilen an dem gemeinschaftlichen Eigentum. (Gebäudeteile, die der gewerblichen Nutzung unterliegen, wie Läden, Büroräume, Werkstätten, werden als **Teileigentum** bezeichnet.) Das Miteigentum erstreckt sich auf alle Gebäudeteile, die für das Haus selbst oder dessen Sicherheit erforderlich sind (Grundstück, Fundament, Dach, tragende Mauern) oder dem gemeinschaftlichen Gebrauch der Wohnungseigentümer dienen (Treppenhaus, Heizungsanlage, Aufzug, Gemeinschaftsantenne u. a.). 173

Sondereigentum und Miteigentumsanteil sind untrennbar miteinander verbunden. Die **Übertragung** des Wohnungseigentums ist deshalb nur zusammen mit dem Miteigentumsanteil möglich. Sie kann von einer – allerdings nur aus wichtigem Grund zu versagenden – Zustimmung Dritter (z. B. anderer Wohnungseigentümer) abhängig gemacht werden. Rechte am Miteigentumsanteil erstrecken sich immer auch auf das zu ihm gehörende Sondereigentum. 174

Übertragung und **Aufhebung** von Wohnungseigentum erfolgt durch → Auflassung und → Eintragung ins → Grundbuch. Für jeden Miteigentumsanteil wird ein Grundbuchblatt angelegt. Der schuldrechtliche Vertrag bedarf der öffentlichen (notariellen) Beurkundung. 175

3.1.8 Rechtsgeschäfte
176

Rechtsgeschäfte, in die wir – wie unter 3.1.1 betont – unsere wirtschaftlichen Handlungen kleiden und aus denen sich Rechtsfolgen (d.s. Rechte und Pflichten gegenüber Personen sowie Rechte an Sachen) ergeben, kommen durch entsprechende **Willenserklärungen** zustande. 177

3.1.8.1 Arten von Rechtsgeschäften

Je nachdem, ob Rechtsgeschäfte durch die Willenserklärung **einer** Person (z. B. Kündigung, Testament) oder durch inhaltlich übereinstimmende Willenserklärungen von **zwei oder mehreren** Personen (Parteien) zustande kommen, sprechen wir von **einseitigen** oder **mehrseitigen Rechtsgeschäften**. Mehrseitige Rechtsgeschäfte werden allgemein als **Verträge** bezeichnet. 178,179 180

3.1.8.2 Form der Rechtsgeschäfte

Die Form, in der die zu Rechtsgeschäften führenden Willenserklärungen abgegeben werden können beziehungsweise abgegeben werden müssen, ist unterschiedlich. Im allgemeinen besteht **Formfreiheit**, das heißt die Willenserklärungen können mündlich (auch fernmündlich), schriftlich (auch telegrafisch, per E-Mail oder per Fax) oder auch stillschweigend (durch schlüssiges Handeln, so z. B. durch Münzeinwurf beim Automatenkauf) abgegeben werden. 181

Für bestimmte Rechtsgeschäfte ist die Form, in der die Willenserklärung(en) abzugeben ist (sind), genau vorgeschrieben; es liegt somit **Formzwang** vor. Die vom Gesetz vorgesehenen Formen sind: die Schriftform, die öffentliche Beglaubigung und die gerichtliche oder notarielle (öffentliche) Beurkundung. 182

45

II Konsum

183 **Die Schriftform** erfordert die eigenhändige Unterschrift. Ein Kaufmann kann mit seinem Namen oder seiner →Firma, sein bevollmächtigter Vertreter mit seinem Namen und/oder der Firma unterzeichnen. Bei Verträgen muß die Vertragsurkunde von den Vertragspartnern (Vertragsparteien) unterschrieben werden oder es wird der Vertrag in mehreren Ausfertigungen erstellt und jeder Vertragspartner unterschreibt das/die für die andere(n) Partei(en) bestimmte(n) Exemplar(e). Schriftform ist vorgeschrieben zum Beispiel für → Miet- und → Pachtverträge über eine Laufzeit von mehr als einem Jahr, → Bürgschaftserklärungen.

Nach dem Gesetz zur Anpassung der Formvorschriften des Privatrechts und anderer Vorschriften an den modernen Rechtsgeschäftsverkehr vom 13. Juli 2001, Artikel 1 Ziffer 2, kann die schriftliche Form durch die elektronische Form ersetzt werden, wenn sich aus dem Gesetz nicht ein anderes ergibt (§ 125 Abs. 3 BGB).

184 Mehr als nur die Unterzeichnung verlangt das Privat**testament**. Es muß vom Erblasser möglichst unter Angabe von Ort und Tag **eigenhändig geschrieben und unterschrieben** werden.

185 Die **öffentliche Beglaubigung** umfaßt eine schriftliche Urkunde, deren Unterzeichnung und die öffentliche Beglaubigung dieser Unterschrift. (Die Beglaubigungsformel lautet beispielhaft: Die vorstehende Unterschrift des Manfred Korff, kaufmännischer Angestellter in Heidelberg, wird hiermit beglaubigt, Heidelberg, den . . ., Niemöller, Notar.) Zuständig für die öffentliche Beglaubigung sind die Amtsgerichte und die Notare.

Die öffentliche Beglaubigung ist erforderlich zum Beispiel für Anmeldungen und Anträge zum Handels- und Güterrechtsregister wie auch zum Grundbuch.

186 **Die gerichtliche oder notarielle (öffentliche) Beurkundung** nimmt den gesamten Inhalt des Rechtsgeschäftes zu Protokoll. Die Urkunde wird von dem Erklärenden wie auch dem beurkundenden Beamten oder Notar unterzeichnet. Zuständig sind die Amtsgerichte und die Notare.

Die Form der Beurkundung ist z. B. beim Schenkungsversprechen oder bei Grundstücksveräußerungsverträgen erforderlich.

187 ### 3.1.8.3 Wirksamwerden der Willenserklärung

Da eine Willenserklärung darauf abzielt, eine bestimmte Rechtswirkung herbeizuführen, ist es unverzichtbar, daß diese Willenserklärung entsprechend **kundgetan** wird. Vor diesem Erfordernis ist zu unterscheiden zwischen empfangsbedürftigen und nicht empfangsbedürftigen Willenserklärungen.

188 **Nicht empfangsbedürftige Willenserklärungen** werden wirksam, sobald sie abgegeben, das heißt erkennbar gemacht sind (z. B. Testament).

189 **Empfangsbedürftige Willenserklärungen** werden erst dann wirksam, wenn sie dem Empfänger (d. h. demjenigen, für den sie bestimmt sind) **zugehen.** Zugegangen ist eine Willenserklärung, sobald sie in den Machtbereich des Empfängers gelangt ist. Der Einwurf einer schriftlichen Erklärung in den (Haus-)Briefkasten des Adressaten oder die Aushändigung derselben an diesen bedeutet Zugang. Auch im Falle

der Annahmeverweigerung ist eine Erklärung zugegangen. Empfangsbedürftig sind beispielsweise alle Vertragserklärungen wie auch die Kündigung.

Da die empfangsbedürftige Willenserklärung erst mit ihrem Zugehen wirksam wird, kann sie bis zu diesem, das heißt vor dem Zugehen und gleichzeitig mit dem Zugehen, widerrufen werden.

3.1.8.4 Vertragsabschluß 190

Ein zweiseitiger Vertrag (d. i. der Vertrag im engeren Sinne) kommt zustande durch zwei **übereinstimmende** Willenserklärungen. Die in der Regel zuerst erfolgende Willenserklärung ist das **Angebot** (auch **Antrag** genannt), ihr folgt als Zustimmungserklärung die **Annahme** (d.i. die zweite Willenserklärung). Der Vertrag ist mit der Annahme des Angebots abgeschlossen. 191,192 193

Das **Angebot** ist die an eine Person gerichtete Willenserklärung, mit ihr einen Vertrag abzuschließen. Sind keine besonderen Abmachungen getroffen, so ist der Anbietende solange an sein Angebot gebunden, als er unter verkehrsüblichen Umständen bei Benutzung gleichschneller Nachrichtenwege wie bei seinem Angebot eine Antwort erwarten kann (Versandzeit des Angebots, angemessene Überlegungsfrist, Versandzeit der Antwort). Ein Angebot **unter Anwesenden** kann nur **sofort** angenommen werden. Dies gilt auch bei telefonischem Angebot. Ist eine Frist gesetzt, dann ist die Annahme nur innerhalb dieser möglich. Wird ein Angebot verspätet angenommen oder abgeändert, so ist darin ein neues Angebot zu sehen, das selbst wieder von der Gegenseite angenommen werden muß.

Der Anbietende kann die Bindung an sein Angebot von vornherein ausschließen, zum Beispiel durch den Vermerk „Angebot freibleibend".

Das Angebot **erlischt**, wenn der Adressat ablehnt oder die rechtzeitige Annahme ausbleibt.

Die **Annahme** bringt das Einverständnis mit dem Angebot zum Ausdruck. Sie muß dem Anbietenden gegenüber nicht unbedingt erklärt werden, ist aber in irgendeiner Weise deutlich zu machen (z. B. durch Bestellung). Die Annahme kann nur innerhalb einer bestimmten Zeit erfolgen: bei zeitlich begrenzten Angeboten nur innerhalb dieser Frist; bei Angeboten unter Anwesenden oder telefonischen Angeboten nur sofort und unter Abwesenden nur solange als unter Inanspruchnahme gleichschneller Nachrichtenübermittlung eine Rückantwort (bei angemessener Bedenkzeit) erwartet werden kann.

3.1.8.5 Nichtigkeit von Willenserklärungen und Rechtsgeschäften 194

Unter bestimmten Umständen läßt unsere Rechtsordnung keine Rechtsgeschäfte zustande kommen. Die abgegebenen Willenserklärungen bleiben deshalb ohne Rechtsfolgen; die Verträge sind **nichtig**.

Nichtig sind im einzelnen:
- Willenserklärungen von Geschäftsunfähigen (§ 105, 1 BGB);
- Willenserklärungen, die im Zustand der Bewußtlosigkeit oder vorübergehender Störung der Geistestätigkeit abgegeben wurden (§ 105, 2 BGB);
- Willenserklärungen, die zum Schein abgegeben wurden (§ 117 BGB);

II Konsum

- Willenserklärungen, die offensichtlich nicht ernst gemeint sind (sog. Scherzgeschäfte, § 118 BGB);
- Rechtsgeschäfte von beschränkt Geschäftsfähigen, wenn der gesetzliche Vertreter die erforderliche Zustimmung nicht erteilt;
- Rechtsgeschäfte, die gegen ein gesetzliches Verbot verstoßen (§ 134 BGB);
- Rechtsgeschäfte, die gegen die guten Sitten verstoßen (dazu gehören auch wucherische Geschäfte, bei denen die Notlage, der Leichtsinn oder die Unerfahrenheit der Geschäftspartner ausgenützt werden, § 138 BGB);
- Rechtsgeschäfte, die gegen die gesetzlichen oder rechtsgeschäftlich bestimmten Formvorschriften verstoßen (z. B. ein mündlich abgeschlossener Grundstückskauf, § 125 BGB).

195 **3.1.8.6 Anfechtung von Rechtsgeschäften**
Rechtsgültig zustande gekommene Rechtsgeschäfte können unter bestimmten Voraussetzungen angefochten werden. Erfolgt eine solche Anfechtung, so sind die dadurch betroffenen Rechtsgeschäfte **von Anfang an nichtig.**

196 Anfechtungsgründe sind:
197 – **Irrtum** (§§ 119–122 BGB)
198 **Irrtum in der Erklärung** (z. B. der Preis für eine angebotene Ware wird vom Anbieter schriftlich/mündlich durch Verschreiben/Versprechen mit Euro 150 anstatt Euro 250 angegeben);
199 **Irrtum in der Übermittlung** (die Willenserklärung wird von der mit der Übermittlung betrauten Person oder Einrichtung falsch weitergegeben);
200 **Irrtum über wesentliche Eigenschaften** der Person oder Sache (z. B. der Inhaber einer Mode-Boutique stellt eine Verkäuferin ein, von der er nachträglich erfährt, daß sie farbenblind ist; ein Versandgeschäft liefert ein Herrenhemd aus Vollsynthetik anstatt wie erwartet aus reiner Baumwolle).
Anfechtungsberechtigt ist derjenige, der sich geirrt hat. Die Anfechtung muß **unverzüglich** (d. h. ohne schuldhaftes Zögern) nach Entdeckung des Irrtums erfolgen. Ein eventuell durch die Anfechtung entstehender Schaden ist vom Anfechtenden zu tragen.

201,202 **Irrtum im Beweggrund** (Motivirrtum) oder **schuldhafte Unkenntnis** berechtigt **nicht** zur Anfechtung einer abgegebenen Willenserklärung (Beispiele: Ein Anleger kauft Aktien in der irrtümlichen Annahme beträchtlicher Kurssteigerungen. Es schließt jemand eine Versicherung ab, ohne die dem Vertragsformular angeschlossenen Allgemeinen Geschäftsbedingungen der Versicherung zu lesen; er stellt später fest, daß einige ihm wichtig erscheinende Schadensfälle von der Schadensregulierung ausgeschlossen sind).

203,204 – **Arglistige Täuschung** oder **widerrechtliche Drohung** (§ 123 BGB) (Beispiele: Der Verkäufer eines Gebrauchtwagens hat dessen Kilometerzähler zurückgedreht. Ein Arbeitnehmer droht seinem Chef mit einer Anzeige wegen Steuerhinterziehung, falls er ihm keine Gehaltserhöhung gewähre).
Für beide Anfechtungsgründe (arglistige Täuschung und widerrechtliche Drohung) beträgt die Anfechtungsfrist ein Jahr. Der Anfechtende hat einen mit der Anfechtung eventuell entstehenden Schaden **nicht** zu tragen. Dagegen kann der Täuschende oder der Drohende eventuell schadensersatzpflichtig gemacht werden.

3.1.8.7 Vertragserfüllung

Durch Abschluß eines Vertrages wird ein **Schuldverhältnis** begründet, dessen Beteiligte wir als **Gläubiger** und **Schuldner** bezeichnen. Der Gläubiger kann vom Schuldner eine Leistung verlangen (er hat gegen diesen eine **Forderung**), was gleichzeitig bedeutet, daß der Schuldner dem Gläubiger zur Leistung verpflichtet ist (er hat diesem gegenüber eine **Schuld**).

Bei einem Schuldverhältnis können auf der Schuldner- wie auf der Gläubigerseite mehrere Personen stehen. Wird die Leistung von mehreren Personen geschuldet und ist diese teilbar, so gilt – falls nichts anderes vereinbart wurde – jeder Schuldner als zu gleichem Anteil verpflichtet (§ 420 BGB). Ist die Leistung nicht teilbar, so haften sämtliche Schulder als **Gesamtschulder**, das heißt jeder ist verpflichtet, die ganze Leistung zu erbringen. Diese Leistung kann jedoch vom Gläubiger nur einmal gefordert werden (§ 421 BGB).

Haben mehrere Gläubiger eine teilbare Leistung zu beanspruchen, so steht im Zweifel (d. h., wenn nichts anderes vereinbart ist) jedem Gläubiger der gleiche Anteil zu (§ 420 BGB). Sind sie jedoch, was ausdrücklich vereinbart sein muß, **Gesamtgläubiger**, so ist jeder Gläubiger berechtigt, die ganze Leistung zu fordern, egal ob es sich um teilbare oder unteilbare Leistungen handelt (§ 428 BGB).

Die Leistung ist in der Regel sofort fällig. Es kann jedoch auch eine Zeit für die Leistung vereinbart werden.

3.1.8.7.1 Erfüllungsort

Der Ort, an dem der Schuldner die Leistung zu erbringen hat, ist der Erfüllungsort. Er kann sein:

- **Der vertragliche Erfüllungsort.** Er ist von den Vertragspartnern vereinbart. Einseitig getroffene Erklärungen auf Rechnungen, Lieferscheinen und anderem sind nicht verpflichtend, wohl aber die unwidersprochene Übersendung von Geschäftsbedingungen, Bestellscheinen und Preislisten mit entsprechenden Feststellungen **vor** Vertragsabschluß (Beispiel: Der Verkäufer in Frankfurt a.M. und der Käufer in Heidelberg vereinbaren „Erfüllungsort für beide Teile Frankfurt a. M.").

- **Der natürliche Erfüllungsort.** Er ist dort, wo die Leistung ihrer Natur oder den Umständen nach zu bewirken ist (Beispiele: Zahlung bei den täglichen Einkäufen im Ladenlokal, Durchführung von Reparaturen in einer Wohnung durch Handwerker).

- **Der gesetzliche Erfüllungsort.** Er ist der Wohnsitz beziehungsweise die gewerbliche Niederlassung des Schuldners und gilt immer dann, wenn ein Ort für die Leistung weder vereinbart wurde noch aus den Umständen zu entnehmen ist.
  Gesetzlicher Erfüllungsort für die **Lieferung** einer Ware ist der Wohn- oder Geschäftssitz des Verkäufers.
  Gesetzlicher Erfüllungsort für die **Zahlung** des Kaufpreises ist der Wohn- oder Geschäftssitz des Käufers.
  Da jedoch Geldschulden als sogenannte **Bring- oder Schickschulden** gelten, ist der (Zahlungs-) Schuldner – soweit nichts anderes vereinbart wurde – verpflich-

II Konsum

tet, diese (auf seine Kosten und Gefahr) an den Wohn- beziehungsweise Geschäftssitz des Lieferanten zu übermitteln (in der Regel zu überweisen, § 270 BGB).

Mit der rechtzeitigen und mangelfreien Leistung am Erfüllungsort entspricht der Schuldner seiner vertraglichen Verpflichtung. Er entledigt sich seiner Vertragsschuld.

217 **3.1.8.7.2 Gerichtsstand**

Kommt/kommen der/die Schuldner seiner/ihrer vertraglichen Verpflichtung nicht nach, so kann/können der/die Gläubiger die Hilfe des zuständigen Gerichts in Anspruch nehmen. Die **sachliche** Zuständigkeit (Amts- oder Landgericht) hängt vom Streitwert ab. Die **örtliche** Zuständigkeit (d. h. der Ort der Klageerhebung) kann vertraglich oder gesetzlich festgelegt sein.

218 Der vertragliche Gerichtsstand wird durch die (Vertrags-)Parteien vereinbart.

219 **Der gesetzliche Gerichtsstand**. Das Gesetz kennt den allgemeinen und den besonderen Gerichtsstand.

220 – **Der allgemeine Gerichtsstand** ist der Sitz des Gerichts, in dessen Bezirk der Wohnsitz beziehungsweise der Aufenthaltsort des Beklagten liegt. Er gilt immer dann, wenn kein ausschließlicher Gerichtsstand durch Gesetz oder Vertrag bestimmt ist.

221 – **Besonderer Gerichtsstand** für Klagen aus schuldrechtlichen Verträgen ist der (Gerichtsstand) des Erfüllungsortes (d. h. das Gericht, in dessen Bezirk der Erfüllungsort liegt). Er ist der im Geschäftsverkehr wichtigste Gerichtsstand.

Falls kein ausschließlicher Erfüllungsort vereinbart ist, kann der Kläger zwischen dem allgemeinen Gerichtsstand und dem Gerichtsstand des Erfüllungsortes wählen.

222 **Der dingliche Gerichtsstand** gilt für Grundstücksklagen. Er ist der Sitz des Gerichts, in dessen Bezirk das Grundstück liegt.

223 **3.1.8.7.3 Gefahrübergang**

224 Geht durch **Verschulden** (ein Verschulden liegt immer dann vor, wenn der Betref-
225 fende oder ein in seinen Diensten stehender Mitarbeiter **fahrlässig** [leicht fahrlässig handelt, wer die im Verkehr erforderliche Sorgfalt außer acht läßt, § 276 BGB; **grob**
226 **fahrlässig** handelt, wer die im Verkehr erforderliche Sorgfalt in grober Weise mißachtet] oder **vorsätzlich** [vorsätzlich handelt, wer den Eintritt eines bestimmten Schadens will oder in Kauf nimmt] handelt) eines Vertragspartners (der Schuldner hat ein Verschulden seines gesetzlichen Vertreters und der Personen, denen er sich zur Erfüllung seiner Verbindlichkeiten bedient, in gleichem Umfang zu vertreten wie eigenes Verschulden, § 278 BGB) der geschuldete Gegenstand verloren, zugrunde oder wird er beschädigt, so hat dieser den Schaden zu tragen.

227 Bei **zufälligem** (Zufall bedeutet im Rechtssinne ein von dem Schuldner in der Regel nicht zu vertretendes unverschuldetes Ereignis) Untergang und **zufälliger** Ver-
228 schlechterung der Ware trägt derjenige den Schaden, der die **Gefahr** (Risiko) trägt. Die Gefahr geht auf den Käufer über:

- mit der Übergabe der Ware an ihn oder die Person, deren er sich zur Erfüllung seiner Verpflichtung bedient (Erfüllungsgehilfe), § 446,1 BGB;
- mit der Auslieferung der Ware an den Spediteur oder Frachtführer, wenn die Ware auf Verlangen des Käufers nach einem anderen Ort als dem Erfüllungsort versandt wird (Versendungskauf, § 447,1 BGB).

Übernimmt der Verkäufer die Versendung, so trägt er die Transportgefahr.

Zur Abdeckung der Gefahr des zufälligen Untergangs und einer zufälligen Verschlechterung der Ware wird häufig eine Versicherung abgeschlossen (Transport-, Bruch-, Diebstahl-, Brandversicherung). Falls nichts anderes vereinbart, gehen diese Versicherungskosten zu Lasten dessen, der die Gefahr trägt.

Geld hat der Schuldner (falls nichts anderes vereinbart) auf seine Gefahr und Kosten dem Gläubiger an dessen Wohn- oder Geschäftssitz zu übermitteln. Dies bedeutet, daß die Verbindlichkeit (Schuld) erst dann getilgt ist, wenn das Geld in die Verfügungsgewalt des Empfängers (Gläubigers) gelangt ist, sei dies nun als bare Auszahlung oder als Gutschrift auf einem Bankkonto.

3.1.8.7.4 Übernahme der Versand- und Zahlungskosten 229

Sofern nichts anderes vereinbart wurde, bestimmt sich nach dem Erfüllungsort auch die Übernahme der Versandkosten. (Eine vertragliche Versandkostenregelung hat allerdings keinen Einfluß auf den Erfüllungsort; § 269,3 BGB).

Die Kosten der Übergabe gehen zu Lasten des Verkäufers; die Kosten der Abnahme und Versendung nach einem anderen Ort als dem Erfüllungsort trägt der Käufer (§ 448,1 BGB).

Die Kosten der Zahlung gehen – sofern nichts anderes vereinbart wurde – zu Lasten des Käufers (§ 270,1 BGB).

3.1.8.8 Verjährung 230

Das Recht von jemandem eine Leistung zu verlangen (einen Anspruch zu stellen), unterliegt der Verjährung (§§ 194 ff. BGB). Verjährung ist der Verlust der Erzwingbarkeit eines Anspruches infolge Zeitablaufs. Der Anspruch des Gläubigers bleibt wohl auch weiterhin bestehen; der Schuldner erwirbt jedoch mit der Verjährung des Anspruches die „**Einrede der Verjährung**" und damit das Recht, die Leistung 231 zu verweigern. Hat der Schuldner aber trotz Verjährung bereits geleistet, so kann er das Geleistete nicht zurückfordern (§ 214,2 BGB).

Die **regelmäßige Verjährungsfrist** beträgt **3 Jahre** (§ 195 BGB n. F.). Sie beginnt mit 232 Ablauf des Jahres, in dem der Gläubiger Kenntnis von den anspruchsbegünstigenden Umständen und der Person des Schuldners erlangt oder ohne grobe → Fahrlässigkeit erlangen müßte (§ 199 Abs. 1 BGB n. F.). Ohne die Kenntnis des Gläubigers verjähren Ansprüche in 10 Jahren von der Fälligkeit an (§ 199 Abs. 3 Satz 1 Nr. 1 u. Abs. 4 BGB n. F.).

Eine **zehnjährige Verjährungsfrist** gilt für alle Ansprüche auf Übertragung des 233 Eigentums an einem Grundstück sowie auf Begründung, Übertragung oder Aufhebung eines Rechts an einem Grundstück oder auf Änderung des Inhalts eines solchen Rechts sowie die Ansprüche auf die Gegenleistung (§ 196 BGB n. F.).

II Konsum

234 Einer **dreißigjährigen Verjährungsfrist** unterliegen nach § 197 Abs. 1 Nr. 1–5 BGB n. F., soweit nicht ein anderes bestimmt ist,
1. Herausgabeansprüche aus Eigentum und anderen dinglichen Rechten,
2. familien- und erbrechtliche Ansprüche,
3. rechtskräftig festgestellte Ansprüche,
4. Ansprüche aus vollstreckbaren → Vergleichen oder vollstreckbaren Urkunden und
5. Ansprüche, die durch die im → Insolvenzverfahren erfolgte Feststellung vollstreckbar geworden sind.

Soweit unter 2. genannte Ansprüche regelmäßig wiederkehrende Leistungen oder Unterhaltsleistungen und unter 3. bis 5. genannte Ansprüche künftig fällig werdende regelmäßig wiederkehrende Leistungen zum Inhalt haben, tritt an die Stelle der dreißigjährigen Verjährungsfrist die regelmäßige Verjährungsfrist (von 3 Jahren).

Die nicht der regelmäßigen Verjährungsfrist unterliegenden Schadensersatzansprüche verjähren nach § 199 Abs. 3 BGB n. F.
– ohne Rücksicht auf die Kenntnis oder grob fahrlässige Unkenntnis in 10 Jahren von ihrer Entstehung und
– ohne Rücksicht auf ihre Entstehung und die Kenntnis oder grob fahrlässige Unkenntnis in 30 Jahren von der Begehung der Handlung, der Pflichtverletzung oder dem sonstigen, den Schaden auslösenden Ereignis an.

Andere Ansprüche als Schadensersatzansprüche verjähren ohne Rücksicht auf die Kenntnis oder grob fahrlässige Unkenntnis in zehn Jahren von ihrer Entstehung an (§ 199 Abs. 4 BGB n. F.).

Die Verjährungsfrist von Ansprüchen, die nicht der regelmäßigen Verjährungsfrist unterliegen, beginnt, soweit nicht eine andere Verjährungsfrist bestimmt ist, mit der Entstehung des jeweiligen Anspruchs (§ 200 BGB n. F.).

Die Verjährung von festgestellten Ansprüchen nach § 197 Abs. 1 Nr. 3 bis 5 BGB n. F. beginnt mit der Rechtskraft der Entscheidung, der Errichtung des vollstreckbaren Titels oder der Feststellung im → Insolvenzverfahren (§ 201 BGB n. F.).

235 **Besondere Verjährungsfristen** von 2 Jahren gelten für → Mängelrügen aus dem → Kauf- und → Werkvertrag. Die Ersatzansprüche des Vermieteres/Verleihers aus → Mietvertrag/→ Leihe wegen Verschlechterung der Miet-/Leihsache und Mieters/ Entleihers wegen Verwendungen (Aufwendungen zur Erhaltung und Verbesserung einer Sache) auf die Miet-/Leihsache verjähren nach 6 Monaten.

236 Eine **Hemmung der Verjährung** (d. i. ein Stillstand des Fristenablaufs; der Zeitraum, währenddessem die Verjährung gehemmt ist, wird nicht in die Verjährungsfrist eingerechnet [§ 209 BGB n. F.]) sieht das neu gefaßte Schuldrecht seit 1.1.2002 in folgenden Fällen vor:

Hemmung der Verjährung durch Rechtsverfolgung nach § 204 BGB n. F.
(1) Die Verjährung wird gehemmt durch
1. die Erhebung der Klage auf Leistung oder auf Feststellung des Anspruchs, auf Erteilung der Vollstreckungsklausel oder auf Erlaß des Vollstreckungsurteils,

Konsum **II**

2. die Zustellung des Antrags im vereinfachten Verfahren über den Unterhalt Minderjähriger,
3. die Zustellung des → Mahnbescheids im → Mahnverfahren,
4. die Veranlassung der Bekanntgabe des Güteantrags, der bei einer durch die Landesjustizverwaltung eingerichteten oder anerkannten Gütestelle oder, wenn die Parteien den Einigungsversuch einvernehmlich unternehmen, bei einer sonstigen Gütestelle, die Streitbeilegungen betreibt, eingereicht ist; wird die Bekanntgabe demnächst nach der Einreichung des Antrags veranlaßt, so tritt die Hemmung der Verjährung bereits mit der Einreichung ein,
5. die Geltendmachung der Aufrechnung des Anspruchs im Prozess
6. die Zustellung der Streitverkündung,
7. die Zustellung des Antrags auf Durchführung eines selbständigen Beweisverfahrens,
8. den Beginn eines vereinbarten Begutachtungsverfahrens oder die Beauftragung des Gutachters in dem Verfahren nach § 641 a BGB,
9. die Zustellung des Antrages auf Erlaß eines → Arrestes, einer → einstweiligen Verfügung oder einer einstweiligen Anordnung, oder, wenn der Antrag nicht zugestellt wird, dessen Einreichung, wenn der Arrestbefehl, die einstweilige Verfügung oder die einstweilige Anordnung innerhalb eines Monats seit Verkündung oder Zustellung an den Gläubiger dem Schuldner zugestellt wird,
10. die Anmeldung des Anspruchs im → Insolvenzverfahren,
11. den Beginn des schiedsrichterlichen Verfahrens,
12. die Einreichung des Antrags bei einer Behörde, wenn die Zulässigkeit der Klage von der Vorentscheidung dieser Behörde abhängt und innerhalb von drei Monaten nach Erledigung des Gesuchs die Klage erhoben wird; dies gilt entsprechend für bei einem Gericht oder bei einer in Nummer 4 bezeichneten Gütestelle zu stellende Anträge, deren Zulässigkeit von der Vorentscheidung einer Behörde abhängt,
13. die Einreichung des Antrags bei dem höheren Gericht, wenn dieses das zuständige Gericht zu bestimmen hat und innerhalb von drei Monaten nach Erledigung des Gesuchs die Klage erhoben oder der Antrag, für den die Gerichtsstandbestimmung zu erfolgen hat, gestellt wird, und
14. die Veranlassung der Bekanntgabe des erstmaligen Antrags auf Gewährung von Prozesskostenhilfe; wird die Bekanntgabe demnächst nach der Einreichung des Antrags veranlaßt, so tritt die Hemmung der Verjährung bereits mit der Einreichung ein.

(2) Die Hemmung nach (1) endet sechs Monate nach der rechtskräftigen Entscheidung oder anderweitigen Beendigung des eingeleiteten Verfahrens. Gerät das Verfahren dadurch in Stillstand, daß die Parteien es nicht betreiben, so tritt an die Stelle der Beendigung des Verfahrens die letzte Verfahrenshandlung der Parteien, des Gerichts oder der sonst mit dem Verfahren befaßten Stelle. Die Hemmung beginnt erneut, wenn eine der Parteien das Verfahren weiter betreibt.

(3) Auf die Frist nach (1) 9, 12 und 13 finden die §§ 206, 210 und 211 BGB n. F. entsprechend Anwendung.

II Konsum

Hemmung der Verjährung bei Leistungsverweigerungsrecht nach § 205 BGB n. F.
Die Verjährung ist gehemmt, solange der Schuldner auf Grund einer Vereinbarung mit dem Gläubiger vorübergehend zur Verweigerung der Leistung berechtigt ist.

Hemmung der Verjährung bei höherer Gewalt nach § 206 BGB n. F.
Die Verjährung ist gehemmt, solange der Gläubiger innerhalb der letzten sechs Monate der Verjährungsfrist durch höhere Gewalt an der Rechtsverfolgung gehindert ist.

Hemmung der Verjährung aus familiären und ähnlichen Gründen nach § 207 BGB n. F.
(1) Die Verjährung von Ansprüchen zwischen Ehegatten ist gehemmt, solange die Ehe besteht. Das Gleiche gilt für Ansprüche zwischen
1. Lebenspartnern, solange die Lebenspartnerschaft besteht,
2. Eltern und Kindern und dem Ehegatten eines Elternteils und dessen Kindern während der Minderjährigkeit der Kinder,
3. dem Vormund und dem Mündel während der Dauer des Vormundschaftsverhältnisses,
4. dem Betreuten und dem Betreuer während der Dauer des Betreuungsverhältnisses und
5. dem Pflegling und dem Pfleger während der Dauer der Pflegschaft.
Die Verjährung von Ansprüchen des Kindes gegen den Beistand ist während der Dauer der Beistandschaft gehemmt.
(2) Die nachfolgenden Bestimmungen des § 208 BGB n. F. bleiben unberührt.

Hemmung der Verjährung bei Ansprüchen wegen Verletzung der sexuellen Selbstbestimmung nach § 208 BGB n. F.
Die Verjährung von Ansprüchen wegen Verletzung der sexuellen Selbstbestimmung ist bis zur Vollendung des 21. Lebensjahres des Gläubigers gehemmt. Lebt der Gläubiger von Ansprüchen wegen Verletzung der sexuellen Selbstbestimmung bei Beginn der Verjährung mit dem Schuldner in häuslicher Gemeinschaft, so ist die Verjährung auch bis zur Beendigung der häuslichen Gemeinschaft gehemmt.

237 **Ablaufhemmung bei nicht voll Geschäftsfähigen nach § 210 BGB n. F.**
(1) Ist eine geschäftsfähige oder in der → Geschäftsfähigkeit beschränkte Person ohne gesetzlichen Vertreter, so tritt eine für oder gegen sie laufende Verjährung nicht vor dem Ablauf von sechs Monaten nach dem Zeitpunkt ein, in dem die Person unbeschränkt geschäftsfähig oder der Mangel der Vertretung behoben wird. Ist die Verjährungsfrist kürzer als sechs Monate, so tritt der für die Verjährung bestimmte Zeitraum an die Stelle der sechs Monate.
(2) Die unter (1) getroffenen Darlegungen finden keine Anwendung, soweit eine in der Geschäftsfähigkeit beschränkte Person prozessfähig ist.

Ablaufhemmung in Nachlaßfällen nach § 211 BGB n. F.
Die Verjährung eines Anspruchs, der zu einem Nachlaß gehört oder sich gegen einen Nachlaß richtet, tritt nicht vor Ablauf von sechs Monaten nach dem Zeitpunkt ein, in dem die Erbschaft von dem Erben angenommen oder das → Insolvenzverfahren über den Nachlaß eröffnet wird oder von dem an der Anspruch von einem oder gegen einen Vertreter geltend gemacht werden kann. Ist die Verjäh-

rungsfrist kürzer als sechs Monate, so tritt der für die Verjährung bestimmte Zeitraum an die Stelle der sechs Monate.

Einen **Neubeginn der Verjährung** (früher: Unterbrechung der Verjährung; d.i. eine erneute Ingangsetzung der Verjährungsfrist) sieht die am 1.1.2002 in Kraft getretene Schuldrechtsreform in § 212 BGB n.F. unter bestimmten Voraussetzungen vor.

(1) Die Verjährung beginnt erneut, wenn
   1. der Schuldner dem Gläubiger gegenüber den Anspruch durch Abschlagszahlung, Zinszahlung, Sicherheitsleistung oder in anderer Weise anerkennt oder
   2. eine gerichtliche oder behördliche Vollstreckungshandlung vorgenommen oder beantragt wird.
(2) Der erneute Beginn der Verjährung infolge einer Vollstreckungshandlung gilt als nicht eingetreten, wenn die Vollstreckungshandlung auf Antrag des Gläubigers oder wegen Mangels der gesetzlichen Voraussetzungen aufgehoben wird.
(3) Der erneute Beginn der Verjährung durch den Antrag auf Vornahme einer Vollstreckungshandlung gilt als nicht eingetreten, wenn dem Antrag nicht stattgegeben oder der Antrag vor der Vollstreckungshandlung zurückgenommen oder die erwirkte Vollstreckungshandlung nach (2) aufgehoben wird.

Die Hemmung, die Ablaufhemmung und der Neubeginn der Verjährung gelten nach § 213 BGB n.F. auch für Ansprüche, die aus demselben Grund wahlweise neben dem Anspruch oder an seiner Stelle gegeben sind.

3.1.8.9 Abtretung von Forderungen (Zession)

Forderungen können (von gewissen Ausnahmen abgesehen: §§ 399, 400, 717 BGB) vom Gläubiger durch Vertrag mit einem Dritten auf diesen übertragen (abgetreten) werden. Mit dem Abschluß des Abtretungsvertrages tritt der neue Gläubiger an die Stelle des bisherigen (§ 398 BGB). Die Abtretung kann mündlich erfolgen. Eine schriftliche Abfassung des Abtretungsvertrages ist jedoch zweckmäßig. Der neue Gläubiger kann vom alten Gläubiger auf dessen Kosten eine öffentlich beglaubigte Abtretungsurkunde verlangen. Zahlt der Schuldner in Unkenntnis der Abtretung an den alten Gläubiger, so wird er frei. Es erscheint deshalb ratsam, den Schuldner von der Abtretung in Kenntnis zu setzen. Dies kann durch den alten oder auch den neuen Gläubiger geschehen.

3.1.8.10 Schuldübernahme

Die Schuldübernahme ist das Gegenstück zur Abtretung. Bei ihr übernimmt ein Dritter durch Vertrag mit dem Gläubiger die Schuld des bisherigen Schuldners. In der Regel wird der Gläubiger einer solchen Schuldübernahme nur dann zustimmen, wenn sich seine Gläubigerposition nicht verschlechtert (er wird wohl keinen „schlechteren" Schuldner akzeptieren!).

3.1.8.11 Erlöschen der Schuldverhältnisse

Schuldverhältnisse erlöschen durch **Erfüllung** (§§ 362–371 BGB), das heißt durch Erbringung der geschuldeten Leistung. Außer der Erfüllung nennt das BGB weitere Erlöschungsgründe der Schuldverhältnisse: Die **Hinterlegung** (Geld, Wertpapiere und sonstige Urkunden sowie Kostbarkeiten kann der Schuldner bei einer

II Konsum

dazu bestimmten öffentlichen Stelle für den Gläubiger hinterlegen, wenn der Gläubiger in → Annahmeverzug geraten ist oder, wenn er aus einem anderen in der Person des Gläubigers liegenden Grunde oder infolge Ungewißheit über die Person des Gläubigers seine Verbindlichkeit nicht oder nicht mit Sicherheit erfüllen kann, § 372 BGB), die **Aufrechnung** (Verrechnung einer Schuld mit einer Gegenforderung, § 387 BGB) und den **Erlaß** (der Gläubiger verzichtet durch Vertrag gegenüber dem Schuldner auf Begleichung der Schuld, § 397,1 BGB; die gleiche Wirkung tritt ein, wenn der Gläubiger durch Vertrag mit dem Schuldner anerkennt, daß das Schuldverhältnis nicht bestehe, § 397,2 BGB).

3.2 Rechtsgeschäfte des Alltags

Drei EU-Richtlinien (die Verbrauchsgüterrichtlinie, die Zahlungsverzugsrichtlinie sowie die E-Commerce-Richtlinie) haben den Gesetzgeber veranlaßt, unser seit 1900 geltendes, im Bürgerlichen Gesetzbuch (BGB) gefaßtes Schuldrecht umfassend zu reformieren (BGB n. F.) und die sich daraus ergebenden Änderungen zum 1.1. 2002 in Kraft treten zu lassen.

Die grundsätzlich für alle Schuldverhältnisse maßgebenden **allgemeinen** schuldrechtlichen Bestimmungen (§§ 241– 432 BGB) gelten nur insoweit, als die **speziellen** Regelungen über die einzelnen Schuldverhältnisse nichts Abweichendes bestimmen. Das Schuldrecht steht nämlich unter dem in Artikel 2 GG verankerten Grundsatz der **Vertragsfreiheit**. Sie läßt sich in dreifacher Hinsicht interpretieren, als:
- **Abschlußfreiheit** (jeder kann mit jedem nach Belieben Verträge abschließen);
- **Gestaltungsfreiheit** (die Vertragspartner können den Inhalt ihres Vertrages frei bestimmen) und
- **Formfreiheit** (Verträge können im **allgemeinen** in jeder beliebigen Form, d. h. schriftlich, mündlich oder stillschweigend abgeschlossen werden).

Der Vertragsfreiheit sind nur dort Grenzen gesetzt, wo ihr **zwingende Vorschriften** entgegenstehen, so zum Beispiel Formvorschriften (→ Schriftform, → gerichtliche oder → notarielle Beurkundung), gesetzliche Verbote (z. B. Rauschgifthandel), ein Verstoß gegen die guten Sitten (§ 138 BGB) oder wo ein **Abschlußzwang** (auch Kontrahierungszwang genannt; eine gewissen Unternehmen durch Gesetz auferlegte Pflicht, Verträge bestimmten Inhalts mit jedem Antragenden abzuschließen, so z. B. die Bahn hinsichtlich der Personenbeförderung, die Post, öffentliche Versorgungsunternehmen) vorliegt.

Die Möglichkeit, Verträge frei zu gestalten, wurde in den letzten fünfzig Jahren zunehmend durch **Allgemeine Geschäftsbedingungen** (AGB) eingeschränkt. Es handelt sich bei diesen um einseitig vom Verkäufer oder dessen Branchenverband (z. B. Banken, Spediteure, Versicherungen) getroffene Festlegungen (vorformulierte Vertragsbedingungen), die den Verträgen meist stillschweigend (auf Angebots-, Bestell-, Vertragsformularen oder auf einem besonderen Blatt), das heißt, ohne von den Vertragsparteien im einzelnen ausgehandelt worden zu sein, angeschlossen werden. Für den Verkäufer bringen solche Allgemeinen Geschäftsbedingungen eine Vereinfachung bei seinen Vertragsabschlüssen mit sich. Für die im allgemeinen wirt-

Konsum **II**

schaftlich und rechtlich weniger bewanderten Konsumenten bringen solche einseitigen Festlegungen jedoch nicht selten Benachteiligungen, deren sie sich oft zu spät bewußt werden, sei es, daß sie diese einfach nicht gebührend beachten (so insbesondere, wenn nur kleingedruckt auf der Rückseite eines entsprechenden Formblattes) oder überhaupt nicht in ihrer Bedeutung verstehen.

Das **Gesetz zur Regelung des Rechts der Allgemeinen Geschäftsbedingungen** vom 9.12. 1976 mit verschiedenen nachfolgenden Änderungen wurde mit der Schuldrechtsmodernisierung zum 1.1. 2002 modifiziert und mit den §§ 305–310 in das BGB integriert. Das modernisierte Recht versucht der Benachteiligung des wirtschaftlich Schwächeren (d. h. des Verbrauchers) durch vorformulierte Vertragsbedingungen zu begegnen. § 307 Abs. 1 BGB n. F. bestimmt deshalb, daß Bestimmungen in Allgemeinen Geschäftsbedingungen **unwirksam** sind, wenn sie den Vertragspartner des Verwenders (d. i. der Kunde) entgegen den Geboten von **Treu und Glauben** (§ 242 BGB) **unangemessen** benachteiligen. (Eine unangemessene Benachteiligung kann sich auch daraus ergeben, daß die Bestimmung nicht klar und verständlich ist!) Eine unangemessene Benachteiligung ist nach § 307 Abs. 2 BGB n. F. im Zweifel anzunehmen, wenn eine Bestimmung
- mit wesentlichen Grundgedanken der gesetzlichen Regelung, von der abgewichen wird, nicht zu vereinbaren ist oder
- wesentliche Rechte oder Pflichten, die sich aus der Natur des Vertrages ergeben, so einschränkt, daß die Erreichung des Vertragszweckes gefährdet ist.

Die §§ 308 und 309 BGB n. F. nennen eine Reihe von typischen in Allgemeinen Geschäftsbedingungen mitunter anzutreffenden Bestimmungen (Klauseln), die allsamt in **Verbraucherverträgen** (d. s. Verträge zwischen einem Unternehmer und einem Verbraucher) unwirksam sind.

3.2.1 Kaufvertrag

Der Kaufvertrag ist ein **zweiseitiges** →**Rechtsgeschäft**. Die beiden den Kaufvertrag begründenden → Willenserklärungen sind
- entweder das **Angebot** des Verkäufers und die **Bestellung** des Käufers
- oder die **Bestellung** des Käufers und die **Bestellungsannahme** des Verkäufers.

Ob der Anstoß zum Abschluß des Kaufvertrages vom Verkäufer oder vom Käufer ausgeht, ist nicht von Bedeutung. Entscheidend für das Zustandekommen eines Kaufvertrages ist allein, daß sich **zwei inhaltlich übereinstimmende Willenserklärungen** treffen.

Durch die Abgabe ihrer Willenserklärungen verpflichten sich die Vertragspartner, ihre Vertragspflichten zu erfüllen und zwar nach →**Treu und Glauben** (§ 242 BGB), das heißt, wie es die **Verkehrssitte** (die im Verkehr der beteiligten Parteien herrschende tatsächliche Übung) erfordert. Die **Hauptpflichten aus Kaufvertrag** umfassen:

Für den **Verkäufer**: die rechtzeitige **Übergabe** des **von Sach- und Rechtsmängeln freien** Kaufgegenstandes an den Käufer; die **Übereignung** des Kaufgegenstandes und **die Annahme des Kaufpreises**;

für den **Käufer**: die **rechtzeitige Zahlung** des vereinbarten Kaufpreises und die **Abnahme des Kaufgegenstandes**.

57

II Konsum

257 Neben den vorgenannten Haupt(-leistungs-)pflichten haben beide (Kauf-)Vertragspartner noch eine Reihe vertraglicher **Nebenpflichten**. So muß beispielsweise der Käufer beim Kauf von Stoffen (z. B. Gas, Flüssigkeiten) in sogenannten Pfandflaschen diese wieder zurückgeben. Den Verkäufer treffen in seiner Pflicht, dem Käufer die uneingeschränkte Nutzung der gekauften Ware zu gewährleisten, insbesondere Aufklärungs-, Auskunfts-, Beratungs- oder Mitwirkungspflichten; bei Versendungskäufen hat der Verkäufer die Kaufsache sachgemäß zu verpacken, verkehrssicher zu verladen und ordnungsgemäß abzuladen; die Verkaufsräume dürfen keine Gefahren für den Käufer bergen; über Waren, von denen bestimmte Gefahren ausgehen, ist der Käufer hinsichtlich ihrer sachgerechten Verwendung entsprechend aufzuklären und zu warnen; zu Aufklärung ist der Verkäufer auch hinsichtlich der Nebenwirkungen eines Produktes verpflichtet; beim Kauf von technischen Geräten muß der Verkäufer den Käufer anleiten und einweisen.

Schuldhafte (→Verschulden) Verstöße gegen diese Nebenpflichten machen den Verkäufer schadensersatzpflichtig.

258
259 Das durch den Abschluß des Kaufvertrages begründete Schuldverhältnis (**Verpflichtungsgeschäft**) erlischt, wenn die geschuldeten Leistungen erfüllt sind (**Erfüllungsgeschäft**).

Die Erfüllung des Kaufvertrages ist häufig gestört. Es können folgende Störungen
260 (**Leistungsstörungen**) auftreten:
– Der Verkäufer liefert mangelhaft, das heißt eine mit Mangel/Mängeln behaftete Ware (Sachmängel und Rechtsmängel);
– der Verkäufer liefert schuldhaft (→Verschulden) nicht oder nicht rechtzeitig (Lieferungsverzug);
– der Käufer nimmt die gelieferte Ware nicht oder nicht rechtzeitig an (Annahmeverzug) und
– der Käufer bezahlt den vereinbarten Kaufpreis nicht oder nicht rechtzeitig (Zahlungsverzug).

261
262 **Sachmängel** können sich auf verschiedene Tatbestände beziehen. Es können **Qualitätsmängel** (Fehler der Sache, verdorbene Sache, technische Fehler, Bruchschä-
263 den, Fehlen einer zugesicherten Eigenschaft, z. B. kochfest, lichtecht, wasserdicht,
264 stoß- u. bruchsicher), **Quantitätsmängel** (Abweichung von der vertraglich vereinbarten Menge) oder **Gattungsmängel** (Lieferung einer anderen als der vereinbarten Sache, z. B. Pils statt Exportbier) sein. Nicht immer sind diese Mängel sofort bei
265 Empfang/Übergabe der Ware erkennbar, je nachdem, ob es **offene Mängel** (bei In-
266 augenscheinnahme der Ware klar erkennbar: Webfehler, Farbfehler u. ä.), **versteckte Mängel** (zunächst nicht erkennbar: nicht lichtecht, nicht wasserdicht, nicht
267 kratzfest u. ä.) oder aber **arglistig verschwiegene Mängel** (vom Lieferer absichtlich verheimlichte Mängel: ein Unfallwagen wird wider besseres Wissen als „unfallfrei" verkauft u. ä.) sind.

Nach § 434 Abs. 1 BGB n. F. ist eine Sache frei von Sachmängeln, wenn sie bei →Gefahrenübergang die vereinbarte Beschaffenheit hat. Soweit die Beschaffenheit nicht vereinbart ist, ist die Sache frei von Sachmängeln, wenn sie sich
– für die nach dem Vertrag vorausgesetzte Verwendung eignet, sonst

Konsum **II**

– für die gewöhnliche Verwendung eignet und eine Beschaffenheit aufweist, die bei Sachen der gleichen Art üblich ist und die der Käufer nach der Art der Sache erwarten kann. Dazu gehört auch, daß die Sache den Anforderungen genügt, die der Käufer nach den öffentlichen Äußerungen des Verkäufers oder Herstellers insbesondere aus deren Werbung für dieselbe oder der Etikettierung derselben erwarten kann (§ 434 Abs. 1 Satz 3 BGB n. F.).

Ein Sachmangel ist nach § 434 Abs. 2 BGB n. F. auch dann gegeben, wenn die vereinbarte Montage durch den Verkäufer oder dessen Erfüllungsgehilfen unsachgemäß durchgeführt worden ist. Ein Sachmangel liegt bei einer zur Montage bestimmten Sache ferner vor, wenn die Montageanleitung mangelhaft ist, es sei denn, die Sache ist fehlerfrei montiert worden.

Die Sache ist nach § 435 BGB n. F. frei von **Rechtsmängeln**, wenn Dritte in Bezug auf die Sache keine oder nur die im Kaufvertrag übernommenen Rechte gegen den Käufer geltend machen können. Einem Rechtsmangel steht es gleich, wenn im Grundbuch ein Recht eingetragen ist, das nicht besteht. 268

Gewährleistungsansprüche: Ist die gekaufte Sache mangelhaft, kann der Käufer nach § 437 BGB n. F., wenn die Voraussetzungen der folgenen Vorschriften vorliegen und soweit nicht anderes bestimmt ist, 269
– nach § 439 BGB n. F. Nacherfüllung verlangen,
– nach §§ 440, 323 und 326 Abs. 5 BGB n. F. von dem Vertrag zurücktreten oder nach § 441 BGB n. F. den Kaufpreis mindern und
– nach den §§ 440, 280, 281, 283 und 311 a BGB n. F. Schadensersatz oder nach § 284 BGB n. F. Ersatz vergeblicher Aufwendungen verlangen.

Nacherfüllung: Der Käufer kann als Nacherfüllung nach seiner Wahl die Beseitigung des Mangels oder die Lieferung einer mangelfreien Sache (Umtausch)* verlangen. Der Verkäufer hat die zum Zwecke der Nacherfüllung erforderlichen Aufwendungen, insbesondere Transport-, Wege-, Arbeits- und Materialkosten zu tragen. 270

Rücktritt: Der Rücktritt des Käufers vom Vertrag setzt voraus, daß er dem Verkäufer erfolglos eine angemessene Frist zur Leistung oder Nacherfüllung gesetzt hat. Die Fristsetzung ist entbehrlich, wenn 271
– der Verkäufer die Leistung ernsthaft und endgültig verweigert,
– der Verkäufer die Leistung zu einem im Vertrag bestimmten Termin oder innerhalb einer bestimmten Frist nicht bewirkt und der Käufer im Vertrag den Fortbestand seines Leistungsinteresses an die Rechtzeitigkeit der Leistung gebunden hat oder
– besondere Umstände vorliegen, die unter Abwägung der beiderseitigen Interessen den sofortigen Rücktritt rechtfertigen.

Kommt nach der Art der Pflichtverletzung eine Fristsetzung nicht in Betracht, so tritt an deren Stelle eine **Abmahnung**.

Minderung: Statt zurückzutreten, kann der Käufer den Kaufpreis durch Erklärung gegenüber dem Verkäufer mindern. Bei der Minderung ist der Kaufpreis in dem 272

---

* Nach einem Urteil des Bundesgerichtshofes vom 26. 11. 2008 (AZ VIII ZR 200/05) können Verbraucher defekte Waren bis zu 2 Jahre nach deren Kauf an den Verkäufer zurückgeben, ohne daß dieser eine Nutzungsgebühr verlangen darf.

II Konsum

Verhältnis herabzusetzen, in welchem zur Zeit des Vertragsabschlusses der Wert der Sache in mangelfreiem Zustand zu dem wirklichen Wert gestanden haben würde. Die Minderung ist, soweit erforderlich, durch Schätzung zu ermitteln.

273 **Schadensersatz**: Soweit der Verkäufer die fällige Leistung nicht oder nicht wie geschuldet erbringt und diesen Umstand zu vertreten hat (§ 276 BGB n. F.), kann der Käufer unter den Voraussetzungen des § 280 Abs. 1 BGB n. F. Schadensersatz statt der Leistung verlangen, wenn er dem Verkäufer erfolglos eine angemessene Frist zur Leistung oder Nacherfüllung gesetzt hat. Die Fristsetzung ist entbehrlich, wenn der Verkäufer die Leistung ernsthaft und endgültig verweigert oder besondere Umstände vorliegen, die unter Abwägung der beiderseitigen Interessen die sofortige Geltendmachung des Schadensersatzanspruchs rechtfertigen. Kommt nach der Art der Pflichtverletzung eine Fristsetzung nicht in Betracht, so tritt an deren Stelle eine **Abmahnung**.

Anstelle des Schadensersatzes statt der Leistung kann der Käufer nach § 284 BGB n. F. Ersatz der Aufwendungen verlangen, die er im Vertrauen auf den Erhalt der Leistung gemacht hat und billigerweise machen durfte, es sei denn, deren Zweck wäre auch ohne die Pflichtverletzung des Verkäufers nicht erreicht worden.

274 Die **Verjährung** der in § 437 Nr. 1 und 3 BGB n. F. bezeichneten **Mängelansprüche** aus Kaufvertrag erfolgt nach § 438 BGB n. F.

in **dreißig Jahren**, wenn der Mangel
 – in einem dinglichen Recht eines Dritten, auf Grund dessen Herausgabe der Kaufsache verlangt werden kann, oder
 – in einem sonstigen Recht, das im Grundbuch eingetragen ist,
besteht,

in **fünf Jahren**
 – bei einem Bauwerk und
 – bei einer Sache, die entsprechend ihrer üblichen Verwendungsweise für ein Bauwerk verwendet worden ist und dessen Mangelhaftigkeit verursacht hat, und
im übrigen in **zwei Jahren**.

Die Verjährung beginnt bei Grundstücken mit der Übergabe, im übrigen mit der Ablieferung der Sache.

Hat der Verkäufer den Mangel arglistig verschwiegen, so ändern sich die vorgenannten Verjährungsfristen gemäß § 438 Abs. 3 BGB n. F.

Die Vorschriften des Kaufrechts gelten **generell** für alle Kaufverträge ohne Rücksicht darauf, ob der Käufer Verbraucher ist oder nicht. **Spezielle** Vorschriften nur für Verbraucher finden sich

Die Stichwortnummern 275–280 sind entfallen!

 – über die Transparenz bei Garantien (§ 477 BGB n. F.),
 – hinsichtlich eines nachgewiesenen Mangels (§ 476 BGB n. F.) sowie
 – die Einschränkung von abweichenden Vereinbarungen (§ 475 BGB n. F.) betreffend.

281 Der **Lieferungsverzug** tritt nach § 286 BGB n. F. ein, wenn der Schuldner (Verkäufer) auf eine nach Eintritt der Fälligkeit der Leistung erfolgte Mahnung des Gläubigers (Käufers) nicht liefert. Der Mahnung stehen die Erhebung der Klage auf Leistung sowie die Zustellung eines Mahnbescheids im Mahnverfahren gleich. Der Mahnung bedarf es nicht, wenn
 – für die Leistung eine Zeit nach dem Kalender bestimmt ist,

Konsum **II**

- der Leistung ein Ereignis vorauszugehen hat und eine angemessene Zeit für die Leistung in der Weise bestimmt ist, daß sie sich von dem Ereignis an nach dem Kalender berechnen läßt,
- der Schuldner die Leistung ernsthaft und endgültig verweigert,
- aus besonderen Gründen unter Abwägung der beiderseitigen Interessen der sofortige Eintritt des Verzugs gerechtfertigt ist.

Der Schuldner kommt nicht in Verzug, solange die Leistung infolge eines Umstandes unterbleibt, den er nicht zu vertreten hat.

Leistet der Verkäufer im Falle des Lieferungsverzuges nach erfolglosem Ablauf einer angemessenen Frist (soweit Fristsetzung nach §§ 323 Abs. 2 oder 281 Abs. 2 BGB n. F. nicht entbehrlich) nicht (Nichtleistung), stehen dem Käufer folgende Rechte (**Lieferungsverzugsrechte**) zu: 281a
- Rücktritt wegen nicht oder nicht vertragsgemäß erbrachter Leistung (§ 323 Abs. 1 BGB n. F.),
- Schadensersatz und Rücktritt (§ 325 BGB n. F.),
- Schadensersatz wegen Pflichtverletzung (§ 280 Abs. 1 u. 3 BGB n. F.) oder
- Schadensersatz statt der Leistung wegen nicht oder nicht wie geschuldet erbrachter Leistung (§ 281 BGB n. F.).

Der **Annahmeverzug** setzt voraus, daß die Lieferung **fällig** ist (§ 286 BGB) und sie 282,283 **tatsächlich** angeboten wird (§ 294 BGB). Annahmeverzug setzt **kein** →Verschulden voraus.

Gleichgültig aus welchen Gründen der Käufer die Warenannahme verweigert, sein (Annahme-)Verzug läßt die **Gefahr** des zufälligen Untergangs der Ware auf ihn übergehen (§ 300 Abs. 2 BGB) und die Haftung des Verkäufers auf →**grobe Fahrlässigkeit** und →**Vorsatz** zurückgehen.

Dem Verkäufer stehen im Falle des Annahmeverzugs folgende Rechte (**Annahme-** 284 **verzugsrechte**) zu:
- Er kann die Ware in eigene Verwahrung nehmen und **auf Abnahme klagen**.
- Er kann sich **von der Leistungspflicht befreien**.
Der Verkäufer muß hinterlegungsfähige Dinge (Geld, Wertpapiere, Kostbarkeiten) bei einer öffentlichen Hinterlegungsstelle (i.d. R. das Amtsgericht) am Leistungsort (Ort, an dem der Schuldner seine Leistung zu erbringen hat; der Leistungsort entspricht dem →Erfüllungsort) hinterlegen. Nicht hinterlegungsfähige Dinge (Waren) kann er am Leistungsort öffentlich versteigern lassen; Waren mit einem Börsen- oder Marktpreis kann er freihändig verkaufen und den Erlös hinterlegen (**Hinterlegungsverkauf**; §§ 372, 383, 385 BGB). 285
Der Verkäufer kann darüberhinaus jede Ware an jedem geeigneten Ort in sicherer Weise einlagern (z. B. in einem öffentlichen Lagerhaus). Er kann die Ware aber auch an jedem Ort versteigern lassen; Waren mit einem Börsen- oder Marktpreis kann er freihändig verkaufen, den Erlös behalten und mit seiner Forderung gegenüber dem in Annahmeverzug geratenen Käufer aufrechnen (**Selbsthilfeverkauf**; §§ 373, 374 HGB). Einen Mehrerlös hat er herauszugeben. 286
Alle Kosten, die dem Verkäufer durch Hinterlegung, freihändigen Verkauf oder öffentliche Versteigerung entstehen, kann er vom säumigen Käufer verlangen.

II Konsum

Falls der Käufer die Ware **schuldhaft** (→Verschulden) nicht annimmt, kann der Verkäufer verlangen beziehungsweise tun:
- Erfüllung des Vertrages,
- Erfüllung **und** Schadensersatz (§ 280 Abs. 1 u. 2 i. V. m. § 286 BGB n. F.),
- Rücktritt vom Vertrag (§§ 283 u. 326 BGB n. F.) oder
- Schadensersatz wegen Nichterfüllung (§ 281 BGB n. F.).

Rücktritt vom Vertrag und Schadensersatz wegen Nichterfüllung stehen dem Verkäufer jedoch erst dann offen, wenn er dem Käufer eine **angemessene Nachfrist** gesetzt und erklärt hat, daß er nach Ablauf der Frist entweder vom Vertrag zurücktreten oder Schadensersatz wegen Nichterfüllung verlangen wird (§ 323 BGB n. F.).

287

Die Stichwortnummer 288 ist entfallen

Der **Zahlungsverzug** wird in § 286 insbes. Abs. 3 BGB n. F. neu geregelt. Der Schuldner einer Geldforderung kommt danach spätestens in Verzug, wenn er nicht innerhalb von 30 Tagen nach Fälligkeit und Zugang einer Rechnung oder gleichwertigen Zahlungsaufstellung leistet; dies gilt gegenüber einem Schuldner, der Verbraucher ist, nur, wenn auf diese Folgen in der Rechnung oder Zahlungsaufstellung besonders hingewiesen worden ist. Wenn der Zeitpunkt des Zugangs der Rechnung oder Zahlungsaufstellung unsicher ist, kommt der Schuldner, der nicht Verbraucher ist, spätestens 30 Tage nach Fälligkeit und Empfang der Gegenleistung in Verzug. – Der Schuldner kommt nicht in Verzug, solange die Leistung infolge eines Umstandes unterbleibt, den er nicht zu vertreten hat.

289

Kommt der Käufer in Zahlungsverzug, dann kann der Verkäufer wahlweise folgendes verlangen beziehungsweise tun (**Zahlungsverzugsrechte**):
- **Zahlung** der Kaufpreissumme,
- **Zahlung** der Kaufpreisssumme **und Schadensersatz** (Verzugszinsen, § 288 BGB n. F.),
- **Rücktritt** vom Vertrag (Rücknahme der Ware),
- **Schadensersatz statt der Leistung** (Rücknahme der Ware bei Inrechnungstellung der Rücknahmekosten, der Verzugszinsen und eines eventuellen Mindererlöses bei Weiterverkauf).

Rücktritt vom Vertrag und Schadensersatz wegen Nichterfüllung kann der Verkäufer erst dann geltend machen, wenn er dem Käufer eine **angemessene Nachfrist** gesetzt und ihm kundgetan hat, daß er nach Ablauf der Frist entweder vom Vertrag zurücktritt **oder** Schadensersatz wegen Nichterfüllung verlangt.

Ermittlung des Schadens: Nimmt der Verkäufer wegen des ausstehenden Zahlungseinganges einen Kredit auf, so errechnet sich der Schaden aus Kreditkosten und Kreditzinsen.

Der Verzugszinssatz beträgt für das Jahr fünf Prozentpunkte über dem Basiszinssatz. Bei Rechtsgeschäften, an denen ein Verbraucher nicht beteiligt ist, beträgt der Zinssatz für Entgeltforderungen acht Prozentpunkte über dem Basiszinssatz.

290

Nicht unproblematisch erweisen sich zuweilen die der gekauften Ware angeschlossenen **Garantiekarten/Garantiezertifikate** oder aber auch die in den Allgemeinen Geschäftsbedingungen des Verkäufers ausgewiesenen Garantieerklärungen. Hier gilt es für den Käufer zunächst zu unterscheiden, ob es sich um eine Garantiezusage des Verkäufers (Händlergarantie) oder des Herstellers (Herstellergarantie) handelt.

Konsum **II**

Die **Händlergarantie** enthält häufig nicht mehr als einen Hinweis auf die gesetzlichen Gewährleistungsrechte oder aber den Versuch, dieselben einzuschränken. Hier ist genaueste Prüfung angezeigt. Auf keinen Fall können gesetzliche Gewährleistungsrechte beschnitten oder ausgeschlossen werden. 291

Die **Herstellergarantie** gibt dem Käufer neben seinen gesetzlichen Gewährleistungsrechten gegenüber dem Verkäufer zusätzliche Ansprüche gegenüber dem Hersteller. Diese Garantieerklärung erfolgt freiwillig und ist deshalb in ihrer Gestaltung ins Belieben des Erklärenden (Herstellers) gestellt. Auch kann der Hersteller festlegen, wie sich der Kunde im Garantiefall zu verhalten hat. So wird in der Regel verlangt, daß Garantie nur gegen Vorlage des **ausgefüllten** (Datum des Kaufes und Name des Händlers) Garantiescheines zusammen mit dem defekten Gerät gewährt wird. Ob Garantieschein und defektes Gerät dem (Fach-)Händler oder unmittelbar dem Hersteller einzureichen sind, ergibt sich ebenfalls aus dem Garantieschein. 292

Die gesetzlichen Gewährleistungsansprüche des Käufers gegenüber dem Verkäufer werden durch diese (zusätzliche) Herstellergarantie nicht berührt.

Beschaffenheits- und **Haltbarkeitsgarantie**: Übernimmt der Verkäufer oder ein Dritter eine Garantie für die Beschaffenheit der Sache (Beschaffenheitsgarantie) oder dafür, daß die Sache für eine bestimmte Dauer eine bestimmte Beschaffenheit behält (Haltbarkeitsgarantie), so stehen dem Käufer nach § 443 BGB n. F. unbeschadet der gesetzlichen Ansprüche die Rechte aus der Garantie zu den in der Garantieerklärung und der einschlägigen Werbung angegebenen Bedingungen gegenüber demjenigen zu, der die Garantie eingeräumt hat. 292a,292b

Auf einen Vertrag, der die Lieferung herzustellender oder zu erzeugender beweglicher Sachen zum Gegenstand hat, finden die Vorschriften über den Kauf (Kaufvertrag) Anwendung (§ 651 BGB n. F.).

3.2.1.1 Haustürgeschäfte

293

Als Haustürgeschäfte gelten nach § 312 BGB n. F. Verträge zwischen einem Unternehmer und einem Verbraucher, die eine entgeltliche Leistung zum Gegenstand haben, und zu deren Abschluß der Verbraucher
– durch mündliche Verhandlungen an seinem Arbeitsplatz oder im Bereich einer Privatwohnung,
– anläßlich einer vom Unternehmer oder von einem Dritten zumindest auch im Interesse des Unternehmers durchgeführten Freizeitveranstaltung oder
– im Anschluß an ein überraschendes Ansprechen in Verkehrsmitteln oder im Bereich öffentlich zugänglicher Verkehrsflächen
veranlaßt worden ist.

Bei Haustürgeschäften steht dem Verbraucher ein Widerrufsrecht nach § 355 BGB n. F. zu. Der Widerruf muß keine Begründung enthalten und ist in Textform oder durch Rücksendung der Sache innerhalb von zwei Wochen gegenüber dem Unternehmer zu erklären. Zur Fristwahrung genügt die rechtzeitige Absendung. Die Frist beginnt mit dem Zeitpunkt, zu dem dem Verbraucher eine deutlich gestaltete Belehrung über sein Widerrufsrecht in Textform mitgeteilt worden ist. Ist der Vertrag schriftlich abzuschließen, so beginnt die Frist nicht zu laufen, bevor dem Verbraucher auch eine Vertragsurkunde, sein schriftlicher Antrag oder eine Abschrift

II Konsum

der Vertragsurkunde oder des Antrags zur Verfügung gestellt werden. – Bei der Lieferung von Waren beginnt die Frist nicht vor dem Tag ihres Eingangs beim Empfänger. Das Widerrufsrecht erlischt spätestens sechs Monate nach Vertragsabschluß.

Dem Verbraucher kann anstelle des Widerrufsrechts ein Rückgaberecht nach § 356 BGB n. F. eingeräumt werden.

294 3.2.1.2 Fernabsatzverträge

Fernabsatzverträge sind nach § 312 b BGB n. F. Verträge über die Lieferung von Waren oder die Erbringung von Dienstleistungen, die zwischen einem Unternehmer und einem Verbraucher unter ausschließlicher Verwendung von Fernkommunikationsmitteln abgeschlossen werden. Fernkommunikationsmittel sind Kommunikationsmittel, die zur Anbahnung oder zum Abschluß eines Vertrages zwischen einem Verbraucher und einem Unternehmer ohne gleichzeitige körperliche Anwesenheit der Vertragsparteien eingesetzt werden können, insbesondere Briefe, Kataloge, Telefonanrufe, Telekopien, E-Mails sowie Rundfunk, Tele- und Mediendienste.

Bei Fernabsatzverträgen hat der Unternehmer nach § 312 c BGB n. F. den Verbraucher rechtzeitig vor Abschluß eines Vertrages in einer dem eingesetzten Fernkommunikationsmittel entsprechenden Weise klar und verständlich zu informieren über
– die Einzelheiten des Vertrages und
– den geschäftlichen Zweck desselben.

Bei Telefongesprächen muß der Unternehmer seine Identität und den geschäftlichen Zweck des Vertrages bereits zu Beginn des Gespräches ausdrücklich offenlegen.

Dem Verbraucher steht nach § 312 d BGB n. F. bei einem Fernabsatzvertrag ein Widerrufsrecht zu. Anstelle des Widerrufsrechts kann dem Verbraucher bei Verträgen über die Lieferung von Waren ein Rückgaberecht nach § 356 BGB n. F. eingeräumt werden.

Die Widerrufsfrist beginnt nicht vor Erfüllung der Informationspflichten; bei der Lieferung von Waren nicht vor dem Tag ihres Eingangs beim Empfänger; bei der wiederkehrenden Lieferung gleichartiger Waren nicht vor dem Tag des Eingangs der ersten Teillieferung und bei Dienstleistungen nicht vor dem Tag des Vertragsabschlusses.

Das Widerrufsrecht besteht nach § 312 d BGB n. F. nicht bei Fernabsatzverträgen
– zur Lieferung von Waren, die nach Kundenspezifikation angefertigt werden oder eindeutig auf die persönlichen Bedürfnisse zugeschnitten sind oder auf Grund ihrer Beschaffenheit nicht für eine Rücksendung geeignet sind oder schnell verderben können oder deren Verfalldatum überschritten würde,
– zur Lieferung von Audio- oder Videoaufzeichnungen oder von Software, sofern die gelieferten Datenträger vom Verbraucher entsiegelt worden sind,
– zur Lieferung von Zeitungen, Zeitschriften und Illustrierten,
– zur Erbringung von Wett- und Lotterie-Dienstleistungen oder
– die in Form von Versteigerungen (§ 156 BGB) geschlossen werden.

Die Vorschriften über Fernabsatzverträge finden nach § 312 b BGB n. F. keine Anwendung auf Verträge
- über Fernunterricht,
- über Teilzeitnutzung von Wohngebäuden,
- über Finanzgeschäfte,
- über die Veräußerung von Grundstücken und grundstücksgleichen Rechten, die Begründung, Veräußerung und Aufhebung von dinglichen Rechten an Grundstücken und grundstücksgleichen Rechten sowie über die Errichtung von Bauwerken,
- über die Lieferung von Lebensmitteln, Getränken oder sonstigen Haushaltsgegenständen des täglichen Bedarfs, die am Wohnsitz, am Aufenthaltsort oder am Arbeitsplatz eines Verbrauchers von Unternehmern im Rahmen häufiger und regelmäßiger Fahrten geliefert werden,
- über die Erbringung von Dienstleistungen in den Bereichen Unterbringung, Beförderung, Lieferung von Speisen und Getränken sowie Freizeitgestaltung,
- die geschlossen werden
  - unter Verwendung von Warenautomaten oder automatisierten Geschäftsräumen oder
  - mit Betreibern von Telekommunikationsmitteln auf Grund der Benutzung von öffentlichen Fernsprechern, soweit sie deren Benutzung zum Gegenstand haben.

3.2.1.3 Ratenlieferungsverträge

Ratenlieferungsverträge sind nach § 505 BGB n. F. Verträge zwischen einem Verbraucher und einem Unternehmer, bei denen die Willenserklärung des Verbrauchers auf den Abschluß eines Vertrages gerichtet ist, der
- die Lieferung mehrerer als zusammengehörend verkaufter Sachen in Teilleistungen zum Gegenstand hat und bei dem das Entgelt für die Gesamtheit der Sachen in Teilzahlungen zu entrichten ist, oder
- die regelmäßige Lieferung von Sachen gleicher Art zum Gegenstand hat, oder
- die Verpflichtung zum wiederkehrenden Erwerb oder Bezug von Sachen zum Gegenstand hat.

Ratenlieferungsverträge bedürfen der schriftlichen Form, es sei denn, daß dem Verbraucher die Möglichkeit verschafft wird, die Vertragsbestimmungen einschließlich der Allgemeinen Geschäftsbedingungen bei Vertragsabschluß abzurufen und in wiedergabefähiger Form zu speichern. Der Unternehmer hat dem Verbraucher den Vertragsinhalt in Textform mitzuteilen.

Dem Verbraucher steht bei einem Ratenlieferungsvertrag gemäß § 355 BGB n. F. ein Widerrufsrecht zu. Der Widerruf muß keine Begründung enthalten und ist in Textform oder durch Rücksendung der Sache innerhalb von zwei Wochen gegenüber dem Unternehmer zu erklären; zur Fristwahrung genügt die rechtzeitige Absendung.

Die Widerrufsfrist beginnt mit dem Zeitpunkt, zu dem dem Verbraucher eine deutlich gestaltete Belehrung über sein Widerrufsrecht in Textform mitgeteilt worden ist. Ist der Vertrag schriftlich abzuschließen, so beginnt die Frist nicht zu laufen,

II Konsum

bevor dem Verbraucher auch eine Vertragsurkunde, der schriftliche Antrag des Verbrauchers oder eine Abschrift der Vertragsurkunde oder des Antrags zur Verfügung gestellt werden.

Das Widerrufsrecht erlischt spätestens sechs Monate nach Vertragsabschluß. Bei der Lieferung von Waren beginnt die Frist nicht vor dem Tag ihres Eingangs beim Empfänger.

296 **3.2.1.4 Teilzahlungsgeschäfte**

Teilzahlungsgeschäfte (d. s. Geschäfte zwischen einem Unternehmer und einem Verbraucher, bei denen die Kaufpreissumme in Teilbeträgen beglichen wird) haben nach § 502 BGB n. F. bestimmten Formvorschriften zu genügen. Die vom Verbraucher zu unterzeichnende Vertragserklärung muß angeben:
– den Barzahlungspreis;
– den Teilzahlungspreis (Gesamtbetrag von Anzahlung und allen vom Verbraucher zu entrichtenden Teilzahlungen einschließlich Zinsen und sonstiger Kosten);
– Betrag, Anzahl und Fälligkeit der einzelnen Teilzahlungen;
– den effektiven Jahreszins;
– die Kosten einer Versicherung, die im Zusammenhang mit dem Teilzahlungsgeschäft abgeschlossen wird;
– die Vereinbarung eines Eigentumsvorbehalts oder einer anderen zu bestellenden Sicherheit.

Der Angabe eines Barzahlungspreises und eines effektiven Jahreszinses bedarf es nicht, wenn der Unternehmer **nur** gegen Teilzahlungen Sachen liefert oder Leistungen erbringt.

Das Teilzahlungsgeschäft ist **nichtig**, wenn die Schriftform nicht eingehalten ist oder wenn eine der vorgenannten Angaben fehlt.

Dem Verbraucher steht nach § 355 BGB n. F. ein Widerrufsrecht zu. Der Widerruf muß keine Begründung enthalten und ist in Textform oder durch Rücksendung der Sache innerhalb von zwei Wochen gegenüber dem Unternehmer zu erklären; zur Fristwahrung genügt die rechtzeitige Absendung.

Die Widerrufsfrist beginnt mit dem Zeitpunkt, zu dem dem Verbraucher eine deutlich gestaltete Belehrung über sein Widerrufsrecht in Textform mitgeteilt worden ist. Bei Lieferung von Waren beginnt die Frist nicht vor dem Tag ihres Eingangs beim Empfänger. Das Widerrufsrecht erlischt spätestens sechs Monate nach Vertragsabschluß.

Anstelle des Widerrufsrechts kann dem Verbraucher nach § 356 BGB n. F. ein Rückgaberecht eingeräumt werden.

Der Unternehmer kann von einem Teilzahlungsgeschäft wegen Zahlungsverzuges des Verbrauchers nach § 503 Abs. 2 BGB n. F. nur dann zurücktreten, wenn
– der Verbraucher mit mindestens zwei aufeinanderfolgenden Teilzahlungen ganz oder teilweise rückständig ist und
– der Unternehmer dem Verbraucher erfolglos eine zweiwöchige Frist zur Zahlung des rückständigen Betrages mit der Erklärung gesetzt hat, daß er bei Nichtzahlung innerhalb der Frist die gesamte Restschuld verlange.

Erfüllt der Verbraucher seine Verbindlichkeiten aus dem Teilzahlungsgeschäft vorzeitig, so vermindert sich der Teilzahlungspreis um die Zinsen und sonstigen laufzeitabhängigen Kosten, die bei gestaffelter Berechnung auf die Zeit nach der vorzeitigen Erfüllung entfallen.

3.2.1.5 Auktion/Internetauktion

297,298

Bei der konventionellen Auktion (Versteigerung) versteigert der Anbieter (Versteigerer) in der Regel in fremdem Namen für fremde Rechnung, das heißt im Namen und auf Rechnung des Einlieferers eines Gutes, dasselbe. Es kommt dabei aufgrund eines Höchstgebotes durch Zuschlag (§ 156 BGB) zu einem →Kaufvertrag zwischen dem Einlieferer und dem (erfolgreichen) Bieter.

Auch bei Internetauktionen werden Kaufverträge abgeschlossen. Dies stellen die BGH-Urteile v. 7.11.2001 (AZ VII ZR 13/01) und v. 3.11.2004 (AZ VIII ZR 375/03) fest. Allerdings hat – wie die Urteile des Amtsgerichts Erfurt v. 16.9.2001 (AZ C 2354/01) und des OLG Köln v. 6.9.2002 (AZ 19 U 16/02) deutlich machen – gegebenenfalls der Verkäufer (Versteigerer) zu beweisen, daß der Käufer (Ersteigerer) identisch mit dem Account-Inhaber ist. – Die Internetauktionsverträge regeln sich nach den Vorschriften über →Fernabsatzverträge (§§ 312b–312d BGB).

Die Stichwortnummern 299–314 sind entfallen!

3.2.1.6 Tausch

314a

Auf den Tausch (§ 480 BGB n. F.), bei dem eine Sache gegen eine andere Sache hingegeben wird, gelten dieselben Vorschriften wie für den Kauf (§§ 433 ff. BGB). Dies ist vor allem dann bedeutsam, wenn der Tauschgegenstand mangelhaft (→Mängel) ist.

3.2.2 Schenkung

314b

Die Schenkung (§§ 516 ff. BGB) ist eine unentgeltliche vertragliche Zuwendung aus dem Vermögen des Schenkers zur Bereicherung des Beschenkten. Die Schenkung bedarf keiner besonderen Form. Das Versprechen jedoch muß gerichtlich oder notariell (öffentlich) beurkundet werden (→öffentliche Beurkundung).

Der Schenker kann sein Geschenk zurückfordern, wenn er unverschuldet in Not gerät oder wenn sich der Beschenkte gegenüber dem Schenker oder einem nahen Angehörigen des Schenkers **groben Undankes** schuldig gemacht hat. Die Herausgabe des Geschenkes kann nur nach den Vorschriften über **ungerechtfertigte Bereicherung** (§§ 812–822 BGB) verlangt werden (d. h. grundsätzlich nur, soweit der Beschenkte noch bereichert ist).

314c

314d

3.2.3 Dienst- und Werkvertrag

315,316

Der **Dienstvertrag** ist ein gegenseitig verpflichtendes Schuldverhältnis, in dem der eine Vertragspartner (Dienstnehmer) die vereinbarten Dienste (grundsätzlich kann es sich um Dienste jeglicher Art handeln) erbringen und der andere (Dienstberechtigte) die vereinbarte Vergütung zahlen muß (§ 611 ff. BGB). Wird der Dienstnehmer durch den Vertrag als **Arbeitnehmer** in einen Betrieb aufgenommen und der Weisungsbefugnis des Arbeitgebers unterstellt, liegt ein →Arbeitsvertrag vor, für

Die Stichwortnummer 317 ist entfallen!

II Konsum

den die besonderen Regeln des Arbeitsrechts gelten. Die Vorschriften des BGB über den Dienstvertrag werden hierauf nur noch ergänzend angewandt (z. B. §§ 617, 618 BGB).

Wird der Dienstleistende als **selbständig Tätiger** verpflichtet (z. B. als Anwalt, behandelnder Arzt, Privatlehrer, Fahrlehrer), ist das Vertragsverhältnis durch ein gewisses Maß persönlicher Freiheit gegenüber dem Auftraggeber (z. B. die Freiheit, Art und Weise der erforderlichen Arbeitsleistung zu bestimmen und die Arbeitszeit einzuteilen) gekennzeichnet. Es handelt sich überwiegend um Vertragsverhältnisse von kurzer Dauer.

Dienstverträge enden aus verschiedenen Gründen: zum Beispiel durch Zeitablauf, Zweckerreichung, Aufhebungsvereinbarung oder →Kündigung. Es besteht kein →Kündigungsschutz des Dienstnehmers, ausgenommen bei manchen arbeitnehmerähnlichen Dienstverhältnissen.

Im Gegensatz zum Kaufvertrag, bei dem eine fertige Sache zu liefern ist, sind Werkverträge auf die **Herstellung** einer Sache (eines Werkes) – oder anders ausgedrückt: auf die **Herbeiführung eines** gewissen (Arbeits-)**Erfolges** – gerichtet.

Der **Werkvertrag** (§§ 631 ff. BGB) ist die typische Vertragsform, die Handwerker als Unternehmer mit ihren Kunden als Besteller abschließen. Durch den Werkvertrag verpflichtet sich der Unternehmer (Auftragnehmer), eine bestimmte Sache (Werk) herzustellen (Beispiel: Ein Schneider fertigt einen Maßanzug) oder eine solche zu verändern. Der Unternehmer verpflichtet sich, die Sache so herzustellen, daß sie **die zugesicherten Eigenschaften** hat und nicht mit Fehlern behaftet ist, die den Wert oder die Tauglichkeit zu dem gewöhnlichen oder dem nach dem Vertrag vorausgesetzten Gebrauch aufheben oder mindern. Die Leistung des Unternehmers besteht aus der fachkundig eingebrachten Arbeit nebst stofflichen Zutaten zum Werk (so liefert der Schneider als Zutaten: Stoff, Knöpfe, Faden, Futterstoff). Der Unternehmer hat nach § 633 BGB n. F. dem Besteller das Werk frei von Sach- und Rechtsmängeln zu verschaffen. Das Werk ist frei von **Sachmängeln**, wenn es die vereinbarte Beschaffenheit hat. Soweit die Beschaffenheit nicht vereinbart ist, ist das Werk frei von Sachmängeln,
– wenn es sich für die nach dem Vertrag vorausgesetzte, sonst
– für die gewöhnliche Verwendung eignet und eine Beschaffenheit aufweist, die bei Werken der gleichen Art üblich ist und die der Besteller nach der Art des Werkes erwarten kann.

Einem Sachmangel steht es gleich, wenn der Unternehmer ein anderes als das bestellte Werk oder das Werk in zu geringer Menge herstellt.

Das Werk ist frei von **Rechtsmängeln**, wenn Dritte in Bezug auf das Werk keine oder nur die im Vertrag übernommenen Rechte gegen den Besteller geltend machen können. Der Besteller (Auftraggeber) verpflichtet sich zur Entrichtung der vereinbarten Vergütung.

Ist das Werk mangelhaft, kann der Besteller nach § 634 BGB n. F., wenn die Voraussetzungen der folgenden Vorschriften erfüllt sind und soweit nicht ein anderes bestimmt ist,
– nach § 635 BGB n. F. Nacherfüllung verlangen,

- nach § 637 BGB n. F. den Mangel selbst beseitigen und Ersatz der erforderlichen Aufwendungen verlangen,
- nach den §§ 636, 323 und 326 Abs. 5 BGB n. F. von dem Vertrag zurücktreten oder nach § 638 BGB n. F. die Vergütung mindern und nach den §§ 636, 280, 281, 283 und 311 a BGB n. F. Schadensersatz oder nach § 284 BGB n. F. Ersatz vergeblicher Aufwendungen verlangen.

Nacherfüllung: Verlangt der Besteller Nacherfüllung, so kann der Unternehmer nach seiner Wahl den Mangel beseitigen oder ein neues Werk herstellen. Der Unternehmer hat die zum Zweck der Nacherfüllung erforderlichen Aufwendungen, insbesondere Transport-, Wege-, Arbeits- und Materialkosten zu tragen. 320

Selbstvornahme: Nach erfolglosem Ablauf einer vom Besteller zur Nacherfüllung bestimmten angemessenen Frist kann dieser den Mangel selbst beseitigen und Ersatz der erforderlichen Aufwendungen verlangen. Die Fristsetzung ist entbehrlich, wenn 321
- der Unternehmer die Leistung ernsthaft und endgültig verweigert,
- der Unternehmer die Leistung zu einem im Vertrag bestimmten Termin oder innerhalb einer bestimmten Frist nicht bewirkt und der Besteller im Vertrag den Fortbestand seines Leistungsinteresses an die Rechtzeitigkeit der Leistung gebunden hat oder
- besondere Umstände vorliegen, die unter Abwägung der beiderseitigen Interessen den sofortigen Rücktritt rechtfertigen.

Der Bestimmung einer Frist bedarf es auch dann nicht, wenn die Nacherfüllung fehlgeschlagen oder dem Besteller unzumutbar ist.

Kommt nach der Art der Pflichtverletzung eine Fristsetzung nicht in Betracht, so tritt an deren Stelle eine **Abmahnung**.

Rücktritt: Erbringt der Unternehmer seine fällige Leistung nicht oder nicht vertragsgemäß, so kann der Besteller, wenn er diesem erfolglos eine angemessene Frist zur Leistung oder Nacherfüllung bestimmt hat, vom Vertrag zurücktreten. Unter den Voraussetzungen des § 323 Abs. 2 BGB n. F. ist eine Fristsetzung entbehrlich, wenn der Unternehmer die Nacherfüllung ernsthaft und endgültig verweigert oder, wenn die Nacherfüllung fehlgeschlagen oder dem Besteller unzumutbar ist. Kommt nach der Art der Pflichtverletzung eine Fristsetzung nicht in Betracht, so tritt an deren Stelle eine **Abmahnung**. 322

Minderung: Statt zurückzutreten, kann der Besteller die Vergütung durch Erklärung gegenüber dem Unternehmer mindern. Bei der Minderung ist die Vergütung in dem Verhältnis herabzusetzen, in welchem zur Zeit des Vertragsabschlusses der Wert des Werkes in mangelfreiem Zustand zu dem wirklichen Wert gestanden hätte. Die Minderung ist, soweit erforderlich, durch Schätzung zu ermitteln. 322a

Schadensersatz: Soweit der Unternehmer die fällige Leistung nicht oder nicht wie geschuldet erbringt und diesen Umstand zu vertreten hat (§ 276 BGB n. F.), kann der Besteller unter den Voraussetzungen des § 280 Abs. 1 BGB n. F. Schadensersatz statt der Leistung verlangen, wenn er dem Unternehmer erfolglos eine angemessene Frist zur Leistung oder Nacherfüllung gesetzt hat. Die Fristsetzung ist entbehrlich, wenn der Unternehmer die Leistung ernsthaft und endgültig verweigert oder 322b

II Konsum

besondere Umstände vorliegen, die unter Abwägung der beiderseitigen Interessen die sofortige Geltendmachung des Schadensersatzanspruches rechtfertigen. Kommt nach Art der Pflichtverletzung eine Fristsetzung nicht in Betracht, so tritt an deren Stelle eine **Abmahnung**.

Anstelle des Schadensersatzes statt der Leistung kann der Besteller nach § 284 BGB n. F. Ersatz der Aufwendungen verlangen, die er im Vertrauen auf den Erhalt der Leistung gemacht hat und billigerweise machen durfte, es sei denn, deren Zweck wäre auch ohne die Pflichtverletzung des Unternehmers nicht erreicht worden.

322c Die **Verjährung** der in § 634 BGB n. F. bezeichneten **Mängelansprüche** aus Werkvertrag erfolgt nach § 634 a BGB n. F.
- vorbehaltlich der fünfjährigen Verjährungsfrist in **zwei Jahren** bei einem Werk, dessen Erfolg in der Herstellung, Wartung oder Veränderung einer Sache oder in der Erbringung von Planungs- oder Überwachungsleistungen hierfür besteht,
- in **fünf Jahren** bei einem Bauwerk und einem Werk, dessen Erfolg in der Erbringung von Planungs- und Überwachungsleistungen hierfür besteht und
- im übrigen in der regelmäßigen Verjährungsfrist von 3 Jahren (§ 195 BGB n. F.).

Hat der Unternehmer den Mangel arglistig verschwiegen, so verjähren die Ansprüche ihm gegenüber erst nach drei Jahren.

Die zwei- und die fünfjährige Verjährungsfrist beginnen mit der Abnahme des Werkes.

Die regelmäßige, dreijährige Verjährungsfrist beginnt mit Ablauf des Jahres, in dem der Besteller Kenntnis von den anspruchsbegründenden Umständen erlangt oder ohne grobe → Fahrlässigkeit erlangen müßte (§ 199 Abs. 1 BGB n. F.).

323 Bevor das Werk mangelfrei hergestellt ist, besteht für den Besteller keine Abnahmepflicht. Nach der **Abnahme** (d. h. Entgegennahme der hergestellten Sache wie auch Anerkennung der vertragsmäßigen Herstellung) ist der Besteller für eventuelle Mängel beweispflichtig. Die Vergütung wird erst mit der Abnahmepflicht fällig.

324 Zur Sicherstellung seiner Forderungen hat der Unternehmer an beweglichen Sachen ein gesetzliches →**Pfandrecht** und bei Bauwerken einen Anspruch auf Eintragung einer →Sicherungshypothek auf das Grundstück.

325 Die **Gefahr des zufälligen Untergangs** der hergestellten Sache trägt grundsätzlich der Unternehmer. Mit der Abnahme des Werkes geht die Gefahr auf den Besteller
326 über (**Gefahrübergang**); wenn er in Annahmeverzug gerät, schon vorher.

Auf Verträge, die die Lieferung herzustellender beweglicher Sachen zum Gegenstand haben, finden die Vorschriften über den Kaufvertrag Anwendung (§ 651 BGB n. F.). Die Vorschriften über den Kaufvertrag finden auch Anwendung, soweit Vertragsgegenstand nicht vertretbare Sachen (d. s. nach individuellen Merkmalen zu bestimmende Sachen, wie z. B. Gemälde, handgefertigter Schmuck [Unikate]) sind.

Wie für den Kaufvertrag, so bildet das BGB auch für den Werkvertrag nur einen Rahmen, der durch →**Allgemeine Geschäftsbedingungen** von Branchenverbänden, Innungen und einzelnen Unternehmen eine Vielzahl von inhaltlichen Ausgestaltungsmöglichkeiten bietet. Die §§ 305–310 BGB n. F. beschränken diese Möglichkeiten im Interesse des Verbrauchers.

Konsum **II**

Die Reparaturverträge in den verschiedensten Handwerksbereichen verdeutlichen den weiten Spielraum individueller Gestaltungsmöglichkeiten. Dies führt nicht selten zu einer gewissen Unsicherheit des Kunden hinsichtlich seiner Rechte und Pflichten.

3.2.3.1 Reparaturvertrag 327

Die Tatsache, daß auch ein Reparaturvertrag nicht schriftlich erteilt werden muß (→Formfreiheit von Rechtsgeschäften, Verträgen), um verpflichtend zu sein (auch mündliche Vereinbarungen begründen einen rechtsgültigen Vertrag!) führt im wirtschaftlichen Alltag immer wieder zu unliebsamen Auseinandersetzungen zwischen Handwerkern und ihren Kunden, da keine beweiskräftige schriftliche Unterlage über die tatsächliche Auftragserteilung (und damit über die klar definierten Pflichten des Handwerkers) vorliegt. Ob die Leistung eines Handwerkers vertragsgerecht ist, kann eben nur anhand der getroffenen Vereinbarung beurteilt werden. Was aber bei mündlichen Vertragsabschlüssen tatsächlich vereinbart wurde, ist hinterher oft umstritten. Dies ist aber nicht selten dadurch bedingt, daß es der Kunde an der wünschenswerten Präzision seiner Auftragserteilung mangeln läßt. So macht es eben einen bedeutsamen Unterschied, ob beispielsweise bei der Inanspruchnahme der Dienste einer Fernsehreparaturwerkstätte der Auftrag erteilt wird, Schäden am Fernsehgerät zu suchen und festzustellen oder Schäden zu beheben. Im ersten Fall liegt ein **Suchauftrag** vor, im Rahmen dessen der Handwerker 328 herausfinden soll, wodurch die Bild-/Tonstörung(en) verursacht wird (werden). Er hat **nicht** den Auftrag, den/die Schaden/Schäden zu beseitigen. Tut er es dennoch, so kann er dafür – rein rechtlich – keine Bezahlung verlangen. Stellt der Handwerker in Ausführung des ihm erteilten Suchauftrages eine Fehldiagnose und führt der darauf bezugnehmende Reparaturauftrag nicht zum gewünschten Erfolg (nämlich zur Beseitigung der Bild-/Tonstörung[en]), so hat der Kunde →Gewährleistungsansprüche gegenüber dem Handwerker auf Grund des nicht erfüllten Suchauftrages.

Hat der Handwerker – wie im zweiten Fall angenommen – den Auftrag, Schäden zu beheben, so kann er alles tun, was erforderlich ist, um die Bild-/Tonstörung(en) zu beseitigen. (Um unliebsame Überraschungen hinsichtlich der entstehenden Kosten zu vermeiden, sollte – von Kleinreparaturen abgesehen – der Handwerker einen →Kostenvoranschlag machen oder der Kunde einen solchen verlangen!) Der Reparaturauftrag ist erfüllt, wenn der beklagte Schaden behoben, das heißt der angestrebte **Erfolg** erreicht ist. Wird der angestrebte Erfolg nur zum Teil erreicht, so muß sich das der Handwerker entgegenhalten und gegebenenfalls (durch Einräumung eines entsprechenden Preisnachlasses) anrechnen lassen.

Was nun die Preisgestaltung des Handwerkers anbelangt, so hat dieser keineswegs einen Freibrief hinsichtlich des zu betreibenden Aufwandes. Hier gilt der durch die Rechtsprechung entwickelte Grundsatz, daß jeder vom Handwerker in Erfüllung seines Auftrages betriebene Aufwand dem Gebot der Wirtschaftlichkeit entsprechen muß. Der Handwerker verstößt gegen dieses Gebot, wenn er auf vagen Verdacht hin einfach teure Teile auswechselt oder tatsächlich beschädigte Teile gegen Neuteile auswechselt, obgleich eine Reparatur des beschädigten Teiles (sogenannte **Teil- oder Abschnittsreparatur**) den gleichen Effekt brächte und billiger wäre. 329,330

II Konsum

331,332
333

Für den Fall, daß eine Reparatur wirtschaftlich nicht sinnvoll ist, da ihre Kosten den Wert der zu reparierenden Sache übersteigen, trifft den Handwerker die Pflicht, den Kunden darauf hinzuweisen und ihn darüber zu beraten, wie der gewünschte (Reparatur-)Erfolg am zweckmäßigsten zu erreichen ist (**Hinweis-** und **Beratungspflicht, Nebenpflichten** aus Reparaturvertrag). Die Entscheidung darüber, welche der in Betracht kommenden Maßnahmen ergriffen werden soll, muß dem Kunden überlassen bleiben; sie darf nicht in anmaßender Weise vom Handwerker gefällt werden. – Entscheidet sich der Kunde allerdings wider die Bedenken des Handwerkers, so muß er die sich möglicherweise für ihn ergebenden Risiken und Nachteile sowie die daraus erwachsenden zusätzlichen Kosten in Kauf nehmen.

Hinweispflichten obliegen dem Handwerker auch im Blick auf die Zeit nach der Reparatur. So muß er den Kunden insbesondere auf bestimmte Bedienungs- und Behandlungsvorschriften wie auch auf notwendige Wartungs- und/oder Pflegearbeiten aufmerksam machen.

334
335

Weitere Nebenpflichten des Handwerkers gegenüber dem Kunden betreffen die Gefahrenabwendung (**Verkehrssicherungspflicht**) auf seinem Betriebsgelände sowie die sichere Verwahrung (**Verwahrungspflicht**) der ihm zur Reparatur überlassenen Sache.

Verletzt der Handwerker die ihm obliegenden Nebenpflichten und entsteht dem Kunden daraus ein Schaden, so kann dieser entsprechende Rechtsansprüche (in der Regel Schadensersatzansprüche) geltend machen.

336

Mit der **Abnahme** der geschuldeten Leistung (hier: der reparierten Sache) durch den Kunden gilt der dem Handwerker erteilte Auftrag als im Rechtssinne erfüllt (§ 640 BGB). Diese „Abnahme" bedeutet mehr als die bloße Entgegennahme; sie bedeutet (wie dies im Bauhandwerk bei der „Abnahme" von Wohnungen, Häusern, baulichen Veränderungen u. ä. allgemein bekannt ist) die Einverständniserklärung des Kunden mit der erbrachten Leistung. Die Abnahme setzt demnach voraus, daß der Kunde vom Handwerker die Möglichkeit eingeräumt bekommt, die erbrachte Leistung zu überprüfen und gegebenenfalls zurückzuweisen. (In welchem Umfang der Kunde dieses Prüfrecht wahrnimmt beziehungsweise fach- und sachkundig wahrnehmen kann, fällt in seine persönliche Verantwortung.) Nach der gängigen Rechtssprechung muß die Handwerkerleistung „im wesentlichen" der Vertragsvereinbarung entsprechen. Geringfügige Abweichungen von dieser Vereinbarung rechtfertigen somit keine Abnahmeverweigerung; sie geben jedoch dem Kunden das Recht, entsprechende Gewährleistungsansprüche zu stellen. Solange der Kunde berechtigterweise nicht abnimmt, kann er vom Handwerker die vollständige und mangelfreie Erbringung der vereinbarten Leistung (d. h. des Reparatur**erfolges**) verlangen. Nimmt der Kunde ab, so kann er nur noch Gewährleistungsansprüche nach § 634 BGB anmelden. Ist der Kunde – aus welchen Gründen auch immer – „gezwungen", die Sache trotz nicht befriedigender Ausführung der Reparatur an sich zu nehmen (beispielsweise weil er den PKW für eine Reise benötigt), so ist es ratsam (schriftlich oder vor Zeugen) festzuhalten, daß er die Abnahme verweigert hat.

Die Abnahme der Leistung hat noch weitere Rechtsfolgen; mit ihr
– geht die →**Gefahr** (Risiko) einer zufälligen Beschädigung oder Vernichtung der Sache auf den Kunden über;

– beginnt die →**Verjährungsfrist** (in der Regel 6 Monate) zu laufen;
– wird die Forderung des Handwerkers auf Bezahlung seiner Rechnung fällig.

Abweichungen von der vertraglichen Vereinbarung bedeuten normalerweise einen →**Mangel**, der dem Kunden das Recht verleiht, →**Nachbesserung** (d. h. Beseitigung des Mangels/der Mängel) zu verlangen (§ 633 Abs. 2 BGB). Entspricht der Handwerker diesem Verlangen nicht oder führt durch sein →Verschulden eine Nachbesserung nicht zum gewünschten Erfolg, so kann der Kunde den Mangel selbst beseitigen oder anderweitig beseitigen lassen und die dabei entstehenden Kosten dem Handwerker anlasten (§ 633 Abs. 3 BGB). Im Zusammenhang mit dem Recht auf Nachbesserung gilt es auf folgendes zu achten: Es ist zwar sinnvoll, bei mangelhafter Auftragsausführung dem Handwerker eine **Frist zur Nachbesserung** zu setzen. Man sollte dabei jedoch nicht erklären, daß nach Ablauf dieser Frist eine Nachbesserung durch den Auftragnehmer abgelehnt wird. Eine solche Erklärung hat zur Folge, daß nach Ablauf der gesetzten Frist die Handwerkerleistung als erfüllt – wenn auch nur als mangelhaft erfüllt – gilt. Dies bedeutet, daß der Kunde nur noch →**Schadensersatz** oder →**Minderung** der Reparaturkosten, **nicht** aber eine mangelfreie Leistung verlangen kann.

337

338

Setzt der Kunde dem Handwerker eine Nachbesserungsfrist, so muß diese angemessen sein. Welche Frist als angemessen gilt, richtet sich nach dem Zeitaufwand, der für die Nachbesserung erforderlich ist. Wird diese Frist durch den Handwerker nicht eingehalten, dann **kann** der Kunde eine **Nachfrist** setzen und gleichzeitig androhen, daß er nach Ablauf dieser Frist eine Nachbesserung ablehne.

339

Die Nachbesserungsfristen sind in der Regel in den →Allgemeinen Geschäftsbedingungen geregelt. Sie gilt es zu beachten!

Die Allgemeinen Geschäftsbedingungen legen auch häufig fest, daß sich die Gewährleistungsrechte des Kunden zunächst auf Nachbesserung beschränken. Dies bedeutet aber keineswegs, daß dem Kunden beliebig viele Nachbesserungen zugemutet werden können. Nach gängiger Rechtsprechung sind allenfalls zwei bis drei Nachbesserungen zumutbar. Danach kann der Kunde eine weitere Nachbesserung ablehnen und →**Schadensersatz** verlangen.

Das Recht auf **Schadensersatz** steht dem Kunden immer auch dann zu, wenn eine Nachbesserung nicht möglich ist.

Der zu ersetzende Schaden bemißt sich (**Schadensberechnung**) nach dem Aufwand, der durch die mangelhafte Reparaturleistung entstanden ist ([Fremd-]Kosten zur Beseitigung des Mangels/der Mängel, Fahrtkosten, Telefonkosten, Porti, Anwaltskosten).

340

Schadensersatz fordern kann der Kunde auch dann, wenn eine mangelhafte (**Reparatur-)Leistung** Schaden zur Folge hat (sogenannter **Mangelfolgeschaden**; Beispiel: Beim PKW-Ölwechsel wurde nur unzureichend neues Öl eingefüllt, so daß sich kurz danach die Kolben des Motors festfraßen).

341

Falls der Kunde nicht mehr an einer Nachbesserung durch den Auftraggeber noch an einer solchen durch einen anderen Handwerksbetrieb interessiert ist, kann er

II Konsum

342 **Minderung der Reparaturkosten** verlangen. Sie bemißt sich nach dem Verhältnis des Wertes zwischen mangelfreier und mangelhafter Leistung.

343 In seiner **Reparaturkostenabrechnung** darf der Handwerker nach dem Gesetz (§ 632 Abs. 2 BGB) nur den „üblichen" Preis verlangen. Dieser stellt auf die örtlichen (Großstadt- und Provinzpreise) und in gewissem Umfang auf die betrieblichen (hochtechnisierter Großbetrieb und vorwiegend in Handarbeit betriebener Kleinbetrieb) Verhältnisse ab und kann deshalb nicht genau festgelegt werden. Hält der Kunde den vom Handwerker verlangten Preis für unangemessen hoch, so kann er sich an eine →**Schiedsstelle** wenden. Kann hier keine Einigung erreicht werden, so steht der Gang vor Gericht offen, das einen Sachverständigen zur Begutachtung heranziehen wird.

344 Um solch unliebsamen Auseinandersetzungen zu entgehen, ist es sinnvoll, sich vor Auftragserteilung nach dem Preis der gewünschten Leistung zu erkundigen. Der vom Handwerker unterbreitete **Kostenvoranschlag** kann unverbindlich oder verbindlich sein. Beim **unverbindlichen Kostenvoranschlag** behält sich der Handwerker vor, mit der Endabrechnung seiner Leistung höher oder niedriger (als veranschlagt) zu liegen. Eine Überschreitung des Voranschlags muß sich allerdings in Grenzen halten. Nach gängiger Rechtsprechung liegt hier die zumutbare Obergrenze bei etwa 15 Prozent. Hat der Handwerker einen **verbindlichen Kostenvoranschlag** (der als solcher ausdrücklich erklärt werden muß!) abgegeben, so muß er sich in seiner Endabrechnung strikt an diesen Preis halten. Kostenüberschreitungen gehen zu seinen Lasten. Feststellungen in →Allgemeinen Geschäftsbedingungen, die besagen, daß vereinbarte oder veranschlagte Preise bis zu bestimmten Beträgen oder Prozentsätzen überschritten werden dürfen, sind nach einer Entscheidung des Bundesgerichtshofes unwirksam.

Bei der Angabe von Reparaturkosten im Geschäftsverkehr mit Privatleuten darf – soweit nicht **ausdrücklich** anderes vereinbart wurde – davon ausgegangen werden, daß es sich um **Bruttopreise** (d. h. Endpreise unter Einschluß der Mehrwertsteuer) handelt.

345 Falls der Kunde seiner **Zahlungspflicht** nicht nachkommt (d. h. die Rechnung nicht bezahlt), kann der Handwerker – soweit sich der reparierte Gegenstand in seinem →**Besitz** befindet – ein **Pfandrecht** an der Sache geltend machen (§ 647 BGB). Dieses **gesetzliche Pfandrecht** setzt allerdings voraus, daß der Auftraggeber gleichzeitig auch Eigentümer der zu reparierenden Sache ist. Um dieser das Pfandrecht einschränkenden Bedingung zu beggnen, sehen die →Allgemeinen Geschäftsbedingungen häufig vor, daß zwischen Auftraggeber und Auftragnehmer (Werkstätte) ein **vertragliches Pfandrecht** vereinbart wird. Dieses vertragliche Pfandrecht wirkt dann auch gegenüber dem Eigentümer.

346 Hinsichtlich der **Frist**, innerhalb der der Handwerker die vereinbarte (Reparatur-)Leistung zu erbringen hat, gilt unter Berücksichtigung der Interessen beider Seiten der Grundsatz der „**Angemessenheit**". Wird die Leistung in der **Wohnung** des Auftraggebers erbracht, bedeutet dies, daß die damit Befaßten (das sind der Handwerker und/oder seine Leute) zügig arbeiten müssen. Sollte die Arbeit wegen fehlender Teile beziehungsweise wegen deren Beschaffung/verzögerter (Fremd-)Lieferung unterbrochen werden müssen, so hat sich der Auftragnehmer für eine möglichst ra-

sche Zuendeführung derselben zu bemühen. Tut er dies nicht, so kann ihm der Auftraggeber (Kunde) eine angemessene Frist (**Nachfrist**) setzen und nach Ablauf (Nichteinhaltung) derselben **vom Vertrag zurücktreten**. Wird die (Reparatur-)Leistung in der **Werkstätte** (Betrieb) des Handwerkers erbracht, so wird meist kein verbindlicher Fertigstellungstermin vereinbart. Wird lediglich ein **unverbindlicher Fertigstellungstermin** ausgemacht, so kann der Kunde erst dann vom Vertrag zurücktreten, wenn er dem Handwerker eine angemessene Nachfrist gesetzt hat und diese ungenützt verstrichen ist. Wird ein **verbindlicher Fertigstellungstermin** vereinbart, dann muß sich der Handwerker an diesen halten. Verstreicht dieser Termin, ohne daß die Arbeit fertiggestellt wurde, kann der Kunde vom Vertrag zurücktreten. In beiden Fällen (unverbindliche und verbindliche Terminvereinbarung) gilt das Rücktrittsrecht des Kunden unabhängig davon, ob den Handwerker ein →Verschulden trifft (also beispielsweise auch dann, wenn die Reparatur deshalb nicht zu Ende gebracht werden kann, weil ein dafür benötigtes Teil vom Zulieferer nicht rechtzeitig geliefert wird!). Bei Rücktritt des Kunden vom Vertrag muß der Handwerker die ihm zur Reparatur überlassene Sache an diesen herausgeben. Der Kunde ist zu einer Zahlung nur insoweit verpflichtet, als die bereits erbrachte Teilleistung für ihn von Wert ist. Arbeitet der Handwerker nach der Rücktrittserklärung des Kunden weiter, so kann er dafür keine Vergütung verlangen. 347,348

Ist die Nichteinhaltung des Fertigstellungstermins oder der Nachfrist durch ein →Verschulden des Auftragnehmers bedingt (beispielsweise mangelnde Zeit- und/ oder Personalplanung, nicht rechtzeitige Bestellung der Ersatzteile, Vergeßlichkeit), so kann der Kunde außerdem →**Schadensersatz** verlangen. (Beispiel: Da die Kfz-Reparatur nicht termingerecht abgeschlossen wurde, muß sich der Kunde einen Mietwagen nehmen!) 349

Die →Allgemeinen Geschäftsbedingungen sehen häufig – zuweilen auch in rechtlich unzulässiger Weise – Einschränkungen der Schadensersatzpflicht des Handwerkers vor.

Die **Verjährung** der Gewährleistungsansprüche aus Reparaturvertrag beträgt 6 Monate ab →Abnahme. Für Ansprüche wegen →Mangelfolgeschäden beträgt die Regelverjährungsfrist 30 Jahre. Die Verjährung von Gewährleistungsansprüchen aus Werkvertrag wird dadurch gehemmt (→Hemmung der Verjährung), daß der Kunde den Mangel beim Handwerker rügt. Der Ablauf der Gewährleistungsfrist wird mit Zugang der →Mängelrüge solange angehalten, bis der Handwerker den Mangel in Abrede stellt oder als behoben erklärt. Nach diesem Zeitpunkt läuft die Verjährung weiter. 350

Der Anspruch des Handwerkers auf Zahlung der Reparaturrechnung verjährt in 2 Jahren.

3.2.3.2 Architektenvertrag 351

Beim Architektenvertrag liegt in der Regel ein Werkvertrag vor, in dem als angestrebter Erfolg die Errichtung eines mangelfreien Bauwerks gilt. Die Stellung des Architekten gegenüber den Bauunternehmern und Bauhandwerkern ist die eines Bevollmächtigten (→Vollmacht) des Bauherrn. Für Baumängel sind meist die besonderen Bestimmungen der Vergabe- und Vertragsordnung für Bauleistungen (VOB, Fassung von 2006) vertraglich vereinbart.

II Konsum

3.2.3.3 Arztvertrag

Arztverträge unterliegen je nach geforderter ärztlicher Leistung unterschiedlichen rechtlichen Grundmustern. Wird eine Behandlung gewährt, liegt ein →Dienstvertrag vor; wird eine operative Leistung (Operation) erbracht, greift der Werkvertrag Platz.

3.2.3.3.1 Behandlungs- und Krankenhausvertrag

Mit Abschluß eines Behandlungsvertrages verpflichtet sich der Arzt, die für die Genesung des Patienten erforderlichen Maßnahmen nach den „Regeln der ärztlichen Kunst" zu ergreifen. Diese Verpflichtung schließt allerdings **nicht** die Herbeiführung des Heilerfolges ein. Als Gegenleistung für die ärztlichen Bemühungen hat der Patient beziehungsweise dessen Versicherung dem Arzt ein Honorar zu zahlen.

Ist der Patient nicht bei einer **gesetzlichen Krankenkasse** (gesetzliche Krankenversicherung) versichert (sogenannter **Privatpatient**), so hat er die ärztlichen Leistungen selbst zu bezahlen. Normalerweise ist der Privatpatient jedoch bei einer **privaten Krankenversicherung** versichert, so daß er von dieser die anfallenden Arztkosten (ganz oder teilweise) erstattet bekommt. Patienten, die in einer gesetzlichen Krankenkasse versichert sind (sogenannte **Kassenpatienten**), sind von der Honorarzahlung befreit; an ihrer Stelle zahlt die gesetzliche Krankenkasse (→Sozialversicherung), die mit den in der **Kassenärztlichen Vereinigung** zusammengeschlossenen sogenannten **Kassenärzten** (das sind solche Ärzte, denen von der Kassenärztlichen Vereinigung die Zulassung zur Behandlung von Kassenpatienten erteilt wurde) Gesamtverträge abgeschlossen hat, in denen der Umfang der ärztlichen Leistungen und deren Vergütung festgelegt ist.

Bei den Privatpatienten gestaltet sich die **Honorarabrechnung** nach der **Gebührenordnung für Ärzte** (GOÄ) beziehungsweise der **Gebührenordnung für Zahnärzte** (GOZ). Diese Ordnungen weisen Gebührensätze für die verschiedenen ärztlichen Leistungen aus, die der Arzt – je nach dem Zeit- und Kostenaufwand, den besonderen Erschwernissen, den geforderten Kenntnissen und Fähigkeiten im Behandlungsverlauf – bis zum 3,5fachen (2,5fachen bei rein technischen Leistungen, z. B. Bestrahlungen) überschreiten kann. Honorarvereinbarungen, die den 3,5fachen Gebührensatz überschreiten, sind möglich. Sie bedürfen jedoch der besonderen Hervorhebung, versehen mit dem Hinweis, daß eine Erstattung der Vergütung durch Erstattungsstellen (Privatversicherung, **staatliche Beihilfe**) nicht gewährleistet ist.

Der Arzt ist verpflichtet, seine Honorarabrechnung ordnungsgemäß zu gestalten. Um diesem Anspruch zu genügen, muß er folgendes ausweisen: Behandlungsdatum, Nummern und Bezeichnungen der in Rechnung gestellten Leistungen entsprechend der Gebührenordnung sowie der jeweils in Ansatz gebrachte (Geld-) Betrag mit seinem Multiplikator. Das Honorar wird erst fällig, wenn die ordnungsgemäße Abrechnung erfolgt ist.

Der Anspruch des Arztes gegenüber dem Privatpatienten auf Zahlung seines Honorars **verjährt** (→Verjährung) in 2 Jahren vom Ablauf des Behandlungsjahres an gerechnet. Der Lauf der Verjährung kann nur durch gerichtliche Maßnahmen (nicht durch eine bloße Mahnung!) **unterbrochen** (→Unterbrechung der Verjährung) werden.

Konsum **II**

Dem Privatpatienten steht es frei, jederzeit einen Arztvertrag zu kündigen. Dieses **Kündigungsrecht** ist beim Kassenpatienten gesetzlich eingeschränkt. Er kann den Arzt während eines Kalendervierteljahres nur aus triftigem Grund – insbesondere wenn das Vertrauensverhältnis zum Arzt nachhaltig gestört ist – wechseln. Der Arzt seinerseits kann den eingegangenen Behandlungsvertrag grundsätzlich nur dann kündigen, wenn die Weiterbehandlung gesichert ist.

Bei **stationärer** Behandlung in einem Krankenhaus sind zwei Vertragsformen möglich: der totale und der gespaltene Krankenhausvertrag.

Beim **totalen Krankenhausvertrag** (er bildet die meistgewählte Rechtsgrundlage einer stationären Behandlung) ist der Krankenhausträger (Gemeinde, Stadt, Land, Kirchen, Private) alleiniger Vertragspartner des Patienten und trägt als solcher Sorge für die nichtärztlichen (Unterbringung, Pflege, Verpflegung) wie auch die ärztlichen Leistungen (sogenannter **Großer Pflegesatz**). Im Rahmen dieses Rechtsverhältnisses hat der Patient keinen Anspruch, von einem bestimmten Arzt, insbesondere dem Chefarzt, behandelt zu werden. Möchte der Patient hierauf nicht verzichten, so bietet sich der **gespaltene Krankenhausvertrag** an. Dieser sieht zwei Möglichkeiten vor:

– Der Patient schließt mit dem gewünschten Arzt (vorausgesetzt, daß dieser als Belegarzt oder Chefarzt berechtigt ist, mit Patienten privat abzurechnen!) einen Behandlungsvertrag als Privatpatient ab. Der Krankenhausträger wird in diesem Fall nur die nichtärztlichen Leistungen erbringen (sogenannter **Kleiner Pflegesatz**).

– Der Patient schließt einen totalen Krankenhausvertrag mit einem **Arztzusatzvertrag** über sogenannte Wahlleistungen ab.

In beiden Fällen verpflichtet sich der (Wahl-)Arzt zu einer **persönlichen** Leistung und erwirbt damit einen eigenen Honoraranspruch gegenüber dem Patienten. Eine Übertragung dieser persönlichen Behandlungspflicht an einen Vertreter ist unzulässig (es sei denn, daß der Arzt durch ein plötzliches, unvorhersehbares Ereignis wie beispielsweise Krankheit verhindert ist und die Behandlung keinen Aufschub zuläßt!) und führt zum Verlust des Honoraranspruchs. Klauseln (im Krankenhausvertrag), die eine Stellvertretung des Wahlarztes bei Verhinderung vorsehen, sind unwirksam.

Die **Honorarabrechnung** des Krankenhauses gestaltet sich wie beim Arztbehandlungsvertrag. Für den **Kassenpatienten** rechnet das Krankenhaus direkt mit dessen Krankenkasse ab. Der Kassenpatient selbst kann für die entstehenden Kosten nicht in Anspruch genommen werden. Anders der **Privatpatient**: Er ist Schuldner des Krankenhauses und rechnet in der Regel direkt mit diesem ab. (Er kann jedoch neuerdings auch die Krankenhausrechnung seiner Versicherung zuleiten oder dieser vom Krankenhaus zuleiten lassen und sie um direkte Begleichung an das Krankenhaus bitten.)

3.2.3.3.2 Das Arzthaftungsrecht

Das Rechtsverhältnis zwischen dem behandelnden Arzt oder dem Krankenhaus und dem Patienten ist in der Regel durch den →Dienstvertrag geregelt. Dieser ver-

II Konsum

pflichtet den Arzt beziehungsweise das Krankenhaus, die Behandlung des Patienten „nach den anerkannten Regeln der ärztlichen Kunst" durchzuführen. Darüberhinaus unterliegt der Arzt den Vorschriften des allgemeinen Haftungsrechts (§§ 823–853 BGB).

Nach übereinstimmender Auffassung der Gerichte stellt der nach den Regeln der ärztlichen Kunst durchgeführte Heileingriff (z. B. eine Operation wie auch eine einfache Injektion) juristisch gesehen eine Körperverletzung dar, die dem Patienten einen Anspruch auf Schadensersatz verschafft. Dieser Schadensersatzanspruch gegenüber dem Arzt kann nur dadurch ausgeschlossen werden, daß der Patient vor dem ärztlichen Eingriff seine **Zustimmung** zu diesem abgibt. Diese Zustimmung ist jedoch nur unter der Voraussetzung wirksam, daß der Patient durch den Arzt über die mit dem Heileingriff verbundenen Risiken und über andere Möglichkeiten der Behandlung **aufgeklärt** wurde. Handelt es sich um ausländische Patienten, die der deutschen Sprache nicht mächtig sind, so muß der Arzt gegebenenfalls einen Dolmetscher hinzuziehen. Die Aufklärung des Patienten hat grundsätzlich durch den behandelnden Arzt zu erfolgen; dies muß nicht unbedingt der operierende Chirurg oder der Narkosearzt sein. Die den Patienten in den Krankenhäusern häufig gereichten Informationsblätter und Formulare können das Aufklärungsgespräch ergänzen, keineswegs jedoch ersetzen. Die Unterzeichnung eines solchen Informationsblattes durch den Patienten kann nicht als Beweis dafür dienen, daß er den Inhalt gelesen und verstanden hat. Der Nachweis über die wirksame Zustimmung und damit auch die Aufklärung des Patienten muß stets vom Arzt beziehungsweise Krankenhausträger erbracht werden.

Die ärztliche Aufklärung des Patienten und dessen Zustimmung zum Eingriff können nur dann entfallen, wenn der Patient auf eine einschlägige Unterweisung ausdrücklich verzichtet und seine Behandlung absichtlich dem Arzt überläßt. Bei Minderjährigen nimmt der gesetzliche Vertreter (in der Regel die Eltern) die Interessen des Patienten wahr. Bei Routineeingriffen darf unterstellt werden, daß ein Elternteil auch im Namen des anderen handelt.

Ist die Aufklärung des Patienten und die Einholung seiner Zustimmung nicht möglich, da er sich in einer Ausnahmesituation (schwerkrank, ohnmächtig, schwerverletzt) befindet und die Behandlung keinen Aufschub zuläßt, so darf beziehungsweise muß der Arzt eingreifen, wenn die Zustimmung des Patienten unterstellt werden darf.

Ohne ausreichende Aufklärung ist die Zustimmung des Patienten zum Eingriff unwirksam. Ohne wirksame Zustimmung bleibt aber der Eingriff eine rechtswidrige Körperverletzung, die dem Patienten für die aus ihr resultierenden Schäden Ersatzansprüche (**Schadensersatzansprüche**) verschafft. Der Schadensersatz erstreckt sich auch auf ein angemessenes Schmerzensgeld.

Die vom Arzt in Erbringung seiner Dienste gewählte Behandlungs- beziehungsweise Operationsmethode muß den „anerkannten Grundsätzen" der jeweiligen Fachdisziplin entsprechen. Ist der Arzt der Behandlung einer Krankheit nicht gewachsen, so hat der dies dem Patienten mitzuteilen und ihn gegebenenfalls an einen mit der Behandlung vertrauten Arzt zu überweisen.

Konsum **II**

Für Fehler (sogenannte **Kunstfehler**), die dem Arzt aufgrund mangelnder Fachkenntnis/Erfahrung oder unzureichender Sorgfalt unterlaufen, macht er sich schadensersatzpflichtig.

Bei fehlerhaften oder ohne ausreichende Aufklärung durchgeführten Eingriffen haftet grundsätzlich der jeweilige Arzt beziehungsweise der Krankenhausträger (**vertragliche Haftung**). Beide haben auch für das →Verschulden ihrer Hilfspersonen (Arzthelferinnen, Krankenschwestern, Pfleger, angestellte Ärzte) einzustehen. Diese vertragliche Haftung umfaßt nur reine Vermögensschäden, wie Heilungs- und Rehabilitationskosten sowie Verdienstausfall. Beim →gespaltenen Krankenhausvertrag, in dem der Chefarzt Vertragspartner des in der Regel privatversicherten Patienten ist, haftet das Krankenhaus nicht für dessen Fehler. Gleiches gilt auch für Belegärzte.

Neben der vertraglichen Haftung des Arztes beziehungsweise des Krankenhauses besteht eine **gesetzliche Haftpflicht** des für den Behandlungsfehler verantwortlichen Arztes. Sie umfaßt neben den Vermögensschäden auch ein angemessenes Schmerzensgeld. Für den Anspruch auf Schmerzensgeld haftet neben dem behandelnden Arzt normalerweise der Krankenhausträger beziehungsweise der selbstliquidierende (d. h. Rechnungen ausstellende) Chefarzt.

Schadensersatzansprüche wegen ärztlicher Behandlungsfehler stehen in der Regel nur dem geschädigten Patienten zu. Ist der geschädigte Patient ein Kind, so können auch die Eltern (der gesetzliche Vertreter) dessen Schadensersatzansprüche geltend machen.

Im Arzthaftungsverfahren muß der geschädigte Patient beziehungsweise der mit der Wahrnehmung seiner Interessen Betraute **beweisen**, daß der Arzt fehlerhaft gehandelt hat.

Benötigt der Patient zum Beweis der Fehlerhaftigkeit der ärztlichen Behandlung Einblick in die Behandlungsunterlagen, so ist der Arzt beziehungsweise das Krankenhaus verpflichtet, diesen ihm zu gewähren und Ablichtungen gegen Kostenerstattung zu genehmigen. Sind die Behandlungsunterlagen nur lückenhaft oder unzureichend geführt, so kehrt sich die Beweislast um, das heißt, der Arzt muß nunmehr beweisen, daß ihn kein →Verschulden trifft. Diese Beweislage entsteht auch, wenn dem Arzt (nach Auffassung von Gutachtern) ein besonders grober Fehler unterlaufen ist. Hier obliegt es dem Arzt zu beweisen, daß der entstandene Schaden nicht auf diesem Fehler beruht.

Nach einer Entscheidung des Oberlandesgerichts Koblenz aus dem Jahr 2005 (AZ 5 U 349/04) haften für zivilrechtliche Ansprüche (wie Schmerzensgeld u. Schadensersatz) aus einem Behandlungsfehler in einer **Gemeinschaftspraxis** alle Ärzte derselben gemeinsam; unabhängig davon, ob sie an der Behandlung des Patienten beteiligt waren.

Schadensersatzansprüche aus Behandlungsvertrag **verjähren** nach 30 Jahren. Ansprüche auf Schmerzensgeld verjähren 3 Jahre nach Kenntnis des Schadens und seines Verursachers. Wird von einer ärztlichen →Gutachter- und →Schlichtungsstelle ein Schlichtungsverfahren durchgeführt, so wird für dessen Dauer die Verjährung **gehemmt** (→Hemmung der Verjährung).

II Konsum

3.2.3.4 Reisevertrag

Der Reisevertrag wird durch das **Reisevertragsgesetz** vom 4.5.1979 in §§ 651a–k BGB geregelt. Danach ist der Reiseveranstalter (das Reisebüro) zur Erbringung der zugesagten Leistungen und der Reisende zur Zahlung des vereinbarten Reisepreises verpflichtet. Der Veranstalter haftet für die zugesagten Leistungen nach Gewährleistungsansprüchen ähnlich dem Kauf.

Bei der sogenannten **Pauschalreise** verpflichtet sich der Reiseveranstalter zur Erbringung verschiedener (mindestens 2) **Hauptleistungen** (Unterkunft, Verpflegung, Transport) und **Sonderleistungen/Nebenleistungen** (wie Ausflüge, Unterricht u. a.). Eine Vertragsklausel, wonach der Veranstalter einzelne Leistungen lediglich vermittelt, ist bei den Hauptleistungen unzulässig, bei Nebenleistungen nur unter deutlichem Hinweis darauf.

Hinsichtlich der angebotenen, im Reiseprospekt beschriebenen Leistungen hat der Reiseveranstalter – vor allem bei dem angebotenen Hotel – deren Eigenschaften **wahrheitsgemäß** zu beschreiben, wobei er auch auf bedeutsame negative Eigenschaften (Strandentfernung, Baustellenlärm, laute Musik von Night-Clubs u. a.) hinzuweisen hat. Werden mit dem Veranstalter Sonderleistungen vereinbart, so werden diese Bestandteil des Reisevertrages. Es ist ratsam, solche privat vereinbarten Sonderleistungen immer schriftlich bestätigen zu lassen, um gegebenenfalls die Rechtmäßigkeit der Forderung beweisen zu können.

Zu den **Nebenpflichten** des Reiseveranstalters zählen insbesondere: Informationspflicht über Einreisebestimmungen und über im voraus bekannte bevorstehende Beeinträchtigungen, Obhuts- und Fürsorgepflicht hinsichtlich der körperlichen Unversehrtheit des Reisenden und seines Vermögens (BGH, NJW 1988, 1380).

Der vom Reisenden zu zahlende Reisepreis ergibt sich verbindlich aus der **Reisebestätigung**. Die Zahlung erfolgt in der Regel in zwei Teilbeträgen: eine Anzahlung bei Erhalt der Reisebestätigung, die Restzahlung nach Zugang der wichtigsten Reiseunterlagen (wie Flugtickets, Hotelgutscheine u. a.) gewöhnlich kurz vor Antritt der Reise. Treten im Verlauf der Reise **Mängel** in Erscheinung, so ist der Reisende verpflichtet, diese unverzüglich der Reiseleitung anzuzeigen. Auf zumutbare Ersatzangebote seitens der Reiseleitung **muß** der Reisende eingehen.

Vor Antritt der Reise kann der Reisende nach § 651 i Abs. 2 BGB in jedem Falle **zurücktreten**; er muß dann jedoch in der Regel dem Reiseveranstalter eine Entschädigung (**Stornopauschale**) zahlen, die in ihrer Höhe jedoch recht unterschiedlich ausfallen kann.

Die Stornopauschale ist nicht zu zahlen, wenn
– sich bereits vor Reisebeginn Mängel zeigen;
– die Reise voraussichtlich durch **höhere Gewalt** (d.i. ein von außen kommendes, unvorhersehbares u. außergewöhnliches Ereignis, das auch durch äußerste vom Betroffenen zu erwartende Sorgfalt nicht verhütet werden kann [Unwetter, Überschwemmung u. a.]) erheblich gefährdet oder beeinträchtigt werden wird (§ 651 j BGB);
– der Reiseveranstalter für eine gebuchte Reise innerhalb von 4 Monaten nach Vertragsabschluß (§ 11 Nr. 1 AGB-Gesetz) oder innerhalb von 21 Tagen vor Reisebeginn die Preise erhöht.

Das Recht zur **vorzeitigen Kündigung** des Reisevertrages steht nach § 651 j BGB sowohl dem Reisenden als auch dem Reiseveranstalter dann zu, wenn die Reise durch →höhere Gewalt, die bei Vertragsabschluß nicht vorhersehbar war, erheblich erschwert, gefährdet oder beeinträchtigt wird.

Nach § 651 c Abs. 1 BGB liegt ein **Reisemangel** immer dann vor, wenn die tatsächliche Leistung des Reiseveranstalters hinter der im Reisevertrag vereinbarten zurückbleibt. **Geringfügige** Abweichungen der erbrachten Leistung(en) von der/den vereinbarten Leistung(en) hat der Reisende hinzunehmen. Ob Beeinträchtigungen einer Reise durch →höhere Gewalt als Reisemangel gelten, ist in der Rechtsprechung strittig.

Liegt ein Reisemangel vor, muß der betroffene Reisende zunächst Abhilfe, das heißt Herstellung des vertragsgemäßen Zustandes, verlangen. Dieses Verlangen hat er gegenüber der örtlichen Reiseleitung (**nicht** etwa gegenüber der Hotelleitung!) geltend zu machen; es sei denn, daß der Reiseveranstalter dem Reisenden in den Reiseunterlagen bestimmte andere Personen als Ansprechpartner benannt hat. Die Reiseleitung muß zeitlich und örtlich erreichbar sein. Es kann dem Reisenden bei Auslandreisen nicht zugemutet werden, sich mit dem Reiseveranstalter in Deutschland in Verbindung zu setzen. Die verlangte Abhilfe hat gegebenenfalls in kürzester Zeit ohne zusätzliche Kostenbelastung (Aufpreis) zu erfolgen. Es kann dabei dem Reisenden zugemutet werden, daß er in eine andere, gleichwertige, aber mangelfreie Unterkunft umzieht.

Wird keine oder keine anspruchsgerechte Abhilfe geschaffen, so stehen dem Reisenden folgende Rechte zu:

- Er kann nach Verstreichen einer gesetzten Frist zur Selbsthilfe greifen und Ersatz der ihm dabei entstehenden Kosten verlangen (z. B. Umzug in ein anderes Hotel).
- Er kann – wenn nach gesetzter Frist erhebliche Mängel nicht behoben sind – den Vertrag vorzeitig kündigen und vom Reiseveranstalter seine unverzügliche Beförderung nach Hause verlangen. Eine Berechnung der bis dahin am Urlaubsort erbrachten Leistungen muß sich der Reisende nur dann gefallen lassen, wenn sie für ihn überhaupt noch einen Wert hatten.
- Er kann am Urlaubsort bleiben und wegen Reisemängel eine **Minderung des Reisepreises** und damit eine Teilrückerstattung der bereits bezahlten Reisekosten verlangen. Voraussetzung für eine Minderung des Reisepreises ist die unverzügliche Anzeige des Mangels und die verlangte Abhilfe.

Führt der Reisemangel beim Reisenden zusätzlich zu einem Körperschaden, so trifft den Veranstalter unter Umständen eine zusätzliche **Schadensersatz**pflicht (§ 651 f. Abs. 1 BGB). Ein Anspruch auf zusätzliches **Schmerzensgeld** für erlittenen Körperschaden steht dem Reisenden allerdings nur dann zu, wenn der Tatbestand einer **unerlaubten Handlung** (d. i. eine schuldhafte, d. h. vorsätzliche oder fahrlässige Rechtsverletzung, die außerhalb eines Vertragsverhältnisses begangen wird; § 823 BGB) vorliegt, der ein eigenes →Verschulden des Reiseveranstalters oder seiner Verrichtungsgehilfen (Angestellte des Reisebüros, Reiseleiter) voraussetzt. (Ein Verschulden der Leistungsträger [Hotel, Transportunternehmen] reicht zur Begründung eines solchen Anspruches nicht aus.)

II Konsum

Ist die Reise vereitelt oder beeinträchtigt worden, so steht dem Betroffenen nach § 651f. Abs. 2 BGB ein zusätzlicher Anspruch auf eine angemessene Entschädigung wegen „verlorener" Urlaubszeit zu. Dieser Tatbestand ist dann gegeben, wenn:
- die Reise überhaupt nicht stattfand und der Betroffene seinen Urlaub zu Hause verbrachte oder
- die Reise wegen einer berechtigten Kündigung vorzeitig abgebrochen wurde oder
- die Reise mit solchen Mängeln behaftet war, daß sie als „Reinfall" qualifiziert werden muß. Wann konkret der Tatbestand des „Reinfalles" erfüllt ist, haben die Gerichte bislang noch nicht endgültig geklärt. Es zeichnet sich nach Auffassung der Gerichte allerdings ab, daß dies dann der Fall ist, wenn eine Minderung des Reisepreises um 50 Prozent zugestanden wird.

Der Reiseveranstalter kann seine Haftung gegenüber den oben aufgezeigten Schadensersatzansprüchen auf das Dreifache des Reisepreises beschränken (§ 651h Abs. 1 BGB). Diese Beschränkung gilt jedoch nur solange, als der Reiseveranstalter oder seine Mitarbeiter nicht vorsätzlich oder grob fahrlässig gehandelt haben.

Der Reisende muß sämtliche Ansprüche innerhalb eines Monates nach Beendigung der Reise gegenüber dem Reiseveranstalter geltend machen (§ 651g Abs. 1 BGB; Einschreiben mit Rückschein!). Eine gegebenenfalls am Urlaubsort gegenüber der örtlichen Reiseleitung abgegebene Mängelrüge befreit nicht von dieser Pflicht. Weigert sich der Reiseveranstalter ganz oder teilweise, die Ansprüche des Reisenden zu regulieren, dann muß dieser – um seine Ansprüche nicht zu verlieren – innerhalb von 6 Monaten (nach Zurückweisung seines Anspruches durch den Veranstalter) Klage erheben.

Eine Anpassung des deutschen Reiserechts an die einschlägige **EG-Richtlinie** aus dem Jahr 1990 schützt den Pauschalreisenden seit dem 1.11.1994 vor dem Verlust seines bei einem Reisebüro oder Reiseveranstalter im voraus bezahlten Reisepreises. Wird nämlich die Bezahlung des **vollen** Reisepreises im voraus verlangt, so müssen die Anbieter von Ferien-Arrangements dem Kunden die schriftliche Erklärung (Sicherungsschein) eines Versicherungsunternehmens oder einer Bank aushändigen, daß dieses/diese bei Insolvenz des Reiseunternehmens dem Kunden den bereits gezahlten Preis zurückerstattet und die Kosten für Übernachtung und Rückflug am/vom Aufenthaltsort übernimmt (**Insolvenzabsicherung**). Verlangt das Touristikunternehmen bei Buchung lediglich eine Anzahlung, dann ist es zur Abgabe eines solchen Sicherungsscheines nicht verpflichtet. Damit sich aber der eventuelle Schaden des Kunden im Falle einer Insolvenz des Veranstalters in Grenzen hält, darf die Anzahlung höchstens 10 v.H. des Reisepreises beziehungsweise maximal 250 Euro betragen. – Durch Anpassung des § 651a BGB an die EG-Richtlinie gilt für **Preiserhöhungen** folgendes: (1) Der Veranstalter muß in seinen Geschäftsbedingungen deutlich zu erkennen geben, daß er sich Preiserhöhungen vorbehält. (2) Der Veranstalter darf Preise für Reisen, die später als vier Monate nach Buchung beginnen, nur dann erhöhen, wenn Transport-Partner höhere Preise fordern, wenn mit der Reise verbundene Abgaben und Gebühren steigen, oder wenn bei Auslandsreisen in den Ziel-Staaten der Euro an Wert verliert. Andere Gründe für Preiserhöhungen sind nicht relevant. (3) Zulässige Preiserhöhungen müssen

Konsum **II**

vom Veranstalter den betroffenen Kunden unverzüglich nach Bekanntwerden mitgeteilt werden. Erfolgt diese Mitteilung erst am 20. Tag vor der Abreise oder noch später, dann ist die Preiserhöhung unwirksam. Beträgt die Preiserhöhung mehr als 5 v. H.; so kann der Kunde die gebuchte Reise ohne Stornogebühren zurückgeben oder eine Ersatzreise von gleichem Zuschnitt fordern.

Nach einer Entscheidung des Europäischen Gerichtshofes in Luxemburg aus dem Jahr 1998 (Rs C-364/96) kann ein Pauschalurlauber, der von der Zahlungsunfähigkeit seines Reiseveranstalters überrascht wird, im Rahmen der Insolvenzabsicherung auch verlangen, daß er solche Kosten erstattet bekommt, die er für seinen Hotelaufenthalt am Urlaubsort zusätzlich (so insbesondere weil der Hotelier um die Begleichung seiner Forderungen an den Reiseveranstalter bangt) bezahlen muß. Auch diese Kosten fallen nach Auffassung des Gerichtes unter den Begriff „Erstattung gezahlter Beträge".

Nach höchstrichterlicher Entscheidung (BGH, NJW 1985, 906) sind die Vorschriften des Reisevertragsrechtes auf **Ferienhausverträge** (bei eigener Anreise und Verpflegung) entsprechend anzuwenden. 394

3.2.4 Miete 395

3.2.4.1 Allgemeine Regelungen

Die Miete (§§ 535–580a BGB n. F.) ist ein →zweiseitiges Rechtsgeschäft (Vertrag), das die zeitweise Überlassung und Gewährung des Gebrauchs einer Sache gegen Entgelt (**Mietzins**) zum Gegenstand hat. Sie begründet damit ein Schuldverhältnis 396 zwischen Mieter und Vermieter. Die Miete kann sich auf **bewegliche Sachen** (Mobilien), wie beispielsweise PKW, Tauchausrüstung oder Frack, beziehen und auf **unbewegliche** (Immobilien), das sind bebaute und unbebaute Grundstücke. Auch Sach**teile** sind vermietbar, so zum Beispiel Wohnungen und einzelne Räume.

Der Abschluß eines Mietvertrages ist im allgemeinen →formfrei; er kann also auch mündlich abgeschlossen werden. Ausnahmen bilden Mietverträge über Grundstücke, Wohn- und andere Räume, die für länger als ein Jahr abgeschlossen werden; sie bedürfen der →Schriftform. Bei Formmangel gilt der Vertrag auf unbestimmte Zeit. Für die Miete von Wohnungen wird gewöhnlich der →Einheitsmietvertrag oder andere Vordrucke benutzt. Die →Vertragsfreiheit wird durch das Wohnraumkündigungsschutzgesetz und durch den Mieterschutz beschränkt.

Der **Vermieter** muß dem Mieter die vermietete Sache samt allem Zubehör überlassen und sie in einem für den vertragsgemäßen Gebrauch geeigneten Zustand erhalten. Sogenannte →Schönheitsreparaturen werden vertraglich häufig dem Mieter angelastet. Hat die vermietete Sache einen →Mangel oder fehlt ihr eine zugesicherte Eigenschaft, so daß sie zu dem vereinbarten Zweck nicht zu gebrauchen ist, muß der Mieter keinen Mietzins zahlen. Wenn der Gebrauch der gemieteten Sache nur zum Teil möglich ist, kann der Mietzins entsprechend gekürzt werden. Falls der Vermieter mit der Beseitigung des Mangels in Verzug gerät, kann der Mieter auch Schadensersatz verlangen. Er kann auch den Mangel auf seine Kosten beseitigen lassen und diese dem Vermieter in Rechnung stellen.

II Konsum

Hat der Mieter den Schaden selbst verursacht, so entfällt die Haftung des Vermieters.

397 Der Vermieter eines (bebauten) Grundstücks erwirbt an den vom Mieter eingebrachten pfändbaren Sachen ein **Vermieterpfandrecht**. Dies gilt aber nur für Sachen, die dem Mieter selbst gehören (so beispielsweise nicht für persönliches Eigentum der Ehefrau, wenn diese den Mietvertrag nicht mitabgeschlossen hat). Wenn der Mieter durch vertragswidrigen Gebrauch die Mietsache beschädigt oder einen Mangel der Sache (z. B. eine undichte Wasserleitung) dem Vermieter nicht rechtzeitig meldet, so daß sich der Schaden ausweitet, erwirbt der Vermieter Schadensersatzansprüche gegenüber dem Mieter.

Die Hauptpflicht des **Mieters** besteht in der Zahlung des Mietzinses. Dieser kann – soweit nicht Mietpreisrecht eingreift – frei vereinbart werden. Der Mietzins ist **gesetzlich nachträglich** (nach Ablauf der Mietzeit bzw. nach Ablauf der Zeitabschnitte), **vertraglich** aber **meist im voraus** zu bezahlen. Der Mieter darf die Mietsache nur zu dem vertraglich vereinbarten Zweck benutzen. So darf er beispielsweise gemietete Wohnräume nicht als Gewerberäume nutzen. Auch **Untervermie-**
398 **tung** ist nur mit der Erlaubnis des Vermieters zulässig. Veränderungen und Verschlechterungen der Mietsache, die durch deren vertragsgemäßen Gebrauch entstehen, gehen nicht zu Lasten des Mieters. Er muß sich aber solche Veränderungen und Verschlechterungen der Mietsache anrechnen lassen, die durch einen vertragswidrigen Gebrauch entstanden sind. Nach Ablauf der Mietzeit hat der Mieter den Mietgegenstand dem Vermieter pünktlich und in ordnungsgemäßem Zustand zurückzugeben. Widrigenfalls kann der Vermieter weitere Mietzahlungen und gegebenenfalls Schadensersatz verlangen.

Das Mietverhältnis endet durch Zeitablauf oder Kündigung, soweit nicht Vorschriften bezüglich Mieterschutz oder das soziale Mietrecht entgegenstehen.

Unter bestimmten Voraussetzungen haben Vermieter wie auch Mieter das Recht,
399 **fristlos zu kündigen.**

Dem **Vermieter** steht dieses Recht zu, wenn der Mieter
– trotz Mahnung die Mietsache vertragswidrig gebraucht oder
– die Miete nicht zahlt.

400 Gegen die Kündigung hat der Mieter ein **Widerspruchsrecht** nach § 574a BGB n. F.

Der **Mieter** kann seinerseits fristlos kündigen, wenn
– der Vermieter ihm den Gebrauch der gemieteten Sache nicht gewährt oder wieder entzieht oder
– der gemietete Wohnraum erheblich gesundheitsgefährdend ist.

Die Veräußerung der Mietsache berührt das Mietverhältnis nicht. Der Erwerber eines bebauten Grundstückes (eines Hauses) tritt in die Rechte und Pflichten des bisherigen Vermieters ein. Es gilt der Grundsatz: Kauf bricht nicht Miete.

3.2.4.2 Sonderprobleme der Wohnungsmiete

Hinsichtlich der Möglichkeiten der Mietpreisgestaltung unterscheidet das Mietrecht zwischen freifinanziertem, das heißt nicht mit öffentlichen Mitteln geförder-

Konsum **II**

tem, preisfreiem Wohnraum und öffentlich gefördertem, preisgebundenem Wohnraum. Sonderbestimmungen gelten für Wohnungen der gemeinnützigen Wohnungsunternehmen, die großteils in der Unternehmensrechtsform der → Genossenschaft gehalten sind.

Freifinanzierten Wohnraum kann der Vermieter an jedermann vermieten. Die Obergrenze des zulässigen Mietpreises (Mietzinses) kann bei Vertragsabschluß bis zu 20 Prozent über der ortsüblichen **Vergleichsmiete** liegen (§ 5 Abs. 2 Wirtschaftsstrafgesetz). Vermieter, die die genannte Grenze nicht einhalten (**Mietpreisüberhöhung**), sind mit einer Geldbuße bis zu Euro 50 000 bedroht (§ 5 Abs. 3 Wirtschaftsstrafgesetz). 401 402 403

Öffentlich geförderter Wohnraum (sogenannte **Sozialwohnungen**) darf vom Vermieter nur zur sogenannten **Kostenmiete**, das ist die Miete, die zur Deckung der laufenden Aufwendungen (Kosten) erforderlich ist, in Rechnung gestellt werden. Darüber hinaus darf der Vermieter – entsprechend der staatlichen Förderung – den Wohnraum nur an solche Nachfrager (Wohnungssuchende) vermieten, die hinsichtlich ihrer Einkommenssituation oder der Anzahl ihrer Familienmitglieder vom Wohnungsamt als wohnberechtigt (Erteilung eines **Wohnberechtigungsscheines**) eingestuft werden oder – so beim steuerbegünstigten Wohnungsbau – bestimmte Einkommensgrenzen nicht überschreiten (§§ 4 u. 8 Gesetz über die soziale Wohnraumförderung v. 13. 9. 2001). 404,405 406 407

Im Gegensatz zum Vermieter freifinanzierten Wohnraumes darf der Vermieter vom öffentlich gefördertem Wohnraum von seinen Mietern keine **Abstandszahlungen** verlangen. 408

Ähnliche Vorschriften gelten für **Kautionen**. Der Vermieter freifinanzierten Wohnraumes darf vom Mieter zur Sicherung von (auch nur eventuellen) Ansprüchen aus dem Mietvertrag eine Sicherheitsleistung (Kaution) bis zur Höhe von 3 Monatsmieten verlangen. Für öffentlich geförderten Wohnraum darf eine solche Sicherheitsleistung nur im Umfang möglicher künftiger Ansprüche gegenüber dem Mieter wegen Sachbeschädigung oder unterlassener Schönheitsreparaturen gefordert werden. Barkautionen sind dem Mieter zu verzinsen. 409

Der heute weitgehend übliche Abschluß von Mietverträgen auf der Basis von (meist mehrere Seiten umfassenden) Formularverträgen ist für den Mieter häufig nicht unproblematisch. Solche Musterverträge beinhalten in der Regel eine Vielzahl vom Gesetz abweichender Klauseln, die den Mieter in seiner Rechtsposition einschränken sollen. Auch wenn viele dieser Klauseln üblich geworden sind, sind sie rechtlich unwirksam, da ihnen Bestimmungen über die **Gestaltung rechtsgeschäftlicher Schuldverhältnisse durch** → **Allgemeine Geschäftsbedingungen** (§§ 305–310 BGB n. F.) entgegenstehen. Diese Bestimmungen schützen den Mieter jedoch nur insoweit er mit dem Vermieter keine individuellen Vereinbarungen getroffen hat. Solche (auf Grund der →Vertragsfreiheit rechtsgültigen) Vereinbarungen sind immer dann anzunehmen, wenn der Wohnungssuchende bei den Vertragsverhandlungen tatsächlich die Möglichkeit hatte, auf den Vertragstext Einfluß zu nehmen und ihm dieser nicht kompromißlos (nach dem Motto: annehmen oder sein lassen!) „untergejubelt", das heißt ohne echte Möglichkeit der Einflußnahme zur Unterschrift vorgelegt wurde. Nach einer Entscheidung des Bundesgerichtshofes vom

II Konsum

15.5.1991 sind Formularmietverträge in ihren Einzelbestimmungen nur dann bindend (rechtswirksam), wenn die einzelnen Klauseln von beiden Seiten gemeinsam ausformuliert wurden. Wo eine solche gemeinsame Ausformulierung der Vertragsklauseln nicht stattgefunden hat, kann sich der Vermieter nicht mehr auf diese berufen; es rückt die normale gesetzliche Regelung an die Stelle dieser unwirksamen Festlegungen.

410 Für den Mieter von Wohnraum ist es ratsam, die Grenzen seines Gebrauchsrechts klar auszumachen, da eine vertragswidrige Nutzung seiner Wohnung nach **Abmahnung** (d. i. die Aufforderung, ein bestimmtes Verhalten zu unterlassen) durch den Vermieter nicht nur eine Klage auf Unterlassung (§ 541 BGB n. F.), sondern auch eine außerordentliche fristlose Kündigung (§ 543 BGB n. F.) des Mietverhältnisses und eine Räumungsklage nach sich ziehen kann.

Anlaß zu Auseinandersetzungen zwischen Mieter und Vermieter geben immer wieder Mieterhöhungen. Hier ist der Vermieter keineswegs frei in seinen Verfügungen.
411,412 Die **Regelungen über die Miethöhe** (§§ 557–561 BGB n. F.) machen nämlich **Mieterhöhungen** bei freifinanzierten Wohnungen davon abhängig, daß

- der Vermieter Modernisierungen im Haus oder in der Mietwohnung vornehmen ließ (§ 559 BGB n. F.),
- die Betriebskosten gestiegen sind und der Vermieter diese Kosten nicht gesondert zur monatlichen Miete abrechnet (§ 560 BGB n. F.).

Ist keine dieser Voraussetzungen erfüllt, so ist lediglich eine Anhebung der Miete auf die sogenannte →ortsübliche Vergleichsmiete (§ 558 BGB n. F.) möglich.

Die Erhöhung der Miete auf die ortsübliche Vergleichsmiete bedeutet eine Änderung des Mietvertrages. Hierfür ist die Zustimmung des Mieters notwendig. Der Mieter kann jedoch seine Zustimmung nicht versagen, wenn das Mieterhöhungsverlangen nach Form und Inhalt **ordnungsgemäß** ist. Der Mieter hat das Recht dies zu prüfen.

Die Ordnungsgemäßheit der Mietpreiserhöhung setzt voraus:

- Die Mieterhöhungsforderung muß vom Vermieter schriftlich erklärt, begründet und eigenhändig unterschrieben werden. Hat der Vermieter seine Erklärung maschinell und in großer Stückzahl gefertigt, so bedarf es nicht seiner eigenhändigen Unterschrift; es genügt die maschinelle Namensangabe des Vermieters.
- Der Mietzins darf im abgelaufenen Jahr nicht erhöht worden sein. Diese Feststellung gilt allerdings nicht für Mieterhöhungen nach §§ 558–560 BGB n. F. (§ 558 BGB n. F.: Erhöhung bis zur →ortsüblichen Vergleichsmiete; § 559 BGB n. F.: Erhöhung aufgrund von Modernisierungen; § 560 BGB n. F.: Erhöhung aufgrund erhöhter Nebenkosten).
413,414 - Die Mieterhöhung hat zwei Obergrenzen. Erstens: Sie darf innerhalb von 3 Jahren nur um höchstens 20 Prozent steigen. Überschreitet die Mieterhöhungsforderung diese Grenze, so wird sie um den darüberliegenden Anteil gekappt (**Kappungsgrenze**). Zweitens: Sie darf nur bis zur **ortsüblichen Vergleichsmiete** angehoben werden. Als ortsüblich gilt die Durchschnittsmiete an dem jeweiligen Ort für einen bestimmten Wohnungstyp. Der Vermieter kann die Zustimmung des Mieters zu einer Erhöhung der Miete bis zur ortsüblichen Vergleichsmiete verlangen,

Konsum **II**

wenn die Miete in dem Zeitpunkt, zu dem die Erhöhung eintreten soll, seit 15 Monaten unverändert ist. Das Mieterhöhungsverlangen kann frühestens 1 Jahr nach der letzten Mieterhöhung geltend gemacht werden (§ 558 Abs. 1 BGB n. F.). Die Begründung, daß das Mieterhöhungsverlangen die ortsübliche Vergleichsmiete nicht übersteigt, kann nach § 558a Abs. 2 BGB n. F. Bezug nehmen auf
- einen **Mietspiegel** (§§ 558c, 558d BGB n. F.), 415
- eine Auskunft aus einer **Mietdatenbank** (§ 558e BGB n. F.), 416
- ein mit Gründen versehenes Gutachten eines öffentlich bestellten vereidigten Sachverständigen,
- entsprechende Entgelte für einzelne (mindestens drei) vergleichbare Wohnungen.

Bei der Bezugnahme auf einen Mietspiegel, der Spannen enthält, reicht es aus, wenn die verlangte Miete innerhalb der entsprechenden Spanne liegt (§ 558a Abs. 4 BGB n. F.).

Soweit der Mieter der Mieterhöhung zustimmt, schuldet er die erhöhte Miete mit Beginn des dritten Kalendermonats nach dem Zugang des Erhöhungsverlangens (§ 558b Abs. 1 BGB n. F.).

Stimmt der Mieter der Mieterhöhung bis zum Ablauf des zweiten Kalendermonats nach dem Zugang des Verlangens nicht zu, kann der Vermieter auf Erteilung der Zustimmung klagen. Die Klage muß innerhalb von drei weiteren Monaten erhoben werden (§ 558b Abs. 2 BGB n. F.).

Werden Staffelmietvereinbarungen (§ 557a BGB n. F.) getroffen (**Staffelmietverträ-** 417
ge enthalten bereits bei Vertragsabschluß Regelungen darüber, wieviel Miete nach Ablauf bestimmter Zeitabstände bezahlt werden muß), so muß die jeweilige Staffel (Mieterhöhung) bereits bei Vertragsabschluß konkret (d. h. in klaren Euro-Beträgen) angegeben werden.

Beeinträchtigungen der vertragsgemäßen (Wohnungs-)Nutzung infolge auftretender **Mängel** oder des **Fehlens einer zugesicherten Eigenschaft** geben dem Mieter – 418,419
wie weiter oben bereits dargelegt – das Recht, die festgelegte Miete in angemessenem Umfang zu kürzen, das heißt **Minderung der Miete** (§ 536 BGB n. F.) zu verlangen. Die vertragsgemäße Nutzung einer Wohnung wird nun aber keineswegs 420
durch jeden kleinen Mangel an der Mietsache entscheidend beeinträchtigt. Dazu muß vielmehr der Gebrauchswert der Wohnung erheblich eingeschränkt sein (Beispiel: Der Ausfall der Zentralheizung für ein paar Stunden rechtfertigt keine Mietminderung; anders, wenn die Heizung immer wieder tagelang ausfällt!). Ist die Mietsache (der Wohnraum) mit einem erheblichen Mangel belastet oder fehlt ihr eine zugesicherte Eigenschaft, so hat der Vermieter dafür auch dann einzustehen, wenn er den Umstand nicht zu vertreten hat, das heißt ihn keine Schuld daran trifft. Wirft der Vermieter dem Mieter vor, den Mangel selbst verursacht zu haben (z. B. durch unsachgemäße Behandlung der Mietsache), so hat er ihm das zu beweisen.

Das Recht des Mieters auf Minderung des Mietpreises entfällt, wenn er den (reklamierten) Mangel bei Vertragsabschluß kannte oder kennen mußte. Der Mieter sollte nämlich vor Abschluß des Mietvertrages in seinem eigenen Interesse die

II Konsum

Wohnung im Rahmen des Zumutbaren auf Mängel untersuchen. Treten Mängel zu Tage, so sind diese festzuhalten, dem Vermieter (schriftlich) mitzuteilen (zu reklamieren) und ihre Behebung zu verlangen.

Treten im Laufe der Zeit Mängel an der Mietsache auf, so ist der Mieter gehalten, nur unter dem erklärten Vorbehalt der (unverzüglichen) Behebung derselben zu zahlen. Zahlt nämlich in einem solchen Falle der Mieter die Miete vorbehaltlos weiter, so geht ihm sein Minderungsrecht verloren.

Das gesetzliche Recht des Mieters, in bestimmten Fällen eine Mietminderung zu verlangen, kann durch Mietvertrag nicht ausgeschlossen werden (§ 536 Abs. 4 BGB n. F.).

421 Der Mieter hat dem Vermieter Mängel an der Mietsache unverzüglich **mitzuteilen** (§ 536c BGB n. F.) und ihm damit Gelegenheit zu geben, diese zu beheben. Diese Mitteilung kann – wenn der Mietvertrag nicht ausdrücklich die Schriftform vorschreibt – auch mündlich (fernmündlich) erfolgen. Aus Gründen der nachträglichen Beweisführung empfiehlt es sich jedoch, Einschreiben mit Rückschein zu wählen oder die mündliche Erklärung unter Hinzuziehung eines Zeugen zu treffen. Ein Verstoß gegen diese Mitteilungspflicht führt für den Mieter zum Verlust seines Rechts auf Mietminderung und kann darüber hinaus gegebenenfalls Schadensersatzansprüche des Vermieters begründen, so beispielsweise dann, wenn der (nicht gemeldete und damit nicht behobene) Mangel zu Folgeschäden in anderen Wohnungen führte.

Der Mieter ist seiner Pflicht, Mängel anzuzeigen, nur dann enthoben, wenn der Vermieter oder sein Hausmeister diese kennt, oder aber, wenn der Vermieter gar nicht in der Lage ist, den Mangel/die Mängel abzustellen (so beispielsweise starker Baulärm auf einem angrenzenden Grundstück).

Die Höhe der Mietminderung richtet sich nach dem Umfang der Beeinträchtigung des Mieters. Können beispielsweise bestimmte Räume infolge des Mangels nicht genutzt werden, so kann der auf sie entfallende Mietanteil von der zu zahlenden Gesamtmiete – bis zur Behebung des Mangels – in Abzug gebracht werden.

Eine Mietminderung darf durch den Mieter immer erst dann vorgenommen werden, wenn der Vermieter über den beklagten Mangel in Kenntnis gesetzt wurde. Wird entsprechend der mietvertraglichen Vereinbarung die Miete im voraus bezahlt, so kann der Mieter eine Mietminderung für einen nach der (für den laufenden Monat erfolgten) Mietzahlung auftretenden Mangel erst mit der nächsten Monatsmiete verrechnen.

Außer dem Recht auf Mietminderung steht dem Mieter bei Vorliegen von gravierenden Mängeln auch die Möglichkeit offen, die Miete zurückzubehalten (§ 536 BGB n. F.). Zurückbehaltene Mieten sind allerdings nach Beseitigung der Mängel nachzuzahlen. Entstehen dem Mieter aus dem beklagten Mangel der Mietsache Schäden (Beispiel: Die Feuchtigkeit der Wohnung läßt die Tapeten versporen), so hat der Vermieter dafür einzustehen. Gerät der Vermieter mit der Mangelbeseitigung in Verzug, so kann der Mieter den Mangel selbst beseitigen lassen und die Kosten dafür dem Vermieter in Rechnung stellen.

Konsum **II**

Mietminderungen können vom Vermieter – auch wenn sie über einen längeren Zeitraum erfolgen – nicht mit der Kündigung des Mietverhältnisses beantwortet werden. Diese Feststellung gilt auch für den Fall, daß die Mietminderung überhöht ist oder sich als ungerechtfertigt erweist.

Streitigkeiten zwischen Mieter und Vermieter ergeben sich sehr häufig aus der unterschiedlich gesehenen Zuständigkeit für sogenannte **Schönheitsreparaturen**. **Allgemein** (d. h. falls durch Mietvertrag nicht anders festgelegt) gelten als Schönheitsreparaturen all jene Instandsetzungen, die durch die Abnutzung „normalen" Bewohnens erforderlich werden (Streichen, Kalken oder Tapezieren der Wände und Decken, Streichen von Fußböden, Heizkörpern, Heizungsrohren, Innentüren sowie Innenseiten der Fenster und Außentüren; Türen von Wand- und Einbauschränken, soweit es sich nicht um Möbelstücke, sondern um Wandverkleidungen handelt. Das Abschleifen und Versiegeln von Parkettböden sowie die Erneuerung von Teppichböden fallen nicht unter Schönheitsreparaturen). Wie bereits weiter oben festgestellt, bestimmt das Gesetz, daß der Vermieter dem Mieter die Wohnung in einem zum vertragsgemäßen Gebrauch geeigneten Zustand zu überlassen und während der Mietzeit in diesem Zustand zu erhalten hat (§ 535 BGB n. F.). Veränderungen und Verschlechterungen der Mietsache (des Wohnraumes), die durch vertragsgemäßen Gebrauch verursacht wurden, können deshalb dem Mieter nicht angelastet werden (§ 538 BGB n. F.). Schönheitsreparaturen fallen demnach **grundsätzlich** in die Zuständigkeit des Vermieters. Der Mieter kann somit nur dann für Schönheitsreparaturen in Anspruch genommen werden, wenn dies in einem frei ausgehandelten Mietvertrag **ausdrücklich** vereinbart ist. Präsentiert jedoch bei Abschluß des Mietvertrages der Vermieter dem Mieter einen Formularmietvertrag (Mustermietvertrag), an dessen Vertragstext dieser weitgehend gebunden ist, greifen die Allgemeinen Geschäftsbedingungen Platz. Allerdings – so ein Urteil des Bundesgerichtshofes vom 23. 6. 2004 (AZ.: VIII ZR 361/03) – dürfen Wohnungsvermieter ihren Mietern in solchen Formularmietverträgen keine festen Fristen für Schönheitsreparaturen vorschreiben! Solche starren Vorgaben – ohne Rücksicht auf den tatsächlichen Zustand der Wohnung respektive einzelner Wohnungsteile – benachteiligten die Mieter unangemessen und verstießen gegen das Gebot von Treu und Glauben (§ 242 BGB). Keinesfalls dürfe eine Formularvertragsbestimmung über den tatsächlichen Renovierungsbedarf hinausgehen. Sie würde dem Mieter eine höhere Instandhaltungsverpflichtung übertragen, als der Vermieter nach § 535 Abs. 1 Satz 2 BGB n. F. schulden würde. Ein Interesse des Vermieters daran, seinen Mieter zu einer nicht erforderlichen Renovierung zu verpflichten, sei nicht schützenswert!

Auch bei seinem **Auszug** können dem Mieter Schönheitsreparaturen nur unter der Voraussetzung angelastet werden, daß dies in einem freiausgehandelten Mietvertrag **ausdrücklich** vereinbart wurde. Eine solche Vereinbarung hat aber die laufenden Schönheitsreparaturen mitzuberücksichtigen. Hat nämlich der Mieter einer eventuellen Verpflichtung zur Durchführung der laufenden Schönheitsreparaturen in den vorgeschriebenen Zeitabständen entsprochen, so muß er bei seinem Auszug die jeweiligen Räume nur dann renovieren lassen, wenn die Renovierungsfrist gerade abgelaufen ist. Zur anteilmäßigen Kostenübernahme der bis zum Auszug erfolgten Abnutzung (der renovierten Räume) kann der Mieter über entsprechende

II Konsum

vertragliche Vereinbarungen (auch formularmäßige!) herangezogen werden. (Nach BGH-Urteil v. 5. 4. 2006 [AZ: VIII ZR 109/05] sind die in zahlreichen Formular-Mietverträgen ausgewiesenen sog. „Tapetenklauseln" [nach denen Mieter beim Auszug aus ihrer Wohnung i.d.R. Tapeten wie auch Bodenbeläge zu entfernen u. damit verursachte Beschädigungen zu beheben hätten] unwirksam, da sie die Mieter einseitig u. unangemessen benachteiligen [indem sie die Dauer des Mietverhältnisses u. den Zustand der Wohnung unberücksichtigt ließen].)

Schönheitsreparaturen sind vom Mieter in „mittlerer Art und Güte" zu erbringen. Sowohl während der Mietzeit als auch beim Auszug können dieselben auch von ihm selbst (sofern er dies ordentlich zu tun vermag!) übernommen werden; es sei denn, daß die Durchführung durch einen Fachbetrieb **ausdrücklich** vereinbart wurde.

Kommt der Mieter seiner vertraglichen Verpflichtung zur Durchführung von Schönheitsreparaturen nicht nach, so kann ihn der Vermieter diesbezüglich mahnen, ihm eine Nachfrist setzen und ihm gleichzeitig androhen, nach Ablauf der Frist diese (genau zu bezeichnenden Renovierungsarbeiten) selbst durchführen zu lassen. (Die Verpflichtung des Vermieters, dem Mieter eine entsprechende Nachfrist zu setzen, kann im Formularvertrag nicht rechtswirksam ausgeschlossen werden.) Bleibt der Mieter hierauf weiterhin säumig (d. h. im Verzug), dann kann der Vermieter die Zahlung eines entsprechenden Geldbetrages verlangen. Eine solche Forderung steht dem Vermieter ohne Mahnung und Nachfristsetzung bereits dann zu, wenn der Mieter die Durchführung der Schönheitsreparatur erkennbar **endgültig** verweigert.

Eine **Kündigung** des Mietverhältnisses wegen nicht oder schlecht durchgeführter Schönheitsreparaturen ist grundsätzlich nicht möglich.

Ansprüche des Vermieters auf Schönheitsreparaturen **verjähren** in sechs Monaten nach Auszug des Mieters.

Ist der Mieter bei seinem Auszug nicht zur Übernahme von Schönheitsreparaturen verpflichtet, so hat er die Wohnung leer und besenrein zu übergeben.

423 Soweit im Mietvertrag **einzeln** aufgezählt und ausdrücklich **vereinbart**, kann der Vermieter dem Mieter neben der Miete noch Neben- oder **Betriebskosten** in Rechnung stellen. Als umlagefähige Betriebskosten werden von der **II. Berechnungsverordnung** (Verordnung über wohnungswirtschaftliche Berechnung v. 12. 10. 1990; letzte Änderung v. 25. 11. 2003) genannt:

- die Heiz- und Warmwasserkosten zentraler Anlagen (für diese gelten besondere Vorschriften; siehe weiter unten),
- die laufenden öffentlichen Lasten des Grundstücks (Grundsteuer),
- die Kosten der Wasserversorgung (Wassergeld, Wasseraufbereitung),
- die Kosten der Entwässerung (städtische Kanalgebühren),
- die Fahrstuhlkosten,
- die Kosten der Straßenreinigung und der Müllabfuhr,
- die Kosten der Hausreinigung und Ungezieferbekämpfung,
- die Kosten der Gartenpflege,
- die Kosten der Beleuchtung,

- die Kosten der Schornsteinreinigung,
- die Kosten der Sach- und Haftpflichtversicherung,
- die Kosten für den Hauswart,
- die Kosten für die Gemeinschaftsantennenanlage oder das Breitbandkabelnetz,
- die Kosten des Betriebes der maschinellen Wascheinrichtung (Waschküche) und
- sonstige Betriebskosten (beispielsweise die Kosten für Schwimmbad, Sauna oder andere Gemeinschaftseinrichtungen im Haus).

Darüber hinaus können bei Etagenheizungen die Reinigungs- und Wartungskosten umgelegt werden. Vereinbarungen, denen zufolge weitere Aufwendungen des Vermieters wie zum Beispiel Verwaltungskosten oder Instandhaltungsrücklagen zu umlagefähigen Betriebskosten erklärt werden, sind unwirksam.

Es ist üblich, daß im Mietvertrag monatliche Abschlagszahlungen auf die Betriebskosten vereinbart werden und einmal jährlich – nach Vorliegen der tatsächlichen Kosten – darüber abgerechnet wird. Als problematisch erweist sich hierbei häufig der sogenannte **Verteilerschlüssel**. Er wird normalerweise im Mietvertrag festgelegt und nimmt die Wohnfläche oder die auf die einzelnen Wohnungen entfallenden Personen als Maßstab.

424

Für die Verrechnung von Kosten der zentralen Heiz- und Warmwasseranlage gilt in erster Linie die **Heizkostenverordnung** (Verordnung über die verbrauchsabhängige Abrechnung der Heiz- u. Warmwasserkosten v. 1.7.1981; Neubekanntmachung v. 20.1.1989). Sie bestimmt (unabhängig von eventuell anders lautenden Vereinbarungen im Mietvertrag oder früheren Regelungen), daß diese **zumindest** teilweise verbrauchsabhängig abgerechnet werden müssen. So müssen zwischen 50 und 70 Prozent der Heizkosten wie auch der Warmwasserkosten nach Verbrauch auf die einzelnen Mietparteien verteilt werden. Um dies zu ermöglichen, müssen alle Heizkörper des Hauses mit Heizkostenverteilersystemen ausgerüstet und einmal jährlich abgelesen werden. Die restlichen Heizkosten können verbrauchsunabhängig (in der Regel nach der Wohnfläche) abgerechnet werden. Ausnahmen von dieser verbrauchsabhängigen Abrechnung der Heiz- und Warmwasserkosten sind zulässig: in Zweifamilienhäusern, in denen der Vermieter selbst mitwohnt; in Fällen, in denen die Verbrauchserfassung nicht möglich oder unwirtschaftlich ist; in Heimen; bei Verwendung einer besonders energiesparenden Heizungsanlage (z. B. Solaranlage). Rechnet der Vermieter verbrauchsunabhängig ab, so ist der Mieter berechtigt, von dem auf ihn entfallenden Heizkostenanteil 15 Prozent in Abzug zu bringen.

425

Mit den Heizungskosten dürfen folgende **Heizungsnebenkosten** abgerechnet werden: Betriebsstrom (Stromkosten für Umwälzpumpe, Ölpumpe und Regelungsanlage), Bedienungskosten, Wartungskosten (keine Reparaturkosten!), Reinigungskosten (z. B. Öltankreinigung), Schornsteinfegerkosten (so auch Immissionsmessungen), Mietkosten für die Heizkostenverteiler (aber nur, wenn nicht die Mehrheit der Mieter der Anmietung widersprochen hat!), Kosten des vom Vermieter beauftragten (Wärme-)Meßdienstes.

426

Sonderregelungen hinsichtlich der Heizkostenabrechnung ergeben sich für Gemeinschaftsräume. Heizkörper in Treppenhäusern, Waschküchen, Trocken- und Parträumen müssen nicht mit Heizkostenverteilern ausgerüstet sein. Die hier ent-

II Konsum

stehenden Heizkosten werden dem aufzuteilenden Gesamtverbrauch des Hauses zugeschlagen. Eine Ausnahme hiervon bilden Räume mit außergewöhnlich hohem Energieverbrauch, wie Saunen und Schwimmbäder. Sie müssen mit Heizkostenverteilern ausgerüstet und so ihr Verbrauch erfaßt werden.

426a Seit Inkrafttreten der Energieeinsparverordnung zum 1.10.2007 hat jeder Kauf- oder Mietinteressent einer Wohnung oder eines Hauses das Recht auf Vorlage eines **Energieausweises** (Energiepaß) durch den Verkäufer oder Vermieter. Dieser Energieausweis gibt Auskunft über den Energieverbrauch der betreffenden Kauf-/Mietsache pro Quadratmeter Nutzfläche je Jahr. Mieter in bestehenden Mietverhältnissen haben keinen Anspruch auf Ausweis dieser Daten.

In der Jahresabrechnung der Betriebskosten werden die monatlichen Vorauszahlungen mit den aufgelaufenen Kosten verrechnet. Übersteigen die tatsächlichen Kosten die Vorauszahlungen, so hat der Mieter eine entsprechende Nachzahlung zu leisten; liegen die tatsächlichen Kosten niedriger als die geleisteten Vorauszahlungen, so erhält er eine entsprechende Rückzahlung. Zur Nachzahlung ist der Mieter jedoch nur dann verpflichtet, wenn die Abrechnung ordnungsgemäß (klare, übersichtlich gegliederte Auflistung der Einnahmen und Ausgaben) und nachvollziehbar ist. Der Mieter darf die Abrechnung prüfen und hat das Recht, die Originalabrechnungen einzusehen.

Die Abrechnung der Betriebskosten durch den Vermieter unterliegt einer Ausschlußfrist. (Nach dem Gesetz gilt diese Regelung nur für Sozialwohnungen, wird aber in der Rechtsprechung auch auf freifinanzierte Wohnungen übertragen.) Danach muß der Vermieter spätestens 12 Monate nach Ende des Abrechnungszeitraumes eine Abrechnung vorlegen, wenn seine Forderung nicht verfallen soll. Die Forderung verfällt lediglich dann nicht, wenn der Vermieter die verspätete Abrechnung nicht zu vertreten hat. (Für ein →Verschulden seiner damit Beauftragten wie auch des Wärmemeßdienstes hat der Vermieter einzustehen.)

427 Einen besonderen Problembereich im Mietrecht bildet die **Kündigung**. Nach dem zum 1.6.2005 in Kraft getretenen Gesetz zur Klarstellung der Kündigungsfristen haben Wohnungsmieter – unabhängig davon, ob in den Mietvertragsklauseln längere Kündigungsfristen angegeben sind – **generell** eine Kündigungsfrist von 3 Monaten. Anderes gilt nur, wenn die Kündigungsfristen individuell ausgehandelt wurden. – Auch für Vermieter gilt generell eine Kündigungsfrist von 3 Monaten. Sie verlängert sich nach fünf und acht Jahren jeweils um 3 Monate (§ 573c BGB). Ansonsten ist eine Kündigung durch Mieter und Vermieter immer nur dann möglich, wenn ein Kündigungsgrund vorliegt. Die möglichen **Kündigungsgründe** werden nachfolgend aufgezeigt.

428 Nach § 573 Abs. 2 Ziff. 2 BGB n. F. darf der Vermieter nur dann kündigen, wenn er ein berechtigtes Interesse an der Beendigung des Mietverhältnisses hat. Ein solches **berechtigtes Interesse** liegt dann vor, wenn der Vermieter die Räume der Wohnung für sich, für zu seinem Hausstand gehörende Personen oder für Familienangehörige benötigt. Für diesen sogenannten **Eigenbedarf** hat der Vermieter einleuchtende (d. h. vernünftige und nachvollziehbare) Gründe darzulegen. Diese Gründe dürfen sich allerdings nur auf solche Umstände beziehen, die bei Vertrags-

429

abschluß noch nicht vorhersehbar waren. Die Kündigung und die Darlegung dieser Gründe hat schriftlich zu erfolgen.

Ein berechtigtes Interesse des Vermieters an der Kündigung liegt ferner dann vor, wenn er durch die Fortsetzung des Mietverhältnisses an einer angemessenen wirtschaftlichen Verwertung des Grundstückes gehindert würde und dadurch erhebliche Nachteile in Kauf nehmen müßte (§ 573 Abs. 2 Ziff. 3 BGB n. F.). Dieser im Gesetz genannte Grund wird in der Praxis häufig dann angeführt, wenn ein Vermieter sein Haus oder seine Eigentumswohnung verkaufen möchte und dabei für diese(s) in unvermietetem Zustand einen bedeutend höheren Erlös erzielen könnte als in vermietetem. (Der Käufer wäre nämlich nach dem Rechtsgrundsatz „Kauf bricht nicht Miete" an die Aufrechterhaltung des bestehenden Mietverhältnisses gebunden.) Diese Begründung ist allerdings nur dann rechtlich haltbar, wenn der Erlösunterschied (Verkaufspreisunterschied) erheblich (d. h. mehr als 20 Prozent!) ist und vom Vermieter (durch entsprechende Angebote) nachgewiesen werden kann.

Die Pflicht des Vermieters zur Angabe eines Kündigungsgrundes entfällt, wenn er

- mit dem Mieter zusammen in einem Wohngebäude mit nicht mehr als zwei Wohnungen logiert (hier genügt ein Verweis des Vermieters auf sein Sonderkündigungsrecht; die Kündigungsfrist des Mieters verlängert sich dabei um 3 Monate);
- mit den Mietern zusammen in einem Dreifamilienhaus wohnt und die zweite und/oder dritte Wohnung durch Ausbau oder Erweiterung des bestehenden Gebäudes nach dem 31. 5. 1990 und vor dem 1. 6. 1995 fertiggestellt wurde (hier muß der Vermieter den Mieter bei Vertragsabschluß ausdrücklich auf dieses gesetzliche Sonderkündigungsrecht hinweisen).

Neben der **ordentlichen Kündigung** (die eine von der Wohndauer abhängige Kündigungsfrist einzuhalten hat) kennt das BGB bei schwerwiegenden Verstößen gegen den Mietvertrag sowohl für den Mieter als auch für den Vermieter die **fristlose Kündigung**.

Der **Vermieter** kann fristlos kündigen, wenn

- der Mieter oder derjenige, welchem der Mieter den Gebrauch der gemieteten Sache überläßt, ungeachtet der Abmahnung des Vermieters einen vertragswidrigen Gebrauch der Mietsache fortsetzt, der die Rechte des Vermieters in erheblichem Maße verletzt (§ 543 Abs. 2 BGB n. F.);
- der Mieter in Zahlungsverzug gerät (§ 543 Abs. 2 BGB n. F.), das heißt, wenn er seit mehr als 2 Monaten mit einem Betrag in Höhe von 2 Monatsmieten schuldhaft in Rückstand geraten ist;
- der Mieter ständig seine Miete unpünktlich bezahlt, auch wenn er dabei nicht mit 2 Monatsmieten in Rückstand gerät. (Die Rechtsprechung sieht darin eine Vertragsverletzung im Sinne des § 543 Abs. 1 u. § 569 Abs. 2 BGB n. F.; Voraussetzung dafür ist allerdings, daß der Mieter wegen ständiger unpünktlicher Mietzahlung abgemahnt wurde.

Der Mieter kann (allerdings nur einmal innerhalb von 2 Jahren) eine fristlose Kündigung wegen Zahlungsverzugs dadurch unwirksam machen, daß er spätestens 1

II Konsum

Monat nach Erhebung der Räumungsklage durch den Vermieter alle Mietschulden begleicht.

Der **Mieter** kann fristlos kündigen, wenn der Vermieter schuldhaft in großem Maße seine Vertragspflichten verletzt (§ 543 Abs. 1 u. § 569 Abs. 2 BGB n. F.; so beispielsweise, wenn er trotz entsprechender Abmahnung durch den Mieter erhebliche Mängel nicht beseitigt).

432 Die Schutzwürdigkeit des Mieters vor ungerechtfertigter Kündigung findet ihren Niederschlag im sogenannten **Kündigungsschutz** (**Mieterschutz**). Dieser kommt in verschiedenen Regelungen zum Ausdruck.

Beim **befristeten Mietvertrag** (Zeitmietvertrag, § 575 BGB n. F.) ist der Mieter während dessen Laufzeit vor einer ordentlichen Kündigung durch den Vermieter geschützt. Ein solches Mietverhältnis auf **bestimmte Zeit** kann dann eingegangen werden, wenn der Vermieter nach Ablauf der Mietzeit

– die Räume als Wohnung für sich, seine Familienangehörigen oder Angehörige seines Haushalts nutzen will,
– die Räume beseitigen oder so wesentlich verändern oder instand setzen will, so daß die Maßnahmen durch eine Fortsetzung des Mietverhältnisses erheblich erschwert würden, oder
– die Räume an einen zur Dienstleistung Verpflichteten vermieten will

und er dem Mieter den Grund der Befristung bei Vertragsabschluß schriftlich mitteilt. Andernfalls gilt das Mietverhältnis auf unbestimmte Zeit abgeschlossen. – Der Mieter kann vom Vermieter frühestens vier Monate vor Ablauf der Befristung verlangen, daß dieser ihm binnen eines Monats mitteilt, ob der Befristungsgrund noch besteht. Erfolgt die Mitteilung später, so kann der Mieter eine Verlängerung des Mietverhältnisses um den Zeitraum der Verspätung verlangen. – Tritt der Grund der Befristung erst später ein, so kann der Mieter eine Verlängerung des Mietverhältnisses um einen entsprechenden Zeitraum verlangen. Die Beweislast für den Eintritt des Befristungsgrundes und die Dauer der Verspätung trifft den Vermieter. – Eine zum Nachteil des Mieters abweichende Vereinbarung ist unwirksam!

433 Der wohl bedeutsamste Mieterschutz wird durch die **gesetzlichen Kündigungsfristen** begründet. Die Fristen der ordentlichen Kündigung für Mietverhältnisse auf **unbestimmte Zeit** bestimmen sich nach § 573c BGB n. F. Danach ist eine Kündigung spätestens am dritten Werktag eines Kalendermonats zum Ablauf des übernächsten Monats zulässig. Die Kündigungsfrist für den Vermieter verlängert sich nach fünf und acht Jahren seit der Überlassung des Wohnraumes um jeweils drei Monate. Eine abweichende Vereinbarung zum Nachteil des Mieters ist unwirksam.

Bei Wohnraum, der nur zur vorübergehenden Inanspruchnahme vermietet wurde, kann eine kürzere Kündigungsfrist vereinbart werden.

Bei Wohnraum, der Teil der vom Vermieter selbst bewohnten Wohnung ist und den der Vermieter überwiegend mit Einrichtungsgegenständen ausgestattet hat, ist die Kündigung spätestens am 15. eines Monats zum Ablauf dieses Monats zulässig. Eine abweichende Vereinbarung zum Nachteil des Mieters ist unwirksam!

Besondere Regelungen zum Schutze des Mieters sieht der Gesetzgeber bei der Umwandlung von Mietwohnungen in Eigentumswohnungen (Wohnungsumwandlung) vor. So kann ein Vermieter, der eine bislang vermietete Wohnung in eine Eigentumswohnung umwandeln und verkaufen möchte, dem bisherigen Mieter dieserhalb nicht kündigen. – Auch dem Käufer einer solchen Eigentumswohnung gegenüber genießt der bisherige Mieter (dieser Wohnung) besonderen Schutz. Ihm gegenüber kann der neue Eigentümer 3 Jahre lang keinen Bedarf anmelden. Diese Frist verlängert sich nach § 577a Abs. 2 BGB n. F. auf bis zu zehn Jahren, wenn die ausreichende Versorgung der Bevölkerung mit Mietwohnungen zu angemessenen Bedingungen in einer Gemeinde oder Teilen einer Gemeinde besonders gefährdet ist. Die Landesregierungen sind ermächtigt, diese Gebiete und die jeweilige Frist auf die Dauer von höchstens zehn Jahren zu bestimmen. – Eine abweichende Vereinbarung zum Nachteil des Mieters ist unwirksam!

Die **Sozialklausel** ist wohl das einschneidendste Instrument des Kündigungsschutzes. Dieser in § 574 BGB n. F. verankerten Bestimmung zufolge hat der Mieter das Recht, einer wirksamen Kündigung zu **widersprechen** und vom Vermieter die Fortsetzung des Mietverhältnisses zu verlangen, wenn dessen Beendigung für ihn (den Mieter) oder seine Familie eine Härte bedeuten würde, die auch unter Würdigung des →berechtigten Interesses des Vermieters nicht zu rechtfertigen wäre. Eine solche Härte liegt nach Auffassung des Gesetzgebers insbesondere dann vor, wenn angemessener Wohnraum zu zumutbaren Bedingungen nicht beschafft werden kann. (Die bisherige Rechtsprechung kennt als weitere Härtefälle: schwere Erkrankungen, hohes Alter, lange Wohndauer, geringes Einkommen, Schwangerschaft, bevorstehendes Examen.) Dies bedeutet, daß der Mieter für sich und seine zum Haushalt gehörende Familie eine menschenwürdige Unterbringung verlangen kann, wobei die für den neuen Wohnraum zu zahlende Miete im Verhältnis zum Familieneinkommen (unter Einbezug möglichen Wohngeldes) zumutbar sein muß. Das Gericht hat schließlich die Widerspruchsgründe zu prüfen, mit den vom Vermieter genannten Kündigungsgründen abzuwägen und zu entscheiden. Der Widerspruch muß schriftlich erklärt werden. Er kann vom Mieter bis zum ersten Termin eines eventuellen Räumungsprozesses vorgebracht werden. (Sollte allerdings der Vermieter den Mieter auf die Möglichkeit des Widerspruches hinweisen, so muß der Mieter diesen spätestens 2 Monate vor Ablauf der Kündigungsfrist erklären.)

Der Kündigungsschutz ist **ausgeschlossen** unter anderem für Wohnraum, der nur zur vorübergehenden Nutzung vermietet wurde (beispielsweise als Ferienunterkunft) oder innerhalb der Vermieterwohnung liegt und auch von diesem möbliert wurde. Auch Mieter von Wohnraum in Studenten- und Jugendwohnheimen geniessen keinen Kündigungsschutz.

Hinweis: Bei Fragen zum Mietrecht empfehlen sich außer den (Fach-)Anwälten die Mieter- sowie Haus- und Grundeigentümervereine (→II 59).

II Konsum

Fomularmietvertrag (Wohnraum-Mietvertrag)

– Dieser Vertrag besteht aus mindestens 13 Seiten –   (8. Auflage Stand 01. 06. 2008 <mv8>)

zwischen Vermieter (Vor- und Zuname(n), Anschrift)

....

....

....

– in diesem Vertrag „Vermieter" genannt –

und Mieter (Vor- und Zuname(n))

1. ....

geb. am .... ausgewiesen durch Personalausweis/Reisepass Nr. ....

2. ....

geb. am .... ausgewiesen durch Personalausweis/Reisepass Nr. ....

ggfls. weitere Mieter ....

....

Anschrift Mieter zum Zeitpunkt des Vertragsdatums:

....

....

– in diesem Vertrag „Mieter" genannt –

§ 1 Mieträume

1. Vermietet wird die in dem Haus in

PLZ, Ort: ....

Straße, Hausnr.: ....
im ....-Geschoss gelegene Wohnung Nr. ..../das gesamte Hausgrundstück (nicht Zutreffendes streichen),

Mietsache bestehend aus .... Zimmer(n), einer Küche, einem Flur, einem Bad/WC, dem Kellerraum Nr. .... und der Garage / dem Abstellplatz Nr. .... (nicht Zutreffendes streichen) und ggf. weiteren Räumen/Nebenräumen (nur, wenn nachfolgend eingetragen)

Weitere Räume ....

Konsum **II**

Etwaig nur durch die Wohnung erreichbare Terrassen oder Balkone gehören ausschließlich zur Mietsache und sind mitvermietet, sie werden zu einhalb in die Wohnfläche der Wohnung eingerechnet. Bezüglich etwaig vermieteter Nebenflächen, wie etwa Keller, Speicher, Abstellflächen und Ähnliches, also Flächen, die nicht unmittelbar die Hauptmieträume betreffen, ist der Vermieter jederzeit zu einem Austausch mit vergleichbaren Nebenflächen befugt.

Bei Anmietung einer Garage/eines Abstellplatzes ist der Mieter lediglich befugt, darin bzw. darauf ein Fahrzeug abzustellen, nicht aber im Einfahrtsbereich davor oder sonst irgendwo auf dem Hof.

2. Die Mieträume dürfen nur zu Wohnzwecken benutzt werden, und zwar vom Mieter und seiner Familie, derzeit bestehend aus folgenden Personen:

Anzahl der Personen: .... Person(en).

Der Mieter meldet vorstehende Personen sofort nach Einzug beim Einwohnermeldeamt an. Der Mieter legt dem Vermieter außerdem eine Anmeldebescheinigung bezüglich aller Personen vor, die mehr als zwei Monate in der Mietsache aufgenommen werden. Der Mieter erteilt dem Vermieter auf Verlangen eine vollständige Liste aller in der Wohnung wohnhaften Personen (ab einer Wohndauer von 2 Monaten und mehr) mit Vor- und Zuname, Geburtsdatum und soweit vorhanden, einem anderen gemeldeten Wohnsitz (Straße, Hausnummer, PLZ, Ort), unabhängig, ob diese Personen in der vermieteten Wohnung der Ordnungsbehörde / dem Einwohnermeldeamt gegenüber gemeldet sind oder nicht.

3. Der Mieter ist berechtigt, soweit vorhanden, Gemeinschaftseinrichtungen (z. B. Waschküche und Trockenspeicher) mitzubenutzen, ggf. nach Maßgabe der Hausordnung. Das gemeinschaftliche Treppenhaus dient seiner Zweckbestimmung gemäß lediglich dem Erreichen der einzelnen Wohnungen. Soweit der Mieter hier irgendwelche Gegenstände (wie etwa Fahrräder und Kinderwägen) abstellen möchte, bedarf dies der ausdrücklichen vorherigen schriftlichen Genehmigung des Vermieters, die der Vermieter versagen kann, insbesondere aus optischen Gründen oder wenn andere Mieter behindert werden. Die Erlaubnis kann aus wichtigem Grunde seitens des Vermieters jederzeit widerrufen werden.

Der räumliche Umfang der Mietsache ergibt sich ausschließlich aus der vorstehenden Beschreibung. Eine weitergehende Nutzung irgendwelcher Bereiche ist nicht vereinbart und wird auch nicht durch tatsächliche Nutzung stillschweigend zur Rechtsgrundlage zwischen den Vertragsparteien. Jegliche Nutzung, die, gleich wie lange und ob berechtigt oder unberechtigt, der Mieter über den in obiger Umschreibung der Mietsache genannten Umfang hinaus betreibt, ist seitens des Vermieters dem Mieter gegenüber jederzeit widerrufbar und vom Mieter ab dann sofort zu unterlassen. Gewohnheitsrecht ist ausgeschlossen.

4. Der Mieter erhält für die Dauer der Mietzeit folgende Schlüssel:

.... Haustürschlüssel,

.... Wohnungstürschlüssel,

.... Schlüssel Zentralschließanlage (nur wenn ausdrücklich eingetragen),

je 1 Schlüssel zu sämtlichen Zimmertüren sowie

.... Briefkastenschlüssel,

.... Garagenschlüssel und

II Konsum

.... Kellertürschlüssel sowie

.... sonstige Schlüssel.

Ist vorstehend kein Eintrag vorgenommen, so sind je zwei Haus-, Wohnungs- und Garagenschlüssel, kein Zentralschließanlagenschlüssel und kein sonstiger Schlüssel sowie im Übrigen je 1 Schlüssel zu übergeben.

5. Der Vermieter ist berechtigt, die zum Zugang zur Mietsache erforderlichen Schlüssel inne zu haben. Soweit es sich nicht um Schlüssel von Gemeinschaftsräumen handelt, sondern um solche ausschließlich für die Mietsache selbst (etwa der Wohnungstürschlüssel), hat der Vermieter diese in einem verschlossenen und vom Mieter kenntlich gemachten Umschlag zu verwahren. Der Vermieter darf von solchen verschlossen aufbewahrten Schlüsseln nur in Notfällen Gebrauch machen und hat danach den Mieter tunlichst zu informieren. Beide Parteien verwahren im Anschluss den Schlüssel erneut in einem verschlossenen Umschlag, wie oben beschrieben.

6. Der Mieter ist nicht zum Schlossaustausch berechtigt. Bei Verlust von Schlüsseln haftet der Mieter – auch etwa im Falle von Zentralschließanlagen – auf Schadensersatz.

7. Das mietgegenständliche Gebäude entspricht jeweils nur dem Bauzustand – auch in Hinblick auf Schallschutz und Isolierung – der zum Zeitpunkt der Errichtung des Bauwerkes üblichen Ausstattung, insbesondere sind nach Errichtung des Bauwerkes erlassene gesetzliche Vorschriften bzgl. Wärme- und Schallschutz möglicherweise deshalb nicht eingehalten, woraus der Mieter keinerlei Rechte herleitet.

8. Die Festsetzungen eines für das Gebäude, in dem die Mietsache gelegen ist, erstellten Energiepasses haben für die Vertragsparteien keinerlei verbindliche Wirkung und befugen den Mieter nicht zur Herleitung irgendwelcher Rechte und stellen auch nicht die Zusicherung von Eigenschaften dar. Dies gilt auch dann, wenn der Energiepass diesem Vertrag beigeheftet oder sonst übergeben wurde.

§ 2 Mietzeit, Kündigung

1. Der Mietvertrag beginnt am .... und wird auf (folgend gewünschte Alternative(n) ankreuzen)

( ) a. unbestimmte Zeit geschlossen (gilt auch, wenn keine Alternative von a–c angekreuzt ist)

( ) b. Kündigungsausschluss auf die Zeit bis zum ...., – zulässig auf max. 4 Jahre ab Mietbeginn –, zu welchem Tag das Mietverhältnis beendet werden kann, indem es einer Kündigung bedarf, wobei der Vermieter dazu die gesetzlichen Kündigungsvorschriften und das berechtigte Interesse an der Kündigung des Mietverhältnisses dem Mieter gegenüber darlegen muss (Kündigungsausschluss der ordentlichen Kündigung für beide Seiten bis zum o. g. Endtermin), sodass also für die Zeit von Mietbeginn bis zum o. g. Zeitablauf für beide Seiten die ordentliche Kündigung ausgeschlossen ist; ab dann läuft das Mietverhältnis mangels Kündigung auf unbestimmte Zeit;

oder

( ) c. besonderer Zeitmietvertrag auf bestimmte Zeit – § 575 BGB –, laufend ab Mietbeginn bis

zum Mietzeitende .... – empfohlen auf max. 10 Jahre ab Mietbeginn – ohne Kündigungsschutz für den Mieter (Mieter kann bei Vertragsende keine Fortsetzung des Mietverhältnisses verlangen und keinen Widerspruch einlegen); das Mietverhältnis endet somit automatisch bei Vertragsende, ohne dass es einer Kündigung bedarf, weil der Vermieter nach Ablauf der Vertragszeit

Konsum **II**

( ) a.a. die Mietsache für sich, Hausstandangehörige oder Familienangehörige (Eigenbedarf), nämlich

für ....

benötigt oder

( ) b.b. die Mietsache beseitigen, verändern oder nachhaltig instandsetzen möchte und das Verbleiben des Mieters dies erheblich erschweren würde (Verhinderung angemessener wirtschaftlicher Verwertung) oder

( ) c.c. die Mietsache, die mit Rücksicht auf ein bestehendes Dienstverhältnis vermietet worden ist (Betriebswohnung), für einen anderen zur Dienstleistung Verpflichteten als Wohnung benötigt. Für diese Variante „c" – Besonderer Zeitmietvertrag – gilt des Weiteren: Der Mieter kann vom Vermieter frühestens 4 Monate vor Ablauf der Befristung (Mietzeitende) verlangen, dass dieser ihm binnen eines Monats mitteilt, ob der Befristungsgrund noch besteht. Erfolgt die Mitteilung später, so kann der Mieter eine Verlängerung des Mietverhältnisses um den Zeitraum der Verspätung verlangen. Tritt der Grund der Befristung erst später ein, so kann der Mieter eine Verlängerung des Mietverhältnisses um einen entsprechenden Zeitraum verlangen. Entfällt der Grund, so kann der Mieter eine Verlängerung auf unbestimmte Zeit verlangen.

2. Es gelten die zum Zugang der Kündigung in Kraft befindlichen gesetzlichen Kündigungsfristen – insbes. § 573c BGB – und Kündigungsvorschriften. Derzeit betragen die Kündigungsfristen im Falle der ordentlichen Kündigung für den Mieter 3 Monate, für den Vermieter 3 Monate, nach 5 Jahren Mietdauer 6 Monate und ab 8 Jahre Mietdauer 9 Monate. Die Kündigung hat schriftlich zu erfolgen, §§ 573ff BGB. Soweit vorstehend ein Mietvertrag mit Kündigungsausschluss oder Zeitbestimmung geschlossen ist, ist für den Zeitraum des Kündigungsausschlusses bzw. der Zeitbestimmung die ordentliche Kündigung ausgeschlossen. Ferner vereinbaren die Parteien, dass im Falle der Änderung der gesetzlichen Kündigungsvorschriften für Wohnraummiete (§§ 573ff BGB) ab dem Tag des Inkrafttretens einer solchen Änderung jeweils die dann geltenden gesetzlichen Kündigungsfristen und -vorschriften gelten.

3. Der Vermieter haftet nur bei Vorsatz oder grober Fahrlässigkeit für verspätete Überlassung der Mietsache bei Mietbeginn wegen nicht rechtzeitiger Bezugsfertigkeit bzw. verspäteter Rückgabe durch den Vormieter.

4. Verbleibt der Mieter nach Ablauf der Mietzeit weiterhin in der Wohnung, verlängert sich deswegen das Mietverhältnis nicht, auch nicht stillschweigend. Eines Fortsetzungswiderspruches seitens des Vermieters gemäß § 545 BGB bedarf es nicht, die Anwendung letztgenannter Norm ist ausgeschlossen. Ein Fortsetzungsmietverhältnis oder eine Räumungsfrist kann zwischen den Parteien ausdrücklich nur durch schriftliche Vereinbarung begründet werden.

§ 3 Miete und Betriebskosten

1. Die Miete ohne Kosten für Heizung und Warmwasser und ohne weitere Betriebskosten beträgt monatlich

für die Wohnung Euro ....

für Garage/Stellplatz Euro ....

Monatsgrundmiete Euro ....

2. als Vorauszahlung für die Betriebskosten Betriebskostenverordnung
– BetrKV – zahlt der Mieter monatlich Euro Euro ....

II Konsum

3. Die Monatsgesamtmiete beläuft sich somit auf

Monatsgesamtmiete Euro ....

4. Sämtliche tatsächlich entstehenden Betriebskosten nach der Betriebskostenverordnung (BetrKV) werden auf den Mieter umgelegt. Hierzu gehören insbesondere:
(1) laufende öffentliche Lasten des Grundstückes inkl. Grundsteuer,
(2) Kosten der Wasserversorgung,
(3) Kosten der Entwässerung,
(4) Kosten des Betriebs der zentralen Heizungsanlage,
(5) Kosten des Betriebs der zentralen Heizungs- und Warmwasseranlage,
(6) Kosten des Betriebs verbundener Heizungs- und Warmwasserversorgungsanlage,
(7) Kosten des Betriebs des Personen-/Lastenaufzuges,
(8) Kosten der Straßenreinigung und Müllabfuhr,
(9) Kosten der Hausreinigung und Ungezieferbekämpfung,
(10) Kosten der Gartenpflege,
(11) Kosten der Beleuchtung und Allgemeinstrom,
(12) Kosten der Schornsteinreinigung,
(13) Kosten der Sach- und Haftpflichtversicherungen,
(14) Kosten des Hauswarts (Hausmeisters),
(15) Kosten der Gemeinschaftsantenne/Breitbandkabelanschluss/Satellitenanlage,
(16) Kosten maschineller Wascheinrichtung,
(17) sonstige Betriebskosten (z. B. Feuerlöscherwartung, Sperrmüllabfuhr, Dachrinnenreinigung, Druckdichtigkeitsprüfungen der Versorgungsleitungen, E-Check und Ähnliches).

Auch turnusgemäß nur nach mehreren Jahren anfallende Betriebskosten im Rahmen des hier vorstehend bezeichneten Kataloges hat der Mieter im Jahr des Anfalles zu bezahlen. Für alle vorstehend bezeichneten Betriebskosten gilt die Umlage auf den Mieter nach einem vom Vermieter festgelegten Umlageschlüssel, welcher im Zweifel mangels Verbrauchswerten Anteil der Wohnfläche der Mietsache an der Wohnfläche des Gesamtgebäudes ist. Die jeweiligen Gesamtkostenbeträge werden nach Zufluss-/Abflussprinzip streng nach Buchhaltung in die jeweilige Abrechnungsperiode einbezogen, ohne dass eine Periodenabgrenzung erfolgt.

5. Über Heiz-, Warmwasser- und sonstige Betriebskosten wird der Vermieter für jedes Wirtschaftsjahr im Laufe des folgenden Wirtschaftsjahres abrechnen, entsprechend der Ausschlussfrist nach § 556 Absatz 2 Satz 2 BGB. Sollte eine Nachzahlung erforderlich werden, kann der Vermieter die Vorauszahlung angemessen erhöhen.

Zieht der Mieter nicht zum Ende, sondern im Laufe des jeweils geltenden Wirtschaftsjahres aus, hat er die Kosten erforderlicher Zwischenablesung zu tragen. Der Mieter hat nur Anspruch auf Zwischenablesung, nicht auf Zwischenabrechnung.

Handelt es sich bei der Mietsache um eine Eigentumswohnung, so sind im Rahmen des vorstehend unter Abs. 4 genannten Kataloges umlagefähiger Betriebskosten diese gemäß der Abrechnung der Hausverwaltung nach den Vorschriften des Wohnungseigentumsgesetzes fällig; die Abrechnung des Hausverwalters ist in diesem Falle bezüglich der oben genannten Umlagepositionen maßgeblich, auch für die hier betroffene Abrechnung der Betriebskosten dem Mieter gegenüber (Maßgeblichkeit der WEG-Abrechnung). Etwaige Positionen des Katalogs nach Abs. 4, die nicht in der WEG-Abrechnung enthalten sind, wie z. B. regelmäßig die Grundsteuer, kann der Vermieter gleichwohl im Wege ergänzender Abrechnung auf den Mieter umlegen. Soweit die Abrechnung der Hausverwaltung andere Umlageschlüssel als Wohnfläche, etwa Miteigentumsanteile oder Einheiten, enthält, gelten diese.

Das Recht des Vermieters auf Abrechnung der Nebenkosten wird auch dann nicht verwirkt oder gewohnheitsrechtlich ausgeschlossen, wenn er oder sein Rechtsvorgänger seit langer Zeit nicht abgerechnet hat, es gelten lediglich gesetzliche Ausschlussfristen oder Verjährungsvorschriften.

6. Die Miete sowie die monatlichen Vorauszahlungen für die Nebenkosten sind monatlich im Voraus, spätestens bis zum 3. Kalendertag des laufenden Monats, auf das vom Vermieter angege-

Konsum **II**

bene Konto einzuzahlen. Für danach ergangene Mahnschreiben zahlt der Mieter eine pauschale Mahngebühr von je 15,00 EUR; weiterer Ersatz, wie Zins und Kosten der Rechtsverfolgung, bleiben vorbehalten.

Dies ist derzeit das Konto-Nr. .... bei

Bank/Kreditinstitut/Ort: ....

BLZ .... Kontoinhaber ist der Vermieter.

7. Gegen die Mietforderung des Vermieters kann der Mieter nur mit unstreitigen oder rechtskräftig festgestellten Gegenanforderungen aufrechnen; dies berührt nicht die Rechte des Mieters zur Mietminderung nach § 536 BGB.

8. Für bei Abschluss des Vertrages bereits existierende Mängel haftet der Vermieter nicht, für solche erst später entstehende bzw. wegen Verzuges des Mieters bei der Gewährung von Mängelbeseitigung haftet der Vermieter nur bei Vorsatz oder grober Fahrlässigkeit. Für Schäden aufgrund von Feuchtigkeitseinwirkungen haftet der Vermieter, gleichgültig, welche Ursache, Dauer und welchen Umfang diese Schäden haben, nur bei Vorsatz und grober Fahrlässigkeit.

9. Zwischen den Vertragspartnern wird für einen Zeitraum von .... Jahren, ohne eine Bindung der Mietzeit damit festzulegen, eine Staffelmiete-Nettokaltmiete für Wohnung und Garage/Stellplatz vereinbart. Dies gilt nur, falls und soweit nachfolgend Beträge eingesetzt sind:

                            Wohnung   +   Garage   =   gesamt

- nach Ablauf von 12 Monaten Euro ....
- nach Ablauf von 24 Monaten Euro ....
- nach Ablauf von 36 Monaten Euro ....
- nach Ablauf von 48 Monaten Euro ....
- nach Ablauf von 60 Monaten Euro ....
- nach Ablauf von 72 Monaten Euro ....
- nach Ablauf von 84 Monaten Euro ....
- nach Ablauf von 96 Monaten Euro ....
- nach Ablauf von 108 Monaten Euro ....
- nach Ablauf von 120 Monaten Euro ....

zuzüglich der jeweils geltenden Betriebskosten.

10. Befindet sich der Mieter mit seinen Zahlungsverpflichtungen gemäß der im hiesigen Mietvertrag enthaltenen Fälligkeitszeitpunkte in Verzug, hat er auch ohne weitere Mahnung dem Vermieter dadurch entstehende Kosten und Verzugszinsen zu erstatten. Für ergangene Mahnungen kann der Vermieter Mahnkosten inkl. Portoauslagen pauschal in Höhe von 15,00 Euro in Rechnung stellen, und zwar für bis zu 3 Mahnungen aus demselben Rückstand.

11. Eine Mieterhöhung richtet sich jeweils nach den zum Zeitpunkt des Mieterhöhungsverlangens geltenden gesetzlichen Vorschriften. Dies gilt auch bei Abschluss eines Zeitmietvertrages, in welchem die Miete ebenfalls angepasst werden kann (Erhöhungsvorbehalt). Zahlt der Mieter auf mündliche oder schriftliche Aufforderung einer erhöhten Miete seitens des Vermieters 2 Monate hintereinander die erhöhte Miete vorbehaltlos, gilt diese erhöhte Miete als vereinbart.

§ 4 Kaution

1. Der Mieter stellt dem Vermieter zur Sicherung aller – auch künftiger – Ansprüche des Vermieters gegen den Mieter eine Kaution in Höhe bis maximal des dreifachen Betrages der vorstehend in § 3 Abs. 1 aufgeführten Monatsgrundmiete,

insgesamt Euro ....

II Konsum

2. Die Kaution dient auch zur Sicherung nach Mietende bestehender oder entstehender Ansprüche des Vermieters gegen den Mieter. Sofern der Mieter die Kaution in bar erbringt, wird der Vermieter den Kautionsbetrag auf ein Sparbuch anlegen; die Zinsen stehen dem Mieter zu, verbleiben aber zur Erhöhung der Sicherheit in der Kaution. Der Vermieter kann sich während des laufenden Mietverhältnisses aus der Kaution befriedigen; der Mieter hat in diesem Falle unverzüglich die Kaution wieder aufzufüllen. Der Mieter kann während des Mietverhältnisses und danach nicht mit dem Rückzahlungsanspruch aus der Kaution gegen Forderungen des Vermieters aufrechnen.

3. Bei Mietermehrheit sind bezüglich eines etwaigen Rückforderungsanspruches der Mieter diese Gesamtgläubiger; der Vermieter wird somit durch Zahlung an einen der Mieter gegenüber allen anderen Mitmietern befreit, unabhängig davon, welcher Mieter die Kaution einbezahlt hatte. Die Mitmieter hingegen sind verpflichtet, und zwar alle gemeinsam, dem Vermieter Mitteilung zu machen, an wen und in welcher Höhe bei einem gegebenen Rückforderungsanspruch die Kaution zu leisten ist. Soweit eine solche Nachricht dem Vermieter nicht vorliegt, ist der Kautionsrückzahlungsanspruch insgesamt nicht fällig, gleichwohl ist der Vermieter aber berechtigt – nicht verpflichtet –, an einen der Mieter mit befreiender Wirkung auszuzahlen.

4. Dadurch, dass der Vermieter ggf. die Kaution ganz oder teilweise an den Mieter zurückzahlt, verzichtet er in keinerlei Hinsicht auf etwaige Ansprüche gegen den Mieter aus dem Mietverhältnis. Auch liegt darin keine Indizwirkung, dass der Mieter das Mietobjekt etwa als vertragsgemäß zurückgegeben habe. Eine etwaige Kautionsrückzahlung hat also keinerlei Anerkenntnis- oder Verzichtswirkung.

5. Die Kaution kann nur bei ausdrücklicher Einwilligung des Vermieters als selbstschuldnerische Bankbürgschaft erbracht werden, ansonsten ist sie bar oder per Überweisung an den Vermieter in Geld zu bezahlen. Ist als Sicherheit eine Geldsumme bereitzustellen, so ist der Mieter zu drei gleichen monatlichen Teilzahlungen berechtigt. Die erste Teilzahlung ist zu Beginn des Mietverhältnisses fällig (§ 551 Abs. 2 BGB).

§ 5 Tierhaltung

Die Tierhaltung bedarf der separaten schriftlichen Einwilligung des Vermieters. Eine erteilte Einwilligung ist widerruflich, wenn durch die Tierhaltung eine Belästigung der Mitmieter oder Nachbarn oder die Gefahr von Schäden an der Mietsache entsteht. Die Haltung von mehreren Tieren ist nicht gestattet. Hunde, Katzen oder Tiere mindestens vergleichbarer Größe oder Reptilien, Schlangen, Echsen und ähnliche Tiere dürfen nicht gehalten werden, auch wenn es sich nur um ein Tier handeln sollte. Wenn und soweit Tierhaltung stattfindet, haftet der Mieter für alle Schäden (z. B. Kratzspuren, Feuchteschäden, Urin- und Kotschäden usw.) daraus.

§ 6 „Kehrwoche", Reinigung, Räum- und Streupflicht, Versorgungsleistungen

1. Der Mieter hat im wöchentlichen Wechsel mit den anderen Mietparteien, welche diesen selbst bestimmen und überwachen müssen, soweit der Vermieter keine Reihenfolge bestimmt, Vorplätze, Hausgänge und Treppen, Hofflächen, Zufahrten und Eingangsbereiche sowie den Gehweg in Länge der Grundstücksfront oder sonstige Gemeinschaftsflächen mindestens einmal wöchentlich gründlich zu reinigen, im Innenbereich – soweit möglich – auch nass aufzuwischen. Dies muss der Mieter auch bei seiner Abwesenheit sicherstellen. Im Unterlassungsfalle ist der Vermieter ohne vorherige Abmahnung zu kostenpflichtiger Ersatzvornahme berechtigt.

2. Der Mieter hat in der Kehrwoche gemäß Abs. 1 auch die jeweils zur Abfuhr fälligen Müllbehältnisse an den dafür vorgesehenen Platz zu verbringen, und zwar je am Abend vor dem Müllabfuhrtermin. Nach erfolgter Abfuhr hat der Mieter noch am Abfuhrtag das Müllbehältnis wieder an den Aufbewahrungs-Standort zurückzubringen. Im Übrigen gilt Abs. 1 entsprechend.

Konsum **II**

3. Der Mieter hat in der Kehrwoche auch den Gehweg und die Zugangs- und Zufahrtswege zum Haus von Schnee und Eis freizuhalten sowie bei Glätte zu bestreuen. Der Mieter stellt wegen Verletzung dieser Pflichten den Vermieter ausdrücklich von Schadensersatzverpflichtungen frei. Im Übrigen gilt Abs. 1 entsprechend.

4. Die Kehrwoche im Sinne dieses Mietvertrages läuft jeweils von Montag 0.00 Uhr bis Sonntag 24.00 Uhr. Sofern diesbezüglich in der Hausordnung eine zeitliche Einteilung gegeben ist, ist diese Einteilung maßgeblich.

5. Der Mieter hat bei den in vorstehenden Absätzen bezeichneten Verpflichtungen die ortspolizeilichen Vorschriften zu beachten.

6. Bei Anmietung eines ganzen Hauses (der Mieter ist also einzigste Mietpartei im Gebäude) hat der Mieter die vorstehend bezeichneten Tätigkeiten fortlaufend zu erbringen.

7. Die Leitungsnetze für Elektrizität, Gas und Wasser nimmt der Mieter nur in dem Umfange in Anspruch, als keine Überlastung eintritt. Er wird die zu seinem Nutzungsbereich gehörenden Wasserleitungen vor der Gefahr des Einfrierens (Frostschäden) schützen und ggf. hier für Schäden aufkommen, soweit der Mieter dieser Pflicht, gleich aus welchem Grunde, nicht nachgekommen ist. Der Mieter wird vierteljährlich einmal den sogenannten Fi-Schalter (Stromschutzschalter), soweit vorhanden und ihm zugänglich, betätigen („drücken").

§ 7 Schönheitsreparaturen

1. Die Mieträume werden in vertragsgemäßem Zustand und mängelfrei übernommen. Auf Verlangen des Vermieters errichten die Parteien ein gemeinschaftliches Wohnungszustandsprotokoll bei Mietantritt. Vorbeschädigungen und Mängel sind keine vorhanden, außer (keine Ausnahmen, wenn nachfolgend kein Eintrag):

....

2. Die Schönheitsreparaturen für die Mietdauer übernimmt der Mieter, sie müssen fachgerecht durchgeführt sein. Zu den Schönheitsreparaturen zählt das Tapezieren/Streichen der Wände und Decken, das Streichen der Heizkörper einschließlich der Rohre sowie der Fenster und Türen von innen, soweit streichbares Material.

3. Zu den Schönheitsreparaturen gehört auch das Reinigen von Teppichböden sowie bei erkennbarer Abnutzung des Parkettbodens dessen Abschleifen und Neuversiegelung. Diese Arbeiten des hiesigen Absatzes 3 übernimmt der Mieter jedenfalls bis zum Mietende. Bezüglich des Parkettbodens hat der Mieter diese Arbeiten nur durchzuführen, wenn nicht nur normale Gebrauchsspuren im Parkett vorhanden sind, sondern so schwerwiegende Gebrauchsspuren, die über den vertragsgemäßen Gebrauch der Mietsache hinausgehen, vorliegen, wie etwa deutliche Eindrücke im Boden (Stöckelschuhe!), große Kratzer, tiefgehende Rillen und Ähnliches.

4. Die Schönheitsreparaturen – Abs. 2 – sind, falls keine übermäßige Abnützung vorliegt, aufgrund derer der Vermieter eine frühere Vornahme verlangen kann, im Allgemeinen in folgenden Regelzeitabständen fällig, soweit objektiv erforderlich und notwendig:

a. in Küchen, Bädern und Toiletten (Nassräumen) alle 3 Jahre,
b. in Wohn- und Schlafräumen sowie Fluren alle 5 Jahre,
c. in Nebenräumen alle 7 Jahre.

Für Wände und Decken ist weiße Dispersionsfarbe, ebenso auf Raufaser, zu verwenden. Bei Mustertapeten und sonstigen nicht zum Streichen vorgesehenen Tapeten sind von Qualität und Farbe her vergleichbare Tapeten wie bei Mietbeginn einzubringen, nachdem zuvor die alten Tapeten entfernt wurden. Für Metallwerk (insbesondere die Heizkörper) und Holzwerk (insbesondere die Fenster und Türen – Innenseite –) sind geeignete Farben zu verwenden; insoweit Farbe jeweils wie bei Mietantritt.

II Konsum

5. Bis zur Beendigung der Mietzeit bzw. Rückgabe der Mietsache hat der Mieter alle fälligen Schönheitsreparaturen durchzuführen, soweit die Fristen des Abs. 4 erreicht oder überschritten sind, bezogen auf Mietbeginn bzw. die vom Mieter zuletzt erbrachten Schönheitsreparaturen.

Hat er Tapeten geklebt, obgleich bei Mietantritt Raufaser vorhanden war, sind diese – falls der Vermieter es wünscht – zu entfernen, die Wände mit Raufaser zu versehen und diese mit weißer Dispersionsfarbe zu streichen. Hat der Mieter Dübel in den Mieträumen eingebracht, muss er diese wieder entfernen. Die verbleibenden Dübellöcher müssen fachgerecht geschlossen werden. In gefliesten Bereichen wird der Mieter sich bemühen, Dübel lediglich innerhalb der Fugen einzubringen.

Bezüglich der Fugen in gefliesten Bereichen ist der Mieter verantwortlich, dass keine Schwarzverfärbung (Sporflecken und Ähnliches) in den Fugen auftritt. Bis zur Beendigung der Mietzeit bzw. etwaiger vorheriger Rückgabe der Mietsache ist der Mieter verpflichtet, etwaige Schwarzfärbung auf seine Kosten zu beseitigen oder ggf. eine Neuverfugung vorzunehmen.

6. Für die bei Mietzeitende nach obigem Abs. 4 Ziffern a bis c noch nicht fälligen Malerarbeiten gilt folgende Regelung, soweit diese Arbeiten objektiv erforderlich und notwendig sind:

Bezüglich der Räume nach Abs. 4b (Trockenräume):
Liegen die letzten Renovierungsarbeiten länger als 1 Jahr zurück, so hat der Mieter 20% der Kosten aufgrund eines Voranschlages eines Malerfachgeschäftes an den Vermieter zu zahlen; liegen sie länger als 2 Jahre zurück, erhöht sich der Anteil auf 40%, bei 3 Jahren auf 60% des entsprechenden Kostenvoranschlages. Liegen die letzten Renovierungsarbeiten mehr als 4 Jahre zurück, so hat der Mieter 80% des entsprechenden Kostenvoranschlages zu zahlen,
bei jeweils mehr als 4 Jahre 1 Monat 81,6%,
4 Jahre 2 Monate 83,2%, 4 Jahre 3 Monate 84,4%,
4 Jahre 4 Monate 86,4%, 4 Jahre 5 Monate 88,0%,
4 Jahre 6 Monate 89,6%, 4 Jahre 7 Monate 91,2%,
4 Jahre 8 Monate 92,8%, 4 Jahre 9 Monate 94,4%,
4 Jahre 10 Monate 96,0% und 4 Jahre 11 Monate 97,6%.

Bezüglich der Räumlichkeiten gemäß Abs. 4 a (Nassräume):
Liegen die letzten Renovierungsarbeiten länger als 1 Jahr zurück, so hat der Mieter 33,3% der Kosten aufgrund eines Voranschlages eines Malerfachgeschäftes an den Vermieter zu zahlen; liegen sie länger als 2 Jahre zurück, erhöht sich der Anteil auf 66,6%, bei jeweils mehr als
2 Jahre 1 Monat 69,4%, 2 Jahre 2 Monate 72,2%,
2 Jahre 3 Monate 75,0%, 2 Jahre 4 Monate 77,7%,
2 Jahre 5 Monate 80,5%, 2 Jahre 6 Monate 83,3%,
2 Jahre 7 Monate 86,1%, 2 Jahre 8 Monate 88,8%,
2 Jahre 9 Monate 91,6%, 2 Jahre 10 Monate 94,4% und
2 Jahre 11 Monate 97,2%.

Bezüglich der Räumlichkeiten gemäß Abs. 4c (Nebenräume):
Liegen die letzten Renovierungsarbeiten länger als 1 Jahr zurück, so hat der Mieter 1/7, länger als 2 Jahre 2/7, länger als 3 Jahre 3/7, länger als 4 Jahre 4/7, länger als 5 Jahre 5/7 und länger als 6 Jahre 6/7 der Kosten des entsprechenden Kostenvoranschlages an den Vermieter zu zahlen.

Bei den vorstehend genannten Fristen handelt es sich um Regelfristen, so dass diese Prozentsätze in der Regel anzusetzen sind, soweit die Schönheitsreparaturen objektiv notwendig und erforderlich sind.

Der Kostenvoranschlag ist getrennt nach den verschiedenen Räumlichkeiten gemäß Abs. 4 a (Nassräume), b (Trockenräume) und c (Nebenräume) aufzugliedern. Bei der Berechnung ist der Bruttobetrag inkl. MwSt zu Grunde zu legen.

Statt der vorstehend bezeichneten Zahlungen kann der Mieter bei Auszug nach seiner Wahl bis zum Tag der Wohnungsrückgabe die Schönheitsreparaturen insgesamt selbst vollständig (Vollrenovation) zur Abwendung obiger Zahlungsverpflichtungen fachgerecht durchführen (lassen).

Konsum **II**

§ 8 Bagatellschäden, Versicherung, Heizungswartung, Heizungs- und Lüftungsverhalten, Wartung

1. Die Kosten der Beseitigung von Bagatellschäden, deren Beseitigung pro Schadensfall keinen höheren Betrag als 85,00 Euro erfordert, hat der Mieter bis zu einem Betrag von maximal einer Monatsgrundmiete im Jahr, höchstens jedoch 400,00 Euro pro Jahr, zu tragen. Die vorstehenden Beträge verstehen sich jeweils als der Nettorechnungsbetrag ohne Mehrwertsteuer.

Hierzu gehören insbesondere kleinere Schäden an den dem häufigen Zugriff des Mieters ausgesetzten Teilen, den Heiz- und Kocheinrichtungen, den Wasserhähnen, den Fenster- und Türverschlüssen sowie den Rollädengurten. Zerbrochene Innen- und Außenscheiben hat der Mieter, soweit kein Verschulden des Vermieters vorliegt, auf eigene Kosten zu reparieren. Mitvermietete Glühbirnen hat der Mieter jeweils auf eigene Kosten zu ersetzen.

2. Der Mieter verpflichtet sich zum Abschluss einer Privathaftpflichtversicherung, die auch Beschädigungen der zur Mietwohnung gehörenden Verglasung abdeckt. Der Mieter weist zu Mietbeginn und sodann einmal jährlich das Bestehen der Versicherung durch Vorlage eines geeigneten Belegs dem Vermieter gegenüber nach.

3. Der Mieter lässt auf seine Kosten jährlich 1 mal bis spätestens 30. 09. eines jeden Jahres vom Vermieter überlassene Gasheizgeräte und -automaten, Thermen, sonstige Heizgeräte inkl. Warmwasserboiler warten und reinigen. Bei Verfristung durch den Mieter ist der Vermieter zur kostenpflichtigen Ersatzvornahme ohne weitere Abmahnung berechtigt. Die Kostentragungspflicht des Mieters ist pro Jahr begrenzt auf eine Monatsgrundmiete, höchstens jedoch 400,00 Euro. Vorstehende Vorschrift gilt für jegliches Heizungssystem, also auch für Öl-, Gas-, Elektro- oder ähnliche Heizung entsprechend.

4. Ist die Mietsache mit einer Zentralheizungsanlage versehen, wird die Heizperiode vom 01. 10. bis 30. 04. vereinbart. Ansonsten wird die Heizungsanlage nur dann in Betrieb genommen, wenn die Außentemperaturen auf mindestens 3 Tage hintereinander unter 18 Grad Celsius liegen.

5. Der Mieter belüftet und beheizt die Mieträume ausreichend (mehrfaches vollständiges Öffnen der Fenster täglich, nicht nur in Kippstellung) zum Zwecke des Luftaustausches (Stoßlüften),

6. Der Mieter haftet nicht nur für Schäden im Rahmen der gesetzlichen oder hiesigen mietvertraglichen Vorschriften, die er selbst verursacht hat, sondern auch für solche, die durch Dritte, und zwar Erfüllungsgehilfen, Untermieter, Haushaltsangehörige oder Besucher des Mieters verursacht werden.

§ 9 Bauliche Veränderungen, Instandhaltung, Bauarbeiten

1. Bauliche Veränderungen der Mietsache durch den Mieter sind nur nach vorheriger schriftlicher Zustimmung des Vermieters zulässig. Bei Beendigung des Mietverhältnisses hat der Mieter, soweit nicht anders schriftlich vereinbart ist, die Wohnung in den ursprünglichen Zustand fachgerecht zu versetzen. Lässt der Mieter bei Mietende oder Wohnungsrückgabe die Mieteinbauten zurück, gehen diese entschädigungslos in das Eigentum des Vermieters über, ohne dass der Mieter dafür einen Zahlungs- oder sonstigen Anspruch gegen den Vermieter erwirbt.

2. Der Mieter ist nur nach vorheriger schriftlicher Zustimmung des Vermieters berechtigt, Außenantennen/Parabolantennen (Schüsseln) am Mietobjekt anzubringen.

3. Der Mieter duldet Instandhaltungs- und Bauarbeiten des Vermieters in der Mietsache oder im Mietgebäude. Der Mieter wird zur Durchführung dieser Arbeiten dem Vermieter bzw. dessen Erfüllungsgehilfen Zutritt gewähren und die betroffenen Bereiche von ihm gehörenden Sachen auf eigene Kosten freimachen, soweit dies zur Durchführung der Arbeiten notwendig ist. Bei solchen Arbeiten im Haus oder in der Nachbarschaft, die zu einer Lärmbelästigung oder anderer Beeinträchtigung des Mieters führen, kann der Mieter keine Mietminderung geltend machen. Der

II   Konsum

Mieter verzichtet hiermit ausdrücklich auf Mietminderungsansprüche wegen solcher Beeinträchtigungen, die durch Handwerker im Hause oder auf Nachbargrundstücken entstehen. Dies gilt nicht, falls die Lärmbelästigung willkürlich erfolgen sollte.

§ 10 Betretungsrecht

1. Der Vermieter ist berechtigt, die Mieträume nach vorheriger Terminabsprache einmal alle zwei Jahre zur Prüfung des Bauzustandes zu betreten, im Übrigen bei Vorliegen eines wichtigen Grundes.

2. Will der Vermieter das Mietobjekt verkaufen oder ist der Mietvertrag gekündigt, so ist der Vermieter oder ein von ihm Beauftragter, auch zusammen mit Kauf- und Mietinteressenten, berechtigt, die Mietsache wochentags von 9.00–19.00 Uhr nach rechtzeitiger Ankündigung zu besichtigen, notfalls auch sonn- und feiertags von 14.00–18.00 Uhr. Selbiges gilt zur Durchführung handwerklicher Arbeiten auch für die ausführenden Handwerker.

3. Bei „Gefahr in Verzug", also dringender Gefahr für Sachen oder Personen, duldet der Mieter zu jeder Tages- und Nachtzeit das Betreten der Mietsache, notfalls auch in dessen Abwesenheit.

4. Soweit in den Mieträumen oder den angemieteten Nebenräumen Ableseuhren, technische Installationspunkte, Kaminfegertüren oder ähnliches vorhanden sind, besteht unabhängig von vorstehenden Vorschriften für jeden Bedarfsfall für den Vermieter, Ableser, Handwerker, Kaminfeger oder sonstigen Erfüllungsgehilfen des Vermieters das Betretensrecht, dessen Verzögerung oder Nichterfüllung den Mieter schadensersatzpflichtig machen.

§ 11 Untervermietung

Eine Untervermietung oder Gebrauchsüberlassung der Mieträume seitens des Mieters an Dritte ganz oder teilweise ist nur nach vorheriger schriftlicher Zustimmung des Vermieters zulässig.

§ 12 Vermieterpfandrecht

1. Der Mieter versichert, dass alle in die Wohnung eingebrachten Gegenstände in seinem Eigentum stehen bis auf folgende Ausnahmen (keine Ausnahmen, wenn nachfolgend kein Eintrag)

....

2. Der Mieter verpflichtet sich, dem Vermieter von einer etwaigen Pfändung eingebrachter Sachen unverzüglich Kenntnis zu geben.

§ 13 Hausordnung

1. Als Mindesthausordnung verpflichtet sich der Mieter zur Einhaltung aller dem Zusammenleben der Mieter dienenden Anweisungen des Vermieters und einer etwaigen Hausverwaltung, insbesondere der Ruhezeiten von 12.00 bis 15.00 Uhr und von 22.00 bis 7.00 Uhr sowie ganztags an Sonn- und Feiertagen.

2. Soweit diesem Mietvertrag eine Hausordnung beigefügt ist oder aber auf andere Weise eine solche Hausordnung in den Vertrag einbezogen wird, geht diese Hausordnung den vorstehenden Bestimmungen, soweit entgegenstehend, vor. Im Übrigen verbleibt es bei den Bestimmungen des Abs. 1. Bei Bedarf ist der Vermieter berechtigt, die Hausordnung nach billigem Ermessen zu ändern und dies dem Mieter bekannt zu geben, womit die geänderte Hausordnung als Bestandteil dieses Mietvertrages gilt.

Konsum **II**

§ 14 Ende des Mietverhältnisses

1. Der Mieter ist verpflichtet, dem Vermieter bei Mietzeitende sämtliche ihm überlassenen Schlüssel sowie die vertragsgegenständliche Mietsache mit einwandfreiem Inventar besenrein, gesäubert, Fenster innen und außen geputzt und vollständig geräumt sowie versehen mit den in diesem Vertrag vereinbarten Schönheitsreparaturen herauszugeben.

2. Kommt der Mieter diesen Pflichten nicht oder nicht rechtzeitig nach, kann der Vermieter dem Mieter eine Nachfrist mit Ablehnungsandrohung setzen und nach Ablauf der genannten Frist die Mieträume auf Kosten des Mieters öffnen und die vorstehend bezeichneten Tätigkeiten im Wege kostenpflichtiger Ersatzvornahme durchführen lassen sowie auf Kosten des Mieters die Mietsache mit neuen Schlössern und dazugehörigen Schlüsseln versehen lassen. Trotz Fristsetzung kann der Vermieter nach ergebnislosem Fristablauf vom Mieter zurückgelassene Gegenstände entschädigungslos verwerten oder der Müllabfuhr zuführen. Ansprüche des Mieters an diesen Gegenständen sind ab Fristablauf untergegangen. Soweit der Vermieter hierdurch Kosten zur Beseitigung dieser Gegenstände aufbringen muss, hat der Mieter ihm diese zu erstatten.

3. Die Mietsache ist am letzten Tag des Monats, in welchem das Mietverhältnis endet, an den Vermieter zurückzugeben (Rückgabe, § 546 Absatz 1 BGB). Auf Verlangen des Vermieters findet am Rückgabetag bei Tageslicht eine gemeinschaftliche Begehung mit anschließender Wohnungsübergabe statt. Der Mieter ist verpflichtet, dem Vermieter spätestens bei Wohnungsrückgabe seine vollständige Folgeanschrift mitzuteilen.

§ 15 Verschiedenes

1. Sämtliche Vereinbarungen zwischen Vermieter und Mieter sind in diesem Vertrag geregelt. Mündliche Nebenabreden bestehen nicht.

2. Änderungen, Ergänzungen, Kündigungen sowie Aufhebungen dieses Vertrages bedürfen zu Ihrer Wirksamkeit der Schriftform. Auch ein etwaiger Verzicht auf die Schriftform kann nur schriftlich, nicht aber mündlich erfolgen. Etwaige Teilnichtigkeit einzelner Klauseln dieses Vertrages berühren die Wirksamkeit des übrigen Vertrages nicht. Soweit die Parteien schriftliche Vertragsergänzungen vereinbaren, verpflichten sie sich, diese Anlagen zum Mietvertrag dem hiesigen Vertragsexemplar jeweils fest beizuheften wie sie auch diesen Mietvertrag durch Heftung oder andere Weise fest verbunden haben.

3. Bei Personenmehrheit auf Vermieter- bzw. Mieterseite ist jede Einzelperson der jeweiligen Vertragsseite zur Abgabe und Inempfangnahme von Willenserklärungen einschließlich Mieterhöhungserklärungen, nicht aber Kündigungen und Mietaufhebungsverträgen, bis auf schriftlichen Widerruf für die anderen bevollmächtigt.

4. Die Kosten für die Erstellung dieses Vertrages trägt auf Verlangen des Vermieters der Mieter bis zu einem Betrag in Höhe von 1/2 der Monatsgrundmiete, höchstens 200,00 Euro.

5. Der Mieter ist unter Verzicht auf Datenschutz einverstanden, dass Angaben aus diesem Mietvertrag einem Dritten zwecks Führung eines Mietkatasters (Vergleichsmietenkartei) zur Verfügung gestellt werden und verpflichtet sich, eine vom Vermieter überreichte Einwilligungserklärung zur Speicherung und Weitergabe von Daten über das Mietverhältnis auf Verlangen des Vermieters zu unterzeichnen und dem Vermieter zwecks Weiterleitung an den Dritten zu übergeben.

– Ende des Formularteils (Allgem. Geschäftsbedingungen) –

II Konsum

§ 16 Zusatzvereinbarungen (individuell ausgehandelt)

....

....

....

....

....

....

– ggfl. Fortsetzung auf fest beigeheftetem und gesondert unterschriebenem Blatt –

Ort, den

....

Unterschriften:

| Vermieter | Mieter 1: | Mieter 2: |

....

(bitte jeweils mit Vor- und Zunamen unterschreiben)

Impressum:
Rechtsanwalt, Steuerberater und vereidigter Buchprüfer Thomas D. Voigt, Klosterstr. 2, 77652 Offenburg. Keine Gewähr. Keine Haftung für Richtig- bzw. Vollständigkeit!
– Nachdruck verboten – 8. Auflage – Stand: 01.06.2008 < mv8 > –

3.2.5 Leasing

Eine Abart der Miete ist das Leasing. Mit diesem Begriff wird eine Art mittel- und langfristiger Vermietung von Konsum- und Investitionsgütern an Privatpersonen oder Unternehmen belegt. Diese Vermietung wird von den Herstellern selbst oder durch speziell zu diesem Zweck gegründete, zwischen sie und die Abnehmer (private Haushalte/Unternehmen) geschaltete (Leasing-)Gesellschaften (oft Tochtergesellschaften der Hersteller) vollzogen. Leasing kann heute als eine Ergänzung oder Alternative zum **Finanzierungskauf** (hier wird die Kaufpreissumme durch eine Bank beglichen und dem Käufer als Kredit in Rechnung gestellt) gesehen werden, insbesondere in Ermangelung entsprechender Barmittel. Im Gegensatz nämlich zum Finanzierungskauf, bei dem der Käufer eines Gutes mit den Tilgungsraten den gesamten Anschaffungspreis zu bezahlen hat, wird dem Leasingnehmer in den Leasingraten lediglich der laufende Wertverlust der geleasten Sache belastet. Zu diesen (im Vergleich zum Finanzierungskauf) niedrigeren Leasingraten kommt jedoch beim Leasinggeschäft das in der Regel vom Leasingnehmer zu tragende (ebenfalls als Kostengröße zu bewertende) **Restwertrisiko**. Wird nämlich der dem Leasingvertrag zugrunde gelegte kalkulierte Restwert (der geleasten Sache) nach Auslauf des Leasingvertrages durch Verkauf des zurückgegebenen Gutes nicht realisiert, so hat der Leasingnehmer diesen Fehlbetrag dem Leasinggeber gegenüber auszugleichen und damit eine zusätzliche finanzielle Belastung in Kauf zu nehmen. Diesem „totalen" Restwertrisiko steht zudem nur eine eingeschränkte Mehrerlöschance gegenüber. Bringt nämlich der Verkauf des zurückgegebenen Leasinggutes einen seinen kalkulierten Restwert übersteigenden Erlös, so bekommt davon (nach geltendem Steuerrecht) der (bisherige) Leasingnehmer lediglich 75 Prozent, während die verbleibenden 25 Prozent dem Leasinggeber zufließen. Schließlich muß auch die in der Regel zu Beginn des Vertrages zu leistende Sonderzahlung in Höhe von 20–30 Prozent des Kaufpreises (des betreffenden Gutes) gesehen werden. Unter Berücksichtigung dieser Aspekte kann das Leasinggeschäft für den **privaten** Kunden dennoch interessant sein, es muß aber nicht! Sein Reiz **kann** insbesondere darin liegen, daß die Leasingfirma ihre günstigen Einkaufskonditionen (zumindest teilweise) an den Leasingnehmer weitergibt und darüber hinaus das Leasinggut (möglicherweise) in gewissen Zeitabständen gegen ein neues, technisch weiterentwickeltes austauscht. Für den **gewerblichen** Kunden kann Leasing insbesondere unter steuerlichen Gesichtspunkten Vorteile bringen. Er kann nämlich die Sonderzahlung (zu Beginn des Vertrages) wie auch die Leasingraten als Kosten absetzen und darüber hinaus die Mehrwertsteuer als Vorsteuer in Abzug bringen.

Leasingverträge können auf verschiedene Weise zustandekommen. So besteht einerseits für den interessierten Kunden (und potentiellen Leasingnehmer) die Möglichkeit, das von ihm gewünschte Gut beim Händler auszusuchen, um sich dann an eine Leasinggesellschaft (Leasinggeber) zu wenden, die dieses Gut im eigenen Namen und auf eigene Rechnung vom Händler kauft und es schließlich an ihn (den Leasingnehmer) vermietet (least). Andererseits kann sich der Leasingnehmer aber auch gleich an den Leasinggeber wenden und dessen Branchenkenntnis und Sachverstand bei der Beschaffung des gewünschten Gutes in Anspruch nehmen. Das Geld für den Kauf des Leasinggutes beschafft sich die Leasinggesell-

II Konsum

schaft (Leasinggeber) bei einem Kreditinstitut. In der Folgezeit hat nun der Leasingnehmer die monatlichen Leasingraten an den Leasinggeber zu zahlen.

Der Leasingvertrag kennt keine spezielle gesetzliche Regelung; er ist ein Produkt der Rechtsprechung und kommt in verschiedenen Formen vor. Er stützt sich im wesentlichen auf die Bestimmungen des § 500 BGB n. F. Ihnen zufolge gilt es bei Abschluß eines Leasingvertrages folgendes zu beachten:

- Der Leasingvertrag bedarf der Schriftform;
- der Leasingnehmer kann seine auf Abschluß des Leasingvertrages gerichtete Willenserklärung nach §§ 495 u. 355 BGB n. F. binnen 2 Wochen widerrufen (zur Wahrung der Frist genügt die rechtzeitige Absendung der Widerrufserklärung [Einschreiben mit Rückschein]);
- der Leasinggeber hat den Leasingnehmer über dessen Widerrufsrecht in Textform zu belehren;
- ist die Belehrung unzureichend, erlischt das Widerrufsrecht des Leasingnehmers erst, wenn der Vertrag von beiden Seiten erfüllt worden ist, spätestens jedoch sechs Monate nach Vertragsabschluß;
- Voraussetzungen und Folgen von Kündigung und Rücktritt wegen Zahlungsverzug bestimmen sich nach dem Gesetz und dürfen davon abweichend nicht zum Nachteil des Verbrauchers vereinbart werden.

440 Außer den **Hauptpflichten** (Übergabe des gebrauchstauglichen und funktionsfähigen Leasinggutes einerseits und Zahlung der Leasingraten andererseits) obliegen
441 den Vertragsparteien bedeutsame **Nebenpflichten**. So muß der **Leasinggeber** (Leasinggesellschaft) den Leasingnehmer über das Leasinggut aufklären und ihm hinsichtlich dessen Nutzung, Handhabung und Pflege (Wartung) beraten. Für Verstöße gegen diese Pflicht haftet die Leasinggesellschaft. Auch hat sie für ein etwaiges Fehlverhalten des Händlers (ihres →Erfüllungsgehilfen) bei den Vertragsverhandlungen oder bei der Auslieferung der Ware einzustehen. Die Leasinggesellschaft darf den Leasingnehmer im Gebrauch des Leasinggutes nicht stören und hat nach Ablauf des Vertrages die bestmögliche Verwertung des Leasinggutes zu besorgen.

Die dem **Leasingnehmer** obliegenden Nebenpflichten sind weitreichender als die des Mieters. So darf der Leasingnehmer in Wahrnehmung seines Nutzungsrechtes das Leasinggut Dritten nicht zum Gebrauch überlassen, er muß dasselbe instandhalten, etwaige Schäden auf seine Kosten reparieren und Mängel beheben lassen. Auch etwaige Garantie- oder Gewährleistungsansprüche sind von ihm geltend zu machen. Die Risiken des Verlustes und der Beschädigung des Leasinggutes liegen ebenfalls beim Leasingnehmer. Selbst wenn die Sache durch Dritte mutwillig beschädigt und damit unbrauchbar wird oder gar gestohlen wird, kann er (außer beim Kfz-Leasing) den Vertrag nicht vorzeitig kündigen. Der Leasingnehmer hat sogar für →Zufall und höhere →Gewalt einzustehen.

Neben den aufgezeigten Risiken übernimmt der Leasingnehmer eine Reihe von Verhaltens- und Obhutspflichten (z. B. Kfz-Unfallversicherung [i. d. R. Vollkasko], Wartungsdienste), deren Verletzung ihn gegenüber dem Leasinggeber schadensersatzpflichtig macht.

Konsum **II**

Bei allen (Leasing-)Vertragsformen übernimmt der Leasingnehmer die **Vollamorti-** 442
sationsgarantie, das heißt die gesamten Kosten. Diese umfassen: die Anschaffungs- und Finanzierungskosten, die Vertragskosten (sie schließen ein: Vertriebskosten, Kosten für Bonitäts- und Vertragsprüfung, Vorfinanzierungskosten, Gewerbesteuer, Versicherungskosten, laufende Verwaltungskosten, Verwertungskosten) und den Gewinnzuschlag des Leasinggebers. Je nach Vertragsform gestaltet sich die volle Kostenübernahme in unterschiedlicher Weise.

Beim **Restwertleasing** trägt der Leasingnehmer das →Restwertrisiko. Die realisti- 443
sche Einschätzung des Restwertes ist hier der eigentliche Problempunkt. Wird die Kalkulation auf einem überhöhten Restwert aufgebaut, so ergeben sich wohl entsprechend niedrige Monatsraten, die dann aber am Vertragsende dem Leasingnehmer die sich zwischen dem zu hoch kalkulierten Restwert und dem tatsächlich zu erzielenden Erlös (Verkaufswert) ergebende Wertdifferenz zur Zahlung bescheren. Wird andererseits die Kalkulation auf einem zu niedrig angesetzten Restwert aufgebaut, so ergeben sich entsprechend höhere Monatsraten; von dem den zu niedrig kalkulierten Restwert übersteigenden Mehrerlös erhält der Leasingnehmer jedoch nur 75 Prozent.

Handelt es sich um einen Leasingvertrag mit **Andienungsrecht**, so kann dieser am 444
Vertragsende vom Leasingnehmer den Kauf des Leasinggutes zu dem bei Vertragsabschluß festgelegten Restwert verlangen. Auch bei dieser Regelung ist der Leasinggeber eindeutig im Vorteil. Liegt nämlich der Marktwert des Leasinggutes nach Ablauf des Vertrages über dem (vertraglich) festgelegten Restwert, so wird der Leasinggeber auf die Wahrnehmung seines Andienungsrechtes verzichten und die Chance des Mehrerlöses für sich nutzen. Entspricht der (vertraglich) festgelegte Restwert jedoch dem Marktwert oder liegt er gar darunter (so daß sich für den Leasinggeber nicht die Chance eines Mehrerlöses eröffnet), wird er von seinem Andienungsrecht Gebrauch machen und vom Leasingnehmer den Ankauf des Leasinggutes und damit die festgelegte Restwertsumme verlangen.

In der Kfz-Branche wird sehr häufig das **Kilometerleasing** vereinbart. Bei dieser 445
Vertragsform richtet sich der Abschluß über eine bestimmte Kilometerleistung, derentsprechend die vom Leasingnehmer zu entrichtenden Monatsraten kalkuliert werden. Mehr- oder Minderkilometer werden am Vertragsende nach einem festgelegten Satz nachbezahlt beziehungsweise rückvergütet. Hier trägt der Leasinggeber das Restwertrisiko. Dem Leasingnehmer verbleibt lediglich das Risiko der Beschädigung oder der Zerstörung des Leasinggutes. Diese Risiken sind jedoch in der Regel durch eine Versicherung (Vollkasko) abgedeckt.

Die **Haftung für Mängel** des Leasinggutes wird gewöhnlich vom Leasinggeber aus- 446
geschlossen. (Abweichend von dieser Gepflogenheit verfahren die sogenannten markengebundenen Leasingfirmen, die insbesondere im Kfz-Leasing zuweilen eine eigene Gewährleistung übernehmen.) Der Leasinggeber tritt nämlich die ihm aus dem Kauf des Gutes zustehenden Garantie- und Gewährleistungsansprüche an den Leasingnehmer ab, der sich damit wegen eines mangelhaften Leasinggutes selbst an den Lieferanten wenden muß. Es stehen dem Leasingnehmer dabei die Rechte des Käufers aus Kaufvertrag bei mangelhafter Lieferung (→Wandlung, →Minderung) zu.

II Konsum

Die vorzeitige Beendigung des Leasingvertrages wirft immer wieder ernsthafte Probleme auf. Diese sind insbesondere dann gegeben, wenn der Leasinggeber infolge
447 **Zahlungsverzuges** des Leasingnehmers von seinem außerordentlichen Kündigungs-
448 recht Gebrauch macht (**fristlose Kündigung**). In diesem Fall wird der Leasingnehmer gegenüber dem Leasinggeber **schadensersatz**pflichtig. Die Ermittlung des Schadens ist sehr kompliziert und für den Leasingnehmer häufig nur schwer nachvollziehbar. Ganz allgemein läßt sich sagen, daß sich die Schadensersatzforderung des Leasinggebers aus der Summe der restlichen Leasingraten zusammensetzt, die der Leasingnehmer bei störungsfreiem Vertragsablauf noch zu zahlen gehabt hätte. Da diese Summe sofort fällig ist, muß ihr Barwert ebenso wie der kalkulierte Restwert durch Abzinsung auf den Fälligkeitstermin errechnet werden. Von dieser so ermittelten Schadensersatzsumme werden die vom Leasinggeber ersparten Kosten (d. s. insbesondere Verwaltungskosten, Risikokosten und Objektsteuern) in Abzug gebracht. – Zur Überprüfung der vom Leasinggeber ermittelten Schadensersatzsumme empfiehlt sich bei Zweifeln über deren Angemessenheit die Auskunfteinholung bei einem Rechtsanwalt oder bei einer → Verbraucherzentrale beziehungsweise einer Verbraucherberatungsstelle.

Beim Kfz-Leasing mit Kilometervertrag ist der Leasingnehmer für den Fall, daß der Wagen ohne sein Verschulden gestohlen wird oder Totalschaden erleidet, zu einer vorzeitigen Kündigung berechtigt. Dieses außerordentliche Kündigungsrecht steht ihm auch dann zu, wenn es im Vertrag nicht erwähnt ist. Zur Regulierung eines Unfallschadens ist der Leasingnehmer ermächtigt und verpflichtet, die Ansprüche aus dem Versicherungsvertrag (Vollkasko) geltend zu machen. Der Leasinggeber seinerseits ist berechtigt, aus der vom Leasingnehmer beantragten und zur Abdeckung der ihm entstehenden Reparaturkosten großteils verwendeten Versicherungsleistung Ersatz für die Wertminderung seines Leasinggutes zu verlangen.

449 ### 3.2.6 Pacht

Eine gewisse Ähnlichkeit mit der →Miete zeigt auch die Pacht (§§ 581–597 BGB). Sie ist die vertragliche Überlassung von Sachen oder Rechten zum Gebrauch und Fruchtgenuß gegen Entgelt. Das heißt, der Pächter einer Sache (beispielsweise eines Gartens, einer Gastwirtschaft) darf dieselbe gebrauchen (hier: den Garten bestellen, die Gastwirtschaft betreiben) und darüber hinaus die Früchte, nämlich den Ertrag der Sache (hier: die Früchte des Bodens und der Bäume, den Ertrag der Gastwirtschaft), ernten, das heißt ziehen, und hat dafür einen entsprechenden
450 **Pachtzins** zu entrichten. (Während die Miete nur die Gebrauchsüberlassung von Sachen umfaßt, schließt die Pacht Gebrauchsüberlassung **und** Fruchtziehung ein.) Somit können nur solche Gegenstände verpachtet werden, die Früchte abwerfen (so beispielsweise ein Garten, ein Acker, eine Wiese, ein Wald, eine Tankstelle, ein Hotel, ein gewerbliches Unternehmen). Zu beachten gilt:

- Früchte stehen dem Pächter nur in dem Umfang zu, als sie nach den Regeln einer ordnungsgemäßen Wirtschaft als Ertrag anzusehen sind.
- Das mitverpachtete Inventar eines (bebauten) Grundstücks muß der Pächter erhalten und gegebenenfalls gewöhnlichen Abgang ersetzen; hat er das Inventar zum Schätzwert mit Rückgabeverpflichtung übernommen, so muß er es auf seine

→Gefahr erhalten und ergänzen; ein eventueller Mehr- oder Minderwert wird bei Beendigung des Pachtverhältnisses verrechnet.
- Für die Forderungen aus Pachtverhältnis können sowohl ein **Verpächterpfandrecht** (gesetzliches Pfandrecht des Verpächters an den eingebrachten Sachen des Pächters; die Vorschriften über das →Vermieterpfandrecht gelten entsprechend; §§ 581 u. 592 BGB u. §§ 562ff. BGB n. F.) als auch das **Pächterpfandrecht** (gesetzliches →Pfandrecht des Pächters an den in seinen Besitz gelangten Inventarstücken für Forderungen aus dem Pachtverhältnis, § 583 BGB) herangezogen werden. 451 452

Im allgemeinen gelten für die Pacht dieselben Rechtsvorschriften wie für die Miete.

3.2.7 Leihe 453

Leihe ist die **unentgeltliche** Überlassung des Gebrauchs einer Sache mit der Verpflichtung zur Rückgabe (§§ 598–606 BGB). Der Unterschied zur →Miete besteht in der Unentgeltlichkeit; (die Bezeichnung „Leihbücherei" ist falsch, da dort Bücher gegen Entgelt überlassen werden; die Bücher werden in diesem Falle vermietet) der Unterschied zum →Darlehen besteht darin, daß die Sache nur zum **Gebrauch**, nicht zum **Verbrauch** überlassen wird.

Der Entleiher hat die gewöhnlichen Erhaltungskosten der Sache zu tragen und er darf dieselbe nur vertragsgemäß gebrauchen und muß sie zurückgeben. Für Veränderungen oder Verschlechterungen, die auf vertragsgemäßen Gebrauch zurückzuführen sind, hat der Entleiher nicht aufzukommen (§§ 599ff. BGB). Er haftet für jedes →Verschulden, darf die Sache nicht weiterverleihen und muß sie nach Zeitablauf oder Kündigung zurückgeben. Bei vertragswidrigem Gebrauch und wenn der Verleiher die Sache unvorhergesehen selbst benötigt, kann dieser fristlos kündigen. Ist die Vertragsdauer weder vertraglich noch durch den Zweck bestimmt, so kann der Verleiher die Sache jederzeit zurückfordern.

3.2.8 Produkthaftung 454

Wenn früher ein Käufer durch eine im Handel erstandene fehlerhafte Ware zu Schaden kam, konnte er gegen den Hersteller dieses Produktes lediglich Ansprüche auf Ersatz des entstandenen Schadens aus der **verschuldensabhängigen Haftung** für **unerlaubte Handlung (Delikthaftung**, § 823 BGB) stellen. Diesem unbefriedigenden Zustand hat der Gesetzgeber mit dem **verschuldensunabhängigen Produkthaftungsgesetz** (ProdHaftG) vom 15.12.1989 Rechnung getragen. Es **ergänzt** die bis dahin geltende Herstellerhaftung. Ein durch ein fehlerhaftes Produkt zu Schaden gekommener Käufer kann sich mit seinem Schadensersatzanspruch nunmehr nicht nur an den Hersteller wenden, sondern darüber hinaus an den als Hersteller auftretenden Händler („Quasi-Hersteller"), den Zulieferer, Importeur, den Vertriebshändler und den Lieferanten. Diese haftungserweiternde Regelung ist heute insbesondere für all jene Fälle bedeutsam, bei denen der tatsächliche Hersteller – irgendwo im Ausland – nicht oder nicht verläßlich festgestellt und zur Rechenschaft gezogen werden kann. 455 456,457 458 459

II Konsum

460 Die (verschuldensabhängige) Haftung des Herstellers aus unerlaubter Handlung ist dann angezeigt, wenn er seine sogenannte **Verkehrssicherungspflicht** verletzt hat, das heißt fehlerhafte Produkte (auch Einzelteile eines Produktes!) in den (Handels-) Verkehr gebracht hat, bei deren Ingebrauchnahme dem Erwerber, sonstigen Benutzern oder unbeteiligten Dritten Schaden entstand. Um seiner Verkehrssicherungspflicht zu genügen, **muß** der Hersteller nach herrschender Rechtsprechung folgendes sicherstellen:

- Die ordnungsgemäße Planung, Entwicklung und Konstruktion des Gutes. (Dies bedeutet, daß der Produzent bereits in dem der Produktion vorgelagerten Stadium darauf zu achten hat, daß das künftige Produkt vom normalen Konsumenten gefahrlos benutzt werden kann. In der Verfolgung dieser Vorgabe hat er die Qualitäts- und Sicherheitsstandards dem Stand der Technik anzupassen sowie die tatsächlichen Einsatzbedingungen und die voraussehbare sachwidrige Nutzung mit in Betracht zu ziehen.)

- Die ordnungsgemäße Fertigung (Fabrikation) des Produktes. (In Erfüllung dieser Pflicht hat der Hersteller durch moderne Prüfverfahren und Qualitätssicherungssysteme die Produktion so zu gestalten, daß sie nur einwandfreie Produkte zuläßt. Die Strenge dieser Pflicht korreliert mit dem Benutzerrisiko!)

- Die ordnungsgemäße Beschreibung des Produktes und dessen Ingebrauchnahme (Instruktion). (Die Instruktionspflicht des Herstellers verlangt eine verständliche, übersichtliche und fehlerfreie Aufklärung des Verbrauchers über die Gefahren, die die normale Verwendung des Produktes wie auch ein möglicher Mißbrauch desselben mit sich bringen kann. Außerdem muß der Hersteller darauf hinweisen, falls sich sein Produkt mit anderen Produkten nicht verträgt oder in Kombination mit anderen ganz oder teilweise seine Wirkung verliert und so zu Schäden führt. Dieser Hinweis muß unmittelbar am Produkt angebracht werden; er muß außerdem dem neuesten Stand der Wissenschaft und Technik entsprechen und auf den Wissensstand des jeweiligen Verbraucherkreises abgestimmt sein.)

- Die ordnungsgemäße Produktbeobachtung und Reaktion auf festgestellte (mögliche) Gefahrenquellen. (Diese Pflicht verlangt vom Hersteller über den Zeitpunkt der Einführung seines Produktes am Markt hinaus, dasselbe hinsichtlich möglicher von ihm ausgehender Gefahren zu beobachten und falls sich solche zeigen, vor diesen unter Zuhilfenahme der Massenmedien [Rundfunk, Fernsehen, Presse] zu warnen und nötigenfalls die Produkte ins Werk zurückzurufen.)

Das im Rahmen der Delikthaftung vorausgesetzte Verschulden des Herstellers muß vom Geschädigten nachgewiesen werden. Der Nachweis betrifft im einzelnen, daß
- der beklagte Fehler dem Produkt bereits zum Zeitpunkt seiner Überlassung (seines Verkaufes) anhaftete und sich nicht erst später einstellte;
- gerade dieser Fehler beim bestimmungsgemäßen Gebrauch des Produktes den beklagten Schaden verursachte und
- den Hersteller ein Verschulden trifft.

Aus der Erkenntnis heraus, daß es für den Geschädigten im allgemeinen aufgrund mangelnder Einblicke in den betrieblichen Produktionsprozeß des Herstellers äu-

Konsum **II**

ßerst schwierig ist, diesem eine Verletzung seiner Fabrikations- und Konstruktionspflicht nachzuweisen, hat der Bundesgerichtshof (1988) für diesen Teilbereich des (Hersteller-)Verschuldens eine Umkehr der **Beweislast** vorgenommen. Demnach gilt der beklagte Fehler als vom Hersteller verschuldet, wenn diesem nicht der Nachweis gelingt, daß ihn kein Verschulden trifft. 461

Für die Instruktionspflicht sowie die Produktbeobachtungs- und Reaktionspflicht hat der Geschädigte jedoch in vollem Umfang den Beweis für die Schuld des Herstellers zu erbringen. Für den Nachweis einer Verletzung der Produktbeobachtungs- und Reaktionspflicht hat der Geschädigte insbesondere darzulegen, daß

- die Gefährlichkeit des Produktes bereits lange genug vor dem Schadensereignis erkennbar war, da sich die Anzeichen dafür häuften;
- der Hersteller der drohenden Gefahr durch Warnung des Verbrauchers oder Rückruf des Produktes hätte begegnen müssen;
- er entsprechende Warnungen beachtet oder dem Rückruf Folge geleistet hätte und damit der Schadensfall vermeidbar gewesen wäre.

Während die aufgezeigte und konkretisierte Verkehrssicherungspflicht nur bei schuldhafter Verletzung (→Verschulden; da man davon ausgehen muß, daß niemand vorsätzlich ein fehlerhaftes Produkt auf den Markt bringt, wird sich das Verschulden des Herstellers in der Regel auf →Fahrlässigkeit beschränken) durch den Hersteller den Verbraucher zu Schadensersatzansprüchen berechtigt, stehen ihm solche nach dem Produkthaftungsgesetz bereits dann zu, wenn das Produkt nicht den allgemein und berechtigterweise zu erwartenden Standards entspricht oder einfach fehlerhaft ist und damit nicht die (für die nach § 823 BGB geschützten Rechtsgüter wie Leben, Gesundheit, Eigentum, Besitz) erforderliche Sicherheit bietet, die unter Berücksichtigung aller Umstände von ihm erwartet werden kann (§ 3 Prod HaftG). Ein Verschulden des Herstellers muß dabei nicht vorliegen.

Die Beweispflicht des Geschädigten in solchen Fällen scheitert nicht selten daran, daß er nicht zu beweisen vermag, daß das Produkt nicht den berechtigten Sicherheits**erwartungen** der Allgemeinheit entsprach. Dieser Beweis ist insbesondere bei neuen Produkten bisweilen nicht oder nur sehr schwer zu erbringen.

Während die verschuldensabhängige Delikthaftung grundsätzlich alle Sachschäden abdeckt, werden nach der verschuldensunabhängigen Produkthaftung nur sogenannte **Folgeschäden** (d. h. nur Schäden an anderen Sachen als dem schadenstiftenden Produkt selbst) erfaßt und zwar nur insoweit diese beschädigten Sachen **privat** (und nicht gewerblich!) genutzt wurden. Eine Ausnahme zuerkennt die Rechtsprechung den sogenannten „**weiterfressenden Mängeln**"; solche liegen dann vor, wenn Fehler, die vom Produkt „funktional abgrenzbar" sind, dieses beschädigen oder zerstören (z. B. der schadhafte Schalter eines Elektrogerätes verursacht einen Brand, der das gesamte Gerät zerstört). 462 463

Ansprüche aus Personen- und Gesundheitsschäden können sowohl im Rahmen der Delikthaftung als auch nach dem Produkthaftungsgesetz gestellt werden. **Schmerzensgeld** kann jedoch nur aufgrund unerlaubter Handlung (Delikthaftung, § 847 BGB) verlangt werden. 464

II Konsum

Für reine Vermögensschäden (wie beispielsweise entgangener Gewinn) kann weder nach der Delikthaftung noch nach dem Produkthaftungsgesetz Ersatz gefordert werden.

Bei Sachschäden hat der Geschädigte nach § 11 ProdHaftG einen Schaden bis zu 500 Euro selbst zu tragen.

Die Produkthaftung kann weder durch vertragliche Vereinbarungen noch durch →Allgemeine Geschäftsbedingungen beschränkt oder ausgeschlossen werden (§ 14 ProdHaftG).

465 Die Produkthaftungsansprüche (Delikthaftung wie auch nach ProdHaftG) **verjähren** nach 3 Jahren. Ihre Geltendmachung unterliegt bei der Delikthaftung einer Frist von 30 Jahren, nach ProdHafG einer solchen von 10 Jahren.

Da in einer modernen hoch arbeitsteiligen Wirtschaft Produkte in der Regel im Zusammenwirken einer Vielzahl von Betrieben gefertigt werden, stellt sich im Falle der Geltendmachung von Schadensersatzansprüchen sehr häufig die Frage nach dem Verantwortlichen. Hier gilt allgemein, daß derjenige haftet, in dessen Zuständigkeitsbereich der beklagte Fehler fällt. Zulieferer haften demnach für Fehler an von ihnen gelieferten Teilen, Hersteller des Endproduktes für die ordnungsgemäße Verarbeitung der Teile. Ist der Verantwortliche nicht zu ermitteln, so können alle Beteiligten gemeinsam haftbar gemacht werden.

Das Produkthaftungsgesetz gilt nicht für fehlerhafte Arzneimittel (§ 15 Prod HaftG). Die Haftung für solche ist durch das Arzneimittelgesetz (v. 1976) geregelt. Für Schäden, die durch das Arzneimittelgesetz nicht abgedeckt sind, gilt darüber hinaus noch die Delikthaftung.

465a Seit 1. August 1997 wird das Produkthaftungsgesetz (das – wie dargelegt – Schäden nicht zu vermeiden sondern nur im nachhinein auszugleichen hilft) durch das **Produktsicherheitsgesetz** ergänzt. (Mit ihm wird mit reichlicher Verspätung eine EU-Richtlinie von 1992 in nationales Recht umgesetzt.) Das Gesetz soll verhindern helfen, daß gefährliche Produkte überhaupt auf den Markt kommen oder, falls bereits geschehen, von diesem genommen werden. Es verschafft dem Staat die Möglichkeit, vor gefährlichen, für die private Nutzung bestimmten Produkten zu warnen oder Rückrufaktionen zu veranlassen. (So kann nun bspw. das Kraftfahrtbundesamt in Flensburg von sich aus den Rückruf von Kraftfahrzeugen zum Hersteller anordnen, wenn dieser von sich aus nicht entsprechend auf die Produktgefahr reagierte. Oder die jeweils in den Ländern zuständigen Behörden können vor einem bestimmten Produkt warnen.)

466 ### 3.2.9 Darlehen

471 #### 3.2.9.1 Sachdarlehen

Die Stichwortnummern 467–470 sind entfallen!

Als Sachdarlehen (§§ 607–609 BGB n. F.) bezeichnet man die Überlassung von vertretbaren Sachen (zum Verbrauch). Es kommt durch die Hingabe der Darlehenssache an den Darlehensnehmer oder durch Umwandlung einer schon bestehenden Schuld in eine Darlehensschuld zustande. Der Darlehensnehmer ist zur Zahlung eines Darlehensentgelts und bei Fälligkeit zur Rückerstattung von Sachen in gleicher Art, Güte und Menge verpflichtet. Ist für die Rückerstattung der überlassenen Sache keine Zeit bestimmt, hängt die Fälligkeit davon ab, daß der Darlehensgeber oder Darlehensnehmer kündigt. Ein auf unbestimmte Zeit abgeschlossener Sachdarlehensvertrag kann, soweit nicht ein anderes vereinbart ist, jederzeit vom Darlehensgeber oder Darlehensnehmer ganz oder teilweise gekündigt werden.

Ein Entgelt hat der Darlehensnehmer spätestens bei Rückerstattung der überlassenen Sache zu zahlen.

3.2.9.2 Verbraucherdarlehen 472

Durch den **Darlehensvertrag** (§ 488 BGB n. F.) wird der Darlehensgeber verpflichtet, dem Darlehensnehmer einen Geldbetrag in der vereinbarten Höhe zur Verfügung zu stellen. Der Darlehensnehmer ist verpflichtet, einen geschuldeten Zins zu zahlen und bei Fälligkeit das zur Verfügung gestellte Darlehen zurückzuerstatten. 473

Entgeltliche Darlehensverträge zwischen einem Unternehmer als Darlehensgeber und einem Verbraucher als Darlehensnehmer (**Verbraucherdarlehensverträge**) sind nach § 492 BGB n. F., soweit nicht eine strengere Form vorgeschrieben ist, schriftlich abzuschließen. Die vom Darlehensnehmer zu unterzeichnende Vertragserklärung muß angeben: 474
- den Nettobetrag, gegebenenfalls die Höchstgrenze des Darlehens;
- den Gesamtbetrag aller vom Darlehensnehmer zur Tilgung des Darlehens sowie zur Zahlung der Zinsen und sonstigen Kosten zu entrichtenden Teilzahlungen;
- die Art und Weise der Rückzahlung des Darlehens;
- den Zinssatz und alle sonstigen Kosten des Darlehens;
- den effektiven Jahreszins;
- die Kosten einer Restschuld – oder sonstigen Versicherung, die im Zusammenhang mit dem Verbraucherdarlehensvertrag abgeschlossen wird;
- zu bestellende Sicherheiten.

Der Darlehensgeber hat dem Darlehensnehmer eine Abschrift der Vertragserklärung zur Verfügung zu stellen.

Die vorgenannten Bestimmungen gelten nach § 491 BGB n. F. **nicht** für Verbraucherdarlehensverträge,
- bei denen das auszuzahlende Darlehen (Nettodarlehen) 200 Euro nicht übersteigt;
- die ein Arbeitgeber mit seinem Arbeitnehmer zu Zinsen abschließt, die unter den marktüblichen Zinsen liegen;
- die im Rahmen der Förderung des Wohnungswesens und des Städtebaus zu Zinssätzen abgeschlossen werden, die unter den marktüblichen Sätzen liegen;
- die der Finanzierung des Erwerbs von Wertpapieren, Devisen, Derivaten oder Edelmetallen dienen;
- bei denen ein Kreditinstitut einem Darlehensnehmer das Recht einräumt, sein laufendes Konto in bestimmter Höhe zu überziehen (d. h. für Überziehungskredite).

Dem Darlehensnehmer steht beim Verbraucherdarlehensvertrag ein **Widerrufsrecht** nach § 355 BGB n. F. zu. Der Widerruf muß keine Begründung enthalten und ist innerhalb von zwei Wochen in Textform gegenüber dem Darlehensgeber zu erklä- 475

II Konsum

ren; zur Fristwahrung genügt die rechtzeitige Absendung. Die Frist beginnt mit dem Zeitpunkt, zu dem dem Darlehensnehmer eine deutlich gestaltete Belehrung über sein Widerrufsrecht in Textform mitgeteilt worden ist. Die Frist beginnt nicht zu laufen, bevor dem Darlehensnehmer auch eine Vertragsurkunde, sein schriftlicher Antrag oder eine Abschrift der Vertragsurkunde oder seines Antrages zur Verfügung gestellt werden. Das Widerrufsrecht erlischt spätestens sechs Monate nach Vertragsabschluß.

476 Der Darlehensnehmer kann nach § 489 BGB n. F. den Darlehensvertrag ganz oder teilweise **kündigen**,
– wenn die Zinsbindung vor der für die Rückzahlung bestimmten Zeit endet und keine neue Vereinbarung über den Zinssatz getroffen ist, unter Einhaltung einer Kündigungsfrist von einem Monat frühestens für den Ablauf des Tages, an dem die Zinsbindung endet;
– wenn das Darlehen nicht durch ein Grundpfandrecht gesichert ist, nach Ablauf von sechs Monaten nach dem vollständigen Empfang unter Einhaltung einer Kündigungsfrist von drei Monaten;
– in jedem Fall nach Ablauf von zehn Jahren nach dem vollständigen Empfang unter Einhaltung einer Kündigungsfrist von sechs Monaten.

Der Darlehensnehmer kann einen Darlehensvertrag mit veränderlichem Zinssatz jederzeit unter Einhaltung einer Kündigungsfrist von drei Monaten kündigen.

Der Darlehensnehmer kann nach § 490 Abs. 2 BGB n. F. einen Darlehensvertrag, bei dem für einen bestimmten Zeitraum ein fester Zinssatz vereinbart und das Darlehen durch ein Grundpfandrecht gesichert ist, unter Einhaltung der Kündigungsfristen des § 489 Abs. 1 Nr. 2 BGB n. F. vorzeitig kündigen, wenn seine berechtigten Interessen dies gebieten.

Die Stichwortnummern 477–494 sind entfallen!

Der Darlehensgeber kann nach § 490 Abs. 1 BGB n. F. den Darlehensvertrag vor Auszahlung des Darlehens im Zweifel stets, nach Auszahlung in der Regel nur dann fristlos kündigen, wenn in den Vermögensverhältnissen des Darlehensnehmers oder in der Werthaltigkeit einer für das Darlehen gestellten Sicherheit eine wesentliche Verschlechterung eintritt oder einzutreten droht und dadurch die Rückerstattung des Darlehens gefährdet wird.

495 **3.2.9.3 Baufinanzierung**

Die Finanzierung privater Bauvorhaben ist noch immer mit einer Reihe offener und versteckter Probleme verbunden. Einige davon sollen nachfolgend angesprochen werden.

495a **Tilgungsverrechnung:** Die über lange Jahre geübte Bankenpraxis, den Kunden zu monatlichen oder vierteljährlichen Tilgungszahlungen zu verpflichten, ihm jedoch die laufenden Zinsen nach dem Schuldenstand vom Ende des vergangenen Kalenderjahres zu berechnen, ist heute nach verschiedenen höchstrichterlichen Urteilen nur noch unter der Voraussetzung aufrechtzuerhalten, daß die kundenbelastende Wirkung der Tilgungsverrechnung von der Bank in ihren Geschäftsbedingungen ausdrücklich dargelegt wird. Von dieser Regelung sind allerdings drei Fälle ausgenommen:

Konsum **II**

- Die Finanzierung wurde vor dem 1. 4. 1977 abgeschlossen und es erfolgte danach **keine** Veränderung der Vertragsbedingungen, so zum Beispiel der Zinsen (eine Neufassung der Vertragsbedingungen bedeutet Abschluß eines neuen Vertrages!);
- der → effektive Jahreszins war bei Vertragsabschluß genau ausgewiesen;
- dem Kreditnehmer wurde bereits bei Vertragsabschluß ein auf die Tilgungsregelung bezogener, verständlicher (nicht verklausulierter) Tilgungsplan ausgehändigt.

Allen anderen durch ungerechtfertigte Tilgungsverrechnung betroffenen Kunden zuerkennt der Bundesgerichtshof einen Anspruch auf Neuberechnung und Erstattung der zuviel geleisteten Beträge. Die Neuberechnung muß für den Kreditnehmer verständlich und übersichtlich sein sowie eine geordnete und nachvollziehbare Zusammenstellung der einzelnen Beträge enthalten. Die Bank darf dafür keine Kosten in Rechnung stellen. Die Pflicht der Kreditinstitute zur Erstattung der von den Kreditnehmern (auf Grund der falschen Tilgungsverrechnung) zuviel geleisteten Zinsen verjährt nach Bundesgerichtshofurteil erst nach 30 Jahren.

Anschlußfinanzierung: Vor Ablauf der im Finanzierungsvertrag festgelegten **Zinsbindungsfrist** unterbreitet die Bank dem Kreditnehmer meist einen neuen Zinssatz (und eventuell andere neue Konditionen), zu dem (denen) sie zu einer Verlängerung des Vertrages (d. h. zu einer Anschlußfinanzierung) bereit ist. Der Kreditnehmer hat die Möglichkeit, dieses Angebot anzunehmen oder es abzulehnen. Lehnt er es ab, muß er der Bank seine Restschuld zurückzahlen. Dies macht in der Regel wiederum eine Finanzierung durch ein anderes – zu günstigeren Konditionen anbietendes – Bankinstitut erforderlich. Die Annahmefrist, die die Bank bei diesem Anschlußfinanzierungsangebot ihrem bisherigen Kunden einräumt, muß diesem nach Auffassung des Bundesgerichtshofes die Möglichkeit bieten, einen Vergleich des Angebotes seiner bisherigen (Finanzierungs-)Bank mit den aktuellen Finanzierungsangeboten anderer Finanzierungsinstitute (Kreditgeber) vorzunehmen und gegebenenfalls eine Umschuldung zu veranlassen. Häufig sind nämlich die auf dem Markt angebotenen Finanzierungsbedingungen günstiger als das Verlängerungsangebot der bisherigen Bank. Sollten die Konditionen am Markt günstiger sein, so kann diese Tatsache auch dem alten Kreditgeber zur Erwirkung besserer Vertragsbedingungen entgegengehalten werden. 496

Disagioverrechnung: Die Kreditinstitute bringen regelmäßig vom Nennbetrag des gewährten Kredites ein sogenanntes **Disagio** (auch Damnum oder Abgeld genannt) in Abzug. (Diese Kredite werden dann nicht zu 100 Prozent, sondern beispielsweise nur zu 90 Prozent ausgezahlt.) Ein solches Disagio kann als **laufzeitunabhängige Bearbeitungsgebühr** erhoben werden. Es wird dann auf die volle Laufzeit verrechnet. Das Disagio kann aber auch als Ausgleich für einen dem Kunden eingeräumten **Zinsvorteil** erhoben werden. Es wird dann auf den sogenannten Zinsvorteilszeitraum verrechnet. Beide Vereinbarungen können auch kombiniert werden. Das Disagio wird dann in einen Bearbeitungsgebühr-Anteil und einen Zinsvorteils-Anteil aufgespalten (**Disagio-Splitting**). Wird ein Darlehen mit mehrjähriger Zinsbindung und späterer Bindungsanpassung gewährt, dann ist der Zinsvorteils-Anteil auf den Zeitraum der Zinsbindungsfrist zu verrechnen. Ist das Disagio zinsabhän- 497 498 499

II Konsum

gig, dann ist bei einer vorzeitigen Beendigung des Darlehensvertrages darauf zu achten, daß eine anteilige Verrechnung, das heißt Erstattung des für die gesamte Laufzeit des Kredites in Anwendung gebrachten Disagios, vorgenommen wird. Diesem Erstattungsanspruch des Kreditnehmers versuchen die Banken teilweise durch ihre Geschäftsbedingungen zu begegnen, die festlegen, daß auch bei vorzeitiger Vertragsbeendigung keine anteilige Erstattung des Disagios stattfindet. Derartige Vertragsklauseln sind rechtswidrig und damit unwirksam.

3.3 Kreditsicherungen

500 Um das durch den Kreditgeber mit der Gewährung eines Darlehens eingegangene Risiko zu mindern, verlangt dieser – soweit er sein Vertrauen nicht allein auf die Person des Kreditnehmers, deren guten Ruf, ihr Einkommen und/oder Vermögen
501 setzt (**Personalkredit**) – vom Kreditnehmer die (Ab-)Sicherung des gewährten Kre-
502 dites durch die Mithaftung weiterer Personen (**Personensicherheiten**), durch Sach-
503 werte oder Rechte (**Sachsicherheiten**).

504 ### 3.3.1 Bürgschaft

Durch den Bürgschaftsvertrag (§§ 765–778 BGB) verpflichtet sich der Bürge gegenüber dem Gläubiger (z. B. der Bank) eines Dritten (Kreditnehmers), für die Erfüllung der Verbindlichkeit des Dritten einzustehen. Die Bürgschaft kann für eine gegenwärtige wie auch für eine zukünftige oder eine bedingte Verbindlichkeit übernommen werden (§ 765 BGB). Die Sicherung geschieht in der Weise, daß sich der Bürge dem Gläubiger gegenüber verpflichtet, für die Erfüllung der Schuld des Schuldners einzustehen und zwar persönlich mit seinem gesamten Vermögen. Der Bürge wird dann neben dem Hauptschuldner (Kreditnehmer) selbst zum Schuldner (Nebenschuldner). Seine Schuld ist abhängig von der Hauptschuld, zu deren Sicherung sie dient. Sie entfällt, sofern die Hauptschuld nicht entsteht oder erlischt. Einwendungen, die der Hauptschuldner gegen die Schuld hat (z. B.: sie sei gar nicht entstanden; sie sei bereits beglichen; der Gläubiger hätte sie ihm erlassen; sie sei verjährt) stehen auch dem Bürgen zu.

Die Verpflichtung des Bürgen geschieht durch Vertrag zwischen dem Bürgen und dem Gläubiger (Kreditgeber). Die Zustimmung des Hauptschuldners ist nicht erforderlich. Die Bürgschaftserklärung des Bürgen muß **schriftlich** erfolgen (§ 766 BGB). Die Bürgschaftsurkunde muß dem Gläubiger ausgehändigt werden.

Es sind zwei Formen der Bürgschaft zu unterscheiden: die gewöhnliche Bürgschaft und die selbstschuldnerische Bürgschaft.

505,506 Bei der **gewöhnlichen Bürgschaft** steht dem Bürgen die **Einrede der Vorausklage** nach § 771 BGB zu, das heißt, er kann verlangen, daß der Gläubiger ihn erst dann in Anspruch nimmt, wenn dieser den Schuldner auf Leistung verklagt hat und fruchtlos bei ihm vollstrecken ließ.

507 Bei der **selbstschuldnerischen Bürgschaft** hat der Bürge vertraglich oder gesetzlich auf die Einrede der Vorausklage verzichtet. Er kann infolgedessen vom Gläubiger

unmittelbar, das heißt, ohne daß dieser seine Forderung gegenüber dem Hauptschuldner zu realisieren versucht, in Anspruch genommen werden.

Hat der Bürge den Gläubiger befriedigt, so geht die Forderung gegenüber dem Hauptschuldner (Kreditnehmer) auf ihn über (gesetzlicher Forderungsübergang). Dies gilt auch für die mit der Forderung verbundenen Nebenrechte, zum Beispiel eine → Hypothek oder eine sonstige Sicherheit.

Eine Bürgschaft kann grundsätzlich nicht gekündigt werden. Eine Befreiung aus ihr durch den Hauptschuldner ist nur in den nach § 775 BGB vorgesehenen Fällen möglich. Praktisch ist dieser Befreiungsanspruch des Bürgen gegen den Hauptschuldner jedoch ohne große Bedeutung, da der Gläubiger ohne gleichwertige (Ausgleichs-)Sicherheit den Bürgen nicht aus der Haftung entlassen wird.

Treten mehrere Personen gleichzeitig als Bürgen für eine Forderung ein, so haften sie **gesamtschuldnerisch**, das heißt, der Gläubiger kann sich im Ernstfall aussuchen, an wen er sich halten will (§ 769 BGB).

Die Bürgschaft endet nicht mit dem Tod des Bürgen. Sie geht auf die Erben des Bürgen über.

3.3.2 Forderungsabtretung (Zession)

Die Forderungsabtretung ist ein formfreier (in der Regel jedoch schriftlicher) Vertrag, durch den ein Schuldner mit seinem Gläubiger vereinbart, daß seine Forderungen gegenüber Dritten (Drittschuldnern) **zahlungshalber** auf den Gläubiger übergehen. (Zahlungshalber [auch erfüllungshalber] besagt, daß die alte Verbindlichkeit neben der neuen bestehen bleibt und erst erlischt, wenn der Gläubiger restlos befriedigt ist.) Der Drittschuldner braucht von der Abtretung nicht benachrichtigt zu werden. Mit Abschluß des Abtretungsvertrages tritt der neue Gläubiger an die Stelle des bisherigen Gläubigers (§ 398 BGB).

Grundsätzlich sind alle Forderungen abtretbar, auch bedingte und erst künftig entstehende, sofern sie genügend bestimmbar sind.

Nicht abtretbar sind:
– Forderungen, deren Inhalt sich durch die Abtretung ändern würde (z. B. auf Altenteilsleistungen, § 399 BGB);
– unpfändbare Forderungen (z. B. Lohn- und Gehaltsforderungen innerhalb der Pfändungsfreigrenzen, § 400 BGB);
– Forderungen, deren Abtretbarkeit vertraglich (durch Arbeitsvertrag, Betriebsvereinbarung oder Tarifvertrag) zwischen Gläubiger und Schuldner ausgeschlossen ist (z. B. bei Lohn- und Gehaltszahlungen möglich, § 399 BGB);
– Renten, die wegen einer Verletzung des Körpers oder der Gesundheit zu entrichten sind; Unterhaltsrenten, die auf gesetzlichen Vorschriften beruhen (z. B. Unterhaltsansprüche eines Kindes gegen die Eltern, § 850 b ZPO).

Renten wegen Berufsunfähigkeit, voller Erwerbsminderung oder Alters können in gleichem Umfang wie Lohn- und Gehaltsforderungen abgetreten werden (Art. 1 § 53 Abs. 3 Sozialgesetzbuch I, Allgemeiner Teil).

II Konsum

In der Bankenpraxis werden zur Sicherung von Krediten abgetreten:
- Forderungen aus Warenlieferungen und Dienstleistungen,
- Lohn- und Gehaltsforderungen,
- Miet- und Pachtforderungen,
- Ansprüche aus Lebensversicherungen,
- Ansprüche aus Bausparverträgen,
- Forderungen gegen Kreditinstitute aus Termingeldkonten, Sparkonten und Sparbriefen.

510 Die in Kreditverträgen großteils anzutreffenden „**Lohnabtretungsklauseln**" erstrecken sich außer auf die pfändbaren Teile des Arbeitslohnes auch auf die pfändbaren Teile aus Provisionen, Arbeitslosengeld I u. II, Kurzarbeiter- und Schlechtwettergeld, Erwerbsminderungs- und Hinterbliebenenrente, Ansprüche auf Steuerrückzahlungen und meist pauschal auf alle sonstigen Einnahmen und Ansprüche des Kreditnehmers. Solche umfassenden, formularmäßigen Vorausabtretungen benachteiligen nach Auffassung des Bundesgerichtshofes den Kunden unangemessen und sind deshalb **unwirksam**. Unwirksam sind derartige Abtretungsklauseln darüber hinaus auch dann, wenn sich die Bank ohne Berücksichtigung der (berechtigten) Interessen des Kreditnehmers unverhältnismäßig hoch absichert, so zum Beispiel wenn sie Lohnabtretungen zeitlich und betragsmäßig nicht begrenzt oder diese in vollem Umfang weiterbestehen läßt, obgleich nur noch ein geringer Schuldbetrag offensteht.

511 ### 3.3.3 Sicherungsübereignung

Die Sicherungsübereignung ist ein gesetzlich nicht geregelter aber in der Praxis entwickelter und in der Rechtsprechung anerkannter Vertrag, durch den der Schuldner dem Gläubiger zur Sicherung seiner Schuld das →Eigentum an einer →beweglichen Sache (oder einer Sachgesamtheit) überträgt, diese (Sache) selbst aber im Besitz behält. Um die nach §929 BGB zur Übereignung erforderliche →Übergabe der Sache zu vermeiden, wird im allgemeinen ein →Leihvertrag (Leihe) oder ein Verwahrungsvertrag geschlossen. Der Sicherungsgeber (Kreditnehmer) leiht vom Sicherungsnehmer (das ist in der Regel ein Kreditinstitut) die übereignete Sache 512 oder verwahrt dieselbe für diesen. Durch dieses →**Besitzmittlungsverhältnis** (Besitzkonstitut) zwischen Kreditnehmer und Kreditgeber wird erreicht, daß der Kreditnehmer weiterhin Besitzer der Sache bleibt, das Kreditinstitut jedoch Eigentümer nach §930 BGB wird. Zwischen Schuldner und Gläubiger wird die Abrede getroffen, daß sich zwar der Gläubiger bei nicht rechtzeitiger Begleichung der Schuld aus der übereigneten Sache befriedigen kann, nach ordnungsgemäßer Erfüllung seiner Forderung jedoch das Eigentum auf den Schuldner zurückübertragen muß. Die 513 Sicherungsübereignung verschafft dem Gläubiger **treuhänderisches Eigentum** (d. h. die Stellung des Gläubigers nach außen, Dritten gegenüber, entspricht der des tatsächlichen Eigentümers).

Der Sicherungsübereignung kommt im konsumökonomischen Bereich, insbesondere bei der Finanzierung von Personenkraftwagen mit Ratenkrediten, Bedeutung zu. Die genaue Kennzeichnung des Fahrzeuges erfolgt durch die Angabe von Kraftfahrzeugart, Fabrikat, polizeilichem Kennzeichen und Fahrgestellnummer im

Sicherungsübereignungsvertrag. Aus Sicherheitsgründen verlangt das Kreditinstitut die Übergabe des Kraftfahrzeugbriefes. Das Kreditinstitut entscheidet von Fall zu Fall, ob die Kraftfahrzeugzulassungsstelle von der Sicherungsübereignung in Kenntnis gesetzt wird. Bejahendenfalls hat dies den Zweck, die Ausstellung eines Ersatzbriefes ohne Zustimmung des Kreditinstitutes zu verhindern.

3.3.4 Grundpfandrechte

Zur Sicherung von größeren Ansprüchen, insbesondere bei der Finanzierung im Wohnungsbau, werden bevorzugt Grundstücke belastet, das heißt als Pfand herangezogen. Die Einräumung eines solchen Grundpfandrechtes erfolgt durch Einigung von Schuldner (Kreditnehmer) und Gläubiger (Kreditgeber) über die Pfandbestellung und die Eintragung derselben ins →Grundbuch. Für die Verwertung des Pfandrechtes ist die Rangfolge dieser Eintragung von Bedeutung, da bei einer Versteigerung des Grundstückes die Pfandrechte an diesem in der Rangfolge ihrer Eintragung befriedigt werden.

Die aus konsumökonomischer Sicht bedeutendsten Grundpfandrechte sind: die Hypothek und die Grundschuld.

3.3.4.1 Hypothek

Eine Hypothek (§§ 1113–1190 BGB) ist die Belastung eines Grundstückes zur Sicherung einer Forderung (§ 1113 BGB), derzufolge der Gläubiger – falls die Forderung nicht erfüllt wird – die →Zwangsvollstreckung in das Grundstück verlangen und sich daraus befriedigen kann. In der Regel ist der Grundstückseigentümer gleichzeitig der Schuldner. Es ist aber auch möglich, daß ein Dritter sein Grundstück als Sicherheit für die Schuld eines anderen zur Verfügung stellt und hypothekarisch belasten läßt.

Die allgemein übliche Form der Hypothek ist die **Verkehrshypothek**. Sie dient normalerweise der Baufinanzierung. Bei ihr braucht der Gläubiger zur Geltendmachung seiner Hypothek das Bestehen seiner Forderung **nicht** nachzuweisen. Die Verkehrshypothek kann als Brief- oder Buchhypothek gestaltet werden. Bei der **Briefhypothek** wird über das Grundpfandrecht ein Hypothekenbrief ausgestellt, das ist eine amtliche Urkunde über die Eintragung der Hypothek im → Grundbuch. Erst mit der Übergabe dieses Briefes erwirbt der Gläubiger das Grundpfandrecht. Der Hypothekenbrief hat die Funktion, das Grundpfandrecht verkehrsfähig (mobil) zu machen. Seine weitere Übertragung braucht nicht mehr ins Grundbuch eingetragen zu werden; sie erfolgt in der Regel durch Übergabe des Hypothekenbriefes mit schriftlicher Abtretungserklärung (am besten mit → öffentlicher Beglaubigung!).

Bei der **Buchhypothek** wird kein Brief ausgestellt, was durch Vermerke im → Grundbuch festgestellt wird.

Weniger gebräuchlich ist die **Sicherungshypothek** (die als solche im →Grundbuch bezeichnet werden muß). Bei ihr hat der Hypothekengläubiger zur Geltendmachung seines Grundpfandrechtes das Bestehen einer persönlichen Forderung nachzuweisen. Die Sicherungshypothek ist immer Buchhypothek.

II Konsum

520 3.3.4.2 Grundschuld

Eine Grundschuld (Fremdgrundschuld) (§§ 1191-1198 BGB) ist die Belastung eines Grundstückes (durch Grundbucheintrag) in der Weise, daß an den Begünstigten eine bestimmte Geldsumme aus dem Grundstück zu zahlen ist. Im Gegensatz zur Hypothek setzt die Grundschuld keine Forderung voraus; dies ist für den Begünstigten als vorteilhaft zu werten, da sein Anspruch – dem in der Regel eine Forderung zugrunde liegt – auch dann noch bestehen würde, wenn diese Forderung aus irgend einem Grunde nichtig wäre. Die Grundschuld dient hauptsächlich zur Finanzierung von Grundstücks- und Gebäudekäufen. Sie sichert langfristige Kredite und hat beim Bankkredit die Hypothek weitgehend verdrängt. Eine Grundschuld kann jederzeit in eine Hypothek umgewandelt werden; es bedarf nicht der Zustimmung der im Range gleich- oder nachstehenden Berechtigten.

Wie die Hypothek kann auch die Grundschuld als Brief- oder Buchgrundschuld bestellt werden.

521 Der Eigentümer kann auch für sich selbst eine Grundschuld an seinem Grundstück bestellen lassen (§ 1196 BGB). Eine solche **Eigentümergrundschuld** kann später auf einen Dritten übertragen und so in eine Fremdgrundschuld umgewandelt werden.

Als Kreditsicherungen können nicht nur Grundpfandrechte herangezogen werden, die zugunsten des Kreditgebers eingetragen werden. Es können auch bereits bestehende Grundpfandrechte sicherungsweise abgetreten werden. Das Kreditinstitut verlangt in diesem Falle die schriftliche Abtretungserklärung in öffentlich beglaubigter Form. Bei Briefgrundpfandrechten legitimiert eine solche Abtretungserklärung den Gläubiger in gleicher Weise wie eine Grundbucheintragung. Öffentlich beglaubigte Abtretungserklärungen genießen wie Grundbucheintragungen öffentlichen Glauben (§ 892 BGB).

522 Grundpfandrechte werden in Abteilung III des **Grundbuches** eingetragen. (In Abteilung I des Grundbuches werden die Eigentumsverhältnisse bei Grundstücken eingetragen; in Abteilung II Belastungen von Grundstücken, wie Dienstbarkeiten [z. B. Nießbrauch, Begehen, Befahren, Einwirkung durch Rauch, Gase, Geräusche], Reallasten [Renten von Geld oder Naturalien, Dienste, Verpflichtungen, wie Instandhaltung einer Brücke, eines Weges oder Zaunes u. a., § 1105 BGB], Vorkaufsrechte [§ 1094 BGB], Erbbaurechte [1012 BGB u. § 1 ErbbRVO].) Diese Rechte Dritter haben eine **Rangordnung**. Der Rang eines solchen Rechtes ist sein Verhältnis zu anderen Rechten am selben Grundstück. Er bestimmt entscheidend den Wert eines Rechtes. Bei Rechten, die in derselben Abteilung eingetragen werden, wird die Rangordnung durch die Reihenfolge der Eintragungen bestimmt; bei Rechten, die in verschiedenen Abteilungen eingetragen werden, wird die Rangordnung durch das Datum der Eintragung festgelegt (§ 879 BGB).

Bei der →Zwangsversteigerung eines Grundstückes muß das Recht im höheren Rang vor dem Recht im niedrigeren Rang voll befriedigt werden.

Die nach § 879 BGB bestimmte Rangordnung kann korrigiert werden. Der Grundstückseigentümer kann sich bei der Belastung des Grundstückes mit einem Recht die Befugnis vorbehalten, ein anderes, dem Umfange nach bestimmtes Recht, mit

Konsum **II**

dem Range vor jenem Recht eintragen zu lassen (**Rangvorbehalt**). Dieser Vorbehalt wird im Grundbuch bei dem zurücktretenden Recht eingetragen.

Das Rangverhältnis kann nachträglich geändert werden (**Rangänderung**). Der zurücktretende Berechtigte und der vortretende Berechtigte müssen sich über diese Rangänderung einigen. Soll ein Grundpfandrecht zurücktreten, ist außerdem die Zustimmung des Grundstückseigentümers erforderlich.

3.3.5 Wechsel

Der Wechsel (auch **Tratte** genannt) ist eine Urkunde, in welcher der Gläubiger (**Aussteller**) den Schuldner (**Bezogenen**) auffordert (in der Fachsprache heißt dies: der Aussteller zieht einen Wechsel auf den Schuldner), eine bestimmte Geldsumme zu einem späteren Zeitpunkt an eine bestimmte Person (**Wechselnehmer**) oder an eine von dieser genannte Adresse (Order) zu zahlen. Durch Annahme dieser Tratte im Wege der Unterschriftleistung (Akzeptleistung) erkennt der Bezogene diese Schuld an und verpflichtet sich zu deren Begleichung. (Der gezogene Wechsel [die Tratte] wird so durch die Unterschrift des Bezogenen zum **Akzept** [d. h. zum angenommenen Wechsel].) Der vom Bezogenen angenommene (d. h. akzeptierte) Wechsel geht an den Aussteller zurück. Dieser verwahrt ihn in der Regel bis zum Fälligkeitstermin, um ihn dann dem Bezogenen zur Einlösung (Zahlung) vorzulegen (zu präsentieren). (Siehe Schaubild II,1) Er (der Aussteller) kann das Akzept auch →zahlungshalber an einen Gläubiger weitergeben oder aber einem Kreditinstitut zur **Diskontierung** (d. h. zum Ankauf unter Abzug von Zinsen bis zum Fälligkeitstage) einreichen. (Die Banken sind jedoch – wenn überhaupt – nur bereit, Wechsel zu diskontieren, soweit diese den gesetzlichen Vorschriften entsprechen und gute **Handelswechsel** sind [d. h. aus einem soliden Handelsgeschäft hervorgehen] und somit nicht lediglich der Geldbeschaffung dienen [d. h. sondern **Finanzwechsel** sind].) In diesen beiden letztgenannten Fällen wird dann der Wechsel dem Bezogenen am Fälligkeitstag von dem neuen Wechselinhaber beziehungsweise der Bank präsentiert.

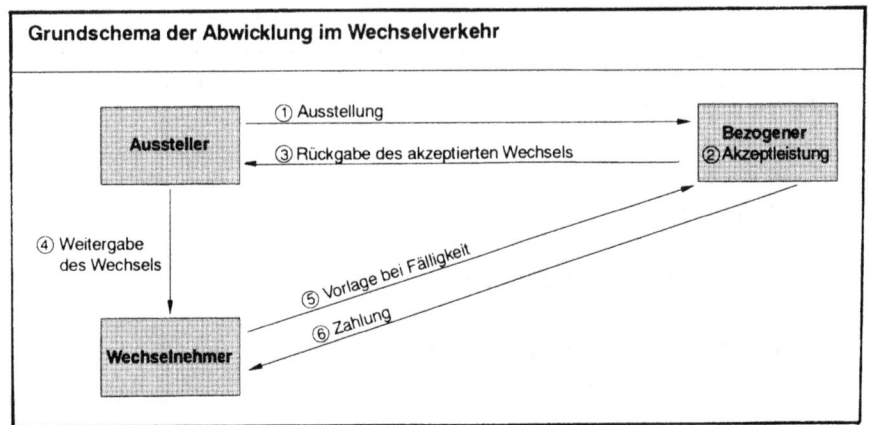

Schaubild II, 1

125

II Konsum

Nach Art. 1 Wechselgesetz (WG) muß eine Wechselurkunde (d. h. der Wechsel) ganz bestimmte Angaben enthalten (sogenannte gesetzliche Bestandteile des Wechsels). Es sind dies: Die Bezeichnung „Wechsel" im Text der Urkunde; die unbedingte Anweisung, eine bestimmte Geldsumme zu zahlen; der Name des Bezogenen; die Verfallzeit; die Angabe des Zahlungsortes; der Name des Wechselnehmers; Ort und Tag der Ausstellung; die Unterschrift des Ausstellers. Aus Gründen der Sicherheit und zur Vereinfachung des Wechselverkehrs wird in der Praxis für die Ausstellung eines Wechsels ein Einheitsformular verwendet (DIN 5004), das man im allgemeinen in Schreibwarengeschäften erhält. (Siehe Schaubild II,2)

Schaubild II, 2

534 Bei der Weitergabe des Wechsels ist auf seiner Rückseite ein Übertragungsvermerk (**Indossament**) anzubringen.

Wird ein Wechsel vom Bezogenen nicht akzeptiert, beziehungsweise nicht oder nur teilweise vom Wechselverpflichteten eingelöst, so stehen dem Wechselinhaber (Wechselberechtigten) folgende Möglichkeiten offen:

535 – Er kann **Wechselklage** erheben (Die Wechselklage ist ein Urkundenprozeß, durch den der Wechselberechtigte sehr schnell einen →vollstreckbaren Titel [Vollstreckungstitel, die →Zwangsvollstreckung ermöglichende Urkunde] erhält [§§ 602f. ZPO].) oder

536 – er kann einen **Wechselmahnbescheid** beantragen (Dieser wird im Rahmen des →gerichtlichen Mahnverfahrens ausgestellt.) oder

537 – er nimmt **Rückgriff**. (Jeder, der einen Wechsel ausgestellt, angenommen, indossiert oder mit einer Bürgschaftserklärung versehen hat, haftet dem Wechselgläubiger als →Gesamtschuldner. Der Wechselgläubiger kann deshalb beim Rückgriff [Regreß] einen, mehrere oder alle gemeinsam für die Zahlung der Wechselsumme in Anspruch nehmen. Er ist an keine Reihenfolge gebunden, sondern

kann sich zahlungskräftige Vormänner auswählen. Der Regreß setzt voraus, daß der Wechselinhaber die Verweigerung der Annahme oder der Zahlung seinen Vormännern gegenüber durch eine öffentliche Urkunde [**Protest**] nachweist. **Ohne Protest kein Regreß!** Die Protesturkunde wird von einem Notar oder einem Gerichtsbeamten ausgestellt. Der Wechselinhaber ist verpflichtet, seinen unmittelbaren Vormann und den Aussteller innerhalb von 4 Werktagen nach der Protesterhebung von dieser in Kenntnis zu setzen [**Benachrichtigung**, Notifikation]. Jeder Indossant ist verpflichtet, seinen unmittelbaren Vormann innerhalb von 2 Werktagen nach Kenntnisnahme ebenfalls zu unterrichten. Wer die rechtzeitige Benachrichtigung versäumt, haftet bis zur Höhe der Wechselsumme für den durch seine Nachlässigkeit entstehenden Schaden. Er verliert jedoch nicht das Rückgriffsrecht.)

538

539

Zur Vermeidung des Wechselprotestes und der Wechselklage kann der Wechsel prolongiert werden. Die **Prolongation** ist die Verlängerung der Laufzeit des Wechsels. Durch die Prolongation gewährt der Aussteller dem Bezogenen einen (weiteren) Zahlungsaufschub. Die Prolongation erfolgt durch Ausstellung und Akzeptierung eines neuen Wechsels. Ist der Aussteller noch im Besitz des ersten akzeptierten Wechsels, so gibt er diesen nach Erhalt des neuen Akzeptes dem Bezogenen zurück. Hat er den ersten Wechsel weitergegeben, so überweist er dem Bezogenen den zur Einlösung des alten Akzeptes erforderlichen Betrag. Alle Kosten, die durch die Prolongation entstehen (Diskont, Auslagen), trägt der Bezogene.

540

In den hier aufgezeigten Funktionen ist der Wechsel Kreditmittel, Kreditsicherungsmittel und Zahlungsmittel.

3.4 Zahlungsverkehr

Die aus den Rechtsgeschäften des Alltages erwachsenden Zahlungsverpflichtungen können auf verschiedene Weise beglichen werden, durch: Barzahlung, halbbare Zahlung und bargeldlose Zahlung.

Die **Barzahlung** ist noch immer im Einzelhandel, insbesondere bei kleinen Einkäufen des täglichen Bedarfes, üblich; sie wird aber auch hier zunehmend durch bargeldlose Zahlungsweisen, wie →Bankcard ec und →Kreditkarte verdrängt. Dem → Scheck kommt heute nur noch nachgeordnete Bedeutung zu.

541

Die Stichwortnummern 542–544 sind entfallen!

Die **halbbare Zahlung** setzt voraus, daß der Zahlungsempfänger (Gläubiger) oder der Zahlungspflichtige (dann nämlich, wenn er mittels →Barscheck zahlt) über ein Konto bei einer Bank oder Sparkasse verfügt. Unterhält der Gläubiger sein Konto (oder eines seiner Konten) bei einer dieser Einrichtungen, dann kann der Schuldner den Schuldbetrag mittels eines **Zahlscheines** auf dieses Konto (Einzahlung des Betrages bei jedem beliebigen Geldinstitut) anweisen lassen.

545

547

Auch die **Postnachnahme**(sendung) beinhaltet eine halbbare Zahlungsweise. Hier werden Briefe, Postkarten, Päckchen, Pakete, Postgüter (bis zu einem Nachnahmewert von 1600 Euro) nur gegen Barzahlung ausgeliefert, wobei der Barbetrag vom ausliefernden Postboten mittels Zahlschein auf das Postbankgirokonto des Absenders der Nachnahmesendung eingezahlt wird. In ähnlicher Weise können auch fällige Forderungsbeträge durch die Post „nachgenommen" werden.

548

II Konsum

549 Bei der **bargeldlosen Zahlung** erfolgt die Begleichung der Schuld durch Abbuchung (Lastschrift) des Schuldbetrages vom Konto des Zahlers und durch Gutschrift desselben auf dem Konto des Empfängers (Gläubigers). Zur Abwicklung dieser Zahlungsgeschäfte haben sich die Deutsche Bundesbank (einschließlich deren Hauptverwaltungen, das sind die Landeszentralbanken und deren Filialen), die Kreditinstitute (Sparkassen, Genossenschaftsbanken, Großbanken, Privatbanken) und die Deutsche Postbank AG in **Gironetzen** zusammengeschlossen, die ihrerseits auch mit ausländischen Bankensystemen abrechnen.

Die gebräuchlichsten Formen der bargeldlosen Zahlung sind die Überweisung, der Dauerauftrag, die Einzugsermächtigung, der Abbuchungsauftrag, die Zahlung durch (Verrechnungs-)Scheck und die Zahlung mittels Kreditkarte. Ihre Inanspruchnahme setzt – beim Zahlungspflichtigen (Schuldner, Auftraggeber) wie beim Zahlungsempfänger (Gläubiger) – ein Girokonto voraus.

551 ### 3.4.1 Girokonto

Das Girokonto ist eine organisatorisch-technische Einrichtung der Kreditinstitute, über das diese in übersichtlicher Form die Gutschriften und Lastschriften des Kontoinhabers abrechnen. Die positive Differenz (Saldo) aus Gutschriften und Lastschriften weist die Forderung des Kunden gegenüber der Bank aus (d. h. sein Guthaben), der negative Saldo die Forderung der Bank gegenüber dem Kunden (d. h. seine Schuld). Diese Forderung stellt einen Kredit der Bank an den Kontoinhaber dar. Für diesen Kredit (Schuld) haftet der Kontoinhaber der Bank. Dem Girokon-
552 to liegt ein **Girovertrag** zugrunde, der als ein Geschäftsbesorgungsvertrag nach § 675 BGB zu interpretieren ist. Ihm zufolge ist das Kreditinstitut verpflichtet, die Weisungen des Kunden genau zu beachten. Die Rechtsbeziehungen aus dem Geschäftsbesorgungsvertrag werden durch die im Girovertrag anerkannten Allgemeinen Geschäftsbedingungen und die „Bedingungen für den Überweisungsverkehr" sowie durch das Bürgerliche Gesetzbuch geregelt. Das Kreditinstitut des Kontoinhabers ist durch den Kontovertrag (Girovertrag) und die diesem zugrunde liegenden Allgemeinen Geschäftsbedingungen zur Entgegennahme von (Ein-) Zahlungen (durch Überweisung) an den Kunden (Gutschriften) und zu Auszahlungen (durch Überweisung) an die ihm von diesem genannten Zahlungsempfänger (Lastschriften) berechtigt.

Obgleich die Kreditinstitute im allgemeinen ein reges Interesse daran haben, möglichst viele Kunden als Konteninhaber zu gewinnen, werden sie in Einzelfällen dennoch nicht bereit sein, dem Antrag auf Eröffnung eines Girokontos zuzustim-
553 men; dies insbesondere dann, wenn der Antragsteller durch die **Schufa** („Schutzgemeinschaft für allgemeine Kreditsicherung" = Bankauskunftei) als überschuldeter („fauler") Kunde ausgewiesen wird. Der Antragsteller hat gegen diese Weigerung keine rechtliche Handhabe.

Grundsätzlich kann jeder, der nach dem Gesetz rechtsfähig ist, also auch ein Kind, Inhaber eines Girokontos sein. Es kann deshalb auch in Vertretung für einen anderen ein Konto eröffnet werden (z. B. von Eltern für ein minderjähriges Kind). Die Bank ist jedoch verpflichtet, jeweils zu prüfen, ob der Vertreter zu einer solchen

Konsum **II**

Kontoeröffnung berechtigt ist. Damit soll verhindert werden, daß sogenannte **Scheinkonten** eröffnet werden. – Neben Einzelpersonen können auch Personengemeinschaften (z. B. Ehepaare) Inhaber eines Kontos sein. Ist dieses **Gemeinschaftskonto** in der Form des sogenannten **Oder-Kontos** (Kontobezeichnung bspw.: Herbert **oder** Gisela Frey) gehalten, dann kann jeder Inhaber allein und unabhängig vom anderen über das (gegebenenfalls gesamte) Guthaben verfügen. Die Kontoinhaber haften der Bank für einen Schuldsaldo als →Gesamtschuldner; der Bank ist es demnach freigestellt, an wen sie sich zwecks Befriedigung ihrer Ansprüche halten möchte. 554,555

Um einer mißbräuchlichen Verfügung über das Konto durch einen (oder mehrere) (Mit-)Inhaber vorzubeugen, kann für diesen (oder diese) die alleinige Verfügungsgewalt über das Konto durch ausdrückliche Vereinbarung ausgeschlossen werden. Es handelt sich dann um ein sogenanntes **Und-Konto** (Kontobezeichnung bspw.: Herbert **und** Gisela Frey). Auch bei dieser Kontoform haften die Kontoinhaber gesamtschuldnerisch. 556

3.4.2 Überweisung 557

Als Überweisung bezeichnet man den Vorgang, daß Kreditinstitute einen zur Zahlung anstehenden Geldbetrag vom Konto des Zahlers (Lastschrift) auf das Konto des Begünstigten (Gutschrift) umbuchen. Es lassen sich folgende Formen der Überweisung unterscheiden:**Einzel-Überweisung:** Das Kreditinstitut überweist auf formularmäßige Anweisung (siehe Musterformular, Schaubild II,3) ihres Kunden 558

Schaubild II, 3

II Konsum

(Zahlers) **einen** bestimmten Betrag an einen bestimmten (im Formular genannten) Begünstigten, das heißt auf dessen im Formular genanntes Konto. Die Bank ist dabei streng an die Anweisung ihres Kunden gebunden. Sie hat die Überweisung strikt auf das vom Kunden angegebene Konto des Begünstigten vorzunehmen; eine etwaige Klausel in den Geschäftsbedingungen, welche die Überweisung auch auf ein anderes Konto des Begünstigten vorsieht, ist unwirksam. Solange der Betrag dem Begünstigten noch nicht gutgeschrieben ist, kann die Überweisung ohne Angabe eines Grundes jederzeit vom auftragerteilenden Kunden widerrufen werden.

559 Soll die Abwicklung einer Überweisung beschleunigt werden, so empfiehlt sich die **Eilüberweisung**.

559a Seit Anfang 2008 ist der Überweisungsverkehr in den 27 EU-Staaten sowie Island, Norwegen, Lichtenstein und der Schweiz durch die Realisierung eines einheitlichen europäischen Zahlungsverkehrsraumes (Single Euro Payments Area **[SEPA]**) normiert. In diesem Raum können nunmehr Firmen und Privatleute in beschleunigter Abwicklungszeit (ab 2012 innerhalb eines Tages) ohne Betragslimit zu Inlandskonditionen Überweisungen vornehmen. Sie benötigen die auf den hierfür geschaffenen Überweisungsformularen (siehe Musterformular, Schaubild II,3a) ausgewiesenen/auszuweisenden internationalen Bankkontonummern (International Bank Account Number [IBAN]) vom Überweisenden und Begünstigten sowie die internationale Bankleitzahl (Bank Identifier Code [BIC]) des begünstigten Kreditinstituts.

Das traditionelle Überweisungssystem wird für eine bislang noch nicht definitiv fixierte Übergangszeit im Parallelbetrieb beibehalten.

560 **Dauerauftrag**: Der Zahler beauftragt sein Kreditinstitut, zu seinen Lasten in regelmäßigen Zeitabständen gleichbleibende Geldbeträge an einen bestimmten Empfänger, das heißt auf ein Konto desselben bei einem Kreditinstitut zu überweisen (z. B. Miete, Versicherungsprämien, Beiträge an Bausparkassen). Hinsichtlich eines eventuellen Widerrufes ist hier zwischen dem **Widerruf** des gesamten Dauerauftrages und dem **Widerspruch** gegen eine einzelne Überweisung zu unterscheiden. Wird der gesamte Dauerauftrag widerrufen, so darf die Bank keine weiteren Überweisungen vornehmen. Widrigenfalls hat sie dem Kunden die geleisteten Zahlungen zu ersetzen. – Einer einzelnen Überweisung kann der Kunde solange widersprechen, wie der Betrag dem Empfänger noch nicht gutgeschrieben ist.

561 **Einzugsermächtigung**: Der Zahler ermächtigt den Empfänger, den jeweiligen Betrag seiner Forderung mittels eines Lastschriftvordruckes durch dessen Kreditinstitut oder mittels eines Einziehungsauftrages durch dessen Postbank-Niederlassung **einziehen** zu lassen (bspw. Rundfunk- und Fernmeldegebühren, Versicherungsbeiträge, Miete, Stromabrechnung, Kreditkartenabrechnungen). Die Besonderheit dieser Abrechnungsart liegt darin, daß die Schuldnerbank lediglich im Vertrauen auf die Rechtmäßigkeit der (An-)Forderung des Geldbetrages durch den Empfänger handelt und somit diesbezüglich das volle Risiko trägt. Ob ihr Vertrauen gerechtfertigt war, weiß die Bank erst, wenn der Kunde die ihm im Kontoauszug unterbreitete Abbuchung (Belastung) genehmigt. Widerspricht der Kunde der Abbuchung (was er, wenn Einwände gegen die Abbuchung bestehen, umgehend tun sollte! Die von den Banken allgemein vorgegebene Widerspruchsfrist von

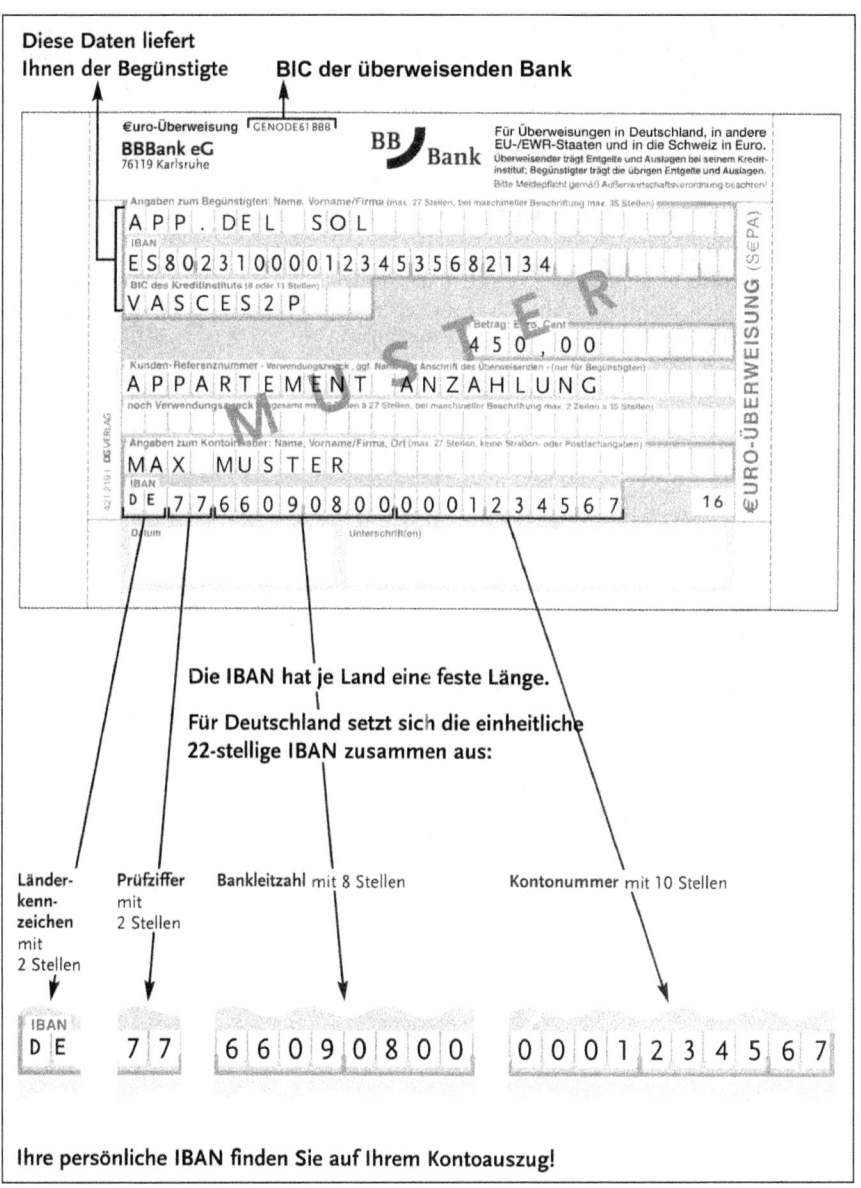

Schaubild II, 3a

II Konsum

6 Wochen ab Zusendung des betreffenden Kontoauszuges ist den Kunden gegenüber nicht verbindlich!), so ist die Bank verpflichtet, die Belastung rückgängig zu machen. Ob nun der Gläubiger seinerseits eine berechtigte Forderung an den Bankkunden hat oder nicht, bleibt für die Bank ohne Bedeutung.

Der Zahler kann eine erteilte Einzugsermächtigung gegenüber dem Gläubiger jederzeit widerrufen. (Aus Beweisgründen empfiehlt sich Einschreiben mit Rückschein!) Für Abbuchungen nach erfolgtem Widerruf macht sich der Gläubiger schadensersatzpflichtig.

562 **Abbuchungsauftrag:** Der Zahler beauftragt schriftlich sein Kreditinstitut, von seinem Konto den vom Empfänger jeweils geforderten Betrag abzubuchen. Die Zahlstelle muß vor der Kontobelastung prüfen, ob ihr die Zustimmung des Zahlungspflichtigen vorliegt. Einer Belastung kann der Zahlungspflichtige **nicht** widersprechen.

563 ## 3.4.3 Scheck

Der Scheck ist eine Anweisung an ein Kreditinstitut, für Rechnung (d. h. zu Lasten) des Ausstellers einen bestimmten Geldbetrag zu zahlen (siehe Schaubild II,4).

Der Scheck ist kein gesetzliches Zahlungsmittel. Die Übergabe eines Schecks zur Tilgung einer Schuld ist eine Leistung →erfüllungshalber (zahlungshalber). Die Schuld wird erst getilgt, wenn das bezogene Kreditinstitut den Scheck einlöst.

Der Scheck muß nach Art. 1 Scheckgesetz folgende Bestandteile enthalten: die Bezeichnung „Scheck" im Text der Urkunde; die unbedingte Anweisung, eine be-

Schaubild II, 4

Konsum **II**

stimmte Geldsumme zu zahlen; das bezogene Kreditinstitut; den Zahlungsort; Ort und Tag der Ausstellung; die Unterschrift des Ausstellers. Aus Sicherheitsgründen und zur Vereinfachung des Scheckverkehres erkennen die Kreditinstitute nur Scheckziehungen (d.h. Scheckausstellungen) auf von ihnen ausgegebenen (Scheck-) Vordrucken an.

Am rechten Scheckrand, oberhalb des Betragsfeldes, ist das Länderkennzeichen (DE für Deutschland) schwarz ausgedruckt.

Ein Scheck ohne den Vermerk „Nur zur Verrechnung" gilt als **Barscheck**. Er kann durch das bezogene Institut bar eingelöst werden. Trägt ein Scheck (i. d. R. auf der linken Seite des Vordruckkopfes) den Aufdruck oder die Aufschrift „Nur zur Verrechnung", so gilt er als **Verrechnungsscheck**. Er darf nicht bar ausgezahlt werden, sondern muß dem Konto des Einreichers gutgeschrieben werden. Eine Streichung des Vermerkes „Nur zur Verrechnung" gilt als nicht erfolgt. Der Verrechnungsvermerk kann vom Aussteller und jedem Inhaber angebracht werden. Die Kreditinstitute stellen auf Wunsch Scheckformulare mit dem Verrechnungsaufdruck zur Verfügung. 564

565

Aufgrund des auf jedem Scheckformular eingedruckten Vermerkes „oder Überbringer" (sogenannte **Überbringerklausel**) kann ein Scheck formlos weitergegeben werden. Das bezogene Kreditinstitut ist berechtigt, aber nicht verpflichtet, die Legitimation des Überbringers zu prüfen. 566

Das bezogene Geldinstitut ist durch die Ausstellung eines Schecks lediglich zur Zahlung angewiesen, nicht jedoch verpflichtet. Ausnahmen von dieser Regelung gelten für den **bestätigten Landeszentralbankscheck** (Die Landeszentralbanken können Schecks ihrer Kunden mit einem Bestätigungsvermerk versehen, durch den sie sich zur Einlösung derselben innerhalb von 8 Tagen nach Ausstellung verpflichten.). Der 1972 eingeführte **eurocheque** (ec) mit **eurocheque-Karte** (ec-Karte) verlor mit Wegfall der Einlösungsgarantie der Banken (bis zu einem Höchstbetrag von 400 DM) zum 31. 12. 2001 weitgehend seine wirtschaftliche Bedeutung. Die Bargeldbeschaffung durch Eurocheque bei Banken war damit nicht mehr möglich! Zwar können Eurocheques auch nach diesem Stichtag noch verwendet werden. Da der Empfänger jedoch (wie bei jedem gewöhnlichen Scheck) das Einlösungsrisiko selbst trägt, wird die Annahme von Eurocheques zur Vertrauenssache! – Die ec-Karte wurde zwischenzeitlich um die Funktion einer **Debitkarte** ergänzt. Sie kann damit zur bargeldlosen Zahlung oder zur Abhebung von Bargeld (**electronic cash**) an Geldautomaten benutzt werden. (I. G. zur →Kreditkarte wird der gezahlte/abgehobene Betrag dem Kontoinhaber sofort belastet.) – Das bislang auf der Karte geführte Kürzel „ec" soll bis 2011 nach und nach durch den Schriftzug **Girocard** mit einem blau-weißen (eine Zahlentastatur symbolisierenden) Logo ersetzt werden. 567

568,569

570

570a

Der Scheck ist **bei Sicht** zahlbar.

Wird der Scheck innerhalb der **gesetzlichen Vorlegungsfristen** (im Inland 8 Tage, 20 Tage für im europäischen Ausland oder in einem an das Mittelmeer angrenzenden Land ausgestellte Schecks, 70 Tage für in überseeischen Ländern ausgestellte Schecks) vorgelegt und vom bezogenen Geldinstitut nicht eingelöst (Dies ist dann

II Konsum

möglich, wenn: das Konto des Ausstellers keine ausreichende Deckung aufweist; der Scheck widerrufen [gesperrt] wurde; die Vorlegefrist abgelaufen ist.), so hat der Scheckberechtigte (das ist der Scheckinhaber) die **Pflicht**, seinen unmittelbaren Vormann (das ist derjenige, der ihm gegebenenfalls den Scheck weitergegeben hat)
571 sowie den Aussteller innerhalb von 4 Werktagen zu **benachrichtigen** und das **Recht**,
572 **Rückgriff** zu nehmen (Regreßrecht) gegen die Indossanten (Das sind diejenigen, die den Scheck weitergegeben haben und diese Weitergabe auf der Rückseite des Schecks durch ein sogenanntes Indossament vermerkt haben.) und den Aussteller. Der Scheckinhaber kann dieses Rückgriffsrecht jedoch nur ausüben, wenn er die Verweigerung der Einlösung nachweist und zwar durch einen Vorlegungsvermerk
573 des Geldinstitutes („vorgelegt und nicht eingelöst") oder durch eine öffentliche Urkunde (**Protest**).

Als nicht unproblematisch gestaltet sich zuweilen die Frage, wer das Risiko der Fälschung und des Diebstahles von Schecks trägt. Hierzu gilt es zunächst festzustellen, daß jede Bank verpflichtet ist, die ihr vorgelegten Schecks auf die Echtheit ihrer Unterschrift zu prüfen. Diese Prüfung erstreckt sich darauf, auffällige Abweichungen zu der vom Kontoinhaber bei der Bank hinterlegten Unterschriftenprobe festzustellen und zwar selbst dann, wenn der Scheck nicht der kontoführenden Filiale des Geldinstitutes vorgelegt wurde. Erforderlichenfalls haben die Filialangestellten die wesentlichen Merkmale der Unterschrift von der kontoführenden Stelle telefonisch oder per Telefax abzurufen. Verletzt das Geldinstitut seine Prüfungspflicht, so macht es sich schadensersatzpflichtig. Hat der Kunde jedoch durch mangelnde Sorgfalt bei der Aufbewahrung der Scheckformulare deren mißbräuchliche Verwendung begünstigt, so kann ihm ein Teil des Schadens selbst angelastet werden.

Im Falle von Verlust oder Diebstahl von Scheckformularen ist die sofortige **Sper-**
574 **rung** der Schecks angezeigt. Das heißt, das Geldinstitut wird von dem Vorfall in Kenntnis gesetzt und darum gebeten, ab sofort keine Schecks mehr einzulösen. Nach Auffassung des Bundesgerichtshofes ist grundsätzlich jede Schecksperrung für die Bank verbindlich. Bei Zuwiderhandlung hat die Bank den Schaden selbst zu tragen.

575 ### 3.4.4 Bankcard ec

An die Stelle des → eurocheque (ec) mit eurocheque-Karte trat in den letzten Jahren mehr und mehr die Bankcard ec (ec = electronic cash) mit dem ihre weltweite Einsatzmöglichkeit signalisierenden Maestro-Logo. Sie repräsentiert eine Geldkarte, die von Kreditinstituten für ein auf ihr angegebenes Girokonto auf den Namen des Kontoinhabers ausgestellt wird. Der Kontoinhaber darf Verfügungen mit seiner Bankcard nur im Rahmen des Kontoguthabens oder eines vorher für das Konto eingeräumten Kredits vornehmen. Zur Sicherung des Kontozugriffes erhält der Bankcard-Inhaber von seiner Bank eine vierstellige persönliche Geheimzahl (PIN = Personal Identification Number). Im Gegensatz zur → Kreditkarte wird der verfügte Betrag zeitgleich vom Konto abgebucht. Die Bankcard dient zum bargeldlosen Zahlen an (diesbezüglich automatisierten) Kassen des Handels- und Dienstleistungsbereiches und zur Abhebung von Bargeld an Geldautomaten im In-

Konsum **II**

und Ausland (immer mit Eingabe der PIN). Die Bankcard besteht aus fälschungssicherem Material und hat ein international einheitliches Format; ihre Gültigkeitsdauer beträgt jeweils 2 Jahre. Die Banken berechnen dem Kontoinhaber für die Inanspruchnahme ihrer Dienste jährlich eine (geringe) Gebühr.

3.4.5 Kreditkarte

576

Kreditkarten kommt im bargeldlosen Zahlungsverkehr, insbesondere im Rahmen der Alltagsgeschäfte (Einzelhandel, Tankstellen, Gaststätten, Hotels) zunehmende Bedeutung zu. Die bekanntesten Kreditkarten sind **Eurocard, Visa Card, American Express, Diners Club.** Sie berechtigen den Inhaber bei den Vertragsunternehmen Rechnungen ohne Bargeld zu begleichen. Der Kreditkarteninhaber unterschreibt lediglich einen Abrechnungsbeleg, den das Vertragsunternehmen ausstellt. Die in Anspruch genommenen Kreditbeträge werden einmal monatlich mit einer Gesamtrechnung im Lastschriftverfahren (→ Einzugsermächtigung) von seinem (angegebenen) Konto eingezogen. Für die Kreditkarte wird ihrem Inhaber in der Regel eine jährliche Gebühr in Rechnung gestellt.

3.5 Mahnverfahren, Klageverfahren, Zwangsvollstreckung

Voraussetzung dafür, daß ein Gläubiger gegen seinen Schuldner wegen Nichterbringung der geschuldeten Leistung vorgehen kann, ist, daß dieser in **Verzug** gerät. Als Verzug bezeichnet man einen Rechtszustand, aus dem sich bestimmte Rechtsfolgen ergeben.

576a

Die zum 1.1.2002 in Kraft getretene Schuldrechtsreform hat den Verzug in § 286 BGB wie folgt neu geregelt:

(1) Leistet der Schuldner auf eine **Mahnung** des Gläubigers, die nach dem Eintritt der Fälligkeit erfolgt, nicht, so kommt er durch diese Mahnung in Verzug. Der Mahnung stehen die Erhebung der Klage auf Leistung sowie die Zustellung eines Mahnbescheids im Mahnverfahren gleich.

576b

(2) Der Mahnung bedarf es nicht, wenn
1. für die Leistung eine Zeit nach dem Kalender bestimmt ist,
2. der Leistung ein Ereignis vorauszugehen hat und eine angemessene Zeit für die Leistung in der Weise bestimmt ist, daß sie sich von dem Ereignis an nach dem Kalender berechnn läßt (z. B. „Zahlung 14 Tage nach Erhalt der Ware"),
3. der Schuldner die Leistung ernsthaft und endgültig verweigert,
4. aus besonderen Gründen unter Abwägung der beiderseitigen Interessen der sofortige Eintritt des Verzugs gerechtfertigt ist.

(3) Der Schuldner einer **Entgeltforderung** (d. s. insbesondere Kaufpreis- oder Werklohnforderungen) kommt spätestens in Verzug, wenn er nicht innerhalb von 30 Tagen nach Fälligkeit und Zugang einer Rechnung oder gleichwertigen Zahlungsaufstellung leistet; dies gilt gegenüber einem Schuldner, der **Verbraucher** (§ 13 BGB) ist, nur, wenn auf diese Folgen in der Rechnung oder Zahlungsaufstellung besonders hingewiesen worden ist. Wenn der Zeitpunkt des Zugangs

II Konsum

der Rechnung oder Zahlungsaufstellung unsicher ist, kommt der Schuldner, der **nicht Verbraucher** ist, spätestens 30 Tage nach Fälligkeit und Empfang der Gegenleistung in Verzug.

(4) Der Schuldner kommt nicht in Verzug solange die Leistung infolge eines Umstandes unterbleibt, den er nicht zu vertreten hat.

Nach § 288 BGB n. F. hat der Schuldner während des Verzugs eine Geldschuld mit 5 Prozentpunkten über dem Basis-Zinssatz pro Jahr zu verzinsen. Bei Rechtsgeschäften, an denen kein Verbraucher beteiligt ist, liegt der Verzinsungssatz 8 Prozentpunkte über dem Basiszinssatz.

577 Kommt der Schuldner seiner Pflicht zur Zahlung nicht rechtzeitig nach, so ist der Gläubiger gut beraten, diesen zu mahnen. Hierfür empfiehlt sich für ihn folgende Vorgehensweise (**außergerichtliches Mahnverfahren**):

- zunächst **Erinnerung** an die zu begleichende Schuld durch Zusendung einer Rechnungskopie;
- danach (falls keine Zahlung erfolgte) **Mahnschreiben** (Mahnung) mit Hinweis auf Fälligkeit der Schuld und Aufforderung zur Zahlung;
578
- danach (falls keine Zahlung erfolgte) Ankündigung des Einzuges der Geldforderung durch →Postnachnahme oder ein **Inkassobüro** (gewerbliches Unternehmen, das sich mit der Einziehung von Forderungen befaßt);
- danach (falls noch keine Zahlung erfolgte) Veranlassung der Postnachnahme oder →Abtretung der Forderung an ein Inkassobüro;
- danach (falls noch immer keine Zahlung erfolgte) letztes Mahnschreiben und Androhung gerichtlicher Schritte.

579 Das **gerichtliche Mahnverfahren** (§§ 688–703d Zivilprozeßordnung [ZPO]) soll dem Gläubiger möglichst rasch zu einem →Vollstreckungsbescheid verhelfen. Es wird eingeleitet durch den Antrag des Gläubigers auf Erlaß eines Mahnbescheides beim zuständigen Amtsgericht (das ist das Amtsgericht, in dessen Bezirk der Antrag-
580 steller [Gläubiger] seinen Wohnsitz bzw. seine geschäftliche Niederlassung hat)*. Der **Mahnbescheid** ist eine gerichtliche Mahnung, durch welche der Schuldner aufgefordert wird, die Schuld samt Kosten und Zinsen binnen einer Frist von 2 Wo-
581 chen zu bezahlen oder beim Amtsgericht **Widerspruch** zu erheben (Widerspruchsfrist). Der Antrag auf Erlaß eines Mahnbescheides wird mit einem Formularsatz gestellt. (Gründet sich der Anspruch des Gläubigers auf eine Schuldurkunde, eine Scheck- oder Wechselforderung, so ist ein Urkunden-, Scheck- oder Wechselmahnbescheid zu erlassen.) Das Amtsgericht stellt (ohne zu prüfen, ob der vom Antragsteller erhobene Anspruch gerechtfertigt ist) den Mahnbescheid dem Schuldner zu und gibt dem Gläubiger Nachricht vom Zustellungstag. Erhebt der Schuldner **Widerspruch** (dies ist innerhalb der nächsten 6 Monate auch nach Ablauf der Widerspruchsfrist möglich, sofern der Mahnbescheid noch nicht für vollstreckbar erklärt worden ist), so wird auf Antrag einer Partei von Amts wegen der Rechtsstreit dem für das Streitverfahren zuständigen Gericht zur Einleitung eines →**Klageverfahrens** zugeleitet. Dieses Gericht fordert alsdann den Antragsteller auf, seinen An-

---

* § 689 Abs. 3 ZPO bestimmt, daß die Landesregierungen aus Rationalisierungsgründen einem oder mehreren Amtsgericht(en) im Land diese Aufgabe übertragen können.

spruch in einer Klageschrift zu begründen, und bestimmt nach Eingang dieser Begründung einen Verhandlungstermin. Erhebt der Schuldner **keinen Widerspruch**, so kann der Gläubiger binnen 6 Monaten nach Zustellung des Mahnbescheides beim Amtsgericht Antrag auf Erlaß des **Vollstreckungsbescheides** stellen. Der Vollstreckungsbescheid ist ein **vollstreckbarer Titel**; er gestattet dem Gläubiger, gegen den Schuldner die →**Zwangsvollstreckung** zu betreiben. Der Vollstreckungsbescheid kann dem Schuldner von Amts wegen durch das Gericht (z. B. durch die Post mit Zustellungsurkunde) oder auf Antrag des Gläubigers durch einen Gerichtsvollzieher zugestellt werden. Gegen den Vollstreckungsbescheid kann der Schuldner binnen 2 Wochen nach Zustellung **Einspruch** einlegen; der Rechtsstreit wird dann an dem im Mahnbescheid angegebenen Gericht des Schuldners im Wege des →**Klageverfahrens** behandelt. Falls der Schuldner **keinen Einspruch** erhebt, kann der Gläubiger nunmehr →**Zwangsvollstreckung** in das Vermögen des Schuldners betreiben, das heißt Vermögensteile pfänden lassen, um sie – nach Ablauf der Einspruchsfrist – versteigern zu lassen. Verläuft die **Pfändung** (das ist die staatliche Beschlagnahme eines Gegenstandes oder einer Forderung zum Zwecke der Verwertung) fruchtlos oder unbefriedigend, so ist der Schuldner auf Antrag des Gläubigers verpflichtet, eine **eidesstattliche Versicherung** über die Vollständigkeit eines von ihm aufgestellten Vermögensverzeichnisses abzugeben. Zuständig hierfür ist das Prozeßgericht. Der Gläubiger erhält auf Antrag eine Abschrift des Vermögensverzeichnisses.

Erscheint der Schuldner nicht zur Abgabe der eidesstattlichen Versicherung oder verweigert er dieselbe, so kann der Erlaß eines Haftbefehls gegen ihn beantragt werden. Die Verhaftung erfolgt durch den Gerichtsvollzieher. Die Haft darf die Dauer von 6 Monaten nicht übersteigen.

Muß der Gläubiger befürchten, daß das gerichtliche Mahnverfahren nicht zum Ziel führt, erscheint es vorteilhafter, gleich Klage zu erheben. Das Klageverfahren wird auch bei Widerspruch gegen einen Mahnbescheid oder bei Einspruch gegen einen Vollstreckungsbescheid eingeleitet. Das **Klageverfahren** bezweckt die Erlangung des staatlichen Rechtsschutzes durch einen Prozeß und ein daraus resultierendes Urteil. **Örtlich** zuständig für die Klageerhebung ist das Gericht, in dessen Bezirk der Schuldner seinen Wohnsitz oder seine geschäftliche Niederlassung hat. **Sachlich** zuständig ist bis zu einem Streitwert von 5000 Euro das Amtsgericht, darüber das Landgericht. Nach Prüfung der Klage setzt das Gericht einen Termin zur mündlichen Verhandlung fest, der dem Beklagten mit der amtlichen Zustellung der Klageschrift mitgeteilt wird. Der Beklagte kann durch Gegenschriften und Beweismittel zu den Anklagepunkten Stellung nehmen. In der mündlichen Verhandlung werden die Parteien in der Absicht vernommen, den Tatbestand zu klären. Als Beweismittel dienen: Sachverständigengutachten, Augenschein, Urkunden und Zeugenaussagen (unter Umständen unter Eid). Das Verfahren endet durch Urteil, Zurücknahme der Klage oder durch →Vergleich.

Gegen ein Urteil können innerhalb einer bestimmten Frist beim jeweils übergeordneten Gericht als Berufungsinstanz Rechtsmittel (in Form der Beschwerde, der Berufung und der Revision) eingelegt werden. Die **Beschwerde** setzt voraus, daß der Beschwerdegegenstand den Wert von 100 Euro übersteigt. Voraussetzung für die

II Konsum

588 Berufung ist, daß die Berufungssumme 600 Euro übersteigt und das Gericht des ersten Rechtszuges die Berufung im Urteil zugelassen hat. Durch die **Berufung** wird die Überprüfung des Urteils in tatsächlicher Hinsicht (Tatsachenfeststellung) und
589 in rechtlicher Hinsicht (Rechtsanwendung) erzwungen. Durch die **Revision** wird nur die Überprüfung des Urteils in rechtlicher Hinsicht veranlaßt. Voraussetzung für die Revision ist, daß das Berufungsgericht in seinem Urteil die Revision zugelassen hat, oder das Revisionsgericht auf Beschwerde gegen die Nichtzulassung diese zugelassen hat (Zulassungsrevision). Wird kein Rechtsmittel eingelegt, so wird das Urteil rechtskräftig. Es ist damit unanfechtbar und vollstreckbar. Ist ein Urteil noch nicht rechtskräftig, so kann es von Amts wegen (d.h. ohne Antrag des Gläubigers) für vorläufig vollstreckbar erklärt werden. Damit erlangt das Urteil für die →Zwangsvollstreckung praktisch die gleiche Bedeutung wie ein rechtskräftiges Urteil.

590 Die **Zwangsvollstreckung** (§§ 704 ff. ZPO) ist die mit staatlichen Machtmitteln erzwungene Befriedigung eines privatrechtlichen Anspruches. Voraussetzung für eine
591 Zangsvollstreckung ist, daß der Gläubiger gegen den Schuldner einen **vollstreckbaren Titel** (Vollstreckungstitel) hat. Vollstreckungstitel sind in erster Linie rechtskräftige Urteile, →(Prozeß-)Vergleiche, →Vollstreckungsbescheide in Mahnverfah-
592 ren, **Arreste** (der Arrestbefehl des Gerichts lautet in der Regel auf Beschlagnahme von Vermögenswerten [dinglicher Arrest]; er kann auch [zur Sicherung der gefährdeten Zwangsvollstreckung in das Vermögen des Schuldners] auf Verhaftung oder andere Beschränkung der Freiheit des Schuldners [persönlicher Arrest] lauten [§§ 916 ff. ZPO]), die Feststellung einer Forderung im →Insolvenzverfahren durch Eintragung, der Zuschlag in der →Zwangsversteigerung.

592a Nach EU-Verordnung (EG) Nr. 805/1004 gibt es seit 2005 einen einheitlichen vollstreckbaren Titel für den Bereich der Europäischen Union (**Europäischer Vollstreckungstitel** [EVT]); allerdings nur insoweit, als es sich um unbestrittene Forderungen handelt, das heißt, um solche Titel, deren Berechtigung der jeweilige Schuldner anerkannt hat.

Die Durchführung der Zwangsvollstreckung kann auf verschiedene Weise erfolgen, je nachdem, ob sie in das bewegliche Vermögen oder in das unbewegliche Vermögen des Schuldners bewirkt wird.

Zwangsvollstreckung in das bewegliche Vermögen. Zum beweglichen Vermögen zählen körperliche Sachen sowie Forderungen und andere Rechte. Die Zwangsvoll-
593 streckung erfolgt durch Pfändung und Verwertung. Die **Pfändung von körperlichen Sachen** wird durch den Gerichtsvollzieher vorgenommen. Bei sich im Gewahrsam des Schuldners befindlichen Sachen, wie Geld, Kostbarkeiten und Wertsachen, erfolgt die Pfändung dadurch, daß der Gerichtsvollzieher diese in Besitz nimmt. Andere verwertbare Gegenstände des Schuldners bleiben zwar in dessen Gewahrsam,
594 werden aber durch Anbringung von Siegeln (**Pfandmarken**; ihre Entfernung oder Beschädigung ist nach § 136 Abs. 2 StGB strafbar!) oder auf andere Weise als ge-
595 pfändet gekennzeichnet. Von den körperlichen Sachen sind **unpfändbar** (§ 811 ZPO):

– die dem persönlichen Gebrauch oder dem Haushalt dienenden Sachen (Kleidung, Betten, Haus- und Küchengeräte u.a.);

Konsum II

- die für die Haushaltsführung über einen Zeitraum von 4 Wochen benötigten Nahrungs-, Beleuchtungs- und Heizungsmittel oder der zu ihrer Beschaffung erforderliche Geldbetrag;
- die zur Berufsausübung unentbehrlichen Gegenstände (Berufskleidung, Bücher, Werkzeuge u. ä.).

Es soll damit eine sogenannte Kahlpfändung vermieden und dem Schuldner weiterhin eine bescheidene Haushaltsführung, die Ausübung seines Berufes und gegebenenfalls die Fortführung seines Betriebes in bescheidenem Umfang ermöglicht werden. Besonders wertvolle, an sich unpfändbare Gegenstände (z. B. goldene Uhr, Pelzmantel, Fernsehapparat) können gegen einfache Ersatzstücke ausgetauscht werden (**Austauschpfändung**, § 811 a ZPO). 596

Die **Verwertung** der gepfändeten Sachen erfolgt in der Regel im Wege der **öffentlichen Versteigerung**. Die Versteigerung kann frühestens eine Woche nach der Pfändung durchgeführt werden. Gläubiger und Schuldner dürfen mitbieten. Den Zuschlag erhält der Meistbietende. 597,598

Bei **fruchtloser Pfändung** (d. h. wenn nichts zu holen ist!) muß der Schuldner auf Antrag des Gläubigers **an Eides statt** versichern, daß er sein Vermögen in dem von ihm aufzustellenden Verzeichnis (**Vermögensoffenbarung**) vollständig angegeben hat. Zur Erzwingung der Vermögensoffenbarung kann Haftbefehl erlassen werden (**Beugehaft**, §§ 901 ff. ZPO). 599 600 601

Die Pfändung von Forderungen und anderen Rechten fällt nicht in die Zuständigkeit des Gerichtsvollziehers, sondern wird durch das Amtsgericht mittels eines (vom Gläubiger beantragten) **Pfändungs- und Überweisungsbeschlusses** veranlaßt. Durch ihn gebietet das Gericht dem Drittschuldner, die Zahlung, das heißt die Begleichung der Forderung, an den Schuldner zu bewirken; gleichzeitig wird dem Schuldner verboten, nach Eingang der Zahlung über dieselbe zu verfügen. Der Gläubiger ist berechtigt, die eingegangene Zahlung im eigenen Namen einzuziehen. Nach § 835 Abs. 1 ZPO ist dem Gläubiger die gepfändete Geldforderung zur Einziehung oder an Zahlungsstatt zu überweisen. 602,603

Lohnpfändung. Für Arbeitseinkommen (das sind Arbeitslöhne u. Gehälter u. ä.) besteht nach § 850 ZPO ein bestimmter **Pfändungsschutz**. Danach sind **unpfändbar**: die Hälfte des Einkommens aus Überstunden, Urlaubsgeld, Aufwandsentschädigungen, Auslösungsgelder und sonstige soziale Zulagen für auswärtige Beschäftigungen, Weihnachtsvergütungen bis zur Hälfte des monatlichen Arbeitseinkommens (höchstens aber bis 500 Euro), Heirats- und Geburtshilfen, Erziehungsgelder, Studienbeihilfen und ähnliche Bezüge (§ 850a ZPO). **Bedingt pfändbar** (d. h. bei fruchtloser Pfändung in das bewegliche Vermögen gemäß Anordnung des Vollstreckungsgerichts, § 850 b ZPO) sind Renten, die auf Grund von Körper- und Gesundheitsschäden gezahlt werden, sowie Unterhaltsrenten nach gesetzlicher Vorschrift. **Pfändungsfrei** sind im allgemeinen Arbeitseinkommen bis 990 Euro monatlich (§ 850c ZPO). Gewährt der Schuldner auf Grund gesetzlicher Verpflichtung Unterhalt (Ehegatten, frühere Ehegatten, Verwandte, nichteheliche Kinder), so erhöht sich der unpfändbare Teil des Einkommen nach bestimmten Sätzen. 604 605,606 607 608

II Konsum

609 Bei der **Kontenpfändung** von Arbeitseinkommen muß das Vollstreckungsgericht auf Antrag des Schuldners eine Pfändung des Guthabens bis zu dem Kontobetrag aufheben, der dem nicht pfändbaren Teil des Arbeitseinkommens für die Zeit von der Pfändung bis zur nächsten Lohn- oder Gehaltszahlung entspricht (§ 850k ZPO).

Zwangsvollstreckung in Grundpfandrechte (→Hypotheken u. →Grundschulden) wird dadurch bewirkt, daß die Pfändung auf Grund des gerichtlichen Pfändungsbeschlusses in das →Grundbuch eingetragen wird. Ist über die Hypothek oder Grundschuld ein Brief ausgestellt (→Briefhypothek, →Briefgrundschuld), ist die Entstehung des Pfandrechtes an die Übergabe des Briefes gebunden. Falls der Schuldner den Brief nicht herausgibt, kann sich der Gläubiger diesen durch eine
610 sogenannte **Hilfspfändung** verschaffen. Das gleiche gilt für die Beschaffung von Sparbüchern bei Pfändung in Sparkonten (§ 836 ZPO).

Die Zwangsvollstreckung in das unbewegliche Vermögen wird bewirkt durch Eintragung einer →Sicherungshypothek oder durch Zwangsversteigerung oder durch Zwangsverwaltung des Grundbesitzes.

611 Die Eintragung einer **Sicherungshypothek** zu Lasten des Grundstückes des Schuldners dient der Sicherung der Rechte des Gläubigers. Die Eintragung beim Grund-
612 buchamt (Amtsgericht) erfolgt auf Antrag des Gläubigers (**Zwangshypothek**, § 867 ZPO).

613 Die **Zwangsversteigerung** eines Grundstückes wird von dem jeweils zuständigen Amtsgericht durchgeführt. Es setzt das sogenannte „geringste Gebot" fest, durch das gewährleistet wird, daß die Verfahrenskosten und die vorrangigen Forderungen gedeckt sind. Gebote unter dem geringsten Gebot werden bei der Versteigerung nicht zugelassen. Wird aus der Versteigerung ein Überschuß erlöst, so gehört dieser dem bisherigen Grundstückseigentümer; droht ein Mindererlös, so können die Gläubiger das Grundstück selbst ersteigern, um es gegebenenfalls später günstiger zu veräußern.

614 Bei der **Zwangsverwaltung** bleibt dem Grundstückseigentümer sein Eigentumsrecht erhalten; es wird ihm aber das Verfügungsrecht über das Grundstück (bspw. es zu verkaufen) entzogen. Das Gericht setzt nämlich einen Zwangsverwalter ein, der die Erträgnisse des Grundstückes einzieht und nach Abzug der entstehenden Kosten an die Gläubiger abführt. Dies geschieht so lange, bis die Gläubiger befriedigt sind.

Zwangsversteigerung und Zwangsverwaltung werden nach dem Gesetz über die Zwangsversteigerung und Zwangsverwaltung (ZVG) geregelt.

Bei sämtlichen Arten der Zwangsvollstreckung kann nach § 765a ZPO das Vollstreckungsgericht auf Antrag des Schuldners **jede** Maßnahme der Zwangsvollstreckung ganz oder teilweise aufheben, untersagen oder einstweilen einstellen. Voraussetzung für dieses gerichtliche Vorgehen zum Schutze des Schuldners (**Vollstrek-**
615 **kungsschutz**) ist, daß die Vollstreckungsmaßnahmen wegen ganz besonderer Umstände eine Härte gegenüber dem Schuldner darstellen würden, die mit den guten Sitten (§ 138 BGB) nicht vereinbar wären (z. B. Vollstreckung eines Räumungsurteiles gegen einen schwerkranken Schuldner). Besondere Vorschriften über Vollstreckungsschutz bestehen bei Urteilen oder Vergleichen über Wohnungsräumung (§§ 721, 794a ZPO). Darüber hinaus kann das Vollstreckungsgericht nach § 813a

Konsum **II**

ZPO auf Antrag des Schuldners die Verwertung gepfändeter Sachen zeitweilig unter Anordnung von Zahlungsfristen aussetzen (**Verwertungsaufschub**). 616

Mit der ab 2008 geltenden EU-Verordnung (EG) Nr. 1896/2006 wird ein **Europäisches Mahnverfahren** eingeführt. Dieses führt bei unbestrittenen zivil- und handelsrechtlichen Geldforderungen im grenzüberschreitenden Verkehr zur Vereinfachung und Beschleunigung sowie zur Verringerung der Verfahrenskosten. Die Verordnung regelt den freien Verkehr **Europäischer Zahlungsbefehle** (Der Zahlungsbefehl entspricht in seiner rechtlichen Konstruktion im wesentlichen dem [gerichtlichen] →Mahnbescheid.) in den Mitgliedstaaten (mit Ausnahme von Dänemark) durch Festlegung von Mindestvorschriften, bei deren Einhaltung die Zwischenverfahren im Vollstreckungsmitgliedstaat, die bisher für die Anerkennung und Vollstreckung erforderlich waren, entfallen. 616a 616b

3.6 Insolvenzverfahren 617

Während im Falle der Zahlungsunfähigkeit (Insolvenz) des Schuldners zur Befriedigung eines einzelnen Gläubigers die Zwangsvollstreckung dient, greift zur Befriedigung mehrerer Gläubiger seit dem 1. Januar 1999 die neue **Insolvenzordnung** (InsO). Diese neue Insolvenzordnung gilt einheitlich im gesamten Bundesgebiet und löst die bis dahin gültige Konkurs- und Vergleichsordnung in den alten und die Gesamtvollstreckungsordnung in den neuen Bundesländern ab. 618

Mit seinem Reformwerk versucht der Gesetzgeber einen dem modernen Wirtschaftsleben angepaßten Rahmen für die Liquidation beziehungsweise die Sanierung notleidender Unternehmen wie auch – und das ist das grundlegend Neue – für die **Restschuldbefreiung** von **Verbrauchern** durch Einführung eines Verbraucherinsolvenzverfahrens zu schaffen. Verbraucher im Sinne der Verbraucherinsolvenzordnung sind Arbeitnehmer und Empfänger von Versorgungsleistungen sowie Rentner und Pensionäre. Auch ehemalige Selbständige, sofern deren Vermögensverhältnisse überschaubar sind, werden ihnen zugerechnet. Alle anderen Personen, also freiberuflich tätige Selbständige wie Ärzte, Rechtsanwälte oder Architekten, Kleingewerbetreibende und Unternehmer werden dem durch die Verbraucherinsolvenzordnung begünstigten Pesonenkreis nicht zugerechnet und können demnach eine Befreiung von ihren Schulden nur im Rahmen des Regelinsolvenzverfahrens (d. h. des normalen Insolvenzverfahrens) und des sich gegebenenfalls anschließenden Restschuldbefreiungsverfahrens erlangen. Beim Regelinsolvenzverfahren wird die Restschuldbefreiung durch einen Insolvenzplan erreicht, der die Befreiung der Gläubiger regelt. Kommt ein solcher Plan jedoch nicht zustande, steht auch diesen Personen nach Aufhebung des Insolvenzverfahrens wie den Verbrauchern das Restschuldbefreiungsverfahren offen. 619

Während die Unternehmensinsolvenz als ein Spezialproblem einer gesonderten Betrachtung überwiesen werden kann, soll hier das allgemeines Interesse erheischende Verbraucherinsolvenzverfahren eingehend dargestellt werden.

Dem **Verbraucherinsolvenzverfahren** liegt die Absicht zu Grunde, **überschuldeten** Personen durch Restschuldbefreiung einen wirtschaftlichen Neuanfang zu ermöglichen. Verbunden ist diese Absicht mit dem sozialpolitischen Ziel, die für die Be- 620

II Konsum

troffenen mit einer Überschuldung einhergehenden sozialen Probleme und die aus diesen erwachsenden gesellschaftlichen Folgelasten einzudämmen.

Das Verbraucherinsolvenzverfahren ist in vier Phasen gegliedert:

1. **Phase:** Außergerichtlicher Einigungsversuch des Schuldners mit seinen Gläubigern

Zunächst obliegt dem Schuldner die Pflicht, ernsthaft zu versuchen, sich mit seinen Gläubigern auf der Grundlage eines Planes außergerichtlich zu einigen, indem er ihnen einen Vergleich (so z. B. Ratenzahlung, Stundung oder Teilerlaß) vorschlägt. Bei diesem Einigungsversuch hat sich der Schuldner der Mithilfe einer als geeignet anerkannten Schuldnerberatungsstelle oder einer geeigneten Person oder Einrichtung (z. B. eines Rechtsanwaltes, Notars, Steuerberaters oder einer Verbraucherzentrale) zu bedienen. Scheitert dieser Einigungsversuch, so hat sich dies der Schuldner durch eine dieser vorgenannten Personen oder Einrichtungen bestätigen zu lassen.

621 2. **Phase:** Gerichtliches Verfahren über den Schuldenbereinigungsplan

Nach vergeblichem Einigungsversuch mit seinen Gläubigern kann der Schuldner beim Insolvenzgericht (d. i. das zuständige Amtsgericht) einen Antrag auf Eröffnung des gerichtlichen Insolvenzverfahrens stellen. Seinem Antrag hat der Schuldner folgende Unterlagen beizufügen:

- die von der als geeignet anerkannten Stelle oder geeigneten Person oder Einrichtung ausgestellte Bescheinigung über den gescheiterten Einigungsversuch mit den Gläubigern;
- ein Einkommens- und Vermögensverzeichnis, aus dem die gesamte Einkommens- und Vermögenslage des Antragstellers ersichtlich wird;
- ein Verzeichnis aller Forderungen, die der Antragsteller gegenüber Dritten hat;
- ein Verzeichnis aller Verbindlichkeiten, die der Antragsteller hat;
- einen Schuldenbereinigungsplan.

Bei der Zusammenstellung dieser Unterlagen nimmt der Schuldner zweckmäßigerweise die Hilfe der anerkannten Person/Einrichtung in Anspruch.

Das Gericht wird auf der Grundlage des eingereichten Schuldenbereinigungsplanes und der Erfahrungen aus dem außergerichtlichen Einigungsversuch erneut versuchen, eine Einigung zwischen Schuldner und Gläubigern herbeizuführen. Es verschickt deshalb Kopien der eingereichten Unterlagen an alle beteiligten Gläubiger und bittet sie um eine Stellungnahme. Um das Verfahren nicht zu verschleppen, wird bei den Gläubigern, die sich zu den ihnen überlassenen Unterlagen nicht innerhalb eines Monats rückäußern, Zustimmung unterstellt.

Falls sich einzelne Gläubiger ohne für das Gericht ersichtlichen Grund einer wirtschaftlich sinnvollen Einigung widersetzen, kann dieses (Gericht) deren Zustimmung ersetzen. Ein derartiges gerichtliches Vorgehen ist aber nur dann zulässig, wenn die Mehrheit der Gläubiger (Kopfmehrheit), die Forderungen über mehr als die Hälfte der Gesamtforderung (Kapitalmehrheit) hat, der vorgetragenen Lösung zustimmt.

Wird der Schuldenbereinigungsplan angenommen, wird das Verfahren durch Gerichtsbeschluß beendet. Der Schuldner hat nunmehr die im Schuldenbereinigungsplan vorgegebenen Leistungen in der festgelegten Zeitfolge zu erbringen. Widrigenfalls können die Gläubiger Vollstreckung beantragen.

Kann keine Einigung erzielt werden, wird das gerichtliche Insolvenzverfahren eröffnet.

3. Phase: Gerichtliches Insolvenzverfahren 622

Das gerichtliche Insolvenzverfahren ist kostenpflichtig. Es sind Gerichtsgebühren und die gerichtlichen Auslagen (z. B. Veröffentlichungskosten) zu zahlen. Die Höhe der Gebühren hängt im Einzelfall von der sogenannten Aktionsmasse, das heißt dem Wert des Schuldvermögens ab. Auch der Treuhänder im Insolvenzverfahren und in der Wohlverhaltensperiode hat Anspruch auf eine Vergütung.

Das Gericht prüft zunächst, ob
- der Schuldner die Verfahrenskosten als Vorschuß aufbringen kann. Ist dies nicht der Fall, kann das Gericht dem Schuldner die Verfahrenskosten stunden. (Um dies zu erreichen, muß der Schuldner einen Stundungsantrag stellen. Stundung wird nur gewährt, wenn die Wahrscheinlichkeit besteht, daß es zu einer Restschuldbefreiung kommt. Die Stundung umfaßt die Gerichtsgebühren und die im Insolvenzverfahren und im Schuldenbereinigungsverfahren entstehenden Auslagen. Zu den Verfahrenskosten zählen auch die Vergütungsansprüche des Insolvenzverwalters/Treuhänders. Die Verfahrenskosten werden bis zur Erteilung der Restschuldbefreiung gestundet. Der Schuldner hat dann die Kosten zu tilgen, die nicht bereits im Insolvenzverfahren oder in der Wohlverhaltensperiode aus dem dem Treuhänder oder Insolvenzverwalter zur Verfügung gestellten Vermögen oder Einkommen des Schuldners beglichen werden konnten. Kann der Schuldner auch nach Erteilung der Restschuldbefreiung die Kosten nicht sofort durch eine Einmalzahlung begleichen, können ihm Ratenzahlungen bewilligt werden. Die Höchstzahl der Raten beläuft sich auf 48 Monate.)
- Gründe gegen eine Restschuldbefreiung vorliegen (bspw. die Durchführung eines Insolvenzverfahrens mit Restschuldbefreiung während der letzten zehn Jahre, falsche Angaben in den vorgelegten Verzeichnissen, falsche Angaben während der letzten drei Jahre bei Kreditanträgen oder bei Anträgen auf öffentliche Leistungen oder zur Vermeidung von Zahlungen an öffentliche Stellen, eine rechtskräftige Verurteilung wegen einer Insolvenzstraftat).

Verläuft diese Prüfung ohne negative Befunde, bestimmt das Gericht einen Treuhänder beziehungsweise einen Insolvenzverwalter, an den der Schuldner den pfändbaren Teil seines Arbeitseinkommen abzuführen hat. Der Treuhänder/Insolvenzverwalter verteilt diesen dann an die Gläubiger.

4. Phase: Wohlverhaltensperiode mit anschließender Restschuldbefreiung 623

In einer der Durchführung des Insolvenzverfahrens folgenden sechsjährigen Wohlverhaltensperiode hat der Schuldner den pfändbaren Teil seines Arbeitseinkommens an den Treuhänder/Insolvenzverwalter abzuführen.

II Konsum

624 Außerdem obliegen dem Schuldner während dieser Wohlverhaltensperiode folgende Pflichten (**Obliegenheitspflichten**):
- im Falle von Arbeitslosigkeit sich um eine „zumutbare Arbeit" zu bemühen und dieses Bemühen auch nachzuweisen;
- dem Gericht jeden Wechsel der Arbeitsstelle und/oder des Wohnsitzes mitzuteilen;
- Erbschaften zur Hälfte an den Treuhänder/Insolvenzverwalter abzuführen;
- Änderungen in seinen Einkommens- und Vermögensverhältnissen dem Gericht anzuzeigen.

Im fünften Jahr der Wohlverhaltensperiode werden dem Schuldner 10 Prozent und im sechsten Jahr 15 Prozent des pfändbaren Teils seiner Einkünfte belassen. Über diese Maßnahme soll er stimuliert werden durchzuhalten.

Die Stichwortnummern 625–635 sind entfallen!

Hat der Schuldner bis zum Ende der Wohlverhaltensperiode die ihm auferlegten Pflichten gewissenhaft erfüllt und gibt er den Gläubigern keinen Anlaß, den Widerruf der Restschuldbefreiung bei Gericht zu beantragen, wird er durch Gerichtsbeschluß von seinen restlichen Schulden befreit.

4 Markt und Preis

636 Der **Markt** ist der Ort, an dem Angebot und Nachfrage aufeinandertreffen. Dieses Aufeinandertreffen vollzieht sich bei „Tante Emma" an der Ecke wie im großen Verbrauchermarkt draußen vor der Stadt, es vollzieht sich auf der „Hannover-Messe" wie auf der Wertpapierbörse in Frankfurt. Eine Marktwirtschaft besteht aus einer unbegrenzten Vielzahl von Märkten oder anders ausgedrückt: aus ungezählten organisierten und spontanen, auf Kauf und Verkauf gerichteten Anstrengungen (Aktivitäten).

Auf den Konsumgütermärkten (für Waren und Dienstleistungen) gehen die auf Kauf ausgerichteten Aktivitäten von den Mitgliedern der →privaten Haushalte aus. (Einem privaten Haushalt gehört praktisch jeder an, ob Arbeitnehmer oder Unternehmer, ob Kind oder Greis.) Sie treten als Käufer (Nachfrager) in Erscheinung.

Die Verkaufsanstrengungen gehen von den Unternehmern (Produzenten und Händlern) aus. Sie sind die Verkäufer (Anbieter). Sowohl die Käufer (Nachfrager) wie auch die Verkäufer sind bestrebt, über den Kauf beziehungsweise Verkauf eines Gutes einen möglichst großen (persönlichen) Vorteil zu erreichen. Übersetzt in die Sprache des Vermögens respektive des Geldes heißt dies, daß Anbieter wie Nachfrager darauf aus sind, sich über den Kauf beziehungsweise Verkauf eines Gutes möglichst stark zu bereichern. Der **Käufer** möchte einen möglichst hohen (in seiner persönlichen Einschätzung den geforderten Kaufpreis möglichst weit übersteigenden) (**Güter-)Gegenwert**, der **Verkäufer** einen möglichst hohen (in seiner persönlichen Einschätzung den Wert des angebotenen Gutes möglichst weit übersteigenden) (**Geld-)Gegenwert**. Beide Marktseiten, die Anbieter wie die Nachfrager, versuchen ihren wirtschaftlichen Erfolg zu maximieren.

Konsum **II**

Aus dieser durch die Erfahrung bestätigten Feststellung folgt zweierlei:

- Die **Nachfrage der privaten Haushalte** nach einem Gut nimmt typischerweise mit sinkendem Preis zu und mit steigendem Preis ab.
- Das (Güter-)**Angebot der Unternehmen** nimmt typischerweise mit steigenden Preisen zu und mit sinkenden Preisen ab.

4.1 Marktformen

Angebot und Nachfrage können einander in unterschiedlicher Strukturierung begegnen. Sie können sich aus vielen einzelnen Anbietern und Nachfragern rekrutieren, aus einigen wenigen oder aus je einem. Je nach Anzahl der Anbieter und Nachfrager sprechen wir von einer anderen **Marktform**. Nach Heinrich von Stackelberg lassen sich im wesentlichen folgende Möglichkeiten unterscheiden (siehe Schaubild II, 5):

Angebot \ Nachfrage	viele	wenige	einer
viele	1. Vollständige Konkurrenz	2. Nachfrageoligopol	3. Nachfragemonopol
wenige	4. Angebotsoligopol	5. Zweiseitiges (bilaterales) Oligopol	6. Beschränktes Nachfragemonopol
einer	7. Angebotsmonopol	8. Beschränktes Angebotsmonopol	9. Zweiseitiges (bilaterales) Monopol

Schaubild II, 5

Was nun den Preis als Verhandlungsgröße zwischen den beiden Marktparteien (Anbieter und Nachfrager) angeht, so läßt sich ganz allgemein sagen: Angebot und Nachfrage bestimmen (im freien Spiel ihrer Kräfte) den Preis.

4.2 Marktmodelle

Da die realen Marktbeziehungen im allgemeinen sehr komplex und in ihren vielfältigen Abhängigkeiten nur schwer erfaßbar sind, erscheint es sinnvoll, den Zugang zu diesem Problem dadurch zu erleichtern, daß man ein vereinfachtes Abbild der Wirklichkeit konstruiert. Diese **idealtypische Verkürzung der Realität** auf eine leicht überschaubare Anzahl wesentlicher Marktbeziehungen nennen wir Marktmodell.

Der marktwirtschaftliche Preisbildungsprozeß läßt sich in idealtypischer Verkürzung am ehesten an der (fiktiven) Marktform der **vollständigen Konkurrenz** aufzeigen. Hier steht einer Vielzahl von Nachfragern (private Haushalte) eine Vielzahl

145

II Konsum

von Anbietern (kleine Unternehmen) gegenüber. Jeder Marktteilnehmer der beiden Parteien sei hinsichtlich seiner Größe so unbedeutsam, daß er den Marktpreis nicht zu beeinflussen vermag. Es sei weiter unterstellt, daß Anbieter und Nachfrager über alle für sie bedeutsamen Faktoren des Marktgeschehens – so insbesondere das jeweilige Gut und seine Eigenschaften, die angebotene und nachgefragte Menge sowie die Güterpreise – bestens informiert seien. (Es herrsche für sie vollkommene

642 **Markttransparenz**, d. h. es bleibt ihnen nichts Wissenswertes verborgen!) Die Anpassungsfähigkeit der Marktteilnehmer sei unendlich schnell, so wie dies näherungsweise an der Wertpapierbörse der Fall ist. – Treffen unter diesen Annahmen Angebot und Nachfrage aufeinander, dann bildet sich ein Preis heraus, bei dem beide – Angebot (d. h. die angebotene Menge) und Nachfrage (d. h. die nachgefrag-

643 te Menge) einander gleich sind. Dieser sogenannte **Gleichgewichtspreis** „räumt den Markt", das heißt, die zu diesem Preis angebotene Gütermenge wird restlos gekauft. Bei jedem anderen Preis ergäbe sich eine Differenz zwischen angebotener und nachgefragter Menge.

Die genau entgegengesetzte Situation zur vollständigen Konkurrenz, nämlich die
644 Konkurrenzlosigkeit, begegnet uns in der Marktform des **Monopols**, bei dem **ein** Anbieter (Angebotsmonopol) oder **ein** Nachfrager (Nachfragemonopol) den Markt beherrscht. Für sie ist der Preis nicht mehr gegeben (d. h. der Preis steht nicht mehr [wie bei der vollständigen Konkurrenz] als unveränderliche Größe fest), sondern eine veränderbare (variable) Größe.

645 Nehmen wir das **Angebotsmonopol**. Der Anbieter hat keine Mitkonkurrenten; er kann den Preis selbst bestimmen. Der von ihm festgelegte Preis ist für den Nachfrager – genauso wie unter Konkurrenzbedingungen – eine nicht zu beeinflussende Gegebenheit (ein Datum). Der Nachfrager kann lediglich darüber befinden, welche Menge er zu dem vom Anbieter festgelegten Preis abnimmt. Damit legt er aber seine Nachfrage fest, die ihrerseits wiederum für den Anbieter zu einer (vor-) gegebenen Größe (Datum) wird. Für den Anbieter werden Preis oder Menge zur strategischen Größe. Setzt er den Preis, dann antwortet der Markt mit einer entsprechenden Nachfrage; setzt er die Menge, so bildet der Markt den entsprechenden Preis.

646 Die Marktform des **Oligopols** ist dadurch gekennzeichnet, daß sich nur wenige Wettbewerber den Markt teilen. Für diese wenigen Wettbewerber ist der Preis wohl nicht mehr eine vorgegebene Größe (Datum), aber auch nicht frei setzbar, da sie starke Konkurrenten haben. So sehen sich beispielsweise die Anbieter eines **glei-**
647 **chen** (homogenen) Gutes im **Angebotsoligopol** einer gemeinsamen Nachfrage gegenüber. Diese läßt für den einzelnen Anbieter sowohl Mengen- als auch Preispolitik zu; das heißt, er kann sowohl seine Angebotsmenge wie auch den Preis des angebotenen Gutes variieren. Hierbei hat der Anbieter allerdings das tatsächliche oder mutmaßliche Verhalten seiner Mitanbieter zu berücksichtigen.

Wird die Menge zur strategischen Größe erhoben, also Mengenpolitik betrieben, so erfolgt die Mengenfestlegung unter Berücksichtigung des von den Mitkonkurrenten zu erwartenden Marktangebotes und der vom eigenen Angebot ausgehenden Preiswirkung.

Konsum **II**

Wird der Preis zur strategischen Größe und somit Preispolitik betrieben, so werden die einzelnen Anbieter – orientiert an ihren eigenen Produktionskosten – zu Preisvorstellungen gelangen, die sie im Hinblick auf die Preise der Konkurrenz nach oben oder unten korrigieren. Wenn es sich – wie wir unterstellten – um gleiche (homogene) Güter handelt, dann haben die Mitanbieter keine andere Wahl, als sich der billigsten Offerte anzuschließen, da die Nachfrage typischerweise zum günstigsten Angebot drängt. (Weshalb sollte man denn auch das gleiche Gut teuerer einkaufen?) Dies bedeutet: Der billigste Anbieter wird zum **Preisführer**. 648

Auf Märkten mit **ungleichen** (heterogenen) Gütern dient neben der Mengen- und Preispolitik die Produktqualität und die Werbung als Mittel der wettbewerblichen Auseinandersetzung. So bilden sich hier unterschiedliche Bevorzugungen (Präferenzen) und Preise heraus.

Nicht immer erfolgt auf oligopolistischen Märkten die wettbewerbliche Auseinandersetzung mit friedlichen Mitteln. So werden zuweilen auch Kampfmaßnahmen (z. B. Preiskrieg) ergriffen, um die Mitkonkurrenten in wirtschaftliche Abhängigkeit zu zwingen oder gar vom Markt zu verdrängen.

4.3 Marktrealität

Im Gegensatz zum modellhaft skizzierten, idealtypisch verkürzten Marktgeschehen präsentiert sich uns die Marktrealität in einer verwirrenden Vielgestaltigkeit. Anstelle **eines** Marktes mit **einem** bestimmten Preis begegnen wir einer Vielzahl von Märkten mit differenziertem Warenangebot und ebensolchen Preisen. Statt → Markttransparenz herrscht großteils Unübersichtlichkeit, die nicht selten durch verzerrende Werbung wie auch subjektive Fehleinschätzung von Produkten und Produktqualitäten verstärkt wird. So kann beispielsweise bei Fehlen der im Modell unterstellten Markttransparenz auch der Monopolist Preisdifferenzierung betreiben und daraus entsprechende Gewinnmitnahmen realisieren.

Auch lassen sich Märkte mit homogenen Gütern allenfalls näherungsweise feststellen, so bei Oligopolen der Grundstoffindustrien wie beispielsweise im Steinkohlebergbau, der eisenschaffenden Industrie und der Zementfabrikation oder auch der chemischen Industrie. Hier werden zumindest in qualitativer Hinsicht weitgehend homogene Produkte angeboten. Die räumlichen, zeitlichen und persönlichen Bevorzugungen (Präferenzen) dieser Angebote sind allenfalls von untergeordneter Bedeutung.

Dem Idealtyp der „vollständigen Konkurrenz" ähneln mit gewissen Einschränkungen bestimmte Agrarmärkte, auf denen zahlreiche Anbieter aus Entwicklungsländern mit ziemlich gleichartigen landwirtschaftlichen (Kaffee, Tee, Kakao u. a.) oder industriellen (Kupfer, Zinn u. a.) Rohprodukten der großteils ungebündelten Weltnachfrage begegnen.

Monopole, in denen ein Anbieter den Markt beherrscht, begegnen uns in der 649
Marktrealität großteils als **Gebietsmonopole**, so beispielsweise als wasserwirtschaft- 650
liche Versorgungsunternehmen.

II Konsum

652 **Private Monopole** bleiben die Ausnahme. Sie bilden sich in der Regel dort heraus, wo auf Grund einer eng begrenzten Nachfrage die Aufteilung der Marktbedienung auf mehrere Anbieter betriebswirtschaftlich uninteressant ist oder aber die Produktionstechnik und das Know-how so hochwertig sind, daß – unter Berücksichtigung der relativ niedrigen Produktpreise – der Aufbau von Konkurrenzpositionen wenig attraktiv ist.

653 4.4 Wettbewerbsbeschränkungen

Zur Vermeidung von wettbewerblichen Auseinandersetzungen und der durch diese erzwungenen Anpassungen, Veränderungen und Innovationen nehmen Unternehmen nicht selten Zuflucht zu Wettbewerbsbeschränkungen. Diese kommen im wesentlichen über vertragliche Vereinbarungen (Kartelle), stillschweigende Abstimmungen, einseitige oder gegenseitige Kapitalbeteiligungen (Konzerne) und Fusionen zustande.

654 Kartelle sind vertragliche Zusammenschlüsse zwischen rechtlich und weitgehend auch wirtschaftlich selbständig bleibenden Unternehmen der gleichen (**horizontalen**) Wirtschaftsstufe (beispielsweise Zusammenschlüsse von Brauereien, Reifenherstellern, Zementfabriken). Die Partner unterwerfen sich für die Dauer des Vertra-
655 ges bestimmten Regelungen, so beispielsweise hinsichtlich der Preise (**Preiskartell**),
656 der regionalen Marktaufteilung (**Gebietskartell**), der Zuteilung von Produktions-
657,658 und Absatzquoten (**Quotenkartell**) mit möglicherweise zentralen **Verkaufsstellen**
659 (**Syndikate**), der zu gewährenden Konditionen (**Konditionenkartell**), der in Anwen-
660 dung zu bringenden Kalkulationsregeln (**Kalkulationskartell**), der gemeinsamen
661 Rationalisierungsmaßnahmen (**Rationalisierungskartell**). Die Einhaltung der vereinbarten Regelungen wird häufig durch Konventionalstrafen zu sichern versucht. Der Wettbewerb zwischen den Kartellunternehmen bleibt in all jenen Bereichen bestehen, in denen er nicht im Kartellvertrag ausgeschlossen oder eingeschränkt wurde.

Da Kartelle immer in der Absicht gebildet werden, den Wettbewerb zu beschrän-
662 ken, sind sie nach dem **Gesetz gegen Wettbewerbsbeschränkungen** (GWB), auch
663 **Kartellgesetz** genannt, grundsätzlich verboten. Von diesem allgemeinen Verbot gibt es jedoch Ausnahmen. Die Ausnahmeerteilung läßt sich leiten von der Stärke der tatsächlichen Wettbewerbsbeschränkung sowie von gesamtwirtschaftlichen Erwägungen.

In den Fällen, in denen das Kartellverbot einer vertraglichen Abmachung entge-
664 gensteht, werden häufig stillschweigende **Verhaltensabstimmungen** (sog. **Frühstücks-** oder **Zwinkerkartelle**) gewählt. Sie haben die Auswirkungen eines Kartells ohne dessen rechtlich gesicherte Bindung im Innenverhältnis.

665 **Konzerne** sind Zusammenschlüsse rechtlich selbständig bleibender, jedoch wirtschaftlich unselbständig werdender Unternehmen unter einer einheitlichen wirtschaftlichen Leitung. Die einzelnen Konzernunternehmen delegieren Entscheidungsbefugnisse an die Konzernleitung. Die Konzernleitung erfolgt durch einseitige oder gegenseitige **Kapitalbeteiligung** auf **horizontaler** Ebene (Unternehmen der gleiche Produktionsstufe; Beispiele siehe unter Kartelle!) auf **vertikaler** Ebene (Un-

ternehmen unterschiedlicher Produktionsstufen, so insbesondere vor- und nachgelagerter Stufen, wie beispielsweise: Erzgruben, Hüttenwerke, Stahlwerke, Walzwerke, Eisenverarbeitung) oder aber auch auf **völlig unterschiedlicher** Ebene (sogenannte **Mischkonzerne**, beispielsweise: Brauereien, Zigarettenfabriken, Kaffeehersteller, Süßwarenproduzenten), wobei im allgemeinen Mehrheitsbeteiligungen von mehr als 50 Prozent vorliegen. Damit entsteht in der Regel ein gegenseitiges Beherrschungs- und Abhängigkeitsverhältnis.

Im Falle der **Fusion** schließlich geht die rechtliche Selbständigkeit des (der) in einer neuen rechtlichen und wirtschaftlichen Einheit aufgehenden Unternehmen(s) verloren. **666**

All den aufgezeigten Fällen von Wettbewerbsbeschränkung – der Kartellisierung, der Konzernbildung und der Fusionierung – liegt die Absicht zugrunde, über eine Erhöhung des „Monopolgrades" die erreichte Gewinnsituation zu stabilisieren oder zu verbessern.

4.5 Wirtschaftliche Wirkungen der Unternehmenskonzentration

Daß es den Mißbrauch wirtschaftlicher Macht zu verhindern gilt, dürfte wohl von niemandem ernsthaft bestritten werden. Daß allerdings wirtschaftliche Konzentration in einem kontrollierten Umfang ökonomisch sinnvoll und durchaus förderungswürdig ist, wird häufig nicht gesehen. Es seien deshalb hier die wichtigsten Teilaspekte dieser Behauptung beleuchtet.

Wettbewerbswirkungen: Dynamischer Wettbewerb auf nationaler, internationaler und globaler Ebene kann häufig erst zwischen Unternehmen handlungsfähiger Größenordnung praktiziert werden. Kleinunternehmen sind in der Regel kaum fähig, untereinander einen wirksamen **funktionsfähigen** (d. h. die Konkurrenten fordernden) **Wettbewerb** zu inszenieren; sie neigen eher zur „Schlafmützenkonkurrenz" (F.A. Lutz). **667**

Finanzierungswirkungen: Großunternehmen, die in der Regel in der Rechtsform der →Aktiengesellschaft geführt werden, können sich im Gegensatz zu Klein- und Mittelbetrieben im Wege der Emission von →Aktien und/oder Schuldverschreibungen über den Kapitalmarkt finanzieren.

Kostenwirkungen: Der Zusammenschluß von Unternehmen auf der gleichen Produktionsstufe begünstigt nicht nur den Einsatz neuerer, günstigerer Produktionsverfahren, sondern auch den verstärkten Durchschlag des →Gesetzes der Massenproduktion (d. h. niedrigerer Stückkosten). Damit ergeben sich Spielräume für Preissenkungen, die vielfach schon deswegen genutzt werden (müssen), um sich gegenüber in- und ausländischer Konkurrenz durchsetzen zu können. Daneben und/oder darüber hinaus sich öffnende Spielräume für höhere Gewinnmitnahmen ermöglichen zusätzlich die Nutzung des →technischen Fortschrittes (Prozeßinnovation) und führen damit zu weiteren Wettbewerbsvorteilen.

Neuerungsfähigkeit: Großunternehmen haben im allgemeinen auf Grund ihrer höheren Gewinne und der daraus resultierenden Selbstfinanzierungsmöglichkeiten eher die finanzielle Basis, aufwendige Forschung zu finanzieren und sie in marktfähige Produkte umzusetzen.

II Konsum

Diese Feststellung übersieht keineswegs, daß viele bedeutsame Neuerungen aus kleinen Unternehmen kamen und daß zwischen Neuerungsfähigkeit und Unternehmensgröße keine eindeutige Beziehung besteht.

Beschäftigungswirkungen: Konjunkturelle Einbrüche führen erfahrungsgemäß bei Großunternehmen weniger schnell zu Entlassungen als bei kleineren und mittleren Unternehmen, da sie bei breiteren Produktionssortimenten partielle Umsatzeinbußen leichter verkraften können und hier außerdem den Lohnkosten im Vergleich zu denen des →Kapitals (Kapitalkosten) oft weniger existenzielle Bedeutung zukommt.

668 **4.6 Unternehmenskonzentration und Wettbewerbspolitik**

669 Die Erkenntnis, daß der marktwirtschaftliche **Wettbewerb** als wesentlicher Bestandteil der Konzeption der Sozialen Marktwirtschaft durch Unternehmenskonzentration gefährdet werden kann, führte in der Bundesrepublik Deutschland schon in den 1950er Jahren zu einer staatlichen Wettbewerbspolitik. Sie war und ist heute noch im wesentlichen von folgenden Zielvorstellungen bestimmt:

– Der Wettbewerb soll die →Produktionsfaktoren an den Ort ihrer günstigsten und damit rentabelsten Verwendung lenken;

– der Wettbewerb soll die Einführung neuer, besserer Produkte sowie neuer und besserer Produktionsverfahren initiieren;

– der Wettbewerb soll wirtschaftliche Macht begrenzen;

– der Wettbewerb soll die **bestmögliche Versorgung der Verbraucher** bewirken.

Die Grundlage der an diesen Zielsetzungen orientierten Wettbewerbspolitik ist das
670 **Gesetz gegen Wettbewerbsbeschränkungen** (GWB). Es wurde 1957 als „Grundgesetz der Wirtschaft" (Ludwig Erhard) verabschiedet und erlebte zwischenzeitlich zum Teil recht einschneidende Novellierungen (Neufassung vom 15. 7. 2005; zuletzt geändert durch Gesetz vom 26. 3. 2007).

671 Das neue wettbewerbspolitische Leitbild des „**funktionsfähigen Wettbewerbs**" er-
672 kennt im sogenannten „**weiten**" **Oligopol** eine optimale →Marktform. In ihm sollten wenige relativ große Anbieter bei mäßiger Differenzierung der Produkte einen
673 **dynamischen Wettbewerb** um Produktqualität, kostengünstige Produktionsverfahren und für den Nachfrager vorteilhafte Preise entwickeln.

674 Diese Marktform gilt es vor einem Abdriften ins „**enge**" **Oligopol** mit der Tendenz zur Ausschaltung des Preiswettbewerbes, zu Absprachen und einvernehmlichen Wettbewerbsbeschränkungen zu bewahren. Diesem wettbewerbspolitischem Anliegen fügen sich eine Reihe neuerer wettbewerbsrechtlicher Bestimmungen.

So erweiterte die GWB-Novelle von 1973 das grundsätzliche Kartellverbot durch ein Verbot von „**aufeinander abgestimmten Verhaltensweisen**", das auf Preiserhöhung gerichtetes koordiniertes Vorgehen ohne vertragliche Grundlage erfaßt. Dieses Verbot erstreckt sich allerdings nicht auf „**gleichförmiges (paralleles) Preisverhalten**", wie es beispielsweise auf dem Kraftstoffmarkt anzutreffen ist. Ein solches Verhalten wird nicht als Absprache gesehen, sondern vielmehr als Folge einer starken wechselseitigen Abhängigkeit der oligopolistischen Anbieter und deren Absicht, eine über den Preis geführte Auseinandersetzung um Marktanteile möglichst zu vermeiden.

Besondere Beachtung genießt die GWB-Novelle von 1973 auch hinsichtlich der Kontrolle von Unternehmenszusammenschlüssen, der sogenannten **Fusionskontrolle**. Die einschlägigen Bestimmungen sehen die **Anzeigepflicht** bei Zusammenschlüssen von Unternehmen einer bestimmten Größenordnung (Aufgreifkriterium ist u. a. ein Mindestumsatz der beteiligten Unternehmen von 500 Millionen Euro) und die präventive (vorbeugende) **Anmeldepflicht** bei Mammutunternehmen (bei sogenannten „Elefantenhochzeiten") vor. Das Bundeskartellamt kann solche Zusammenschlüsse verbieten, wenn die Entstehung oder Verstärkung einer **marktbeherrschenden Stellung** vermutet wird. (Nach der wenig befriedigenden Legaldefinition ist **Marktbeherrschung** dann gegeben, wenn entweder „kein wesentlicher Wettbewerb" oder eine „überragende Marktstellung" vorliegt.) Gelingt den betroffenen Unternehmen der Gegenbeweis, das heißt der Nachweis, daß durch den Zusammenschluß auch eine Verbesserung der Wettbewerbssituation eintritt und damit die Nachteile der Marktbeherrschung überkompensiert werden, darf das Kartellamt den Zusammenschluß nicht verbieten.

Schließlich kann der Bundesminister für Wirtschaft gegen die Auffassung des Bundeskartellamtes und der Gerichte Anträgen auf Zusammenschluß dann stattgeben (sogenannte **Ministererlaubnis**), wenn die gesamtwirtschaftlichen Vorteile die Wettbewerbsbeschränkungen aufwiegen oder der Zusammenschluß durch ein überragendes Interesse der Allgemeinheit gerechtfertigt ist.

Die Zulassung marktbeherrschender Unternehmen durch das GWB macht eine **Mißbrauchsaufsicht** erforderlich. Ihre Aufgabe ist allerdings recht problematisch, denn es obliegt ihr in jedem Fall die **Beweislast**, das heißt, sie muß den Nachweis eines mißbräuchlich überhöhten Preises führen. Hierzu bedarf es jedoch eines Vergleichsmarktes, auf dem unter sonst gleichen Bedingungen – aber intensiverem Wettbewerb – ein niedrigerer Preis gilt.

Verstöße gegen das Kartellgesetz gelten als **Ordnungswidrigkeiten** und können mit Bußgeldern geahndet werden.

Die deutsche Wettbewerbspolitik ist in das Wettbewerbsrecht der Europäischen Union eingebunden. Die Art. 81 und 82 EG-Vertrag (in der Fassung vom 2. 10. 1997) verbieten Kartelle und die mißbräuchliche Ausnutzung von Marktmacht, soweit sie zu einer Beeinträchtigung des zwischenstaatlichen Handels im Europäischen Binnenmarkt führen. Mit der Verordnung 4064/89 über die Kontrolle von Unternehmenszusammenschlüssen (v. 21. 12. 1989) wurde eine europäische Fusionskontrolle für grenzüberschreitende Zusammenschlüsse von Großunternehmen (Aufgreifkriterium 5 Mrd. Euro Gesamtumsatz der beteiligten Unternehmen) eingeführt. „Elefantenhochzeiten" unterliegen seither einer auf den gemeinsamen Markt der EU bezogenen supranationalen Wettbewerbskontrolle.

Das gemeinschaftliche Wettbewerbsrecht hat grundsätzlich Vorrang vor dem nationalen.

II Konsum

4.7 Unerlaubter Wettbewerb

681

682 Dem Mißbrauch des Rechtes des freien (auf dem Leistungsprinzip aufbauenden) Wettbewerbes versucht der Staat durch das **Gesetz gegen den unlauteren Wettbewerb** (UWG) in der Fassung vom 3.7.2004, zuletzt geändert durch Gesetz vom 21.12.2006, entgegenzuwirken. Es untersagt nach § 3 unlautere Wettbewerbshandlungen, die geeignet sind, den Wettbewerb zum Nachteil der Mitbewerber, der Verbraucher oder der sonstigen Marktteilnehmer nicht nur unerheblich zu beeinträchtigen. – Als markante Beispiele für solche Handlungen nennt § 4 UWG: Ausübung von (psychischem) Druck, Ausnutzung geschäftlicher Unerfahrenheit, verschleierte Werbung beziehungsweise Verkaufsförderungsmaßnahmen, Preisausschreiben oder Gewinnspiele mit Werbecharakter ohne klar erkennbare Teilnahmebedingungen, Herabsetzung oder Verunglimpfung von Mitbewerbern, wahrheitswidrige Behauptungen über Mitbewerber oder Produkte derselben, Anbieten von nachgeahmten Produkten (Fälschungen), Behinderung von Mitbewerbern. – Darüber hinaus gelten als unlauter: irreführende Werbung (§ 5 UWG) und vergleichende Werbung, soweit sich diese nicht eindeutig und ausschließlich auf die zu vergleichenden Produkte bezieht (§ 6 UWG).

683 Wer vorsätzlich oder fahrlässig unlautere Wettbewerbshandlungen vornimmt, ist den Mitbewerbern zum Ersatz des ihnen daraus entstehenden Schadens (**Schadensersatz**) verpflichtet (§ 9 UWG). Schadensersatzansprüche aus unerlaubten Wettbewerbshandlungen **verjähren** in der Regel in sechs Monaten (§ 11 UWG).

684

Die Stichwortnummern 685–689 sind entfallen!

690 Dem Hersteller ist es verboten, dem Händler seiner Produkte den jeweiligen Preis vorzuschreiben, den dieser vom Verbraucher zu verlangen hat (**Preisbindung der zweiten Hand**). Eine Ausnahme von diesem Verbot besteht nur bei Verlagserzeugnissen.

691 Zulässig sind dagegen **unverbindliche Preisempfehlungen**. Sie können vom Hersteller dem Händler für alle Arten von Waren gegeben werden.

4.8 Staatliche Preispolitik

692 Ökonomische wie auch außerökonomische Überlegungen können den Staat veranlassen, preisbeeinflussend in den Marktprozeß einzugreifen. Er kann dabei Höchstpreise, Mindestpreise, Festpreise und Richtpreise festlegen.

693 Die staatliche Vorgabe von **Höchstpreisen** entspringt meist der von sozialer Verantwortung getragenen Absicht, die Nachfrage vor höheren Kaufpreisbelastungen zu schützen. Der Staat entscheidet sich damit für ein Preisniveau **unterhalb** des Preises, der sich bei freier Preisentwicklung ergeben würde. Die Folge dieses Staatseingriffes ist eine das Angebot übersteigende Nachfrage. Es herrscht Mangel! – Um

694 die Bildung „**Schwarzer Märkte**" zu vermeiden, muß der Staat auf eine Erhöhung des Angebotes (durch Produktionsauflagen, Produktionsprämien, steuerliche Pro-

695 duktionsanreize) und/oder auf eine Einschränkung der Nachfrage (**Rationierung**) hinwirken.

696 Mit der Festsetzung von **Mindestpreisen** schützt der Staat das Angebot. Sie liegen **über** dem Preis, der sich bei freier Preisentwicklung ergeben würde. Die Folge die-

Konsum **II**

ser preispolitischen Maßnahme des Staates ist ein Angebotsüberhang. Erfolgen keine weiteren Staatseingriffe, die eine Reduktion des Angebotes durch Produktionsbeschränkungen oder eine Stärkung der Nachfrage mittels Abnahmezwang bewirken, drückt die überschüssige Angebotsmenge auf den Preis und wirkt damit der staatlichen Mindestpreispolitik entgegen.

In den Staaten der Europäischen Union gelten Mindestpreise für eine Vielzahl agrarwirtschaftlicher Produkte. Sie dienen hier der Sicherung/Verbesserung der landwirtschaftlichen Einkommensverhältnisse und sind deshalb über dem Niveau der Weltmarktpreise und Erzeugerkosten fixiert. Vom Staat zusätzlich erbrachte Abnahmegarantien (Ankauf und Einlagerung) führen häufig zu volkswirtschaftlich bedenklichen Überangeboten (Butterberg, Schweinefleischberg, Rindfleischberg u. ä.), denen dann zum Teil wieder durch staatliche Gegenmaßnahmen (Stillegungsprämien, Abschlachtprämien u. ä.) begegnet werden muß.

Festpreise können **unter** oder **über** dem Preis liegen, der sich bei freier Preisentwicklung ergeben würde (Normalpreis). Liegen sie **unter** dem Normalpreis, dann wirken sie wie Mindestpreise, liegen sie **darüber,** dann wirken sie wie Höchstpreise. 697

Richtpreise sind staatlich festgesetzte Preise, von denen im begrenztem Umfang nach oben oder nach unten Abweichungen erlaubt sind. Je nachdem haben sie dann den Charakter von Höchst- oder Mindestpreisen, allerdings in der Regel nicht mit dem gleichen Verbindlichkeitsanspruch. Verstöße gegen Richtpreise sind nicht ohne weiteres strafbar. 698

4.9 Kalkulierter Preis und Marktpreis

Um ein möglichst exaktes Bild von den mit der Herstellung eines Gutes verbundenen →Kosten zu haben, stellt der Unternehmer eine **Kalkulation** auf. Das Wesen dieser Rechnung besteht darin, daß zunächst die sogenannten **direkten Kosten** (das sind solche Kosten, die in ihrer für das einzelne Produkt [Stück] anfallenden Höhe ermittelt werden können), auch **Einzelkosten** genannt, so insbesondere die Material- und Lohnkosten, anhand von Aufzeichnungen (Lohnabrechnungen, Materialentnahmescheine u. a.) für das betreffende Erzeugnis erfaßt werden. Alle übrigen sogenannten **Gemeinkosten** (das sind solche Kosten, die in ihrer für das einzelne Stück anfallenden Höhe nicht genau erfaßt werden können; so insbesondere **Materialgemeinkosten** [Kosten insbes. Löhne u. Gehälter für Beschaffung, Prüfung, Lagerung u. Abnahme des Materials, Abschreibungen* und Instandsetzungen der Lagergebäude und Lagereinrichtungen, Versicherung der Lagergebäude und Bestände, Heizungs- und Beleuchtungskosten, Verzinsung des im Lager investierten Kapitals], **Fertigungsgemeinkosten** [Hilfslöhne, Hilfsmaterial, Energiekosten, Abschreibungen*, insbes. auf Maschinen, Zinsen u. a.], **Verwaltungsgemeinkosten** [Kosten des Verwaltungspersonals, Licht, Miete, Pacht, Heizung, Büroeinrichtung, Bürobedarf, Steuern und Abgaben, soweit sie nicht das Einkommen betreffen, Postgebühren, Reisekosten] und **Vertriebsgemeinkosten** [Gehälter der im Vertrieb 600 700 701 702 702a 702c 702d 702e

---

* Unter **Abschreibung** versteht man die Verteilung der Anschaffungs- oder Herstellungskosten abnutzbarer Anlagegüter auf Zeiteinheiten (insbes. je Jahr) u./oder Leistungseinheiten (z. B. je Auftrag). 702b

153

II Konsum

tätigen Arbeitskräfte, Packmaterial, Porti, Raumkosten usw.]) werden den direkten Kosten nach einem bestimmten (durch Kostenanalysen ermittelten) Verteilungsschlüssel anteilmäßig zugeschlagen.

703 Der Aufbau einer solchen **Zuschlagskalkulation** folgt im wesentlichen folgendem Muster (siehe Darstellung II, 6):

Materialkosten:		
Fertigungsmaterial	10 000,– Euro	
+ 5% Materialgemeinkosten	500,– Euro	10 500,– Euro
Fertigungskosten:		
Fertigungslöhne	2 500,– Euro	
+ 120% Fertigungsgemeinkosten	3 000,– Euro	5 500,– Euro
Herstellkosten		16 000,– Euro
Verwaltungs- u. Vertriebsgemeinkosten:		
10% der Herstellkosten		1 600,– Euro
Selbstkosten		17 600,– Euro
Gewinnzuschlag 12 1/2%		2 200,– Euro
Barverkaufspreis		19 800,– Euro
Sondereinzelkosten des Vertriebs		
(Ausgangsfracht, Provision usw.)		1 960,– Euro
Listenverkaufspreis		21 760,– Euro

Darstellung II, 6

704 Für den Händler gestaltet sich die Verkaufskalkulation wesentlich einfacher. Während er Fracht, Rollgelder, Zölle und Transportversicherung als →Einzelkosten der gekauften Ware direkt zurechnen kann, müssen die **Geschäftskosten** (wie Gehälter, Miete, Betriebssteuern, Werbekosten, allgemeine Verwaltungskosten u. a.) als →Gemeinkosten wiederum mit Hilfe eines erfahrungsmäßig ermittelten Schlüssels auf sämtliche Waren umgelegt werden.

705 Der Aufbau einer solchen **Verkaufskalkulation** folgt im wesentlichen folgendem Muster (siehe Darstellung II, 7):

	Listeneinkaufspreis (netto)*
– %	↑ Rabatt des Lieferers
	Zieleinkaufspreis
– %	↑ Skonto des Lieferers
	Bareinkaufspreis
+	↑ Bezugskosten
	Bezugspreis
+ %	↑ Geschäftskosten
	Selbstkostenpreis
+ %	↑ Gewinn
	Barverkaufspreis
+ %	↓ Skonto für Kunden
	Zielverkaufspreis
+ %	↓ Rabatt für Kunden
	Listenverkaufspreis (netto)*

*) d. h. ohne Mehrwertsteuer

Darstellung II, 7

Konsum **II**

Der kalkulatorische Angebotspreis gibt dem Unternehmer lediglich einen Anhalt darüber, was er unter Zugrundelegung seiner Kosten, eines bestimmten Gewinnes und gegebenenfalls bestimmter Zu- und Abschläge verlangen **müßte**. Ob er allerdings diesen so ermittelten (Angebots-)Preis auch tatsächlich verlangen kann, hängt von den Gegebenheiten am Markt ab. Für die Höhe des am Markt zu realisierenden Preises (des Marktpreises) sind nämlich nicht die Kosten des einzelnen Anbieters ausschlaggebend, sondern das Verhalten der Mitanbieter (Konkurrenten) und der Nachfrager.

Liegt der Marktpreis über dem kalkulierten Preis, so verbessert sich für den Anbieter die Gewinnsituation; liegt der Marktpreis dagegen unter dem kalkulierten Preis, so verschlechtert sich dieselbe möglicherweise bis hin zum Verlust.

5 Sparen ist Konsumverzicht 706

Die Einkommensteile, die die privaten Haushalte nicht zum Kauf von Konsumgütern ausgeben, sind gespart. Sparen läßt sich somit als Konsumverzicht definieren. Was aber nicht konsumiert und somit gespart wird, wächst dem →privaten Haushalt als Vermögen zu.

In welchem Umfang die privaten Haushalte aus ihrem Einkommen Ersparnisse bilden (das Verhältnis von Ersparnissen zum Einkommen nennt man **Sparquote**; 707 [Sparquote = $\frac{Ersparnisse}{Einkommen}$]), hängt vor allem von deren Sparfähigkeit und Sparwilligkeit ab. Die **Sparfähigkeit** ist maßgeblich bestimmt durch die Höhe des Einkommens (wer mehr verdient, kann auch mehr sparen!). Die **Sparwilligkeit** (auch Sparbereitschaft oder Sparneigung genannt) wird durch eine Vielzahl von Einflußgrößen bestimmt, die zum Teil schwer zu fassen sind. Zunächst ließen sich hier einige allgemeine **Sparmotive** nennen: Vorsorge für Notfälle (Krankheit, Arbeitslosigkeit), 710 größere Anschaffungen in der Zukunft (Haus, Auto, Eigentumswohnung, Möbel), Ferienreise, Vermögensbildung, Zukunftssicherung und Altersvorsorge. Daneben spielen sicherlich die wirtschaftlichen Zukunftserwartungen eine gewichtige Rolle. Sind diese Erwartungen düster, drohen vielleicht sogar wirtschaftliche Einbrüche (→Rezession, Auftragsrückgänge, Entlassungen), so sehen sich die privaten Haushalte im allgemeinen eher veranlaßt, Ersparnisse zu bilden, als in Zeiten wirtschaftlicher Zuversicht. Auch die Geldentwertung (→Inflation) hat ihre Auswirkungen auf die Sparneigung. So führen hohe Inflationsraten in der Regel zu einer abnehmenden Sparneigung (Flucht in die Sachwerte!), während ein (relativ) stabiler Geldwert die Ersparnisbildung begünstigt. Die Höhe der Bankzinsen bleibt auch nicht ohne Einfluß auf die Sparbereitschaft. Darüber hinaus ist immer der Konsum in Konkurrenz zum Sparen zu sehen. Ist gegenwärtiges Konsumieren (d. h. der Kauf von Konsumgütern) verlockender als ein kurz-, mittel- oder langfristiger Zinsgewinn oder eine größere Anschaffung in der Zukunft, so unterbleibt eben das Sparen oder erfolgt nur in eingeschränktem Umfang.

Nicht in den Konsum fließende Einkommensteile versucht der Einkommensbezieher normalerweise – entsprechend seiner ökonomischen Vernunft – so anzulegen, daß sie – unter Berücksichtigung der für ihn bedeutsamen Dispositionsfreiheit (beispielsweise der Kündigungsfristen) und Risiken (so insbesondere Kursrisiken) –

155

II Konsum

711 eine maximale Verzinsung (Rendite) erbringen. Unter dieser Zielvorgabe scheidet das sogenannte Strumpfsparen, das heißt das **Horten** von Geld im häuslichen Bereich (soweit es den notwendigen, haushaltsbedingten Liquiditätsspielraum überschreitet), als nicht wirtschaftlich aus.

Die dem wirtschaftlichen Renditeanspruch Rechnung tragenden Sparformen sind im wesentlichen: Kontensparen (mit verschiedenen Bindungsfristen), Sparbriefe, Sparschuldverschreibungen, Wertpapiersparen.

712 ### 5.1 Kontensparen

713 Der **Sparvertrag** ist ein schuldrechtlicher →Vertrag. Nach herrschender Rechtsauffassung kommt dieser Vertrag mit der Einzahlung der (ersten) Spareinlage und der Aushändigung der Sparurkunde (das ist das Sparbuch; bei der Postbank wird dieses neuerdings durch die kleinformatige SparCard direkt ersetzt, die Geldabhebung von einschlägigen Geldautomaten erlaubt) teilweise auch von Einzelsparurkunden in Loseblattform zustande. (Der Antrag auf Eröffnung eines Sparkontos und die Annahme dieses Antrages stellen lediglich einen Vorvertrag zur Begründung eines Sparvertrages dar.) Im Sparvertrag werden unter anderem festgelegt: Gläubigerschaft, Verzinsung, Kündigungsfristen, Sicherungsvereinbarungen gegen unberechtigte Verfügungen.

714 **Gläubiger** einer Spareinlage (d. h. der Herausgabeanspruchsberechtigte) können wahlweise der Kontoinhaber, der Einzahlende oder eine dritte Person sein. Entscheidend ist dafür der Wille des Einzahlenden. Wichtige Leitsätze zur Gläubigerschaft bei Spareinlagen hat der Bundesgerichtshof in einem Urteil vom 22./23. 6. 1965 verkündet:

1. Gläubiger einer Spareinlage wird grundsätzlich der Einzahlende und nicht derjenige, auf dessen Namen das Sparbuch ausgestellt ist.
2. Über die Gläubigerschaften entscheidet letztlich allein der Wille des Einzahlenden. Er kann die Forderung auf Rückzahlung der Spareinlage unmittelbar in der Person eines Dritten entstehen lassen.
3. Ein Übergang der Forderung aus dem Sparguthaben auf einen Dritten kann nicht schon aus der Tatsache gefolgert werden, daß der Einzahlende Sparkonto und Sparbuch auf den Namen des Dritten errichtet. Im Streitfall kommt diesem Umstand aber wesentliche Bedeutung zu.
4. In der Übergabe des Sparbuches ist regelmäßig auch eine Abtretung des Sparguthabens zu sehen. Der rechtmäßige Inhaber des Sparbuches soll auch Gläubiger der Spareinlage sein. Diese Annahme entspricht der Verkehrsauffassung, denn in der Vorstellung weiter Bevölkerungskreise verkörpert der Besitz des Sparbuches die Forderung aus dem Sparguthaben.

715 Die **Verzinsung** der Spareinlagen erfolgt in Abhängigkeit vom jeweiligen (je nach Marktlage sich verändernden) Zinssatz und der vereinbarten Kündigungsfrist. Änderungen des Zinssatzes können vom Kreditinstitut durch einseitige Änderungserklärung vorgenommen werden. Die im Verlauf des Jahres auflaufenden Zinsen werden zum Ende des Kalenderjahres gutgeschrieben und von Beginn des neuen Kalenderjahres an zusammen mit dem Sparkapital verzinst. Die Spareinlagen können (nur) nach Kündigung und Ablauf der Kündigungsfrist zurückgefordert wer-

Konsum **II**

den. Es gilt zu unterscheiden zwischen allgemeiner Kündigungsfrist und vereinbarter Kündigungsfrist.

Die **allgemeine Kündigungsfrist** beträgt 3 Monate. Abweichend zu dieser generellen Regelung erlaubt das Kreditwesengesetz (KWG), daß innerhalb von 30 Zinstagen (das sind die bei der Zinsberechnung zugrunde gelegten Tage; dabei wird in Deutschland der Monat mit 30 Tagen und das Jahr mit 360 Tagen angenommen) 2000 Euro ohne Kündigung abgehoben werden können. Die Zeitspanne von 30 Zinstagen wird vom Zeitpunkt der ersten Abhebung an gerechnet. Wird dieser Freibetrag innerhalb des 30-Tage-Zeitraumes nicht in Anspruch genommen, so verfällt er. Eine Kündigung kann frühestens einen Tag nach der Einzahlung der Spareinlage ausgesprochen werden. Die allgemeine Kündigungsfrist gilt immer dann, wenn keine längere Kündigungsfrist **ausdrücklich** vereinbart wird. 716

Die **vereinbarte Kündigungsfrist** beträgt mindestens 6 Monate. Die **Mindestanlagedauer** setzt sich aus der vereinbarten Kündigungsfrist **und** der gesetzlichen **Kündigungssperrfrist** (das ist der vor der Kündigung einzuhaltende Zeitraum) von 6 Monaten zusammen. (So beträgt beispielsweise die Mindestanlagedauer für eine Spareinlage mit einer vereinbarten Kündigungsfrist von 12 Monaten 18 Monate.) 717,718 719

Die **Kündigung einer Spareinlage** kann von jedem Vorleger eines Sparbuches →formfrei (d. h. mündlich oder schriftlich) vorgenommen werden. 720

Spareinlagen können nach § 22 Abs. 3 KWG ausnahmsweise auch vorzeitig zurückgefordert werden. In diesem Fall ist der zurückgezahlte Betrag als Vorschuß zu verzinsen. Auf die Berechnung von **Vorschußzinsen** (das sind die als „Strafzinsen" berechneten Zinsen, wenn über Spareinlagen ohne Einhaltung der Kündigungsfrist verfügt wird) kann im Falle einer wirtschaftlichen Notlage des Sparers (wenn beispielsweise die Abhebung zur Bestreitung des Lebensunterhaltes bei Krankheit oder Arbeitslosigkeit erfolgt) verzichtet werden. 721

Verfügungen über Spareinlagen dürfen nach § 21 Abs. 4 KWG grundsätzlich nur gegen Vorlage des Sparbuches zugelassen werden. (Ausnahmen von dieser Vorschrift sind durch die Bundesanstalt für Finanzdienstleistungsaufsicht in einigen besonderen Fällen zugelassen!) Da Kreditinstitute grundsätzlich an jeden Vorleger des Sparbuches auszahlen können, besteht für den Sparer diesbezüglich ein nicht zu übersehendes Risiko. In der Praxis schützt man sich deshalb vor Verfügungen durch Unbefugte mittels: **Ausweiskarten** (die bei Abhebungen mit dem Sparbuch vorzulegen sind), **Kennworte** (die auf der Kontokarte vermerkt werden und vom Kunden auf dem Auszahlungsbeleg schriftlich benannt werden müssen), **Sperrvermerke** (die im Sparbuch eingetragen werden, wie z. B.: „Auszahlung nur an den Kontoinhaber persönlich"), **Hinterlegung des Sparbuches** in Ausnahmefällen bei der Bank. (Dies ist lediglich kurzfristig [etwa bis zu 4 Wochen] gegen Quittung, langfristig nur im Rahmen eines Verwahrungsvertrages möglich.)

Das **Abhandenkommen** oder die Vernichtung eines Sparbuches ist dem Kreditinstitut unverzüglich anzuzeigen. Das Kreditinstitut sperrt daraufhin das Sparguthaben. Die Legitimationswirkung des Sparbuches wird durch die Verlustanzeige aufgehoben. 722

II Konsum

5.2 Sparbriefe und Sparschuldverschreibungen

723 **Sparbriefe** werden von einer Reihe von Banken über den Schalter angeboten. Es handelt sich dabei um an Stelle eines Sparbuches ausgegebene Urkunden über Spareinlagen in unterschiedlicher Größenordnung. Die Laufzeit dieser Sparbriefe beträgt zwischen 1 und 7 Jahren.

724 Das Kreditinstitut garantiert einen **Festzins** (konstanten Zinssatz) für die gesamte Laufzeit. Hinsichtlich der Zinszahlung, des Ausgabepreises und des Rückzahlungspreises lassen sich folgende Möglichkeiten unterscheiden:

- **Normalverzinsliche Sparbriefe:** Ausgabe zum Nennwert, Rückzahlung bei Fälligkeit zum Nennwert, Zinszahlung jährlich oder halbjährlich.

- **Abgezinste Sparbriefe:** Ausgabe zu dem um Zinsen und Zinseszinsen für die gesamte Laufzeit verminderten Nennwert, Rückzahlung bei Fälligkeit zum Nennwert, keine laufenden Zinszahlungen.

- **Aufgezinste Sparbriefe:** Ausgabe zum Nennwert, Rückzahlung zum Nennwert zuzüglich der Zinsen und Zinseszinsen für die gesamte Laufzeit, keine laufenden Zinszahlungen.

Eine Rückgabe des Sparbriefes vor Fälligkeit ist in der Regel vertraglich ausgeschlossen.

725 Die Bedeutung der Sparbriefe als Geldanlage hat in den letzten Jahren infolge anderer attraktiver Anlagemöglichkeiten beträchtlich verloren. Einige Banken bieten sie nur noch als sogenannte **Jugendsparbriefe** (Der Konto-Inhaber darf zum Zeitpunkt der Anlage nicht älter als 18 Jahre sein!) an.

726,727 **Sparschuldverschreibungen, (Sparobligationen)** werden wie die Sparbriefe von einer
728 Reihe von Banken und den Sparkassen (**Sparkassenobligationen**) über den Schalter angeboten. Es handelt sich dabei um nicht börsenfähige (d. h. nicht zum Handel
729 an der Börse zugelassene), **mündelsichere** (d. h. für die Anlage von Mündelgeldern
730 zulässige) **Orderschuldverschreibungen** (das sind Wertpapiere, die zwar eine bestimmte, namentlich bezeichnete Person als berechtigt benennen, aber durch schriftliche Erklärung auf dem Papier [→Indossament] und Übergabe des Papieres an eine andere Person übertragen werden können; § 363 HGB) mit Laufzeiten zwi-
731 schen 4 und 10 Jahren. Das Kreditinstitut garantiert einen **Festzins** (konstanten Zinssatz) für die gesamte Laufzeit. Hinsichtlich der Zinszahlung, des Ausgabepreises und des Rückzahlungspreises lassen sich folgende Möglichkeiten unterscheiden:

- **Normalverzinsliche** Schuldverschreibungen: Ausgabe zum Nennwert oder zum „Hauskurs" (das ist der Ausgabepreis, der vom Kreditinstitut unter Berücksichtigung der aktuellen Kapitalmarktzinssätze festgelegt wird), Rückzahlung bei Fälligkeit zum Nennwert, Zinszahlung jährlich oder halbjährlich.

- **Abgezinste** Schuldverschreibungen: Ausgabe zum Nennwert abzüglich der Zinsen und Zinseszinsen für die gesamte Laufzeit, gegebenenfalls zum „Hauskurs" (siehe oben!), Rückzahlung bei Fälligkeit zum Nennwert, keine laufenden Zinszahlungen.

Konsum **II**

– **Aufgezinste** Schuldverschreibungen: Ausgabe zum Nennwert, gegebenenfalls zum „Hauskurs" (siehe oben!), Rückzahlung zum Nennwert zuzüglich der Zinsen und Zinseszinsen für die gesamte Laufzeit, keine laufenden Zinszahlungen.

Eine Rückgabe der Sparschuldverschreibungen vor Fälligkeit ist in der Regel möglich. Die Abrechnung erfolgt dann zu einem speziellen festgesetzten Rücknahmepreis („Hauskurs" s. o.!).

Die Besonderheiten der Sparbriefe und Sparschuldverschreibungen für den Anleger können in folgenden Eigenschaften gesehen werden: Höhere Zinsen als bei Spareinlagen, fester Zinssatz für die gesamte Laufzeit, keine Kosten bei Erwerb und Rückzahlung, in der Regel gebührenfreie Verwahrung und Verwaltung durch die Emissionsinstitute, hohe Beleihbarkeit; bei Sparbriefen: geringe Liquidität – kein Kursrisiko; bei Sparschuldverschreibungen: Kursrisiko bei vorzeitiger Rückgabe, feste Rückzahlungstermine.

5.3 Wertpapiersparen 732

Wertpapiere sind Urkunden, in denen ein privates Vermögensrecht so verbrieft wird, daß zur Ausübung des Rechtes der Besitz der Urkunde erforderlich ist.

Die auf DM lautenden börsengängigen Wertpapiere wurden mit wenigen Ausnahmen bereits zum 1.1.1999 auf Euro umgestellt! Seit 1.1.2002 wird der Wert von Wertpapieren aus der Europäischen Währungsunion ausschließlich in Euro beziffert.

Im Bereich der Wertpapiere öffnet sich dem Anleger ein weites Feld von Möglichkeiten. Folgen wir der Wertpapierstatistik der Deutschen Bundesbank, so lassen sich die Wertpapiere in **vereinfachter** Form wie folgt einteilen (siehe Übersicht II, 8):

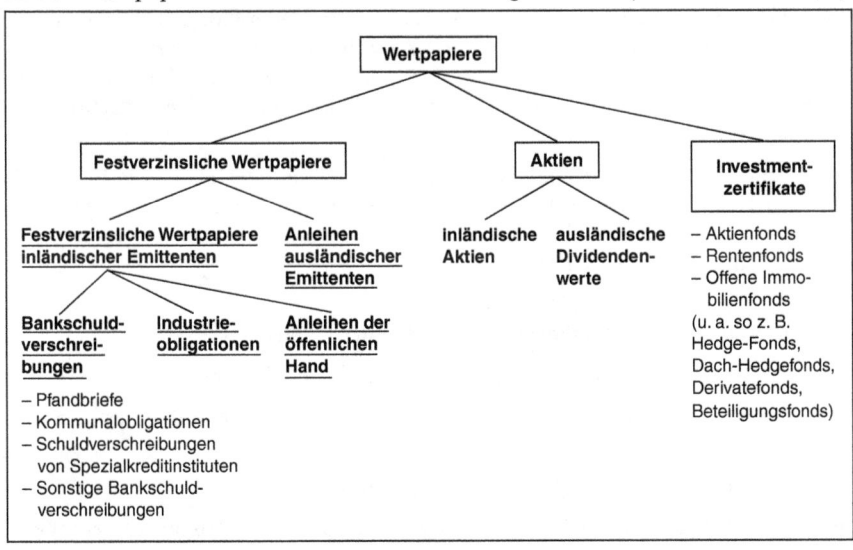

Übersicht II, 8

II Konsum

5.3.1 Festverzinsliche Wertpapiere

5.3.1.1 Festverzinsliche Wertpapiere inländischer Emittenten (Ausgeber)

Festverzinsliche Wertpapiere sind **Schuldverschreibungen** (auch **Anleihen** oder **Obligationen** genannt). Sie verbriefen dem Inhaber einerseits einen Anspruch auf Rückzahlung, andererseits einen Anspruch auf Zinsen.

Die Rückzahlung (**Tilgung**) kann planmäßig und außerplanmäßig erfolgen.

Die **planmäßige** Tilgung wird gemäß dem bei der Ausgabe (**Emission**) der Schuldverschreibung veröffentlichten Tilgungsplan durchgeführt. Dabei ergeben sich folgende Möglichkeiten:

- Rückzahlung der gesamten Anleihe am Ende der Laufzeit;
- Rückzahlung entsprechend einer Auslosung von Serien, Reihen, Gruppen oder Endziffern;
- freihändiger Rückkauf zu Lasten eines planmäßig dotierten Tilgungsfonds.

Die **außerplanmäßige** Tilgung umfaßt zusätzliche Tilgungen, die zum Teil auf die planmäßige Tilgung späterer Jahre angerechnet werden. Im einzelnen ergeben sich folgende Möglichkeiten:

- Rückzahlung vorzeitig nach Kündigung der gesamten Anleihe oder eines Teiles der Anleihe;
- Rückzahlung entsprechend der Auslosung zusätzlicher Serien, Reihen, Gruppen oder Endziffern;
- freihändiger Rückkauf an der Börse.

Die **Verzinsung** regelt sich nach dem in den Anleihebedingungen festgelegten Zinssatz (bezogen auf den Nennwert des Papieres = **Nominalzins**) und den ebendort aufgeführten Zinsterminen. Die Zinsen werden jährlich oder halbjährlich nachträglich gezahlt. Der Zinsanspruch wird durch **Zinsscheine** belegt. (Der Erwerber einer Schuldverschreibung erhält neben der Wertpapierurkunde einen Zinsscheinbogen mit den einzelnen, auf feste Geldbeträge und Fälligkeiten lautenden, abtrennbaren Zinsscheinen.)

Die Vorlegungsfrist von Zinsscheinen endet am 31.12. des vierten auf die Fälligkeit folgenden Jahres. Die Verjährung tritt nach Ablauf von zwei Jahren ab Ende der Vorlegungsfrist ein, sofern die Urkunde (Zinsschein) innerhalb der Vorlegungsfrist vorgelegt wurde (§§ 801f. BGB).

5.3.1.1.1 Anleihen der öffentlichen Hand (öffentliche Anleihen)

Öffentliche Anleihen werden heute in einer großen Vielfalt angeboten:

Bundesanleihen, Länderanleihen, Kommunal- und Stadtanleihen mit einer Laufzeit von bis zu 30 Jahren;

Bundesobligationen mit einer Laufzeit von 5 Jahren;

Bundesschatzbriefe mit einer Laufzeit von 6 oder 7 Jahren werden laufend emittiert (ausgegeben), sie haben eine jährlich steigende Verzinsung und werden in zwei Angebotsvarianten herausgebracht:

Konsum **II**

- **Typ A** (Mindestauftrag 50 Euro), Laufzeit 6 Jahre, Zinszahlung jährlich nachträglich;
- **Typ B** (Mindestauftrag 50 Euro), Laufzeit 7 Jahre, Zinsen und Zinseszinsen werden bei Rückzahlung dem Nennwert zugeschlagen.

Verzinsungsbeispiele für Bundesschatzbriefe vom Typ A und Typ B (siehe Übersicht II, 9):

	Zinssatz	Durchschnittsverzinsung bei Rückgabe		
	Zins %		Typ A	Typ B
1. Jahr	3,50	nach 1 Jahr	3,50	3,50
2. Jahr	3,75	nach 2 Jahren	3,62	3,62
3. Jahr	3,00	nach 3 Jahren	3,74	3,75
4. Jahr	4,00	nach 4 Jahren	3,80	3,81
5. Jahr	4,00	nach 5 Jahren	3,84	3,85
6. Jahr	4,25	nach 6 Jahren	3,90	3,92
7. Jahr	4,25	nach 7 Jahren	–	3,96

Übersicht II, 9 (Stand: August 2008)

Bundesschatzbriefe können bereits ein Jahr nach Erwerb bis zu einem monatlichen Höchstbetrag von 5.000 Euro zum Nennwert vorzeitig zurückgegeben werden. Sie werden nicht an der Börse gehandelt.

Finanzierungsschätze mit einer Laufzeit von 1 oder 2 Jahren. Ihr Kaufpreis errechnet sich aus dem um die über die Laufzeit anfallenden Zinsen verminderten Nennwert. (Siehe nachfolgendes Zahlenbeispiel!) Es werden zwei Typen von Finanzierungsschätzen angeboten: 746

- **Typ 1** mit einer Laufzeit von 1 Jahr,
- **Typ 2** mit einer Laufzeit von 2 Jahren.

Verzinsungsbeispiele für Finanzierungsschätze vom Typ 1 und Typ 2 (siehe Übersicht II, 10):

Typ 1 mit einjähriger Laufzeit (Verkaufszinssatz 4,08 %)		Typ 2 mit zweijähriger Laufzeit (Verkaufszinssatz 3,68 %)	
Kaufpreis	479,60 Euro	Kaufpreis	463,20 Euro
Wert nach 1 Jahr = Einlösungswert	500,– Euro	Wert nach 2 Jahren = Einlösungswert	500,– Euro
Zinsertrag für 1 Jahr	20,40 Euro	Zinsertrag für 2 Jahre	36,80 Euro
Rendite = Zinsertrag bezogen auf den Kaufpreis von 479,60 Euro	4,25 % p.a.	Rendite = Zinsertrag bezogen auf den Kaufpreis von 463,20 Euro	3,9 % p.a.

Übersicht II, 10 (Stand: August 2008)

II Konsum

Finanzierungsschätze können nicht vorzeitig zurückgegeben werden. Sie werden nicht an der Börse behandelt.

747 **5.3.1.1.2 Industrieobligationen**

Industrieobligationen sind Schuldverschreibungen namhafter Unternehmen der Privatwirtschaft. Ihre Rückzahlung und Verzinsung sichern: die wirtschaftliche Lage und Ertragskraft des jeweiligen Unternehmens; Grundpfandrechte auf dessen Grundbesitz oder die schuldrechtliche Verpflichtung des Emittenten (des Ausgebers der Wertpapiere), den Grundbesitz nicht anderweitig zu belasten und anderen Gläubigern keine besseren Sicherheiten zu gewähren (Negativerklärung).

Am Kapitalmarkt gelten Industrieobligationen im Vergleich zu öffentlichen Anleihen und → Bankschuldverschreibungen als risikoreicher. Sie sind nicht → mündelsicher. Ihre Bedeutung als Finanzierungsinstrument und damit auch als Anlagemöglichkeit ist stark im Schwinden begriffen.

748 **5.3.1.1.3 Bankschuldverschreibungen**

Von Kreditinstituten emittierte (ausgegebene) Schuldverschreibungen lassen sich in drei Gruppen zusammenfassen: Pfandbriefe und Kommunalobligationen, Schuldverschreibungen von Kreditinstituten mit Sonderaufgaben und sonstige Bankschuldverschreibungen.

749,750,751 **Pfandbriefe** und **Kommunalobligationen (Kommunalschuldverschreibungen)** sind festverzinsliche Wertpapiere, die von privaten Hypothekenbanken und Realkreditanstalten (Boden-, Grund- und Immobiliarkreditinstitute, das sind Kreditinstitute die Hypothekenkredite gewähren und sich die Mittel hierzu durch Ausgabe von Pfandbriefen oder Rentenbriefen beschaffen) ausgegeben werden. Der Gesamtbetrag der umlaufenden Pfandbriefe muß in Höhe des Nennwertes durch →Hypotheken und →Grundschulden gedeckt sein; der Gesamtbetrag der umlaufenden Kommunalobligationen muß in Höhe des Nennwertes durch Kommunaldarlehen gedeckt sein. Außer den Deckungswerten haftet den Gläubigern der Pfandbriefe und Kommunalobligationen das gesamte sonstige Vermögen des jeweiligen Realkreditinstitutes.

Schuldverschreibungen von Kreditinstituten mit Sonderaufgaben (beispielsweise: AKA Ausfuhrkredit-Gesellschaft mbH [mittel- und langfristige Exportfinanzierung], IKB Deutsche Industriebank AG [Gewährung von mittel- und langfristigen Investitionskrediten], Deutsche Bau- und Bodenbank AG [Förderung des Wohnungsbaues], KfW-Kreditanstalt für Wiederaufbau [Gewährung von Investitionskrediten, Exportfinanzierung, Kreditvergabe an Entwicklungsländer]) sind ebenfalls festverzinsliche Wertpapiere, die von Banken zur Finanzierung gesetzlicher oder satzungsmäßiger Aufgaben ausgegeben werden.

**5.3.1.1.4 Wandelschuldverschreibungen, Optionsanleihen und
 Gewinnschuldverschreibungen**

sind Bankschuldverschreibungen und Industrieobligationen, die neben dem/den Forderungsrecht(en) (Rückzahlungs- und gegebenenfalls Zinsanspruch) bestimmte Sonderrechte verbriefen.

Wandelschuldverschreibungen verbriefen ein Forderungsrecht (Rückzahlungs- und Zinsanspruch) wie festverzinsliche Wertpapiere und daneben ein Umtauschrecht in Aktien der ausgebenden Aktiengesellschaft. 752

Optionsanleihen sind Schuldverschreibungen, die dem Inhaber zu seinem Forderungsrecht (Rückzahlungs- und Zinsanspruch) ein Bezugsrecht auf Aktien der ausgebenden Aktiengesellschaft verbriefen. Das Bezugsrecht ist in Form des der Anleiheurkunde beigegebenen Optionsscheines veräußerbar und wird börsenmäßig gehandelt. Das Forderungsrecht wird durch die Wahrnehmung des Bezugsrechtes nicht berührt. Die Schuldverschreibung bleibt erhalten und wird planmäßig getilgt. 753

Gewinnschuldverschreibungen verbriefen neben dem Rückzahlungsanspruch anstelle des Zinsanspruches oder zusätzlich zum Zinsanspruch einen Anspruch auf Anteil am Gewinn der ausgebenden Gesellschaft. In der Regel sind Gewinnschuldverschreibungen mit fester Grundverzinsung und dividendenabhängiger Zusatzverzinsung ausgestattet. 754

5.3.1.2 Anleihen ausländischer Emittenten (Auslandsanleihen) 755

Auslandsanleihen sind Schuldverschreibungen ausländischer Emittenten (Ausgeber), die mit Hilfe inländischer Kreditinstitute am deutschen Kapitalmarkt angeboten werden. Sie können auf DM (aus früheren Emissionen), auf Euro, auf fremde Währungen (z. B. US-Dollar, Schweizer Franken, Englische Pfund) und auf Rechnungseinheiten (RE) lauten. Solche RE sind beispielsweise SDR (Special Drawing Rights = Sonderziehungsrechte des Internationalen Währungsfonds). Der Zinsen- und Tilgungsdienst wird in der Regel über deutsche Kreditinstitute beziehungsweise **Bankenkonsortien** (Vereinigungen mehrerer Banken zur Durchführung einzelner oder regelmäßiger Geschäfte mit hohem Kapitaleinsatz auf gemeinsame Rechnung) unter deutscher Leitung abgewickelt. Das mit ausländischen Emittenten verbundene politische Risiko wird häufig durch höhere Zinssätze zu kompensieren versucht. 756

5.3.2 Aktien 757

Aktien sind Urkunden über die Beteiligung an einer → Aktiengesellschaft. Sie können als **Nennbetragsaktien** oder als **Stückaktien** (nennwertlose Aktien) begründet werden. ((Nennbetragsaktien müssen auf mindestens 1 Euro, höhere Nennbeträge auf volle 5 Euro lauten. Stückaktien lauten auf keinen Nennbetrag. Die Stückaktien einer Gesellschaft sind am Grundkapital in gleichem Umfang beteiligt. Der auf die einzelne Aktien entfallende anteilige Betrag des Grundkapitals darf 1 Euro nicht unterschreiten.) Ab 1.1.2002 sind zum Börsenhandel nur noch nennwertlose Stückaktien zugelassen. (Börsennotierte Nennbetragsaktien wurden bis zu diesem Stichtag auf nennwertlose Stückaktien umgestellt!). Rechte und Pflichten des Aktionärs bestimmen sich nach dem Aktiengesetz (AktG) vom 6.9.1965.

Bedeutsam für den Effektenhandel (Wertpapierhandel) ist die Übertragbarkeit der Aktien. Hier sind zu unterscheiden:

– **Inhaberaktien:** Die verbrieften Mitgliedschaftsrechte können von jedem Inhaber der Aktie geltend gemacht werden. Die Aktie wird durch Einigung und Übergabe übertragen. 758

II Konsum

759 – **Namensaktien:** Die verbrieften Mitgliedschaftsrechte können nur von der auf der Aktie [durch →Indossament] genannten Person geltend gemacht werden. Die Übertragung der Aktie erfolgt durch Indossament und soll im Aktienbuch der Gesellschaft vermerkt werden.

760 – **Vinkulierte Namensaktien:** Die verbrieften Mitgliedschaftsrechte können nur von der auf der Aktie [durch →Indossament] genannten Person geltend gemacht werden. Die Übertragung durch Indossament setzt die Zustimmung der Gesellschaft voraus.

Aktien besonderer Art, die jedoch die gleiche Rechtsnatur wie normale Aktien haben, sind die Volksaktien und die Belegschaftsaktien.

761 – **Volksaktien** entstanden durch die Privatisierung staatlichen Kapitalvermögens (Preußag, VW, VEBA) und wurden in der Regel mit Sozialrabatt an Personen mit niedrigen Einkommen ausgegeben.

762 – **Belegeschaftsaktien** werden auf Beschluß der →Hauptversammlung zu Vorzugspreisen an Belegschaftsmitglieder ausgegeben und unterliegen meist einer Sperrfrist für den Weiterverkauf.

763,764 **Stamm-** und **Vorzugsaktien:** Im Gegensatz zu der (regulären) Stammaktie (das ist die gewöhnliche Form der Aktie, die dem Inhaber die normalen, im AktG vorgesehenen Mitgliedschaftsrechte gewährt) können laut Satzung der Gesellschaft bestimmte Aktien mit Vorrechten (Vorzügen) ausgestattet werden, so mit Stimmrechtsvorzügen (Mehrstimmrechtsaktie; grundsätzlich unzulässig), mit Dividendenvorzügen und mit Vorzügen im Liquidationsfall.

Unter gewissen Voraussetzungen werden Aktien zur Börse zugelassen und dort gehandelt. Damit unterliegt ihr Wert (Kurs) dem Kräftespiel von Angebot und Nachfrage und weist demzufolge mehr oder weniger große Kursschwankungen auf. Solche Kursschwankungen bedeuten für den Anleger entsprechende Risiken (Wertzuwächse/Wertverluste).

765 ### 5.3.3 Investmentzertifikate

Investmentzertifikate verbriefen Anteile am Fondsvermögen einer Investmentgesellschaft (Kapitalanlagegesellschaft). Als Fonds bezeichnet man Vermögensmassen, die treuhänderisch für gemeinschaftliche Rechnung der Anteilseigner verwaltet werden (§ 2 Investmentgesetz [InvG] v. 15.12.2003). Sie können bestehen aus: Ef-
766,767 fekten (**Wertpapierfonds**), Grundstücken und Gebäuden (**Immobilienfonds**) oder sonstigen Vermögenswerten. In der Regel handelt es sich um Wertpapierfonds. Diese bestehen aus Aktien und festverzinslichen Wertpapieren, die die Gesellschaft
768 breit gestreut nach vorgegebenen Anlagegrundsätzen kauft und verkauft (**Akti-**
769,770 **enfonds, Rentenfonds, gemischte Fonds**). Hinsichtlich der Begrenzung des Fonds-
771 vermögens lassen sich **offene Fonds** (laufende Kapitalbeschaffung, variables Kapi-
772 tal) und **geschlossene Fonds** (einmalige Kapitalbeschaffung, festes Kapital) unterscheiden.

Dem Investmentgeschäft liegt die Absicht zugrunde, Anlegern bereits mit kleinen Beträgen eine Kapitalanlage mit Risikoausgleich (durch Streuung der Anlagewerte) zu bieten.

Konsum **II**

Der Inhaber eines Investmentzertifikates (Anteilsinhaber) hat folgende Rechte: Miteigentum am Fondsvermögen, Anspruch auf Beteiligung am Ertrag, Anspruch auf Rücknahme des Investmentzertifikates (zum Rücknahmepreis des Tages). Im Gegensatz zum Aktionär ist somit der Anteilsinhaber **nicht** unmittelbar an einem Unternehmen beteiligt; er hat auch kein Stimmrecht und keinen Einfluß auf die Zusammensetzung des Fonds. Stimmrechte aus den im Fonds enthaltenen Aktien übt die Gesellschaft aus. Die Zertifikate haben keinen Nennwert; sie verbriefen nur Anteile (Bruchteile) am Fondsvermögen.

Deutsche Investmentzertifikate werden nicht an der Börse gehandelt. Ihr Wert richtet sich nach dem Inventarwert (Kurswert) des Fondsvermögens, das durch die Anzahl der ausgegebenen Zertifikate geteilt wird (§ 36 InvG). Der so errechnete Betrag ist der offizielle Rücknahmepreis (soweit er von der Gesellschaft nicht noch um Rücknahmekosten gemindert wird). Der Rücknahmepreis und der Ausgabepreis (= Rücknahmepreis zuzüglich Aufschlag zwischen 3 und 5%) wird täglich nach Börsenschluß ermittelt.

Verkauf und Rücknahme der Zertifikate erfolgen für Rechnung der Kapitalanlagegesellschaft durch Kreditinstitute.

Ausländische Investmentzertifikate dürfen nach §§ 121 ff. InvG in der Bundesrepublik Deutschland nur unter bestimmten Voraussetzungen vertrieben werden. Die Investmentgesellschaften müssen unter anderem einen Repräsentanten für das Bundesgebiet benennen, Vertragsbedingungen, Prospekte und Rechenschaftsbericht in deutscher Sprache abfassen sowie Ausgabe- und Rücknahmepreis der Zertifikate in einer deutschen Tageszeitung veröffentlichen. Unwahre Prospektangaben berechtigen den Käufer von solchen Zertifikaten zum Rücktritt vom Vertrag.

Die staatlichen Maßnahmen zur Förderung des Sparens im Rahmen der Vermögenspolitik werden in Kapitel III unter Punkt 5.2.8 gesondert beleuchtet.

6 Private Versicherungen (Individualversicherungen)

Private Dispositionen und Handlungen sind und bleiben – insbesondere, wenn sie in die Zukunft reichen – einer Vielzahl unvorhersehbarer und großteils unvermeidbarer Risiken und Gefahren ausgesetzt. Sei dies in materieller Hinsicht (d.h. Sachen, Gegenstände betreffend) oder personeller Hinsicht (d.h. Personen betreffend). So sind insbesondere die Ausstattungsgegenstände des Haushaltes (darunter besonders exponiert das Auto), das Haus oder aber auch auf Reisen mitgenommene Gebrauchsgegenstände den Gefahren der Beschädigung, des Diebstahls, des Raubes, der Zerstörung ausgesetzt. Gleichzeitig bergen aber auch diese Gegenstände nicht selten selbst ein gewisses Gefahrenpotential gegenüber Sachen und Personen.

Die handelnden Personen selbst sehen sich ihrerseits ständig mit Risiken konfrontiert, die sie in ihren gegenwärtigen und zukünftigen Aktionen bedrohen. Es sind dies insbesondere die Fährnisse des Lebens: Krankheit, Unfall, Tod.

II Konsum

Um den wirtschaftlichen Auswirkungen dieser Risiken im Eintretensfall vorzubeugen, schließt der (weitsichtige) Wirtschaftsbürger entsprechende Versicherungen (Versicherungsverträge) ab, insbesondere Sachversicherungen, Personenversicherungen, Haftpflichtversicherungen und – zur (leichteren) Durchsetzung der ihm gegebenenfalls aus diesen Versicherungen erwachsenden Ansprüche – Rechtsschutzversicherungen.

Im Rahmen solcher Versicherungsverträge gilt es folgende Beteiligte zu unterscheiden: **Versicherer** (Versicherungsunternehmen), **Versicherter** (Person, zu deren Gunsten ein Versicherungsvertrag abgeschlossen wurde) und **Versicherungsnehmer** (Vertragspartner eines Versicherers). Meistens sind Versicherungsnehmer und Versicherter identisch.

Eine Versicherung kann auf Prämienbasis oder auf Gegenseitigkeit abgeschlossen werden.

774 Bei der **Versicherung nach Prämien** verpflichtet sich der Versicherer, gegen eine einmalige oder laufende Prämienzahlung das Risiko des Eintritts eines bestimmten Falles zu übernehmen.

775 Bei der **Versicherung auf Gegenseitigkeit** schließen sich die Versicherten zu einer Versicherungsgemeinschaft zusammen und verrechnen am Ende eines Geschäftsjahres untereinander die eingetretenen Schäden und Kosten durch eine Umlage, auf die in der Regel Vorschüsse (Vorauszahlungen) geleistet werden. Diese Vorschüsse werden zur Regulierung der eintretenden Schäden verwendet.

6.1 Allgemeine Rechtsgrundlagen

Die allgemeinen Rechtsgrundlagen für Versicherungen (d. h. Versicherungsverträge) sind neben dem **Bürgerlichen Gesetzbuch** (BGB) das **Versicherungsvertragsgesetz** (VVG) in der Fassung vom 5. 7. 2007 und die von den (einzelnen) Versicherern ihren Versicherungsverträgen zugrunde gelegten **Allgemeinen Versicherungsbedingungen** (AVB). Die (von der Bundesanstalt für Finanzdienstleistungen [BaFin] genehmigten) AVB gelten als Bestandteil des Versicherungsvertrages. Die AVB sind im Zusammenhang mit dem Recht der → **Allgemeinen Geschäftsbedingungen** (§§ 305–310 BGB) zu sehen, auch wenn dieses für Versicherungsverträge nur mit gewissen Einschränkungen gilt.

Mit der zum 1. 1. 2008 in Kraft getretenen Neufassung des Versicherungsvertragsgesetzes ergeben sich eine Reihe bedeutsamer Änderungen zu Gunsten der Versicherungsnehmer:

776 **Widerrufsrecht:** Der Versicherungsnehmer kann seine Vertragserklärung generell innerhalb von 2 Wochen widerrufen (§ 8 VVG). Der Widerruf hat in Textform zu erfolgen und muß keine Begründung enthalten.

777 **Beratungspflicht:** Versicherungsvermittler (d. s. Versicherungsvertreter u. Versicherungsmakler, § 59 VVG) müssen den Versicherungsnehmer vor Abschluß einer Versicherung umfassend beraten (§§ 6, 60 u. 62 VVG). Das Beratungsgespräch muß dokumentiert werden (§ 61 VVG). Verstöße gegen die Beratungspflicht erlauben dem Versicherungsnehmer gegebenenfalls Schadensersatzansprüche (§ 63 VVG).

Konsum II

Anzeigepflicht: Der Versicherungsnehmer hat dem Versicherer nur die für den Abschluß des Versicherungsvertrages bedeutsamen Gefahrenumstände anzuzeigen, nach denen dieser in Textform gefragt hat (§ 19 VVG). 778

Offenlegungspflicht: Der Versicherer hat dem Versicherungsnehmer vor Abgabe dessen Vertragserklärung seine gesamten Vertragsbestimmungen einschließlich der Allgemeinen Geschäftsbedingungen in Textform zu unterbreiten (§ 7 VVG). 778a

Klagefrist: Die bis Ende 2007 geltenden Verjährungsfristen für gerichtlich geltend zu machende Ansprüche aus Versicherungsverträgen sind entfallen. 778b

Fahrlässigkeit: Nach der neuen **Quotenregelung** darf die Versicherung ihre Leistung aus einem durch Fahrlässigkeit des Versicherungsnehmers verursachten Schadensfall nur **entsprechend der Schwere dessen Verschuldens** kürzen. – Eine totale Leistungsverweigerung seitens des Versicherers ist nur noch bei vorsätzlichem Handeln des Versicherten möglich! 778c

Weitgehend unverändert bleiben nach § 11 VVG die Regelungen für die **Verlängerung** und **Kündigung** von Versicherungsverträgen bestehen: 778d 778e

Für ein auf eine **bestimmte Zeit** eingegangenes Versicherungsverhältnis kann für den Fall, daß es nicht vor Ablauf der Vertragsdauer gekündigt wird, im Voraus maximal eine Verlängerung um 1 Jahr vereinbart werden.

Ein Versicherungsverhältnis, das auf **unbestimmte Zeit** eingegangen wurde, kann von beiden Vertragsparteien nur für das Ende der laufenden Versicherungsperiode gekündigt werden. Einvernehmlich können sie bis zur Dauer von 2 Jahren auf das Kündigungsrecht verzichten.

Die jeweilige Kündigungsfrist muß für beide Vertragsparteien gleich sein; sie darf nicht weniger als 1 Monat und nicht mehr als 3 Monate betragen.

Ein Versicherungsvertrag, der für die Dauer von mehr als 3 Jahren geschlossen wurde, kann vom Versicherungsnehmer zum Ende des dritten oder jedes darauf folgenden Jahres unter Einhaltung einer Frist von 3 Monaten gekündigt werden.

Erhöht der Versicherer den zu leistenden Beitrag, ohne gleichzeitig seine Leistungen zu erweitern, hat der Versicherungsnehmer immer die Möglichkeit zu kündigen.

Eine Besonderheit des Versicherungsrechtes bilden die sogenannten **Obliegenheiten** (**Obliegenheitspflichten**, § 28 VVG), mit denen der Versicherer dem Versicherungsnehmer bestimmte Verhaltenspflichten auferlegt. Das Versicherungsvertragsgesetz unterscheidet Obliegenheiten, die der Versicherungsnehmer vor Eintritt des Versicherungsfalles und solche, die er nach dessen Eintritt zu beachten hat. Verstößt der Versicherungsnehmer gegen solche Verhaltenspflichten, so kann dies den Versicherer seiner Leistungspflicht entheben. 779

Nicht selten erwachsen dem Versicherungsnehmer auch Schwierigkeiten, wenn er seine **Versicherungsprämie** nicht oder nicht vollständig zahlt. In diesen Fällen gilt es zu unterscheiden, ob es sich um die Erstprämie (gleich nach Abschluß des Versicherungsvertrages) oder um eine spätere Folgeprämie handelt. 780

II Konsum

Nach dem Versicherungsvertragsrecht ist der Versicherer grundsätzlich erst dann zur Leistung verpflichtet, wenn die Erstprämie entrichtet wurde. Bis dies geschehen ist, genießt der Versicherte keinen Versicherungsschutz (es sei denn, daß etwas anderes ausdrücklich vereinbart wurde!). Nach Auffassung der Gerichte ist der Versicherer auch dann von seiner Leistungspflicht befreit, wenn die Erstprämie nur teilweise gezahlt wurde.

Gerät der Versicherungsnehmer mit der Zahlung einer Folgeprämie in Verzug, entfällt der Versicherungsschutz nicht automatisch.

6.2 Sachversicherungen

781 Grundsätzlich kann alles versichert werden, soweit es für den Versicherer attraktiv erscheint. Große in- und ausländische Versicherungsunternehmen machen entsprechende (auch auf ganz individuelle Bedürfnisse zugeschnittene) Angebote. Die gängigen Sachversicherungen werden zu weitgehend genormten (d. h. einheitlich gehaltenen) Bedingungen angeboten. Als besonders beliebt gelten: Hausrat- und Wohngebäudeversicherung, Reisegepäckversicherung und Kraftfahrtversicherung.

6.2.1 Hausrat- und Wohngebäudeversicherung

782 Die **Hausratversicherung** richtet sich auf die beweglichen Sachen des privaten Lebensbereiches, die sich in der jeweiligen Wohnung des Versicherungsnehmers befinden. Für die Hausratversicherung gelten neben den **Allgemeinen Versicherungsbedingungen** die **Allgemeinen Hausratversicherungsbedingungen** (die sogenannten VHB mit Angabe des Jahres ihres Inkrafttretens z. B. VHB 2008). Die Grunddeckung der Hausratversicherung nach VHB 2008 umfaßt Schäden aus: Brand, Blitzschlag, Explosion, Anprall oder Absturz eines Luftfahrzeuges, seiner Teile oder seiner Ladung, Einbruchdiebstahl, Raub oder dem Versuch einer solchen Tat, Vandalismus nach Einbruch. Für Einbruchdiebstahl oder Raub von Bargeld, Gold-, Silber- und Schmucksachen, Wertpapiere, Sparbücher, Sammlungen und Kunstgegenstände gelten besondere Entschädigungsgrenzen. Eine Zusatzversicherung kann zur Abdeckung folgender Gefahren vereinbart werden: Leitungswasser, Sturm/Hagel, Fahrraddiebstahl und Elementarschäden (z. B. Rückstauschäden, Erdbeben, Überschwemmung durch Witterungsniederschläge) sowie Glasbruch.

783 Für die **Wohngebäudeversicherung** gilt neben den **Allgemeinen Wohngebäude-Versicherungsbedingungen von 2008** (die sogenannten VGB 2008) eine Reihe von Klauseln zur Erweiterung der Grunddeckung. Durch entsprechende Vereinbarung kann diese Grunddeckung (gegen Brand, Blitzschlag, Explosion, Implosion, Aufprall eines Flugzeuges, Leitungswasser, Rohrbruch, Frostschaden, Sturm, Hagel) individuell erweitert werden (so z. B. durch Einbezug von Überspannungsschäden durch Blitzschlag, Nutzwärmeschäden, Fahrzeuganprall, Graffitischäden u. v. m.).

Als ein Punkt unliebsamer Überraschung erweist sich immer wieder die im Versicherungsvertrag vereinbarte Versicherungssumme und zwar dann, wenn diese niedriger ist als der Wert des Hausrates beziehungsweise des Wohngebäudes. In diesem
784 Fall liegt nämlich **Unterversicherung** vor, die den Versicherer im Schadensfall be-

rechtigt, die Entschädigung im Verhältnis des tatsächlichen Wertes der versicherten Sache zur vereinbarten Versicherungssumme zu kürzen. Der Versicherer berechnet dabei die Entschädigung nach folgender Formel:

$$\text{Entschädigung:} = \frac{\text{Versicherungssumme} \times \text{Schaden}}{\text{Versicherungswert}}$$

Beispiel: Versicherungssumme 40.000 Euro
Versicherungswert 80.000 Euro
Schaden 10.000 Euro

$$\text{Entschädigung} = \frac{40.000 \times 10.000}{80.000} = \textbf{5000 Euro}$$

Der Versicherungsnehmer ist verpflichtet, bei der Ermittlung des Versicherungswertes mitzuwirken (→Obliegenheit). Der Versicherungswert bei der Hausrat- und Wohngebäudeversicherung ist grundsätzlich der Neuwert, das heißt der Wiederbeschaffungswert der Sache (gleiche Art und gleiche Güte) beziehungsweise der ortsübliche Neubauwert.

Um den durch die laufenden Preissteigerungen ständig sich erhöhenden Wiederbeschaffungswerten Rechnung zu tragen, bieten die Versicherer im Rahmen einer Zusatzversicherung die sogenannte **gleitende Neuwertversicherung** an. Mit dieser Versicherung wird die Versicherungssumme des Hausrates oder des Gebäudes ständig den steigenden Wiederbeschaffungswerten angepaßt und damit der Unterversicherung entgegengewirkt. 785

Der mit einer Unterversicherung verbundenen Gefahr der **Minderentschädigung** kann bei Neuverträgen unter Zugrundelegung der VHB 2008 (Hausrat) beziehungsweise der VGB 2008 (Wohngebäude) durch vertraglich vereinbarten **Unterversicherungsverzicht** begegnet werden. 786

Auch im Bereich der Hausrat- und Wohngebäudeversicherung treffen den Versicherungsnehmer eine Reihe von →Obliegenheitspflichten, deren Versäumnis ihn den Versicherungsschutz kosten kann. So hat er einerseits bestimmte Vorkehrungen zu treffen, um Schadensfällen vorzubeugen beziehungsweise solche zu vermeiden, so beispielsweise: bei Frostgefahr in unbenutzten und unbeheizten Gebäuden die Wasserrohre entleeren (Leitungswasserversicherung), bei längerer Abwesenheit die Zuleitung zur Wasch- und Geschirrspülmaschine abstellen (Leitungswasserversicherung), bei Abwesenheit Fenster und Türen verschließen (Einbruchdiebstahlversicherung) etc. Andererseits muß der Versicherungsnehmer nach Eintritt des Schadensfalles alles zur Aufklärung des Versicherungsfalles Zumutbare tun. So hat er beispielsweise bei Einbruchdiebstählen unverzüglich Anzeige bei der Polizei zu erstatten und dieser gleichzeitig eine Aufstellung der gestohlenen Gegenstände einzureichen; außerdem muß er dem Versicherer gestatten, Nachforschungen über Ursache und Schadensumfang anzustellen und ihm bei diesen Anstrengungen durch Auskünfte und die Vorlage von Rechnungen gestohlener Gegenstände behilflich sein.

Die Gebäudeversicherung ist in manchen Bundesländern gesetzlich vorgeschrieben. Als Versicherer fungieren öffentlich-rechtliche Feuerversicherungsanstalten.

II Konsum

Beide Versicherungen, Hausrat- und Wohngebäudeversicherung, werden auch in kombinierter Form als sogenannte Verbundene Hausratversicherung und Verbundene Wohngebäudeversicherung angeboten.

787 Die **Verbundene Hausratversicherung** umfaßt den gesamten Hausrat (Einrichtungsgegenstände, Ge- und Verbrauchsgüter), der sich in der jeweiligen Wohnung des Versicherungsnehmers befindet. Einbezogen werden überdies weitere Gegenstände, wie Campingausrüstungen, bestimmte Wertgegenstände (Bargeld, Goldmünzen, Wertpapiere), Arbeitsgeräte und Einrichtungsgegenstände, die dem Beruf oder Gewerbe dienen. Auch fremdes Eigentum ist mitversichert. Die Verbundene Hausratversicherung umfaßt gemäß VHB 2008 eine Absicherung gegen Feuer, Einbruchdiebstahl, Beraubung, Leitungswasser- und Sturmschäden. Glasbruch und Fahrraddiebstahl können zusätzlich einbezogen werden.

788 Die **Verbundene Wohngebäudeversicherung** umfaßt die Gefahren Feuer, Leitungswasser und Sturm.

789 Die Gefahren von Einbruch und Raub lassen sich auch selbständig durch eine **Einbruch- und Raubversicherung** abdecken. Ihr Schutz bezieht sich auf Sachen, die aus Räumen oder von Grundstücken oder von Transportwegen durch Einbruchdiebstahl oder -versuch abhanden kommen, zerstört oder beschädigt werden. Einbruchdiebstahl liegt im Sinne dieser Versicherung dann vor, wenn der Täter gewaltsam in die Räume eindringt und/oder sich durch Verwendung falscher oder gestohlener Schlüssel Zutritt zu diesen verschafft und versicherte Sachen durch Diebstahl oder Raub an sich nimmt. Die wichtigsten rechtlichen Grundlagen der Einbruch- und Raubversicherung bilden neben dem **Versicherungsvertragsgesetz** die **Allgemeinen Bedingungen für die Versicherung gegen Schäden durch Einbruchdiebstahl und Raub** (AERB).

790 ### 6.2.2 Reisegepäckversicherung

Für eine Reisegepäckversicherung gelten neben den allgemeinen Rechtsgrundlagen die **Allgemeinen Bedingungen für die Versicherung von Reisegepäck** (AVBR).

Durch den Versicherungsvertrag wird nicht nur das (Reise-)Gepäck des Vertragschließenden versichert, sondern auch das Gepäck seiner mitreisenden, mit ihm in häuslicher Gemeinschaft lebenden Angehörigen. Gepäckstücke unterliegen erst von dem Zeitpunkt an dem Versicherungsschutz, an dem sie zum unverzüglichen Antritt der Reise aus der Wohnung (zum Zug, Auto oder anderem) gebracht werden. Nach Beendigung der Reise muß der Versicherte die Gepäckstücke wieder unverzüglich in die Wohnung bringen. (Das Reisegepäck des am Abend vor der morgendlichen Abfahrt beladenen PKW genießt keinen Versicherungsschutz!)

Das versicherte Reisegepäck umfaßt sämtliche Gegenstände des persönlichen Reisebedarfs. Ausgenommen sind:
– Geld, Wertpapiere, Fahrkarten, Urkunden, Dokumente sowie Kontaktlinsen und Prothesen;
– Land-, Luft- und Wasserfahrzeuge mit Ausnahme von Falt- und Schlauchbooten, die solange versichert sind, als sie sich nicht im bestimmungsgemäßen Gebrauch befinden. (Das bedeutet: Das Schlauchboot ist im Kofferraum des PKW

versichert, nicht aber, wenn es aufgepumpt am Strand liegt; ähnliches gilt für Fahrräder.)

Ein **eingeschränkter Versicherungsschutz** gilt für Wertsachen, wie Pelze, Schmuck, Fotoapparate, Film- und Videogeräte. Sie gelten als besonders diebstahlgefährdete Gegenstände. Die Versicherung knüpft deshalb an ihre Bereitschaft, einen eventuell eintretenden Schaden/Verlust zu regulieren, die Einhaltung gewisser Sicherheitsvorkehrungen durch den Versicherten. Dieser muß nämlich die Wertsachen:

- bestimmungsgemäß tragen oder benützen,
- in persönlichem Gewahrsam sicher verwahren und mit sich führen,
- einem Beherbergungsbetrieb (Hotel, Pension u. ä.) zur Aufbewahrung übergeben oder
- in einem ordnungsgemäß verschlossenen Raum oder einer bewachten Garderobe aufbewahren (lassen).

Auch dann, wenn der Versicherte die ihm obliegenden Sicherheitsvorkehrungen getroffen hat, werden Schäden/Verluste an/von Wertgegenständen nur bis zu 50 Prozent der Versicherungssumme ersetzt. Der **Versicherungsschutz entfällt vollständig**, wenn sich die Wertgegenstände in einem unbeaufsichtigt abgestellten Fahrzeug oder Anhänger befanden. Als beaufsichtigt gilt ein Gegenstand nur dann, wenn der Versicherte oder eine Vertrauensperson von diesem ständig anwesend ist und die Sache nicht aus den Augen läßt. **Vom Versicherungsschutz ausgenommen** sind Schäden/Verluste, die durch Krieg, Bürgerkrieg, innere oder kriegsähnliche Unruhen, durch radioaktive Gefahrenherde, durch Beschlagnahme, Entziehung oder sonstige Eingriffe von staatlicher Seite herbeigeführt werden. Ebenfalls nicht durch die Reisegepäckversicherung abgedeckt sind Schäden/Verluste an/von Gepäckstücken, die während des Zeltens oder Campings entstehen. Derlei Risiken können bei manchen Versicherern gegen einen Aufpreis mitversichert werden.

Für **verlorengegangene Gegenstände** des Reisegepäcks tritt die Versicherung nur dann ein, wenn diese nicht liegen-, stehen- oder hängengelassen wurden. Aber auch in diesen Fällen zahlt die Versicherung nur 10 Prozent der Versicherungssumme bis höchstens 400 Euro. Dieselbe Begrenzung des Versicherungsschutzes gilt für Geschenke und Reiseandenken.

Werden Gegenstände des Reisegepäcks aus einem Kraftfahrzeug oder einem Anhänger **gestohlen**, so deckt die Versicherung den Schaden nur, wenn alle Fenster und Türen geschlossen beziehungsweise abgeschlossen waren.

Darüber hinaus haben die Versicherungen ihre Ersatzpflicht für Diebstähle aus Kraftfahrzeugen und Anhängern durch folgende Klauseln weiter eingeschränkt:

- Der Schaden muß zwischen 6.00 und 22.00 Uhr eingetreten sein (Tageszeitklausel);
- das Fahrzeug muß in einer abgeschlossenen Garage abgestellt sein (Parkhäuser und Tiefgaragen erfüllen diese Anforderung nicht!);
- der Schaden muß während einer Unterbrechung der Fahrt von nicht mehr als 2 Stunden eingetreten sein. (Den Beweis für dieses Erfordernis hat der Versicherte zu erbringen; gelingt ihm dies nicht, darf die Versicherung ihre Ersatzleistung auf 400 Euro begrenzen.)

II Konsum

Nach §11 Abs. 1 AVBR darf der Versicherer seine Leistung ganz oder teilweise (→Quotenregelung) verweigern, wenn der Versicherungsnehmer den Schadensfall durch →Vorsatz oder grobe →Fahrlässigkeit herbeigeführt hat. In Fällen von Diebstahl wird in der Praxis von den Versicherern und den Gerichten den Versicherten immer wieder dann grobe Fahrlässigkeit vorgeworfen, wenn sie an belebten Orten (Bahnhof, Flughafen, Straßen, Plätze etc.) den Blick- oder Körperkontakt zu einem oder mehreren Gepäckstücken aufgegeben haben oder wenn sie wertvolle Gepäckstücke von außen sichtbar im Wagen liegen ließen.

792 Auch bei der Reisegepäckversicherung hat der Versicherte im Schadensfall eine Reihe von →**Obliegenheiten**, deren grob fahrlässige oder vorsätzliche Nichtbeachtung die Versicherung von der Leistungspflicht ganz oder teilweise befreit. So muß der Versicherte:

- unverzüglich das Beförderungsunternehmen oder den Beherbergungsbetrieb (Hotel, Pension etc.) von dem bei ihm entstandenen Schaden in Kenntnis setzen;
- falls der Schaden durch strafbare Handlung entstanden ist, unverzüglich Anzeige bei der (örtlich) zuständigen Polizeidienststelle erstatten und sich darüber eine Bescheinigung ausstellen lassen;
- falls etwas verloren ging, im Fundbüro nachfragen, ob etwas abgegeben wurde;
- unverzügliche Schadensmeldung an die Versicherung (in der Regel nach Rückkehr von der Reise; bei außergewöhnlich hohem Schaden kann eine Meldung [Telefon, Telegramm, Telefax, E-Mail] vom Aufenthaltsort gefordert werden) erstatten;
- den Schaden möglichst gering halten, gegebenenfalls weitere Schäden abwenden und den eventuellen Weisungen des Versicherers folgen;
- das ihm Mögliche zur Aufklärung des Falles tun;
- die ihm verfügbaren Belege zum versicherten Reisegepäckstück der Versicherung einreichen oder (falls möglich/zumutbar) beschaffen.

Weist der Versicherer dem Versicherten nach, daß er falsche Angaben über den Schadensfall machte, so kann er die Schadensregulierung verweigern.

793 Es empfiehlt sich, darauf zu achten, daß der tatsächliche Wert des Reisegepäcks nicht höher liegt als die Versicherungssumme, da sonst **Unterversicherung** vorliegt und damit die Versicherung im Schadensfall entsprechend weniger zahlt. Der tatsächliche Wert der Reisegepäckstücke bemißt sich nach dem sogenannten Zeitwert. Dies ist der Betrag, der erforderlich wäre, um die Gegenstände neu am Wohnort des Versicherten zu kaufen unter Abzug eines dem Zustand der versicherten Sachen (d. h. eines der Abnutzung) entsprechenden Betrages.

Der Versicherer berechnet die Entschädigung nach folgender Formel:

$$\text{Entschädigung} = \frac{\text{Versicherungssumme} \times \text{Schaden}}{\text{Zeitwert}}$$

Konsum **II**

Beispiel: Versicherungssumme 12.000 Euro
Zeitwert 20.000 Euro
Schaden 8.000 Euro

$$\text{Entschädigung} = \frac{12.000 \times 8.000}{20.000} = \textbf{4.800 Euro}$$

6.2.3 Kraftfahrtversicherung

794

Die Kraftfahrtversicherung umfaßt eine Gruppe von Versicherungsarten, die die Risiken aus dem Gebrauch von Kraftfahrzeugen abdeckt. Im einzelnen gehören dazu: die Kraftfahrzeug-Haftpflichtversicherung, die Fahrzeugversicherung (Teil- oder Vollkaskoversicherung) und die Insassenversicherung.

Rechtsgrundlage für die Kraftfahrtversicherung bilden neben dem Versicherungsvertragsgesetz (VVG) die **Allgemeinen Bedingungen in der Kraftfahrtversicherung** (AKB).

Die **Kraftfahrzeug-Haftpflichtversicherung**, zu deren Abschluß jeder Halter eines Kraftfahrzeuges oder Anhängers verpflichtet ist, umfaßt die Deckung von Personen-, Sach- und sonstigen Vermögensschäden, die durch den Gebrauch dieses Fahrzeuges verursacht werden. Der Umfang der Haftung bezieht sich bei Schäden im Straßenverkehr nicht nur auf die Verschuldenshaftung des Fahrers gemäß §§ 823 ff. BGB (→unerlaubte Handlung), sondern auch auf eine verschuldensunabhängige Haftung (**Gefährdungshaftung**: eine Schadensersatzpflicht, die kein Verschulden voraussetzt, sondern darauf beruht, daß der Ersatzpflichtige bei einer erlaubten Tätigkeit unvermeidlich eine gewisse Gefährdung seiner Umgebung herbeiführt) seitens des Kraftfahrzeughalters. Dieser ist nämlich nach § 7 Abs. 1 Straßenverkehrsgesetz (StVG) verpflichtet, alle Schäden zu ersetzen, die durch die Inbetriebnahme des Kraftfahrzeuges anderen Personen zugefügt werden. Der Versicherer dieses Risikos haftet bei Personenschäden auch Mitinsassen gegenüber, ja sogar gegenüber dem mitfahrenden Halter des Kraftfahrzeuges. Die Haftung für Sach- und Vermögensschäden kann jedoch unter besonderen Umständen ausgeschlossen werden. Der Umfang der Gefährdungshaftung ist durch verschiedene gesetzlich festgelegte Höchstbeträge begrenzt. Der Geschädigte kann seinen Schadensersatzanspruch nicht nur gegen den Schädiger (Unfallgegner) geltend machen, sondern gemäß § 3 Nr. 1 Pflichtversicherungsgesetz (PflVG) auch unmittelbar gegen den Haftpflichtversicherer.

795

796

Die Tarife der Kraftfahrzeug-Haftpflichtversicherung sind nach objektiven (technische Merkmale, KW-Werte bei PKW, Verwendungszweck, wie z. B. Eigennutzung) und subjektiven (Regionalklassen, Berufsgruppen, wie z. B. Beamte, Landwirte) Gefahrenmerkmalen gestaltet. Entsprechend der Dauer der Schadenfreiheit erhält der Versicherungsnehmer einen **Schadenfreiheitsrabatt**. Auf Grund der gemeldeten Schäden wird zum Jahresende die bisherige Schadenfreiheits- beziehungsweise Schadensklasse überprüft und gegebenenfalls eine entsprechende Höheroder Rückstufung veranlaßt. Um bei einem kleineren Unfall nicht zurückgestuft zu werden, kann es für den Versicherungsnehmer sinnvoll sein, die Kosten der Reparatur selbst zu tragen. Die Automobilclubs wie auch die Versicherungen halten

797

173

II Konsum

798 Tabellen bereit, aus denen sich ersehen läßt, ob sich eine Selbstregulierung lohnt oder nicht. Bei geringen Schäden eröffnen die Versicherer den Versicherungsnehmern die Möglichkeit, diesen innerhalb eines Zeitraumes von 6 Monaten nachzumelden. Eine solche **Nachmeldung** kann insbesondere dann angezeigt sein, wenn ein weiterer Unfall hinzukommt und damit auch die Übernahme der Kosten aus dem ersten Unfall für den Versicherungsnehmer nicht mehr interessant ist.

799 Der Versicherungsschutz beginnt mit der Aushändigung der **Versicherungsdoppelkarte** (vorläufige Deckung). Durch sie ist dem Erwerber eines Kraftfahrzeuges auch schon bei An- oder Ummeldung für den Fall eines Unfalles Schadensersatz garantiert. Dieser vorläufige Versicherungsschutz erlischt, wenn die erste Prämie nicht rechtzeitig gezahlt wird. Erst nach deren Entrichtung besteht endgültiger Versicherungsschutz.

Der **räumliche Geltungsbereich** der Kraftfahrzeug-Haftpflichtversicherung ist grundsätzlich nur Europa. Eine Ausweitung auf außereuropäische Länder ist gegen einen entsprechenden Aufpreis möglich.

800 Auch in der Kraftfahrzeug-Haftpflichtversicherung hat der Versicherte →**Obliegenheiten**, deren Verletzung dem Versicherer das Recht gibt, nach Abwicklung des Schadensfalles vom Versicherten die teilweise Rückerstattung von Ersatzleistungen zu verlangen. Die wichtigsten Obliegenheiten sind:

– Der Verwendungszweck des Fahrzeuges darf nicht geändert werden (beispielsweise darf ein privates Fahrzeug nicht gewerbsmäßig vermietet werden);
– der Fahrer muß einen gültigen Führerschein haben;
– das Fahrzeug muß betriebstauglich sein;
– der Versicherte muß nach einem Unfall zu dessen Aufklärung und, soweit dies möglich, zu dessen Schadensminderung beitragen (keine Fahrerflucht, erforderliche Hilfeleistung für Verletzte!).

Abweichend von den Vereinbarungen zu den Obliegenheiten bei Gebrauch des Fahrzeuges in den AKB (bis 1994 §2 AKB, ab 1995 §2b AKB) gilt nach den Vorschriften des reformierten VVG seit 1.1.2009 Folgendes:

– **Leistungsfreiheit oder Leistungskürzung**
Bei vorsätzlicher Verletzung einer in den AKB vereinbarten Obliegenheit bei Gebrauch des Fahrzeuges besteht kein Versicherungsschutz. Bei grob fahrlässiger Verletzung ist der Versicherer berechtigt, seine Leistung in einem der Schwere des Verschuldens entsprechenden Verhältnis zu kürzen. Die Beweislast, daß keine →grobe Fahrlässigkeit vorliegt, trägt der Versicherungsnehmer.

Gegenüber dem Versicherungsnehmer, dem Halter oder dem Eigentümer besteht nur dann kein oder eingeschränkter Versicherungsschutz, wenn dieser die Verletzung der in den AKB vereinbarten Pflicht, keinen unberechtigten Fahrer, keinen Fahrer ohne Fahrerlaubnis oder keinen fahruntüchtigen Fahrer fahren zu lassen, selbst begangen oder schuldhaft ermöglicht hat.

Abweichend zu obigem ersten Absatz ist der Versicherer zur Leistung verpflichtet, soweit der Versicherungsnehmer nachweist, daß die Pflichtverletzung weder für den Eintritt oder die Feststellung des Versicherungsfalles noch für die Feststellung und den Umfang der Leistungspflicht des Versicherers ursächlich war. Dies gilt nicht bei arglistiger Pflichtverletzung.

– **Beschränkung der Leistungsfreiheit in der Kraftfahrzeug-Haftpflichtversicherung**
Die oben beschriebene Leistungsfreiheit beziehungsweise Leistungskürzung kann dem Versicherungsnehmer und den mitversicherten Personen gegenüber höchstens auf die zu der in diesen Fällen vereinbarten Grenze beschränkt werden. Dies gilt entsprechend bei Gefahrerhöhung.

Gegenüber einem Fahrer, der das Fahrzeug durch eine vorsätzlich begangene Straftat erlangt, ist der Versicherer vollständig von der Verpflichtung zur Leistung frei.

Die **Kündigung** der Kraftfahrzeug-Haftpflichtversicherung hat spätestens 3 Monate vor Ablauf des Versicherungsjahres zu erfolgen. Sie ist außerdem nach einem Schadensfall, einer (polizeilichen) Abmeldung oder einem Verkauf des Kraftfahrzeuges möglich. Geschieht dies nicht, so verlängert sich der Vertrag automatisch um 1 Jahr. Die Kündigung muß schriftlich erfolgen (möglichst Einschreiben mit Rückschein!).

Die **Fahrzeugversicherung** gewährt Versicherungsschutz bei Sachschäden am eigenen Kraftfahrzeug.

Nach dem Deckungsumfang läßt sich die **Fahrzeugteilversicherung (Teilkaskoversicherung)** und die **Fahrzeugvollversicherung (Vollkaskoversicherung)** unterscheiden. Die Fahrzeugteilversicherung deckt im wesentlichen Beschädigung, Zerstörung oder Verlust des Fahrzeuges durch Brand, Diebstahl, Unwetter, Sturm, Hagel, Blitzschlag oder Überschwemmung sowie Zusammenstoß des in Bewegung befindlichen Fahrzeugs mit Haarwild und Glasbruch. Der Versicherungsschutz der Fahrzeugvollversicherung bezieht sich auf Schäden, die selbst durch Unfall oder durch mut- oder böswillige Handlungen betriebsfremder Personen verursacht wurden. Sie empfiehlt sich insbesondere bei Neufahrzeugen (für die ersten zwei Jahre!).

Bei Beschädigung des Fahrzeuges trägt der Versicherer die Wiederherstellungskosten; bei Totalschaden, Verlust oder Diebstahl zahlt er den Zeitwert des Fahrzeuges. Wird eine **Selbstbeteiligung** (d. h. in Höhe eines Teilbetrages, meist 150 Euro oder 300 Euro, trägt der Versicherungsnehmer den Schaden selbst) vereinbart, so trägt der Versicherer den Kostenanteil des Schadens, der den Selbstbeteiligungsbetrag übersteigt. Die Versicherungsprämie bemißt sich zum einen nach der Höhe der Selbstbeteiligung, zum anderen nach Fahrzeugtyp, Regionalklasse und Zugehörigkeit zu bestimmten Berufsgruppen. Bei Erstabschluß einer Fahrzeugversicherung wird der Prämiensatz nach dem →Schadenfreiheitsrabatt der gesetzlichen → Kraftfahrzeug-Haftpflichtversicherung bemessen.

Der Deckungsschutz der Fahrzeugversicherung beginnt erst mit der Zahlung der ersten Prämie. **Vorläufiger Deckungsschutz (Deckungszusage)**, d. h. Gewährung von vorläufigem Versicherungsschutz bereits ab Antragstellung und vor Zahlung der Erstprämie muß ausdrücklich vereinbart werden. (Aus Beweisgründen möglichst schriftlich!)

II Konsum

Diebstahl-, Brand- und Wildschäden über 150 Euro muß der Versicherte bei der Polizei anzeigen. Er hat außerdem alles zu tun, was der Aufklärung des Schadensereignisses dienlich ist. Verletzt der Versicherte diese Pflichten (→Obliegenheiten), so kann der Versicherer unter Umständen seine Leistung ganz oder teilweise (→Quotenregelung) verweigern. Ein solchermaßen abgestuftes Leistungsverweigerungsrecht steht dem Versicherer auch dann zu, wenn der Versicherte grob fahrlässig (→Fahrlässigkeit) oder vorsätzlich (→Vorsatz) den Schadensfall verursachte. Grobe Fahrlässigkeit wird von den Gerichten insbesondere unterstellt bei: Trunkenheit, Überfahren von Rotlicht, Überholen im Überholverbot, Übermüdung.

807 Die **Insassenversicherung** (**Kraftfahrtunfallversicherung**) gewährt (unabhängig von der →Kraftfahrzeug-Haftpflichtversicherung) Versicherungsschutz bei Kraftfahrzeugunfällen, bei denen Insassen (oder Berufsfahrer) zu Schaden kommen. Sie wird in verschiedenen Arten angeboten.

808 ## 6.3 Personenversicherungen

Bei den Personenversicherungen liegt die versicherte Gefahr in der Körperlichkeit einer Person. Die wichtigsten Personenversicherungen sind: Lebensversicherung, Unfallversicherung und Krankenversicherung.

809 ### 6.3.1 Lebensversicherung

Neben den allgemeinen Rechtsgrundlagen für Versicherungsverträge gelten für die Lebensversicherung speziell die Vorschriften §§ 150–171 **Versicherungsvertragsgesetz** (VVG) sowie die **Allgemeinen Lebensversicherungsbedingungen** (ALB).

Eine Lebensversicherung kann unter verschiedenen Absichten abgeschlossen werden. Ihr Grundanliegen ist wohl immer, eine finanzielle Sicherung oder Versorgung zu garantieren, so die Versorgung der Hinterbliebenen beim Tod des Versicherten, die finanzielle Absicherung für bestimmte Ereignisse (Berufsunfähigkeit, Pflegebedürftigkeit oder Heirat), die Sicherstellung der Erfüllung bestimmter Pflichten (Rückzahlung von Krediten u. ä.) über den Tod des Versicherten hinaus und schließlich auch die Altersversorgung durch das gebildete Vermögen. Die Versicherungsleistung kann in der Zahlung einer einmaligen Kapitalsumme (**Kapitalversicherung**) bestehen oder in bestimmten, regelmäßig wiederkehrenden Zahlungen, einer Rente (**Rentenversicherung**). In beiden Fällen steht eine bei Vertragsabschluß vereinbarte Geldsumme zur Disposition (**Summenversicherung**).

810
811
812

813 Lebensversicherungen werden in der Regel als **Einzelversicherungen** zwischen einem Versicherungsnehmer und einer Versicherungsgesellschaft abgeschlossen. Daneben
814 gibt es aber auch **Gruppenversicherungen**, die insbesondere im Rahmen der betrieblichen Altersversorgung vom Arbeitgeber für eine Gruppe von Mitarbeitern abgeschlossen werden.

Der Eintritt des Versicherungsfalles (Tod, bestimmtes Alter) verpflichtet den Versicherer, die vereinbarte Leistung zu erbringen. Die Pflicht des Versicherungsnehmers umfaßt neben der Beitragszahlung die Information des Versicherers über bestimmte (von diesem ausdrücklich erfragte!) Sachverhalte (→Anzeigepflicht), so insbesondere über alle Umstände, die für die Übernahme der Gefahr (durch den Versicherer) erheblich sind (vorvertragliche Anzeigepflicht), über Veränderungen während der Laufzeit des Vertrages (beispielsweise Gefahrenerhöhung, Wohnungswechsel) sowie über den Eintritt des Versicherungsfalles (→Obliegenheiten). Die Höhe des Beitrages richtet sich nach der Ausgestaltung der Versicherung, dem Eintrittsalter des Versicherten und nach der Versicherungs- und Beitragszahlungsdauer. Die Beitragshöhe bleibt über die gesamte Laufzeit gleich.

Der Versicherungsnehmer hat in der Regel zum Ende des Versicherungsjahres ein Recht auf **Kündigung** des Versicherungsvertrages. Macht er von diesem Kündigungsrecht Gebrauch, so kann er wohl nicht mehr die gezahlten Beiträge zurückfordern, er hat aber Anspruch auf bestimmte garantierte Leistungen. Diese können in der Auszahlung des sogenannten **Rückkaufswertes** (das ist der Betrag, der bei einer vorzeitigen Beendigung des Vertrages dem Versicherten angeboten wird; seine Höhe richtet sich nach der aus den Sparanteilen der Prämie gebildeten Prämienreserve sowie dem darauf entfallenden Anteil an der Gewinnbeteiligung) bestehen oder in einer prämienfreien Versicherung. Die Inanspruchnahme des Rückkaufswertes ist insbesondere in den ersten Jahren wirtschaftlich wenig attraktiv, da hier der Rückkaufswert derart niedrig ist, daß der Kündigende einen Verlust hinnehmen muß. Der Wechsel zu einer anderen Versicherung ist unter diesen Bedingungen meist wenig lohnend. Es ist deshalb eher die Möglichkeit zu erwägen, die bisherige Versicherung in eine beitragsfreie mit herabgesetzter Versicherungssumme umzuwandeln. Dies ist dann möglich, wenn sich die Beitragszahlung bereits über einen Zeitraum von mindestens 3 Jahren erstreckte und damit ein entsprechender Rückkaufswert beziehungsweise Überschuß gegeben ist.

Der Versicherer kann die vertraglich vereinbarte Leistung verweigern und den Vertrag lösen, wenn der Versicherungsnehmer mit der Beitragszahlung in Rückstand gerät oder wenn dieser Selbstmord begeht. Eine ärztliche Gesundheitsprüfung wird vom Versicherten in der Regel nur bei größeren Versicherungssummen oder bei höherem Alter verlangt. Im allgemeinen verlassen sich die Versicherer in ihrer Risikoabwägung auf die Selbstauskunft des Antragstellers. Wenn der Antragsteller dabei unwahre oder unvollständige Auskünfte gibt, obgleich eine wahrheitsgemäße Antwort für den Versicherer hinsichtlich seiner Bereitschaft zum Vertragsabschluß von Bedeutung gewesen wäre, kann dieser während der ersten drei Jahre nach Vertragsabschluß den Vertrag lösen.

Als nicht unumstritten erweist sich zuweilen die Frage, wann der Versicherer bei einer **Berufsunfähigkeits(zusatz-)versicherung** zahlen muß. Hierfür lassen sich aus der einschlägigen Rechtsprechung folgende Richtlinien aufzeigen: Der Versicherte muß in seiner Gesundheit dauerhaft mindestens zu dem im Versicherungsvertrag vereinbarten Grad (beispielsweise 50 Prozent) in seiner Berufsausübung beeinträchtigt sein und er darf nicht auf eine andere, ihm zumutbare Tätigkeit, zu verweisen sein. Was nun als zumutbar zu erachten ist, läßt sich nur fallweise entscheiden. Es kann jedoch davon ausgegangen werden, daß die Vorbildung des Versicherten sowie das soziale Ansehen seines früheren Berufes und des in Erwägung gezogenen Ersatzberufes gebührend zu berücksichtigen sind.

II Konsum

818 Der Versicherungsnehmer kann dem Versicherer jederzeit Bezugsberechtigte für die im Versicherungsfall fällige Versicherungsleistung nennen. Dieses **Bezugsrecht** kann von ihm widerrufen und gegebenenfalls auf eine andere Person übertragen werden. Eine Änderung des Bezugsrechtes muß jedoch dem Versicherer schriftlich mitgeteilt werden.

818a Beiträge zu einer Lebensversicherung (ausgenommen solche für fondsgebundene Lebensversicherungen) galten bis zum 31.12.2004 als Vorsorgeaufwendungen und konnten als solche innerhalb bestimmter Höchstgrenzen als Sonderausgaben von den zu versteuernden Einkünften abgesetzt werden. Nach dem zum 1.1.2005 in Kraft getretenen **Alterseinkünftegesetz** wurde dieses Steuerprivileg (Sonderausgabenabzug wie auch Steuerfreiheit der Erträge bei einer Laufzeit des Vertrages von mindestens 12 Jahren) für ab diesem Zeitpunkt abgeschlossene Kapitallebensversicherungen aufgehoben. Auszahlungen aus Altverträgen bleiben aus Gründen des Vertrauensschutzes weiterhin steuerfrei.

818b Abweichend zur allgemeinen Regelung der **Widerrufsfrist** bei Versicherungsverträgen (§ 8 VVG) beträgt dieselbe bei Lebensversicherungen 30 Tage (§ 152 VVG).

818c Macht der Versicherer im Zusammenhang mit dem Angebot oder dem Abschluß einer Lebensversicherung bezifferte Angaben zur Höhe von möglichen Leistungen über die vertraglich garantierten Leistungen hinaus (**Überschußbeteiligung**), hat er dem Versicherungsnehmer darüber eine differenzierte Modellrechnung vorzulegen (§ 154 VVG).

819 ### 6.3.2 Unfallversicherung

Die Unfallversicherung dient der Deckung des Unfallrisikos. Als Unfall gilt nach § 1 **Allgemeine Unfallversicherungsbedingungen** (AUB) ein plötzliches Ereignis, das von außen auf den Körper einer Person einwirkt, so daß sie unfreiwillig eine Gesundheitsschädigung erleidet. Es ist zu unterscheiden zwischen →gesetzlicher Unfallversicherung und privater Unfallversicherung. Während die gesetzliche Unfallversicherung als Teil der →Sozialversicherung Berufsunfälle abdeckt, bezieht sich die private Unfallversicherung als →Individualversicherung auf Unfälle aller Art (so insbesondere auf solche im Haushalt und in der Freizeit). Sie kann für jede Person zwischen 14 und 75 Jahren abgeschlossen werden.

Die Rechtsgrundlagen der privaten Unfallversicherung sind neben den allgemeinen Vorschriften des privaten Versicherungswesens speziell die Regelungen der §§ 178–191 **Versicherungsvertragsgesetz** (VVG) sowie die **Allgemeinen Unfallversicherungsbedingungen** (AUB 2008).

820
821
822, 823
Die private Unfallversicherung kann sich – je nach Ausgestaltung des Versicherungsvertrages – allgemein auf die Abdeckung von Unfallrisiken beziehen oder sich auf einzelne besondere Gefahren beschränken (beispielsweise **Insassen-Unfallversicherung**, **Sport-Unfallversicherung**); sie kann sich auf einzelne Personen oder mehrere Personen (**Familien-Unfallversicherung**, **Gruppen-Unfallversicherung**) beziehen.

Die Unfallversicherung zahlt im Versicherungsfall grundsätzlich eine bestimmte Geldsumme (→Summenversicherung). Im einzelnen können folgende Leistungs-

Konsum **II**

vereinbarungen getroffen werden: Leistung im Todesfall, Invaliditätsentschädigung bei dauernder Beeinträchtigung der Arbeitsfähigkeit gemäß einer **Gliedertaxe** (Tabelle zur Bestimmung des Invaliditätsgrades bei Unfällen nach dem Verlust oder der Funktionsunfähigkeit von bestimmten Gliedern oder Sinnesorganen), (Krankenhaus-)Tagegeld und Genesungsgeld bei vorübergehender Beeinträchtigung der Arbeitsfähigkeit, Übergangsentschädigung während einer Wiedereingliederungszeit in das Berufsleben, Übernahme von Bergungs- und Heilbehandlungskosten. 824

Der Versicherungsnehmer verpflichtet sich zur Zahlung der Versicherungsprämie entsprechend der Tarife, deren Höhe sich nach der **Gefahrengruppe** bestimmt, der der Versicherte mit seinem ausgeübten Beruf zuzuordnen ist (Gefahrengruppe A: kaufmännische und verwaltende Tätigkeiten; Gefahrengruppe B: körperliche und handwerkliche Berufe). Änderungen des im Versicherungsschein ausgewiesenen Berufes (Beschäftigung, Tätigkeit) des Versicherten sind dem Versicherer anzuzeigen (widrigenfalls Gefahr der →Unterversicherung!). Sollen die Versicherungsleistungen an die Einkommensentwicklung gekoppelt werden, so kann dies im Rahmen einer **dynamischen Unfallversicherung** erfolgen. Sie sieht eine jährliche Erhöhung der vereinbarten Versicherungssumme um einen bestimmten Prozentsatz gegen eine entsprechende Prämiensteigerung vor. 825

826

Eine besondere Form der privaten Unfallversicherung ist die **Unfallversicherung mit Prämienrückgewähr**, bei der alle geleisteten Beiträge unabhängig von geleisteter Unfallentschädigung bei Tod des Versicherten und/oder bei Erreichen eines bestimmten Alters oder zu einem bestimmten Termin zurückbezahlt werden. Die zunächst vielleicht Erstaunen auslösende Prämienrückgewähr läßt sich damit begründen, daß die gesamten Versicherungsleistungen und anfallenden Verwaltungskosten allein aus den Zinsen gedeckt werden, die der Versicherer aus der rentierlichen Anlage der (Versicherten-)Beiträge erwirtschaftet. Der Versicherungsnehmer kann bei dieser Versicherung zusätzlich an einem eventuell anfallenden Überschuß beteiligt werden. 827

Für Ansprüche aus einer privaten Unfallversicherung ist es bedeutungslos, ob der Unfall des Versicherten durch eigene oder fremde →Fahrlässigkeit oder durch →höhere Gewalt verursacht wurde. Liegt fremdes →Verschulden (Fremdverschulden) vor, kann dementsprechend der Versicherte neben der Versicherungsleistung zusätzlich Schadensersatz vom Schädiger (Unfallverursacher) oder von dessen Versicherung verlangen.

Man kann auch bei zwei oder mehr Unfallversicherern versichert sein und sich von diesen für ein- und denselben Schadensfall doppelt und mehrfach entschädigen lassen. Voraussetzung ist allerdings, daß man bei Abschluß der zweiten und jeder weiteren Versicherung dem Neuversicherer das Bestehen der ersten und aller weiteren Versicherung(en) angibt oder dies (soweit gefragt) auf Unfallmeldebögen mitteilt.

Die Stichwortnummern 828 u. 829 sind entfallen

Das Recht zur **außerordentlichen Kündigung** des Unfallversicherungsvertrages steht dem Versicherungsnehmer immer dann zu, wenn ein Versicherungsfall entschädigt wurde oder er gegen den Versicherer eine Entschädigungsklage erhoben hat. Wird der Versicherungsvertrag vor Ablauf des Versicherungsjahres beendet, so kann der Versicherer nur die anteilige (d. h. die bis zu diesem Zeitpunkt rechnerisch aufgelaufene) Prämie verlangen.

II Konsum

830 Nach § 5 der Allgemeinen Unfallversicherungsbedingungen von 2008 (AUB 2008) kann der Versicherer bei bestimmten Risiken die Leistung ausschließen. Dieser sogenannte **Risikoausschluß** gilt insbesondere für Unfälle, die durch eine zeitweise Bewußtseinsstörung verursacht wurden. Eine solche zeitweise Bewußtseinsstörung darf nach herrschender Rechtssprechung bei einem Kraftfahrzeugfahrer ab 1,1 Promille Blutalkoholkonzentration angenommen werden (absolute Fahruntüchtigkeit!). Wird bei einem Verkehrsunfall dem Fahrer eines Kraftfahrzeuges eine Blutalkoholkonzentration zwischen 0,8 und 1,1 Promille nachgewiesen, so wird der Versicherer nur dann leistungsfrei, wenn dem Fahrer nachgewiesen werden kann, daß der Unfall auf einen alkoholbedingten Fahrfehler zurückzuführen ist (BGH, Versicherungsrecht, 1988, 733).

831 ### 6.3.3 Krankenversicherung

Die Krankenversicherung dient zur Deckung der Kosten, die zur Erhaltung und Wiederherstellung der Gesundheit und Arbeitskraft im Krankheitsfall erforderlich sind sowie zum Ausgleich des krankheitsbedingten Einkommensausfalles. Es ist zu unterscheiden zwischen gesetzlicher Krankenversicherung und privater Krankenversicherung. Während die gesetzliche Krankenversicherung als Zweig der →Sozialversicherung für einen bestimmten Personenkreis zwangsweise vorgeschrieben ist und damit eine Pflichtversicherung darstellt, erfolgt der Abschluß einer privaten Krankenversicherung freiwillig.

Die Rechtsgrundlagen der privaten Krankenversicherung sind die allgemeinen Vorschriften des **Versicherungsvertragsgesetzes** (VVG) und des Gesetzes über die Beaufsichtigung der Versicherungsunternehmen (**Versicherungsaufsichtsgesetz**, VAG). Auf ihnen entwickelten sich brancheneinheitliche Musterbedingungen, die – ergänzt durch unternehmensspezifische Tarifbedingungen – die **Allgemeinen Versicherungsbedingungen** bilden. Die privaten Krankenversicherer unterstehen der Aufsicht der Bundesanstalt für Finanzdienstleistungen (BaFin).

832 Die private Krankenversicherung kann als **Schadenversicherung** (Ersatz des konkreten Vermögensschadens) oder →**Summenversicherung** (Leistung einer bei Vertragsabschluß vereinbarten Geldsumme) abgeschlossen werden. Sie umfaßt folgende Versicherungsarten; die Krankheitskostenversicherung, die Krankentagegeldversicherung, die Krankenhaustagegeldversicherung und sonstige selbständige Teilversicherungen (Zusatzversicherungen).

833 Die **Krankheitskostenversicherung** erstattet dem Versicherten die Kosten medizinisch notwendiger ambulanter Heilbehandlung (ärztliche Beratung, Behandlung und Medikamente), stationärer Behandlung (Unterkunft, Verpflegung und Behandlung im Krankenhaus) und Zahnbehandlung einschließlich Zahnersatz und
834 Kieferorthopädie. Eine **Selbstbeteiligung** des Versicherungsnehmers an den Kosten der Krankheit ist bei ambulanter Behandlung, bei Medikamenten sowie bei Zahnkosten möglich. Entsprechend der Höhe der Selbstbeteiligung vermindert sich die vom Versicherungsnehmer zu zahlende Versicherungsprämie.

835 Die **Krankentagegeldversicherung** deckt bei krankheits- oder unfallbedingter Arbeitsunfähigkeit – ab einem bestimmten zu vereinbarenden Tag – den Verdienst-

ausfall durch eine pro Tag festgelegte Summe. Die Höchstgrenze des Krankentagegeldes bildet das durchschnittliche Nettoeinkommen des Versicherten. (Wer vor Eintritt der Arbeitsunfähigkeit keine Einkünfte hatte, hat keinen Verdienstausfall und damit auch keinen Anspruch auf Tagegeld!) Die Zahlung von Krankentagegeld wird in der Regel auf Dauer (d. h. ohne zeitliche Begrenzung) vereinbart. Die Leistungspflicht des Versicherers endet jedoch stets dann, wenn der Versicherte das 65.Lebensjahr erreicht beziehungsweise berufs- oder erwerbsunfähig wird.

Die **Krankenhaustagegeldversicherung** gewährt dem Versicherten bei Krankenhausaufenthalt tageweise eine vertraglich vereinbarte Summe. Diese Versicherung wird im allgemeinen abgeschlossen, um den Unterschiedsbetrag zwischen den von der →Krankheitskostenversicherung gedeckten Aufwendungen und den insgesamt in Rechnung gestellten Kosten des Krankenhausaufenthaltes ganz oder teilweise zu ersetzen.**Zusatzversicherungen** werden zur Ergänzung des Krankenversicherungsschutzes abgeschlossen. Sie übernehmen bestimmte Kosten wie beispielsweise Kosten für Unterbringung in einem Ein- oder Zweibettzimmer, Pflegekrankenversicherung (bei Pflegebedürftigen), Krankheitskostenversicherung für Auslandsreisen. 836 837

Die Leistungen und Beiträge (Prämien) der privaten Krankenversicherung richten sich nach dem dem jeweiligen Vertrag zugrundeliegenden Tarif. Für die Beitragshöhe ist außerdem das persönliche Risiko des Antragstellers (Alter, Geschlecht, Vorerkrankungen) bedeutsam. Eine Beitragsrückgewähr kann – entsprechend der Ertragslage des Versicherers – dann erfolgen, wenn vom Versicherten innerhalb eines Kalenderjahres keine Versicherungsleistungen in Anspruch genommen wurden.

Für den Versicherten besteht nach Abschluß einer Krankenversicherung zunächst eine Wartezeit, vor deren Ablauf grundsätzlich kein Versicherungsschutz besteht. Neben der allgemeinen Wartezeit gibt es besondere Wartezeiten.

Die **allgemeine Wartezeit** beträgt 3 Monate. Ausgenommen hiervon sind Ansprüche auf Grund von Unfällen und Versicherungsverträge, die von einem mindestens schon 3 Monate privat versicherten Versicherungsnehmer für seinen Ehegatten (innerhalb von 2 Monaten nach der Eheschließung) oder von einem schon mindestens 3 Monate versicherten Elternteil für ein Neugeborenes (innerhalb von 2 Monaten nach der Geburt) rückwirkend zum Ersten des Geburtsmonats abgeschlossen werden. 838

Die **besonderen Wartezeiten** betragen 8 Monate und gelten für Entbindungen, Psychotherapie, Zahnbehandlung, Zahnersatz und Kieferorthopädie. 839

Weitgehender Wartezeiterlaß wird von den Versicherern in der Regel dann gewährt, wenn der Antragsteller seine Gesundheit durch ein ärztliches Zeugnis belegt oder von der →gesetzlichen Krankenversicherung überwechselt. Die Frage nach einem Überwechseln von der gesetzlichen Krankenversicherung in die private Krankenversicherung stellt sich für all jene Arbeitnehmer, deren durchschnittliches Monatseinkommen die →Versicherungspflichtgrenze übersteigt.

Bei der Krankheitskostenversicherung steht dem Versicherer keine Möglichkeit der ordentlichen **Kündigung** zu. Bei den anderen Arten der Krankenversicherung besteht für ihn ein Kündigungsrecht innerhalb der ersten drei Versicherungsjahre. Ein 840

II Konsum

841 außerordentliches Kündigungsrecht wie auch das Recht auf **Anfechtung** des Versicherungsvertrages (wegen →arglistiger Täuschung) steht dem Versicherer bei allen Arten der Krankenversicherung zu, wenn der Versicherte die im Versicherungsvertrag verlangten Auskünfte unvollständig oder nicht wahrheitsgemäß erteilt hat.

6.4 Haftpflichtversicherung

842 Nach den Vorschriften des Bürgerlichen Gesetzbuches ist jeder, der rechtswidrig und schuldhaft (d. h. fahrlässig oder vorsätzlich) das Eigentum oder die Gesundheit eines anderen verletzt, zum Schadensersatz verpflichtet. Diese Haftpflicht trifft auch die Eltern eines minderjährigen Kindes, das einem anderen Schaden zufügt, sofern die Eltern ihre Aufsichtspflicht gegenüber dem Kind verletzt haben. Die Haftpflichtversicherung deckt die Haftpflichtansprüche beziehungsweise übernimmt die Kosten zur Abwehr unbegründeter Ansprüche, die gegenüber dem Versicherten erhoben werden. Die Haftpflichtversicherung schützt somit den Versicherungsnehmer vor Beeinträchtigungen seines Vermögens durch Schadensersatzansprüche Dritter.

Die Haftpflichtversicherung gilt grundsätzlich nur für im Inland verursachte Schadensfälle.

Rechtsgrundlage der Haftpflichtversicherung bilden die einschlägigen Bestimmungen des **Versicherungsvertragsgesetzes** (§§ 149–158a VVG) sowie die **Allgemeinen Versicherungsbedingungen für die Haftpflichtversicherung** (AHB). Daneben schreiben verschiedene Gesetze den Abschluß einer Haftpflichtversicherung vor, so zum Beispiel § 17 Bundesjagdgesetz für Jäger oder § 1 Gesetz über die Pflichtversicherung für Kraftfahrzeughalter.

Die im Haftpflichtversicherungsvertrag zwischen Versicherer und Versicherungsnehmer vereinbarte Versicherungssumme stellt eine maximale Haftungsgrenze des Versicherers dar. Sie kann auf Grund von Prämienanpassungsklauseln während der Laufzeit des Vertrages verändert (insbesondere angehoben) werden.

Die Haftpflichtversicherung deckt bei weitem nicht alle Haftungsrisiken des täglichen Lebens ab. Die durch sie gedeckten Standardrisiken sind: die Haftung des Fußgängers oder Radfahrers im Straßenverkehr, die Haftung bei Sportunfällen und bei unzureichender Beaufsichtigung minderjähriger Kinder. Den Versicherungsschutz genießen neben dem Versicherungsnehmer insbesondere dessen Ehegatte und unverheiratete minderjährige Kinder. Volljährige Kinder des Versicherungsnehmers genießen nur dann Versicherungsschutz, wenn sie noch eine allgemeinbildende Schule besuchen oder eine daran unmittelbar anschließende Ausbildung absolvieren.

Vom Versicherungsschutz ausgenommen sind zunächst alle rein vertraglich begründeten Haftpflichtansprüche; ferner jene Haftpflichtansprüche wegen Schäden an Sachen, die der Versicherungsnehmer gemietet, gepachtet oder geliehen hat. (Die den Mieter aus der Beschädigung von Wohnräumen treffende Haftpflicht wird nur auf Grund besonderer Vereinbarung durch die Haftpflichtversicherung gedeckt!) Ebenfalls nicht (ohne ausdrückliche Vereinbarung) durch die Haftpflichtversicherung gedeckt sind jene Schäden, die in Ausübung beruflicher Tätigkeit des Versicherungsnehmers entstehen. Unabdingbar ausgeschlossen vom Versicherungsschutz sind Haftpflichtansprüche, die Angehörige des Versicherungsnehmers (das sind: Ehegatten, Eltern, Kinder, Adoptiveltern und -kinder, Stiefeltern und -kinder, Geschwister, Pflegeeltern und -kinder) erheben, soweit sie mit diesem in häuslicher Gemeinschaft (d.h. in einer gemeinsamen Wohnung) leben oder zu dem durch den Versicherungsvertrag mitversicherten Personenkreis gehören.

Auch in der Haftpflichtversicherung treffen den Versicherungsnehmer bestimmte →**Obliegenheiten**, deren Verletzung die Versicherungsleistung gefährdet. So hat der Versicherungsnehmer jeden Versicherungsfall unverzüglich, zumindest jedoch innerhalb einer Woche, dem Versicherer anzuzeigen; er hat außerdem den Versicherer von der gerichtlichen Geltendmachung eines gegen ihn erhobenen Haftpflichtanspruches in Kenntnis zu setzen. Auch hat sich der Versicherungsnehmer streng dem Verbot zu fügen, ohne die vorherige Zustimmung des Versicherers einen Haftpflichtanspruch ganz oder teilweise anzuerkennen oder gar durch Zahlung zu erfüllen. Eine Verletzung dieses Verbotes befreit den Versicherer regelmäßig von seiner Leistungspflicht. 843

6.5 Rechtsschutzversicherung 844

Für die Durchsetzung von Rechtsansprüchen reicht häufig das eigene Engagement nicht aus. Sie erfordert vielmehr das Spezialwissen von Anwälten und nötigenfalls den Gang vor Gericht, das heißt die Klageerhebung. Dies kann unter Umständen mit erheblichen Kosten verbunden sein, die – zumal wenn sie in ihrer endgültigen Höhe nicht abzusehen sind – manch einen Anspruchsberechtigten resignieren lassen. Hier greift die Idee der Rechtsschutzversicherung Platz. Die Rechtsschutzversicherung übernimmt die zur Wahrung der rechtlichen Interessen des Versicherungsnehmers entstehenden Kosten. Diese umfassen: Rechtsanwaltskosten (für einen Anwalt nach freier Wahl am Ort des zuständigen Gerichts; Mehrkosten eines auswärtigen Anwalts gehen zu Lasten des Versicherungsnehmers), Gerichtskosten, Kosten für Privatgutachten usw. Außerdem unterstützt der Rechtsschutzversicherer den Versicherungsnehmer bei der Schadensfeststellung und bei der Auswahl eines entsprechenden Rechtsanwaltes. Eine rechtliche Beratung des Versicherungsnehmers ist dem Versicherer jedoch untersagt.

Die Rechtsschutzversicherung unterliegt den Bestimmungen des **Versicherungsvertragsgesetzes** (§§ 125–129 VVG); spezielle Vorschriften wurden in dieses Gesetz nicht aufgenommen. Es gelten außerdem die **Allgemeinen Bedingungen für die Rechtsschutzversicherung** (ARB).

Heute werden folgende Arten von Rechtsschutzversicherung angeboten:

– **Rechtsschutz für den Verkehr.** Man unterscheidet: den auf den Versicherungsnehmer persönlich bezogenen **Verkehrs-Rechtsschutz**, den auf ein bestimmtes Fahrzeug bezogenen **Fahrzeug-Rechtsschutz**, den für Berufsfahrer und vorwiegend mit fremden Fahrzeugen fahrende Personen angelegten **Fahrer-Rechtsschutz**. 845 846,847

– **Familien-Rechtsschutz.** Er gewährt Rechtsschutz für die gesamte Familie des Versicherungsnehmers und zwar in zwei Beitragsklassen: für Unselbständige (Arbeitnehmer, Hausfrauen, Rentner usw.) und für Selbständige (unter Aus- 848

II Konsum

schluß deren beruflicher Risiken; deren Rechtschutz kann gesondert versichert werden).

849 – **Firmen-Rechtsschutz** für Gewerbetreibende und freiberuflich Tätige.
850 – **Rechtsschutz für Vereine.**
– **Rechtsschutz für Grundstückseigentum und Miete.**
852 – **Rechtsschutzkombinationen.** Sie verbinden Rechtsschutzarten nach Lebensbereichen, wie beispielsweise **Verkehrs- und Familienrechtsschutz** oder Landwirtschafts- und Verkehrsrechtsschutz für land- und forstwirtschaftliche Betriebe.

Die Stichwortnummern 853 u. 854 sind entfallen!

Werden Gefahren aus dem Bereich der Rechtsschutzversicherung neben anderen Gefahren versichert, so müssen im Versicherungsschein der Umfang der Deckung in der Rechtsschutzversicherung und die hierfür zu entrichtende Prämie gesondert ausgewiesen werden (§ 126 VVG).

Die in der Vergangenheit von Versicherern vielfach gepflegte Praxis, den Versicherungsvertrag dann zu kündigen, wenn bei einzelnen Versicherungsnehmern eine Schadenshäufigkeit festgestellt wurde, ist nach einem Urteil des Bundesgerichtshofes (BGH) vom 27. 3. 1991 für alle vor dem 31. 12. 1991 abgeschlossenen Rechtsschutzversicherungsverträge unzulässig (§ 19 Abs. 2 ARB ist unwirksam!). Nur bei ab Jahresbeginn 1992 bestehenden oder sogenannten „umgestellten Verträgen" kann der Versicherer Kunden mit einer bestimmten Schadenshäufung (2 Versicherungsfälle innerhalb von 12 Monaten!) kündigen.

7 Eheliches Güterrecht

855

Die Eheschließung hat Auswirkungen auf das Vermögen der Ehegatten. Nach dem **Ehegüterrecht** haben die Ehegatten mehrere Möglichkeiten, ihre Vermögensverhältnisse zu gestalten und damit einen bestimmten Güterstand zu vereinbaren. Seit dem Inkrafttreten des Gleichberechtigungsgesetzes am 1. 7. 1958 sind drei **Güterstände** möglich: die Zugewinngemeinschaft, die Gütertrennung und die Gütergemeinschaft.

856, 857 Der **gesetzliche Güterstand der Zugewinngemeinschaft** (§§ 1363–1390 BGB) gilt immer dann, wenn die Ehegatten **nicht** durch einen notariell beurkundeten Ehevertrag einen der beiden anderen Güterstände **vereinbaren (vereinbarte Güterstände)**. In der Zugewinngemeinschaft bleiben die Vermögen der beiden Ehegatten getrennt; jeder verwaltet und nutzt sein Vermögen selbst, darf aber über ihm gehörende Gegenstände des gemeinsamen Haushaltes und über sein Vermögen **als Ganzes** nur mit Einwilligung seines Partners verfügen.

Endet die Zugewinngemeinschaft anders als durch den Tod eines Ehegatten durch Scheidung, Aufhebung der Ehe oder durch Vereinbarung eines anderen Güterstandes, so ist der beiderseitige Zugewinn festzustellen und auszugleichen (§ 1372 858a BGB). Als **Zugewinn** gilt der Betrag, um den das Endvermögen eines Ehegatten sein Anfangsvermögen übersteigt. Übersteigt der Zugewinn des einen Ehegatten den des anderen, so steht die Hälfte des Überschusses dem anderen Ehegatten als Ausgleichsforderung zu (§§ 1374–1378 BGB). Bei der Berechnung des Anfangs- und Endvermögens sind die Schulden abzuziehen. Während der Ehe erhaltene Erbschaften, Schenkungen und Ausstattungen gelten nicht als Zugewinn.

Endet die Zugewinngemeinschaft durch Tod eines Ehegatten, so gestaltet sich der Ausgleich des Zugewinns derart, daß der **gesetzliche Erbteil** (→gesetzliche Erbfolge) des überlebenden Ehegatten um ein Viertel erhöht wird. Diese Regelung läßt unberücksichtigt, ob ein Zugewinn erzielt wurde und ob der überlebende Ehegatte einen höheren Zugewinn machte.

Falls der überlebende Ehegatte – gleichgültig aus welchem Grunde – nicht erbt oder eine Erbeinsetzung oder ein →Vermächtnis ausschlägt, kann er Anspruch auf Ausgleich des Zugewinns in Höhe der Differenz der Zugewinne beider Ehegatten erheben und den →Pflichtteil verlangen. Der Pflichtteil bestimmt sich nach dem nicht erhöhten gesetzlichen Erbteil (§ 1371 Abs. 2, 3 BGB).

Im **vereinbarten Stand** der **Gütertrennung** sind die Vermögen der Ehegatten rechtlich getrennt. Beide Partner können ihr Vermögen allein verwalten und dürfen darüber frei verfügen. Es bestehen für sie keinerlei Verfügungsbeschränkungen. Mit Ausnahme von Geschäften zur Deckung des Lebensbedarfes (§ 1357 BGB) haftet jeder Ehegatte nur für seine Schulden. Die Ehegatten stellen sich in vermögensrechtlicher Hinsicht wie Unverheiratete. Die gesetzliche Erbquote des überlebenden Ehegatten ist so bemessen, daß sie niemals kleiner ist als die der Abkömmlinge des Erblassers.

Im **vereinbarten Güterstand** der **Gütergemeinschaft** wird das vorhandene und das erworbene Vermögen zum gemeinschaftlichen Vermögen (**Gesamtgut**, § 1416 BGB) beider Ehegatten. Getrennt bleiben **Sondergut** (das sind Gegenstände, die nicht durch Rechtsgeschäfte übertragen werden können, wie z.B. Nießbrauchrechte oder unpfändbare Forderungen auf Lohn und Gehalt, § 1417 BGB) und **Vorbehaltsgut** (hierzu gehören alle Gegenstände, die ein Ehegatte durch Schenkung oder Erbfall erwirbt oder die im Ehevertrag ausdrücklich zum Vorbehaltsgut erklärt wurden, § 1418 BGB). Das Gesamtgut haftet grundsätzlich für die Verbindlichkeiten jedes Ehegatten. Die vermögensrechtliche Auseinandersetzung der Ehegatten erfolgt durch Teilung mit Vorzugsrechten für eingebrachte, ererbte oder geschuldete Vermögenswerte.

Der gesetzliche Güterstand der Zugewinngemeinschaft und der vereinbarte Güterstand der Gütergemeinschaft können durch Ehevertrag verändert oder ergänzt werden (**modifizierter Güterstand**).

8 Erbrecht (§§ 1922–2385 BGB)

Das Erbrecht regelt den Übergang des Vermögens eines Verstorbenen. Über sein Vermögen kann ein Erblasser durch Testament oder Erbvertrag letztwillig verfügen.

II Konsum

8.1 Das Testament

868

Es lassen sich folgende Testamentsformen unterscheiden:

869 Das **öffentliche Testament**. Es wird vor einem Amtsrichter oder einem Notar unter Hinzuziehung eines Urkundsbeamten oder (in besonderen Fällen) zweier Zeugen errichtet. Dabei kann der Erblasser seinen letzten Willen mündlich oder durch Übergabe einer offenen oder verschlossenen Schrift erklären (§ 2232 BGB).

870,871 Das **eigenhändige Testament (Privattestament)**. Es wird vom Erblasser ohne Hinzuziehung einer Urkundsperson oder von Zeugen durch eine von ihm eigenhändig verfaßte und unterschriebene Erklärung errichtet. Orts- und Zeitangabe sind nicht erforderlich aber zweckmäßig, da das letzte Testament maßgebend ist (§§ 2247, 2253 ff. BGB).

872 Das **Nottestament**. Dieses außerordentliche Testament kann in besonderen Fällen errichtet werden, so bei Todesgefahr vor zwei Zeugen zu Protokoll des Bürgermeisters, bei Verkehrssperre in gleicher Form oder mündlich vor drei Zeugen, während einer Seereise vor drei Zeugen (§§ 2249–2251 BGB). Es wird hinfällig, wenn der Erblasser drei Monate nach seiner Errichtung noch lebt (§ 2252 BGB).

873 Die Befugnis zur Errichtung, Änderung oder Aufhebung eines Testaments setzt die **Testierfähigkeit** des Erblassers voraus. Die unbeschränkte Testierfähigkeit steht grundsätzlich jedem Volljährigen zu. Nicht testierfähig sind: Personen unter 16 Jahren, geistesgestörte, geisteskranke und bewußtseinsgestörte Personen sowie stumme Personen, die schreibensunkundig oder schreibunfähig sind; Stumme, die nicht lesen können; Stumme, die nicht sehen können und die Blindenschrift nicht beherrschen.

Minderjährige ab 16 Jahren und solche Volljährige, die unter vorläufige Vormundschaft gestellt sind, können nur ein öffentliches Testament durch mündliche Erklärung oder Übergabe einer offenen Schrift vor einem Notar errichten.

874 Ein Vertrag, durch den sich jemand verpflichtet, eine Verfügung von Todes wegen zu errichten oder nicht zu errichten, aufzuheben oder nicht aufzuheben, ist nichtig (**Testierfreiheit**, § 2302 BGB).

875 Ein **gemeinschaftliches Testament** kann nur von Ehegatten errichtet werden (§ 2265 BGB). Dies muß entweder eigenhändig (als Privattestament) oder öffentlich (als öffentliches Testament) erfolgen. Während beim öffentlichen Testament der letzte Wille zu Protokoll gegeben wird, genügt beim Privattestament, daß ein Ehegatte das gemeinschaftliche Testament eigenhändig abfaßt und der andere dieses – möglichst unter Angabe von Ort und Zeit (Sollvorschrift!) – unterschreibt.

876 Eine beliebte Variante des gemeinschaftlichen Testaments ist das sogenannte **Berliner Testament** (§ 2269 BGB), bei welchem die Ehegatten sich gegenseitig als Erben einsetzen und dabei bestimmen, daß nach dem Tode des zuletzt Verstorbenen der beiderseitige Nachlaß einem Dritten (z. B. Kinder, Enkel) zufallen soll. Es darf im Zweifelsfalle angenommen werden, daß dieser Dritte (Schlußerbe) für den gesamten Nachlaß (d. h. das Vermögen beider Ehegatten) als Erbe des zuletzt verstorbenen Ehegatten eingesetzt ist.

Konsum **II**

8.2 Der Erbvertrag

Der Erbvertrag ist eine den Erblasser bindende und in der Regel unwiderrufliche Verfügung von Todes wegen. Im Gegensatz zum →Testament kann er nicht nur zwischen Ehegatten, sondern auch zwischen Nichtehegatten geschlossen werden. Ein Erbvertrag kann nur vor einem Notar bei gleichzeitiger Anwesenheit beider Vertragsparteien (Erblasser und Begünstigter) geschlossen werden. Eine Aufhebung des Erbvertrages kann nur durch einen besonderen Aufhebungsvertrag erfolgen. Demzufolge ist die Aufhebung eines Erbvertrages nach dem Tod eines Beteiligten nicht mehr möglich (§ 2290 BGB). Ehegatten können einen Erbvertrag durch →gemeinschaftliches Testament aufheben (§ 2292 BGB).

8.3 Der Pflichtteil

Die →Testierfreiheit des Erblassers wird durch das Recht auf den Pflichtteil (Pflichtteilsrecht) bestimmter Angehöriger eingeschränkt (§§ 2303–2338 BGB). Dieses Recht besteht darin, daß die Kinder, der Ehegatte oder die Eltern des Erblassers dann, wenn sie von diesem durch Verfügung von Todes wegen von der Erbfolge ausgeschlossen sind, den Erben gegenüber einen Mindestanspruch auf den sogenannten Pflichtteil anmelden können. Dieser Anspruch richtet sich auf eine Geldzahlung in Höhe der Hälfte des Wertes des gesetzlichen Erbteiles des Berechtigten.

8.4 Die gesetzliche Erbfolge

Die gesetzliche Erbfolge greift dort Platz, wo keine **abweichende** oder **erschöpfende** Verfügung von Todes wegen vorliegt. Gesetzliche Erben sind die Verwandten des Erblassers (§ 1589 BGB), sein Ehegatte sowie die adoptierten Personen. Erbe kann nur werden, wer zur Zeit des Erbfalles lebt. War der Erbe zu diesem Zeitpunkt noch nicht geboren, aber bereits gezeugt, so gilt er als **vor** dem Erbfall geboren.

Die gesetzliche Erbfolge gestaltet sich nach dem sogenannten **Parentelensystem**. Ihm zufolge sind gesetzliche Erben der 1. Ordnung die Abkömmlinge (Kinder, Enkel usw.) des Erblassers. Sind Abkömmlinge vorhanden, so erben diese 3/4 des Nachlasses; 1/4 erbt der überlebende Ehegatte. Fehlen Abkömmlinge, so kommen die Erben der 2. Ordnung (das sind die Eltern des Erblassers und deren Abkömmlinge, also die Geschwister des Erblassers und deren Kinder) zum Zuge. Leben beide Elternteile des Erblassers, so fällt ihnen das Erbe alleine zu; lebt nur ein Elternteil, so erbt dieser die eine Hälfte des Nachlasses, während die andere Hälfte den Geschwistern des Erblassers beziehungsweise deren Abkömmlingen zufällt.

Gesetzliche Erben der 3. Ordnung sind die Großeltern des Erblassers und deren Abkömmlinge (das sind Onkeln und Tanten des Erblassers).

Neben den Erben 2. und 3. Ordnung erbt der überlebende Ehegatte jeweils die Hälfte des Nachlasses.

Leben weder Verwandte der ersten, noch der zweiten Ordnung, noch Großeltern, so erhält der überlebende Ehegatte die ganze Erbschaft.

II Konsum

Leben keine Abkömmlinge der ersten drei Parentelen und ist kein Ehegatte zu berücksichtigen, so stehen als 4. Parentel die Urgroßeltern und als 5. Parentel die entfernteren Voreltern und ihre Abkömmlinge als Erben an.

Letzter gesetzlicher Erbe ist der Staat.

Gilt für Eheleute der →gesetzliche Güterstand der →Zugewinngemeinschaft, so erhöht sich beim Tod eines Ehegatten der gesetzliche Erbteil des Überlebenden um 1/4 (gesetzliches Zusatzviertel), so daß dieser neben den Kindern oder Enkeln 1/2 (anstatt 1/4) und neben den Eltern oder Geschwistern des Erblassers 3/4 (anstatt 1/2) erhält (§ 1371 Abs. 1 BGB). Der →Pflichtteil des überlebenden Ehegatten beträgt bei der Zugewinngemeinschaft die Hälfte des erhöhten gesetzlichen Erbteiles.

881,881a
8.5 Vor- und Nacherbfolge

Beabsichtigt der Erblasser, sein Vermögen zunächst einer Person zufallen zu lassen, von der dieses dann nach einer bestimmten Zeit oder nach Eintritt eines bestimmten Ereignisses eine andere Person erben soll, so kann er durch →Testament oder →Erbvertrag einen Vor- und einen Nacherben bestimmen. Durch eine solche Regelung kann das Vermögen erhalten, seine Nutzung aber mehreren Personen nacheinander zugänglich gemacht werden. Es gilt aber zu bedenken, daß bei einer solchen Erbregelung sowohl der Vorerbe als auch der Nacherbe erbschaftsteuerpflichtig werden.

882
8.6 Das Vermächtnis

Der Erblasser kann durch →Testament einer Person, die er nicht zum Erben einsetzt, einen Vermögensvorteil zuwenden. Der so Begünstigte (Vermächtnisnehmer) erhält dann ein Forderungsrecht gegen denjenigen, der in der Regel dieses Vermächtnis erfüllen und somit (beispielsweise das vermachte Ölgemälde) herausgeben muß. Das Vermächtnis kann sich auf Gegenstände und Rechte erstrecken. Die vermachten Gegenstände gehen zunächst in das →Eigentum des zur Leistung Verpflichteten über.

883 Möchte der Erblasser einem Erben den Erhalt eines bestimmten Gegenstandes (z. B. eines bestimmten Bildes) sichern, so kann er ihm diesen als sogenanntes **Vorausvermächtnis** zuwenden (§ 2150 BGB).

884 Bei einem **Wahlvermächtnis** kann der Begünstigte einen von mehreren Gegenständen (beispielsweise eines von mehreren Bildern) wählen.

885 Ein **Untervermächtnis** liegt vor, wenn der Vermächtnisnehmer einem Dritten einen Vermögensvorteil zu verschaffen hat.

886
8.7 Die Auflage (§§ 1940, 2192 BGB)

Der Erblasser kann durch Testament den Erben oder einen Vermächtnisnehmer zu einer Leistung an einen Dritten verpflichten, ohne daß für diesen darauf ein Anspruch entsteht. Eine solche Auflage wird der Erblasser zweckmäßigerweise dann wählen, wenn er eine dritte Person weder zum Erben noch zum Vermächtnisnehmer einsetzen will, wohl aber die Begünstigung derselben durch eine Verpflichtung des Erben oder eines Vermächtnisnehmers gesichert sehen möchte. Die Erfüllung der Auflage kann von der bedachten Person nicht verlangt werden; dies kann nur vom Erben, Miterben oder demjenigen gefordert werden, welchem der Wegfall der Last (d. h. die Erfüllung der Auflage) unmittelbar zustatten käme (z. B. vom Erben des mit einer Auflage Belasteten).

III
Arbeit

Arbeit **III**

1 Mensch und Arbeit

Arbeit ist eine für den Menschen typische Tätigkeit. Sie dient ihm in erster Linie zur Sicherung seiner Existenz, das heißt zur Erwirtschaftung der zur Befriedigung seiner (Lebens-)Bedürfnisse erforderlichen Mittel; darüber hinaus bietet sie ihm aber auch die Chance, sich (wenn auch nur ausschnitthaft) mit der Welt körperlich und geistig auseinanderzusetzen und auf sie gestaltend Einfluß zu nehmen. Dieser Auseinandersetzungsprozeß ist notwendigerweise mit der Eingehung zwischenmenschlicher (sozialer) Beziehungen verbunden. Damit erweist sich Arbeit nicht nur als ein Werte schöpfender, produktiver Akt, sondern gleichzeitig als ein gesellschaftlicher, kooperativer. Beide Arbeitsakte schließen in der Regel Freude (**Arbeitsfreude:** Werkstolz; Erfolgserlebnisse; die Freude, etwas trotz Schwierigkeiten „geschafft" zu haben; die Freude, es sich und möglicherweise auch anderen „gezeigt" zu haben; oder ganz einfach die Freude, „gute Arbeit" geleistet zu haben) aber auch Leid (**Arbeitsleid:** Beschwernisse, Unlust, Ärger, Frustrationen mit sich und anderen) ein. Ob Freude oder Leid die Einstellung des Arbeitenden zu seiner Arbeit beherrscht, hängt nicht nur von den objektiven Bedingungen ab, unter denen die jeweilige Arbeit erbracht wird (**Arbeitsbedingungen:** Arbeitsaufgabe, Arbeitsumwelt, Lohn, Arbeitszeit, Mitarbeiter, Betriebsklima, Aufstiegschancen u. a.), sondern auch von der persönlichen Qualifikation und der subjektiven Einstellung des Arbeitenden zu seiner Arbeit (Einsicht der Notwendigkeit persönlichen Engagements in der Arbeit, Überwindung der eigenen Trägheit, Bejahung der Selbstverantwortung, Bekenntnis zu **Arbeitstugenden**, wie: Verläßlichkeit, Pünktlichkeit, Genauigkeit, Fleiß, Ausdauer u. a.). Arbeit kann zur quälenden Last degenerieren, aber auch zu einer lebensbereichernden Kraft aufsteigen.

Arbeit kann selbständig oder unselbständig geleistet werden, je nachdem, ob der Arbeitende „sein eigener Herr" ist oder nicht. Der **Selbständige** arbeitet in eigener Verantwortung für eigene Rechnung; er ist Unternehmer/Gewerbetreibender oder Ausübender eines freien Berufes (Arzt, Anwalt etc.). Der **Unselbständige** arbeitet in Diensten eines Selbständigen beziehungsweise in abhängiger Stellung in der Wirtschaft oder in Behörden und Institutionen; er ist Arbeitnehmer: Arbeiter, Angestellter oder Beamter.

2 Arbeit und Produktion

Arbeit als produktiver, gesellschaftlicher Akt ist stets unter einen bestimmten **Betriebszweck** gestellt. Dieser Betriebszweck ist die Erstellung einer bestimmten Leistung, einer Sachleistung (→Sachgüter) oder →Dienstleistung. Die Arbeit vollzieht sich im Zusammenwirken der menschlichen Arbeitskraft mit den sachlichen Mitteln der Produktion (**Betriebsmittel:** Grundstücke, Bauten, Maschinen, Werkzeuge, Betriebsstoffe, Energie; **Werkstoffe:** Rohstoffe, Halb- und Fertigfabrikate, Hilfsstoffe). Die Produktion ist somit ein **Kombinationsprozeß**. Was produziert wird und wie die →Produktionsfaktoren kombiniert werden, muß der Unternehmer entscheiden. **Entscheiden** bedeutet für ihn zielbewußtes Wählen zwischen verschiede-

III Arbeit

nen Handlungsmöglichkeiten. Da dem Unternehmer in der Regel nicht alle für seine Entscheidung bedeutsamen Informationen zur Verfügung stehen oder aber deren Beschaffung zu teuer wäre, trifft er seine Entscheidungen mehr oder weniger unter Unsicherheit (über die gegenwärtigen und zukünftigen Gegebenheiten). Unsichere Entscheidungen bedeuten aber für den Unternehmer Risiko, nämlich das gesteckte Betriebsziel nicht wie beabsichtigt zu erreichen oder gar zu verfehlen.

Die Entscheidungsspielräume, die dem Unternehmer offenstehen, sind regelmässig durch (betriebs-)interne wie auch externe (inländische wie auch ausländische) Rahmenbedingungen begrenzt. Es sind dies kurzfristig nicht beeinflußbare Gegebenheiten, wie zum Beispiel verfügbare Finanzierungsmittel, Gesetze, Kundengeschmack, Kaufkraft usw. Ihnen hat eine realistische unternehmerische Entscheidung gebührend Rechnung zu tragen.

13 Damit die unternehmerische Entscheidung nicht unbedacht oder übereilt erfolgt, ist es sinnvoll, diese in eine Phase der **Planung** einzubetten. In ihr wird versucht, die jeweils entscheidungsrelevanten Entwicklungsmöglichkeiten, so insbesondere Einflußfaktoren, Handlungsmöglichkeiten und deren Folgen, vorweg zu erfassen. Planung wird damit zur notwendigen gedanklichen Vorbereitung des wirtschaftlichen Tuns. Sie umfaßt das Nachdenken über die anzustrebenden Ziele sowie die Mittel und Wege ihrer Erreichung. Dabei werden die Bedingungen der jeweiligen Vorgehensweise wie auch die für die jeweilige Zielerreichung bedeutsamen, in der Zukunft liegenden Situationen, Schwierigkeiten, Risiken, Chancen, Einflußfaktoren möglichst umfassend zu ermitteln versucht, beurteilt und gegebenenfalls Strategien ihrer Begegnung entwickelt. Durch die Planung wird die Entscheidung fundiert (untermauert), aus der dann schließlich der **Plan** (Produktionsplan, Absatzplan, Investitionsplan u. a.) erwächst. Er gibt dann beispielsweise vor, wieviel zu welchen Kosten produziert und zu welchem Preis angeboten werden soll. Mittels
14 solcher **Vorgabegrößen (Sollwerte)** wird der Betrieb bei der Durchführung (**Realisation**) seines Planes – so bei der Produktion, dem Vertrieb, der Investition etc. – gelenkt. Nach Abschluß der Realisationsphase werden dann im Rahmen einer
15 **Kontrolle** die tatsächlich erreichten Werte (**Istwerte**) mit den angestrebten **Sollwerten** verglichen. Eventuell auftretende Abweichungen werden auf ihre Ursachen (z. B. Planungsfehler, Fehlinformationen, Ausführungsfehler, technische Fehler u. a.) hin untersucht und führen gegebenenfalls zu entsprechenden Plankorrekturen.

Wenngleich jeder Unternehmer bestrebt sein wird, Ungewißheit und Risiko des betrieblichen Handelns durch planende Vorausschau möglichst gering zu halten, werden immer wieder unvorhergesehene Entscheidungen notwendig, die er dann un-
16 verzüglich treffen muß. Solche außerplanmäßigen Entscheidungen werden **Improvisationen** genannt. Da bei Improvisationen das Risiko in der Regel größer ist als bei geplanten Entscheidungen, wird der Unternehmer bestrebt sein, diese soweit
17 wie möglich zu minimieren. Die **Organisation** dient ihm dabei als Instrument. Mit ihm versucht er, ein **System von dauerhaften Regelungen** zu schaffen, das möglichst viele Entscheidungen in die Planung einbezieht. Die Organisation steht damit im Dienste der Planung. Ihr Ziel ist die Herstellung einer strukturierten Ordnung, die die Vielzahl unterschiedlicher Betriebsaufgaben zu einer funktionsfähigen Einheit

Arbeit **III**

verbindet. So werden einerseits im Rahmen der betrieblichen **Aufbauorganisation** die Beiträge der einzelnen Aufgabenträger zur Realisierung des Betriebszieles klar umrissen und herausgestellt, während andererseits in der betrieblichen **Ablauforganisation** die räumliche und zeitliche Ordnung der Arbeitsabläufe erfolgt. Voraussetzung für solche Dauerregelungen ist jedoch immer, daß es sich bei den zu organisierenden Vorgängen um **gleichartige** und **wiederkehrende** handelt. 18 19

Um die Effizienz des Produktionsprozesses zu heben und damit die Produktion zu steigern, zu verbilligen und zu verbessern, versucht man ihn durch die Einbringung wissenschaftlicher Erkenntnisse und den Einsatz technischer wie auch organisatorischer Mittel möglichst „vernünftig" (rational) zu gestalten. Diese **Rationalisierung** der Leistungserstellung (Produktion) hat zwei Ansatzpunkte: das **Arbeitsverfahren** und den **Fertigungsgegenstand**. 20

Die Komplexität industrieller Produktionsprozesse einerseits und die beschränkte Leistungsfähigkeit der menschlichen Arbeitskraft andererseits machen es notwendig, diese Prozesse in Teilaufgaben zu zerlegen (**Arbeitsteilung**) und diese nach ihrer Erfüllung wieder zusammenzufassen. Bei der **artmäßigen Arbeitsteilung** wird eine komplexe Arbeitsaufgabe in mehrere **verschiedenartige,** meist zeitlich von einander abhängige und deshalb nacheinander durchzuführende Teilarbeiten aufgeteilt. Dabei lassen sich verschiedene Arbeitsstufen oder aber auch verschiedene Teilarbeiten innerhalb derselben Stufe abgrenzen. 21

Die entscheidenden Anstöße für die Dienstbarmachung dieses auf den englischen Philosophen und Ökonomen **Adam Smith** (1723–1790) zurückreichenden Prinzips in der industriellen Produktion gab der amerikanische Ingenieur **Frederick Winslow Taylor** (1856–1915) im Konzept der **„wissenschaftlichen Betriebsführung"** (Scientific Management). 21a 21b 22

Von der **mengenmäßigen Arbeitsteilung** spricht man dann, wenn gleichartige Teilarbeiten derselben Arbeitsstufe gleichzeitig von mehreren Personen durchgeführt werden. Durch sie sollen Staus bei Vor- und Leerlauf auf nachgeordneten Arbeitsstufen vermieden werden. Die in ihr befaßten Arbeitskräfte sind parallel geschaltet.

Mengen- und artmäßige Arbeitsteilung müssen stets so angelegt sein, daß die Teilarbeiten räumlich und zeitlich zusammengefaßt werden können.

Mit der Ausbreitung und Intensivierung der Arbeitsteilung bis hin zur Auflösung von Arbeitsaufgaben in Griffelemente verlief über lange Zeit in weiten Bereichen der Industrie eine vielfach beklagte Dequalifizierung der Arbeit. Heute werden repetitive (d.h. sich wiederholende) Teilverrichtungen zunehmend von Maschinen und Aggregatsystemen übernommen, so daß der Qualifikationsanspruch an die Arbeitskraft wieder steigt.

Auf der **Stufe des Fertigungsgegenstandes** vollzieht sich die Rationalisierung durch Normung und Typung der Erzeugnisse sowie durch Spezialisierung der Betriebe. **Normung** umfaßt die Vereinheitlichung von Maßen, Formen, Bestandteilen, Herstellungsverfahren, Begriffen, Arten, Bezeichnungen u.a. bei Werkstoffen sowie Halb- und Fertigfabrikaten. **Typung** beinhaltet die Vereinheitlichung und damit die Beschränkung der Gestaltungsformen von zusammengesetzten mehrteiligen Pro- 23 24

III Arbeit

dukten. **Spezialisierung** schließlich meint die Beschränkung des betrieblichen Fertigungsprogrammes auf eine geringe Anzahl von Produkten oder ein einziges Erzeugnis. Sie begünstigt die Ausweitung der Arbeitsteilung zwischen den Betrieben und führt häufig zu (kapitalmäßigen) Verflechtungen (Konzernbildung).

Das Konzept der tayloristischen Massenfertigung wird zu Beginn der 1990er Jahre durch die aus der japanischen Automobilindustrie kommende und sich über die USA und Mitteleuropa rasch ausbreitende **Lean Production (schlanke Produktion)** in Frage gestellt und auf breiter Front abgelöst. Lean Production ist ein Arbeitsstrukturierungskonzept, nach dem kleine selbstverantwortliche Teams in einer Mischung von handwerklicher Fertigung und Fließbandarbeit produzieren. Vom Handwerk bleiben Flexibilität und Qualität, von der Fließbandfertigung die Schnelligkeit und die niedrigen →Stückkosten. Die „schlanke Produktion" setzt auf Motivation und persönliches Engagement der Arbeitskräfte.

2.1 Der Produktionsprozeß

2.1.1 Die Minimalkostenkombination

Wie bereits unter I, 5.2 kurz dargelegt, erfolgt die Herstellung von Gütern allgemein über die Kombination der →Produktionsfaktoren Arbeit, Kapital und Boden unter Einbezug des technischen Fortschritts. Der Ort der Produktion ist der **Betrieb**. Da die Produktionsfaktoren knapp sind, wird der dem →ökonomischen Prinzip folgende Unternehmer bestrebt sein, diese wirtschaftlich einzusetzen. Dies bedeutet, daß er eine bestimmte Produktmenge mit den geringstmöglichen →Kosten beziehungsweise mit einer bestimmten Kostensumme die größtmögliche Produktmenge zu realisieren versucht.

Diese Feststellung sei durch ein einfaches Zahlenbeispiel verdeutlicht. Zur Herstellung von 100 Hemden könnten Hand- und Maschinenarbeit in unterschiedlicher Weise kombiniert werden und zwar:

	Handarbeit in Stunden	Maschinenstunden
Herstellungsverfahren 1	10	7,5
Herstellungsverfahren 2	12,5	6,25
Herstellungsverfahren 3	15	5

Setzen wir die Arbeitsstunde mit Euro 25,– und die Maschinenstunde mit Euro 40,– an, so lassen sich die Produktionskosten der drei Herstellungsverfahren wie folgt ermitteln:

Herstellungsverfahren 1	Euro 10 × 25 + Euro 7,5 × 40	=	Euro 550,–
Herstellungsverfahren 2	Euro 12,5 × 25 + Euro 6,25 × 40	=	Euro 562,50
Herstellungsverfahren 3	Euro 15 × 25 + Euro 5 × 40	=	Euro 575,–

Das Herstellungsverfahren 1 erweist sich am kostengünstigsten, das heißt, es verwirklicht die sogenannte **Minimalkostenkombination**. Für seinen Einsatz hätte sich der Unternehmer zu entscheiden.

Arbeit **III**

Die hier auf der Basis austauschbarer (**substitutiver**, →Substitution der Produktionsfaktoren) **Produktionsfaktoren** gewonnene Erkenntnis läßt sich anhand der **Produktionsfunktion vom Typ A** veranschaulichen.

In der wohl größeren Anzahl der Fälle lassen sich die am Produktionsprozeß beteiligten Produktionsfaktoren nicht oder nur sehr schwer untereinander austauschen (substituieren). Es handelt sich dann um **limitationale** (d. h. hinsichtlich ihrer Einsatzmenge in strenger Beziehung zur geplanten Produktmenge stehende) **Produktionsfaktoren**. Über solche (limitationale Produktionsfaktoren) sich vollziehende Produktionsprozesse lassen sich anhand der **Produktionsfunktion vom Typ B** verdeutlichen.

2.1.2 Produktionsfunktionen

Produktionsfunktionen repräsentieren die funktionale Beziehung zwischen der Produktionsmenge (Ertrag, **Output**) und den Einsatzmengen der Produktionsfaktoren (**Input**). Dieser quantitative Zusammenhang zwischen Output und Input soll nachfolgend beispielhaft analysiert werden.

2.1.2.1 Die Produktionsfunktion vom Typ A

Die Produktionsfunktion vom Typ A, auch **Ertragsgesetz** genannt, läßt sich besonders anschaulich am Beispiel der landwirtschaftlichen Gütererzeugung erklären. Angenommen ein Landwirt besäße 10 Morgen Land, auf dem er Kartoffeln anbaut. Seine Anbaufläche (Produktionsfaktor Boden) läge damit fest (**konstant**) und kann somit – zumindest kurzfristig – nicht erweitert werden. Auch der Produktionsfaktor Kapital, der hier die landwirtschaftlichen Maschinen und die Düngemittel umfasse, sei in seinem Einsatz **konstant** gehalten. **Variabel** sei lediglich der Produktionsfaktor Arbeit, der hier als Jäten und Hacken zum Tragen käme. Verändert nun der Landwirt bei Konstanthaltung der beiden Faktoren Boden und Kapital die auf den Kartoffelanbau verwendete Arbeit, so variieren die anfallenden Erträge typischerweise wie folgt (siehe Tabelle III, 1):

Tabelle III, 1

Arbeitseinsatz in Zeiteinheiten (AE)	(Gesamt-)Ertrag in Mengeneinheiten (ME)	Ertragszuwachs in ME je 1 AE (Grenzertrag)
–	–	
1	5	5
2	14	9
3	25	11
4	34	9
5	40	6
6	43	3
7	41	−2

III Arbeit

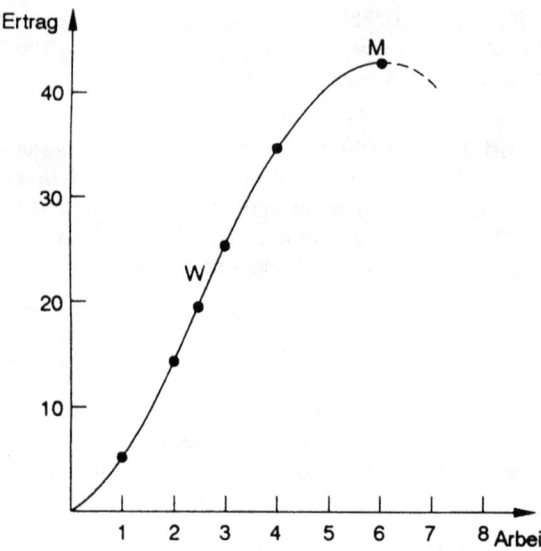

Schaubild III, 2

Vorstehende Tabelle und deren grafische Umsetzung in einen S-förmigen Kurvenverlauf (siehe Schaubild III, 2) geben zu erkennen, daß zunehmender Arbeitseinsatz zunächst zu **progressiv** (stark), dann zu **degressiv** (schwächer) ansteigenden Erträgen führt. Ab einem Arbeitseinsatz von sechs Zeiteinheiten nimmt der Gesamtertrag absolut ab. Die **Ertragszuwächse (Grenzerträge)** steigen zunächst bis zum Wendepunkt (W) der Gesamtkurve an, um dann bis zum Maximum (M) dieser Kurve abzunehmen. Nach diesem Punkt nimmt der Gesamtertrag ab, die Grenzerträge werden negativ; die Produktion ist ökonomisch nicht mehr sinnvoll. Diese Feststellungen markieren die sogenannte **Ertragskurve**, beziehungsweise das sogenannte **Ertragsgesetz (Gesetz vom abnehmenden Bodenertrag)**. Es besagt, daß bei konstanter Anbaufläche und steigendem Arbeitseinsatz die Ertragszuwächse ab einer gewissen Grenze abnehmen.

2.1.2.2 Die Produktionsfunktion vom Typ B

Die für die Produktionsfunktion vom Typ A unterstellte begrenzte Substituierbarkeit von Produktionsfaktoren muß – zwar nicht generell, aber doch für weite Bereiche der Wirtschaft – verneint werden. So ist insbesondere die industrielle Produktion zum weitaus größten Teil durch feste, das heißt →limitationale oder sich gegenseitig ergänzende (→komplementäre) Faktoreneinsatzverhältnisse gekennzeichnet. Die Produktionsfaktoren Arbeit, Kapital und Boden (Werkstoffe) stehen hier meist in einem technisch genau bestimmten Verhältnis zueinander.

Dieser produktionstechnische Zusammenhang sei wiederum anhand eines Zahlenbeispiels verdeutlicht: Ein Arbeiter befördere mit einem Gabelstapler pro Arbeitstag 200 Paletten. Sollen mehr Paletten befördert werden, müssen (wir unterstellen,

Arbeit **III**

daß keine Überstunden geleistet werden!) in entsprechender Anzahl zusätzliche Gabelstapler und Fahrer zum Einsatz kommen. Fahrer und Gabelstapler stehen zueinander in einem komplementären Verhältnis. Die funktionale Beziehung zwischen Input (eingesetzte Gabelstapler/Fahrer) und Output (Anzahl der beförderten Paletten) ließe sich für diesen Produktionszusammenhang wie folgt beziffern (siehe Tabelle III, 3):

Tabelle III, 3

Anzahl der eingesetzten Gabelstapler/ Fahrer (Input)	Anzahl der beförderten Paletten (Output)	Grenzertrag
–	–	
1/1	200	200
2/2	400	200
3/3	600	200
4/4	800	200
5/5	1000	200

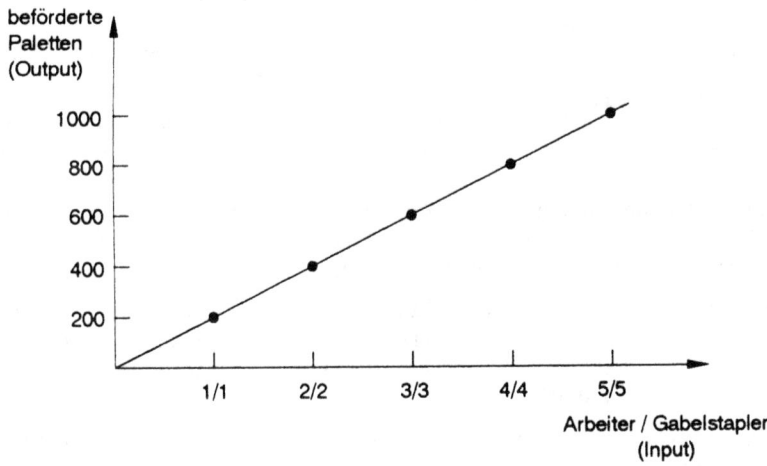

Schaubild III, 4

Tabelle und grafischer Verlauf der Produktionsfunktion (siehe Schaubild III, 4) lassen erkennen, daß der Output (Ertrag) bei fortlaufender Erhöhung des Einsatzes an Arbeitskräften und Fahrzeugen **proportional** ansteigt. Die **Grenzerträge** bleiben gleich. Die Produktionsfunktion vom Typ B hat einen **linearen** (geradlinigen) Verlauf.

III Arbeit

2.2 Produktionskosten

Verstehen wir unter →Kosten die mit ihren Preisen bewerteten (Produktions-)Faktoreinsatzmengen, so lassen sich aus den im vorangegangenen Abschnitt entwickelten Produktionsfunktionen leicht die entsprechenden **Kostenfunktionen** ableiten.

2.2.1 Die Kostenfunktion zur Produktionsfunktion vom Typ A

Die Aussage des Ertragsgesetzes, daß ab einer bestimmten Einsatzmenge weitere Faktoreinsätze (z. B. Arbeit) zu sinkenden →Ertragszuwächsen führen, schließt die Erkenntnis ein, daß die Produktion zusätzlicher Gutseinheiten ab einer bestimmten Ausbringungsmenge zunehmende Einsatzmengen des variablen (Produktions-) Faktors bedingt. Damit zeigen sich die →**variablen Kosten** in ihrem Verlauf als Spiegelbild (Inverse) der →Ertragskurve.

Erweitern wir das unter III, 2.1.2.1 zur Veranschaulichung der Produktionsfunktion vom Typ A gewählte Zahlenbeispiel um die Kosten von 100 Geldeinheiten (GE) je Arbeitseinheit, dann können wir den verschiedenen Ausbringungsmengen die Kosten des variablen (Produktions-)Faktors Arbeit, die sogenannten variablen Kosten, zuordnen und erhalten folgende Tabelle (siehe Tabelle III, 5):

Tabelle III, 5

(Gesamt-)Ertrag in Mengeneinheiten (Ausbringungsmenge)	0	5	14	25	34	40	43
Kosten des variablen Faktors Arbeit in GE	0	100	200	300	400	500	600

Die in einer Gesamtschau mit der Ertragskurve ausgewiesene Grafik (siehe Schaubild III, 6) läßt deutlich werden, daß die variablen Kosten mit zunehmender Ausbringung zunächst **degressiv** (abnehmend), danach **progressiv** (zunehmend) steigen.

Ziehen wir in unsere Betrachtung neben den variablen Kosten auch die →**fixen**, das sind die von der Ausbringungsmenge unabhängigen, **Kosten** ein, verschiebt sich die Kurve der variablen Kosten um den Betrag der fixen Kosten nach oben und wird damit zur **Gesamtkostenkurve**.

Für unser Beispiel sei angenommen, daß die fixen Kosten in der Pacht bestünden und mit 200 Geldeinheiten (GE) zu veranschlagen seien. Die Kostenkurve ändert sich dann wie folgt (siehe Schaubild III, 7):

Arbeit **III**

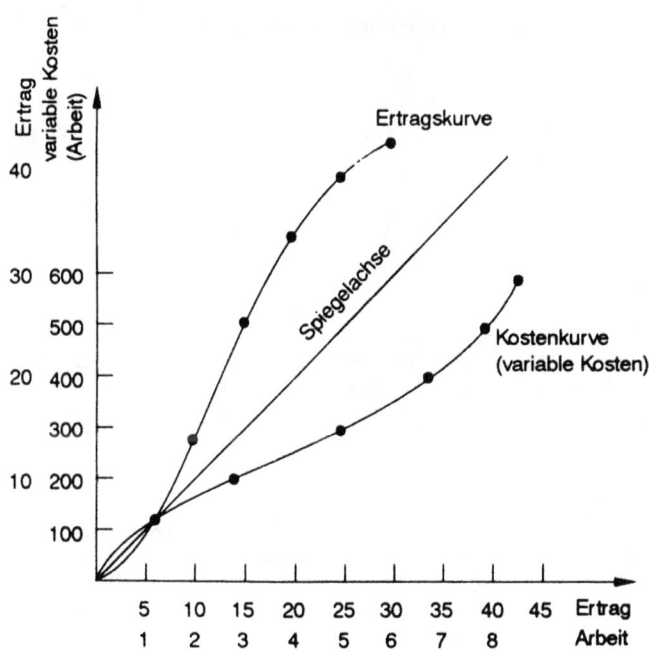

Schaubild III, 6

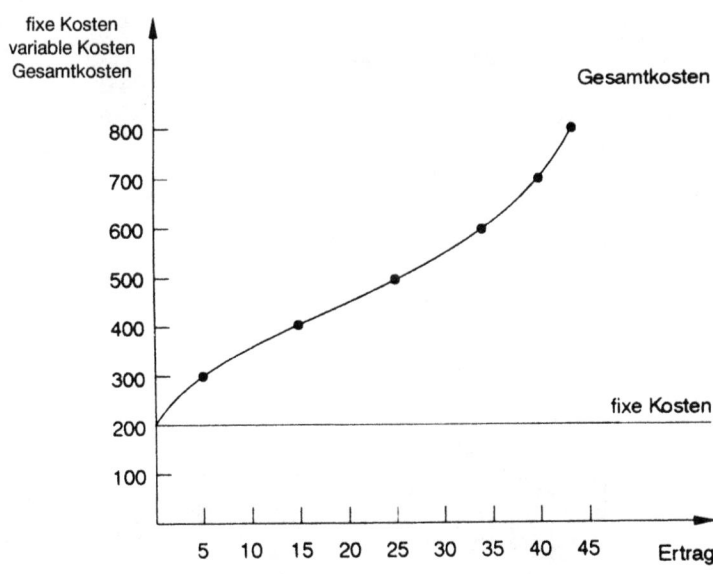

Schaubild III, 7

III Arbeit

2.2.2 Die Kostenfunktion zur Produktionsfunktion vom Typ B

Das unter III, 2.1.2.2 zur Verdeutlichung der Produktionsfunktion vom Typ B gewählte Zahlenbeispiel soll nunmehr durch die für die mechanisierte Arbeit (Gabelstapler/Fahrer) anfallenden Kosten ergänzt werden. Diese mögen sich pro Arbeitstag wie folgt zusammensetzen:

Lohnkosten für Fahrer	160 GE
Abschreibungen für Gabelstapler	200 GE
sonstige Kosten	40 GE
(Energie, Reparaturen etc.)	
	400 GE

Beziehen wir die so ermittelten **variablen** Tages**kosten** je Gabelstapler/Fahrer auf die mit unterschiedlicher Personal-/Maschinenausstattung erbrachten Tagesleistungen (beförderten Paletten), so ergibt sich folgende Tabelle (siehe Tabelle III, 8):

Tabelle III, 8

Anzahl der beförderten Paletten (Output)	0	200	400	600	800	1000
Kosten der eingesetzten Gabelstapler/Fahrer (Input) in GE	0	400	800	1200	1600	2000

Die Übertragung dieser Werte in die Grafik der entsprechenden Produktionsfunktion (siehe Schaubild III, 9) läßt wiederum deutlich werden, daß sich die Kostenfunktion als Spiegelbild derselben gestaltet.

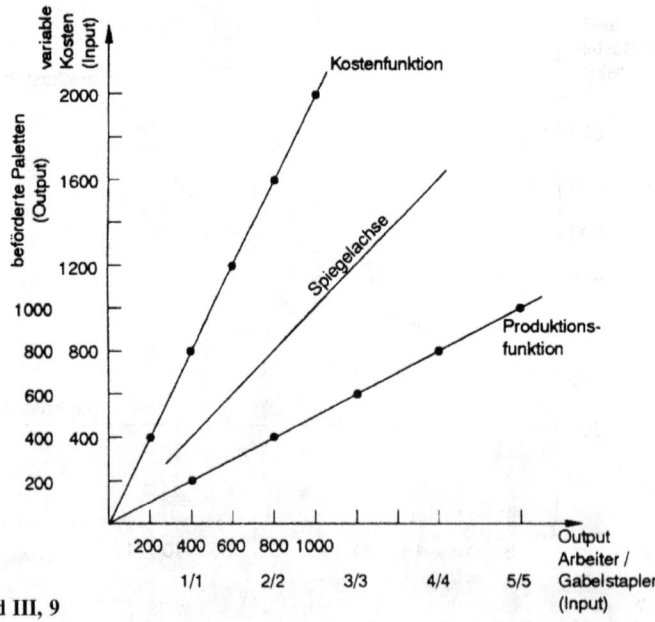

Schaubild III, 9

Auch hier ergeben sich die **Gesamtkosten** aus der Addition der →**fixen** und →**variablen Kosten**. Unterstellen wir für das gewählte Zahlenbeispiel fixe Kosten (z. B. für Raummiete) in Höhe von 200 GE, dann verschiebt sich die Kurve der variablen Kosten wiederum um den Betrag der fixen Kosten nach oben und wird damit zur **Gesamtkostenkurve** (siehe Schaubild III, 10).

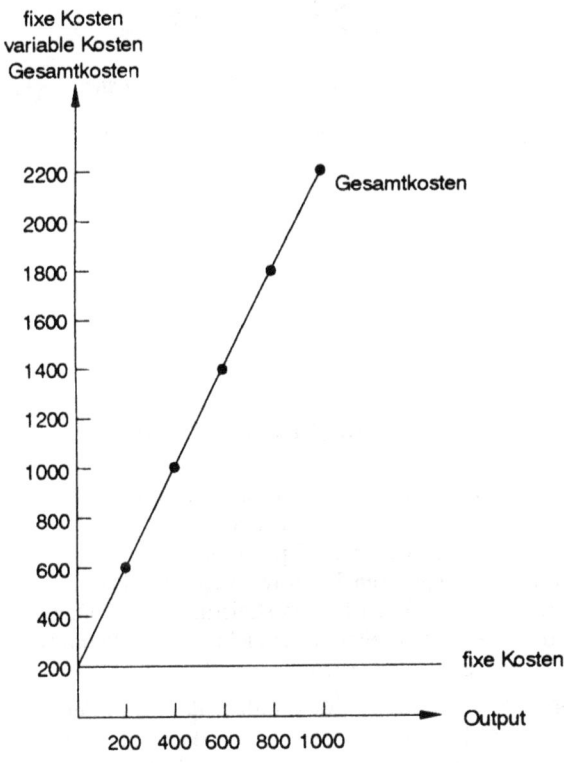

Schaubild III, 10

Der lineare (geradlinige) Gesamtkostenkurvenverlauf gilt als typisch für die industrielle Produktion. Es läßt sich jedoch feststellen, daß die Gesamtkosten regelmäßig überproportional ansteigen, wenn der Betrieb an seine **Kapazitätsgrenze** vorstößt. In dieser Situation werden nämlich die Produktionsfaktoren häufig überbeansprucht, was beispielsweise zu verstärktem Maschinenverschleiß und erhöhtem Krankenstand führen kann. Grafisch läßt sich dies wie folgt veranschaulichen (siehe Schaubild III, 11):

III Arbeit

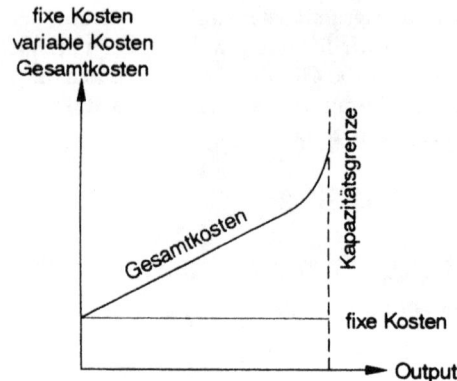

Schaubild III, 11

3 Arbeitsbewertung

49 Die Bewertung der in den Produktionsprozeß eingebrachten Arbeitsleistung hinsichtlich ihrer Entlohnung hat sich an objektiven und subjektiven Faktoren zu orientieren. Die **objektiven** Faktoren betreffen den Schwierigkeitsgrad der Arbeitsaufgabe (Arbeitswert), die **subjektiven** Faktoren betreffen das Können und die Leistung der die Arbeit ausführenden Person (Leistungsgrad). Diese subjektiven und objektiven Faktoren der Arbeitsleistung versucht man heute mit wissenschaftlichen Methoden zu erfassen und zu bewerten.

50 Der **Arbeitswert** ergibt sich aus der Gesamtheit der Anforderungen, die mit der Bewältigung einer Arbeitsaufgabe an einzelnen Arbeitsplätzen beziehungsweise bei einzelnen Arbeitsvorgängen verbunden sind; er erfaßt somit die objektiven, von der Person des Ausführenden und ihren Fähigkeiten unabhängigen Anforderungs-
51 merkmale (d. h. die **Arbeitsschwierigkeit**).

Für die Ermittlung des Arbeitswertes haben sich in der Praxis zwei Verfahren entwickelt: das summarische und das analytische Verfahren.

52 Die **summarische Arbeitsbewertung** erfaßt die Arbeit als Ganzes. Sie unterscheidet zwei Verfahren: das Rangfolgeverfahren und das Lohngruppenverfahren.

53 – Beim **Rangfolgeverfahren** werden alle in einem Betrieb vorkommenden Arbeitsaufgaben entsprechend ihrer summarisch erfaßten Anforderungen an den Ausführenden in eine Rangfolge eingeordnet (d. h. nach ihrem Schwierigkeitsgrad aufgelistet), die mit den einfachsten Arbeiten beginnt und mit den schwierigsten endet.

Arbeit **III**

– Beim **Lohngruppenverfahren** werden die Anforderungen (Schwierigkeitsgrade) der betrieblichen Arbeiten summarisch beschrieben und (durch →Tarifverträge oder →Betriebsvereinbarungen) bestimmten Lohngruppen zugeordnet. Diesen Lohngruppen werden Vergleichsarbeiten oder sogenannte Richtbeispiele zugeordnet, die die Einstufung von Beschäftigten in eine bestimmte **Lohngruppe** begründen und damit erleichtern (siehe Übersicht III, 12). Man spricht in diesem Falle auch von **Klassifikationsverfahren** oder **Katalogisierungsverfahren**. 54

55

56,57

Richtbeispiele für Lohngruppenfindung			
Art der Arbeit	erforderliche Anlernzeit/ Erfahrung	erforderliches fachliches Können	Lohngruppe
einfachste Arbeit	kurze einmalige Anweisung		1
	kurze Anweisung und kurze Übung	kein Erfordernis	2
einfache Arbeit	kurze Einarbeitungszeit		3
		gewisse Sach- und Arbeitskenntnisse	4
angelernte Tätigkeit	bis 2 Monate	begrenzte Sach- und Arbeitskenntnisse	5
	über 2 Monate	begrenztes Können	6
Facharbeit	3 Jahre	Berufsausbildung und zusätzliche Berufserfahrung	7
	5 Jahre	Berufsausbildung und besondere Berufserfahrung	8
Facharbeit mit besonderen Anforderungen	7 Jahre	Fachkönnen, Arbeiten mit besonderem Schwierigkeitsgrad	9
	8 Jahre	hohes fachliches Können, mehrjährige Berufserfahrung	10

Übersicht III, 12 Aus: Europa-Lehrmittel (Hrsg.), Betriebswirtschaftslehre der Unternehmung, 23. Aufl., Haan-Gruiten 2007, S. 230.

III Arbeit

Sowohl beim Rangfolgeverfahren wie auch beim Lohngruppenverfahren ist das herausragende Problem die **Gewichtung** der arbeitsmäßigen Anforderungen (Schwierigkeitsgrade).

Bei der **analytischen Arbeitsbewertung** werden die betrieblichen Arbeitsaufgaben nach bestimmten Anforderungsmerkmalen aufgeschlüsselt. Diese werden mit Punkten bewertet und zu **Merkmalsgruppen** zusammengefaßt, die ihrerseits untereinander in ein Wertverhältnis gesetzt werden. Dies erfolgt entweder mittels Verhältniszahlen (Äquivalenzziffern) oder durch Festsetzung von Höchstpunktzahlen für die verschiedenen Merkmalsgruppen. Die Höhe der Punktzahlen markiert den Schwierigkeitsgrad der Arbeit und wird als **Arbeitswert** bezeichnet. Die Gewichtung der Arbeitsaufgaben untereinander erfolgt über →Arbeitsstudien und wird in →Betriebsvereinbarungen und →Tarifverträgen festgeschrieben.

Zur Vereinheitlichung der Vorgehensweise werden auch hier Richtbeispiele ausgearbeitet und zur Grundlage der betrieblichen Arbeitsbewertung herangezogen. So legt beispielsweise der Gesamtverband der metallindustriellen Arbeitgeberverbände e.V. das sogenannte **Genfer Schema** (vorgestellt auf der internationalen Tagung über Arbeitsbewertung 1950 in Genf) seiner Arbeitsbewertung zu Grunde. Dieses Schema sieht neben den zur Orientierung vorgegebenen Höchstpunktzahlen jeder Merkmalsgruppe **spezielle Werte** entsprechend der betriebsindividuellen Gegebenheiten vor (siehe beispielhaft Übersicht III, 13 mit Erläuterungen).

Erläuterungen zur Übersicht III, 13
Beschreibung der Arbeit: Prüfen einer Licht- und Kraftanlage und Fehlerbeseitigung.

Werkstück: Licht- und Kraftanlage, 220 Volt Wechselstrom, mit etwa 1500 Anschlüssen und Brennstellen einer großen Fabrikanlage mit mehreren Gebäuden und Hallen.

Arbeitsunterlagen: Bauplan, Installationsplan, Stromlaufplan, Schaltschema, VDE-Vorschriften.

Betriebsmittel: Galvanoskop mit Batterie, Kurbelinduktor, Volt- und Amperemeter, Erdschlußprüfgerät, Installationswerkzeug, Leitern.

Arbeitsplatz: Einzelplatz in geschlossenen Räumen, z. T. auch im Freien, an schwer zugänglichen Stellen, auf Leitern und auch in feuchten Kellern.

Arbeitsvorgang und Arbeitsablauf: Auf Grund von Störungsmeldungen die teilweise unter Spannung stehenden Leitungen auf Stromdurchfluß und Stromverluste prüfen. Unter Benützung des Erdschlußprüfgerätes oder mit dem Galvanoskop den Isolierwiderstand messen und Fehlerströme von den Leitungen zur Erde und von Leitung zu Leitung feststellen. Die benutzten hochwertigen Meßinstrumente sachgemäß schalten und bedienen. Den Ort der durch die Messungen festgestellten Fehler aufsuchen. Stückweise die einzelnen Leitungszweige vom Leitungsstamm abschalten. Die Isolationswerte der abgeschalteten Leitungen ständig messen und beim Feststellen von Fehlern den Fehlerort durch weitere Unterteilungen und Messungen einkreisen und die Fehlerstelle ermitteln. Die Fehlerusachen, z. B. Feuchtigkeitsschluß in Kellern, scharfkantige Wanddurchführungen, Wackelkontakte, fehlerhafte Aggregate soweit wie möglich sofort beseitigen, um längere Betriebsstörungen zu vermeiden. Nach dem Beseitigen einer Fehlerursache die gesamte Anlage abschließend erneut durchprüfen. Nach Bedarf Helfer anleiten.

Fertigungsart: Vielseitig mit veränderlichem, den jeweiligen Erfordernissen entsprechendem Arbeitsablauf.

Arbeit **III**

Genfer Schema Richtbeispiel für Prüfen einer Licht- und Kraftanlage und Fehlerbeseitigung

	Anforderungen	Höchst-werte	Spezielle Werte	Bewertungsbegründung

aktive Anforderungsmerkmale	**I. Fachkönnen**
	 a) Ausbildung
	  Erfahrung
	  Denkfertigkeit
		8	7	**I. Fachkönnen:** Kenntnisse eines Elektronikers (Fachrichtung Energie- u. Gebäudetechnik). Vieljährige Erfahrung im Aufsuchen und Beseitigen von Fehlern in großen elektrischen Anlagen. Kenntnis und Übung im Lesen umfangreicher Installationspläne und Stromläufe. Kenntnis der Anwendung und Wirkungsweise elektrischer Meßgeräte. Geschicklichkeit und Körpergewandtheit beim Einkreisen und Beseitigen der Fehler an schwer zugänglichen Stellen.

	b) Körpergewandtheit
	  Geschicklichkeit
	  Handfertigkeit
		4	2	

	Fachkönnen insgesamt	12	9	
	II. Belastung: a) Aufmerksamkeit Denken	5	5	**II. Belastung:** Aufmerksames und überlegtes Beobachten und Auswerten der Meßergebnisse sowie der Funktionen der elektrischen Geräte und Meßinstrumente. Vielfach anstrengende Körperhaltung beim Aufsuchen und Beseitigen der Fehler.
	b) Belastung der Muskeln	5	2	
	Belastung insgesamt	10	7	
	III. Verantwortung: a) für Betriebsmittel und Erzeugnisse	4	3	**III. Verantwortung:** Verantwortung für die schnellste Beseitigung von Betriebsstörungen, für die sachgemäße Behandlung von Betriebsmitteln und Meßinstrumenten sowie für das sachgemäße und unfallsichere Arbeiten der Helfer. Von der schnellen, zielbewußten Arbeit ist das zeitliche Maß einer Betriebsstörung wesentlich abhängig.
	b) für die Arbeit anderer	3	1	
	c) für die Gesundheit anderer	3	1	
	Verantwortung insgesamt	10	5	
passive Anforderungsmerkmale	**IV. Umwelt:** a) Schmutz	2	1	**IV. Die Umwelt:** Verschmutzung beim Aufsuchen und Beseitigen der Fehler unter Putz, in Kabelkanälen, an Maschinen usw., Unfallgefährdung beim Arbeiten an den teilweise unter Spannung befindlichen Leitungen und auf Leitern.
	b) Staub	1,5	0	
	c) Öl	1	0	
	d) Temperatur	2	0	
	e) Nässe, Säure, Lauge	1	0	
	f) Gase, Dämpfe		0	
	g) Lärm	2	0	
	h) Erschütterung	1,5	0	
	i) Blendung, Lichtmangel	1	0	**Aktive Anforderungsmerkmale (I–III)** können vom Arbeitnehmer beeinflußt werden. **Passive Anforderungsmerkmale (IV)** können vom Arbeitnehmer nicht beeinflußt werden. Das Punkteverhältnis zwischen aktiven und passiven Merkmalen (hier 63% zu 37%) wird branchenverschieden in Rahmentarifverträgen festgelegt.
	k) Erkältungsgefahr	1	0	
	l) hinderliche Schutzkleidung	2	0	
	m) Unfallgefahr	2	2	
	Umwelt insgesamt	19	3	
	Arbeitswert		24	

Übersicht III, 13
Aus: Europa-Lehrmittel (Hrsg.), Betriebswirtschaftslehre der Unternehmung, a. a. O., S. 232.

III Arbeit

Die Verfahren zur Arbeitsbewertung können immer nur eine Aussage darüber treffen, ob die Anforderungen einer Arbeit höher oder niedriger sind als die bei einer anderen Arbeit oder anderen Arbeiten. Sie können somit niemals den absoluten Wert einer Arbeit festlegen, sondern immer nur den relativen. Arbeiten, die keine Vergleiche zulassen, wie beispielsweise erfinderische, kreative, unternehmerische, entziehen sich somit einer generalisierenden Bewertung.

61 **Besondere Arbeitsbelastungen** wie Schmutz, Lärm, Gase, Hitze, Kälte u. a. werden in der Regel durch Lohnzuschläge (so z. B. Schmutzulage, Lärmzulage) abgegolten, so daß die dieserart betroffenen Beschäftigten mit ihrer Arbeit in höhere →Lohngruppen oder →Arbeitswerte eingestuft werden.

62 Der **Leistungsgrad** eines Beschäftigten wird durch Vergleich (Gegenüberstellung)
63 der von ihm erbrachten Leistung (**Ist-Leistung**) mit der geschätzten (vorgestellten)
64 **Bezugsleistung** ermittelt:

$$\text{Leistungsgrad} = \frac{\text{Ist-Leistung}}{\text{Bezugsleistung}} \times 100$$

Beispiel: Die Bezugsleistung für eine bestimmte Arbeitsaufgabe betrage 40 Stück je Stunde. Fertigt der Beschäftigte lediglich 35 Stück je Stunde, so beträgt sein Leistungsgrad 87,5%.

Während die Ist-Leistung dem persönlichen Können und Wollen des Beschäftigten entspringt, also persönlich beeinflußbar ist, ist die vorgestellte Bezugsleistung eine Durchschnittsleistung, die über →REFA-Studien und das →System vorbestimmter Zeiten (SvZ) ermittelt wird.

65 Mittels **REFA-Studien** (REFA = ursprünglich [1929] Reichsausschuß für Arbeitszeitermittlung; seit 1977 REFA-Verband für Arbeitsstudien und Betriebsorganisation e.V.), das sind Arbeitszeit-, Arbeitsablauf- und Arbeitswertstudien, wird als Bezugsleistung eine (REFA-)Normalleistung ermittelt.

66 Die **Arbeitszeitstudien** sollen die Zeit erfassen, die von einem Beschäftigten bei **durchschnittlichen** Leistungen für die ordnungsgemäße Erledigung einer bestimm-
67 ten Arbeitsaufgabe beansprucht wird. Diese sogenannte **Auftragszeit** wird folgendermaßen errechnet: Bei **irgendeinem** Beschäftigten wird zu verschiedenen Zeiten die von ihm nicht beeinflußbare (durch die Maschine[n] bestimmte) und die von ihm beeinflußbare Tätigkeitszeit (Ist-Zeit) getrennt erfaßt. Seine beeinflußbare Tätigkeitszeit wird mit dem Leistungsgrad multipliziert. Diese berichtigte Zeit ergibt
68 zusammen mit der nicht beeinflußbaren Tätigkeitszeit die sogenannte **Grundzeit**. Sie kommt für alle mit der gleichen Arbeitsaufgabe befaßten Beschäftigten in Ansatz.

69,70 Aus Grundzeit, **Erholungszeit** (Arbeitspausen) und **Verteilzeit** (unregelmäßig auftretende Rüst- oder Ausführungszeiten, die nicht bei jeder Zeitaufnahme erfaßt, sondern in einem getrennt ermittelten Prozentsatz der Grundzeit zugeschlagen werden)
71,72 den) ergibt sich die sogenannte **Rüstzeit**, die zusammen mit der **Ausführungszeit**
73 (Summe der Stückzeiten [**Stückzeit** = Zeit für die Fertigstellung eines Stückes] oh-
74 ne Rüstzeit) die **Auftragszeit** (Zeit, die für die Erledigung einer Arbeitsaufgabe **insgesamt** vorzugeben ist [Vorgabezeit]) ausmacht (siehe Übersicht III, 14).

Arbeit **III**

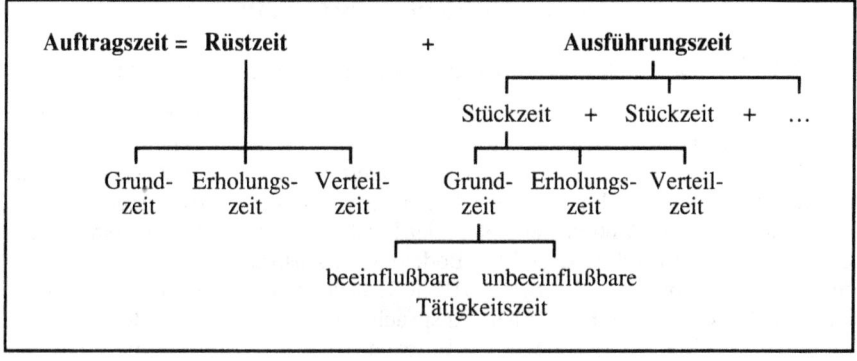

Übersicht III, 14

Arbeitsablaufstudien untersuchen die rationelle Gestaltung des Arbeitsablaufes, das 75 heißt das Zusammenwirken von Mensch, Betriebsmitteln und Arbeitsgegenstand. Dabei interessieren insbesondere Zweckmäßigkeit und Wirtschaftlichkeit des Arbeitsablaufes (Arbeitsvorgänge, Arbeitsstufen, Arbeitsgriffe, Griffelemente), Anordnung der Arbeitsplätze und Reihenfolge der einzelnen Arbeitsstufen, Beförderung der Werkstücke von Arbeitsplatz zu Arbeitsplatz, Gestaltung der einzelnen Arbeitsplätze und der benutzten Arbeitsmittel. Auch hier wird zunächst ein Ist-Zustand ermittelt, dem dann der wünschenswerte Soll-Zustand gegenübergestellt und in entsprechende Arbeitsanweisungen umgesetzt wird.

Arbeitswertstudien sollen Arbeitswerte für die Schwierigkeit der Arbeitsaufgabe ermitteln; 76 sie bilden die Grundlage für deren Einstufung bei tariflichen oder betrieblichen Lohnvereinbarungen.

Das **System vorbestimmter Zeiten** (SvZ) versucht Zeitvorgaben für manuelle Tätigkeiten 77 auf Grund differenzierter Mikrobewegungsstudien zu ermitteln. Mit Hilfe exakt definierter Grundbewegungen (Hinlangen, Bringen, Greifen, Vorrichten, Fügen, Loslassen) werden **Standardzeitwerte** ermittelt und Bewegungstabellen gebildet, die die Bezugsleistung für die Messung des Leistungsgrades normieren. Eine Messung des Leistungsgrades ist jedoch immer nur dann möglich, wenn der Beschäftigte die Bearbeitungszeit seines Auftrages durch seine Leistung beeinflussen kann und diese (Bearbeitungszeit) nicht durch Maschinen determiniert ist. Dem →Akkordsatz wird als Bezugsleistung ein Leistungsgrad von 100% zugrunde gelegt. Dieser Leistungsgrad von 100% entspricht dem Leistungsfaktor 1. Bei der Rüstzeit wie auch bei der Ausführungs**grundzeit** wird die beeinflußbare Ist-Zeit des jeweiligen Beschäftigten mit seinem Leistungsfaktor multipliziert und zu der nicht beeinflußbaren (maschinenbestimmten) Tätigkeitszeit addiert. Als Summe ergibt sich so die vorzugebende Grundzeit für jeden Beschäftigten.

III Arbeit

4 Die Entlohnung der Arbeit

4.1 Theoretische Grundlagen der Einkommensverteilung

Die in den Produktionsprozeß eingehenden →Produktionsfaktoren – die ja immer Personen oder Personengruppen zuzuordnen sind – erwerben für ihren betrieblichen Leistungsbeitrag einen Anspruch auf Entgelt. So erwirbt der Produktionsfaktor Arbeit, der Arbeitnehmer wie der Unternehmer, einen **Lohnanspruch** (**Arbeitslohn** beziehungsweise **Unternehmerlohn**), der Produktionsfaktor Kapital einen **Zins**anspruch und der Produktionsfaktor Boden einen Anspruch auf **Grundrente**. Der für den Produktionsprozeß verantwortliche Unternehmer schließlich erhebt – neben dem Unternehmerlohn – einen Anspruch auf **Gewinn**, das heißt den Überschuß des gesamten Ertrages über die Entgelte der Produktionsfaktoren. Da nun aber in unseren hochentwickelten Volkswirtschaften häufig mehrere Produktionsfaktoren von ein und derselben Person gehalten und angeboten werden, führt dies dazu, daß solche Personen auch Entgelte (Einkommen) für verschiedene Faktorleistungen beziehen. So dürfte ein Unternehmer normalerweise außer dem Unternehmergewinn Grundrente für den eingebrachten Boden, Zinsen für das eingesetzte Kapital sowie Unternehmerlohn für seine geleistete Arbeit beziehen. Auch immer mehr Arbeitnehmer sind heute auf Grund gebildeten Vermögens in der glücklichen Lage, neben ihrem Lohn Kapitaleinkommen aus Vermietung und Verpachtung und/oder Zinseinkommen aus Geld- oder Wertpapierguthaben zu realisieren.

In den modernen arbeitsteiligen Marktwirtschaften werden die Produktionsfaktoren von ihren Inhabern meist nicht im eigenen Betrieb verwertet, sondern über den Markt fremden Wirtschaftseinheiten angeboten und von diesen zum Einsatz gebracht. Wie der Einsatz der Produktionsfaktoren über den Markt, so erfolgt auch deren Vergütung über denselben. Lohn, Grundrente und Zins sind somit als **Markteinkommen** zu sehen, die sich nach der jeweils herrschenden →Marktform und dem in ihr wirksam werdenden Preisbildungsprozeß bestimmen.

Der Markt, auf dem der Produktionsfaktor Arbeit angeboten wird, der sogenannte **Arbeitsmarkt**, ist durch eine Reihe von Besonderheiten charakterisiert. So wird hier zum einen ein Gut gehandelt, das untrennbar mit seinem Träger Mensch und dessen Würde verbunden ist. Zum anderen begegnet uns hier ein infolge vielfältiger sachlicher, räumlicher und persönlicher Präferenzen besonders →unvollkommener Markt. Hinzu kommt, daß der Lohn aus der Sicht des **einzelnen** Unternehmers einen Kostenfaktor darstellt, den es zu minimieren gilt, aus der Sicht der **Unternehmerschaft** insgesamt aber Konsumeinkommen und damit Nachfragepotential repräsentiert, das es möglich zu maximieren gilt.

Auch für den Preis der Arbeit, den **Lohnsatz** (das ist der Lohn je geleistete Arbeitsstunde) gilt zunächst die Faustregel: Angebot und Nachfrage bestimmen den Preis. Das Angebot an Arbeit geht von den privaten Haushalten aus, die Nachfrage nach Arbeit von den Unternehmen.

Die **Nachfrage** der Unternehmen **nach Arbeitskräften** richtet sich in der Regel nach dem durch deren Einsatz zu erwartenden Gewinn. Der Unternehmer wird den Arbeitseinsatz solange steigern, wie der Wert des durch die zuletzt eingestellte Arbeitskraft erzeugten Gutes höher ist als der für diese zu zahlende Lohn. Oder anders ausgedrückt: Der Unternehmer wird so lange Arbeitskräfte einstellen, wie es sich für ihn lohnt.

Geht man von einer ertragsgesetzlichen Produktionsfunktion (→Produktionsfunktion vom Typ A) aus, führt bei Konstanz der übrigen Produktionsfaktoren eine Erhöhung des Arbeitskräfteeinsatzes (nach zunächst steigenden) ab einem bestimmten Punkt zu sinkenden Ertragszuwächsen. Sobald dieser Punkt erreicht ist, wird nur ein fallender (Stunden-)Lohn (Lohnsatz) die Einstellung weiterer Arbeitskräfte als lohnend erscheinen lassen. Umgekehrt läßt sich schließlich folgern, daß mit steigendem Lohnsatz die Arbeitsnachfrage der Unternehmen sinkt. Dieser Zusammenhang zwischen Arbeitsnachfrage und Lohnsatz (**Arbeitsnachfragefunktion**) läßt sich wie folgt (siehe Schaubild III, 15) ins Bild umsetzen:

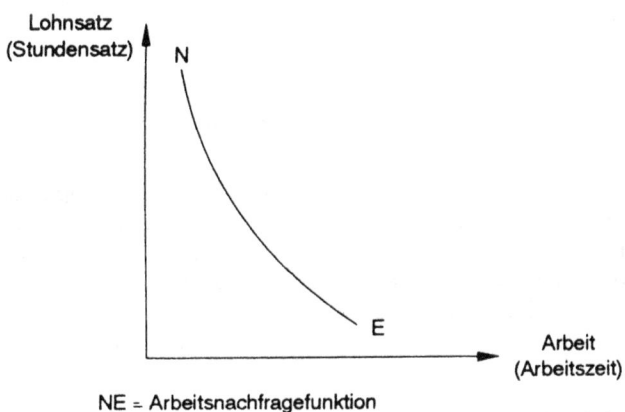

Schaubild III, 15

Auch wenn wir diesen Kurvenverlauf als typisch für das Nachfrageverhalten der Unternehmen nach Arbeitskräften ansehen dürfen, gilt zu berücksichtigen, daß ihm vereinfachende Annahmen zugrunde liegen. So dürfte insbesondere die mit der Konstanthaltung der übrigen Produktionsfaktoren eingeschlossene gleichbleibende Technik nicht dem Erscheinungsbild unserer modernen Industriegesellschaften entsprechen.

Auch das **Arbeitsangebot** orientiert sich im wesentlichen an dem für die Arbeitsleistung gebotenen Preis, das heißt dem Lohnsatz. In der Regel nimmt mit steigendem Lohnsatz die Arbeitsbereitschaft und damit auch das Arbeitsangebot zu (**Arbeitsangebotsfunktion,** siehe Schaubild III, 16).

Es sind jedoch auch wechselnde Verhaltensweisen im Arbeitsangebot einleuchtend. So könnte ab einer bestimmten Lohnhöhe zusätzliche Arbeit an Attraktivität einbüßen und die Freizeit an Wertschätzung gewinnen oder aber mit sinkendem Lohnsatz die Notwendigkeit zur Mehrarbeit (wie auch der Arbeitsaufnahme bisher

III Arbeit

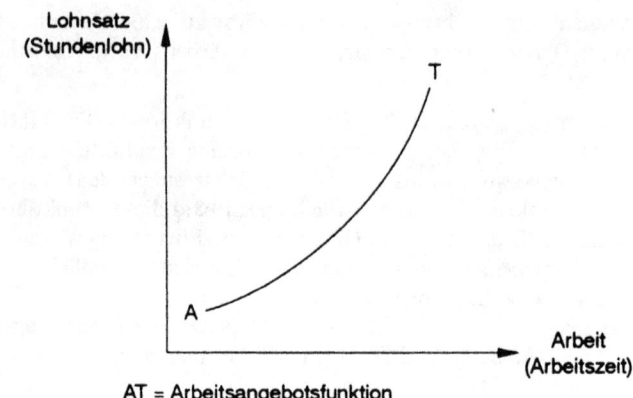

AT = Arbeitsangebotsfunktion

Schaubild III, 16

nicht verdienender Familienmitglieder) zunehmen und damit das Arbeitsangebot steigen.

Durch Zusammenfassung der individuellen Nachfrage nach Arbeit erhält man die **volkswirtschaftliche** (gesamtwirtschaftliche) **Arbeitsnachfragekurve.** Bringt man nun diese gesamtwirtschaftliche Arbeitsnachfragekurve mit der (auf gleiche Weise ermittelten) **gesamtwirtschaftlichen Arbeitsangebotskurve** zum Schnitt (siehe Schaubild III, 17), so erhält man den Lohnsatz, bei dem Marktgleichgewicht (MG) herrscht, das heißt bei dem Angebot und Nachfrage gleich sind.

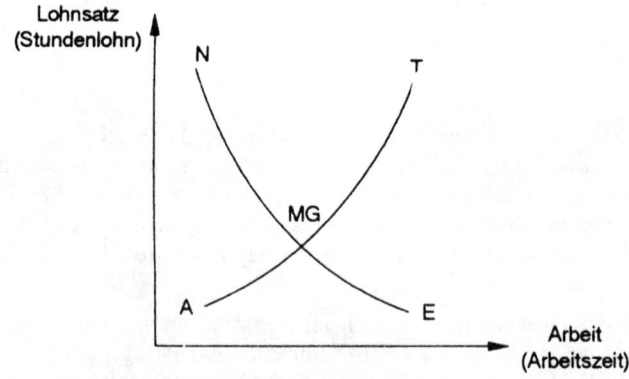

Schaubild III, 17

Ein solches Gleichgewicht, bei dem weder Anbieter noch Nachfrager Interesse haben, ihre Pläne zu ändern, darf jedoch allenfalls als ein gedanklicher Idealfall gelten. In der Wirklichkeit sind die Einflußgrößen von Angebot und Nachfrage so

Arbeit **III**

vielfältig und unbeständig, daß eine Gleichgewichtssituation – falls sie näherungsweise erreicht werden sollte – immer nur vorübergehend bestehen könnte. Die modernen Arbeitsmärkte sind deshalb in der Regel durch Ungleichgewichte gekennzeichnet. Die aufgezeigten Überlegungen zum Gleichgewicht auf dem Arbeitsmarkt gelten allein für die Marktform der →**vollständigen Konkurrenz**. Liegen andere Marktformen vor, insbesondere →Monopole oder →Oligopole, so bestimmen sich die jeweiligen Lohnhöhen nach deren Marktgesetzen. Auch gilt es zu beachten, daß der Arbeitsmarkt typischerweise **uneinheitlich** ist, was insbesondere bei den persönlichen Dienstleistungen deutlich in Erscheinung tritt.

4.2 Der Arbeitsmarkt

In der Bundesrepublik Deutschland werden die Löhne (**Lohntarife**) in der Regel (soweit nicht partiell ein gesetzlicher **Mindestlohn** vorgegeben ist!) durch die organisierten **Arbeitsmarktparteien** (auch als **Tarifvertragsparteien** oder **Sozialpartner** bezeichnet), das sind **Gewerkschaften** und **Arbeitgeberverbände**, ohne Einmischung staatlicher Stellen ausgehandelt (**Tarifautonomie**). 88

89,90,91
92,93
93a

Das Arbeitsmarktgeschehen ist durch eine bestimmte **Arbeitsmarktordnung** bestimmt, die im wesentlichen auf folgenden rechtlichen Grundlagen basiert: 94

– dem Grundgesetz (GG),
– dem Tarifvertragsgesetz und
– dem Gesetz über die Festlegung von Mindestarbeitsbedingungen.

Das **Grundgesetz** normiert den Arbeitsmarkt vor allem durch seine Feststellungen zur **Koalitionsfreiheit** (Art. 9 GG), zur **Freizügigkeit** (Art. 11 GG) sowie zur **freien Berufs- und Arbeitsplatzwahl** (Art. 12 GG). Art. 9 Abs. 3 GG gewährleistet für jedermann und alle Berufe, Vereinigungen mit dem Zweck zu bilden, die Arbeits- und Wirtschaftsbedingungen zu wahren und zu fördern. Der Wahrung und Förderung der Arbeits- und Wirtschaftsbedingungen dient vor allem der Abschluß von →Tarifverträgen. Die allgemeine und insbesondere lohnpolitische Konsequenz solcher Tarifverträge ist, daß ihre Festlegungen als Mindestnormen für alle Einzelarbeitsverträge gelten (→Allgemeinverbindlichkeitserklärung von Tarifverträgen). So können demnach keine Löhne vereinbart werden, die unter dem festgesetzten Tariflohn liegen. Ein Unterbietungswettbewerb unter Arbeitsuchenden wird damit ausgeschlossen. 95,96,97

4.3 Die Arbeitsmarktparteien 98

4.3.1 Gewerkschaften 99

Die bundesdeutschen Gewerkschaften sind branchenspezifische Arbeitnehmerverbände zur Vertretung der wirtschaftlichen Interessen der Arbeitnehmer gegenüber den Arbeitgebern.

In der Bundesrepublik Deutschland gibt es mehrere Gewerkschaften. Die bedeutenste ist der **Deutsche Gewerkschaftsbund** (DGB). Er ist die (1949 gegründete) 100

III Arbeit

Die Stichwortnummer 101 ist entfallen!

102
103

Dachorganisation von (2008) 8 Einzelgewerkschaften mit rund 6,4 Millionen Mitgliedern (Arbeiter, Angestellte, Beamte).

Daneben gibt es den **Christlichen Gewerkschaftsbund Deutschlands** (CGD) mit rund 292 000 Mitgliedern und den DBB **Beamtenbund** mit rund 1,3 Millionen Mitgliedern (Stand 2008).

Der DGB (dem die Einzelgewerkschaften [Verbände], nicht aber einzelne Arbeitnehmer als Mitglieder angehören!) vertritt branchenübergreifende Interessen.

Seine Organe sind: Der **Bundeskongreß** (er legt die Richtlinien der Gewerkschaftspolitik fest, beschließt die Satzung und wählt den Bundesvorstand), der **Bundesvorstand** (er setzt sich aus den Vorsitzenden der Einzelgewerkschaften und aus dem Geschäftsführenden Bundesvorstand zusammen; er führt die laufenden Geschäfte und vertritt den DGB nach innen und außen), der **Bundesausschuß** (Beschlußorgan zwischen den Kongressen, tritt vierteljährlich zusammen und beschließt über die Finanzen, über organisatorische Fragen u. a. m.).

104
105
106

Die Einzelgewerkschaften sind die eigentlichen Zentren der Macht. Sie kontrollieren den Dachverband (DGB) über die Entscheidungsgremien und finanzieren ihn aus den von ihnen erhobenen Mitgliedsbeiträgen (Finanzhoheit; die Beitragssätze betragen durchweg 1 Prozent des tariflichen Bruttolohnes). Sie besitzen die **Tarifhoheit** (d. h. das Recht mit den Arbeitgeberverbänden →Tarifverträge abzuschließen), bilden die **Tarifkommissionen** (Verhandlungskommissionen für Tarifvertragsverhandlungen) und führen die →Tarifverhandlungen und gegebenenfalls den →Arbeitskampf. Die Einzelgewerkschaften werden auf Bundesebene von ihrem jeweiligen **Hauptvorstand** geleitet. Der Hauptvorstand ist das beherrschende Organ jeder Einzelgewerkschaft. Er besitzt die sogenannte **Richtlinienkompetenz** über die gewerkschaftlichen Hauptforderungen und Streikdrohungen; er befindet auch über die Hauptkasse, aus der allein die Streikgelder bezahlt werden dürfen. Die Einzelgewerkschaften sind in Landes-, Bezirks- und Ortsverbände gegliedert. Unter den gewerkschaftlichen Funktionsträgern überwiegt der professionelle Funktionär mit fester Anstellung.

Die Bedeutung und damit der Einfluß der Einzelgewerkschaften im DGB ist in Abhängigkeit von deren Mitgliederzahl zu sehen. Die großen Einzelgewerkschaften, wie Industriegewerkschaft (IG) Metall, Vereinte Dienstleistungsgewerkschaft (ver.di) und IG Chemie, prägen hier über ihren jeweiligen Vorsitzenden die Politik.

Für die Stellung der Gewerkschaften in der arbeitsmarktpolitischen, insbesondere tarifpolitischen Auseinandersetzung mit den Arbeitgeberverbänden ist deren Mitgliederzahl und darüber hinaus der **Organisationsgrad** (das ist der Anteil der gewerkschaftlich Organisierten an der Gesamtzahl der Arbeitnehmer einer Branche) von herausragender Bedeutung.

Beitritt zu Gewerkschaften und Verbleib in ihnen sind freiwillig. Sie können nicht erzwungen werden.

4.3.2 Arbeitgeberverbände

Die bundesdeutschen Arbeitgeberverbände sind Vereinigungen der Arbeitgeber zur Vertretung ihrer wirtschaftlichen Interessen gegenüber den Gewerkschaften. Die Arbeitgeberverbände sind großteils **branchenmäßig** organisiert (Fachverbände) und einem regionalen Aufbau nach Bezirken, Ländern, Bund (z. B. Gesamtverband der metallindustriellen Arbeitgeberverbände) unterworfen. Daneben gibt es jedoch auch **gemischt fachliche** Vereinigungen von einzelnen Arbeitgebern und Arbeitgeberverbänden auf regionaler Ebene mit zentralen Landesvereinigungen der Arbeitgeber. Die zentralen Branchenverbände wie auch die gemischt fachlichen Landesvereinigungen haben als gemeinsame Dachorganisation die (1950 gegründete) **Bundesvereinigung der Deutschen Arbeitgeberverbände** (BDA). Nicht der BDA angeschlossen sind die Verbände der öffentlichen Arbeitgeber sowie der Arbeitgeberverband der Eisen- und Stahlindustrie. In der BDA sind (2008) 54 Branchenverbände und 14 Landesvereinigungen zusammengeschlossen. Etwa 70 Prozent der Arbeitgeber sind in Arbeitgeberverbänden organisiert.

Die BDA hat folgende Organe: Mitgliederversammlung, Vorstand, Präsidium und Geschäftsführung. Die **Mitgliederversammlung** rekrutiert sich aus Delegierten der angeschlossenen Verbände; sie beschließen die Satzung und wählen das Präsidium. Der **Vorstand** setzt sich aus den Vorsitzenden der Mitgliedsverbände zusammen; er ist für alle Angelegenheiten der BDA zuständig, insbesondere beschließt er die Richtlinien für die Arbeit der Bundesvereinigung. Das **Präsidium** leitet die Tätigkeit der Bundesvereinigung im Rahmen der Richtlinien des Vorstandes. Die **Geschäftsführung** schließlich hat die Aufgabe, die laufenden Geschäfte der Bundesvereinigung zu führen. Das strategische Gewicht liegt beim Hauptgeschäftsführer.

In den Führungspositionen der Arbeitgeberverbände überwiegt die ehrenamtliche Tätigkeit.

Beitritt zu und Verbleib in Arbeitgeberverbänden sind freiwillig. Sie können nicht erzwungen werden.

4.4 Lohnfindung als Verhandlungsprozeß

Das Zustandekommen eines Tarifabschlusses im allgemeinen und die Lohnfindung im besonderen gestalten sich für die →Arbeitsmarktparteien meist als ein langwieriger Verhandlungsprozeß. Prinzipiell ist die Verhandlungstaktik der Tarifpartner von der Absicht bestimmt, den jeweiligen Kontrahenten von der Berechtigung der eigenen Forderungen zu überzeugen und ihm gleichzeitig die Argumente zur Begründung seiner Forderungen zu widerlegen und damit diese selbst als ungerechtfertigt zu entlarven. Die bedeutsamsten Orientierungsgrößen für die Bemessung von Lohnforderungen (Lohnsteigerungen) sind der **Kaufkraftverlust** (d. i. die Abnahme des Geldwertes durch Inflationierung der Preise) und die Zunahme der **Arbeitsproduktivität** (d. i. das Verhältnis von erzeugter Gütermenge zum dafür erforderlichen Arbeitseinsatz) seit dem letzten Lohnabschluß. Können notwendige Einigungen nicht erzielt werden und scheitern demzufolge Verhandlungen über den Neuabschluß oder die Änderung eines →Tarifvertrages, kann ein Kompromiß im

III Arbeit

Wege der →Schlichtung angestrebt werden. Falls dieser Einigungsversuch mißlingt, kann es zum →Arbeitskampf und damit zum Einsatz der Kampfmittel →Streik und →Aussperrung kommen. Beide kollektiven Kampfinstrumente sind allerdings weder im Grundgesetz noch im Tarifvertragsgesetz ausdrücklich geregelt.

Die Tatsache, daß die bundesdeutschen Arbeitsmärkte die Mindestarbeitsbedingungen in Verhandlungsprozessen festlegen, kann nicht verhindern, daß sich gleichzeitig Wettbewerbsprozesse um die Arbeit entwickeln. Sie finden ihren sichtbaren Ausdruck in der sogenannten **Lohndrift**, das ist die Abweichung der tatsächlich bezahlten Löhne (**Effektivlöhne**) von den tarifvertraglich vereinbarten Löhnen (**Tariflöhnen**).

4.5 Entlohnungsformen (Lohnformen)

Die innerbetriebliche Berechnung des Lohnes kann sich nach verschiedenen Formen gestalten. Die wichtigsten Entlohnungsformen sind: Zeitlohn, Stücklohn, Prämienlohn.

Das Entgelt für eine Zeiteinheit (Stunde) oder eine Mengeneinheit (Stück) ist der →**Lohnsatz (Zeitlohnsatz, Stücklohnsatz)**. Maßstab für die Höhe des Lohnsatzes ist der Wert der zu leistenden Arbeit (→Arbeitswert).

Beim **Zeitlohn** ist der Maßstab für die Berechnung des Lohnes die im Betrieb verbrachte Zeit.

Beispiel:

Lohnsatz je Zeiteinheit × Anzahl der geleisteten = Bruttoverdienst
(Stundenlohnsatz) Zeiteinheiten
23,- Euro × 38 Stunden = 874,- Euro

Je nach dem Berechnungszeitraum des Zeitlohnes lassen sich Stunden-, Tages-, Wochen- und Monatslöhne unterscheiden. Die Zeitlöhne der Arbeiter werden in der Regel nach Stunden oder Wochen, die Gehälter der Angestellten und Beamten nach Monaten berechnet.

Der Zeitlohn empfiehlt sich überall dort, wo es in erster Linie auf die Qualität der Arbeitsleistung ankommt, wo das Arbeitstempo durch den Arbeitsgang bestimmt wird (z. B. Fließband), wo der Beschäftigte sich erst einarbeiten muß, wo eine Entlohnung nach Leistungseinheiten schwierig oder nicht möglich ist (z. B. bei Lager-, Entwicklungs-, Reparatur-, Kontroll- und Büroarbeiten).

Als Nachteil des Zeitlohnes muß der mangelnde Anreiz zur Beschleunigung des Arbeitstempos gesehen werden; individuelle Abweichungen von der Durchschnittsnorm finden keinen lohnmäßigen Niederschlag.

Beim **Stücklohn** sind der Maßstab für die Berechnung der Lohnhöhe die geleisteten Mengeneinheiten (Stück, m, kg etc.). Ausgangspunkt der Lohnberechnung ist auch hier ein Stundenlohnsatz. Der Stundenlohnsatz wird in einen Lohnsatz je Mengeneinheit umgerechnet, den sogenannten **Akkordsatz**. Wird dieser in einem Geldbetrag je Mengeneinheit festgelegt, so spricht man vom **Stückgeldakkord**; wird er in einer Auftragszeit je Mengeneinheit festgelegt, so spricht man vom **Stückzeitakkord**. Der Akkordsatz wird durch →Arbeitszeitstudien, die die Norm- oder Soll-Arbeitszeit je Stück ermitteln, errechnet.

Beispiel:
Stundenlohn 23,- Euro, Normalleistung je Stunde 20 Stück, wöchentliche Arbeitszeit 38 Stunden.

Stückgeldakkordsatz: 23,- Euro : 20 = 1,15 Euro je Stück
Stückzeitakkordsatz: 100-Minutenstunde : 20 = 5 Dezimalminuten je Stück

Berechnung des Bruttoverdienstes bei einer Arbeitsleistung von 800 Stück

Stückgeldakkord:

Stückgeldakkordsatz × Stückzahl = Bruttoverdienst
1,15 Euro × 800 = 920,- Euro

Stückzeitakkord:

Stückzeitakkordzahl × Stückzahl × Dezimalminutenfaktor = Bruttoverdienst

$$\underbrace{5 \text{ Dezimalminuten} \times 800 \text{ Stück}}_{\text{Auftragszeit}} \times \frac{23,- \text{ Euro}}{100} = 920,- \text{ Euro}$$

Um den Akkordarbeiter durch Produktionsengpässe oder andere unverschuldete (kurzfristige) betriebliche Störungen nicht unzumutbar gegenüber dem Zeitlohnempfänger zu benachteiligen, sind die tariflichen Stundenlohnsätze für Akkordarbeiter in der Regel um 10–30 Prozent über dem Stundenlohnsatz für Zeitlohn festgesetzt.

Der Anreiz des Akkordlohnes ist darin zu sehen, daß er dem Beschäftigten die Möglichkeit bietet, durch überdurchschnittliche Leistungen sein Einkommen zu erhöhen.

Da der Stücklohn bei Überschreiten der allgemeinen Zeitvorgabe entsprechend absinkt, wird er in vielen →Tarifverträgen mit einem **garantierten Mindestlohn** (Zeitlohn) gekoppelt.

Beim **Gruppenakkord** wird der Akkordsatz für eine Arbeitsgruppe festgelegt und der Anteil des einzelnen Gruppenmitgliedes mittels eines Verteilungsschlüssels (der seinerseits an Leistungsbestimmungsfaktoren gebunden ist) bestimmt. Teamgeist und leistungsmäßige Ausgewogenheit der Arbeitsgruppe sind beim Gruppenakkord von besonderer Bedeutung.

Um unter dem Anreiz des Mehrverdienstes beim Akkord nicht der Gefahr der Überforderung der eigenen Kräfte zu erliegen, sollte der Beschäftigte sein arbeitsabhängiges körperliches und seelisches Wohlbefinden nicht aus den Augen verlieren!

Der **Prämienlohn** kann ergänzend zum Zeit- wie auch zum Akkordlohn (Zeitprämienlohn, Quantitäts- und Qualitätsprämie) gezahlt werden. Die hauptsächlichen

III Arbeit

Gründe seiner Gewährung sind: Mengen- und Zeitersparnis, überdurchschnittlicher Nutzungsgrad von Maschinen, geringe Ausschußmenge. Der Prämienlohn kann Einzelpersonen wie auch (Arbeits-)Gruppen (Gruppenprämie) gewährt werden.

125 Über den Lohn hinaus kann der Arbeitnehmer vertraglich am Gewinn des Unternehmens beteiligt werden (**Gewinnbeteiligung**).

126 Erfindungen, die ein Arbeitnehmer in Ausführung seiner Arbeitsverpflichtung macht (**Arbeitnehmererfindungen**), muß er dem Arbeitgeber zur Verfügung stellen; er hat dafür in der Regel einen Anspruch auf angemessene Vergütung (Gesetz über Arbeitnehmererfindungen vom 25. 7. 1957 mit letzter Änderung vom 18. 1. 2002).

127 Hinsichtlich **freier Erfindungen** (d. h. außerhalb der Arbeitsverpflichtung gemachte Erfindungen) trifft den Arbeitnehmer eine Mitteilungs- und Anbietungspflicht. Falls die Erfindung in Arbeitsbereiche des Arbeitnehmers fällt, hat der Arbeitgeber innerhalb von 3 Monaten ein Vorrecht auf Verwertung zu angemessenen Bedingungen (Vergütung).

127a Auch für verwertete technische **Verbesserungsvorschläge** ist vom Arbeitgeber eine angemessene Vergütung zu bezahlen.

128,129 ## 4.6 Entgeltschutz und Lohnzahlung

Der Arbeitnehmer hat ein Anrecht auf pünktliche Lohnzahlung. (Der Lohn/die Lohnzahlung umfaßt im nachfolgenden Verständnis den Lohn der gewerblichen Arbeitnehmer [Arbeiter] wie auch das Gehalt der kaufmännischen und technischen Arbeitnehmer [Angestellten].) Die Lohnzahlung erfolgt – falls keine besonderen Vereinbarungen getroffen wurden – erst nach Leistung der Arbeit, das bedeutet nach bestimmten Zeitabschnitten. Gewerbliche Arbeitnehmer haben (falls nichts anderes vereinbart) Anspruch auf wöchentliche Lohnzahlung, Angestellte auf monatliche Gehaltszahlung. Lohn- wie auch Gehaltszahlung hat in Landeswährung zu erfolgen und muß – soweit nicht Banküberweisung vereinbart wurde – dem Empfänger bar ausgezahlt werden.

130 Nach § 107 Gewerbeordnung (GewO) in der Fassung vom 22. 2. 1999 können Arbeitgeber und Arbeitnehmer **Sachbezüge** als Teil des Arbeitsentgelts vereinbaren, wenn dies dem Interesse des Arbeitnehmers oder der Eigenart des Arbeitsverhältnisses entspricht. In Anrechnung auf das Arbeitsentgelt vereinbarungsgemäß überlassene Waren sind zu ihren durchschnittlichen Selbstkosten abzurechnen. – Sachleistungen gelten steuerrechtlich als Einkommen und sind in ihrem Gegenwert wie Geldeinkommen zu versteuern.

Wird die Arbeitsleistung durch den Arbeitnehmer nicht erbracht, so entfällt in der Regel auch sein Lohnanspruch. Ausnahmen von dieser Regel sehen einschlägige Gesetze vor bei:

131 – **Annahmeverzug** des Arbeitgebers (§ 615 BGB);
132 – **Unmöglichkeit der Arbeitsleistung,** die der Arbeitgeber zu vertreten hat (§ 326 Abs. 2 BGB n. F., z. B. Auftragsmangel);

Arbeit **III**

- **Krankheit** (§ 616 BGB und Gesetz über die Zahlung des Arbeitsentgelts an Feiertagen und im Krankheitsfall [Entgeltfortzahlungsgesetz] in der Fassung vom 26. 5. 1994, letzte Änderung vom 23. 12. 2003);
- **Urlaub** (Mindesturlaubsgesetz für Arbeitnehmer [Bundesurlaubsgesetz] vom 8. 1. 1963, letzte Änderung vom 7. 5. 2002);
- **lohnzahlungspflichtige Feiertage** (Entgeltfortzahlungsgesetz). Der Anspruch des Arbeitnehmers auf Fortzahlung des Arbeitslohnes an gesetzlichen Feiertagen entfällt, wenn er am Arbeitstag vor oder nach dem Feiertag der Arbeit unentschuldigt fernbleibt;
- **Entgeltsicherung** nach § 421j SGB III für ältere Arbeitnehmer, die das 50. Lebensjahr vollendet haben und ihre Arbeitslosigkeit durch Aufnahme einer versicherungspflichtigen Beschäftigung beenden oder vermeiden. Dieser Anspruch gilt ab dem 1. 1. 2008 nur noch dann, wenn er vor diesem Stichtag entstanden ist.

Da das **Betriebsrisiko** bei Arbeitsunfall aus betriebstechnischen Gründen ebenso wie das allgemeine **Wirtschaftsrisiko** insbesondere bei Auftrags- oder Absatzmangel in der Regel durch den Arbeitgeber getragen wird, ist dieser in den vorgenannten Fällen – sofern der Umstand nicht vom Arbeitnehmer zu vertreten ist – auch grundsätzlich zur Weiterzahlung des Lohnes verpflichtet. Das **Arbeitskampfrisiko** (Streik, Aussperrung) hat der Arbeitnehmer zu tragen.

Um dem Arbeitnehmer die Bestreitung seiner vordringlichsten Lebenshaltungsausgaben zu sichern, ist die Pfändbarkeit seines Lohnes beschränkt (**Pfändungsgrenze**). In gleichem Umfang gilt ein **Verbot** der Lohnabtretung beziehungsweise Lohnverpfändung und der Aufrechnung von Geldforderungen des Arbeitgebers.

Im Falle der **Insolvenz** (d. i. Zahlungsunfähigkeit; sie ist dann gegeben, wenn ein Schuldner seine Zahlungen eingestellt hat oder einen wesentlichen Teil seiner Verbindlichkeiten nicht mehr bedienen kann) des arbeitgebenden Unternehmens haben die Arbeitnehmer für die letzten 3 Arbeitsmonate Anspruch auf **Insolvenzgeld** (§§ 183 ff. SGB III). Dieses wird im Umlageverfahren über Arbeitgeberbeiträge durch die Berufsgenossenschaften finanziert. Die (örtliche) Agentur für Arbeit kann einen Vorschuß auf das Insolvenzgeld erbringen (§ 186 SGB III).

Für die Auszahlung der Arbeitsentgelte werden Lohn- und Gehaltslisten aufgestellt. Sie weisen den Bruttoverdienst, die Abzüge und den Nettoverdienst aus. Die (**Lohn-)Abzüge** umfassen: Lohnsteuer, Kirchensteuer, die Arbeitnehmerbeiträge zur Kranken-, Pflege-, Renten- und Arbeitslosenversicherung sowie Beträge auf Grund von →Lohnpfändung oder vertraglicher Vereinbarungen der Parteien (Arbeitgeber und Arbeitnehmer) über das Arbeitsverhältnis und der diese ergänzenden gesetzlichen oder tarifvertraglichen Bestimmungen (**privatrechtliche Lohnabzüge**, so z. B. wegen Schlechtleistung oder Schädigung oder kraft Zurückbehaltungsrecht des Arbeitgebers [in Fällen, in denen diesem eine Gegenforderung gegenüber dem Arbeitnehmer zusteht] oder wegen Abtretung einer Lohnforderung durch den Arbeitnehmer an einen Dritten), Beiträge an Unterstützungskassen, Beiträge an Gewerkschaften, Beiträge zur Vermögensbildung. Der Arbeitgeber hat die Lohnabzüge an die entsprechenden Einrichtungen/Personen abzuführen.

III Arbeit

5 Arbeitsrecht

5.1 Aufgaben, Inhalt, Geltungsbereich

Die Beziehungen zwischen Arbeitgebern und Arbeitnehmern sowie die rechtlichen Rahmenbedingungen von Arbeitsleistungen werden über das Arbeitsrecht zu regeln versucht. Das Arbeitsrecht soll insbesondere die Arbeitnehmer vor Beeinträchtigungen ihrer Persönlichkeit, vor wirtschaftlichen Nachteilen und vor gesundheitlichen Gefahren **schützen** und darüber hinaus das Arbeitsleben **ordnen**.

Das Arbeitsrecht umfaßt **staatliche Vorschriften** (Gesetze und Verordnungen) sowie **vertragliche Regelungen** (Arbeitsverträge, Betriebsvereinbarungen, Tarifverträge). Damit treten neben dem Staat insbesondere die Tarifvertragsparteien, die Betriebspartner (Betriebsrat und Arbeitgeber) sowie Arbeitgeber und Arbeitnehmer als Parteien des Arbeitsvertrages rechtsgestaltend in Erscheinung.

Das Arbeitsrecht läßt sich im wesentlichen in folgende Komplexe gliedern:

137 – **individuelles Arbeitsrecht** (Arbeitsvertragsrecht),
138 – **kollektives Arbeitsrecht** (Tarifvertragsrecht, Arbeitskampfrecht, Schlichtungsrecht, Betriebsverfassungsrecht, Mitbestimmungsrecht, Personalvertretungsrecht) und
139 – **Arbeitsschutzrecht**.

140 Ein ergänzendes Gebiet des Arbeitsrechts ist das Recht der **Arbeitsgerichtsbarkeit**.

141 Das Arbeitsrecht ist als Schutzrecht für Arbeitnehmer (**Arbeitnehmerschutzrecht**)
142 zu verstehen und gilt deshalb vorzugsweise für diese. Als **Arbeitnehmer** im Sinne des Arbeitsrechts gelten Personen, die einer anderen Person haupt- oder nebenberuflich auf Grund eines (privatrechtlichen) Vertrages für eine gewisse Dauer zur Arbeitsleistung gegen Zahlung eines Entgeltes verpflichtet sind. Eine nur einmalig
143 geschuldete Arbeitsleistung begründet in der Regel kein **Arbeitsverhältnis**. Entscheidend für die Begründung des Arbeitnehmer-Status ist die **tatsächliche Gestaltung** des (privatrechtlichen) Vertrages, nicht dagegen, ob die Parteien ihre gegenseitigen Beziehungen als Arbeitsverhältnis oder – um dem Arbeitsrecht zu entgehen
144 – als **selbständiges Dienstverhältnis** bezeichnen. Ausschlaggebend dafür, ob ein abhängiges Arbeitsverhältnis vorliegt oder ein selbständiges (unabhängiges) Dienstverhältnis, ist der Grad der **persönlichen Abhängigkeit**, in der sich der zur Arbeitsleistung Verpflichtete befindet. Kriterien hierfür sind insbesondere: die Weisungsgebundenheit des zur Arbeitsleistung Verpflichteten hinsichtlich Zeit, Dauer und Ort der Erbringung der Leistung, eine Eingliederung in den Betrieb des Dienstberechtigten, die Notwendigkeit einer ständigen engen Zusammenarbeit mit anderen im Dienste des Berechtigten stehenden Personen und die Unterordnung unter solche Personen.

Nach ihrem Tätigkeitsfeld lassen sich die Arbeitnehmer wie folgt einteilen:

145 – **gewerbliche Arbeitnehmer** (für sie gilt vor allem die Gewerbeordnung),
146 – **kaufmännische Arbeitnehmer** (für sie gilt vor allem das Handelsgesetzbuch),
147 – **Seeleute** (für sie gilt vor allem das Seemannsgesetz) und

– **sonstige Arbeitnehmer**, z. B. Rechtsanwaltsgehilfen oder Hausangestellte (für sie gilt das Bürgerliche Gesetzbuch).

Eine weitere Unterscheidung betrifft den Status **Arbeiter** oder **Angestellter**. Als maßgebendes Unterscheidungsmerkmal für die jeweilige Stellung gilt, ob überwiegend körperliche oder geistige Arbeit gefordert wird. Dieses Abgrenzungskriterium erweist sich jedoch in der modernen Arbeitswelt – in der rein körperliche Arbeiten zunehmend von Maschinen übernommen und Facharbeiter immer mehr mit geistigen Anforderungen konfrontiert werden – weitgehend als untauglich. Die Zuordnung eines Arbeitnehmers zur Gruppe der Arbeiter oder Angestellten gestaltet sich deshalb in erster Linie nach der Bewertung seiner Arbeit durch die Berufsvereinigungen (wie Innungen, Handelskammern, Landwirtschaftskammern, Handwerkskammern, Arbeitgeberverbände, Gewerkschaften). Ist durch diese eine eindeutige Zuordnung nicht vorgenommen, so ist nach allgemeiner Auffassung in der Regel derjenige Angestellter, der kaufmännische oder büromäßige Arbeiten leistet oder gehobene Tätigkeiten ausübt. Als Arbeiter hat zu gelten, wer ausführend mechanisch tätig ist. Wo auch diese Richtschnur versagt, sollte danach entschieden werden, ob nach dem Gesamtbild der vom Arbeitnehmer zu erbringenden Tätigkeiten die gedanklich-geistige Leistung oder die körperliche Arbeit im Vordergrund steht.

Als Arbeiter gelten im allgemeinen: Handwerksgehilfen, Hausgehilfen, Kellner, Kraftfahrer, Facharbeiter wie Lageristen, Mechaniker und Dreher, Straßenbahnschaffner, Fabrikfeuerwehrleute, Ableser von Gas-, Strom- und Wasserzählern, Zeitungsverkäufer in Kiosken oder Hilfskräfte in der Annahmestelle einer chemischen Reinigung. Als Angestellte gelten neben den Bürokräften unter anderem zum Beispiel Filialleiter, Kassierer in Selbstbedienungsläden, Krankenschwestern, staatlich geprüfte Masseure, Verkaufsfahrer mit reichhaltigem Warensortiment, Musiker, Schaufensterdekorateure und Mannequins.

Entgegen einer weitverbreiteten irrigen Annahme können Arbeiter **nicht** durch Vereinbarung mit dem Arbeitgeber zu Angestellten werden, insbesondere auch nicht im Rahmen der Sozialversicherung. Werden solche Vereinbarungen getroffen (dies ist häufig bei Arbeitern mit längerer Betriebszugehörigkeit der Fall!), dann können diese die Arbeiter **lediglich** hinsichtlich der **betrieblichen** Rechte mit den Angestellten gleichstellen.

Unter den Angestellten nehmen die **leitenden Angestellten** eine besondere Stellung ein. Als leitender Angestellter gilt im allgemeinen, wer **Arbeitgeberfunktionen** in einer Schlüsselstellung ausübt und damit selbständig und verantwortlich den Betrieb, einen bedeutenden Betriebsteil oder einen wesentlichen Aufgabenbereich leitet. Außer dieser sogenannten **Tatgruppe** gehört zu den leitenden Angestellten die sogenannte **Ratgruppe**. Ihr werden die Angestellten zugeordnet, die auf Grund eigener Entschlußkraft hochqualifizierte Stabsarbeit (in führender, prüfender, entwerfender, forschender oder werbender Art) leisten und demzufolge mit dem Unternehmer in einem besonderen persönlichen Vertrauensverhältnis stehen. Zunächst gilt es festzustellen: auch leitende Angestellte sind Arbeitnehmer. Auf Grund ihrer besonderen Funktionen gelten für sie jedoch einige Besonderheiten. So fallen leitende Angestellte nicht unter die Arbeitszeitordnung; sie gelten nicht als Arbeitnehmer im Sinne des Betriebsverfassungsgesetzes; es können für sie

III Arbeit

eigene →Sprecherausschüsse zur Wahrnehmung ihrer Interessen gegenüber dem Arbeitgeber gebildet werden (Sprecherausschußgesetz v. 20.12.1988); sie sind innerhalb der Arbeitnehmer als selbständige Gruppe in den →Aufsichtsräten der dem Mitbestimmungsgesetz unterliegenden Großunternehmen vertreten; sie können als ehrenamtliche Richter bei den Gerichten für Arbeitssachen auch auf der Arbeitgeberseite auftreten; ihr Arbeitsverhältnis kann ohne Kündigungsgrund leichter aufgelöst werden. Darüber hinaus zuerkennt die Rechtssprechung des Bundesarbeitsgerichtes dem leitenden Angestellten besondere Pflichten: Er hat die Interessen des Arbeitgebers erheblich weitreichender als andere Arbeitnehmer zu wahren; er hat eine Arbeitsleistung zu erbringen, die das normale Maß übersteigt (so daß im allgemeinen keine Überstunden verrechnet werden!).

152 Der Begriff des leitenden Angestellten deckt sich nicht mit dem des **außertariflichen Angestellten**. Als außertarifliche Angestellte gelten solche Angestellte, denen entweder die Tarifvertragsparteien oder die Arbeitsvertragsparteien auf Grund ihrer meist leitenden Stellung einen besonderen Status zuerkennen.

Eine familienrechtliche Beziehung schließt ein Arbeitsverhältnis (und damit die Begründung einer Arbeitnehmerstellung gegenüber einem als Arbeitgeber fungierenden Familienmitglied) grundsätzlich nicht aus. Soll ein solches Verhältnis eingegangen werden (**mithelfende Familienangehörige**), so muß dies deutlich vereinbart und auch die getroffenen Vereinbarungen in die Tat umgesetzt werden.

153

Nicht zu den Arbeitnehmern im **arbeitsrechtlichen** Sinne gehören im allgemeinen folgende Personengruppen (vgl. insbesondere § 5 Abs. 2 Betriebsverfassungsgesetz):

– Mitglieder des Organs einer →juristischen Person, das zur Vertretung der juristischen Person berufen ist (so insbesondere Vorstandsmitglieder einer →Aktiengesellschaft und Geschäftsführer von →Gesellschaften mit beschränkter Haftung);
– Personen, die durch Gesetz, Satzung oder Gesellschaftsvertrag zur Vertretung einer Personengesamtheit, insbesondere einer →offenen Handelsgesellschaft oder einer →Kommanditgesellschaft berufen sind;
– Personen, die vorwiegend aus karitativen Beweggründen tätig sind (z. B. Ordensschwestern, Ordensbrüder);
– Personen, die vorwiegend aus medizinischen oder erzieherischen Gründen sowie zur sittlichen Besserung beschäftigt sind;
– Beschäftigte, die ein soziales Jahr ableisten, sowie Entwicklungshelfer im Sinne des Entwicklungshilfegesetzes;
– Beamte, Richter und Soldaten; sie stehen in einem besonderen öffentlich-rechtlichen Dienst- und Treueverhältnis.

154 Nicht zu den Arbeitnehmern im **eigentlichen** Sinn zählen Personen, die vorwiegend zum Zwecke ihrer beruflichen Bildung beschäftigt werden, so insbesondere →**Auszubildende**. Auf das Berufsausbildungsverhältnis finden ergänzend zu den Sonderregelungen des Berufsbildungsgesetzes die Regelungen des Arbeitsverhältnisses Anwendung.

155,156 Ebenfalls nicht zu den Arbeitnehmern im **eigentlichen** Sinn gehören die sogenannten **arbeitnehmerähnlichen Personen** (so insbesondere die **Heimarbeiter**) und die

Arbeit **III**

freien Mitarbeiter. Auf sie finden eine Reihe von arbeitsrechtlichen Regelungen Anwendung.   157

Arbeitgeber im Sinne des Arbeitsrechtes ist jeder, der einen anderen als Arbeitnehmer beschäftigt. Der Arbeitgeber kann eine →natürliche Person oder eine →juristische Person (z. B. →Aktiengesellschaft) sein, eine Privatperson oder eine →juristische Person des öffentlichen Rechtes (z. B. eine Gemeinde).   158

5.2 Individuelles Arbeitsrecht (Arbeitsvertragsrecht)   159,160

Durch Abschluß eines **Arbeitsvertrages** begründet der einzelne Arbeitnehmer mit seinem Arbeitgeber ein **Arbeitsverhältnis.** Dieses Arbeitsverhältnis ist ein Rechtsverhältnis, durch das der Arbeitnehmer vor allem zur Leistung von Arbeit für den Arbeitgeber und der Arbeitgeber seinerseits vor allem zur Lohnzahlung verpflichtet wird. Neben diese **Hauptpflichten** des Arbeitsverhältnisses treten bestimmte **Nebenpflichten.**   161 162

Der Arbeitsvertrag ist ein →Dienstvertrag im Sinne der §§ 611–630 BGB.

Für den Abschluß eines Arbeitsvertrages gilt **grundsätzlich** das Prinzip der →Vertragsfreiheit, das heißt die Vertragspartner (Arbeitgeber und Arbeitnehmer) sind im Abschluß frei (Abschlußfreiheit) ebenso wie in der Gestaltung (Gestaltungsfreiheit) der Arbeitsbedingungen (Lohn, Urlaub, Arbeitszeit usw.). Die grundsätzliche Vertragsfreiheit wird jedoch zum Schutze des Arbeitnehmers in vielfältiger Weise durch Vorschriften des Arbeitsrechtes eingeschränkt, so insbesondere durch Gesetze, →Tarifverträge und →Betriebsvereinbarungen. Stehen diese Rechtsquellen zueinander in Widerspruch, so geht die höhere (Rechtsquelle) der niedrigeren und im allgemeinen die für den Arbeitnehmer günstigere der ungünstigeren vor. Dabei gilt das Gesetz als die im Verhältnis zu Tarifvertrag, Betriebsvereinbarung und Arbeitsvertrag höhere Rechtsquelle. Der Tarifvertrag gilt als die höhere Rechtsquelle gegenüber der Betriebsvereinbarung und dem Arbeitsvertrag; die Betriebsvereinbarung gilt als die höhere Rechtsquelle gegenüber dem Arbeitsvertrag.

Für den Arbeitsvertrag ist keine bestimmte **Form** vorgeschrieben. Im Gegensatz zu →Berufsausbildungsverträgen (§ 11 Berufsbildungsgesetz) und Arbeitsverträgen im öffentlichen Dienst (§ 4 Bundes-Angestellten-Tarifvertrag) können deshalb alle Arbeitsverträge in der Privatwirtschaft grundsätzlich **formlos** (→Formfreiheit) abgeschlossen werden. Häufig wird aber durch Tarifvertrag die Schriftform vorgeschrieben. Im wirtschaftlichen Alltag werden die Arbeitsverträge aus Beweisgründen meistens schriftlich abgeschlossen.

Der Arbeitsvertrag wird **normalerweise** auf unbestimmte Zeit (**unbefristet**) abgeschlossen. Dieser sogenannte **Dauerarbeitsvertrag** kann nur durch (fristgemäße oder fristlose) →Kündigung beendet werden.   163

Ein **befristeter Arbeitsvertrag** endet demgegenüber durch Zeitablauf (bei kalendermäßiger Befristung) oder nach Zweckerreichung (z. B. Gesundung eines langfristig erkrankten Mitarbeiters, zu dessen Vertretung die Einstellung befristet erfolgte), ohne daß gekündigt werden muß. Um den Arbeitnehmer in diesem Zusammenhang vor einer Umgehung der zwingenden (d. h. durch Vereinbarungen der Ver-   164

III Arbeit

tragsparteien nicht zu umgehenden) →Kündigungsschutzbestimmungen zu bewahren, hat das Bundesarbeitsgericht entschieden, daß eine Befristung des Arbeitsvertrages dann nicht rechtswirksam ist, wenn bei Abschluß des Vertrages für die Befristung oder deren Dauer kein **sachlicher Grund** vorgelegen hat.

Da der gesetzliche →Kündigungsschutz erst nach 6-monatiger Betriebszugehörigkeit und nur in Betrieben mit mehr als fünf Arbeitnehmern gilt, bedürfen befristete Arbeitsverträge, die für weniger als 6 Monate abgeschlossen wurden sowie befristete Arbeitsverträge mit Kleinbetrieben (bis zu fünf Arbeitnehmern) keines sachlichen Grundes im Sinne der Rechtsprechung des Bundesarbeitsgerichtes. Ausnahme von dieser Regelung: Eines sachlichen Grundes für befristete Arbeitsverträge für weniger als 6 Monate und für Kleinbetriebe bedarf es allerdings dann, wenn der Einzustellende schon bei Abschluß des befristeten Arbeitsvertrages einen **besonderen Kündigungsschutz** hat (z. B. es wird eine schwangere Frau eingestellt!) oder wenn die gesetzlichen, tariflichen oder in Betriebsvereinbarungen festgelegten Mindestkündigungsfristen objektiv umgangen werden.

165 Werden mehrere befristete Arbeitsverträge so aneinander gereiht, daß mit Ablauf der jeweiligen Vertragsfrist das Arbeitsverhältnis ohne Kündigung endet, falls nicht ein neuer – wiederum befristeter – Arbeitsvertrag abgeschlossen ist, so liegt ein **Kettenarbeitsvertrag** vor. Kettenarbeitsverträge sind grundsätzlich zulässig. Nach einer Entscheidung des Bundesarbeitsgerichtes (7 AZR 376/00) können jedoch befristete Arbeitsverträge höchstens für die Dauer von zwei Jahren abgeschlossen werden. Sie dürfen nicht in beliebiger Zeitausdehnung (kettenartig) aneinander gereiht werden.

166
167 Die Vereinbarung einer (in der Regel nicht länger als 6 Monate dauernden) **Probezeit (Probearbeitsvertrag)** soll beiden Vertragspartnern die Möglichkeit geben, sich gegenseitig zu erproben. Ein solches Probearbeitsverhältnis ist ein völlig gültiges Arbeitsverhältnis, auf das alle arbeitsrechtlichen Gesetze, Tarifverträge und Betriebsvereinbarungen anzuwenden sind. Das Arbeitsverhältnis ist hier von Anfang an **unbefristet**. Während der Probezeit kann allerdings von beiden Seiten mit der kürzestmöglichen Kündigungsfrist gekündigt werden.

Zulässig ist auch der Abschluß eines Probearbeitsvertrages als befristeter Arbeitsvertrag, so daß dieser mit Ablauf der Probezeit automatisch endet.

168 Der **Aushilfsarbeitsvertrag** kann befristet oder unbefristet abgeschlossen werden.

169 Der **Praktikantenvertrag** ist nicht gesetzlich geregelt, aber durchaus zulässig. Er kann als (befristeter) Arbeitsvertrag oder als Vertrag eigener Art, seltener nach dem Muster eines →Berufsausbildungsvertrages abgeschlossen werden.

5.2.1 Pflichten des Arbeitnehmers aus dem Arbeitsvertrag

170 Die **Hauptpflicht** des Arbeitnehmers aus dem Arbeitsvertrag, die **Arbeitspflicht**, schließt eine Reihe von Problemfragen ein, die nachfolgend beleuchtet werden sollen.

Arbeit **III**

Persönliche Verpflichtung: Falls nicht ausnahmsweise mit dem Arbeitgeber etwas anderes vereinbart wurde, hat der Arbeitnehmer die Arbeit **persönlich** zu leisten (§ 613 BGB); das heißt, sie kann nicht durch Dritte geleistet werden.

Grundsätzliche Unübertragbarkeit der Arbeitsleistung: Falls nichts anderes zwischen Arbeitgeber und Arbeitnehmer vereinbart wurde, steht der Anspruch auf die Arbeitsleistung dem Arbeitgeber nur persönlich zu; das heißt, der Arbeitgeber kann diese Ansprüche nicht auf einen anderen Arbeitgeber übertragen. Die Ausnahme hiervon: Beim Tod des Arbeitgebers geht der Anspruch auf die Arbeitsleistung auf den/die Erben des Arbeitgebers über.

Aus der grundsätzlichen Unübertragbarkeit der Arbeitsleistung folgt auch, daß die Eingehung eines sogenannten **Leiharbeitsverhältnisses** (Arbeitnehmerüberlassung) nur mit Zustimmung des Arbeitnehmers möglich ist. 171

Art der zu leistenden Arbeit: Welche Arbeitsleistung der Arbeitnehmer zu erbringen hat, bestimmt sich nach dem Arbeitsvertrag, der sich seinerseits nach den einschlägigen Gesetzen, Tarifverträgen und Betriebsvereinbarungen zu richten hat. Nur soweit im Arbeitsvertrag nichts Genaues vereinbart wurde, kann der Arbeitgeber kraft seines →**Weisungs-** oder **Direktionsrechtes** bestimmen, was der Arbeitnehmer im einzelnen zu leisten hat. Ist ein Arbeitnehmer für eine bestimmte Tätigkeit (z. B. als Verkaufsfahrer) eingestellt worden, so ist diese Tätigkeit Gegenstand des Arbeitsvertrages. Der Arbeitnehmer kann vom Arbeitgeber nicht ohne sein Einverständnis in eine andere Tätigkeit (z. B. ins Lager) versetzt werden; dies käme einer Änderung des Arbeitsvertrages gleich, wozu der Arbeitgeber nicht einseitig berechtigt ist. Machen betriebliche Notwendigkeiten eine solche Versetzung erforderlich, so kann dies – falls der Arbeitnehmer nicht zustimmt – nur im Wege einer sogenannten **Änderungskündigung** (Kündigung des Arbeitsvertrages mit dem gleichzeitigen Angebot der Fortsetzung des Arbeitsverhältnisses zu geänderten Bedingungen; § 2 Kündigungsschutzgesetz) erfolgen, für die allerdings die →Kündigungsschutzbestimmungen gelten. 172,173

174

Ist die Tätigkeit des Arbeitnehmers im Arbeitsvertrag **fachlich umschrieben** (beispielsweise kaufmännischer Angestellter, Elektriker), so können ihm vom Arbeitgeber all jene Arbeiten zugewiesen werden, die dem vereinbarten →Berufsbild entsprechen. Ist dagegen die Tätigkeit nur **ganz allgemein umschrieben** (beispielsweise Bürohilfskraft, Hilfsarbeiter), so kann der Arbeitgeber vom Arbeitnehmer jede Arbeitsleistung verlangen, die billigem Ermessen entspricht und bei Vertragsabschluß voraussehbar war (Urteil des Bundesarbeitsgerichtes v. 27. 3. 1980).

Die Zuweisung einer anderen Tätigkeit ist – soweit dies nicht im Arbeitsvertrag vereinbart – grundsätzlich nur dann zulässig, wenn diese nicht niedriger bezahlt ist. Wurde eine derartige Vereinbarung nicht getroffen, kann eine solche Versetzung nur mit Zustimmung des Arbeitnehmers erfolgen. Versagt der Arbeitnehmer seine Zustimmung, so bleibt dem Arbeitgeber nur die Möglichkeit der →Änderungskündigung, bezüglich deren sozialer Gerechtfertigkeit das Arbeitsgericht angerufen werden kann.

In Betrieben mit mehr als 20 wahlberechtigten Arbeitnehmern muß der Arbeitgeber vor jeder Versetzung den →**Betriebsrat** (falls ein solcher existiert!) unterrichten,

III Arbeit

ihm Auskunft über die Auswirkungen der jeweiligen Versetzung geben und seine Zustimmung einholen. Die Zustimmung des Betriebsrates kann jedoch die möglicherweise notwendige Zustimmung des Arbeitnehmers nicht ersetzen.

175,176 **Weisungs-/Direktionsrecht des Arbeitgebers**: Es greift in der Regel dort Platz, wo der genaue Inhalt der Arbeitspflicht des Arbeitnehmers sowie Ort und Zeit der Leistungserbringung durch Arbeitsvertrag, einschlägige Gesetze, Tarifverträge und Betriebsvereinbarungen nicht hinreichend bestimmt sind. Auch die Ordnung im Betrieb (z. B. Rauchverbote, Alkoholverbote, Torkontrolle) wird – soweit dem Betriebsrat keine entsprechenden Mitbestimmungsrechte zustehen – grundsätzlich einseitig vom Arbeitgeber im Rahmen seines Weisungsrechtes (Direktionsrechtes) festgelegt. Das Weisungsrecht des Arbeitgebers wird durch die einschlägigen Gesetze (so insbesondere auch durch Art. 1 GG und das darin geschützte →Persönlichkeitsrecht des Arbeitnehmers), →Tarifverträge und →Betriebsvereinbarungen begrenzt.

Umfang der zu leistenden Arbeit: Die vom Arbeitnehmer in seiner (gesetzlich, tariflich, betrieblich und einzelvertraglich bestimmten) Arbeitszeit zu erbringende Leistung bestimmt sich nach →Treu und Glauben (§ 242 BGB) mit Rücksicht auf die Verkehrssitte. Der Arbeitnehmer darf danach weder seine Arbeitskraft bewußt zurückhalten (d. h. seine Leistung absichtlich drosseln), noch muß er sich so verausgaben, daß er damit seine Gesundheit gefährdet. Er muß vielmehr unter angemessener Einbringung seiner Kräfte und Fähigkeiten arbeiten.

177 **Zulässigkeit von Nebenbeschäftigungen**: Der Arbeitnehmer darf grundsätzlich mit verschiedenen Arbeitgebern mehrere sich zeitlich nicht überschneidende Arbeits-
178 verhältnisse (**Doppelarbeitsverhältnis**) eingehen oder auch zusätzlich eine selbständige Tätigkeit ausüben. Dabei hat er allerdings gewissen Erfordernissen zu genügen: Die Nebenbeschäftigung darf für seinen Arbeitgeber keine unlautere Konkurrenz sein; die Nebenbeschäftigung darf den Arbeitnehmer nicht so in Anspruch nehmen, daß seine eigentliche Arbeit darunter leidet; die Beschäftigungszeiten in allen Arbeitsverhältnissen dürfen nicht die in der Arbeitszeitordnung vorgeschriebenen Höchstarbeitszeiten überschreiten.

Eine arbeitsvertragliche Verpflichtung des Arbeitnehmers, jede nicht genehmigte Nebenbeschäftigung zu **unterlassen**, kann nach geltender Rechtsprechung (Urteil des Bundesarbeitsgerichtes vom 26. 8. 1976) nur so ausgelegt werden, daß lediglich solche Nebentätigkeiten untersagt sind, die dem Arbeitgeber Konkurrenz bedeuten oder die in ihrem Ausmaß die Arbeitskraft des Arbeitnehmers zum Nachteil des Arbeitgebers beanspruchen.

Bei zwei oder mehreren Arbeitsverhältnissen hat der Arbeitnehmer im Krankheits-
179 falle grundsätzlich gegen sämtliche Arbeitgeber einen Anspruch auf →**Lohnfortzahlung/Entgeltfortzahlung**. Ebenso erwirbt der Arbeitnehmer in jedem Arbeitsver-
180 hältnis einen entsprechenden **Urlaubsanspruch**.

Nebenbeschäftigungen (auch geringeren Umfanges!) unterliegen ebenfalls dem Kündigungsschutzgesetz (Urteil des Bundesarbeitsgerichtes vom 13. 3. 1987).

Ort der Arbeitsleistung: Der Ort, an dem der Arbeitnehmer seine Leistung zu erbringen hat, ist in der Regel der Betrieb des Arbeitgebers. Ergibt sich aus dem

Arbeitsvertrag die Möglichkeit anderer Arbeitsorte (z. B. bei Bau- oder Montagearbeiten), so hat der Arbeitgeber bei der **Zuweisung anderer Arbeitsorte** Rücksicht auf die Interessen des Arbeitnehmers zunehmen. Ein Einsatz im Ausland muß im allgemeinen ausdrücklich vereinbart werden.

Die **Versetzung** von Arbeitnehmern an einen anderen Ort ist im allgemeinen nur zulässig, wenn eine solche Möglichkeit ausdrücklich oder stillschweigend vereinbart wurde oder wenn sich der Arbeitnehmer im Einzelfall damit einverstanden erklärt. Versetzungen erfordern die Zustimmung des →Betriebsrates nach §95 Betriebsverfassungsgesetz. — 181

Arbeitszeit: Innerhalb des durch die Arbeitszeitschutzvorschriften (Arbeitszeitordnung, Jugendarbeitsschutzgesetz, Mutterschutzgesetz, Ladenschlußgesetz) bestimmten Rahmens regeln →Tarifvertrag, →Betriebsvereinbarung und Einzelarbeitsvertrag die Dauer der Arbeitszeit. Sagt der Arbeitsvertrag nichts über Dauer und Lage der Arbeitszeit aus, so gilt die betriebsübliche Arbeitszeit. Im Rahmen der vereinbarten oder betriebsüblichen Arbeitszeit kann – soweit nichts anderes vereinbart oder betriebsüblich ist – der Arbeitgeber kraft seines →Weisungsrechtes einseitig die wöchentliche Arbeitszeit wie auch die Pausen festlegen. Dabei hat er jedoch gegebenenfalls die Mitbestimmungsrechte des →Betriebsrates zu berücksichtigen. Die Weisungen des Arbeitgebers zur Arbeitszeit dürfen – nach billigem Ermessen – nicht unzumutbar sein.

Zu **Sonn- und Feiertags-, Nacht- und Schichtarbeit** ist der Arbeitnehmer nur verpflichtet, wenn darüber entsprechende Vereinbarungen getroffen wurden. — 182,183,184 185

Ob der Arbeitgeber – außer in Notfällen oder besonderen Ausnahmesituationen – allein aufgrund seines →Weisungsrechtes **Überstunden** anordnen kann, ist umstritten. Hochbezahlten leitenden Angestellten sind Überstunden zuzumuten (Urteil des Bundesarbeitsgerichtes vom 13. 6. 1967). — 186

Die Pflicht des Arbeitnehmers zur Arbeitsleistung kann unter bestimmten Umständen entfallen, ohne daß er dadurch seinen Lohnanspruch verliert. Solche Umstände können sein: Kurzarbeit, schlechte Witterung, Annahmeverzug des Arbeitgebers, ein Zurückbehaltungsrecht des Arbeitnehmers.

Kurzarbeit (oder **Feierschichten**) infolge Auftragsmangels oder schlechten Wetters mit entsprechender Lohnminderung darf (dürfen) vom Arbeitgeber nur dann angeordnet werden, wenn solche in einem →Tarifvertrag oder in einer →Betriebsvereinbarung unter bestimmten Voraussetzungen festgelegt wurde(n) oder die betroffenen Arbeitnehmer solcher/solchen zustimmen (Urteil des Bundesarbeitsgerichtes vom 25. 11. 1981). Darüber hinaus ist – falls tarifvertraglich nichts Abweichendes bestimmt ist – das Mitbestimmungsrecht des →Betriebsrates zu wahren. Im Falle mangelnder Befugnis zur Einführung von Kurzarbeit (Feierschichten) verbleibt dem Arbeitgeber nur die →Änderungskündigung. Wird (werden) die Kurzarbeit (Feierschichten) rechtzeitig bei der (örtlichen) Agentur für Arbeit angemeldet, so kann den betroffenen Arbeitnehmern **Kurzarbeitergeld** aus Mitteln der Bundesagentur für Arbeit (je nach Familienstand von 60–67 Prozent des Netto-Arbeitsentgeltes, das der Arbeitnehmer in den ausgefallenen Arbeitsstunden verdient hätte) gewährt werden. — 187,188 189

III   Arbeit

190 **Saison-Kurzarbeitergeld**: Nach dem zum 10. 4. 2006 in Kraft getretenen Gesetz zur Förderung der ganzjährigen Beschäftigung (§ 175 SGB III) erhalten Arbeitnehmer der Baubranche bei Arbeitsausfall wegen kalter Witterung in der Zeit von Dezember bis März von der Bundesagentur für Arbeit 60 Prozent ihres Nettolohnes (mit Kind[ern] 67 Prozent), soweit zuvor ein eventuell angespartes Arbeitszeitguthaben aufgelöst wurde.

191 Nach § 175a SGB III haben Arbeitnehmer Anspruch auf **Wintergeld** als Zuschuß-Wintergeld (in Höhe von bis zu 2,50 Euro je ausgefallene Arbeitsstunde, wenn zu deren Ausgleich Arbeitszeitguthaben aufgelöst und die Inanspruchnahme des Saison-Kurzarbeitergeldes vermieden wird) und Mehraufwands-Wintergeld (in Höhe von 1,00 Euro für jede in der Zeit vom 15. Dezember bis zum letzten Februartag geleistete berücksichtigungsfähige Arbeitsstunde).

192 Gerät der Arbeitgeber in →**Annahmeverzug** (§ 615 BGB; Annahmeverzug liegt vor, wenn der Arbeitgeber die vom Arbeitnehmer zur rechten Zeit [d. h. während der Arbeitszeit] am rechten Ort [d. h. an der Arbeitsstätte] angebotene Arbeitsleistung nicht annimmt oder nicht abnehmen kann [weil beispielsweise keine Aufträge vorhanden sind]), dann braucht der Arbeitnehmer nicht zu arbeiten. Es ist in dieser Situation gleichgültig, ob den Arbeitgeber ein →Verschulden trifft oder nicht. Dem Arbeitnehmer muß allerdings die Arbeitsleistung tatsächlich und rechtlich möglich sein. Ist dem Arbeitnehmer die Arbeit unmöglich (weil beispielsweise die Arbeitsstätte durch Brand zerstört ist), so wird er ebenfalls von seiner Verpflichtung zur Arbeitsleistung frei, verliert aber – falls der Arbeitgeber die Unmöglichkeit der Arbeitsleistung nicht zu vertreten hat (§ 326 BGB n. F.) – den Lohnanspruch.

193 Steht dem Arbeitnehmer aus seinem Arbeitsverhältnis gegenüber dem Arbeitgeber ein fälliger Anspruch zu, den dieser noch nicht erfüllt hat, so erwächst ihm daraus ein **Zurückbehaltungsrecht** an seiner Arbeit (§ 273 BGB) und er wird damit von der Verpflichtung zur Arbeitsleistung frei, ohne seinen Lohnanspruch zu verlieren. Es gilt allerdings zu beachten, daß der Arbeitnehmer von seinem Zurückbehaltungsrecht nur dann Gebrauch machen kann, wenn ein **entsprechender** Anspruch vorliegt (§ 242 BGB). Ein geringfügiger Zahlungsanspruch rechtfertigt keine Arbeitseinstellung.

Neben der **Hauptpflicht** des Arbeitnehmers, der Arbeitspflicht, obliegen diesem eine Reihe von **Nebenpflichten**. Sie sollen im folgenden dargelegt werden.

194,195,195a **Verschwiegenheitspflicht**: Die unbefugte Mitteilung von **Geschäfts- und Betriebsgeheimnissen** (als Geschäfts- und Betriebsgeheimnis gilt jede Tatsache, die im Zusammenhang mit dem Geschäftsbetrieb steht, nicht offenkundig ist und nach dem bekundeten Willen des Arbeitgebers geheimgehalten werden soll) Dritten gegenüber ist nach § 17 Gesetz gegen den unlauteren Wettbewerb mit Freiheitsstrafe bis zu 3 Jahren oder mit Geldstrafe bedroht. Arbeitnehmer, die dieser **strafrechtlichen Verschwiegenheitspflicht** zufolge Geheimnisse, die ihnen im Rahmen ihres Arbeitsverhältnisses anvertraut oder zugänglich gemacht wurden, **während der Dauer des Arbeitsverhältnisses** zu Zwecken des Wettbewerbes, aus Eigennutz, zugunsten eines Dritten oder in der Absicht, dem Arbeitgeber Schaden zuzufügen, weitergeben, unterliegen dieser Strafandrohung. Es gilt jedoch zu beachten, daß der Arbeitgeber nicht die Geheimhaltung von Tatsachen verlangen kann, wenn dafür kein berechtigtes Interesse besteht (Urteil des Bundesgerichtshofes v. 15. 5. 1955).

Die **arbeitsrechtliche Verschwiegenheitspflicht** greift weiter. Sie umfaßt Tatsachen, die dem Arbeitnehmer im Rahmen seiner betrieblichen Tätigkeit wie auch privat zur Kenntnis gelangen; auch ist für die Verletzung dieser Pflicht nicht erforderlich, daß sie zum Zwecke des Wettbewerbs, zu Gunsten eines Dritten, aus Eigennutz oder um dem Arbeitgeber zu schaden, erfolgt. Es genügt die fahrlässige (→Fahrlässigkeit) Verletzung dieser Verschwiegenheitspflicht, um sich schadensersatzpflichtig zu machen oder gegebenenfalls entlassen zu werden.

Mitglieder des →Betriebsrates unterliegen nach § 79 Betriebsverfassungsgesetz hinsichtlich Betriebs- und Geschäftsgeheimnissen, die ihnen infolge ihrer Zugehörigkeit zum Betriebsrat bekannt geworden sind und vom Arbeitgeber ausdrücklich als geheimhaltungsbedürftig angesehen werden, der besonderen Verschwiegenheitspflicht (**Geheimhaltungspflicht**). Diese Verpflichtung reicht über das Ende des Arbeitsverhältnisses hinaus.

Unterlassung ruf- und kreditschädigender Mitteilungen: Der Arbeitnehmer ist verpflichtet, Mitteilungen an Dritte, die dem Ruf oder dem Kredit seines Arbeitgebers schaden, zu unterlassen. Diese Verpflichtung gilt auch dann, wenn diese Mitteilungen nachweislich wahr sind.

Verbot der Schmiergeldannahme: Die Annahme von Geld, Sachgeschenken oder sonstigen Vorteilen, das/die in der Absicht gegeben wurde(n), den Arbeitnehmer zu einer pflichtwidrigen Handlung zu veranlassen oder für eine solche nachträglich zu belohnen, ist diesem verboten (**arbeitsrechtliches Verbot der Schmiergeldannahme**). Unter dieses Verbot fallen nicht die im Geschäftsverkehr üblichen Aufmerksamkeiten (wie beispielsweise Kalender, Kugelschreiber, Einladung zum Essen in angemessenem Rahmen, übliche Trinkgelder).

Im Gegensatz zum arbeitsrechtlichen Verbot der Schmiergeldannahme ist das **strafrechtliche Verbot der Schmiergeldannahme** enger gefaßt. Ihm zufolge machen sich Arbeitnehmer nur strafbar, wenn sie im geschäftlichen Verkehr einen Vorteil als Gegenleistung dafür fordern, sich versprechen lassen oder annehmen, daß sie einen Wettbewerber beim Bezug von Waren oder gewerblichen Leistungen in unlauterer Weise bevorzugen (§ 299 Strafgesetzbuch).

Außer einer Strafe kommen als Rechtsfolgen bei Verstößen gegen das arbeitsrechtliche wie auch das strafrechtliche Verbot der Schmiergeldannahme in Frage: Kündigung, Schadensersatzverpflichtung, Pflicht zur Herausgabe des erlangten Vorteiles.

Wettbewerbsverbot: Der Arbeitnehmer darf, solange sein Arbeitsverhältnis währt, seinem Arbeitgeber keine Konkurrenz machen. Dieses ursprünglich nach § 60 HGB nur für kaufmännische Angestellte geltende **gesetzliche** Wettbewerbsverbot hat das Bundesarbeitsgericht mit seinem Urteil v. 17. 10. 1969 auf alle Arbeitnehmer ausgedehnt. Dieses Wettbewerbsverbot hindert den Arbeitnehmer jedoch nicht, Geschäfte in einem anderen Gewerbezweig als dem des Arbeitgebers zu tätigen (→**Nebenbeschäftigung**). Verstößt der Arbeitnehmer gegen das Wettbewerbsverbot, so kann der Arbeitgeber je nach Lage des Falles das Arbeitsverhältnis kündigen oder

III Arbeit

Schadensersatz verlangen. Nach § 61 HGB kann der Arbeitgeber jedoch auch in
die vom Arbeitnehmer eingegangenen Verträge eintreten (**Selbsteintrittsrecht**).

Das Wettbewerbsverbot des Arbeitnehmers gegenüber seinem Arbeitgeber endet grundsätzlich mit dem Arbeitsverhältnis. Soll es über die Beendigung des Arbeitsverhältnisses hinaus gelten, muß dies vereinbart werden (**vertragliches** Wettbewerbsverbot). Die Vereinbarung hat schriftlich zu erfolgen (Unterschrift von beiden Vertragspartnern) und ist überdies an die Aushändigung einer vom Arbeitgeber unterzeichneten Urkunde mit den vereinbarten Bestimmungen an den bisherigen Arbeitnehmer gebunden (§ 74 HGB). Einer solchen Vereinbarung sind jedoch durch Gesetz und Rechtsprechung enge Grenzen gesetzt.

Wichtigste Voraussetzung für die rechtswirksame Vereinbarung eines für die Zeit nach Beendigung des Arbeitsverhältnisses geltenden Wettbewerbsverbotes ist die Zahlung einer monatlichen Entschädigung (**Karenzentschädigung**) durch den früheren Arbeitgeber. Die Entschädigung muß mindestens die Hälfte des vom Arbeitnehmer zuletzt bezogenen Arbeitsentgeltes betragen (§ 74 Abs. 2 HGB). Der Arbeitnehmer muß sich jedoch auf diese Entschädigung das anrechnen lassen, was er bei einem anderen Arbeitgeber oder durch selbständige Arbeit verdient oder böswillig zu verdienen verabsäumt (§ 74c HGB, beispielsweise durch Bequemlichkeit oder Trägheit). Die Anrechnung kann jedoch nur dann erfolgen, wenn Entschädigung und Verdienst beim neuen Arbeitgeber zusammen mehr als 110 Prozent des Arbeitsentgeltes beim alten Arbeitgeber übersteigen. Ist der Arbeitnehmer durch das Wettbewerbsverbot genötigt, seinen Wohnsitz zu verlegen, so gelten statt 110 Prozent 125 Prozent (§ 74c Abs. 1 HGB). Der Arbeitnehmer ist verpflichtet, dem Arbeitgeber auf Verlangen Auskunft über die Höhe seines Verdienstes zu geben (§ 74c Abs. 2 HGB).

Das Wettbewerbsverbot kann auf höchstens 2 Jahre über die Beendigung des Arbeitsverhältnisses hinaus ausgedehnt werden. Es ist nach § 74a HGB **unverbindlich**, soweit es nicht dem Schutze eines **berechtigten geschäftlichen Interesses** des Arbeitgebers dient und soweit es unter Berücksichtigung der gewährten Entschädigung nach Ort, Zeit oder Gegenstand eine **unbillige Erschwerung** des Fortkommens des Arbeitnehmers enthält.

Das Wettbewerbsverbot ist **nichtig**, soweit es Auszubildenden oder minderjährigen Arbeitnehmern gegenüber erwirkt oder auf Ehrenwort oder unter ähnlichen Versicherungen eingegangen wird (§ 74a Abs. 2 HGB).

Eine Wettbewerbsabrede, derzufolge der Arbeitgeber nach Beendigung des Arbeitsverhältnisses nur dann die Hälfte des zuletzt gewährten Leistungsentgeltes zu zahlen hat, wenn er die Einhaltung des Wettbewerbsverbotes beansprucht, oder derzufolge der Arbeitnehmer nur mit Zustimmung des Arbeitgebers in einem oder für ein Konkurrenzunternehmen tätig sein darf, ist **unverbindlich (bedingtes Wettbewerbsverbot)**. Solche bedingten Wettbewerbsverbote kämen nach Auffassung des Bundesarbeitsgerichtes (Urteil v. 4.6.1985) im Ergebnis einem entschädigungslos vereinbarten Wettbewerbsverbot gleich.

Auskunfts-, Rechenschaftslegungs- und **Herausgabepflichten**: Der Arbeitnehmer ist verpflichtet, dem Arbeitgeber auf Verlangen Auskunft über den Stand und Verlauf

Arbeit **III**

seiner Dienste zu geben und nach Abschluß derselben Rechenschaft darüber abzulegen (§§ 675, 666, 251 BGB). Darüber hinaus hat der Arbeitnehmer nach Abschluß seiner Dienste dem Arbeitgeber alles herauszugeben, was er im Zuge ihrer Erbringung erhielt (§ 667 BGB).

Pflicht zur Anzeige drohender Schäden: Bemerkt der Arbeitnehmer im Vollzug seiner Dienste Störungen im Arbeitsablauf, die seine eigene Leistung betreffen, oder sieht er solche voraus, so hat er diese dem Arbeitgeber anzuzeigen. 207

Treuepflicht: Ihr zufolge hat der Arbeitnehmer seine Rechte und Pflichten aus dem Arbeitsvertrag in Abstimmung mit den Interessen des Arbeitgebers und der übrigen Mitarbeiter so wahrzunehmen beziehungsweise zu erfüllen, wie dies von ihm billigerweise (nach dem Grundsatz von →Treu und Glauben, § 242 BGB) verlangt werden kann. Eine Zurückstellung der eigenen Interessen gegenüber denen des Arbeitgebers kann vom Arbeitnehmer jedoch nicht verlangt werden. 208

5.2.2 Verletzung der Arbeitnehmerpflichten

Verletzt ein Arbeitnehmer seine durch den Arbeitsvertrag eingegangenen Pflichten (Hauptpflicht/Nebenpflichten), kann dies für ihn zu entsprechenden Sanktionen führen: Lohnminderung, Kündigung, Schadensersatz, Betriebsbußen (Betriebsstrafen) und Vertragsstrafen.

Lohnminderung: Grundsätzlich steht es dem Arbeitgeber nicht zu, einem mangelhaften Arbeitsergebnis oder einer nicht ordnungsgemäßen Arbeitsleistung durch Lohnminderung zu begegnen. Dies selbst dann nicht, wenn der Arbeitnehmer schuldhaft (→ Fahrlässigkeit, Vorsatz) handelt. Kann dem Arbeitnehmer jedoch bewußte Langsamkeit oder Schlechtarbeit nachgewiesen werden, so kann ihm nach Auffassung des Bundesarbeitsgerichtes (Urteil v. 17.7.1970) der Lohnanspruch wegen Rechtsmißbrauch versagt werden. 209

Bei →Akkord- oder →Prämienentlohnung wird häufig tarif- oder einzelvertraglich vereinbart, daß die Vergütung nur bei mängelfreier Arbeit gewährt wird. Eine solche Regelung ist laut Urteil des Bundesarbeitsgerichtes v. 15.3.1960 zumindest dann zulässig, wenn den Arbeitnehmer ein Verschulden an der mangelhaften Arbeitsleistung (**Schlechtleistung**) trifft. 210

Kündigung: Häufige oder andauernde Schlechtleistung wie auch die Verletzung arbeitsrechtlicher Nebenpflichten berechtigen den Arbeitgeber zu →ordentlicher oder sogar →außerordentlicher (fristloser) Kündigung. 211

Schadensersatz: Verursacht ein Arbeitnehmer in Ausübung seiner Arbeit einen Schaden, so haftet er nach einer Entscheidung des Gemeinsamen Senates der Obersten Gerichtshöfe des Bundes (Beschluß v. 16. Dezember 1993 – GmS-OBG 1/93) nur dann dafür in vollem Umfang, wenn er **grob fahrlässig** oder **vorsätzlich** gehandelt hat. (Grob fahrlässig handelt, wer die gebotene Sorgfalt gröblich vernachlässigt, oder mit anderen Worten, wer den Eintritt des Schadens in Kauf nimmt, wohl aber darauf vertraut, daß er nicht eintritt!) Ist dem Schadenverursacher nur leichte Fahrlässigkeit vorzuwerfen, so haftet er gegenüber seinem Arbeitgeber nicht. Bei **normaler Fahrlässigkeit** kann eine Haftungsquote festgelegt werden. Diese braucht 212

III Arbeit

aber nicht 50 Prozent zu betragen. Ungeklärt bleibt allerdings, wie sich die Haftungsquote berechnet und bis zu welcher Summe der Arbeitnehmer in Fällen normaler Fahrlässigkeit haftet. – Es bleibt abzuwarten, wie die Arbeitsgerichte die Haftung neu regeln. Eine gesetzliche Regelung für Schäden im Rahmen von Arbeitsverhältnissen wird wohl seit Jahren gefordert, ist aber bislang nicht erfolgt.

Schädigt der Arbeitnehmer im Rahmen seines Arbeitsverhältnisses einen Dritten (z. B. Kunden, Verkehrsteilnehmer), so hat er dafür nach den allgemeinen Grundsätzen des Haftungsrechtes voll einzustehen. Seinem Arbeitgeber gegenüber hat er einen **Anspruch auf Freistellung** von den diesbezüglichen Schadensersatzansprüchen und zwar in der Höhe, in der für ihn (den Arbeitnehmer) bei Schädigung des Arbeitgebers eine Haftungsminderung in Betracht käme. Leistet der Arbeitnehmer (ganz oder teilweise) selbst direkt an den Geschädigten, so kann er dafür von seinem Arbeitgeber entsprechenden Ausgleich verlangen.

215 **Haftung des Arbeitnehmers gegenüber Arbeitskollegen**: Schädigt der Arbeitnehmer Arbeitskollegen, so ist hinsichtlich der Haftung zwischen Körperschaden und Sachschaden zu unterscheiden. Bei **Körperschäden** haftet der Arbeitnehmer nur, wenn er den Schadensfall (Arbeitsunfall) in Ausübung seiner betrieblichen Tätigkeit vorsätzlich (→Vorsatz) verursacht hat oder wenn dieser bei der Teilnahme am allgemeinen öffentlichen Straßenverkehr (also nicht auf dem Betriebsgelände) eingetreten ist. Bei **Sachschäden** haftet der Arbeitnehmer seinen Arbeitskollegen jedoch grundsätzlich in vollem Umfang, es sei denn, daß sich der Unfall im Rahmen einer schadens- oder gefahrgeneigten Arbeit zutrug, bei der dem Arbeitnehmer je nach dem Grade des Verschuldens ein Freistellungsanspruch zusteht.

216 Für ein Manko (Fehlbetrag, Fehlbestand, beispielsweise in der Kasse oder dem Warenlager) haftet der Arbeitnehmer – falls nichts anderes vereinbart wurde – nur bei →Verschulden (**Manko-Haftung**). Ein mit der Leitung eines Betriebes betrauter Arbeitnehmer haftet – falls keine Manko-Haftung vereinbart wurde – für Kassen- und Lagerfehlbestände ohne Verursachungs- oder Verschuldensnachweis nur dann, wenn er den alleinigen Zugang zur Kasse beziehungsweise zum Lager hatte (Urteil des Bundesarbeitsgerichtes v. 27. 2. 1970). Die Vereinbarung einer Manko-Haftung ohne Verschuldensnachweis ist nach Auffassung des Bundesarbeitsgerichtes nur dann rechtswirksam, wenn dem erhöhten Haftungsrisiko des Arbeitnehmers ein angemessener wirtschaftlicher Ausgleich (beispielsweise ein entsprechender Gehaltszuschlag) zugeordnet wird.

217,218 In Fällen minderschwerer Pflichtverletzung, bei leichteren betrieblichen Ordnungsverstößen oder bei geringfügigen Straftaten sind Maßnahmen wie Kündigung oder Schadensersatz in der Regel zu hart, so daß hier **Betriebsbußen/Betriebsstrafen** (z. B. förmlicher Verweis, Geldbuße, Gehaltskürzung) angebrachter erscheinen. Solche Betriebsbußen können allerdings nur dann verhängt werden, wenn sie in einem →Tarifvertrag oder einer →Betriebsvereinbarung für entsprechende Fälle vorher bereits angekündigt wurden.

219 Nach dem Betriebsverfassungsgesetz kann eine **Bußordnung** nur durch Betriebsvereinbarung erlassen werden.

Die Verhängung von Betriebsbußen nach einer Bußordnung ist nach Auffassung des Bundesarbeitsgerichtes (grundlegendes Urteil v. 12.9.1967) nur unter folgenden Voraussetzungen rechtswirksam:

- Es muß eine rechtswirksame Bußordnung bestehen;
- Bußtatbestände sowie Art und Höhen der Bußen müssen in der Bußordnung festgelegt sein;
- die Bußverhängung muß rechtsstaatlichen Grundsätzen genügen;
- dem Beschuldigten muß rechtliches Gehör gewährt und eine Interessenvertretung zugelassen werden;
- dem →Betriebsrat muß bei Verhängung der Bußen ein Mitbestimmungsrecht eingeräumt werden.

Als Betriebsbußen sind nur Geldbußen, Rügen und Verwarnungen zulässig; Versetzungen oder Kündigungen sind unzulässig. Geldbußen müssen karitativen Zwecken zugeführt werden.

Zur Sicherung der arbeitsvertraglichen Pflichten des Arbeitnehmers, insbesondere dessen Arbeitsleistung, kann zwischen diesem und dem Arbeitgeber einzelvertraglich eine Strafe (**Vertragsstrafe**) vereinbart werden. Wie die Strafe im Arbeitsvertrag genannt wird, ist rechtliche ohne Bedeutung. Vertragsstrafen unterliegen nicht der Mitbestimmung des Betriebsrates.

Schriftliche **Abmahnungen** (auch Verweis, Verwarnung oder Mahnung genannt) des Arbeitgebers wegen Schlechterfüllung des Arbeitsvertrages oder sonstiger arbeitsrechtlicher Pflichten bedürfen keiner Verankerung im →Tarifvertrag oder in einer →Betriebsvereinbarung.

5.2.3 Pflichten des Arbeitgebers aus dem Arbeitsvertrag

Die **Hauptpflicht** des Arbeitgebers, die **Lohnzahlung**, wirft eine Reihe von Problemfragen auf, die nachfolgend beleuchtet werden sollen.

Sind Arbeitgeber und Arbeitnehmer Mitglieder des →Arbeitgeberverbandes respektive der →Gewerkschaft, das heißt der →Tarifvertragsparteien, dann gilt der von diesen ausgehandelte Lohntarif unmittelbar und zwingend für die Arbeitsverträge in deren Betrieben; das heißt beide Parteien sind **tarifgebunden** und es bedarf für sie keiner weiteren Lohnvereinbarung. Gleiches gilt, wenn der Lohntarifvertrag für **allgemeinverbindlich** (→Allgemeinverbindlichkeit) erklärt wurde. Da jedoch die Tariflöhne immer nur **Mindestlöhne** anzeigen, bleibt es Arbeitgebern und Arbeitnehmern unbenommen, in Einzelarbeitsverträgen höhere Löhne als die Tariflöhne zu vereinbaren.

Sind dagegen Arbeitnehmer **oder** Arbeitgeber nicht organisiert und damit **nicht tarifgebunden**, so sind sie – falls der Tarifvertrag nicht für allgemeinverbindlich erklärt wurde – in ihrer Lohnvereinbarung frei. Sie können den einschlägigen Tarifvertrag ganz oder teilweise in ihre Einzelarbeitsverträge übernehmen oder aber völlig unabhängig von diesem individuelle Lohnvereinbarungen treffen. Dabei bleibt es den Vertragsparteien freigestellt, unterschiedlich hohe Löhne selbst bei gleicher Arbeit zu vereinbaren (Urteil des Bundesarbeitsgerichtes v. 9.11.1972). Der ar-

III Arbeit

beitsrechtliche Gleichbehandlungsgrundsatz (Der Gleichbehandlungsgrundsatz gehört zu den tragenden Ordnungsprinzipien des Arbeitsrechtes. Er verbietet dem Arbeitgeber, einzelne Arbeitnehmer oder Gruppen von Arbeitnehmern ohne sachlichen Grund von allgemein begünstigenden Regelungen des Arbeitsverhältnisses auszunehmen und schlechter zu stellen als andere Arbeitnehmer in vergleichbarer Lage. Dies besagt jedoch nicht, daß es einem Arbeitgeber nicht gestattet wäre, von vergleichbaren Arbeitnehmern einzelne zu bevorzugen und ihnen Vergünstigungen einzuräumen. Dies kann ein Arbeitgeber sehr wohl [Urteil des Bundesarbeitsgerichtes v. 3. 4. 1957]. Der Arbeitnehmer kann auf die Einhaltung des arbeitsrechtlichen Gleichbehandlungsgrundsatzes verzichten.) steht dem nicht entgegen. Ein Verstoß gegen diesen Grundsatz läge dagegen dann vor, wenn der Arbeitgeber eine Lohnerhöhung vornehmen und einzelne Arbeitnehmer ohne sachlichen Grund davon ausschließen würde.

Nicht tarifgebundene Arbeitnehmer können sich nicht auf den Gleichbehandlungsgrundsatz berufen und den gleichen Tariflohn wie tarifgebundene Arbeitnehmer verlangen (Urteil des Bundesarbeitsgerichtes v. 20. 7. 1960).

225
226
Nach Art. 3 Abs. 2 Grundgesetz sind Männer und Frauen gleichberechtigt. Eine Differenzierung nach dem Geschlecht ist danach nur rechtswirksam, wenn dies aus physiologischen oder biologischen Gründen geboten ist. Aus diesem **Gleichberechtigungsgrundsatz** ist der **Grundsatz der Lohngleichheit** abgeleitet. (Dieser Grundsatz ist in Art. 119 EWG-Vertrag und in § 612 Abs. 3 BGB wiederholt.) Er besagt, daß in einem Arbeitsverhältnis für gleiche oder gleichwertige Arbeit nicht wegen des Geschlechtes des Arbeitnehmers eine geringere Vergütung vereinbart werden darf als bei einem Arbeitnehmer des anderen Geschlechtes. Es ist gleichgültig, ob eine solche Lohndiskriminierung in einem Tarifvertrag, einer Betriebsvereinbarung oder einem Einzelarbeitsvertrag festgeschrieben ist, ob sie unmittelbar erfolgt oder nur mittelbar (beispielsweise durch besondere Auftrags- oder Nachweispflichten bei Zulagen ausschließlich für verheiratete Frauen, nicht aber für verheiratete Männer!) bewirkt wird. Als Streitpunkt erweist sich in der Praxis immer wieder die Frage, ob im konkreten Fall tatsächlich eine gleiche oder gleichwertige Arbeit vorliegt.

Der Gleichberechtigungsgrundsatz ist unabdingbar. Auf seine Einhaltung kann auch nicht durch individuelle Absprache verzichtet werden. Falls eine solche Absprache getroffen wird, ist sie rechtsunwirksam.

Ist im Einzelarbeitsvertrag **keine Lohnvereinbarung** getroffen und hat der Arbeitnehmer mangels Tarifbindung keinen Anspruch auf Tariflohn, so gilt eine Entlohnung immer dann als stillschweigend vereinbart, wenn die Arbeit den Umständen nach nur gegen eine Vergütung zu erwarten ist (§ 612 Abs. 2 BGB). Ist die **Höhe** der Entlohnung nicht bestimmt, so ist der übliche Lohn als vereinbart anzusehen (§ 612 Abs. 2 BGB). Als üblich gilt der Lohn, der für gleiche oder ähnliche Tätigkeiten an dem betreffenden Ort unter Berücksichtigung der persönlichen Verhältnisse gezahlt wird. Besteht für die betreffende Tätigkeit ein Tariflohn, so gilt dieser im allgemeinen als ortsüblich. In all den Fällen, in denen ein Tariflohn nicht besteht und auch die Löhne nicht üblicherweise durch Tarife geregelt werden, steht dem →Betriebsrat in den Grundsatzfragen der betrieblichen Lohngestaltung ein Mitbestimmungsrecht zu.

Arbeit **III**

Obgleich der Arbeitsvertrag auf dem **Grundsatz der Gegenseitigkeit** (Leistung und Gegenleistung; Arbeit gegen Lohn) basiert, ist der Arbeitgeber aufgrund der sozialgesetzlichen Einbettung des Arbeitsverhältnisses verpflichtet, in bestimmten Situationen von diesem Grundsatz abzurücken und Lohn ohne Gegenleistung zu zahlen.

Nach dem am 18. 8. 2006 in Kraft getretenen **Allgemeinen Gleichbehandlungsgesetz** (AGG) darf im Arbeitsleben niemand wegen seiner ethnischen Herkunft oder Rasse, seines Geschlechts oder Alters, seiner Behinderung, sexueller Orientierung, Religion oder Weltanschauung benachteiligt werden (§ 1 AGG). Diese allgemeinen Vorgaben müssen sowohl in individuell- als auch kollektivrechtlichen Vereinbarungen und Maßnahmen, insbesondere bei Einstellungen, Beschäftigungs- und Arbeitsbedingungen einschließlich Arbeitsentgeldt und Entlassungsbedingungen strikt beachtet werden (§ 2 AGG). 226a

Lohnfortzahlung/Entgeltfortzahlung im Krankheitsfall: Bei unverschuldeter Arbeitsunfähigkeit infolge Krankheit hat jeder Arbeitnehmer für die Dauer von 6 Wochen einen gesetzlichen Anspruch auf Lohn- oder Gehaltsfortzahlung. Dieser Anspruch ist für alle Arbeitnehmer (Arbeiter, Angestellte sowie die zu ihrer Berufsausbildung Beschäftigten) einheitlich in dem am 1. 6. 1994 in Kraft getretenen Gesetz über die Zahlung des Arbeitsentgeltes im Krankheitsfall (Entgeltfortzahlungsgesetz, EntgFzG) §§ 1–9 in Verb. m. Art. 7 Gesetz zu Korrekturen in der Sozialversicherung und zur Sicherung der Arbeitnehmerrechte (SozVersArbKorrektG) v. 1. 1. 1999 geregelt. **Arbeitsunfähigkeit** liegt dann vor, wenn der Arbeitnehmer nicht oder nur auf die Gefahr hin, seinen Befindenszustand zu verschlechtern, in der Lage ist, seiner Arbeitsverpflichtung zu entsprechen. Die Arbeitsunfähigkeit wird in der Regel durch ein ärztliches Attest belegt. Hat der Arbeitgeber trotz Vorliegens eines solchen Attestes begründete Zweifel an der Arbeitsunfähigkeit eines Arbeitnehmers, so muß er – gegebenenfalls vor Gericht – die Umstände, die gegen die Arbeitsunfähigkeit sprechen, darlegen und beweisen. Der Arbeitgeber kann auch der Krankenkasse die Tatsachen mitteilen, die die Zweifel an der Arbeitsunfähigkeit begründen. Diese ist dann verpflichtet, eine gutachterliche Stellungnahme des **Medizinischen Dienstes** der Krankenversicherung einzuholen. 227 228

Das Erfordernis der **Unverschuldetheit** der Arbeitsunfähigkeit ist nur erfüllt, wenn diese auf keinen gröblichen Verstoß gegen das von einem verständigen Menschen im eigenen Interesse zu erwartende Verhalten zurückzuführen ist. Leichte →Fahrlässigkeit, wie sie auch in gewissem Umfang mit dem Betreibensrisiko bestimmter Sportarten (zum Beispiel Fußball, Skilauf, Surfen u. a.) oder mit der Teilnahme am Straßenverkehr verbunden ist, führt deshalb nicht zum Verlust des Anspruches auf Lohnfortzahlung im Krankheitsfall.

Wer allerdings beispielsweise im Sport seine persönliche Leistungsgrenze deutlich mißachtet oder im Straßenverkehr kraß gegen die Vorschriften verstößt (Trunkenheit, Wenden auf der Autobahn), handelt schuldhaft und verliert damit seinen Anspruch auf Lohnfortzahlung.

Der Anspruch auf Lohnfortzahlung im Krankheitsfall entsteht **frühestens** nach vierwöchiger ununterbrochener Dauer des Arbeitsverhältnisses (§ 3 Abs. 3 EntgFzG).

III Arbeit

Während der Zeit der Arbeitsunfähigkeit infolge Krankheit hat sich der Arbeitnehmer so zu verhalten, daß er möglichst bald wieder gesund wird.

229 Hinsichtlich der **Krankmeldung** gilt folgendes: Nach dem Entgeltfortzahlungsgesetz sind die Anzeige- und Nachweispflichten für alle Arbeitnehmer einheitlich geregelt. Arbeiter und Angestellte haben bei einer länger als drei Tage dauernden Erkrankung ihrem Arbeitgeber eine ärztliche Bescheinigung über die Arbeitsunfähigkeit und deren voraussichtliche Dauer vorzulegen. Der Krankheitsbefund (Art der Krankheit) ist dem Arbeitgeber nur in Ausnahmefällen (z. B. bei wiederkehrenden gleichartigen Erkrankungen) anzugeben. Der Arbeitgeber kann die Vorlage der ärztlichen Bescheinigung auch schon vom ersten Tag der Erkrankung an verlangen. Dauert die Arbeitsunfähigkeit länger als im Attest angegeben, so ist vom Arbeitnehmer ein weiteres nachzureichen. Solange der Arbeitnehmer die vorgeschriebene ärztliche Bescheinigung über die Arbeitsunfähigkeit nicht vorlegt, kann der Arbeitgeber die Lohnfortzahlung verweigern (§ 7 EntgFzG).

Erkrankt ein Arbeitnehmer im **Urlaub**, so ist er nach dem Entgeltfortzahlungsgesetz verpflichtet, hierüber den Arbeitgeber **sofort** (nicht erst nach der Rückkehr aus dem Urlaub!) in Kenntnis zu setzen. Das Unternehmen schreibt dann die Krankheitstage gut.

Sowohl bei Angestellten als auch bei Arbeitern **kann** der Arbeitgeber im Krankheitsfall die Hinterlegung des Sozialversicherungsausweises verlangen und, solange dieser Forderung von Seiten des Arbeitnehmers schuldhaft nicht entsprochen wird, die Lohnfortzahlung verweigern. Dieses Leistungsverweigerungsrecht des Arbeitgebers ist zeitlich befristet. Der Anspruch des Arbeitnehmers auf Lohnfortzahlung im Krankheitsfall wird dadurch nicht berührt.

Die **Höhe der Lohnfortzahlung/Entgeltfortzahlung** richtet sich nach dem Arbeitsentgelt, das dem Arbeitnehmer bei der für ihn vorgeschriebenen regelmäßigen Arbeitszeit zusteht. **Nicht** in die Lohnfortzahlung einbezogen werden: Auslösungen, Schmutzzulagen und ähnliche Leistungen (§ 4 EntgFzG). Hat der Arbeitnehmer vor seiner Arbeitsunfähigkeit regelmäßig **Mehrarbeit** geleistet, so gehört diese Mehrarbeitszeit – sofern sie mutmaßlich während der Zeit der Arbeitsunfähigkeit in etwa gleichem Umfang geleistet worden wäre – zur regelmäßigen lohnfortzahlungsrelevanten Arbeitszeit. Bislang geleistete **Überstunden** sind nach Art. 7, 1.b) SozVersKorrektG nicht mehr lohnfortzahlungsrelevant.

Die Ansprüche der Arbeiter und der Angestellten auf Lohn-/Gehaltsfortzahlung im Krankheitsfall können grundsätzlich weder durch →Tarifvertrag noch durch Einzelvereinbarung zu ihrem Nachteil abgeändert werden. Nach dem Entgeltfortzahlungsgesetz haben alle Arbeitnehmer – auch geringfügig und kurzzeitig Beschäftigte – bei krankheitsbedingter Arbeitsunfähigkeit einen Anspruch auf Fortzahlung des Arbeitsentgeltes gegen den Arbeitgeber für eine Dauer bis zu 6 Wochen.

230 **Lohnfortzahlung/Entgeltfortzahlung bei Kuren und Heilverfahren**: Die Vorschriften bezüglich der Lohnfortzahlung/Entgeltfortzahlung im Krankheitsfall gelten für alle Arbeitnehmer (§ 1 EntgFzG) entsprechend für die Arbeitsverhinderung infolge einer Maßnahme der medizinischen Vorsorge oder Rehabilitation (**Kuren u. Heil-**

verfahren), die ein Träger der gesetzlichen Renten-, Kranken- oder Unfallversicherung, eine Verwaltungsbehörde der Kriegsopferversorgung oder ein sonstiger Sozialleistungsträger bewilligt hat und die in einer Einrichtung der medizinischen Vorsorge oder Rehabilitation stationär durchgeführt wird. Ist der Arbeitnehmer nicht Mitglied einer gesetzlichen Krankenkasse oder nicht in der gesetzlichen Rentenversicherung versichert, gelten die §§ 3 bis 4a und 6 bis 8 EntgFzG entsprechend, wenn eine Maßnahme der medizinischen Vorsorge oder Rehabilitation ärztlich verordnet worden ist und stationär in einer Einrichtung der medizinischen Vorsorge oder Rehabilitation oder einer vergleichbaren Einrichtung durchgeführt wird (§ 9 Abs. 1 EntgFzG). Der Arbeitnehmer ist verpflichtet dem Arbeitgeber den Zeitpunkt des Antritts der entsprechenden Maßnahme sowie die voraussichtliche Dauer derselben wie auch deren Verlängerung mitzuteilen und ihm die einschlägigen Bescheinigungen unverzüglich vorzulegen (§ 9 Abs. 2 EntgFzG).

Soweit ein Anspruch auf Lohn- oder Gehaltsfortzahlung im Krankheitsfall besteht, dürfen bei Arbeitern wie bei Angestellten Kuren und Schonzeiten nicht auf den Urlaub angerechnet werden.

Lohnfortzahlung bei sonstigen persönlichen Hinderungsgründen: Der Anspruch auf Lohn- oder Gehaltsfortzahlung steht nach § 616 BGB jedem Arbeitnehmer für den Fall zu, daß er für eine **verhältnismäßig nicht erhebliche Zeit** durch einen **in seiner Person liegenden Grund ohne sein** →**Verschulden** an der Arbeitsleistung verhindert wird. Solche in der Person des Arbeitnehmers liegende Gründe, die die Arbeit nicht unmöglich, aber (nach →Treu und Glauben) nicht zumutbar machen, können sein: Sterbefall, Geburt oder Begräbnis in der Familie, eigene Hochzeit, eigene Silberhochzeit, goldene Hochzeit der Eltern, Arztbesuch ohne Arbeitsunfähigkeit, schwerwiegende Erkrankung von nahen Angehörigen. Nach Auffassung des Bundesarbeitsgerichtes (Urteil v. 19. 4. 1978) stellt die Erkrankung eines im Haushalt des Arbeitnehmers lebenden Kindes unter 8 Jahren ebenfalls einen solchen Grund dar. Falls eine Betreuung des Kindes durch den Arbeitnehmer (nach ärztlichem Zeugnis) erforderlich ist, weil eine andere im Haushalt lebende Person hierfür nicht zur Verfügung steht, hat dieser bis zu 5 Tagen Anspruch auf Lohnfortzahlung. Eine persönliche Verhinderung der aufgezeigten Art hat der Arbeitnehmer dem Arbeitgeber sobald wie möglich mitzuteilen. Ein Verstoß gegen diese Pflicht führt zwar nicht zum Verlust des Lohnanspruches, kann aber schadensersatzpflichtig machen und in besonders schweren Fällen zur Kündigung berechtigen. 231

Von der gesetzlichen Bestimmung zur Lohnfortzahlung bei sonstigen persönlichen Hinderungsgründen kann durch →Tarifvertrag oder Einzelvereinbarung auch zum Nachteil des Arbeitnehmers abgewichen werden.

Lohnzahlung bei Annahmeverzug des Arbeitgebers: Auch bei →Annahmeverzug des Arbeitgebers (dadurch, daß er beispielsweise dem Arbeitnehmer keine Arbeit zuweist oder kein Arbeitsmaterial zur Verfügung stellt) bleibt dieser weiterhin zur Lohnzahlung verpflichtet (§ 615 BGB). Dabei ist es unbedeutend, ob den Arbeitgeber ein →Verschulden trifft oder nicht. Ein Ausschluß dieser Pflicht setzt eine eindeutige, vom Arbeitgeber zu beweisende Vereinbarung mit dem Arbeitnehmer voraus. 232

III Arbeit

Neben der Hauptpflicht, der Lohnzahlung, obliegen dem Arbeitgeber eine Reihe von **Nebenpflichten**, die nachfolgend erläutert werden sollen.

233
234 **Beschäftigungspflicht**: Der Arbeitsvertrag verpflichtet den Arbeitnehmer nicht nur zur Arbeit, er berechtigt ihn auch dazu (**Beschäftigungsanspruch**). Der Arbeitgeber kann also nicht ohne weiteres dem Arbeitnehmer die ihm zustehende Arbeit vorenthalten. Eine Freistellung von der Arbeit bei Fortzahlung des Lohnes/Gehaltes ist ohne Zustimmung des Arbeitnehmers deshalb nur vorübergehend auf Grund (besonderer) schutzwürdiger Interessen (z. B. Betriebsstockung, Stillegung von Produktionen) des Arbeitgebers zulässig.

Der Beschäftigungsanspruch des Arbeitnehmers besteht grundsätzlich auch nach Ausspruch einer →Kündigung, während der →Kündigungsfrist. Nach § 102 Abs. 5
235 Betriebsverfassungsgesetz hat ein Arbeitnehmer einen **Weiterbeschäftigungsanspruch**, wenn

- der Arbeitgeber dem Arbeitnehmer eine →ordentliche Kündigung ausgesprochen hat,
- der Betriebsrat der →ordentlichen Kündigung frist- und ordnungsgemäß widersprochen hat,
- der Arbeitnehmer nach dem Kündigungsschutzgesetz Klage auf Feststellung erhoben hat, daß das Arbeitsverhältnis durch die Kündigung nicht aufgelöst worden ist,
- der Arbeitnehmer von seinem Arbeitgeber die Weiterbeschäftigung verlangt.

Der betriebsverfassungsrechtliche Weiterbeschäftigungsanspruch bezieht sich nur auf eine →ordentliche Kündigung des Arbeitgebers, nicht jedoch auf eine →außerordentliche Kündigung.

236 **Pflicht zum Schutz von Leben und Gesundheit des Arbeitnehmers (Fürsorgepflicht)**: Nach § 618 BGB ist der Arbeitgeber verpflichtet, Arbeitsräume und Arbeitsmittel so einzuräumen und zu unterhalten sowie den Arbeitsablauf so zu regeln, daß der Arbeitnehmer gegen Gefahren für Leben und Gesundheit soweit geschützt ist (allgemeine Fürsorgepflicht), als die Natur des Betriebes und der Arbeit es gestattet (privatrechtliche Arbeitsschutzvorschriften). Neben dieser privatrechtlichen Bestimmung gibt es zahlreiche öffentlich-rechtliche Vorschriften zum Schutz gegen Gefahren für Leben und Gesundheit des Arbeitnehmers (öffentlich-rechtliche Ar-
237 beitsschutzvorschriften, →**Arbeitsschutzrecht**). Bei Verstoß gegen diese privatrechtlichen oder öffentlich-rechtlichen Arbeitsschutzvorschriften hat der Arbeitnehmer das Recht, seine Arbeit zu verweigern.

238 **Pflicht zum Schutz von Persönlichkeitsrechten des Arbeitnehmers**: Jeder Arbeitnehmer hat das Recht auf Achtung seiner Person, ihrer sozialen Geltung und des ihr unmittelbar zugehörenden Daseinsbereichs. Dieses Recht des Arbeitnehmers hat auch der Arbeitgeber mit der Eingehung eines Arbeitsvertrages zu wahren. Er ist deshalb verpflichtet, seine Arbeitnehmer vor einer Verletzung ihrer Persönlichkeitsrechte zu schützen. Gelingt ihm dies nicht (z. B. im Datenbereich), so erwachsen dem Arbeitnehmer daraus entsprechende Ansprüche:

- auf Unterlassung künftiger Verletzungen,
- auf Schadensersatz und Schmerzensgeld wegen Verletzung vertraglicher Pflichten und unerlaubter Handlungen.

Arbeit **III**

Zur Wahrung der Persönlichkeitsrechte seiner Arbeitnehmer muß der Arbeitgeber insbesondere die **Personalakten** so aufbewahren, daß sie Dritten nicht zugänglich sind. Darüber hinaus hat er ärztliche Atteste und Unterlagen (Gesundheitsdaten) gesondert zu archivieren und damit der Möglichkeit einer allgemeinen Einsichtnahme in der Personalabteilung vorzubeugen. Das Persönlichkeitsrecht des Arbeitnehmers wird in diesem Bezug bereits dann verletzt, wenn der Arbeitgeber hinsichtlich der Personalakte die erforderlichen Schutzmaßnahmen unterläßt und nicht erst dann, wenn Unbefugte von ihrem Inhalt Kenntnis erlangen. 239

Nach §§ 22 ff. Bundesdatenschutzgesetz (BDSG) ist nichtöffentlichen Stellen und somit dem Arbeitgeber die Verarbeitung personenbezogener Daten untersagt (**betrieblicher Datenschutz**), soweit nicht ein gesetzlicher Erlaubnistatbestand vorliegt. Unter Datenverarbeitung wird verstanden: die Speicherung, Übermittlung oder Veränderung personenbezogener Angaben. Nach § 23 BDSG ist Datenverarbeitung nur erlaubt: 240

- im Rahmen der Zweckbestimmung des Arbeitsverhältnisses,
- im Rahmen der Zweckbestimmung eines vertragsähnlichen Verhältnisses (z. B. bei Begründung des Arbeitsverhältnisses),
- zur Wahrung berechtigter Interessen der speichernden Stelle, soweit schutzwürdige Belange des Betroffenen nicht beeinträchtigt werden,
- mit Daten aus allgemein zugänglichen Quellen.

Der Arbeitnehmer kann vom Arbeitgeber Offenlegung der über seine Person gespeicherten Daten verlangen. Falls Daten unrichtig gespeichert sind, kann er deren Berichtigung verlangen. Waren Daten unzulässigerweise gespeichert, kann er nach § 26 BDSG deren Löschung verlangen.

Das Recht auf **informationelle Selbstbestimmung** sichert grundsätzlich jedem Arbeitnehmer die Befugnis, selbst zu bestimmen, wann und innerhalb welcher Grenzen persönliche Daten offengelegt werden. Einschränkungen dieses Rechtes sind nur im überwiegenden Allgemeininteresse zulässig. 241

Eine **Erfassung von Telefondaten** (unter Speicherung von Datum, Uhrzeit, Dauer, Zielnummer) ist – soweit Privatgespräche auf Diensttelefonen geführt werden – nach dem Bundesdatenschutzgesetz zulässig. Eine Zustimmung des Arbeitnehmers ist nach §§ 3 und 23 BDSG nicht erforderlich. 242

Das heimliche innerbetriebliche **Abhören von privaten Telefongesprächen** ist ein Verstoß gegen die Persönlichkeitsrechte des Arbeitnehmers und deshalb unzulässig. 243

Optische Überwachungseinrichtungen gelten – soweit sie nach den Umständen nicht unumgänglich erforderlich sind – ebenfalls als ein Verstoß gegen die Persönlichkeitsrechte des Arbeitnehmers und deshalb als unzulässig. 244

Bei der Einführung von technischen Einrichtungen zur Überwachung des Verhaltens oder der Leistung des Arbeitnehmers hat der →Betriebsrat stets ein Mitbestimmungsrecht.

Das **Fragerecht des Arbeitgebers** gegenüber dem Arbeitnehmer ist auf solche Auskünfte beschränkt, für die der Arbeitgeber im Hinblick auf das Arbeitsverhältnis ein berechtigtes Interesse hat und durch die keine schutzwürdigen Interessen des 245

III Arbeit

Arbeitnehmers verletzt werden. Was der Arbeitgeber bei einem Einstellungsgespräch über die Eignung des Bewerbers fragen darf, braucht sich nicht mit den Kenntnissen decken, die er später für den Arbeitseinsatz des Bewerbers benötigt.

246 Auch dem Arbeitgeber obliegt eine **Verschwiegenheitspflicht**. Sie gilt für solche Tatsachen, an deren Geheimhaltung der Arbeitnehmer ein berechtigtes Interesse hat (beispielsweise Gesundheitszustand, persönliche Verhältnisse, Zeugnisse, Einkommen). Diese Verschwiegenheitspflicht gilt gegenüber Mitarbeitern des Betriebes (ausgenommen Mitarbeiter oder Vorgesetzte, die in Wahrnehmung ihrer Funktion über diese Tatsachen Bescheid wissen müssen!) wie gegenüber sonstigen Dritten.

247 Das allgemeine **Persönlichkeitsrecht** des Arbeitnehmers und die allgemeine **Fürsorgepflicht** des Arbeitgebers verlangen von letzterem, den Arbeitnehmer vor ungerechter Behandlung durch Vorgesetzte, vor rechtswidrigen Handlungen von Arbeitskollegen (z. B. Hänseleien, Beleidigungen, Mobbing, sexuelle Bedrängungen, Körperverletzungen) **in Schutz zu nehmen**.

Pflicht zum Schutz des Eigentums des Arbeitnehmers: Den Arbeitgeber trifft eine
248 besondere **Fürsorgepflicht** für das vom Arbeitnehmer in den Betrieb eingebrachte beziehungsweise mitgebrachte Eigentum. Dieses betrifft insbesondere:

- persönlich unentbehrliche Gegenstände (wie: Straßenkleidung, Arbeitskleidung, Uhr, Geldbörse mit Papieren und angemessenem Geldbetrag),
- unmittelbar der Arbeit dienende Gegenstände (wie: Fachbücher, Taschenrechner, Taschencomputer, Werkzeuge),
- mittelbar der Arbeit dienende Gegenstände (wie PKW, Motorrad, Fahrrad).

Der Arbeitgeber hat deshalb dem Arbeitnehmer zur Aufbewahrung der während der Arbeitszeit abgelegten Kleider und sonstigen (üblichen) Gegenstände sowie der nach Arbeitsschluß abgelegten Arbeitskleidung und Werkzeuge einen entsprechenden Raum, einen Schrank (Spind) oder ähnliches zur Verfügung zu stellen, soweit dies nach den konkreten beruflichen und betrieblichen Gegebenheiten zumutbar ist (Urteil des Bundesarbeitsgerichtes v. 1. 7. 1965). Die Beschaffung von Parkmöglichkeiten obliegt dem Arbeitgeber nur im Rahmen des Zumutbaren.

Soweit der Arbeitgeber dieser Fürsorgepflicht nicht entspricht, kann er sich im Einzelfall gegenüber dem Arbeitnehmer schadensersatzpflichtig machen.

Der Arbeitgeber haftet jedoch grundsätzlich nur für solche Gegenstände, die mit dem Arbeitsverhältnis in Verbindung stehen.

249 **Pflicht zur Urlaubsgewährung**: Jeder Arbeitnehmer hat nach dem Bundesurlaubsgesetz (BUrlG; für Seeleute gilt das Seemannsgesetz) in jedem Kalenderjahr **Anspruch auf Urlaub** unter Fortzahlung des Lohnes, der sich nach dem durchschnittlichen Arbeitsverdienst der letzten 13 Wochen vor Beginn des Urlaubes errechnet. Dieser Urlaub hat – ohne Rücksicht auf das Alter des Arbeitnehmers – eine ge-
250 setzliche Mindestdauer von 24 Werktagen (**gesetzlicher Mindesturlaub**). Als Werktage gelten alle Kalendertage außer Sonn- und Feiertage, also grundsätzlich auch die arbeitsfreien Samstage.

Die tarifvertraglichen Urlaubsregelungen (meist 6 Wochen) liegen heute weit über dem gesetzlichen Mindesturlaub.

Arbeit **III**

Neben dem Mindesturlaub des Bundesurlaubsgesetzes gibt es noch den gesetzlichen oder tarifvertraglichen **Zusatzurlaub** bei schwerer und gesundheitsschädlicher Arbeit, bei Schichtarbeit und bei Schwerbehinderung. 251

Nach § 4 BUrlG wird der **volle** Urlaubsanspruch erst nach einer **Wartezeit** von 6 Monaten nach Beginn des Arbeitsverhältnisses erworben. Für die Entstehung des Urlaubsanspruches ist es unbedeutend, ob der Arbeitnehmer in dieser Zeit gearbeitet hat oder nicht. Er erwirbt diesen Anspruch auch, wenn er vom ersten Tag des Arbeitsverhältnisses an arbeitsunfähig erkrankt war. 252

Wird das Arbeitsverhältnis vor Ablauf der Wartezeit gelöst, so erwirbt der Arbeitnehmer einen anteiligen Urlaubsanspruch.

Der Anspruch auf Urlaub besteht nicht, soweit dem Arbeitnehmer für das laufende Kalenderjahr bereits von einem früheren Arbeitgeber Urlaub gewährt worden ist (§ 6 BUrlG). Der Arbeitgeber ist nach § 6 BUrlG verpflichtet, dem Arbeitnehmer bei Beendigung des Arbeitsverhältnisses eine Urlaubsbescheinigung auszustellen, aus der hervorgeht, ob und in welchem Umfang Urlaub für das laufende Kalenderjahr bereits gewährt wurde.

Nach § 7 Abs. 1 BUrlG ist der Arbeitgeber verpflichtet, bei der zeitlichen Festlegung des Urlaubes die Urlaubswünsche des Arbeitnehmers zu berücksichtigen. Die Verpflichtung besteht allerdings nur so lange, als nicht dringende betriebliche Belange oder Urlaubswünsche anderer Arbeitnehmer, die unter sozialen Gesichtspunkten Vorrang verdienen, berücksichtigt werden müssen.

Kann zwischen dem Arbeitgeber und einzelnen Arbeitnehmern keine Einigung über die zeitliche Anordnung des Urlaubes erreicht werden, so hat der →**Betriebsrat** darüber mitzubestimmen. Kann auch dieser keine Einigung erzielen, entscheidet die →Einigungsstelle. Besteht kein Betriebsrat, so darf der Arbeitnehmer nicht eigenmächtig entscheiden, sondern muß notfalls eine einstweilige Verfügung des Arbeitsgerichtes erwirken.

Der Arbeitgeber ist in der Regel berechtigt, für die Arbeitnehmer seines Unternehmens **Betriebsferien** anzuordnen. Dabei hat er allerdings deren Interessen angemessen zu berücksichtigen. Dem →Betriebsrat steht bei der Festlegung der Betriebsferien ein Mitbestimmungsrecht (§ 87 Betriebsverfassungsgesetz) zu. 253

Da der Urlaub der Erholung des Arbeitnehmers dienen soll, soll er grundsätzlich – soweit nicht dringende betriebliche oder in der Person des Arbeitnehmers liegende Gründe seine Aufteilung erforderlich machen – nicht in Raten, sondern zusammenhängend gewährt werden. Kann der Urlaub in begründeten Fällen nicht zusammenhängend gewährt werden und hat der Arbeitnehmer Anspruch auf mehr als 12 Werktage, so muß einer der Urlaubsteile mindestens 12 aufeinanderfolgende Werktage umfassen (§ 7 BUrlG; **Stückelungsverbot**). 254

Nach § 5 Abs. 1 BUrlG hat ein Arbeitnehmer, der erst in der zweiten Hälfte eines Kalenderjahres in ein Arbeitsverhältnis eintritt, Anspruch auf Gewährung eines **Teilurlaubes**, da er in diesem Kalenderjahr nicht mehr die volle Wartezeit (6 Monate) erbringen kann. 255

III Arbeit

Teilurlaub kann nach § 5 Abs. 1 BUrlG auch derjenige Arbeitnehmer beanspruchen, der vor erfüllter Wartezeit (d. h. vor Ablauf von 6 Monaten) sein Arbeitsverhältnis löst. – Derjenige Arbeitnehmer, der nach erfüllter Wartezeit in der ersten Hälfte eines Kalenderjahres sein Arbeitsverhältnis löst, hat ebenfalls einen Teilurlaubsanspruch.

Der Urlaub muß im laufenden Kalenderjahr gewährt und genommen werden. Eine Übertragung des Urlaubes auf die ersten drei Monate des nächsten Kalenderjahres ist nur statthaft, wenn dringende betriebliche oder in der Person des Arbeitnehmers liegende Gründe dies rechtfertigen. Die Übertragung des Resturlaubes von Arbeitnehmern in das neue Jahr erfolgt nicht automatisch. Vielmehr muß nach einer Entscheidung des Bundesarbeitsgerichtes (Urteil v. 17. 1. 1995–9AZR 664/93) der Arbeitnehmer dem Arbeitgeber mitteilen, daß er den Urlaub übertragen haben möchte (i. d. R. durch Mitteilung an das Personalbüro).

Ein Urlaubsanspruch, der bis zum 31.3. des Folgejahres nicht genommen ist, erlischt ersatzlos. (Der Übertragungszeitraum von 3 Monaten kann durch →Tarifvertrag ausgedehnt werden.) Der Urlaubsanspruch erlischt auch dann am 31.3. des Folgejahres, wenn der Arbeitnehmer wegen Krankheit seinen Urlaub nicht nehmen konnte.

256 Der Urlaubsanspruch des Arbeitnehmers entsteht grundsätzlich auch bei →**Teilzeitarbeit**. Es muß für Teilzeitarbeiternehmer lediglich der Urlaubsanspruch anteilmäßig umgerechnet werden.

257 Erkrankt ein Arbeitnehmer im Urlaub (**Erkrankung im Urlaub**), so dürfen die durch ein ärztliches Attest nachgewiesenen Tage der **Arbeitsunfähigkeit** vom Arbeitgeber nicht auf den Jahresurlaub angerechnet werden (§ 9 BUrlG). Der Arbeitnehmer darf jedoch nicht eigenmächtig seinen Urlaub um die Krankheitstage verlängern; die Festsetzung des noch ausstehenden Urlaubes hat vom Arbeitgeber zu erfolgen.

Erkrankt ein Arbeitnehmer vor Urlaubsbeginn, so muß der Urlaub verschoben und vom Arbeitgeber neu festgesetzt werden. Der Urlaub verfällt jedoch, wenn der Arbeitnehmer infolge langdauernder krankheitsbedingter Arbeitsunfähigkeit nicht in der Lage ist, den Urlaub vor Ablauf des Übertragungszeitraumes (d. h. bis zum 31.3. des Folgejahres) zu nehmen.

258 Nach § 8 BUrlG ist es dem Arbeitnehmer verboten, während des Urlaubes Erwerbstätigkeiten auszuüben (**Urlaubsarbeit**), wenn diese dem Urlaubszweck (d. h. der Erholung) zuwiderlaufen. Eine ausgeübte Erwerbstätigkeit läuft dem Urlaubszweck nicht zuwider, wenn sie der Erholung (d. h. dem körperlichen Ausgleich) des Arbeitnehmers dient. Verstößt der Arbeitnehmer gegen das Verbot der Urlaubsarbeit, so kann der Arbeitgeber das Urlaubsgeld wohl nicht zurückfordern (Urteil des Bundesarbeitsgerichts v. 25. 2. 1988), hat aber Anspruch auf Schadensersatz, auf Unterlassung der Urlaubsarbeit und kann eventuell kündigen.

259 Die Abgeltung von Urlaub durch Geld (**Urlaubsabgeltung**) ist grundsätzlich verboten. Nimmt der Arbeitnehmer seinen Urlaub nicht in Anspruch, so verfällt dieser. Eine Ausnahme von dieser Regelung sieht § 7 Abs. 4 BUrlG vor. Ihmzufolge kann eine Urlaubsabgeltung dann erfolgen, wenn der Urlaub wegen Beendigung des Ar-

beitsverhältnisses ganz oder teilweise nicht mehr gewährt werden kann. Die Höhe der Abgeltung ergibt sich aus dem zuletzt bezogenen Arbeitseinkommen. Ein Urlaubsabgeltungsanspruch entsteht nicht, wenn ein Arbeitnehmer nach dauernder Arbeitsunfähigkeit aus seinem Arbeitsverhältnis ausscheidet, ohne die Arbeitsfähigkeit wiedererlangt zu haben (Urteil des Bundesarbeitsgerichts v. 18.1.1982).

Von den Mindestregelungen des BUrlG kann nach §13 BUrlG zu Ungunsten des Arbeitnehmers nur in → Tarifverträgen abgewichen werden. Der Arbeitnehmer kann somit nicht auf seinen Urlaub verzichten (**Unabdingbarkeit des Mindesturlaubes**). Besserstellungen der Arbeitnehmer durch Einzelarbeitsverträge oder →Betriebsvereinbarungen sind zulässig. 260

Eine Verpflichtung des Arbeitgebers zur Zahlung von **Urlaubsgeld** sieht das Gesetz nicht vor, wird aber in zahlreichen →Tarif- und Arbeitsverträgen vereinbart. Die Höhe des Urlaubsgeldes ist dabei recht unterschiedlich geregelt. Es gibt keine einheitlichen Grundsätze. 261

Pflicht zur Gewährung von Bildungsurlaub: Die bezahlte oder unbezahlte Freistellung des Arbeitnehmers von der Arbeit zum Zwecke der beruflichen oder der staatsbürgerlich-politischen (zuweilen auch der allgemeinen) (Weiter-)Bildung (Bildungsurlaub) ist bundesgesetzlich nicht geregelt. Eine bundeseinheitliche Regelung für Bildungsurlaub gibt es (abgesehen von Sonderregelungen für den öffentlichen Dienst) bislang nur für Mitglieder des →Betriebsrates, der →Jugend- und Auszubildendenvertretung, der Bordvertretung und des Seebetriebsrates in den §§ 37 u. 65 Betriebsverfassungsgesetz. Dagegen sehen mehrere Ländergesetze einen Anspruch der Arbeitnehmer auf bezahlten Bildungsurlaub vor. Auch in zahlreichen →Tarifverträgen ist ein Recht auf – allerdings meist unbezahlten – Bildungsurlaub festgeschrieben. 262

Pflicht zur Gewährung von Elternzeit: Der Anspruch auf Freistellung von der Arbeit zur Betreuung und Erziehung von Neugeborenen im ersten Lebensabschnitt ist seit dem 1.1.2007 durch das Bundeselterngeld- und Elternzeitgesetz (BEEG) geregelt. Anspruchsberechtigt sind alle Arbeitnehmer (§15 BEEG) unabhängig von der Art des Arbeitsverhältnisses soweit sie als Eltern mit ihrem eigenen Kind (d. h. ein Kind des Ehegatten, der Ehegattin, des Lebenspartners oder der Lebenspartnerin) ein einem Haushalt leben und dasselbe selbst betreuen und erziehen. 263

Die Elternzeit **beginnt** mit dem Tag, an dem sie rechtzeitig (§16 Abs. 1 BEEG) vom Arbeitgeber verlangt worden ist, frühestens jedoch am Tag der Geburt, und für Arbeitnehmerinnen frühestens an dem Tag, der unmittelbar auf den letzten Tag der acht- beziehungsweise zwölfwöchigen Schutzfrist nach der Geburt des Kindes folgt. Die Elternzeit **dauert** bis zur Vollendung des 3. Lebensjahres des Kindes (§15 Abs. 2 BEEG). Abweichend von dieser allgemeinen Regelung kann mit Zustimmung des Arbeitgebers ein Anteil der Elternzeit von bis zu 12 Monaten auf die Zeit bis zur Vollendung des 8. Lebensjahres des Kindes übertragen werden (§184 Abs. 2 i. Verb. m. §188 Abs. 2 BGB).

Die Elternzeit kann – auch anteilig – von jedem Elternteil **allein** oder von beiden Elternteilen **gemeinsam** in Anspruch genommen werden. Sie ist jedoch für jedes Kind auf 3 Jahre begrenzt. Dabei können beide Elternteile jeweils bis zu 3 Jahre

III   Arbeit

Elternzeit – auch gleichzeitig – bei ihrem jeweiligen Arbeitgeber nehmen (§ 15 Abs. 3 BEEG).

Generell muß die Elternzeit **schriftlich** sieben Wochen von ihrer Inanspruchnahme beantragt werden. Die Antragsteller haben dabei zugleich zu erklären für welche Zeiten innerhalb von 2 Jahren sie diese Elternzeit nehmen werden.

Während der Elternzeit ist Erwerbstätigkeit zulässig, soweit die wöchentliche Arbeitszeit für jeden Elternteil 30 Stunden nicht übersteigt. – Teilzeitarbeit bei einem anderen Arbeitgeber bedarf der Zustimmung des Arbeitgebers. Dieser kann dieselbe nur aus dringenden betrieblichen Gründen innerhalb einer Frist von 4 Wochen schriftlich verweigern (§ 15 Abs. 4 BEEG).

Der Anspruchsberechtigte von Elternzeit kann (schriftlich) zweimal eine Verringerung seiner Arbeitszeit beantragen. Soweit nicht dringende betriebliche Gründe entgegenstehen, ist diesem Antrag stattzugeben.

264   Der Elternzeit Beanspruchende erhält während dieser ein **Elterngeld**. Nach §§ 2 ff. BEEG bemißt sich dessen Höhe wie folgt: 67 Prozent des bisherigen Nettoerwerbseinkommens des erziehenden Elternteils bis zu einem Höchstbetrag von 1800 Euro netto. Der Mindestbetrag des Elterngeldes beläuft sich auf 300 Euro. – Das Elterngeld ist nicht zu versteuern; es wird aber zum Einkommen hinzugerechnet und nimmt somit Einfluß auf die Höhe des individuellen Steuersatzes.

Das Elterngeld wird bis zu 12 Monaten gewährt. – Sofern der zweite Elternteil für mindestens 2 Monate Elternzeit in Anspruch nimmt, wird die Bezugsdauer um 2 Monate (sog. Partnermonate) verlängert.

5.2.4 Verletzung der Arbeitgeberpflichten

Verletzt der Arbeitgeber seine ihm nach dem Arbeitsvertrag obliegenden Pflichten vorsätzlich (→Vorsatz) oder fahrlässig (→Fahrlässigkeit), so hat der Arbeitnehmer – je nach Sachlage – folgende rechtlichen Möglichkeiten:

265   – Zurückbehaltung der Arbeitsleistung (**Zurückbehaltungsrecht**),
– außerordentliche Kündigung,
– Erfüllung verlangen (z. B. des Anspruches auf Lohn, Zeugniserteilung, Anbringung von Schutzvorrichtungen),
– Geltendmachung von Schadensersatzansprüchen.

Schadensersatzansprüche des Arbeitnehmers gegenüber dem Arbeitgeber können sich auf verschiedene Schadensarten beziehen: Körperschäden (Personenschäden), Sachschäden, Verletzungen des Persönlichkeitsrechtes.

266, 267   **Haftung für Körperschäden**: Für Körperschäden, die durch einen **Arbeitsunfall** (im Sinne des § 8 Sozialgesetzbuch VII [SGB VII]) verursacht wurden, tritt unabhängig vom Verschulden des Arbeitgebers und einem eventuellen Mitverschulden des Arbeitnehmers die →Unfallversicherung der zuständigen Berufsgenossenschaft ein.

268   **Haftung für Sachschäden**: Erleidet der Arbeitnehmer im Rahmen seines Arbeitsverhältnisses Sachschäden, so haftet der Arbeitgeber für →Vorsatz und →Fahrlässigkeit sowie für das Verschulden seiner Mitarbeiter (d. s. seine **Erfüllungsgehilfen** § 278 BGB).

269

Arbeit **III**

Haftung für Verletzung des Persönlichkeitsrechtes: Verletzt der Arbeitgeber das Persönlichkeitsrecht des Arbeitnehmers, so kann dieser – je nach Lage des Falles – Ansprüche auf Unterlassung, auf Schadensersatz oder auf Widerruf von nicht wahren ehrenrührigen Behauptungen erlangen. Einen Anspruch auf Schmerzensgeld kann der Arbeitnehmer nach einem Urteil des Bundesarbeitsgerichts v. 21.2.1979 allerdings dann erlangen, wenn es sich um einen schweren und schuldhaften Eingriff in sein Persönlichkeitsrecht handelt und die Schwere dieses Eingriffes eine Genugtuung erfordert und der Verletzung des Persönlichkeitsrechtes nicht in anderer Weise entsprochen werden kann. 270

5.2.5 Beendigung des Arbeitsverhältnisses

Das Arbeitsverhältnis endet durch einvernehmliche Aufhebung des Arbeitsvertrages (Aufhebungsvertrag), Kündigung, Zeitablauf (befristetes Arbeitsverhältnis), Tod des Arbeitnehmers. Keine Endigungsgründe (möglicherweise aber Kündigungsanlässe) sind: Arbeitsunfähigkeit des Arbeitnehmers, Tod des Arbeitgebers, Eröffnung des →Insolvenzverfahrens über das Vermögen des Arbeitgebers, Übergang des Betriebes auf einen anderen Inhaber (§ 613a BGB).

Mit Wirkung der Änderung des SGB III zum 1.1.2006 sind Arbeitnehmer nach § 37b verpflichtet, sich spätestens 3 Monate vor Beendigung ihres Beschäftigungsverhältnisses bei der Agentur für Arbeit arbeitsuchend zu melden. – Liegen zwischen der Kenntnis des Beendigungszeitpunktes und der Beendigung des Arbeitsverhältnisses weniger als 3 Monate, so hat die Meldung innerhalb von 3 Tagen nach Kenntnis desselben (Beendigungszeitpunktes) zu erfolgen. Die **persönliche Arbeitslosmeldung** ist unverzichtbare Anspruchsvoraussetzung für den Bezug von →Arbeitslosengeld I und →Arbeitslosengeld II. 270a

5.2.5.1 Aufhebungsvertrag 271

Arbeitgeber und Arbeitnehmer können jederzeit dahingehend übereinkommen, das bestehende Arbeitsverhältnis zu einem bestimmten Zeitpunkt zu beenden. Ein solcher Aufhebungsvertrag ist nicht formgebunden (→formfrei); er kann schriftlich, mündlich oder durch schlüssiges Verhalten abgeschlossen werden. Aus Beweisgründen empfiehlt sich jedoch die Schriftform. Aufhebungsverträge unterliegen weder dem →Kündigungsschutz, noch greift für sie ein Mitwirkungsrecht des Betriebsrates.

Um zu verhindern, daß spontane Unmutsbekundungen der Arbeitsvertragsparteien (beispielsweise: „Hau ab!", „Ich hab' jetzt genug!") als einvernehmliche Aufhebung des Arbeitsverhältnisses ausgelegt werden, stellt die Rechtsprechung strenge Anforderungen an die Eindeutigkeit eines Aufhebungsvertrages. Es wird deshalb für das rechtsgültige Zustandekommen eines Aufhebungsvertrages neben den tatsächlichen Äußerungen immer auch der (rechtsgeschäftliche) Erklärungswille (d.h. das, was tatsächlich gemeint war) von Bedeutung sein.

Die Eingehung eines Aufhebungsvertrages hat für den Arbeitnehmer möglicherweise bedeutsame sozialversicherungsrechtliche Konsequenzen, insbesondere dann, wenn er eine **Abfindung** erhalten hat. Erhielt nämlich der Arbeitnehmer eine Ab- 272

III Arbeit

findung, so hat – im Falle von anschließender Arbeitslosigkeit – die Agentur für Arbeit für die Gewährung von →Arbeitslosengeld eine **Sperrzeit** von 12 Monaten zu verhängen, wenn der Arbeitslose das Arbeitsverhältnis gelöst und dadurch vorsätzlich (→Vorsatz) oder grobfahrlässig (→Fahrlässigkeit) die Arbeitslosigkeit herbeiführte, ohne dafür einen wichtigen Grund zu haben (§ 144 Sozialgesetzbuch III [SGB III]). Darüber hinaus wird die erhaltene Abfindung auf das Arbeitslosengeld angerechnet, wenn diese dafür bezahlt wurde, daß das Arbeitsverhältnis ohne Einhaltung einer der →ordentlichen Kündigungsfrist des Arbeitgebers entsprechenden Frist beendet worden ist (§ 143 SGB III).

Falls die Parteien die im Aufhebungsvertrag getroffene Vereinbarung nachträglich neu fassen, ergänzen, abändern oder aufheben wollen, so kann dies jederzeit geschehen. Es steht ihnen frei, die Fortsetzung des Arbeitsverhältnisses zu vereinbaren.

273 **5.2.5.2 Kündigung**

Die Kündigung ist der erklärte Wille einer der beiden (Arbeits-)Vertragsparteien (→einseitige Willenserklärung), das Arbeitsverhältnis in der Zukunft zu beenden. Die Wirksamkeit dieser Willenserklärung erfordert nicht, daß die andere Vertragspartei mit der Beendigung des Arbeitsverhältnisses einverstanden ist; es genügt, daß sie die Erklärung empfängt. Das Recht der Kündigung steht beiden Arbeitsvertragsparteien, Arbeitgeber und Arbeitnehmer, unter bestimmten Voraussetzungen zu.

Die Kündigung eines Arbeitsverhältnisses kann nach § 623 BGB **nur schriftlich** erfolgen. Es ist unerheblich, ob es sich um eine fristgemäße (ordentliche) oder fristlose (außerordentliche) Kündigung handelt, ob die Kündigung vom Arbeitgeber oder vom Arbeitnehmer ausgeht.

Der Kündigende muß grundsätzlich geschäftsfähig (→Geschäftsfähigkeit) sein. Ist er in der Geschäftsfähigkeit beschränkt, so muß er sich durch einen gesetzlichen Vertreter vertreten lassen. Ausnahmen können für Minderjährige gelten. Möchte ein minderjähriger Arbeitnehmer sein Arbeitsverhältnis kündigen, so benötigt er hierfür die Einwilligung (d. h. die vorherige Zustimmung) seines gesetzlichen Vertreters. Eine Genehmigung (d. h. eine nachträgliche Zustimmung) genügt nicht. Nach § 113 BGB kann jedoch der gesetzliche Vertreter des Minderjährigen diesen ermächtigen, ein Dienst- oder Arbeitsverhältnis einzugehen. Ist dies geschehen, so ist der Minderjährige auch berechtigt, dieses Verhältnis selbständig wieder zu kündigen.

Die Kündigungserklärung muß inhaltlich eindeutig und unmißverständlich sein; sie muß jedoch nicht die Wörter „Kündigung" oder „kündigen" enthalten. Der Zeitpunkt, an dem das Arbeitsverhältnis enden soll, muß zweifelsfrei genannt werden. Ist der Zeitpunkt nicht genannt und aus den näheren Umständen nicht zu entnehmen, so ist von einer →ordentlichen Kündigung zum nächstmöglichen Termin auszugehen.

274 Die Kündigung als →empfangsbedürftige Willenserklärung gilt dann als empfangen, wenn sie dem Adressaten zugeht (§ 130 BGB, **Zugang der Kündigung**). Eine schriftliche Kündigung gilt dann als zugegangen, wenn sie in den Machtbereich des

Adressaten gelangt, so daß dieser von ihr unter normalen Umständen Kenntnis nehmen kann. Es ist nicht notwendig, daß der Adressat von ihr tatsächlich Kenntnis nimmt.

Zugegangen ist eine Kündigung, wenn sie
- dem Empfänger ausgehändigt wurde;
- in den Briefkasten des Adressaten geworfen wurde und noch mit dessen Leerung zu rechnen ist;
- als Einschreibebrief durch die Post ausgehändigt wurde;
- als hinterlegter Einschreibebrief von der Post abgeholt wurde;
- mit Postzustellungsurkunde an den Adressaten oder bestimmte Ersatzpersonen ausgehändigt wurde;
- durch einen Boten beim Adressaten abgegeben wurde;
- durch Vermittlung eines Gerichtsvollziehers zugestellt wurde (§ 132 BGB).

Soll die gesetzlich vorgeschriebene schriftliche Form der Kündigung durch die elektronische Form (so z. B. E-Mail, SMS) ersetzt werden, so muß der Aussteller der Erklärung dieser seinen Namen hinzufügen und das elektronische Dokument mit einer qualifizierten elektronischen Signatur nach dem Signaturgesetz versehen (§ 126a BGB).

Grundsätzlich gilt eine an den Wohnsitz des Adressaten gerichtete Kündigung auch dann als zugegangen, wenn dieser sich vorübergehend nicht dort aufhält (z. B. Urlaub, Krankenhaus).

Hat der Kündigungsadressat den Zugang einer Kündigung vereitelt oder verzögert, oder kommt es aus Gründen, die er zu vertreten hat, nicht zum rechtzeitigen Empfang, so muß er sich so behandeln lassen, als ob die Kündigung rechtzeitig zugegangen wäre (Urteil des Bundesarbeitsgerichtes v. 18.2.1977).

Ist eine Kündigung zugegangen und damit wirksam geworden, kann sie einseitig nicht mehr zurückgenommen werden. Einigen sich jedoch der Gekündigte und der Kündigende dahingehend, daß die Kündigung zurückgenommen wird, dann schließen sie rechtlich gesehen einen (neuen) Vertrag über die Fortsetzung des (gekündigten) Arbeitsverhältnisses.

Sowohl bei der →ordentlichen als auch bei der →außerordentlichen (fristlosen) Kündigung ist gesetzlich die **Angabe** der **Kündigungsgründe** nicht vorgeschrieben. (Eine Ausnahme gilt allein für die außerordentliche Kündigung eines →Berufsausbildungsverhältnisses [§ 15 Berufsausbildungsgesetz].) Bei der außerordentlichen Kündigung muß jedoch der Kündigende dem Adressaten der Kündigung **auf Verlangen** den Kündigungsgrund unverzüglich (d.h. ohne schuldhaftes Zögern) schriftlich mitteilen (§ 626 BGB).

Die Angabe der Kündigungsgründe kann für die →ordentliche wie für die →außerordentliche Kündigung durch →Tarifvertrag, →Betriebsvereinbarung oder Einzelvertrag vorgeschrieben werden.

Beruft sich der Kündigende bei einer Kündigung, zu deren Wirksamkeit die Angabe von Kündigungsgründen nicht erforderlich ist, in einem nachfolgenden Arbeitsgerichtsprozeß auf Kündigungsgründe, die er vorher zulässigerweise nicht genannt

III Arbeit

276 hat (**Nachschieben von Kündigungsgründen**), so ist dies möglich; es ist gleichgültig, ob diese Gründe dem Kündigenden vor oder nach der Kündigung bekannt geworden sind (Urteil des Bundesarbeitsgerichtes v. 11. 4. 1985). Allerdings müssen nachträglich zum Kündigungsgrund erhobene Fakten bereits bei Kündigungserklärung bestanden haben. In Betrieben mit →Betriebsrat können grundsätzlich nur solche Kündigungsgründe nachgeschoben werden, zu denen der Betriebsrat ordnungsgemäß nach § 102 Betriebsverfassungsgesetz gehört wurde.

277
278 Eine Kündigung ist **nichtig**, wenn sie gegen ein gesetzliches Verbot oder gegen die **guten Sitten** (§ 138 BGB) verstößt.

Verstößt eine Kündigung gegen den Grundsatz von →**Treu und Glauben** (§ 242 BGB), so kann dies zu ihrer Unwirksamkeit führen. Dies ist allerdings nur insoweit möglich, als das Kündigungsschutzgesetz nicht anwendbar ist oder falls die Kündigung aus Gründen erfolgt, die von § 1 Kündigungsschutzgesetz (KSchG) nicht erfaßt sind. Kündigungsgründe, die in der **Person** oder im **Verhalten** des Arbeitnehmers liegen oder als **dringende betriebliche Erfordernisse** (§ 1 KSchG) anzusehen sind, können durch Berufung auf den Grundsatz von →Treu und Glauben nicht zur Unwirksamkeit der Kündigung führen.

Ist eine Kündigung infolge eines →**Irrtums**, auf Grund einer →**widerrechtlichen Drohung** oder einer →**arglistigen Täuschung** erfolgt, so kann sie angefochten
279 (→**Anfechtung**) werden.

280 Zwischen Arbeitgeber und Arbeitnehmer können **vertragliche Kündigungsbeschränkungen** vereinbart werden. Ihre Verletzung kann – je nach Vereinbarung – die Nichtigkeit der Kündigung nach sich ziehen oder zum Schadensersatz verpflichten. Das Recht zur →außerordentlichen (fristlosen) Kündigung kann vertraglich weder ausgeschlossen noch eingeschränkt oder erschwert werden.

281 Eine →außerordentliche (fristlose) Kündigung, die mangels eines wichtigen Grundes unwirksam ist, kann durch den Kündigenden in eine →ordentliche Kündigung zum nächstmöglichen Termin (errechnet vom Zeitpunkt der fristlosen Kündigung an) umgedeutet werden (**Umdeutung der Kündigung**).

282 ### 5.2.5.2.1 Ordentliche Kündigung

Die ordentliche Kündigung ist grundsätzlich nur bei Arbeitsverhältnissen zulässig, die auf unbestimmte Zeit eingegangen wurden. Bei befristeten Arbeitsverhältnissen ist eine ordentliche Kündigung nicht möglich; es sei denn, daß bei ihnen ausnahmsweise vertraglich eine solche vorgesehen wurde, was häufig formularmässig geschieht.

Die ordentliche Kündigung des Arbeitsverhältnisses durch den **Arbeitnehmer** bedarf grundsätzlich keines sachlichen Grundes. Dagegen erfordert die ordentliche Kündigung durch den **Arbeitgeber** einen Grund, der sie sozial rechtfertigt. Der Arbeitnehmer genießt nämlich nach dem Kündigungsschutzgesetz einen →allgemeinen Kündigungsschutz.

283 Die ordentliche Kündigung unterliegt bestimmten **Kündigungsfristen**, die durch Gesetz (ordentliche Kündigungsfristen), →Tarifvertrag oder (Einzel-)Arbeitsvertrag festgelegt sind. Bei Kündigungen durch den **Arbeitgeber** gilt für Arbeiter und An-

gestellte nach dem Kündigungsfristengesetz (Gesetz zur Vereinheitlichung der Kündigungsfristen von Arbeitern und Angestellten) **bundeseinheitlich** eine **Grundkündigungsfrist** von 4 Wochen zum 15. eines Monats oder zum Monatsende. Ansonsten sieht dieses Gesetz bei Kündigungen durch den Arbeitgeber für Arbeiter und Angestellte einheitlich folgende **Kündigungsfristen** vor (siehe Übersicht III, 18):

Beschäftigungsdauer	Kündigungsfrist	
ab 2 Jahren	1 Monat	
ab 5 Jahren	2 Monate	
ab 8 Jahren	3 Monate	
ab 10 Jahren	4 Monate	jeweils zum Monatsende
ab 12 Jahren	5 Monate	
ab 15 Jahren	6 Monate	
ab 20 Jahren	7 Monate	

Übersicht III, 18

Bei der Berechnung der Beschäftigungsdauer bleiben die Zeiten der Betriebszugehörigkeit vor Vollendung des 25. Lebensjahres unberücksichtigt.

Das Kündigungsfristengesetz läßt kürzere eigenständige **tarifvertragliche Regelungen** zu, wenn diese einheitliche Fristen für Arbeiter und Angestellte vorsehen.

Sind die Arbeitsvertragsparteien nicht tarifgebunden, so können sie kürzere tarifvertragliche Kündigungsfristen nur in der Weise übernehmen, daß sie den Tarifvertrag insoweit zum Inhalt des Arbeitsvertrages machen.

Einzelvertraglich können die gesetzlichen und tarifvertraglichen Kündigungsfristen allenfalls verlängert, nicht aber gekürzt werden.

Vereinbarte Kündigungsfristen dürfen für den Arbeitnehmer nicht länger sein als für den Arbeitgeber.

Für **Schwerbehinderte** beträgt die gesetzliche **Kündigungsfrist** mindestens 4 Wochen. Der Arbeitgeber darf nur kündigen, wenn er die Zustimmung des Integrationsamtes (für Schwerbehinderte) eingeholt hat.

Für das **Probearbeitsverhältnis** bestehen keine gesetzlichen Sonderregelungen.

Mit Personen, die über einen Zeitraum von weniger als 3 Monaten zur vorübergehenden Aushilfe eingestellt sind (**Aushilfsarbeitsverhältnisse**) können kürzere als die gesetzlichen Kündigungsfristen vereinbart werden.

Eine Kündigung, mit der lediglich einzelne Bedingungen des Arbeitsvertrages geändert werden sollen (**Teilkündigung**; Beispiel: Der Arbeitgeber kündigt die Vereinbarung über die Umsatzbeteiligung einer Verkäuferin), ist unzulässig. Nach Auffassung des Bundesarbeitsgerichtes (Urteil v. 7.10.1982) kann nämlich ein Arbeitsverhältnis nur als Ganzes gekündigt werden. Wird dagegen einem Vertragspartner durch Arbeitsvertrag, →Betriebsvereinbarung oder →Tarifvertrag das Recht eingeräumt, einzelne Vertragsbedingungen – soweit sie sich auf Nebenleistungen be-

III Arbeit

291 ziehen – einseitig zu ändern, so handelt es sich um einen grundsätzlich zulässigen **Widerrufsvorbehalt**. Die Vereinbarung eines solchen Widerrufsvorbehaltes ist nach § 134 BGB nur dann unwirksam, wenn sie den →Kündigungsschutz unterläuft. Dies darf dann angenommen werden, wenn wesentliche Bedingungen des Arbeitsvertrages einseitig geändert werden können und damit das Gleichgewicht zwischen Leistung und Gegenleistung (Arbeit und Lohn) grundlegend gestört würde. Macht der Begünstigte von seinem vereinbarten Widerrufsrecht Gebrauch, so hat dies gemäß § 315 BGB nach billigem Ermessen (d. h. unter angemessener und wohlwollender Berücksichtigung der Umstände) zu erfolgen.

292 Wird der bisherige Arbeitsvertrag bei gleichzeitigem Angebot eines neuen abgeänderten Vertrages gekündigt oder wird mit dem Vorschlag der Änderung einzelner Arbeitsbedingungen gleichzeitig – für den Fall, daß der Vorschlagsempfänger nicht mit der angebotenen Regelung einverstanden ist – der gesamte Arbeitsvertrag gekündigt, so sprechen wir von einer **Änderungskündigung**. (Beispiele: Kündigung des Arbeitsvertrages durch den Arbeitgeber, falls sich der Arbeitnehmer nicht mit einer Versetzung auf einen geringer entlohnten Arbeitsplatz einverstanden erklärt; Kündigung durch den Arbeitnehmer, falls der Arbeitgeber eine bestimmte Lohnerhöhung nicht bewilligt.) Änderungskündigungen sind rechtlich zulässig. Soweit sie jedoch vom Arbeitgeber ausgehen, unterliegen sie den Bestimmungen des →Kündigungsschutzes.

293 **5.2.5.2.2 Außerordentliche (fristlose) Kündigung**

Eine außerordentliche Kündigung ist eine vorzeitige und ohne Beachtung der sonst geltenden Kündigungsfristen erfolgende Beendigung des Arbeitsverhältnisses. Sie ist in der Regel fristlos; der Kündigende kann jedoch auch eine gewisse Frist einräumen. Wird bei der außerordentlichen Kündigung eine Frist eingeräumt, empfiehlt es sich, darauf besonders hinzuweisen, um nicht den Eindruck aufkommen zu lassen, es handele sich um eine ordentliche Kündigung.

294 Voraussetzung für eine außerordentliche Kündigung ist das Vorliegen eines **wichtigen Grundes**. Nach § 626 BGB kann ein Arbeitsverhältnis von jeder Vertragspartei aus wichtigem Grund ohne Einhaltung einer Kündigungsfrist gekündigt werden, wenn Tatsachen vorliegen, auf Grund derer dem Kündigenden unter Berücksichtigung aller Umstände des Einzelfalles und unter Abwägung der Interessen beider Vertragsseiten die Fortsetzung des Dienstverhältnisses bis zum Ablauf der Kündigungsfrist oder bis zu der vereinbarten Beendigung des Arbeitsverhältnisses nicht zugemutet werden kann.

295 Wann die Fortsetzung eines Arbeitsverhältnisses unzumutbar ist, kann nicht generell gesagt werden, sondern nur unter Berücksichtigung der Umstände des Einzelfalles und im Zusammenhang mit der bisherigen Entwicklung des Arbeitsverhältnisses. Im allgemeinen können unter anderen folgende Gründe eine außerordentliche Kündigung rechtfertigen (**Kündigungsgründe**):

– der Arbeitnehmer kommt trotz mehrmaliger Abmahnung ständig zu spät zur Arbeit, kommt überhaupt nicht oder verläßt vorzeitig den Arbeitsplatz;
– der Arbeitnehmer weigert sich beharrlich, Arbeitsanweisungen zu befolgen und ihm übertragene Arbeiten zu verrichten;

Arbeit **III**

- der Arbeitnehmer nimmt Schmiergelder, Bestechungsgelder oder ähnliches an (→Verbot der Schmiergeldannahme);
- der Arbeitnehmer wirbt seinem Arbeitgeber Arbeitskräfte ab;
- der Arbeitnehmer verstößt gegen das →Wettbewerbsverbot;
- der Arbeitnehmer verletzt grob seine →Verschwiegenheits- oder →Treuepflicht;
- der Arbeitnehmer wird (schwer) handgreiflich gegenüber Arbeitskollegen, Vorgesetzten oder dem Arbeitgeber;
- der Arbeitnehmer begeht schwere Straftaten gegen seinen Arbeitgeber.

Nach Auffassung des Bundesarbeitsgerichtes darf eine außerordentliche (fristlose) Kündigung nur dann ausgesprochen werden, wenn alle anderen – nach den jeweiligen Umständen möglichen und angemessenen milden Mittel (z. B. Abmahnung, Versetzung, einverständliche Abänderung des Arbeitsvertrages, außerordentliche Änderungskündigung oder ordentliche Kündigung) – ausgeschöpft sind.

Auch die außerordentliche Kündigung kann in Form der **Änderungskündigung** erfolgen; dies ist allerdings nur dann möglich, wenn eine umgehende Änderung der Arbeitsbedingungen unaufschiebbar notwendig ist und die neuen Bedingungen dem Arbeitnehmer zumutbar sind.

296

Nach § 626 Abs. 2 BGB kann die außerordentliche Kündigung nur innerhalb von 2 Wochen nach Kenntnis der für die Kündigung maßgebenden Tatsachen erfolgen.

Das Recht zur außerordentlichen Kündigung kann vertraglich nicht ausgeschlossen werden.

5.2.5.3 Anhörung des Betriebsrates und Sprecherausschusses bei der Kündigung

297,298

Nach § 102 Abs. 1 Betriebsverfassungsgesetz (BetrVG) hat der Arbeitgeber den →**Betriebsrat** (als Gremium; nicht nur den Vorsitzenden!) vor jeder Kündigung zu hören, gleichgültig ob es sich um eine →ordentliche, eine →außerordentliche (fristlose) oder um eine →Änderungskündigung handelt. Lediglich bei →Teilkündigungen ist – sofern sie als vereinbarter →Widerrufsvorbehalt überhaupt zulässig sind – eine solche Anhörung nicht erforderlich (weil hier nicht das Arbeitsverhältnis als solches, sondern lediglich einzelne Arbeitsbedingungen gekündigt werden!). Der Betriebsrat kann die Ausübung seines Anhörungsrechtes einem besonderen Ausschuß (Personalausschuß) zur selbständigen Erledigung übertragen. Die Anhörung muß **vor** der Kündigung erfolgen. Der Arbeitgeber ist für die Durchführung der Anhörung darlegungs- und beweispflichtig. Kündigt der Arbeitgeber, ohne zuvor den Betriebsrat anzuhören, so ist die Kündigung unwirksam.

Die Anhörung des Betriebsrates kann unter bestimmten Voraussetzungen entfallen: in Kleinbetrieben mit weniger als 5 Arbeitnehmern; bei leitenden Angestellten (§ 5 Abs. 3 BetrVG; bei diesen ist der Betriebsrat nach § 105 BetrVG lediglich zu informieren); wenn der Betriebsrat die Entlassung des Arbeitnehmers nach § 104 BetrVG verlangt hat; in Arbeitskämpfen.

Die Anhörung des Betriebsrates setzt voraus, daß der Arbeitgeber diesem folgendes mitteilt: die Person, der gekündigt werden soll; die Art der Kündigung (ordentliche oder außerordentliche); gegebenenfalls den Kündigungstermin; die Kündigungsgründe.

III Arbeit

Zur Abgabe seiner Stellungnahme sind dem Betriebsrat nach §102 BetrVG bestimmte Fristen (**Erklärungsfristen**) gesetzt: bei der ordentlichen Kündigung 1 Woche; bei der außerordentlichen Kündigung 3 Tage. Gibt der Betriebsrat während dieser Frist keine Erklärung ab, so gilt seine Zustimmung als erteilt und der Arbeitgeber kann die Kündigung aussprechen.

299 Der Betriebsrat kann einer ordentlichen Kündigung bei Vorliegen folgender im §102 BetrVG genannter Gründe innerhalb 1 Woche schriftlich widersprechen (**Widerspruchsrecht des Betriebsrates bei der ordentlichen Kündigung**):

- der Arbeitgeber hat bei der Auswahl des zu kündigenden Arbeitnehmers soziale Gesichtspunkte nicht oder nicht ausreichend berücksichtigt;
- die Kündigung verstößt gegen Richtlinien, die über die personelle Auswahl bei Kündigungen zwischen Arbeitgeber und Betriebsrat vereinbart wurden (§95 BetrVG);
- der zu kündigende Arbeitnehmer kann an einem anderen Arbeitsplatz im selben Betrieb oder in einem anderen Betrieb des Unternehmens weiterbeschäftigt werden;
- die Weiterbeschäftigung des Arbeitnehmers ist nach zumutbaren Umschulungs- und Fortbildungsmaßnahmen möglich;
- eine Weiterbeschäftigung des Arbeitnehmers unter geänderten Vertragsbedingungen ist möglich und der Arbeitnehmer hat sein Einverständnis damit erklärt.

300 Der zu Recht sowie frist- und ordnungsgemäß eingelegte Widerspruch des Betriebsrates macht die Kündigung **sozialwidrig** (§1 Kündigungsschutzgesetz) und damit unwirksam, sofern der Arbeitnehmer unter das Kündigungsschutzgesetz fällt
301 und innerhalb von 3 Wochen **Kündigungsschutzklage** erhebt. Unter den hier genannten Voraussetzungen (frist- und ordnungsgerechter Widerspruch des Betriebsrates und rechtzeitige Kündigungsschutzklage des Arbeitnehmers) kann der Arbeitnehmer bis zum rechtskräftigen Abschluß des Kündigungsschutzprozesses Wei-
302 terbeschäftigung bei unveränderten Arbeitsbedingungen verlangen (**Weiterbeschäf-**
302a **tigungsanspruch**). Der Arbeitgeber kann sich im Wege der **einstweiligen Verfügung** (das ist eine vorläufige gerichtliche Anordnung zur Regelung eines streitigen Rechtsverhältnisses; §§935–945 Zivilprozeßordnung) durch das Arbeitsgericht von der Weiterbeschäftigungspflicht entbinden lassen, wenn

- die Klage des Arbeitnehmers keine hinreichende Aussicht auf Erfolg hat oder mutwillig erscheint oder
- die Weiterbeschäftigung des Arbeitnehmers zu einer unzumutbaren Belastung des Arbeitgebers führen würde oder
- der Widerspruch des Betriebsrates offensichtlich unbegründet war.

Bei **außerordentlicher Kündigung** steht dem Betriebsrat kein Widerspruchsrecht zu; er kann hier lediglich Bedenken äußern.

Nach §31 Abs. 2 Sprecherausschußgesetz ist der für leitende Angestellte gewählte **Sprecherausschuß** vor jeder Kündigung eines leitenden Angestellten zu hören. Diese Vorschrift folgt im wesentlichen den Auslassungen des §102 BetrVG zur Beteiligung des Betriebsrates bei der Kündigung (siehe die vorausgegangenen Ausführungen!), so daß die dort dargelegten Regelungen entsprechend angewendet werden können.

Arbeit **III**

5.2.5.4 Kündigungsschutz
303

Das Kündigungsschutzrecht läßt sich in einen allgemeinen Kündigungsschutz und einen besonderen Kündigungsschutz gliedern. Der allgemeine Kündigungsschutz gilt für **alle** unter das Kündigungsschutzgesetz fallenden Arbeitnehmer; der besondere Kündigungsschutz hingegen nur für **bestimmte** Arbeitnehmer (z. B. Betriebsräte, Wehrdienstleistende, Schwerbehinderte). Beide Arten des Kündigungsschutzes lassen das Kündigungsrecht des **Arbeitnehmers** unberührt; sie (die beiden Arten des Kündigungsschutzes) gelten nur für rechtswirksame Arbeitsverträge.

5.2.5.4.1 Allgemeiner Kündigungsschutz
304

Der allgemeine Kündigungsschutz gipfelt in der Aussage, daß Kündigungen nicht **sozial ungerechtfertigt**, das heißt sozialwidrig, sein dürfen.

Dem allgemeinen Kündigungsschutz unterliegen **nur** die →**ordentlichen Kündigungen**. Eine →außerordentliche (fristlose) Kündigung kann somit nicht daraufhin überprüft werden, ob sie sozial ungerechtfertigt ist.

Der allgemeine Kündigungsschutz findet nur auf Arbeitsverhältnisse Anwendung, die im Zeitpunkt der Kündigung ohne Unterbrechung **länger als 6 Monate** bestanden (§ 1 Kündigungsschutzgesetz [KSchG]).

Das Kündigungsschutzgesetz gilt seit 1. 1. 2004 nur für Betriebe, die regelmäßig mehr als 10 Arbeitnehmer (ausschließlich der zu ihrer Berufsausbildung beschäftigten Personen) beschäftigen (§ 23 KSchG i. Verb. m. Art. 6, 2. a) SozVersArbKorrektG), wobei nur solche Arbeitnehmer berücksichtigt werden können, deren regelmäßige Arbeitszeit wöchentlich 10 oder monatlich 45 Stunden übersteigt.

Leitende Angestellte genießen auch den allgemeinen Kündigungsschutz.
305

Auf Kündigungen und Entlassungen als Maßnahmen von Arbeitskämpfen findet das Kündigungsschutzgesetz keine Anwendung (§ 25 KSchG).

Als sozial ungerechtfertigt gelten Kündigungen dann, wenn sie nicht durch **bestimmte Gründe** gerechtfertigt sind. Diese Gründe müssen nach § 1 KSchG i. Verb. m. Art. 6, 1. a) SozVersArbKorrektG
306

– in der **Person** des Arbeitnehmers liegen oder
– in dem **Verhalten** des Arbeitnehmers oder
– durch **dringende betriebliche Erfordernisse**, die einer Weiterbeschäftigung des Arbeitnehmers in diesem Betrieb entgegenstehen, bedingt sein.

Die aufgeführten Kündigungsgründe unterliegen allesamt dem **Grundsatz der Verhältnismäßigkeit**.
307

In der Person des Arbeitnehmers liegende Kündigungsgründe (**personenbedingte Kündigungsgründe**) sind solche, die erwiesenermaßen vorliegen, ohne daß der Arbeitnehmer dafür verantwortlich gemacht werden muß. Die wohl häufigsten personenbedingten Kündigungsgründe sind: die Erkrankung des Arbeitnehmers, die Abnahme seiner körperlichen und/oder geistigen Leistungsfähigkeit, mangelnde Eignung oder mangelnde Anpassungsfähigkeit.
308

253

III   Arbeit

309 Eine Kündigung wegen fortdauernder Krankheit (**Dauererkrankung**) ist dann möglich, wenn

– der Arbeitnehmer auch in der Vergangenheit langfristig erkrankt war,
– auch in Zukunft mit langfristiger Erkrankung zu rechnen ist,
– die Erkrankung des Arbeitnehmers zu betrieblichen Störungen führt,
– eine Versetzung des Arbeitnehmers im Betrieb nicht möglich ist.

310 Der **Grundsatz der Verhältnismäßigkeit** verlangt, daß der Arbeitgeber vor der Kündigung zunächst versucht, den krankheitsbedingten Arbeitsausfall durch Überbrückungsmaßnahmen (z. B. Einstellung einer Hilfskraft, Veränderung der Arbeitsorganisation) zu verkraften.

311 Eine Kündigung wegen **häufiger Kurzerkrankung** in der Vergangenheit ist dann möglich, wenn

– die Arbeitnehmer in der Vergangenheit häufig kurzfristig erkrankt war,
– auch in Zukunft mit häufiger Kurzerkrankung zu rechnen ist,
– die Erkrankung des Arbeitnehmers zu betrieblichen Störungen führt,
– eine Versetzung des Arbeitnehmers im Betrieb nicht möglich ist.

312 Kündigungsgründe, die im Verhalten des Arbeitnehmers liegen (**verhaltensbedingte Kündigungsgründe**) sind vor allem Vertragsverletzungen. Das Verhalten muß nicht gegen den Arbeitgeber gerichtet sein, es kann sich auch im Verhältnis zu den Arbeitskollegen oder Dritten (z. B. Kunden) offenbaren.

313 Dem **Grundsatz der Verhältnismäßigkeit** entsprechend kann der Arbeitgeber in der Regel eine verhaltensbedingte Kündigung erst dann aussprechen, wenn er den Arbeitnehmer zuvor abgemahnt hat. Auf eine solche Abmahnung kann nur dann verzichtet werden, wenn durch eine Änderung des Verhaltens das (für eine Aufrechterhaltung des Arbeitsverhältnisses) erforderliche Vertrauen nicht mehr zurückgewonnen werden kann. Die Abmahnung muß so gehalten sein, daß der Arbeitnehmer hinreichend deutlich erkennen kann, welches Verhalten konkret beanstandet wird. Es muß darüber hinaus mit der Abmahnung der Hinweis verbunden sein, daß im Wiederholungsfall der Bestand des Arbeitsverhältnisses gefährdet sei.

Gründe für die personenbedingte und verhaltensbedingte Kündigung müssen jeweils von einer gewissen Erheblichkeit sein. Der Nachweis, daß diese Erheblichkeit gegeben ist, erfordert eine eingehende objektive Abwägung der Interessen von Arbeitgeber und Arbeitnehmer und zwar unter Berücksichtigung aller maßgeblichen Umstände des **Einzelfalles** (z. B. Dauer der Betriebszugehörigkeit, Arbeitsmarksituation, früheres Verhalten des Arbeitnehmers).

314 Dringende **betriebsbedingte Kündigungsgründe** umfassen innerbetriebliche und außerbetriebliche Umstände. Innerbetriebliche Umstände sind: Änderung der Arbeitsmethoden, Betriebseinschränkung, Betriebsstillegung, Änderung der Produktionsmethoden, Rationalisierungsmaßnahmen und anderes. Außerbetriebliche Umstände sind: Auftragsmangel, Rohstoffmangel, zu hohe Lohnkosten, unzureichende Rentabilität und anderes. Die erforderliche **Dringlichkeit** der betriebsbedingten Gründe ist dann gegeben, wenn die Kündigung **unvermeidbar** ist, das heißt, wenn es unter Abwägung der Interessen von Arbeitgeber und Arbeitnehmer billi-

genswert und angemessen erscheint, das Arbeitsverhältnis zu lösen und diese Konsequenz nicht durch andere Maßnahmen im technischen, organisatorischen oder wirtschaftlichen Bereich abzuwenden ist (**umfassende Interessenabwägung**).

Liegen dringende betriebsbedingte Kündigungsgründe vor, so bedarf es der Auswahl, wem von mehreren Arbeitnehmern gekündigt werden kann (**soziale Auswahl**). Der Arbeitgeber ist (bei Kündigung wegen dringender betrieblicher Gründe) nach §1 Abs.3 KSchG i. Verb. m. Art. 6, 1. a) SozVersArbKorrektG verpflichtet, bei dieser Auswahl soziale Gründe zu berücksichtigen. Für die Auswahl ist dabei maßgebend, welcher Arbeitnehmer auf seinen Arbeitsplatz am wenigsten angewiesen ist. Als Auswahlgesichtspunkte gelten demzufolge beispielsweise: Kinderzahl, Lebensalter, unter Umständen auch die Vermögenslage. 315

Berücksichtigt der Arbeitgeber bei der Auswahl der zu kündigenden Arbeitnehmer soziale Gründe nicht oder nicht ausreichend, so ist die Kündigung trotz dringender betrieblicher Erfordernisse sozial ungerechtfertigt. Der Arbeitgeber hat einem gekündigten Arbeitnehmer auf dessen Verlangen die Gründe mitzuteilen, die ihn zu dieser sozialen Auswahl veranlaßten. Gelangt der Arbeitnehmer daraufhin zu der Auffassung, daß seine Kündigung sozial ungerechtfertigt sei, so ist er dafür **darlegungs- und beweispflichtig**.

Der gekündigte Arbeitnehmer hat das Recht

– binnen 1 Woche nach der Kündigung Einspruch beim →Betriebsrat (→Personalrat) einzulegen, damit dieser versucht, eine Verständigung mit dem Arbeitgeber herbeizuführen;
– binnen 3 Wochen nach Zugang der Kündigung Klage beim Arbeitsgericht auf Feststellung zu erheben, daß das Arbeitsverhältnis durch die Kündigung nicht aufgelöst wurde (**Kündigungsschutzklage bei ordentlicher Kündigung**). 316

Unterläßt der Arbeitnehmer die rechtzeitige Klageerhebung, so wird eine Kündigung auch dann wirksam, wenn sie offensichtlich sozial ungerechtfertigt ist.

Wurde einem Arbeitnehmer außerordentlich aus wichtigem Grunde gekündigt, so muß er – falls er damit nicht einverstanden ist – ebenfalls binnen einer Frist von 3 Wochen Klage erheben (**Kündigungsschutzklage bei außerordentlicher Kündigung**). 317

Nach §13 Abs.3 KSchG kann eine Kündigungsschutzklage unabhängig von der 3-wöchigen Klagefrist erhoben werden, wenn mit der Klage andere Rechtsmängel der Kündigung geltend gemacht werden als das Fehlen eines sozial rechtfertigenden oder wichtigen Grundes (**Kündigungsschutzklage wegen sonstiger Rechtsmängel der Kündigung**). 318

Solche Rechtsmängel können sein: Fehler bei der Anhörung des Betriebsrates, Verstoß der Kündigung gegen spezielle Kündigungsverbote (wie beispielsweise bei Schwangeren oder Schwerbehinderten), Mängel der Kündigung selbst und andere.

Stellt sich im Verlauf eines Kündigungsschutzprozesses heraus, daß Arbeitgeber wie Arbeitnehmer nicht mehr an einer Fortführung des Arbeitsverhältnisses interessiert sind (so insbesondere, wenn die gemeinsame Vertrauensbasis zerstört wurde), so kann der Arbeitnehmer bei unwirksamer ordentlicher oder außerordentlicher Kündigung Antrag auf **Auflösung des Arbeitsverhältnisses gegen Zahlung einer** 319

III Arbeit

Abfindung stellen. Der Arbeitgeber kann einen solchen Antrag nur nach einer ordentlichen Kündigung stellen. Stellen beide Parteien den Auflösungsantrag, so prüft das Gericht lediglich, ob die Kündigung des Arbeitgebers sozial oder aus wichtigem Grunde gerechtfertigt ist. Das Arbeitsverhältnis wird in jedem Fall gegen Zahlung einer Abfindung durch den Arbeitgeber aufgelöst.

Der Arbeitnehmer kann einen Auflösungsantrag von der Einreichung der Klageschrift an bis zur Entscheidung in der zweiten Instanz stellen.

Die Höhe der Abfindung bemißt sich nach den Rahmenrichtlinien des § 10 KSchG. Sie kann bis zu 12 Monatsverdiensten reichen. Älteren Arbeitnehmern mit 50 beziehungsweise 55 Lebensjahren kann bei länger bestehenden Arbeitsverhältnissen (von 15 beziehungsweise 20 Jahren) ein Betrag von 15 bzw. 18 Monatsverdiensten zugestanden werden. Ein Anspruch auf Abfindung besteht nicht, wenn der Arbeitnehmer bei Auflösung des Arbeitsverhältnisses das 65. Lebensjahr vollendet hat.

320 Der Kündigungsschutz greift auch bei →**Änderungskündigungen.**

321 **5.2.5.4.2 Besonderer Kündigungsschutz**

Einen besonderen, über den allgemeinen Kündigungsschutz hinausgehenden Kündigungsschutz sieht der Gesetzgeber für bestimmte Arbeitnehmergruppen vor, so insbesondere für Betriebsratsmitglieder und andere betriebsverfassungsrechtliche Funktionsträger, Wehrdienstleistende, Schwerbehinderte, Schwangere, Mütter und Elternzeiturlauber sowie Auszubildende.

322 **Betriebsratsmitglieder und andere betriebsverfassungsrechtliche Funktionsträger** (Personalvertretung, →Jugend- und Auszubildendenvertretung, Bordvertretung, Seebetriebsrat, Wahlvorstand, Wahlbewerber) sind sowohl gegenüber einer →ordentlichen als auch gegenüber einer →außerordentlichen Kündigung besonders geschützt.

Eine **ordentliche Kündigung** oder →**Änderungskündigung** des Arbeitgebers ist gegenüber dem vorgenannten Personenkreis grundsätzlich unzulässig. Für Betriebsratsmitglieder gilt das Kündigungsverbot noch innerhalb eines Jahres nach dem Ende ihrer Amtszeit; bei Mitgliedern der Bordvertretung, des Wahlvorstandes oder bei Wahlbewerbern noch 6 Monate nach Beendigung ihrer Funktionen. **Ersatzmitglieder** der genannten Betriebsverfassungsorgane genießen den Kündigungsschutz erst, wenn sie zeitweilig oder endgültig an die Stelle eines verhinderten oder ausgeschiedenen Betriebsratsmitgliedes getreten sind.

Auszubildenden, die in eine Betriebs- oder Jugend- und Auszubildendenvertretung gewählt wurden, steht das Recht zu, nach Ende ihres Ausbildungsverhältnisses (mit dem Ablauf der Ausbildungszeit) vom Arbeitgeber eine Weiterbeschäftigung in einem anschließenden Arbeitsverhältnis auf unbestimmte Zeit zu verlangen.

Eine **außerordentliche Kündigung** des Arbeitgebers gegenüber dem vorgenannten Personenkreis ist **grundsätzlich zulässig.** Sie bedarf jedoch der Zustimmung des Betriebsrates. Versagt dieser seine Zustimmung, so kann der Arbeitgeber diese durch das Arbeitsgericht ersetzen lassen.

Gegenüber **Wehrdienstleistenden** ist ab dem Zeitpunkt der Zustellung des Einberufungsbescheides bis zur Beendigung des Grundwehrdienstes sowie während einer Wehrübung eine **ordentliche Kündigung** des Arbeitsverhältnisses durch den Arbeitgeber unzulässig (§ 2 Arbeitsplatzschutzgesetz [ArbPSchG]). Eine Ausnahme von dieser Regelung gilt für Kleinbetriebe, in denen in der Regel weniger als sechs Arbeitnehmer ohne die zu ihrer Berufsausbildung Beschäftigten tätig sind. In ihnen kann die Einberufung als wichtiger Kündigungsgrund vorgebracht werden. Voraussetzungen für die Kündigung sind dabei, daß 323

- der Wehrdienstleistende unverheiratet ist,
- eine Weiterbeschäftigung des Arbeitnehmers nach dem Wehrdienst dem Arbeitgeber nicht zugemutet werden kann, da dieser bereits vorher eine Ersatzkraft eingestellt hat,
- die Kündigung unter Einhaltung einer Frist von 2 Monaten für den Zeitpunkt der Entlassung aus dem Wehrdienst ausgesprochen wird.

Kündigt der Arbeitgeber dem Arbeitnehmer während dessen Wehrdienstzeit, so beginnt die 3-wöchige Frist für die Erhebung der **Kündigungsschutzklage** erst 2 Wochen nach Ende des Wehrdienstes (§ 2 Abs. 4 ArbPSchG). 324

Vor und nach dem Wehrdienst darf der Arbeitgeber das Arbeitsverhältnis nicht aus Gründen, die mit der Wehrpflicht des Arbeitnehmers in Zusammenhang stehen, kündigen (§ 2 Abs. 2 ArbPSchG).

Bei Kündigung von Arbeitsverhältnissen infolge dringender betrieblicher Erfordernisse darf der Arbeitgeber bei der Auswahl der zu kündigenden Arbeitnehmer den Wehrdienst nicht (mit) zum Auswahlkriterium erheben.

Der Kündigungsschutz für Wehrdienstleistende gilt nach § 78 Zivildienstgesetz (Gesetz über den **Zivildienst** der Kriegsdienstverweigerer, neu gefaßt am 17. 5. 2005) auch für Personen, die zivilen Ersatzdienst leisten. 325

Auch beim **Kündigungsschutz der Schwerbehinderten** ist zwischen ordentlicher und außerordentlicher Kündigung zu unterscheiden. 326

Die **ordentliche Kündigung** des Arbeitsverhältnisses eines Schwerbehinderten bedarf der **vorherigen Zustimmung** des (örtlich zuständigen) Integrationsamtes (§ 85 Sozialgesetzbuch IX [SGB IX]). Mit der Zustimmung des Integrationsamtes kann der Arbeitgeber **innerhalb eines Monats** kündigen. Die von ihm einzuhaltende Kündigungsfrist beträgt mindestens 4 Wochen (auch bei Probe- und Aushilfsarbeitsverhältnissen). Das Integrationsamt ist verpflichtet, sich um eine **gütliche Einigung** der Parteien zu bemühen. Dazu hat es die Stellungnahme der zuständigen Agentur für Arbeit, des Betriebs- oder Personalrates und der Schwerbehindertenvertretung einzuholen, sowie den Schwerbehinderten selbst zu hören. Bei seiner Entscheidung hat das Integrationsamt das öffentliche Interesse an der Eingliederung von Schwerbehinderten ins Arbeitsleben, die möglichen Hilfen für den Fortbestand des Arbeitsverhältnisses, das Interesse des jeweiligen Schwerbehinderten an der Erhaltung seines Arbeitsplatzes, aber auch die Interessen des Arbeitgebers an einer möglichst wirtschaftlichen Betriebsführung zu berücksichtigen.

Auch die **außerordentliche Kündigung** eines Schwerbehinderten bedarf der **vorherigen Zustimmung** des Integrationsamtes (§ 91 SGB IX). Diese Zustimmung kann der

III Arbeit

Arbeitgeber nur innerhalb von 2 Wochen seit Kenntnis der für die Kündigung maßgebenden Tatsachen beantragen. Das Integrationsamt muß dann (wie bei der ordentlichen Kündigung) alle beteiligten Stellen und Personen hören und binnen einer Frist von 2 Wochen eine Entscheidung herbeiführen. Wird diese Entscheidung nicht innerhalb dieser Frist getroffen, so gilt die Zustimmung als erteilt. Nach Zustimmung kann der Arbeitgeber unverzüglich kündigen. Die außerordentliche Kündigung ist nach Zustimmung auch dann noch möglich, wenn zwischenzeitlich die Ausschlußfrist von 2 Wochen nach § 626 Abs. 2 BGB abgelaufen ist.

Der besondere Kündigungsschutz der Schwerbehinderten findet in den nachfolgend genannten Fällen keine Anwendung:
- wenn das Arbeitsverhältnis im Zeitpunkt des Zuganges der Kündigung ohne Unterbrechung noch nicht länger als 6 Monate bestanden hat;
- wenn der Schwerbehinderte auf einem Arbeitsplatz beschäftigt wird, der bei der Berechnung der Pflichtzahl (das ist die gesetzlich vorgeschriebene Anzahl von Arbeitsplätzen für Schwerbehinderte; nach § 71 SGB IX sind in allen Betrieben mit mindestens 20 Arbeitsplätzen 5 v. H. der Arbeitsplätze mit Schwerbehinderten zu besetzen) nicht mitgezählt wird (§ 73 Abs. 2 u. 3 sowie § 74 SGB IX);
- wenn der Schwerbehinderte das 58. Lebensjahr vollendet und Anspruch auf Abfindung auf Grund eines Sozialplanes oder auf Knappschaftsleistungen hat, sofern die Kündigungsabsicht rechtzeitig mitgeteilt wurde und der zu Kündigende nicht widersprochen hat;
- wenn die Auflösung des Arbeitsverhältnisses aus witterungsbedingten Gründen erfolgt und die Wiedereinstellung bei der Wiederaufnahme der Arbeit gesichert ist.

327 Die Kündigung gegenüber einer Frau ist während der **Schwangerschaft** bis zum Ablauf von 4 Monaten nach der Entbindung (Schutzfrist) unzulässig (Kündigungsverbot, § 9 Mutterschutzgesetz [MuSchG]). Dieses Kündigungsverbot gilt allerdings nur dann, wenn dem Arbeitgeber zum Zeitpunkt der Kündigung die Schwangerschaft oder Entbindung **bekannt** war oder innerhalb von 2 Wochen nach Zugang der Kündigung mitgeteilt wird. Das Kündigungsverbot umfaßt sämtliche Formen der Kündigung, also ordentliche, außerordentliche und Änderungskündigung; es gilt auch für Kündigungen im Insolvenz- und Vergleichsverfahren sowie für Kündigungen anläßlich einer Massenentlassung. Der Kündigungsschutz endet mit einer Fehlgeburt, nicht jedoch bei einer Totgeburt.

Der Kündigungsschutz besteht nicht, wenn der Arbeitgeber fahrlässig davon nicht in Kenntnis gesetzt wurde. Die Kenntnis der Schwangerschaft wird dem Arbeitgeber in der Regel durch Mitteilung der Schwangeren oder durch Vorlage eines ärztlichen Attestes vermittelt. Die Schwangere kann sich jedoch auch bei der Mitteilung durch eine beliebige Person vertreten lassen. War sich die Arbeitnehmerin **schuldlos** (Ein Verschulden liegt dann vor, wenn die Frau nicht die Sorgfaltspflichten beachtet, wie dies jeder verständige Mensch tut!) ihrer Schwangerschaft nicht bewußt, so genügt es für sie, um den Kündigungsschutz zu erlangen, unverzüglich nach Kenntniserlangung von ihrer Schwangerschaft darüber dem Arbeitgeber Mitteilung zu machen (Urteil des Bundesverfassungsgerichtes v. 13. 11. 1979). Es trifft sie dabei die diesbezügliche Darlegungs- und Beweispflicht. Der Arbeitgeber braucht sich nicht mit der bloßen Mitteilung der Arbeitnehmerin zu begnügen; er kann einen Nachweis der Schwangerschaft (Attest von Arzt oder Hebamme) verlangen.

In besonderen Ausnahmefällen kann die zuständige Arbeitsbehörde (je nach Bundesland: Gewerbeaufsichtsamt, Amt für Arbeitsschutz, Landesgewerbeamt) eine ordentliche oder außerordentliche Kündigung einer schwangeren Arbeitnehmerin für **zulässig erklären**. Eine solche Ausnahmegenehmigung muß aber – um eine wirksame Kündigung zu ermöglichen – bereits zum Zeitpunkt des Ausspruches der Kündigung vorliegen. Der Arbeitsbehörde obliegt es, die besonderen Umstände der Kündigung unter Berücksichtigung der Interessen beider Parteien zu würdigen, wobei der Schutz der Schwangeren vor einer Kündigung Vorrang haben soll. Denkbare Ausnahmesituationen: Betriebsstillegung, Betriebsverlagerung.

Nach § 18 Abs. 1 Satz 1 Bundeserziehungsgeldgesetz (BErzGG) darf der Arbeitgeber das Arbeitsverhältnis ab dem Zeitpunkt, von dem an → **Elternzeit** verlangt worden ist, höchstens jedoch 8 Wochen vor Beginn der Elternzeit, und während der Elternzeit nicht kündigen. Dieses absolute Kündigungsverbot umfaßt die ordentliche wie auch die außerordentliche Kündigung. § 18 Abs. 1 Satz 2 BErzGG sieht jedoch vor, daß die für den Arbeitsschutz zuständige oberste Landesbehörde oder eine von ihr bestimmte Stelle in besonderen Fällen **ausnahmsweise** eine Kündigung des Arbeitsverhältnisses durch den Arbeitgeber für zulässig erklären kann. Der Bundesminister für Arbeit und Soziales ist ermächtigt, mit Zustimmung des Bundesrates, allgemeine Verwaltungsvorschriften bezüglich der zulässigen Ausnahmekündigungen zu erlassen. Als besondere Kündigungsgründe kommen in Betracht: zum Beispiel schwere Vertragsverletzung durch den Arbeitnehmer, Betriebsstillegung, Stillegung einer Betriebsabteilung. Eine Kündigung kann bei Vorliegen solcher Gründe allerdings nur dann rechtswirksam erfolgen, wenn eine Umsetzung des Arbeitnehmers nicht möglich ist.

Die vorgenannten Sonderkündigungsschutz-Regelungen gelten außer für Vollzeitbeschäftigte auch für Teilzeitbeschäftigte, für zur Berufsausbildung Beschäftigte sowie für in der Heimarbeit Beschäftigte und die diesen Gleichgestellten (§ 20 Abs. 1 u. 2 BErzGG).

Der Arbeitnehmer kann das Arbeitsverhältnis mit einer Frist von 3 Monaten zum Ende der Elternzeit (sofern nicht eine kürzere gesetzliche oder eine kürzere vertragliche Kündigungsfrist im Arbeitsverhältnis gilt; § 19 BErzGG) kündigen.

Nach der Probezeit kann das **Ausbildungsverhältnis** von beiden Seiten nur **außerordentlich** aus wichtigem Grund **gekündigt** werden. Die Kündigung hat schriftlich unter Angabe der Kündigungsgründe zu erfolgen. Die Kündigung ist ausgeschlossen, wenn die Kündigungsgründe dem Kündigenden länger als 2 Wochen bekannt sind (§ 22 Abs. 4 Berufsbildungsgesetz [BBiG]). Ein wichtiger Grund zur außerordentlichen Kündigung des Berufsausbildungsverhältnisses liegt immer dann vor, wenn die Fortsetzung des Ausbildungsverhältnisses bis zum Ende der Ausbildungszeit dem Kündigenden – unter Berücksichtigung aller Umstände des Einzelfalles – nicht mehr zugemutet werden kann. (Fehlerhafte Leistungen des Auszubildenden stellen in der Regel keinen Kündigungsgrund dar; sie dürfen eher als typisch für ein Ausbildungsverhältnis angesehen werden!)

III Arbeit

330 Wenn der Auszubildende die Berufsausbildung aufgeben oder eine andere Berufsausbildung ergreifen möchte, kann er eine **außerordentliche Kündigung** seines Berufsausbildungsverhältnisses vornehmen (**Berufsänderungskündigung**). Die Kündigung hat schriftlich unter Angabe der Kündigungsgründe zu erfolgen. Ob der Auszubildende nach erfolgter Kündigung die Berufsausbildung tatsächlich aufgibt oder eine andere anstrebt, ist ohne Bedeutung.

Wird das Berufsausbildungsverhältnis vorzeitig aus wichtigem Grunde gelöst, so kann der Vertragspartner Schadensersatz verlangen, wenn der andere den Grund der Auflösung zu vertreten hat (§ 23 BBiG). Der Schadensersatzanspruch muß jedoch innerhalb von 3 Monaten nach Auflösung des Berufsausbildungsverhältnisses geltend gemacht werden (§ 23 BBiG).

331 **5.2.5.4.3 Kündigungsschutz bei Massenentlassungen**

Wenn erkennbare Veränderungen des Betriebes innerhalb der nächsten 12 Monate voraussichtlich dazu führen, eine Massenentlassung oder eine mit Lohnkürzung verbundene Massenumsetzung vorzunehmen, ist der Arbeitgeber verpflichtet, dies derAgentur für Arbeit unverzüglich schriftlich anzuzeigen.

332 Eine **Massenentlassung** ist nach § 17 Abs. 1 KSchG gegeben, **wenn**:
- in Betrieben mit in der Regel mehr als 20 und weniger als 60 Arbeitnehmern mehr als 5 Arbeitnehmer,
- in Betrieben mit in der Regel mindestens 60 und weniger als 500 Arbeitnehmern 10 Prozent der im Betrieb regelmäßig beschäftigten Arbeitnehmer oder aber mehr als 25 Arbeitnehmer,
- in Betrieben mit in der Regel mindestens 500 Arbeitnehmern mindestens 30 Arbeitnehmer innerhalb von 30 Kalendertagen **entlassen werden**.

Beabsichtigt der Arbeitgeber Massenentlassungen vorzunehmen, so hat er den Betriebsrat rechtzeitig über die Gründe der Entlassung, die Anzahl der zu entlassenden Arbeitnehmer, die Anzahl der in der Regel beschäftigten Arbeitnehmer und den Zeitraum, in dem die Entlassungen vorgenommen werden sollen, schriftlich zu unterrichten sowie weitere zweckdienliche Auskünfte zu erteilen (§ 17 Abs. 2 KSchG). Arbeitgeber und Betriebsrat haben insbesondere die Möglichkeiten zu beraten, Entlassungen zu vermeiden oder einzuschränken und ihre Folgen zu mindern.

333 Hat der Arbeitgeber der nach § 17 KschG geforderten Anzeigepflicht nicht oder nicht ordnungsgemäß entsprochen, sind alle vorgenommenen Entlassungen **unwirksam**; insbesondere auch solche, die unter der Grenze der Massenentlassung liegen. Die Unwirksamkeit der Entlassung hat für das Arbeitsverhältnis eines betroffenen Arbeitnehmers nur dann eine Auswirkung, wenn er sich gegenüber dem Arbeitgeber auf diese Unwirksamkeit beruft. Nur dann ist die Kündigung tatsächlich unwirksam (Urteil des Bundesarbeitsgerichts v. 6.12.1973).

334 Die (vor Ausspruch der Kündigungen erforderliche) Anzeige der Massenentlassung bei der (örtlich zuständigen) Agentur für Arbeit löst eine einmonatige **Sperrfrist** aus. Vor dem Ablauf dieser Sperrfrist werden Entlassungen nur mit deren Zustimmung wirksam. Die Zustimmung kann auch rückwirkend bis zum Tage der Antragstellung erteilt werden. Die Agentur für Arbeit kann im Einzelfall bestim-

men, daß die Entlassungen nicht vor Ablauf von längstens zwei Monaten nach Eingang der Anzeige wirksam werden (§ 18 Abs. 1 u. 2 KSchG). Die Agentur für Arbeit kann ihre Zustimmung zur Massenentlassung an Auflagen binden. So kann sie ihre Zustimmung unter der Bedingung erteilen, daß Abfindungen geleistet werden. Die Agentur für Arbeit hat allerdings keine Möglichkeiten, die Erfüllung ihrer Auflagen zu erzwingen. Der Arbeitgeber kann somit auch die Sperrfristen abwarten und dann beispielsweise ohne Zahlung von Abfindungen die Entlassungen vornehmen. Falls der Arbeitgeber während der Sperrfrist nicht in der Lage ist, sämtliche Arbeitnehmer zu beschäftigen, kann die Bundesagentur für Arbeit die Einführung von **Kurzarbeit** zulassen (§ 19 Abs. 1 KSchG).

Soweit die Entlassungen nicht innerhalb 90 Tagen nach dem Zeitpunkt ihrer Zulässigkeit durchgeführt werden, bedarf es einer erneuten Anzeige (§ 18 Abs. 4 KSchG).

Der Massenentlassungsschutz findet keine Anwendung auf fristlose Entlassungen aus wichtigem Grund. Er greift auch nicht Platz, wenn der Arbeitnehmer auf Grund eigener Kündigung, →Aufhebungsvertrag, Fristablauf und so weiter aus dem Betrieb ausscheidet.

Der Massenentlassungsschutz gilt nicht für Saison- und Kampagnebetriebe, wenn die Entlassungen durch die Eigenart des Betriebes bedingt sind (§ 22 KSchG).

5.2.5.5 Pflichten des Arbeitgebers nach der Kündigung/bei Beendigung des Arbeitsverhältnisses

Mit der Beendigung eines Arbeitsverhältnisses kommen in der Regel auf den Arbeitgeber Pflichten zu, denen er sich nicht entziehen kann. Es sind dies insbesondere: Pflicht zur Freistellung zur Stellungssuche, Pflicht zur Zeugniserteilung, Pflicht zur Auskunfterteilung über den scheidenden Arbeitnehmer, Pflicht zur Herausgabe der Arbeitspapiere.

Pflicht zur Freistellung zur Stellungssuche: Nach der Kündigung eines dauerhaften Arbeitsverhältnisses (gleichgültig, ob die Kündigung vom Arbeitgeber oder vom Arbeitnehmer ausging!) ist der Arbeitgeber verpflichtet, dem Arbeitnehmer eine angemessene Zeit zum Suchen einer neuen Arbeitsstelle unter Fortzahlung des Lohnes zu gewähren (§ 629 BGB u. § 2 Abs. 2 Ziff. 3 SGB III). Der Anspruch auf Lohnfortzahlung kann durch →Tarifvertrag oder Einzelvertrag ausgeschlossen werden.

Pflicht zur Zeugniserteilung: Jeder Arbeitnehmer (auch Beamte) hat das Recht, bei Beendigung seines Arbeitsverhältnisses von seinem (bisherigen) Arbeitgeber ein Arbeits- oder Dienstzeugnis zu verlangen. Die Rechtsgrundlage für diesen Anspruch findet sich in § 109 Gewerbeordnung (GO), § 630 BGB (für Auszubildende § 16 Berufsbildungsgesetz). Der Anspruch besteht unabhängig von der Dauer des Arbeitsverhältnisses. (Lediglich bei sehr kurzen Arbeitsverhältnissen über wenige Tage entfällt die Zeugnispflicht.) Der Anspruch des Arbeitnehmers auf Erteilung eines Zeugnisses kann durch Parteivereinbarung nicht ausgeschlossen werden. Das Zeugnis ist grundsätzlich vom Arbeitgeber persönlich oder von einem dazu bestellten Vertreter der Personalabteilung auszustellen; es ist schriftlich zu erteilen und zu unterschreiben.

III Arbeit

Für die Abfassung eines Zeugnisses lassen sich im wesentlichen vier Grundsätze ausmachen: Es soll der Wahrheit entsprechen (**Grundsatz der Wahrheit**), es soll von verständnisvollem Wohlwollen getragen sein (**Grundsatz des Wohlwollens**), es soll alle wesentlichen Tatsachen und Bewertungen enthalten, die für die Gesamtbeurteilung des Arbeitnehmers von Bedeutung sind (**Grundsatz der Vollständigkeit**), schließlich soll es der Persönlichkeit des Arbeitnehmers Rechnung tragen (**Grundsatz der individuellen Beurteilung**). Der Grundsatz der Zeugniswahrheit genießt Vorrang (Wahrheit vor Wohlwollen).

Das Arbeitsleben kennt im wesentlichen zwei Arten von Zeugnissen: das einfache Zeugnis und das qualifizierte Zeugnis.

338
339 Das **einfache Zeugnis** muß Angaben über die Person des Beschäftigten sowie über die Art und Dauer der Tätigkeit enthalten (**Beschäftigungsnachweis**). Die Art der Tätigkeit muß dabei so vollständig und genau beschrieben sein, daß sich künftige Arbeitgeber ein ausreichendes Bild über die bislang ausgeübte Tätigkeit des Bewerbers machen und beurteilen können, ob er sich für die von ihnen angebotene Stelle eignet (Urteil des Bundesarbeitsgerichts v. 12. 8. 1976).

340 Das **qualifizierte Zeugnis** hat auf Wunsch des Beschäftigten auch über seine Führung und über seine Leistung zu berichten. Während sich der Bericht über die Führung vor allem mit dem Sozialverhalten (Verhalten gegenüber Vorgesetzten, Mitarbeitern, Untergebenen) befaßt, betrifft der Bericht über die Leistung hauptsächlich die Fachkenntnis, Arbeitsbereitschaft, Arbeitsinitiative, Arbeitsqualität und Fleiß.

Das qualifizierte Zeugnis vereinigt eine doppelte Absicht: Es soll einerseits dem Arbeitnehmer als aussagekräftige Unterlage für eine neue Bewerbung dienen und andererseits einem möglichen Arbeitgeber für eine eventuelle Einstellung bedeutsame Informationen bieten. Diese doppelte Absicht macht deutlich, daß sowohl eine Unterbewertung als auch eine Überbewertung des Arbeitnehmers mit den Interessen der beiden Parteien nicht zu vereinbaren ist.

Als wichtige Charakterisierung, insbesondere in Berufen, in denen dem Beschäftigten Vermögenswerte anvertraut werden, gilt die Ehrlichkeit. Fehlt im Zeugnis eines mit einer entsprechenden Beschäftigung befaßten Arbeitnehmers dieses Attribut, so muß fast zwangsläufig auf das Gegenteil (Unehrlichkeit) geschlossen werden.

Die Charakterisierungen „gewissenhaft" und „verantwortungsbewußt" sind ebenfalls sehr bedeutsame und für bestimmte Positionen (fast) unverzichtbare (Zeugnis-)Attribute.

Beendigungsgründe für das Arbeitsverhältnis dürfen nur auf ausdrücklichen Wunsch des zu Beurteilenden ins Zeugnis aufgenommen werden.

Ein nicht verlangtes qualifiziertes Zeugnis kann der Arbeitnehmer zurückweisen und ein einfaches Zeugnis verlangen.

Weist ein Zeugnis falsche Aussagen und/oder Beurteilungen auf, so kann der Arbeitnehmer ein neues Zeugnis verlangen.

Hat ein Arbeitgeber aus eigenem →Verschulden ein Zeugnis nicht, unrichtig oder verspätet erteilt, so ist er dem Arbeitnehmer zum Ersatz des Schadens verpflichtet, der ihm daraus entsteht (Urteil des Bundesarbeitsgerichts v. 25. 10. 1967).

Pflicht zur Auskunfterteilung: Der Arbeitgeber ist gegenüber seinem bisherigen Arbeitnehmer verpflichtet, einem neuen Arbeitgeber Auskunft über ihn (den bisherigen Arbeitnehmer) zu geben, wenn dies für den Arbeitnehmer von besonderem Interesse ist. Diese Pflicht besteht auch nach Ende des Arbeitsverhältnisses. 341

Der bisherige Arbeitgeber ist jedoch gegenüber einem neuen Arbeitgeber seines bisherigen Arbeitnehmers oder gegenüber einem sonstigen Dritten nicht zur Auskunft verpflichtet, wenn dies nicht von besonderem Interesse für den bisherigen Arbeitnehmer ist. Es steht dem bisherigen Arbeitgeber jedoch frei, dies zu tun, auch ohne Wissen und Zustimmung des bisherigen Arbeitnehmers.

Für die Erteilung von Auskünften gelten die gleichen Grundsätze wie für die Zeugniserteilung. Der Arbeitgeber ist nach einem Urteil des Bundesarbeitsgerichtes v. 10.7.1959 verpflichtet, dem Arbeitnehmer auf Verlangen Kenntnis von der erteilten Auskunft zu geben (gegebenenfalls einen Durchschlag des Auskunftschreibens zur Einsicht).

Pflicht zur Herausgabe der Arbeitspapiere: Nach Beendigung des Arbeitsverhältnisses hat der Arbeitgeber die Arbeitspapiere des Arbeitnehmers auszufüllen und herauszugeben. Die Arbeitspapiere umfassen: die Lohnsteuerkarte, das Versicherungsnachweisheft, die Bescheinigung über den im laufenden Kalenderjahr gewährten und abgegoltenen Urlaub und einen etwaigen Bildungsurlaub, Unterlagen für vermögenswirksame Leistungen, den Sozialversicherungsausweis und die vom Arbeitgeber bei Beendigung des Arbeitsverhältnisses auszustellende Arbeitsbescheinigung; im Baugewerbe kommen noch die Lohnnachweiskarte sowie die sonstigen Unterlagen des Lohnnachweisverfahrens hinzu. Der Arbeitnehmer hat diese Arbeitspapiere abzuholen. Noch nicht fertiggestellte Arbeitspapiere hat der Arbeitgeber dem Arbeitnehmer auf dessen Kosten und Gefahr zu übersenden. Der Arbeitgeber hat an den Arbeitspapieren des Arbeitnehmers kein Zurückbehaltungsrecht. Er muß deshalb auch dann die Arbeitspapiere herausgeben, wenn der Arbeitnehmer das Arbeitsverhältnis fristlos aufgibt oder der Arbeitgeber ihn fristlos entlassen hat oder der Arbeitgeber noch Forderungen gegen den Arbeitnehmer hat. Bei schuldhaft verspäteter Rückgabe oder bei falscher Ausfüllung der Arbeitspapiere kann der Arbeitnehmer Schadensersatzansprüche geltend machen. Dem Arbeitgeber muß eine angemessene Frist zur Ausfüllung der Papiere zugestanden werden. 342

5.2.5.6 Pflichten des Arbeitnehmers nach der Kündigung/bei Beendigung des Arbeitsverhältnisses

Der Arbeitnehmer ist verpflichtet:

- sich unmittelbar nach der Kündigung bei der Agentur für Arbeit als Arbeitsuchender zu melden (**Meldung als Arbeitsuchender** nach § 2 Abs. 2 Ziff. 3 SGB III i. Verb. m. § 37b SGB III). (Bei verspäteter Meldung wird das Arbeitslosengeld I bis zu 30 Tage gesperrt.) 342a

- eigenverantwortlich nach Arbeit zu suchen (**Verpflichtung zur Arbeitsuche** nach § 2 Abs. 5 Ziff. 2 SGB III); 342b

- eine **zumutbare Beschäftigung** anzunehmen und gegebenenfalls an einer beruflichen Eingliederungsmaßnahme teilzunehmen (§ 2 Abs. 5 Ziff. 3 u. 4 SGB III). 342c

III Arbeit

5.2.5.7 Verjährung, Verwirkung, Ausschlußfristen von Ansprüchen aus Arbeitsverhältnis

343 →**Verjährung**: Die Verjährungsfrist für Ansprüche aus Arbeitsverhältnis beträgt grundsätzlich 3 Jahre (§ 195 BGB n. F.). So insbesondere der Anspruch des Arbeitnehmers auf Arbeitsentgelt oder andere Dienstbezüge mit Einschluß der Auslagen und der Vorschüsse. Diese dreijährige Verjährungsfrist beginnt erst ab dem Ende des Jahres (31.12.) zu laufen, in dem die Forderung entstanden ist.

Der dreißigjährigen Verjährungsfrist unterliegen Ansprüche des Arbeitgebers aus →ungerechtfertigter Bereicherung des Arbeitnehmers bei versehentlicher Lohnüberzahlung, Schadensersatzansprüche des Arbeitgebers oder des Arbeitnehmers wegen Verletzung von Haupt- oder Nebenpflichten des Arbeitsvertrages durch die andere Vertragspartei, der Zeugnisanspruch des Arbeitnehmers sowie das Recht des Arbeitnehmers auf Ruhegeld.

Der Verjährung von Forderungen aus dem Arbeitsverhältnis kommt in der Praxis keine große Bedeutung zu, da häufig die viel kürzeren Ausschlußfristen von →Tarif- und →Arbeitsverträgen eingreifen oder aber die Grundsätze der →Verwirkung die Ansprüche vernichten.

344 **Verwirkung**: Ansprüche aus Arbeitsverhältnis können nicht geltend gemacht werden (d. h. sind verwirkt), wenn seit der Möglichkeit der Geltendmachung längere Zeit verstrichen ist und besondere Umstände hinzutreten, auf Grund derer die verspätete Geltendmachung als Verstoß gegen →Treu und Glauben empfunden wird. Eine solche Verwirkung ist insbesondere dann gegeben, wenn der Schuldner aus dem Verhalten des Gläubigers entnehmen konnte und sich darauf eingestellt hat, daß dieser sein Recht nicht mehr geltend machen werde. (Macht beispielsweise ein Arbeitnehmer ein paar ausnahmsweise geleistete Überstunden, die ihm nicht abgerechnet wurden, über Monate hin nicht geltend, so darf der Arbeitgeber nach einer gewissen Zeit annehmen, daß der Arbeitnehmer nicht mehr auf der Abrechnung besteht.)

345 **Ausschlußfristen**: In →Arbeitsverträgen, →Betriebsvereinbarungen und vor allem in →Tarifverträgen werden häufig Ausschlußfristen (Verfallfristen) vereinbart. Mit solchen Vereinbarungen soll die Geltendmachung von Ansprüchen aus dem Arbeitsverhältnis für Arbeitgeber und Arbeitnehmer auf einen bestimmten Zeitraum (in der Regel zwischen 1 und 6 Monaten nach Entstehen des Anspruches) begrenzt werden. (Dabei wird häufig die schriftliche, zuweilen auch die gerichtliche Geltendmachung festgelegt!) Für die Geltendmachung tarifvertraglicher Rechte können Ausschlußfristen nur in →Tarifverträgen vereinbart werden (§ 4 Tarifvertragsgesetz). Ausschlußfristen in Einzelarbeitsverträgen oder →Betriebsvereinbarungen sind nur dann wirksam, wenn die Parteien nicht tarifgebunden sind und nicht unabdingbar geltende tarifliche Ansprüche berührt werden.

Nach Ablauf der Ausschlußfrist erlischt ein Anspruch auch dann, wenn der bisherige Anspruchsberechtigte die Geltendmachung seines Anspruches schuldlos versäumt oder die Rechtslage falsch beurteilt hat.

Arbeit **III**

5.2.6 Sonderformen des Arbeitsvertrages

5.2.6.1 Berufsausbildungsverhältnis

Das Berufsausbildungsverhältnis wird durch Abschluß eines **Berufsausbildungsvertrages** begründet. Der Abschluß dieses Vertrages erfolgt nach §§ 145 ff. BGB zwischen dem Ausbildenden und dem Auszubildenden (bei Minderjährigen unter 18 Jahren mit Zustimmung der gesetzlichen Vertreter, also im Regelfall der Eltern; ist eine Vormundschaft angeordnet, so bedarf der Vormund zum Abschluß eines Ausbildungsvertrages mit einer Laufzeit von mehr als 1 Jahr der Genehmigung des Vormundschaftsgerichtes).

Nach § 28 Berufsbildungsgesetz (BBiG) in der Fassung vom 23. 3. 2005 darf nur derjenige Auszubildende einstellen, der **persönlich geeignet** ist. Als **nicht** geeignet gelten insbesondere Personen, die mehrmals (wenigstens dreimal) gegen das Jugendarbeitsschutzgesetz verstießen und deshalb mit Geldbußen belegt wurden. Darüber hinaus gelten auch solche Personen als nicht geeignet, die wiederholt schwer gegen das Berufsbildungsgesetz verstoßen haben.

Außer der persönlichen Eignung muß der Ausbildende beziehungsweise ein von ihm bestellter Ausbilder nach § 28 BBiG und nach § 22 Handwerksordnung (HandwO) in der Fassung vom 24. 9. 1998 **fachliche Eignung** erbringen. Als fachlich geeignet gilt derjenige, der die erforderliche berufliche und pädagogische Qualifikation besitzt. Konkret bedeutet dies für

– den Bereich der **gewerblichen Wirtschaft**: Abschluß in einer dem Ausbildungsberuf entsprechenden Fachrichtung;
– den **handwerklichen Bereich**: Meisterprüfung in einem dem Ausbildungsberuf entsprechenden Handwerk;
– **sonstige Berufe**: die entsprechende oder übergeordnete Berufsqualifikation (z. B. Rechtsanwalt für die Ausbildung einer Anwaltsgehilfin oder Apotheker für die Ausbildung einer Apothekenhelferin).

Neben der persönlichen und fachlichen Eignung des Ausbildenden (Ausbilders) fordern § 27 BBiG und § 21 HandwO die **Eignung des Ausbildungsbetriebes** und zwar nach Art, Einrichtung und personeller Besetzung. Dies bedeutet, daß der Ausbildungsbetrieb über diejenigen Einrichtungen verfügen muß, die für eine erfolgreiche Durchführung der Berufsausbildung notwendig sind, und daß die Anzahl der Auszubildenden in einem angemessenen Verhältnis zur Anzahl der vorhandenen Ausbildungsplätze und zur Anzahl der beschäftigten Fachkräfte stehen muß. Unzulänglichkeiten des Ausbildungsbetriebes in vorgenannter Hinsicht können allerdings durch entsprechende Ausbildungsmaßnahmen außerhalb des Ausbildungsbetriebes, so insbesondere durch überbetriebliche Ausbildung, ausgeglichen werden.

Die Ausbildung erfolgt zum einen im Ausbildungsbetrieb, zum anderen in der Berufsschule. Das Recht der betrieblichen Ausbildung ist im Berufsbildungsgesetz einheitlich geregelt. Die schulische Ausbildung wird von dieser einheitlichen Regelung jedoch nicht erfaßt. Ergänzend zu den Sonderregelungen des Berufsbildungsgesetzes finden auf den Berufsausbildungsvertrag die Vorschriften des allgemeinen Arbeitsrechtes Anwendung (§ 10 BBiG).

III Arbeit

Ausgenommen von der einheitlichen Regelung der Berufsausbildung ist neben der schulischen Ausbildung die Ausbildung in einem öffentlichen Dienstverhältnis und auf Kauffahrteischiffen.

348 Jugendliche unter 18 Jahren dürfen nach den Bestimmungen des §4 BBiG und des §25 Abs. 3 HandwO grundsätzlich nur in staatlich **anerkannten Ausbildungsberufen** ausgebildet werden. Die Anerkennung von Ausbildungsberufen erfolgt durch die zuständigen Bundesminister, in der Regel den Bundesminister für Bildung und Forschung oder den Bundesminister für Arbeit und Soziales. In diesen anerkannten Ausbildungsberufen darf nur nach den ebenfalls von den zuständigen Bundes-
349 ministern erlassenen **Ausbildungsordnungen** (§ 5 BBiG) ausgebildet werden.

Für den Abschluß des Berufsausbildungsvertrages ist keine bestimmte Form vorgeschrieben (→Formfreiheit). Der Ausbildende ist jedoch verpflichtet, unverzüglich nach Abschluß des Vertrages dessen wesentlichen Inhalt schriftlich niederzuschreiben (§ 11 BBiG) und in ein bei der jeweils zuständigen Kammer (Industrie- und Handelskammer, Handwerkskammer, Landwirtschaftskammer, Rechtsanwalts- und Notarkammer) geführtes **Verzeichnis** eintragen zu lassen (§ 34 BBiG). (Die Wirksamkeit des Ausbildungsvertrages ist jedoch nicht an diese Eintragung gebunden.)

Zu dieser Niederschrift (zu der die Kammern Muster bereitstellen) gehören nach § 34 Abs. 2 BBiG folgende Mindestangaben:

- Name, Vorname, Geburtsdatum, Anschrift des Auszubildenden;
- Geschlecht, Staatsangehörigkeit, allgemeinbildender Schulabschluß, zuletzt besuchte allgemeinbildende oder berufsbildende Schule und Abgangsklasse des Auszubildenden;
- erforderlichenfalls Name, Vorname und Anschrift der gesetzlichen Vertreter;
- Ausbildungsberuf;
- Datum des Abschlusses des Ausbildungsvertrages, Ausbildungszeit, Probezeit;
- Datum des Beginns der Berufsausbildung;
- Name und Anschrift des Ausbildenden, Anschrift des Ausbildungsbetriebes;
- Name, Vorname, Geschlecht und Art der fachlichen Eignung der Ausbilder.

350 Die **Dauer der Ausbildungszeit** wird durch die jeweilige Ausbildungsordnung festgelegt. Sie soll nach § 55 BBiG 2–3 Jahre betragen. Unter bestimmten Voraussetzungen kann die Ausbildungszeit verkürzt werden, so wenn

- ein Berufsbildungsjahr absolviert wurde,
- eine gewerbliche oder kaufmännische Berufsfachschule besucht wurde,
- eine sonstige berufsbildende Vollzeitschule besucht wurde,
- zu erwarten ist, daß das Ausbildungsziel in einer kürzeren Zeit erreicht wird (§ 8 BBiG).

Eine längere Ausbildungsdauer als die in der Ausbildungsordnung vorgesehene darf grundsätzlich nicht vereinbart werden. Eine Ausnahme ist auf Antrag dann zulässig (§ 8 Abs. 2 BBiG), wenn eine Verlängerung zur Erreichung des Ausbildungszieles erforderlich ist (beispielsweise infolge einer längeren Erkrankung während der Ausbildung).

Die durch die Berufsausbildung zu vermittelnden Kenntnisse und Fertigkeiten (ausgewiesen im **Ausbildungsberufsbild**), der **Ausbildungsrahmenplan** sowie die Prüfungsanforderungen werden ebenfalls in den jeweiligen Ausbildungsordnungen festgelegt (§ 5 Abs. 1 Ziff. 3 u. 4).

In allen Berufsausbildungsverträgen muß eine **Probezeit** von mindestens 1 Monat und höchstens 4 Monaten vereinbart werden (§ 20 BBiG). Bei Unterbrechungen der Probezeit (beispielsweise infolge längerer Erkrankung) kann diese verlängert werden.

Vereinbarungen im Rahmen des Ausbildungsvertrages, die den Auszubildenden für die Zeit nach Beendigung des Ausbildungsverhältnisses in seiner beruflichen Tätigkeit einschränken (z. B. →Wettbewerbsverbot) sind nach § 12 Abs. 1 BBiG nichtig. Die Vereinbarung eines **Wettbewerbsverbotes** ist nur unter der Voraussetzung möglich, daß der Auszubildende während der letzten 3 Monate seiner Ausbildung ein Arbeitsverhältnis auf unbestimmte Dauer abschließt (§ 12 Abs. 1 BBiG).

Darüber hinaus sind Vereinbarungen unwirksam, die

– den Auszubildenden (oder dessen gesetzlichen Vertreter) zu einer Entschädigungszahlung für die Berufsausbildung verpflichten,
– Vertragsstrafen vorsehen,
– Schadensersatzansprüche ausschließen oder beschränken,
– die Höhe von Schadensersatzleistungen in Pauschalbeträgen festsetzen,
– den Auszubildenden verpflichten, dem Ausbildungsbetrieb 3 Monate vor Beendigung seiner Ausbildung anzuzeigen, falls er nicht im Anschluß an diese ein Arbeitsverhältnis mit seinem bisherigen Ausbildungsbetrieb eingehen möchte (Urteil des Bundesarbeitsgerichtes v. 31. 1. 1974).

Auszubildenden, die sich insbesondere den theoretischen Anforderungen der Ausbildung nicht gewachsen zeigen, bieten die Agenturen für Arbeit als sogenannte **ausbildungsbegleitende Hilfen** zusätzlichen Unterricht an.

5.2.6.1.1 Pflichten des Ausbildenden

Im Rahmen seiner **Ausbildungspflicht** hat der Ausbildende (Der Ausbildende muß nicht selbst die Ausbildung durchführen, er kann sich zu diesem Zweck eines von ihm beauftragten Ausbilders bedienen.) dem Auszubildenden eine breit angelegte **berufliche Grundbildung** und eine **berufliche Fachbildung** für eine **qualifizierte Beschäftigung** zu vermitteln (§ 1 Abs. 3 BBiG). Er hat sich dabei nach der jeweiligen →Ausbildungsordnung und der darin ausgewiesenen Prüfungsordnung zu richten. Im einzelnen hat er:

– dafür Sorge zu tragen, daß dem Auszubildenden die zur Erreichung des Ausbildungszieles erforderlichen Kenntnisse und Fertigkeiten vermittelt werden,
– die Ausbildung zeitlich und sachlich so zu strukturieren, daß sie in den vorgegebenen Zeitrahmen paßt,
– die notwendigen Lehr- und Lernmittel (Bücher, Werkzeuge und Arbeitsmittel) bereitzustellen, die zur Ausbildung sowie zur Ablegung der Prüfung(en) erforderlich sind,

III Arbeit

– den Auszubildenden zum Besuch der Berufsschule anzuhalten und ihm die dafür erforderliche Zeit einzuräumen, (Der Ausbildende hat nicht die Kosten für den Besuch der Berufsschule zu tragen.)

356 – den Auszubildenden zur Führung seines **Berichtsheftes** (vom Auszubildenden zu führender Nachweis über die betriebliche Ausbildung) anzuhalten und dieses durchzusehen. (Der Ausbildende ist nicht verpflichtet, die Berichtshefte während der Arbeitszeit führen zu lassen!)

Die Stichwortnummer 357 ist entfallen!

Im Rahmen der Ausbildung dürfen dem Auszubildenden nur solche Aufgaben/Arbeiten übertragen werden, die dem durch das Ausbildungsverhältnis vorgegebenen Bildungszweck dienen und den körperlichen Kräften des Auszubildenden angemessen sind (§ 14 Abs. 2 BBiG). Arbeiten, die mit der Sauberkeit am eigenen Arbeitsplatz und der Pflege von Waren, Maschinen, Geräten und Werkzeugen, die zum Tätigkeitsfeld des Auszubildenden gehören, in Zusammenhang stehen, gelten als zumutbar.

Darüber hinaus hat der Ausbildende dafür zu sorgen, daß der Auszubildende charakterlich gefördert wird und ihm sittliche und körperliche Gefahren ferngehalten werden.

358 Verletzt der Ausbildende seine Ausbildungspflicht, so kann er dafür vom Auszubildenden **schadensersatzpflichtig** gemacht werden. Der Schadensersatzanspruch des Auszubildenden kann im Falle von dessen Mitverschulden gemindert werden.

359 Der Ausbildende ist verpflichtet, dem Auszubildenden eine monatliche – spätestens am letzten Arbeitstag fällige – angemessene Vergütung zu zahlen (**Vergütungspflicht**, § 17 Abs. 1 BBiG). Die Vergütung muß entsprechend dem Lebensalter des Auszubildenden und dessen fortschreitender Qualifikation gestaffelt sein. Die Angemessenheit der Vergütung gilt dann als gewährleistet, wenn diese für den Lebensunterhalt des Auszubildenden eine fühlbare Unterstützung ist und zugleich einer Mindestentlohnung für die vom Auszubildenden (im jeweiligen Gewerbezweig) geleistete (bestimmbare) Arbeit entspricht. Die tarifvertraglich festgelegte Ausbildungsvergütung kann als Maßstab für die geforderte Angemessenheit gelten.

360 **Sachleistungen** wie beispielsweise Kost und Unterkunft können – soweit vereinbart – nach den allgemeinen geltenden Sachbezugswerten (ausgewiesen in der jeweils geltenden Sachbezugsordnung) bis zu 75 Prozent der Bruttovergütung in Ansatz gebracht werden (§ 17 Abs. 2 BBiG). Bei Ableistung von Überstunden (d. s. über

361 die tägliche Arbeitszeit hinausreichende Arbeitsleistungen) ist entweder eine **Überstundenvergütung** zu zahlen oder durch verringerte Arbeitszeiten an anderen Arbeitstagen ein Ausgleich zu treffen (§ 17 Abs. 3 BBiG).

362 Ist der Auszubildende infolge unverschuldeter Erkrankung nicht in der Lage, an der Berufsausbildung teilzunehmen, so hat er bis zu 6 Wochen Anspruch auf **Fortzahlung der Ausbildungsvergütung** (§ 19 Abs. 1 Ziff. 2 BBiG). Dieser Anspruch steht dem Auszubildenden auch für alle sonstigen Fälle zu, in denen er unverschuldet seine Pflichten aus dem Berufsausbildungsvertrag nicht erfüllen kann. Diese Regelung kann vertraglich nicht ausgeschlossen werden.

Wird die Ausbildung – aus welchen Gründen auch immer – nicht durchgeführt, obgleich sich der Auszubildende dazu bereithält, so steht diesem ebenfalls bis zu 6 Wochen ein Anspruch auf Zahlung der Ausbildungsvergütung zu.

Arbeit **III**

Bei Beendigung der Berufsausbildung obliegt dem Ausbildenden die Pflicht, dem Auszubildenden ein Zeugnis auszustellen (**Zeugnispflicht**). Dieses Zeugnis hat nach § 16 Abs. 2 BBiG Angaben zu enthalten über Art, Dauer und Ziel der Ausbildung sowie über die erworbenen Kenntnisse und Fertigkeiten. Auf Verlangen des Auszubildenden sind auch Angaben über dessen Führung und Leistung sowie über dessen besondere fachlichen Fähigkeiten zu machen. 363

5.2.6.1.2 Pflichten des Auszubildenden 364

Dem Auszubildenden obliegt die Pflicht, sich zu bemühen, die zur Erreichung des Ausbildungszieles erforderlichen Kenntnisse und Fertigkeiten zu erwerben (§ 13 BBiG). Er hat insbesondere:

- die ihm im Rahmen der Berufsausbildung übertragenen Aufgaben sorgfältig zu verrichten,
- die Berufsschule zu besuchen sowie an Ausbildungsveranstaltungen teilzunehmen, zu denen Freistellung erfolgt,
- die Weisungen des Ausbildenden/Ausbilders oder anderer weisungsberechtigter Personen zu befolgen,
- die für den Ausbildungsbetrieb geltende Ordnung zu beachten,
- Werkzeuge, Maschinen und sonstige Einrichtungen des Ausbildungsbetriebes pfleglich zu behandeln,
- über →Betriebs- und →Geschäftsgeheimnisse Verschwiegenheit zu bewahren.

Verletzt der Auszubildende die ihm im Rahmen seines Ausbildungsverhältnisses obliegenden Pflichten, so kann er unter bestimmten Voraussetzungen zum **Schadensersatz** herangezogen werden. Dem Schadensersatzanspruch des Ausbildenden kann der Einwand des Mitverschuldens entgegengesetzt werden, falls der Auszubildende hinsichtlich der ihm übertragenen Arbeiten überfordert oder nicht hinreichend überwacht wurde. 365

5.2.6.1.3 Beendigung des Ausbildungsverhältnisses 366

Das Berufsausbildungsverhältnis endet mit **Ablauf der Ausbildungszeit** (§ 21 Abs. 1 BBiG). Legt der Auszubildende die Abschlußprüfung vorzeitig ab, so endet sein Ausbildungsverhältnis mit **Bestehen der Prüfung** (§ 21 Abs. 2 BBiG). Bei Nichtbestehen der Prüfung muß der Ausbildende auf Antrag des Auszubildenden den Ausbildungsvertrag bis zur nächstmöglichen Wiederholungsprüfung, höchstens jedoch um 1 Jahr, verlängern (§ 21 Abs. 3 BBiG).

Während der Probezeit kann das Ausbildungsverhältnis von beiden Seiten fristlos gekündigt werden. Gründe dafür müssen nicht angegeben werden (§ 22 Abs. 1 BBiG). Die Kündigung kann sich grundsätzlich auch auf Gründe stützen, die mit dem Berufsausbildungsverhältnis nicht in Zusammenhang stehen.

Nach der Probezeit kann das Ausbildungsverhältnis nur gekündigt werden (§ 22 Abs. 2 BBiG):

- aus einem **wichtigen Grund** ohne Einhalten einer Kündigungsfrist,
- vom Auszubildenden mit einer Kündigungsfrist von 4 Wochen, wenn er die Berufsausbildung aufgeben oder sich für eine andere Berufstätigkeit ausbilden lassen will.

III   Arbeit

Die Stichwortnummern 367 u. 368 sind entfallen!

Die Kündigung muß in jedem Fall **schriftlich** und, soweit sie während der Probezeit erfolgt, unter Angabe der Kündigungsgründe erfolgen (§ 22 Abs. 3 BBiG).

Eine Kündigung aus wichtigem Grund ist unwirksam, wenn die ihr zugrunde liegende(n) Tatsache(n) dem zur Kündigung Berechtigten länger als 2 Wochen bekannt sind (§ 22 Abs. 4 BBiG).

369 Das Berufsausbildungsverhältnis kann jederzeit in beiderseitigem Einverständnis aufgehoben werden (**Aufhebungsvertrag**).

370 **Kündigungsschutz für Auszubildende**: siehe unter III 329.

371, 372, 373 Im Gegensatz zum Berufsausbildungsvertrag sind Beschäftigungsverhältnisse, wie die des **Anlernlings**, des **Volontärs** und des **Praktikanten**, die nicht auf eine breitangelegte berufliche Qualifizierung abstellen, sondern lediglich bestimmte berufliche Grundkenntnisse, elementare Fertigkeiten und Einsichten vermitteln möchten, **nicht vertragsrechtlich normiert**. Wurde bei solchen Beschäftigungsverhältnissen kein Arbeitsvertrag abgeschlossen, so gelten dafür die Vorschriften des Berufsbildungsgesetzes als unabdingbare Mindestnormen; und zwar mit der Maßgabe, daß die gesetzliche Probezeit verkürzt, die Niederschrift des Vertrages unterlassen und bei vorzeitiger Lösung des Verhältnisses (nach Ablauf der Probezeit) kein Schadensersatz verlangt werden kann.

374 **5.2.6.2 Teilzeitarbeitsverhältnis**

Nach § 2 Gesetz über Teilzeitarbeit und befristete Arbeitsverträge (Teilzeit- und Befristungsgesetz – TzBfG) v. 1.1.2001, zuletzt geändert durch Gesetz vom 19.4.2007, gelten alle diejenigen Arbeitnehmer als teilzeitbeschäftigt, deren regelmäßige Wochenarbeitszeit kürzer ist als die der vergleichbaren vollzeitbeschäftigten Arbeitnehmer des Betriebes. In der Regel ist die **tägliche** Arbeitszeit verkürzt. Als Teilzeitarbeit gilt aber auch, wenn ein Arbeitnehmer nur an einzelnen Tagen in der Woche oder im Monat arbeitet oder in unregelmäßigen Zeitabständen. Als teilzeitbeschäftigt gilt nach § 2 Abs. 2 TzBfG auch ein Arbeitnehmer, der eine geringfügige Beschäftigung nach § 8 Abs. 1 Nr. 1 des Vierten Buches Sozialgesetzbuch ausübt.

Der Teilzeitarbeitsvertrag wird wie jeder andere Arbeitsvertrag zwischen Arbeitgeber und Arbeitnehmer geschlossen. Dies kann ausdrücklich oder stillschweigend geschehen, befristet oder unbefristet.

Nach § 8 Abs. 7 TzBfG haben Arbeitnehmer in Betrieben mit mehr als 15 Arbeitnehmern einen Rechtsanspruch auf Teilzeitarbeit, wenn nicht betriebliche Gründe entgegenstehen. Teilzeitbeschäftigte dürfen nicht schlechter gestellt werden als Vollzeitkräfte, insbesondere hinsichtlich Entlohnung, Zusatzleistungen und → Weiterbildung.

Auf das Teilzeitarbeitsverhältnis findet das Arbeitsrecht mit seinen Schutzgesetzen im selben Umfang Anwendung wie auf das Vollzeitarbeitsverhältnis. Lediglich sozialversicherungsrechtlich und lohnsteuerrechtlich gelten für **geringfügig beschäftigte** Teilzeitarbeitnehmer zum Teil Sonderregelungen (siehe hierzu unter 5.2.6.3).

Um Schlechterbehandlungen von Teilzeitarbeitnehmern zu begegnen, hat der Gesetzgeber in § 4 TzBfG bestimmt, daß diese gegenüber Vollzeitbeschäftigten **nicht**

Arbeit **III**

sachwidrig benachteiligt werden dürfen (**Verbot der unterschiedlichen Behandlung** 375
von Teilzeitarbeitnehmern). Dies bedeutet, daß eine Schlechterbehandlung von Teilzeitbeschäftigten nicht wegen der Teilzeitarbeit, wohl aber aus anderen **sachlich bedingten Gründen** erfolgen darf. Solche sachlich bedingten Gründe können sein: Arbeitsleistung, Qualifikation, Berufserfahrung, soziale Lage, unterschiedliche Arbeitsplatzanforderungen.

Der überwiegende Anteil der Frauen unter den Teilzeitbeschäftigten wirft bei einer Schlechterbehandlung derselben zwangsläufig die Frage nach einer direkten oder mittelbaren **Geschlechterdiskriminierung** auf, die nicht nur nach Art. 3 Abs. 2 GG, 376
den §§ 611 a und 612 Abs. 3 BGB sowie dem am 18. 8. 2006 in Kraft getretenen Allgemeinen Gleichbehandlungsgesetz (AGG), sondern auch nach Art. 119 EWG-Vertrag unzulässig ist. Es muß nach Urteilen des Europäischen Gerichtshofes (v. 5. 6. 1984) und des Bundesarbeitsgerichtes (v. 14. 10. 1986) für die Bundesrepublik Deutschland (mit ihrem – im Gegensatz zu anderen Ländern! – hohen Frauenanteil in der Teilzeitarbeit) eine mittelbare Diskriminierung der Frau dann angenommen werden, wenn aus der betrieblichen Altersversorgung Teilzeitbeschäftigte generell ausgeschlossen werden. Ein solcher Ausschluß ist demnach unzulässig!

Eine unterschiedliche Behandlung von Teilzeitbeschäftigten gilt jedoch ausnahmsweise dann als gerechtfertigt, wenn der Arbeitgeber nachweisen kann, daß diese Maßnahme einem wirklichen betrieblichen Bedürfnis entspricht und nicht eine Geschlechterdiskriminierung ist. (So weist beispielsweise der Unternehmer nach, daß die Produktionsstruktur seines Betriebes Teilzeitbeschäftigte nur sehr schwer verkraften kann und er mit dem Ausschluß der Teilzeitbeschäftigten aus der betrieblichen Altersversorgung deren Anteil möglichst gering halten möchte.)

Die aufgezeigte Argumentation der Gerichte erlaubt die Schlußfolgerung, daß auch hinsichtlich der Eingruppierung und normalen Entlohnung eine unterschiedliche Behandlung von mit gleicher Tätigkeit befaßten Teil- und Vollzeitbeschäftigten unzulässig ist.

Ein Unterschied in der Entlohnung darf nur aus verschiedenen Arbeitszeiten beziehungsweise bei →Akkord-, →Prämien- und Provisionslohn aus der unterschiedlichen Arbeitsleistung resultieren.

Auf Grund der speziellen Teilzeitvereinbarung mit bestimmter Stundenzahl ist der Teilzeitbeschäftigte regelmäßig nicht verpflichtet, **Überstunden** (d. i. die die **betriebli-** 377
che Arbeitszeit übersteigende Tätigkeit) oder **Mehrarbeit** (d. i. die die **gesetzliche** Ar- 378
beitszeit übersteigende Tätigkeit) zu leisten. Eine Pflicht zur Leistung von Mehrarbeit kann ihm nur aus einer entsprechenden einzelvertraglichen Vereinbarung oder aus einer entsprechenden Notsituation (gemäß seiner →Treuepflicht) erwachsen.

Leistet der Teilzeitbeschäftigte über die vereinbarte Arbeitszeit hinaus Überstunden, so hat er einen Anspruch auf Bezahlung derselben. Er hat aber ohne entsprechende Vereinbarung keinen Anspruch auf Gewährung eines Überstundenzuschlages, sofern die geleisteten Überstunden nicht über die betriebsübliche Arbeitszeit hinausreichen. Einen Anspruch auf Überstundenzuschläge erlangt der Teilzeitbeschäftigte erst dann, wenn die geleisteten Überstunden über die betriebliche, tarifliche oder gesetzliche Arbeitszeit hinausreichen.

271

III   Arbeit

379   Nach § 3 Entgeltfortzahlungsgesetz (EntgFzG) haben **Teilzeitarbeiter** wie Vollzeitarbeitnehmer Anspruch auf **Entgeltfortzahlung (Lohnfortzahlung) im Krankheitsfalle** für die Dauer von sechs Wochen, soweit nicht, zum Beispiel durch tarifvertragliche Regelungen, ein darüber hinausgehender Anspruch vorgesehen ist. Der Anspruch auf Entgeltfortzahlung besteht auch für befristet Beschäftigte (bis zum Ende des Arbeitsverhältnisses) und geringfügig Beschäftigte mit bis zu zehn Wochenstunden beziehungsweise 45 Monatsstunden.

381   Fällt bei Teilzeitbeschäftigung ein Arbeitstag infolge eines Feiertages aus, so ist der Arbeitgeber nach § 2 EntgFzG verpflichtet, diesen (ausgefallenen) Arbeitstag (genauso wie in einem Vollzeitarbeitsverhältnis) zu bezahlen (**Feiertagsvergütung**). Arbeitet der Teilzeitbeschäftigte an einem Feiertag, so steht ihm (genauso wie in einem Vollzeitarbeitsverhältnis) außer dem normalen Lohn zusätzlich die gesetzlichen oder tarifvertraglichen Feiertagszuschläge zu.

382   Auch was den **Anspruch auf Urlaub** angeht, ist der Teilzeitbeschäftigte dem Vollzeitbeschäftigten gleichgestellt. Die geringere Arbeitszeit des Teilzeitbeschäftigten findet ihre Entsprechung in einem verminderten Urlaubs**entgelt** (dieses entspricht faktisch dem Arbeitslohn). Auch der Anspruch des Teilzeitbeschäftigen auf ein zu-
383   sätzlich zu zahlendes **Urlaubsgeld** bemißt sich nach dessen individueller Arbeitszeit.

384   Vereinbaren Arbeitnehmer und Arbeitgeber, daß die Teilzeitarbeit hinsichtlich ihrer zeitlichen Lage und Dauer an den Arbeitsanfall angepaßt wird (**KAPO-**
385   **VAZ** = Kapazitätsorientierte variable Arbeitszeit oder **BAVAZ** = Bedarfsabhängige variable Arbeitszeit), so muß nach den Bestimmungen des Beschäftigungsförderungsgesetzes eine bestimmte **Dauer** der Arbeitszeit festgelegt werden. Die Festlegung dieser Arbeitsdauer bleibt dabei ins Belieben der Vertragspartner gestellt; es kann sich somit um eine bestimmte Wochen-, Monats- oder Jahresarbeitszeit handeln (z. B. 2 Stunden pro Woche oder 20 Stunden pro Monat). Wurde eine bestimmte Arbeitsdauer nicht festgelegt, so gilt eine wöchentliche Arbeitszeit von 10 Stunden als vereinbart (§ 12 Abs. 1 TzBfG). Der Gesetzgeber möchte mit dieser Regelung bewirken, daß sich der Arbeitnehmer auf eine bestimmte Mindestbeschäftigung und damit auf ein bestimmtes Mindestentgelt einstellen kann.

386   Wurde zwischen Arbeitgeber und Arbeitnehmer die Anpassung der Arbeitszeit an den Arbeitsanfall vereinbart, dann ist der Arbeitnehmer im Einzelfall nur dann zur Arbeitsleistung verpflichtet, wenn ihm der Arbeitgeber die Lage seiner Arbeitszeit mindestens 4 Tage im voraus (Es müssen 4 volle Kalendertage zwischen Ankündigung und Arbeitstag liegen; d. h. eine Verkäuferin, die am Samstag arbeiten soll, muß davon schon am Montag in Kenntnis gesetzt werden. Fällt der Tag, an dem die Erklärung abzugeben wäre, auf einen Samstag, Sonntag oder Feiertag, so tritt an seine Stelle der folgende Werktag [§ 193 BGB].) mitgeteilt hat (**Arbeit auf Abruf**; § 12 TzBfG). Ist die Abruffrist kürzer, so bleibt es dem Arbeitnehmer überlassen, ob er der Arbeitsaufforderung Folge leisten möchte oder nicht.

Beinhaltet die Vereinbarung über die Anpassung der Arbeitszeit an den Arbeitsanfall keine Festlegung über die tägliche Arbeitsdauer, so ist der Arbeitgeber verpflichtet, den Arbeitnehmer für jeweils mindestens 3 aufeinanderfolgende Stunden zur Arbeitsleistung in Anspruch zu nehmen (§ 12 Abs. 1 TzBfG). Kürzere oder längere tägliche Arbeitszeiten können vereinbart werden.

Die **Arbeitsplatzteilung (Job Sharing)** ist eine besondere Art des Teilzeitarbeitsverhältnisses (§ 13 TzBfG). Sie besteht darin, daß zwei oder mehrere Arbeitnehmer sich einen Arbeitsplatz teilen. Dies geschieht in der Weise, daß sie sich über die vom Arbeitgeber geforderte **ständige Besetzung des Arbeitsplatzes** absprechen. Probleme aus dieser Vereinbarung ergeben sich nicht selten dann, wenn einer der beiden oder mehrere Arbeitnehmer ihrer eingegangenen Arbeitsverpflichtung nicht nachkommen können (**Arbeitsausfall**). Für diesen Fall schreibt nämlich das Gesetz (§ 13 TzBfG) nur eine stark eingeschränkte **Vertretungspflicht** vor: Fällt ein Arbeitnehmer aus, so muß der andere oder die anderen diesen nur dann vertreten, wenn er/sie sich aufgrund einer für den einzelnen Vertretungsfall abgeschlossenen Vereinbarung dazu verpflichtet haben. Es muß somit speziell für einen bereits eingetretenen Vertretungsfall eine solche Vereinbarung getroffen werden; diese Vereinbarung kann grundsätzlich nicht generell im voraus getroffen werden. Eine Vereinbarung im voraus ist ausnahmsweise nur für den Fall eines dringenden betrieblichen Erfordernisses (z. B. unaufschiebbare betriebliche Arbeiten) möglich, wobei allerdings der Arbeitnehmer zur tatsächlichen Vertretung nur dann verpflichtet ist, wenn diese ihm im Einzelfall zugemutet werden kann. (Eine Arbeitsvertretung ist im Regelfall nicht zumutbar, wenn der Arbeitnehmer in der fraglichen Zeit beispielsweise einen nahen Angehörigen zu betreuen hat!)

Wie in der Vertretungspflicht, so genießt der Arbeitnehmer beim Job-Sharing auch hinsichtlich der **Kündigung** den besonderen Schutz des Gesetzes. Die Kündigung eines Arbeitsverhältnisses durch den Arbeitgeber wegen Ausscheidens eines anderen Arbeitnehmers aus der Arbeitsplatzteilung ist nämlich generell unwirksam. Nur für die Fälle, daß keine Ersatzkraft gefunden werden kann, daß die Arbeitsplatzteilung im Betrieb aufgegeben wird und für den/die verbliebenen Arbeitnehmer keine entsprechenden Arbeitsplätze gefunden werden können, kann möglicherweise ein Recht zur →Änderungskündigung oder zur Kündigung aus betriebsbedingten Gründen in Betracht kommen.

5.2.6.3 Geringfügige Beschäftigung und Beschäftigung in der Gleitzone

Unter dem Begriff „geringfügige Beschäftigung" werden die sogenannten Minijobs subsumiert.

Minijobs (400-Euro-Jobs) sind Beschäftigungsverhältnisse mit Entgelten bis 400 Euro monatlich. Bezieher eines solchen Einkommens zahlen aus diesem weder Sozialabgaben noch Steuern; auch dann nicht, wenn dieses neben einer entlohnten Hauptbeschäftigung erzielt wird. – Die Arbeitgeber zahlen von den Entgelten für Minijobs eine Abgabenpauschale von 25 v. H. (12 v. H. Rentenversicherung, 11 v. H. Krankenversicherung, 2 v. H. Steuer). Für den Arbeitnehmer besteht die Möglichkeit, den Pauschalbetrag (des Arbeitgebers) zur Rentenversicherung bis zum vollen Beitragssatz aufzustocken und damit einen vollen Rentenversicherungsschutz zu erwerben.

Eine Sonderregelung gilt für die geringfügige Beschäftigung von Haushaltshilfen (haushaltsnahe Dienstleistungen). Für sie zahlt der Arbeitgeber lediglich Abgaben von insgesamt 12 v. H. (5 v. H. Rentenversicherung, 5 v. H. Krankenversicherung, 2 v. H. Steuer). Bei der Pauschalsteuer handelt es sich um eine sogenannte „Abgel-

III Arbeit

tungssteuer", die nicht mit der individuellen Steuerschuld des Arbeitnehmers verrechnet werden kann. – Auch für Beschäftigte im Haushalt gilt die Aufstockungsoption zur Rentenversicherung. – Steuerpflichtige, die haushaltsnahe Dienstleistungen in Anspruch nehmen (Arbeitgeber), können die damit verbundenen Aufwendungen in einem bestimmten Umfang von ihrer Steuer in Abzug bringen.

Die Rechtsgrundlage für geringfügig entlohnte Beschäftigung bildet §8 SGB IV.

Unter dem Begriff „Beschäftigung in der Gleitzone" werden die sogenannten Midijobs erfaßt.

390d **Midijobs** sind Beschäftigungsverhältnisse mit Entgelten von 400,01–800 Euro (Gleitzone) monatlich. – Steuerrechtlich werden diese Entgelte wie jedes andere Lohneinkommen behandelt. Sozialversicherungsrechtlich zahlt der Arbeitnehmer je nach Höhe seines Einkommens Sozialabgaben zwischen 4 und 21 v. H. Dieses Gleitzonenprivileg gilt nicht für Zweitbeschäftigungen, die neben einer versicherungspflichtigen Hauptbeschäftigung ausgeübt werden.

Rechtsgrundlage für Beschäftigung in der Gleitzone bildet §20 Abs. 2 SGB IV.

391,392 ### 5.2.6.4 Arbeitnehmerüberlassung (Leiharbeitsverhältnis)

Als Arbeitnehmerüberlassung (Leiharbeitsverhältnis) wird das Rechtsverhältnis bezeichnet, bei dem ein selbständiger Unternehmer einen in seinen Diensten stehenden Arbeitnehmer vorübergehend an einen anderen Unternehmer derart „ausleiht", daß dieser Arbeitnehmer unter Fortbestand des Rechtsverhältnisses zum Verleiher für den Betrieb des Entleihers nach dessen Weisungen zu arbeiten hat.

Es lassen sich zwei Formen der Arbeitnehmerüberlassung unterscheiden: Die nichtgewerbsmäßige Arbeitnehmerüberlassung (echtes Leiharbeitsverhältnis) und die gewerbsmäßige Arbeitnehmerüberlassung (unechtes Leiharbeitsverhältnis).

Bei der **nichtgewerbsmäßigen Arbeitnehmerüberlassung** wird der Arbeitnehmer mit seiner **Zustimmung** vorübergehend in den Betrieb eines Dritten zum Zwecke der Arbeitsleistung „ausgeliehen". Solches gelegentliches „Ausleihen" oder Überlassen von Arbeitnehmern zwischen Betrieben zur Überbrückung eines kurzfristigen Personalengpasses geschieht nicht in gewerbsmäßiger Absicht.

Die Rechtsbeziehungen zwischen Verleiher, Entleiher und Leiharbeitnehmer sind nicht durch spezielles Recht geregelt und können deshalb entsprechend deren Bedürfnissen frei gestaltet werden. Der Normalfall ist durch folgende Rechtsbeziehungen gekennzeichnet: Der **Entleiher** hat Anspruch auf die Arbeitsleistung des Leiharbeitnehmers und das →Weisungsrecht diesem gegenüber; er kann auch selbst mit dem Leiharbeitnehmer Vereinbarungen über die zu leistende Arbeit treffen, sofern diese dem Vertrag mit dem Verleiher nicht widersprechen. Neben dem Verleiher hat auch der Entleiher eine →Fürsorgepflicht gegenüber dem Leiharbeitnehmer.

Der **Leiharbeitnehmer** hat dem Entleiher gegenüber eine →Treuepflicht, das heißt, er hat dessen Interessen zu wahren, Wettbewerb zu unterlassen, Verschwiegenheit zu wahren und anderes.

Der **Verleiher** ist zur Lohnzahlung verpflichtet.

Das nichtgewerbsmäßige Leiharbeitsverhältnis kann vom Leiharbeitnehmer grundsätzlich nur gegenüber dem Verleiher gekündigt werden. Umgekehrt kann auch dem Leiharbeitnehmer nur vom Verleiher gekündigt werden.

Bei der **gewerbsmäßigen Arbeitnehmerüberlassung** wird der Arbeitnehmer von vornherein zum Zwecke der Arbeitsleistung bei einem Dritten eingestellt. Diese Form der Arbeitnehmerüberlassung wird durch das Arbeitnehmerüberlassungsgesetz (AÜG, Gesetz zur gewerbsmäßigen Arbeitnehmerüberlassung) geregelt. Die gewerbsmäßige Arbeitnehmerüberlassung bedarf danach einer **Erlaubnis** der Bundesagentur für Arbeit. Diese Erlaubnis wird von dieser auf schriftlichen Antrag erteilt. Sie wird auf ein Jahr befristet.

Die Rechtsbeziehungen der Beteiligten im unechten Leiharbeitsverhältnis gestalten sich in dreifacher Hinsicht: Durch Überlassungsvertrag, durch Arbeitsvertrag und im Verhältnis zwischen Entleiher und Leiharbeitnehmer.

Überlassungsvertrag: Der Vertrag zwischen Verleiher und Entleiher bedarf der →Schriftform. Der Verleiher hat darin zu erklären, ob er die Erlaubnis zur Arbeitnehmerüberlassung besitzt (§ 12 Abs. 1 AÜG). Mangel der Schriftform oder der erforderlichen Erlaubnis führt zur Nichtigkeit des Vertrages (§ 9 AÜG, §§ 125, 134 BGB). 393

Arbeitsvertrag: Er kommt →formfrei zwischen Verleiher und Leiharbeitnehmer nach §§ 145ff. BGB zustande. Der Verleiher ist verpflichtet, den wesentlichen Vertragsinhalt in eine von ihm zu unterzeichnende Urkunde aufzunehmen und diese dem Leiharbeitnehmer auszuhändigen. Eine Durchschrift der Urkunde hat der Verleiher 3 Jahre aufzubewahren (§ 11 Abs. 1 AÜG). Die Verpflichtung zur Ausstellung einer Urkunde entfällt, wenn die in ihr aufzunehmenden Angaben in einen schriftlichen Arbeitsvertrag aufgenommen werden (§ 11 Abs. 1 AÜG). Dem Verleiher obliegt darüber hinaus die Pflicht, dem Leiharbeitnehmer ein Merkblatt der Bundesagentur für Arbeit über den wesentlichen Inhalt des Arbeitnehmerüberlassungsgesetzes (ausländischen Arbeitnehmern in ihrer Landessprache!) auf seine Kosten auszuhändigen (§ 11 Abs. 2 AÜG). 394

Schließt der Verleiher ohne die erforderliche Erlaubnis (der Bundesagentur für Arbeit) einen Arbeitsvertrag mit dem Leiharbeitnehmer ab, so ist dieser Vertrag nach § 9 Nr. 1 AÜG unwirksam, dafür ist aber zugleich ein Arbeitsvertrag zwischen Entleiher und Arbeitnehmer zustandegekommen (§ 10 Abs. 1 AÜG). Die gleiche Rechtssituation stellt sich ein, wenn die Unwirksamkeit des Arbeitsvertrages erst zu einem späteren Zeitpunkt wegen Wegfalles der Erlaubnis eintritt.

Zum Schutze des Leiharbeitnehmers hat der Gesetzgeber eine Reihe von Vertragsvereinbarungen als unwirksam erklärt, so beispielsweise die
- eines Aushilfsarbeitsverhältnisses mit verkürzter Kündigungsfrist (es kommt stattdessen ein Dauerarbeitsverhältnis zustande; § 11 Abs. 4 AÜG),
- einer Befristung des Leiharbeitsverhältnisses (es sei denn, daß dafür ein sachlicher Grund in der Person des Leiharbeitnehmers besteht),
- eines Verbotes gegenüber dem Entleiher, den Leiharbeitnehmer zu einem Zeitpunkt einzustellen, in dem dessen Arbeitsverhältnis zum Verleiher nicht mehr besteht,

III Arbeit

– eines Verbotes gegenüber dem Leiharbeitnehmer, mit dem Entleiher zu einem Zeitpunkt, in dem das Arbeitsverhältnis zwischen dem Verleiher und dem Leiharbeitnehmer nicht mehr besteht, ein Arbeitsverhältnis einzugehen.

Im **Verhältnis zwischen Entleiher und Leiharbeitnehmer** kommt grundsätzlich kein (Arbeits-) Vertrag zustande (ausgenommen, wenn dem Verleiher die erforderliche Erlaubnis der Bundesagentur für Arbeit fehlt oder diese später wegfällt; siehe oben!), es sei denn, daß der Arbeitnehmer dem Entleiher länger als 6 Monate überlassen wird.

Der Leiharbeitnehmer unterliegt dem →Direktionsrecht des Entleihers.

Die Überlassung oder Beschäftigung von Leiharbeitnehmern ohne die erforderliche Erlaubnis der Bundesagentur für Arbeit bedroht das Arbeitnehmerüberlassungsgesetz mit hohen Geldbußen. Auch andere Zuwiderhandlungen gegen das Arbeitnehmerüberlassungsgesetz werden mit Geldbußen belegt. Die Überlassungen von ausländischen Arbeitskräften ohne Arbeitserlaubnis wird mit Freiheitsstrafe bis zu 5 Jahren geahndet (§ 15a AÜG).

394a 5.2.7 Betriebliche Altersversorgung

Um den Arbeitnehmern (und gegebenenfalls auch ihren Hinterbliebenen) nach ihrem Ausscheiden aus dem Arbeitsleben eine das durch die →Rentenversicherung garantierte Versorgungsniveau übersteigende Lebensführung zu ermöglichen, können die Arbeitgeber mit diesen **arbeitsvertragliche Vereinbarungen** über betriebliche Versorgungsleistungen treffen. Das Gesetz zur Verbesserung der betrieblichen Altersversorgung (Betriebsrentengesetz) aus dem Jahre 1974 (BetrAVG), zuletzt geändert durch Gesetz vom 10.12.2007, stellt es in das Belieben des Arbeitgebers, ob, wann und in welcher Höhe er derlei betriebliche Versorgungsleistungen gewährt.

Nach § 1 Abs. 2 BetrAVG liegt betriebliche Altersversorgung insbesondere dann vor, wenn
– der Arbeitgeber sich verpflichtet, bestimmte Beiträge in eine Anwartschaft auf Alters-, Invaliditäts- oder Hinterbliebenenversorgung umzuwandeln (beitragsorientierte Leistungszusage),
– der Arbeitgeber sich verpflichtet, Beiträge zur Finanzierung von Leistungen der betrieblichen Altersversorgung an einen Pensionsfonds, eine Pensionskasse oder eine Direktversicherung zu zahlen und für Leistungen zur Altersversorgung das planmäßig zuzurechnende Versorgungskapital auf der Grundlage der gezahlten Beiträge (Beiträge und die daraus erzielten Erträge), mindestens die Summe der zugesagten Beiträge, soweit sie nicht rechnungsmäßig für einen biometrischen Risikoausgleich verbraucht wurden, hierfür zur Verfügung zu stellen (Beitragszusage mit Mindestleistung) oder
– künftige Entgeltansprüche in eine wertgleiche Anwartschaft auf Versorgungsleistungen umgewandelt werden (Entgeltumwandlung) oder der Arbeitnehmer Beiträge aus seinem Arbeitsentgelt zur Finanzierung von Leistungen der betrieblichen Altersversorgung an einen Pesionsfonds, eine Pensionskasse oder eine Direktversicherung leistet und die Zusage des Arbeitgebers auch die Leistungen aus diesen Beiträgen umfaßt.

Arbeit **III**

Die einschlägige betriebliche Praxis läuft im wesentlichen auf fünf **Formen** der betrieblichen Altersversorgung hinaus: die Direktzusage, den Abschluß eines Lebensversicherungsvertrages bei einer Versicherungsgesellschaft (Direktversicherung), die Versorgung über Pensionskassen, Pensionsfonds und Unterstützungskassen.

Die **Direktzusage (Pensionszusage)** ist die gebräuchlichste Form der betrieblichen Altersvorsorge. Sie vermittelt dem Arbeitnehmer **unmittelbare Ansprüche** gegenüber dem Arbeitgeber. Bei rechtsverbindlicher schriftlicher Zusage kann der Arbeitgeber während der Anwartschaft gewinnmindernde Rückstellungen bilden. Die Arbeitnehmer können nicht zu einer Beitragszahlung herangezogen werden. Das Unternehmen kann gegen das wirtschaftliche Risiko aus seinen Pensionszusagen eine **Rückdeckungsversicherung** abschließen. 394b,394c

Bei der **Direktversicherung** schließt das arbeitgebende Unternehmen mit einem Versicherungsunternehmen zugunsten des Arbeitnehmers (und gegebenenfalls seiner Angehörigen) einen Lebensversicherungsvertrag ab. Dieser Versicherungsvertrag kann eine Einzelversicherung wie auch eine Gruppenversicherung für alle Arbeitnehmer oder bestimmte Gruppen von Arbeitnehmern im arbeitgebenden Unternehmen beinhalten. Die Beitragsleistungen für solche Versicherungen können mit oder ohne Beteiligung der begünstigten Arbeitnehmer erfolgen. Mit der Beteiligung an den Beiträgen erwirbt der Arbeitnehmer einen unwiderruflichen Rechtsanspruch auf entsprechende Versicherungsleistungen. 394d

Pensionskassen, Pensionsfonds und Unterstützungskassen werden von den Unternehmen allein oder zusammen mit anderen Unternehmen als rechtlich selbständige Einrichtungen gegründet. Bei der Pensionskasse wird der Arbeitnehmer Mitglied dieser Einrichtung und kann zu Beitragsleistungen herangezogen werden. Er erwirbt einen **Rechtsanspruch** auf Ruhegeldleistungen und kann diesen gegen die Kasse geltend machen. Die Pensionsfonds und Unterstützungskassen unterliegen der Versicherungsaufsicht. 394e,394f

Bei Pensionsfonds erwirbt der Arbeitnehmer einen vom Arbeitgeber auf der Grundlage eines Pensionsplans zu finanzierenden Teilanspruch an einem Fonds.

Die Unterstützungskassen werden meist als →rechtsfähiger oder →nichtrechtsfähiger Verein geführt, dem die Betriebsangehörigen beitreten können. Sie werden ausschließlich aus Mitteln des Arbeitgebers finanziert; sie gewähren den Arbeitnehmern **keinen Rechtsanspruch** auf (spätere) Leistungen. Diese erfolgen als einmalige oder laufende Auszahlungen entsprechend der Bedürftigkeit beziehungsweise der Not des Arbeitnehmers, des ehemaligen Arbeitnehmers oder seiner Hinterbliebenen und im Rahmen der verfügbaren Mittel.

Nach § 1a BetrAVG kann der Arbeitnehmer vom Arbeitgeber verlangen, daß von seinen künftigen Entgeltansprüchen bis zu 4 vom Hundert der jeweiligen Beitragsbemessungsgrenze in der Rentenversicherung der Arbeiter und Angestellten durch Entgeltumwandlung für seine betriebliche Altersversorgung verwendet werden. Die Durchführung des Anspruchs des Arbeitnehmers wird durch Vereinbarung geregelt. Ist der Arbeitgeber zu einer Durchführung über einen Pensionsfonds oder eine Pensionskasse (§ 1b Abs. 3 BetrAVG) bereit, ist die betriebliche Altersversorgung dort durchzuführen; andernfalls kann der Arbeitnehmer verlangen, daß der Ar-

III Arbeit

beitgeber für ihn eine Direktversicherung (§ 1 b Abs. 2 BetrAVG) abschließt. Soweit der Anspruch geltend gemacht wird, muß der Arbeitnehmer jährlich einen Betrag in Höhe von mindestens einem Hundertsechzigstel der Bezugsgröße nach § 18 Abs. 1 des Vierten Buches Sozialgesetzbuch (SGB IV)* für seine betriebliche Altersversorgung verwenden. Soweit der Arbeitnehmer Teile seines regelmäßigen Entgelts für betriebliche Altersversorgung verwendet, kann der Arbeitgeber verlangen, daß während eines laufenden Kalenderjahres gleichbleibende monatliche Beträge verwendet werden.

Soweit eine durch Entgeltumwandlung finanzierte betriebliche Altersversorgung besteht, ist der Anspruch des Arbeitnehmers auf Entgeltumwandlung ausgeschlossen.

Soweit der Arbeitnehmer einen Anspruch auf Entgeltumwandlung für betriebliche Altersversorgung hat, kann er verlangen, daß die Voraussetzungen für eine Förderung nach den §§ 10a, 82 Abs. 2 Einkommensteuergesetz erfüllt werden, wenn die betriebliche Altersversorgung über einen Pensionsfonds, eine Pensionskasse oder eine Direktversicherung durchgeführt wird.

394g Die Verpflichtung des Arbeitgebers zu Leistungen der betrieblichen Altersversorgung ist regelmäßig an eine entsprechende **Wartezeit** (Zeitraum, der bis zum Eintritt des Versorgungsfalles verstreichen muß, damit überhaupt erst ein Versor-
394h gungsanspruch entsteht) und den Eintritt eines (bestimmten) **Versorgungsfalles** (im allgemeinen Erreichen der Altersgrenze, teilweise Erwerbsminderung, Tod des Ar-
394i   beitnehmers) geknüpft. Vor Eintritt des Versorgungsfalles hat der Arbeitnehmer eine **Versorgungsanwartschaft**. Nach § 1 b BetrAVG bleibt einem Arbeitnehmer, dem Leistungen aus der betrieblichen Altersversorgung zugesagt worden sind, die Anwartschaft erhalten, wenn das Arbeitsverhältnis vor Eintritt des Versorgungsfalls, jedoch nach Vollendung des 30. Lebensjahres endet und die Versorgungszusage zu diesem Zeitpunkt mindestens fünf Jahre bestanden hat (**unverfallbare Anwartschaft**). Ein Arbeitnehmer behält seine Anwartschaft auch dann, wenn er aufgrund einer Vorruhestandsregelung ausscheidet und ohne das vorherige Ausscheiden die Wartezeit und die sonstigen Voraussetzungen für den Bezug von Leistungen der betrieblichen Altersversorgung hätte erfüllen können. Der Ablauf einer vorgesehenen Wartezeit wird durch die Beendigung des Arbeitsverhältnisses nach Erfüllung der vorgenannten Voraussetzungen nicht berührt. Wechselt ein Arbeitnehmer vom Geltungsbereich des BetrAVG in einen anderen Mitgliedstaat der

---

* Die Bezugsgröße im Sinne der Vorschriften für die Sozialversicherung ist, soweit in den besonderen Vorschriften für die einzelnen Versicherungszweige nichts Abweichendes bestimmt ist, das Durchschnittsentgelt der gesetzlichen Rentenversicherung im vorvergangenen Kalenderjahr, aufgerundet auf den nächsthöheren, durch vierhundertzwanzig teilbaren Betrag.
Die Bezugsgröße für das Beitrittsgebiet (Bezugsgröße Ost) verändert sich zum 1. Januar eines jeden Kalenderjahres auf den Wert, der sich ergibt, wenn der für das vorvergangene Kalenderjahr geltende Wert der Anlage 1 zum Sechsten Buch Sozialgesetzbuch (SGB VI) durch den für das Kalenderjahr der Veränderung bestimmten vorläufigen Wert der Anlage 10 zum SGB VI geteilt wird, aufgerundet auf den nächsthöheren, durch vierhundertzwanzig teilbaren Betrag.

Europäischen Union, bleibt die Anwartschaft in gleichem Umfang wie für Personen erhalten, die auch nach Beendigung eines Arbeitsverhältnisses innerhalb des Geltungsbereiches dieses Gesetzes verbleiben.

Die Höhe der Versorgungsanwartschaft läßt sich nach der sogenannten **rentierlichen Berechnungsmethode** ermitteln (§ 2 Abs. 1 BetrAVG). Ihr zufolge hat ein mit einer unverfallbaren Versorgungsanwartschaft aus dem Arbeitsverhältnis ausgeschiedener Arbeitnehmer bei Eintritt des Versorgungsfalles einen Anspruch mindestens in Höhe des Teiles der zugesagten Altersrente, der dem Verhältnis der tatsächlichen Dauer der Betriebszugehörigkeit zu der Zeit vom Beginn der Betriebszugehörigkeit bis zur Vollendung des 65. Lebensjahres entspricht. Ist ein früheres Lebensalter vereinbart, so tritt dieses an die Stelle des 65. Lebensjahres.

Auch die unverfallbar gewordene Invaliden- oder Hinterbliebenenrente wird nach der vorgenannten Methode berechnet.

Beruht die Versorgungsanwartschaft auf einer Zusage, die weniger als 10 Jahre vor dem Ausscheiden des Arbeitnehmers aus dem Unternehmen erteilt wurde, kann anstelle der eigentlich geschuldeten Rente eine einmalige Abfindung gezahlt werden (§ 3 BetrAVG).

Bei vorzeitiger Beendigung des Arbeitsverhältnisses hat der Arbeitnehmer einen Anspruch darauf, von seinem Arbeitgeber darüber informiert zu werden, ob die Voraussetzungen für die Unverfallbarkeit der Versorgungsanwartschaft erfüllt sind und wie hoch die Versorgungsleistungen bei Erreichen der in der Versorgungsregelung vorgesehenen Altersgrenze sein werden (§ 2 Abs. 6 BetrAVG).

Höhe und Berechnung des Versorgungsanspruches richten sich nach der jeweiligen Versorgungszusage; sie sind insoweit recht unterschiedlich. Nach § 16 BetrAVG hat der Arbeitgeber alle drei Jahre eine Anpassung der laufenden Leistungen der betrieblichen Altersversorgung an die steigenden →Lebenshaltungskosten zu prüfen und hierüber nach billigem Ermessen (d. h. unter angemessener und wohlwollender Berücksichtigung des Falles) zu entscheiden. Hierbei hat der Arbeitgeber die Belange des einzelnen Versorgungsempfängers und seine eigene wirtschaftliche Situation gegeneinander abzuwägen. Eine Anpassung der betrieblichen Versorgungsleistungen muß nicht erfolgen, wenn die wirtschaftliche Situation des Unternehmens dies nicht zuläßt. Diesen Sachverhalt hat der Arbeitgeber zu beweisen. Seine Beweisführung kann vom Arbeitsgericht überprüft werden.

Um die Leistungen der betrieblichen Altersversorgung auch bei Zahlungsunfähigkeit (Insolvenz) des Arbeitgebers sicherzustellen, ist dieser verpflichtet, die Versorgungsanwartschaften und Leistungen der betrieblichen Altersversorgung beim Pensionssicherungsverein (Köln) zu versichern.

5.2.8 Förderung der Vermögensbildung der Arbeitnehmer

394j

Neben den allgemeinen **gesellschaftspolitischen** Überlegungen, die letztlich in der Absicht gipfelten, ein Bollwerk gegen den Sozialismus zu errichten, waren es **in der Vergangenheit** vor allem **sozialpolitische** Erwägungen, die zur Begründung der Forderung nach Vermögensbildung in Arbeitnehmerhand angestellt wurden. Den weit-

III Arbeit

394k gehend vermögenslosen Arbeitnehmern sollte über den Erwerb von **Vermögen*** eine zusätzliche Einkommensquelle eröffnet werden (Ertragsfunktion). Mit der Erhöhung ihres Einkommens durch den Bezug von Zinsen und/oder →Dividenden sollte ihr wirtschaftlicher Rückhalt und damit ihre Stellung in der lohnpolitischen Auseinandersetzung verbessert werden. Schließlich sollte das zu erwerbende Vermögen seinem Inhaber eine zusätzliche Sicherheit in Notfällen vermitteln (Sekuritätsfunktion) sowie eine unabhängigere und durch mehr Selbstverantwortung charakterisierte Lebensgestaltung ermöglichen. Der Wunsch nach Überwindung des Nur-Lohnarbeit-Verhältnisses und nach Abbau der Gegensätze zwischen Kapital und Arbeit verbindet diese Teilziele.

394o Die in **jüngerer Zeit** mit der Forderung nach Vermögensbildung in Arbeitnehmerhand vertretene **vermögenspolitische** Absicht zielt eindeutig auf eine Beteiligung der Arbeitnehmer am **Produktivvermögen**. Dies geschieht weniger aus gesellschafts- und sozialpolitischen Erwägungen als vielmehr aus der wirtschaftspolitischen Notwendigkeit, der bedrohlich unterkapitalisierten bundesdeutschen Wirtschaft (insbesondere in den neuen Bundesländern) verstärkt **Eigenkapital** (d. s. im Gegensatz zu Fremdkapital solche Mittel, die dem/den Eigentümer(n)/Gesellschafter(n) einer Unternehmung gehören) zuzuführen, ihre (finanzielle) Liquidität zu begünstigen und damit die Voraussetzungen für Wirtschaftswachstum und Beschäftigung zu verbessern.

Die **Maßnahmen** zur Förderung der Vermögensbildung in Arbeitnehmerhand konzentrier(t)en sich im wesentlichen auf drei Bereiche: die staatliche Sparförderung (bis Ende 1989), den Investivlohn und die Gewinnbeteiligung.

394p Im Wege der **Sparförderung** versuchte der Staat, die Sparbereitschaft der Bezieher mittlerer und niedriger Einkommen (Einkommensobergrenze!) durch die Gewäh-
394q rung von finanziellen Vergünstigungen – Steuernachlässe und **Sparprämien** – anzuregen und entsprechende Sparakte zu veranlassen. Durch die Bindung dieser Vergünstigungen an eine bestimmte Mindestanlagedauer ist der Sparer zu möglichst langfristiger Vermögensbildung angehalten.

394r Der **Investivlohn** ist ein – aufgrund tarifvertraglicher Vereinbarung oder gesetzlicher Regelung – **zusätzlich** zum laufenden Lohn gewährter Lohnanteil, der dem Arbeitnehmer nicht bar ausbezahlt, sondern für eine bestimmte Mindestzeit **vermögenswirksam** angelegt wird. Der Investivlohn erhöht somit die Sparfähigkeit der Arbeitnehmer und verstärkt – in dem Umfang, in dem diese ihr freiwilliges Sparen nicht einschränken – auch deren tatsächliche Spartätigkeit.

Die Weichen für die Durchsetzung dieses Konzepts, des „Sparens ohne Konsumverzicht" (O. v. Nell-Breuning), stellte der Staat durch einschlägige Gesetzgebung (Gesetze zur Förderung der Vermögensbildung der Arbeitnehmer). Sie begünstigte

---

* Gemeint ist **Erwerbsvermögen**. Im Gegensatz zum Gebrauchsvermögen (Konsumvermögen) wirft es in der Regel einen Geldertrag ab. Das Erwerbsvermögen umfaßt das Produktivvermögen und das Geldvermögen. Das **Produktivvermögen** erstreckt sich vom Mietshaus über gewerblich genutzte Grundstücke und Gebäude, Fertigungseinrichtungen, Vorräte an Roh- und Hilfsstoffen, Halb- und Fertigerzeugnisse bis hin zur → Aktie, zum → Investmentzertifikat. Zum ertragbringenden **Geldvermögen** gehören Sparguthaben, → Obligationen und alle durch Rechtsanspruch gesicherten Forderungen auf Geld.

die investive Lohnbindung zunächst (**Erstes Vermögensbildungsgesetz von 1961, 312,– DM-Gesetz**) in Einzelverträgen und →Betriebsvereinbarungen, später (**Zweites Vermögensbildungsgesetz von 1965** und **Drittes Vermögensbildungsgesetz von 1970, 624,– DM-Gesetz**) auch in Tarifverträgen. Durch die mit dem Dritten Vermögensbildungsgesetz vollzogene Abkehr vom Prinzip der Steuerbegünstigung für Arbeitnehmer und die Einführung von Prämien, die diese auf allen gesetzlich in die Vermögensbildung einbezogenen Einkommensstufen gleichermaßen begünstigte, verstärkte sich die Anlagebereitschaft weiterhin, so daß sich tatsächlich weite Bevölkerungskreise am volkswirtschaftlichen Vermögenszuwachs beteiligten.

Mit der Weiterentwicklung des Dritten Vermögensbildungsgesetzes im **Vierten (936,– DM-Gesetz von 1984)** und **Fünften (von 1987)** trug die Bundesregierung der betriebswirtschaftlichen Notwendigkeit Rechnung, daß auch kleineren und mittleren Unternehmen die von ihnen zu erbringenden zusätzlichen Lohnteile (Investivlöhne) – falls gewünscht – als Finanzierungsmittel zur Verfügung stehen. Mit der Aufstockung des Förderungsbetrages auf jährlich 936,– DM und der Erweiterung des Anlagekataloges, insbesondere auf typische stille Beteiligungen (→stille Gesellschaft), wurde die Möglichkeit der Rückleitung investiver Lohnteile in die sie erbringenden Unternehmen geschaffen. Die Handlungsmöglichkeiten der Tarifpartner und Unternehmen im Bereich der Vermögenspolitik wurden damit erheblich verbessert. Mit dem Fünften Vermögensbildungsgesetz wurden außerdem die Möglichkeiten der Arbeitnehmer zur Kapitalbeteiligung erweitert und erleichtert: Erhöhung des Lohnsteuer-Freibetrages für Vermögensbeteiligungen nach § 19a Einkommensteuergesetz; Zulassung von Beteiligungssondervermögen im Investmentgesetz, die außer Wertpapieren auch stille Beteiligungen an nicht börsennotierten Unternehmen aufnehmen können; Erwerb von Vermögensbeteiligungen und einfachere Förderungsvorschriften, wonach nunmehr die Arbeitnehmer mit vermögenswirksamen Leistungen verbriefte Vermögensbeteiligungen unmittelbar vom Arbeitgeber erwerben können, ohne daß ein Vertrag mit einem Kreditinstitut erforderlich ist.

Das in der **Neufassung des Fünften Vermögensbildungsgesetzes (1990)** 1994 aus dem Förderungskatalog gestrichene Konten- und Versicherungssparen soll eine weitere Konzentration der Sparleistungen auf das neu zuwachsende Produktivvermögen bewirken.

Das am 1.1.1999 in Kraft getretene **Dritte Vermögensbeteiligungsgesetz** verfolgt weiterhin die Absicht, Arbeitnehmer verstärkt am Produktivkapital der Unternehmen zu beteiligen. Dazu sind im einzelnen folgende Regelungen vorgesehen: Die für die Förderung über die Sparzulage maßgeblichen Einkommensgrenzen beziffern sich auf 17900 Euro (früher 35000 DM) für Alleinstehende und 35800 Euro (früher 70000 DM) für Verheiratete. Die Höhe der Förderung hängt davon ab, ob die Anlage in Unternehmensbeteiligungen oder anderen geförderten Anlageformen – vor allem dem Bausparen – erfolgt. Bausparen wird wie bisher bis zum Höchstbetrag von 480 Euro (früher 936 DM) im Jahr mit einer Zulage von 10 Prozent gefördert. Für die Anlage in Aktien und Aktienfonds gibt es nunmehr einen zusätzlichen jährlichen Förderbetrag von 408 Euro (früher 800 DM), der mit einer Zulage von 20 Prozent begünstigt wird. Mit dieser Neuregelung können nunmehr 13 Millionen statt bisher 10 Millionen Arbeitnehmer in den Genuß der Vermögens-

III Arbeit

bildung gelangen. – Nach Berechnungen des Bundeswirtschaftsministeriums kann ein Arbeitnehmer, der die neuen Möglichkeiten zur Vermögensbildung voll ausschöpft, am Ende eines dreißigjährigen Erwerbslebens zusätzlich rund 40000 Euro gespart haben. Damit lasse sich die Rente monatlich um 200 Euro aufbessern.

394s Unter **Gewinnbeteiligung** verstehen wir die Teilhabe der Arbeitnehmer an den Unternehmenserträgen. Werden derartige Gewinnanteile nicht zur konsumtiven Verwendung freigegeben, sondern der **investiven Bindung** unterworfen, so sprechen wir von investiver Gewinnbeteiligung. Sie stellt die Gewinnbeteiligung im engeren, vermögenspolitischen Sinne dar.

394t Die **investive Gewinnbeteiligung** der Arbeitnehmer ist in vielfältiger Ausgestaltung denkbar. Sie könnte **tarifvertraglich** oder **gesetzlich** fundiert sein oder aber auf **freiwilliger** Basis praktiziert werden. Darüber hinaus könnte sie **betrieblich** wie auch **überbetrieblich** organisiert sein. Als vermögenspolitisches Instrument hat sie in der Bundesrepublik Deutschland bisher lediglich als betriebsbezogene Beteiligung der Arbeitnehmer am Unternehmenskapital Berücksichtigung gefunden. Dennoch kommt gerade ihr in jüngster Zeit erhöhte Aufmerksamkeit zu.

Wie die Ausgestaltung der investiven Gewinnbeteiligung im Einzelfall auch immer geartet sein mag, trägt sie für das gewährende Unternehmen – gleichermaßen wie der Investivlohn – kostenähnlichen Charakter, so daß dieses in der Regel bestrebt sein dürfte, die Gewinnbeteiligung in seinen Produktpreisen weiterzugeben (d. h. zu überwälzen). Die Notwendigkeit der Überwälzung dürfe für finanzschwache Unternehmen im allgemeinen erst dann entfallen, wenn – wie dies auch für den Investivlohn gilt – die vermögenswirksamen Leistungen als Kapitalanlage oder Darlehen im aufbringenden Unternehmen verbleiben oder in dasselbe zurückgeleitet werden und damit ihren kostenähnlichen Charakter verlieren und den von Selbstfinanzierungsmitteln annehmen.

395 5.3 Kollektives Arbeitsrecht

Der Einzelarbeitsvertrag ist meist in das kollektive Arbeitsrecht, das heißt in das aus Gesamtvereinbarungen im Rahmen von →Tarifverträgen oder →Betriebsvereinbarungen hervorgegangene Recht, gestellt.

396 5.3.1 Tarifverträge

397,398,399 Tarifverträge sind schriftlich abgeschlossene →Verträge zwischen einem oder mehreren Arbeitgebern (**Firmen-, Werk-** oder **Haustarifverträge**) oder →Arbeitgeber-
400 verbänden (**Verbandstarifverträge**) einerseits und einer oder mehreren →Gewerkschaften andererseits zur Regelung von Rechten und Pflichten der →Tarifvertragsparteien (schuldrechtlicher Teil) und zur Festlegung von Rechtsnormen der erfaßten →Arbeitsverhältnisse (normativer Teil) (§ 1 Abs. 1 Tarifvertragsgesetz [TVG]).

Schuldrechtlicher Teil: Die Rechte und Pflichten der Tarifvertragsparteien beziehen sich auf den Abschluß und die Durchführung des Tarifvertrages. Besondere Bedeutung kommt hierbei der Friedenspflicht und der Einwirkungspflicht zu.

Arbeit **III**

Die **Friedenspflicht** gebietet den Tarifvertragsparteien, während der Laufzeit der Tarifverträge den Arbeitsfrieden zu wahren, das heißt keine →Arbeitskämpfe um die geregelten Pflichten zu führen. Sie schließt aber nicht aus, daß Kampfmaßnahmen ergriffen werden, um die tarifliche Vereinbarung solcher Arbeitsbedingungen zu erreichen, die bislang tarifvertraglich nicht geregelt waren. Soll während der Laufzeit des Tarifvertrages jegliche Kampfmaßnahme untersagt sein (absolute Friedenspflicht), so muß dies besonders vereinbart werden. 401

Die Friedenspflicht der Tarifvertragsparteien kann durch **Schlichtungsabkommen** erweitert werden. Sie sehen im allgemeinen vor, daß Kampfmaßnahmen erst dann ergriffen werden können, wenn ein eingeleitetes Schlichtungsverfahren vor einer Schlichtungsstelle ergebnislos verlief. 402

Die **Einwirkungspflicht** auferlegt den Tarifvertragsparteien unter Einsatz ihrer verbandsrechtlichen Mittel, dafür Sorge zu tragen, daß ihre Mitglieder die getroffenen Vereinbarungen und damit die bestehende Tarifordnung respektieren. 403

Normativer Teil: Die Rechtsnormen des Tarifvertrages betreffen insbesondere dessen Inhalt (Inhaltsnormen) und Abschluß (Abschlußnormen) sowie betriebliche (betriebliche Normen) und betriebsverfassungsrechtliche (betriebsverfassungsrechtliche Normen) Fragen wie auch gemeinsame Einrichtungen der Tarifvertragsparteien.

Die **Inhaltsnormen** betreffen unter anderem Art und Höhe der Entlohnung, Sonderzuwendungen (wie beispielsweise Weihnachtsgratifikationen, vermögenswirksame Leistungen), vorübergehende Freistellung von der Arbeit, Urlaub, Dauer der Arbeitszeit, Kündigungsvoraussetzungen und Kündigungsfristen. Die tarifvertragliche Praxis erfaßt die Regelung von Löhnen und Gehältern in den **Lohntarifverträgen** mit einer Laufzeit von in der Regel einem Jahr und weist die allgemeinen Arbeitsbedingungen (Dauer der Arbeitszeit, des Urlaubes und der Kündigungsfristen, Akkordbedingungen, Zulagenregelung, Entgeltfortzahlung bei Arbeitsverhinderung u. a.) in den längerfristigen **Manteltarifverträgen** aus. Soweit die Lohn-/Gehaltsgruppeneinteilung nicht in die Lohntarifverträge eingeht, wird sie in besonderen, ebenfalls für längere Zeiträume (meist 3 Jahre) abgeschlossenen **Rahmentarifverträgen** geregelt. 404 405 406

Arbeitsentgelte und sonstige Arbeitsbedingungen, die durch Tarifvertrag geregelt sind oder üblicherweise geregelt werden, können nicht Gegenstand einer →Betriebsvereinbarung sein (§ 77 Abs. 3 Betriebsverfassungsgesetz [BetrVG]). Dies bedeutet, daß einschlägige Betriebsvereinbarungen auch dann unzulässig sind, wenn sie günstigere Bedingungen festlegen. Eine Ausnahme sieht das Gesetz (§ 77 Abs. 3 BetrVG) nur für den Fall vor, daß der Tarifvertrag den Abschluß ergänzender Betriebsvereinbarungen ausdrücklich zuläßt.

Die tarifvertraglichen Normen dürfen die Arbeitnehmer grundsätzlich nicht schlechter stellen als die gesetzlichen Regelungen. Eine tarifvertragliche Vereinbarung zu Ungunsten der Arbeitnehmer ist ausnahmsweise nur dann zulässig, wenn diese gesetzlich vorgesehen ist (das heißt, wenn sogenannte **Öffnungsklauseln** vorliegen). 407

III Arbeit

Die **Abschlußnormen** setzen Regeln für das Zustandekommen neuer Arbeitsverhältnisse, aber auch Abschlußgebote und Abschlußverbote (soweit diese dem Schutz und den Interessen der Arbeitnehmer dienen!).

Betriebliche Normen/Vorgaben betreffen vor allem den Arbeitsschutz, betriebliche Erholungs- und Wohlfahrtseinrichtungen, die betriebliche Ordnung (so insbesondere Rauchverbote, Anwesenheits- und Ausgangskontrollen, Betriebsbußen).

Betriebsverfassungsrechtliche Normen erstrecken sich auf die Rechtsstellung der Arbeitnehmerschaft und ihrer Organe. Die Möglichkeiten, die das Betriebsverfassungsgesetz hierbei den Tarifvertragsparteien beläßt (→Öffnungsklauseln), sind allerdings sehr gering.

Eine besondere Art von Tarifnormen sind die **Normen über gemeinsame Einrichtungen der Tarifvertragsparteien** (z. B. über die Zusatzversorgungskasse im Baugewerbe). So kann beispielsweise vereinbart werden, daß der Arbeitgeber Beiträge zu den gemeinsamen Einrichtungen zu erbringen hat.

Die Rechtsnormen des Tarifvertrages gelten **unmittelbar** und **zwingend** zwischen den tarifgebundenen Arbeitgebern und Arbeitnehmern. Dies bedeutet, daß die tarifgebundenen Arbeitsverhältnisse zwangsläufig den tarifgemäßen Inhalt erhalten und die dem Tarif unterworfenen Parteien von den Bestimmungen des Tarifvertrages grundsätzlich **nicht zum Nachteil** des Arbeitnehmers abweichen können. Von den Bestimmungen des Tarifvertrages kann (in seltenen Fällen) **zum Nachteil** des Arbeitnehmers nur dann abgewichen werden, wenn die Tarifvertragsparteien den entsprechenden Tarifbestimmungen ihren zwingenden Charakter als Mindestarbeitsbedingungen genommen haben (§ 4 Abs. 3 TVG). Dagegen kann im Einzelarbeitsvertrag in unbeschränktem Umfang **zu Gunsten** des Arbeitnehmers von den Bestimmungen des Tarifvertrages abgewichen werden (§ 4 Abs. 3 TVG; **Günstigkeitsprinzip**).

Tarifverträge werden in erster Linie für Arbeitnehmer und Auszubildende abgeschlossen; daneben aber auch für →Heimarbeiter und →arbeitnehmerähnliche Personen. Ausdrücklich ausgenommen von den tarifvertraglichen Regelungen sind Handelsvertreter (§ 12a Abs. 4 TVG).

Der Tarifvertrag bedarf zu seiner Wirksamkeit einer von beiden Vertragsparteien eigenhändig unterschriebenen Vertragsurkunde (§ 1 Abs. 2 TVG). Abschluß, Änderung, Beendigung und →Allgemeinverbindlichkeitserklärung von Tarifverträgen werden in einem beim Bundesminister für Wirtschaft und Arbeit geführten **Tarifregister** eingetragen (§ 6 TVG).

Die für einen Betrieb maßgebenden Tarifverträge müssen vom Arbeitgeber an geeigneter Stelle so ausgelegt werden, daß sie die Arbeitnehmer jederzeit einsehen können (§ 8 TVG).

Die den Tarifvertragsparteien aus dem Tarifvertrag erwachsenden Rechte und Pflichten **beginnen** mit Abschluß des Tarifvertrages; sie **enden (Laufzeit des Tarifvertrages)**

– mit Ablauf der Zeit, für die der Tarifvertrag abgeschlossen wurde,
– mit einer einverständlichen Aufhebung des Tarifvertrages durch die Parteien,

– mit einer unter Einhaltung der vereinbarten Kündigungsfrist ausgesprochenen ordentlichen Kündigung oder
– mit einer außerordentlichen Kündigung bei Vorliegen eines wichtigen Grundes.

Während die schuldrechtliche Bindung der Tarifvertragsparteien an die Laufzeit des Tarifvertrages geknüpft ist, wirken die Rechtsnormen des Tarifvertrages über diese hinaus, es sei denn, daß sie durch andere einzel-, betriebs- oder tarifvertragliche Regelungen ersetzt werden (§ 4 Abs. 5 TVG).

Während betriebliche, insbesondere betriebsverfassungsrechtliche Normen bereits dann gelten, wenn nur der Arbeitgeber tarifgebunden ist (§ 3 TVG), erfassen die tarifvertraglichen Regelungen, die sich auf den Inhalt, den Abschluß und die Beendigung der Arbeitsverhältnisse sowie die gemeinsamen Einrichtungen der Tarifvertragsparteien beziehen, mit **unmittelbarer** und **zwingender Wirkung** nur die **ta-** 410a **rifgebundenen Arbeitsverhältnisse**, die unter den zeitlichen, räumlichen, betrieblich/ fachlichen und persönlichen Geltungsbereich des Tarifvertrages fallen (**Geltungsbe-** 411 **reich der Tarifnormen**).

Im **persönlichen Geltungsbereich** wird geregelt, für welche Arbeitnehmergruppen (z. B. Arbeiter, Angestellte, Auszubildende usw.) der Tarifvertrag zu gelten hat. Hierfür ist – abgesehen von der →Allgemeinverbindlichkeitserklärung – die Zugehörigkeit zu den vertragsschließenden Verbänden entscheidend (§ 3 Abs. 1 TVG). Dies bedeutet, daß nur derjenige Arbeitnehmer, der Mitglied der vertragschließenden Gewerkschaft ist, bei gleichzeitiger Tarifgebundenheit seines Arbeitgebers, einen unmittelbaren Anspruch auf die tarifvertraglich vereinbarten Arbeitsbedingungen hat. Waren Arbeitgeber und Arbeitnehmer bei Wirksamwerden des Tarifvertrages tarifgebunden, so bleiben sie es bis der Tarifvertrag endet (§ 3 Abs. 3 TVG). (Ein Arbeitgeber kann sich deshalb beispielsweise nicht während der Laufzeit eines Tarifvertrages durch Austritt aus dem Arbeitgeberverband seiner tarifvertraglichen Pflichten entziehen!)

Der **betriebliche/fachliche Geltungsbereich** der Tarifnormen bestimmt sich nach dem von den (in der Regel nach dem **Industrieverbandsprinzip** organisierten) Tarif- 412 vertragsparteien erfaßten Wirtschaftszweig. Fällt beispielsweise ein Betrieb der Metallindustrie unter den Tarifvertrag der Metallindustrie eines bestimmten Bundeslandes (beziehungsweise einer Teilregion dieses Bundeslandes), so gilt der Tarifvertrag für alle Arbeitnehmer dieses Betriebes, auch für solche, die nicht im Metallbereich arbeiten, wie zum Beispiel ein Fahrer, Schreiner oder Anstreicher.

Der **zeitliche Geltungsbereich** entspricht im allgemeinen der →Laufzeit des Tarifvertrages.

Hinsichtlich des **räumlichen Geltungsbereiches** wird festgelegt, in welchem Gebiet der Tarifvertrag gelten soll; ob er beispielsweise als **Bundesrahmentarifvertrag** für 413 das gesamte Bundesgebiet Geltung haben soll, oder ob er sich auf ein bestimmtes Bundesland oder einen bestimmten Bezirk (z. B. Nordwürttemberg/Nordbaden) erstrecken soll.

Die Rechtsnormen des Tarifvertrages, die – wie oben dargelegt – grundsätzlich nur für die Mitglieder der Tarifvertragsparteien verbindlich sind, können durch eine staatliche **Allgemeinverbindlichkeitserklärung** auch auf nicht tarifgebundene Ar- 414 beitgeber und Arbeitnehmer Anwendung finden (§ 5 TVG).

III Arbeit

Die Allgemeinverbindlichkeitserklärung kann vom Bundesarbeitsminister oder – soweit von diesem im Einzelfall damit beauftragt – von der obersten Arbeitsbehörde eines Landes (Landesminister) auf Antrag einer der beiden Tarifvertragsparteien im Einvernehmen mit einem aus je drei Vertretern der Spitzenorganisationen von Arbeitgebern und Arbeitnehmern bestehenden Ausschuß abgegeben werden (§ 4 Abs. 1 TVG). Voraussetzung dafür ist allerdings, daß

- die tarifgebundenen Arbeitgeber mindestens 50 Prozent der unter den Geltungsbereich des Tarifvertrages fallenden Arbeitnehmer beschäftigen **und**
- die Allgemeinverbindlichkeitserklärung im öffentlichen Interesse geboten ist. (Dieses ist insbesondere dann der Fall, wenn die Arbeitsbedingungen in den vom Tarifvertrag nicht erfaßten Betrieben unter das sozial angemessene Niveau abzusinken drohen!)

Von den beiden Voraussetzungen kann abgesehen werden, wenn dies zur Bewältigung eines sozialen Notstandes geboten erscheint.

Die Rechtswirkungen der Allgemeinverbindlichkeitserklärung des Tarifvertrages beginnen grundsätzlich mit dem Stichtag, der in der Allgemeinverbindlichkeitserklärung angegeben wurde. Sie enden mit Ablauf des Tarifvertrages.

Damit schließlich tarifvertragliche Vereinbarungen nicht unterlaufen werden können, bestimmt § 4 Abs. 4 TVG, daß ein **Verzicht** auf tarifliche Rechte nur in einem von den Tarifvertragsparteien gebilligten Vergleich möglich ist und daß eine **Verwirkung** solcher Rechte ausgeschlossen ist.

415 **Tarifvertragsklauseln**, die im Interesse einer baldigen Klärung der Beziehungen zwischen Arbeitgeber und Arbeitnehmer vorsehen, daß die tarifvertraglichen Ansprüche innerhalb einer bestimmten angemessenen Frist geltend gemacht werden müssen (**tarifvertragliche Ausschlußfristen**), sind nach § 4 Abs. 4 TVG zulässig. Sie haben die Konsequenz, daß der tarifvertragliche Anspruch mit Ablauf der Ausschlußfrist untergeht und damit nicht mehr geltend gemacht werden kann. Die Ausschlußfrist kann sich allein auf tarifliche, allein auf vertragliche oder aber auf sämtliche Ansprüche des Arbeitsverhältnisses erstrecken.

Die Frist zur Geltendmachung eines Anspruches gegenüber dem Vertragspartner beträgt normalerweise 2–3 Monate ab Fälligkeit beziehungsweise Kenntnis.

416 Sieht der Tarifvertrag keine Ausschlußfristen vor, so **verjähren** die tarifvertraglichen Ansprüche (wie arbeitsrechtliche Ansprüche allgemein) 2 Jahre nach Ende des Kalenderjahres, in dem sie entstanden sind.

Die unterschiedliche Behandlung von tarifgebundenen und nicht tarifgebundenen Arbeitnehmern verstößt nicht gegen den arbeitsrechtlichen oder verfassungsrechtlichen Gleichbehandlungsgrundsatz (Urteil des Bundesarbeitsgerichtes v. 20. 7. 1960). Gleichwohl ist es heute weitgehend üblich, die tarifvertraglichen Regelungen auch für nicht tarifgebundene Arbeitsverhältnisse zu übernehmen.

Nach einer Entscheidung des Bundesarbeitsgerichtes (4 AZR 419/07) dürfen Arbeitgeberverbände Unternehmen Mitgliedschaften mit und ohne Bindung an Tarifverträge anbieten.

5.3.1.1 Schlichtungsrecht

Können sich die Tarifvertragsparteien in ihren Verhandlungen um den Abschluß eines neuen Tarifvertrages nicht einigen, so wird häufig ein **Schlichtungsverfahren** in Gang gesetzt. Dieses Schlichtungsverfahren unterliegt der Absicht, bestehende Interessengegensätze abzubauen und den Ausbruch eines →Arbeitskampfes zu vermeiden. Sollte ein Arbeitskampf bereits ausgebrochen sein, so kann im Wege der Schlichtung versucht werden, den Arbeitsfrieden wiederherzustellen.

Es lassen sich zwei Schlichtungsverfahren unterscheiden: die vereinbarte Schlichtung und die staatliche Schlichtung.

Die **vereinbarte Schlichtung** basiert auf einer Musterschlichtungsvereinbarung, die der →Deutsche Gewerkschaftsbund (DGB) und die →Bundesvereinigung der deutschen Arbeitgeberverbände (BDA) ihren Mitgliedern empfohlen haben. Die Tarifvertragsparteien sind großteils in besonderen **Schlichtungsabkommen** (zum Beispiel Schlichtungs- und Schiedsvereinbarung in der Metallindustrie) dahingehend übereingekommen, vor Beginn eines Arbeitskampfes einen Schlichtungsversuch durchzuführen. Die dafür einzurichtenden Schlichtungsstellen sind mit Vertretern der beteiligten Parteien und in der Regel mit einem oder zwei unparteiischen Vorsitzenden besetzt. Führt das Schlichtungsbemühen dieses Gremiums zu einer Einigung der Tarifvertragsparteien, so repräsentiert diese einen Tarifvertrag. Führt das Schlichtungsbemühen zu keiner Einigung oder wird der von der Schlichtungsstelle unterbreitete Einigungsvorschlag nicht von beiden Tarifvertragsparteien angenommen, ist die Schlichtung gescheitert. Die →Friedenspflicht besteht dann nicht mehr und der Arbeitskampf kann beginnen.

Grundlage der **staatlichen Schlichtung** ist das Kontrollratsgesetz Nr. 35 v. 20. 8. 1946 über das Ausgleichs- und Schiedsverfahren in Arbeitsstreitigkeiten (gilt nicht im Saarland!), zu dem einige Bundesländer Ausführungsvorschriften erlassen haben. Diese staatlichen Regelungen greifen jedoch nur dann Platz, wenn

- der Tarifvertrag keine Schlichtungsstelle vorsieht und sich einer oder beide Tarifpartner diesbezüglich an die oberste Landesarbeitsbehörde gewandt hat/haben oder
- das vereinbarte Schlichtungsverfahren ergebnislos verlief und die Tarifvertragsparteien sich daraufhin an die oberste Landesarbeitsbehörde gewandt haben.

Beim staatlichen Schlichtungsverfahren gilt es, das von der obersten Landesarbeitsbehörde (Landesschlichter) durchzuführende **Vermittlungsverfahren** und das eigentliche **Schiedsverfahren** zu unterscheiden. Das Schiedsverfahren kann immer erst dann eingeleitet werden, wenn entweder das (staatliche) Vermittlungsverfahren oder das (von den Tarifvertragsparteien) vereinbarte Schlichtungsverfahren scheiterte oder aber ein Schlichtungsverfahren gar nicht vereinbart wurde. Das (staatliche) Schiedsverfahren wird durch einen mit Zustimmung beider Parteien konstituierten **staatlichen Schiedsausschuß** (bestehend aus einem Vorsitzenden und Vertretern der Arbeitgeber und Arbeitnehmer) geführt. Der Schiedsspruch dieses (Schieds-) Ausschusses ist nur bindend, wenn ihn beide Tarifparteien annehmen.

III Arbeit

5.3.1.2 Arbeitskampfrecht

Gelangen die Tarifvertragsparteien auch im Wege der Schlichtung **nicht** zu einer Einigung über die zu verhandelnden Arbeitsbedingungen, so können die Gewerkschaften versuchen, durch **Streik** ihren Forderungen Nachdruck zu verleihen. Sie eröffnen damit den Arbeitskampf, was die Arbeitgeber unter bestimmten Voraussetzungen berechtigt, mit →**Aussperrung** zu antworten. Streik und Aussperrung werden somit als Kollektivkampfmittel eingesetzt. Beide Arbeitskampfmittel sind gesetzlich nicht geregelt. (Das Streik**recht** wird in einigen Länderverfassungen ausdrücklich garantiert; es wird jedoch nicht näher geregelt!) Die arbeitsrechtliche Ausgestaltung von Streik und Aussperrung stützt sich im wesentlichen auf die einschlägige Rechtsprechung. Der Arbeitskampf ist in Art. 9 Abs. 3 Satz 3 Grundgesetz institutionell und funktionell anerkannt.

Bei Ausbruch und Beendigung eines Arbeitskampfes sind die Arbeitgeber verpflichtet (und die Gewerkschaften berechtigt), der für den Betrieb zuständigen Agentur für Arbeit schriftlich Anzeige zu erstatten (§ 320 Abs. 5 Arbeitsförderungs-Reformgesetz, SGB III).

5.3.1.2.1 Streik

Der Streik besteht in der gemeinsamen planmäßigen Niederlegung der Arbeit durch mehrere Arbeitnehmer mit dem Ziel, günstigere Arbeitsbedingungen in Form eines Tarifvertrages durchzusetzen und danach die Arbeit wieder aufzunehmen. Auch die teilweise Verweigerung oder Verzögerung/Verschleppung der Arbeit („**Dienst nach Vorschrift**", **Bummelstreik**) fügt sich dieser Absicht und bedeutet Streik.

Der Streik unterliegt dem **Gebot der Verhältnismäßigkeit**, das heißt, er muß in seiner Zielsetzung wie auch in seiner Durchführung die wirtschaftlichen Möglichkeiten beachten und darf nicht dem Gemeinwohl schaden. Aus dieser Vorgabe erwachsen nach Auffassung des Bundesarbeitsgerichtes für jeden Streik drei wesentliche Konsequenzen:

– Der Streik darf nur als letzte Maßnahme nach Ausschöpfung aller sonstigen Möglichkeiten (**Ultima-ratio-Prinzip**) ergriffen werden;
– der Streik muß fair geführt werden und darf nicht die Vernichtung des Gegners bezwecken (**Vernichtungsstreik**);
– beide Tarifvertragsparteien müssen nach Beendigung des Streikes möglichst schnell den Arbeitsfrieden wiederherstellen.

Ein Streik ist grundsätzlich nur dann **rechtmäßig**, wenn er von einer Gewerkschaft nach dem Scheitern von Tarifverhandlungen eingeleitet und durchgeführt wird. Erfolgt die Arbeitsniederlegung ohne die vorherige Billigung der zuständigen Gewerkschaft und wird sie auch nicht nachträglich von dieser genehmigt und übernommen, so ist sie rechtswidrig (**wilder Streik**).

Ein Streik darf nicht gegen die tarifvertragliche →Friedenspflicht verstoßen. Nach Ablauf der Friedenspflicht darf ein Streik nur dann eingeleitet und durchgeführt werden, wenn zuvor die zur Verhandlung anstehenden Forderungen genannt und über diese auch Tarifverhandlungen geführt wurden. Eine Ausnahme von dieser Regelung ist nur dann möglich, wenn der Arbeitgeber Verhandlungen über eine Forderung der Gewerkschaft von vornherein ablehnt.

Ein geregelter Streikverlauf folgt im allgemeinen folgendem Muster: (1) Beschluß der Gewerkschaft zur Einleitung des Streikes, (2) Beschluß der Gewerkschaft zur Durchführung einer **Urabstimmung** der Gewerkschaftsmitglieder (d.h. einer Abstimmung der Gewerkschaftsmitglieder darüber, ob gestreikt werden soll oder nicht), (3) Aufforderung der Gewerkschaftsmitglieder zur Urabstimmung, (4) Urabstimmung, (5) Genehmigung des Streikbeschlusses durch das zuständige Gewerkschaftsorgan, (6) Herausgabe des Streikbefehls an die Gewerkschaftsmitglieder und (7) tatsächliche Arbeitsniederlegung. 433

Um eine geordnete Durchführung von Arbeitskämpfen zu erwirken, haben der →Deutsche Gewerkschaftsbund (DGB) wie auch die →Deutsche Angestellten Gewerkschaft (DAG) Richtlinien zur Führung von Arbeitskämpfen (**Arbeitskampfrichtlinien**) erlassen, in denen unter anderem Näheres über die Durchführung von Erhaltungs- und Notarbeiten in bestreikten Betrieben wie auch über die wegen ihrer lebenswichtigen Bedeutung für die Allgemeinheit von einer Bestreikung auszunehmenden Betriebe ausgeführt wird. 434

Je nach der mit einer Arbeitsniederlegung verbundenen Absicht, lassen sich verschiedene Streikarten unterscheiden:

Vollstreik: Es werden entweder alle Arbeitgeber eines Wirtschaftszweiges bestreikt oder alle Arbeitnehmer eines Betriebs streiken. 435

Teil- oder Schwerpunktstreik: Lediglich bestimmte Abteilungen eines Betriebes oder bestimmte Schlüsselbetriebe eines Wirtschaftszweiges werden bestreikt. (Schwerpunktstreiks bilden den Kern der gewerkschaftlichen Strategie der sogenannten „**neuen Beweglichkeit**".) 436

Generalstreik: Alle Arbeitnehmer legen die Arbeit nieder. 437

Warnstreik: Kurze, zeitlich befristete Arbeitsniederlegungen, die in sachlichem und zeitlichem Zusammenhang mit laufenden Tarifverhandlungen stehen. (Nach Urteil des Bundesarbeitsgerichtes v. 21.6.1988 unzulässig!) 438

Sympathie- und Solidaritätsstreiks: Streiks, die zur Unterstützung von streikenden Arbeitnehmern einer anderen Gewerkschaft geführt werden. (Nach Urteil des Bundesarbeitsgerichtes v. 12.1.1988 unzulässig!) 439

Bei einem unzulässigen (**rechtswidrigen**) **Streik** hat der Arbeitgeber einen Unterlassungsanspruch. Diesen kann er auch schon im Wege der →einstweiligen Verfügung durchsetzen. Darüber hinaus ergeben sich für ihn Schadensersatzansprüche.

Arbeitnehmern – auch Betriebsratsmitgliedern –, die sich an rechtswidrigen Streiks beteiligen, kann der Arbeitgeber unter bestimmten Voraussetzungen außerordentlich kündigen. Diese Kündigungen bedürfen nicht der Zustimmung des Betriebsrates.

Für die Dauer des Streikes erhalten diejenigen Gewerkschaftsmitglieder, die mindestens 3 Monate ihrer Gewerkschaft angehören, eine Streikunterstützung (**Streikgeld**) von etwa zwei Drittel ihres Bruttoverdienstes. 440

Nichtorganisierte Arbeitnehmer, die unter den Streik fallen, erhalten unter bestimmten Voraussetzungen vom Staat einen finanziellen Beitrag zur Sicherung des Lebensunterhaltes (§ 20 SGB II).

III Arbeit

5.3.1.2.2 Aussperrung

Die Aussperrung besteht in der von einem oder mehreren Arbeitgeber(n) planmäßig verhängten vorübergehenden Nichtzulassung von Arbeitnehmern zur Arbeit unter Aussetzung der Lohnzahlung. Aussperrung ist die kollektive Gegenmaßnahme zum →Streik. Als solche kann sie sich gegen alle Arbeitnehmer eines Betriebes richten oder aber nur gegen diejenigen, die dem Streikbefehl der Gewerkschaft folgten, oder aber bestimmte Arbeitnehmergruppen (z. B. Facharbeiter oder Beschäftigte bestimmter Produktionszweige, die unter bestimmten betrieblichen Zielvorgaben benötigt werden) ausnehmen. Eine Aussperrung, die gezielt nur die Mitglieder einer streikenden Gewerkschaft erfaßt, ist nach Auffassung des Bundesarbeitsgerichtes rechtswidrig (Urteil v. 10.6.1980). Das herausragende Ziel, das die Arbeitgeber mit der Aussperrung verfolgen, ist es, die jeweilige Gewerkschaft (über die Zahlung von →Streikgeld) finanziell zu belasten und dadurch schneller zum Einlenken und zu neuen Verhandlungen zu bewegen.

Die lange Zeit diskutierte Frage, ob die Aussperrung überhaupt zulässig sei, haben das Bundesarbeitsgericht (letztes Urteil v. 12.3.1985) und das Bundesverfassungsgericht (Beschluß v. 26.6.1991) dahingehend geklärt, daß Aussperrung (mit **suspendierender Wirkung**, d. h. ohne Kündigung des Arbeitsvertrages) in Abwehr von →Teil- oder Schwerpunktstreiks (**Abwehraussperrung**) dem Grundsatz der „arbeitskampfrechtlichen Parität" entspricht und damit zulässig ist. (Aussperrungen mit einer das Arbeitsverhältnis **lösenden Wirkung** gelten nach herrschender Rechtsprechung als äußerst problematisch. Sie sind auf jeden Fall unzulässig bei besonders geschützten Personen, wie Schwangeren, Schwerbehinderten, Mitgliedern von Arbeitnehmervertretungen.)

Geht die Aussperrung einem Streik im entsprechenden Tarifbereich voraus, so handelt es sich um eine **Angriffsaussperrung**. Sie ist in jedem Fall unzulässig.

Auch die zulässige Aussperrung darf nur als letztes mögliches Arbeitskampfmittel (→Ultima-ratio-Prinzip) in Betracht kommen und hat bei ihrem Einsatz den Grundsatz der Verhältnismäßigkeit zu beachten. (Dieser Grundsatz würde beispielsweise verletzt, wenn die Arbeitgeber einen Bezirksstreit mit einer bundesweiten Aussperrung im gleichen Sektor beantworten würden.)

Nach Beendigung der Aussperrung müssen sich beide Tarifpartner um eine möglichst schnelle und umfassende Wiederherstellung des Arbeitsfriedens bemühen.

Ist eine Aussperrung **rechtswidrig**, so ergeben sich Unterlassungs- und Schadensersatzansprüche. Darüber hinaus erwirkt der Arbeitnehmer das Recht, sein Arbeitsverhältnis außerordentlich zu kündigen.

5.3.1.2.3 Die soziale Sicherung bei Arbeitskämpfen

Die Bundesagentur für Arbeit (mit ihren Dienststellen) ist während des Arbeitskampfes zur strikten **Neutralität** verpflichtet. Daraus folgt, daß sie Arbeitnehmern, die unmittelbar am Arbeitskampf teilnehmen (das sind Streikende wie auch Ausgesperrte) weder → Arbeitslosengeld noch →Kurzarbeitergeld für (arbeitskampfbedingten) Arbeitsausfall bezahlen darf. Die Ansprüche auf Arbeitslosengeld I und Kurzarbeitergeld ruhen bis zur Beendigung des Arbeitskampfes.

Für Arbeitnehmer, die in **mittelbarer Auswirkung** eines Arbeitskampfes arbeitslos wurden (**mittelbare Arbeitslosigkeit** ist dann gegeben, wenn ein Betrieb – obgleich er weder bestreikt wird, noch selbst ausgesperrt – seine Produktion einstellen muß, weil beispielsweise notwendige Zulieferungen von anderen in den Arbeitskampf verstrikten Betrieben ausbleiben!) oder kurzarbeiten müssen, sieht § 146 Arbeitsförderungs-Reformgesetz (SGB III) folgende Regelungen vor:

– Sie erhalten Arbeitslosengeld I beziehungsweise Kurzarbeitergeld, wenn sie **außerhalb des Fachbereiches** des umkämpften Tarifvertrages beschäftigt sind.
– Sie erhalten keine Leistungen, wenn sie **innerhalb des fachlichen und räumlichen Geltungsbereiches** des umkämpften Tarifvertrages beschäftigt sind.
– Sie erhalten in der Regel Arbeitslosengeld I beziehungsweise Kurzarbeitergeld, wenn sie **außerhalb des räumlichen, aber innerhalb des fachlichen Geltungsbereiches** des umkämpften Tarifvertrages beschäftigt sind. Der Leistungsanspruch entfällt lediglich dann, wenn der Arbeitskampf **stellvertretend** auch für die Änderung der Arbeitsbedingungen der mittelbar betroffenen Beschäftigten geführt wird (**Stellvertreterarbeitskampf**) und diese somit am Erfolg des Arbeitskampfes teilhaben. (Die Entscheidung darüber, ob ein Stellvertreterarbeitskampf geführt wird oder nicht, wird von einem Neutralitätsausschuß getroffen!)

In den Fällen, in denen dem unmittelbar oder mittelbar durch den Arbeitskampf betroffenen Arbeitnehmer kein Arbeitslosengeld I oder Kurzarbeitergeld gewährt wird, hat er lediglich einen Anspruch auf →Arbeitslosengeld II.

Der **sozialversicherungsrechtliche Schutz** (Krankenversicherung, gesetzliche Rentenversicherung, Arbeitslosenversicherung, Pflegeversicherung) wird durch die Teilnahme des Arbeitnehmers an einem rechtmäßigen Arbeitskampf nicht berührt.

Durch Einbringung eines **Benachteiligungs- und Maßregelungsverbotes** in den umkämpften Tarifvertrag kann ausgeschlossen werden, daß den Arbeitnehmern die zeitliche Unterbrechung des Arbeitsverhältnisses durch den Arbeitskampf bei der Berechnung von betrieblichen Sozialleistungen (z. B. von Jahressonderzahlungen) nicht in Anrechnung gebracht wird (Urteil des Bundesarbeitsgerichtes v. 4. 8. 1987).

5.3.2 Betriebsverfassung

Die Betriebsverfassung ist die arbeitsrechtliche Grundordnung eines Betriebes. Sie regelt die betriebliche Zusammenarbeit zwischen dem Arbeitgeber und den Arbeitnehmern. Die Rechtsgrundlage der Betriebsverfassung ist das **Betriebsverfassungsgesetz** (BetrVG) in der Fassung vom 25. 9. 2001, zuletzt geändert durch Gesetz vom 31. 10. 2006. Sein Grundanliegen ist es, die Arbeitnehmerschaft (Belegschaft) eines Betriebes durch einen von ihr zu wählenden →**Betriebsrat** an betrieblichen Entscheidungsprozessen des Arbeitgebers zu beteiligen. Diese Entscheidungen betreffen nach dem Willen des Gesetzgebers in erster Linie das Wohl des Betriebes (§ 2 Abs. 1 BetrVG), **nicht** dagegen die wirtschaftlichen und unternehmerischen Probleme des Arbeitgebers (Unternehmers). Die Beteiligung des Betriebsrates an derartigen Entscheidungen ermöglicht das Betriebsverfassungsgesetz über entsprechende →Mitbestimmungs- und →Mitwirkungsrechte sowie im Wege freiwilliger →Betriebsvereinbarungen.

III Arbeit

449 5.3.2.1 Geltungsbereich

Das Gesetz beschränkt die Anwendung des Betriebsverfassungsrechtes und damit die Wahl des Betriebsrates auf (private) Betriebe mit in der Regel 5 wahlberechtigten Arbeitnehmern, von denen mindestens 3 wählbar sein müssen (§ 1 BetrVG). Obgleich die Vorschrift zur Wahl und Einsetzung eines Betriebsrates für die vorgenannten Betriebe zwingend ist, kann die Einsetzung eines Betriebsrates nicht erzwungen werden, wenn die Arbeitnehmer dies nicht wollen.

Das Betriebsverfassungsgesetz hat keine Geltung für Verwaltungen und Betriebe des öffentlichen Dienstes. Für die Beschäftigten des öffentlichen Dienstes regeln sich die Mitwirkungs- und Mitbestimmungsrechte nach dem **Bundespersonalvertretungsgesetz** (BPersVG) vom 15.3.1974 und den Personalvertretungsgesetzen der Länder in ähnlicher Weise wie im Betriebsverfassungsgesetz. Das Organ der Ar-
450 beitnehmervertretung ist hiernach der **Personalrat**.

Vom Betriebsverfassungsgesetz ausgenommen sind außerdem alle Religionsgemeinschaften sowie Zusammenschlüsse weltanschaulicher Art als auch ihre karitativen und erzieherischen Einrichtungen.

Auf Einrichtungen (Betriebe, Unternehmen), die unmittelbar und überwiegend be-
451 stimmte geistig-ideelle Zielsetzungen verfolgen (sogenannte **Tendenzbetriebe**) sind die Vorschriften des Betriebsverfassungsgesetzes ebenfalls nicht anwendbar, **soweit** die Eigenart des Betriebes dem entgegensteht. Bei gesetzlichen Beteiligungsrechten des Betriebsrates wäre dies dann der Fall, wenn durch deren Ausübung die geistig-ideelle Zielsetzung des Betriebes ernstlich beeinträchtigt würde. Unter diesen sogenannten
452 **Tendenzschutz** fallen insbesondere Einrichtungen, die politischen, konfessionellen, karitativen, erzieherischen, wissenschaftlichen oder künstlerischen Bestimmungen dienen (beispielsweise Büros und Betriebe der politischen Parteien, Verwaltungen und Einrichtungen der Gewerkschaften und Arbeitgeberverbände, Wohlfahrtseinrichtungen, Heime, Schulen, Internate, Museen, Bibliotheken, Theater u.a.) sowie Betriebe und Unternehmen auf dem Gebiet der Berichterstattung und der Meinungsäußerung (Zeitungs- und Zeitschriftenverlage, Nachrichtenagenturen, Rundfunk- und Fernsehanstalten). Der Tendenzschutz greift allerdings nur dann Platz, wenn die tendenzgeschützten Zwecke unmittelbar und überwiegend verfolgt werden.

Auch in den unter Tendenzschutz fallenden Betrieben sind in der Regel Betriebsräte zu bilden. Ihre gesetzlichen Beteiligungsrechte entfallen lediglich insoweit, als sie die geschützten geistig-ideellen Zielsetzungen ernsthaft beeinflussen können. In **sozialen Angelegenheiten** dürfte der Ausübung der Beteiligungsrechte des Betriebsrates im allgemeinen nichts im Wege stehen. In **personellen Angelegenheiten** (Einstellungen, Versetzungen, Umgruppierung, Kündigung u. ä.) sind dagegen die Beteiligungsrechte des Betriebsrates dann eingeschränkt, wenn durch seine Einflußnahme ein Tendenzträger (z. B. ein Redakteur oder ein Journalist, ein hauptamtlicher Gewerkschaftsfunktionär) betroffen würde und es sich zudem um eine tendenzbezogene Maßnahme handelt (z. B. Kündigung eines Redakteurs wegen Abweichens von der „Linie" [Tendenz] der Zeitung). In **wirtschaftlichen Angelegenheiten** entfällt in Tendenzbetrieben die Bildung eines Wirtschaftsausschusses und damit die Geltendmachung entsprechender Beteiligungsrechte.

Arbeit **III**

Für Seeschiffahrts- und Luftfahrtunternehmen enthält das Betriebsverfassungsgesetz Sondervorschriften.

Das Betriebsverfassungsgesetz findet auf die in einem Betrieb beschäftigten Personen in unterschiedlicher Weise Anwendung, je nachdem, ob es sich um Arbeitnehmer, leitende Angestellte oder um Nicht-Arbeitnehmer handelt.

Auf **Arbeitnehmer**, die als →Arbeiter oder →Angestellte (außer leitende Angestellte) tätig sind, sowie auf die zu ihrer Berufsausbildung beschäftigten Personen (→Auszubildende, →Anlernlinge, →Volontäre, →Praktikanten) findet das Betriebsverfassungsgesetz in **vollem Umfang** Anwendung (§ 5 Abs. 1 BetrVG). Das Arbeitnehmerverhältnis wird hierbei durch einen →Arbeitsvertrag begründet. **Arbeiter** im Sinne des Betriebsverfassungsgesetzes ist derjenige, der eine arbeiterrentenversicherungspflichtige Beschäftigung ausübt; als **Angestellter** gilt, auch wenn er nicht versicherungspflichtig ist, wer einer nach dem Angestelltenversicherungsgesetz als Angestelltentätigkeit klassifizierten Beschäftigung nachgeht. Auch die sogenannten **außertariflichen Angestellten** (das sind Angestellte, für die der Tarifvertrag keine besonderen Regelungen enthält, die aber auch nicht den leitenden Angestellten zugerechnet werden) gehören zu den hier definierten Angestellten. 453 454 455 456

Die volle Anwendung des Betriebsverfassungsgesetzes auf den vorgenannten Personenkreis bedeutet insbesondere, daß sie durch den Betriebsrat vertreten werden und selbst diesen wählen und in diesen gewählt werden können. Ihre Anzahl ist maßgebend dafür, ob und in welcher Größe ein Betriebsrat gewählt werden kann und in welchem Umfang Beteiligungsrechte anstehen.

Auf →**leitende Angestellte** findet das Betriebsverfassungsgesetz nur in wenigen Bezügen Anwendung. Sie werden weder durch den Betriebsrat vertreten, noch können sie diesen wählen oder in diesen gewählt werden; auch ist ihre Anzahl ohne Bedeutung dafür, ob und in welcher Größe ein Betriebsrat gewählt werden kann und in welchem Umfang Beteiligungsrechte anstehen. Die leitenden Angestellten wählen ihre eigene Interessenvertretung gegenüber dem Arbeitgeber im sogenannten **Sprecherausschuß**, dem nach dem **Sprecherausschußgesetz** (SprAuG) in der Fassung vom 20.12.1988 bestimmte Aufgaben obliegen und bestimmte Beteiligungsrechte zustehen. 457 458

Nach § 5 Abs. 3 BetrVG gilt als leitender Angestellter, wer nach seinem Arbeitsvertrag **und** nach seiner tatsächlichen Dienststellung (das heißt nach seiner Stellung im Betrieb oder Unternehmen)

- zur selbständigen Einstellung und Entlassung von im Betrieb oder in einer Betriebsabteilung beschäftigten Arbeitnehmern berechtigt ist oder
- →Generalvollmacht oder →Prokura hat und die Prokura auch im Verhältnis zum Arbeitgeber nicht unbedeutend ist oder
- regelmäßig sonstige Aufgaben wahrnimmt, die für den Bestand und die Entwicklung des Unternehmens oder eines Betriebes von Bedeutung sind und deren Erfüllung besondere Erfahrungen und Kenntnisse voraussetzt, wenn er dabei entweder die Entscheidung im wesentlichen frei von Weisungen trifft oder sie maßgeblich beeinflußt; dies kann auch bei Vorgaben insbesondere auf Grund von Rechtsvorschriften, Plänen und Richtlinien sowie bei Zusammenarbeit mit anderen leitenden Angestellten gegeben sein.

III Arbeit

Wo die vorgenannte Definition des § 5 Abs. 3 BetrVG nicht zu einer eindeutigen Auslegung des leitenden Angestellten ausreicht (d. h. in schwierigen Grenzfällen), hilft § 5 Abs. 4 BetrVG. Ihm zufolge ist leitender Angestellter, wer

- aus Anlaß der letzten Wahl des Betriebsrates, des Sprecherausschusses oder von Aufsichtsratsmitgliedern der Arbeitnehmer oder durch rechtskräftige gerichtliche Entscheidung den leitenden Angestellten zugeordnet worden ist oder
- einer Leitungsebene angehört, auf der in dem Unternehmen überwiegend leitende Angestellte vertreten sind, oder
- ein regelmäßiges Jahresarbeitsentgelt erhält, daß für leitende Angestellte in dem Unternehmen üblich ist, oder
- ein regelmäßiges Jahresarbeitsentgelt erhält, das das Dreifache der Bezugsgröße nach § 18 des Vierten Buches des Sozialgesetzbuches (SGB IV) überschreitet.

459 Nach § 1 SprAuG sind in Betrieben mit in der Regel 10 leitenden Angestellten Sprecherausschüsse zu wählen. Leitende Angestellte in Betrieben mit in der Regel weniger als 10 leitenden Angestellten wählen den Sprecherausschuß in dem Betrieb des Unternehmens mit, der in der Regel 10 leitende Angestellte hat (**Betriebssprecherausschuß**). Bestehen in einem Unternehmen (d. h. in dessen verschiedenen Betrieben) mehrere Betriebssprecherausschüsse, so werden diese (in Entsprechung
460 zum →Gesamtbetriebsrat) nach §§ 16–19 SprAuG durch einen **Gesamtsprecherausschuß** ergänzt. Die leitenden Angestellten können mehrheitlich verlangen, daß anstelle von Betriebssprecherausschüssen und eines Gesamtsprecherausschusses ein
461 **Unternehmenssprecherausschuß** gebildet wird (§ 20 SprAuG). Diese Möglichkeit besteht dann, wenn keiner der Betriebe über 10 leitende Angestellte verfügt, das Unternehmen insgesamt jedoch mindestens diese Anzahl beschäftigt (§ 20 Abs. 1
462 SprAuG). In einem Konzern schließlich kann nach §§ 21–24 SprAuG ein **Konzernsprecherausschuß** gebildet werden.

Die regelmäßigen Sprecherausschußwahlen finden alle 4 Jahre in der Zeit vom 1. März bis zum 31. März statt (nachdem die ersten regelmäßigen Wahlen 1990 stattfanden, folg(t)en die nächsten 1994, 1998, 2002 usw.). Der Sprecherausschuß besteht in Betrieben/Unternehmen mit

    10 bis 20   leitenden Angestellten aus 1 Person,
    21 bis 100   leitenden Angestellten aus 3 Mitgliedern,
    100 bis 300   leitenden Angestellten aus 5 Mitgliedern und
    über 300   leitenden Angestellten aus 7 Mitgliedern.

An den Sitzungen des Sprecherausschusses kann der Arbeitgeber dann teilnehmen, wenn er eine Sitzung verlangt hat oder zu einer solchen eingeladen wurde.

In Entsprechung zur →Betriebsversammlung soll der Sprecherausschuß einmal im Jahr während der Arbeitszeit eine nichtöffentliche **Versammlung** der leitenden Angestellten zum Zweck des Informations- und Meinungsaustausches abhalten (§ 15 SprAuG). Dabei berichtet der Sprecherausschuß über seine Tätigkeit und der Arbeitgeber über die Angelegenheiten der leitenden Angestellten und über die wirtschaftliche Lage und Entwicklung des Betriebes/Unternehmens. Der Sprecherausschuß muß eine Versammlung einberufen, wenn es der Arbeitgeber oder ein Viertel der leitenden Angestellten verlangt (§ 15 Abs. 1 SprAuG).

Nach § 2 Abs. 1 Satz 1 und § 20 Abs. 1 Satz 2 SprAuG hat der Sprecherausschuß mit dem Arbeitgeber und dem Betriebsrat vertrauensvoll unter Beachtung der Tarifverträge zum Wohl der leitenden Angestellten und des Betriebs/Unternehmens zusammenzuarbeiten. In Entsprechung zur Regelung des § 78 BetrVG haben dabei Arbeitgeber und Sprecherausschuß Betätigungen zu unterlassen, durch die der Arbeitsablauf beziehungsweise der Betriebsfrieden beeinträchtigt werden (§ 2 Abs. 4 SprAuG). Diese betriebliche **Friedenspflicht** betrifft insbesondere das Arbeitskampfverbot sowie die **parteipolitische Betätigung**. Nicht betroffen ist die Behandlung von Angelegenheiten tarifpolitischer, sozialpolitischer und wirtschaftlicher Art, die den Betrieb/das Unternehmen oder die leitenden Angestellten unmittelbar betreffen (§ 2 Abs. 4 SprAuG).

Der Sprecherausschuß hat **keine Mitbestimmungsrechte**, wohl aber stehen ihm verschiedene andere Rechte, insbesondere solche hinsichtlich Unterrichtung, Anhörung, Beratung sowie auf freiwillige Vereinbarungen mit dem Arbeitgeber, zu.

Auf den kleinen Kreis der im Betrieb tätigen **Nicht-Arbeitnehmer** findet das Betriebsverfassungsgesetz **keine** Anwendung. Als Nicht-Arbeitnehmer gelten nach § 5 Abs. 2 BetrVG:

– in Betrieben einer →juristischen Person die Mitglieder des Organs, das zur gesetzlichen Vertretung der juristischen Person berufen ist (so z. B. die Mitglieder des Vorstandes einer →Aktiengesellschaft oder der/die Geschäftsführer einer →Gesellschaft mit beschränkter Haftung);
– die Gesellschafter einer →offenen Handelsgesellschaft oder die Mitglieder einer anderen Personengesamtheit (z. B. →Kommanditgesellschaft, →Verein), soweit sie durch Gesetz, Satzung oder Gesellschaftsvertrag zur Vertretung der Personengesamtheit oder zur Geschäftsführung berufen sind;
– Personen, deren Beschäftigung nicht in erster Linie ihrem Erwerb dient, sondern vorwiegend durch karitative oder religiöse Beweggründe bestimmt wird (z. B. Ordensschwestern, Ordensbrüder etc.);
– Personen, deren Beschäftigung nicht in erster Linie ihrem Erwerb dient und die vorwiegend zu ihrer Heilung, Wiedereingewöhnung, sittlichen Besserung oder Erziehung beschäftigt werden (z. B. Insassen von Heilanstalten, Fürsorgeheimen oder Strafvollzugsanstalten);
– der Ehegatte, Verwandte und Verschwägerte ersten Grades, die in häuslicher Gemeinschaft mit dem Arbeitgeber leben.

Das Betriebsverfassungsgesetz ist für Nicht-Arbeitnehmer nur insofern von Bedeutung, als es ihnen hinsichtlich ihrer betrieblichen Behandlung die Grundsätze von **Recht und Billigkeit zusichert**.

5.3.2.2 Institutionen

Die Institutionen der Betriebsverfassung werden einerseits durch den Arbeitgeber/Unternehmer und andererseits durch die **Beteiligungsgremien** (Betriebsrat, Gesamtbetriebsrat, Konzernbetriebsrat, Jugend- und Auszubildendenvertretung, Betriebs- und Abteilungsversammlungen, Jugend- und Auszubildendenversammlung, Wirtschaftsausschuß und Einigungsstelle) gebildet.

III Arbeit

Auf den **Arbeitgeber** (als Inhaber eines Betriebs) stellt das Betriebsverfassungsgesetz ebenso wie auf die Beteiligungsgremien in erster Linie unter **sozialem** Aspekt ab. Sie werden dabei als Verhandlungspartner, als Parteien einer →Betriebsvereinbarung oder einfach als Interessenwahrer gesehen. Auf den **Unternehmer** bezieht sich das Betriebsverfassungsgesetz, wenn es sich vorrangig um **wirtschaftliche** Angelegenheiten handelt, die das Unternehmen als wirtschaftliche Einheit betreffen.

464   5.3.2.2.1 Betriebsrat

Der Betriebsrat ist die gesetzliche Vertretung der Belegschaft eines Betriebes. Seine zentrale Aufgabe ist die Wahrnehmung deren gesetzlicher Beteiligungsrechte. Diese bestehen in Mitbestimmungs-, Mitwirkungs-, Beratungs- und Informationsrechten und zwar in sozialen, personellen und wirtschaftlichen Angelegenheiten. Darüber hinaus obliegen dem Betriebsrat Überwachungs- und Förderungsaufgaben. Auch hat er sich in gewissem Umfang um die Gestaltung der Arbeitsplätze und um Beschwerden von Arbeitnehmern zu kümmern. Als Kollegialorgan kann der Betriebsrat rechtswirksam nur aufgrund gemeinsamer Beschlüsse tätig werden. Einzelne Betriebsratsmitglieder können den Betriebsrat nur mit entsprechender Vollmacht vertreten.

Der Betriebsrat wird von den volljährigen Arbeitnehmern des Betriebes **gewählt**.

465   Dieses **aktive Wahlrecht** der Arbeitnehmer besteht unabhängig von der Dauer der Betriebszugehörigkeit (§ 7 BetrVG) und steht allen Arbeitnehmern (Arbeiter, Angestellte, Auszubildende, Anlernlinge, Volontäre, Praktikanten) unter Einschluß derjenigen →Heimarbeiter zu, die in der Hauptsache für den betreffenden Betrieb tätig sind. Auch lediglich vorübergehend oder teilzeitbeschäftigte Arbeitnehmer, Wehrdienstleistende oder zur Wehrübung Einberufene, deren Arbeitsverhältnis vorübergehend ruht, sind wahlberechtigt.

Arbeitnehmer eines anderen Arbeitgebers, die dem Betrieb zur Arbeitsleistung überlassen werden, sind ebenfalls wahlberechtigt, wenn sie länger als drei Monate im Betrieb eingesetzt werden (§ 7 BetrVG).

Nicht wahlberechtigt sind die im Betrieb aufgrund werksvertraglicher Leistungen tätigen Arbeitnehmer. Leitende Angestellte besitzen nach § 5 Abs. 2 u. 3 BetrVG ebenfalls kein aktives Wahlrecht.

Das **passive Wahlrecht** (d. h. die Wählbarkeit) besitzen alle Wahlberechtigten, die 6 Monate dem Betrieb angehören oder als Heimarbeiter in der Hauptsache für den Betrieb beschäftigt waren (§ 8 BetrVG). Auf diese sechsmonatige Betriebszugehörigkeit werden Zeiten angerechnet, in denen der Arbeitnehmer unmittelbar vorher einem anderen Betrieb desselben Unternehmens oder Konzerns angehört hat. Auch ausländische Arbeitnehmer sind (unter denselben Voraussetzungen wie deutsche Arbeitnehmer) wählbar.

Nicht wählbar ist, wer infolge strafrechtlicher Verurteilung die Fähigkeit, Rechte aus öffentlichen Wahlen zu erlangen, nicht besitzt.

Die **regelmäßigen Betriebsratswahlen** finden alle 4 Jahre in der Zeit vom 1. März bis 31. Mai statt (§ 13 Abs. 1 BetrVG). Sie sind zeitgleich mit den regelmäßigen Wahlen nach § 5 Abs. 1 SprAuG einzuleiten. (Nachdem die letzten regelmäßigen

Arbeit **III**

Betriebsratswahlen 2006 stattfanden, sind die nächsten im Frühjahr 2010 usw. durchzuführen.) Außerhalb des regelmäßigen Wahltermins ist der Betriebsrat **ausnahmsweise** dann zu wählen, wenn (§ 13 Abs. 2 BetrVG)

- mit Ablauf von 24 Monaten, vom Tag der Wahl an gerechnet, die Zahl der regelmäßig beschäftigten Arbeitnehmer um die Hälfte, mindestens aber um 50 gestiegen oder gesunken ist;
- die Gesamtzahl der Betriebsratsmitglieder nach Eintreten sämtlicher Ersatzmitglieder unter die vorgeschriebene Zahl der Betriebsratsmitglieder gesunken ist;
- der Betriebsrat mit der Mehrheit seiner Mitglieder seinen Rücktritt beschlossen hat;
- die Betriebsratswahl mit Erfolg angefochten worden ist;
- der Betriebsrat durch eine gerichtliche Entscheidung aufgelöst worden ist oder
- im Betrieb ein Betriebsrat nicht besteht.

Die Betriebsratswahl wird durch einen Wahlvorstand vorbereitet, eingeleitet und durchgeführt (§§ 16–18 BetrVG). Die Wahl ist **unmittelbar** und **geheim** (§ 14 Abs. 1 BetrVG). Die Wahl erfolgt generell nach den Grundsätzen der **Verhältniswahl**. Wird nur ein Wahlvorschlag eingereicht oder ist der Betriebsrat im vereinfachten Verfahren nach § 14a BetrVG zu wählen, so erfolgt sie (die Wahl) nach den Grundsätzedn der **Mehrheitswahl** (§ 14 Abs. 2 BetrVG). Zur Wahl des Betriebsrats können die wahlberechtigten Arbeitnehmer und die im Betrieb vertretenen Gewerkschaften Wahlvorschläge machen (§ 14 Abs. 3 BetrVG). Jeder Wahlvorschlag der Arbeitnehmer muß von mindestens einem Zwanzigstel der wahlberechtigten Arbeitnehmer, mindestens jedoch von drei Wahlberechtigten unterzeichnet sein; in Betrieben mit in der Regel bis zu zwanzig wahlberechtigten Arbeitnehmern genügt die Unterzeichnung durch zwei Wahlberechtigte. In jedem Fall genügt die Unterzeichnung durch fünfzig wahlberechtigte Arbeitnehmer (§ 14 Abs. 4 BetrVG). Jeder Vorschlag einer Gewerkschaft muß von zwei Beauftragten unterzeichnet sein (§ 14 Abs. 5 BetrVG).

In Betrieben mit in der Regel 5 bis 50 wahlberechtigten Arbeitnehmern wird der Betriebsrat in einem zweistufigen Verfahren gewählt (§ 14a Abs. 1 BetrVG). Auf einer ersten Wahlversammlung wird der Wahlvorstand nach § 17a Nr. 3 BetrVG gewählt. Auf einer zweiten Wahlversammlung wird der Betriebsrat in geheimer und unmittelbarer Wahl gewählt. Diese Wahlversammlung findet eine Woche nach der Wahlversammlung zur Wahl des Wahlvorstandes statt.

In Betrieben mit in der Regel 51 bis 100 wahlberechtigten Arbeitnehmern können der Wahlvorstand und der Arbeitgeber die Anwendung des vereinfachten Wahlverfahrens vereinbaren (§ 14a Abs. 5 BetrVG).

Der Betriebsrat soll sich möglichst aus Arbeitnehmern der einzelnen Organisationsbereiche und der verschiedenen Beschäftigungsarten der im Betrieb tätigen Arbeitnehmer zusammensetzen (§ 15 Abs. 1 BetrVG). Das Geschlecht, das in der Belegschaft in der Minderheit ist, muß mindestens entsprechend seinem zahlenmäßigen Verhältnis im Betriebsrat vertreten sein, wenn dieser aus mindestens drei Mitgliedern besteht (§ 15 Abs. 2 BetrVG).

III Arbeit

Jeder Wahlberechtigte hat nur **eine Stimme**. Jeder Wahlbewerber darf nur auf **einer Vorschlagsliste** kandidieren.

Die Behinderung oder unzulässige Beeinflussung der Betriebsratswahl ist verboten (§ 20 Abs. 1 u. 2 BetrVG).

In Fällen, in denen gegen die Vorschriften über das Wahlrecht, die Wählbarkeit oder das Wahlverfahren verstoßen wurde und eine Berichtigung nicht erfolgte (es sei denn, daß durch den Verstoß das Wahlergebnis nicht geändert oder beeinflußt werden konnte), kann die Wahl angefochten werden (§ 19 BetrVG). Die →Anfechtung ist vor dem Arbeitsgericht geltend zu machen.

466 Die zahlenmäßige **Zusammensetzung des Betriebsrates** hängt von der Anzahl der wahlberechtigten Arbeitnehmer ab (§ 9 BetrVG).

      5 bis   20 Arbeitnehmern aus einer Person,
   21 bis   50 Arbeitnehmern aus 3 Mitgliedern,
   51 bis 100 Arbeitnehmern aus 5 Mitgliedern,
 101 bis 200 Arbeitnehmern aus 7 Mitgliedern,
 201 bis 400 Arbeitnehmern aus 9 Mitgliedern,
 401 bis 700 Arbeitnehmern aus 11 Mitgliedern,
 701 bis 1000 Arbeitnehmern aus 13 Mitgliedern,
1001 bis 1500 Arbeitnehmern aus 15 Mitgliedern,
1501 bis 2000 Arbeitnehmern aus 17 Mitgliedern,
2001 bis 2500 Arbeitnehmern aus 19 Mitgliedern,
2501 bis 3000 Arbeitnehmern aus 21 Mitgliedern,
3001 bis 3500 Arbeitnehmern aus 23 Mitgliedern,
3501 bis 4000 Arbeitnehmern aus 25 Mitgliedern,
4001 bis 4500 Arbeitnehmern aus 27 Mitgliedern,
4501 bis 5000 Arbeitnehmern aus 29 Mitgliedern,
5001 bis 6000 Arbeitnehmern aus 31 Mitgliedern,
6001 bis 7000 Arbeitnehmern aus 33 Mitgliedern,
7001 bis 9000 Arbeitnehmern aus 35 Mitgliedern.

In Betrieben mit mehr als 9000 Arbeitnehmern erhöht sich die Zahl der Mitglieder des Betriebsrates für je angefangene weitere 3000 Arbeitnehmer um 2 Mitglieder.

467 Die regelmäßige **Amtszeit des Betriebsrates** beträgt 4 Jahre. Sie beginnt mit der Bekanntgabe des Wahlergebnisses oder, wenn zu diesem Zeitpunkt noch ein Betriebsrat besteht, mit Ablauf von dessen Amtszeit. Die Amtszeit endet spätestens am 31. Mai des Jahres, in dem die regelmäßigen Betriebsratswahlen stattfinden (§ 21 BetrVG).

468 **Geschäftsführung des Betriebsrates**: Der Betriebsrat wählt aus seiner Mitte den Vorsitzenden und dessen Stellvertreter.

Der Vorsitzende oder im Falle seiner Verhinderung der Stellvertreter vertritt den Betriebsrat im Rahmen der von ihm gefaßten Beschlüsse. Zur Entgegennahme von Erklärungen, die dem Betriebsrat gegenüber abzugeben sind, ist der Vorsitzende des Betriebsrates oder im Fall seiner Verhinderung sein Stellvertreter berechtigt (§ 26 Abs. 3 BetrVG).

Betriebsräte mit 9 und mehr Mitgliedern sind zur Bildung eines **Betriebsausschusses** verpflichtet (§ 27 Abs. 1 BetrVG). Seine Größe ist nach der Zahl der Betriebsratsmitglieder gestaffelt. Der Betriebsratsvorsitzende und dessen Stellvertreter sind Ausschußmitglieder kraft Gesetzes (§ 27 Abs. 1 BetrVG). Der Betriebsausschuß führt die laufenden Geschäfte des Betriebsrates (§ 27 Abs. 2 BetrVG). Hierzu gehören alle Angelegenheiten, die keines besonderen Beschlusses des Betriebsrates bedürfen. Die Ausübung der Mitwirkungs- und Mitbestimmungsrechte des Betriebsrates gehören nur dann und insoweit dazu, wie sie dem Betriebsausschuß ausdrücklich durch den Betriebsrat mit der Mehrheit der Stimmen seiner Mitglieder übertragen wurde. Der Betriebsausschuß kann keine →Betriebsvereinbarungen abschließen oder Aufgaben des Betriebsratsvorsitzenden wahrnehmen.

In Betrieben mit mehr als 100 Arbeitnehmern kann der Betriebsrat Ausschüsse bilden und ihnen bestimmte Aufgaben übertragen (§ 28 Abs. 1 BetrVG).

Zur Beratung der anstehenden Probleme beruft der Betriebsratsvorsitzende **Betriebsratssitzungen** ein. Er setzt die Tagesordnung fest und leitet die Verhandlung. Die Betriebsratssitzungen sind nicht öffentlich (§§ 29 Abs. 2 u. 3, 30 BetrVG). Außer an den Sitzungen, zu denen er ausdrücklich eingeladen ist, darf der **Arbeitgeber** an denjenigen Sitzungen teilnehmen, die auf sein Verlangen anberaumt wurden (§ 29 Abs. 4 BetrVG). Auch Beauftragte einer im Betrieb vertretenen **Gewerkschaft** können an Betriebsratssitzungen beratend teilnehmen, wenn dies von einem Viertel der Mitglieder des Betriebsrates beantragt wurde (§ 31 BetrVG).

Die **Schwerbehindertenvertretung** sowie ein Vertreter der →**Jugend- und Auszubildendenvertretung** können jederzeit an den Betriebsratssitzungen teilnehmen (§§ 32 u. 67 Abs. 1 BetrVG). Werden Angelegenheiten behandelt, die überwiegend die im Betrieb beschäftigten Jugendlichen und Auszubildenden betreffen, so haben alle Jugend- und Auszubildendenvertreter volles Stimmrecht (§ 67 Abs. 2 BetrVG).

Die Beschlüsse des Betriebsrates können grundsätzlich nur mit der Mehrheit der in der jeweiligen Betriebsratssitzung anwesenden Betriebsratsmitglieder gefaßt werden.

Zur Erörterung anstehender Probleme der Arbeitnehmer kann der Betriebsrat während der Arbeitszeit **Sprechstunden** anberaumen. Zeit und Ort dieser Sprechstunden sind mit dem Arbeitgeber zu vereinbaren. Kommt eine Einigung nicht zustande, so entscheidet die →Einigungsstelle (§ 39 Abs. 1 BetrVG). Arbeitszeitversäumnisse, die durch den Besuch der Sprechstunde oder durch sonstige Inanspruchnahme des Betriebsrates bedingt sind, berechtigen den Arbeitgeber nicht zur Minderung des Arbeitsentgeltes (§ 39 Abs. 3 BetrVG).

Die Kosten und den Sachaufwand für die Tätigkeiten des Betriebsrates trägt der Arbeitgeber. Für die Sitzungen, die Sprechstunden und die laufende Geschäftsführung hat der Arbeitgeber Räume, sachliche Mittel und Büropersonal in erforderlichem Umfang zur Verfügung zu stellen (§ 40 Abs. 1 u. 2 BetrVG).

Die Tätigkeit der Betriebsratsmitglieder erfolgt ehrenamtlich und unentgeltlich (§ 37 Abs. 1 BetrVG). Sie sind, wenn und soweit es nach Umfang und Art des Betriebes zur ordnungsgemäßen Durchführung ihrer Aufgaben erforderlich ist, von ihrer beruflichen Tätigkeit freizustellen (§ 37 Abs. 2 BetrVG). Für die Zeit der Frei-

III   Arbeit

stellung ist dem Betriebsratsmitglied der Lohn einschließlich der Zuschläge und Zulagen fortzuzahlen (Urteil des Bundesarbeitsgerichtes v. 21.4.1983).
Zum Ausgleich der Betriebsratstätigkeit, die aus betriebsbedingten Gründen außerhalb der Arbeitszeit durchzuführen ist, hat das Betriebsratsmitglied Anspruch auf entsprechende Arbeitsbefreiung unter Fortzahlung des Arbeitsentgeltes. Die Arbeitsbefreiung ist vor Ablauf eines Monats zu gewähren. Ist dies aus betriebsbedingten Gründen nicht möglich, so ist die aufgewendete Zeit wie Mehrarbeit zu vergüten (§ 37 Abs. 3 BetrVG).

474 Das Arbeitsentgelt von Mitgliedern des Betriebsrates darf einschließlich eines Zeitraumes von einem Jahr nach Beendigung der Amtszeit nicht geringer bemessen werden als das Arbeitsentgelt vergleichbarer Arbeitnehmer mit betriebsüblicher beruflicher Entwicklung. Dies gilt auch für allgemeine Zuwendungen des Arbeitgebers (§ 37 Abs. 4 BetrVG, **Arbeitsentgeltsicherung**). Soweit nicht zwingende betriebliche Notwendigkeiten entgegenstehen, haben Mitglieder des Betriebsrates einschließlich eines Zeitraumes von einem Jahr nach Beendigung ihrer Amtszeit Anspruch auf Zuweisung einer höherwertigen Tätigkeit, wenn vergleichbare Arbeitnehmer infolge der betriebsüblichen Entwicklung inzwischen solche ausüben

475 (§ 37 Abs. 5 BetrVG, **Tätigkeitschutz**).

476 In Betrieben mit 200 und mehr Arbeitnehmern sind Betriebsratsmitglieder in gestaffelter Anzahl unter uneingeschränkter Fortzahlung ihres Arbeitsentgeltes von ihrer Tätigkeit freizustellen (§ 38 BetrVG, **Freistellung**). Die freizustellenden Betriebsratsmitglieder werden vom Betriebsrat nach Beratung mit dem Arbeitgeber geheim nach den Grundsätzen der Verhältniswahl gewählt. Wird nur ein Wahlvorschlag gemacht, so erfolgt die Wahl nach den Grundsätzen der Mehrheitswahl. Ist nur ein Betriebsratsmitglied freizustellen, so wird dieses mit einfacher Stimmenmehrheit gewählt (§ 38 Abs. 2 BetrVG). Der Betriebsrat hat die Namen der Freizustellenden dem Arbeitgeber bekanntzugeben. Hält der Arbeitgeber eine Freistellung für sachlich nicht vertretbar, so kann er innerhalb einer Frist von 2 Wochen nach der Bekanntgabe die →Einigungsstelle anrufen, die dann für beide Parteien verbindlich entscheidet.

477 Die Mitglieder des Betriebsrates sowie der →**Jugend- und Auszubildendenvertretung** sind nach § 37 Abs. 6 in Verbindung mit § 65 Abs. 1 BetrVG für die Teilnahme an Schulungs- und Bildungsveranstaltungen **freizustellen**, soweit diese Kenntnisse vermitteln, die für die Arbeit des Betriebsrates erforderlich sind. Der Betriebsrat entscheidet darüber, wer, wann, an welchen Veranstaltungen teilnehmen soll. Bei der Festlegung der zeitlichen Lage der Teilnahme hat er die betrieblichen Notwendigkeiten zu berücksichtigen. Die Teilnehmer und die Veranstaltungstermine hat der Betriebsrat dem Arbeitgeber rechtzeitig bekanntzugeben. Hält der Arbeitgeber die betrieblichen Notwendigkeiten für nicht ausreichend berücksichtigt, so kann er die →Einigungsstelle anrufen. Der Spruch der Einigungsstelle ersetzt die Einigung zwischen Arbeitgeber und Betriebsrat.

Für die Dauer dieser erforderlichen Schulungsveranstaltungen ist das Arbeitsentgelt (einschließlich sämtlicher Zulagen, die nicht Aufwendungscharakter haben) weiterzubezahlen. Darüber hinaus hat der Arbeitgeber dem Teilnehmer auch die mit dem Besuch der Schulungsveranstaltungen entstehenden Kosten (Reise- und Unterbringungskosten, Teilnehmergebühren) zu erstatten.

Unabhängig von dem vorgenannten Anspruch hat nach § 37 Abs. 7 in Verbindung mit § 65 Abs. 1 BetrVG jedes Mitglied des Betriebsrates sowie der Jugend- und Auszubildendenvertretung während seiner regelmäßigen Amtszeit Anspruch auf **bezahlte Freistellung** für insgesamt 3 Wochen zur Teilnahme an **Schulungs- und Bildungsveranstaltungen**, die von der zuständigen obersten Arbeitsbehörde des Landes nach Beratung mit den Spitzenorganisationen der →Gewerkschaften und →Arbeitgeberverbände als geeignet anerkannt sind. Dieser Freistellungsanspruch erhöht sich für Arbeitnehmer, die erstmals das Amt eines Betriebsratsmitgliedes übernehmen und auch nicht zuvor Jugend- und Auszubildendenvertreter waren, auf 4 Wochen. Auch bei diesen Schulungs- und Bildungsveranstaltungen bestimmt der Betriebsrat über die zeitliche Lage der Teilnahme. Er hat den Arbeitgeber darüber rechtzeitig zu informieren. Dieser kann die →Einigungsstelle anrufen, wenn er die betrieblichen Notwendigkeiten nicht ausreichend berücksichtigt findet.

Die mit der Teilnahme an den letztgenannten Schulungs- und Bildungsveranstaltungen anfallenden Kosten hat der Arbeitgeber grundsätzlich nicht zu übernehmen.

Die Mitglieder des Betriebsrates und der anderen betriebsverfassungsrechtlichen Organe dürfen in der Ausübung ihrer Tätigkeit nicht gestört oder behindert werden. Sie dürfen wegen ihrer Tätigkeit nicht benachteiligt noch begünstigt werden (**Benachteiligungs- und Begünstigungsverbot**, § 78 BetrVG). Die vorsätzliche Verletzung des Benachteiligungsverbotes ist strafbar (§ 119 Abs. 1 Nr. 2 u. 3 BetrVG); der Verstoß gegen dasselbe verpflichtet zum Schadensersatz (§ 823 Abs. 2 BGB).

Die Mitglieder und Ersatzmitglieder des Betriebsrates sowie der anderen betriebsverfassungsrechtlichen Organe sind verpflichtet, →Betriebsgeheimnisse (z. B. Patente, Herstellungsverfahren, Versuchsprotokolle) oder →Geschäftsgeheimnisse (z. B. Kundenlisten, Kalkulationsunterlagen, Liquidität des Unternehmens), die ihnen wegen ihrer Zugehörigkeit zum Betriebsrat bekanntgeworden und vom Arbeitgeber **ausdrücklich** als geheimhaltungsbedürftig bezeichnet worden sind, nicht zu offenbaren und nicht zu verwerten (**Geheimhaltungspflicht**, § 79 BetrVG). Diese Geheimhaltungspflicht gilt auch nach dem Ausscheiden aus dem Betriebsrat. Sie gilt **nicht** gegenüber Mitgliedern des Betriebsrates, des →Gesamtbetriebsrates oder des →Konzernbetriebsrates, gegenüber der Bordvertretung, dem Seebetriebsrat und den Arbeitnehmervertretern im Aufsichtsrat sowie im Verfahren vor der →Einigungsstelle, der tariflichen Schlichtungsstelle oder einer betrieblichen Beschwerdestelle.

Zum **Kündigungsschutz** der betriebsverfassungsrechtlichen Funktionsträger siehe unter Punkt 5.2.5.4.2.

5.3.2.2.2 Sonstige betriebsverfassungsrechtliche Institutionen

Gesamtbetriebsrat: Bestehen in einem Unternehmen mehrere Betriebe mit Betriebsräten, so ist nach § 47 Abs. 1 BetrVG ein Gesamtbetriebsrat zu errichten. In ihn entsendet jeder Betriebsrat mit bis zu drei Mitgliedern eines seiner Mitglieder; jeder Betriebsrat mit mehr als drei Mitgliedern entsendet zwei seiner Mitglieder. Die Geschlechter sollen angemessen berücksichtigt werden. Durch Tarifvertrag oder →Betriebsvereinbarung kann die Mitgliederzahl des Gesamtbetriebsrates abweichend

III Arbeit

von der oben aufgezeigten Regelung festgelegt werden. Gehören dem Gesamtbetriebsrat mehr als 40 Mitglieder an und besteht keine tarifliche Regelung, so ist zwischen Gesamtbetriebsrat und Arbeitgeber eine Betriebsvereinbarung über die Mitgliederzahl des Gesamtbetriebsrates abzuschließen, in der bestimmt wird, daß Betriebsräte mehrerer Betriebe eines Unternehmens, die regional oder durch gleichartige Interessen miteinander verbunden sind, gemeinsam Mitglieder in den Gesamtbetriebsrat entsenden (§ 47 Abs. 5 BetrVG).

Bei Beschlüssen des Gesamtbetriebsrates hat jedes Mitglied soviel Stimmen, wie in dem Betrieb, in dem es gewählt wurde, wahlberechtigte Angehörige seiner Gruppe in der Wählerliste eingetragen sind. Entsendet der Betriebsrat mehrere Mitglieder, so stehen ihnen die Stimmen anteilig zu. Hinsichtlich der Bildung von Ausschüssen, wie auch der Besetzung der Geschäftsführung des Gesamtbetriebsrates, gelten weitgehend die Vorschriften für den Betriebsrat in modifizierter Form (§ 51 BetrVG). Der Gesamtbetriebsrat ist zuständig für die Behandlung von Angelegenheiten, die das Gesamtunternehmen oder mehrere Betriebe betreffen und nicht durch die einzelnen Betriebsräte innerhalb ihrer Betriebe geregelt werden können. Er ist den einzelnen Betriebsräten nicht übergeordnet (§ 50 BetrVG).

Die Mitgliedschaft im Gesamtbetriebsrat endet mit dem Erlöschen der Mitgliedschaft im Betriebsrat, durch Amtsniederlegung, durch Ausschluß aus dem Gesamtbetriebsrat auf Grund einer gerichtlichen Entscheidung oder Abberufung durch den (Einzel-) Betriebsrat, der das Mitglied in den Gesamtbetriebsrat entsandt hat.

482 **Konzernbetriebsrat**: Für einen Konzern **kann** durch Beschlüsse der einzelnen Gesamtbetriebsräte ein Konzernbetriebsrat errichtet werden. Die Errichtung erfordert die Zustimmung der Gesamtbetriebsräte der Konzernunternehmen, in denen insgesamt mehr als 50 Prozent der Arbeitnehmer der Konzernunternehmen beschäftigt sind (§ 54 Abs. 1 BetrVG). In den Konzernbetriebsrat entsendet jeder Gesamtbetriebsrat zwei seiner Mitglieder. Die Geschlechter sollen angemessen berücksichtigt werden (§ 55 Abs. 1 BetrVG). Jedem Mitglied des Konzernbetriebsrats stehen die Stimmen der Mitglieder des entsendenden Gesamtbetriebsrats je zur Hälfte zu (§ 55 Abs. 3 BetrVG).

Der Konzernbetriebsrat ist zuständig für die Behandlung von Angelegenheiten, die den Konzern oder mehrere Konzernunternehmen betreffen und nicht durch die einzelnen Gesamtbetriebsräte innerhalb ihrer Unternehmen geregelt werden können. Er ist den Gesamtbetriebsräten nicht übergeordnet (§ 58 Abs. 1 BetrVG).

483 **Jugend- und Auszubildendenvertretung**: In Betrieben mit in der Regel mindestens 5 Arbeitnehmern, die das 18. Lebensjahr noch nicht vollendet haben (jugendliche Arbeitnehmer) oder die zu ihrer Berufsausbildung beschäftigt sind (Auszubildende, Anlernlinge, Praktikanten, Umschüler, Volontäre) und das 25. Lebensjahr noch nicht vollendet haben, werden Jugend- und Auszubildendenvertretungen gewählt (§ 60 Abs. 1 BetrVG). Voraussetzung für diese Wahl ist, daß der betreffende Betrieb
484 einen Betriebsrat hat. **Wahlberechtigt** sind alle jugendlichen Arbeitnehmer unter 18 Jahren und die zu ihrer Berufsausbildung Beschäftigten unter 25 Jahren (§ 61 Abs. 1 BetrVG). **Wählbar** sind alle Arbeitnehmer des Betriebes, die das 25. Lebensjahr noch nicht vollendet haben, ausgenommen solche, die dem Betriebsrat angehören (§ 61 Abs. 2 BetrVG). Die Wahl erfolgt geheim und unmittelbar (§ 63 Abs. 1

BetrVG). Die Regelwahl für die Bildung der Jugend- und Auszubildendenvertretung ist die **Verhältniswahl**. Lediglich dann, wenn nur **ein** Wahlvorschlag eingereicht wird oder nur **ein** Jugend- und Auszubildendenvertreter zu wählen ist, findet die Wahl nach den Grundsätzen der **Mehrheitswahl** statt. Das **Wahlvorschlagsrecht** für die Jugend- und Auszubildendenvertretung entspricht dem bei der Wahl des Betriebsrates (§ 63 BetrVG); es haben somit auch die im Betrieb vertretenen Gewerkschaften ein eigenständiges Recht zur Einreichung von Wahlvorschlägen.

Die regelmäßigen Wahlen der Jugend- und Auszubildendenvertretung finden alle zwei Jahre in der Zeit vom 1. Oktober bis zum 30. November statt (§ 64 Abs. 1 BetrVG). Die letzten regelmäßigen Wahlen fanden im Herbst 2008 statt.

Die Größe der Jugend- und Auszubildendenvertretung ist nach der Anzahl der im Betrieb beschäftigten jugendlichen Arbeitnehmer und Auszubildenden gestaffelt (§ 62 Abs. 1 BetrVG).

Die Jugend- und Auszubildendenvertretung nimmt nach § 60 Abs. 2 BetrVG die besonderen Belange der jugendlichen Arbeitnehmer und der zu ihrer Berufsausbildung Beschäftigten unter 25 Jahren **gegenüber dem Betriebsrat** wahr.

Die Jugend- und Auszubildendenvertretung hat nach § 70 Abs. 1 BetrVG folgende allgemeine **Aufgaben**:

- Maßnahmen beim Betriebsrat zu beantragen, die dem zu vertretenden Personenkreis dienen, insbesondere Fragen der Berufsbildung;
- Maßnahmen beim Betriebsrat zu beantragen, die der Durchsetzung der tatsächlichen Gleichstellung des zu vertretenden Personenkreises entsprechend § 80 Abs. 1 Nr. 2a u. b BetrVG dienen;
- darüber zu wachen, daß die gegenüber dem zu vertretenden Personenkreis geltenden Gesetze, Verordnungen, Unfallverhütungsvorschriften, Tarifverträge und Betriebsvereinbarungen beachtet werden;
- Anregungen des zu vertretenden Personenkreises, insbesondere in Fragen der Berufsbildung, entgegenzunehmen und, falls sie berechtigt erscheinen, beim Betriebsrat auf eine Erledigung hinzuwirken. Die Jugend- und Auszubildendenvertretung hat die vertretenen Jugendlichen und zu ihrer Berufsausbildung Beschäftigten über den Stand und das Ergebnis der Verhandlungen zu informieren;
- die Integration ausländischer Mitglieder des zu vertretenden Personenkreises zu fördern und entsprechende Maßnahmen beim Betriebsrat zu beantragen.

Zur Durchführung ihrer Aufgaben ist die Jugend- und Auszubildendenvertretung durch den Betriebsrat rechtzeitig und umfassend zu unterrichten; sie kann darüber hinaus verlangen, daß ihr der Betriebsrat die zur Durchführung ihrer Aufgaben erforderlichen Unterlagen zur Verfügung stellt (§ 70 Abs. 2 BetrVG).

Soweit auf Anregung des von der Jugend- und Auszubildendenvertretung vertretenen Personenkreises Maßnahmen beim Arbeitgeber zu beantragen sind, kann dies nur **über den Betriebsrat** geschehen. Der Betriebsrat ist nach § 80 Abs. 1 BetrVG verpflichtet, solche Anregungen gegenüber dem Arbeitgeber zu verfolgen.

Die Jugend- und Auszubildendenvertretung kann zu allen Betriebsratssitzungen einen Vertreter entsenden. Werden in diesen Sitzungen Angelegenheiten behandelt,

III Arbeit

die besonders jugendliche Arbeitnehmer und zu ihrer Berufsausbildung Beschäftigte angehen, so hat zu diesen Tagesordnungspunkten die gesamte Jugend- und Auszubildendenvertretung ein Teilnahmerecht (§ 67 Abs. 1 BetrVG). Soweit die vom Betriebsrat zu fassenden Beschlüsse überwiegend jugendliche Arbeitnehmer und zu ihrer Berufsausbildung Beschäftigte betreffen, haben **alle** Jugend- und Auszubildendenvertreter volles Stimmrecht (§ 67 Abs. 2 BetrVG). Erachtet die Mehrheit der Jugend- und Auszubildendenvertreter einen Beschluß des Betriebsrates als eine erhebliche Beeinträchtigung wichtiger Interessen des von ihnen vertretenen Personenkreises, so ist auf ihren Antrag der Beschluß auf die Dauer von einer Woche auszusetzen, damit zwischenzeitlich eine Verständigung (gegebenenfalls mit Hilfe der im Betrieb vertretenen Gewerkschaften) versucht werden kann (§ 66 Abs. 1 BetrVG).

486 In Betrieben mit in der Regel mehr als 50 jugendlichen Arbeitnehmern und zu ihrer Berufsausbildung Beschäftigten kann die Jugend- und Auszubildendenvertretung während der Arbeitszeit **Sprechstunden** einrichten. Zeit und Ort dieser Sprechstunden sind durch Betriebsrat und Arbeitgeber zu vereinbaren (§ 69 Abs. 1 BetrVG).

487 **Gesamt-Jugend- und Auszubildendenvertretung**: Bestehen in den verschiedenen Betrieben eines Unternehmens mehrere Jugend- und Auszubildendenvertretungen, so ist eine Gesamt-Jugend- und Auszubildendenvertretung zu errichten (§ 72 Abs. 1 BetrVG). Jedes Mitglied der Gesamt-Jugend- und Auszubildendenvertretung hat so viele Stimmen, wie in dem Betrieb, in dem es gewählt wurde, jugendliche Arbeitnehmer und zu ihrer Berufsausbildung Beschäftigte in der Wählerliste eingetragen sind (§ 72 Abs. 7 BetrVG). Die Gesamt-Jugend- und Auszubildendenvertretung kann nach Verständigung des Gesamtbetriebsrates Sitzungen abhalten (§ 73 Abs. 1 BetrVG).

488 **Betriebs- und Abteilungsversammlungen** (§§ 42–46 BetrVG): Die **Betriebsversammlung** besteht aus den Arbeitnehmern des Betriebes; sie wird von dem Vorsitzenden des Betriebsrates geleitet. Sie ist nicht öffentlich. (Kann wegen der Eigenart des Betriebes eine Versammlung aller Arbeitnehmer zum selben Zeitpunkt nicht stattfinden, so sind **Teilversammlungen** durchzuführen, § 42 Abs. 1 BetrVG.) Die Betriebsversammlung ist dem Betriebsrat nicht übergeordnet. Sie dient vor allem der Aussprache zwischen dem Betriebsrat und den Arbeitnehmern des Betriebes und darüber hinaus der Rechenschaftsablegung des Betriebsrates über seine Tätigkeit (§ 43 Abs. 1 BetrVG).

489 Eine besondere Form der Betriebsversammlung ist die **Abteilungsversammlung**. Sie soll den einzelnen Betriebsabteilungen die Möglichkeit geben, ihre gemeinsamen Belange zu erörtern, die in der großen Betriebsversammlung häufig nicht behandelt werden können.

Der Betriebsrat hat einmal in jedem Kalendervierteljahr eine (ordentliche) Betriebsversammlung einzuberufen und ihr einen Tätigkeitsbericht zu erstatten. Der Betriebsrat kann in jedem Kalendervierteljahr eine weitere (außerordentliche) Betriebsversammlung oder, falls nach § 42 Abs. 2 Satz 1 BetrVG erforderlich, zwei weitere (außerordentliche) Abteilungsversammlungen durchführen (§ 43 Abs. 1 BetrVG).

Arbeit **III**

Die ordentlichen und außerordentlichen Betriebsversammlungen finden während der Arbeitszeit statt, soweit nicht die Eigenart des Betriebes eine andere Regelung zwingend erfordert (§ 44 Abs. 1 BetrVG). Wird im Betrieb in der Form der gleitenden Arbeitszeit gearbeitet, ist der Betriebsrat berechtigt, diese Versammlungen in die Kernarbeitszeit zu legen. Sonstige Betriebs- und Abteilungsversammlungen finden außerhalb der Arbeitszeit statt. Die Zeit der Teilnahme an Betriebs- und Abteilungsversammlungen ist den Arbeitnehmern wie Arbeitszeit zu vergüten. Dies gilt auch dann, wenn die Versammlungen wegen der Eigenart des Betriebes außerhalb der Arbeitszeit stattfinden. Fahrtkosten, die den Arbeitnehmern durch die Teilnahme an diesen Versammlungen entstehen, sind vom Arbeitgeber zu erstatten (§ 44 Abs. 1 BetrVG).

Die Betriebs- und Abteilungsversammlungen können Angelegenheiten behandeln, die den Betrieb oder seine Arbeitnehmer unmittelbar betreffen, insbesondere solche tarifpolitischer, sozialpolitischer und wirtschaftlicher Art (§ 45 BetrVG). Es dürfen alle Fragen erörtert werden, die zum Aufgabenbereich des Betriebsrates gehören oder das Verhältnis zwischen Arbeitgeber und Arbeitnehmer angehen. Die Betriebs- und Abteilungsversammlungen sind **nicht öffentlich**. Die im Betrieb vertretenen Gewerkschaften sind jedoch berechtigt, an ihnen beratend teilzunehmen (§ 46 Abs. 1 BetrVG). Auch dem Arbeitgeber und seinen Vertretern steht ein solches Recht zu. Sofern der Arbeitgeber einem Arbeitgeberverband angehört, kann er einen Beauftragten desselben zu einer solchen Versammlung hinzuziehen (§ 46 Abs. 1 BetrVG).

Jugend- und Auszubildendenversammlung: Die Jugend- und Auszubildendenvertretung kann vor oder nach jeder Betriebsversammlung (d. h. also grundsätzlich in einem zeitlichen Zusammenhang mit einer solchen) im Einvernehmen mit dem Betriebsrat eine betriebliche Jugend- und Auszubildendenversammlung einberufen. Im Einvernehmen mit Betriebsrat und Arbeitgeber kann die betriebliche Jugend- und Auszubildendenversammlung auch zu einem anderen Zeitpunkt einberufen werden (§ 71 BetrVG). Der Arbeitgeber ist zu den Jugend- und Auszubildendenversammlungen unter Mitteilung der Tagesordnung einzuladen. Auch der Betriebsratsvorsitzende oder ein von ihm beauftragtes Betriebsratsmitglied kann an der Versammlung teilnehmen. Hinsichtlich der zeitlichen Lage der Jugend- und Auszubildendenversammlung und der Erstattung des Entgeltausfalles gelten die für die Betriebsversammlung getroffenen Regelungen entsprechend (§ 44 BetrVG).

Betriebsräteversammlung: Hat ein Unternehmen mehrere Betriebe, so soll deren Betriebsräten in der Betriebsräteversammlung die Möglichkeit geboten werden, gemeinsam interessierende Fragen zu erörtern und vom Gesamtbetriebsrat über dessen Tätigkeit sowie vom Unternehmer über die Situation des Unternehmens unterrichtet zu werden. Dieserhalb hat der Gesamtbetriebsrat mindestens einmal in jedem Kalenderjahr die Vorsitzenden und die stellvertretenden Vorsitzenden der Betriebsräte sowie die weiteren Mitglieder der Betriebsausschüsse zu einer Versammlung einzuberufen (§ 53 Abs. 1 BetrVG). In dieser Betriebsräteversammlung hat der Gesamtbetriebsrat einen Tätigkeitsbericht und der Unternehmer einen Bericht über das Personal- und Sozialwesen und über die wirtschaftliche Lage und Entwicklung des Unternehmens (soweit dadurch nicht →Betriebs- und →Geschäftsgeheimnisse gefährdet werden) zu erstatten (§ 53 Abs. 2 BetrVG).

III Arbeit

492 Wirtschaftsausschuß: In allen Unternehmen mit in der Regel mehr als 100 ständig beschäftigten Arbeitnehmern (Arbeitnehmer ausländischer Betriebe des Unternehmens werden nicht mitgezählt!) ist ein Wirtschaftsausschuß zu bilden (§ 106 Abs. 1 BetrVG). Der Wirtschaftsausschuß besteht aus mindestens 3 und höchstens 7 Mitgliedern, die dem Unternehmen angehören müssen, darunter mindestens 1 Betriebsratsmitglied. Zu Mitgliedern des Wirtschaftsausschusses können auch →leitende Angestellte bestellt werden. Die Mitglieder des Wirtschaftsausschusses sollen die zur Erfüllung ihrer Aufgaben erforderliche fachliche und persönliche Eignung besitzen (§ 107 Abs. 1 BetrVG). Sie werden vom Betriebsrat für die Dauer seiner Amtszeit bestellt. Besteht ein Gesamtbetriebsrat, so bestimmt dieser die Mitglieder des Wirtschaftsausschusses; die Amtszeit der Mitglieder endet in diesem Fall in dem Zeitpunkt, in dem die Amtszeit der Mehrheit der Mitglieder des Gesamtbetriebsrates (die an der Bestimmung mitzuwirken berechtigt waren) abgelaufen ist (§ 107 Abs. 2 BetrVG). Die Mitglieder des Wirtschaftsausschusses können darüber hinaus jederzeit ohne besonderen Grund vom Gremium, das sie bestellt hat, abberufen werden. Der Betriebsrat kann mit der Mehrheit der Stimmen seiner Mitglieder beschließen, die Aufgaben des Wirtschaftsausschusses einem Ausschuß des Betriebsrates zu übertragen (§ 107 Abs. 3 BetrVG). Der Wirtschaftsausschuß soll einmal monatlich zusammentreten. An den Sitzungen hat der Unternehmer oder sein Vertreter teilzunehmen. Er kann sachkundige Arbeitnehmer des Unternehmens hinzuziehen (§ 108 Abs. 2 BetrVG).

Der Wirtschaftsausschuß hat die Aufgabe, wirtschaftliche Angelegenheiten mit dem Unternehmer zu beraten und den Betriebsrat zu unterrichten (§ 106 Abs. 1 BetrVG).

Zu den wirtschaftlichen Angelegenheiten gehören nach § 106 Abs. 3 BetrVG insbesondere:

- die wirtschaftliche und finanzielle Lage des Unternehmens,
- die Produktions- und Absatzlage,
- das Produktions- und Investitionsprogramm,
- Rationalisierungsvorhaben,
- Fabrikations- und Arbeitsmethoden, insbesondere die Einführung neuer Arbeitsmethoden,
- die Einschränkung oder Stillegung von Betrieben oder Betriebsteilen,
- die Verlegung von Betrieben oder Betriebsteilen,
- der Zusammenschluß von Betrieben,
- die Änderung der Betriebsorganisation oder des Betriebszweckes sowie
- sonstige Vorgänge und Vorhaben, welche die Interessen der Arbeitnehmer des Unternehmens wesentlich berühren.

Der Unternehmer hat den Wirtschaftsausschuß rechtzeitig und umfassend über die wirtschaftlichen Angelegenheiten des Unternehmens unter Vorlage der erforderlichen Unterlagen zu unterrichten (soweit dadurch nicht →Betriebs- und →Geschäftsgeheimnisse des Unternehmens berührt werden) sowie die sich daraus ergebenden Auswirkungen auf die Personalplanung darzustellen (§ 106 Abs. 2 BetrVG). Der Jahresabschluß ist dem Wirtschaftsausschuß unter Beteiligung des Betriebsrates zu erläutern (§ 108 Abs. 5 BetrVG).

Der Wirtschaftsausschuß hat dem Betriebsrat über jede Sitzung unverzüglich und vollständig Bericht zu erstatten (§ 108 Abs. 4 BetrVG).

Einigungsstelle: Zur Beilegung von Meinungsverschiedenheiten zwischen Arbeitgeber und Betriebsrat, Gesamtbetriebsrat oder Konzernbetriebsrat ist bei Bedarf eine Einigungsstelle zu bilden. Durch →Betriebsvereinbarung kann eine ständige Einigungsstelle gebildet werden (§ 76 Abs. 1 BetrVG). Die Einigungsstelle besteht aus einer gleichen Anzahl von Beisitzern, die vom Arbeitgeber und Betriebsrat bestellt werden, und einem unparteiischen Vorsitzenden, auf den sich beide Seiten einigen müssen. Kommt eine Einigung über den Vorsitzenden nicht zustande, so bestellt ihn das Arbeitsgericht (§ 76 Abs. 2 BetrVG). Die Einigungsstelle faßt ihre Beschlüsse unter angemessener Berücksichtigung der Belange des Betriebes und der betroffenen Arbeitnehmer nach billigem Ermessen mit Stimmenmehrheit (§ 76 Abs. 3 und 5 BetrVG). Sie hat damit einen Ermessensspielraum, der als solcher gerichtlich nicht nachgeprüft werden kann. Das Arbeitsgericht kann den Spruch der Einigungsstelle aufheben, wenn diese ihren Ermessensspielraum überschritten hat. Die Überschreitung des Ermessensspielraumes darf das Gericht nur überprüfen, wenn es innerhalb von 2 Wochen nach Zuleitung des Beschlusses der Einigungsstelle vom Arbeitgeber oder Betriebsrat angerufen wird.

Außer in den im Betriebsverfassungsgesetz genannten Fällen eines erzwingbaren Einigungsverfahrens kann die Einigungsstelle nur tätig werden, wenn beide Seiten es beantragen oder mit ihrem Tätigwerden einverstanden sind. In diesem Fall ersetzt ihr Spruch die Einigung zwischen Arbeitgeber und Betriebsrat nur, wenn beide Seiten sich dem Spruch im voraus unterworfen oder ihn nachträglich angenommen haben (§ 76 Abs. 6 BetrVG).

Die Kosten der Einigungsstelle trägt der Arbeitgeber (§ 76a Abs. 1 BetrVG). Die Beisitzer der Einigungsstelle, die dem Betrieb angehören, erhalten für ihre Tätigkeit keine Vergütung; sie sind jedoch zur Ausübung ihrer Tätigkeit von ihrer Arbeit ohne Entgeltminderung freizustellen (§ 37 Abs. 2 und 3 BetrVG entsprechend). Der Vorsitzende und die Beisitzer der Einigungsstelle, die nicht dem Betrieb angehören, haben gegenüber dem Arbeitgeber einen Anspruch auf Vergütung ihrer Tätigkeit. Die Bemessung der Höhe der Vergütung richtet sich insbesondere nach dem erforderlichen Zeitaufwand, der Schwierigkeit der Streitigkeit sowie nach dem Verdienstausfall. Darüber hinaus ist die Vergütung der Beisitzer niedriger zu bemessen als die des Vorsitzenden. Bei der Festsetzung der Höchstsätze ist den berechtigten Interessen der Mitglieder der Einigungsstelle und des Arbeitgebers Rechnung zu tragen (§ 76a Abs. 4 BetrVG).

5.3.2.3 Mitwirkung und Mitbestimmung der Arbeitnehmer

Das Betriebsverfassungsgesetz verschafft den Arbeitnehmern auf zwei Ebenen Beteiligungsrechte. Zum einen auf der Ebene des Arbeitsplatzes; hier hat der einzelne Arbeitnehmer Mitwirkungs- und Beschwerderechte. Zum anderen auf der Ebene des Betriebes; hier hat der →Betriebsrat Mitwirkungs- und Mitbestimmungsrechte.

Die Mitwirkungsrechte umfassen Informations-, Vorschlags-, Anhörungs- und Beratungsrechte. Die Mitbestimmungsrechte erstrecken sich hauptsächlich auf Zustimmungsverweigerungs- oder Widerspruchsrechte. Eine eigentliche Mitbestim-

III Arbeit

mung im Sinne einer Mitentscheidung ist allein in den Fällen gegeben, wo der Arbeitgeber ohne das Einverständnis des Betriebsrates nicht handeln kann; sie ist insbesondere in sozialen Angelegenheiten anzutreffen (§ 87 Abs. 1 Nr. 1–12 BetrVG). Eine im Vergleich zum Arbeitgeber gleichberechtigte Mitbestimmung, die für den Betriebsrat das Recht einschließt, selbst die Initiative zu ergreifen (Initiativrecht) und damit dem Arbeitgeber seinerseits eine Entscheidung abzuverlangen (gegebenenfalls unter Einschaltung der →Einigungsstelle), ist vor allem im Bereich der sozialen Angelegenheiten anzutreffen; darüber hinaus aber auch bei Maßnahmen zum Ausgleich nachteiliger Arbeitsplatzveränderungen (§ 91 BetrVG), bei der Aufstellung von personellen Auswahlrichtlinien in größeren Betrieben (§ 95 BetrVG), bei der Durchführung betrieblicher Bildungsmaßnahmen (§ 98 Abs. 4 BetrVG) und bei der Aufstellung eines →Sozialplanes (§ 112 Abs. 4 BetrVG).

496 **5.3.2.3.1 Beteiligungsrechte des Arbeitnehmers**

Der einzelne Arbeitnehmer hat nach dem Betriebsverfassungsgesetz auf der Ebene des Arbeitsplatzes folgende Mitwirkungs- und Beschwerderechte:

– **Recht auf Unterrichtung über den Gesamtzusammenhang der Tätigkeit**: Der Arbeitgeber hat den Arbeitnehmer über dessen Aufgabe und Verantwortung sowie über die Art seiner Tätigkeit und ihre Einordnung in den Arbeitsablauf des Betriebes zu unterrichten (§ 81 Abs. 1 Satz 1 u. 2 BetrVG).

– **Recht auf Unterrichtung über Unfall- und Gesundheitsgefahren am Arbeitsplatz**: Der Arbeitgeber hat den Arbeitnehmer vor Beginn der Beschäftigung sowie bei Einweisung in einen neuen Arbeitsplatz über die Unfall- und Gesundheitsgefahren, denen dieser bei der Beschäftigung ausgesetzt ist, sowie über die Maßnahmen und Einrichtungen zur Abwendung dieser Gefahren zu belehren (§ 81 Abs. 1 Satz 2 u. Abs. 2 BetrVG).

– **Recht auf Unterrichtung und Erörterung bei technischen Veränderungen**: Der Arbeitgeber hat den Arbeitnehmer über die auf Grund einer Planung von technischen Anlagen, von Arbeitsverfahren und Arbeitsabläufen oder der Arbeitsplätze vorgesehenen Maßnahmen und über ihre Auswirkungen auf seinen Arbeitsplatz, die Arbeitsumgebung sowie auf Inhalt und Art seiner Tätigkeit zu unterrichten. Sobald feststeht, daß sich die Tätigkeit des Arbeitnehmers ändern wird und seine beruflichen Kenntnisse und Fähigkeiten zur Erfüllung seiner Aufgaben nicht ausreichen, hat der Arbeitgeber mit dem Arbeitnehmer zu erörtern, wie dessen berufliche Kenntnisse und Fähigkeiten im Rahmen der betrieblichen Möglichkeiten den künftigen Anforderungen angepaßt werden können (§ 81 Abs. 3 BetrVG).

– **Recht auf Anhörung in betrieblichen Angelegenheiten, die seine Person betreffen**: Der Arbeitnehmer hat das Recht, in betrieblichen Angelegenheiten, die seine Person betreffen, von den nach Maßgabe des organisatorischen Aufbaues des Betriebes hierfür zuständigen Personen gehört zu werden (§ 82 Abs. 1 BetrVG).

– **Recht auf Erörterung der Berechnung seines Arbeitsentgeltes und der Beurteilung seiner Leistungen**: Der Arbeitnehmer kann verlangen, daß ihm die Berechnung und Zusammensetzung seines Arbeitsentgeltes erläutert und daß mit ihm die Beurteilung seiner Leistungen sowie die Möglichkeiten seiner beruflichen Entwicklung im Betrieb erörtert werden (§ 82 Abs. 2 BetrVG).

Arbeit **III**

- **Recht auf Einsicht in die Personalakten**: Der Arbeitnehmer hat das Recht, in die über ihn geführten Personalakten Einsicht zu nehmen (§ 83 BetrVG). Die →**Personalakte** umfaßt dabei **alle** schriftlichen Unterlagen, die der Arbeitgeber über den Arbeitnehmer angelegt hat (insbesondere Beurteilungen über Leistung und Führung, Aufzeichnungen über Fehlzeiten). Enthält die Personalakte nach Auffassung des Arbeitnehmers unrichtige Angaben, so kann er Berichtigung, Entfernung oder Löschung verlangen.   497

- **Recht zur Beschwerde**: Jeder Arbeitnehmer hat das Recht, sich bei der zuständigen Stelle des Betriebes zu beschweren, wenn er sich vom Arbeitgeber oder von Arbeitnehmern des Betriebes benachteiligt oder ungerecht behandelt oder in sonstiger Weise beeinträchtigt fühlt (§ 84 Abs. 1 BetrVG, **Beschwerderecht**). Der Arbeitnehmer kann seine Beschwerde auch beim →Betriebsrat einlegen. Dieser hat die Beschwerde zu prüfen und im Falle ihrer Berechtigung beim Arbeitgeber auf Abhilfe hinzuwirken (§ 85 Abs. 1 BetrVG).   498

5.3.2.3.2 Beteiligungsrechte des Betriebsrates   499

Die betriebsverfassungsrechtlichen Beteiligungsrechte des →Betriebsrates können nach der Rechtsprechung des Bundesarbeitsgerichtes durch tarifvertragliche Regelungen erweitert und verstärkt werden.

Die Praxis der **betrieblichen Mitbestimmung** sieht sich täglich mit Fällen konfrontiert, in denen eine Einigung zwischen Arbeitgeber und Betriebsrat über Vereinbarungen – notfalls über eine Einschaltung der →Einigungsstelle – gesucht und gefunden wird. Aber auch außerhalb dieser Mitbestimmungsfälle entspricht es den Gepflogenheiten der Betriebspartner (das sind Arbeitgeber und Betriebsrat), Einigungen im Wege von (freiwilligen) Vereinbarungen zu suchen. Solche Vereinbarungen über mitbestimmungspflichtige und nicht mitbestimmungspflichtige Fragen können als sogenannte Betriebsvereinbarungen oder als sogenannte Regelungsabreden getroffen werden.   500

Betriebsvereinbarungen sind vom Betriebsrat und Arbeitgeber gemeinsam zu beschließen und schriftlich niederzulegen. Sie sind von beiden Seiten zu unterzeichnen. (Dies gilt nicht, soweit Betriebsvereinbarungen auf einem Spruch der →Einigungsstelle beruhen.) Der Arbeitgeber hat die Betriebsvereinbarung an geeigneter Stelle im Betrieb auszulegen (§ 77 Abs. 2 BetrVG). Betriebsvereinbarungen gelten (wie Tarifnormen) unmittelbar und zwingend. Werden Arbeitnehmern durch Betriebsvereinbarungen Rechte eingeräumt, so ist ein Verzicht auf diese nur mit Zustimmung des Betriebsrates zulässig. Die Verwirkung dieser Rechte ist ausgeschlossen (§ 77 Abs. 4 BetrVG). Betriebsvereinbarungen können, soweit nichts anderes vereinbart ist, mit einer Frist von 3 Monaten gekündigt werden (§ 77 Abs. 5 BetrVG). Nach Ablauf einer Betriebsvereinbarung gelten deren Regelungen in Angelegenheiten, in denen ein Spruch der →Einigungsstelle die Einigung zwischen Arbeitgeber und Betriebsrat ersetzen kann, weiter, bis sie durch eine andere Abmachung ersetzt werden (§ 77 Abs. 6 BetrVG).   501

Arbeitsentgelte und sonstige Arbeitsbedingungen, die durch →Tarifvertrag geregelt sind oder üblicherweise geregelt werden, können nicht Gegenstand einer Betriebsvereinbarung sein (Vorrang der Tarifautonomie!). Dies gilt nicht, wenn ein Tarif-

III Arbeit

502 vertrag den Abschluß ergänzender Betriebsvereinbarungen ausdrücklich zuläßt (**tarifliche Öffnungsklausel**).

Betriebsvereinbarungen können immer abgeschlossen werden, wenn entsprechende tarifliche Öffnungsklauseln bestehen.

503 Die **Regelungsabrede** ist formlos (mündliche Vereinbarung zwischen Arbeitgeber und Betriebsrat) und **ohne Dauerwirkung**, das heißt, sie endet mit Ablauf der Zeit, für die sie eingegangen wurde, durch Zweckerreichung, Aufhebungsvertrag oder durch Kündigung. Die Regelungsabrede kommt insbesondere in Eilfällen oder bei Einzelmaßnahmen (z. B. Überstunden) in Betracht.

Die Mitwirkung und Mitbestimmung des Betriebsrates erstreckt sich auf vier Bereiche: auf soziale Angelegenheiten, auf personelle Angelegenheiten, auf wirtschaftliche Angelegenheiten sowie auf die Gestaltung von Arbeitsplatz, Arbeitsablauf und Arbeitsumgebung.

504 **5.3.2.3.2.1 Mitwirkung und Mitbestimmung in sozialen Angelegenheiten**

Die Mitwirkung und Mitbestimmung des Betriebsrates in sozialen Angelegenheiten tritt in unterschiedlicher Weise in Erscheinung: als erzwingbare Mitbestimmung in sozialen Angelegenheiten (§ 87 BetrVG), als bloße Mitwirkung in Form freiwilliger Betriebsvereinbarungen (§ 88 BetrVG) und als Mitwirkung im Arbeitsschutz (§ 89 BetrVG).

Die **erzwingbare Mitbestimmung** erstreckt sich auf die in § 87 Abs. 1 Nr. 1–13 BetrVG genannten Maßnahmen. Diese kann der Arbeitgeber **nur mit Zustimmung** des Betriebsrates ergreifen. Wird diese Zustimmung nicht erteilt, so entscheidet auf Antrag einer der beiden Betriebsparteien (Arbeitgeber oder Betriebsrat) die →Einigungsstelle verbindlich (§ 87 Abs. 2 BetrVG). Der in § 87 Abs. 1 Nr. 1–13 BetrVG genannte Katalog mitbestimmungspflichtiger sozialer Angelegenheiten kann durch Tarifvertrag erweitert werden.

Das erzwingbare Mitbestimmungsrecht des Betriebsrates in sozialen Angelegenheiten kann sich grundsätzlich nur auf generelle (d. h. für die gesamte, einen Teil, eine Gruppe der Belegschaft oder aber auch für einen bestimmten Arbeitsplatz unabhängig von der Person seines jeweiligen Inhabers geltende) Regelungen beziehen.

505 Nur in gesetzlich geregelten Ausnahmefällen (beispielsweise bei der **Festsetzung von Urlaub** für einzelne Arbeitnehmer [§ 87 Abs. 1 Nr. 5 BetrVG] oder der Zuweisung
506 oder Kündigung von **Werkmietwohnungen** [§ 87 Abs. 1 Nr. 9 BetrVG]) kann sich das erzwingbare Mitbestimmungsrecht auf Maßnahmen des Arbeitgebers gegenüber einzelnen Arbeitnehmern erstrecken.

Im einzelnen lassen sich die sozialen Angelegenheiten (§ 87 Abs. 1 Nr. 1–13 BetrVG), die das erzwingbare Mitbestimmungsrecht des Betriebsrates erfaßt, wie folgt umschreiben:

507,508 – **Fragen der Ordnung des Betriebes und des Verhaltens der Arbeitnehmer im Betrieb** (Nr. 1, **Arbeitsordnung**). Hierzu gehören unter anderem: **Anwesenheitskontrolle**, An- und Abmeldeverfahren, Einführung und Anwendung von Passierscheinen
509 und Betriebsausweisen, Tragen einer vorgeschriebenen **Arbeitskleidung**, Alkohol-
510,511 und **Rauchverbote**, Park- und Abstellmöglichkeiten, **Torkontrollen**, Benutzung

betrieblicher Telefone, Krankenkontrollen, Radiohören im Betrieb. **Betriebsbu-** 512
ßen (bei Verstößen gegen die betriebliche Ordnung) können nur verhängt werden, wenn zuvor eine betriebliche Bußordnung mit Zustimmung des Betriebsrates eingeführt wurde. Die Verhängung einer Buße ist in jedem Einzelfall mitbestimmungspflichtig.

– **Beginn und Ende der täglichen Arbeitszeit einschließlich der Pausen sowie Verteilung der Arbeitszeit auf die einzelnen Wochentage** (Nr. 2, Arbeitszeitordnung). 513
Dieser Problemkomplex umfaßt nicht nur Beginn und Ende, sondern auch die Dauer der täglichen Arbeitszeit und die Pausen. Nach der Rechtsprechung des Bundesarbeitsgerichtes unterliegt jedoch die Dauer der wöchentlichen Arbeitszeit nicht der Mitbestimmung. Dagegen ist die Einführung oder der Abbau von **Schichtarbeit** und alle damit zusammenhängenden Fragen mitbestimmungs- 514
pflichtig. Auch die Einführung, die Änderung und der Abbau von **gleitender Ar-** 515
beitszeit ist mitbestimmungspflichtig. Gleiches gilt für **Bereitschaftsdienst** und 516
Rufbereitschaft, Ladenöffnungszeiten, →**Teilzeitarbeit**, kapazitätsorientierte va- 517,518,519
riable Arbeitszeit (→**KAPOVAZ**) und →**Job Sharing**-System. 520,521

– **Vorübergehende Verkürzung oder Verlängerung der betrieblichen Arbeitszeit**
(Nr. 3). Dieser Bestimmung zufolge ist die **Einführung von Überstunden** mitbe- 522
stimmungspflichtig und zwar auch dann, wenn der Arbeitgeber diese nur für einen Arbeitnehmer vorsieht; vorausgesetzt allerdings, daß noch ein kollektiver Bezug vorliegt. Nicht mitbestimmungspflichtig ist dagegen die Vereinbarung einer vorübergehenden Verlängerung oder Verkürzung der Arbeitszeit mit einzelnen Arbeitnehmern. Gleichbehandelt und damit mitbestimmungspflichtig wie Überstunden ist die Einführung von **Sonderschichten**. Sollen zwischen Weih- 523
nachten und Neujahr sogenannte **Feierschichten** eingelegt werden, so bedürfen 524
auch diese der Zustimmung des Betriebsrates.

Auch die Einführung von **Kurzarbeit** unterliegt dem Mitbestimmungsrecht des 525
Betriebsrates. Dieses entfällt lediglich dann, wenn der Arbeitgeber wegen eines Arbeitskampfes in einem anderen Tarifgebiet „arbeitskampfbedingte" Kurzarbeit einführt. Dem Betriebsrat wird in diesem Fall lediglich das Recht zugestanden, die mit der Kurzarbeit verbundenen Modalitäten mitzubestimmen. Der Betriebsrat hat selbst das (Initiativ-) Recht, die Einführung von Kurzarbeit zu verlangen.

– **Zeit, Ort und Art der Auszahlung des Arbeitsentgeltes** (Nr. 4). Der Mitbestim- 526
mung des Betriebsrates unterliegt die Festlegung der Lohnzahlungszeiträume (monatlich, wöchentlich u. ä.), ob der Lohn/das Gehalt im voraus oder nachträglich zu zahlen ist, der Ort (Betrieb oder sonstige Zahlstelle) und die Art (Barzahlung oder Überweisung) der Lohn-/Gehaltszahlung. Bei der Einführung der bargeldlosen Lohnzahlung erstreckt sich das Mitbestimmungsrecht des Betriebsrates auch auf die Übernahme der Kontoführungsgebühren (sofern darüber keine tarifvertragliche Regelung vorliegt).

– **Aufstellung allgemeiner Urlaubsgrundsätze und des Urlaubsplanes sowie die Fest-** 527,528
setzung der zeitlichen Lage des Urlaubes für einzelne Arbeitnehmer, wenn zwischen den beteiligten Arbeitnehmern kein Einverständnis erzielt wird (Nr. 5). Die hier umschriebene Angelegenheit erfaßt jede Form des Urlaubes, eingeschlossen

III Arbeit

529,530 →**Bildungsurlaub** und Sonderurlaub. Auch die allgemeinen →**Betriebsferien** fallen darunter. Während mit „allgemeinen Urlaubsgrundsätzen" hier die betrieblichen Richtlinien gemeint sind, nach denen Urlaub gewährt wird, bedeutet „Urlaubsplan" die Festlegung und Einordnung des Urlaubes der einzelnen Belegschaftsmitglieder und deren Vertretung in einen (nach diesen allgemeinen Urlaubsgrundsätzen gestalteten) zeitlichen Rahmen. Falls Arbeitgeber und Arbeitnehmer bei der individuellen Festsetzung der zeitlichen Lage des Urlaubes keine Einigung erzielen, steht dem Betriebsrat ein Mitbestimmungsrecht zu.

531 – **Einführung und Anwendung von technischen Einrichtungen, die dazu bestimmt sind, das Verhalten oder die Leistungen der Arbeitnehmer zu überwachen** (Nr. 6). Das Mitbestimmungsrecht des Betriebsrates in dem hier umrissenen Problemfeld
532 dient dem **Persönlichkeitsschutz** der Arbeitnehmer gegenüber technischen Kontrolleinrichtungen. In diesem Zusammenhang kommt es nicht auf die Überwachungs**absicht** des Arbeitgebers an, sondern allein darauf, ob die Einrichtung objektiv und unmittelbar geeignet ist, Verhalten und Leistung der Arbeitnehmer zu überwachen. Als einschlägige Einrichtungen wären unter anderem zu nennen: Multimomentkameras, Produktographen, Fahrtenschreiber, Filmkameras, Fernsehanlagen, Videokameras, Stechuhren, automatische Zeiterfassungsgeräte, Spiegel- und Einwegscheiben, automatische Sichtungssysteme, Personaldatenverarbeitung jeder Art, Bildschirmarbeitsplätze (sofern aufgrund vorhandener Programme Verhaltens- und Leistungsdaten aufgezeichnet werden), Geräte zur Erfassung und zum Abhören von Telefongesprächen. Dem Betriebsrat steht auch dann ein Mitbestimmungsrecht zu, wenn Daten lediglich für eine Gruppe erhoben oder ausgewertet werden, aber dabei der Überwachungsdruck auf das einzelne Gruppenmitglied durchschlägt.

– **Regelungen über die Verhütung von Arbeitsunfällen und Berufskrankheiten sowie über den Gesundheitsschutz im Rahmen der gesetzlichen Vorschriften oder Unfallverhütungsvorschriften** (Nr. 7). Mitbestimmungspflichtig sind hiernach alle Maß-
533 nahmen des **Arbeitsschutzes**, die im Rahmen der gesetzlichen Vorschriften oder der Unfallverhütungsvorschriften im Betrieb zu treffen sind. Voraussetzung ist allerdings, daß eine Gesundheitsgefahr oder die Gefahr besteht, daß Arbeitsunfälle oder Berufskrankheiten eintreten. Darüber hinaus müssen diese Vorschriften so gehalten sein, daß sie dem Arbeitgeber einen gewissen Regelungsspielraum belassen. (Der Regelungsspielraum ist um so größer, je allgemeiner die Vorschriften gehalten sind!) Zu den ausfüllungsfähigen und damit mitbestimmungsfähigen gesetzlichen Vorschriften gehören insbesondere § 120a Gewerbeordnung, § 618 Bürgerliches Gesetzbuch und § 62 Handelsgesetzbuch. Außerdem gibt es eine Vielzahl von ausfüllungsbedürftigen Unfallverhütungsvorschriften. Bei der Bestellung und Abberufung von Betriebsärzten und Fachärzten für Arbeitssicherheit im Sinne des Arbeitssicherheitsgesetzes steht dem Betriebsrat ein (erzwingbares) Mitbestimmungsrecht zu; ebenso darüber, ob diese Ärzte als Arbeitnehmer oder als freiberuflich Tätige beschäftigt werden oder im Rahmen eines überbetrieblichen Dienstes verpflichtet werden.

534 – **Form, Ausgestaltung und Verwaltung von Sozialeinrichtungen, deren Wirkungsbereich auf den Betrieb, das Unternehmen oder den Konzern beschränkt ist** (Nr. 8).

Arbeit **III**

Zu diesen Sozialeinrichtungen zählen: Werkskantinen, Werksküchen, Sportanlagen, Bibliotheken, Erholungsheime, Fortbildungseinrichtungen, Kindergärten. Diese Einrichtungen müssen allerdings eine gewisse Organisation aufweisen und über abgesonderte Teile konkreter Mittel verfügen. Dem Betriebsrat steht das Recht zu, darüber mitzubestimmen, in welcher **Form** die Einrichtung geführt werden soll (beispielsweise als nichtrechtsfähiger Verein oder als unselbständiger Bestandteil des Betriebes). Zur mitbestimmungspflichtigen **Ausgestaltung** solcher Einrichtungen gehören unter anderem ihre Nutzung, die Aufstellung von Grundsätzen über die Verwendung der zur Verfügung stehenden Mittel. Hinsichtlich der **Verwaltung** unterliegen dem Mitbestimmungsrecht nicht nur die Aufstellung allgemeiner Verwaltungsrichtlinien, sondern auch die einzelnen Verwaltungsmaßnahmen (z. B. Öffnungszeiten, Kantinenpreise).

– **Zuweisung und Kündigung von Wohnräumen, die den Arbeitnehmern mit Rücksicht auf das Bestehen eines Arbeitsverhältnisses vermietet werden, sowie die allgemeine Festlegung der Nutzungsbedingungen** (Nr. 9). Das Mitbestimmungsrecht erstreckt sich auf **Werkmietwohnungen** (nicht auf Werkdienstwohnungen!), soweit diese im Eigentum des Arbeitgebers stehen oder diesem daran ein Verfügungsrecht zusteht. Zu den Nutzungsbedingungen zählen unter anderem Inhalt der Mietverträge und der Hausordnung, allgemeine Grundsätze für die Mietzinsbildung. 535

– **Fragen der betrieblichen Lohngestaltung, insbesondere die Aufstellung von Entlohnungsgrundsätzen und die Einführung und Anwendung von neuen Entlohnungsmethoden sowie deren Änderung** (Nr. 10). Die **betriebliche Lohngestaltung** im Sinne dieser Bestimmung betrifft die Festlegung allgemeiner Grundsätze zur Lohnfindung aus Gründen der innerbetrieblichen Lohngerechtigkeit und Lohntransparenz. (Diese Bestimmung betrifft somit nicht die Festlegung der Lohnhöhe!) Die betriebliche Lohngestaltung umfaßt neben dem eigentlichen Arbeitsentgelt alle weiteren Formen des Entgeltes, die auf Grund eines Arbeitsverhältnisses gewährt werden (so u. a. **Leistungs- und Erschwerniszulagen, Altersversorgung, Gratifikationen, Urlaubsgelder, Arbeitgeberdarlehen,** verbilligten **Personaleinkauf**). Auch alle allgemeinen freiwilligen Leistungen des Arbeitgebers, wie zum Beispiel Zulagen, die zusätzlich zum tariflich geregelten Entgelt gezahlt werden, sind mitbestimmungspflichtig. Mitbestimmungsfrei entscheidet der Arbeitgeber lediglich darüber, welche Mittel eingesetzt, welcher Zweck mit ihnen verfolgt und welcher Personenkreis mit ihnen begünstigt werden soll(en). Will der Arbeitgeber seine finanzielle Belastung durch freiwillige übertarifliche Zulagen insgesamt kürzen, so hat der Betriebsrat darüber mitzubestimmen, wie das gekürzte Zulagenvolumen auf die von der Kündigung betroffenen Arbeitnehmer verteilt werden soll (Urteil des Bundesarbeitsgerichtes v. 10.2.1988). 536

537,538,539
540,541,542
543

Dem Betriebsrat steht auch ein Mitbestimmungsrecht darüber zu, welches Entgeltsystem (→**Zeit-,** →**Akkord-,** →**Prämienlohn**) für welche Arbeit anzuwenden ist. 544,545,546

Bei den **Entlohnungsgrundsätzen** handelt es sich um Systeme, nach denen das Arbeitsentgelt bemessen werden soll und deren Ausgestaltung. So hat der Betriebsrat (vorbehaltlich einer bestehenden tarifvertraglichen Regelung) unter anderem darüber mitzubestimmen, ob →**Zeitlohn** oder →**Leistungslohn,** →**Akkord-,** 547,548

313

III Arbeit

→**Prämienlohn** oder andere erfolgsabhängige Vergütung (z. B. Provisionen) gezahlt werden soll und wie die gewählten Entgeltformen auszugestalten sind.

Unter **Entlohnungsmethode** ist die Art und Weise der Umsetzung der Entlohnungsgrundsätze zu verstehen. Dabei geht es um die Bewertung der Arbeitsleistung (u. um die Frage, wie in Leistungslohnsystemen der →Leistungsgrad des einzelnen Arbeitnehmers ermittelt wird [z. B. beim →Akkord nach →Refa-System]) und um die Zuordnung derselben zu der entsprechenden Entgeltgruppe.

549,550 – **Festsetzung der Akkord- und Prämiensätze und vergleichbarer leistungsbezogener Entgelte, einschließlich der Geldfaktoren** (Nr. 11). Den →Akkord- und Prämiensätzen vergleichbare leistungsbezogene Entgelte sind Vergütungsformen, bei denen eine „Leistung" des Arbeitnehmers gemessen und mit einer Bezugsleistung verglichen wird. Dabei muß sich die Höhe der Vergütung in irgendeiner Weise nach dem Verhältnis der Leistung des Arbeitnehmers zur Bezugsgröße bemessen.

551 Als **Geldfaktor** wird der Geldbetrag bezeichnet, der in einem Leistungssystem die Lohnhöhe für die Bezugs- und Ausgangsleistung und damit den Preis für die im Leistungslohn zu erbringende Arbeit bestimmt (Beschlüsse des Bundesarbeitsgerichtes v. 13. 9. 1983 und v. 16. 12. 1986). Der Betriebsrat hat bei allen Ansätzen für die Bewertung von Bezugs- und Ausgangsleistungen von Leistungslohnsystemen ein Mitbestimmungsrecht.

552 – **Grundsätze über das betriebliche Vorschlagswesen** (Nr. 12). Diese Vorschrift erfaßt alle Vorschläge, die die Vereinfachung oder Verbesserung betrieblicher Einrichtungen oder Verfahren bezwecken (Verbesserungsvorschläge). Das Mitbestimmungsrecht des Betriebsrates bezieht sich sowohl auf die Einführung als auch auf die Ausgestaltung von Grundsätzen über das betriebliche Vorschlagswesen.

552a – **Grundsätze über die Durchführung von Gruppenarbeit** (Nr. 13). Gruppenarbeit im Sinne dieser Vorschrift liegt vor, wenn im Rahmen des betrieblichen Arbeitsablaufs eine Gruppe von Arbeitnehmern eine ihr übertragene Gesamtaufgabe im wesentlichen eigenverantwortlich erledigt.

Kommt zwischen Arbeitgeber und Betriebsrat über eine der unter Nr. 1–13 genannten Angelegenheiten keine Einigung zustande, so entscheidet die →Einigungsstelle (§ 87 Abs. 2 BetrVG).

Über die in § 87 BetrVG genannten sozialen Angelegenheiten hinaus kann der Betriebsrat alle sozialen Fragen, die auch in einem →Tarifvertrag geregelt werden könnten, mit dem Arbeitgeber in sogenannten freiwilligen →Betriebsvereinbarungen regeln (§ 88 BetrVG); so zum Beispiel: zusätzliche Maßnahmen zur Verhütung von Arbeitsunfällen und Gesundheitsschädigungen (§ 88 Abs. 1 BetrVG); Maßnahmen des betrieblichen Umweltschutzes (§ 88 Abs. 1a BetrVG); die Errichtung von Sozialeinrichtungen, deren Wirkungsbereich auf den Betrieb, das Unternehmen oder den Konzern beschränkt ist (§ 88 Abs. 2 BetrVG); Maßnahmen zur Förderung der Vermögensbildung (§ 88 Abs. 3 BetrVG); Maßnahmen zur Integration ausländischer Arbeitnehmer sowie zur Bekämpfung von Rassismus und Fremdenfeindlichkeit im Betrieb (§ 88 Abs. 4 BetrVG). Ein Anspruch auf Abschluß solcher freiwilliger Betriebsvereinbarungen steht dem Betriebsrat allerdings nicht zu.

Arbeit **III**

Im Bereich des **Arbeitsschutzes** obliegen dem Betriebsrat eine Reihe von Rechten und Pflichten, die im Betriebsverfassungsgesetz verstreut geregelt sind: So hat er nach § 80 Abs. 1 Nr. 1 BetrVG unter anderem auch über die Einhaltung der staatlichen Arbeitsschutzvorschriften und der Unfallverhütungsvorschriften der Berufsgenossenschaften zu wachen; nach § 90 BetrVG stehen ihm bestimmte Unterrichtungs- und Beratungsrechte hinsichtlich des Arbeitsschutzes und der menschengerechten Gestaltung der Arbeit zu, ergänzt durch ein Mitbestimmungsrecht nach § 91 BetrVG. Auch § 89 BetrVG benennt Aufgaben des Betriebsrates bei der Durchführung der Vorschriften über den Arbeitsschutz und die Unfallverhütung sowie den Umweltschutz im Betrieb. 553

5.3.2.3.2.2 Mitwirkung und Mitbestimmung in personellen Angelegenheiten 554

Die Mitwirkungs- und Mitbestimmungsrechte des Betriebsrates in personellen Angelegenheiten erstrecken sich auf allgemeine personelle Angelegenheiten (Gestaltung der personalpolitischen Grundsätze und Richtlinien, so insbesondere Personalplanung, Ausschreibung von Arbeitsplätzen, Personalfragebogen, Formulararbeitsverträge, Beurteilungsgrundsätze, Auswahlrichtlinien), auf die Berufsbildung und schließlich auf personelle Einzelmaßnahmen (Einstellung, Ein- u. Umgruppierung, Versetzung, Kündigung einzelner Arbeitnehmer).

Allgemeine personelle Angelegenheiten: Der Arbeitgeber hat den Betriebsrat gegebenenfalls über die **Personalplanung**, insbesondere über den gegenwärtigen und künftigen Personalbedarf sowie über die sich daraus ergebenden personellen Maßnahmen und solche der Berufsbildung, zu unterrichten. In diesem Zusammenhang hat der Arbeitgeber mit dem Betriebsrat über Art und Umfang der erforderlichen Maßnahmen und über die Vermeidung von Härten zu beraten (§ 92 Abs. 1 BetrVG). Der Anspruch des Betriebsrates auf Unterrichtung und Beratung besteht auch dann, wenn keine umfassende beziehungsweise nur eine lückenhafte Personalplanung praktiziert wird. Soweit im Betrieb noch keine Personalplanung betrieben wird, kann der Betriebsrat dem Arbeitgeber Vorschläge für die Einführung einer Personalplanung und deren Durchführung machen (§ 92 Abs. 2 BetrVG). 555

Der Betriebsrat kann vom Arbeitgeber verlangen, daß Arbeitsplätze, die besetzt werden sollen (freiwerdende oder erstmalig zu besetzende Arbeitsplätze), allgemein oder für bestimmte Arten von Tätigkeiten vor ihrer Besetzung innerhalb des Betriebes ausgeschrieben werden (§ 93 BetrVG, **Ausschreibung von Arbeitsplätzen**). Damit sollen Aufstiegsmöglichkeiten innerhalb des Betriebes besser genutzt werden können. Kommt der Arbeitgeber dem Verlangen des Betriebsrates nicht nach, so kann dieser gemäß § 99 Abs. 2 Nr. 5 BetrVG seine Zustimmung zur Einstellung eines von außen kommenden Bewerbers oder zur Versetzung eines betriebsangehörigen Arbeitnehmers auf diese Stelle verweigern. 556

Personalfragebogen, die dem Arbeitgeber Aufschluß über eine bestimmte Person sowie über Kenntnisse und Fähigkeiten derselben geben sollen, bedürfen der Zustimmung des Betriebsrates (§ 94 Abs. 1 BetrVG). Gleiches gilt für persönliche Angaben in schriftlichen Arbeitsverträgen, die allgemein für den Betrieb verwendet werden sollen (**Formulararbeitsverträge**) sowie für die Aufstellung **allgemeiner Beurteilungsgrundsätze**, das heißt von Richtlinien für die Beurteilung von Leistung 557

558,559

315

III Arbeit

und Verhalten (z. B. Sorgfalt, Selbständigkeit, Einsatzfähigkeit, Verantwortungsbewußtsein) der Arbeitnehmer (§ 94 Abs. 2 BetrVG). Kommt eine Einigung über ihren Inhalt nicht zustande, so entscheidet die →Einigungsstelle.

560 Auch Richtlinien über die personelle Auswahl bei Einstellungen, Umgruppierungen und Kündigungen bedürfen der Zustimmung des Betriebsrates (**Auswahlrichtlinien**, § 95 Abs. 1 BetrVG). Solche Richtlinien sollen vor allem fachliche, persönliche und soziale Gesichtspunkte aufzeigen, die bei der Ergreifung personeller Maßnahmen zu beachten sind. Kommt über die Richtlinien oder ihren Inhalt eine Einigung nicht zustande, so entscheidet auf Antrag des Arbeitgebers die →Einigungsstelle. In Betrieben mit mehr als 500 Arbeitnehmern kann der Betriebsrat nach § 95 Abs. 2 BetrVG die Aufstellung von Auswahlrichtlinien verlangen und im Falle der Nichteinigung mit dem Arbeitgeber über die →Einigungsstelle erzwingen.

561 **Berufsbildung**: Der Betriebsrat hat in allen Fragen der beruflichen Bildung ein Beratungsrecht. Dies gilt insbesondere hinsichtlich der Errichtung und Ausstattung betrieblicher Einrichtungen zur Berufsbildung, der Einführung betrieblicher Berufsbildungsmaßnahmen und der Teilnahme an außerbetrieblichen Berufsbildungsveranstaltungen (§ 97 BetrVG). Bei der Durchführung betrieblicher Berufsbildungsmaßnahmen (Ausbildung, Fortbildung, Umschulung) hat der Betriebsrat (soweit nicht die →Berufsausbildung durch →Ausbildungsordnungen geregelt ist) ein Mitbestimmungsrecht. Der Betriebsrat hat ein Widerspruchs- beziehungsweise Abberufungsrecht bezüglich der mit der Durchführung der betrieblichen Berufsbildung beauftragten Personen, wenn diese ihm persönlich oder fachlich (insbesondere in berufs- u. arbeitspädagogischer Hinsicht) ungeeignet erscheinen oder ihre Aufgaben vernachlässigen (§ 98 Abs. 2 BetrVG).

562 **Personelle Einzelmaßnahmen**: In Betrieben mit in der Regel mehr als 20 wahlberechtigten Arbeitnehmern hat der Arbeitgeber den Betriebsrat vor jeder **Einstellung**
563 (das ist die tatsächliche Eingliederung eines Arbeitnehmers in den Betrieb zur weisungsgebundenen Arbeit), **Eingruppierung** (das ist die in der Regel mit der Einstellung oder Versetzung verbundene Einstufung des Arbeitnehmers in eine bestimmte
564 tarifliche oder betriebliche Lohngruppe), **Umgruppierung** (das ist jede Änderung der Eingruppierung und damit jede Höher- oder Herabstufung wie auch jede Anpassung an Änderungen des für den Betrieb maßgeblichen Gehalts- oder Lohn-
565 gruppensystems), **Versetzung** (das ist nach § 95 Abs. 3 BetrVG die Zuweisung eines anderen Arbeitsbereiches, die entweder die Dauer von 1 Monat voraussichtlich überschreitet oder aber mit einer erheblichen Änderung der Arbeitsbedingungen verbunden ist) zu unterrichten, ihm die erforderlichen Bewerbungsunterlagen vorzulegen und Auskunft über die betreffende Person zu geben; er hat dem Betriebsrat unter Vorlage der erforderlichen Unterlagen Auskunft über die Auswirkungen der geplanten Maßnahme zu geben und die Zustimmung des Betriebsrates zu den geplanten Maßnahmen einzuholen. Bei Einstellungen und Versetzungen hat der Arbeitgeber insbesondere den in Aussicht genommenen Arbeitsplatz und die vorgesehene Eingruppierung mitzuteilen (§ 99 Abs. 1 BetrVG).

Der Betriebsrat kann den geplanten personellen Maßnahmen des Arbeitgebers zustimmen oder aber seine Zustimmung verweigern (§ 99 Abs. 3 Satz 1 BetrVG). Verweigert der Betriebsrat seine Zustimmung, so hat er dies unter Angabe von Gründen innerhalb 1 Woche nach Unterrichtung durch den Arbeitgeber diesem schriftlich mitzuteilen. Läßt der Betriebsrat diese Frist verstreichen, so gilt die Zustimmung als erteilt.

Der Betriebsrat kann nach § 99 Abs. 2 Nr. 1-6 BetrVG seine Zustimmung verweigern, wenn

- die personelle Maßnahme gegen ein Gesetz, eine Verordnung, eine Unfallverhütungsvorschrift oder gegen eine Bestimmung in einem →Tarifvertrag oder einer →Betriebsvereinbarung oder gegen eine gerichtliche Entscheidung oder eine behördliche Anordnung verstoßen würde (Nr. 1),

- die personelle Maßnahme gegen eine personelle →Auswahlrichtlinie verstoßen würde (Nr. 2),

- die begründete Besorgnis besteht, daß infolge der personellen Maßnahme im Betrieb beschäftigte Arbeitnehmer gekündigt werden oder sonstige Nachteile erleiden, ohne daß dies aus betrieblichen oder persönlichen Gründen gerechtfertigt ist (Nr. 3),

- der betroffene Arbeitnehmer durch die personelle Maßnahme benachteiligt wird, ohne daß dies aus betrieblichen oder in der Person des Arbeitnehmers liegenden Gründen gerechtfertigt ist (Nr. 4),

- eine vom Betriebsrat nach § 93 BetrVG verlangte →Stellenausschreibung im Betrieb unterblieben ist (Nr. 5) oder

- begründete Besorgnis besteht, daß der für die personelle Maßnahme in Aussicht genommene Bewerber oder Arbeitnehmer den Betriebsfrieden stören würde (Nr. 6).

Verweigert der Betriebsrat seine Zustimmung, so kann der Arbeitgeber beim Arbeitsgericht beantragen, die Zustimmung zu ersetzen (§ 99 Abs. 4 BetrVG). Ersetzt das Arbeitsgericht die Zustimmung nicht, so muß die personelle Maßnahme unterbleiben beziehungsweise rückgängig gemacht werden.

In dringenden Fällen kann der Arbeitgeber schon vor Abschluß des Zustimmungsverfahrens personelle Einzelmaßnahmen im Sinne des § 99 Abs. 1 Satz 1 BetrVG vorläufig durchführen (**vorläufige personelle Einzelmaßnahmen**, § 100 BetrVG). Der Arbeitgeber hat die betreffenden Arbeitnehmer auf die Vorläufigkeit seiner Maßnahme hinzuweisen und den Betriebsrat unverzüglich über die vorläufige Maßnahme in Kenntnis zu setzen. Bestreitet der Betriebsrat, daß die Maßnahme dringend erforderlich ist, so darf der Arbeitgeber diese nur aufrechterhalten, wenn er innerhalb von 3 Tagen beim Arbeitsgericht die Ersetzung der Zustimmung des Betriebsrates und die Feststellung beantragt, daß die Maßnahme aus sachlichen Gründen dringend erforderlich war (§ 100 Abs. 2 BetrVG). Lehnt das Gericht die Ersetzung der Zustimmung des Betriebsrates ab oder stellt es rechtskräftig fest, daß offensichtlich die Maßnahme aus sachlichen Gründen nicht dringend erforderlich war, so endet die vorläufige personelle Maßnahme mit Ablauf von 2 Wochen nach Rechtskraft der Entscheidung. Von diesem Zeitpunkt an darf die personelle Maßnahme nicht mehr aufrechterhalten werden (§ 100 Abs. 3 BetrVG).

III Arbeit

566 Bei der **Kündigung** von Arbeitnehmern durch den Arbeitgeber sind die Beteiligungsrechte des Betriebsrates von der Größe des Betriebes unabhängig (§ 102 BetrVG). Kein Beteiligungsrecht hat der Betriebsrat bei →leitenden Angestellten; diesbezüglich sind ihm Einstellungen und personelle Veränderungen lediglich rechtzeitig vom Arbeitgeber mitzuteilen (§ 105 BetrVG). Zu den Beteiligungsrechten des Betriebsrates bei der Kündigung siehe 5.2.5.3.

567 **5.3.2.3.2.3 Mitwirkung und Mitbestimmung in wirtschaftlichen Angelegenheiten**

Die Beteiligungsrechte des Betriebsrates in wirtschaftlichen Angelegenheiten sind nach dem Betriebsverfassungsgesetz eng begrenzt. Sie umfassen zum einen das Recht der Arbeitnehmer auf Unterrichtung über die wirtschaftliche Lage des Unternehmens und wichtige unternehmerische Entscheidungen und zum anderen ein Beratungsrecht hinsichtlich geplanter Betriebsänderungen.

Unterrichtung der Arbeitnehmer durch den Unternehmer: In Unternehmen mit in der Regel mehr als 1000 ständig beschäftigten Arbeitnehmern hat der Unternehmer mindestens einmal in jedem Kalendervierteljahr nach vorheriger Abstimmung mit dem →Wirtschaftsausschuß (oder mit dem entsprechenden Ausschuß des Betriebsrates) und dem Betriebsrat die Arbeitnehmer **schriftlich** über die wirtschaftliche Lage und Entwicklung des Unternehmens zu unterrichten (§ 110 Abs. 1 BetrVG). In Unternehmen mit weniger als 1000 Arbeitnehmern aber mit mehr als 20 zum Betriebsrat wahlberechtigten ständigen Arbeitnehmern kann die Unterrichtung **mündlich** erfolgen (§ 110 Abs. 2 BetrVG).

568 **Betriebsänderungen**: In Betrieben mit in der Regel mehr als 20 wahlberechtigten Arbeitnehmern hat der Unternehmer den Betriebsrat über geplante Betriebsänderungen, die wesentliche Nachteile für die Belegschaft oder erhebliche Teile der Belegschaft zur Folge haben können, rechtzeitig und umfassend zu **unterrichten** und diese mit ihm zu **beraten** (§ 111 BetrVG). Dabei hat der Unternehmer zu versuchen,
569 mit dem Betriebsrat zu einem **Interessenausgleich** zu kommen.

Als beteiligungspflichtige Betriebsänderungen gelten:
- Einschränkung und Stillegung des ganzen Betriebes oder von wesentlichen Betriebsteilen,
- Verlegung des ganzen Betriebes oder von wesentlichen Betriebsteilen,
- Zusammenschluß mit anderen Betrieben oder die Spaltung von Betrieben,
- grundlegende Änderungen der Betriebsorganisation, des Betriebszweckes oder der Betriebsanlagen,
- Einführung grundlegend neuer Arbeitsmethoden und Fertigungsverfahren.

Kommt zwischen Unternehmer und Betriebsrat ein Interessenausgleich über die geplante Betriebsänderung zustande, so ist dieser schriftlich niederzulegen und von beiden Seiten zu unterschreiben (§ 112 Abs. 1 BetrVG).

Kommt ein Interessenausgleich nicht zustande, so können der Unternehmer und der Betriebsrat den Präsidenten der jeweiligen Regionaldirektion der Bundesagentur für Arbeit um Vermittlung ersuchen. Geschieht dies nicht oder bleibt der Vermittlungsversuch ergebnislos, so können der Unternehmer oder der Betriebsrat die →Einigungsstelle anrufen (§ 112 Abs. 2 BetrVG). Unternehmer und Betriebsrat sollen der Einigungsstelle Vorschläge zur Beilegung der Meinungsverschiedenheiten über den Interessenausgleich unterbreiten. Die Einigungsstelle hat eine Einigung der Parteien zu versuchen (§ 112 Abs. 3 BetrVG).

Beginnt der Unternehmer mit der Durchführung einer beteiligungspflichtigen Betriebsänderung, ohne zuvor einen Interessenausgleich mit dem Betriebsrat versucht (d. h. ohne das Verfahren zur Herbeiführung eines Interessenausgleiches einschließlich der Verhandlung vor der Einigungsstelle voll ausgeschöpft) zu haben, so können Arbeitnehmer, die infolge der Betriebsänderung entlassen werden, beim Arbeitsgericht Klage erheben mit dem Antrag, den Arbeitgeber zur Zahlung von **Abfindungen** (in den Grenzen des § 10 Kündigungsschutzgesetzes) zu verurteilen (§ 113 Abs. 1 BetrVG). Werden Arbeitnehmer infolge der Betriebsänderung zwar nicht entlassen, erleiden jedoch andere wirtschaftliche Nachteile (z. B. niedrigeren Verdienst, höhere Fahrtkosten zur neuen Arbeitsstätte), so hat der Unternehmer diese Nachteile bis zu einem Zeitraum von 12 Monaten auszugleichen (§ 113 Abs. 2 BetrVG, **Nachteilsausgleich**). Die vorgenannten Verpflichtungen treffen den Unternehmer auch dann, wenn er mit dem Betriebsrat einen Interessenausgleich vereinbart hatte, davon aber später ohne zwingenden Grund abweicht und Arbeitnehmer deshalb entlassen werden oder andere wirtschaftliche Nachteile erleiden.

Unabhängig davon, ob zwischen Betriebsrat und Unternehmer ein Interessenausgleich zustande kommt oder ob der Unternehmer das Verfahren zur Herbeiführung eines Interessenausgleiches versucht hat, kann der Betriebsrat die Aufstellung eines **Sozialplanes** veranlassen (§§ 112, 112a BetrVG). Der Sozialplan hat die Wirkung einer →Betriebsvereinbarung (§ 112 Abs. 1 BetrVG). Der Sozialplan soll dem Ausgleich oder der Milderung der wirtschaftlichen Nachteile dienen, die sich für die Arbeitnehmer durch Betriebsänderungen ergeben. Er kann sich erstrecken auf: die Zahlung von Abfindungen für die zu entlassenden Arbeitnehmer, Ausgleichszahlungen für mit Verdienstminderung verbundene Umsetzungen, Aufrechterhaltung von Anwartschaften der betrieblichen Altersversorgung, eine über die Beendigung des Arbeitsverhältnisses hinausgehende weitere Überlassung von Werkswohnungen, die Gewährung des vollen Jahresurlaubes, bezahlte Umschulung, Fahrgeldzuschuß zur neuen Arbeitsstätte, vorzeitige betriebliche Pensionsleistungen, Umzugskosten und anderes.

Kommt zwischen Unternehmer und Betriebsrat eine Einigung über Aufstellung und Inhalt eines Sozialplanes zustande, so ist diese schriftlich niederzulegen und von beiden Seiten zu unterschreiben (§ 112 Abs. 1 BetrVG).

Kommt eine Einigung über den Sozialplan nicht zustande, so können der Unternehmer oder der Betriebsrat den Präsidenten der jeweiligen Regionaldirektion der Bundesagentur für Arbeit um Vermittlung ersuchen. Geschieht dies nicht oder bleibt der Vermittlungsversuch ergebnislos, so können der Unternehmer oder der Betriebsrat die →Einigungsstelle anrufen (§ 112 Abs. 2 BetrVG). Die Einigungsstelle hat eine Einigung der Parteien zu versuchen (§ 112 Abs. 3 BetrVG). Kommt eine Einigung über den Sozialplan nicht zustande, so entscheidet die Einigungsstelle über die Aufstellung eines Sozialplanes. Die Einigungsstelle hat bei ihrer Entscheidung sowohl die sozialen Belange der betroffenen Arbeitnehmer zu berücksichtigen als auch auf die wirtschaftliche Vertretbarkeit ihrer Entscheidung für das

III Arbeit

Unternehmen zu achten (§ 112 Abs. 5 Satz 1 BetrVG). Dabei hat sie sich im Rahmen **billigen Ermessens** insbesondere von folgenden Grundsätzen leiten zu lassen (§ 112 Abs. 5 Satz 2 Nr. 1 bis 3 BetrVG): Sie **soll** in der Regel den Gegebenheiten des Einzelfalles Rechnung tragen; sie **hat** die Aussichten der betroffenen Arbeitnehmer auf dem Arbeitsmarkt zu berücksichtigen und **soll** darüber hinaus solche Arbeitnehmer von Leistungen ausschließen, die in einem zumutbaren Arbeitsverhältnis im Konzernbereich weiterbeschäftigt werden können und die Weiterbeschäftigung ablehnen; sie **soll** insbesondere die im SGB III vorgesehenen Förderungsmöglichkeiten zur Vermeidung von Arbeitslosigkeit berücksichtigen; schließlich **hat** sie bei Bemessung des Gesamtbetrages der Sozialplanleistungen darauf zu achten, daß der Fortbestand des Unternehmens oder die verbleibenden Arbeitsplätze nicht gefährdet werden. Der Spruch der Einigungsstelle ist verbindlich (§ 112 Abs. 4 BetrVG, **Erzwingbarkeit von Sozialplänen**). Überschreitet die Einigungsstelle jedoch ihren Ermessensspielraum, so können Arbeitgeber oder Betriebsrat binnen einer Frist von 2 Wochen die Unwirksamkeit des Spruches vor dem Arbeitsgericht geltend machen (§ 76 Abs. 5 Satz 4 BetrVG).

Die Erzwingbarkeit von Sozialplänen über die Einigungsstelle unterliegt nach § 112a BetrVG zwei Einschränkungen:

– Bei einer geplanten Betriebsänderung in Form einer Betriebseinschränkung, die **allein in der Entlassung von Arbeitnehmern** besteht, kann ein Sozialplan über die Einigungsstelle nur erzwungen werden, wenn entsprechend der unter § 112a Abs. 1 Nr. 1 bis 4 BetrVG genannten Zahlen und Prozentsätze bestimmte Mindestquoten an Arbeitnehmern aus betriebsbedingten Gründen entlassen werden sollen.

– In **Betrieben neugegründeter Unternehmen** können in den ersten 4 Jahren nach Gründung Betriebsänderungen durchgeführt werden, ohne daß ein Sozialplan erzwingbar wäre (§ 112 Abs. 2 BetrVG).

In beiden Fällen können Sozialpläne nur freiwillig aufgestellt werden.

Ansprüche auf **Nachteilausgleich** und etwaige Ansprüche aus **Sozialplan** sind, soweit das mit ihnen verfolgte Interesse gleich ist, miteinander zu verrechnen (**Interessenausgleich**).

Die Vorschriften über das Unterrichtungs- und Beratungsrecht des Betriebsrates, über den Interessensausgleich und den Nachteilausgleich gelten auch bei Betriebsänderungen nach Eröffnung des → Insolvenzverfahrens. An die Stelle des Unternehmers tritt dann der Insolvenzverwalter.

5.3.2.3.2.4 Mitwirkung und Mitbestimmung bei der Gestaltung von Arbeitsplatz, Arbeitsablauf und Arbeitsumgebung

Nach § 90 BetrVG hat der Arbeitgeber den Betriebsrat über die **Planung** bestimmter baulicher, technischer und organisatorischer Veränderungen rechtzeitig (unter Vorlage der erforderlichen Unterlagen) zu unterrichten und mit ihm die vorgesehenen Maßnahmen und ihre Auswirkungen auf die Arbeitnehmer zu beraten. Der Betriebsrat hat nach § 91 BetrVG dann ein Mitbestimmungsrecht, wenn es darum geht, Belastungen der Arbeitnehmer durch Änderungen der Arbeitsplätze, des Arbeitsablaufes oder der Arbeitsumgebung – die den gesicherten, arbeitswissenschaftlichen Erkenntnissen über die menschengerechte Gestaltung der Arbeit offensichtlich widersprechen – abzuwenden, zu mildern oder auszugleichen (§ 91 BetrVG).

Die vom Gesetz (§ 90 Abs. 1 Nr. 1–4 BetrVG) gedeckten Planungen betreffen:

- Neu-, Um- und Erweiterungsbauten von Fabrikations-, Verwaltungs- und sonstigen betrieblichen Räumen,
- technische Anlagen,
- Arbeitsverfahren und Arbeitsabläufe sowie
- Arbeitsplätze.

Kommt zwischen Arbeitgeber und Betriebsrat keine Einigung über angemessene Ausgleichsmaßnahmen zustande, so kann der Betriebsrat die →Einigungsstelle anrufen. Der Spruch der Einigungsstelle ersetzt die Einigung zwischen Arbeitgeber und Betriebsrat (§ 91 BetrVG).

5.3.3 Unternehmensmitbestimmung

Im Gegensatz zum Betriebsverfassungsrecht, das sich die betriebliche Zusammenarbeit zwischen dem Arbeitgeber und den Arbeitnehmern zum Anliegen macht, stellt die Unternehmensmitbestimmung darauf ab, den Arbeitnehmern eine Teilhabe an wichtigen unternehmerischen Planungen und Entscheidungen zu vermitteln. Die Beteiligung von Vertretern der Arbeitnehmer und ihrer →Gewerkschaften in den Organen (besonders den →Aufsichtsräten) von Unternehmen und Konzernen vollzieht sich über vier gesetzliche Systeme:

- das Gesetz über die Mitbestimmung der Arbeitnehmer vom 4. 5. 1976 (Mitbestimmungsgesetz 1976), zuletzt geändert durch Gesetz vom 14. 8. 2006,
- das Gesetz über die Drittelbeteiligung der Arbeitnehmer im Aufsichtsrat (Drittelbeteiligungsgesetz – DrittelbG) vom 18. 5. 2004, zuletzt geändert durch Gesetz vom 14. 8. 2006 (das das Betriebsverfassungsgesetz v. 11. 10. 1952 ersetzt),
- das Gesetz über die Mitbestimmung der Arbeitnehmer in den Aufsichtsräten und Vorständen der Unternehmen des Bergbaus und der Eisen und Stahl erzeugenden Industrie vom 21. 5. 1951 (Montan-Mitbestimmungsgesetz 1951), zuletzt geändert durch Gesetz vom 31. 10. 2006 und
- das Gesetz zur Ergänzung des Gesetzes über die Mitbestimmung der Arbeitnehmer in den Aufsichtsräten und Vorständen der Unternehmen des Bergbaus und der Eisen und Stahl erzeugenden Industrie vom 7. 8. 1956 (Montan-Mitbestimmungsergänzungsgesetz 1956), zuletzt geändert durch Gesetz vom 8. 6. 2005.

Diese vier gesetzlichen Systeme regeln die Arbeitnehmerbeteiligung in Unternehmensorganen in unterschiedlichen Geltungsbereichen auf verschiedene Weise.

5.3.3.1 Mitbestimmungsgesetz 1976

Das Mitbestimmungsgesetz 1976 gilt für Unternehmen in der Rechtsform einer →Aktiengesellschaft, einer →Kommanditgesellschaft auf Aktien, einer →Gesellschaft mit beschränkter Haftung, einer Erwerbs- und Wirtschaftsgenossenschaft (→Genossenschaft) und unter bestimmten Voraussetzungen einer GmbH u. Co.KG (bei dieser →Kommanditgesellschaft ist der persönlich haftende Gesell-

III Arbeit

schafter [→Komplementär] in der Regel eine Gesellschaft mit beschränkter Haftung u. deren Gesellschaftsanteile werden insgesamt oder mehrheitlich von den →Kommanditisten der Kommanditgesellschaft gehalten), sofern diese Unternehmen in der Regel mehr als 2000 Arbeitnehmer beschäftigten und ihren rechtlichen Sitz in der Bundesrepublik Deutschland haben (§§ 1 und 4 Mitbestimmungsgesetz [MitbestG]). Das Mitbestimmungsgesetz gilt nicht für sogenannte →**Tendenzbetriebe** (das sind Betriebe, die unmittelbar und überwiegend politischen, koalitionspolitischen, konfessionellen, karitativen, erzieherischen, wissenschaftlichen oder künstlerischen Bestimmungen oder Zwecken der Berichterstattung oder der Meinungsäußerung dienen). Es läßt die Mitbestimmung nach dem Drittelbeteiligungsgesetz unberührt.

Unternehmen in einer mitbestimmungspflichtigen Rechtsform unterliegen ohne Rücksicht auf die Anzahl der von ihnen selbst beschäftigten Arbeitnehmer auch dann dem Gesetz (§ 5 Abs. 1 u. 2 MitbestG), wenn

- sie als herrschendes Unternehmen an der Spitze eines Konzern stehen **und**
- die inländischen Unternehmen dieses Konzerns (d. h. das herrschende Unternehmen u. die abhängigen Konzernunternehmen) zusammen in der Regel mehr als 2000 Arbeitnehmer beschäftigen.

Unter den vorgenannten Voraussetzungen gelten die Arbeitnehmer sämtlicher Konzernunternehmen als Arbeitnehmer des herrschenden Unternehmens.

Unabhängig von der im herrschenden Unternehmen praktizierten Mitbestimmung gelten für die einzelnen abhängigen Konzernunternehmen diejenigen Mitbestimmungsregelungen, die auf sie gemäß ihrer Rechtsform und Arbeitnehmerzahl Anwendung finden (Mitbestimmungsgesetz 1976, Montan-Mitbestimmungsgesetz, Drittelbeteiligungsgesetz).

Die Aufsichtsräte der mitbestimmten Unternehmen werden nach § 7 MitbestG mit der gleichen Anzahl (paritätisch) von Anteilseignern und Arbeitnehmern besetzt und zwar in Unternehmen

- mit bis zu 10.000 Arbeitnehmern im Verhältnis 6:6
- mit mehr als 10.000 Arbeitnehmern bis zu 20.000 Arbeitnehmern im Verhältnis 8:8,
- mit mehr als 20.000 Arbeitnehmern im Verhältnis 10:10.

In der Satzung des Unternehmens kann vorgesehen werden, daß ein nach dem Gesetz aus 12 Mitgliedern zu bildender Aufsichtsrat auf 16 oder 20 Mitglieder und ein aus 16 Mitgliedern zu bildender Aufsichtsrat auf 20 Mitglieder vergrößert wird.

Ein Teil der Aufsichtsratssitze der Arbeitnehmer steht den im jeweiligen Unternehmen (beziehungsweise im jeweiligen Konzern) vertretenen Gewerkschaften zu (§ 7 Abs. 2 MitbestG), und zwar

- 2 Sitze in Unternehmen mit einem Aufsichtsrat von 12 oder 16 Mitgliedern,
- 3 Sitze in Unternehmen mit einem Aufsichtsrat von 20 Mitgliedern.

Die übrigen Aufsichtsratssitze der Arbeitnehmer, das sind je nach Größe des Aufsichtsrates 4, 6 oder 7 Sitze, stehen den Arbeitnehmern des Unternehmens zu. Sie sind auf die Arbeiter, Angestellten und leitenden Angestellten entsprechend ihrem

Anteil an der Gesamtbelegschaft zu verteilen. Jeder dieser Gruppen ist jedoch jeweils mindestens ein Sitz zu gewähren (§ 15 Abs. 2 MitbestG, **Minderheitenschutz**). 581

Die Aufsichtsratsmitglieder der Arbeitnehmer (das sind die unternehmensangehörigen Arbeitnehmer wie auch die Vertreter der Gewerkschaften) werden in **Urwahl** oder durch **Delegierte** gewählt (§§ 9, 15 und 16 MitbestG). Die gesetzliche Regel sieht in Unternehmen mit bis zu 8000 Arbeitnehmern die Urwahl, in Unternehmen mit mehr als 8000 Arbeitnehmern die Wahl durch Delegierte vor. Abweichend hiervon können die Arbeitnehmer mit Mehrheit jeweils die andere Wahlform beschließen.

(Die Aufsichtsratsmitglieder der Anteilseigner werden unverändert von den bisher dafür zuständigen Wahlorganen [z. B. →Hauptversammlung, →Gesellschafterversammlung] gewählt.)

Arbeiter und Angestellte wählen die auf sie entfallenden unternehmensangehörigen Aufsichtsratsmitglieder der Arbeitnehmer jeweils getrennt (§ 18 in Verbindung mit §§ 15 bis 17 MitbestG). Die leitenden Angestellten wählen innerhalb der Angestelltengruppe. Die Arbeiter und Angestellten können in getrennten Abstimmungen eine gemeinsame Wahl beschließen.

Die Wahl der Delegierten in den einzelnen Betrieben des Unternehmens gestaltet sich nach §§ 10 bis 14 MitbestG; die Wahl der Aufsichtsratsmitglieder der Arbeitnehmer durch diese erfolgt schließlich nach §§ 15 bis 17 MitbestG.

Der **Aufsichtsratsvorsitzende** und seine Stellvertreter werden nach § 27 MitbestG vom Aufsichtsrat mit Zwei-Drittel-Mehrheit (der Mitglieder, aus denen er insgesamt zu bestehen hat) gewählt. Wird die Zwei-Drittel-Mehrheit auch nur für einen der beiden zu Wählenden nicht erreicht, so wählen die Aufsichtsratsmitglieder der Anteilseigner aus ihrer Mitte den Aufsichtsratsvorsitzenden (in der Praxis ist dies die Regel!) und die Aufsichtsratsmitglieder der Arbeitnehmer aus ihrer Mitte den Stellvertreter.

Die Beschlüsse des Aufsichtsrates werden grundsätzlich mit einfacher Mehrheit gefaßt. Für den Fall, daß im Aufsichtsrat wegen Stimmengleichheit eine Abstimmung wiederholt wird und sich dabei erneut Stimmengleichheit (eine sogenannte Pattsituation) ergibt, hat der Aufsichtsratsvorsitzende eine zweite Stimme. Diese Zweitstimme ist an die Person des Aufsichtsratsvorsitzenden gebunden und kann im Falle dessen Verhinderung nicht von seinem Stellvertreter übernommen werden.

Die Mitglieder des **Vorstandes** werden nach § 31 MitbestG vom Aufsichtsrat mit einer Mehrheit von zwei Dritteln (der Stimmen seiner Mitglieder, aus denen er zum Zeitpunkt der Beschlußfassung tatsächlich besteht) bestellt. Wird diese Zwei-Drittel-Mehrheit nicht erreicht, so wird der Vermittlungsausschuß eingeschaltet. Ihm gehören der Aufsichtsratsvorsitzende und sein Stellvertreter sowie je ein weiterer Vertreter der Anteilseigner und der Arbeitnehmer an. Der Vermittlungsausschuß hat dem Aufsichtsrat einen Bestellungsvorschlag zu unterbreiten. Über diesen Vorschlag (der andere Bestellungsvorschläge von Seiten des Aufsichtsrates nicht ausschließt) beschließt der Aufsichtsrat mit der Mehrheit der Stimmen seiner Mitglieder. Wird diese Mehrheit nicht erreicht, so hat der Aufsichtsratsvorsitzende bei einer weiteren Abstimmung eine zweite (an seine Person gebundene) Stimme.

III Arbeit

Mitbestimmung nach dem Mitbestimmungsgesetz 1976
(Modell: Aufsichtsrat mit 20 Mitgliedern)

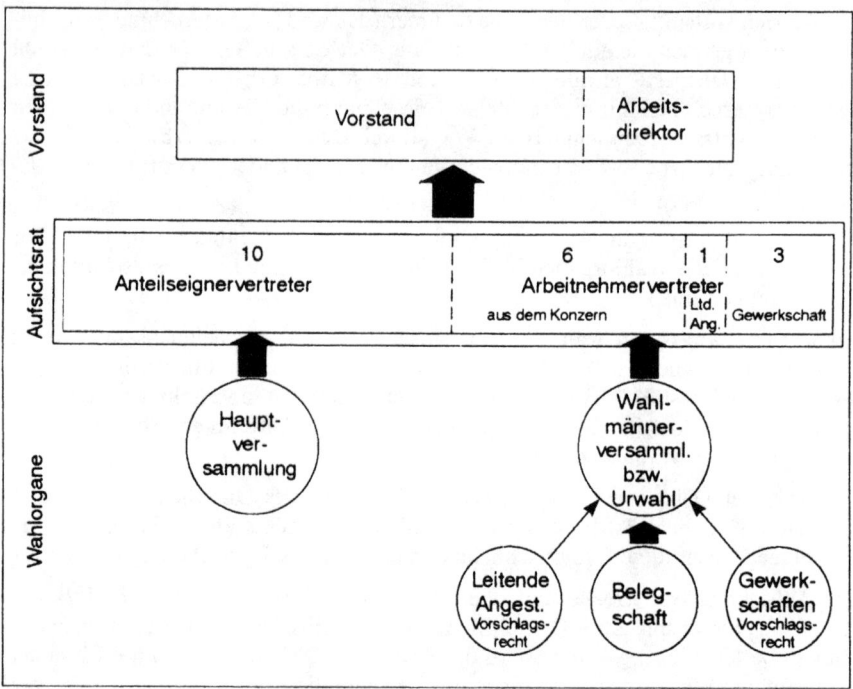

Quelle: Adamy, W., Steffen, J., Handbuch der Arbeitsbeziehungen, Bonn 1987, S. 197
Schaubild III, 19

582 Als gleichberechtigtes Mitglied des Vorstandes wird ein **Arbeitsdirektor** bestellt. Für seine Bestellung gelten die gleichen Regelungen wie für die Bestellung der anderen Vorstandsmitglieder. Der Arbeitsdirektor ist im Vorstand vorrangig zuständig für soziale und personelle Angelegenheiten.

583 **5.3.3.2 Gesetz über die Drittelbeteiligung der Arbeitnehmer im Aufsichtsrat**

Nach den Regelungen des Drittelbeteiligungsgesetzes (§ 1 Abs. 1) sind die Aufsichtsräte folgender Unternehmen (mit Sitz in der Bundesrepublik Deutschland) zu einem Drittel mit Vertretern der Arbeitnehmer zu besetzen: →Aktiengesellschaften und →Kommanditgesellschaften auf Aktien, unabhängig von der Anzahl der beschäftigten Arbeitnehmer (ausgenommen Familiengesellschaften mit weniger als 500 Arbeitnehmern); →Gesellschaften mit beschränkter Haftung, Erwerbs- und Wirtschaftsgenossenschaften (→Genossenschaft) sowie →Versicherungsvereine auf Gegenseitigkeit mit Aufsichtsrat, sofern diese Unternehmen mehr als 500 Arbeitnehmer beschäftigen.

Drittelbeteiligungsgesetz

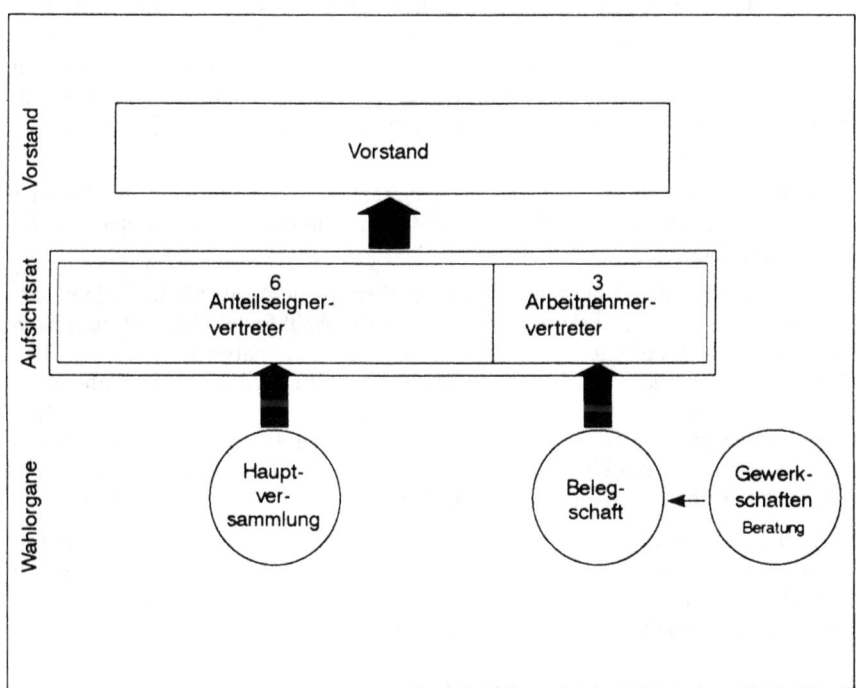

Quelle: Adamy, W., Steffen, J., Handbuch der Arbeitsbeziehungen, a.a.O., S. 200 (vom Modell nach BetrVG [1952] übernommen)

Schaubild III, 20

Steigt bei den vorgenannten Unternehmen – ausgenommen Versicherungsvereine auf Gegenseitigkeit – die Beschäftigtenzahl auf über 2000, so gehen diese in den Geltungsbereich des Mitbestimmungsgesetzes 1976.

→Tendenzunternehmen unterliegen nicht der Beteiligungsregelung des Drittelbeteiligungsgesetzes.

Unternehmen in einer mitbestimmungspflichtigen Rechtsform unterliegen ohne Rücksicht auf die Anzahl der von ihnen beschäftigten Arbeitnehmer auch dann der Beteiligungsregelung des Drittelbeteiligungsgesetzes, wenn

- sie als herrschendes Unternehmen an der Spitze eines Konzerns stehen **und**
- die inländischen Unternehmen des Konzerns (d. h. das herrschende Unternehmen und die abhängigen Konzernunternehmen) zusammen mindestens 500 Arbeitnehmer beschäftigen. (Der Mindestzahl von 500 werden jedoch nur die Arbeitnehmer der Betriebe solcher Konzernunternehmen zugerechnet, die durch einheitliche Leitung durch das herrschende Unternehmen aufgrund eines Beherrschungsvertrages oder einer Eingliederung konzernabhängig sind.)

III Arbeit

Das Drittelbeteiligungsgesetz bestimmt, daß bei der Wahl nur eines Arbeitnehmervertreters dieser im Unternehmen beschäftigt sein muß. Werden 2 oder mehr Vertreter der Arbeitnehmer gewählt, so müssen mindestens 2 von ihnen dem Unternehmen und davon je 1 der Gruppe der Arbeiter und der Gruppe der Angestellten angehören. Werden mehr als 2 Arbeitnehmervertreter in den Aufsichtsrat gewählt, dann können sich darunter auch betriebsfremde Personen (z. B. Gewerkschaftsvertreter) befinden.

Unter den Aufsichtsratmitgliedern der Arbeitnehmer sollen Frauen und Männer entsprechend ihrem zahlenmäßigen Verhältnis im Unternehmen vertreten sein § 4 Abs. 4 DrittelbG).

Die Arbeitnehmer des Unternehmens wählen ihre Aufsichtsratsmitglieder in **unmittelbarer** (Urwahl) und **gemeinsamer** Wahl (d. h. die Wahl findet nicht getrennt nach den Gruppen der Arbeiter und Angestellten statt). Es entscheidet die absolute Mehrheit der abgegebenen Stimmen (Mehrheitswahl). Lediglich die Wahlen für den Aufsichtsrat des herrschenden Unternehmens eines Konzerns können mittelbar durch Delegierte erfolgen. Wahlvorschläge können von den Betriebsräten und den Arbeitnehmern des Unternehmens eingebracht werden. Ein Zehntel oder 100 Arbeitnehmer des Unternehmens müssen hinter einem Wahlvorschlag stehen.

Die Einflußmöglichkeiten der Arbeitnehmervertreter im Aufsichtsrat auf die unternehmerische Entscheidungsbildung sind nach dem Drittelbeteiligungsgesetz verhältnismäßig gering. Ihre Chance liegt im Zugang zu bedeutsamen Informationen und in der Mitwirkung bei Problemdiskussionen.

5.3.3.3 Montan-Mitbestimmungsgesetz 1951

Das Montan-Mitbestimmungsgesetz 1951 (MoMitbestG) gilt für die Unternehmen des Bergbaus sowie der Eisen und Stahl erzeugenden Industrie, die in der Rechtsform der →Aktiengesellschaft oder der →Gesellschaft mit beschränkter Haftung betrieben werden und in der Regel mehr als 1000 Arbeitnehmer beschäftigten (§ 1 MoMitbestG). Steht ein montan-mitbestimmtes Unternehmen an der Spitze eines Konzerns **und** ist für diesen Konzern ein Konzernbetriebsrat gebildet, so gelten für die Wahl und die Zusammensetzung des Aufsichtsrates des herrschenden Unternehmens auch die Arbeitnehmer der Konzernunternehmen und die dort vertretenen Gewerkschaften als im herrschenden Unternehmen vertreten (§ 1 Abs. 4 MoMitbestG). Auch die Arbeitnehmer abhängiger montan-mitbestimmter Unternehmen nehmen an den Aufsichtsratswahlen eines herrschenden Unternehmens teil, wenn dies mitbestimmungspflichtig ist.

Die **Aufsichtsräte** der montan-mitbestimmten Unternehmen bestehen aus 11 Mitgliedern; bei größeren Unternehmen kann die Anzahl der Aufsichtsratsmitglieder auf 15 oder 21 erhöht werden. In einen 11-köpfigen Aufsichtsrat entsenden die Anteilseigner und die Arbeitnehmer jeweils 5 Mitglieder. Von den 5 Aufsichtsratsmitgliedern der Arbeitnehmerseite müssen mindestens 2 Mitglieder aus der Belegschaft des Unternehmens kommen und zwar 1 Arbeiter und 1 Angestellter. Die verbleibenden 3 Mitglieder der Arbeitnehmerseite müssen nicht im Unternehmen beschäftigt sein. Als „außerbetriebliche Arbeitnehmervertreter" werden sie von den im Unternehmen vertretenen Gewerkschaften dem Betriebsrat vorgeschlagen.

Arbeit **III**

Sämtliche Arbeitnehmervertreter werden zunächst vom Betriebsrat gewählt und dann der Anteilseignerversammlung (in der Aktiengesellschaft der →Hauptversammlung) zur Wahl in den Aufsichtsrat vorgeschlagen. In montan-mitbestimmten herrschenden Unternehmen mit Konzernbetriebsrat fungiert dieser an Stelle des Betriebsrates. Die Vorschläge des Betriebsrates/Konzernbetriebsrates zur Wahl in den Aufsichtsrat können von der Anteilseignerversammlung nicht abgelehnt werden (§§ 4 bis 6 MoMitbestG).

Nach erfolgter Wahl der Aufsichtsratsmitglieder schlägt der Aufsichtsrat dem Wahlorgan der Gesellschaft (→Hauptversammlung oder →Gesellschafterversammlung) als „neutrales Mitglied" („Neutralen") eine 11. (oder bei größeren Aufsichtsräten eine 15. bzw. 21.) Person vor. Dieses „neutrale Mitglied" soll sicherstellen, daß im paritätisch besetzten Aufsichtsrat (**paritätische Mitbestimmung**) bei Abstimmungen eine Mehrheit zustande kommt und damit keine sogenannte Patt-Situation entsteht.

Der Aufsichtsrat bestellt den **Vorstand** und beruft ihn ab. Nach dem Montan-Mitbestimmungsgesetz gehört dem Vorstand ein **Arbeitsdirektor** an. Dieser kann nicht

Montan-Mitbestimmungsgestz 1951
(Modell: Aufsichtsrat mit 21 Mitgliedern)

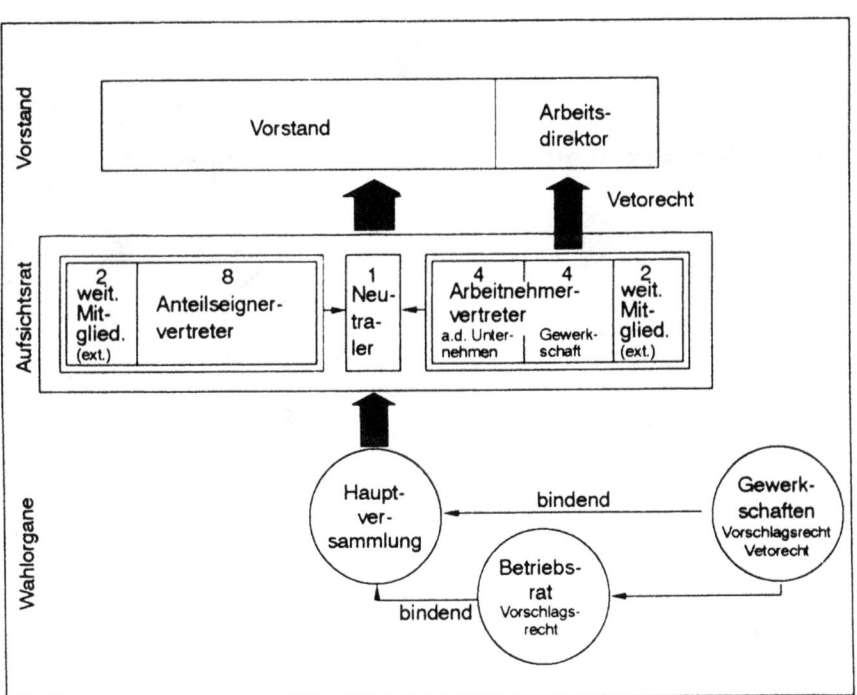

Quelle: Adamy, W., Steffen. J., Handbuch der Arbeitsbeziehung, a.a.O., S. 194
Schaubild III, 21

III Arbeit

gegen die Stimmen der Mehrheit der Arbeitnehmervertreter im Aufsichtsrat bestellt oder abberufen werden (Vetorecht). Der Arbeitsdirektor ist insbesondere zuständig für soziale und personelle Angelegenheiten (so u. a. für Arbeitsgestaltung, Lohn, Tariffragen, Aus- und Weiterbildung, Arbeitssicherheit, Personalwesen).

Siehe hierzu Schaubild III, 21

587 **5.3.3.4 Montan- Mitbestimmungsergänzungsgesetz 1956**

Das Montan-Mitbestimmungsergänzungsgesetz erfaßt in Erweiterung zum Montan-Mitbestimmungsgesetz Unternehmen, die selbst keine Montanunternehmen sind, aber einen **Montankonzern** durch Vertrag oder faktisch (d. h. tatsächlich, z. B.
588 durch Aktienmehrheit) **beherrschen (Konzernobergesellschaften)***. Das Gesetz fin-

Montan-Mitimmungsergänzungsgestz 1956
(Modell: Aufsichtsrat mit 21 Mitgliedern)

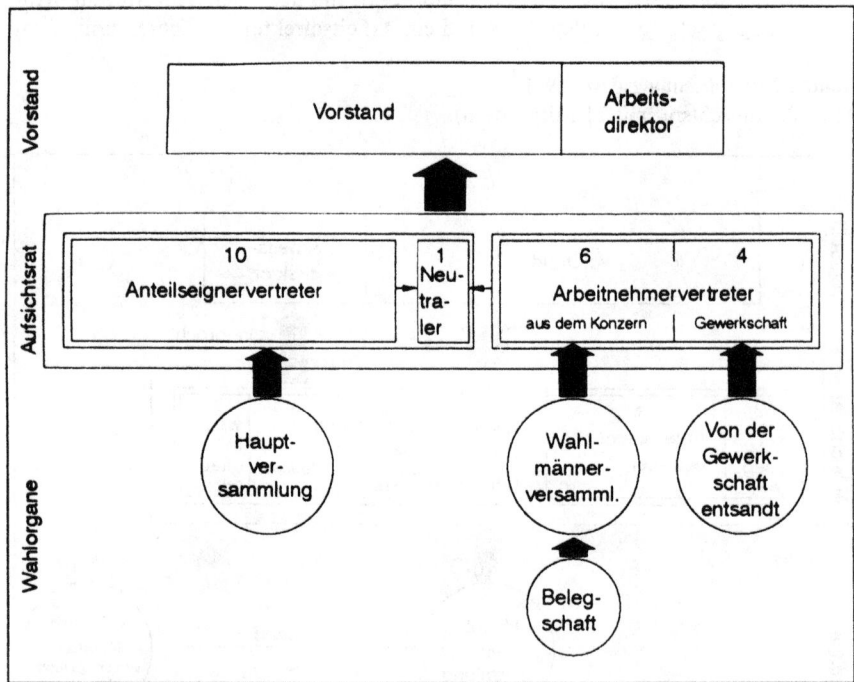

Quelle: Adamy, W., Steffen. J., Handbuch der Arbeitsbeziehung, a.a.O., S.196

Schaubild III, 22

* Nach einem Urteil des Ersten Senats des Bundesverfassungsgerichtes (1 BvL 2/91) v. 2. 3. 1999 widersprechen die Vorschriften des Montan-Mitbestimmungsergänzungsgesetzes, wonach Konzernobergesellschaften auch dann der Montan-Mitbestimmung unterliegen, wenn sie selbst nicht mehr in den Anwendungsbereich des Montan-Mitbestimmungsgesetzes fallen, teilweise der Verfassung.

det Anwendung auf Unternehmen in der Rechtsform der →Aktiengesellschaft, der →Gesellschaft mit beschränkter Haftung, sofern mindestens ein unter das Montan-Mitbestimmungsgesetz fallendes Unternehmen zum Konzern gehört.

Die **Aufsichtsräte** der Konzernobergesellschaften konstituieren sich aus 15 Mitgliedern, bei Unternehmen mit einem Gesellschaftskapital von mehr als 25 Millionen Euro wahlweise aus 21 Mitgliedern. Anteilseigner und Arbeitnehmer stellen jeweils 7 beziehungsweise 10 Mitglieder (**paritätische Mitbestimmung**). Das „neutrale Mitglied" (der „Neutrale") wird gemäß §8 MoMitbestG bestellt. Die Zusammensetzung der Arbeitnehmerseite im Aufsichtsrat wie auch die Wahlvorschriften regeln sich nach §§6 bis 10n Montan-Mitbestimmungsergänzungsgesetz und §§9, 15, 16 MitbestG 1976.

Die Mitglieder des **Vorstandes** werden vom Aufsichtsrat bestellt und abberufen. Dem Vorstand gehört ein **Arbeitsdirektor** an; er unterliegt demselben Wahlrecht wie die übrigen Vorstandsmitglieder. Die Mehrheit der Arbeitnehmervertreter im Aufsichtsrat hat gegen die Wahl des Arbeitsdirektors kein **Vetorecht**.

Siehe hierzu Schaubild III, 22

5.3.4 Regelungen zur Mitbestimmung in der Europäischen Union

Die EU-Richtlinie über Europäische Betriebsräte von 1994, die Ende 1996 in deutsches Recht umgesetzt wurde, schuf den Arbeitnehmern unter bestimmten Voraussetzungen das Recht, ihre Interessen auf europäischer Ebene zu artikulieren. Die Richtlinie bezieht sich auf **europaweit tätige Unternehmen** oder Unternehmensgruppen, die im →**Europäischen Wirtschaftsraum** (EWR) – das heißt in den 27 EU-Ländern sowie in Island, Liechtenstein und Norwegen – insgesamt mindestens 1000 Arbeitnehmer beschäftigen und davon in zwei Staaten mindestens 150. Sie bezieht sich auch auf Konzerne mit Stammsitz in den USA, in Japan oder der Schweiz, soweit die vorgenannten Kriterien auf sie zutreffen. In diesen Unternehmen sind Europäische Betriebsräte oder andere Verfahren zur grenzübergreifenden Unterrichtung und Anhörung der Arbeitnehmer einzurichten. Dabei bleibt den beteiligten Parteien Spielraum für freiwillige Vereinbarungen u. a. über Zuständigkeit und Aufgaben, Zusammensetzung und Finanzierung des Europäischen Betriebsrates und die Einbeziehung von Betrieben außerhalb des Europäischen Wirtschaftsraumes. Vereinbarungen können zwischen einem repräsentativ zusammengesetzten Verhandlungsgremium der Arbeitnehmer und der zentralen Leitung des Unternehmens ausgehandelt werden. Nur wenn keine Verhandlungslösung zustande kommt, wird ein Europäischer Betriebsrat nach den gesetzlichen Standardvorschriften gebildet. Dieser („gesetzliche") Europäische Betriebsrat besteht aus mindestens 3 gewählten Mitgliedern, wobei jedes Land, in dem sich eine Niederlassung des Unternehmens befindet, durch mindestens einen Vertreter repräsentiert sein muß. Die Unternehmensleitung muß den Europäischen Betriebsrat u. a. über die Struktur und die Situation des Unternehmens, über die Beschäftigungslage, die Investitionen, über grundlegende Änderungen der Organisation, die Einführung neuer Arbeits- und Fertigungsverfahren, Produktionsverlagerungen, Fusionen, Betriebsschließungen und Massenentlassungen unterrichten.

III Arbeit

Nach der am 9.11.2006 vom Deutschen Bundestag in deutsches Recht umgesetzten EU-Verschmelzungsrichtlinie (v. 15.12.2005) soll, wenn Kapitalgesellschaften unterschiedlicher Rechtsform und unterschiedlichen nationalen Rechts grenzüberschreitend verschmelzen, die deutsche betriebliche Mitbestimmung durch entsprechende Verhandlungen gesichert werden. Damit soll grundsätzlich vermieden werden, daß die Mitbestimmungsrechte der deutschen Arbeitnehmer beschnitten werden, wenn diese im Sitzstaat der neuen Gesellschaft weniger weit reichen als in Deutschland. Ein entsprechendes Verhandlungsgremium auf Arbeitnehmerseite soll dem regionalen Proporz Rechnung tragen. Bei einem Scheitern der Verhandlungen (die bis zu einem Jahr dauern können) sollen Auffangregelungen greifen, um den „Schutz erworbenen Rechts" zu gewährleisten.

5.4 Arbeitsschutzrecht

Unter Arbeitsschutzrecht soll hier die Gesamtheit all jener Rechtsnormen verstanden werden, die dem Schutz des Arbeitnehmers dienen, und deren Einhaltung behördlicher Aufsicht unterliegt und durch Strafen und Bußgelder gesichert wird. Dieses somit öffentliche (staatliche) Arbeitsschutzrecht läßt sich in zwei Bereiche gliedern: den sozialen Arbeitsschutz und den technischen Arbeitsschutz. Während dem Bereich des sozialen Arbeitsschutzrechtes insbesondere der Arbeitszeitschutz sowie der Schutz besonderer Arbeitnehmergruppen (Jugendlicher, Mütter, Schwerbehinderter, Heimarbeiter) zuzuordnen sind, erfaßt der technische Arbeitsschutz den Gesundheits- und Unfallschutz.

Die Normen des Arbeitsschutzrechtes sind Schutzgesetze im Sinne des § 823 Abs. 2 Bürgerliches Gesetzbuch (BGB). Verstöße des Arbeitgebers gegen diese Schutzvorschriften berechtigen damit den Arbeitnehmer zu entsprechenden Schadensersatzansprüchen.

Kommt der Arbeitgeber den ihm obliegenden arbeitsschutzrechtlichen Verpflichtungen nicht nach, so hat der Arbeitnehmer ein →**Zurückbehaltungsrecht** an seiner Arbeitsleistung (§ 273 BGB). Verweigert der leistungsfähige, leistungswillige und leistungsbereite Arbeitnehmer seine Arbeitsleistung im Hinblick auf ein derartiges Zurückbehaltungsrecht, so gerät der Arbeitgeber gleichzeitig in →**Annahmeverzug**.

Der Arbeitnehmer ist in der Regel lediglich zu einem dem Arbeitsschutz entsprechenden Verhalten gehalten. Mittelbar wird allerdings die Einhaltung seines arbeitsschutzgerechten Verhaltens erzwungen durch:

– das Entstehen von Schadensersatzansprüchen gegen ihn,
– die drohende Entlassung aus dem Arbeitsverhältnis (aufgrund →verhaltensbedingter Kündigungsgründe),
– die Verhängung von Ordnungsgeldstrafen durch die Berufsgenossenschaften.

In die Durchführung des Arbeitsschutzes ist der →Betriebsrat eingebunden. Er hat insbesondere: nach § 80 Abs. 1 Nr. 1 Betriebsverfassungsgesetz (BetrVG) die Einhaltung des Arbeitsschutzes zu überwachen; nach § 87 Abs. 1 Nr. 7 BetrVG ein →erzwingbares Mitbestimmungsrecht bei der Ausfüllung von Arbeitsschutzvorschriften; nach § 88 Nr. 1 BetrVG ein →freiwilliges Mitbestimmungsrecht (→freiwillige Betriebsvereinbarungen) bei der Schaffung zusätzlicher Regelungen zur Verhütung von Arbeitsunfällen und Gesundheitsschädigungen; nach §89 BetrVG → Mitwirkungsrechte bei der Durchführung des Arbeits- und betrieblichen Umweltschutzes; nach §90 BetrVG →Unterrichtungs- und Beratungsrechte bezüglich der Arbeitssicherheit. Siehe hierzu auch unter 5.3.2.3.2.4.

5.4.1 Sozialer Arbeitsschutz

594

Die wichtigste Rechtsgrundlage des geltenden **Arbeitszeitschutzes** bildet das Arbeitszeitgesetz (ArbZG) von 1994, zuletzt geändert durch Geetz vom 31. 10. 2006. Daneben sind das Jugendarbeitsschutzgesetz (JArbSchG), das Mutterschutzgesetz (MuSchG), das Gesetz über den Ladenschluß (LadSchlG) sowie die vor allem europarechtlich vorgegebenen Sonderregelungen für Kraftfahrer von Bedeutung.

595

Mit den gesetzlichen Regelungen für die Arbeitszeit sind fast durchweg Vorschriften für die tägliche Arbeitszeit, Arbeitsverbote an Sonn- und Feiertagen sowie Ruhezeiten und Pausenregelungen verknüpft. Bei Verletzung der öffentlich-rechtlichen Arbeitszeitregelungen wird der Arbeitgeber bußgeldpflichtig. In der Regel markieren die Arbeitszeitgrenzen Schutzgesetze im Sinne des §823 Abs. 2 BGB und machen den Arbeitgeber bei deren Verletzung schadensersatzpflichtig. Bestimmte Verstöße, so insbesondere solche, die vorsätzlich die Gesundheit oder die Arbeitskraft von Arbeitnehmern gefährden, können als Straftaten qualifiziert und mit Geld- und Freiheitsstrafen belegt werden. Vereinbarungen zwischen Arbeitgeber und Arbeitnehmer, die die öffentlich-rechtlichen Arbeitszeitgrenzen mißachten, sind nach §134 BGB unwirksam. (Eine widerrechtliche Arbeitszeitvereinbarung führt jedoch in der Regel nicht zur Unwirksamkeit des ganzen Arbeitsvertrages; es tritt dort lediglich die gesetzliche oder verkehrsübliche Regelung an die Stelle der verbotswidrigen Vereinbarung.) Unterhält ein Arbeitnehmer mehrere Arbeitsverhältnisse, so darf die Gesamtarbeitszeit die vorgegebenen Arbeitszeitgrenzen nicht überschreiten.→Tarifverträge können die öffentlich-rechtlichen (gesetzlichen) Arbeitszeitgrenzen unter- oder überschreiten. Derartige tarifvertragliche Vereinbarungen gelten im allgemeinen nur für diejenigen Arbeitgeber und Arbeitnehmer, die der →Tarifbindung unterliegen und in deren betrieblichen/fachlichen Geltungsbereich (Geltungsbereich von → Tarifnormen) sie fallen.

Die Arbeitszeit nach dem Arbeitszeitgesetz: Das Arbeitszeitgesetz läßt sich im wesentlichen von folgenden Absichten leiten:

596

- wirksamer und praktikabler Gesundheitsschutz,
- Verbesserung der Rahmenbedingungen für eine flexible und individuelle Arbeitszeit,
- mehr Entscheidungsspielräume für die Tarifvertragsparteien,
- grundsätzliche Beibehaltung des Verbots der Sonntagsarbeit,
- einheitlicher Schutz für Männer und Frauen bei Nachtarbeit.

In dieser Absichtsverfolgung formuliert das Arbeitszeitgesetz wenige übersichtliche Grundnormen, deren Ausfüllung und Anpassung an die Notwendigkeiten des Arbeitslebens in die Verantwortung der Tarifvertragsparteien und – unter bestimmten Voraussetzungen – der Betriebspartner gestellt werden.

III Arbeit

In den **persönlichen Geltungsbereich** des Arbeitszeitgesetzes fallen alle Arbeitnehmer (d. s. die Arbeiter u. Angestellten sowie die zu ihrer Berufsbildung Beschäftigten nach Vollendung des 18. Lebensjahres, § 2 Abs. 2 ArbZG). Nicht als Arbeitnehmer gelten die sogenannten freien Mitarbeiter, die in Heimarbeit Beschäftigten sowie die Familienangehörigen, soweit sie nur auf Grund familienrechtlicher Bindungen Arbeiten leisten. Das Gesetz findet nach § 18 ArbZG **keine Anwendung** auf: leitende Angestellte im Sinne des § 5 Abs. 3 Betriebsverfassungsgesetz sowie Chefärzte; Leiter von öffentlichen Dienststellen und deren Vertreter sowie Arbeitnehmer im öffentlichen Dienst, die zu selbständigen Entscheidungen im Personalbereich befugt sind; Arbeitnehmer, die in häuslicher Gemeinschaft mit den ihnen anvertrauten Personen zusammenleben und sie eigenverantwortlich erziehen, pflegen oder betreuen; den liturgischen Bereich der Kirchen und Religionsgemeinschaften.

Für Beschäftigte unter 18 Jahren gilt das Jugendarbeitsschutzgesetz (§ 18 Abs. 2 ArbZG).

Der **sachliche Geltungsbereich** des Arbeitszeitgesetzes umfaßt Betriebe und Verwaltungen aller Art einschließlich die Betriebe und Praxen von Wirtschaftsprüfern, Rechtanwälten und Ärzten. Ausgenommen sind nach §§ 18 Abs. 3 und 4, 20 ArbZG:

– die Fischerei, die Seeschiffahrt und die Luftfahrt ohne die dazugehörenden Land- und Bodenbetriebe,
– die Bäckereien und Konditoreien.
Für diese Bereiche gelten Sonderregelungen.

Der **räumliche Geltungsbereich** des Arbeitszeitgesetzes ist die Bundesrepublik Deutschland. Hierin umfaßt es alle Arbeitsverhältnisse ohne Rücksicht auf die Staatsangehörigkeit der Arbeitgeber und Arbeitnehmer. Deutsche Arbeitnehmer im Ausland fallen nicht unter das Arbeitszeitgesetz, auch dann nicht, wenn ihr Arbeitgeber in Deutschland wohnt und sie nur vorübergehend ins Ausland entsandt wurden.

597 **Arbeitszeit** ist die Zeitspanne vom Beginn bis zum Ende der Arbeit ohne Ruhepausen (§ 2 Abs. 1 ArbZG). (Die zum Umkleiden benötigte Zeit gilt nach einem Urteil des Bundesarbeitsgerichtes [5 AZR 934/93] nicht als Arbeitszeit.)

598,599 Zur **betrieblichen Arbeitszeit** zählt auch die sogenannte **Arbeitsbereitschaft** (d. h. das Zurverfügungstehen des Arbeitnehmers zur Arbeitsleistung).

600 Zur **außerbetrieblichen Arbeitszeit** (z. B. auswärtige Baustellen, Kundendienst) zählt im allgemeinen nur die Zeit, während der der Arbeitnehmer auf Weisung des Arbeitgebers tatsächlich arbeitet.

Bei **zu Hause erbrachten Arbeitsleistungen** ist für die Berechnung der Arbeitszeit von der durchschnittlichen Leistung eines entsprechenden Arbeitnehmers auszugehen.

601 Im Steinkohlebergbau gilt als Arbeitszeit die **Schichtzeit** (d. i. die Arbeitszeit zuzüglich der Pausen).

602 Die **Wegezeit** zu und von der Arbeitsstätte zählt nicht zur Arbeitszeit. Zeiten für Wege, die der Arbeitnehmer auf Anordnung des Arbeitgebers nach Beginn oder vor Ende der Arbeit zurücklegt, gelten als Arbeitszeit.

Arbeit **III**

Höchstarbeitszeit: Die Höchstdauer der wöchentlichen Arbeitzeit wird durch die werktägliche Höchstarbeitszeit bestimmt. Nach §3 ArbZG darf die regelmäßige werktägliche Arbeitszeit die Dauer von 8 Stunden nicht übersteigen. Hieraus ergibt sich eine maximale Wochenarbeitszeit von 48 Stunden. – Die werktägliche Arbeitszeit kann auf maximal 10 Stunden (**Mehrarbeit**) ausgedehnt werden, wenn innerhalb von 6 Kalendermonaten oder 24 Wochen im Durchschnitt 8 Stunden werktäglich nicht überschritten werden (§3 ArbZG). Dieser **Ausgleichszeitraum**, der durch die Tarifvertragsparteien noch weiter ausgedehnt werden kann, soll den Betrieben Spielraum für flexible Arbeitszeiten geben. Bei der Wahl des Ausgleichszeitraumes steht dem Betriebsrat nach §87 Abs. 1 Nr. 3 Betriebsverfassungsgesetz ein Mitbestimmungsrecht zu.

603
604
604a

Die werktägliche Arbeitszeit kann auf Grund eines Tarifvertrages bei einem entsprechenden Zeitausgleich abweichend zu §3 ArbZG über zehn Stunden ausgedehnt werden, wenn in die Arbeitszeit regelmäßig und in erheblichem Umfang **Arbeitsbereitschaft** oder **Bereitschaftsdienst** fällt (§7 Abs. 1, 1. ArbZG).

604b
604c

Verlängerungen der werktäglichen Arbeitszeit über acht Stunden **ohne** Zeitausgleich sind auf Grund eines Tarifvertrages ebenfalls möglich, wenn in die Arbeitszeit regelmäßig und in erheblichem Umfang **Arbeitsbereitschaft** oder **Bereitschaftsdienst** fällt (§7 Abs. 2a ArbZG) und wenn der Beschäftigte dieser Regelung schriftlich zustimmt (§7 Abs. 7 ArbZG). Der Arbeitnehmer kann die Zustimmung mit einer Frist von sechs Monaten widerrufen (§7 Abs. 7 ArbZG).

604d,604e

Eine vom 8-Stunden-Tag abweichende Verteilung der Arbeitszeit ist insbesondere für die sogenannte **gleitende Arbeitszeit** mit **Zeitausgleich** von Bedeutung. Bei dieser hat der Arbeitnehmer die Möglichkeit, außerhalb der **Kernzeit** (während der er im Betrieb anwesend sein muß) an jedem Tag Arbeitsbeginn und Arbeitsende selbst zu bestimmen und darüber hinaus eine begrenzte Anzahl von Arbeitsstunden auf andere Tage zu übertragen. Das Arbeitszeitgesetz sieht hierfür einen Ausgleichszeitraum von 6 Monaten beziehungsweise 24 Wochen vor. Im Rahmen der zulässigen Höchstarbeitszeit kann die gleitende Arbeitszeit mit Zeitausgleich jedoch nur so gestaltet werden, daß der Arbeitnehmer nur bis insgesamt 10 Stunden täglich vor- und nacharbeiten darf. Jugendliche Arbeitnehmer dürfen gleitende Arbeitszeit mit Zeitausgleich durch Mehrarbeit an anderen Tagen derselben Woche nur insofern praktizieren, als die Grenzen von insgesamt 40 Stunden wöchentlich und 8½ Stunden täglich nicht überschritten werden (§8 Abs. 2a JArbSchG). Dieser Rahmen kann durch Tarifvertrag auf bis zu 9 Stunden täglich, 44 Stunden wöchentlich und 5½ Tage wöchentlich innerhalb eines Ausgleichszeitraumes von 2 Monaten erweitert werden.

605,605a
606

Mindestruhezeiten: Nach §5 Abs. 1 ArbZG hat der Arbeitnehmer nach Beendigung der täglichen Arbeitszeit Anspruch auf eine ununterbrochene **Ruhezeit** von 11 Stunden. Für bestimmte Beschäftigungsbereiche oder Arbeiten, bei denen besondere Gefahren für die Arbeitnehmer zu erwarten sind (**gefährliche Arbeiten**), kann dieser Zeitraum zum Schutz der Gesundheit der Arbeitnehmer ausgedehnt werden (§8 ArbZG). In Krankenhäusern, in Pflegeeinrichtungen, im Gaststätten- und Beherbergungswesen, in Verkehrsbetrieben, beim Rundfunk, in der Landwirtschaft und Tierhaltung kann die Ruhezeit um bis zu 1 Stunde verkürzt werden, wenn

607
608
609

III Arbeit

609a, 609b
innerhalb eines Kalendermonats oder innerhalb von 4 Wochen ein Ausgleich bei einer anderen Ruhezeit auf 12 Stunden erfolgt (§ 5 Abs. 2 ArbZG). Andererseits können in Krankenhäusern und anderen Pflegeeinrichtungen Kürzungen der Ruhezeit durch Inanspruchnahme während des **Bereitschaftsdienstes** oder der **Rufbereitschaft** zu anderen Zeiten ausgeglichen werden (§ 5 Abs. 3 ArbZG). Für Kraftfahrer und Beifahrer sehen die Vorschriften der Europäischen Union geringere Ruhezeiten vor. Abweichende Regelungen zu den vorgenannten Ruhezeiten sind nach § 7 Abs. 1 Nr. 3 und Abs. 2 ArbZG möglich. Während der Ruhezeit dürfen Arbeitnehmer zu keinen Arbeiten herangezogen werden, auch nicht zu solchen zu

609c Hause, oder lediglich zur Arbeitsbereitschaft. Dagegen können **Abrufzeiten**, die dem Arbeitnehmer ohne Inanspruchnahme frei zur Verfügung standen, auf die Ruhezeit angerechnet werden.

610 **Ruhepausen:** Nach dem Arbeitszeitgesetz (§ 4) sind Ruhepausen für männliche und weibliche Arbeitnehmer einheitlich geregelt. (Für Jugendliche gelten nach § 11 JArbSchG spezielle Vorschriften.) Die Arbeit ist durch **im voraus** festgelegte Ruhepausen von mindestens 30 Minuten bei einer Arbeitszeit von mehr als 6 bis 9 Stunden und von 45 Minuten bei einer Arbeitszeit von mehr als 9 Stunden zu unterbrechen. Diese Ruhepausen können in Zeitabschnitte von jeweils mindestens 15 Minuten aufgeteilt werden. Länger als 6 Stunden dürfen Arbeitnehmer nicht ohne Ruhepause beschäftigt werden. Für Arbeiten, die die Gesundheit der Arbeitnehmer besonders belasten, können nach § 8 ArbZG durch Rechtsverordnung weiterreichende Pausenregelungen getroffen werden.

Nach § 6 ArbZG ist die Arbeitszeit der Nacht- und Schichtarbeitnehmer nach den gesicherten arbeitswissenschaftlichen Erkenntnissen über die menschengerechte Gestaltung der Arbeit festzulegen.

610a **Schichtarbeit** ist nach der Rechtsprechung des Bundesarbeitsgerichtes dann gegeben, wenn sich eine bestimmte Arbeitsaufgabe über einen erheblich längeren Zeitraums als die Arbeitszeit eines Arbeitnehmers oder einer Arbeitnehmergruppe erstreckt und deshalb von mehreren Arbeitnehmern/Arbeitnehmergruppen in einer geregelten zeitlichen Reihenfolge erbracht wird. Für sie gelten folgende Beschränkungen:

– Für werdende und stillende Mütter ist eine Beschäftigung zwischen 20 Uhr und 6 Uhr verboten;
– für Jugendliche unter 16 Jahren ist eine Beschäftigung zwischen 20 Uhr und 7 Uhr verboten;
– für Jugendliche über 16 Jahre ist eine Beschäftigung in der Nachtschicht zwischen 23 Uhr und 6 Uhr verboten;
– Jugendliche dürfen nicht an Sonn- und Feiertagen beschäftigt werden.

Für den Personenkreis, für den Schichtarbeit zulässig ist, ist diese nach den gesicherten arbeitsmedizinischen Erkenntnissen über menschengerechte Gestaltung der Arbeit festzulegen (§ 6 ArbZG). Dabei ist nicht nur auf Lage und Dauer der Arbeitszeit, sondern auch auf deren Verteilung und Rhythmik zu achten.

Neben den allgemein üblichen Lohnzulagen sehen die einschlägigen Tarifverträge für in Wechselschicht Arbeitende Pausen, bezahlte Feierschichten oder Zusatzurlaub vor.

Arbeit **III**

Nachtarbeit ist Arbeit zwischen 23 Uhr und 6 Uhr (der Beginn des siebenstündigen Zeitraumes kann nach §7 Abs. 1 Nr. 5 ArbZG auch auf die Zeit zwischen 22 und 24 Uhr festgelegt werden), die mehr als 2 Stunden Nachtzeit umfaßt (§2 Abs. 4 ArbZG) und die normalerweise in Wechselschicht oder an mindestens 48 Tagen im Kalenderjahr geleistet wird (§2 Abs. 5 ArbZG). Sie ist nur unter Einhaltung folgender flankierender Maßnahmen zulässig: 610b

- Der Festlegung der Nachtarbeitszeit sind die gesicherten arbeitswissenschaftlichen Erkenntnisse über die menschengerechte Gestaltung der Arbeit zu Grunde zu legen.
- Es gilt der Grundsatz der 8-Stunden-Arbeitszeit. Aus Gründen eines stärkeren Gesundheitsschutzes wird die höchstzulässige Arbeitszeit auf 10 Stunden bei einer Durchschnittsgrenze von 8 Stunden werktäglich innerhalb eines Ausgleichszeitraumes von im allgemeinen 1 Kalendermonat oder 4 Wochen begrenzt. Bei Arbeitnehmern, die längere Zeit keine Nachtarbeit leisteten, kann die über 8 Stunden hinausgehende Nachtarbeit innerhalb von 6 Kalendermonaten oder 24 Wochen ausgeglichen werden.
- Jeder Nachtarbeiter hat das Recht, sich vor Aufnahme seiner Tätigkeit und danach in regelmäßigen Zeitabständen von 3 Jahren auf Kosten des Arbeitgebers ärztlich untersuchen zu lassen. Arbeitnehmer, die das 50. Lebensjahr vollendet haben, können sich solchen Untersuchungen jedes Jahr unterziehen.
- Bei ärztlich festgestellten gesundheitlichen Beeinträchtigungen, bei Betreuung eines Kindes unter 12 Jahren oder bei Versorgung von schwerpflegebedürftigen Angehörigen ist der Nachtarbeitnehmer – soweit dem nicht dringende betriebliche Erfordernisse entgegenstehen – auf einen für ihn geeigneten Tagesarbeitsplatz umzusetzen.
- Nachtarbeitnehmer haben Anspruch auf einen Ausgleich in Form eines angemessenen Zusatzurlaubs oder Lohnzuschlages.

§7 ArbZG verschafft den Tarifvertragsparteien und unter bestimmten Voraussetzungen auch den Betriebspartnern sowie den zuständigen Aufsichtsbehörden und der Bundesregierung (durch Rechtsverordnung) die Möglichkeit zu abweichenden Regelungen von den in den §§3 bis 6 ArbZG enthaltenen arbeitszeitrechtlichen Grundnormen und damit zur Anpassung an die konkreten betrieblichen Erfordernisse.

Arbeitsverbot an Sonn- und gesetzlichen Feiertagen (Sonn- u. Feiertagsruhe): Nach §9 ArbZG dürfen Arbeitnehmer an Sonn- und gesetzlichen Feiertagen von 0 bis 24 Uhr grundsätzlich nicht beschäftigt werden. (Eigenständige Regelungen zur Sonn- und Feiertagsruhe weisen das Jugendarbeitsschutzgesetz u. das Seemannsgesetz aus.) In mehrschichtig arbeitenden Betrieben mit regelmäßiger Tag- und Nachtschicht kann Beginn oder Ende der Sonn- und Feiertagsruhe um bis zu 6 Stunden vor- oder zurückverlegt werden, wenn an den auf den Beginn der Ruhezeit folgenden 24 Stunden der Betrieb ruht (§9 Abs. 2 ArbZG); für Kraftfahrer und Beifahrer kann der Beginn der 24-stündigen Sonn- und Feiertagsruhe um bis zu 2 Stunden vorverlegt werden (§9 Abs. 3 ArbZG). Ist ausnahmsweise Sonn- und Feiertagsarbeit zulässig, so muß diese nicht auf die sonst geltenden Höchstarbeitszeiten angerechnet werden. 611

III Arbeit

611a **Ausnahmen** vom Verbot der Sonn- und Feiertagsarbeit gelten nach § 10 ArbZG für Arbeitnehmer

- in Not- und Rettungsdiensten sowie der Feuerwehr,
- zur Aufrechterhaltung der öffentlichen Sicherheit und Ordnung sowie der Funktionsfähigkeit von Gerichten und für Zwecke der Verteidigung,
- in Krankenhäusern und anderen Einrichtungen zur Behandlung, Pflege und Betreuung von Personen,
- in Gaststätten und anderen Einrichtungen zur Bewirtung und Beherbergung sowie im Haushalt,
- bei Musikaufführungen, Theatervorstellungen, Filmvorführungen, Schaustellungen, Darbietungen und anderen ähnlichen Veranstaltungen,
- bei nichtgewerblichen Aktionen und Veranstaltungen der Kirchen, Religionsgemeinschaften, Verbände, Vereine, Parteien und anderer ähnlicher Vereinigungen,
- beim Sport und in Freizeit-, Erholungs- und Vergnügungseinrichtungen, beim Fremdenverkehr sowie in Museen und wissenschaftlichen Präsenzbibliotheken,
- beim Rundfunk, bei der Tages- und Sportpresse, bei Nachrichtenagenturen sowie bei den der Tagesaktualität dienenden Tätigkeiten für andere Presseerzeugnisse einschießlich des Austragens, bei der Herstellung von Satz, Filmen und Druckformen für tagesaktuelle Nachrichten und Bilder, beitragsaktuellen Aufnahmen auf Ton- und Bildträgern sowie beim Transport und Kommissionieren von Presseerzeugnissen, deren Erscheinungstag am Montag oder am Tag nach einem Feiertag liegt,
- bei Messen, Ausstellungen und Märkten im Sinne des Titels IV der Gewerbeordnung sowie bei Volksfesten,
- in Verkehrsbetrieben sowie beim Transport und Kommissionieren von leichtverderblichen Waren im Sinne von § 30 Abs. 3 Nr. 2 Straßenverkehrsordnung,
- in Energie- und Wasserversorgungsbetrieben sowie in Abfall- und Abwasserversorgungsbetrieben,
- in der Landwirtschaft und in der Tierhaltung sowie in Einrichtungen zur Behandlung und Pflege von Tieren,
- im Bewachungsgewerbe und bei der Bewachung von Betriebsanlagen,
- bei der Reinigung und Instandhaltung von Betriebseinrichtungen, soweit hierdurch der regelmäßige Fortgang des eigenen oder eines fremden Betriebes bedingt ist, bei der Vorbereitung der Wiederaufnahme des vollen werktägigen Betriebes sowie bei der Aufrechterhaltung der Funktionsfähigkeit von Datennetzen und Rechensystemen,
- zur Verhütung des Verderbens von Naturerzeugnissen oder Rohstoffen oder des Mißlingens von Arbeitsergebnissen sowie bei kontinuierlich durchzuführenden Forschungsarbeiten,
- zur Vermeidung einer Zerstörung oder erheblichen Beschädigung der Produktionseinrichtungen.

Darüber hinaus dürfen Arbeitnehmer an Sonn- und Feiertagen mit Produktionsarbeiten beschäftigt werden, wenn die infolge der Unterbrechung der Produktion nach § 10 Abs. 1 Nr. 14 ArbZG zulässigen Reinigungs-, Instandhaltungs- und Vorbereitungsarbeiten den Einsatz von mehr Arbeitnehmern als bei durchgehender Produktion erfordern.

Arbeit **III**

Die **Schutzregelungen** für an Sonn- und gesetzlichen Feiertagen beschäftigte Arbeitnehmer sehen nach § 11 ArbZG folgendes vor: 611b
- Mindestens 15 Sonntage im Jahr müssen beschäftigungsfrei bleiben. (Die Anzahl der beschäftigungsfreien Sonntage kann nach § 12 Abs. 1 Nr. 1 ArbZG in bestimmten Bereichen, wie beispielsweise Krankenhäusern oder Gaststätten, verringert werden.)
- Die Beschränkungen für Arbeit an Werktagen gelten auch für Arbeit an Sonn- und Feiertagen.
- Werden Arbeitnehmer an einem Sonntag beschäftigt, müssen sie einen **Ersatzruhetag** haben, der innerhalb eines den Beschäftigungstag einschließenden Zeitraumes von 2 Wochen zu gewähren ist. Werden Arbeitnehmer an einem auf einen Werktag fallenden Feiertag beschäftigt, steht ihnen ein Ersatzruhetag zu, der innerhalb eines den Beschäftigungstag einschließenden Zeitraumes von 8 Wochen zu gewähren ist. 611c
- Die Sonn- und Feiertagsruhe oder der Ersatzruhetag ist den Arbeitnehmern unmittelbar in Verbindung mit einer Ruhezeit nach § 5 ArbZG zu gewähren, soweit dem nicht technische oder organisatorische Gründe entgegenstehen.

Die Tarifvertragsparteien und Betriebspartner können unter bestimmten Voraussetzungen die Dauer der Arbeitszeit bei gesetzlich zugelassener Sonn- und Feiertagsarbeit festlegen sowie die Anzahl der arbeitsfreien Sonntage und der Ersatzruhetage variieren (§ 12 ArbZG). Bundesregierung und Landesregierungen sind befugt, durch Rechtsverordnung Mißbräuchen der nach § 10 ArbZG zugelassenen Ausnahmen vom Arbeitsverbot an Sonn- und Feiertagen zu begegnen, gleichzeitig aber auch weitere Ausnahmen vom Verbot der Beschäftigung an Sonn- und Feiertagen aus Gründen des **Gemeinwohls** zuzulassen (§ 13 Abs. 1 u. 2 ArbZG). Ergeben sich in Einzelfällen Zweifel, ob eine Beschäftigung an Sonn- und Feiertagen zulässig ist, so können die zuständigen Aufsichtsbehörden der Bundesländer durch Verwaltungsakt eine Klärung herbeiführen (§ 13 Abs. 3 bis 5 ArbZG). Darüber hinaus sind sie befugt, die Beschäftigung an Sonn- und Feiertagen zu bewilligen, wenn
- im Handelsgewerbe besondere Verhältnisse einen erweiterten Geschäftsverkehr erforderlich machen (bis zu 10 Sonn- u. Feiertage im Jahr),
- besondere Verhältnisse zur Verhütung eines unverhältnismäßigen Schadens dies erfordern (bis zu 5 Sonn- und Feiertage im Jahr),
- Arbeiten aus chemischen, biologischen, technischen oder physikalischen Gründen einen ununterbrochenen Fortgang auch an Sonn- und Feiertagen erfordern (Sollregelung) oder
- die Konkurrenzfähigkeit wegen längerer Betriebszeiten im Ausland unzumutbar beeinträchtigt ist und durch Sonn- und Feiertagsarbeit die Beschäftigung gesichert werden kann (Mußregelung).

Allgemeine Ausnahmen von den Arbeitszeitregelungen: Von allen in den §§ 3 bis 5, 6 Abs. 2 und 7, 9 bis 11 ArbZG genannten Beschäftigungsbeschränkungen darf ohne vorherige Genehmigung der Länderaufsichtsbehörde abgewichen werden bei vorübergehenden Arbeiten in Notfällen und in außergewöhnlichen Fällen, die unabhängig vom Willen der Betroffenen eintreten und deren Folgen nicht auf andere Weise zu beseitigen sind, besonders wenn Rohstoffe oder Lebensmittel zu verderben oder Arbeitsergebnisse zu mißlingen drohen (§ 14 Abs. 1 ArbZG).

III Arbeit

Von den Beschäftigungsbeschränkungen – mit Ausnahme des Beschäftigungsverbotes an Sonn- und Feiertagen – darf ferner abgewichen werden,
- wenn eine verhältnismäßig geringe Anzahl von Arbeitnehmern vorübergehend mit Arbeiten beschäftigt wird, deren Nichterledigung das Ergebnis der Arbeit gefährden oder einen unverhältnismäßigen Schaden zur Folge haben würde,
- bei Forschung und Lehre, bei unaufschiebbaren Vor- und Abschlußarbeiten zur Behandlung, Pflege und Betreuung von Personen oder Tieren an einzelnen Tagen,

vorausgesetzt, daß dem Arbeitgeber andere Vorkehrungen nicht zugemutet werden können (§ 14 Abs. 2 ArbZG).

Über die vorgenannten Ausnahmeregelungen hinaus kann nach § 15 ArbZG die zuständige Aufsichtsbehörde des Landes
- **längere tägliche Arbeitszeit** bewilligen für kontinuierliche Schichtbetriebe zur Erreichung zusätzlicher Freischichten und für Bau- und Montagestellen,
- **längere tägliche Arbeitszeit** für Saison- und Kampagnebetriebe für die Zeit der Saison oder Kampagne bewilligen, wenn die Verlängerung der Arbeitszeit über 8 Stunden werktäglich durch eine entsprechende Verkürzung der Arbeitszeit zu anderen Zeiten ausgeglichen wird,
- eine **abweichende Ruhezeit** zur Herbeiführung eines regelmäßigen wöchentlichen Schichtwechsels zweimal innerhalb eines Zeitraumes von 3 Wochen bewilligen und
- **Ausnahmen von allen Arbeitszeitbeschränkungen** zulassen, soweit sie im **öffentlichen Interesse** notwendig werden.

Um den Regelungen des Arbeitszeitgesetzes Geltung zu verschaffen, ist der Arbeitgeber verpflichtet, neben der über 8 Stunden hinausgehenden werktäglichen Arbeitszeit einen Abdruck des Arbeitszeitgesetzes, der auf Grund dieses Gesetzes erlassenen, für den Betrieb geltenden Rechtsverordnungen und der für den Betrieb geltenden Tarifverträge und Betriebsvereinbarungen über abweichende Regelungen an geeigneter Stelle im Betrieb zur Einsichtnahme auszulegen oder auszuhängen (§ 16 ArbZG).

626 Auch die **Jugendlichen** (bis zu 18 Jahren) genießen einen besonderen **Arbeitszeit-**
627 **schutz**. Auch sie dürfen generell nicht mehr als **8 Stunden täglich** und 40 Stunden wöchentlich beschäftigt werden. Wird an einzelnen Werktagen die Arbeitszeit auf weniger als 8 Stunden angesetzt, so kann an den übrigen Wochentagen bis zu 8 1/2 Stunden gearbeitet werden (§ 8 Abs. 2a JArbSchG; für die Landwirtschaft, die Forstwirtschaft und die Binnenfischerei gelten Ausnahmeregelungen). Wenn in Verbindung mit Feiertagen an Werktagen nicht gearbeitet wird, damit den Beschäftigten eine längere zusammenhängende Freizeit zur Verfügung steht, so kann die ausfallende Arbeitszeit auf die Werktage von 5 zusammenhängenden, die Ausfalltage einschließenden Wochen verteilt werden. Jedoch darf die Wochenarbeitszeit im Durchschnitt dieser 5 Wochen nicht die Höchstzahl von 40 Stunden und die tägliche Arbeitszeit nicht die von 8 1/2 Stunden übersteigen (§ 8 Abs. 2 JArbSchG).

628 Nach § 11 JArbSchG haben Jugendliche einen Anspruch auf **Ruhepausen** in folgendem Umfang:
- 30 Minuten bei einer Arbeitszeit von mindestens 4 1/2 Stunden bis 6 Stunden,
- 60 Minuten bei einer Arbeitszeit von mehr als 6 Stunden.

Arbeit **III**

Die →**Schichtzeit**, das heißt die echte Arbeitszeit zuzüglich der Pausen, darf bei Jugendlichen 10 Stunden nicht überschreiten (§ 12 JArbSchG; im Untertagebau, in der Binnenschiffahrt und im Gaststättengewerbe gelten besondere Regelungen). 629

Nach Beendigung der täglichen Arbeitszeit dürfen Jugendliche nicht vor Ablauf einer ununterbrochenen **Freizeit** von mindestens 12 Stunden beschäftigt werden (§ 13 JArbSchG). 630

Auch für jugendliche Arbeitnehmer ist →**gleitende Arbeitszeit** mit Zeitausgleich durch Mehrarbeit an anderen Tagen der Woche zulässig; Voraussetzung hierfür ist jedoch, daß die wöchentliche und tägliche Arbeitszeit von 40 beziehungsweise 8 1/2 Stunden nicht überschritten wird (§ 8 Abs. 2a JArbSchG). Eine tarifvertragliche Erweiterung dieses Zeitrahmens auf 9 Stunden täglich, 44 Stunden wöchentlich und 5 1/2 Tage wöchentlich innerhalb eines Ausgleichszeitraumes von 2 Monaten ist möglich. 631

Während der Nachtzeit, das ist zwischen 20 Uhr und 6 Uhr, dürfen Jugendliche generell nicht beschäftigt werden (**Nachtarbeitsverbot**). **Ausnahmen** sind für Jugendliche über 16 Jahre zulässig und zwar: im Gaststätten- und Schaustellergewerbe (bis 22 Uhr), in Bäckereien und Konditoreien (ab 5 Uhr, Jugendliche über 17 Jahre ab 4 Uhr), in **mehrschichtigen** Betrieben bis 23 Uhr, in der Landwirtschaft ab 5 Uhr oder bis 21 Uhr. 632, 633

In **mehrschichtigen** Betrieben dürfen Jugendliche über 16 Jahre ab 5.30 Uhr oder bis 23.30 Uhr beschäftigt werden, wenn dadurch unnötige Wartezeiten vermieden werden können.

Unter Berücksichtigung des **Verbotes** der **Samstags- und Sonntagsarbeit (Samstagsruhe/Sonntagsruhe)** dürfen Jugendliche nur an 5 Tagen in der Woche beschäftigt werden (§ 15 JArbSchG). Jugendliche, die ausnahmsweise an Samstagen oder Sonntagen arbeiten, haben Anspruch auf Freistellung an einem anderen berufsschulfreien Arbeitstag derselben Woche. 634, 635

Ausnahmen von der **Samstagsruhe** (d.h. vom Verbot der Samstagsarbeit) sieht das Gesetz (§ 16 JArbSchG) in folgenden Fällen vor: 636

– in Krankenanstalten sowie in Alten-, Pflege- und Kinderheimen,
– in offenen Verkaufsstellen, in Betrieben mit offenen Verkaufsstellen, in Bäckereien und Konditoreien, im Friseurhandwerk,
– im Verkehrswesen,
– im Familienhaushalt,
– im Gaststätten- und Schaustellergewerbe,
– bei Musikaufführungen, Theatervorstellungen und anderen Aufführungen,
– bei Aufnahmen im Rundfunk und Fernsehen auf Ton- und Bildträgern sowie bei Film- und Fotoaufnahmen,
– beim Sport,
– im ärztlichen Notdienst,
– in Reparaturwerkstätten für Kraftfahrzeuge.

Werden Jugendliche am Samstag beschäftigt, so ist ihnen die Fünf-Tage-Woche durch **Freistellung** an einem anderen berufsschulfreien Arbeitstag derselben Woche

III Arbeit

sicherzustellen. Diese Freistellung kann auch an einem eventuell bestehenden Betriebsruhetag (z. B. im Friseurhandwerk oder Gaststättengewerbe) erfolgen (§ 16 Abs. 3 JArbSchG).

637 **Ausnahmen** von der **Sonntagsruhe** (d. h. vom Verbot der Sonntagsarbeit) läßt das Gesetz (§ 17 JArbSchG) für Jugendliche nur in engbegrenztem Umfang zu:

- in Krankenanstalten sowie in Alten-, Pflege- und Kinderheimen,
- in der Landwirtschaft und Tierhaltung mit Arbeiten, die auch an Sonn- und Feiertagen naturnotwendig vorgenommen werden müssen,
- im Familienhaushalt, wenn der Jugendliche in die häusliche Gemeinschaft aufgenommen ist,
- im Schaustellergewerbe,
- bei Musikaufführungen, Theatervorstellungen und anderen Aufführungen,
- bei Direktsendungen im Rundfunk und im Fernsehen,
- im Sport,
- im ärztlichen Notdienst,
- im Gaststättengewerbe.

Mindestens 2 Sonntage im Monat müssen beschäftigungsfrei sein.

Werden Jugendliche am Sonntag beschäftigt, so sind sie, unabhängig von der Anzahl der geleisteten Arbeitsstunden, an einem berufsschulfreien Arbeitstag derselben Woche von der Arbeit freizustellen. In Betrieben mit einem berufsschulfreien Betriebsruhetag kann die Freistellung auch an diesem Tage erfolgen.

638 Am 24. und 31. Dezember nach 14 Uhr sowie an gesetzlichen Feiertagen von 0 Uhr bis 24 Uhr dürfen Jugendliche nicht beschäftigt werden (§ 18 JArbSchG, **Feiertagsruhe**); es gelten die gleichen **Ausnahmen** wie für die Beschäftigung an Sonntagen.

Eine Beschäftigung am 25. Dezember, am 1. Januar, am 1. Osterfeiertag und am 1. Mai ist für Jugendliche ausnahmslos verboten. Auch bei einer Beschäftigung an einem gesetzlichen Feiertag, der auf einen Werktag fällt, hat eine Freistellung an einem anderen berufsschulfreien Arbeitstag oder an einem eventuellen berufsschulfreien Betriebsruhetag derselben oder der darauffolgenden Woche zu erfolgen.

Die gesetzlichen Bestimmungen über die Höchstdauer der täglichen oder wöchentlichen Arbeitszeit, über die Dauer und Lage der Ruhepausen, über die Dauer der Schichtzeit, über die Dauer der täglichen Freizeit sowie über das Verbot der Beschäftigung während der Nacht, an Samstagen, Sonntagen und gesetzlichen Feiertagen gelten **nicht**, wenn Jugendliche mit vorübergehenden und unaufschiebbaren Arbeiten in Notfällen beschäftigt werden sollen und erwachsene Arbeitnehmer nicht verfügbar sind.

Nach § 21a JArbSchG können die →Tarifvertragsparteien in einem →Tarifvertrag oder Arbeitgeber und →Betriebsrat in einer →Betriebsvereinbarung auf Grund eines Tarifvertrages **Ausnahmen** vom Arbeitszeitschutz für Jugendliche vereinbaren. So insbesondere:

- eine abweichende Verteilung der Arbeitszeit bis zu 9 Stunden täglich, 44 Stunden wöchentlich und bis zu 5 1/2 Tagen in der Woche, sofern innerhalb von 2 Wochen eine durchschnittliche Wochenarbeitszeit von 40 Stunden eingehalten wird;

- eine andere Verteilung der Ruhepausen und ihre Verkürzung bis zu 15 Minuten;
- eine Verlängerung der täglichen Schichtzeit bis zu 1 Stunde;
- eine Erweiterung der Ausnahmen bei der Samstags-, Sonntags- und Feiertagsarbeit.

Neben den Frauen und den Jugendlichen genießen vor allem Heimarbeiter (in Heimarbeit Beschäftigte) und Schwerbehinderte einen besonderen Arbeitszeitschutz.

Auf die →**Heimarbeiter** finden die allgemeinen Arbeitszeitregelungen keine Anwendung. Da sie ihre Arbeitszeit und Arbeitsleistung selbst bestimmen, beschränkt sich das Heimarbeitsgesetz auf zwei Schutzregelungen. Zum einen haben Auftraggeber und Zwischenmeister (das sind Personen, die die ihnen von Gewerbetreibenden [Industrie- und Handelsunternehmen] übergebenen Arbeiten an Heimarbeiter weitergeben) dafür Sorge zu tragen, daß bei Ausgabe und Abnahme von Heimarbeit unnötige Zeitversäumnisse vermieden werden. Zum anderen soll derjenige, der Heimarbeit an mehrere Personen vergibt, die Arbeitsmenge auf die Beschäftigten gleichmäßig unter Berücksichtigung ihrer Leistungsfähigkeit und der ihrer Mitarbeiter verteilen. 639

Schwerbehinderte können nach §46 Schwerbehindertengesetz gegenüber dem Arbeitgeber jede Mehrarbeit ablehnen. Als Mehrarbeit gilt dabei die die werktägliche Arbeitszeit von 8 Stunden übersteigende Arbeit (Urteil des Bundesarbeitsgerichtes v. 8.11.1989). Der Antrag auf Freistellung hat rechtzeitig zu erfolgen; die Angabe von Gründen ist nicht erforderlich. Schwerbehinderte haben Anspruch auf einen zusätzlich bezahlten Urlaub von 5 Arbeitstagen pro Jahr. Je nachdem, ob sich die Arbeitszeit des Schwerbehinderten auf mehr oder weniger als 5 Wochenarbeitstage verteilt, erhöht oder verringert sich dieser Urlaub entsprechend (so beispielsweise bei einer 6-Tage-Arbeitswoche auf 6 Arbeitstage; §125 SGB IX Teil 2 (Schwerbehindertengesetz). 640

Nach §3 Abs.1 **Ladenschlußgesetz** (LadschlG) in der Fassung von 2003, zuletzt geändert durch Gesetz vom 7.11.2006, müssen Verkaufsstellen aller Art für den geschäftlichen Verkehr mit Kunden geschlossen sein: 641

- an Sonn- und Feiertagen (bis auf Ausnahmen);
- montags bis samstags bis 6 Uhr und ab 20 Uhr;
- am 24. Dezember, wenn dieser Tag auf einen Werktag fällt, bis 6 Uhr und ab 14 Uhr.

Das Bundesverfassungsgericht hat durch Urteil vom 9. Juni 2004 (1 BvR 636/02) festgestellt, daß die Bundesregierung prüfen müsse, ob sie die Regelung der Ladenöffnungszeiten künftig den Ländern überlassen wolle. Bejahendenfalls wäre eine grundlegende Neuregelung des Ladenschlusses dann Sache der Länder!

Die bei Ladenschluß noch anwesenden Kunden dürfen ohne zeitliche Begrenzung bedient werden.

III Arbeit

642 Besondere Ladenschlußzeiten gelten für:

- Apotheken: unterliegen keinen Ladenschlußzeiten (dürfen jedoch werktags nach den allgemeinen Ladenschlußzeiten sowie an Sonn- und Feiertagen nur bestimmte Artikel verkaufen; § 4 LadschlG);

- Zeitungen- und Zeitschriftenkioske: an Sonn- und Feiertagen von 11 Uhr bis 13 Uhr (§ 5 LadschlG);

- Tankstellen: unterliegen keinen Ladenschlußzeiten (dürfen jedoch werktags nach den allgemeinen Ladenschlußzeiten sowie an Sonn- und Feiertagen nur Ersatzteile für Kraftfahrzeuge, soweit dies für die Erhaltung oder die Herstellung ihrer Fahrbereitschaft notwendig ist, sowie Artikel des Reisebedarfs verkaufen [§ 6 LadschlG]);

- auf Personenbahnhöfen und Flughäfen dürfen Verkaufsstände ganztägig geöffnet sein, am 24.12. jedoch nur bis 17 Uhr. Die Verkaufsstellen dürfen aber an Werktagen während der allgemeinen Ladenschlußzeiten und an Sonn- und Feiertagen lediglich Reisebedarf an Reisende abgeben. Die Landesregierungen sind ermächtigt, darüber hinaus Ausnahmen zuzulassen (§§ 8 und 9 LadschlG);

- sonstige Ausnahmen in Kultur- und Erholungsorten, in grenznahen Gebieten, in ländlichen Gebieten während der Ernte sowie aus Anlaß von Märkten, Messen und ähnlichen Veranstaltungen (§§ 10, 11 u. 19 LadschlG); darüber hinaus können die obersten Landesbehörden in Einzelfällen befristete Ausnahmen zulassen (§ 23 LadschlG);

- abweichend von den Vorschriften des § 3 Abs. 1 Nr. 1 LadschlG dürfen (nach der Verordnung über den Verkauf bestimmter Waren an Sonn- u. Feiertagen v. 1954) an Sonn- und Feiertagen für bestimmte Zeitspannen geöffnet sein: Verkaufsstellen von frischer Milch, Verkaufsstellen von Konditorwaren, Verkaufsstellen für Blumen und Verkaufsstellen von Zeitungen (§ 12 LadschlG).

In Betrieben mit besonderen Ladenschlußzeiten dürfen die Arbeitnehmer – soweit dies zur Erledigung von Vorbereitungs- und Abschlußarbeiten unerläßlich ist – nach Ladenschluß noch während insgesamt weiterer 30 Minuten beschäftigt werden, sofern damit nicht an Sonn- und Feiertagen die maximale Beschäftigungsdauer des einzelnen Arbeitnehmers von 8 Stunden überschritten wird (§ 17 LadschlG).

643,644 Bäckereien und **Konditoreien** dürfen ihre Verkaufsstellen, deren Hauptzweck im Verkauf von Bäcker- und Konditorwaren besteht, ab 5.30 Uhr öffnen (§ 3 Abs. 1 Satz 2 LadschlG). Darüber hinaus dürfen Verkaufsstellen von Betrieben, die Bäcker- und Konditorwaren herstellen, an Sonn- und Feiertagen für die Dauer von drei Stunden geöffnet sein (§ 1 Abs. 1 Nr. 2 der Verordnung über den Verkauf bestimmter Waren an Sonn- und Feiertagen).

646 In **Krankenpflegeanstalten** (Krankenhäusern) soll die tägliche Arbeitszeit des Pflegepersonals in der Regel 10 Stunden nicht übersteigen und durch angemessene Pausen unterbrochen werden. Die wöchentliche Arbeitszeit (einschließlich der Arbeit an Sonn- und Feiertagen) darf – die Pausen nicht eingerechnet – 60 Stunden nicht übersteigen.

Arbeit **III**

Auch die Arbeitszeit im **Straßenverkehr** unterliegt strengen gesetzlichen Normierungen. Nach dem Recht der Europäischen Gemeinschaft (Europäisches Übereinkommen über die Arbeit des im internationalen Straßenverkehr beschäftigten Fahrpersonals) dürfen Kraftfahrzeugfahrer täglich nicht länger als 9 Stunden (zweimal wöchentlich 10 Stunden) und maximal 90 Stunden innerhalb von zwei aufeinanderfolgenden Wochen am Straßenverkehr teilnehmen. Über diese Bestimmung hinausreichend darf ein deutscher Kraftfahrer nur dann länger als 8 Stunden am Steuer seines Fahrzeuges verbringen (reine Lenkzeit!), wenn ein Tarifvertrag dies ausdrücklich zuläßt. Der Führer eines Kraftfahrzeuges muß außerdem spätestens nach einer Lenkzeit von 4 1/2 Stunden für mindestens 45 zusammenhängende Minuten (oder 3 mal 15 Minuten oder 30 Minuten und 15 Minuten) die Lenkung unterbrechen. Die Ruhezeit für die Fahrzeugbesatzung hat bei einem Mann innerhalb von 24 Stunden mindestens 11 Stunden, bei zwei Mann innerhalb von 30 Stunden mindestens 8 Stunden zu betragen. Die elfstündige Ruhezeit kann dreimal pro Woche auf 9 Stunden herabgesetzt werden, wenn der Ausgleich der fehlenden Ruhezeit bis zum Ende der nachfolgenden Woche erfolgt. An Tagen, an denen die Ruhezeit nicht verkürzt wird, kann diese auf zwei oder drei Zeitabschnitte verteilt werden, sofern einer davon mindestens 8 Stunden und keiner weniger als 1 Stunde beträgt und die Gesamtruhezeit an diesem Tag von 11 auf 12 Stunden verlängert wird. Darüber hinaus muß der Fahrer wöchentlich eine Ruhezeit von 45 zusammenhängenden Stunden einlegen. Diese wöchentliche Ruhezeit darf am Standort des Fahrzeuges oder am Heimatort des Fahrers bis auf 36 Stunden, sonst bis auf 24 Stunden herabgesetzt werden, wenn der Ausgleich bis zum Ende der nachfolgenden dritten Woche erfolgt.

647

Nach den von der EU (2007) zur Erhöhung der Sicherheit im Straßenverkehr eingeführten Lenk- und Ruhezeiten für **Bus- und Lastwagenfahrer** darf deren wöchentliche Fahrzeit maximal 56 Stunden betragen. Nach sechs Arbeitstagen müssen sie 1 Ruhetag einlegen. Außerdem haben sie innerhalb von 24 Stunden eine Ruhepause von 9 Stunden einzuhalten.

647a

5.4.2 Technischer Arbeitsschutz

648

Der technische Arbeitsschutz umfaßt all jene Maßnahmen, die darauf abzielen, Leben und Gesundheit des arbeitenden Menschen insbesondere hinsichtlich dessen Bedrohung durch angewandte Technik zu schützen und damit seine Arbeitskraft zu erhalten. Es geht ihm konkret darum, Arbeitsunfälle und Berufskrankheiten zu verhüten. Dieser Zielvorgabe soll im wesentlichen entsprochen werden durch:
– sichere Gestaltung von technischen Einrichtungen,
– Schutzvorkehrungen für den Umgang mit technischen Einrichtungen (Geräte, Anlagen, Arbeitsstätten),
– Schutz vor gefährdenden und schädlichen Einwirkungen am Arbeitsplatz (z. B. Chemikalien, Lärm, Dämpfe, Strahlen),
– sicherheitsgerechte Arbeitsorganisation,
– aufklärende und damit schadensvorbeugende Information.

Über diese auf Sicherung und Sicherheit abstellenden Maßnahmen hinaus läßt es sich der technische Arbeitsschutz angelegen sein, sich um die menschengerechte Gestaltung der Arbeit zu bemühen (**Humanisierung der Arbeit**).

649

III Arbeit

Unser historisch gewachsenes technisches Arbeitsschutzsystem ruht auf zwei Säulen: den staatlichen Arbeitsschutzvorschriften (staatliches Arbeitsschutzrecht) und den Unfallverhütungsvorschriften der Berufsgenossenschaften (Unfallverhütungsrecht).

650 Das **staatliche Arbeitsschutzrecht** beruht auf Bundes**gesetzen**, die in einer Vielzahl von Fällen die Möglichkeit des Erlassens von **Verordnungen** vorsehen, in denen dann wichtige Einzelprobleme unter Zuarbeit von Experten eine eingehende Regelung erfahren. Darüber hinaus sehen die Gesetze und Verordnungen teilweise auch noch den sie ergänzenden Erlaß von **allgemeinen Verwaltungsvorschriften** vor. Ihnen kommt zwar nicht der Charakter von Rechtsvorschriften zu, sie verpflichten jedoch die mit der Durchführung der Gesetze und Verordnungen befaßten Behörden zu ihrer Einhaltung. Die allgemeinen Verwaltungsvorschriften stellen damit eine bundeseinheitliche Anwendung der Arbeitsschutzvorschriften durch die zuständigen Behörden sicher.

Da die staatlichen Gesetze, Verordnungen und allgemeinen Verwaltungsvorschriften die sicherheitstechnischen, hygienischen, arbeitsmedizinischen und arbeitswissenschaftlichen Problemaspekte vielfach nicht bis ins bedeutsame Detail fassen können, wird in ihnen dann auf die „allgemein anerkannten Regeln der Technik, der Hygiene und der Arbeitsmedizin" und auf „gesicherte arbeitswissenschaftliche Erkenntnisse" verwiesen. Allgemeine Verwaltungsvorschriften bestimmen dann ergänzend zu solchen Gesetzen und Verordnungen, daß bestimmte DIN*-Normen, VDE**-Bestimmungen, BMA***-Richtlinien, BAuA****-Veröffentlichungen, Technische Regeln u. a. als allgemein anerkannte Regeln angesehen werden können (siehe Schaubild III, 23).

Nach Artikel 83 ff. Grundgesetz sind die Länder über die zuständigen Behörden (Gewerbeaufsichtsämter) für die Durchführung (die Durchführung schließt ein: Überwachung der Einhaltung [Besichtigung u. Prüfung], Erlaß von Anordnungen, Verwaltungsverfahren zur Sachverhaltensermittlung, Zwangsvollstreckung [z. B. mittels Zwangsgeld, Ersatzvornahme, Ersatzzwangshaft]) der staatlichen Arbeitsschutzvorschriften (mehr als 40 Arbeitsschutzgesetze!) verantwortlich.

Die **gesetzlichen Grundpflichten des Arbeitgebers** im technischen Arbeitsschutz normiert das Arbeitsschutzgesetz (ArbSchG) von 1996, zuletzt geändert durch Gesetz vom 8. 4. 2008. Nach § 3 Abs. 1 ArbSchG ist dieser verpflichtet, die erforderlichen Maßnahmen des Arbeitsschutzes unter Berücksichtigung der Umstände zu treffen, die Sicherheit und Gesundheit der Beschäftigten bei der Arbeit beeinflussen. Er hat die Maßnahmen auf ihre Wirksamkeit zu überprüfen und erforderlichenfalls sich ändernden Gegebenheiten anzupassen. Dabei hat er eine Verbesserung von Sicherheit und Gesundheitsschutz der Beschäftigten anzustreben. – Die Kosten der einschlägigen Maßnahmen darf der Arbeitgeber den Beschäftigten nicht anlasten.

* ursprünglich: Deutsche Industrie-Norm; geschütztes Verbandszeichen des Deutschen Normenausschusses,
** Verband deutscher Elektrotechniker e. V.,
*** Bundesminister für Arbeit,
**** Bundesanstalt für Arbeitsschutz und Arbeitsmedizin

Arbeit **III**

Die vom Arbeitgeber bei Maßnahmen des Arbeitsschutzes zu beachtenden **allgemeinen Grundsätze** sind nach § 4 ArbSchG folgende:

```
┌─────────────────────────────────────────────────┐
│                    Gesetze                      │
└─────────────────────────────────────────────────┘

┌─────────────────────────────────────────────────┐
│                 Verordnungen                    │
└─────────────────────────────────────────────────┘

┌─────────────────────────────────────────────────┐
│                  Allgemeine                     │
│              Verwaltungsvorschriften            │
└─────────────────────────────────────────────────┘

┌─────────────────────────────────────────────────┐
│ Allgemein anerkannte Regeln der Technik, der    │
│ Hygiene und der Arbeitsmedizin                  │
│  – BMA-Richtlinien                              │
│  – Technische Regeln (TR)                       │
│  – DIN-Normen                                   │
│  – VDE-Bestimmungen                             │
└─────────────────────────────────────────────────┘

┌─────────────────────────────────────────────────┐
│ Gesicherte arbeitswissenschaftliche Erkenntnisse│
│  – BMA-Richtlinien                              │
└─────────────────────────────────────────────────┘
```

Schaubild III, 23

- Die Arbeit ist so zu gestalten, daß eine Gefährdung für Leben und Gesundheit möglichst vermieden und die verbleibende Gefährdung möglichst gering gehalten wird;
- Gefahren sind an ihrer Quelle zu bekämpfen;
- bei den Maßnahmen sind der Stand von Technik, Arbeitsmedizin und Hygiene sowie sonstige gesicherte arbeitswissenschaftliche Erkenntnisse zu berücksichtigen;
- Maßnahmen sind mit dem Ziel zu planen, Technik, Arbeitsorganisation, sonstige Arbeitsbedingungen, soziale Beziehungen und Einfluß der Umwelt auf den Arbeitsplatz sachgerecht zu verknüpfen;
- individuelle Schutzmaßnahmen sind nachrangig zu anderen Maßnahmen;
- spezielle Gefahren für besonders schutzbedürftige Beschäftigtengruppen sind zu berücksichtigen;
- den Beschäftigten sind geeignete Anweisungen zu erteilen;
- mittelbar oder unmittelbar geschlechtsspezifisch wirkende Regelungen sind nur zulässig, wenn dies aus biologischen Gründen zwingend geboten ist.

Die gesetzlichen Grundpflichten des Arbeitgebers im technischen Arbeitsschutz sind größtenteils durch die speziellen Vorschriften der Arbeitsstättenverordnung und die Störfallverordnung konkretisiert. Hinzu kommen noch das Gerätesicherungsgesetz und das Chemikaliengesetz sowie eine Vielzahl von Unfallverhütungsvorschriften, die mit ihren Detailregelungen diese Grundpflichten ausfüllen.

III Arbeit

Die Beschäftigten ihrerseits sind nach § 15 ArbSchG verpflichtet, nach ihren Möglichkeiten sowie gemäß der Unterweisung und Weisung des Arbeitgebers für ihre Sicherheit und Gesundheit bei der Arbeit Sorge zu tragen. Sie haben insbesondere Maschinen, Geräte, Werkzeuge, Arbeitsstoffe, Transportmittel und sonstige Arbeitsmittel sowie Schutzvorrichtungen und die ihnen zur Verfügung gestellte persönliche Schutzausrüstung bestimmungsgemäß zu verwenden.

Die Bundesregierung ist nach § 18 ArbSchG ermächtigt, durch Rechtsverordnung mit Zustimmung des Bundesrates vorzuschreiben, welche Maßnahmen der Arbeitgeber und die sonstigen verantwortlichen Personen zu treffen haben und wie sich die Beschäftigten zu verhalten haben, um ihre einschlägigen gesetzlichen Pflichten zu erfüllen.

Die Überwachung des Arbeitsschutzes im Sinne des Arbeitschutzgesetzes obliegt dem Staat (§ 21 Abs. 1 ArbSchG). Die zuständigen Behörden (insbesondere die Gewerbeaufsichtsämter) haben die Einhaltung dieses Gesetzes und der auf Grund dieses Gesetzes erlassenen Rechtsverordnungen zu überwachen und die Arbeitgeber bei der Erfüllung ihrer Pflichten zu beraten. Die Verfügungen dieser Behörden sind rechtliche Verwaltungsakte, gegen die nach Durchführung eines Widerspruchverfahrens der Rechtsweg zu den Verwaltungsgerichten offensteht.

651 Das **Unfallverhütungsrecht** basiert auf § 15 Siebtes Buch Sozialgesetzbuch (SGB VII), das die Träger der gesetzlichen →Unfallversicherung (Berufsgenossenschaften für den gewerblichen, landwirtschaftlichen u. öffentlichen Bereich) ermächtigt, Unfallverhütungsvorschriften zu beschließen. In diesen Unfallverhütungsvorschriften sind unter anderem auch Anweisungen darüber gegeben, mittels welcher Einrichtungen, Anordnungen und Maßnahmen die Arbeitgeber Arbeitsunfälle zu verhüten haben (**Durchführungsanweisungen zu Unfallverhütungsvorschriften**). Die Unfallverhütungsvorschriften werden von Fachausschüssen in den Dachverbänden der Berufsgenossenschaften erarbeitet. Auch sie nehmen in ihren Durchführungsanweisungen Bezug auf allgemein anerkannte Regeln der Technik und der Arbeitsmedizin (siehe Schaubild III, 24).

Die Durchführung der Unfallverhütungsvorschriften (mehrere Tausend!) fällt in die Zuständigkeit der **technischen Aufsichtsdienste** der Unfallversicherungsträger (Berufsgenossenschaften). Ihnen obliegt die Besichtigung der Betriebe und die Kontrolle der Einhaltung der einschlägigen Vorschriften, die Feststellung von Mängeln, die Anordnung deren Behebung (Revisionsschreiben) wie auch die zur Stillegung von Maschinen/Anlagen und die Vollstreckung von Anordnungen. Darüber hinaus beraten die technischen Aufsichtsdienste die Betriebe auf Anforderung in allen Fragen des technischen Arbeitsschutzes.

Nach den jeweiligen „Berufsgenossenschaftlichen (Unfall-)Verhütungsvorschriften" (BGV) hat der **Arbeitgeber** zur Verhütung von Arbeitsunfällen Einrichtungen, Anordnungen und Maßnahmen zu treffen, die den Bestimmungen dieser Unfallverhütungsvorschriften und den sonst für ihn geltenden Unfallverhütungsvorschriften sowie den allgemein anerkannten sicherheitstechnischen und arbeitsmedizinischen Regeln entsprechen.

Arbeit **III**

```
┌─────────────────────────────────────────────┐
│                   SGB VII                   │
└─────────────────────────────────────────────┘

┌─────────────────────────────────────────────┐
│         Unfallverhütungsvorschriften        │
└─────────────────────────────────────────────┘

┌─────────────────────────────────────────────┐
│         Durchführungsanweisungen zu         │
│         Unfallverhütungsvorschriften        │
└─────────────────────────────────────────────┘

┌─────────────────────────────────────────────┐
│  Allgemein anerkannte Regeln der Technik    │
│  und der Arbeitsmedizin                     │
│       – BMA-Richtlinien                     │
│       – DIN-Normen                          │
│       – VDE-Bestimmungen                    │
└─────────────────────────────────────────────┘
```

Schaubild III, 24

Auch im Zusammenhang mit der Erteilung eines Auftrages,
– Einrichtungen zu planen, herzustellen, zu ändern oder instandzusetzen oder
– technische Arbeitsmittel oder Arbeitsstoffe zu liefern,

obliegt dem Arbeitgeber eine entsprechende Pflicht. Er hat dem Auftragnehmer schriftlich vorzugeben, bei der Ausführung des Auftrages die Arbeitsschutz- und Unfallverhütungsvorschriften wie auch die allgemein anerkannten Regeln der Technik und der Arbeitsmedizin zu beachten.

Bei der Vergabe von Arbeiten an andere Betriebe hat der Arbeitgeber – soweit dies zur Vermeidung einer möglichen gegenseitigen Gefährdung erforderlich ist – Personen zu bestimmen, die die Arbeiten (im eigenen Betrieb mit denen des beauftragten Betriebes) aufeinander abstimmen.

Die für seinen Betrieb geltenden Arbeitsschutz- und Unfallverhütungsvorschriften hat der Arbeitgeber an geeigneter Stelle im Betrieb auszulegen und den mit der Durchführung der Unfallverhütung betrauten Personen – soweit sie ihren Arbeitsbereich betreffen – auszuhändigen.

Gegenüber seinen Arbeitnehmern obliegt dem Arbeitgeber eine Unterrichtungs- und Belehrungspflicht. Er hat jeden vor Beginn seiner Arbeit über seine Aufgabe und Verantwortung sowie über die Art seiner Tätigkeit und ihrer Einordnung in den betrieblichen Arbeitsablauf zu unterrichten. Dabei ist der Arbeitnehmer über die Unfall- und Gesundheitsgefahren, denen er im Vollzug seiner Arbeit ausgesetzt ist, sowie über die Maßnahmen und Einrichtungen zu ihrer Abwendung zu informieren.

Der Arbeitgeber kann seine Pflichten bezüglich des technischen Arbeitsschutzes auf andere Personen übertragen. Diese Pflichtenübertragung hat schriftlich zu erfolgen; die einschlägigen Verantwortungsbereiche und die Befugnisse sind dabei zu

III Arbeit

beschreiben. Der Verpflichtete muß die Pflichtenübertragung schriftlich bestätigen. Eine Ausfertigung der Pflichtenübertragung ist ihm auszuhändigen.

Neben dem Arbeitgeber kommen nach den Berufsgenossenschaftlichen Unfallverhütungsvorschriften auch den **Arbeitnehmern** bestimmte Pflichten zu. So haben sie alle der Arbeitssicherheit dienenden Maßnahmen zu unterstützen wie auch alle Arbeitsschutz- und Unfallverhütungsvorschriften einzuhalten, soweit diese an sie gerichtet oder auf sie abgestellt sind. Sie sind außerdem grundsätzlich verpflichtet, im Interesse der Arbeitssicherheit erteilte Weisungen des Arbeitgebers zu befolgen und die zur Verfügung gestellten persönlichen Schutzausrüstungen zu benutzen.

Auch hinsichtlich der Verwendung und Benutzung von (betrieblichen) Einrichtungen und Arbeitsstoffen obliegen den Arbeitnehmern bestimmte Pflichten. Sie dürfen Einrichtungen nur zu dem Zweck verwenden, der vom Arbeitgeber bestimmt oder üblich ist. Stellt ein Arbeitnehmer fest, daß eine Einrichtung sicherheitstechnisch nicht in Ordnung ist, so hat er den Mangel – falls dies zu seinem Aufgabenbereich gehört und er die entsprechenden Fähigkeiten besitzt – unverzüglich zu beheben; andernfalls hat er den Mangel unverzüglich seinem Vorgesetzten zu melden. Gleiches gilt, wenn der Arbeitnehmer feststellt, daß Arbeitsstoffe sicherheitstechnisch nicht ordnungsgemäß verpackt, gekennzeichnet oder beschaffen sind und Arbeitsverfahren oder Arbeitsabläufe sicherheitstechnisch nicht einwandfrei gestaltet oder geregelt sind.

Ganz allgemein dürfen Einrichtungen und Arbeitsstoffe nicht unbefugt benutzt werden.

Den mit der Durchführung der Unfallverhütungsvorschriften betrauten Aufsichtsbeamten (des technischen Aufsichtsdienstes der Unfallversicherungsträger) hat der Arbeitgeber die Besichtigung seines Betriebes zu ermöglichen und sie auf Verlangen zu begleiten oder durch einen geeigneten Vertreter begleiten zu lassen. Trifft der Aufsichtsbeamte eine Anordnung und dabei eine Frist zu deren Befolgung, so hat der Arbeitgeber nach deren Ablauf unverzüglich Meldung zu erstatten, ob die geforderte Maßnahme getroffen wurde.

Das Arbeitssicherheitsgesetz verpflichtet Betriebe ab einer bestimmten Beschäftigtenzahl oder mit hohem Gefährdungsgrad **Betriebsärzte** und **Fachkräfte für Arbeitssicherheit** zu bestellen. Des weiteren sind für kleinere (betriebliche) Organisationsbereiche (wie Abteilungen, Meisterbereiche, Montagekolonnen u. a.) **Sicherheitsbeauftragte** einzusetzen.

5.5 Arbeitsgerichtsbarkeit

Bei Rechtsstreitigkeiten im Arbeitsleben können sich die beteiligten Parteien an die **Gerichte für Arbeitssachen** (Arbeitsgerichte) wenden. Hier wird unter Mitwirkung von Vertretern der Arbeitgeber und Arbeitnehmer versucht, eine Lösung (Entscheidung) zu finden.

Die Arbeitsgerichte stellen einen selbständigen Zweig der Gerichtsbarkeit dar. Sie finden ihre rechtliche Grundlage im Arbeitsgerichtsgesetz (ArbGG) von 1953, zuletzt geändert durch Gesetz vom 12.12.2007.

Die Arbeitsgerichtsbarkeit umfaßt drei Instanzen. Die **erste Instanz** wird durch die Kammern beziehungsweise Fachkammern der **Arbeitsgerichte** repräsentiert; sie sind mit einem Berufsrichter und zwei ehrenamtlichen Richtern aus Kreisen der Arbeitnehmer und Arbeitgeber besetzt (§§ 14ff. ArbGG). Die **zweite Instanz** (Berufungsinstanz) bilden die **Landesarbeitsgerichte**; ihre Kammern sind ebenfalls mit je einem Berufsrichter als Vorsitzendem und zwei ehrenamtlichen Richtern aus Kreisen der Arbeitnehmer und Arbeitgeber besetzt (§§ 33ff. ArbGG). Die **dritte** und zugleich höchste **Instanz** ist das **Bundesarbeitsgericht** (in Erfurt); es umfaßt derzeit zehn Senate, die je aus dem Vorsitzenden Richter, zwei berufsrichterlichen Beisitzern und zwei ehrenamtlichen Richtern aus Kreisen der Arbeitnehmer und Arbeitgeber bestehen (§§ 40ff. ArbGG).

In bürgerlichen Rechtsstreitigkeiten entscheidet das Arbeitsgericht durch **Urteil** (Urteilsverfahren); in Angelegenheiten, die das Betriebsverfassungsgesetz und das Mitbestimmungsgesetz betreffen, durch **Beschluß** (Beschlußverfahren). Gegen **Urteile** des Arbeitsgerichtes kann unter bestimmten Voraussetzungen **Berufung** beim Landesarbeitsgericht eingelegt werden. Ziel der Berufung ist die Neuverhandlung über **Tatfragen** und Neuentscheidung. Gegen **Beschlüsse** des Arbeitsgerichtes kann beim Landesarbeitsgericht **Beschwerde** eingelegt werden.

Die Senate des Bundesarbeitsgerichtes entscheiden über die **Revision** gegen **Urteile** und über **Rechtsbeschwerden** gegen **Beschlüsse** der Landesarbeitsgerichte. Ziel der Revision ist die Neuverhandlung über **Rechtsfragen** und Neuentscheidung.

Das **Urteilsverfahren** vor dem Arbeitsgericht (§§ 46ff. ArbGG) wird durch eine schriftliche oder zu Protokoll bei der Geschäftsstelle des zuständigen Arbeitsgerichts erklärte Klage eingeleitet. Das Verfahren beginnt mit der Anberaumung einer **Güteverhandlung** mit den Parteien vor dem Vorsitzenden des Arbeitsgerichtes. Bleibt eine Partei der Güteverhandlung fern oder verläuft dieselbe erfolglos, schließt sich die weitere, streitige Verhandlung an, wozu im Normalfall ein gesonderter Termin festgelegt wird. Erscheinen beide Parteien nicht zur Güteverhandlung oder verhandeln beide nicht, wird das Ruhen des Verfahrens angeordnet. Ein Termin zur streitigen Verhandlung kann zu einem späteren Zeitpunkt auf Antrag einer Partei angesetzt werden. Die streitige Verhandlung findet in der Regel vor der Kammer statt und ist möglichst in einem Termin zu Ende zu führen. Jede Partei kann vor Gericht selbst auftreten oder sich vertreten lassen (z. B. durch einen Rechtsanwalt; § 11 Abs. 1 ArbGG); insbesondere aber können sich Arbeitnehmer und Arbeitgeber durch Repräsentanten ihrer Gewerkschaft beziehungsweise ihres Verbandes vertreten lassen. Erscheint eine Partei nicht zur streitigen Verhandlung, so ergeht auf Antrag der anderen Partei **Versäumnisurteil**. Hiergegen kann von der nicht erschienenen Partei innerhalb 1 Woche Einspruch beim Arbeitsgericht eingelegt werden.

Über die Klage wird vom Arbeitsgericht durch Urteil entschieden. Die Verkündung des Urteils erfolgt in der Regel im Anschluß an die mündliche Verhandlung. Die Verfahrenskosten sind bewußt niedrig gehalten. Die obsiegende Partei hat keinen Anspruch auf Entschädigung wegen Zeitversäumnis und auf Erstattung der Anwaltskosten; jede Partei trägt ihre Kosten selbst.

III Arbeit

Aus den Urteilen der Arbeitsgerichte kann schon vor ihrer Rechtskraft vollstreckt werden (§ 62 Abs. 1 ArbGG). Für die Vollstreckung zuständig ist das örtlich zuständige Amtsgericht. Auch für das Vollstreckungsverfahren werden keine Kostenvorschüsse erhoben. Auch der →Arrest und die →einstweilige Verfügung sind nach § 62 Abs. 2 ArbGG im arbeitsgerichtlichen Verfahren möglich.

Zur schnelleren Geltendmachung von Geldforderungen kann der Gläubiger anstelle der Klageerhebung vor dem Arbeitsgericht Antrag auf Erlaß eines →Mahnbescheides stellen (§ 46a ArbGG). Die erforderlichen Vordrucke hierfür liegen beim Arbeitsgericht vor.

Kündigungsverfahren sind nach § 61a ArbGG vorrangig zu behandeln.

661 Gegen die Urteile der Arbeitsgerichte kann **Berufung** bei den Landesarbeitsgerichten eingelegt werden, vorausgesetzt, daß in vermögensrechtlichen Auseinandersetzungen der Beschwerdegegenstand 600 Euro übersteigt oder das Arbeitsgericht in seinem Urteil Berufung zugelassen hat (§§ 46 ArbGG). Die Berufung ist innerhalb einer Frist von 1 Monat seit Zustellung des Urteils einzulegen und innerhalb von zwei weiteren Monaten zu begründen. Der Berufungs(verhandlungs)termin muß unverzüglich nach Eingang der Begründung bestimmt werden. Auch auf dieser Instanzebene sind Kündigungsverfahren wiederum vorrangig zu behandeln. Das Landesarbeitsgericht hat den Rechtsstreit nach tatsächlicher und rechtlicher Prüfung selbst zu entscheiden.

662 Gegen Urteile der Landesarbeitsgerichte kann **Revision** eingelegt werden, vorausgesetzt, daß sie durch das jeweilige Landesarbeitsgericht oder das Bundesarbeitsgericht zugelassen wurde (§§ 72 ff. ArbGG). Gegen eine Nichtzulassung der Revision durch das Landesarbeitsgericht kann bei bestimmten kollektivrechtlichen
663 Streitigkeiten **Nichtzulassungsbeschwerde** beim Bundesarbeitsgericht eingelegt werden.

Eine durch das Landesarbeitsgericht oder das Bundesarbeitsgericht zugelassene Revision ist binnen Monatsfrist beim Bundesarbeitsgericht einzulegen und innerhalb von zwei weiteren Monaten zu begründen.

Für den Fall, daß der Rechtssache grundsätzliche Bedeutung zukommt und sie kollektivrechtliche Interessen betrifft, läßt das Gesetz (§ 76 ArbGG) die sogenannte
664 **Sprungrevision** zu. Diese Revision kann gegen das Urteil eines Arbeitsgerichtes unter Umgehung des Landesarbeitsgerichtes direkt beim Bundesarbeitsgericht eingelegt werden, sofern die Gegenpartei schriftlich ihr Einverständnis erklärt hat und die Zulassung (der Sprungrevision) vom Arbeitsgericht auf Antrag im Urteil oder nachträglich durch Beschluß erfolgte.

665 Das **Beschlußverfahren** wird auf Antrag (eines der beiden Beteiligten) eingeleitet, der beim Arbeitsgericht schriftlich einzureichen oder bei einer Geschäftsstelle mündlich zur Niederschrift einzubringen ist (§ 81 ArbGG). Das Gericht prüft und würdigt den Sachverhalt von Amts wegen (§ 83 ArbGG), wobei die Beteiligten an der Aufklärung mitzuwirken haben. Die Beteiligten haben das Recht, vom Gericht gehört zu werden. Die Einvernahme kann auch schriftlich erfolgen. Mit Einverständnis der Beteiligten kann das Gericht auf eine mündliche Verhandlung verzichten. Das Verfahren endet mit einem Beschluß, der schriftlich abzufassen ist (§ 84

Arbeit **III**

ArbGG). Beschlüsse in vermögensrechtlichen Auseinandersetzungen sind **vorläufig vollstreckbar**. Auch der Erlaß einer →einstweiligen Verfügung nach § 85 ArbGG ist möglich.

Im Beschlußverfahren werden keine Gebühren und Auslagen erhoben.

Gegen die Beschlüsse der Arbeitsgerichte kann innerhalb eines Monates beim Landesarbeitsgericht Beschwerde eingelegt werden; sie ist innerhalb von zwei weiteren Monaten zu begründen (§§ 87 ff. ArbGG).

Gegen Beschlüsse des Landesarbeitsgerichtes kann **Rechtsbeschwerde** (§ 92 ArbGG) eingelegt werden, vorausgesetzt, daß sie durch das Landesarbeitsgericht oder das Bundesarbeitsgericht zugelassen wurde. Gegen eine Nichtzulassung der Rechtsbeschwerde durch das Landesarbeitsgericht kann bei bestimmten kollektivrechtlichen Streitigkeiten **Nichtzulassungsbeschwerde** (§ 92a ArbGG) beim Bundesarbeitsgericht eingelegt werden. 666 667

Eine durch das Landesarbeitsgericht oder das Bundesarbeitsgericht zugelassene Rechtsbeschwerde ist binnen Monatsfrist beim Bundesarbeitsgericht einzulegen und innerhalb eines weiteren Monates zu begründen. Über die Rechtsbeschwerde entscheidet das Bundesarbeitsgericht durch Beschluß (§§ 92 ff. ArbGG).

Nach § 96a ArbGG kann auch im Beschlußverfahren unter bestimmten Voraussetzungen die zweite Instanz übersprungen werden. Diese sogenannte **Sprungrechtsbeschwerde** ermöglicht eine schnellere Klärung grundsätzlicher Fragen. 668

Die Tarifvertragsparteien können für Rechtsstreitigkeiten die Arbeitsgerichtsbarkeit (allgemein oder für den Einzelfall) durch (ausdrückliche) Vereinbarung eines Schiedsgerichtes ersetzen (§ 101 ArbGG). Das **Schiedsverfahren** erfolgt in freiem Ermessen des aus der gleichen Anzahl von Arbeitgebern und Arbeitnehmern (wahlweise zusätzlich Unparteiischen) sich zusammensetzenden Schiedsgerichtes. 669

6 Die soziale Sicherung des Arbeitnehmers 670

Um die Arbeitnehmer und gegebenenfalls ihre von ihnen als Ernährer abhängigen Angehörigen vor wirtschaftlicher Not als Folge von Krankheit, Unfall, Invalidität, Arbeitslosigkeit wie auch Alter zu schützen, wurde staatlicherseits ein umfassendes **System sozialer Sicherung** geschaffen. Die Arbeit an diesem System nahm ihren Anfang vor über hundert Jahren. Sie wurde am 17.11.1871 durch die kaiserliche Botschaft Wilhelm II. angekündigt und zeigte ihre ersten Niederschläge in der **Bismarckschen Sozialgesetzgebung**. 1883 wurde die **Krankenversicherung**, 1884 die **Unfallversicherung** und 1889 die **Invaliditäts- und Altersversicherung** (Arbeiterrentenversicherung) gesetzlich geregelt. Im Jahre 1911 wurden diese Regelungen in der heute noch (in Restbeständen) gültigen **Reichsversicherungsordnung** (RVO) zusammengefaßt. Im selben Jahr wurde auch die **Angestelltenversicherung** (Angestelltenrentenversicherung) gesetzlich verankert. 1927 folgt die **Arbeitslosenversicherung** und 1995 die **Pflegeversicherung**. 670a

Nach dem Zweiten Weltkrieg wurde 1957 die Rentenversicherung reformiert. Eine Vielzahl sozialversicherungsrechtlicher Neuerungen folgte. So wurde unter ande-

III Arbeit

Das Sozialgesetzbuch (SGB)
Kodifikation des Rechts der sozialen Sicherung, der sozialen Entschädigung, der sozialen Förderung

1975	2005	1998	1977	1989	1992
Buch I	**Buch II**	**Buch III**	**Buch IV**	**Buch V**	**Buch VI**
Allgemeiner Teil	Grundsicherung für Arbeitsuchende	Arbeitsförderung	Gemeinsame Vorschriften für die Sozialversicherung	Gesetzliche Krankenversicherung	Gesetzliche Rentenversicherung

1996	1991	2001	1981/83	1995/96	2005
Buch VII	**Buch VIII**	**Buch IX**	**Buch X**	**Buch XI**	**Buch XII**
Gesetzliche Unfallversicherung	Kinder- u. Jugendhilfe	Rehabilitation und Teilhabe behinderter Menschen	Verwaltungsverfahren, Schutz der Sozialdaten, Zusammenarbeit der Leistungsträger	Soziale Pflegeversicherung	Sozialhilfe

(Einzelne Regelungen können auch zu anderen Zeitpunkten in Kraft treten)

Schaubild III, 25

rem die Lohnfortzahlung für Arbeiter im Krankheitsfall (1969), die Gleichstellung der Arbeiter mit den Angestellten in der Krankenversicherung (1970), wie auch die flexible Altersgrenze für die Rentenberechtigung (1972) eingeführt. Das Rentenreformgesetz von 1999 sowie die sogenannten Rentenreformen 2001, 2004 und 2007 bilden die vorläufigen Schlußakkorde im Neuerungsprozeß der sozialen Sicherung.

Unser System der sozialen Sicherung des Arbeitnehmers wird heute von sechs Säulen getragen:
- der Krankenversicherung,
- der Unfallversicherung,
- der Rentenversicherung,
- der Arbeitslosenversicherung,
- der Pflegeversicherung und
- Arbeitslosengeld II und Sozialgeld.

671,672 Die einzelnen **Sozialversicherungen** unterliegen dem **Solidaritätsprinzip**, das heißt, die Versicherten tragen die verschiedenen Risiken weitgehend als **Selbsthilfeorganisation**. Da für den Großteil der Arbeitnehmer der Beitritt zu den einzelnen Versi-
673 cherungen gesetzliche **Pflicht** ist, sind diese Versicherungen für diesen **Zwangsversicherungen**. Ihre Finanzierung erfolgt über die Pflichtbeiträge der Arbeitnehmer und Arbeitgeber sowie über erhebliche staatliche Zuschüsse. Die Beiträge zur
674 Krankenversicherung, Rentenversicherung und Arbeitslosenversicherung unterlie-

Arbeit **III**

Schaubild III, 26

gen sogenannten **Beitragsbemessungsgrenzen**, das sind maximale Verdiensthöhen, aus denen der zu zahlende Beitrag berechnet wird. Auch bei höher Verdienenden werden lediglich diese Beträge der Beitragsberechnung zugrunde gelegt. Die Beitragsbemessungsgrenzen werden jährlich an die allgemeine Lohn- und Gehaltsentwicklung angepaßt.

Die Sozialversicherungen sind **Körperschaften des öffentlichen Rechts** (d. s. →juristische Personen des öffentlichen Rechts, insbesondere Verbände des öffentlichen Rechts, die außerhalb der durch die Behörden dargestellten Staatsverwaltung öffentliche Aufgaben unter staatlicher Aufsicht und gegebenenfalls unter Einsatz hoheitlicher Mittel wahrnehmen), die sich selbst verwalten. Ihre Selbstverwaltung offenbart sich darin, daß ihre Organe – die Vertreterversammlungen und Vorstände – mit Vertretern der versicherten Arbeitnehmer und der beitragspflichtigen Arbeitgeber in der Regel paritätisch besetzt sind. 675

Die **erzwungene Selbstvorsorge** (**Sozialversicherungspflicht**) gilt nicht für alle Gruppen unserer Gesellschaft. So sind Beamte und Selbständige nicht sozialversicherungspflichtig. Während den Beamten die Vorsorge gegen die Wechselfälle des Lebens zumindest zum Teil (Beihilfe, weitgehende Arbeitsplatzsicherung, Pension) durch den Staat abgenommen wird (**Versorgungsprinzip**), bleibt es jedem Selbstän- 676a
676

III Arbeit

677 digen selbst überlassen, seine Lebensrisiken durch eine **freiwillige Selbstvorsorge** abzusichern (**Individualprinzip**).

677a Die gesetzlichen Grundlagen der sozialen Sicherung des Arbeitnehmers sind größteils im **Sozialgesetzbuch** (SGB), insbesondere in dessen Büchern II, IV, V, VI, VII, XI und XII erfaßt (siehe Schaubild III, 25).

678 Um eine mißbräuchliche Inanspruchnahme von Sozial(versicherungs)leistungen zu erschweren, wurde für alle (sozialversicherungspflichtigen) Arbeitnehmer ab Juli 1991 der **Sozialversicherungsausweis** eingeführt. Dieser Ausweis enthält den Vor- und Familiennamen (dazu gegebenenfalls auch den Geburtsnamen) des Beschäftigten und die von der Rentenversicherung vorgegebene Versicherungsnummer. Bei Beginn der Beschäftigung muß der Ausweis dem Arbeitgeber vorgelegt werden, der dann die Anmeldung zur Sozialversicherung vornimmt. Um zu verhindern, daß jemand bestimmte Sozialleistungen in Anspruch nimmt, obwohl er gleichzeitig einer Beschäftigung nachgeht, **sollen** die Agenturen für Arbeit und Sozialämter und **können** die Krankenkassen verlangen, daß der Sozialversicherungsausweis solange bei ihnen hinterlegt wird, wie sie zum Beispiel Arbeitslosengeld I oder II, Sozialhilfe, Unterhaltsgeld, Krankengeld oder Verletztengeld zahlen. Auch der Arbeitgeber hat das Recht, den Sozialversicherungsausweis für die Dauer der Lohn- und Gehaltsfortzahlung an einen erkrankten Arbeitnehmer einzuziehen (siehe Schaubild III, 26).

679 ## 6.1 Krankenversicherung

Die Krankenversicherung hat ihre gesetzlichen Grundlagen hauptsächlich im V. Buch des Sozialgesetzbuches (SGB V), das 1989 das Buch II der Reichsversicherungsordnung abgelöst hat und mit der Aufnahme des Gesetzes zur Stärkung des Wettbewerbs in der gesetzlichen Krankenversicherung (GKV-Wettbewerbsstär-

679a kungsgesetz) per 1. 4. 2007 die **Gesundheitsreform 2007** einleitete. Noch in der Reichsversicherungsordnung verblieben sind die Vorschriften über die Leistungen bei Schwangerschaft und Mutterschaft und die sonstigen Hilfen (Sterilisation/Schwangerschaftsabbruch) sowie die diese betreffenden Regelungen im Kassenarztrecht.

Die Vorschriften über die Krankenversicherung der land- und forstwirtschaftlichen Unternehmer und ihrer mitarbeitenden Familienangehörigen enthält das Zweite Gesetz über die Krankenversicherung der Landwirte.

Die Rechtsbezüge für die Krankenversicherung der Arbeitslosen finden sich im SGB III (Arbeitsförderung), für Künstler und Publizisten im Künstlersozialversicherungsgesetz.

Darüber hinaus gelten für die gesetzliche Krankenversicherung das I. und X. Buch des Sozialgesetzbuches.

680 Der Versicherungspflicht unterliegen Arbeiter und Angestellte bis zu einem bestimmten Verdienst (**Versicherungspflichtgrenze** 2009: 4050 Euro monatlich/48 600 Euro jährlich), Rentner, Arbeitslose, Wehrdienst- und Zivildienstleistende sowie Auszubildende. Beschäftigte, deren Verdienst über der Pflichtgrenze liegt, und Personen, die nicht mehr versicherungspflichtig sind – so beispielsweise Beschäftigte, die sich selbständig machten – können sich weiterversichern lassen.

Arbeit **III**

Die **Träger** der Krankenversicherung sind die Krankenkassen (Ortskrankenkassen, Knappschaftskassen, Betriebskrankenkassen, Ersatzkrankenkassen wie beispielsweise die Deutsche Angestellten Krankenkasse, die Barmer). Die von ihnen zu erbringenden **Leistungen** erstrecken sich je nach (gewähltem) Tarif auf:

- Vorsorgeuntersuchungen und Vorsorgekuren,
- Krankenhilfe (ärztliche und zahnärztliche Behandlung, Versorgung mit Arznei-, Verbands- u. Heilmitteln, Körperersatzstücke, orthopädische u. andere Hilfsmittel, Zuschüsse zu den Kosten für Zahnersatz u. Zahnkronen, häusliche Krankenpflege, Belastungserprobung u. Arbeitstherapie, Zahlung von Krankengeld, d. s. nach Beendigung der Lohnfortzahlung von der 7. Woche an 70 Prozent des Bruttolohnes zuzüglich Familienzuschläge),
- Mutterschaftshilfe (ärztliche und finanzielle Hilfe während u. nach der Schwangerschaft),
- Familienhilfe für Ehegatten und Kinder des Versicherten (Vorsorgemaßnahmen, ärztliche Betreuung, Krankenpflege, Krankenhauspflege, Familienmutterschaftshilfe),
- Haushaltshilfe.

Die Krankenkassen finanzieren sich aus Beiträgen, die sich 2009 im Durchschnitt (der Krankenkassen) auf 15,5 % des Bruttolohnes des jeweiligen Arbeitnehmers beziffern; diesen Beitragssatz tragen Arbeitnehmer und Arbeitgeber je zur Hälfte. Bei einigen Kassen können noch Zusatzbeiträge für Arbeitnehmer hinzukommen (Stand Ende 2008). Für die Bruttoverdienste gilt eine →Beitragsbemessungsgrenze (2009: 3675 Euro monatlich/44 100 Euro jährlich).

Die Krankenkassenbeiträge für versicherte Rentner werden von den Rentenversicherungen, die für Arbeitslose von der Bundesanstalt für Arbeit geleistet.

Die Beziehungen zwischen Ärzten, Zahnärzten und Krankenkassen werden durch das Gesetz über das Kassenarztrecht von 1955 geregelt.

Die Gesundheitsreform 2007 brachte/bringt Neuerungen auf mehreren Stufen:

1. April 2007: Früher gesetzlich Versicherte ohne aktuellen Versicherungsschutz **müssen** wiederum in eine gesetzliche Krankenkasse ihrer Wahl eintreten. Sie erhalten einen Standardtarif. – Gesetzliche Krankenversicherungen (GKV) **können** Wahltarife anbieten.

1. Juli 2008: Der „Spitzenverband der Krankenkassen" ersetzt die sieben bisherigen Krankenkassenspitzenverbände. – In der Privaten Krankenversicherung (PKV) wird der erweiterte Standardtarif eingeführt.

1. Januar 2009: Einführung eines einheitlichen Beitragssatzes für alle in der GKV Versicherten. Es gilt nunmehr Versicherungspflicht für alle Bürger. – Gleichzeitig wird ein Basistarif von 15,5 % eingeführt. Außerhalb dieses Basistarifes **müssen** alle Kassen Wahltarife (Hausmodelle, strukturierte Behandlungsprogramme u. Integrierte Versorgung sowie Modelle für besondere ambulante Versorgungsformen) anbieten. Sie können Tarife mit Selbstbehalten, mit Leistungsverzicht wie auch mit variabler Kostenerstattung anbieten. – Mit der Einführung des **Gesundheitsfonds** fließen die lohnbezogenen Beiträge der Arbeitgeber und Arbeitnehmer sowie die

III Arbeit

staatlichen Zuschüsse aus Steuermitteln nicht mehr an die verschiedenen Kassen, sondern an diesen. Aus ihm (dem Gesundheitsfonds) erhalten die Kassen dann einen Anteil, der die nach Alter, Geschlecht und Krankheitsrisiko gewichteten Anspruchspotentiale der Versicherten ausgleichen soll (Risikoausgleich). – Die Krankenkassen **können** darüber hinaus von ihren jeweiligen Versicherten direkt einen ergänzenden Zusatzbeitrag erheben. Dabei wird ihnen freigestellt, diesen prozentual zum Einkommen oder als Kopfpauschale zu erheben. Der Zusatzbeitrag wird auf 1% des Einkommens begrenzt (Überforderungsklausel). Es können allerdings auch zusätzliche Beiträge bis zu 8,– Euro monatlich ohne Einkommensprüfung erhoben werden. – Kassen, die weniger ausgeben als sie Mittel aus dem Gesundheitsfonds erhalten, können ihren Mitgliedern Rückerstattungen zukommen lassen.

1. Januar 2011: Bündelung des Beitragseinzuges in der GKV.

6.2 Unfallversicherung

Die Unfallversicherung wird durch die Bestimmungen des Buches VII des Sozialgesetzbuches (SGB VII) geregelt. Ihnen zufolge unterliegen dem Versicherungszwang alle gegen Entgelt beschäftigten Arbeitnehmer ohne Rücksicht auf die Höhe ihres Einkommens sowie Auszubildende und Arbeitslose. Beamte unterliegen besonderen beamtenrechtlichen Unfallfürsorgevorschriften.

Die **Träger** der Unfallversicherung sind für die in privaten Unternehmen beschäftigten Arbeitnehmer die nach Berufsgruppen gegliederten Berufsgenossenschaften, für Arbeitslose die Bundesanstalt für Arbeit und für die im öffentlichen Dienst Stehenden Bund, Länder und Gemeinden. Ihre **Leistungen** folgen der Rangordnung: Unfallverhütung – Rehabilitation – Schadensersatz. Sie erstrecken sich im einzelnen auf:

- Unfallverhütung und -aufklärung,
- Erste Hilfe und Heilbehandlung sowie Krankengeld während deren Verlauf,
- berufsfördernde Leistungen, damit der Verletzte seinen früheren Beruf wieder ausüben beziehungsweise einen neuen Beruf oder einen neuen Arbeitsplatz finden kann,
- Verletztenrente nach Beendigung der Heilbehandlung bei mindestens 20% Erwerbsminderung,
- Hinterbliebenenrente,
- Kapitalabfindung statt Verletzten- oder Hinterbliebenenrente,
- Sterbegeld.

Die Geldleistungen werden in der Regel nach dem Jahresverdienst des Geschädigten vor Unfalleintritt berechnet. Sie sind durch Gesetz an die allgemeine Lohnentwicklung angepaßt (dynamisiert).

Der Leistungsanspruch gegenüber der Unfallversicherung besteht bei Arbeitsunfällen und Wegeunfällen sowie bei Berufskrankheiten. Als **Arbeitsunfälle** gelten solche Unfälle, die der Beschäftigte in Ausübung seiner beruflichen Tätigkeit erleidet. Zur beruflichen Tätigkeit zählen auch betriebsbedingte Reisen, Betriebsausflüge und in bestimmtem Umfang Betriebssportveranstaltungen. Ein Verschulden des Beschäftigten bleibt – außer bei → Vorsatz – unberücksichtigt.

Als **Wegeunfälle** gelten Unfälle auf dem direkten Weg zwischen Wohnung und Arbeitsstätte, gleichgültig welches Verkehrsmittel benutzt wurde. 683

Als **Berufskrankheiten** werden solche Krankheiten angesehen, die nach dem Erkenntnisstand der medizinischen Wissenschaft mit der Ausübung eines bestimmten Berufes/einer bestimmten Arbeit in Zusammenhang stehen. 684

Die Leistungen der Unfallversicherung werden von Amts wegen festgestellt. Hierzu bedarf es der Anzeige des Arbeitgebers. Der Arbeitgeber ist zur Abgabe der Anzeige verpflichtet.

Die Unfallversicherungen werden von den Arbeitgebern durch Beiträge finanziert. Ihre Höhe richtet sich zum einen nach den Verdiensten der versicherten Arbeitnehmer, zum anderen nach der Unfallgefahrenklasse, der der einzelne Betrieb entsprechend der in ihm herrschenden Unfall- und Berufskrankheitsgefahren zugeordnet ist.

Die Berufsgenossenschaften überwachen die Einhaltung und Durchführung der Unfallverhütungsvorschriften durch ihre Mitglieder und beraten diese.

6.3 Rentenversicherung 685

Die gesetzliche Grundlage der Rentenversicherung bildet das Buch VI des Sozialgesetzbuches (SGB VI). Hiernach unterliegen alle gegen Entgelt beschäftigten Arbeiter und Angestellten, Auszubildende, Wehr- und Zivildienstleistende, wie auch Bezieher von Lohnersatzleistungen (wie z. B. Krankengeld, Arbeitslosengeld I u. II) sowie Bezieher von Vorruhestandsgeld der Versicherungspflicht. Auch Personen, für die eine Kindererziehungszeit anzurechnen ist, unterliegen der Versicherungspflicht; des weiteren unter bestimmten Voraussetzungen: Behinderte, Personen, die in besonderen Einrichtungen für eine Erwerbstätigkeit befähigt werden sollen, sowie Mitglieder geistlicher Genossenschaften, Diakonissen und Angehörige ähnlicher Gemeinschaften. Hinzu kommen (als weitere gesetzliche Grundlagen) das Gesetz zur Reform der gesetzlichen Rentenversicherung von 1999 (Rentenreformgesetz 1999 [RRG 1999]), das vor allem die Kindererziehung verbessert berücksichtigt und die Renten wegen verminderter Erwerbsfähigkeit neu regelt, das Altersvermögensgesetz (Gesetz zur Reform der gesetzlichen Rentenversicherung u. zur Förderung eines kapitalgedeckten Altersvermögens) vom 26. Juni 2001, das Altersvermögensergänzungsgesetz vom 21. März 2001, das Gesetz zur Reform der Renten wegen verminderter Erwerbsfähigkeit vom 20. Dezember 2000 sowie die Rentenreform von 2004, durch die die gesetzliche Rentenversicherung finanzierungsseitig nachhaltig abgesichert und stabilisiert wird.

(Selbständige können aufgrund der Zugehörigkeit zu bestimmten Berufsgruppen [z. B. Lehrer u. Erzieher, Pflegepersonen, Hebammen u. Entwicklungshelfer, Seelotsen, Künstler u. Publizisten, Hausgewerbetreibende, Küstenschiffer u. Küstenfischer sowie Handwerker] versicherungspflichtig sein. Selbständige, die nicht aufgrund ihrer Zugehörigkeit zu bestimmten Berufen pflichtversichert sind, **können** der gesetzlichen Rentenversicherung **auf Antrag als Pflichtversicherte** beitreten.)

Von der Versicherungspflicht **ausgenommen** sind Angehörige eines anderen Versorgungssystems, so insbesondere Beamte und andere öffentliche Bedienstete, die aber

III Arbeit

(falls sie ohne Anwartschaft auf Versorgung aus ihrem Dienstverhältnis ausscheiden) in der gesetzlichen Rentenversicherung noch versichert werden können. Angehörige einer berufsständischen Versorgungseinrichtung (z. B. Ärzte, Rechtsanwälte) können sich von der Versicherungspflicht **befreien** lassen.

(Personen, die nicht versicherungspflichtig sind, können sich von der Vollendung des 16. Lebensjahres an **freiwillig versichern** lassen.)

Träger der Rentenversicherung für Arbeiter sind die Deutschen Rentenversicherungen in den einzelnen Bundesländern und die Deutsche Rentenversicherung Knappschaft-Bahn-See in Bochum; Träger der Rentenversicherung für Angestellte ist die Deutsche Rentenversicherung Bund in Berlin.

Ihre **Leistungen** umfassen:

- Heilbehandlung (Maßnahmen zur Wiederherstellung der Erwerbsfähigkeit),
- Berufsförderung und Umschulungsmaßnahmen zur Wiedererlangung eines Arbeitsplatzes,
- ergänzende Leistungen (soziale Betreuung u. Zahlung von Überbrückungsgeldern während der Heilbehandlung u. Berufsförderung),
- Rentenzahlungen:

687 – **Altersrente** (Altersruhegeld): Das **Regelaltersruhegeld** wird nach einer Mindestwartezeit (Mindestversicherungszeit) von 5 Jahren ab Vollendung des 65. Lebensjahres für Männer und Frauen gezahlt.

688 – **Berufsunfähigkeitsrente**: Nach dem Gesetz zur Reform der Renten wegen verminderter Erwerbsfähigkeit haben Berufsunfähige, die das 40. Lebensjahr noch nicht erreicht haben, seit 2001 keinen Anspruch mehr auf Berufsunfähigkeitsrente. Für sie wird diese Leistung ersatzlos gestrichen. Versicherte, die bei Inkrafttreten der Reform das 40. Lebensjahr vollendet hatten, behalten
689 einen Anspruch auf **Teilrente wegen Berufsunfähigkeit**. Anstelle der Berufsunfähigkeitsrente tritt unter gewissen Voraussetzungen die Erwerbsminderungsrente.

690 – **Erwerbsminderuntgsrente** wird bei Nachweis einer entsprechenden Erwerbsminderung als Teilrente oder Vollrente gezahlt.
690a – **Hinterbliebenenrente** (Rente wegen Todes):
690b – **Witwenrente**,
690c – **Witwerrente**,
690d – **Erziehungsrente**,
690e – **Waisenrente**.

691
692 Die laufenden Renten werden regelmäßig – teils automatisch, teils gesetzlich – an die Entwicklung des Lohn- und Preisniveaus angepaßt (dynamisiert, **dynamische Rente**). Die Höhe der Monatsrente läßt sich mittels der **Rentenformel** berechnen (siehe Schaubild III, 27).

Die Rentenversicherungen finanzieren sich zum einen aus den je zur Hälfte von Arbeitgebern und Arbeitnehmern aufzubringenden Beiträgen (2009: 19,9 % des Bruttoverdienstes bis zur Beitragsbemessungsgrenze von 5400 Euro monatlich/ 64 800 Euro jährlich in den alten Bundesländern bzw. 4550 Euro monatlich/54 600 Euro jährlich in den neuen Bundesländern), zum anderen aus Bundeszuschüssen.

Arbeit **III**

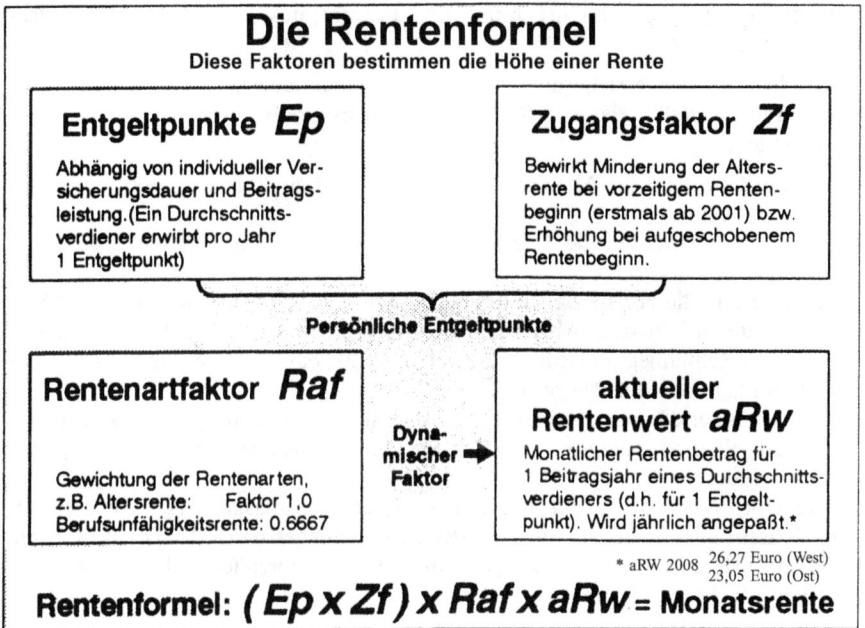

Schaubild III, 27

Mit Inkrafttreten des **Alterseinkünftegesetzes** zum 1.1.2005 werden die Arbeitnehmerbeiträge zur gesetzlichen Rentenversicherung bis 2025 schrittweise von der Steuer freigestellt. Zunächst sind 60 Prozent derselben (maximal 12 000 Euro) als →Sonderausgaben (§ 10 Abs. 3 Einkommensteuergesetz [EStG]) abzugsfähig. Diese Freistellung der Beiträge steigt bis 2025 jährlich um 2 Prozentpunkte auf 100 Prozent (maximal 20 000 Euro). Geringverdiener können damit gegenüber der vorherigen Regelung (Steuerfreistellung der gesamten Arbeitnehmerbeiträge) allerdings schlechter gestellt sein. Für sie gilt deshalb bis 2014 eine „Günstigkeitsprüfung". Derzufolge können sie für diese Zeitspanne die alte Regelung in Anspruch nehmen. – Im Gegenzug zu den aufgezeigten Beitragsfreistellungen sind die Rentenauszahlungen (§ 22 EStG) ab 2005 mit 50 Prozent, steigend jährlich um 2 Prozent, ab 2040 zu 100 Prozent der Einkommensteuer unterworfen. – Für die bis und im Jahr 2005 in Rente Gehenden unterliegt diese ebenfalls zu 50 Prozent der Besteuerung. Der dabei ermittelte nominale steuerfreie Betrag wird für den Rest deren Lebens festgeschrieben. Steigen die Renten dieser Personen im Zeitverlauf, erhöht sich der steuerfreie Betrag nicht mehr. Diese Festschreibung des steuerfreien Nominalbetrages erfolgt auch bei allen (2005) folgenden Rentner-Jahrgängen, bei denen der anfängliche steuerpflichtige prozentuale Anteil zudem langsam angehoben wird: bis 2020 steigt der Eingangssatz jährlich um 2 Prozentpunkte von ursprünglich 50 auf

692a

III Arbeit

dann 80 Prozent. Danach jährlich um einen Prozentpunkt auf schließlich 100 Prozent im Jahr 2040.

692b Nach dem Rentenversicherungs-Altersgrenzenanpassungsgesetz vom 30. 3. 2007 (**Rentenreform 2007**), das die Rente mit 67 festschreibt, ergeben sich folgende Neuerungen:

– Von 2012 an steigt die Altersgrenze bei der Altersrente schrittweise bis 2029 von 65 auf 67 Jahre.
– Grundsätzlich werden die Altersgrenzen auch bei anderen Renten um 2 Jahre erhöht.
– Versicherten, die vor Erreichen des Rentenalters in den Ruhestand gehen möchten, werden 0,3 Prozent Abzug je Monat in Anrechnung gebracht. Der frühestmögliche Rentenbeginn steigt schrittweise bis 2029 auf 63 Jahre (mit einem Rentenabschlag von 14,4 Prozent).
– Ausnahmsweise können Arbeitnehmer, die mehr als 45 Beitragsjahre nachweisen können, ohne Abschlag mit 65 Jahren in Rente gehen. Als Beitragsjahre gelten auch Kindererziehungszeiten.
– Langjährig Versicherte (mit mindestens 35 Versicherungsjahren), die derzeit mit 63 Jahren unter Inkaufnahme eines Rentenabschlages von 7,2 Prozent in Rente gehen dürfen, können auch künftig mit 63 in den Vorruhestand, allerdings nur mit einem Abschlag von 14,4 Prozent.

Arbeitnehmer, die bis 1954 geboren wurden und im Vertrauen auf die bisherigen Altersgrenzen bis 31. 12. 2006 einen Altersteilzeitvertrag abgeschlossen haben, können weiterhin mit 62 Jahren in den Vorruhestand und mit 65 abschlagsfrei in Rente gehen.

Wer wegen seines Gesundheitszustandes nur weniger als drei Stunden am Tag arbeiten kann, hat weiterhin Anspruch auf eine volle Erwerbsminderungsrente. Wer drei bis sechs Stunden arbeiten kann, erhält eine anteilige Rentenzahlung. Hier ergeben sich keine Änderungen!

Ab 2011 können bis dahin (wegen einer seit 2005 bestehenden Schutzklausel) unterlassene Kürzungen der Altersrente schrittweise nachgeholt werden.

Exkurs: Mit der Rentenreform 2001 versucht der Staat den Veränderungen im Altersaufbau der Bevölkerung und deren Auswirkungen auf das Rentensystem Rechnung zu tragen. Zum Ausgleich dafür, daß die Renten künftig nur noch langsamer steigen können, soll die betriebliche und private Altersvorsorge gestärkt und gefördert werden.

692c, 692d Die (seit 2002 angebotene) **private Altersvorsorge** in Form der **Riester-Rente** (benannt nach dem seinerzeitigen Bundesminister für Arbeit und Sozialordnung Walter Riester) ist durch § 10a i. Verb. mit Abschnitt XI (ab § 79) Einkommensteuergesetz (EStG) fundiert. Dieser Rechtsgrundlage zufolge können zu der gesetzlichen Rentenversicherung Pflichtversicherte wie auch Empfänger von Besoldung nach dem Bundesbesoldungsgesetz, Empfänger von Amtsbezügen aus einem Amtsverhältnis, die nach § 5 Abs. 1 Satz 1 Nr. 2 und 3 des VI. Buches Sozialgesetzbuch (SGB VI) versicherungsfrei Beschäftigten und die nach § 6 Abs. 1 Satz 1 Nr. 2 des

VI. Buches Sozialgesetzbuch von der Versicherungspflicht befreiten Beschäftigten ebenso wie Beamte, Richter, Berufssoldaten und Soldaten auf Zeit **Altervorsorgebeiträge** (§ 82 EStG) zuzüglich der dafür nach Abschnitt XI zustehenden Zulage jährlich bis zu 2100 Euro als **Sonderausgaben** von ihrem Einkommen in Abzug bringen.

In Abhängigkeit von den geleisteten Altersvorsorgebeiträgen wird eine staatliche **Zulage** gewährt, die sich aus einer Grundzulage (§ 84 EStG) und einer Kinderzulage (§ 85 EStG) zusammensetzt.

Jeder Zulageberechtigte erhält eine **Grundzulage**; diese beträgt jährlich 154 Euro.

Die **Kinderzulage** beträgt für jedes Kind, für das dem Zulageberechtigten Kindergeld gewährt wird, jährlich 185 Euro.

Die Zulage nach den §§ 84 und 85 EStG wird gekürzt, wenn der Zulageberechtigte nicht den **Mindesteigenbeitrag** nach § 86 EStG leistet. Dieser beträgt jährlich 4 vom Hundert der Summe der in dem dem Kalenderjahr vorausgegangenen Kalenderjahr erzielten beitragspflichtigen Einnahmen im Sinne des SGB VI respektive der bezogenen Besoldung oder Amtsbezüge und erzielten Einnahmen, die beitragspflichtig wären, wenn die Versicherungsfreiheit in der gesetzlichen Rentenversicherung nicht bestehen würde.

Die Riester-Rente kann über vier Produktgruppen aufgebaut werden: Banksparpläne, Fondssparpläne, Rentenversicherungen und selbstgenutztes Wohneigentum beziehungsweise genossenschaftliches Wohnen (auf der Grundlage des rückwirkend zum 1.1.2008 in Kraft getretenen Eigenheimrentengesetzes). Die Bundesanstalt für Finanzdienstleistungsaufsicht (BaFin) läßt über ihre Zertifizierungsstelle nur solche Verträge zu, die den gesetzlichen Mindestanforderungen genügen. Nach diesen ist der Anleger zu laufenden Eigenbeiträgen verpflichtet; die Rentenleistungen dürfen nicht vor Vollendung des 60. Lebensjahres, spätestens mit Beginn der gesetzlichen Rente erfolgen; der Anbieter muß zusagen, daß zu Beginn der Auszahlungsphase mindestens die eingezahlten Beiträge (vermehrt um die Zinsen und vermindert um die Verwaltungs- und sonstigen Kosten) zur Verfügung stehen und lebenslange gleichbleibende oder steigende monatliche Leistungen sichergestellt sind. – Das Zertifikat der BaFin über die Erfüllung der Mindestanforderungen an das jeweilige Produkt sagt nichts aus über die wirtschaftliche Bonität des Produktanbieters oder über die Qualität respektive Wirtschaftlichkeit der einzelnen Produkte.

Die Beiträge zu den einzelnen Riester-Rente-Produkten sind in der Ansparphase sozialabgaben- und steuerfrei. Die daraus erfolgenden Auszahlungen im Alter unterliegen jedoch der Besteuerung.

Banksparpläne können je nach Eintrittsalter des Sparers über 40 Jahre und mehr laufen. Unter *Rendite*aspekten sind sie durchweg wenig attraktiv. Die Verzinsung ist über die Laufzeit nicht festgeschrieben und kann jederzeit geändert werden. Nur vereinzelt ist die Verzinsung der angebotenen Banksparpläne an eine verbindliche Orientierungsgröße, wie etwa die Umlaufrendite von öffentlichen Anleihen, gekoppelt. Abschlußgebühren werden in der Regel nicht erhoben oder sind sehr gering.

III Arbeit

Im Unterschied zu allen anderen Riester-Angeboten ist bei Banksparplänen der Kapitalerhalt nicht erst zum Rentenbeginn, sondern während der gesamten Laufzeit des Vertrages sichergestellt. Diese Gegebenheit ist für all die Anleger von großer Bedeutung, die möglicherweise irgendwann ohne Kapitalverlust in eine andere Anlageform wechseln wollen. Die Wechselkosten belaufen sich dann je nach Anlageform auf 25 bis 100 Euro.

Auch für Bausparer können Banksparpläne wegen der (später) jederzeit möglichen Eigenkapitalentnahme zur Immobilienfinanzierung von Interesse sein.

Für ältere Vorsorgesparer, die nichts mehr riskieren wollen, sind Banksparpläne (unter den Riester-Produkten) eine relativ problemlose (Geld-)Anlage.

Fondssparpläne leiten wie normale Investmentfondssparpläne die Sparbeiträge der Anleger in Investmentfonds. Die Eigenart der Riester-Fondssparpläne besteht darin, daß diese eine Laufzeit bis zum 60. Lebensjahr des jeweiligen (Vorsorge-)Sparers aufweisen müssen. Um den für diesen Zeitpunkt verlangten Kapitalerhalt gewährleisten zu können, richten sich die Fonds in ihrer Anlagestrategie am Alter des Vorsorgers bei Vertragsabschluß und an der jeweiligen Marktsituation aus und legen dessen Sparbeiträge entsprechend in Aktien-, Renten-, Immobilien- und Geldmarktfonds an. Analog dazu lassen sich offensive, ausgewogene und defensive Anlagestrategien unterscheiden. Offensive Fondssparpläne mit Aktienschwerpunkt werden vorzugsweise für jüngere Sparer mit weitem Anlagehorizont in Betracht gezogen, während für ältere Sparer verstärkt auf defensive Fondssparpläne gesetzt wird.

Rentenversicherungen bieten für die Riester-Rente im wesentlichen drei Vertragsvarianten an. Bei der klassischen Variante erhält der Einzahler eine garantierte Verzinsung auf seine Sparbeiträge. Bei der zweiten Variante werden die Überschüsse aus der Versicherung zu Gunsten der Anleger einem Fonds zugeleitet. Nach Variante drei – oft auch „Hybridversicherung" genannt – wird nur ein kleiner, für den vorgeschriebenen Kapitalerhalt notwendiger Teil der Sparbeiträge konservativ angelegt und der Rest in Fonds unterschiedlicher Ausrichtung investiert. Damit wird dem (Vorsorge-)Sparer lediglich die Auszahlung seiner Beiträge plus eine (nicht näher quantifizierte) Zulage garantiert.

Rentenversicherungen können in jedem Lebensalter sinnvoll sein; vorausgesetzt, daß der gewählte Tarif kostengünstig ist und eine attraktive *Rendite* erwarten läßt. Auch hier gilt wie bei den Fondssparplänen: Jüngere Sparer können das spekulative, mit aktienorientierten Fondsanlagen verbundene höhere Risiko in der Regel eher eingehen als ältere Anleger.

Der **Erwerb selbstgenutzten Wohneigentums** oder **genossenschaftliches Wohnen** durch den Erwerb von Genossenschaftsanteilen an Wohnbaugesellschaften kann nunmehr auch aus durch den Riester-Rentenvertrag angespartem Kapital (sog. Wohn-Riester) finanziert werden. Die Kapitalentnahme kann dabei während der Ansparphase oder zu Beginn der Auszahlungsphase erfolgen. Der entnommene Betrag muß nicht zurückgezahlt werden.

Abschließend kann festgestellt werden, daß es äußerst kompliziert ist, einigermaßen exakt zu ermitteln für wen sich die (Riester-)Förderung lohnt und für wen nicht.

Arbeit **III**

Die (seit 2002 angebotene) private Altersvorsorge in Form der **Eichel-Rente** (benannt nach dem seinerzeitigen Bundesfinanzminister Hans Eichel) wird durch eine Entgeltumwandlung im arbeitgebenden Unternehmen gespeist. Nach diesem (privaten) Vorsorge-Modell kann der Arbeitnehmer bis zu vier Prozent seines Bruttogehaltes (derzeit [2008] maximal 2544 Euro) über einen Betriebsrentensparvertrag der betrieblichen Altersvorsorge zuleiten! Diese Beiträge sind steuer- und auch sozialabgabenfrei. Seit 2006 können jährlich zusätzlich 1800 Euro steuerfrei eingezahlt werden; dieser Zusatzbetrag unterliegt allerdings der Sozialabgabenpflicht.

692e

Die (seit 2004 angebotene) private Altersvorsorge in Form der **Rürup-Rente** (benannt nach dem Ökonomen Paul Rürup) ist eine private Rentenversicherung, die im Gegensatz zu deren klassischer Ausgestaltung oder zur Riester-Rente kein Kapitalwahlrecht kennt.

692f

Die Beiträge zum Aufbau dieser Rente können im Rahmen der gesetzlichen Höchstbeträge unter folgenden Voraussetzungen einkommensteuerwirksam als Sonderausgaben (§ 10 Abs. 1 Ziff. 2b Einkommensteuergesetz) vom Gesamtbetrag der Einkünfte in Abzug gebracht werden: (1) Der Versicherungsvertrag darf ausschließlich die Zahlung einer lebenslangen monatlichen Leibrente vorsehen; (2) die Rente darf nicht vor Vollendung des 60. Lebensjahres gezahlt werden; (3) die Ansprüche aus dem Versicherungsvertrag dürfen nicht vererbt, beliehen, veräußert oder kapitalisiert werden; dem Begünstigten darf kein Anspruch auf vorzeitige Auszahlung eingeräumt werden.

Der Abschluß eines Rürup-Rentenvertrages eignet sich in besonderer Weise für Selbständige mit einer relativ hohen Steuerbelastung, denen eine entsprechende Absicherung über die Riester-Rente oder eine betriebliche Altersvorsorge nicht offensteht.

Besteuerung der Einzahlung in die betriebliche Altervorsorge

*) Beitragsbemessungsgrenze für die Rentenversicherung

Besteuerung der Auszahlung aus der betrieblichen Altersvorsorge

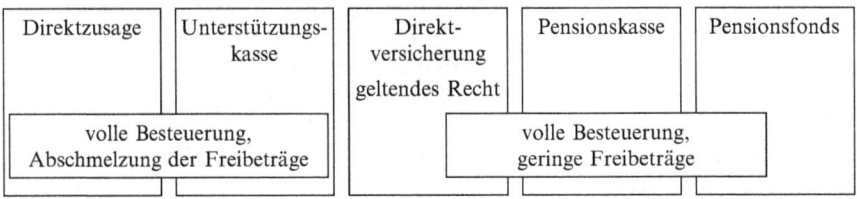

Übersicht 26a

III Arbeit

692g Nach dem am 1.1.2002 in Kraft getretenen **Altersvermögensgesetz** können gesetzlich rentenversicherte Arbeitnehmer einen Teil ihres Bruttogehaltes steuermindernd
692h über die sogenannte Entgeltumwandlung in einer **betrieblichen Altersvorsorge** anlegen. Dafür stehen fünf verschiedene Durchführungswege zur Auswahl: Direktzusage, Unterstützungskasse, Direktversicherung, Pensionskasse und Pensionsfonds.
692i Unter Berücksichtigung des **Alterseinkünftegesetzes** vom 1.1.2005 sind Ein- und Auszahlung in beziehungsweise aus den verschiedenen Anlagemöglichkeiten wie folgt geregelt (siehe Übersicht 26a).

Die Entgeltumwandlung gewinnt zusätzliches Interesse dadurch, daß mit ihr auch die staatliche Förderung der zusätzlichen, privaten (kapitalgedeckten) Altersvorsorge, der Riester-Rente, in Anspruch genommen werden kann (Riester-förderungsfähig). Allerdings setzt diese Förderungsfähigkeit der betrieblichen Altersvorsorge voraus, daß diese später als Altersrente ausgezahlt wird und nicht als einmalige Kapitalleistung erfolgt. Wird der (Förderungs-)Anspruch erhoben, ist jedoch die Riester-Förderung für die private Altersvorsorge nicht mehr verfügbar! Der Arbeitnehmer sollte sich deshalb reiflich überlegen, für welche der beiden Vorsorgemöglichkeiten (betriebliche oder private) er sich entscheiden möchte. Sollte sich bei einer betrieblichen Altersvorsorge per Entgeltumwandlung der Arbeitgeber mit einem Finanzierungsanteil beteiligen, wäre im Regelfall die betriebliche Vorsorgemöglichkeit der privaten vorzuziehen.

693 ## 6.4 Arbeitslosenversicherung

Die gesetzliche Grundlage für die Arbeitslosenversicherung bildet das Buch III des Sozialgesetzbuches (SGB III-Arbeitsförderung). Ihm zufolge sind alle gegen Entgelt beschäftigten Arbeitnehmer (Arbeiter und Angestellte einschließlich der Auszubildenden) und die ihnen gleichgestellten Personen (z. B. Heimarbeiter) ohne Rücksicht auf die Höhe ihres Entgeltes versicherungspflichtig. Beamte unterliegen nicht der Versicherungspflicht.

Träger der Arbeitslosenversicherung ist die Bundesagentur für Arbeit in Nürnberg mit ihren Regionaldirektionen für Arbeit und (örtlichen) Agenturen für Arbeit. Ihre **Leistungen** erstrecken sich auf:

– **Arbeitslosengeld I** für unfreiwillig Arbeitslose oder Arbeitnehmer in beruflicher Weiterbildung, die das 65. Lebensjahr noch nicht vollendet und die Anwartschaft erfüllt haben. Die Dauer der Zahlung regelt der mit Wirkung vom 1.1.2008 geänderte § 127 SGB III wie folgt (siehe Schaubild III, 27a).
Die Höhe der Leistung beträgt 60% des pauschalierten Nettoentgeltes für Kinderlose und 67% für Empfänger mit mindestens einem Kind. Das pauschalierte Nettoentgelt ergibt sich als Durchschnitt aus den Entgeltabrechnungen der letzten 52 Wochen der Versicherungspflichtigen Beschäftigung.

695 – **Teilarbeitslosengeld** bei Teilarbeitslosigkeit (§ 150 SGB III).
695a – **Kurzarbeitergeld** (§§ 169–182 SGB III), wenn ein erheblicher Arbeitsausfall mit Entgeltausfall besteht.
696 – **Saison-Kurzarbeitergeld** für witterungsbedingten Arbeits- und damit Entgeltausfall in der Schlechtwetterzeit (§§ 175–175b SGB III).

Arbeit **III**

– **Insolvenzgeld** (§§ 183–189a SGB III), wenn der Arbeitgeber dauerhaft zahlungsunfähig ist, für die letzten 3 Monate vor Eröffnung des Insolvenzverfahrens.

nach Versicherungspflichtverhältnissen mit einer Dauer von insgesamt mindestens ... Monaten	und nach Vollendung des ... Lebensjahres	... Monate Anspruch
12		6
16		8
20		10
24		12
30	50.	15
36	55.	18
48	58.	24

Zur Bestimmung der Anspruchsdauer wird die Rahmenfrist nach § 127 Abs. 1 Satz 1 Nr. 1 SGB III statt wie bisher um ein Jahr nach der neuen Regelung um **drei** Jahre erweitert.

Der § 127 Abs. 4 SGB III wird insoweit angepasst, dass sich die Dauer eines (neu erworbenen) Anspruchs auf Arbeitslosengeld um die noch nicht erschöpfte Dauer des bisherigen (wegen der Entstehung des neuen Anspruchs erloschenen) Anspruchs bis zum Erreichen der Höchstanspruchsdauer verlängert, wenn nach der Entstehung des erloschenen Anspruches nicht **fünf** Jahre verstrichen sind. Betroffen sind Fälle mit einem Neuanspruch auf Arbeitslosengeld ab 1.1.2008

Schaubild III, 27a

Die frühere Arbeitslosenhilfe wird seit 2005 durch das Arbeitslosengeld II (siehe unter 6.5) ersetzt.

Die Mittel der Arbeitslosenversicherung werden durch Beiträge aufgebracht, die hälftig vom Arbeitgeber und Arbeitnehmer bezahlt werden (2009: 2,8% vom Bruttoverdienst bis zur Beitragsbemessungsgrenze von 5400 Euro monatlich/64800 Euro jährlich in den alten Bundesländern bzw. 4550 Euro monatlich/54600 Euro jährlich in den neuen Bundesländern. Die Reduzierung des Beitragssatzes zum 1.1.2009 von 3,3% auf 2,8% ist auf 18 Monate befristet; vom 1.7.2010 an soll dieser wieder auf 3% angehoben werden.).

6.5 Arbeitslosengelt II und Sozialgeld

Seit 1.1.2005 sind Arbeitslosenhilfe und Sozialhilfe im Arbeitslosengeld II (§§ 19–27 Zweites Buch des Sozialgesetzbuches [SGB II] i.d. Fassung v. 1.8.2006) zusammengefaßt. Nach § 7 SGB II erhalten diese Leistung erwerbsfähige Hilfsbedürftige (d.s. Personen, die keinen Anspruch auf Arbeitslosengeld I haben oder deren Anspruch hierauf bereits abgelaufen ist) im Alter zwischen 15 und 65 Jahren mit gewöhnlichem Aufenthalt in Deutschland. Die Regelleistung für Alleinstehende umfaßt 347 Euro im Monat. – Nichterwerbsfähige Angehörige, die mit erwerbsfähigen Hilfsbedürftigen in Bedarfsgemeinschaft leben, erhalten nach § 28 SGB II Sozialgeld. Zusätzlich zum Arbeitslosengeld II können Leistungen zur Eingliederung in Arbeit (§ 16 SGB II) erbracht werden. Träger dieser Leistungen sind die Agenturen für Arbeit.

III Arbeit

Über die Regelleistung hinaus erhält der hilfsbedürftige Personenkreis Leistungen für Unterkunft und Heizung (§ 22 SGB II).

Die Bezieher von Arbeitslosengelt II sind kranken-, pflege- und rentenversichert. Die Beiträge werden vom Bund getragen.

Beziehern von Arbeitslosengeld II, die ihnen von der Agentur für Arbeit angebotene Arbeit ablehnen, droht Leistungskürzung!

Exkurs: Personen, die ihren notwendigen Lebensunterhalt nicht oder nicht ausreichend aus eigenen Kräften und Mitteln, insbesondere aus ihrem Einkommen und Vermögen, bestreiten können, erhalten nach § 19 Abs. 1 SGB XII **Sozialhilfe**.

6.6 Pflegeversicherung

697c

Seit dem 1.1.1995 gibt es unter dem Dach der Krankenversicherung eine Pflegeversicherung. Die gesetzliche Grundlage für diese Versicherung ist das Pflegeversicherungsgesetz (in vollem Wortlaut: Gesetz zur sozialen Absicherung des Risikos der Pflegebedürftigkeit – PflegeVG), das 1995/96 als Buch XI in das Sozialgesetzbuch (SGB XI) eingebracht wurde. Ihm zufolge unterliegen **alle** Personen, die krankenversichert sind, der **Versicherungspflicht** in der Pflegeversicherung. Dabei ist es ohne Bedeutung, ob der Krankenversicherungsschutz bei einem gesetzlichen Krankenversicherungsträger oder einem privaten Versicherungsunternehmen besteht. Neben jeder Krankenkasse ist eine Pflegekasse eingerichtet. Wie bei der Krankenversicherung gibt es eine **gesetzliche Lösung**, die sogenannte **soziale Pflegeversicherung**, und eine **private Lösung**, die sogenannte **private Pflegeversicherung**. Der **Beitrag** zur Pflegeversicherung wird prozentual vom Arbeitsentgelt erhoben, das auch der Berechnung des Krankenversicherungsbeitrages unterliegt; dies gilt auch hinsichtlich der Beitragsbemessungsgrenze (2009: 3675 Euro monatlich/44100 Euro jährlich). Der Beitragssatz beträgt 1,95 Prozent. (Ab 1.1.2005 erhöhte sich der Beitragssatz für kinderlose Arbeitnehmer ab dem 23. Lebensjahr um 0,25 Prozent.) Der Beitrag wird je zur Hälfte vom Arbeitgeber und vom Arbeitnehmer getragen.* (Rentner tragen seit dem 1.4.2004 die Beiträge allein!) Als Ausgleich für den finanziellen Aufwand der Arbeitgeber wurde in verschiedenen Bundesländern ein Feiertag gestrichen. In Bundesländern, in denen eine solche Streichung nicht erfolgt, ist der Beitrag in voller Höhe vom Arbeitnehmer zu tragen. – Basis für die Beiträge der Selbständigen ist deren monatliches Gesamteinkommen (bis zur Beitragsbemessungsgrenze); sie tragen den Beitrag allein. Die **Leistungen** der Pflegeversicherung umfassen die **häusliche Pflege** (geregelt nach Pflegestufen I–III und besonderen Härtefällen) bis zu bestimmten Höchstsätzen wie auch **stationäre Pflege** bis zu einem bestimmten Höchstsatz.

---

* Mit dem am 1.1.2005 in Kraft getretenen Gesetz zur Berücksichtigung der Kindererziehung im Beitragsrecht der sozialen Pflegeversicherung müssen kinderlose Versicherte zwischen 23 und 65 Jahren einen Beitragszuschlag von 0,25 Prozent zahlen. Der Beitrag für diese Versicherungsgruppe stieg damit auf 1,1 Prozent (die Hälfte von 1,7 % = 0,85 %; plus 0,25 % = 1,1 %) vom beitragspflichigen Einkommen. Für Wehr- u. Ersatzdienstleistende sowie Empfänger von Arbeitslosengeld II entfällt der Beitragszuschlag.

Arbeit **III**

Mit Inkrafttreten der **Pflegereform 2008** (Gesetz zur strukturellen Weiterentwicklung der Pflegeversicherung) zum 1. 7. 2008 griffen eine Reihe von Neuerungen/Änderungen Platz: Erhöhung der Pflegesätze in drei Stufen (2008, 2010, 2012); Anpassung der Pflegesätze an die Preisentwicklung ab 2015; Änderungen in der häuslichen Pflege; Änderungen in der stationären Pflege; Begutachtungsfristen beim Pflegeantrag; Pflegestützpunkte für Berufstätige; Pflegestützpunkte und Pflichtberatung; die Vorversicherungszeit (d. h. die notwendige Versicherungszeit vor Inanspruchnahme von Leistungen) wird von 5 auf 2 Jahre verkürzt. 697d

6.7 Sozialgerichtsbarkeit 698

Für Streitigkeiten im Bereich des Sozialrechtes gibt es eine besondere Sozialgerichtsbarkeit. Sie gewährt dem Bürger aus konkretem Anlaß Rechtsschutz gegenüber der Verwaltung. Ihre Zuständigkeit erstreckt sich auf Angelegenheiten der Sozialversicherung, des Kassenarztrechtes, der Bundesagentur für Arbeit, der Kriegsopferversorgung und des Kindergeldrechtes. Gerichtsverfassung und Verfahren der Sozialgerichtsbarkeit sind durch das Sozialgerichtsgesetz (SGG) in der Fassung von 1975, zuletzt geändert durch Gesetz vom 26. 3.2008, geregelt.

Der Aufbau der Sozialgerichtsbarkeit ist dreistufig: die Sozialgerichte, die Landessozialgerichte und das Bundessozialgericht.

Die **Sozialgerichte** bilden Kammern für einzelne Rechtsbereiche. Diese Kammern sind mit einem Vorsitzenden (Berufsrichter) und zwei ehrenamtlichen Richtern als Beisitzer besetzt. Durch Klage vor dem Sozialgericht kann ein sich ungerecht behandelt fühlender Bürger die gerichtliche Nachprüfung eines Verwaltungsaktes – meist mit dem Ziel, dessen Aufhebung oder Änderung einzuleiten – verlangen. Dieser Klageweg kann jedoch in der Regel nur dann beschritten werden, wenn in einem außergerichtlichen Vorverfahren der Widerspruch des Betroffenen gegen den Verwaltungsakt von der Verwaltungsbehörde durch einen Bescheid zurückgewiesen wurde (§§ 78, 83 SGG).

Gegen Urteile der Sozialgerichte kann **Berufung** beim **Landessozialgericht** eingelegt werden (§ 29 SGG). Die Landessozialgerichte sind in Senate gegliedert, die jeweils mit 3 Berufsrichtern (davon einem Vorsitzenden) und 2 ehrenamtlichen Richtern besetzt sind. Es werden Fachsenate gebildet. Das Landessozialgericht als zweite Instanz prüft einen Streitfall noch einmal in vollem Umfang unter sachlichen und rechtlichen Gesichtspunkten und führt eine Entscheidung herbei. In Ausnahmefällen kann gegen Entscheide der Sozialgerichte (erste Instanz) unter Umgehung des Landessozialgerichtes unmittelbar **Revision** beim Bundessozialgericht (**Sprungrevision**) eingelegt werden, wenn damit eine höchstrichterliche Grundsatzentscheidung herbeigeführt werden soll. 699

700,701

Gegen Urteile der Landessozialgerichte kann **Revision** beim **Bundessozialgericht** in Kassel eingelegt werden, das darüber in Senaten entscheidet. Die Senate sind mit 3 Berufsrichtern besetzt. Ein Großer Senat sorgt für die Einheitlichkeit der Sozialrechtsprechung (§§ 36–50 SGG). 702

Verfahren vor den Sozialgerichten sind grundsätzlich kostenfrei. Es können einem Beteiligten jedoch die Kosten auferlegt werden, die er dem Gericht oder einem an-

III Arbeit

deren Beteiligten durch Mutwillen, Verschleppung oder Irreführung verursacht hat (§§ 183, 192 SGG).

Die Entscheidung eines Gerichtes ist vollstreckbar, wenn es keinen Aufschub gewährt (§ 199 SGG).

703 ## 7 Arbeit und Qualifikation
7.1 Technischer Wandel und Qualifikation

704 Die Wirtschaft des ausgehenden 20. und beginnenden 21. Jahrhunderts ist durch einen tiefgreifenden Wandel ihrer Technologie (**technischer Fortschritt**) gekennzeichnet. Neuartige Fertigungsanlagen im Zusammenspiel mit ebensolchen Informations- und Kommunikationssystemen ermöglichen veränderte Produktionsweisen und damit die Herstellung neuer oder wesentlich verbesserter Güter. Produktionskonzepte mit „flexiblen" Fertigungstechniken erlauben den steigenden, mehr und mehr individualisierten Ansprüchen des Marktes an Produktqualität und Produktheterogenität in weitaus umfassenderer Weise gerecht werden, als die bis in die siebziger Jahre reichenden „starren" Systeme. Dieser technische Wandel verlangt im Umfang seiner Durchsetzung nach Arbeitskräften, die in der Lage sind, seinen Ansprüchen zu genügen. Seine auf Flexibilität angelegte Produktionsstruktur verlangt nach ebenso flexiblem Personal. Zur Führung flexibel organisierter Fertigungsanlagen genügen nun aber nicht mehr einfache Bedienungskenntnisse, es ist vielmehr ein umfassendes Verständnis für technisch-organisatorische Zusammenhänge erforderlich. Gefragt ist der geschickte, diagnosefähige und verhaltenssichere Facharbeiter, der nicht nur das technische Detail, sondern den gesamten technischen Komplex erfaßt. Im Gegensatz zur →wissenschaftlichen Betriebsführung nach Taylor, die den Arbeiter nur ausschnitthaft im Detailvollzug beanspruchte,

704a setzen die neuen Produktionskonzepte (→**Lean Production**) auf die Erfahrung und Intelligenz der Arbeiter in einem breiten Spektrum. Sie induzieren damit einen grundlegenden Wandel in der Nutzung der Arbeitskräfte.

Das Durchsetzungstempo der den technischen Wandel ausdrückenden Prozeß- und Produktinnovationen ist somit an entsprechend qualifizierte Arbeitskräfte gebunden. Ob diese in ausreichendem Maße zur Verfügung stehen, hängt unter anderem davon ab, inwieweit es der →Bildungspolitik und den Arbeitskräften selbst gelingt, den Bildungsanforderungen sich wandelnder Wirtschaften in den Bereichen der Allgemein-, Berufs- und Weiterbildung im erforderlichen Umfang Rechnung zu tragen. Da der technische Fortschritt selbst nicht aufzuhalten ist, werden die Arbeitskräfte, die seinen Anforderungen nicht entsprechen (können), früher oder später keine Beschäftigung mehr finden.

Die Qualifikationsanforderungen, die der technische Wandel an die Arbeitskräfte stellt, sind vor dem Hintergrund folgender Erkenntnisse zu sehen (A. Mertens):

– Das Veraltenstempo von Bildungsinhalten ist um so höher, je größer ihre Praxisnähe und um so geringer, je höher ihr Abstraktionsniveau;
– die Vermittlung spezialisierter Fertigkeiten hat gegenüber übergeordneten Gemeinsamkeiten zurückzutreten;

– das Fakten- und Instrumentenwissen ist durch ein Zugriffswissen (know how to know!) abzulösen.

Hinsichtlich des zentralen qualifikatorischen Anspruches einer sich wandelnden Arbeitswelt scheinen sich alle daran maßgeblich Interessierten – Gewerkschaften, Unternehmerverbände, Parteien, Bundesagentur für Arbeit – einig: Erhöhung der **Flexibilität**. Diese **Generalqualifikation** hebt im wesentlichen auf zwei Fähigkeiten ab, „zum einen auf die **Kompetenz**, sich unterschiedlichen wechselnden Anforderungen zu stellen, neue technologische Entwicklungen zu meistern, umzulernen etc., zum anderen auf die **Bereitschaft**, sich Restriktionen auf dem Arbeitsmarkt anzupassen, auch wenn dies mit der Aufgabe von Berechtigungen und Ansprüchen verbunden ist" (H. Brandes). 705

Mit der Vermittlung sogenannter **Schlüsselqualifikationen** soll dem qualifikatorischen Anspruch entsprochen werden. Als Schlüsselqualifikationen gelten solche Kenntnisse, Fähigkeiten und Fertigkeiten, die nicht die unmittelbare Bewältigung einer bestimmten praktischen Tätigkeit anstreben, sondern vielmehr Zugang vermitteln zu einer Vielzahl von arbeitsweltlichen Funktionen und Positionen wie auch zu wechselndem Spezialwissen. Im einzelnen wären zu nennen: Logisches Denken, analytisches Vorgehen, konzeptionelles Denken, interdisziplinäres Denken und Vorgehen, dezisionistisches Denken, kreatives Denken, kontextuelles Denken, Fähigkeit und Bereitschaft zum Wechsel sozialer Rollen, Distanzierung durch Theoretisierung und Relativierung, Decodierungsfähigkeit, Fähigkeit und Bereitschaft zur Kommunikation sowie Fähigkeit und Bereitschaft zu lebenslangem Lernen. Diese Qualifikationen sollen wirkungsvoll durch ein breit angelegtes Zugriffswissen ergänzt werden, das heißt, durch Informiertheit über Informationen (welche Art von Informationen sind mir dienlich, wie und wo kann ich solche erhalten, wie sind sie zu verwerten?). 706

Neben Planungs-, Entscheidungs- und Methodenkompetenz fordert die moderne Arbeitswelt von den in ihr Befaßten auch die Kenntnis des betrieblichen Produktionsablaufes und die Übernahme von Verantwortung in diesem. Dies verlangt vom einzelnen unter anderem:

– Verständnis der Funktionsweisen technischer Anlagen und Prozesse,
– Fähigkeit, Verantwortung zu übernehmen,
– Fähigkeit zu kooperieren,
– Fähigkeit, komplizierte Zusammenhänge einfach darzustellen, zu vermitteln und gegebenenfalls in Computerprogramme zu übersetzen,
– Fähigkeit, Problemlösungen eigenverantwortlich zu suchen,
– Fähigkeit, sich von Routineprozessen zu entlasten, diese nach Möglichkeit computergesteuerten Anlagen zu überlassen und damit für höherwertige Aufgaben frei zu werden,
– Kenntnis und Beherrschung der relevanten Meß- und Wartungstechniken.

Ob es dem Bildungssystem gelingt, die teilweise doch recht vagen Vorgaben – die lediglich als ein gehaltvoller Versuch und keinesfalls als abschließender Beitrag zur qualifikationsstrategischen Zielfindung verstanden werden sollen – curricular (d. h. in schulischen Lehrplänen) zu fassen, bleibt abzuwarten.

III Arbeit

7.2 Aus- und Weiterbildung

707,708 Qualifizierung umfaßt im wesentlichen zwei Aktivitätsbereiche: Ausbildung und Weiterbildung. Beide stehen in enger Beziehung zueinander. Dabei hat die Ausbildung eine breit fundierte berufliche Qualifizierung sicherzustellen, Basisqualifikationen zu vermitteln, die nicht nur eine Weiterbildung im erlernten Beruf selbst anlegen, sondern darüber hinaus auch in anderen verwandten Berufen. Weiterbildung ist dann die durch technisch-ökonomischen Fortschritt erzwungene Aktualisierung und Erweiterung der beruflichen Erstqualifikation.

Die Ausbildung darf und muß heute die Weiterbildung voraussetzen. Von den im Beruf Stehenden selbst ist die Weiterbildung als eine zwangsläufige, sich über das gesamte Berufsleben hinziehende Fortsetzung der mit der Ausbildung begonnenen Qualifizierung zu verstehen. Um sie zu ermöglichen, sind flexible Organisationsformen zu entwickeln.

Eine betriebliche Berufsausbildung ist heute in der Bundesrepublik Deutschland in zirka 360 Ausbildungsberufen möglich. Rund 240 dieser Ausbildungsberufe sind durch →Ausbildungsordnungen rechtlich geregelt. Bei einem Teil handelt es sich dabei um Stufenausbildungsordnungen, in denen zunächst gemeinsame Kenntnisse und Fertigkeiten eng benachbarter Berufsgruppen (z. B. Hochbaufacharbeiter) vermittelt werden. Auf derart angelegten breiten Basen können dann die weiteren beruflichen Fachbildungen in speziellen Ausbildungsberufen (z. B. Maurer) auf-

709 bauen. Die **Stufenausbildung** soll auf Grund ihrer vielfältigen Ankoppelungsmöglichkeiten den Jugendlichen nicht nur Chancen für eine individuell betonte (Erst-)Berufswahl eröffnen, sondern ihnen auch in einem breiten Spektrum berufliche Veränderungen im Verlauf ihres Lebens fundieren. Unter den bis Anfang dieses Jahrhunderts neu geregelten Ausbildungsberufen verfügen 30 über eine Stufenausbildung, 70 ermöglichen eine Spezialisierung nach Fachrichtungen oder Schwer-

710 punkten. Der Rest der Ausbildungsberufe (sogenannte **Monoberufe**) läßt keine weitergehende Spezialisierung zu.

711 Die Förderung der beruflichen Bildung und Ausbildung (**Berufsförderung**) ist in der Bundesrepublik schon seit langem ein Anliegen der staatlichen → Bildungspolitik. Sie findet ihre gesetzlichen Grundlagen zum einen im Arbeitsförderungs-Reformgesetz (AFRG) v. 1997 (siehe Sozialgesetzbuch III v. 1998 §§ 77 ff.) und zum anderen im Bundesausbildungsförderungsgesetz (BAföG) in der Fassung von 1983, zuletzt geändert durch Gesetz vom 23. 12. 2007.

712 Berufsförderung nach Arbeitsförderungs-Reformgesetz ist **Berufsbildungsförderung**, die bei Vorliegen bestimmter Voraussetzungen in folgenden Formen möglich ist:
– Förderung der beruflichen Erstausbildung,
– Förderung der beruflichen Fortbildung,
– Förderung der beruflichen Umschulung.

713 Berufsförderung nach dem Bundesausbildungsförderungsgesetz ist **Ausbildungsförderung** für den Besuch von:
– weiterführenden allgemeinbildenden Schulen und Fachoberschulen;
– Abendhauptschulen, Berufsaufbauschulen, Abendrealschulen, Abendgymnasien und Kollegs;

Arbeit **III**

- Berufsfachschulen einschließlich der Klassen aller Formen der beruflichen Grundbildung sowie Fachschulen;
- Höhere Fachschulen und Akademien und
- Hochschulen.

Anspruch auf Förderung nach dem Bundesausbildungsförderungsgesetz hat grundsätzlich jeder, der eine seiner Neigung, Eignung und Leistungsfähigkeit entsprechende Ausbildung nicht selbst (beziehungsweise mit Hilfe seiner Eltern oder seines Ehepartners) finanzieren kann. Schüler an weiterführenden allgemeinbildenden Schulen, an Berufsfachschulen (10. Klasse) und an Fach- und Fachoberschulen (ohne abgeschlossene Berufsausbildung) erhalten BAföG-Mittel nur dann, wenn sie wegen ihrer Ausbildung nicht bei ihren Eltern wohnen können. Dagegen sind alle übrigen Schüler und Studenten prinzipiell auch dann BAföG-berechtigt, wenn sie bei ihren Eltern wohnen.

Die Höhe des zur Finanzierung des Lebensunterhaltes und der Ausbildungskosten bereitgestellten Förderungsbetrages richtet sich nach den persönlichen Lebensverhältnissen der Schüler/Studenten (beziehungsweise ihrer Familien) und nach dem Ausbildungsweg; sie hängt außerdem davon ab, ob der Förderungsbedürftige bei seinen Eltern wohnt oder einen eigenen Hausstand hat und ob sein Studienort in den alten oder neuen Bundesländern liegt. Bei niedrigem Familieneinkommen wird der vom Gesetzgeber angenommene Bedarfssatz voll durch die Ausbildungsförderung abgedeckt.

Ausbildungsförderung wird als nichtverzinsliches Darlehen und als Zuschuß geleistet (§§ 17 ff BAföG).

Mit der Novellierung des BAföG per 23.12.2007 greifen unter anderem folgende Neuerungen:

- Auszubildende mit Kindern erhalten einen Kinderbetreuungszuschlag;
- Auszubildende, die ihre Ausbildung ganz oder teilweise im Ausland absolvieren, können leichter als bisher gefördert werden;
- Studenten können künftig auch dann gefördert werden, wenn sie ihr Studium ausschließlich im Ausland absolvieren;
- ab Schuljahr beziehungsweise Wintersemester 2008/2009 erfolgt eine deutliche Anhebung aller Bedarfssätze und Freibeträge.

8 Beruf, Berufswahl und Berufswahlvorbereitung 714,715,716

Die wirtschaftliche Verwendung des →Produktionsfaktors Arbeit setzt voraus, daß dieser von seinem Anbieter bestmöglich eingesetzt wird. Sehen wir den **Beruf** als sozioökonomisches Wirkungsfeld, in dem die Arbeit ihren Einsatz und ihre Verwirklichung findet, so wird uns der bedeutsame Zusammenhang zwischen der individuellen Arbeit und dem zu ihrer Verwertung geeigneten Beruf deutlich. Die Effizienz der (individuellen) Arbeit hängt nämlich in hohem Maße von dem zu ihrer Aufnahme geeigneten Beruf ab. Der Beruf fungiert somit gleichsam als Umsetzungsinstanz individueller Arbeit in wirtschaftliche Güter. Um bildungsökonomische Fehlinvestitionen zu vermeiden, sollte sich die Wahl des Berufes deshalb an

III Arbeit

den spezifischen Eigenarten der individuellen Arbeit, das heißt an den persönlichen Fähigkeiten und Fertigkeiten des jeweiligen Anbieters von Arbeit orientieren, und diesem damit die für ihre Umsetzung bedeutsamen Möglichkeiten bieten. Die **Berufswahl** avanciert damit zu einem persönlichen wie auch volkswirtschaftlich wichtigen Problemkomplex.

Berufswahl als Entscheidungsprozeß ist nun aber nicht als ein einmaliger Akt zu verstehen, sondern als ein **langfristiger**, verschiedene den individuellen Berufs- und Lebensweg begleitende Wahlsituationen umfassender **Vorgang**. Diese Wahlsituationen verlangen im wesentlichen folgende beruflichen Entscheidungen:

– Entscheidung für eine bestimmte, der Grundschule nachgeordnete schulische Allgemeinbildung (Hauptschule, Realschule, diverse Gymnasien; mittlere Reife, Abitur),
– Entscheidung für oder gegen eine berufliche Erstausbildung,
– Entscheidung für einen bestimmten Arbeitsplatz zur (ersten) beruflichen Spezialisierung,
– Entscheidung für einen neuen gleich- oder andersartigen Arbeitsplatz bei Verlust oder Aufgabe des alten,
– Entscheidung für oder gegen eine Weiterbildung oder Umschulung zur Erweiterung der Fachkompetenz und zum Erwerb neuer beruflicher Qualifikationen.

Die Vorbereitung des Anbieters von Arbeit auf diese Berufswahlsituationen, die **Berufswahlvorbereitung**, ist von der zentralen Absicht bestimmt, die Berufswahlkompetenz (Berufswahlfähigkeit) zu fördern. Eine solche Berufswahlfähigkeit kann sich nur allmählich über die schrittweise Bewältigung von Berufswahlaufgaben entwickeln. Überragender Aufgabenkomplex ist dabei die **primäre** Berufswahl. Sie bedeutet nicht nur Weichenstellung für die Berufslaufbahn schlechthin, sie bestimmt gleichzeitig über die Übernahme sozialer Rollen in der Gesellschaft, so insbesondere in Familie, Betrieb, Freizeit und öffentlichem Leben. Die primäre Berufswahl ist nun aber keineswegs als eine isolierte Phase auf dem Lebens- und Berufsweg eines Heranwachsenden zu sehen; sie ist vielmehr mit dessen persönlicher Vergangenheit und den aus dieser genährten Zukunftserwartungen verbunden und gleichzeitig in das sozioökonomische Bedingungsfeld der Gegenwart gestellt. Aus der Vergangenheit rühren bestimmte, meist aus persönlichen – den Sozialisations- und Prägeeinflüssen von Elternhaus, Verwandtschaft, Schule etc. unterliegenden – Einschätzungen geborene Berufsvorstellungen. Sie können einen rationalen Berufswahlprozeß begünstigen, aber auch behindern. Das sozioökonomische Bedingungsfeld schließlich schafft Fakten – so insbesondere Bildungs-, Ausbildungs- und Berufsmöglichkeiten – die der Wählende respektieren muß. Diesem Erkenntniskomplex hat die Berufswahlvorbereitung entsprechend Rechnung zu tragen. Sie sollte deshalb im Rahmen ihrer Aktivitäten auch darauf hinwirken, daß der Berufswähler

– sich der Bedeutung seiner Entscheidung für seine persönliche Zukunft bewußt wird,
– seine vorläufigen Berufsvorstellungen kritisch auf ihre Realitätsnähe zu prüfen bereit ist, insbesondere hinsichtlich seiner persönlichen Begabungen, Fähigkeiten und Fertigkeiten sowie der gegenwärtigen und zukünftigen Aussichten am Arbeitsmarkt,

Arbeit **III**

- einen hinreichenden Überblick über die Vielfalt der beruflichen Möglichkeiten und die hiervon möglicherweise für ihn geeigneten erhält,
- erkennt, daß die Berufswahl auch bei gewissenhafter Vorbereitung das Risiko des Scheiterns einschließt.

Berufswahlvorbereitung kann allerdings immer nur Entscheidungshilfe bedeuten. Als solche hat sie die persönliche Entscheidungsfreiheit und die mit dieser verbundene Selbstverantwortung des Berufswählers zu respektieren, aber auch diesem bewußt zu machen. Keinesfalls darf Berufswahlvorbereitung zu einer Beschränkung oder gar Abnahme der persönlichen Berufsentscheidung führen.

Die Vorbereitung auf die Berufswahl ist nach § 33 SGB III der Berufsberatung der Bundesagentur für Arbeit, das heißt ihren örtlichen Agenturen für Arbeit, zugewiesen. Daneben wird sie jedoch heute allgemein auch als Aufgabe der allgemeinbildenden Schulen angesehen, wenn ihr auch hier in der Sekundarstufe I und II sowie in den einzelnen Bundesländern recht unterschiedliche Aufmerksamkeit zukommt. Um eine für den Berufswähler möglichst effiziente Abstimmung der Aktivitäten dieser beiden öffentlichen Institutionen zu erwirken, wurde von der (früheren) Bundesanstalt für Arbeit und der Ständigen Konferenz der Kultusminister der Länder am 12. Februar 1971 ein Übereinkommen getroffen, das eine Rahmenvereinbarung über die Zusammenarbeit von Schule und Berufsberatung einschließt. Danach wirken beide Einrichtungen bei der Schullaufbahnberatung wie auch bei berufsaufklärenden Maßnahmen zusammen und unterstützen sich gegenseitig bei der Aus- und Weiterbildung der Lehrer und Berufsberater. Pauschalisierend lassen sich die beiden institutionellen Aktivitätsbereiche als Berufsaufklärung (Bundesagentur für Arbeit, Berufsberatung) und Berufswahlunterricht (Schule) klassifizieren.

Die **Berufsaufklärung** wird durch die örtlichen Agenturen für Arbeit als eigenständiger Aufgabenbereich wahrgenommen. Sie konzentriert sich auf Informationsvermittlung über Berufe, deren Anforderungen und Entwicklungen auf dem Arbeitsmarkt wie auch über die Möglichkeiten der Förderung beruflicher Bildung. Im einzelnen umfaßt dieses Programm folgende Maßnahmen:

717

- Berufskundliche Ausstellungen;
- Einrichtungen von Berufsinformationszentren;
- Berufsaufklärung der Öffentlichkeit über Massenmedien durch Kontaktaufnahme mit den privaten und öffentlichen Trägern der Berufsausbildung wie auch mit den Einrichtungen der Jugendpflege und den Trägern der Jugendsozialarbeit;
- mittelbare Berufsaufklärung: darunter fallen all diejenigen Tätigkeiten, durch die berufsorientierende Bemühungen anderer Institutionen – insbesondere schulischer und wirtschaftlicher – genutzt und unterstützt werden;
- Elternversammlungen;
- Vortragsveranstaltungen;
- Gruppeninformationen für Jugendliche, die ohne Berufsausbildung geblieben oder in den Möglichkeiten ihrer beruflichen Entwicklung gestört sind: in Klassen für Jungarbeiter, Fürsorgeheimen, Heimen der Jugendverbände und in Jugendstrafanstalten.

III Arbeit

718 Der **Berufswahlunterricht** versteht sich als **kooperativer** Aufgabenbereich der Bundesagentur für Arbeit, vertreten durch die örtlichen Agenturen für Arbeit, und der Schule. Er ist in der Regel in den Fächern Wirtschaftslehre, Arbeitslehre oder Gemeinschaftskunde integriert. Hier sehen sich beide Institutionen vor die gemeinsame Aufgabe gestellt, dem Jugendlichen die erforderliche **Berufswahlreife** zu vermitteln. **719** Diese Qualifizierung verlangt beim Jugendlichen die möglichst umfassende Bewußtwerdung all der objektiven und subjektiven Chancen und Benachteiligungen, die für diese Entscheidung relevant sind. Der Jugendliche muß den Konfliktcharakter der Berufswahl und die diesen bedingenden subjektiven (Werthaltungen, Fähigkeiten, Dispositionen, Neigungen) wie auch objektiven sozioökonomischen Determinanten erkennen und sich der Notwendigkeit seiner rationalen Entscheidung bewußt werden.

Der Erkenntnis, daß die Berufswahl einen mehrstufigen Entscheidungsprozeß darstellt, entspricht die (didaktische) Absicht, den Berufswahlunterricht ebenfalls als solchen (mehrstufigen Entscheidungsprozeß) zu organisieren. Seine dergestaltige Realisation verlangt ein Methodenkonzept, das die berufsspezifische Entscheidungs- und Handlungsfähigkeit der Jugendlichen erhöht. Es umfaßt neben den sogenannten Realitätsbegegnungen, **720,721** **Betriebserkundung** und **Betriebspraktikum**, spezielle Formen der Entscheidungsfindung wie Rollenspiel, Planspiel, Fallstudie. Durch letztere werden die Schüler über entsprechende Problemvorgaben in berufwahlspezifische Techniken, wie Situationsanalyse, Zieldefinition, Konsequenzenanalyse, eingeführt und darin geschult.

Der kooperative Beitrag der Bundesagentur für Arbeit zum Berufswahlunterricht ist weitgehend curricular integriert, das heißt im Lehrplan der entsprechenden Klassen verankert. Er umfaßt: Schulbesprechungen, Elternversammlungen, Vortragsveranstaltungen und praxisnahe Informationen.

722 9 Humanisierung der Arbeit

9.1 Industriearbeit und Humanität

So alt wie die Industriearbeit, so alt ist auch die Forderung nach Humanisierung derselben. Die Forderung nach Humanisierung der Arbeit richtete sich im Anfang insbesondere auf körperliche Entlastung durch Erleichterung und Verringerung der Arbeit sowie auf eine höhere Entlohnung derselben. Dieser Forderung wurde im Zuge der Rationalisierung des Arbeitsprozesses und der damit einhergehenden Arbeitsproduktivitätszunahme schrittweise entsprochen. Den entscheidenden Anstoß zur Weiterentwicklung der ja bereits von **Adam Smith** (1723–1790) aufgezeigten Produktivitätssteigerung durch →Arbeitsteilung gaben die amerikanischen Ingenieure **Frederick Winslow Taylor** (1856–1915) und **Frank Bunker Gilbreth** (1863–1924) mit ihrer Theorie der →„wissenschaftlichen Betriebsführung" (Scientific Management). **723** Die dem **Taylorismus** innewohnende technizistische Sicht der Arbeitswelt sowie seine einseitige Auffassung der (ausschließlich) lohnbedingten Arbeitsmotivation erwiesen sich bald als unzureichend und deshalb ergänzungsbedürftig. Es war schließlich der amerikanische Psychologe und Ökonom **Elton Mayo** (1880–

1953), der aufgrund seiner in den Jahren 1928–32 in den Hawthorne-Werken der Western Electric Company in Chicago durchgeführten arbeitswissenschaftlichen Studien nachwies, daß die Arbeitsleistung der Industriearbeiter in hohem Maße vom Grad der Erfüllung ihrer sozioemotionalen Bedürfnisse abhängt. So beeinflußte(n) seiner Erkenntnis zufolge ihre betriebliche Gruppenzugehörigkeit ihre Arbeitsmotivation, Arbeitsfreude und damit auch Arbeitsleistung mehr als Lohnanreize, Pausen und Arbeitszeitregelungen. Seine Beobachtungen gipfelten in der Feststellung, daß der Betrieb ein kooperatives System sein müsse, das nicht auf Gewalt und Zwang, sondern auf dem Verständnis und Willen zur Zusammenarbeit beruhe. Bei vielen Unternehmern führte diese Verkündung zu einem Umdenken, zu mehr Aufmerksamkeit und Aufgeschlossenheit gegenüber den persönlichen und sozialen Bedürfnissen ihrer Mitarbeiter in der Betriebsgemeinschaft. Verhältnismäßig rasch stellte sich (in den USA ab Ende der 1920er Jahre, in Europa nach dem Zweiten Weltkrieg) die sogenannte **Human-Relations-Bewegung** ein. Sie propagierte und praktizierte die „**soziale Betriebsführung**" (Social Management) und bewirkte damit eine beachtliche Entschärfung des Taylorismus und der in ihm wirksamen sozialen betrieblichen Konfliktpotentiale. Die damit zunächst besänftigten Humanisierungsbestrebungen erhielten in den späten 1950er Jahren erneuten Auftrieb. Die amerikanischen Psychologen **Abraham Harold Maslow, Douglas McGregor** und **Frederick Herzberg** glaubten für die menschliche Bedürfnisstruktur nachweisen zu können, daß nach Befriedigung der vordringlichen, auf Einkommen, Sicherheit, zwischenmenschliche Beziehungen, Selbstachtung und soziale Wertschätzung gerichteten →Bedürfnisse, die Selbstverwirklichungsbedürfnisse zutage träten. Diesem Bedürfniskomplex entspräche im wesentlichen das Streben des Menschen, gestaltend und Einfluß nehmend in die Umwelt einzugreifen (**gestaltende Partizipation**). Diese Feststellung bildete fortan den zentralen Bezugspunkt in der Humanisierungsdiskussion.

In der Bundesrepublik Deutschland versuchte bereits in den sechziger Jahren der Nationalökonom **Alfred Müller-Armack** (1901–1978), diesem menschlichen Streben nach Selbstverwirklichung Anerkennung zu verschaffen, als er für die „zweite Phase" der Sozialen Marktwirtschaft mehr Selbständigkeit für die Beschäftigten und damit mehr Freiheit in der Arbeit forderte. In der Zwischenzeit haben Staat, Parteien, Kirchen, Gewerkschaften, Arbeitgeberverbände, Wissenschaftler wie auch Unternehmer diese Vorstellung von mehr Lebensqualität im allgemeinen und mehr Arbeitsqualität im besonderen aufgegriffen, diskutiert und in ihrer jeweils (gruppen-)spezifischen Akzentuierung in einer Vielzahl von Programmen, Rechtsvorschriften, Kollektivvereinbarungen und betrieblichen Regelungen zum Ausdruck gebracht.

9.2 Schwerpunkte im Aktionsbereich „Humanisierung der Arbeitswelt"

Humanisierung als menschengerechte Gestaltung der Arbeit beinhaltet in der betrieblichen Praxis im wesentlichen zwei Gestaltungskomplexe: Arbeitsbedingungen und Arbeitsstrukturierung.

III Arbeit

9.2.1 Arbeitsbedingungen

Die Gestaltung der betrieblichen Arbeitsbedingungen richtet sich auf den Arbeitsplatz selbst (Arbeitsplatzgestaltung), auf die Arbeitsumgebung wie auch auf die Arbeitszeit (Arbeitszeitregelung).

Die **Arbeitsplatzgestaltung** konzentriert sich auf die bestmögliche Zuordnung der Arbeitsmittel zum Arbeitenden. Dabei versucht sie dessen anatomische, biologische, physische und psychische Grundbedürfnisse möglichst umfassend zu berücksichtigen. Dies geschieht durch Anpassung der technischen Arbeitsmittel an die körperlichen Gegebenheiten der mit ihnen Befaßten (**anthropometrische Gestaltung**), durch optimale Gestaltung des Arbeitsablaufes hinsichtlich seiner physischen Rückwirkungen auf den Arbeitenden (**physiologische Gestaltung**) wie auch durch rationelle Gestaltung der manuellen Arbeitstechnik selbst (**bewegungstechnische Gestaltung**). Die Erkenntnisse der Wissenschaft von der Anpassung der Arbeit an den Menschen (**Ergonomie**) finden hier ihre praktische Anwendung.

Die **Gestaltung der Arbeitsumgebung** befaßt sich mit Maßnahmen zur Minderung und Beseitigung nachteiliger, insbesondere gesundheitsgefährdender Einflüsse und Unfallgefahren aus der Umgebung des Arbeitsplatzes. Als besondere Gefahrenquellen gelten hierbei: Lärm, Beleuchtung, Erschütterungen, Staub, Klima, Lüftung, Strahlung.

Die Maßnahmen im Rahmen der **Arbeitszeitregelung** richten sich im wesentlichen auf folgende Problemkreise: →Erholungszeiten (Pausen), Zeiten für persönliche Bedürfnisse, →Nacht-, →Schicht- und →Sonntagsarbeit, **gleitende Arbeitszeit** und →Teilzeitarbeit, Länge des Arbeitstages, Zahl und Lage der Arbeitstage pro Woche sowie Dauer des (Erholungs-) →Urlaubes.

9.2.2 Arbeitsstrukturierung

Das Wort Arbeitsstrukturierung oder **Job Design** bezeichnet einen organisatorischen Vorgang, bei dem der Arbeitsinhalt so angeordnet wird, daß die zu erbringende Leistung möglichst den Fähigkeiten und Bedürfnissen des Ausführenden entspricht. Der Arbeitsinhalt ist dabei durch folgende Elemente bestimmt (K. Vogel/E. Arn):

- Grad der Arbeitsteilung bei der Bearbeitung eines Werkstückes,
- Anzahl der verschiedenen Bewegungsarten an einem Arbeitsplatz,
- Anzahl der zu bearbeitenden verschiedenen Werkstücke innerhalb einer bestimmten Zeitperiode,
- durchschnittlicher Zeitbedarf pro Arbeitstag.

Die Grundformen der Arbeitsstrukturierung sind:

- Job Rotation (systematischer Arbeitsplatzwechsel),
- Job Enlargement (Arbeits- bzw. Aufgabenerweiterung),
- Job Enrichment (Arbeits- bzw. Aufgabenbereicherung),
- (teil-) autonome Arbeitsgruppen,
- Lean Production.

Arbeit **III**

Während Job Rotation und Job Enlargement Erweiterungen des Tätigkeitsspielraumes darstellen, handelt es sich bei Job Enrichment und (teil-)autonomen Arbeitsgruppen um Vergrößerungen der Entscheidungs- und Kontrollbefugnisse. Alle vier Grundformen der Organisation von Arbeit stellen Modelle dar, die in ihrer reinen Konzeption wohl kaum umgesetzt werden. Die betriebliche Praxis bedient sich ihrer in der Regel nur in modifizierter, gemischter oder in mit anderen organisatorischen Elementen angereicherter Form.

Job Rotation (systemtatischer Arbeitsplatzwechsel) wird häufig als erster Schritt zur Humanisierung der Arbeitsorganisation bezeichnet. Man versteht darunter den planmäßigen – vorgeschriebenen oder vom Arbeitenden selbst gewählten – Wechsel von Arbeitsplätzen und Arbeitsaufgaben auf derselben Qualifikationsebene. Es sollen damit Ermüdungs-, Monotonie- und Sättigungsphänomene abgebaut sowie einseitige Belastung verringert und gleichzeitig die universelle Einsetzbarkeit des Arbeitenden und damit die Möglichkeit seines beruflichen Aufstieges erhöht werden. Tatsächlich nehmen im Umfang des Arbeitsplatzwechsels die Kommunikationschancen und die Möglichkeiten der Beschäftigten zu sozialen Kontakten untereinander zu, obwohl es auch zu sehen gilt, daß gleichzeitig auch alte, vielfach als wertvoll empfundene Sozialkontakte rigoros abgebrochen und gleichwertige neue nicht oder nur schwer wieder hergestellt werden können. 734

Job Enlargement (Arbeits- bzw. Aufgabenerweiterung) besteht im wesentlichen darin, daß der ursprünglichen Tätigkeit weitere, strukturell gleichartige oder ähnliche, zumeist vor- oder nachgelagerte Verrichtungen angegliedert und damit zu einem sinnvollen Aufgabenpaket verbunden werden. Hierdurch wird der Aufgabenumfang in horizontaler Weise ausgedehnt. Was bei Job Rotation durch Arbeitsplatzwechsel erreicht wird, gelingt hier durch Schaffung eines neuen, verschiedene Tätigkeiten umfassenden Arbeitsplatzes. Eine qualitative Veränderung der Arbeitstätigkeit findet nicht statt. 735

Auch dem Job Enlargement unterliegt die Absicht, Ermüdungs-, Monotonie- und Sättigungsphänomene abzubauen. Darüber hinaus soll durch die Erweiterung des Arbeitsinhaltes das Interesse des Beschäftigten an der eigenen Arbeit erhöht und ihm die Möglichkeit zu einer Identifikation mit derselben eröffnet werden. Der dem Beschäftigten aus der Integration von verschiedenen Teilaufgaben erwachsende größere Überblick über den Produktionszusammenhang soll ihm außerdem die Bedeutung seiner eigenen Tätigkeit für das Betriebsganze vermitteln.

Ob und inwieweit es gelingt, die mit dem Job Enlargement verbundenen Absichten zu verwirklichen, hängt sicherlich auch von den jeweils praktizierten Formen der Aufgabenerweiterung ab. Es muß jedoch bezweifelt werden, ob eine rein quantitative Aufgabenerweiterung auf Dauer Monotoniephänomene vermeiden hilft. Nachdem nämlich innerhalb des neuen Arbeitsorganisationsrahmens der Reiz des (partiell) Neuen vorbei ist, kann auch hier ein Sichwiedereinstellen von Monotonie nicht ausgeschlossen werden. Die Möglichkeit, durch Job Enlargement die Gefahr einseitiger Arbeitsbelastung zu mindern, scheint hingegen gegeben.

Beim **Job Enrichment** (Aufgabenbereicherung) werden strukturell verschiedenartige Arbeitselemente (beispielsweise Planungs-, Fertigungs- u. Kontrollaufgaben) an die bisherige Tätigkeit angelagert und zu einem neuen Arbeitskomplex zusammen- 736

III Arbeit

gefaßt. Die neuen Tätigkeiten erfordern dabei entweder eine erhöhte Qualifikation oder aber stehen auf einer anderen Stufe der betrieblichen Anordnungshierarchie. Die Aufgabenbereicherung trägt damit qualitative Züge; sie kann die horizontale wie auch die vertikale Dimension der Arbeit betreffen und schließt meist eine Erweiterung des individuellen Dispositionsspielraumes ein. Mit einer derartigen Zusammenfassung von Arbeitsvorbereitungs-, Planungs, Organisations- und möglicherweise auch Kontrolltätigkeiten zu **einem** Arbeitsplatz, werden von den jeweils dort Arbeitenden Tätigkeiten ausgeübt, die bis dahin – zumindest teilweise – von übergeordneten Mitarbeitern erledigt wurden.

Erklärtes Ziel dieser Arbeitsstrukturierung ist es, neben dem Abbau von Monotonie, Sättigungs- und Ermüdungserscheinungen entgegenzuwirken, die Arbeitsaufgaben sinnvoller zu gestalten, ihre schöpferischen Inhalte zu erschließen und darüber die Arbeitsfreude zu heben. Durch Steigerung der qualifikatorischen Anforderungen am Arbeitsplatz soll ein Wachsen des persönlichen Selbstwertgefühls erreicht werden, das wiederum das eigene Verantwortungsgefühl heben sowie Leistungsbereitschaft und Arbeitsmoral stimulieren soll. Über das gesteigerte Interesse an der eigenen Tätigkeit hinaus soll der Blick für das Betriebsganze geöffnet werden. Dem Job Enrichment unterliegen in dieser Ausrichtung deutlich motivierende und integrierende Absichten.

In welchem Umfang die mit dem Job Enrichment verfolgten Humanisierungsziele tatsächlich erreicht werden können, hängt wohl davon ab, inwieweit es sich bei den Aufgabenbereicherungen um echte Qualifikationserweiterungen handelt, die geeignet sind, die gewünschten Effekte zu bewirken.

Die **teilautonomen** beziehungsweise **autonomen Arbeitsgruppen** werden häufig als die fortschrittlichste Art der Arbeitsstrukturierung bezeichnet, in der die oben skizzierten übrigen Formen, Job Rotation, Job Enlargement und Job Enrichment, in Anwendung kommen können. Als (teil-) autonome Arbeitsgruppen werden Personenmehrheiten mit einer Stärke von 3–10 Leuten bezeichnet, denen eine komplexe Arbeitsaufgabe mit strukturell gleich- und verschiedenartigen Arbeitselementen in weitgehend eigener Verantwortung übertragen wird. Nach den weitestreichenden Modellen treffen die Gruppenmitglieder die für den Vollzug dieser Aufgabe notwendigen Entscheidungen – soweit sie nicht übergeordnete Produktions- oder Investitionsprobleme angehen – selbständig in eigener Verantwortung. Dies kann betreffen: die Einrichtung der Arbeitsplätze, die Planung des Materialflusses, die Reihenfolge der Bearbeitung des Objektes, die Arbeitsmethode, das Arbeitstempo, die Arbeitsverteilung und Leistungsüberwachung, die Qualitätskontrolle, die Gestaltung der Kooperation unter den Gruppenmitgliedern und die Regelung von Konflikten sowie die Einarbeitung neuer Mitglieder. Der Autonomiegrad der einzelnen Arbeitsgruppen kann unterschiedlich hoch sein. Zuweilen kann lediglich über die Verteilung der Arbeitsaufgaben oder einen systematischen Arbeitswechsel entschieden werden. Je nach Ausprägung des Autonomiegrades sprechen wir von teilautonomen oder autonomen Arbeitsgruppen.

Die Zielsetzungen, die mit dieser Organisationsform von Arbeit verfolgt werden, lassen sich wie folgt umschreiben: Entwicklung kommunikativer Selbstbestimmung, Selbstverwirklichung und Entfaltung der Persönlichkeit, Interessenvertretung jedes einzelnen, kooperative Problemlösungen, Diskussion zwischenmenschlicher Probleme, Aufklärung und Information über wichtige Sachverhalte, Möglichkeit, diskutieren zu lernen (E. Gaugler u. a.). Die besondere Qualität der (teil-) autonomen Gruppen wird in ihrem integrativen Potential gesehen. Der einzelne Mitarbeiter wird zum Glied einer selbstverantwortlichen Gruppe, mit ihr kann er sich identifizieren, mit ihr wird er zu einem wesentlichen Teil des Betriebes. Diese gruppenorientierte Bewußtseinsprägung wird häufig noch begünstigt durch einen Abbau betrieblicher Anordnungsbefugnisse auf unteren und mittleren Befehlsebenen und durch die Übernahme derselben durch die Gruppen beziehungsweise deren Führer. Ob damit allerdings immer nur Konfliktpotential abgebaut wird oder aber auch in die Gruppen hineingetragen wird, kann sicher nicht pauschal beantwortet werden.

Lean Production (siehe unter dem Stichwort III 25a).

IV
Gesellschaft

Gesellschaft **IV**

1 Die Ordnung der Wirtschaft

1.1 Wirtschaft – Gesellschaft – Staat

Die moderne Wirtschaft ist durch hochgradige → Arbeitsteilung gekennzeichnet. Produktion und Verteilung haben sich mehr und mehr spezialisiert. Die einstmals familiengebundene Eigenwirtschaft hat sich zur gesellschaftlichen Veranstaltung erweitert. Die Wirtschaft ist zu einem Teil der Gesellschaft geworden. Ungezählte Produktionsvorgänge, die zu einer unübersehbaren Vielzahl von Warenangeboten führen, verlangen nach Abstimmung untereinander und darüber hinaus mit den Wünschen der Verbraucher. Eine solche **Koordination** von Angebot und Nachfrage erfordert nun aber einen Organisationsrahmen, eine **Ordnung**, die nur der Staat kraft der ihm eigenen Autorität verbindlich vorgeben kann. Das Beziehungsgeflecht von Wirtschaft und Gesellschaft muß deshalb den Staat miteinbeziehen. Denn, eine **auf Dauer** ausgerichtete Ordnung kann, wie immer sie auch gestaltet sein mag – **freiheitlich** oder **totalitär** – nicht auf die staatliche Autorität verzichten. Wirtschaft und Gesellschaft sind deshalb notwendigerweise staatlich zu organisieren.

Daß dem Staat die Koordination der individuellen Arbeitsteilung und deren Abstimmung mit den privaten Verbraucherwünschen obliegt, gilt als eine unverrückbare Tatsache. Sie ist **politisch neutral**. Erst die tatsächliche Ordnung dieser wirtschaftlichen Abläufe und Daten, ihre reale Koordination wird zum politischen Akt. Die Art und Weise nämlich, wie die Wirtschaft geordnet, organisiert wird, unterliegt weitgehend anthropologischen (das heißt den Menschen betreffenden) und sozialphilosophischen (das heißt die Gesellschaft betreffenden) Sichtweisen. Als die beiden wohl bedeutsamsten gegensätzlichen Sichtweisen vom Menschen und der Gesellschaft (**Menschenbilder, Gesellschaftsbilder**) gelten der **Individualismus** und der **Kollektivismus**. Im Mittelpunkt der individualistischen Sicht steht das **Individuum**, dessen Freiheit zum höchsten Gut aufsteigt und dessen Antrieb sich aus dem **Eigeninteresse** (Selbstinteresse, Eigennutz), das heißt dem (natürlichen) Streben, seine wirtschaftliche Lage zu verbessern, speist. Soziale Gebilde, wie Betrieb, Gemeinde, Staat, sind in dieser Sicht lediglich die Summe der **Einzelwesen**. Der Individualismus findet seinen politischen Ausdruck im **Liberalismus**. Dieser erkennt in seiner klassischen Ausprägung den Staat als reinen **Zweckverband**, in dem der einzelne seinen eigeninteressengeleiteten Strebungen entspricht. Dem Staat obliegt lediglich die Verwaltung, die Rechtsordnung, die innere und äußere Sicherheit sowie das Verkehrs-, Bildungs- und Gesundheitswesen. Seine Funktion erschöpft sich damit im wesentlichen in der Überwachung der Einhaltung der marktwirtschaftlichen Spielregeln sowie in der Versorgung der Bevölkerung mit → öffentlichen Gütern. Der marktwirtschaftliche **Wettbewerbsmechanismus** gilt als am besten geeignet, die Interessen der Produzenten mit denen der Konsumenten abzustimmen. Dieses am Eigeninteresse – in den Grenzen des Sittlichen – orientierte Verhalten dient nach Auffassung der klassischen Liberalen zwangsläufig dem **Gemeinwohl** (Gesamtinteresse). In der wettbewerblichen Auseinandersetzung am Markt kann sich nämlich ihrem Verständnis zufolge auf die Dauer nur derjenige durchsetzen, der den Wünschen der Nachfrager entspricht. Indem sich die Anbieter die-

IV Gesellschaft

ser Einsicht fügen, ist den Nachfragern am ehesten gedient; das heißt, mit der Verfolgung ihres Eigentinteresses entsprechen die Produzenten den Wünschen der Konsumenten, dem Gemeinwohl, in höchstem Maße. Beide Interessensphären, Eigeninteresse und Gemeinwohl, stehen somit zueinander in **natürlicher Harmonie**.

10   Für den Kollektivismus, der seine politische Fassung im **Sozialismus** mit seinen vielfältigen Erscheinungsformen findet, ist der Mensch in erster Linie ein **Sozialwesen**. Seine gesellschaftlichen Verbindungen, wie beispielsweise Familie, Betrieb, Gemeinde, Staat, repräsentieren für ihn (den Kollektivismus) mehr als die Summe von Individuen; sie erlangen gleichsam eine höherwertige, überindividuelle Eigenpersönlichkeit. Als solche gelten sie den Individuen gegenüber vorrangig in der Be-
10a friedigung ihrer Bedürfnisse. Was dem Kollektiv nützt, hat Vorrang: **Gemeinnutz geht vor Eigennutz.**

11   ## 1.2 Wirtschaftssysteme

Die aus den beiden aufgezeigten Sichtweisen von Mensch und Gesellschaft, dem Individualismus und dem Kollektivismus, resultierenden Ordnungsvorstellungen von Wirtschaft, lassen sich in zwei wirtschaftspolitischen **Ordnungsmodellen** ver-
12,13 dichten, dem der **Marktwirtschaft** und dem der **Zentralverwaltungswirtschaft**. Beide Modelle vereinen allgemeine Strukturelmente mit idealtypischen Abbildungen wirtschaftlicher und wirtschaftspolitischer Wirklichkeit, indem sie sowohl die ordnungsbestimmenden anthropologischen und sozialphilosophischen Sichtweisen als auch die tatsächlich gestaltprägenden Faktoren aufnehmen. Derartige idealtypische Abbildungen (**Idealtypen**) ökonomischer Ordnungsvorstellungen werden im allgemeinen als **Wirtschaftssysteme** bezeichnet.

1.2.1 Allgemeine Strukturelemente eines Wirtschaftssystems

Erstes Strukturelement eines modernen Wirtschaftssystems ist die hochgradig **arbeitsteilige Produktion**. Sie schafft ein unüberschaubares Beziehungsgefüge, das – soll es nicht zusammenbrechen – eine Abstimmung der unterschiedlichen Einzelinteressen der beteiligten → Wirtschaftssubjekte (Produzenten und Konsumenten) verlangt. Das hierfür notwendige **Koordinationssystem** ist für jedes Wirtschaftssystem unverzichtbar. Es ist das **zweite** Strukturelement. Ihm obliegt die Aufgabe, die Vielzahl der (Einzel-)Wirtschaftspläne aufeinander abzustimmen und damit festzulegen, **welche** Güterarten in **welchen Mengen** mit welchen Produktionsverfahren (**wie**) **für wen** hergestellt werden. Diese Aufgabe kann grundsätzlich auf zwei
14   Wegen angegangen werden: durch **zentrale** oder **dezentrale** → **Planung**. Bei der zentralen Planung trifft der Staat die erforderlichen Entscheidungen; bei der dezentralen Planung entscheiden die Wirtschaftssubjekte selbst.

In Wahrnehmung der aufgezeigten Abstimmungsaufgabe ist nun aber jedes Koordinationssystem auf ein **Informationssystem** (**drittes** Strukturelement) angewiesen, das den Entscheidungsträgern die relative Knappheit der Güter signalisiert, den
15,16 Anbietern die jeweilige → **Nachfrage** und den Nachfragern das jeweilige → **Angebot**. Auch hier können die benötigten Informationen wiederum auf unterschiedli-

chen Wegen erfolgen: **zentral** oder **dezentral**; zentral als Feststellung einer staatlichen Planungsbehörde, dezentral als Preissignale am Markt. So künden im marktwirtschaftlichen System – vereinfachend dargestellt – relativ niedrige Preise von relativ geringer Nachfrage und/oder großem Angebot und relativ hohe Preise von relativ hoher Nachfrage und/oder relativ geringem Angebot.

Die Abstimmung (Koordination) von Produktion und Konsumtion ist aber nicht schon allein durch ein funktionierendes Informationssystem gewährleistet. Daß sich die Produzenten tatsächlich nach den Wünschen ihrer potentiellen Abnehmer beziehungsweise nach den Weisungen (Direktiven) der zentralen Planbehörde richten, erfordert ein **Sanktionssystem** (das heißt ein Belohnungs- und Bestrafungssystem; **viertes** Strukturelement), das ihnen durch „Belohnung" und „Strafe" die Angemessenheit/Unangemessenheit ihres Handelns „spürbar" bewußt werden läßt. Solche Sanktionen kennt der Markt als Gewinn und Verlust, die zentrale Planungsbehörde als Prämie oder Belobigung und Prämienentzug oder Tadel, je nachdem ob die Markterfordernisse beziehungsweise die Planungsdirektiven beachtet oder mißachtet wurden.

Als weitere allgemeine Strukturelemente eines Wirtschaftssystems lassen sich das **Entscheidungssystem** (**fünftes** Strukturelement) und das **Verteilungssystem** (**sechstes** Strukturelement) ausmachen. Das Entscheidungssystem bezieht seine Ausgestaltung aus der jeweiligen **Eigentumsverfassung**, insbesondere der für die Produktionsmittel. Ebenso wie diese grundsätzlich im **Privateigentum** oder **Gemeineigentum** (Gesellschafts-, Volks-, Staatseigentum) stehen können, können sich die wirtschaftlichen Entscheidungsbefugnisse **dezentral** aus dem breitgestreuten privaten Produktivvermögen oder **zentral** aus dem kollektiven Produktivvermögen ableiten.

17
18,19

Wer schließlich die produzierten Güter in welchen Mengen erhält, darüber befindet in der Ausführung das **Verteilungssystem**. Auch es kann wie die vorgenannten Systeme durch die dezentralen Instanzen des Marktes oder die zentrale Verteilungsagentur des Staates (mit beliebig vielen Filialen) repräsentiert sein. Am Markt entscheiden Produzenten und Konsumenten im freien Spiel der Kräfte, in der zentralverwaltungswirtschaftlichen Planungsbürokratie die Staatfunktionäre, **wer was zu welchem Preis** erhält.

Die vorausgegangenen Darlegungen lassen deutlich werden, daß Wirtschaftssysteme über allgemeine Strukturelemente verfügen, die jedoch unter den verschiedenen Normvorgaben der jeweiligen Gesellschaftssysteme und den aus diesen abgeleiteten Subsystemen (Untersystemen) unterschiedlichen Regelungssystemen unterliegen. Diese Strukturelemente lassen sich in ihrer sozioökonomischen Eingebundenheit wie folgt veranschaulichen (siehe Schaubild IV, 1):

1.2.2 Das marktwirtschaftliche System

Das marktwirtschaftliche Modell basiert auf den Vorstellungen des **klassischen Liberalismus**. Seine Hauptvertreter sind **Adam Smith** (1723–1790), **David Ricardo** (1772–1823), **Jean Baptiste Say** (1767–1832) und **John Stuart Mill** (1806–1873). In seinem 1776 erschienenem Hauptwerk „Untersuchung über die Natur und die Ursachen des Volkswohlstandes" (An Inquiry into the Nature and Causes of the

20
21,22
23,24

IV   Gesellschaft

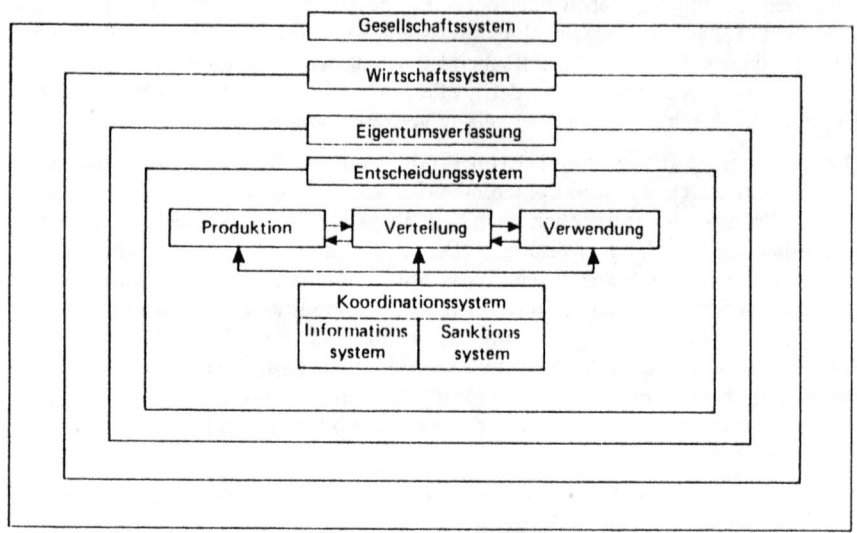

Schaubild IV, 1

Wealth of Nations) skizziert Adam Smith das marktwirtschaftliche System als eine Ordnung, aus der sich der Staat weitgehend heraushält, indem er sich darauf beschränkt, die **Rahmenbedingungen**, das ist im wesentlichen die Rechtsverfassung, zu geben, ihre Beachtung zu überwachen sowie jene → Kollektivbedürfnisse zu befriedigen, die am Markt keine angemessene Berücksichtigung finden: innere und äußere Sicherheit, Bildungs- und Gesundheitswesen sowie mit gewissen Einschränkungen das Verkehrswesen. Die Wirtschaft selbst ist durch eine Vielzahl selbstverantwortlicher → Wirtschaftssubjekte – private Haushalte, Unternehmen, öffentliche Haushalte – repräsentiert, die alle (mehr oder weniger) vom wirtschaftlichen Kalkül geleitet, einen eigenen **autonomen Wirtschaftsplan** aufstellen und zu verwirklichen suchen.

Grenzen wir aus Vereinfachungsgründen in der uns bereits bekannten Weise (vergleiche Schaubild I, 4) diese Wirtschaftssubjekte auf die privaten Haushalte und Unternehmen ein und fassen diese in zwei Sektoren zusammen, so lassen sich deren wirtschaftliche Beziehungen wie folgt umschreiben: Die Unternehmen beziehen über die Faktormärkte (das sind die Märkte für → Produktionsfaktoren) von den privaten Haushalten Faktorleistungen (das heißt Produktionsfaktoren: Arbeit, Geldkapital, Boden) gegen Entgelt; sie transformieren diese zu Konsumgütern und verkaufen diese wiederum über die Konsumgütermärkte an die privaten Haushalte. Der Ablauf des wirtschaftlichen Geschehens insgesamt wird somit über unzählige Einzelpläne initiiert und gesteuert. Der Koordinationsmechanismus für diese Einzelpläne ist der Markt. Auf ihm treten sich Anbieter und Nachfrage kommunikativ gegenüber (siehe Schaubild IV, 2).

Gesellschaft **IV**

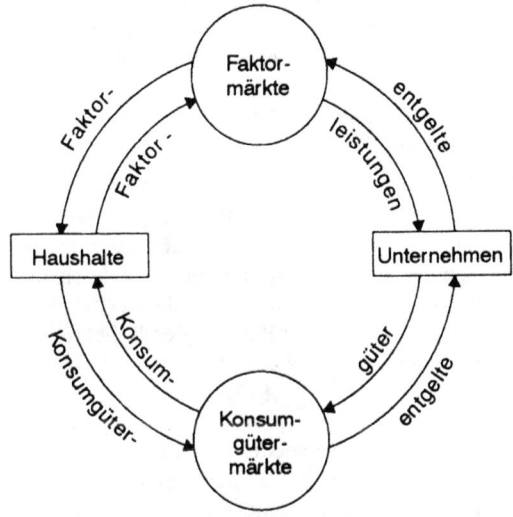

Schaubild IV, 2

Damit der Koordinationsmechanismus Markt in uneingeschränkter Weise funktionieren kann, wird → **vollständige Konkurrenz** unterstellt. Unter ihren Bedingungen bildet sich der → **Gleichgewichtspreis** über die unendlich schnellen Angebots- und Nachfragereaktionen der Marktteilnehmer heraus und „**räumt den Markt**". Dieser Preismechanismus wird im marktwirtschaftlichen Modell für alle Güter- und Faktormärkte angenommen, also auch für Arbeitsleistungen und (Geld-)Kapital. Am Arbeitsmarkt ist der sich ergebende Lohnsatz der Gleichgewichtspreis, das Beschäftigungsniveau die Gleichgewichtsmenge. Am Kapitalmarkt ist der sich herausbildende Zinssatz der Gleichgewichtspreis. Auf all diesen Märkten gilt für den Verkäufer eine Preiserhöhung als eindeutiges Zeichen dafür, daß mehr Einheiten des betreffenden Gutes verlangt werden und damit als Aufforderung, sein Angebot entsprechend zu erhöhen. Umgekehrt bedeutet für den Käufer eine Preissenkung, daß das betreffende Gut verstärkt angeboten und/oder weniger nachgefragt wird. Der Marktpreis fungiert somit als **Knappheitsanzeiger**. Die Beachtung seiner Informationen durch den Anbieter wird gleichsam durch Inaussichtstellung positiver oder negativer Sanktionen, das heißt Gewinne oder Verluste, erzwungen. So signalisiert eben eine Preiserhöhung dem Verkäufer nicht nur eine Nachfrageerhöhung und damit zusätzliche Verkaufsmöglichkeiten, sie verspricht ihm auch wachsende Stückerlöse und im Falle der Angebotsausdehnung eine Erhöhung seines Gesamterlöses. Umgekehrt kündet dem Verkäufer eine Preissenkung nicht nur eine Nachfrageminderung und/oder eine Angebotszunahme, sondern droht ihm für den Fall, daß er seine Angebotsmenge aufrechterhält, eine weitere Absenkung des Preises an und damit die Strafe finanzieller Einbußen.

IV Gesellschaft

Voraussetzung für das einwandfreie Funktionieren des marktwirtschaftlichen **Kommunikations-** und **Sanktionssystems** ist das zweckrationale Handeln der Wirtschaftssubjekte. Diese Feststellung beinhaltet, daß sich die Unternehmer als Gewinnmaximierer und die privaten Haushalte als Nutzenmaximierer verhalten. Nach klassich-liberaler Auffassung ist solches Verhalten dem Menschen angeboren und deshalb als selbstverständlich vorauszusetzen.

27
28
Das angeborene Streben der Menschen nach höchstem Eigennutz erschöpft sich nun aber nicht in der Mehrung des persönlichen Vorteils, sondern führt – wie → **Adam Smith** anschaulich darlegte – zwangsläufig auch zu einer Mehrung des → **Gemeinwohls**. Streben nämlich die Unternehmer nach höchsten Gewinnen, dann werden sie ihre Investitionen dort treffen, wo sie die höchsten Renditen erwarten. Dies wird in der Regel dort sein, wo aufgrund der hohen (Konsum-) Nachfrage das Preisniveau entsprechend hoch und damit die positive Differenz zwischen Kosten und Erlös entsprechend attraktiv ist. Mit der Zunahme der Investitionen in solchen profitablen Produktionsbereichen und dem damit steigenden einschlägigen Güterangebot werden hier die Preise wieder fallen und mit ihnen auch die Gewinne. Die Konsequenz wird sein, daß ein Teil der Unternehmer „aussteigt" und ihre → Produktonsfaktoren in anderen, „interessanteren" Bereichen zum Einsatz bringt. Dieses unternehmerische Verhaltensmuster führt dazu, daß die Produktionsfaktoren stets in jene Einsatzbereiche gelenkt werden, in denen sie den höchsten Nutzen stiften. Die Unternehmer orientieren sich damit in ihrem Investitions- und Produktionsverhalten (indirekt) an den Wünschen der Konsumenten und garantieren gleichzeitig die optimale Ausnutzung der Produktionsfaktoren.

29
Als notwendige Voraussetzung für die Aktivierung des Selbstinteresses erkennt die Theorie der Marktwirtschaft das **Privateigentum**. Gemeint ist Privateigentum an Konsumgütern wie auch ganz besonders Privateigentum an Produktionsmitteln. Denn, nur ein Unternehmer, der als Eigentümer seiner Produktionsmittel frei über deren Einsatz und über gegebenenfalls erwirtschaftete Gewinne verfügen kann, bietet nach Auffassung der Liberalen ausreichend Gewähr dafür, daß er die Signale des Marktes und damit die Käuferwünsche gebührend beachtet. Er wird sich im eigenen Interesse in „forschender" Weise um die Befriedigung der Konsumentenbedürfnisse bemühen und sich dieserhalb mit seinen Mitkonkurrenten auseinandersetzen. Gelingen und Mißlingen dieses Bemühens stehen für Gewinn und Verlust. Dieser marktwirtschaftliche Gedanke, die Eigeninitiative durch Privateigentum zu stimulieren, findet seine Ergänzung in weiteren liberalen Rechtsnormen, so insbesondere der allgemeinen Vertragsfreiheit wie auch der Gewerbe- und Niederlassungsfreiheit.

Das in der vorgenannten Weise konzipierte marktwirtschaftliche System tendiert nach Auffassung seiner geistigen Väter zu einem **Gleichgewicht bei Vollbeschäftigung**, das heißt zu einem Zustand, in dem Anbieter und Nachfrager keine Veranlassung mehr sehen, ihr Verhalten zu ändern und keine Arbeitslosigkeit zu beklagen ist. Krisen können allein durch außerökonomische Einflußgrößen verursacht werden.

1.2.3 Das zentralverwaltungswirtschaftliche System

Das zentralverwaltungswirtschaftliche Modell basiert auf den wirtschaftspolitischen Vorstellungen der **sozialistischen Gesellschaftstheorie**, insbesondere des **Marxismus-Leninismus**. Ihnen zufolge ist eine **herrschaftsfreie** und **gerechte** Gesellschafts- und Wirtschaftsordnung allein durch die Überführung der Produktionsmittel in **Gemeineigentum** zu erreichen. Ihr Einsatz hat einer zentralen Planungsbehörde zu unterstehen. Auf der Grundlage gesellschaftlicher Zielsetzungen (z. B. größtmögliches Wachstum, verstärkter Ausbau der Investitionsgüterindustrie) und Produktionsmöglichkeiten erstellt diese einen zentralen Plan (**Zentralplan**), in dem die wirtschaftlichen Aktivitäten der produzierenden Unternehmen und der konsumierenden Haushalte abgestimmt und festgelegt werden. Dieser **Makroplanung** unterliegt neben der **Produktion** der Unternehmungen auch der **Konsum** und die Arbeitsleistungen (einschließlich der Berufswahl) der privaten Haushalte. Der Plan hat **Direktivcharakter**, er ist Gesetz. Die Betriebe sind somit Befehlsempfänger, sie haben ganz bestimmte Produktionsauflagen zu erfüllen, ihre individuellen Entscheidungsspielräume sind großteils aufgehoben und durch die zentrale Planungshoheit des Staates ersetzt (siehe Schaubild IV, 3).

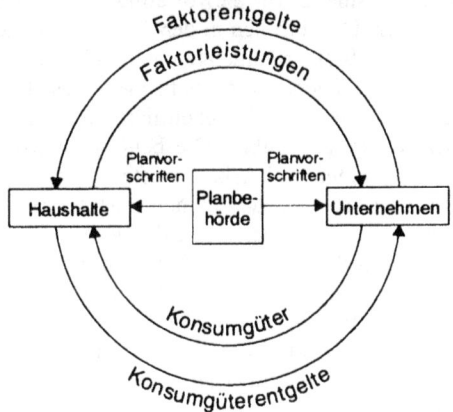

Schaubild IV, 3

Die zur Realisierung der jeweiligen Produktionsauflagen erforderlichen Rohstoffe, neuen Maschinen, Arbeitskräfte etc. werden von der zentralen Planungsbehörde ermittelt und den Betrieben zugeteilt. Die **Verteilung** der produzierten Güter erfolgt, vom Produktionsprozeß abgekoppelt, durch den Staat. Sie wird über ein **staatliches Rationierungssystem** auf der Grundlage politischer Ermessensakte abgewickelt.

Voraussetzung für eine solcherart zentralgeleitete Planwirtschaft ist die totale **Mengenplanung**. Sie basiert auf exakten Informationen über:
– sämtliche Produktionsmöglichkeiten der Unternehmen wie auch
– sämtliche Bedürfnisse und Nutzenvorstellungen der privaten Haushalte.

IV Gesellschaft

Falls die diesbezüglichen Daten nicht hinreichend zu ermitteln sind oder die zentrale Planungsbehörde diese nicht beachten „kann", wird sie kraft ihrer Amtsmacht autonom entscheiden und entsprechende Daten festlegen.

Auf diesem Datenstand kann die zentrale Planungsbehörde einerseits eine optimale Zuordnung der verfügbaren Produktionsfaktoren vornehmen; andererseits vermag sie aus Kenntnis oder in amtsautoritärer Einschätzung der privaten Bedürfnisse und Nutzenvorstellungen Produktionsstrukturen und Verteilung genau festzulegen und damit zu bestimmen, **was in welchen Mengen für wen** produziert werden soll. Damit erübrigen sich Märkte und Preise. Preise werden zwar von der staatlichen Planungsinstanz festgesetzt, es kommt ihnen aber lediglich die Funktion allgemeiner Recheneinheiten zu, um verschiedene Güterarten zu globalen Planpositionen zusammenzufassen und betriebliche Kosten und Erlöse ermitteln zu können. Diese zentralverwaltungswirtschaftlichen Preise fungieren nicht als Knappheitsanzeiger.

Hervorragende Bedeutung im System der Mengenplanung hat die sogenannte **Bilanzierungsmethode**. Ihr zufolge wird für jedes Gut eine **Bedarfs-** und eine **Produktionsbilanz** aufgestellt. Die Bedarfsbilanz erfaßt auf der Aufkommensseite zunächst den vorhandenen Lagerbestand des betreffenden Gutes und stellt diesem auf der Verwendungsseite die Bedarfsmenge für die vorläufig geplanten verschiedenen Verwendungszwecke gegenüber. Um nun den in der Regel den Lagerbestand übersteigenden Bedarf zu decken, muß die Fehlmenge von den einschlägigen Produktionsbetrieben angefordert werden. Diese ihrerseits bringen diese Produktionsvorgaben (Soll) in eine Produktionsbilanz ein und stellen ihnen die für ihre Realisation benötigten Faktoreinsatzmengen gegenüber. Die benötigten Roh-, Hilfs-, Betriebsstoffe, Vormaterialien, Maschinen und Arbeitskräfte werden dann wiederum in gesonderte Bedarfsbilanzen (Arbeits-, Maschinen-, Materialbilanzen etc.) eingebracht. Auch hier werden durch Vergleich mit den jeweiligen Lagerbeständen die bestehenden Fehlmengen ermittelt, um dann als Produktionsvorgaben (Soll) an die zuständigen Zulieferbetriebe gemeldet zu werden. Hier gehen diese Daten ihrerseits wieder in entsprechende Produktionsbilanzen ein. Dieser Bilanzierungsprozeß wird von Produktionsstufe zu Produktionsstufe so lange fortgesetzt, bis die Einsatzmengen der Produktionsfaktoren innerhalb des Planungszeitraumes nicht mehr erhöht werden können. Die dann noch verbleibenden Fehlmengen in den Bedarfsbilanzen spiegeln den Knappheitsgrad der jeweiligen Produktionsfaktoren wider. Lassen sich diese Fehlmengen nicht durch Importe decken, werden die Planziele entsprechend **revidiert** und die Bedarfsmengen gekürzt. Diese bei den zuletzt erfaßten Produktionsfaktoren beginnenden Korrekturen werden rückwärtsschreitend von Stufe zu Stufe bis zu den Gütern des Endverbrauchers vorgenommen. Die zentrale Planung ist dann in sich stimmig, wenn alle Bedarfsmengen (rechnerisch) gedeckt sind.

Das zentralverwaltungswirtschaftliche Modell kennt **keinen systemimmanenten Sanktionsmechanismus** wie das marktwirtschaftliche. Die Einhaltung der Plandirektiven kann lediglich durch Kontrollen überwacht werden. Positive Planabweichungen können mit Prämien, persönlichen Auszeichnungen, negative mit Prämienentzug, beruflicher Degradierung, öffentlicher (Selbst-)Kritik oder ähnlichem bedacht werden.

In der zentralen Planung des gesamtwirtschaftlichen Geschehens erkennt der Staat die Möglichkeit, die Entwicklung der einzelnen Wirtschaftszweige wie auch der Investition und der Konsumtion in den einzelnen Sektoren in abgestimmtem Verhältnis zueinander zu gestalten und damit Mißverhältnisse (Disproportionalitäten) zu vermeiden. Der Wirtschaftsprozeß kann sich in dieser Einschätzung **krisenfrei** entwickeln.

1.3 Wirtschaftsordnungen 35

Im Gegensatz zur modellhaften Ordnung der Wirtschaft in Wirtschaftssyssystemen findet die reale Ordnung von Volkswirtschaften ihre Ausprägung in Wirtschaftsordnungen*. Sie repräsentieren die Gesamtheit der für den organisatorischen Aufbau und Ablauf konkreter Volkswirtschaften notwendigen

- rechtlichen Vorschriften,
- Koordinationsmechanismen,
- Zielsetzungen, Instrumente und Institutionen.

Diese **Realtypen** wirschaftlicher Ordnung lassen sich in ihren vielfältigen Erscheinungsformen zwischen den beiden gegensätzlichen **Idealtypen**, dem marktwirtschaftlichen und dem zentralverwaltungswirtschaftlichen (staatswirtschaftlichen) System einordnen. Vereinfachend dargestellt lassen sich diese beiden gegensätzlichen Idealtypen auf das Individualprinzip (Marktwirtschaft) und das Sozialprinzip (Zentralverwaltungswirtschaft) reduzieren. Das **Individualprinzip** entspricht dem 36 Leitbild einer **Leistungsgesellschaft**, in der jeder die Freiheit haben soll, seine Le- 37 bensbedingungen selbst zu gestalten. Aus diesem Grundsatz folgt die eigenverantwortliche **Selbstvorsorge** (Sparen, Individualversicherung). Das **Sozialprinzip** ver- 38,39 weist die Existenzsicherung der Bürger in die Zuständigkeit des Staates (→ **soziale** 40 **Sicherung**). Je liberaler eine Gesellschaft, desto stärker dürfte ihre marktwirtschaftliche Ordnung und darin die Selbstverantwortung des einzelnen ausgeprägt sein; je mehr eine Gesellschaft dem Sozialismus zuneigt, desto weitgreifender dürfte die staatliche Beherrschung ihrer Wirtschaft und die staatliche Versorgung ihrer Bürger sein. In politisch uneinheitlichen Gesellschaften – und das sind heute wohl alle Staatswesen – finden wir konsequenterweise auch **gemischte Wirtschaftsordnungen**, 41 die je nach politischer Akzentuierung mehr auf den Markt (d. h. auf den Leistungswettbewerb und das selbstverantwortliche Handeln des einzelnen) oder mehr auf den Staat (und seine Verantwortung für den einzelnen) setzen.

Hervorragende Beispiele für ordnungsbedingende Dominanz des Individual- beziehungsweise des Sozialprinzips bieten uns die bis 1990 nebeneinander existierenden Wirtschaftsordnungen in beiden Teilen Deutschlands, die Soziale Marktwirtschaft der Bundesrepublik Deutschland und die Zentralverwaltungswirtschaft der Deutschen Demokratischen Republik (DDR).

---

* Die begriffliche Trennung zwischen Wirtschaftssystem und Wirtschaftsordnung wird im ökonomischen Sprachgebrauch nicht streng eingehalten; so werden die beiden Begriffe häufig auch gleichbedeutend verwendet.

IV Gesellschaft

1.3.1 Die sozialistische Planwirtschaft der ehemaligen Deutschen Demokratischen Republik

1.3.1.1 Ausgangslage und konzeptionelle Grundlagen

Der Ausgang des Zweiten Weltkrieges führte Mitteldeutschland und Ostberlin unter sowjetische Besatzungshoheit. Als sowjetische Besatzungszone unterstanden sie damit der politischen Prägekraft der Sowjetunion. Ihr Bestreben richtete sich darauf, die Wirtschaft dieses deutschen Teilgebietes nach dem Muster der sowjetischen Planwirtschaft umzugestalten. Die sowjetische Militärverwaltung entsprach dieser Absicht umgehend, indem sie die sozialistische Veränderung der **Eigentumsverhältnisse** einleitete. Bereits 1945 wurden Banken und Sparkassen verstaatlicht und etwa zehntausend gewerbliche Unternehmen beschlagnahmt und wenig später in „Volkseigene Betriebe" (VEB) überführt. Im selben Jahr wurde eine Bodenreform durchgeführt, derzufolge landwirtschaftliche Betriebe mit mehr als 100 Hektar Betriebsfläche sowie der Besitz vormals aktiver Mitglieder der NSDAP (Nationalsozialistische Deutsche Arbeiterpartei) und aller „Kriegsverbrecher" (insgesamt 3,3 Millionen Hektar Boden mit insgesamt 35 Prozent der gesamten landwirtschaftlichen Nutzfläche) entschädigungslos enteignet und an 600 000 Kleinbauern, Landarbeiter und Umsiedler aus den Ostgebieten sowie an volkseigene landwirtschaftliche und andere gewerbliche Betriebe verteilt wurden. Neben der Überführung der Produktionsmittel in **„gesellschaftliches" Eigentum** war es das **Prinzip der zentralen Planung**, das die neu aufzubauende sozialistische Wirtschaftsordnung fundieren sollte. Diesem Planungsprinzip wurde 1948 durch die „Deutsche Wirtschaftskommission" – erste gesamtzonale Behörde und Vorläufer der späteren DDR-Regierung – Eingang verschafft. Sie legte für das zweite Halbjahr 1948 einen Übergangsplan für die Grundstoffindustrie vor, in dem genaue Planziele ausgewiesen wurden. So folgte ein umfassender „Zweijahresplan" für den Zeitraum 1949/50, der die Entwicklung der Produktion sowie der Löhne und Sozialleistungen erfaßte. Die Verfassung der **Deutschen Demokratischen Republik** vom 7. Oktober 1949 folgte diesem Kurs, indem sie in Artikel 21 die Wirtschaftsplanung zum Verfassungsgrundsatz erhob.

Die **Sozialistische Einheitspartei Deutschlands** (SED), die das neue Staatswesen politisch und wirtschaftlich führte, war im ersten Nachkriegsjahrzehnt vorrangig von dem Bestreben geleitet, die hohen sowjetischen Reparationsforderungen zu erfüllen und gleichzeitig den Aufbau der eigenen Wirtschaft voranzutreiben. Die Ausgangslage für die Realisierung dieses Vorhabens war denkbar schlecht, da die sowjetische Besatzungsmacht die durch Kriegseinwirkungen schwer getroffene mitteldeutsche Wirtschaft nachhaltig zur Ader ließ; so vor allem durch Demontage, Beschlagnahmung von Betrieben (bei Überführung derselben in sowjetische Aktiengesellschaften) und Waren-„einkauf" mit requirierten Banknoten und neu gedrucktem Besatzungsgeld. Hinzu kam das Fehlen jeglicher ausländischer Kapitalhilfe sowie ein starker Abstrom von den so dringend benötigten Arbeitskräften. Der Wiederaufbau der Wirtschaft mußte somit den Reparationsleistungen zwangsläufig vorangehen. Dieser Einsicht fügte sich der **erste zentrale Volkswirtschaftsplan** (Zweijahresplan für 1949/50), der dem Wiederaufbau der Wirtschaft Rechnung zu tragen versuchte. Auch der nachfolgende **erste Fünfjahresplan** (1951–1955) war deutlich auf

Investitionen abgestellt. Beide Pläne ließen aber auch klar erkennen, daß die Staatsführung die zentrale, am sowjetischen Vorbild orientierte Planung des Wirtschaftsgeschehens für sich beanspruchte. Die Weichen für eine sozialistische Planwirtschaft waren damit klar gestellt, wenn auch das ausdrückliche Bekenntnis zur „sozialistischen Planwirtschaft" erstmals in Artikel 9 der DDR-Verfassung vom 7.10.1974 seinen Niederschlag findet.

Die geistigen Grundlagen der Wirtschaftsordnung der sowjetischen Besatzungszone, wie auch der später aus ihr erwachsenden DDR sind somit im Sozialismus zu suchen, genauer im **Marxismus-Leninismus**, zu dem sich die SED bekannte. Alle anderen sozialistischen Richtungen werden damit abgelehnt. Als „**ökonomisches Grundgesetz des Sozialismus**" wird die weitere Erhöhung des materiellen und kulturellen Lebensniveaus des Volkes auf der Grundlage eines hohen Entwicklungstempos der sozialistischen Produktion, der Effektivität des wissenschaftlich-technischen Fortschritts und des Wachstums der Arbeitsproduktivität angenommen. Bei der Durchsetzung dieses ökonomischen Grundgesetzes gilt nach dem Verständnis der SED in der „entwickelten sozialistischen Gesellschaft" das **Leistungsprinzip**. Es wird als das Grundprinzip der Verteilung im Sozialismus bezeichnet.

1.3.1.2 Aufbau und Entwicklung seit 1952

Auf der II. Parteikonferenz der SED am 9. Juli 1952 erklärte **Walter Ulbricht**, seinerzeitiger stellvertretender Ministerpräsident und mächtigster Mann in der Parteiführung: „Die demokratische und wirtschaftliche Entwicklung sowie das Bewußtsein der Arbeiterklasse und der Mehrheit der Werktätigen sind ... jetzt soweit entwickelt, daß der Aufbau des Sozialismus zur grundlegenden Aufgabe geworden ist." Der Sozialismus müsse nunmehr „planmäßig aufgebaut" werden. Dieser „**planmäßige Aufbau**" kennzeichnet die wirtschaftliche Entwicklung der DDR in dem der **Vorbereitungsphase** (1945–1952) folgenden Jahrzehnt (1952–1962). Ihm folgt die durch das „**Neue Ökonomische System**" (NÖS) und das „**Ökonomische System des Sozialismus**" (ÖSS) geprägte Entwicklungsperiode (1963–1970), die schließlich 1971 durch die auf dem VIII. Parteitag der SED verkündete „**Einheit von Wirtschafts- u. Sozialpolitik**" überwunden wird. Die letzte Entwicklungsperiode der DDR-Wirtschaft zeichnete sich auf dem X. Parteitag 1981 ab, als für die achtziger Jahre die „**intensiv erweiterte Produktion**" verkündet wurde.

Mit dem „**planmäßigen Aufbau des Sozialismus**" von 1952 bis 1962 wurde die Privatwirtschaft auch in denjenigen Bereichen zunehmend ausgeschaltet, in denen sie bis dahin in recht beachtlichem Umfang betrieben wurde; so vor allem in der Landwirtschaft und dem Handwerk, aber auch – allerdings in weit geringerem Maße – in der Industrie und dem Einzelhandel. Die Träger der Kollektivierung waren im landwirtschaftlichen Bereich die **Landwirtschaftlichen Produktionsgenossenschaften** (LPG), im handwerklichen Bereich die **Produktionsgenossenschaften des Handwerks** (PGH). Die noch verbleibenden privaten Industriebetriebe wurden bis auf einige wenige (zunächst) in **Halbstaatliche Betriebe** (Betriebe mit staatlicher Beteiligung) in der Rechtsform von → Kommanditgesellschaften umgewandelt. Ähnlich gestaltete sich die Kollektivierung für den Einzelhandel, der großteils in **Betriebe mit Kommissionsverträgen** überführt wurde. In solchen Betrieben fungierte

IV Gesellschaft

der Inhaber im wesentlichen als Geschäftsführer, der seine Verkäufe auf fremde (staatliche) Rechnung abwickelte.

Die Ausweitung der kollektivierten Wirtschaft wurde in der Folgezeit gezielt dadurch begünstigt, daß ihre Investitionen im wesentlichen vom Staat finanziert wurden. Im Gegensatz dazu wurden die Einkommen der noch verbliebenen Privatbetriebe so hoch besteuert, daß diese die erforderlichen Investitionen kaum noch finanzieren konnten. Darüber hinaus wurden ihnen in der Regel auch die dafür benötigten Produktionsmittel nicht bewilligt. Diese Diskriminierung des selbständigen Unternehmers führte zu zahlreichen Betriebsaufgaben. So fiel als Folge der Kollektivierung und der „freiwilligen" Betriebsaufgaben der Anteil der Privatbetriebe am „gesellschaftlichen Gesamtprodukt" zwischen 1950 und 1959 von 40,6 auf 15,6 Prozent.

Die **ersten beiden Fünfjahrespläne** für die Jahre 1951–1956 und 1956–1960 (abgebrochen 1958!) waren an einer Investitionspolitik ausgerichtet, die ein maximales Produktionswachstum anstrebte. Der damit erzwungene Konsumverzicht war beträchtlich. Die Unzufriedenheit der Bevölkerung mit der wirtschaftlichen, sozialen und politischen Situation führte nicht nur am 17. Juni 1953 zur Volkserhebung, sie veranlaßte auch immer mehr DDR-Bürger, insbesondere junge Menschen unter 25 Jahren (rund 50 Prozent!), zur Flucht in den Westen. (Zwischen 1949 und 1961 wurden mehr als 2,7 Millionen DDR-Flüchtlinge registriert; davon waren mehr als 60 Prozent Erwerbspersonen.) Diese Abwanderung von wertvollen Arbeitskräften störte die wirtschaftlichen Plandispositionen recht empfindlich und stellte die politische Führung vor ernsthafte Probleme. Die unmenschliche Konsequenz, die die DDR-Führung aus dieser Situation zog, war der Bau der Berliner Mauer (13.8.1961) und die Verhängung eines Schießbefehls gegenüber Republikflüchtlingen.

Die mit dem **Siebenjahresplan** für 1959 bis 1965 verkündete „**ökonomische Hauptaufgabe**", die Bundesrepublik Deutschland in wirtschaftlicher Hinsicht einzuholen und insbesondere im Lebensstandard der Bevölkerung gleichzuziehen, erwies sich rasch als überzogener Anspruch. Nicht zuletzt diese Erkenntnis verlangte nach einer Korrektur der bestehenden Wirtschaftsordnung. Das 1963 verkündete „**Neue Ökonomische System der Planung und Leitung der Volkswirtschaft**" (NÖSPL) war die Antwort. Es war der bis dahin weitestgehende Reformversuch in der DDR. Sein Grundgedanke bestand darin, die zentrale staatliche Planung durch betriebliche Eigenverantwortlichkeit zu ergänzen und damit eine größere Effektivität der Produktion zu erreichen. In der wirtschaftlichen Praxis führte diese Neuorientierung zu einer Erweiterung der Entscheidungsbefugnisse auf der mittleren Ebene der Planungsinstanzen, so insbesondere der **Vereinigungen Volkseigener Betriebe** (VVB). Ein „**in sich geschlossenes System ökonomischer Hebel**", das heißt ein (neues) System monetärer Steuerungsinstrumente, sollte diesen Strategiewechsel erleichtern. Der (Betriebs-)Gewinn als positive Differenz zwischen Verkaufserlösen und Kosten – bislang als kapitalistische betriebswirtschaftliche Größe weitgehend verdrängt – sollte zu einem entscheidungsrelevanten Datum aufsteigen; er sollte ein Instrument zur planmäßigen Steuerung der Wirtschaft werden und als solches fortan für Investitionen im Sach- und Personalbereich (hier insbesondere bei Prämienvergaben) wie auch beim Absatz der hergestellten Güter als Orientierung dienen. Diese betriebliche Gewinnorientierung sollte im Rahmen der Planfixierung erfolgen.

Die wirksame Ergänzung der zentralen Planung durch eine dezentrale Gewinnorientierung wurde durch die starre administrative Preisbindung empfindlich gestört. Auch die mit der Einführung der NÖSPL in den Jahren 1964 bis 1967 bewältigte Preisreform konnte diesen Mangel nicht beheben. Als sich schließlich zeigte, daß die aus dem erweiterten Entscheidungsspielraum der mittleren Planungsinstanzen resultierende Festlegungen – besonders in strukturpolitischer Hinsicht – nicht selten den von der Staats- und Parteiführung gesetzten Prioritäten widersprachen, wurde durch Staatsratsbeschluß (1968) die **„Planung volkswirtschaftlich strukturbestimmender Erzeugnisse, Verfahren und Technologien"** zum Kernstück der zentralen Planung erklärt. Dies bedeutete zumindest partiell eine Rücknahme der Reform. Auch nachdem 1968 eine Umbenennung der NÖSPL in **„Ökonomisches System des Sozialismus"** (ÖSS) erfolgte, konnte sich kein einheitliches Lenkungssystem durchsetzen. Diese Unsicherheit in der politischen Führung schuf Anfang der siebziger Jahre weitere wirtschaftliche Schwierigkeiten. Im Herbst 1970 wurde der Reformkurs zugunsten einer erneuten Zentralisierung abgebrochen; lediglich einige wenige Reformelemente, insbesondere der monetären Steuerung, wurden in modifizierter Form beibehalten. Der Sturz **Walter Ulbrichts** (3. Mai 1971) und die Ernennung von **Erich Honecker** zum Ersten Sekretär des Zentralkomitees (ZK) der SED müssen mit dieser Situation in kausalen Zusammenhang gebracht werden.

Auf dem VII. Parteitag der SED (1971) wurde die „ökonomische Hauptaufgabe" neu formuliert: „Weitere Erhöhung des materiellen und kulturellen Lebensniveaus des Volkes auf der Grundlage eines hohen Entwicklungstempos der sozialistischen Produktion, der Erhöhung der Effektivität, des wissenschaftlichen Fortschritts und des Wachstums der Arbeitsproduktivität." Die damit als vorrangig erklärte Besserversorgung der Bevölkerung war jedoch – wie Honecker etwas später ergänzend feststellte – notwendigerweise an eine höhere Leistung geknüpft. Denn: „Es kann nur das verteilt werden, was vorher erarbeitet worden ist." Die bedingte Verknüpfung von höherer Leistung und Besserversorgung verdeutlichte den Gehalt eines in der Folgezeit immer wieder betonten wirtschaftspolitischen Grundprinzips der SED, der **„Einheit von Wirtschafts- und Sozialpolitik"**.

Die siebziger Jahre brachten der DDR-Wirtschaft ein relativ kräftiges und stabiles Wachstum. Ausschlaggebend hierfür waren die rege Investitionstätigkeit und ein stark erhöhter Materialverbrauch. Letzterer führte die rohstoffarme und deshalb hinsichtlich der benötigten Materialien stark importabhängige DDR zwangsläufig in eine hohe Auslandsverschuldung. Als Konsequenz dieser Entwicklung mußte der Rohstoffimport gedrosselt und der Export erhöht werden. Beides führte zu einer Verknappung der im Inland für Produktion und konsumtive Verwendung zur Verfügung stehenden Mittel. Das wirtschaftliche Wachstum durfte und konnte deshalb in den achtziger Jahren nicht mehr über wachsende Kapitalausstattung und steigenden Materialeinsatz gespeist werden.

Diese Situation zwang die DDR-Führung zu einem Umdenken in ihrer Wirtschaftspolitik. Die gleichbleibende „ökonomische Hauptaufgabe" (hohes und sta-

IV Gesellschaft

biles Wachstum zur weiteren Erhöhung des materiellen und kulturellen Wohlstandes) sollte deshalb künftig bei konstanten Inputs (Produktionsfaktoreneinsätze) durch umfassende konsequente „**Intensivierung**" erreicht werden. Die ökonomische Strategie der achtziger Jahre lief fortan unter dem Schlagwort „**intensiv erweitere Reproduktion**". Ihr stellte Erich Honecker auf dem X. Parteitag der SED (1981) zehn Grundsätze voran, die sich im wesentlichen mit den wirtschaftspolitischen Vorgaben des VIII. Parteitages deckten. Mit besonderem Nachdruck wurden gefordert:

- Beschleunigung des wissenschaftlichen Fortschrittes,
- Senkung des spezifischen Produktionsverbrauches,
- Modernisierung der Kapitalausstattung (anstelle von Neuinvestitionen),
- Erhöhung der Arbeitsproduktivität.

Der Übergang zur „Intensivierung" wurde mit einer Vielzahl von Änderungen des Systems der Leitung und Planung ausgestaltet.

Wie die vorausgegangenen Darlegungen deutlich machten, durchlief die sozialistische Planwirtschaft der DDR seit Kriegsende verschiedene Entwicklungsperioden. Sie beinhalteten jeweils Korrekturen und Neuerungen, Revisionen und Modifikationen. Was sich durchsetzte und von Bestand erwies, was diese Wirtschaftsordnung elementar charakterisierte und typisierte, läßt sich wie folgt zusammenfassen:

- Die Wirtschaftsordnung der DDR war in deren Staats- und Gesellschaftsordnung eingelagert;
- sie wurde als sozialistische Planwirtschaft im marxistisch-leninistischen Sinn verstanden;
- der Sozialistischen Einheitspartei (SED) wurde – wie in Staat und Gesellschaft – auch in der Wirtschaft die Führungsrolle zugestanden; staatliche Organe dienten als Instrumente zur Durchsetzung der Parteibeschlüsse; Parteiapparat, Staatsapparat und Wirtschaftsverwaltung standen in engem Personalverbund;
- die Produktionsmittel standen in sozialistischem Eigentum und wurden von der SED, der (vermeintlichen) Sachverwalterin der Arbeiterklasse, als materielle Grundlage ihrer Herrschaft gehalten;
- die Leitung und Planung der gesellschaftlichen Entwicklung und damit auch der Wirtschaft oblag der Partei; die zentrale Planung des Wirtschaftsprozesses erfolgte durch Wirtschaftsverwaltungsbehörden auf zentraler, regionaler und kommunaler Ebene; die einschlägige Personalpolitik (Kaderpolitik) garantierte die Vorherrschaft der Partei bis hinab zu den Fachdirektoren und Meistern der mittleren Betriebe (alle leitenden Positionen in der Wirtschaft wurden durch den Staat oder durch vom Staat berufene Funktionäre besetzt: so berief der zuständige Minister die Generaldirektoren der Kombinate, diese beriefen die Fachdirektoren der Kombinate und die Direktoren der Kombinatsbetriebe; die Direktoren der Volkseigenen Betriebe wurden vom Leiter des zuständigen übergeordneten Organs berufen und ernannten ihrerseits wieder die Fachdirektoren der Volkseigenen Betriebe);
- die zentrale Planung der Produktion erfolgte in Wertgrößen, zu einem großen Teil auch nach Mengen, Größen und Sortimenten;
- die Preise wurden zentral festgelegt;

– der Außenhandel wurde über ein staatliches Außenhandelsmonopol abgewikkelt.

Die aufgezeigten Strukturmerkmale der sozialistischen Planwirtschaft der DDR ließen es gerechtfertigt erscheinen, diese als **Zentralverwaltungswirtschaft** einzustufen.

1.3.1.3 Die außenwirtschaftliche Integration

Außenwirtschaftlich war die DDR im **Rat für gegenseitige Wirtschaftshilfe** (RGW, in der englischen Ausdrucksweise **COMECON** [Council for Mutual Economic Assistance] genannt) eingebunden. Er wurde 1949 in Moskau auf Initiative der Sowjetunion als Gegenstück zu dem amerikanischen Wiederaufbauprogramm für Europa (→ Marshall-Plan, 1948) gegründet. Die Sowjetunion wollte mit der Bildung dieser Wirtschaftsgemeinschaft der Möglichkeit entgegenwirken, daß die unter ihrem Einfluß stehenden mitteleuropäischen „Volksdemokratien" die von den USA angebotene Marshall-Plan-Hilfe annähmen. Die DDR wurde 1950 Mitglied. Ende der achtziger Jahre umfaßte der RGW zehn Staaten: Bulgarien, DDR, Kuba, Mongolei, Polen, Rumänien, UdSSR, CSSR, Ungarn, Vietnam. Die 1958 wirksam gewordene Gründung der → Europäischen Wirtschaftsgemeinschaft (EWG) begünstigte die „**Sozialistische ökonomische Integration**". 1959 wurde im RGW-Statut die rechtliche Basis für die Ratsaktivitäten geschaffen, die mit einigen Modifikationen bis zur Auflösung des RGW im Frühjahr 1991 galt.

Die globale ökonomische Zielsetzung des RGW war die Verbesserung der Leistungsfähigkeit der nationalen Volkswirtschaften durch Intensivierung der zwischenstaatlichen Beziehungen. Im sogenannten **Komplexprogramm** von 1971 hatten sich die RGW-Mitgliedstaaten auf folgenden Zielkatalog verständigt: Beschleunigtes Wirtschaftswachstum, Herausbildung moderner Produktionsstrukturen, Erhöhung des Lebensstandards der Bevölkerung, schrittweise Annäherung und Angleichung des ökonomischen Entwicklungsniveaus der Mitgliedsländer sowie beschleunigtes und stabiles Wachstum des Handels zwischen diesen (**Intrablockhandel**). Eine unter den Mitgliedern allseits anerkannte Konzeption über die Weiterentwicklung und den angestrebten Endzustand der Gemeinschaft lag nicht vor; die Schaffung überstaatlicher Organe wurde erklärtermaßen (Komplexprogramm) nicht angestrebt. Die Wahrung der nationalstaatlichen Souveränität galt als eines der wesentlichen Prinzipien für die Zusammenarbeit. Dem fügten sich auch die Befugnisse der Ratsorgane wie auch die für diese geltenden Formen der Willensbildung. So verfügten von den Hauptorganen des RGW die **Ratstagung** (sie trat regelmäßig einmal jährlich auf Ministerpräsidentenebene zusammen und fällte Grundsatzentscheidungen) als **Exekutivkomitee** (Leitungs- und Vollzugsorgan) und die **Ständige Kommission** lediglich über die Vollmacht, in Sachen wirtschaftlicher Kooperation Empfehlungen auszusprechen. Diese Empfehlungen mußten, um in die Praxis umgesetzt werden zu können, von den souveränen Mitgliedsländern angenommen werden. Das **Sekretariat**, ebenfalls ein Hauptorgan, erfüllte im Rahmen der Willensbildung die Funktion des Initiators; es war nicht berechtigt, Empfehlungen auszusprechen. Die Tatsache, daß alle Empfehlungen der RGW-Organe einstimmig erfolgen mußten (jedes Land hatte eine Stimme!), hatte sich recht bald als wenig integrationsfördernd erwiesen, so daß seit 1967 dieses Einstimmigkeitsprinzip

IV Gesellschaft

nur noch für die Staaten galt, die sich in bezug auf eine geplante Maßnahme zuvor als interessiert erklärten. Damit konnte ein Land seine Mitarbeit an einem (es) „nicht interessierenden" Projekt zwar einstellen, jedoch nicht mehr das Zustandekommen einer mit dem Einverständnis der interessierten Länder empfohlenen Maßnahme verhindern.

Die ökonomische Zusammenarbeit der Mitgliedsländer des RGW war hauptsächlich im Wege der **Plankoordinierung** organisiert. Sie erfolgte auf Regierungsebene. Obgleich der RGW über ein Komitee für die Zusammenarbeit auf dem Gebiet der Planungstätigkeit verfügte, erfolgte die Plankoordinierung in der Regel auf bilateraler Ebene. Sie erstreckte sich auf den Außenhandel wie auch auf die Produktion. Damit sollten insbesondere unwirtschaftliche Parallelinvestitionen verhindert werden. Konkret führten solche Plankoordinierungen zu **Spezialisierungs- und Kooperationsvereinbarungen**. So wurden in fünf ausgewählten Bereichen (Rohstoff- und Energiewirtschaft, Landwirtschaft, Maschinenbau, Konsumgüterindustrie und Transportwesen) aufgrund gemeinsamer Bedarfsprognosen sogenannte **langfristige Zielprogramme** verfolgt.

Der ökonomisch wünschenswerten Verwirklichung einer effizienten internationalen Arbeitsteilung begegneten jedoch währungstechnische Schwierigkeiten. Die Währungen der RGW-Staaten waren reine **Binnenwährungen**; ökonomisch begründete → Wechselkurse gegenüber Ratsländern, wie auch gegenüber Drittländern bestanden nicht. Die Inlandspreise waren politische Preise; sie waren zentral festgelegt und demzufolge als Verrechnungsbasis für den Außenhandel ungeeignet. Dieser wurde deshalb auf der Grundlage von Weltmarktpreisen abgewickelt. Dieser Abrechnungsmodus machte eine exakte Rentabilitätsrechnung bei Außenhandelsgeschäften nahezu unmöglich. Dies wiederum führte in den RGW-Staaten zu einer deutlichen Zurückhaltung hinsichtlich einer weiteren Ausdehnung ihrer Außenhandelsbeziehungen, insbesondere in Form von Spezialisierungs- und Kooperationsvereinbarungen. Die notwendige Ausarbeitung ökonomisch begründeter Wechselkurse konnte nicht verwirklicht werden.

Als zusätzliches Hemmnis der im RGW angestrebten Integration zeigten sich die ausgeprägten Niveau- und Strukturunterschiede der einzelnen Volkswirtschaften. Die DDR zählte hierbei zu den höchst entwickelten im Rat. Ihr Interesse an Spezialisierungsvereinbarungen war bedeutend stärker ausgeprägt als bei wirtschaftlich zurückgebliebenen Mitgliedsländern, die ihre Industrie zunächst auf breiter Basis entwickeln wollten.

1.3.1.4 Rückblick

Die seit 1963 anhaltenden Bemühungen der DDR-Führung, die Effizienzschwäche (Leistungsschwäche) ihrer Wirtschaft zu beheben, führten nicht zum gewünschten Erfolg. Die mit dem NÖS ins Auge gefaßte radikale Reform konnte letztlich nicht durchgesetzt werden. Sie war einer „Reform in kleinen Schritten" (D. Cornelsen) gewichen. Unbestritten hat die mittel- und ostdeutsche Wirtschaft auf diesem Weg Erfolg gezeigt. So konnte zu Beginn der achtziger Jahre durch straffe Lenkung des Wirtschaftsprozesses die bedrohliche Finanzierungssituation im Außenhandel überwunden und eine Schuldenkrise abgewendet werden; dies allerdings nur auf

Gesellschaft **IV**

Kosten der Investitionen und zum Teil des Lebensstandards der Bevölkerung. Gleichzeitig gelang es, den überhöhten spezifischen Energie- und Materialverbrauch zu senken und dem Kosten- und Ertragsdenken stärkere Beachtung zu erwirken. Das gesamtwirtschaftliche Wachstum verzögerte sich trotz der schwierigen Anpassungsprozesse nur geringfügig. Auch den Vergleich mit den anderen RGW-Ländern brauchte die DDR-Wirtschaft nicht zu scheuen. Ihr Leistungsniveau und ihr Lebensstandard hielten die Spitze.

Trotz dieser Achtungserfolge waren die (traditionellen) Defizite der sozialistischen Planwirtschaft unübersehbar. Es waren dies vor allem:

– ihre geringe Flexibilität, sich veränderten Voraussetzungen anzupassen,
– ihre Innovationsträgheit (d. h. ihre Trägheit, Neuerungen einzuführen) und
– die unzureichende Leistungsmotivation ihrer Arbeitenden.

Die **geringe Flexibilität** sozialistischer Planwirtschaften im allgemeinen und der DDR-Wirtschaft im besonderen resultierte aus der Schwerfälligkeit der Planungsbürokratie. Notwendige Änderungen von Plänen aufgrund veränderter Voraussetzungen wurden häufig als lästig empfunden und deshalb ausgelassen oder aber mit erheblicher zeitlicher Verzögerung vorgenommen. Die auftretenden Störungen griffen in andere Planbereiche über. Disproportionalitäten (Mißverhältnisse, Unstimmigkeiten) stellten sich ein. Der fehlende Wettbewerbsdruck enthob die Unternehmensleiter meist dem Zwang, rasch und umsichtig zu handeln.

Eine besondere Ausprägung geringer Flexibilität stellte die in der DDR allseits beklagte **Innovationsträgheit** dar. Besonders hinsichtlich der Entwicklung, der Produktion und des Einsatzes von Schlüsseltechnologien wurde sie als Fortschrittshemmer erkannt. Hier minderte die unzureichende Anpassung an die Entwicklung die Konkurrenzfähigkeit der mittel- und ostdeutschen Industrie, insbesondere auf den Märkten der nichtsozialistischen Industrieländer, in beträchtlichem Maße.

Die **unzureichende Leistungsmotivation** in der arbeitenden Bevölkerung ließ ein beträchtliches Wertschöpfungspotential ungenutzt. Arbeiter und Angestellte mußten sich bis zuletzt mit einem recht bescheidenen Lohn und darüber hinaus mit einer unbefriedigenden Konsumgüterversorgung, insbesondere im Bereich des gehobenen Bedarfs, abfinden. Sie sahen sich deshalb kaum zu Leistungssteigerungen veranlaßt. Hier wurde offensichtlich das menschliche → **Selbstinteresse** in seiner antriebsstiftenden Kraft bewußt übersehen. Die nach 1976 festzustellende Förderung des privaten Handwerks, der individuellen Hauswirtschaften in der Landwirtschaft, der Kleingärtner, Siedler und Kleintierzüchter ließ allerdings vermuten, daß diese Antriebskraft (Selbstinteresse) mehr aus ideologischem Verhalten denn aus wahrer Verkennung ingnoriert wurde. Es muß bezweifelt werden, daß eine Bereitschaft zur Mehrleistung – so wie sie durch das Selbstinteresse ausgelöst wird – auch beziehungsweise lediglich durch „moralische Appelle" ausgelöst werden kann, wie zum Beispiel durch regelmäßige Veröffentlichung der Wettbewerbsvorhaben großer Kombinate. Der Übergang zur „intensiv erweiterten Reproduktion", wie er von E. Honecker auf dem X. Parteitag (1981) angekündigt wurde, konnte ohne diese Einsicht wohl kaum realisiert werden. Die in der DDR-Wirtschaft sicherlich vorhandenen menschlichen Produktivitätsreserven hätten unseres Erachtens nur über entsprechende materielle Grafikationen mobilisiert werden können.

IV Gesellschaft

1.3.2 Die Soziale Marktwirtschaft der Bundesrepublik Deutschland

1.3.2.1 Ursprünge und Konzeption

Die geistigen Wurzeln der Sozialen Marktwirtschaft reichen in die beiden der Tradition des → klassischen Liberalismus verpflichteten Denkrichtungen, den Ordoliberalismus und den Neoliberalismus.

Ordoliberalismus steht im wesentlichen für die sogenannte **Freiburger Schule**, die neben ihrem Begründer, dem Nationalökonom **Walter Eucken** (1891–1950), unter anderen dessen Kollegen **Constantin von Dietze** (1891–1973), **Leonhard Miksch** (1901–1950) sowie die Wirtschaftsjuristen **Franz Böhm** (1895–1977) und **Hans Großmann-Dörth** (1894–1944) unter ihre Fahne scharte. Ihr Sprachrohr war die 1937 eröffnete Schriftenreihe „Ordnung der Wirtschaft".

Dem **Neoliberalismus** sind vor allem Sozioökonomen wie **Alexander Rüstow** (1885–1963) und **Wilhelm Röpke** (1899–1966) zuzurechnen, die sich ebenfalls bereits in den dreißiger Jahren zusammenfanden.

Beiden **liberal-ökonomischen** Strömungen ist die Erkenntnis eigen, daß der weitgehend staatlich ungezügelte Wirtschaftsliberalismus des 19. Jahrhunderts nicht nur großes menschliches Leid verursachte, sondern auch zu einer Vermachtung der Wirtschaft selbst geführt hat, die den Wettbewerb der Marktkräfte nicht nur gefährdete, sondern teilweise aufhob. In Abkehr vom **Laissez-faire** (wörtlich: „Laßt machen" ; ein französisches Schlagwort des wirtschaftlichen Liberalismus insbesondere des 19. Jahrhunderts, nach dem sich die Wirtschaft möglichst frei von staatlichen Eingriffen entfalten solle) des klassischen Liberalismus fordern sie deshalb einen starken Staat, der in einer neuen Ordnung Grenzen festlegt und überwacht, die der einzelne in seinem wirtschaftlichen Streben zu respektieren hat.

Neben den liberal-ökonomischen Elementen waren es solche der **christlichen Soziallehre**, die in diese Konzeption der Mischordnung „Soziale Marktwirtschaft" eingingen. Diese unterschiedlichen Elemente wurden vor allem von dem Nationalökonomen **Alfred Müller-Armack** (1901–1978) aufgegriffen und zu einer pragmatischen, mehrheitsfähigen ordnungspolitischen Konzeption verschmolzen. Er war es auch, der dieser das Markenzeichen „Soziale Marktwirtschaft" gab. Müller-Armacks Absicht war es, in dieser Wirtschaftsordnung das Prinzip Freiheit auf dem Markt mit dem des sozialen Ausgleichs zu verbinden.

Als die aus dem Prinzip der **Freiheit auf dem Markt** abzuleitenden wirtschaftlichen Freiheiten werden gesehen:

– Die Freiheit der Mitglieder der privaten Haushalte, über ihre Einkommen nach eigenem Gutdünken zu verfügen (zu konsumieren oder zu sparen) und Konsumgüter nach freier Wahl zu kaufen (Konsumfreiheit und Freiheit der Vermögensbildung);
– die Freiheit der Mitglieder privater Haushalte, ihre Arbeitskraft und gegebenenfalls Geldvermögen, Boden, Räume und Gebäude Unternehmen gegen Entgelt zur Verfügung zu stellen (freie Wahl des Berufes und des Arbeitsplatzes, Freiheit der Eigentumsnutzung, Freiheit der Kapitalbeteiligung);

Gesellschaft **IV**

- die Freiheit der Mitglieder privater Haushalte, sich unternehmerisch zu betätigen (Gewerbefreiheit, freie Wahl des Niederlassungsortes, Produktionsfreiheit, Handels- und Wettbewerbsfreiheit);
- die Freiheit der Mitglieder privater Haushalte, zur Wahrung, Verbesserung und Förderung der Arbeits-, Konsum- und Wirtschaftsbedingungen, Vereinigungen zu bilden (→ Koalitionsfreiheit, → Tarifautonomie, Arbeitskampffreiheit).

Das Prinzip des **sozialen Ausgleichs** verpflichtet die → Wirtschaftssubjekte, die Freiheitsrechte anderer zu achten und soziale Mißstände zu vermeiden. Um dies zu gewährleisten, bedarf es einer **Wirtschaftsverfassung**, die einerseits die wirtschaftlichen Freiheitsrechte des einzelnen festschreibt, andererseits aber auch die rechtlichen Grenzen absteckt, die in Wahrnehmung dieser Freiheitsrechte nicht verletzt werden dürfen. Darüber hinaus steht dem Staat das Recht und die moralische Pflicht zu, dann die wirtschaftlichen Ergebnisse des Marktes zu korrigieren, wenn sie den sozialen Ausgleich bedrohen und verhindern. Aus dieser Feststellung lassen sich folgende staatliche Aufgaben ableiten:

- **Sicherung eines funktionsfähigen Wettbewerbes** als ordnungspolitische Basis. (Leistungs-)Wettbewerb wird dabei primär als ein dynamischer Prozeß verstanden. Er gilt als konstitutives (grundlegendes) Element des sozialen Ausgleichs, da er die für den allgemeinen Wohlstand notwendige volkswirtschaftliche Produktivitätserhöhung sichert und laufend erzwingt (A. Müller-Armack). Durch eine entsprechende Wettbewerbspolitik des Staates sollen außerdem marktmachtbedingte Einkommen vermieden werden. Um Wettbewerbsbeschränkungen und unlauteren Wettbewerb zu verhindern, muß der Staat Wettbewerbsregeln aufstellen und ihre Einhaltung überwachen.
- **Sicherung der Leistungskraft der Wirtschaft** im Wege einer entsprechenden Antiinflations-, Wachstums- und Beschäftigungspolitik. Hierbei soll jedoch eine ausgesprochene Voll- oder gar Überbeschäftigung möglichst vermieden werden. Konjunkturschwankungen ist primär durch geldpolitische Maßnahmen zu begegnen. Die Leistungskraft der Wirtschaft gilt als Grundlage des angestrebten „Wohlstandes für alle".
- **Einkommens- und Vermögensumverteilung** (Redistribution). (Markt-)Einkommen und Vermögen ab einer bestimmten Höhe sind mit öffentlichen Abgaben (Steuern, Gebühren, Beiträgen) zu belasten, um damit **Transferzahlungen** (d. s. Zahlungen des Staates an private → Wirtschaftssubjekte zum Zwecke der Einkommensumverteilung, insbesondere: Rentenzahlungen, Fürsorgeleistungen, Sozialhilfen, Unterstützungen, Wohnungsbauzuschüsse, Subventionen u. ä.) an andere bedürftige Bevölkerungsgruppen, Unternehmen und Wirtschaftsbereiche vornehmen zu können.
- **Schaffung einer Arbeits- und Sozialordnung** zum Schutz des Arbeitnehmers am Arbeitsplatz (z. B. → Mutterschutz, → Jugendschutz, → Kündigungsschutz) und zur → sozialen Sicherheit in den Wechselfällen des Lebens (Unfall, Krankheit, Invalidität, Alter).

Alle mit der Durchsetzung der Prinzipien „Freiheit auf dem Markt" und „sozialer Ausgleich" ergriffenen Maßnahmen des Staates sollen nach den Vorstellungen der

401

IV Gesellschaft

80 Vordenker der Sozialen Marktwirtschaft **marktkonform** erfolgen, das heißt, sie sollen die Marktprozesse, insbesondere die Preisbildung, möglichst wenig stören.

Die Konzeption der Sozialen Marktwirtschaft galt für Müller-Armack als eine „offene", ausgestaltungsfähige und ausgestaltungsbedürftige wirtschaftspolitische Leitidee. Sie öffnet in seinem Verständnis weite Interpretationsspielräume, so daß in ihre tatsächliche Ausgestaltung der **Konflikt** zwischen liberaler und sozialer Akzentsetzung im voraus programmiert erscheint.

1.3.2.2 Aufbau und Entwicklung seit 1948

Aufbau und Entwicklung der Sozialen Marktwirtschaft in der Bundesrepublik Deutschland lassen sich über vier Perioden verfolgen: Die Periode des Wiederaufbaus der Wirtschaft nach dem Zusammenbruch des Deutschen Reiches und die Errichtung der Sozialen Marktwirtschaft 1948 bis 1958, die Periode der Vollbeschäftigung 1959 bis 1973, die Periode hoher Arbeitslosigkeit und struktureller Veränderungen 1974 bis 1990 und die Periode des wiedervereinten Deutschlands bei weiterhin anhaltender hoher Arbeitslosigkeit und struktureller Veränderungen 1990 bis heute.

Nach dem Ende des Zweiten Weltkrieges lag die deutsche Wirtschaft buchstäblich am Boden. Etwa fünfzig Prozent der Produktionskapazität waren zerstört, das Sozialprodukt der vier Besatzungszonen bezifferte sich auf knapp die Hälfte des Wertes von 1938. In dieser Zeit der Niedergeschlagenheit, in der weite Kreise der Bevölkerung sich einen wirtschaftlichen **Wiederaufbau** allein in einer sozialistischen Wirtschaftsordnung mit verstaatlichten Schlüsselindustrien vorstellen konnten, traf

81 **Ludwig Erhard** (1897–1977), damaliger Direktor der Wirtschaftsverwaltung der amerikanischen und englischen Besatzungszonen, mit der am 18. Juli 1948 verkündeten Währungsreform und der Aufhebung zahlreicher Bewirtschaftungsvorschriften vom 24. Juni 1948 die politische Grundsatzentscheidung für eine marktwirtschaftliche Ordnung. Das am 23. Mai 1949 verabschiedete **Grundgesetz** lieferte mit der Verankerung bedeutsamer wirtschaftlicher Grundfreiheiten (Freiheit der Berufs- und Arbeitsplatzwahl, Freizügigkeit, Koalitionsfreiheit, Konsum-, Produktions-, Handels- und Wettbewerbsfreiheit entsprechend Art. 2) die verfassungsrechtliche Grundlage für dieses mit dem Namen „Soziale Marktwirtschaft" belegte wirtschaftliche Lenkungssystem.

Der sich nach einigen Startschwierigkeiten (Preisauftrieb 1948 und Zunahme der Arbeitslosigkeit 1949/50 auf 10,4 Prozent) in einem Prozeß wirtschaftlichen Wachstums abzeichnende Erfolg der Erhardschen Entscheidung, dem in euphorischer Be-

82 geisterung rasch der Mythos eines Wunders („**Wirtschaftswunder**") zugewiesen wurde, bezog seine stimulierenden Impulse außer aus der pragmatischen wirtschaftspolitischen Grundsatzentscheidung und der zu ihrer Umsetzung notwendigen Leistungsbereitschaft der Bevölkerung aus einer Reihe ordnungspolitischer Weichenstellungen. Der sukzessiven Liberalisierung des Außenwirtschaftsverkehrs und der Integration der bundesdeutschen Wirtschaft in die weltwirtschaftliche → Arbeitsteilung kam dabei besonderes Gewicht zu. Letztere wurde maßgeblich

83 fundiert durch den Beitritt der Bundesrepublik zur **Organisation für europäische wirtschaftliche Zusammenarbeit** (OEEC = Organization for European Economic

Cooperation) 1949, zum **Allgemeinen Zoll- und Handelsabkommen** (GATT = General Agreement on Tariffs and Trade)* 1951, zur **Montanunion** (Europäische Gemeinschaft für Kohle und Stahl, EGKS) 1951 und zum **Internationalen Währungsfonds** (IWF) 1952. Die Mitbegründung der **Europäischen Gemeinschaften** (**Europäische Wirtschaftsgemeinschaft** [EWG] und **Europäische Atomgemeinschaft** [EURATOM]) im Jahre 1957 setzte diesen Integrationsprozeß fort. Wiederaufbau, Innovation und wirtschaftliches Wachstum wurden in diesen Jahren durch massive Staatshilfen gefördert: Steuervergünstigungen und Ausfuhrkredite für die Exportgüterindustrie, Investitionshilfen für Engpaßbereiche wie Kohle-, Eisen- und Stahlindustrie wie auch Steuerbegünstigungen der Kapitalbildung und der Reinvestition von Gewinnen.

Nicht minder förderlich in dieser Phase wirtschaftlicher Entwicklung erwies sich die von den USA ab 1948 gewährte **Marshall-Plan-Hilfe** (ERP = European Recovery Program). Sie beinhaltete nicht nur die Versorgung mit Nahrungsmitteln, sondern darüber hinaus in beachtlichem Umfang auch Rohstoff- und Maschinenlieferungen für den Aufbau einschlägiger Industrien.

Ihrer sozialen Verpflichtung entsprach die marktwirtschaftliche Ordnung der Bundesrepublik in dieser **ersten Periode** nicht nur durch den mit dem wirtschaftlichen Wachstum einhergehenden Abbau der Arbeitslosigkeit und einem raschen Anstieg der Masseneinkommen, sondern auch durch eine Vielzahl bedeutsamer sozialpolitischer Akte. Unter anderem wurde erwirkt:

– die Wiedereinführung der → **Koalitionsfreiheit** und der → **Tarifautonomie**;
– die Errichtung der → **Arbeits-** und **Sozialgerichtsbarkeit**;
– die Wiedereinführung der **Selbstverwaltung der Sozialversicherung** durch die Arbeitgeber und Arbeitnehmer;
– der Ausbau des → **Arbeitnehmerschutzes**, insbesondere des → **Kündigungsschutzes** (1951), des **Mutterschutzes** (1952) und des **Schwerbeschädigtenschutzes** (1953);
– die **Kriegsopferversorgung** auf der Grundlage des **Bundesversorgungsgesetzes** (1950) und des **Lastenausgleichsgesetzes** (1952);
– ein differenziertes Wohnungsbauprogramm auf der Grundlage spezieller **Wohnungsbaugesetze** (1950 u. Folgejahre) mit dem Ziel der privaten → **Vermögensbildung**;
– die Einführung des **Kindergeldes** für das dritte und jedes weitere Kind (1954);
– die Einführung der **dynamischen** (d. h. an die Entwicklung der Arbeitseinkommen gekoppelten) **Rente** (1957).

Ein überragender Akt sozialpolitischen Handelns war in dieser Zeit des Wiederaufbaues sicherlich die wirtschaftliche und soziale Eingliederung der bis 1958 in die Bundesrepublik strömenden rund 10 Millionen Flüchtlinge und Vertriebenen. Es gilt jedoch auch zu sehen, daß dieser Zustrom aus dem Osten für uns in jener Zeit ein wertvolles Arbeitskräftepotential darstellte.

Als bedeutsame ordnungspolitische Vorgaben für die nachfolgenden Entwicklungsperioden der Sozialen Marktwirtschaft können gesehen werden:

* Das GATT-Abkommen wurde zum 1.1.1995 durch das **WTO**-Abkommen (World Trade Organization) abgelöst.

IV Gesellschaft

- das **Gesetz über die Deutsche Bundesbank** (1957), das der Bundesrepublik eine weitgehend unabhängige Zentralnotenbank garantierte und
- das **Gesetz gegen Wettbewerbsbeschränkungen** (1957), das die freie Marktkonkurrenz vor Beeinträchtigungen durch Unternehmenszusammenschlüsse und Mißbrauch von Marktmacht schützen soll.

Zusammenfassend läßt sich feststellen, daß in dieser ersten Periode der Sozialen Marktwirtschaft die ordnungspolitischen Grundlagen freiheitlich-demokratischer Wirtschaftspolitik und gleichzeitig das Fundament unseres Sozialstaates geschaffen wurden.

Die **zweite Periode** der Sozialen Marktwirtschaft von 1959–1973 war durch → **Vollbeschäftigung** gekennzeichnet. Die **Arbeitslosenquote** (das ist der Anteil der Arbeitslosen in Prozent an den abhängigen zivilen Erwerbspersonen [Arbeiter, Angestellte, Beamte; ohne Soldaten])* lag während dieses Zeitraumes stets unter 3 Prozent. Das wirtschaftliche Wachstum verlief weiterhin stark; mit ihm erhöhten sich die Arbeitseinkommen jahresdurchschnittlich um 4,6 Prozent.

In diesem Zeitraum wird der wirtschaftliche Ordnungsrahmen durch verschiedene Festlegungen weiter präzisiert, so unter anderem durch:

- das **Außenwirtschaftsgesetz**, das den Grundsatz der Außenhandelsfreiheit verankerte und die Möglichkeit der Beschränkung dieses Grundsatzes definierte (1961);
- das **Kreditwesengesetz**, das die Kreditmärkte unter dem Aspekt der Sicherheit der Kapitaleinlagen, der Sicherung der wirtschaftlichen Leistungsfähigkeit der Kreditinstitute und der Vermeidung von Mißständen im Kreditwesen ordnete (1961);
- die **Novellierung des Gesetzes gegen Wettbewerbsbeschränkungen** aus dem Jahre 1957 (1973); es führt unter anderem die **Fusionskontrolle** ein, die die **Mißbrauchsaufsicht über marktbeherrschende Unternehmen** verschärft, hebt die **Preisbindung der zweiten Hand** auf (mit Ausnahme von Verlagserzeugnissen) und untersagt **aufeinander abgestimmtes Verhalten** von (konkurrierenden) Unternehmen.

Eine ordnungspolitisch recht umstrittene Akzentuierung der wirtschaftspolitischen Konzeption „Soziale Marktwirtschaft" ergab sich durch das 1967 unter der Großen Koalition (CDU/CSU, SPD) verabschiedete **Gesetz zur Förderung der Stabilität und des Wachstums der Wirtschaft** (Stabilitätsgesetz), das verschiedene Instrumente der konjunkturpolitischen (Global-)Steuerung bereitstellte, die offensichtlich staatsdirigistischen Charakter trugen. Es sieht die Möglichkeit vor, gesamtwirtschaftliche Größen, wie Lohnsumme, Preisniveau, **Staatsquote** (auch Staatsausgabenquote, das Verhältnis der Ausgaben des Staates einschließlich der Sozialabgaben zum Bruttosozialprodukt/Bruttoinlandsprodukt [ab 1993]), der staatlichen Einflußnahme zu unterwerfen. Besonders umstritten war dabei die „**Konzertierte**

---

* An die Stelle dieser seinerzeit üblichen Definition der Arbeitslosenquote trat seit Mitte der 1990er Jahre folgende: Anteil der Arbeitslosen in Prozent an allen zivilen Erwerbspersonen (Arbeiter, Angestellte, Beamte, Selbständige inklusive mithelfende Familienangehörige; ohne Soldaten). Diese Definition wird heute auch von der Bundesagentur für Arbeit verwendet.

Gesellschaft **IV**

Aktion", die ein „gleichzeitiges, aufeinander abgestimmtes Verhalten der Gebietskörperschaften, Gewerkschaften und Unternehmensverbände" (§ 3 (1) Stabilitätsgesetz) zu den im Stabilitätsgesetz vorgegebenen → wirtschaftspolitischen Zielen (stetiges, angemessenes Wachstum, Preisniveaustabilität, hoher Beschäftigungsgrad und außenwirtschaftliches Gleichgewicht) vorsieht. Rückblickend kann festgestellt werden, daß von den in diesem Gesetz vorgesehenen Möglichkeiten bislang kaum Gebrauch gemacht wurde.

Die zweite Periode der Sozialen Marktwirtschaft ist durch eine sozialstaatliche Expansion gekennzeichnet. Sie brachte im wesentlichen folgende Neuerungen:

- Verbesserung des Arbeitsschutzes für Jugendliche (**Jugendarbeitsschutzgesetz** 1960);
- Einführung eines Mindesturlaubes für Arbeitnehmer (**Mindesturlaubsgesetz** 1963);
- Verlängerung der Mutterschutzfrist (**Mutterschutzgesetz** 1965);
- Fortführung der Politik einer breiteren Streuung des Vermögens (**Erstes bis Drittes Vermögensbildungsgesetz** 1961, 1965, 1971) und der Reprivatisierung öffentlicher Unternehmen (Preußag 1959, VW-Werke 1961, VEBA 1965);
- Verstärkung der individuellen und institutionellen Förderung der beruflichen Ausbildung, Fortbildung und Umschulung (**Arbeitsförderungsgesetz** 1969); Vereinheitlichung der gesetzlichen Grundlagen der beruflichen Bildung (**Berufsbildungsgesetz** 1969); einkommensunabhängige finanzielle Förderung der Ausbildung an weiterführenden Schulen, Fachschulen und Hochschulen (**Bundesausbildungsförderungsgesetz** 1971);
- Neuordnung des Sozialhilferechts im **Sozialhilfegesetz** (1961);
- Ausweitung und Erhöhung der **Kindergeldzahlungen** (1961, 1964, 1970);
- Ausweitung und Erhöhung der Wohnbeihilfen für einkommensschwache Gruppen (**Wohnbeihilfegesetz** 1963, zweites Wohngeldgesetz 1970);
- Weiterentwicklung des Systems der → sozialen Sicherung durch Einführung der **Lohnfortzahlung für Arbeiter im Krankheitsfall** (1969), Einführung der **flexiblen Altersgrenze** für den Rentenbezug, Einführung der **Mindestrente** für bestimmte weibliche Arbeitnehmer sowie **Öffnung der gesetzlichen Rentenversicherung** für Hausfrauen und Selbständige (**Rentenreformgesetz** 1972).

Die mit dieser Ausweitung der staatlichen Sozialleistungen anwachsenden Sozialkosten ließen rasch die „Grenzen des Sozialstaates" deutlich und kritische Forderungen nach mehr Selbstverantwortung und „mehr Markt" laut werden. Die Sozialleistungen stiegen von 68,8 Milliarden DM im Jahre 1960 auf 262,7 Milliarden DM im Jahre 1973. Eine entsprechende Sozialabgaben- und Steuerbelastung der Einkommen war zwangsläufig. Sie stieg – bezogen auf die Lohnsumme je Arbeitnehmer – von 15,9 Prozent (1960) auf 26,1 Prozent (1973).

Die **dritte Periode** der Sozialen Marktwirtschaft erwies sich als eine Zeit anhaltend **hoher Arbeitslosigkeit** und **struktureller Umbrüche**. Von rund 800.000 im Jahre 1974 über 1 Million im darauffolgenden Jahr stieg die Zahl der Arbeitslosen bald auf über 2 Millionen (1983) und hielt sich – von geringen Schwankungen abgesehen – auf diesem Niveau (→ Arbeitslosenquote um 8 Prozent) bis zur Wiedervereinigung der beiden deutschen Staaten. Daß diese Arbeitslosigkeit mit den verfügbaren wirt-

IV Gesellschaft

schaftspolitischen Instrumenten nicht wirkungsvoll bekämpft werden konnte, liegt zum einen in den eingetretenen wirtschaftlichen Strukturveränderungen, zum anderen im Zusammenwirken nicht oder nur schwer beeinflußbarer Faktoren begründet. Als die bedeutendsten lassen sich nennen:

- die sprunghaft gestiegenen Erdölpreise (1973 und 1978/79) verteuerten die Energiekosten bei Produzenten und Konsumenten und erhöhten so die (Güter-) Angebotspreise bei gleichzeitiger Belastung der Nachfragebudgets (im In- und Ausland);
- starke Erhöhung der Arbeitskosten durch rascheren Anstieg der Lohn- und Lohnnebenkosten (Sozialzuschläge);
- der zunehmende Einsatz arbeitskräftesparender Technologien;
- vermehrte Sättigungserscheinungen auf Märkten für langlebige Gebrauchsgüter;
- der weltweite Rückgang des wirtschaftlichen Wachstums;
- die finanzielle und rechtliche Erschwerung von arbeitsvertraglichen Kündigungen (durch Ausbau des → Kündigungsschutzes) führt zu Zurückhaltung bei – insbesondere zeitlich begrenzten – Neueinstellungen;
- die Zunahme des Arbeitskräfteangebots durch das Heranreifen geburtenstarker Jahrgänge, die steigende Erwerbsbereitschaft bei Frauen und der starke Zustrom von Asylanten, Übersiedlern, Spätaussiedlern (1978–1987 rund 520.000, 1987 etwa 80.000, 1988 zirka 345.000 und 1989 nahezu 820.000);
- der Rückgang öffentlicher Aufträge.

Ein weiterer, beschleunigter Ausbau der sozialpolitischen Leistungen schlug sich in dieser dritten Entwicklungsphase in folgenden Gesetzen beziehungsweise Maßnahmen nieder:

- dem **Gesetz über Konkursausfall** (1974), demzufolge den Arbeitnehmern Verluste an Lohn und Sozialabgaben bei Konkurs ihres arbeitgebenden Unternehmens ersetzt werden;
- 116 der Einführung von **Kindergeld** auch für **das erste Kind** (1975), **Erhöhung des Kindergeldes** für das zweite und alle weiteren Kinder (1975), **weitere Kindergelderhöhungen** (1978, 1979 und 1981);
- 117 dem **Mutterschaftsurlaubsgesetz** (1979), das erwerbstätigen Müttern die Möglichkeit bietet, zusätzlich zur Schutzfrist nach der Entbindung bis zu vier Monate Mutterschaftsurlaub zu verlangen und aus Bundesmitteln Mutterschaftsgeld in Höhe des Nettoentgeltes bis maximal 750 DM pro Monat zu beziehen;
- 118, 119 der Einführung des **Erziehungsurlaubes**, eines **Erziehungsgeldes**, sowie der renten-
- 120 versicherungsrechtlichen Anerkennung des **Erziehungsjahres** (1985), außerdem den **steuerlichen Entlastungen für Familien** mit Kindern (ab 1986);
- 121 dem weiteren Ausbau der Vermögenspolitik (**Viertes Vermögensbildungsgesetz** 1984 und **Fünftes Vermögensbildungsgesetz** 1987) bei Anhebung des Förderrahmens von 624 DM auf 936 DM pro Jahr;
- der **Steuerreform** (Stufe 1: 1986, Stufe 2: 1988, Stufe 3: 1990) mit den Hauptzielen „spürbare und dauerhafte Entlastung" der Einkommen, Sicherung von „mehr Wachstum und Beschäftigung", Schaffung eines „gerechteren und einfacheren Steuersystems" ;
- 123 dem **Strukturhilfegesetz** (1989) zur Verbesserung der Wirtschaftsstruktur von benachteiligten Regionen durch Investitionsförderung in wachstumsrelevanten Be-

Gesellschaft **IV**

reichen, wie Umweltschutz einschließlich Entsorgung, Verkehr, Technologie und Forschung, Städtebau und Dorferneuerung;
- dem **Gesetz zur Änderung des Betriebsverfassungsgesetzes,** insbesondere hinsichtlich der Neuregelungen über die Sprecherausschüsse der leitenden Angestellten und zur Sicherung der Montanmitbestimmung (1989).

Dieser bis in die späten achtziger Jahre fortdauernde Ausbau des Sozialstaates ließ nicht nur die Staatsschulden bedrohlich ansteigen (von 125,9 Milliarden DM 1970 über 370,8 Milliarden DM 1978 und 801,9 Milliarden DM 1986 auf 1048,7 Milliarden DM 1990), er erhöhte auch die → **Staatsquote** von 39 Prozent im Jahre 1969 auf Werte zwischen 45 und 50 Prozent von 1975 bis 1990.

So konnte es nicht verwundern, daß immer mehr engagierte Marktwirtschaftler eine Lähmung der Leistungsbereitschaft durch soziale Vergütungen „zum Nulltarif" beklagten und vor einem Abdriften der Sozialen Marktwirtschaft in den „Wohltatenstaat" warnten. Die **Reform des Gesundheitswesens** (1989), die über Leistungsbeschränkungen und Selbstbeteiligung der Versicherten die gesetzliche Krankenversicherung zu entlasten versucht, kann als eine – von den Politikern der verschiedenen Parteien wie auch den Sozialpartnern recht kontrovers diskutierte – erste spektakuläre Resonanz auf solcherlei Warnungen gedeutet werden.

Ordnungspolitische Neuerungen erfolgten in dieser dritten Periode im wesentlichen auf zwei Gebieten, der → Wettbewerbspolitik und der → paritätischen Mitbestimmung.

Der verstärkten Konzentration im Unternehmensbereich begegnete der Gesetzgeber mit zwei **Novellierungen des Gesetzes gegen Wettbewebsbeschränkungen** (1976 und 1980), durch die insbesondere die **Fusionskontrolle** und die **Mißbrauchsaufsicht** über marktbeherrschende Unternehmen verbessert werden sollte.

Die **paritätische Mitbestimmung** wurde 1976 auf alle Kapitalunternehmen und Genossenschaften mit mehr als 2000 Beschäftigten ausgedehnt.

Die **vierte Periode** der Sozialen Marktwirtschaft beginnt mit der Wiedervereinigung Deutschlands, genauer gesagt mit dem **Staatsvertrag** vom 18.05.1990 (als der Vorstufe der Wiedervereinigung) und dem **Beitritt** der DDR gemäß Beschluß der Volkskammer vom 23.08.1990 zur Bundesrepublik Deutschland gemäß Art. 23 Satz 2 Grundgesetz am 03.10.1990. (Die maßgebenden rechtlichen Fragen der Wiedervereinigung regelt der **Einigungsvertrag** vom 23.09.1990.)

Im Staatsvertrag einigten sich die Bundesrepublik Deutschland und die Deutsche Demokratische Republik über die Bildung einer **Währungs-, Wirtschafts- und Sozialunion** zum 1.07.1990. Mit der **Währungsunion** wird die Deutsche Mark zur gemeinsamen Währung und die Deutsche Bundesbank zur Währungs- und Notenbank dieses Währungsgebietes. Die Mark der DDR wird auf Deutsche Mark umgestellt und zwar nach folgenden Kursen: 1:1 für Löhne und Gehälter, Stipendien, Renten, Mieten, Pachten sowie wiederkehrenden Zahlungen; ebenfalls 1:1 Guthaben von natürlichen Personen mit Wohnsitz in der DDR bis zu bestimmten Höchstgrenzen; alle anderen auf Mark der DDR lautenden Forderungen und Verbindlichkeiten werden grundsätzlich im Verhältnis 2:1 auf Deutsche Mark umgestellt.

IV Gesellschaft

133 Grundlage der **Wirtschaftsunion** ist die Soziale Marktwirtschaft als gemeinsame Wirtschaftsordnung beider Vertragsparteien. Sie wird insbesondere bestimmt durch Privateigentum, Leistungswettbewerb, freie Preisbildung und grundsätzlich volle Freizügigkeit von Arbeit, Kapital, Gütern und Dienstleistungen. Die DDR stellt sicher, daß ihre wirtschafts- und finanzpolitischen Maßnahmen mit der Sozialen Marktwirtschaft in Einklang stehen. Die Maßnahmen werden so getroffen, daß sie im Rahmen der marktwirtschaftlichen Ordnung gleichzeitig zur Stabilität des Preisniveaus, zu einem hohen Beschäftigungsgrad und zu außenwirtschaftlichem Gleichgewicht bei stetigem und angemessenem Wachstum beitragen. Darüber hinaus verpflichtet sich die DDR, die Rahmenbedingungen für die Entfaltung der Marktkräfte und der Privatinitiative zu schaffen, um den Strukturwandel, die Schaffung moderner Arbeitsplätze, eine breite Basis aus kleinen und mittleren Unternehmen sowie freien Berufen und den Schutz der Umwelt zu fördern. Die Unternehmensverfassung soll in der DDR so gestaltet werden, daß sie auf den Prinzipien der Sozialen Marktwirtschaft mit der freien Entscheidung der Unternehmen über Produkte, Mengen, Produktionsverfahren, Investitionen, Arbeitsverhältnisse, Preise und Gewinnverwendung beruht.

134 Mit der **Sozialunion** gelten in der DDR → Koalitionsfreiheit, → Tarifautonomie, → Arbeitskampfrecht, → Betriebsverfassung, → Unternehmensmitbestimmung und → Kündigungsschutz entsprechend dem Recht der Bundesrepublik Deutschland. Das → System der sozialen Sicherung (Renten-, Kranken-, Unfall- und Arbeitslosenversicherung, später dann auch die Pflegeversicherung) wird nach bundesdeutschem Vorbild übernommen.

135 Zur Anschubfinanzierung der Sozialsysteme und zum Ausgleich des Staatshaushalts gewährt die Bundesrepublik der DDR aus ihrem **Fonds Deutsche Einheit** Zuweisungen in Höhe von 115 Milliarden DM.

Zur Unterstützung der Umgestaltung der DDR-Wirtschaft verabschiedet die Volkskammer der DDR am 18.06.1990 das Gesetz zur Privatisierung und der Reorganisation des volkseigenen Vermögens (**Treuhandgesetz**). Diesem Gesetz zufolge sollen bis zum 01.07.1990 8000 Kombinate und volkseigene Betriebe in → Kapitalgesellschaften umgewandelt und wettbewerblich strukturiert werden. Alleiniger
136 Gesellschafter in dieser Kapitalgesellschaft wird die staatliche **Treuhandgesellschaft** (eine Anstalt des öffentlichen Rechts), die das Eigentum am Volksvermögen sowie an Grund und Boden erhält. Das Treuhandgesetz sieht vor, daß diese Gesellschaften nach dem 01.07.1990 privatisiert werden sollen. (Wegen des Privatisierungsgebotes war vor Verabschiedung des Treuhandgesetzes eine Verfassungsänderung nötig, da Art. 10 DDR-Verfassung die Eigentumsformen auf das „sozialistische Eigentum" beschränkte. Diese Verfassungsänderung ermöglichte nun das „Privateigentum einschließlich des Erwerbs von Eigentum und eigentumsgleichen Rechten an Grund und Boden sowie an Produktionsmitteln".)

Mit dem Wirksamwerden des Einigungsvertrages trat auch das Gesetz zur Regelung offener Vermögensfragen (**Vermögensgesetz**, das die Umsetzung der Gemeinsamen Erklärung vom 15.06.1990 darstellt) in Kraft, das nach kurzer Zeit novelliert wurde (Fassung vom 18.04.1991). Dieses Gesetz regelt in erster Linie vermögensrechtliche Ansprüche auf Vermögenswerte, die in der ehemaligen DDR ent-

Gesellschaft **IV**

schädigungslos enteignet und in Volkseigentum überführt oder unter staatliche Verwaltung gestellt wurden. (Aus der gesetzlichen Regelung ausgenommen sind die Enteignungsvorgänge auf besatzungsrechtlicher oder besatzungshoheitlicher Grundlage in der Zeit zwischen 1945 und 1949.) Es gilt dabei der Grundsatz „Rückgabe vor Entschädigung".

Ebenfalls mit dem Wirksamwerden des Einigungsvertrages trat auch das Gesetz über besondere Investitionen in dem in Art. 3 Einigungsvertrag genannten Gebiet (**Investitionsgesetz**) in Kraft. Das nunmehr in der Fassung vom 22. 04. 1991 geltende Gesetz bestimmt, daß Grundstücke und Gebäude, die ehemals in Volkseigentum standen und Gegenstand von Rücküberweisungsansprüchen sind oder sein können, vom Verfügungsberechtigten auch bei Vorliegen eines Antrages nach der Anmeldeverordnung in Verbindung mit dem Gesetz zur Regelung offener Vermögensfragen veräußert werden können, wenn besondere Investitionszwecke gegeben sind, so insbesondere, wenn ein Vorhaben dringlich erforderlich und geeignet ist für die Sicherung oder Schaffung von Arbeitsplätzen.

Zur Unterstützung des wirtschaftlichen Aufschwungs in den neuen Bundesländern wurde in den Jahren 1990 und 1991 eine Vielzahl von Programmen aufgelegt, so unter anderen: **Gemeinschaftswerk Aufschwung-Ost**, **ERP** (European Recovery Program)-**Kreditprogramm**, **KfW** (Kreditanstalt für Wiederaufbau) -**Investitionsprogramm**, **Eigenkapitalhilfeprogramm zur Förderung selbständiger Existenzen**, **Investitionskredite der Deutschen Ausgleichsbank für Existenzgründungen**, sonstige Kreditprogramme, Bürgschaftsprogramme, Abschreibungsvergünstigungen, Exportsubventionierung, Exportkreditversicherungen. 137,138 139 140 141

Das Vermögensgesetz und das Investitionsgesetz wurden durch das Gesetz zur Beseitigung von Hemmnissen der Privatisierung von Unternehmen und zur Förderung von Investitionen (**Hemmnisbeseitigungsgesetz**) vom 22. 03. 1991 geändert. Durch dieses Gesetz sollte die wirtschaftliche Entwicklung, insbesondere die Investitionstätigkeit in den neuen Bundesländern, durch eine weitere Klärung vermögensrechtlicher Problemfragen gefördert werden. Es zeigte sich jedoch sehr rasch, daß auch damit dem vermögensrechtlichen Klärungsbedarf nicht in umfassender Weise entsprochen werden konnte. Endgültige Abhilfe sollte das **Zweite Vermögensrechtsänderungsgesetz** vom 22. 07. 1992 schaffen. Die erklärte Absicht dieses Gesetzes ist es, den für die Klärung von Vermögensfragen in den neuen Bundesländern geltenden Grundsatz „Rückgabe geht vor Entschädigung" weiter zu relativieren.

Leider konnten all die aufgezeigten Gesetze und Programme die mit der Wiedervereinigung genährte Hoffnung auf einen raschen wirtschaftlichen Aufschwung in den neuen Bundesländern nicht bestätigen. Die Abwanderung von qualifizierten Arbeitskräften in den Westen, ungeklärte und nur langwierig zu regelnde Eigentumsfragen, begleitet von verwaltungsrechtlichen Hindernissen, und vor allem eine überzogene Lohnpolitik reduzierten in hohem Maße die allseits erwartete Standortattraktivität für in- und ausländische Investoren. Eine sich in den alten Bundesländern bereits 1992 anbahnende und 1993 voll entfaltende Rezession verstärkte insbesondere die private (Investitions-)Zurückhaltung, die auch der mäßige, uneinheitliche Aufschwung („Wellblechkonjunktur") der Folgejahre (1994–2004) nicht

IV Gesellschaft

in entscheidender Weise zu überwinden vermochte. Die Zahl der Arbeitslosen entwickelte sich von 2,6 Millionen im Jahr 1992 über 4,4 Millionen 1997 und 3,8 Millionen 2001 auf 3,2 Millionen (im Juli) 2008.* Mit 12,8 Prozent ist die Arbeitslosenquote in den neuen Bundesländern zu diesem Zeitpunkt doppelt so hoch wie in den alten Bundesländern mit 6,4 Prozent. Die Staatsschulden stiegen weiterhin bedrohlich an: von 1,35 Billionen DM 1992 über 2,22 Billionen DM 1997 und 2,38

142 Billionen DM 2000 auf 1,5 Billionen Euro Ende 2007. Die → **Staatsquote** pendelte von 1992–1999 wieder um die 50 Prozent. Der Rückgang derselben auf 47,6 Prozent im Jahr 2000 und 43,8 Prozent 2008 läßt zwischenzeitlich eine gewisse Hoffnung auf eine ansatzweise staatliche Ausgabendisziplin aufkommen. – In dieser wirtschaftlichen Entwicklungstsphase des wiedervereinten Deutschland drängte bis Ende 1992 ein weiterhin wachsender Strom von Ausländern (1991: 221 995 Aussiedler und 256 112 Asylbewerber; 1992: 230 565 Aussiedler und 438 191 Asylbewerber) in die Bundesrepublik und belastete in nicht unerheblichem Umfang deren Sozialhaushalte. Dieser Zustrom ebbte in den nachfolgenden Jahren langsam ab.

143 Unter dem Schlagwort „**Solidarpakt**" (**Soldidarpakt I**) wird Anfang März 1993 durch Vertreter von Bund, Ländern und Parteien der Rahmen für die Finanzierung der Deutschen Einheit **ab 1995** abgesteckt. Die wichtigsten Beschlüsse sind:

144 – Ab 1995 wird ein **Solidaritätszuschlag** von 7,5 % auf die Lohn- und Einkommensteuer erhoben. Ab 1.1.1998 wird dieser Zuschlag auf 5,5 % ermäßigt.

145 – Der **Länderfinanzausgleich** wird neu geordnet. Von den alten zu den neuen Bundesländern fließen ab 1995 jährlich rund 56 Milliarden DM (Bund: 51 Mrd. DM, Länder: knapp 5 Mrd. DM). Der Mehrwertsteueranteil der Länder wird zu Lasten des Bundes von 37 auf 44 Prozent erhöht.

– Die **Hilfen für den** mittel-/ostdeutschen **Wohnungsbau** werden aufgestockt. Das Programmvolumen der Kreditanstalt für Wiederaufbau wird von 30 auf 60 Milliarden DM erhöht. Die Altschulden der mittel-/ostdeutschen Wohnungsbaugesellschaften übernimmt im wesentlichen der Bund.

146 – Der **Fonds Deutsche Einheit** erhält 1993 einen Zuschuß von 3,7 Milliarden DM.

– Der Kreditrahmen der → Treuhandanstalt zur Sicherung industrieller Kerne und Beseitigung ökologischer Altlasten wird erweitert.

– In Höhe von rund 9 Milliarden DM sollen Ausgaben gekürzt und Steuersubventionen gestrichen werden.

147 – Für → **Arbeitsbeschaffungsmaßnahmen** (ABM) werden 1993 zusätzlich 2 Milliarden DM zur Verfügung gestellt. Sozialleistungen wie → Arbeitslosengeld, → Sozialhilfe oder aufgrund des → BAföG werden nicht beschnitten.

Der (dem Solidarpakt I) 2001 nachgeschobene **Solidarpakt II** sieht für die Jahre 2005 bis 2019 Bundeshilfen von 156,5 Mrd. Euro vor. Die Mittelvergabe ist degressiv ausgestaltet und dient im wesentlichen der Finanzierung von Infrastrukturinvestitionen.

---

* Diese Arbeitslosenzahl ist jedoch kaum mehr als ein statistisch geschönter Artefakt; die tatsächlichen Arbeitslosen dürften sich auf rund 8 Millionen beziffern!

Gesellschaft **IV**

Neben den Anstrengungen zur ökonomischen Bewältigung der deutschen Wiedervereinigung versuchte die Bundesregierung durch eine Reihe von gesetzlichen Normierungen den sozialen Ausbau der Sozialen Marktwirtschaft weiterzuverfolgen. Als die bedeutendsten lassen sich nennen:

Im Bereich der **Familienpolitik** 148
- Erhöhung des **Kindergeldes** (1990, 1992, 1996, 1997, 1999, 2002, 2008), 149
- Einführung des **Elterngeldes** (2007), !1
- Anhebung des **Kinderfreibetrages** (1990, 1992, 1996, 1999, 2002, 2008), 150
- **Kinderzuschlag** für geringverdienende Eltern (2005), 150a
- Ausdehnung des **Erziehungsurlaubes** (1992), ab 2001 **Elternzeit** (2004), 151,151a
- Erweiterung des Anspruches auf Arbeitsfreistellung und Zahlung von Krankengeld für gesetzlich krankenversicherte Eltern zur **Pflege kranker Kinder** (1992),
- Verbesserung des **Unterhaltsvorschusses** für Alleinerziehende (1993, 1996, 2002),
- Verlängerung der Bezugsdauer von **Erziehungsgeld** (1993), Erhöhung des Erziehungsgeldes (2001, 2004); das Erziehungsgeld wird 2007 durch das Elterngeld ersetzt; 152
- Verlängerung der **Kindererziehungszeiten im Rentenrecht** für Geburten ab 1992 (zuletzt geändert 2001), 153
- Erhöhung des **Baukindergeldes** für alle ab dem 1.1.1992 gestellten Bauanträge (ausgelaufen zum 31.12.2005). 154

Im Bereich der **Beschäftigungspolitik** (Arbeitsförderungsgesetz; das Arbeitsförderungsgesetz wird zum 1.1.1998 durch das **Arbeitsförderungs-Reformgesetz** abgelöst und als Buch III in das **Sozialgesetzbuch** [SGB III] eingegliedert) 155

- bedürftigkeitsabhängige **Eingliederungshilfe** für neu einreisende **Aussiedler** (1993), 156
- erweiterte **Arbeitsberatungen** unter Fortzahlung von Arbeitslosengeld beziehungsweise Arbeitslosenhilfe (1993),
- erweiterte Förderung zur Aufnahme einer selbständigen Tätigkeit (1993),
- neue Förderkombinationen bei **Arbeitsbeschaffungsmaßnahmen** (ABM, 1993), 157
- besondere **Arbeitsförderungsmaßnahmen** im Bereich der Umweltsanierung, der sozialen Dienste und der freien Jugendhilfe (1993), 158
- Finanzierung von Kursen zum nachträglichen Erwerb des Hauptschulabschlusses (1993),
- Stabilisierung der Beschäftigungsverhältnisse älterer Arbeitnehmer (1993),
- **Beschäftigungsförderungsgesetz** (1994), 158a
- in den neuen Bundesländern kann im Rahmen von ABM ein bis 90 beziehungsweise bis zu 100 prozentiger **Lohnkostenzuschuß** gewährt werden, (Diese Sonderregelung ist bis Ende 1995 befristet.),
- Gesetz über die Einführung der **Alters-Teilzeitarbeit** (1996, 2006), 158b
- Gesetz über **Teilzeitarbeit** und **befristete Arbeitsverträge** (2001, 2003), 158c
- **Job-Aqtiv-Gesetz** (Aktivieren, qualifizieren, trainieren, investieren, vermitteln) (1.1.2002). 158d
- **geringfügige Beschäftigungsverhältnisse** (Minijobs; §8 SGB IV; 1999 u. 2003), 158e
- **Hartz-Gesetze** (Hartz I u. II 2003; Hartz III u. IV 2004). 158f

Die **Rentenreformen** (1992, 1999, 2001, 2004 u. 2007). 159

IV Gesellschaft

160 Das **Gesundheitsstrukturgesetz** (1993) als Korrekturversuch zum Gesundheitsre-
160a formgesetz von 1989, sowie die **Gesundheitsreformen** von 1997, 2000, 2004 u. 2007.

161 Das **Standortsicherungsgesetz** (1994), von der Absicht getragen, den wirtschaftlichen Standort Bundesrepublik (d. h. Investitionen in der Bundesrepublik) attraktiver werden zu lassen.

161a Die **Jahressteuergesetze** (1996 u. 1997), Steuerbefreiung des Existenzminimums und Familienlastenausgleich (Wahlrecht zwischen Kinderfreibetrag u. Kindergeld), Wegfall der Vermögensteuer, Erhöhung der Erbschaft- u. Grunderwerbsteuer u. a.

Außer den vorgenannten Neuerungen wären noch zu nennen:

– Die Neufassung des **Fünften Vermögensbildungsgesetzes** (1990, 1994 u. 2006) so-
161b wie **Drittes Vermögensbeteiligungsgesetz** (1999),
161c – Leistungsverbesserungen im **BAföG** (laufend, zuletzt 2007), sog. **Meister-BAföG** (1996, 2003),
– Verbesserung des **Wohngeldes** durch Anhebung der Miethöchstbeträge (1990, 1992, 2002 u. 2005),
– Vereinheitlichung der **Kündigungsfristen** für Arbeiter und Angestellte (1993),
162 – die **Pflegeversicherung** (1995, zweite Stufe 1996),
162a – Sozialer Wohnungsbau (**Wohnungsbauförderungsgesetz** 1994),
162b – **Eigenheimzulagengesetz** (1996, 1997 u. 2004; ausgelaufen zum 31. 12. 2005),
162c – **Entgeltfortzahlungsgesetz** (1994), sichert allen Arbeitnehmern (einschließlich der geringfügig u. kurzfristig Beschäftigten) u. Auszubildenden die Fortzahlung des Arbeitsentgeltes in den ersten Krankheitswochen,
– Neuregelung der Wohneigentumsförderung (1996),
162d – **dreistufiges Steuerentlastungsgesetz** für die Jahre 1999, 2000 und 2002,
162e – **Steuerreform 2000**, 1. Stufe 2001, 2. Stufe 2004, 3. Stufe 2005,
162f – **Investitionszulagengesetz** (1996, 2002, 2005 u. 2007).

1.3.2.3 Die handelspolitische Integration

163 Die Bundesrepublik Deutschland ist Mitglied der **Europäischen Wirtschaftsgemeinschaft** (EWG). Diese wurde 1958 gegründet. Ihr gehörten zunächst Frankreich, Italien, die Niederlande, Belgien, Luxemburg und die Bundesrepublik Deutschland an. Es erfolgte 1973 der Beitritt Großbritanniens, Irlands und Dänemarks, die „Süderweiterung" mit Griechenland (1981) sowie Spanien und Portugal (1986) und schließlich 1995 der Beitritt von Schweden, Finnland und Österreich. Die im EWG-Vertrag (Römische Verträge 1957) festgelegten Ziele erstrecken sich auf die Verwirklichung einer gleichgewichtigen ökonomischen Entwicklung der Gemeinschaft, eines kontinuierlichen Wachstums, einer Verbesserung der Lebens- und Arbeitsbedingungen sowie auf die Förderung der Beziehungen zwischen den Mitgliedstaaten. Zentrales Instrument zur Anstrebung dieser Ziele sind „die Errichtung eines Gemeinsamen Marktes und die schrittweise Annäherung der Wirtschaftspolitik der Mitgliedsstaaten" (Art. 2 Grundvertrag).

164 Der **Gemeinsame Markt** als erste Stufe der wirtschaftlichen Integration soll über die Durchsetzung von vier **Grundfreiheiten** verwirklicht werden:

– freier Waren- und Dienstleistungsverkehr,

Gesellschaft **IV**

– Freizügigkeit der Arbeitnehmer (mit Ausnahme des öffentlichen Dienstes),
– Niederlassungsfreiheit,
– freier Kapitalverkehr.

Die im Zuge einer solchen Liberalisierung abzubauenden nationalen Restriktionen sollen Raum geben für **Gemeinschaftspolitiken**. Sie sind vertraglich vorgesehen für die Bereiche Landwirtschaft, Außenhandel und Verkehr.

Der höchste Vergemeinschaftungsgrad wird im landwirtschaftlichen Bereich, dem sogenannten **Gemeinsamen Agrarmarkt**, angestrebt. Er beruht auf einem System von **Agrarmarktordnungen**. Diese gemeinsamen Agrarmarktordnungen (z. B. für die wichtigsten Getreidearten, Zucker, Milcherzeugnisse, Fleisch, Wein, Obst und Gemüse) verfügen über ein einheitliches Konzept garantierter Erzeugerpreise in den Mitgliedsländern sowie ein Schleusensystem an deren Grenzen. So wirken im Außenhandel einerseits **Abschöpfungen** auf Importe als Ausgleich für relativ niedrige Weltmarktpreise und andererseits **Erstattungen** als Beihilfen zur Ausfuhr. Über eine derartige Preispolitik soll nicht nur eine quantitativ wie qualitativ ausreichende und kostengünstige Versorgung der Bevölkerung ermöglicht werden, es soll damit auch die Einkommensfinanzierung der in der Landwirtschaft Tätigen sichergestellt werden.

165
166

167
168

Die Grundlagen für eine Zollunion konnten mit dem Abbau der Binnenzölle und dem Aufbau eines gemeinsamen Außenzolltarifs zum 1.1.1970 geschaffen werden. Zum 1.7.1977 wurde das einheitliche Zollgebiet Wirklichkeit. Die Vollendung des vollständigen **EG-Binnenmarktes** wurde in der Einheitlichen Europäischen Akte (EEA) vom 1. Juli 1987 auf den 1.1.1993 festgelegt. Bis zu diesem Zeitpunkt sollten in der Gemeinschaft die → Verbrauchssteuern harmonisiert und damit die Grenzkontrollen aufgehoben werden. Es sollten bis dahin aber auch bislang noch bestehende Handelshemmnisse, insbesondere technische, durch Angleichung der unterschiedlichen nationalen Industrienormen und Standards beseitigt und damit gerechtere Wettbewerbsbedingungen zwischen den Gemeinschaftsmitgliedern hergestellt werden. Auch die Freizügigkeit für Arbeitnehmer und Selbständige, der freie Dienstleistungsverkehr für Versicherungen und Banken sowie die vollständige Liberalisierung des Kapitalverkehrs sollten bis zu diesem Zeitpunkt geregelt werden.

169, 170

Grundlage für die Entwicklung einer **Gemeinsamen koordinierten Wirtschaftspolitik** ist eine Entscheidung des Europäischen Rates aus dem Jahre 1974. Ihr zufolge erläßt dieser regelmäßig konjunktur- und (allgemeine) wirtschaftspolitische Leitlinien und verabschiedet Programme für die mittelfristige Wirtschaftspolitik. Diese haben für die Mitgliedsstaaten allerdings nicht die Bedeutung von Vorschriften; sie sollen in den nationalen Wirtschaftspolitiken lediglich beachtet werden.

Die Bemühungen um eine **Gemeinsame Währungspolitik** haben 1979 zur Schaffung eines **Europäischen Währungssystems** (EWS) geführt. Durch feste, nur innerhalb enger Bandbreiten veränderliche Wechselkurse sollte der Waren-, Dienstleistung- und Kapitalverkehr zwischen den EG-Ländern vor Wechselkursrisiken bewahrt und so erleichtert und ausgeweitet werden. Im Mittelpunkt des Europäischen Währungssystems stand die Europäische Währungseinheit, der **ECU** (European Currency Unit), der als Bezugsgröße für die Wechselkurse, als Indikator für Wechselkursabweichungen, als Rechengröße für Forderungen und Verbindlichkeiten im EWS und schließ-

171

172

413

IV Gesellschaft

lich als Zahlungsmittel und Reserveinstrument der EG-Zentralbanken diente. Er war als Währungskorb definiert, der sich aus festen Beträgen der am EWS beteiligten Währungen zusammensetzte.

172a
173
173a
Am 09./10. Dezember 1991 haben die EG-Staats- und Regierungschefs in **Maastricht** (Niederlande) im Rahmen einer **Europäischen Union** (mit einer gemeinsamen Außen- und Sicherheitspolitik und Zusammenarbeit in der Innen- und Rechtspolitik) eine **Europäische Wirtschafts- und Währungsunion** (EWWU) vereinbart, die ab 1993 schrittweise verwirklicht wurde. Die Bezeichnung **Europäische Union (EU)** ersetzte die bisherige Bezeichnung EG ab 1.11.1993.

Nach Art. 2 EG-Vertrag (EGV) über die Europäische Union fällt der EWWU die Aufgabe zu " ... ein beständiges, nicht inflationäres und umweltverträgliches Wachstum, einen hohen Grad an Konvergenz der Wirtschaftsleistungen, ein hohes Beschäftigungsniveau, ein hohes Maß an sozialem Schutz, die Hebung des Lebensstandards und der Lebensqualität, den wirtschaftlichen und sozialen Zusammenhalt und die Solidarität zwischen den Mitgliedstaaten zu fördern". Diese Ziele sollen unter anderem durch eine gemeinsame Geldpolitik in Verbindung mit einer flankierenden Finanzpolitik angestrebt werden. Die Förderung des wirtschaftlichen und sozialen Zusammenhaltes (Kohäsion) und der Solidarität unter den Mitgliedsländern soll
174 durch die Schaffung eines sogenannten **Kohäsionfonds** begünstigt werden.

Für die Verwirklichung der EWWU sieht der Maastrichter Vertrag einen Drei-Stufen-Plan vor.

Stufe I (Beginn 1.7.1990): Auf ihr sollen die Voraussetzungen für die beiden nachfolgenden Stufen, insbesondere die Vollendung des Europäischen Binnenmarktes, geschaffen werden. Darüber hinaus sollen die Währungen der Mitgliedsländer mit der normalen Schwankungsbreite von $+/-$ 2,25 Prozent in das EWS eingebunden werden. Noch bestehende Beschränkungen des Kapitalverkehrs müssen aufgehoben werden. Zur Erreichung dieser Ziele sollen die Wirtschaftspolitiken der Mitglieder koordiniert werden (Art. 103 Abs. 1 EGV). Hierfür kann der Ministerrat mit qualifizierter Mehrheit Empfehlungen aussprechen (Art. 103 Abs. 2 EGV) und im Rahmen eines ausgebauten Systems der multilateralen Überwachung deren Einhaltung kontrollieren. Die Verantwortung für die Geldpolitik liegt noch uneingeschränkt bei den nationalen Instanzen, deren Abstimmung untereinander jedoch durch entsprechende EG-Richtlinien verbessert werden soll.

Stufe II (Beginn 1.1.1994): Auf ihr soll vor allem die wirtschaftliche, monetäre und fiskalische Konvergenz (Annäherung) der Mitgliedsstaaten herbeigeführt und damit die Voraussetzung für die dritte Stufe geschaffen werden.

175 Zu Beginn wird das **Europäische Währungsinstitut** (EWI) eingerichtet. Es gilt als Vorläufer des auf der dritten Stufe einzurichtenden → Europäischen Zentralbanksystems (EZBS), besitzt aber noch keine monetären Steuerungsfunktionen. Dem EWI obliegt die Aufgabe die Geldpolitiken der Mitgliedsländer unter der Zielvorgabe der Preisniveaustabilität zu koordinieren und das Funktionieren des EWS wie auch die Verwendung des ECU zu überwachen (Art. 109f EGV). Darüber hinaus soll das EWI Instrumente und Maßnahmen für eine einheitliche Geldpolitik auf der dritten Stufe entwickeln und die rechtlichen Voraussetzungen für die Teilnahme der nationalen Notenbanken am EZBS schaffen.

Die Zusammensetzung des Währungskorbes zur Errechnung des Wechselkurses (der Parität) des ECU wird unwiderruflich festgelegt (Art. 1091 EGV).

Jeder Mitgliedsstaat stellt in dieser Phase der Entwicklung der Europäischen Union sicher, daß spätestens zum Zeitpunkt der Errichtung des EZBS die Unabhängigkeit seiner Zentralbank verwirklicht ist (Art. 107 EGV).

Auf dem Gipfel von Madrid im Dezember 1995 wird der Name der zukünftigen einheitlichen Währung auf „Euro" festgelegt.

Stufe III (Beginn 1. 1. 1999): Mit ihrem Beginn nehmen das **Europäische System der Zentralbanken** (ESZB) und die → **Europäische Zentralbank** (EZB) ihre Tätigkeit auf (Art. 1091 EGV). Zuvor (31. 12. 1998) werden die **Euro**-Kurse der EWWU-Währungen und damit auch die Wechselkurse der Mitgliedsstaaten untereinander unwiderruflich fixiert (Art. 1091 Abs. 4 EVG). Der Euro ersetzt nunmehr die Währungen der Mitgliedsstaaten; er gebiert sich (aus der ECU-Korbwährung) zu einer eigenständigen Währung (Art. 1091 Abs. 4 EGV).

Die Bedingungen (**Konvergenzkriterien**) und Verfahrensweisen für den Übergang der Mitgliedsstaaten auf die Endstufe (dritte Stufe) der EWWU sind in Art. 109 EGV festgelegt. Danach berichten die EG-Kommission und das EWI rechtzeitig vor 1999 über den Stand der wirtschaftlichen Konvergenz (Annäherung) zwischen den Mitgliedsstaaten nach folgenden Kriterien:

– **Preisniveaustabilität**: Der Anstieg der Verbraucherpreise soll vor dem Übergang zur Endstufe nicht mehr als 1,5 % höher liegen als in den drei Mitgliedsstaaten mit der geringsten Inflationsrate.
– **Öffentliche Verschuldung**: Die jährliche Neuverschuldung in Prozent des Bruttoinlandsproduktes (BIP) darf 3 % nicht überschreiten; die Gesamtverschuldung darf den Wert von 60 % des BIP nicht übersteigen.
– **Wechselkursstabilität**: Die Währung des zu beurteilenden Landes muß mindestens in den letzten beiden Jahren vor der Prüfung die Bandbreiten des EWS-Wechselkursmechanismus ohne starke Spannungen – insbesondere im Hinblick auf Abwertung – eingehalten haben.
– **Zinsschwankungen**: Das langfristige Zinsniveau des jeweiligen Landes soll mindestens seit einem Jahr nicht um mehr als zwei Prozentpunkte höher liegen als in den drei preisniveaustabilsten Ländern.

Dieser Konvergenzbericht wurde am 25. März 1998 vorgelegt. Er kam zu dem Ergebnis, daß folgende elf Staaten den Konvergenzkriterien genügen: Belgien, Deutschchland, Finnland, Frankreich, Irland, Italien, Luxemburg, Niederlande, Österreich, Portugal und Spanien.

Auf Grund dieses Konvergenzberichtes empfahl der **Rat der EU-Wirtschafts- und Finanzminister** (ECOFIN) dem **Europäischen Rat**, diesen Ländern den Aufstieg zur Endstufe (Stufe III) der EWWU freizugeben. Diese Freigabe erfolgte zum 1. 1. 1999. Mit dieser Freigabe übertrugen die vorgenannten souveränen Staaten ihre staatliche Hoheit auf dem Gebiet des Geldes auf eine neu geschaffene supranationale Institution und ließen ihre nationale Währung in einem gemeinsamen neuen Geld aufgehen. Mit diesem Datum ging die geldpolitische Kompetenz von den nationalen Notenbanken der elf Teilnehmerstaaten aus der Währungsunion auf die **Europäische**

IV Gesellschaft

179a Zentralbank (EZB) über. Die EZB und die nationalen Notenbanken bilden das **Europäische System der Zentralbanken** (ESZB). Griechenland wurde die Teilnahme an der Währungsunion zunächst versagt. Dänemark, Großbritannien und Schweden traten nicht bei. Für die dänische Krone und die griechische Drachme wurden Leitkurse zum Euro festgelegt und die Schwankungsbreiten deren Wechselkurse um den Euro limitiert (→ WKM II [Wechselkursmechanismus II]). England und Schweden traten nicht dem WKM II bei. Griechenland wurde schließlich zum 1.1.2001 in die Währungsunion aufgenommen.

Nach jahrelangen (gemäß den Beschlüssen der Staats- u. Regierungschefs der Europäischen Union auf dem Luxemburger Gipfel v. 12./13. Dezember 1997 geführten) Beitrittsverhandlungen traten zum 1. Mai 2004 mit der sogenannten
179b **Osterweiterung** 10 weitere Staaten der Europäischen Union bei: Estland, Lettland, Litauen, Malta, Polen, die Slowakei, Slowenien, die Tschechische Republik, Ungarn und Zypern. Damit erhöht sich die Anzahl der Mitgliedsstaaten (von 15) auf 25.

Von den neuen Mitgliedsstaaten traten Estland, Litauen und Slowenien 2004, Lettland, Malta, die Slowakei und Zypern 2005 dem WKM II bei. Sie verpflichteten sich damit auf die Anstrebung der → Konvergenzkriterien. Slowenien vollzog danach bereits zum 1.1.2007 den Schritt in die Währungsunion. Malta und Zypern folgten zum 1.1.2008, die Slowakei zum 1.1.2009. Die übrigen neuen (Wirtschaftsunions-)Mitgliedsstaaten haben ihren Beitritt in die Währungsunion noch nicht terminiert.

Der Beitritt von Bulgarien und Rumänien zur Europäischen Wirtschaftsunion erfolgte zum 1.1.2008.

Die Beitrittsverhandlungen mit der Türkei werden nach einem Beschluß der 25 Außenminister der Europäischen Unionsländer vom 30. Oktober 2005 in Luxemburg in einem Zeitkorridor von 10–15 Jahren angestrebt.

180 Um den Anpassungsdruck der wirtschaftlich schwächeren Länder besser bewältigen zu können, wurde in Maastricht ein **Kohäsionfonds** vereinbart. Dieser soll ne-
181 ben dem **EG-Strukturfonds** einen innergemeinschaftlichen Finanzausgleich gewährleisten.

Der in der Europäischen Gemeinschaft vollzogene Übergang zum Binnenmarkt
182 (1.1.1993) brachte die Länder der **Europäischen Freihandelsassoziation** (European Free Trade Association, EFTA, das waren Schweden, Norwegen, Finnland, Österreich, Liechtenstein) erneut in Zugzwang. Nachdem bereits mit der „Erklärung von Luxemburg" (1984) eine erweiterte Zusammenarbeit zwischen EG und EFTA angebahnt worden war, verständigten sich die beiden Wirtschaftsblöcke 1992 auf
183 ein Abkommen, das die Schaffung eines gemeinsamen **Europäischen Wirtschaftsraumes** (EWR) vorsah. Im wesentlichen ging es dabei um die Übernahme des Binnenmarkt-Rechtes der EG durch die EFTA-Staaten, ergänzt um Vereinbarungen zur Zusammenarbeit in der Forschung, der Statistik, der → Bildungs- und → Sozialpolitik, der → Umweltpolitik und zum → Verbraucherschutz. Der Agrarmarkt wurde durch die Vereinbarungen nicht berührt. (Die EFTA-Staaten sind nicht der EG-Zollunion beigetreten.) Der EWR wurde am 1.1.1994 realisiert. (Nach dem

Gesellschaft **IV**

Beitritt von Österreich, Schweden u. Finnland [1.1.1995] zur EU gehören derzeit [2009] nur noch Norwegen, Schweiz, Island u. Liechtenstein der EFTA an.) Die Schweiz trat dem EWR nicht bei.

1.3.2.4 Rück- und Ausblick

Die Soziale Marktwirtschaft hat sich im Verlauf ihrer rund sechzigjährigen Geschichte erheblich gewandelt. In der Aufbauphase galt das Hauptinteresse der wirtschaftspolitischen Bemühungen eindeutig der **Wirtschaftsordnung** und dem wirtschaftlichen **Wachstum**. Die gesellschaftlichen und sozialen Belange traten in diesem Zeitraum (bis etwa 1960) deutlich in den Hintergrund. Ihnen sollte nach dem Verständnis von A. Müller-Armack in einer „**zweiten Phase der Sozialen Marktwirtschaft**" Rechnung getragen werden. In ihr sollte unter anderem der Nachholbedarf im Bildungs-, Gesundheits-, Verkehrs-, Wohnungs-, Umwelt- und Raumordnungsbereich wie auch im Bereich von Beruf und Betrieb (Förderung der Gründung selbständiger Existenzen) gedeckt werden. Wenngleich diese Zielsetzungen, die sich am Leitbild einer „**sozial befriedeten**", „**formierten Gesellschaft**" (Ludwig Erhard) orientierten, nicht in umfassender Weise erreicht werden konnten, lassen sich diesbezüglich in der zweiten Entwicklungsperiode beachtliche Erfolge feststellen. Die hier das hohe Wachstum begleitenden Investitionen in den Bereichen Verkehr, Bildung, Städte- und Wohnungsbau waren beträchtlich. Sie wiesen aber auch mit ihrem Finanzierungsbedarf die Grenzen steuerlicher Belastbarkeit und staatlicher Verschuldung aus. Auch die zunehmende Bevorzugung arbeitsrechtlicher anstelle versicherungsrechtlicher Regelungen, so insbesondere bei der Einführung von Sozialplänen und Lohnfortzahlung im Krankheitsfalle, drohte die leistungsorientierte Marktwirtschaft auszuhöhlen, so daß berechtigte Zweifel an der Überlebensfähigkeit der Sozialen Marktwirtschaft aufkamen und ihre Transformation in eine Staatswirtschaft befürchten ließen. Diese Befürchtungen erwiesen sich letztlich als zu pessimistisch. Sehen wir von dem zentralen Problem der dritten und vierten Entwicklungsperiode, der hohen Arbeitslosigkeit, ab, dann präsentiert sich uns die Soziale Marktwirtschaft rückblickend als eine leistungsfähige Wirtschaftsordnung mit beachtlichen Freiheitsspielräumen und einem sehr hohen Maß an sozialem Gehalt, so insbesondere im Bereich der Betriebs- und Unternehmensverfassung, der Ordnung der Märkte und des Sozialleistungssystems. Es gilt aber auch zu sehen, daß in bestimmten Wirtschaftsbereichen die marktwirtschaftliche Ordnung weitgehend aufgegeben und durch staatliche Regelungen ersetzt wurde, zum Beispiel im Agrarbereich, in der Rentenversicherung, in der Krankenversicherung und in der Pflegeversicherung.

Das Kernproblem bei der Gestaltung und Fortentwicklung der Sozialen Marktwirtschaft ist häufig weniger die für sachgerechtes wirtschaftspolitisches Handeln erforderliche Einsicht in die wirtschaftlichen Zusammenhänge, das heißt das Wissen um das zweckmäßige Verhalten, als vielmehr die politische Durchsetzung der diesen sachlichen Erkenntnissen entsprechenden Handlungen. Das Durchsetzbare, das Mögliche, ist vielfach nur ein Kompromiß. Solche Kompromisse laufen aber darauf hinaus, daß wirtschaftliche Maßnahmen **wider besseres Wissen** getroffen werden. Es wird nicht die beste Lösung angestrebt, sondern die bestmögliche, das heißt eine konsensfähige weniger gute. Der Konsens wird gesucht mit einer oder

IV Gesellschaft

mehreren Gruppen (so etwa mit Arbeitnehmern, Rentnern, Selbständigen des Mittelstandes, Bauern oder auch Arbeitnehmern bestimmter Branchenzugehörigkeit, wie Kohlebergbau, Schiffbau u. ä.), die als Wählerpotential interessieren. Ihnen werden im erforderlichen Umfang Zugeständnisse gemacht wie auch Begünstigungen und Gefälligkeiten erwiesen. Die sachliche Notwendigkeit wird der politischen zumindest zum Teil geopfert. **Die machtpolitische Erwägung dominiert die sachliche.** Die Wählergunst nimmt in der Regel dann zu, wenn eine Gruppe von Wahlberechtigten durch entsprechende Begünstigungen (z. B. Transfers, Subventionen, Steuervergünstigungen, Stärkung oder Erweiterung der Rechte/Ansprüche gegenüber Dritten) besser gestellt und keine andere Gruppe von Wahlberechtigten mit etwa gleichem Gewicht spürbar schlechter gestellt wird. Da nun Umfang und Möglichkeit der Begünstigung durch die zu ihrer Finanzierung notwendige Belastung aller (Steuerbelastung) begrenzt sind, werden in der Regel jene Gruppen respektive Bereiche bedacht, die durch das Marktgeschehen hinter ihren erreichten sozioökonomischen Besitzstand zurückzufallen drohen oder bereits zurückgefallen sind und darüber hinaus in ihrem Wählerpotential bedeutsam und gewichtig genug für die Regierungsparteien sind. Bevölkerungsgruppen, wie z. B. Arbeitnehmer, die von mehreren Parteien aus Regierung und Opposition als Wählerpotential umworben werden, sind unter diesen Bedingungen im allgemeinen besonders begünstigt. Gewährte Begünstigungen werden von den Begünstigten rasch zum hart errungenen Besitzstand gerechnet und können deshalb – wenn überhaupt nur noch gegen großen Widerstand – abgebaut und zurückgenommen werden. Das Schlagwort „Sozialdemontage" wird jedem diesbezüglichen Versuch als Schutzschild entgegengehalten. Diese leicht feststellbare Tatsache zwingt zuweilen auch neue Regierungen, bestehende Regelungen wider bessere Einsicht beizubehalten. Der Status quo des sozioökonomischen Besitzstandes wird zum ungeschriebenen Grundrecht erhoben. Die Folge dieser paradoxen Entwicklung ist, daß wertvolle volkswirtschaftliche Ressourcen gebunden werden, die an anderer Stelle effizienter verwendet werden könnten. Eine Umstrukturierung in den öffentlichen Sozialhaushalten (mit anderen Worten: **ein Umbau des Sozialstaates**) täte deshalb not. Es wird eine **Zukunftsaufgabe** der Sozialen Marktwirtschaft sein, sich mit diesem Problem auseinanderzusetzen. Im einzelnen lassen sich dabei folgende Teilaufgaben als vorrangig einstufen:

- **Eindämmung der Arbeitslosigkeit** unter anderem durch Qualifizierungsprogramme, Flexibilisierung der Arbeitszeit, Förderung der regionalen und beruflichen Mobilität, größeren Gestaltungsspielraum bei der Lohnfindung, insbesondere in regionaler Hinsicht, Entlastung der Löhne hinsichtlich der hohen Lohnzusatzkosten;
- **Ermäßigung der Steuersätze** für Einkommen und Erträge aus zusätzlicher Leistung (zusätzliche Leistung soll sich wieder rentieren!); steuerliche Entlastung der Unternehmen im Hinblick auf ihre internationale Wettbewerbsfähigkeit (die Unternehmenssteuerbelastung durch Körperschaftssteuer, Einkommenssteuer, Gewerbesteuer und Grundsteuer liegt im internationalen Vergleich weit über dem Durchschnitt);
- **Reform der Sozialversicherungen** unter Berücksichtigung von mehr Freiwilligkeit (ermäßigte Beiträge für alle, die Teile der Risiken selbst zu tragen bereit sind und

somit eine freiwillige Selbstbeteiligung wünschen), Stärkung der Individualverantwortung gemäß dem Prinzip → Subsidiarität soweit wie möglich, → Solidarität soweit wie nötig;
- **allmählicher Abbau von Subventionen**, insbesondere solcher, die sich in ihren Effekten gegenseitig aufheben, und solcher, die der Erhaltung überholter Produktionsstrukturen dienen;
- Suspension (Außerkraftsetzung) von Gesetzen und Vorschriften, die den **Zugang zu den Märkten** versperren;
- **Abbau der Restriktionen**, mit denen der Staat seine wirtschaftlichen Aktivitäten schützt;
- **offener Wettbewerb** für kommunale Versorgungsbetriebe und staatliche Bildungseinrichtungen sowie Ersatz öffentlicher Aktivitäten durch private Unternehmen, wo immer sich diese als produktiver erweisen;
- weitere **Privatisierung von Staatsvermögen**;
- Ausbau und Weiterentwicklung der **wirtschaftlichen Integration von Mittel- und Ostdeutschland**.

Bei aller Detailkritik an der im Rahmen der Sozialen Marktwirtschaft praktizierten Wirtschafts- und Sozialpolitik bleibt festzustellen, daß diese im Verlauf von gut sechzig Jahren den Bürgern der Bundesrepublik Deutschland einen großen, nie gekannten Wohlstand bescherte. Daran gemessen muß die Soziale Marktwirtschaft als eine äußerst erfolgreiche Wirtschaftsordnung angesehen werden.

1.3.2.5 Die Konvergenzthese – ein Irrtum!

Vor dem Hintergrund der politischen Blockbildung in Ost und West (seit Ende des II. Weltkrieges bis ca. 1990) wurde die Diskussion über die Wirtschaftsordnungen zu Beginn der sechziger Jahre durch die Behauptung des niederländischen Nationalökonomen **Jan Tinbergen** (1903–1994) bereichert, die kapitalistischen und sozialistischen Wirtschaftsordnungen näherten sich einander beziehungsweise glichen sich einander an, so daß es durch Mischung ihrer positiven Elemente zu einer „optimalen" Ordnung käme. Diese fortan als **Konvergenzthese** ausgewiesene prognostische Behauptung, der sich mit gewissen Modifikationen und zusätzlichen Einbringungen auch der Kanadier **John Kenneth Galbraith** (1908–2006) und andere namhafte Wirtschaftswissenschaftler anschlossen, basierte im wesentlichen auf folgenden Feststellungen:

- In den westlichen Marktwirtschaften sei der öffentliche Sektor in einer zunehmenden Ausweitung begriffen. Es habe der Staat seit Ende des Zweiten Weltkrieges eine Vielzahl von Steuerungs- und Regulierungsfunktionen übernommen. Sein Einfluß reiche von der Wahrnehmung gesamtwirtschaftlicher Stabilisierungs- und Vollbeschäftigungspolitik über die detaillierte Regulierung einzelner Sektoren und Wirtschaftszweige (beispielsweise Landwirtschaft) bis hin zum Auf- und Ausbau sowie Unterhalt eines umfassenden sozialen Sicherungssystems. In Wahrnehmung dieser Aufgaben bediene sich der Staat moderner Planungs- und Programmierungsmethoden wie sie auch in sozialistischen Planwirtschaften zur Anwendung gelangen. Diese Entwicklung führe über einen **wachsenden Anteil des Staates am Sozialprodukt** zu einer Machtausweitung desselben gegenüber der privaten Wirtschaft.

IV Gesellschaft

- Die sich in den marktwirtschaftlichen Ordnungen vollziehende Konzentration des Produktivvermögens und die damit einhergehende Ausdehnung der Entscheidungskomplexe **verdränge die Eigentümerunternehmer** mehr und mehr durch (angestellte) Manager. Die traditionell von dem/den Kapitaleigner(n) wahrgenommenen Eigentumsrechte, wie insbesondere Leitung und Kontrolle, würden so in wachsendem Umfang von Angestelltenunternehmern (Managern) verwaltet. Diese Entwicklung zeige eine gewisse Entsprechung zu den sozialistischen Planwirtschaften, wo den Betriebsdirektoren (Technokraten) größere Entscheidungsspielräume bei gleichzeitiger Abnahme des Einflusses der Partei- und Staatsbürokratie eingeräumt würden. In beiden Blöcken, den Marktwirtschaften des Westens und den Zentralverwaltungswirtschaften des Ostens, bilde sich eine neue – in gewisser Weise gleichartige – **Führungsschicht** heraus, die der Manager beziehungsweise der Technokraten.
- Die durch den technischen Fortschritt induzierte großindustrielle Produktionsweise zwänge die westlichen Wirtschaften verstärkt zu **umfassender betrieblicher Planung**. Ihre ursprünglich marktwirtschaftliche Koordination würde sukzessiv durch ein dezentrales (betriebliches) Planungssystem verdrängt. Parallel zu dieser Entwicklung vollzöge sich in den sozialistischen Planwirtschaften eine Verlagerung von der direkten zur indirekten Steuerung. An die Stelle von verbindlichen naturalen Vorgaben träten verstärkt monetäre Hebel und damit eine sich marktwirtschaftlicher Elemente bedienende Lenkung über die Preise, Gewinne, Zinsen, Kredite, Fondszuführungen oder Steuern.

Als gemeinsame Ursache dieser Veränderungen wurde die technisch-ökonomische Entwicklung gesehen, deren Sachgesetzlichkeiten sich die Wirtschaften in Ost und West gleichermaßen nicht entziehen könnten, sondern vielmehr mit ähnlichen institutionellen und sozialen Strukturen sowie wirtschaftspolitischen Maßnahmen entsprechen müßten. Die Entideologisierung und Entpolitisierung der Wirtschaftspolitik und der ökonomischen Problemlösungsstrategien wurden als Zwangsläufigkeit unterstellt.

Die Bestimmtheit dieser Aussagen sollte nicht darüber hinwegtäuschen, daß sie größtenteils Wunschvorstellungen aufnahmen, indem sie unter der Vision „Annäherung" ökonomische Einzelerscheinungen und Teilaspekte zu einer scheinbar plausiblen Feststellung zusammenfaßten und bedenkenlos verallgemeinerten. Eine solche Vorgehensweise erscheint uns nicht akzeptabel. Eine methodisch hinlängliche Analyse vermuteter Konvergenz hätte sich nach unserem Verständnis auf die konstitutiven Elemente der betreffenden Wirtschaftsordnungen, das heißt auf deren Systemelemente, zu konzentrieren. Es wäre deshalb insbesondere zu fragen, ob

187,188 — das → **Eigeninteresse** oder der → **Gemeinnutz** die anerkannte Antriebskraft wirtschaftlichen Tätigwerdens ist,
189,190 — die Produktionsmittel grundsätzlich in privatem oder gesellschaftlichem Eigentum (→ **Privateigentum** oder → **Gemeineigentum**) stehen,
191,192 — das Prinzip der **dezentralen** oder der **zentralen** Koordination (→ **Planung**) gilt, oder pointierter formuliert, ob der betriebliche Erfolg an dem im Wettbewerb mit den Anbietern realisierten Marktgewinn oder dem Grad der Planerfüllung gemessen wird.

Gesellschaft **IV**

Diese Fragen lassen leicht erkennen, daß es sich bei einer Annäherung von Wirtschaftsordnungen **niemals nur** um rein ökonomische Vorgänge handeln kann, sondern **immer auch** um politische Entscheidungen handeln muß, denen das im jeweiligen Staatswesen geltende → Menschen- und → Gesellschaftsbild unterliegt. So verstanden läßt sich rückblickend eine Konvergenz der Wirtschaftsordnungen in Ost und West, das heißt ein **gegenseitiges** Aufeinanderzubewegen derselben nicht ausmachen. (Wohl ließen sich recht bald deutliche Anzeichen dafür erkennen, daß das kollektivistische [sozialistische] Denken im Osten zunehmend einer ansatzweise freiheitlich-individualistischen Orientierung wich. Dies kann jedoch nicht als Konvergenz interpretiert werden, sondern immer nur als eine **einseitige** Aufgabe bislang gehaltener ideologischer Positionen.) Die reale Entwicklung hat vielmehr die Konvergenzthese widerlegt. Deregulierung und Privatisierung haben in den westlichen Ländern den Einfluß des Staates auf das Wirtschaftsgeschehen – wenn auch noch nicht im wünschenswerten Umfang – deutlich zurückgedrängt; die staatliche Globalsteuerung der Nachfrage wird in jüngster Zeit offensichtlich zurückhaltender gehandhabt. Nicht weniger, sonder **mehr Markt** lautet die allgemeine Forderung.

1.3.2.6 Die Wirtschaft im Verständnis der bundesdeutschen Parteien und Verbände

Sozialdemokratische Partei Deutschlands (SPD)

„Unsere Geschichte ist geprägt von der Idee des demokratischen Sozialismus, einer Gesellschaft der Freien und Gleichen, in der unsere Grundwerte verwirklicht sind. Sie verlangt eine Ordnung von Wirtschaft, Staat und Gesellschaft, in der die bürgerlichen, politischen, sozialen und wirtschaftlichen Grundrechte für alle Menschen garantiert sind, alle Menschen ein Leben ohne Ausbeutung, Unterdrückung und Gewalt, also in sozialer und menschlicher Sicherheit führen können.
...
Wohlstand und hohe Lebensqualität für alle waren und bleiben die Ziele sozialdemokratischer Wirtschaftspolitik. In der Vergangenheit ist Fortschritt vor allem als quantitatives Wachstum verstanden worden. Heute zwingen uns der rasche Klimawandel, die Überlastung der Ökosysteme und das Wachstum der Weltbevölkerung, der Entwicklung eine neue, zukunftstaugliche Richtung zu geben. Davon hängt ab, ob aus Entwicklung Fortschritt wird. Wir wollen nachhaltigen Fortschritt, der wirtschaftliche Dynamik, soziale Gerechtigkeit und ökologische Verantwortung vereint. Dafür ist qualitatives Wachstum mit reduziertem Ressourcenverbrauch nötig. Menschen sollen ihren eigenen Lebensunterhalt frei von Ausbeutung und Angst durch gute Arbeit verdienen können. Jeder Mensch soll einen gerechten Anteil am erwirtschafteten Reichtum erhalten. Wir wollen die natürlichen Lebensgrundlagen auch für kommende Generationen sichern.
...
Im 20. Jahrhundert ist mit der sozialen Marktwirtschaft ein herausragendes Erfolgsmodell geschaffen worden. Sie verbindet wirtschaftliche Stärke mit Wohlstand für breite Schichten. Die soziale Marktwirtschaft, maßgeblich geprägt durch Sozialdemokratie und Gewerkschaften, hat aus der Beteiligung und Mitbestimmung der Arbeitnehmerinnen und Arbeitnehmer eine Produktivkraft gemacht und den sozialen Frieden gefördert.

Aber die globalen Finanz- und Kapitalmärkte, die keine Grenzen mehr kennen, stellen diese bewährte Ordnung in Frage. Eine ausschließliche Orientierung an kurzfristigen und überzogenen Renditen gefährdet den sozialen Zusammenhalt und ist blind für die ökologischen Notwendigkeiten. Sie untergräbt zugleich den langfristigen wirtschaftlichen Erfolg unserer Unternehmen und unserer Volkswirtschaft.

IV Gesellschaft

Märkte bedürfen der politischen Gestaltung – im Zeitalter der Globalisierung auch über nationale Grenzen hinaus. Für uns gilt: so viel Wettbewerb wie möglich, so viel regulierender Staat wie nötig. Für die Zukunft der sozialen Marktwirtschaft ist ein gemeinsames Vorgehen in der Europäischen Union von entscheidender Bedeutung.

Wirtschaftliche Demokratie ist unverzichtbar dafür, die Forderung des Grundgesetzes mit Leben zu erfüllen: „Eigentum verpflichtet. Sein Gebrauch soll zugleich dem Wohle der Allgemeinheit dienen."

Die Mitbestimmung in Betrieben und Unternehmen, die Tarifautonomie und das Streikrecht sind grundlegend für die soziale Marktwirtschaft. Innerbetriebliche Demokratie bedeutet Teilhabe am Haben und Sagen. Sie fördert den unternehmerischen Erfolg. Wir bekennen uns zur paritätischen Mitbestimmung in den Aufsichtsräten großer Unternehmen. In einer zunehmend europäisierten Wirtschaft ist es unser Ziel, Arbeitnehmerrechte und Mitbestimmung auf europäischer Ebene auszubauen.

Starke Gewerkschaften sind für uns unverzichtbar. Bei der Gestaltung der Arbeitsbedingungen halten wir an der bewährten Aufgabenteilung zwischen Gesetzgeber, Tarifvertragsparteien, Betriebs- und Personalräten fest. Die Tarifautonomie gilt uneingeschränkt. Den Flächentarifvertrag wollen wir stärken. Wir sichern die Arbeitnehmerrechte. Dazu gehört der Kündigungsschutz.

Einkommen und Vermögen sind in Deutschland ungerecht verteilt. Sozialdemokratische Steuerpolitik soll Ungleichheit begrenzen und gleiche Chancen fördern. Wir unterstützen Lohnzuwächse, die am Wachstum der Produktivität und an der Inflation orientiert sind. Wir wollen mehr Vermögen in Arbeitnehmerhand. Die Beteiligung der Mitarbeiterinnen und Mitarbeiter am Unternehmenskapital als zusätzliche Quelle des Einkommens gewährleistet eine gerechtere Beteiligung der Beschäftigten am Firmenerfolg. Sie fördert zudem Innovation und Produktivität. Überbetriebliche Fonds können gewährleisten, dass das Unternehmensrisiko nicht auf die Arbeitnehmer übertragen wird.

...

Unternehmerische Freiheit und soziale Verantwortung sind für uns zwei Seiten derselben Medaille. Sozialdemokratische Politik fördert durch einen fairen Wettbewerb verantwortliches Unternehmertum. Wir wollen eine Kultur der Selbstständigkeit in Deutschland. Für gering verdienende Freiberufler und Gewerbetreibende wollen wir eine bessere soziale Sicherung schaffen.

...

Der Staat kann und soll die Märkte nicht ersetzen. Aber er kann Leitmärkten Impulse geben. Er muss industriepolitische Prioritäten setzen und sich in Partnerschaft mit Wirtschaft und Wissenschaft auf strategische Felder konzentrieren. Der Staat muss seine Mittel und Instrumente bündeln – von der Forschung über gezielte Regulierung bis hin zur Beschaffung bestimmter Produkte.

...

Strategische Industriepolitik muss ökologische Industriepolitik sein. Ökologische Marktanreize sind Antrieb des qualitativen Wachstums. Unsere Chance liegt darin, Problemlösungen zu entwickeln, die sich weltweit anwenden lassen. Damit neue Ideen rasch in neue Produkte und neue Arbeitsplätze umgemünzt werden, wollen wir eine Politik, die Forschung, Produktentwicklung und unternehmerische Investitionen eng miteinander vernetzt.

...

An der Finanzierung der staatlichen Aufgaben müssen sich Unternehmen und Privathaushalte entsprechend ihrer Leistungsfähigkeit beteiligen. Das bedeutet: Wir bekennen uns zur bewährten progressiven Einkommensteuer. Wir wollen eine gerechte Besteuerung von großen Vermögen und Erbschaften.

...

Gesellschaft **IV**

Unsere Finanz- und Geldpolitik in Deutschland und Europa zielt darauf, die Konjunktur zu festigen und ein stetiges, kräftiges Wachstum zu fördern. Der Staat muss durch nationale wie internationale Stabilisierungspolitik dazu beitragen, konjunkturelle Krisen zu überwinden. Die öffentliche Hand muss Geld ausgeben, damit die Konjunktur Impulse erhält und die gesamte Gesellschaft davon profitiert. Eine nachhaltige Wachstumsentwicklung braucht kontinuierlich ansteigende öffentliche Investitionen in Bildung, Forschung und Infrastruktur.
...
Jede Frau und jeder Mann hat das Recht auf Arbeit. Arbeit ist der Schlüssel für Teilhabe am gesellschaftlichen Leben. Sie gibt Lebenssinn und Anerkennung. Arbeit verhindert soziale Ausgrenzung und ermöglicht ein selbst bestimmtes Leben. Arbeitslosigkeit dagegen, meist nicht selbst verschuldet, verletzt die Menschenwürde, grenzt aus und kann krank machen.
...
Wir wollen Arbeit, die gerecht entlohnt wird, die Teilhabe an den sozialen Sicherungssystemen voll ermöglicht, Anerkennung bietet, nicht krank macht, die erworbene Qualifikationen nutzt und ausbaut, demokratische Teilhabe garantiert und die Vereinbarkeit von Beruf und Familie ermöglicht. Gute Arbeit umfasst auch selbstständige Erwerbsformen. Auch ehrenamtliche und gesellschaftlich wertvolle Arbeit jenseits der Erwerbsarbeit gilt es zu fördern.
...
Zusammen mit den Gewerkschaften treten wir für einen gerechten Anteil der Arbeitnehmer am Ertrag der gesellschaftlichen Arbeit und für das Recht auf Mitbestimmung im wirtschaftlichen und sozialen Leben ein. Die Tarifautonomie ist ein hohes Gut. Arbeitgeber und Arbeitnehmer entscheiden in Deutschland in eigener Zuständigkeit über Löhne und Arbeitsbedingungen. Dies bleibt unangetastet. Wir wollen starke und handlungsfähige Gewerkschaften, die große Teile der Belegschaften repräsentieren und streikfähig sind."

Hamburger Programm, Grundsatzprogramm der Sozialdemokratischen Partei Deutschlands, beschlossen auf dem Hamburger Bundesparteitag der SPD am 28. Oktober 2007.

Christlich-Demokratische Union (CDU)

„Die CDU ist die Partei der Sozialen Marktwirtschaft.
...
Die CDU lehnt sozialistische und andere Formen des Kollektivismus ab. Dies gilt auch für einen ungezügelten Kapitalismus, der allein auf den Markt setzt und aus sich heraus keine Lösung der sozialen Fragen unserer Zeit findet.
...
Die Soziale Marktwirtschaft bezieht ihre Stärke daraus, dass Freiheit und Verantwortung, Wettbewerb und Solidarität eine Einheit bilden und einander fördern. Sie ist die untrennbare Verbindung von freiheitlicher Wirtschafts- und solidarischer Sozialordnung. Die Soziale Marktwirtschaft ist sozial, weil sie den Menschen die Möglichkeit gibt, ihrer Bestimmung zur Selbstständigkeit gemäß zu leben und für sich und für die Ihren selbst zu sorgen. Sie ist sozial, weil sie die Kräfte der Einzelnen in ein gesellschaftliches Zusammenwirken führt. Sie ist sozial, weil sie die Solidarität, auf der unsere staatlich organisierten Systeme der sozialen Sicherung beruhen, ökonomisch ermöglicht. Soziale Marktwirtschaft ermöglicht die Chance auf Wohlstand und Sicherheit für alle. Soziale Marktwirtschaft bedeutet Teilhabe auch für die, die einen angemessenen Lebensstandard nicht aus eigener Kraft erarbeiten können. So verwirklicht sie soziale Gerechtigkeit.

Die Soziale Marktwirtschaft vereint Leistungswillen und Solidarität. Einrichtungen der Solidarität dürfen nicht den Leistungswillen des Einzelnen lähmen. Leistung ist eine wesentliche Grundlage für Wohlstand. Auf dieser Grundlage kann der soziale Frieden gesichert werden.

Die Soziale Marktwirtschaft ist eine Wettbewerbsordnung. Politik in der Sozialen Marktwirtschaft ist Ordnungspolitik. Die Soziale Marktwirtschaft eröffnet den Unternehmen leistungsför-

IV Gesellschaft

dernde Freiheitsräume und schafft für die Bevölkerung ein umfassendes Angebot an Gütern und Dienstleistungen. Sie ermöglicht es jedem, eigenverantwortlich am Markt tätig zu sein. Sie setzt einen handlungsfähigen Staat voraus, der die Wettbewerbsvoraussetzungen sicherstellt. Dazu gehören die Gewerbe- und Vertragsfreiheit, der Schutz vor Marktbarrieren und der Schutz vor Machtmissbrauch durch marktbeherrschende Unternehmen und das Ermöglichen von Markttransparenz. In der Sozialen Marktwirtschaft ist der Schutz des Eigentums Voraussetzung dafür, dass es Nutzen für die Allgemeinheit stiften und damit seiner Sozialpflichtigkeit gerecht werden kann.

Unternehmer und Unternehmensführer sind mit ihrer Kreativität und Leistungsbereitschaft eine tragende Säule der Sozialen Marktwirtschaft.

...

Die CDU bekennt sich zum freiheitlichen und sozialverantwortlichen Unternehmertum.

...

Soziale Partnerschaft, Tarifautonomie und Mitbestimmung in Form der Unternehmensmitbestimmung und der betrieblichen Mitbestimmung sind Grundlagen unserer Wirtschafts- und Sozialordnung und Ausdruck der Sozialethik der christlichen Kirchen. Unser Verständnis von der Würde des arbeitenden Menschen verlangt seine Teilhabe an Entscheidungen, die die Bedingungen für seine Arbeitswelt setzen.

...

Die CDU berücksichtigt als Volkspartei bei der Gestaltung der Globalisierung gleichermaßen die Interessen von Unternehmern wie Arbeitnehmern, Leistungsträgern wie Leistungsempfängern, städtischen wie ländlichen Regionen. Auf der Basis unseres christlichen Wertefundaments treten wir dafür ein, dass auch die Menschen in weniger entwickelten Regionen der Welt bessere Perspektiven erhalten, selbst wenn dies für uns in Deutschland mehr wirtschaftliche Konkurrenz bedeutet. Unser Ziel ist mehr Chancengerechtigkeit, national wie international.

...

Die Wirtschafts- und Wertegemeinschaft der Europäischen Union ist ein erfolgreiches Modell dafür, dass Marktöffnung und Wettbewerb bei gleichzeitiger Wahrung nationaler Identitäten und Berücksichtigung von rechtlichen, sozialen und ökologischen Standards zum Nutzen aller funktionieren können. Gleichzeitig ist Europa gegenüber anderen Macht- und Wirtschaftszentren der Welt ein starker Akteur in der Durchsetzung eines gerechten Ordnungsrahmens für die globalisierte Wirtschaft. Wir wollen die EU für die Wahrnehmung dieser wichtigen Zukunftsaufgabe stärken.

...

Die CDU steht seit jeher für eine Politik, die auf die positive Gestaltungskraft freier Märkte und fairen Wettbewerbs vertraut. Der multilaterale Freihandel ist für uns die entscheidende Voraussetzung für globales Wirtschaftswachstum und Gerechtigkeit. Öffnung der Märkte für Handel und Kapital sowie internationaler Wettbewerb müssen unter fairen Bedingungen stattfinden. Diese vergleichbaren und fairen Wettbewerbsbedingungen sind heute noch nicht gegeben. Deshalb werden wir uns dafür einsetzen, dass international anerkannte Standards durchgesetzt werden. Bestehende Handelshemmnisse sind konsequent abzubauen.

Der Markt ist nicht immer in der Lage, aus sich heraus die Bildung von Monopolen und Kartellen zu verhindern. Damit internationale, private wie staatliche, Akteure an ungebremster Machtentfaltung gehindert werden, ist ein Schutz der Freiheit der internationalen Märkte notwendig. Das erfordert eine international abgestimmte Wettbewerbsordnung.

...

Wir müssen uns wieder stärker auf die grundlegenden Ordnungsprinzipien der Sozialen Marktwirtschaft besinnen und sie in die richtige Balance bringen, um die Ziele Vollbeschäftigung, stetiges und angemessenes Wirtschaftswachstum, solide Haushalte und stabile Soziale Sicherungssysteme zu erreichen. Dazu gehört auch, die Schöpfung zu bewahren und schonend mit den natürlichen Ressourcen umzugehen. Dann sind wir auch künftig das Land von Freiheit und

Gesellschaft IV

Gerechtigkeit, Aufstieg und Sicherheit, Miteinander und Füreinander. Leitlinie muss das Subsidiaritätsprinzip sein. Es gilt: So wenig Staat wie möglich, so viel Staat wie nötig.

...

Mittelständische Unternehmen, Dienstleistungs- und Handwerksbetriebe sowie die Freien Berufe sind das Rückgrat unserer Wirtschaft. Sie schaffen den Großteil der Ausbildungs- und Arbeitsplätze. Aufgabe des Staates ist es daher, gerade Existenzgründer sowie kleine und mittlere Unternehmen durch optimale Rahmenbedingungen zu fördern. Mehr Markt bedeutet mehr Chancen für erfolgreiche Existenzgründungen. Wir wollen die Staatsquote senken, Bürokratie abbauen, das Arbeitsrecht überschaubar und flexibel sowie das Steuerrecht wettbewerbsfähig gestalten und die Bedingungen für die Unternehmensfinanzierung verbessern.

...

Wir müssen mehr Freiheit und Wettbewerb ermöglichen. Dies heißt vor allem, Märkte zu öffnen und offen zu halten, unlauteren Wettbewerb zu unterbinden und der Konzentration wettbewerbsgefährdender wirtschaftlicher Macht entgegenzuwirken. Wir wollen staatliche Subventionen begrenzen und abbauen sowie weiterhin Wirtschaftsbetriebe mit staatlicher Beteiligung privatisieren. Auch für die kommunale Ebene gilt: Die öffentliche Hand soll nur dann tätig werden, wenn eine Leistung nicht ebenso gut oder besser durch Private erbracht werden kann.

...

Wettbewerb ist eine wesentliche Voraussetzung für einen starken Verbraucherschutz. Denn jede den Wettbewerb mindernde Monopolisierung schränkt die Vielfalt und die Wahlfreiheit der Verbraucher ein. Verbraucherrechte sind Bürgerrechte. Verbraucherschutz ist eine politische Querschnittsaufgabe. Er ist Teil einer umfassenden Verbraucherpolitik, die ein ausgewogenes Gleichgewicht zwischen Verbraucher- und Wirtschaftsinteressen sucht, damit in Deutschland ein hohes Maß an Lebensqualität erhalten bleibt. Es gilt, durch eine Balance zwischen Selbstbestimmung und staatlichem Schutz ein Optimum an Verbraucherschutz anzustreben. Zuverlässige, umfassende und sachliche Informationen über Produkte und deren Qualität ermöglichen eigenverantwortliches Konsumverhalten. Unser Leitbild ist das des mündigen und informierten Verbrauchers. Verbraucherschutz ist nicht alleine Sache des Staates, sondern er ist auf die Mitwirkung und Verantwortung von Erzeugern, Verarbeitern, Anbietern und Verbrauchern angewiesen. Wir wollen keine staatliche Konsumlenkung.

...

„Arbeit für Alle" ist ein Kernstück sozialer Gerechtigkeit. Arbeit ermöglicht Selbstverwirklichung, stiftet Lebenssinn und ist eine entscheidende Voraussetzung für gesellschaftliche Teilhabe. Alle werden gebraucht; keiner darf ausgegrenzt werden. Arbeit schafft Einkommen und Wohlstand. Die Soziale Marktwirtschaft will Vollbeschäftigung. Diesem Ziel sind Staat und Tarifpartner verpflichtet. Massenarbeitslosigkeit ist unerträglich, nicht hinnehmbar und ökonomisch schädlich. Entstehende Perspektivlosigkeit kann ganze Familien erfassen und zu einer Beeinträchtigung der Lebenschancen über Generationen hinweg führen.

Die Arbeitslosigkeit in Deutschland ist hauptsächlich strukturell bedingt. Wir brauchen deshalb nicht nur mehr nachhaltiges Wachstum, sondern zielgerichtete Bildungsinvestitionen und eine umfassende Reform des Arbeitsmarktes. Wir wollen bessere Beschäftigungschancen für Ältere, gering Qualifizierte und Langzeitarbeitslose. Gerade sie fühlen sich von Freiheit und Teilhabe ausgeschlossen.

In Bezug auf den Arbeitsmarkt geht es um einen fairen Ausgleich zwischen den legitimen Schutzbedürfnissen der Arbeitnehmer, den Beschäftigungschancen der Arbeitslosen und den Interessen der Unternehmen. Schutzbestimmungen auf dem Arbeitsmarkt bzw. das Arbeitsrecht sollen so ausgestaltet sein, dass sie Arbeitslosigkeit nicht begünstigen. Eine Flexibilisierung des Kündigungsschutzes, die die Beschäftigungsaussichten für Erwerbslose verbessert, ist daher ein Gebot der Gerechtigkeit. Es muss gelten: Vorfahrt für Arbeit. In diesem Sinne wollen wir die Aufgabe des fairen Interessenausgleichs gemeinsam mit den Tarifvertragsparteien annehmen.

IV Gesellschaft

Die Tarifautonomie ist ein Garant für die Stabilität des Standortes Deutschland. Sie gehört unverzichtbar zum Ordnungsrahmen der Sozialen Marktwirtschaft.

...

Die CDU will im Rahmen sozialer Kapitalpartnerschaft die Möglichkeiten weiterentwickeln, den einzelnen Arbeitnehmer stärker als bisher am Erfolg und Kapital der Unternehmen zu beteiligen. Dies eröffnet den Beschäftigten zusätzliche Einkommensquellen, eine zusätzliche Vorsorge für das Alter, schafft mehr Gerechtigkeit und steigert die Identifikation der Mitarbeiter mit ihrem Unternehmen."

Grundsatzprogramm der CDU Deutschlands, beschlossen vom 21. Parteitag am 3. Dezember 2007 in Hannover.

Christllich-Soziale Union (CSU)

„Eine freiheitliche Wirtschafts- und Gesellschaftsordnung ist der Garant der persönlichen Freiheit. Eine auf dem Grundsatz der Vertragsfreiheit aufbauende Privatrechtsordnung ist das Fundament der Marktwirtschaft. Die Freiheit, etwas zu beginnen und aufzubauen, über Privateigentum zu verfügen, gehört zu den unabdingbaren Voraussetzungen sinnvoller Selbstverwirklichung. Privates Eigentum muß rechtlich so abgesichert sein, daß es in seiner materiellen Substanz generationsübergreifend verfügbar bleibt.

Die Soziale Marktwirtschaft hat sich der Planwirtschaft in jeder Hinsicht als überlegen erwiesen. Sie bündelt die schöpferischen Kräfte der Menschen, ihre materielle Ergiebigkeit ist nicht nur die Quelle individuellen Wohlstands, sondern auch Voraussetzung für sozialen Frieden und Humanisierung der Arbeitswelt. Sozialer Friede und ein angemessenes Niveau sozialer Sicherheit sind notwendige Rahmenbedingungen für eine erfolgreiche Volkswirtschaft.

Die Durchsetzung der Sozialen Marktwirtschaft gegen den erbitterten Widerstand der Sozialisten war eine epochale politische Leistung Ludwig Erhards. Sie ist auch das Modell für den wirtschaftlichen Neuaufbau in Osteuropa. Zur Sozialen Marktwirtschaft gibt es in einer freiheitlichen Gesellschaft keine Alternative.

Die Soziale Marktwirtschaft ist die Wirtschaftsordnung sozial und ökologisch verantworteter Freiheit. Sie entspricht den Idealen einer freiheitlichen Gesellschaft und entspringt der europäischen kulturellen Tradition. Sie gewährt den Unternehmern den Freiraum für den optimalen Einsatz der Produktionsmittel in ihrer persönlichen Verantwortung und auf ihr eigenes Risiko, sie eröffnet den Arbeitnehmern die Chance auf gesellschaftlichen Aufstieg und mehr Einkommen durch Leistung; sie sorgt aber auch für Chancengleichheit und Verminderung sozialer Spannungen.

Die Soziale Marktwirtschaft ist eine anpassungsfähige lebendige Ordnung. Sie war und ist immer offen für notwendige soziale Korrekturen. Sie kann auch am besten sachgerechte Antworten auf die wachsenden ökologischen Herausforderungen geben. Es ist Aufgabe der Wirtschaftspolitik, die ökonomische und gesellschaftliche Dynamik mit den gesicherten ökologischen Notwendigkeiten in Einklang zu bringen.

Der Staatsanteil am Bruttosozialprodukt ist in Grenzen zu halten, um die Innovationsfähigkeit der Unternehmen, das Schaffen von Arbeitsplätzen und das Wachstum des privaten Unternehmenssektors zu begünstigen und die Erhaltung unserer wettbewerbsorientierten Wirtschaftsordnung sicherzustellen.

Nach Auffassung der CSU ist die Soziale Marktwirtschaft auch das Ordnungsprinzip für die Europäische Wirtschafs- und Währungsunion, das möglichst unverfälscht durchgesetzt werden muß.

...

Gesellschaft **IV**

Die CSU wird Kompetenzübertragungen auf supranationale Institutionen oder Organisationen nur nach dem Subsidiaritätsprinzip zustimmen, damit nationale und regionale Aufgaben nicht unnötig internationalisiert, sondern problemnah entschieden werden können.

...

Wirtschaftliche Ziele lassen sich nur erreichen und die Leistungskraft der deutschen Wirtschaft nur dann sichern, wenn ein funktionsfähiger Leistungswettbewerb besteht und aufrechterhalten wird. Grundlage einer dynamischen Wirtschaft ist eine ausgewogene Unternehmensstruktur mit einer Vielzahl von Unternehmen verschiedener Größe. Wir wollen sie auch mit Hilfe des Wettbewerbsrechtes erhalten. Sie stärkt den Wettbewerb und ist eine Stütze unserer freien Gesellschaft.

Notwendig ist auch ein wirksamer Verbraucherschutz gegen mißbräuchliche Gestaltung von Formularverträgen und eine sachgerechte Produktinformation. Der wirtschaftliche Wettbewerb ist sowohl national als auch auf europäischer Ebene zunehmend durch industriepolitische Interventionen gefährdet. Diesen Tendenzen gilt es zu wehren, weil sie die Leistungsfähigkeit unserer Wirtschaft nachhaltig mindern würden. Für die CSU gilt der Grundsatz: Eine gute Wettbewerbspolitik ist die beste Industriepolitik."

Grundsatzprogramm der Christlich-Sozialen Union in Bayern, beschlossen vom 57. Parteitag am 8./9. Oktober 1993 in München.

Freie Demokratische Partei (FDP)

„Die Soziale Marktwirtschaft verbindet die Interessen der Einzelnen mit den Interessen aller. Die Soziale Marktwirtschaft ist die Wirtschaftsordnung, in der sich Leistungsbereitschaft am besten entfalten kann und die Grundlagen sozialer Gerechtigkeit erwirtschaftet werden. Die soziale Leistungsfähigkeit eines Landes folgt der ökonomischen Leistungsfähigkeit eines Landes.

Der bürokratischen Staatswirtschaft setzen Liberale die Soziale Marktwirtschaft entgegen. Bürokratische Verkrustungen in Staat und Verbänden sowie die Globalisierung der Wirtschaft erfordern eine Erneuerung der Sozialen Marktwirtschaft. Nur mit mehr Wettbewerbsfähigkeit, mehr Innovation und mehr Flexibilität erreichen wir mehr Chancen für eine deutliche Steigerung der Wirtschaftsleistung und für mehr Arbeitsplätze.

Arbeit macht einen wesentlichen Teil des Lebens und unserer Identität aus. Wer Teilhabe der Arbeitnehmer ausschließlich als Mitbestimmung durch Funktionäre versteht, wird der Zukunft nicht gerecht. Mitarbeiter sollen zu Mitunternehmern werden. Dem Recht auf Privateigentum unserer marktwirtschaftlichen Grundordnung wird durch die geringe Eigentumsquote in der Realität in vielen Bereichen nicht entsprochen. Insbesondere bei der Beteiligung am Produktivvermögen liegen Zukunftschancen brach.

Die große Schere zwischen Brutto- und Nettolohn verhindert Eigentumserwerb und private Eigenvorsorge. Geringes Eigenkapital gefährdet Betriebe, und flächendeckende Tarifverträge nehmen den Spielraum für eine betriebsnahe Lohnfindung.

Mitarbeiterbeteiligungen am Produktivvermögen können dagegen Bündnisse für Arbeit in den Betrieben sein. Sie überwinden die Trennung von Arbeit und Kapital und machen aus Arbeitnehmern Mitunternehmer, aus Lohnabhängigen Teilhaber. Mitarbeiter als Miteigentümer des Unternehmens haben mehr Einflußmöglichkeiten im Betrieb. Mitarbeiterbeteiligungen schaffen motivierte Beschäftigte und mehr Arbeitszeitsouveränität, die sich am Erfolg des Unternehmens ausrichtet. Sie unterstützen die private Altersvorsorge und lenken Kapital in die Betriebe, in denen Arbeitsplätze gesichert oder geschaffen werden können.

...

IV Gesellschaft

Der Staat muß den Spielraum von Arbeitnehmern und Unternehmern für Mitarbeiterbeteiligungen vergößern. Zu hohe Steuern und Abgaben verzehren die Chancen der privaten Vermögensbildung. Gerade angesichts schwindender Leistungsfähigkeit der gesetzlichen Altersversicherung kommt der privaten Vermögensbildung wachsende Bedeutung zu. Deswegen ist eine Netto-Entlastung bei Steuern und Abgaben Voraussetzung für eine breitere Streuung des Produktivvermögens.
...

Statt Volkseigentum wollen Liberale ein Volk von Eigentümern. Die Chance auf Eigentum motiviert zur Leistung, schafft soziale Sicherheit, fördert Verantwortungsbereitschaft. Sie ist Voraussetzung für eine neue Wagniskultur und eine neue Kultur der Selbständigkeit.
...

Der liberale Sozialstaat konzentriert seine Hilfe wirksam auf die wirklich Bedürftigen. Der sozialdemokratische Wohlfahrtsstaat verteilt an alle ein wenig."

Grundsatzprogramm (Wiesbadener Grundsätze) der Freien Demokratischen Partei, beschlossen auf dem 48. Ordentlichen Bundesparteitag am 24. Mai 1997 in Wiesbaden.

Bündnis 90/Die Grünen

„Wohlstand für alle setzt Gerechtigkeit, Selbstbestimmung, Ökologie sowie Demokratie voraus. Diese Grundwerte bestimmen auch unsere Wirtschaftspolitik.

Wirtschaft und Ökologie. Wir stehen für die ökologische Modernisierung der Wirtschaft. Ökologie eröffnet ein wichtiges Wachstumsfeld. Das bewdeutet mehr als ökologisch-technische Innovation. Wir wollen, daß sich unsere Gesellschaft auf langfristige Ziele für eine Wirtschaftspolitik verständigt, die dem Markt klare ökologische Rahmenbedingungen setzt. Wir wollen, daß sich unsere Gesellschaft auf langfristige ökologische Ziele und Leitplanken für den Markt verständigt. Dazu gehört die drastische Verminderung von klimaschädlichen Emissionen in den kommenden Jahrzehnten, die Bewahrung der naturnahen Landschaften und der Schutz der biologischen Vielfalt unseres Planeten ebenso wie die Beendigung der Produktion von Atommüll. Davon ausgehend ist jeweils zu prüfen, welche Instrumente am besten geeignet sind, diese ökologischen Ziele auch durchzusetzen.

Ökologisches Wirtschaften schafft neue Arbeitsplätze. Die grüne Strategie der Nachhaltigkeit beschreibt damit ein ökonomisches Erfolgsmodell. Eine dezentrale Energiewirtschaft auf der Basis regenerativer Energiequellen bietet mehr qualifizierte Arbeitsplätze als die extrem kapitalintensive Atomenergie. Der Übergang von der Wegwerf- zur Kreislaufwirtschaft bietet neue Arbeitsplätze für Wartung, Reparatur und Recycling. Wir wollen den ökologischen Strukturwandel vorantreiben, wissen dabei um die Notwendigkeit, ihn sozialverträglich zu gestalten.

Es gehört zu den Prinzipien einer ökologisch-sozialen Marktwirtschaft, daß die Gewinne des Einzelnen nicht auf Kosten der Gesellschaft erzielt werden dürfen. Preise müssen deshalb die tatsächlichen Kosten widerspiegeln, statt sie auf die Allgemeinheit abzuwälzen. Die Einführung der Ökosteuer war dafür ein entscheidender Durchbruch. Wir treten ein für die ökologische Weiterentwicklung unseres Steuer- und Finanzsystems. Das schont die Umwelt und fördert die Beschäftigung. Umweltschädliche Subventionen müssen systematisch abgebaut werden. Dies gilt im nationalen wie internationalen Rahmen.

Wirtschaft und Gerechtigkeit. Gerechtigkeit stellt sich nicht schon dadurch für alle ein, daß jeder seinen Eigennutz fördert, zumal die Startchancen ungleich verteilt sind. Wir stehen daher ausdrücklich zur Sozialpflichtigkeit des Eigentums, wie sie im Grundgesetz verankert ist. Wirtschaftliche Gerechtigkeit bedeutet für uns dabei insbesondere Gerechtigkeit bei Steuern und Abgaben, für Privatpersonen wie Unternehmen. Wir setzen uns für einen Ordnungsrahmen ein, in dem ökologische, soziale und kulturelle Interessen gewährleistet werden und Start-

Gesellschaft **IV**

chancen sich angleichen. Nur mit einem solchen Ordnungsrahmen kann Wettbewerb auch Gerechtigkeit fördern.

Teilhabe an der Erwerbsarbeit und die Fähigkeit, den Lebensunterhalt damit zu bestreiten, sind entscheidend für die Entfaltungsmöglichkeiten und die gesellschaftliche Integration der Einzelnen. Die Möglichkeit, daß alle, die erwerbstätig sein wollen, das auch können, ist elementar. Dazu gehört aber auch der Zugang zu Aus- und Weiterbildung und zur Existenzgründung. Hürden für den Berufszugang und ausgrenzende Regelungen gegenüber Migrantinnen und Migranten wollen wir beseitigen.

Lang andauernde Erwerbslosigkeit schafft Ausgrenzung und Armut. Sie ist schon aus diesem Grund für eine ökologisch-soziale Marktwirtschaft nicht hinzunehmen. Unsere Politik hat das Ziel die Erwerbslosigkeit abzubauen. Neben einer Qualifikationsoffensive und einer aktivierenden Arbeitsmarktpolitik kommt es hierbei darauf an, Investitionen in Arbeit zu erleichtern. Ein wichtiges Ziel in diesem Zusammenhang ist die systematische Senkung der hohen Lohnnebenkosten. Die fast ausschließliche Lohnbezogenheit unseres Sozialversicherungssystems verteuert die Arbeit, erschwert so Investitionen und fördert die Schwarzarbeit. Deswegen brauchen wir neben Reformen der Sozialversicherungssysteme sowohl eine Verbreiterung der Bemessungsgrundlage als auch eine stärkere Steuerfinanzierung der sozialen Grundsicherung, die auf der Basis einer gerechteren Verteilung der Steuerlasten stattfinden muss. Sozial ist eine Gesellschaft, der es gelingt, Diskriminierung und Armut zu beenden.

Wirtschaft und Selbstbestimmung. Ökologisch-soziale Marktwirtschaft ist auch ein Rahmen der Verwirklichung von Selbstbestimmung. Wirtschaftliche Betätigung dient den Menschen nicht nur zur Sicherung ihrer ökonomischen Existenz. Sie ist auch der Ort, an dem viele Menschen ihre Ideen verwirklichen und Lebenspläne umsetzen möchten. Eine freiheitsorientierte Wirtschaftsordnung, die auch wirtschaftliche Effektivität ermöglicht, folgt daher dem Ziel, den Einzelnen ein hohes Maß an wirtschaftlicher Eigeninitiative zu ermöglichen. Freiheit und Selbstbestimmung brauchen eine gerechte Eigentumsordnung. Die Umwälzung der Arbeitswelt löst alte berufliche Sicherheiten teilweise auf, fordert von den Bürgerinnen und Bürgern mehr Flexibilität und setzt sie mehr Risiken aus. Sie kann das nur, wenn sie zugleich für den Fall des Scheiterns Chancen für einen Neuanfang eröffnet. Wir wollen die dementsprechende Kultur der Selbständigkeit nicht beschränkt sehen auf wenige Privilegierte, wir wollen auch echte Wahlchancen zwischen verschiedenen Lebensentwürfen ermöglichen. Dazu muß sowohl eine funktionsfähige soziale Sicherung gewährleistet sein, wie auch ein effizientes Steuer- und Abgabensystem und ein hohes Maß an Informationsfreiheit. Selbstbestimmung ist die Bedingung für echte Kooperation. Gerade unter den Bedingungen der Globalisierung sind die Unternehmen, wenn sie wirtschaftlich erfolgreich sein wollen, auf Kooperation mit anderen Unternehmen angewiesen (z. B. Netzwerke). Es ist unverzichtbar, dass beide Geschlechter Zugang zu allen Arbeiten und wirtschaftlichen Tätigkeiten haben und ihre Fähigkeiten umfassend entwickeln können. Frauen und Männer müssen beide an Erwerbs- und Sorgearbeiten beteiligt werden.

Wirtschaft und Demokratie. Uns kommt es darauf an, dass möglichst viele Menschen bewußte Akteure im Wirtschaftsleben sein können. Daher treten wir für ihr Recht auf Mitgestaltung und Mitbestimmung ein. Sie soll die Beschäftigten in die Lage versetzen, ihre Interessen wahrzunehmen, und zugleich effiziente, langfristig orientierte betriebliche Entscheidungen ermöglichen.

Tarifautonomie und starke Tarifpartner sind Grundlagen für die sozialpartnerschaftlichen Traditionen in der Bundesrepublik. Diese dürfen nicht ausgehöhlt werden. Wir halten fest an Flächentarifverträgen und starken Betriebsräten. Eine moderne Ökonomie braucht innovative Unternehmerinnen und Unternehmer, handlungsfähige und reformbereite Gewerkschaften und Betriebsräte, wenn sie den sozialen Frieden schützen will. Dies gilt nicht weniger, wenn die wachsende Differenzierung der wirtschaftlichen Entwicklung und der Beschäftigungs-

IV Gesellschaft

struktur auch regional und branchenspezifisch differenzierte tarifliche Lösungen erfordert. Wir wollen Flächentarifverträge grundsätzlich erhalten, da sie wertvolle Errungenschaften zum Schutz der Beschäftigten sind und genügend Möglichkeiten flexibler Gestaltung bieten. Wir halten gegenüber den Tarifpartnern daran fest, auch die Interessen der Erwerbslosen zu berücksichtigen.

Wir vertreten den Anspruch der Verbraucherinnen und Verbraucher, ökonomisch mitzugestalten statt bloße Objekte zu sein. Wir wollen auch die Gesellschaft stärker an Planungsprozessen beteiligen. Wir unterstützen den gemeinwohlorientierten, den genossenschaftlichen und den selbstverwalteten Sektor unserer Wirtschaft. Wir wollen diesen Wirtschaftssektor überall da stärken, wo die Verknüpfung von ökonomischer Effizienz mit einem gemeinwirtschaftlichen Versorgungsauftrag oder mit gemeinschaftlicher Selbsthilfe gefordert ist, insbesondere im Wohnungswesen, im Gesundheits- und sozialwirtschaftlichen Bereich."

Grundsatzprogramm 2002, beschlossen auf der 18. Ordentlichen Bundesdelegiertenkonferenz Bündnis 90/Die Grünen vom 15.–17. März 2002 in Berlin.

Nationaldemokratische Partei Deutschlands (NPD)

„Die Wirtschaft unseres Volkes ist nicht autonom, sondern Teil des Ganzen. Der Staat muß der Wirtschaft Rahmenrichtlinien vorgeben; falls nötig, Richtdaten setzen und durchsetzen, wenn das Gemeinwohl dies erfordert. Nicht das Volk dient der Wirtschaft, vielmehr muß die Wirtschaft dem Volke dienen.

Ziel nationaldemokratischer Wirtschaftspolitik ist die Synthese von unternehmerischer Freiheit und sozialer Verpflichtung. Deshalb bekennt sich die NPD zu einem freien und sozialverpflichteten Unternehmertum. Die Führung der Volkswirtschaft ist jedoch Aufgabe des Staates und unterliegt dessen letzter Verantwortung.

Die Industrie- und Dienstleistungsverlagerungen aus Deutschland und die Vergabe von Lohnarbeit in sogenannte Billiglohnländer ist moralisch zu ächten und steuerlich zu ahnden.
...
Die deutsche Wirtschaft einschließlich der in Deutschland tätigen ausländischen Unternehmen hat dem deutschen Volk, seiner materiellen Sicherung und seiner geistigkulturellen Entwicklung zu dienen. Soziale und ökonomische Belange sollen mit den Bedingungen von Land, Volk und Ökologie in Übereinstimmung gebracht werden. Die Wirtschaft darf Deutschlands Umwelt nicht zerstören und seine Bevölkerung nicht entfremden. Grund und Boden sind Eigentum des deutschen Volkes.

Jeder Deutsche hat das Recht auf Arbeit. Arbeitsplätze sind zuerst an Deutsche zu vergeben. Männer und Frauen sind im Arbeitsleben unter Berücksichtigung des Leistungsprinzips gleich zu behandeln.

Die Arbeitnehmer sind am Produktivvermögen zu beteiligen. Was Automation und Rationalisierung an Arbeit und Lohn nehmen, muß durch Mitbeteiligung am Gewinn der Wirtschaft wiedergegeben werden.

Die NPD lehnt die in der kapitalistischen Wirtschaftsordnung systematisch betriebene Internationalisierung der Volkswirtschaften entschieden ab. Diese Globalisierung der Wirtschaft beruht auf dem überholten und falschen Ziel der maximalen Ausbeutung der Erde durch Schaffung von wirtschaftlichen Monokulturen gemäß dem sogenannten „Gesetz der komparativen Vorteile". Die NPD lehnt die Globalisierung der deutschen Wirtschaft auch deswegen ab, weil die unmittelbar zur Massenerwerbslosigkeit geführt hat.
...
Das in Deutschland operierende Finanzkapital hat der deutschen Volkswirtschaft zu dienen. Die im kapitalistischen Finanz- und Wirtschaftssystem florierende schrankenlose Vermehrung

des Geldkapitals durch Subventions-, Steuer-, Kredit- und Zinsprivilegien führt zu gravierenden Fehlentwicklungen der Wirtschaft und muß deswegen eingedämmt werden.

Die in Deutschland betriebene staatliche und private Schuldenwirtschaft führt zu einer schädlichen Aufblähung der Volkswirtschaft und raubt zudem dem Staat jegliche haushaltspolitische Aktionsfähigkeit in Krisensituationen. Die NPD fordert eine Verschärfung der gesetzlichen Grundlage zur Verhinderung eines solchen Mißbrauchs (Art. 115 GG).
...
Aus sozialer Gerechtigkeit wächst die nationale Volksgemeinschaft. Sozialpolitik bedeutet die Solidarität des Volkes mit seinen Angehörigen. Sie muß die Geborgenheit des Einzelnen in der Gemeinschaft sichern.

Wir brauchen eine Sozialpolitik, die sozialer Gerechtigkeit und wirtschaftlicher Vernunft entspricht. Sie hat die Aufgabe, den Wohlstand des ganzen Volkes zu festigen, den einzelnen in allen Wechselfällen des menschlichen Lebens vor unverschuldeter Not zu bewahren und ihm einen sorgenfreien Lebensabend zu sichern.

Eine Sozialpolitik nach dem Traumbild des totalen Wohlfahrtsstaates, dessen Belastungen für alle Schaffenden zum Albdruck werden, verfehlt ihre Aufgabe und ist unsozial. Eine soziale Lohn- und Gehaltspolitik muß jedermann einen ausreichenden und gerechten Anteil am Volkseinkommen gewähren.

Nationaldemokratische Sozialpolitik fühlt sich auch den sozial Schwachen unseres Volkes verpflichtet. Ausländer sind aus dem deutschen Sozialversicherungswesen auszugliedern. Asylanten dürfen keinen einklagbaren Anspruch auf deutsche Sozialleistungen besitzen."

Parteiprogramm der Nationaldemokratischen Partei Deutschlands, beschlossen auf dem Bundesparteitag am 7./8. Dezember 1996 in Bremervörde.

DIE LINKE

„Die neue Linke legt programmatische Grundzüge einer umfassenden gesellschaftlichen Umgestaltung vor, um die Vorherrschaft der Kapitalverwertung über Wirtschaft und Gesellschaft zu beenden und den Herausforderungen der Gegenwart mit einem alternativen Entwicklungsweg zu begegnen. Es ist ein Programm des Richtungswechsels der Politik und der Erneuerung der Demokratie. Unsere Ziele sind:
...
– eine soziale Gestaltung von Arbeit und Wirtschaft: Im Mittelpunkt steht dabei nach wie vor, jeder und jedem die Möglichkeit zur Teilhabe an Erwerbstätigkeit und an deren sozialer Gestaltung zu geben. Dies ist Bedingung und Grundlage für vielfältige andere Tätigkeiten.
– eine Wirtschaftsdemokratie, die alle Formen des Eigentums an sozialen und ökologischen Kriterien misst. Im öffentlichen Eigentum an Einrichtungen der Daseinsvorsorge und öffentlicher Verfügungsgewalt über sie sehen wir eine unverzichtbare Grundlage einer demokratischen und solidarischen Gesellschaft.
– eine neue Solidarität auf der Basis moderner öffentlicher Dienstleistungen, solidarischer Sicherungssysteme und des ökologischen Umbaus der Gesellschaft als Grundlage eines selbstbestimmten Lebens.
– eine internationale Ordnung des Friedens, der kollektiven Sicherheit und solidarischen Entwicklung, zu der eine veränderte Europäische Union beitragen soll.

Wir streiten für eine Gesellschaft, die jede und jeden an den Bedingungen eines Lebens in Freiheit, sozialer Sicherheit und Solidarität beteiligt. Zu den Freiheitsgütern, die dies erst ermöglichen, gehören die sozial gleiche Teilhabe der Einzelnen an den Entscheidungen in der Gesellschaft, existenzsichernde, sinnvolle Arbeit, Bildung und Kultur, hochwertige Gesundheitsleistungen und soziale Sicherungen. Notwendig ist die Überwindung aller Eigentums-

IV Gesellschaft

und Herrschaftsverhältnisse, »in denen der Mensch ein erniedrigtes, ein geknechtetes, ein verlassenes, ein verächtliches Wesen ist« (Karl Marx).
...
Wir streben eine Gesellschaft an, in der jede Frau und jeder Mann eine existenzsichernde Arbeit ausüben kann. Erwerbsarbeit, Arbeit in Familien und Partnerschaften, Arbeit zur Mitgestaltung der Gesellschaft sowie die Teilnahme am kulturellen und sozialen Leben muss allen Menschen möglich sein. Gesellschaftlich notwendige Arbeiten und die Chancen, am gesellschaftlichen Leben aktiv und mit Einfluss teilnehmen zu können, müssen gleich verteilt sein. Das wollen wir als neue Vollbeschäftigung.

Um dieses Ziel einer Neuorganisation gesellschaftlicher Lebenschancen und Arbeit zu erreichen, setzen wir uns ein für die Zurückdrängung der Macht der Finanzmärkte, für eine deutliche Verringerung der Einkommens- und Vermögensunterschiede, für die staatliche bzw. öffentliche Verantwortung für alle Felder der Daseinsvorsorge, für die Ausweitung öffentlicher Investitionen, für eine deutliche Arbeitszeitverkürzung, die Männern und Frauen für Familienarbeit, Engagement in der Gesellschaft und für sich selbst Raum lässt, für die Aufwertung und rechtliche wie finanzielle Absicherung der Eigentumsformen einer solidarischen Ökonomie und ein umfassendes System sozialer Sicherheit.
...
DIE LINKE tritt für das Primat demokratischer Politik über die Wirtschaft sowie für einen sozialen und ökologischen Wandel in der Europäischen Union ein. Alternative Wirtschaftspolitik ist gestaltende Politik. Sie zielt auf ein starkes Gewicht sozialstaatlicher Politik gegen deren Unterordnung unter Marktzwänge. Sie misst längerfristiger Struktur-, Wissenschafts- und Technologiepolitik erhebliches Gewicht bei. Gewinnorientiertes unternehmerisches Handeln ist wichtig für Innovation und betriebswirtschaftliche Leistungsfähigkeit, führt jedoch zur Zerstörung unserer Lebensgrundlagen, zunehmender sozialer Ungleichheit und Spaltung, wenn es nicht gesellschaftlichen Schranken und Regeln unterworfen wird.

Deshalb strebt DIE LINKE eine neue sozial-ökologische Rahmensetzung für die Marktmechanismen an, weil ohne Mitbestimmung, gewerkschaftliche Gegenmacht und sozialstaatliche Regulierung private Unternehmerinteressen zu volkswirtschaftlich, sozial und ökologisch verlustreichen Fehlentwicklungen führen. Für mehr Investitionen und die Sicherung des Sozialstaats braucht der Staat Geld. Nur Reiche können sich einen armen Staat leisten. Durch höhere Einnahmen kann auch die Verschuldung sozial gerecht abgebaut werden.

Wir streiten für die Einheit von sozialer, ökologischer und ökonomischer Nachhaltigkeit."

Programmatische Eckpunkte der Partei DIE LINKE, beschlossen auf dem Gründungsparteitag am 16. Juni 2007 in Berlin.

Deutscher Gewerkschaftsbund (DGB)

„Die Wirtschaft ist kein Selbstzweck. Sie hat menschlichen Bedürfnissen und gesellschaftlichen Zielen zu dienen. Vollbeschäftigung, Verteilungsgerechtigkeit und mehr Lebensqualität sind für die Gewerkschaften die wichtigsten Ziele ökonomischen Handelns. Sie sind untrennbar verbunden mit einer weltweiten nachhaltigen Entwicklung, die qualitatives Wachstum und eine sozial gerechtere Weltwirtschaftsordnung umfaßt.

Die Gewerkschaften wollen diese Ziele mit Hilfe einer sozial-ökologischen Reformstrategie erreichen. Sie soll die Arbeitslosigkeit überwinden und Wirtschaftswachstum und Umweltschutz in Einklang bringen. Die sozial-ökologische Reform grenzt sich bewußt ab von der Vorstellung, der Anschluß an die Weltmärkte sei zu erhalten, wenn auf nationale Reformen, vor allem in der Sozial- und Umweltpolitik, verzichtet werde. Wir wollen Reformfähigkeit und Wettbewerbsfähigkeit sinnvoll miteinander verknüpfen.

Gesellschaft **IV**

Ein Wettlauf mit den Ländern, die niedrigere Löhne und schlechtere Arbeitsbedingungen und ökologische Standards vorzuweisen haben, kann weder Vollbeschäftigung wiederherstellen, noch die Wettbewerbsfähigkeit steigern. Die Gewerkschaften plädieren statt dessen für einen Wettbewerb, der sich auf die Qualifikation und Kreativität der Arbeitnehmerinnen und Arbeitnehmer und auf ökologisch verantwortbare und gesellschaftlich nützliche Güter stützt. Unser Motto lautet: Wettbewerb durch Innovation auf der Grundlage fairer Wettbewerbsbedingungen.

Der Sozialstaat muß Arbeit und Beschäftigung wieder in den Mittelpunkt stellen und seine Finanz- und Steuerpolitik darauf ausrichten. Neue Akzente sind in der Wirtschafts- und Strukturpolitik erforderlich. Dem industriellen Sektor, der Grundlage des Wirtschaftsstandortes Deutschland, muß eine dauerhafte Perspektive gegeben werden.

Bildung, Forschung und Technologie sind Schlüsselfaktoren im weltweiten Wettbewerb und damit im Kampf um Vollbeschäftigung. Die Gewerkschaften setzen sich für eine langfristig orientierte, staatlich geförderte Innovationsoffensive ein. Sie soll auf zusätzliche Arbeitsplätze ausgerichtet sein, neue Märkte und Wachstumsfelder erschließen und die nachhaltige Entwicklung fördern. Wir fordern die Sicherung der vorhandenen Infrastruktur, etwa im Wasser- und Abwasserbereich, und ihren weiteren Ausbau, insbesondere im Energie-, Verkehrs-, Telekommunikations- und sozialen Bereich. Im Verkehrsbereich müssen umwelt- und ressourcenschonende Verkehrssysteme weiter ausgebaut werden. Die Forschungs- und Technologiepolitik hat die Ziele einer sozial-ökologischen Reformstrategie vorrangig zu unterstützen. Die Fördermittel hierfür müssen kräftig aufgestockt werden. Dies ist sowohl notwendig, um eine sozial-ökologische Reformstrategie zu initiieren, als auch zur Sicherung des Wirtschaftsstandortes Deutschland. Kleine und mittlere Unternehmen brauchen gezielte Unterstützung.

Auch in Zukunft bleibt es notwendig, öffentliche Kredite gezielt für Zukunftsinvestitionen zu verwenden. Sie zahlen sich längerfristig durch neue Arbeitsplätze und zusätzliche Steuer- und Beitragseinnahmen aus.

Wachsende Bedeutung für die Vollbeschäftigung messen die Gewerkschaften der Politik auf europäischer Ebene bei. Wir unterstützen die europäische Wirtschafts- und Währungsunion und eine gemeinsame europäische Währung. Sie muß aber mit einer Wirtschafts- und Strukturpolitik verknüpft werden, die konsequent am Vollbeschäftigungsziel ausgerichtet ist, und durch eine aktive europäische Sozial- und Umweltpolitik mit dem Ziel einer europäischen Sozialunion begleitet sein.

...

Einkommen und Vermögen sind ungerecht verteilt. Damit werden sich die Gewerkschaften nicht abfinden. Tarifpolitik bleibt deshalb auch Verteilungspolitik. Unser Ziel ist, mit Hilfe von Steuern sowie tarif-, vermögens- und gesellschaftspolitischen Maßnahmen mehr Verteilungsgerechtigkeit durchzusetzen."

Grundsatzprogramm des Deutschen Gewerkschaftsbundes, beschlossen auf dem 5. Außerordentlichen Bundeskongreß am 13.–16. November 1996 in Dresden.

Bundesvereinigung der Deutschen Arbeitgeberverbände (BDA)

„Die Soziale Marktwirtschaft hat sich bewährt, und sie ist wie keine andere Ordnung in der Lage, auch die neuen Herausforderungen an der Schwelle zum neuen Jahrhundert zu bewältigen. Solidarität so viel wie nötig, Subsidiarität so viel wie möglich, so heißt das Grundprinzip der Sozialen Marktwirtschaft. Sie setzt auf die Freiheit und Kreativität der Menschen, auf Leistung und Wettbewerb und ermöglicht damit wirtschaftliches Wachstum, Wohlstand und Fortschritt. Sie sorgt dabei für soziale Sicherheit und für die Teilhabe aller am Wohlstand.

...

IV Gesellschaft

Wir brauchen eine Rückbesinnung auf die Werte und Ziele der Sozialen Marktwirtschaft, auf ihre Balance von Subsidiarität und Solidarität. Nur mit einer an den Grundsätzen der Sozialen Marktwirtschaft ausgerichteten Ordnungspolitik können in Deutschland die Rahmenbedingungen für Wettbewerbsfähigkeit und Wachstum, für soziale Sicherheit und Beschäftigung verbessert werden. Es geht heute darum, die wirtschaftlichen Fundamente der Sozialen Marktwirtschaft zu stärken. Sonst ist auch der Sozialstaat in seiner Finanzierungsbasis gefährdet.

...

Die deutschen Arbeitgeber wollen eine ordnungspolitische Neuorientierung auf allen Ebenen des wirtschaftlichen und sozialen Lebens anstoßen. Besonderes Augenmerk schenken wir dabei der Sozialpolitik, da sie wie kaum ein anderer Bereich für die ordnungspolitischen Fehlentwicklungen der Vergangenheit steht. Zudem stellt der grundlegende demographische Wandel die sozialen Sicherungssysteme vor völlig neue Herausforderungen.

Es kommt jetzt darauf an, durch die ordnungspolitische Neuorientierung die vorhandenen Potentiale für rentable Arbeitsplätze auszuschöpfen.

...

Das Bildungssystem ist für die Leistungsfähigkeit des Wirtschaftsstandorts Deutschland von herausragender Bedeutung. Qualifikation, Erfahrung und Lernbereitschaft entscheiden zu einem erheblichen Teil über die Berufs- und Verdienstchancen jedes einzelnen. Für die gesamte Volkswirtschaft ist das Wissen eine entscheidende Größe für die Einordnung in der global vernetzten Ökonomie.

...

Die gesellschaftlichen und ökonomischen Herausforderungen an der Schwelle zum nächsten Jahrhundert sind groß. Aber sie sind zu bewältigen, wenn wir uns auf die grundlegenden Ordnungsprinzipien der Sozialen Marktwirtschaft besinnen. Subsidiarität hat Vorrang, Solidarität kann nur so gesichert werden. Diesem Prinzip sind die deutschen Arbeitgeber verpflichtet.

Wir wollen und brauchen kein radikal neues Gesellschafts- und Wirtschaftskonzept in Deutschland. Wir wollen und müssen das erfolgreiche Konzept der Sozialen Marktwirtschaft neu zur Geltung bringen und zukunftsfähig machen. Wenn wir heute die notwendigen Reformen auf allen Ebenen des wirtschaftlichen und sozialen Lebens vorantreiben, dann können wir optimistisch in die Zukunft blicken.

Der Umbau des Sozialstaats wird zur Nagelprobe und zum Kernprojekt einer ordnungspolitischen Erneuerung. Umbau heißt nicht undifferenzierte Zerschlagung gewachsener Strukturen. Umbau heißt Umsetzung des Subsidiaritätsprinzips. Fortentwicklung und Anpassung der sozialen Sicherungssysteme an die gesellschaftlichen und ökonomischen Realitäten."

Ordnungspolitische Grundsätze der Bundesvereinigung der Deutschen Arbeitgeberverbände, Köln, Mai 1998.

2 Wirtschaftspolitik in der Sozialen Marktwirtschaft der Bundesrepublik Deutschland

Unter **Wirtschaftspolitik** versteht man heute allgemein die **staatlichen** Aktivitäten im Bereich der Wirtschaft. Wirtschaftspolitik repräsentiert damit einen Teil der Staatspolitik. Diese **praktische** Wirtschaftspolitik ist deutlich zu unterscheiden von der **theoretischen** Wirtschaftspolitik. Sie hat die wissenschaftliche Befassung mit der praktischen Wirtschaftspolitik zum Inhalt.

Das Verhältnis zwischen praktischer Wirtschaftspolitik und theoretischer Wirtschaftspolitik ist häufig gespannt. Die Ursachen dafür sind in den unterschiedlichen Interessen und Denkkategorien von Politik und Wissenschaft zu suchen. Obgleich sich die theoretische Wirtschaftspolitik in ihrem wissenschaftlichen Anspruch auf Tatsachenaussagen beschränken will, sind ihre Feststellungen zum Teil uneinheitlich. Dies resultiert zum einen aus den mitunter sehr unterschiedlichen, ja gegensätzlichen Positionen der sich mit ihr befassenden Wirtschaftswissenschaftler, zum anderen aus den oft verschiedenen Einschätzungen von Maßnahmen und deren Wirkungen im Zeitverlauf. In Ermangelung empirisch (d. h. durch Erfahrung) gesicherter Befunde wird hier häufig mit Plausibilitäten (d. h. Wahrscheinlichkeiten) argumentiert, die sich im nachhinein als unzutreffend erweisen, insbesondere weil sich die getroffenen Annahmen als unrealistisch herausstellten, so zum Beispiel Annahmen über das Konsum- oder Investitionsverhalten unter bestimmten Bedingungen. Es wäre deshalb zu wünschen, daß die wissenschaftliche Wirtschaftspolitik ihre Aussagen möglichst von empirisch fundierten Annahmen ableitet.

Bei der praktischen Wirtschaftspolitik liegt das Hauptproblem in der tatsächlichen oder vermeintlichen Unvereinbarkeit zwischen ökonomischen und politischen Sachzwängen. So fällt es den regierenden Parteien und Koalitionen nicht selten schwer, ihre ökonomisch begründeten Einsichten praktisch umzusetzen, wenn dadurch in bedeutendem Umfang Interessen potentieller Wähler berührt werden, deren Stimmen für die Machterhaltung wichtig sind. Kompromisse und damit ökonomisch nicht oder nur schwer zu rechtfertigende Zugeständnisse an die (potentiellen) Wähler sind deshalb häufig anzutreffen. Denn unpopuläre Entscheidungen kann sich keine Regierung auf Dauer erlauben!

Die Vielzahl der Aktivitäten, die die staatliche Wirtschaftspolitik ausmachen, lassen sich im wesentlichen in zwei **Politik-** oder **Aufgabenbereiche** gliedern: die Ordnungspolitik und die Prozeßpolitik. Die **Ordnungspolitik** trägt **konstituierenden** Charakter. In ihr wird die Grundentscheidung für die Verfassung der Wirtschaft (zentrale oder dezentrale Lenkung) getroffen. Die **Prozeßpolitik** (auch Ablaufpolitik genannt) trägt **regulierenden** Charakter. Sie richtet sich auf die Steuerung der gewählten → Wirtschaftsordnung. Dabei gilt ihre besondere Aufmerksamkeit den kurzfristigen Bewegungsvorgängen, so den Markt- und Konjunkturschwankungen.

Die ökonomischen Probleme, die den Staat zu entsprechenden Maßnahmen veranlassen, sind sehr vielgestaltig. Dennoch weisen sie – losgelöst von ihrem konkreten Bezug – bei näherer Betrachtung die gleiche logische Struktur auf, die auf drei konstitutiven Elementen gründet:

- der **Lage**,
- den **Zielen** und
- den **Instrumenten**.

Konkret offenbaren sich ökonomische Probleme als Abweichung zwischen Lage (das ist der Ist-Zustand) und Zielen (das ist der Soll-Zustand). Diese Abweichung zwischen Ist- und Soll-Zustand gilt es mit Hilfe der verfügbaren wirtschaftspolitischen Instrumente zu überwinden. Die Maßnahmen dürfen dann als erfolgreich gelten, wenn die Abweichung von Ist- und Soll-Zustand behoben oder doch zu-

IV Gesellschaft

mindest günstiger gestaltet werden konnte. Die Instrumente (auch Mittel genannt), die dem Staat zur Verfügung stehen, sind recht vielfältig.

196 Die wirtschaftspolitischen Aktivitäten des Staates sollten dem Prinzip der Rationalität (→ **Vernunftprinzip**) entsprechen. Eine Wirtschaftspolitik kann dann als rational bezeichnet werden, wenn sie „planmäßig auf die Verwirklichung eines umfassenden, wohl durchdachten und in sich ausgewogenen Zielsystems gerichtet ist und dabei den höchsten Erfolgsgrad erreicht, der unter den jeweiligen Umständen möglich ist" (H. Giersch).

197 Die Frage, inwieweit wirtschaftspolitische Maßnahmen dem Rationalitätsprinzip genügen, berührt auch die Frage, ob diese der → Wirtschaftsordnung entsprechen, in die die betreffende Wirtschaft gestellt ist, oder nicht. Je nachdem sprechen wir von **ordnungskonformen** oder **ordnungsinkonformen Maßnahmen (Ordnungskonformität)**. Als ordnungskonform gelten wirtschaftspolitische Maßnahmen dann, wenn sie den in der jeweiligen Wirtschaftsordnung angelegten Zielen und Prinzipien entsprechen und damit der Effizienz (Wirksamkeit) dieser Ordnung dienen. Umgekehrt wird dann von ordnungsinkonformen Maßnahmen gesprochen, wenn diese den ordnungsspezifischen Zielen oder Prinzipien einer Wirtschaft zuwiderlaufen und damit zu Effizienzverlusten der betreffenden (Wirtschafts-)Ordnung führen. Bezogen auf eine marktwirtschaftliche Ordnung lassen sich die getroffenen Feststellungen an einem Beispiel wie folgt konkretisieren: Alle Maßnahmen, die den Wettbewerb fördern, wie etwa ein Kartellverbot, sind ordnungskonform; dagegen widerspricht die Zulassung von Wettbewerbsbeschränkungen den Ordnungsprinzipien und gilt somit als ordnungsinkonform.

198 Wird das Prinzip der Ordnungskonformität speziell auf den Markt bezogen, so sprechen wir von **Marktkonformität**. Als marktkonform gelten alle Maßnahmen, „die den Preismechanismus und die durch ihn bewirkte Selbststeuerung des Wirtschaftsprozesses nicht aufheben, sondern von ihm als neue ‚Daten' assimiliert werden" (E. Tuchtfeld). So wäre beispielsweise die Anhebung oder Senkung des Basiszinssatzes (Leitzins des → ESZB) eine marktkonforme Maßnahme, jedes Gebot oder Verbot (Einfuhr-, Produktions-, Berufsverbote u. a.) marktinkonform.

199 2.1 Ziele der Wirtschaftspolitik (wirtschaftspolitische Ziele)

Politik im allgemeinen und Wirtschaftspolitik im besonderen setzen Zielvorgaben voraus. Die verantwortlichen Politiker benötigen Ziele, um entsprechende Maßnahmen ergreifen zu können. Politik ist immer **zielgerichtetes Handeln**.

200 Als allgemein anerkanntes wirtschaftspolitisches Globalziel gilt die **Maximierung des gesellschaftlichen Wohlstandes**. Diese hochabstrakte Zielvorgabe wird in der einschlägigen Literatur in recht unterschiedlicher Weise aufgeschlüsselt. Weit verbreitet ist die differenzierende Zielbündelung: **Vollbeschäftigung, Stabilität des Preisniveaus** und **außenwirtschaftliches Gleichgewicht** (Zahlungsbilanzausgleich), gängigerweise als sogenanntes „**magisches Dreieck**" bezeichnet (siehe Übersicht IV, 4). Hierbei weist die Bezeichnung „magisch" auf die große Schwierigkeit hin, alle Ziele gleichzeitig zu erreichen. Wir sprechen in diesem Zusammenhang von **Zielkonflikten**. Es lassen sich nämlich immer nur zwei Ziele erreichen:

Gesellschaft **IV**

- Vollbeschäftigung und Stabilität des Preisniveaus zu Lasten des außenwirtschaftlichen Gleichgewichts.
- Vollbeschäftigung und außenwirtschaftliches Gleichgewicht zu Lasten der Stabilität des Preisniveaus.
- Stabilität des Preisniveaus und außenwirtschaftliches Gleichgewicht zu Lasten der Vollbeschäftigung.

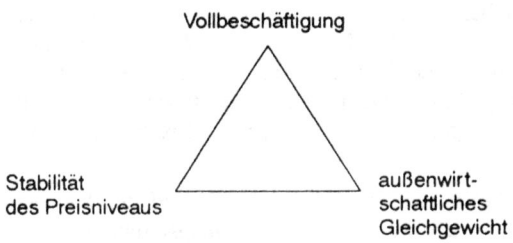

Schaubild IV, 4

Der Zielbündelung des „magischen Dreiecks" werden andere, erweiterte Zielkombinationen – so durch Vorgaben wie **wirtschaftliches Wachstum, gleichmäßigere Einkommensverteilung, Bewirkung und Sicherung einer optimalen Umweltqualität** – zur Seite gestellt. Es wird dann häufig vom „magischen Viereck", „magischen Fünfeck" oder gar vom „magischen Polygon (Vieleck)" gesprochen.

Das **Gesetz zur Förderung der Stabilität und des Wachstums in der Wirtschaft** (Stabilitätsgesetz) von 1967 benennt die für die Bundesrepublik Deutschland geltenden wirtschaftspolitischen Ziele wie folgt:

- Vollbeschäftigung,
- Stabilität des Preisniveaus,
- außenwirtschaftliches Gleichgewicht sowie
- stetiges und angemessenes Wachstum.

Dieser Zielkatalog gilt als wirtschaftspolitische Handlungsanweisung für die Bundesregierung. Diese hat nach §1 Stabilitätsgesetz jeweils in ihrem (jährlich vorzulegenden) Jahreswirtschaftsbericht eine Operationalisierung (Konkretisierung, Präzisierung) dieser Ziele vorzunehmen.

Konkret werden mit den im Stabilitätsgesetz genannten wirtschaftspolitischen Zielsetzungen folgende Vorstellungen verbunden:

Vollbeschäftigung meint einen hohen Beschäftigungsstand sowie eine weitgehend stabile Beschäftigungslage. Unterbeschäftigung beziehungsweise **Arbeitslosigkeit** soll somit möglichst vermieden oder gegebenenfalls behoben werden. Unter Berücksichtigung der verschiedenen Formen von Arbeitslosigkeit beinhaltet Vollbeschäftigung als wirtschaftspolitische Zielsetzung das Bestreben, **konjunkturelle Arbeitslosigkeit** (d. i. durch konjunkturelle Abschwünge bedingte, meist mittelfristige Unterbeschäftigung) zu verhindern oder möglichst rasch zu beseitigen sowie **struktureller** (d. i. in der Regel langfristige Freisetzung von Arbeitskräften infolge tief-

IV Gesellschaft

greifender wirtschaftlicher Wandlungen, wie technischer Fortschritt, Bedarfsveränderungen, Rohstoffverknappung u. ä.), **saisonaler** (d. i. jahreszeitlich bedingter, kurzfristiger Verlust von Arbeitsplätzen) und auch **friktioneller** (d. i. auf Verzögerungen in der Besetzung offener Stellen nach Aufgabe des alten Arbeitsplatzes beruhende) **Arbeitslosigkeit** vorzubeugen oder sie zu beheben.

Stabilität des Preisniveaus (Preisstabilität) bringt die Absicht zum Ausdruck, den binnenwirtschaftlichen Wert des Geldes (Wert des Geldes im eigenen Land; mit der Vollendung der Stufe III der Europäischen Wirtschafts- und Währungsunion (EWWU) bezieht sich diese Zielvorstellung ab 1. 1. 1999 auf die Stabilerhaltung des Euro im Euroland und fällt in den Zuständigkeitsbereich der EZB.) stabil zu halten und damit auch die allgemeine Höhe der Preise (Preisniveau), speziell der Konsumgüterpreise.

Außenwirtschaftliches Gleichgewicht bezieht sich auf den Werteaustausch mit dem Ausland. Gehen wir davon aus, daß die **Zahlungsbilanz** die statistische Erfassung aller ökonomischen Transaktionen zwischen inländischen und ausländischen Wirtschaftseinheiten während eines bestimmten Zeitraumes (in der Regel 1 Jahr) darstellt*, so gilt dieselbe dann als **ausgeglichen**, wenn ihre Unterbilanzen (siehe Schaubilder IV, 5a u. 5b) sich gegenseitig ausgleichen. – Im Gegensatz zu den Unterbilanzen ist die Zahlungsbilanz (durch den Saldo der Währungsreserven) formal immer ausgeglichen. Sind nun die Eigenleistungen (Exporte) an fremde Volkswirtschaften höher als die Fremdleistungen (Importe), werden andere Volkswirtschaften kreditiert. Damit ist die Zahlungsbilanz **aktiv**, denn es sind der Zentralbank – zum Ausgleich der dem Ausland gewährten Kredite – Devisen und Gold zugeflossen. Übersteigen dagegen die Fremdleistungen (Importe) die Eigenleistungen, dann kreditieren andere Volkswirtschaften die eigene Volkswirtschaft. Die Zahlungsbilanz ist damit **passiv**, denn von der Zentralbank sind – zum Ausgleich der vom Ausland in Anspruch genommenen Kredite – Devisen und Gold abgeflossen. Solche **Zahlungsbilanzungleichgewichte** sind volkswirtschaftlich unerwünscht. Ungleiche reale Güter- und Dienstleistungsströme bewirken nämlich durch die mit ihnen verbundenen Devisenströme außer Störungen im Außenhandel entsprechende Liquiditätseffekte (inländischer Kaufkraftentzug bei **passiver Zahlungsbilanz** [d. h. wenn die Wertabflüsse ins Ausland die Wertzuflüsse ins Inland übersteigen] beziehungsweise inländische Kaufkrafterhöhung bei **aktiver Zahlungsbilanz** [d. h. wenn die Wertzuflüsse aus dem Ausland die Wertabflüsse aus dem Inland übersteigen]), die neben den Wirkungen der Nachfragezunahme/Nachfrageabnahme als Ursache inflationistischer/deflationistischer Vorgänge im Inland oder Ausland zu werten sind.

Wirtschaftswachstum kann als ständige Vergrößerung des Inlandsproduktes interpretiert werden. Die im Stabilitätsgesetz dem Wachstumsziel beigefügten Normierungen „stetig" und „angemessen" bieten keine quantitativen Anhaltspunkte für

---

* Mit der Erreichung der Stufe III der EWWU zum 1.1.1999 wird in der Zahlungsbilanzstatistik zwischen EMU (Euro-Monetary-Union)-Ländern und Drittstaaten (analog zum Intra- und Drittländerhandel) unterschieden. Während die Zahlungsbilanz für die EMU-Länder von der EZB aufgestellt wird, verbleibt die Zahlungsbilanzkompetenz für Wertströme zwischen EMU-Ländern und Drittländern bei den einzelnen europäischen Staaten.

Gesellschaft **IV**

	Struktur der Zahlungsbilanz		
Zahlungs-bilanz	Leistungs-bilanz	Außenhandel (Waren)	
		Dienstleistungen	
		Erwerbs- und Vermögenseinkommen	
		Laufende Übertragungen	
	Vermögensübertragungen		
	Kapitalbilanz		
	Veränderung der Währungsreserven zu Transaktionswerten		
	Saldo der statistisch nicht aufgliederbaren Transaktion		

Schaubild IV, 5a

das wirtschaftliche Wachstum. Einziger, wenn auch nur vager, quantitativer Anhaltspunkt hierfür ist lediglich die **Wachstumsrate** (des realen **Bruttoinlandsproduktes** [Wert der im Inland produzierten Waren und Dienstleistungen] absolut oder pro Kopf der Bevölkerung) im Vergleich mit den Wachstumsraten anderer (vergleichbarer) Volkswirtschaften.   214, 215

Die Tatsache, daß die wirtschaftspolitischen Zielsetzungen untereinander teilweise konkurrieren (**Zielkonkurrenz**), zwingt den Wirtschaftspolitiker, eine Rangordnung (Präferenzordnung) der anzustrebenden Ziele aufzustellen. Eine solche Präferenzordnung ist mit subjektiven beziehungsweise gruppenspezifischen Wertungen verknüpft. So lassen sich bei den verschiedenen politischen Gruppierungen im allgemeinen folgende Zielbevorzugungen (**Zielpräferenzen**) feststellen: 215a, 215b

- Sozialistische, sozialdemokratische sowie betont arbeitnehmer- und gewerkschaftsorientierte Parteien betonen die Ziele des Wachstums und der Vollbeschäftigung, verknüpft mit der Forderung nach gleichmäßigerer Einkommensverteilung. Stabilität und Zahlungsbilanzausgleich gelten als nachgeordnete Ziele.
- Konservative Parteien räumen dem Stabilitätsziel Priorität ein. Es folgen außenwirtschaftliches Gleichgewicht, Wachstum beziehungsweise Vollbeschäftigung und eine sozialgerechte Vermögensverteilung.
- Orthodox liberale Parteien bevorzugen Stabilität des Geldwertes respektive des Preisniveaus, zu deren Sicherung oder Wiederherstellung sie gegebenenfalls auch Unterbeschäftigung in Kauf nehmen. Es folgt das Wachstumsziel. Die Einkommensverteilung wird dem Markt überlassen.

Bei den großen gesellschaftlichen Gruppen schlagen in der Regel folgende Präferenzvorstellungen durch:

- Für die Arbeitnehmer gilt Wachstum beziehungsweise Vollbeschäftigung (d. h. Sicherung der Arbeitsplätze) als vordringlichstes Ziel. Nachgeordnet folgen eine gleichmäßigere Einkommensverteilung und Stabilität des Preisniveaus. Lediglich

IV Gesellschaft

Unterbilanzen und Gegenstände der Zahlungsbilanz	
Unterbilanzen	**Gegenstände**
Außenhandel (Handelsbilanz)	Warenexporte – Warenimporte
Dienstleistungen (Dienstleistungsbilanz)	Verkäufe (Exporte) von Dienstleistungen – Käufe (Importe) von Dienstleistungen U. a. Lohnveredelung, Transithandel, Auslandsreiseverkehr (Ausgaben deutscher Touristen für Auslandsreisen werden als Importe von Diensleitungen gezählt)
Erwerbs- und Vermögenseinkommen (Einkommensbilanz)	Fremde Leistungen – Eigene Leistungen Erwerbseinkommen und Kapitalerträge
Laufende Übertragungen (Übertragungsbilanz)	Fremde Leistungen – Eigene Leistungen U. a. Nettozahlungen an internationale Organisationen, Heimatüberweisungen der Gastarbeiter
Vermögensübertragungen (Vermögensbilanz)	Fremde Leistungen – Eigene Leistungen Einmalige Übertragungen (u. a. Schuldenerlasse, Erbschaften, Schenkungen)
Kapitalbilanz	Kapitalimport – Kapitalexport • Direktinvestitionen • Wertpapiere • Finanzderivate • Kredite • Sonstige Kapitalanlagen
Veränderung der Währungsreserven	Zu- und Abnahme der Währungsreserven der Deutschen Bundesbank zu Transaktionswerten Gold, Devisen, Reservepositionen im IWF, Auslandsverbindlichkeiten
Statistisch nicht aufgliederbare Transaktionen	Ungeklärte Beträge, Restposten, Saldenausgleich

Vgl. Albers, H.-J., Stichwort: Zahlungsbilanz, in: May, H. (Hrsg.), Lexikon der ökonomischen Bildung, 7. Aufl., München 2008.

Schaubild IV, 5b

    die Bediensteten der öffentlichen Hand vertreten die Zielrangfolge: Stabilität, gleichmäßigere Einkommensverteilung, wirtschaftliches Wachstum.
– Auch das Unternehmerlager bietet keine Geschlossenheit in seinen Zielpräferenzen. Während die Industrie das Wachstumsziel in den Vordergrund stellt und Stabilität sowie die Änderung der Einkommensverteilung als nachrangig ansieht, bevorzugt der gewerbliche Mittelstand im allgemeinen Stabilität, gefolgt von Wachstum (Vollbeschäftigung) und (eingeschränkt) eine gleichmäßigere Einkommensverteilung.

Gesellschaft **IV**

Diese für unsere freiheitliche Gesellschaft typische Pluralität wirtschaftspolitischer (Ziel-)Präferenzvorstellungen, die nun keineswegs als starr anzusehen sind, haben ihre Abstimmung im Wege demokratischer Entscheidungsfindung zu suchen.

2.2 Träger der Wirtschaftspolitik

Träger der bundesdeutschen Wirtschaftspolitik sind Bund, Länder und Gemeinden mit ihren Parlamenten, Regierungen und Behörden. Dazu gilt es allerdings festzustellen, daß der maßgebliche wirtschaftspolitische Einfluß durch die für den **gesamten** Staat zuständigen Einrichtungen erfolgt. Der wirtschaftspolitische Einfluß einzelner Bundesländer kann ebenso vernachlässigt werden wie derjenige der Gemeinden. So hat der Bund die weitaus größte Zuständigkeit im Bereich der Gesetzgebung, während den Ländern und Gemeinden das Gros der Verwaltungsaufgaben obliegt. In Wahrnehmung dieser Aufgaben sind sie großteils nicht autonom, sondern handeln in Vollzug von Bundes- und Landesgesetzen. Wirtschaftspolitische Einflußmöglichkeiten der Länder auf Bundesebene bestehen lediglich über den **Bundesrat**. Ansonsten beschließt das **Parlament** (Legislative) die Gesetze und damit die langfristigen Rahmenbedingungen der wirtschaftlichen Entwicklung. Die **Regierung** und die ihr untergeordneten Verwaltungsbehörden (Exekutive; derzeit rund 15 Bundesministerien, von denen sich gut die Hälfte ausschließlich oder überwiegend mit wirtschaftspolitischen Angelegenheiten befaßt, so u. a. die Ministerien für Wirtschaft, Arbeit, Verkehr) besorgen die laufende Politik. Die **Bundesbank** ist beauftragt, die Wirtschaftspolitik der Bundesregierung zu unterstützen; sie ist dabei jedoch nicht weisungsgebunden, somit relativ autonom*. Ihr obliegt im wesentlichen die Regelung des wirtschaftlichen Geldumlaufes und der Kreditversorgung der Wirtschaft unter dem übergeordneten Ziel der Währungssicherung (Geldpolitik) sowie die Abwicklung des Zahlungsverkehrs im Inland und mit dem Ausland. Mit der Verwirklichung der Stufe III der Europäischen Wirtschafts- und Währungsunion ging allerdings zum 1.1.1999 die Entscheidungskompetenz in der Geldpolitik (von der Bundesbank) auf den Europäischen Zentralbankrat über. Die **Rechtsprechung** (Judikative) kontrolliert die Ausführung der Gesetze. In Wahrnehmung dieser Aufgabe kommt dem Bundesverfassungsgericht und den letztinstanzlichen Gerichten (Bundesgerichtshof, Bundesarbeitsgericht, Bundessozialgericht, Bundesfinanzhof) besondere wirtschaftspolitische Bedeutung zu.

216

Als weisungsgebundene Träger der staatlichen Wirtschaftspolitik mit öffentlich-rechtlichen Entscheidungsfunktionen fungieren das **Bundeskartellamt**, die **Bundesagentur für Arbeit**, das **Umweltbundesamt**, die **Landeskartellämter** sowie die **Regionaldirektionen für Arbeit**.

217,218
219,220
221

Bestimmte wirtschaftspolitische Aufgaben im Ausbildungs-, Prüfungs-, Schieds- und Schlichtungswesen wurden zur Entlastung der staatlichen Verwaltung auf öf-

---

* Nach §12 Gesetz über die Deutsche Bundesbank in der Fassung vom 22.10.1992, zuletzt geändert am 28. März 2002, ist die Bundesbank bei der Ausübung ihrer Befugnisse von den Weisungen der Bundesregierung unabhängig. „Soweit dies unter Wahrung ihrer Aufgabe als Bestandteil des Europäischen Währungssystems der Zentralbanken möglich ist, unterstützt sie die allgemeine Wirtschaftspolitik der Bundesregierung."

IV Gesellschaft

fentlich-rechtlich konstituierte **Selbstverwaltungsorgane der Wirtschaft (Industrie- und Handelskammern, Handwerkskammern, Landwirtschaftskammern)** übertragen. Sie vertreten als autonome Entscheidungsträger die Interessen ihrer Mitglieder und versuchen die wirtschaftspolitische Willensbildung in diesem Sinne zu beeinflussen.

Neben den nationalen Trägern wirtschaftspolitischer Entscheidungen erlangen in der Bundesrepublik Deutschland zunehmend auch **internationale** (supranationale) **Instanzen** wirtschaftspolitische Bedeutung. So schafft die **Europäische Union**, der von ihren Mitgliedsstaaten bestimmte nationale Souveränitätsrechte übertragen werden, durch Beschlüsse ihrer Organe in ihren Mitgliedsländern zum Teil unmittelbar geltendes, zum Teil auszuführendes Recht. Der Vertrag zur Gründung der Europäischen Gemeinschaft (EGV) vom 7. 2. 1992 in der Fassung vom 2. 10. 1997 bestimmt in Artikel 98, daß die Mitgliedstaaten ihre Wirtschaftspolitik so ausrichten, daß sie zur Verwirklichung der in Artikel 2 genannten Ziele ((1) harmonische, ausgewogene und nachhaltige Entwicklung des Wirtschaftslebens innerhalb der Gemeinschaft, (2) beständiges, nichtinflationäres und umweltverträgliches Wachstum, (3) hoher Grad an Konvergenz der Wirtschaftsleistungen, (4) hohes Beschäftigungsniveau, (5) hohes Maß an sozialem Schutz, (6) Hebung des Lebensstandards und der Lebensqualität sowie (7) Förderung des wirtschaftlichen und sozialen Zusammenhaltes und der Solidarität zwischen den Mitgliedstaaten) beitragen.

„Die Tätigkeit der Mitgliedstaaten und der Gemeinschaft im Sinne des Art. 2 umfaßt nach Maßgabe des Vertrages und der darin vorgesehenen Zeitfolge die Einführung einer Wirtschaftspolitik, die auf einer engen Koordinierung der Wirtschaftspolitik der Mitgliedstaaten, dem Binnenmarkt und der Festlegung gemeinsamer Ziele beruht und dem Grundsatz einer offenen Marktwirtschaft mit freiem Wettbewerb verpflichtet ist" (Art. 3a EGV).

Die Mitgliedstaaten betrachten nach Art. 99 EGV ihre Wirtschaftspolitik als eine Angelegenheit von gemeinsamem Interesse und koordinieren sie im Rat nach Maßgabe der oben (Art. 98) genannten Ziele. Der Rat überwacht die wirtschaftliche Entwicklung in jedem Mitgliedstaat und in der Gemeinschaft und nimmt in regelmäßigen Abständen eine Gesamtbewertung vor (Art. 99 Abs. 3). Wird dabei festgestellt, daß die Wirtschaftspolitik eines Mitgliedstaates nicht mit den vorgegebenen Zielen vereinbar ist oder das ordnungsgemäße Funktionieren der Wirtschafts- und Währungsunion zu gefährden droht, so kann der Rat mit qualifizierter Mehrheit auf Empfehlung der Kommission die erforderlichen Vorschläge an den betreffenden Mitgliedstaat richten (Art. 99 Abs. 4).

Darüber hinaus sind die Träger staatlicher Wirtschaftspolitik in ihrer Entscheidungsfindung fortwährend der Einflußnahme ausgesetzt. Im nationalen Raum sind es insbesondere Parteien, Verbände (unter diesen haben die Arbeitsmarktverbände, die Gewerkschaften u. Arbeitgeberverbände, besonderes Gewicht), Kirchen, marktmächtige Unternehmen, Massenmedien sowie die Wissenschaft (über Beratergremien), die Interessen und Vorstellungen in den staatlichen Willensbildungsprozeß einzubringen versuchen. Von außen sind es internationale Organisationen, so insbesondere die Unterorganisationen der Vereinten Nationen wie die **Weltbank** (International Bank for Reconstruction and Development [**IBRD**], Internationale

Bank für Wiederaufbau und Entwicklung), der **Weltwährungsfonds** (International Monetary Fund **[IMF]**), das **Internationale Arbeitsamt (IAA)**, die wirtschaftspolitische Empfehlungen aussprechen und Wünsche vortragen.

2.3 Instrumente der Wirtschaftspolitik

Als wirtschaftspolitische Instrumente (Mittel) bezeichnen wir die der Verfolgung bestimmter wirtschaftspolitischer Zielsetzungen dienenden staatlichen Maßnahmen. Diese Maßnahmen waren in der bundesdeutschen Wirtschaftspolitik bislang recht uneinheitlich. Während bis in die Mitte der sechziger Jahre eindeutig die ordnungspolitischen Instrumente überwogen, gewannen danach die prozeßpolitischen (ablaufpolitischen) erheblich an Bedeutung. Allgemein ließ sich eine Zunahme der Staatsaktivitäten (ordnungs- und prozeßpolitische) im Zeitverlauf feststellen. – Dennoch, der Wettbewerb wurde in all diesen Jahren allgemein als das tragende Element unserer Wirtschaftsordnung anerkannt. Seine Wahrung und Weiterentwicklung genoß deshalb immer eine gewisse Sonderstellung gegenüber den anderen traditionellen wirtschaftspolitischen Instrumenten, so der Stabilitätspolitik, Sozialpolitik wie auch der Außenwirtschaftspolitik.

2.3.1 Traditionelle Instrumente der Wirtschaftspolitik

2.3.1.1 Wettbewerbspolitik

2.3.1.1.1 Allgemeine, konzeptionelle und rechtliche Grundlagen der Wettbewerbspolitik

In seinem 1952 veröffentlichen Werk „Grundsätze der Wirtschaftspolitik" stellte der deutsche Nationalökonom **Walter Eucken** fest: „Ein tiefer Trieb zur Beseitigung von Konkurrenz und zur Erwerbung von Monopolstellungen ist überall zu allen Zeiten lebendig." Diese elementare Einsicht in die menschliche Natur vermittelt uns zweierlei. Zum einen die Erkenntnis, daß der Wettbewerb in marktwirtschaftlichen Ordnungen nicht sich selbst überlassen werden kann; zum anderen die Konsequenz, diesen Wettbewerb mittels einer entsprechenden Politik zu erhalten respektive – soweit er bereits durch Beschränkungen beeinträchtigt wird – von diesen zu befreien und wiederzubeleben. Die Wettbewerbspolitik wird damit zum fundierenden Element der Wirtschaftspolitik einer jeden Marktwirtschaft, so auch unserer Sozialen Marktwirtschaft. In der Bundesrepublik Deutschland besteht die Aufgabe der Wirtschaftspolitik darin, die Entstehung oder Ausbildung von Marktmacht zu verhindern beziehungsweise dagegen vorzugehen. Die Entstehung von Marktmacht wird vor allem in folgenden Vorgängen gesehen:

- dem Aufbau monopolistischer Marktstellungen durch **internes** Unternehmenswachstum,
- der kartellförmigen Abstimmung des Marktverhaltens miteinander konkurrierender Unternehmen,
- dem Zusammenschluß (Fusion) bisher selbständiger Unternehmen (**externes** Unternehmenswachstum).

IV Gesellschaft

Während die über internes Unternehmenswachstum gewonnene Marktmacht meist als Ausdruck erfolgreichen Unternehmertums gewertet und als wettbewerbspolitisch unbedenklich angesehen wird, gilt die **Kartellierung** (Kartellbildung) und **Fusion** (Verschmelzung, Vereinigung zweier oder mehrerer Unternehmen unter Aufgabe ihrer rechtlichen und wirtschaftlichen Selbständigkeit) als eine strategisch angestrebte Gewinnung von Marktmacht gemeinhin als dem Wettbewerb abträglich.

Die bundesdeutsche Wettbewerbspolitik findet ihre rechtlichen Grundlagen vor allem im **Gesetz gegen Wettbewerbsbeschränkungen** (GWB [Kartellgesetz] in der Fassung v. 15.7.2005; letzte Änderung v. 26.3.2007), im **Gesetz gegen unlauteren Wettbewerb** (UWG, v. 1909; Neufassung v. 3.7.2004; letzte Änderung v. 21.12.2006) und **EWG-Vertrag**.

Das **UWG** steht offensichtlich im Zeichen des **Leistungswettbewerbs**. Leistungswidrige Vorteilsnahme im Wettbewerb durch **Betrug, Irreführung, Zwang, Bedrohung** respektive **jede unlautere Wettbewerbshandlung** soll verhindert werden. Dieser Absicht fügen sich gleichermaßen das **Warenzeichengesetz**, das **Patentgesetz** und das **Gesetz zur Regelung des Rechts der Allgemeinen Geschäftsbedingungen** (AGB-Gesetz in der Fasssung v. 29.6.2000; modifiziert zum 1.1.2002 u. mit den §§ 305–310 in das BGB integriert).

Das **GWB**, häufig als „Grundgesetz" oder als „Magna Charta" unserer Sozialen Marktwirtschaft bezeichnet, enthält in § 1 ein generelles Verbot der Wettbewerbsbeschränkung durch wirtschaftliche Zusammenschlüsse rechtlich selbständiger Unternehmen (**Kartellverbot**). Nach der 7. Novelle zum GWB vom 17.6.2005 überträgt das Gesetz den Unternehmen die Verantwortung, die Legalität ihres Verhaltens selbst einzuschätzen. D. h., die Unternehmen dürfen ohne Zutun der Behörde mit anderen Unternehmen kooperieren, solange sie damit nicht gegen das Kartellverbot verstoßen. Es gilt die sogenannte **Legalausnahme**. Dieser Ermessensspielraum impliziert für die Verantwortlichen allerdings auch das Risiko – im Falle der Fehleinschätzung – vom zur nachträglichen Kontrolle befugten Kartellamt mit entsprechenden Sanktionen belegt zu werden.

Neben dem grundsätzlichen Verbot von Kartellen, das 1973 auf **abgestimmtes Verhalten** ausgedehnt wurde, bestimmt das GWB die → **Mißbrauchsaufsicht** über marktbeherrschende Unternehmen sowie die → **Fusionskontrolle** (1973). Durch letztere können Unternehmenszusammenschlüsse, durch die eine marktbeherrschende Stellung begründet oder verstärkt wird, dann untersagt werden, wenn der Nachweis nicht gelingt, daß die wettbewerbsbegünstigten Effekte des Zusammenschlusses größer sind als die wettbewerbsbeeinträchtigenden.

Eine Generalklausel räumt dem Bundeswirtschaftsminister das Recht ein, gegen das Verbot des Bundeskartellamtes Fusionen zu genehmigen (→ **Ministererlaubnis**).

Das generelle Verbot der Wettbewerbsbeschränkungen des § 1 GWB wird außer durch die aufgezeigten Ausnahmeregelungen durch sogenannte **Bereichsausnahmen** (auch **Ausnahmebereiche** genannt) durchbrochen. So sind nach §§ 28 u. 30 GWB folgende Wirtschaftsbereiche von der Anwendung des § 1 GWB ganz oder teilweise freigestellt:

– die Landwirtschaft (§ 28 GWB),

- die Deutsche Bundesbank, die Kreditanstalt für Wiederaufbau (§ 130 GWB),
- Verlage von Zeitungen und Zeitschriften, die über vertikale Preisbindungen ihre Abnehmer zwingen, bestimmte Verkaufspreise einzuhalten (§ 30 GWB).

Diese Bereiche sind lediglich einer **Mißbrauchsaufsicht** unterstellt. Für sie gelten meist gesonderte gesetzliche Vorschriften wie das Kreditwesengesetz und das Landwirtschaftsgesetz.

Das GWB ist darüberhinaus nicht anzuwenden auf

- die Arbeitsmärkte und die auf ihnen vorherrschenden Preisabsprachen (Arbeitsverträge, Tarifverträge) und
- den Gesundheitssektor (Sozialversicherungsträger, Krankenanstalten, Kassen- und zahnärztliche Vereinigungen, § 130 GWB).

Das Hauptproblem der Wettbewerbspolitik liegt heute nicht mehr in der Kartellierung, sondern vielmehr im fortschreitenden **externen** Unternehmenswachstum. Der Schutz kleiner und mittlerer Unternehmen vor Behinderung durch „marktmächtige" Konkurrenten sowie die Legalisierung vertraglicher Wettbewerbsbeschränkungen im mittelständischen Bereich dürfen als Maßnahmen zum Schutz gegen Marktmacht und zur Gewährung eines funktionsfähigen Wettbewerbs – in dem die Marktchancen kleiner und mittlerer Unternehmen gegenüber Großunternehmen verbessert werden sollen – gesehen werden.

Die Wettbewerbsregeln des EWG-Vertrages von 1957 und deren Fortschreibung insbesondere im EG-Vertrag von 1992 im Anschluß an Maastricht dienen der **Sicherstellung eines fairen Wettbewerbs auf offenen Märkten** für Waren, Dienstleistungen und Kapital. In Verfolgung dieser Absicht richtet sich die Wettbewerbspolitik der Europäischen Union – insbesondere die Art. 81 und 82 des EWG-Vertrages (in der Fassung v. 2.10.1997 [Vertrag von Amsterdam]) – in erster Linie gegen Kartellabsprachen und andere Marktaufteilungen. Daneben wendet sie sich gegen den Mißbrauch wirtschaftlicher Macht durch Monopolisierung, insbesondere durch vertikale (d. h. nicht demselben Produktionszweig angehörende Unternehmen) und horizontale (d. h. demselben Produktionszweig angehörende Unternehmen) Unternehmenskonzentrationen sowie gegen Wettbewerbsverzerrungen durch Subventionierung staatlicher Handelsmonopole und öffentlicher Unternehmen.

Mit der EWG-Verordnung 4064/89 von 1989 über die Kontrolle von Unternehmenszusammenschlüssen wurde eine europäische Fusionskontrolle für grenzüberschreitende Zusammenschlüsse von Großunternehmen eingeführt. Danach unterliegen „Mammuthochzeiten" ab zirka 5 Milliarden Euro beteiligtem Umsatz einer auf die EU bezogenen supranationalen Wettbewerbskontrolle. Diese europäische Wettbewerbspolitik wird von der EU-Kommission getragen.

Darüber hinaus versucht die gemeinschaftliche Wettbewerbspolitik aber auch die Aufhebung jener Handelsbeschränkungen herbeizuführen, die sich in den einzelnen Ländern aus unterschiedlichen Rechts- und Verwaltungsbestimmungen, Steuervorschriften, Patent- und Warenzeichenregelungen ergeben. Auch die unzähligen nationalen Anforderungen an die Produktgestaltung oder die Herstellungsverfahren, die sich als schwerwiegende Handelshemmnisse erweisen, werden von der Union wettbewerbspolitisch zu bewältigen versucht.

IV Gesellschaft

Die **Wettbewerbsregeln des EWG-Vertrages** gelten gegenüber nationalem Wettbewerbsrecht als vorrangig. Verstöße gegen die Wettbewerbsregeln können von der EG-Kommission verfolgt werden.

Ähnlich dem GWB kennen auch die Wettbewerbsregeln der Europäischen Union **Ausnahmebereiche**. Die beiden wichtigsten sind der Bereich Kohle und Stahl (bis 2002 als Europäische Gemeinschaft für Kohle und Stahl [EGKS] verselbständigt, danach in der EU aufgegangen) und der Agrarmarkt. Der Markt für Kohle und Stahl ist durch Preis- und Produktionsvorgaben stark reguliert. Der Agrarmarkt präsentiert sich als ein durch vielfältige Eingriffe (**Agrarmarktordnung**) abgesichertes System von →Mindestpreisen.

Am 1.5.2004 trat in der Europäischen Union ein neues Kartellrecht (niedergelegt in der EU-Verordnung 1/2003 v. 13.12.2002) in Kraft. Auf nationaler Ebene fand es seine Entsprechung in der 7. Novelle des Gesetzes gegen Wettbewerbsbeschränkungen vom 17. Juni 2005. Sowohl das europäische als auch das deutsche Wettbewerbsrecht verabschiedeten sich damit von bislang geltenden Grundsätzen.

2.3.1.1.2 Träger der Wettbewerbspolitik

Die Schaffung der gesetzlichen Grundlagen der Wettbewerbspolitik unterliegt dem demokratischen Entscheidungsprozeß der **Gesetzgebung** (Legislative). Zentrales Ausführungsorgan (Exekutive) ist das **Bundeskartellamt**, das als selbständige Bundesbehörde zum Geschäftsbereich des Bundesministers für Wirtschaft gehört. Es ist zuständig für Strukturkrisen-, Ausfuhr- und Einfuhrkartelle, für alle Wettbewerbsbeschränkungen, die über das Gebiet eines Bundeslandes hinausgehen. Auf Landesebene übernehmen die Landeskartellbehörden die Exekutive. Zuständig für Ausnahmen von den §§ 2–7 GWB „aus überwiegenden Gründen der Gesamtwirtschaft und des Gemeinwohls" sowie für die Erlaubnis von Fusionen gemäß § 42 GWB ist der **Bundesminister für Wirtschaft** (→ Ministererlaubnis).

Zur unabhängigen Beratung und Kontrolle der legislativen und exekutiven Entscheidungsträger wurde auf der Grundlage der 2. Novelle zum GWB die **Monopolkommission** eingerichtet. Ihr obliegt es einerseits, Stand und Entwicklung der Unternehmenskonzentration wie auch die Entscheidungspraxis bezüglich marktbeherrschender Unternehmen und → Fusionskontrolle zu beurteilen; andererseits ist sie damit betraut, Vorschläge für Gesetzesänderungen zu machen. Über diese Institutionalisierung unabhängiger wettbewerbspolitischer Beratungs- und Kontrolltätigkeit soll auch der Einfluß der Wirtschaft auf die staatliche Gestaltung des Wettbewerbs zurückgedrängt werden.

Die **europäische Wettbewerbspolitik** wird von der EU-Kommission getragen. In diesem politischen Gremium sind industriepolitische Erwägungen gegenüber wettbewerbspolitischen häufig vorrangig.

2.3.1.1.3 Instrumente der Wettbewerbspolitik

Die staatliche Wettbewerbspolitik verfügt in der Bundesrepublik Deutschland im wesentlichen über drei Instrumente:

- die Kartellpolitik,
- die Politik der Mißbrauchsaufsicht und
- die Politik der Fusionskontrolle.

Gesellschaft **IV**

Die **Kartellpolitik** fußt auf dem sogenannten **Kartellverbot** des § 1 GWB, der Vereinbarungen unter Marktkonkurrenten dann als unwirksam erklärt, wenn diese eine Beschränkung des Wettbewerbs beabsichtigen. Diesem Verbot liegt die berechtigte Befürchtung zugrunde, daß Kartelle Angebots- und Produktionsbedingungen in einer marktwirtschaftlichen Vorstellungen abträglichen Weise beeinflussen könnten. 249, 250

Es werden im wesentlichen folgende Möglichkeiten der Einflußnahme gesehen:
- Verlangen und Durchsetzen überhöhter Preise auf Grund von Preisabsprachen,
- Einschränkung des Güterangebotes für den Verbraucher,
- Verzögerung des technischen Fortschrittes,
- Aufrechterhaltung unwirtschaftlicher Betriebe,
- Behinderung des Markteintritts neuer Wettbewerber.

Als typische Beispiele wettbewerbswidriger Kartellabsprachen gelten Preis- und Gebietskartelle. Während sich im **Preiskartell** Marktkonkurrenten derselben Produktionsstufe über Zahlungs- und Lieferungsbedingungen sowie über → Mindestpreise vereinbaren, ist im **Gebietskartell** die Aufteilung ihres Absatzgebietes Gegenstand des Übereinkommens. 251, 252

Nach herrschender Rechtsprechung liegt eine **Wettbewerbsbeschränkung** im Sinne des § 1 GWB auch ohne vertragliche Festlegung vor, wenn sie den gemeinsamen wettbewerbsbeschränkenden Zweck der Kontrahenten erfüllt. Diese Auslegung bleibt allerdings problematisch, da das Gesetz keine klaren Anhaltspunkte dafür gibt, durch was der Tatbestand der Wettbewerbsbeschränkung erfüllt ist. Auch durch das in § 1 GWB aufgenommene **Verbot der Verhaltensabstimmung** konnte diese Rechtsunsicherheit nicht restlos behoben werden. Erfaßt werden durch diese Regelung nämlich nur solche Fälle, in denen sich Konkurrenten über ihr künftiges Wettbewerbsverhalten **bewußt** abstimmen. In der Praxis bestehen erhebliche Schwierigkeiten, ein solcherart abgestimmtes Verhalten nachzuweisen, zumal es auch durch eine Verbandsempfehlung erwirkt werden kann. 253, 254

Die Neufassung des GWB von 2005 sieht eine Reihe von Freistellungen vom Verbot des § 1 vor. So sind nach § 2 Abs. 1 freigestellt: Vereinbarungen zwischen Unternehmen, Beschlüsse von Unternehmensvereinigungen oder abgestimmte Verhaltensweisen, die unter angemessener Beteiligung der Verbraucher an dem entstehenden Gewinn zur Verbesserung der Warenerzeugung oder -verteilung oder zur Förderung des technischen oder wirtschaftlichen Fortschritts beitragen, ohne daß den beteiligten Unternehmen

- Beschränkungen auferlegt werden, die für die Verwirklichung dieser Ziele nicht unerläßlich sind, oder
- Möglichkeiten eröffnet werden, für einen wesentlichen Teil der betreffenden Waren den Wettbewerb auszuschalten.

Die Stichwortnummern 255–260 sind entfallen!

Diesen Freistellungserfordernissen des § 2 Abs. 1 GWB fügen sich nach § 2 Abs. 1 GWB auch Vereinbarungen zwischen miteinander in Wettbewerb stehenden Unternehmen und Beschlüsse von Unternehmensvereinigungen, die die Rationalisierung wirtschaftlicher Vorgänge durch zwischenbetriebliche Zusammenarbeit zum Gegenstand haben, soweit

IV   Gesellschaft

- dadurch der Wettbewerb auf den Markt nicht wesentlich beeinträchtigt wird und
- die Vereinbarung oder der Beschluß dazu dient, die Wettbewerbsfähigkeit kleiner oder mittlerer Unternehmen zu verbessern.

261   Die **Politik der Mißbrauchsaufsicht** ist darauf gerichtet, den **Mißbrauch von Unternehmens-** oder **Marktmacht** zu verhindern. Mißbrauch von Unternehmens- oder Marktmacht liegt vor, wenn diese zum Nachteil anderer Marktteilnehmer eingesetzt wird. Mit der Verhinderung des Mißbrauchs von Unternehmens- oder Marktmacht sollen entsprechende Unternehmen zu wettbewerbsadäquatem Verhalten veranlaßt werden, damit die Wettbewerbsfreiheit auch auf Märkten mit marktbeherrschenden Unternehmen gesichert werden kann. Konkret geht es darum, die Märkte offenzuhalten und die Mitkonkurrenten vor leistungsfremden **Behinderungen** und **Ausbeutung** zu schützen.

Die zentralen Probleme der Mißbrauchskontrolle leiten sich aus § 19 GWB her. Sie betreffen die Sachverhalte „Marktbeherrschung" und „Mißbrauch". Die amtliche
262   Feststellung von **Marktbeherrschung**, die sich im wesentlichen vom Marktanteil der jeweiligen Unternehmen leiten läßt, erfordert die möglichst präzise Abgrenzung des Bereichs der wettbewerblichen Auseinandersetzung, des sogenannten **relevanten Marktes**. Mit anderen Worten: es muß zunächst festgestellt werden, welches der Markt ist, auf dem hinsichtlich einer eventuellen Beherrschung recherchiert werden soll. Die hierzu in § 19 Abs. 2 GWB neben dem Marktanteil angeführten Beurteilungskriterien erweisen sich in der Praxis als äußerst unbefriedigend. Es gibt keine Maßstäbe, um zum Beispiel die Finanzkraft eines Unternehmens, den Grad der Marktzugangsbeschränkungen im Absatz- und Beschaffungsbereich, die Intensität der Verflechtung mit anderen Unternehmen objektiv zu erfassen. Dies führt nicht selten dazu, daß besonders leistungsstarke, wettbewerbsattraktive Unternehmen mit der Erreichung einer **überragenden Marktstellung** sich der Gefahr aussetzen, des Mißbrauchs ihrer Marktmacht verdächtigt zu werden.

262a   **Mißbrauch von Marktmacht** kann einerseits durch Diskriminierung oder Behinderung (Behinderungsmißbrauch), andererseits durch Ausbeutung (Ausbeutungs-
263   mißbrauch) betrieben werden. Der **Behinderungsmißbrauch** betrifft Praktiken, wie diskriminierende Preisdifferenzierungen, Sonderkonditionen, Ausschließlichkeitsbedingungen, Koppelungsgeschäfte, Vertriebsbeschränkungen, Verwendungsbeschränkungen und andere sogenannte Bindungen, die wohl nicht verboten sind, aber – sobald sie von marktbeherrschenden Unternehmen angewandt werden – der Mißbrauchsaufsicht unterliegen. Diese Praktiken richten sich sowohl gegen Konkurrenten der gleichen Marktseite als auch gegen Marktteilnehmer vor- und nachgelagerter Wirtschaftsstufen sowie von Drittmärkten.

264   Der **Ausbeutungsmißbrauch** wird im Verhältnis zu Vorlieferanten und Abnehmern wirksam; er vollzieht sich insbesondere über das Fordern überhöhter Sonderkonditionen respektive ungerechtfertigter Preisnachlässe oder die Stellung sonstiger Geschäftsbedingungen, die von denen abweichen, die sich bei wirksamem Wettbewerb mit hoher Wahrscheinlichkeit ergeben würden (§ 19 Abs. 4 u. § 20 GWB).

In Ausübung ihrer Mißbrauchsaufsicht können die Kartellbehörden mißbräuchliches Marktverhalten untersagen und geschlossene Verträge erforderlichenfalls für unwirksam erklären.

Gesellschaft **IV**

Die **Politik der Fusionskontrolle** ist durch § 35 GWB normiert. Danach kann das → Bundeskartellamt Unternehmenszusammenschlüsse verbieten, wenn sie zur Entstehung oder Verstärkung einer marktbeherrschenden Stellung führen. Als (Unternehmens-)Zusammenschlüsse im Sinne des GWB gelten insbesondere:
- die Verschmelzung von Unternehmen (→ Fusionen im engeren Sinne);
- der Anteilserwerb an einem anderen Unternehmen, wenn damit 25 % und mehr des stimmberechtigten Kapitals erworben werden;
- die Bildung und Erweiterung eines Konzerns;
- die Herbeiführung der Personengleichheit von mindestens der Hälfte der Mitglieder des → Aufsichtsrates, des → Vorstandes oder eines sonstigen zur Geschäftsführung berufenen Organs von Unternehmen.

Die Fusionskontrolle nach § 35 GWB gilt nur für die Fälle, in denen die EU nicht zuständig ist (§ 35 Abs. 3 GWB), und auch dann nur für Zusammenschlüsse ab einer bestimmten Größe. Diese liegt dann vor, wenn:
- die beteiligten Unternehmen insgesamt weltweit Umsatzerlöse von mehr als 500 Millionen Euro und
- mindestens ein beteiligtes Unternehmen im Inland Umsatzerlöse von mehr als 25 Millionen Euro erzielt hat.

Die Vorschriften für die Zusammenschlußkontrolle finden keine Anwendung,
- soweit sich ein Unternehmen, das nicht abhängig (im Sinne des § 36 Abs. 2 GWB) ist und im letzten Geschäftsjahr weltweit Umsatzerlöse von weniger als 10 Millionen Euro erzielt hat, mit einem anderen Unternehmen zusammenschließt oder
- soweit ein Markt betroffen ist, auf dem seit mindestens fünf Jahren Waren oder gewerbliche Leistungen angeboten werden und auf dem im letzten Kalenderjahr weniger als 15 Millionen Euro umgesetzt wurden.

Der Zusammenschluß wird durch das → Bundeskartellamt dann untersagt, wenn zu erwarten ist, daß durch ihn eine marktbeherrschende Stellung entsteht oder verstärkt wird, es sei denn, die beteiligten Unternehmen weisen nach, daß durch den Zusammenschluß Verbesserungen der Wettbewerbsbedingungen eintreten, die die Nachteile der Marktbeherrschung überwiegen.

Auch wenn das Bundeskartellamt die Fusion untersagt, kann der Bundesminister für Wirtschaft auf Antrag die Erlaubnis zum Zusammenschluß geben, wenn die durch diese zu erwartenden gesamtwirtschaftlichen Vorteile die zu erwartenden Nachteile der Wettbewerbsbeschränkung übersteigen und damit der Zusammenschluß durch ein überragendes Interesse der Allgemeinheit gerechtfertigt ist (§ 42 GWB).

Diese sogenannte → **Ministererlaubnis** aus Gründen des Gemeinwohls erweist sich als besonders problematisch. Mangels hinreichender ökonomischer Begründung wird sie nicht selten aus politischen Erwägungen erteilt: Die Wahrscheinlichkeit der Fusionsbewilligung ist dabei im allgemeinen bei Großunternehmen höher, da von ihnen am ehesten Auswirkungen auf die Gesamtwirtschaft und das Gemeinwohl, so insbesondere auf Beschäftigung und internationale Wettbewerbsfähigkeit, zu erwarten sind.

IV Gesellschaft

Vor dem Vollzug eines Zusammenschlusses können die fusionswilligen Unternehmen beim Bundeskartellamt klären lassen, unter welchen Voraussetzungen der Zusammenschluß nicht zu einer marktbeherrschenden Stellung führen würde, um so eine Untersagungsverfügung zu umgehen.

2.3.1.1.4 Ungelöste Probleme der Wettbewerbspolitik

Der mit dem GWB verfolgten Absicht, den marktwirtschaftlichen Wettbewerb in der Bundesrepublik Deutschland zu sichern, konnte in der Vergangenheit nicht in vollem Umfang entsprochen werden. Wenn es auch in beachtlichem Maße gelang, die private Vermachtung der Wirtschaft durch Kartellbildung zu verhindern, ist nicht zu übersehen, daß sich ein starker Konzentrationsprozess – gemeint sind insbesonderer Unternehmenszusammenschlüsse, Umsatzkonzentrationen und industrielle Verflechtungen – durchsetzen konnte. Als besonders problematisch erweisen sich die zahlreichen → **Bereichsausnahmen**. Sie bedeuten staatlich sanktionierte Wettbewerbsbeschränkungen und Monopolisierungen, die in ihrer volkswirtschaftlichen Fragwürdigkeit, insbesondere aber hinsichtlich ihrer benachteiligenden Rückwirkungen auf die Konsumenten sowie ihrer fortschrittshemmenden Effekte, oft unterschätzt werden. Es wäre deshalb für die Zukunft zu fordern, daß staatliche Regulierung weiter abgebaut und Wettbewerb verstärkt gefördert wird, so insbesondere im Luft- und Güterverkehr, im Baurecht, in der Energieversorgung und im Gesundheitswesen. Die Devise muß lauten: Weniger Staat mehr Markt! Wichtige Schritte in diese Richtung bedeuten die Marktöffnung durch den Europäischen Binnenmarkt sowie die Deregulierung des Telekommunikationsmarktes durch die EU. – Weitgehend ungelöst ist das Problem der globalen multinationalen Konzentration.

2.3.1.2 Stabilitätspolitik

In Marktwirtschaften versuchen die autonomen (unabhängigen) → Wirtschaftssubjekte – Konsumenten, Produzenten, Arbeitnehmer, öffentliche Haushalte usw. – ihre Interessen über den Markt zum Ausgleich zu bringen. Dieses Unterfangen kann **insgesamt** – mangels einer zentralen Abstimmung – nur in Ausnahmefällen gelingen; die Regel ist ein Ungleichgewicht zwischen der von den Privaten, dem Staat und dem Ausland insgesamt entwickelten Nachfrage und dem Angebot der Produzenten. Dieses Ungleichgewicht von Angebot und Nachfrage bedeutet Überbeziehungsweise Unterauslastungen des Produktionspotentials. Dies aber führt im Zeitverlauf zu steigenden beziehungsweise fallenden Wachstumsraten des realen Bruttoinlandsproduktes verbunden mit Über- respektive Unterbeschäftigung. Es bilden sich sogenannte **Konjunkturschwankungen** (man spricht auch von Konjunkturen oder **Konjunkturzyklen**). (Solche Konjunkturschwankungen sind von Schwankungen im Ablauf eines Jahres [saisonale Schwankungen], in Teilbereichen der Volkswirtschaft [Branchenzyklen] und des Produktionspotentials [**Wachstumszyklen**] zu unterscheiden.) Wenn auch jeder Konjunkturzyklus eigene Besonderheiten aufweist, so läßt sich doch ein Grundmuster des Konjunkturverlaufes ausmachen, das durch folgende vier Phasen gekennzeichnet ist: Aufschwung (Expansion), Hochkonjunktur (Boom), Abschwung (Rezession), Krise (Depression).

Gesellschaft **IV**

Der **Aufschwung** (**Expansion**) drückt sich in einer Zunahme der Produktion und mit ihr der Verkäufe und Gewinne aus. Die Beschäftigung nimmt zu. Eine zuversichtliche Grundstimmung breitet sich aus. Die wirtschaftlichen Zukunftssorgen nehmen ab. Die Konsumenten werden kauffreudiger; die Unternehmen sind aufgrund steigender Nachfrage bereit, (verstärkt) zu investieren. 273, 274

In der **Hochkonjunktur** (**Boom**) gelangt die Wirtschaft an die Grenzen ihrer Produktionsmöglichkeiten. Die Unternehmen versuchen deshalb, die weiter zunehmende Nachfrage über zusätzliche Investitionen zu befriedigen. Preis- und Lohnsteigerungen nehmen zu. 275, 276

Mit **Abschwung** (**Rezession**) wird der beginnende und sich alsdann verstärkende Rückgang der Produktion bezeichnet. Nachfrage und Produktion, Investition und Gewinne sind rückläufig; die Warenlager wachsen an; Unterbeschäftigung breitet sich aus. 277, 278

In der **Krise** (**Depression**) herrscht starke Unterbeschäftigung. Die Produktionskapazitäten sind nur wenig ausgelastet. Die wirtschaftliche Zuversicht ist bei Konsumenten und Produzenten gering. Die Sorge um die Zukunft läßt beide zurückhaltend sein; Sparneigung und geringe Investitionsneigung breiten sich aus. 279, 280

Schematisch läßt sich ein Konjunkturzyklus wie folgt darstellen (siehe Schaubild IV, 7):

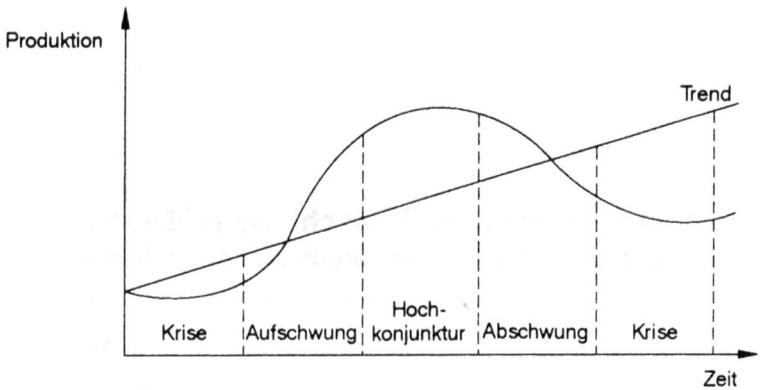

Schaubild IV, 7

Solche gesamtwirtschaftlichen Aktivitätsschwankungen treten in Marktwirtschaften in unregelmäßigen Zeitabständen und in unterschiedlichen Intensitäten auf (siehe hierzu Schaubilder IV, 8a u. IV, 8b). Sie bringen zum Teil erhebliche Unsicherheiten für die in die Zukunft gerichteten Dispositionen der Wirtschaftssubjekte und verhindern damit vielfach klare Entscheidungen. Darüber hinaus führen sie – insbesondere bei lang anhaltend hoher Arbeitslosigkeit – zu hohen sozialen Kosten und nicht selten zu wachsendem Vertrauensschwund in den Staat und seine Wirtschafts- und Gesellschaftsordnung. – Diesen aus der wirtschaftlichen Instabilität erwachsenden Gefahren ist der Staat bestrebt entgegenzuwirken, indem er die Vor-

IV Gesellschaft

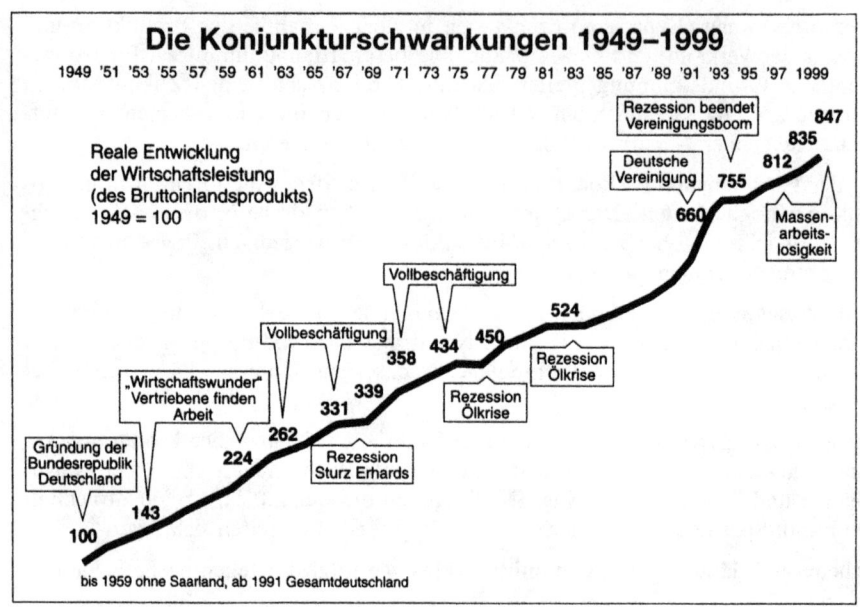

Schaubild IV, 8 a

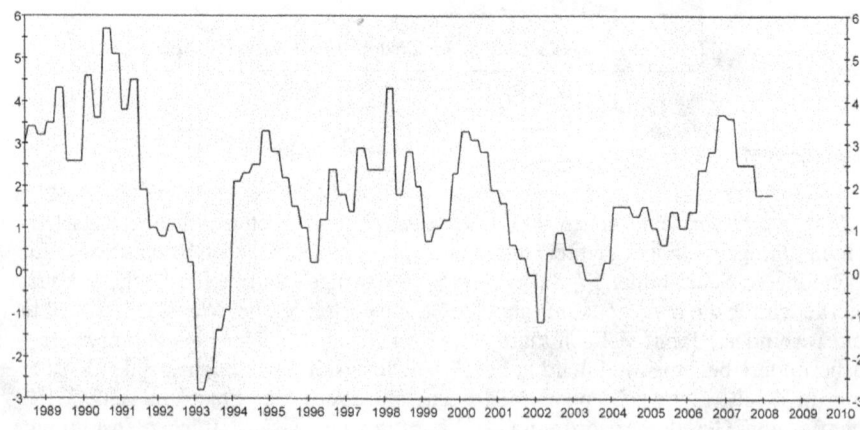

Schaubild IV, 8 b

Quelle: DZ Bank AG

Gesellschaft **IV**

aussetzungen für ein stetiges inflationsfreies Wirtschaftswachstum zu schaffen und bereits eingetretene Fehlentwicklungen zu korrigieren versucht. Wiederherstellung und Wahrung des gesamtwirtschaftlichen Gleichgewichtes finden ihren Niederschlag in der staatlichen **Stabilitätspolitik**.

Wie diese staatliche Stabilitätspolitik zu gestalten sei, darüber gehen die Meinungen auseinander, je nachdem, welche Annahmen über die marktwirtschaftlichen Prozeßabläufe getroffen respektive vertreten werden. Heute sind es im wesentlichen zwei Ansätze, die die Auseinandersetzung um die geeignete stabilitätspolitische Vorgehensweise bestimmen: das Konzept der nachfrageorientierten Stabilitätspolitik und das der angebotsorientierten Stabilitätspolitik.

2.3.1.2.1 Konzepte der Stabilitätspolitik

2.3.1.2.1.1 Die Konzeption der nachfrageorientierten Stabilitätspolitik   281

Die Konzeption der nachfrageorientierten Stabilitätspolitik gründet auf der Erklärung der gesamtwirtschaftlichen Aktivitätsschwankungen von **John Maynard Keynes** (1883-1946). Der englische Nationalökonom geht davon aus, daß es auf den Märkten für → Güter und → Produktionsfaktoren kein gesamtwirtschaftliches Gleichgewicht bei Vollbeschäftigung gäbe. Damit setzt er sich in Gegensatz zu den klassisch-liberalen Wirtschaftswissenschaftlern und deren neoklassischen Gefolgsleuten, die von der Vorstellung ausgehen, daß marktwirtschaftliche Ordnungen gleichsam selbsttätig über den **Preis**(mechanismus) im Gleichgewicht gehalten würden und Unterbeschäftigung durch zu hohe Löhne bedingt sei. Keynes begründet seine Meinung damit, daß die Nachfrage der privaten Konsumenten und Investoren jeweils an bestimmte (Zukunfts-)Erwartungen geknüpft sei (günstige, weniger günstige, ungünstige Einkommens-/Ertragserwartungen) und damit in aller Regel zu groß oder zu gering sei, um das Angebot der Produzenten aufzunehmen oder mit anderen Worten: das Produktionspotential gleichmäßig und inflationsfrei auszulasten. In diese – nach Keynes' Auffassung – für Marktwirtschaften typische Ungleichgewichtssituation im privaten Sektor habe nun der Staat in der Weise **ausgleichend** und damit stabilisierend einzugreifen, daß er das schwankende (zyklische) Nachfrage- beziehungsweise Ausgabeverhalten der Privaten durch gegengerichtete (antizyklische) Nachfrageimpulse ergänze und damit eine gleichmäßige Auslastung des volkswirtschaftlichen Produktionspotentials zugunsten von Vollbeschäftigung gewährleiste. Dem Staat obläge es somit, zur Sicherung der Vollbeschäftigung prozeßpolitische Maßnahmen zu ergreifen. Als Instrumente einer solchen **antizyklischen Nachfragesteuerung** (auch als **antizyklische Konjunkturpolitik** oder **Globalsteuerung** bezeichnet) werden vor allem Staatsausgabenerhöhungen zur Nachfragebelebung beziehungsweise Steuersenkungen zur Ankurbelung der privaten Konsum- und Investitionsnachfrage empfohlen. Zur Finanzierung dieser Maßnahmen wird eine zusätzliche Staatsverschuldung (**Deficit spending**) vorgeschlagen, die dann in der nächsten Hochkonjunktur (u. a. aus den dort zu erwartenden erhöhten Steuereinnahmen) abzutragen sei. Das Hauptgewicht der nachfrageorientierten Stabilitätspolitik liegt somit offensichtlich auf der variierenden Einnahmen- und Ausgabengestaltung des Staatshaushaltes (**Fiskalpolitik**).

281a

282
283

284

285

IV Gesellschaft

286 Der **Geldpolitik** (das ist die Gesamtheit aller Maßnahmen mittels der die Zentralbank* nach einer Lageanalyse über die Regelung der Geld- und Kreditversorgung der Wirtschaft wirtschaftspolitische Ziele verfolgt) kommt in diesem Konzept eher eine untergeordnete bis flankierende Bedeutung zu. Sie soll insbesondere im Auf-
287 schwung das Zinsniveau niedrig halten und so über eine „**Politik des billigen Geldes**" die Investoren in ihrer Investitionsneigung günstig beeinflussen.

Insgesamt läßt sich die vom Staat im Rahmen der nachfrageorientierten Stabilitätspolitik wahrgenommene Aufgabe als ein fallweises „fiskal- und einkommenspolitisches Gegensteuern" sehen, das darauf gerichtet ist, die gesamtwirtschaftlichen Aktivitäten zu stabilisieren und das Wirtschaftswachstum zu fördern.

288 **2.3.1.2.1.2 Die Konzeption der angebotsorientierten Stabilitätspolitik**

Die Konzeption der angebotsorientierten Stabilitätspolitik basiert auf einer Fortentwicklung des klassisch-liberalen Gedankengutes, insbesondere auf den moneta-
289 ristischen Vorstellungen des amerikanischen Nationalökonomen **Milton Friedman** (1912–2006). Sie erwuchs aus der Kritik der keynesianischen Stabilitätspolitik und gipfelt in der Feststellung: Die gesamtwirtschaftlichen Aktivitätsschwankungen sind die Folge staatlicher Eingriffe. Es seien insbesondere konjunkturpolitische Maßnahmen, punktuelle Eingriffe in den Marktprozeß, die Ausweitung des staatlichen Sektors, die Erhöhung der staatlichen Ausgaben sowie die leistungshemmende Ausweitung sozialer Sicherungen, die diese Instabilität hervorrufen. Der private Sektor sei nämlich – solange freier Wettbewerb herrsche – grundsätzlich stabil. Diese Tatsache schließe kurz- und mittelfristige Marktungleichgewichte – wie sie insbesondere durch von außen (nicht aus der Wirtschaft selbst) kommende Einflüsse verursacht werden – keinesfalls aus. Solche Gleichgewichtsstörungen würden in aller Regel sehr rasch vom Markt absorbiert und bedürfen nicht der staatlichen Intervention. Derartige Anpassungsprozesse seien vielmehr „Ausdruck der Dynamik des privatwirtschaftlichen Sektors und der besonderen Stabilitätseigenschaften marktwirtschaftlicher Systeme" (D. Cassel). Die Aufgabe des Staates im Rahmen der Stabilitätspolitik bestehe darin, das Geldmengenwachstum am Wirtschafts-
290 wachstum auszurichten (**Monetarismus**) und damit dem Ziel der → Preisniveaustabilität Rechnung zu tragen, das seinerseits als eine der zentralen Voraussetzungen für ein langfristig stabiles Wirtschaftswachstum und damit für die Bekämpfung
291 von Arbeitslosigkeit gilt. Die **Geld (mengen) politik** wird im Konzept der angebot-
292 sorientierten Stabilitätspolitik als vorrangig eingestuft. Ihr gegenüber tritt die **Fiskalpolitik** zurück. Sie hat in diesem Konzept in erster Linie die Anpassungsfähigkeit des privaten Sektors an die sich wandelnden Bedingungen des wirtschaftlichen Handelns (Nachfrageänderungen, → technischer Fortschritt) durch eine Verstetigung der öffentlichen Haushaltspolitik unter Einschluß der Steuerpolitik, die die Ausgabenlast mindert und damit die Leistungsbereitschaft anhebt, zu verbessern. Der wagemutige Unternehmer, der sogenannte Pionierunternehmer, gilt in diesem Konzept als eine unverzichtbare Größe. Ihm fällt die Aufgabe zu, neue Märkte zu
293 erschließen (**Produktinnovation**) und neue Verfahren einzuführen (**Prozeßinnova-**

---

* In den Ländern der Europäischen Wirtschafts- und Währungsunion ging zum 1.1.1999 die Entscheidungskompetenz in der Geldpolitik von den (nationalen) Zentralbanken auf den Europäischen Zentralbankrat über.

tion), kurz: den ökonomischen Fortschritt zu induzieren. Eine solche unternehmerische Initiative setzt jedoch im Verständnis der angebotsorientierten Stabilitätspolitik bestimmte ökonomische Rahmenbedingungen voraus. So sollte sich insbesondere unternehmerischer Wagemut lohnen können und dürfte keinesfalls durch zu hohe Gewinnsteuern im Keime erstickt werden. Die Angebotstheoretiker fordern deshalb entsprechende Steuersenkungen, insbesondere eine Verringerung der → Steuerprogression. Die argumentative Grundlage dieser Forderung bildet das sogenannte **Laffer-Theorem** (benannt nach dem amerikanischen Nationalökonomen Arthur B. Laffer, geb. 1940). Ihm zufolge wirken zu hohe Steuersätze **leistungshemmend**, damit wachstumsmindernd und führen dementsprechend zu einem niedrigeren Steueraufkommen als dies bei geringeren Steuersätzen erwartet werden kann. Die sogenannte Laffer-Kurve bringt dieses Phänomen anschaulich zum Ausdruck (siehe Schaubild IV, 9 a).

Steuerentlastungen gelten nach dieser Erkenntnis als Instrument zur Wiederbelebung der privatwirtschaftlichen Aktivitäten und dienen damit der Hebung des Wirtschaftswachstums (und über dieses sogar einem höheren Steueraufkommen).

In der aufgezeigten Ausrichtung ist angebotsorientierte Stabilitätspolitik auf **langfristige Wirkung** angelegt. Auch sie möchte zusätzliche Nachfrage schaffen. Im Gegensatz zum nachfrageorientierten keynesianischen Strategiekonzept soll diese Nachfragebelebung jedoch **nicht direkt** über eine Erhöhung der Staatsausgaben wie auch über Steuersenkungen initiiert werden, sondern **indirekt** über die Ausweitung **dauerhaft rentabler Produktionen** und die aus diesen erwachsenden Einkommen. Mit anderen Worten: Der die Nachfrage speisende Einkommenszuwachs soll aus

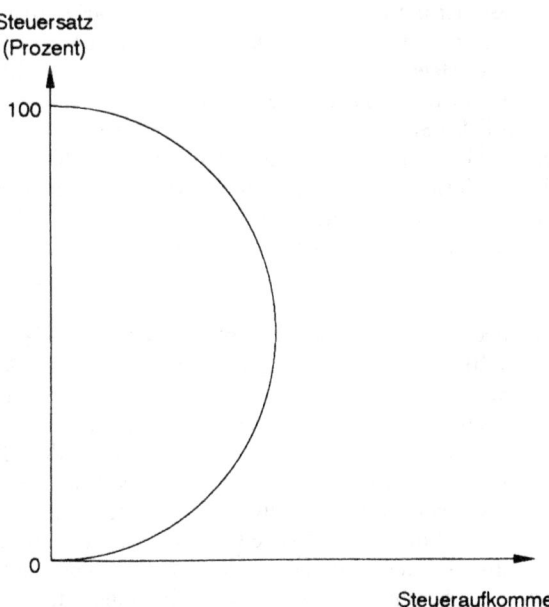

Schaubild IV, 9 a

IV Gesellschaft

verstärkter (unternehmerischer) Produktionstätigkeit erwachsen; das aus der zusätzlichen Produktion von Sachgütern und Dienstleistungen resultierende Einkommen soll (dann) die erhöhte Produktion – soweit sie bedarfsgerecht ist – nachfragen.

2.3.1.2.1.3 Die Stabilitätspolitik in der Bundesrepublik Deutschland

Die Stabilitätspolitik in der Bundesrepublik Deutschland verlief bislang recht uneinheitlich. Während zwischen 1948 und 1966 deutlich die liberal-ökonomische Auffassung dominierte, daß sich der Staat mit einer konsequenten → Ordnungspolitik (Rahmenpolitik) bescheiden solle und konjunkturpolitische Maßnahmen möglichst zu vermeiden seien (**Ludwig Erhard**), setzte sich mit dem Eintritt der → Rezession von 1966/67 und dem Sturz der Regierung Erhard in zunehmendem Umfang keynesianisches Gedankengut durch. Das am 8. Juni 1967 verabschiedete **Gesetz zur Förderung der Stabilität und des Wachstums der Wirtschaft** (Stabilitätsgesetz) ist eindeutig nachfrageorientiert konzipiert. Es sichert dem Staat zahlreiche Möglichkeiten der prozeßpolitischen Einflußnahme (→ Prozeßpolitik), insbesondere in beschäftigungspolitischer Hinsicht. Die → **Globalsteuerung** wurde zum Gegenstand der Stabilitätspolitik. Unter Wirtschaftsminister **Karl Schiller** (1911– 1994) wurde die staatliche Haushaltspolitik als → **Fiskalpolitik** zum wichtigsten Instrument der Globalsteuerung. Der Ausgleich der Schwankungen der privaten Investitions- und Konsumnachfrage wurde zur vorrangigen Aufgabe einer **antizyklischen Haushaltspolitik**. Die → Ordnungspolitik verlor zunehmend an Bedeutung. Die rasche Überwindung der Krise und die damit einhergehende Behebung der Unterbeschäftigung förderten allgemein die optimistische Einschätzung der staatlichen Steuerungsmöglichkeiten. Der wirtschaftliche Erfolg wurde geschickt der Schillerschen Globalsteuerung zugeschrieben, ohne den starken Anstieg der Auslandsnachfrage gebührend zu würdigen. Der Glaube an die „**Machbarkeit**" der Wirtschaft, an die „**Feinsteuerung**" der Konjunktur, wurde in leichtfertiger Weise genährt. Wirtschaftsminister **Schiller** erweckte wortreich den (gefährlichen) Eindruck, daß die staatliche Stabilitätspolitik das Phänomen Arbeitslosigkeit nunmehr für alle Zeit im Griff habe. Der Staat übernahm faktisch eine Vollbeschäftigungsgarantie. Diese Zusicherung enthob die Gewerkschaften hinsichtlich ihrer Lohnforderungen der bis dahin geübten Mäßigung. Eine offensive Lohnpolitik mit Tariflohnsteigerungen von durchschnittlich knapp 13% im Jahre 1970 (in Einzelfällen sogar über 20%) führten zu entsprechenden Preiserhöhungen und diese wiederum provozierten neuerliche Lohnsteigerungen. Löhne und Preise schraubten sich gegenseitig in bedrohlicher Weise nach oben (**Lohn-Preis-Spirale**). Der von Bundeskanzler **Willy Brandt** (1913–1992) gleichzeitig eingeleitete Ausbau der sozialen Sicherungssysteme (Lohnfortzahlung im Krankheitsfall [1969], Kündigungsschutzgesetz [1969], Betriebsverfassungsgesetz [1969]) und die damit einhergehenden hohen Folgekosten führten zu einer bedrohlich wachsenden Staatsverschuldung. Die Inflationsrate stieg 1974 auf rund 7%; eine konsequente Inflationsbekämpfung wurde jedoch nicht für notwendig erachtet. Dem Zusammenwirken dieser Konstellation mit den Folgen der Ölkrise von 1973 (starke Verteuerung ausländischer Rohstoffe, insbesondere von Öl, entsprechender Kostenanstieg der einschlägigen inländischen Produktion) zeigte sich die bundesdeutsche Wirtschaft nicht mehr gewachsen. Die Vollbeschäftigungsgarantie der Regierung erwies sich rasch als Illusion; Arbeitslosigkeit bei gleichzeitig hohen Inflationsraten machte sich breit. (Dieser Zustand der Stagnation bei gleichzeitiger Inflationierung der Preise wurde mit dem Ausdruck **Stagflation** belegt.) Die keynesianische Wirtschaftspolitik war gescheitert. Dem (neuartigen) Phänomen der Stagflation war mit dem Konzept der nachfragorientierten Stabilitätspolitik nicht beizukommen, wäre doch nach dessen Verständnis der Inflation durch eine Drosselung des Wirtschaftswachstums, das heißt durch kontraktive Maßnahmen zu begegnen und gleichzeitig zur Wiedererlangung der Vollbeschäftigung eine Ankurbelung der Konjunktur, somit expansive Maßnahmen, zu initiieren gewesen. – Ein Umdenken in der Wirtschaftspolitik tat not. Es wurde 1974/75 mit der sogenannten „**Neuen Geldpolitik**" der Deutschen Bundesbank eingeleitet, die die strikte Ausrichtung des Geldmengenwachstums am langfristigen realen Wirtschaftswachstum vertrat. Diese **monetaristische Geldpolitik** führte sehr bald zu sinkenden Inflationsraten, allerdings um den Preis zunehmender → Arbeitslosigkeit. Diese Arbeitslosigkeit wurde von der Bundesbank als notwendiges Übel auf dem Weg zur Rückgewinnung von Preisniveaustabilität (→ Stabilität des Preisniveaus) akzeptiert. In den folgenden Jahren bis 1982 dominierte diese (monetaristische) Geldpolitik die wirtschaftlichen Aktivitäten des Staates. Die → **Fiskalpolitik** hatte ihre herausragende Stellung verloren; dauerhafte (strukturelle) Budgetdefizite und deutlich erkennbare Ineffizienzen zwangen zur Umorientierung.

Die neuerliche → Rezession von 1980–1982 und der damit in Zusammenhang zu sehende Sturz der Regierung **Helmut Schmidt** (geb. 1918) im Herbst 1982 sowie die Wahl von **Helmut Kohl** (geb. 1930) zum Bundeskanzler verhalfen dem vom **Sachverständigenrat zur Begutachtung der gesamtwirtschaftlichen Entwicklung** bereits seit 1976 und vom **wissenschaftlichen Beirat beim Bundesministerium für Wirtschaft** seit 1979 der Bundesregierung immer wieder empfohlenen Konzept der angebotsorientierten Stabilitätspolitik zum Durchbruch. Die Bundesregierung selbst verpflichtete sich in ihrem Jahreswirtschaftsbericht 1984 (Ziff. 2) auf ein langfristig angelegtes angebotsorientiertes Handeln und stellte dieses unter folgende Grundsätze:

– „ordnungspolitische Neubesinnung auf die Grundsätze der Sozialen Marktwirtschaft, insbesondere verläßliche und widerspruchsfreie wirtschaftspolitische Rahmenbedingungen, Stärkung der Leistungs- und Risikobereitschaft, Sicherung des Wettbewerbs und Verringerung bürokratischer Hemmnisse;
– Widerherstellung der finanzpolitischen Handlungsfähigkeit des Staates, Konsolidierung der öffentlichen Finanzen, Rückführung des Staatsanteils, qualitative Verbesserung der Ausgabenstruktur und eine leistungsfreundlichere Besteuerung;
– eine Sozialpolitik, die sich von den Grundsätzen sozialer Gerechtigkeit, Solidarität und Subsidiarität leiten läßt und die Finanzierbarkeit der sozialen Sicherungssysteme dauerhaft gewährleistet sowie
– intensives Bemühen um europäische und weltwirtschaftliche Konzertierung und Kooperation zur Verbesserung der Rahmenbedingungen für eine Ausweitung des Welthandels und die Bekämpfung der Arbeitslosigkeit."

Die stabilitätspolitischen Handlungsschwerpunkte der Bundesregierung lagen ab 1983 zunächst eindeutig im Bereich der **Haushaltspolitik**. Hier gelang es ihr, die

IV Gesellschaft

Ausgabenexpansion zu drücken, so daß die → Staatsquote sank; ihre deutlich geübte Zurückhaltung führte darüber hinaus zu einer merklichen Entlastung der Kreditmärkte. Diese restriktive Haushaltspolitik mußte allerdings mit der Wiedervereinigung Deutschlands aufgegeben werden. Die Neuverschuldung erreichte neue Höchstwerte und die Staatsquote kletterte 1992 wieder auf 50 Prozent und pendelte um diese Marke bis zur Ablösung der Kohl-Regierung im Herbst 1998. Auch die Folgeregierungen unter **Gerhard Schröder** (1998–2005) und **Angela Merkel** (seit Herbst 2005) konnten hier keine bedeutsame Veränderung herbeiführen.

307 In der **Steuerpolitik** versuchte die Regierung **Kohl**, die private Investitions- und Innovationstätigkeit zu fördern. Sie senkte in dieser Absicht 1983/84 die → Gewerbe- und → Vermögenssteuer, erlaubte Sonderabschreibungen für mittelständische Betriebe sowie für Forschungs- und Entwicklungsinvestitionen, erleichterte unternehmerische Existenzgründungen und begünstigte die Kapitalbeteiligung von Arbeitnehmern am Produktivkapital der Wirtschaft (siehe hierzu Punkt III, 5.2.8), insbesondere am arbeitgebenden Unternehmen. Schließlich wurde im Zuge der Steuerreform (1986, 1988, 1990) leistungs- und familienbegünstigende Entlastungen bei der → Einkommens- und → Körperschaftssteuer durchgesetzt. Mit dem Standortsicherungsgesetz (1994) und der Steuerreform 2000 wurde eine weitere steuerliche Entlastung der Unternehmen in die Wege geleitet. – Mit der zum Jahresbeginn 2008 in Kraft getretenen Unternehmenssteuerreform erwirkte die große Koalition unter **Angela Merkel** eine deutliche steuerliche Entlastung für Kapital- und Personengesellschaften und damit eine erhöhte Attraktivität für den Wirtschaftsstandort Deutschland.

308 In der **Beschäftigungspolitik** setzte die christlich-liberale Koalitionsregierung (unter Helmut Kohl) außer auf die Dynamik des Wirtschaftswachstums auf die Verantwortung der → Tarifvertragsparteien und damit auf deren Kompromißfähigkeit. Daneben versuchte sie, über Regelungen zum Vorruhestand (frühere Verrentung), zur → Teilzeitarbeit und zur Rückführung ausländischer Arbeitnehmer, den Arbeitsmarkt zu entlasten. Einem von Opposition und Gewerkschaften immer wieder geforderten „speziellen Beschäftigungsprogramm" stand die Bundesregierung distanziert gegenüber. Hier wie in ihrem allgemeinen wirtschaftspolitischen Handeln wußte sie sich der angebotsorientierten Leitthese verpflichtet: „**Mehr Markt weniger Staat**" und setzte auf **Anreize** zur Überwindung von Wachstumsschwächen und Arbeitslosigkeit auf **mittlere und lange Sicht**. Als Voraussetzung einer **verstetigten** Wirtschaftsentwicklung erkennt die Bundesregierung eine (relative) → Preisstabilität.

308a Die Verantwortung für die **Geldpolitik** wurde durch das Bundesbankgesetz von 1957 der **unabhängigen** Deutschen Bundesbank übertragen. Ihr kam die Aufgabe zu, die Währung zu sichern. Dieser Auftrag wurde als Stabilisierung des Binnenwertes der Währung, das heißt des Preisniveaus, interpretiert. Soweit das Ziel der Preisniveaustabilität nicht tangiert wurde, war die Bundesbank durch §12 Bundesbankgesetz darüber hinaus aber auch verpflichtet, die allgemeine Wirtschaftspolitik der Bundesregierung zu unterstützen. Aus dieser Feststellung darf abgeleitet werden, daß die Bundesbank auch die in §1 des Gesetzes zur Förderung der Stabilität und des Wachstums der Wirtschaft (Stabilitätsgesetz) festgelegten Ziele der allgemeinen Wirtschaftspolitik der Bundesregierung zu beachten hatte. Dies waren neben der Preisniveaustabilität, die Aufrechterhaltung eines hohen Beschäftigungsstandes, die Erreichung eines stetigen und angemessenen Wirtschaftswachstums sowie außenwirtschaftliches Gleichgewicht.

In ihrer monetaristischen Zielverfolgung, Sicherung der Preisniveaustabilität, sah sich die Bundesbank – besonders dann, wenn sie damit in Konflikt zum Beschäftigungsziel geriet – immer wieder der Kritik keynesianisch orientierter Wirtschaftspolitiker (insbesondere gewerkschaftsnaher) ausgesetzt, die die Geldpolitik gerne verstärkt im Dienste der Beschäftigungs- und Wachstumspolitik gesehen hätten. Daß die Bundesbank trotz dieser Anfeindungen die Preisniveaustabilität bis zum Ende ihrer geldpolitischen Verantwortung (31.12.1998) in weltweit respektierter Weise zu wahren verstand, belegen die einschlägigen Statistiken in eindrucksvoller Weise.

Mit Beginn der III. Stufe der Europäischen Wirtschafts- und Währungsunion (EWWU) am 1.1.1999 ging die geldpolitische Kompetenz der Bundesbank auf das Europäische Zentralbanksystem (EZBS), das aus der Europäischen Zentralbank (EZB) in Frankfurt und den nationalen Zentralbanken der EWWU-Mitgliedsländer besteht, über. Nach dem Maastrichter Vertrag obliegt nunmehr diesem als vorrangiges Handlungsziel, die Preisniveaustabilität – **unabhängig** von anderen Instanzen – zu wahren.

Nach Übernahme der Regierungsverantwortung durch die rot-grüne Koalition unter **Gerhard Schröder** (geb. 1944) im Herbst 1998 bekannte sich dieser in einem gemeinsamen Papier mit dem englischen Premierminister Tony Blair („Der Weg nach vorne für Eurpas Sozialdemokraten") für einen „Dritten Weg" zwischen den traditionellen staatsinterventionistischen sozialdemokratischen Vorstellungen und dem als „Neoliberalismus" apostrophierten Kapitalismus. In deutlicher Distanz zum Strukturkonservatismus der Gewerkschaften, Kirchen und nicht weniger sozialdemokratischer Parteifreunde votiert der Kanzler darin in offenem Konflikt zu seinem kurzfristigen Finanzminister **Oskar Lafontaine** (geb. 1943) gegen eine einseitig nachfrageorientierte Stabilitätspolitik und reklamiert – insbesondere zur Begegnung der weiterhin hohen Arbeitslosigkeit (rund 4 Millionen Arbeitslose!) – eine stärkere Angebotsorientierung. Er setzt dabei im wesentlichen auf vier Therapieelemente:*

– Flexibilisierung der Arbeitsmärkte;
– Reform der Unternehmensbesteuerung zur Förderung der Investitionstätigkeit und damit der Schaffung von Arbeitsplätzen;
– Sanierung der Staatshaushalte bei gleichzeitiger Steuerentlastung der Bürger (Senkung der Staatsquote);
– Anhebung der Rentabilität von Arbeitsplätzen durch Reduktion der Lohn- und Lohnnebenkosten.

Trotz dieser insgesamt recht begrüßenswerten Absichtserklärungen ist die politische Praxis der rot-grünen Koalition über unzureichende Gestaltungsansätze nicht

---

* Vgl. hierzu Starbatty, J., Programmatik und politische Praxis. Zur Wirtschaftspolitik von Gerhard Schröder, in: Volkswirtschaftliche Korrespondenz der Adolf-Weber-Stiftung, 39. Jg., München Nr. 6/2000.

IV Gesellschaft

hinausgekommen. Der Konflikt zwischen ökonomischer Rationalität und politischer Opportunität trat über die gesamte Regierungszeit (bis Herbst 2005) deutlich in Erscheinung. – Die die Schröder-Regierung ablösende schwarz-rote Koalition unter **Angela Merkel** (geb. 1954) bleibt dieser fatalen Konfliktsituation bislang (2008) weiterhin in fortschrittslähmender Weise verbunden.

Wie die Wirtschaftsforschungsinstitute immer wieder betonen, müßten für eine erfolgreiche Reform am Arbeitsmarkt die Lohnkosten der Geringerqualifizierten deutlich sinken, um mehr Arbeitsplätze zu schaffen. Darüber hinaus müßten die Anreize für die Arbeitslosen steigen, eine Beschäftigung anzunehmen. So sollten – wie der Sachverständigenrat zur Begutachtung der gesamtwirtschaftlichen Entwicklung in seinem Jahresgutachten für 2006 vorschlug – der Regelsatz für das Arbeitslosengeld II um 30 Prozent gesenkt und die Zuverdienstmöglichkeiten für Langzeitarbeitslose verbessert werden.

Neben der nationalen Beschäftigungspolitik strebt die **Europäische Union** eine supranationale Beschäftigungspolitik an. Auf dem Luxemburger Beschäftigungsgipfel im Jahre 1997 hatte sie die EU-Mitgliedsstaaten dazu verpflichtet, eine koordinierte Beschäftigungsstrategie zu entwickeln. Was im einzelnen angestrebt werden soll, geben die Europäische Kommission und der Europäische Rat mit ihrem jährlichen Beschäftigungsbericht vor, auf dessen Grundlage die sogenannten beschäftigungspolitischen Leitlinien für die nationalen Beschäftigungspolitiken formuliert werden. In Anbetracht ihrer bislang (2008) höchst ineffizienten beschäftigungspolitischen Anstrengungen versucht die EU-Kommission auch die nationalen Tarifpartner für eine europäische Ausrichtung ihrer Arbeitsmarktpolitik zu gewinnen. Als vordringliche Aktionsfelder für eine gemeinsame europäische Beschäftigungspolitik werden gesehen:
– Bekämpfung der Jugendarbeitslosigkeit,
– Senkung der nationalen Sozialabgabenquoten (Sozialabgaben in Prozent des Bruttoinlandsproduktes) und damit der nationalen Arbeitskosten,
– Ausbau des lebenslangen Lernens,
– Förderung der Frauenerwerbstätigkeit.

Nach Vorstellung der EU-Kommission soll bis zum Jahr 2010 der Anteil der Erwerbstätigen an der Bevölkerung europaweit auf 70 Prozent steigen.

Als Mitglied der Europäischen Wirtschafts- und Währungsunion ist die Bundesrepublik Deutschland in den **Europäischen Stabilitäts- und Wachstumspakt** von 1997 eingebunden. Er stellt an die Haushalte der Mitgliedsstaaten folgende Anforderungen („**Maastricht-Kriterien**"):
– maximale Gesamtverschuldung von 60 Prozent des Bruttoinlandsproduktes sowie
– maximale Neuverschuldung von 3 Prozent des Bruttoinlandsproduktes.

Nach der Modifizierung des Paktes 2005 ist eine Überschreitung der Neuverschuldungsgrenze für einen Zeitraum von bis zu 3 Jahren zulässig, wenn dies der Reform der Rentensysteme, der Bestreitung von Kosten der europäischen Vereinigung, der internationalen Solidarität oder dem Erreichen europäischer Politikziele dient.

Der Pakt sieht Sanktionen bei Verstößen gegen die vorgenannten Kriterien vor. Ob solche gegebenenfalls jedoch tatsächlich verhängt werden, entscheidet der Europäische Rat.

2.3.1.2.1.4 Chancen und Risiken der bundesdeutschen Stabilitätspolitik

Mit ihrer angebotsorientierten Stabilitätspolitik war es der **Kohl**-Regierung zunächst gelungen, unsere Wirtschaft auf einen langanhaltenden Wachstumskurs zu führen. Damit konnte im Zeitraum 1983–1990 die Zahl der Beschäftigten um rund 1 Million erhöht werden.

Die mit der Wiedervereinigung (1990) der beiden deutschen Teilstaaten aufkommenden wirtschaftlichen und sozialen Probleme, verbunden mit einer sich anbahnenden, 1993 durchsetzenden → Rezession, verführten die christlich-liberale Regierungskoalition unter dem Druck der Opposition zum verstärkten Rückgriff auf nachfrageorientierte wirtschaftspolitische Maßnahmen und ließen die Staatsverschuldung ansteigen (siehe hierzu unter Punkt IV, 1.3.2.2, 4. Periode der Sozialen Marktwirtschaft). Die → **Fiskalpolitik** konnte ihre Orientierung am Wachstum des Produktionspotentials nicht mehr beibehalten. Es zeigte sich wieder einmal mehr, in welch gefährlichem Umfang (Wirtschafts-)Politiker – insbesondere vor Wahlen – unter dem Wählerdruck kurzfristig sichtbare Erfolge vorweisen wollen. Diesem Verlangen kann (bekanntlich) eher mit einer interventionistischen, nachfrageorientierten Politik entsprochen werden als mit einer langfristig angelegten angebotsorientierten. Wie unter **Schröder** besteht deshalb auch weiterhin unter der **Merkel**-Regierung die Gefahr, daß Politiker wider besseres Wissen der Versuchung erliegen, zum Zwecke kurzfristig vorweisbarer „Erfolge" die wirtschaftspolitische Strategie zu wechseln. Solches Taktieren könnte leicht dazu führen, daß die angebotsorientierte Stabilitätspolitik in ihren angestrebten Langzeitwirkungen empfindlich beeinträchtigt, weil konterkariert wird.

Eine angebotsorientierte Stabilitätspolitik schließt nun aber keineswegs aus, daß auch die Nachfrageseite in ihren konjunkturrelevanten Einflüssen Berücksichtigung finden kann. So spricht sich der **Sachverständigenrat zur Begutachtung der gesamtwirtschaftlichen Entwicklung** verschiedentlich (zuletzt in seinem Jahresgutachten 2006) für eine „kreislaufmäßige Abstimmung" der Angebotspolitik durch nachfrageorientierte Maßnahmen im Sinne eines antizyklischen Ausgabeverhaltens des Staates aus. Der Einsatz derlei konjunkturpolitischer Maßnahmen kann jedoch heute allenfalls noch dazu dienen, extremen Konjunkturausschlägen vorzubeugen oder aber solche zu kappen. Eine Therapierung von Produktions- und Beschäftigungsproblemen darf über sie nicht erwartet werden.

2.3.1.3 Sozialpolitik

Der Verbindung des Prinzips der Freiheit wirtschaftlichen Handelns am Markt mit dem des sozialen Ausgleichs wird in der Sozialen Marktwirtschaft über die Sozialpolitik entsprochen. In ihr wird dem individuellen Erwerbsstreben die Idee der gesellschaftlichen → Solidarität an die Seite gestellt. Die Sozialpolitik sieht sich damit denen verpflichtet, die in der wettbewerblichen Auseinandersetzung nicht (mehr) mithalten können und deshalb zu verarmen drohen. Es sind dies hauptsächlich Ältere, Kranke, Behinderte wie auch unzureichend Qualifizierte und von wirtschaft-

IV Gesellschaft

lichem Mißgeschick Betroffene. In Wahrnehmung dieser Pflicht konzentriert sich die Sozialpolitik im wesentlichen auf zwei **Aufgabenbereiche**:
- vorübergehende Unterstützung von Erwerbslosen in der Absicht ihrer Wiedereingliederung in den Wirtschaftsprozeß und damit ihrer Teilhabe am Wirtschaftswachstum;
- Sicherung eines aus Steuern oder sonstigen Abgaben finanzierten menschenwürdigen Unterhalts all derjenigen, die infolge Alter, Krankheit oder Behinderung nicht mehr am Erwerbsleben teilnehmen können.

311 In dieser doppelten Aufgabenstellung werden nicht nur die in der wettbewerblichen Auseinandersetzung am Markt nicht zum Zuge Kommenden (weil nicht den Marktanforderungen entsprechend!) durch ein „**soziales Netz**" aufgefangen, es wird darüber hinaus allen, die sich den Risiken der marktwirtschaftlichen Ordnung aussetzen, eine soziale Absicherung garantiert. Damit wird die Marktwirtschaft in ihren für den einzelnen Marktteilnehmer möglicherweise drohenden Konsequenzen entschärft. Die Bereitschaft zum marktwirtschaftlichen Engagement wird damit erleichtert, für manchen vielleicht sogar erst ermöglicht. – Folgen wir diesem Verständnis von Sozialpolitik, so erweist sich diese als ein zur Wettbewerbsordnung **komplementäres** (d. h. diese ergänzendes) **Element** der Sozialen Marktwirtschaft.

312 Als solches hätte sie dem Grundsatz der → **Marktkonformität** zu entsprechen. Dies hieße, daß durch sozialpolitische Maßnahmen immer nur das **Marktergebnis**, nicht aber der Marktprozeß selbst beeinflußt werden darf. Dieser Forderung wird aber offensichtlich überall dort nicht entsprochen, wo Eingriffe in den Marktmechanismus beziehungsweise in die Vertragsfreiheit erfolgen (wie beispielsweise durch → Höchst- und → Niedrigpreise, → Mieterschutzgesetze, Subventionierung [→ Subvention] von Verkehrstarifen, Altenheimen und Kindergärten, → Kündigungsschutz für ältere Arbeitnehmer und werdende Mütter).

2.3.1.3.1 Ziele, Bereiche und Maßnahmen staatlicher Sozialpolitik

Die staatliche Sozialpolitik ist in der Bundesrepublik Deutschland im wesentlichen durch zwei **Zielvorstellungen** bestimmt:
- soziale Sicherheit und
- soziale Gerechtigkeit.

313 **Soziale Sicherheit** bedeutet hierbei: Sicherung der wirtschaftlichen und sozialen Existenz bestimmter sozialer Gruppen gegen allgemeine Lebensrisiken, wie Unfall, Krankheit, Invalidität, Alter, Arbeitslosigkeit und Tod des Ernährers. Die in solcher Weise zu sichernden Gruppen werden im politischen Entscheidungsprozeß definiert.

314 **Soziale Gerechtigkeit** wird verstanden als:
- Startgerechtigkeit, das heißt Gewährung möglichst gleicher materieller Ausgangschancen für alle,
- Gleichbehandlung gleicher Tatbestände wie auch Gleichbehandlung von Mann und Frau,
- Lohngerechtigkeit, Preisgerechtigkeit sowie als Ausgleich starker Einkommens- und Vermögensunterschiede, insbesondere im Sinne des Ausgleichs unterschiedlicher Familienlasten,

Gesellschaft **IV**

– Hilfe für sozial Schwache (Behinderte, Leistungsschwache, Obdachlose).

Unter den hier aufgezeigten Zielvorgaben lassen sich für die praktische Sozialpolitik im wesentlichen folgende **Aktionsbereiche** ausmachen:

Arbeitnehmerschutzpolitik 315
Sie umfaßt alle Maßnahmen zum Schutz der Arbeitnehmer vor materiellen und immateriellen Schädigungen und Gefahren, die aus der betrieblichen Tätigkeit und dem Abhängigkeitsverhältnis der Lohnarbeit erwachsen können. Als schutzbedürftig gelten hierbei:

- die Gesundheit und Arbeitskraft der Arbeitnehmer (→ Arbeitszeitregelung, Unfall- und Gesundheitsschutzgebote);
- das Recht der Arbeitnehmer auf freie Entfaltung der Persönlichkeit (Sicherung entsprechender Frei- und Erholungszeiten);
- das Recht der Arbeitnehmer auf regelmäßige und ordnungsgemäße Lohnzahlung (entsprechende gesetzliche Gebote und Verbote) und
- der Bestand des Arbeitsverhältnisses (→ Kündigungsschutzgesetze).

Politik der sozialen Sicherung i. e. S. 316
Über sie soll die materielle Grundlage einer menschenwürdigen Lebensführung gewährleistet werden, insbesondere im Falle vorzeitiger Berufs- und Erwerbsunfähigkeit, Unfall, Krankheit, Alter, Tod des Ernährers und Arbeitslosigkeit. Das System der sozialen Sicherung beruht auf einer Kombination von → **Individualprinzip** 317
(eigenverantwortliche Vorsorge für Notfälle) und → **Sozialprinzip** (staatliche Für- 318
sorge). Außer auf die Einkommenssicherung stellt diese Politik auch auf die Vermeidung des Risikoeintritts durch vorbeugende Maßnahmen (Unfallverhütung, Gesundheitsvorsorge, Vollbeschäftigungspolitik, Umschulungs- und Fortbildungsmaßnahmen) und Wiedergewinnung der Gesundheit und der Arbeitsfähigkeit (Rehabilitation) ab.

Arbeitsmarktpolitik 319
Ihr ist die Gesamtheit der Maßnahmen unterzuordnen, die

- auf eine dauerhafte, den individuellen Neigungen und Fähigkeiten entsprechende Beschäftigung aller Arbeitsfähigen und Arbeitswilligen zu bestmöglichen Bedingungen – insbesondere hinsichtlich Arbeitszeit und Arbeitsentgelt – gerichtet sind;
- das Entstehen struktureller Arbeitsmarktungleichgewichte verhindern beziehungsweise bereits eingetretene beseitigen helfen (Arbeits- und Berufsberatung, Arbeitsvermittlung, Mobilitätsförderung, Förderung der beruflichen Umschulung und Fortbildung, Finanzierung von Zeiten der Sucharbeitslosigkeit) sowie
- gesamtwirtschaftliche Ungleichgewichte durch Vollbeschäftigungspolitik und durch Arbeitsmarktordnungspolitik zu verhindern versuchen.

Betriebsverfassungs- und Mitbestimmungspolitik 320
Diesem Sozialpolitikbereich unterliegt die Absicht,

- eine Ausnutzung der persönlichen und wirtschaftlichen Abhängigkeit der Arbeitnehmer vom Arbeitgeber zu verhindern,

IV Gesellschaft

– elementaren Arbeitnehmerinteressen zur Wahrung zu verhelfen (Erhaltung der Gesundheit und Arbeitskraft, menschenwürdiger Arbeitsplatz, leistungsgerechte Entlohnung, sozialorientierte Unternehmenspolitik) und
– die Idee der rechtlichen und wirtschaftlichen Gleichberechtigung von Kapital und Arbeit durchzusetzen.

321 **Wohnungspolitik**
Hier geht es einerseits darum, einen den politischen Vorstellungen nach Umfang, Struktur, Qualität und Preis entsprechenden Wohnungsbau zu sichern (Wohnungsbaupolitik) und andererseits die Nutzung, Verteilung, Erhaltung und Bewirtschaftung des Wohnungsbestandes zu gewährleisten (Wohnungsbestandspolitik).

322 **Familienpolitik**
Die Familienpolitik ist von der Absicht getragen, einen Ausgleich der durch Größe und Struktur der Familien verursachten unterschiedlichen sozialen und finanziellen Lasten zu schaffen. Sie möchte damit zweierlei sicherstellen: Zum einen soll die Familie ihrer unentbehrlichen Funktion der gesellschaftlichen Reproduktion sowie der Sozialisation und Erziehung der Kinder/Jugendlichen entsprechen und zum anderen gewährleisten können, daß alle Gesellschaftsmitglieder – unabhängig von ihren familiären Bedingtheiten – in etwa gleiche Chancen hinsichtlich ihrer persönlichen Entfaltung und Bildung haben.

323 **„Rand"-gruppenorientierte Sozialpolitik und Sozialhilfepolitik**
Dieser noch recht junge Aktionsbereich staatlicher Sozialpolitik wendet sich bestimmten Gruppen von Bedürftigen zu (Jugendlichen, alten Menschen und solchen, die wegen verminderter oder fehlender Erwerbsfähigkeit keine Ansprüche gegen das Sozialleistungssystem erwerben konnten), um über Sozialhilfe die Lücken zu schließen, die das – Erwerbstätigkeit voraussetzende – System der sozialen Sicherung i. e. S. offen läßt. Diese Sozialhilfe ist als Hilfe zum Lebensunterhalt konzipiert.

324 **Vermögenspolitik**
Die Vermögenspolitik strebt die Vermögensbildung der Arbeitnehmer an. Damit soll diesen eine zusätzliche Einkommensquelle eröffnet werden und gleichzeitig ihr wirtschaftlicher Rückhalt und damit ihre Stellung in der lohnpolitischen Auseinandersetzungen verbessert werden. Darüber hinaus soll das zu bildende Vermögen seinem Inhaber eine zusätzliche Sicherheit in Notfällen vermitteln sowie eine unabhängigere und durch mehr Selbstverantwortung charakterisierte Lebensgestaltung ermöglichen. Das Nur-Lohnarbeitsverhältnis soll durch Teilhabe am neu zuwachsenden Produktivvermögen überwunden und die Gegensätze zwischen Kapital und Arbeit abgebaut werden. (Zu den Maßnahmen der Vermögenspolitik siehe unter Punkt III 5.2.8.)

325 **2.3.1.3.2 Sozialpolitik als Umverteilungspolitik**
Gegenüber dem eingangs dieses Kapitels skizzierten Verständnis, daß in der Sozialen Marktwirtschaft Sozialpolitik ein komplementäres Systemelement zur Wettbewerbsordnung sei, gewann in den 1970er Jahren zunehmend die Auffassung an Boden, daß Sozialpolitik eine Umverteilungspolitik sei und als solche das Ziel der **Egalisierung der individuellen Einkommen** (und Vermögen) verfolge. Tatsächlich

Gesellschaft **IV**

nahm in der Zwischenzeit der Umfang der Einkommensumverteilung durch → **Steuern** (progressive Gestaltung der Lohn- und Einkommensteuer, Steuerbefreiungen, Steuerermäßigungen), **Sozialabgaben** (die im Rahmen der Sozialversicherung zu entrichtenden Zwangsbeiträge steigen mit den Einkommen der Versicherungspflichtigen) und **Transfers** (staatliche Einkommenszuweisungen an „Bedürftige" als Versorgungs- und Fürsorgeleistungen, Kinder- und Mutterschaftsgeld, Sparprämien, Leistungen in der Ausbildungsförderung, Wohngeld, Heizkostenzuschüsse u. ä., die aus Einkommen „Wohlhabenderer" durch Steuern und steuergleiche Zwangsabgaben erhoben werden) sowie durch → **Subventionen** (staatliche Finanzhilfen an Unternehmen) erheblich zu. Diese Entwicklung führte vor allem im Kernbereich der Sozialpolitik, der → Sozialversicherung, zu beträchtlichen Kostensteigerungen. Auch die Rentenreformgesetze von 1972, 1992, 1999, 2001 und 2004 mit ihren umfassenden Verbesserungen (u. a. Einführung der flexiblen Altersgrenze, Rente nach Mindesteinkommen, Öffnung der Rentenversicherung für Selbständige und andere Personenkreise, vorzeitige Erfüllung der Wartezeit, neue Rentenformel) sowie die Ausweitung der Leistungen in der gesetzlichen Krankenversicherung fügten sich dieser Entwicklung. Sie fand ihre Entsprechung in einem rapiden Anstieg der Sozialversicherungsbeiträge, von denen die Arbeitgeberanteile als Lohnnebenkosten von den Unternehmen zum Teil nur schwer zu verkraften waren und – insbesondere auf Märkten mit ausländischer Konkurrenz ohne vergleichbare hohe Sozialkostenbelastungen – zu Wettbewerbsverzerrungen mit beachtlichen Umsatzeinbußen führten. Produktionsdrosselungen mit Arbeitskräftefreisetzungen wie auch Produktionsauslagerungen in Länder mit niedrigeren Löhnen und (bedeutend) niedrigeren Lohnnebenkosten waren die Folge. Die „Segnungen" der Umverteilungspolitik verkehrten sich zumindest teilweise ins Gegenteil. Die Reformen des Gesundheitswesens (1989, 1993, 1997, 2000, 2004 u. 2007), die unter anderem über Leistungsbeschränkungen und Selbstbeteiligung der Versicherten die gesetzliche Krankenversicherung zu entlasten versuch(t)en, wie auch die Rentenreformen (1989, 1992, 1999, 2001 u. 2004), die unter anderem den vorzeitigen Ruhestand teilweise wieder zurücknehmen, scheinen dieser Erkenntnis in gewisser Weise Rechnung zu tragen. Dies insbesondere, wenn die Rentenreform 2007 die Rente mit 67 Jahren festschreibt. – Dennoch darf wohl kaum erwartet werden, daß sich die Einsicht durchsetzt, die der langjährige Präsident des Zentralverbandes des deutschen Handwerks **Paul Schnittker** (geb. 1927) in die Worte kleidete: „Sozial ist nicht, wer das Geld anderer Leute verteilt, sondern wer dafür sorgt, daß es überhaupt etwas zu verteilen gibt."

2.3.1.3.3 Träger der Sozialpolitik

Die Träger der Sozialpolitik sind in erster Linie staatliche Einrichtungen auf zentralstaatlicher Ebene (Bundesregierung, Bundestag u. Bundesrat), auf Landesebene (Landesregierungen u. Landesparlamente) und auf regionaler beziehungsweise lokaler Ebene (Bezirksregierungen/Landkreise, Städte und Gemeinden). Daneben wird sie jedoch auch von nichtstaatlichen Institutionen, so insbesondere von den Verbänden der Wohlfahrtspflege (Arbeiterwohlfahrt, Caritas, Diakonisches Werk der Evangelischen Kirche, Deutsches Rotes Kreuz, Deutscher Paritätischer Wohlfahrtsverband, Zentralwohlfahrtsstelle der Juden in Deutschland) getragen, auf die

IV Gesellschaft

der Staat vor allem im Bereich der Sozialhilfe bedeutende Aufgaben delegiert hat. Zu nennen sind auch die Sozialpartner, denen vom Staat die autonome Festlegung von Mindestarbeitsbedingungen überverantwortet wurde.

2.3.1.3.4 Grenzen staatlicher Sozialpolitik

Wie bereits herausgestellt, kann in der Sozialen Marktwirtschaft Sozialpolitik als ein komplementäres Element der Wettbewerbsordnung gesehen werden, das Leistungsstreben erleichtert oder aber sogar erst ermöglicht. In dieser Komplementarität hat(te) die staatliche Sozialpolitik großen Anteil am Auf- und Ausbau unseres freiheitlichen, demokratischen und sozialen Rechtsstaates. Die stimulierende Bezogenheit von sozialer Sicherung und Leistungsstreben kann sich jedoch – wie die bundesdeutsche Erfahrung zeigt – rasch ins Gegenteil verkehren. Wenn nämlich die sozialen Leistungen in ihrer Höhe und Ausgestaltung das notwendige (Ab-) Sicherungsmaß übersteigen, können sie leicht zum Abbau von Leistungsmotivation und damit zur Lähmung von selbstverantwortlichem Leistungswillen führen. Berücksichtigen wir bei dieser Feststellung die Tatsache, daß staatliche Systeme immer nur das leisten können, was durch den Leistungswillen und die Leistungsfähigkeit ihrer Bürger ermöglicht wird, dann offenbart sich uns in ihr ein grundlegendes Dilemma jüngerer bundesdeutscher Sozialpolitik. Der Ausbau des Sozialstaates seit Anfang der 1960er Jahre ließ die Sozialleistungen in schwindelerregende Höhen steigen. Sie kletterten von rd. 33 Mrd. Euro im Jahr 1960 (d. s. rd. 21 % des BIP) über rd. 232 Mrd. Euro 1980 (d. s. rd. 31 % des BIP) auf rd. 660 Mrd. Euro 2000 (d. s. rd. 32 % des BIP); sie stehen 2006 schließlich bei rd. 700 Mrd. Euro (d. s. 30 % des BIP). Damit hat sich der bundesdeutsche Sozialleistungsaufwand in der Zeit von 1960 bis 1980 versieben- beziehungsweise bis 2000 verzwanzigfacht; bis ins Jahr 2006 gar vereinundzwanzigfacht! Im gleichen Zeitraum (1960–2006) stieg die Durchschnittsbelastung der Arbeitnehmerbruttoverdienste mit Steuern und Sozialabgaben von 16,2 % (1960) auf 30,3 % (2006). Obgleich der Lebensstandard in der Bundesrepublik (im mittel-/langfristigen Vergleich) noch nie so hoch war wie heute (die [Übergangs-] Verhältnisse in den neuen Bundesländern verdienen sicherlich eine besondere Würdigung!), scheinen deren Bürger die hilfsbedürftigsten seit vielen Generationen zu sein. Der Staat schützt sie in einer kaum zu rechtfertigenden Pauschalität, obwohl die weitaus meisten von ihnen ihre Lebensrisiken eigenverantwortlich abzudecken in der Lage wären. Damit engt er nicht nur in rigoroser Weise beträchtliche finanzielle Entscheidungsspielräume der solcherart Zwangsversicherten ein, er provoziert damit auch deren Aufbegehren gegen derlei Bevormundung und finanzielle Belastung. Ein exzessives Anspruchsdenken auf Seiten der Zwangsversicherten (nach dem Motto: Nimm, was du kriegen kannst!) stellt sich als fatale (Ausgleichs-)Reaktion ein. Der Grundsatz der Solidarität, der ursprünglich das System der sozialen Sicherheit fundierte, wird von dem der individuellen → Nutzenmaximierung abgelöst. Die Kosten des Sicherungssystems steigen damit in exorbitante Höhen. Das weitgespannte Netz der sozialen Sicherung droht zu reißen. Von einer Reform des Gesundheitswesens und der Renten **allein** kann hier wohl keine Lösung des Problems erwartet werden. Während nämlich die finanziellen Lasten der Altenpflege und der Sozialpflege in bedrohlichem Umfang steigen, nimmt die

Gesellschaft **IV**

Zahl der Erwerbstätigen ab und die der kaum Steuer zahlenden Rentner* zu. Eine Lösung der Finanzierungsprobleme ließe sich allenfalls über ein verstärktes Wirtschaftswachstum und die daraus resultierenden zusätzlichen Einkommen erwarten. Aber gerade das Wirtschaftswachstum wird durch die Entwicklung der sozialen Sicherungssysteme entscheidend gehemmt. Voraussetzung für ein kräftiges Wirtschaftswachstum wären nämlich hohe (Spar-)Kapitalbildung und hohe Investitionen. Beide, die gesamtwirtschaftliche Ersparnisbildung wie auch die (Netto-)Investitionen, sind jedoch seit 1960 entscheidend zurückgegangen. So ist die gesamtwirtschaftliche Ersparnis im Verhältnis zum Sozialprodukt/Bruttoinlandsprodukt seit den 1960er Jahren von rund 20 % bis zum Anfang dieses Jahrtausends (2007) sukzessiv auf rund die Hälfte (um die 10 %) gefallen. Diese Entwicklungen können direkt im Zusammenhang mit denen im Sozialsystem, insbesondere der gesetzlichen Rentenversicherung, gesehen werden. Der weitgehende Zwang zu Alterssicherung enthebt den weitaus größten Teil unserer Bevölkerung der Zukunftsvorsorge durch entsprechende Ersparnisbildung. Was nun aber die entsprechende Belastung der Erwerbstätigen mit den für die Finanzierung des Sozialsystems erforderlichen Steuern und Sozialabgaben angeht, so führt diese einerseits zu einer weitverbreiteten Flucht in die Schattenwirtschaft (d. h. in die Schwarzarbeit) und andererseits zur Abwanderung von (hauptsächlich) jungen, qualifizierten Arbeitskräften in Länder mit geringerer Abgabenlast. – Der Versuch, das Sozialsystem durch zusätzliche steuerliche und abgabenmäßige Belastung der Unternehmen zu retten, veranlaßt diese in beachtlichem Umfang, Produktionsteile und damit produktive Neuinvestitionen ins Ausland zu verlagern und damit das Wachstum unserer Wirtschaft als Grundlage zusätzlichen Einkommens empfindlich zu beeinträchtigen. Das Wirtschaftswachstum als Voraussetzung für höhere Einkommen, die ihrerseits zur Finanzierung der zunehmend steigenden Kosten des Sozialsystems erforderlich erscheinen, wird somit durch die Sozialpolitik selbst abgewürgt. Die Selbstzerstörung des sozialen Sicherungssystems ist in sich selbst angelegt! So werden die ausufernden Leistungen eines Tages nicht mehr finanzierbar sein, da die notwendigen Beiträge nicht mehr aufgebracht werden. Der totale Zusammenbruch des Systems kann nur durch umfassende Reformen verhindert werden. Diese Reformen können allerdings nur dann gelingen, wenn sie neben dem → **Gemeinwohl** auch dem 330 → **Eigeninteresse** gebührend Rechnung tragen und die kollektive Sicherung durch 331 verstärkte → **Selbstvorsorge** ausreichend ergänzt wird. 332

2.3.1.4 Außenwirtschaftspolitik 333

Unter Außenwirtschaftspolitik versteht man all jene staatlichen Maßnahmen, die der gezielten Beeinflussung solcher Transaktionen des Waren-, Dienstleistungs- und Kapitalverkehrs dienen, die über die Landesgrenzen hinweg zwischen Wirtschaftssubjekten des In- und Auslandes erfolgen. In dieser begrifflichen Fassung ist Außenwirtschaftspolitik in die Wirtschaftspolitik des Inlandes** eingebunden. Sie repräsentiert gleichsam deren Außenbezug und übernimmt im wesentlichen deren Ziele. Zielvorstellungen, die sich auf die außenwirtschaftlichen Transaktionen be-

---
* Die ab 2005 eingeführte schrittweise Rentenbesteuerung bringt hier keine gravierende Änderung.
** Die Mitgliedstaaten der EWWU bilden einen Binnenmarkt mit Inlandscharakter (siehe hierzu unter 1.3.2.3).

IV Gesellschaft

ziehen, wie beispielsweise Weltmarktanteilsgewinne, Wechselkursstabilität, → Zahlungsbilanzausgleich, kommt keine Eigenwertigkeit zu; sie sind vielmehr als Unterziele allgemeiner übergreifender wirtschaftspolitischer Ziele, wie → Wachstum, → Preisniveaustabilität, → Vollbeschäftigung, zu sehen. Die Tatsache, daß § 1 Stabilitätsgesetz das „**außenwirtschaftliche Gleichgewicht**" in den offiziellen wirtschaftspolitischen Zielkatalog aufnimmt, steht keinesfalls in Widerspruch zu dieser Feststellung. Auch in dieser Zielbündelung kommt dem außenwirtschaftlichen Gleichgewicht lediglich **instrumentelle** Bedeutung zu.

Da die Außenwirtschaftspolitik keine eigenständigen Zielvorgaben kennt, lassen sich deren Aktivitäten auch nicht aus solchen ableiten. Eine Eingrenzung außenwirtschaftspolitischer Maßnahmen soll deshalb nach pragmatischen Gesichtspunkten erfolgen. Ihnen zufolge lassen sich im wesentlichen drei Bereiche außenwirtschaftlichen Handelns ausmachen:

– Handelspolitik,
– Währungspolitik und
– Entwicklungspolitik.

334 **2.3.1.4.1 Handelspolitik**

Die (Außen-)Handelspolitik der Bundesrepublik Deutschland gründet auf das **Freihandelsprinzip**. Als Ausdruck unserer freiheitlichen Wirtschaftsordnung findet es seine rechtliche Verankerung im **Außenwirtschaftsgesetz** (AWG) vom 28. 4. 1961, das in § 1 bestimmt, daß der Waren-, Dienstleistungs-, Kapital-, Zahlungs- und sonstige Wirtschaftsverkehr mit fremden Wirtschaftsgebieten sowie der Verkehr mit Auslandswerten und Gold zwischen Gebietsansässigen grundsätzlich frei ist.

335 Allgemeine Beschränkungen dieser **Außenwirtschaftsfreiheit** sieht das AWG in §§ 5 bis 7 für folgende Fälle vor:

– zur Erfüllung zwischenstaatlicher Vereinbarungen,
– zwecks Vorbeugung und Abwehr gesamtwirtschaftlich oder sektoral schädlicher Einwirkungen durch Maßnahmen in fremden Wirtschaftsgebieten,
– zur Abwehr gesamtwirtschaftlich gefährdender Geld-und Kapitalzuflüsse aus fremden Wirtschaftsgebieten und
– zum Schutz der Sicherheit beziehungsweise der auswärtigen Interessen der Bundesrepublik.

Daneben gelten spezielle, den Außenwirtschaftsverkehr berührende Vorschriften anderer Gesetze, so insbesondere zum Schutze der Gesundheit sowie der öffentlichen Sicherheit und Ordnung. Die derzeit möglichen rechtlichen Beschränkungen des Außenwirtschaftsverkehrs sind im einzelnen in der **Außenwirtschaftsverordnung** (AWV) vom 22. 8. 1961 erfaßt.

Seit dem 1. 1. 1970 ist das Außenwirtschaftsrecht der Bundesrepublik bis auf den Kapitalverkehr im engeren Sinn (das ist der Kapitalverkehr, der nicht im Zusammenhang mit dem Waren- und Dienstleistungsverkehr steht) **autonomes europäisches Gemeinschafts-/Unionsrecht** geworden, das innerstaatlich unmittelbar verbindlich ist und gegenüber jedem nationalen Recht eines Mitgliedslandes vorgeht.

Der dem Außenwirtschaftsgesetz zugrunde liegende Grundsatz der Außenhandelsfreiheit (mit Beschränkungsvorbehalt) wie auch die bereits am 1. 10. 1951 mit

Gesellschaft **IV**

dem Beitritt zum → GATT – das als Welthandelsordnung gedacht ist – übernommenen Vertragsverpflichtungen (nach Artikel XI der GATT-Regeln sind mengenmäßige Beschränkungen der Ein-und Ausfuhr wie auch Ein- und Ausfuhrbewilligungen grundsätzlich verboten) legen einen weitgehenden Verzicht auf Eingriffe in den außenwirtschaftlichen Güter- und Leistungsverkehr nahe. Zu solchen als **Handelshemmnisse** bezeichneten Eingriffen sind all jene Maßnahmen zu zählen, die das Ausmaß, die Struktur und/oder die Richtung der Werteströme verzerren. Dazu gehören insbesondere Zölle (**tarifäre** Handelshemmnisse) wie auch preisbezogene, mengenbeschränkende oder administrative (**nicht-tarifäre**) Handelshemmnisse. Auch die **handelspolitische Integration** verschiedener Länder (in Präferenzräumen, Freihandelszonen, Zollunionen, Gemeinsamen Märkten und Wirtschaftsunionen), wie sie die Realität des Außenhandels kennzeichnet, bedeutet für die nicht integrierten Länder (Drittländer) derlei Handelshemmnisse. So sind im einheitlichen Zollgebiet der EU die Binnenzölle zwischen den Mitgliedsländern aufgehoben und ein gemeinsamer Außentarif gegenüber Drittländern eingeführt. 336 337 338

Wenn auch Ausfuhrbeschränkungen der EU gegenüber Drittländern nur vereinzelt vorkommen und entsprechend des GATT/der → WTO eine offene Exportförderung vermieden wird, sind doch sogenannte versteckte oder indirekte Exportsubventionen als Exportförderungsmaßnahmen nicht selten; sie werden insbesondere in Form staatlicher Kreditbeihilfen und -garantien, staatlicher Kreditversicherungen und durch die Übernahme von Wechselkurs- und Preisrisiken durch öffentliche Institutionen gewährt.

Die **nicht-tarifären** Handelshemmnisse basieren vor allem auf technischen und administrativen Vorschriften. Begründet werden sie hauptsächlich mit Anforderungen an Verbrauchersicherheit, Gesundheitsrisiken und Umweltschutz. Da diese Vorschriften hinsichtlich Produktgestaltung oder Herstellungsverfahren, insbesondere technischer Sicherheitsvorschriften und Industrienormen, unter den internationalen Handelspartnern höchst unterschiedlich ausfallen, haben sie starke protektionistische Wirkungen.

Zur Gestaltung ihrer Außenhandelsbeziehungen bedient sich die Bundesrepublik Deutschland unterschiedlicher Rechtsformen:
- des Handelsvertrages,
- des Handelsabkommens und
- des Kooperationsabkommens.

Handelsverträge beinhalten meist langfristig angelegte Vereinbarungen über den ordnungspolitischen Rahmen des zwischenstaatlichen Leistungsverkehrs. 339

Handelsabkommen fixieren in der Regel detaillierte Vereinbarungen über Umfang, Zusammensetzung und Abwicklung des gegenseitigen Warenaustausches. Seit 1970 liegt die Kompetenz für den Abschluß bilateraler wie multilateraler Handelsabkommen bei der Europäischen Gemeinschaft/Union. Die einzelnen EU-Mitgliedsstaaten sind somit bei der Gestaltung und Ausführung von Handelsabkommen auf die Mitwirkung ihrer Vertreter in den Unionsorganen beschränkt. 339a

Kooperationsabkommen nehmen langfristig angelegte Vereinbarungen wirtschaftlicher, technischer und wissenschaftlicher Zusammenarbeit auf. Im Gegensatz zu 340

IV Gesellschaft

den Handelsabkommen besteht für sie keine volle Unionskompetenz, sondern lediglich eine Konsultationspflicht. Diese Eigenart des Kooperationsabkommens erlaubt es, mit ihm die Zuständigkeit der Union zu unterlaufen. Die Regierungen der beteiligten Staaten wirken beim Zustandekommen und der Durchführung der Kooperation mit.

Entsprechend dem Grundsatz der Außenhandelsfreiheit erfolgt die Koordination der auf den grenzüberschreitenden Handelsverkehr gerichteten Einzelwirtschaftspläne durch Marktpreise. In diesem Koordinationsprozeß sollen die Preise nicht nur Angebot und Nachfrage abstimmen, sie sollen auch

- die Marktteilnehmer über die relative Knappheit der Güter und deren Veränderungen informieren sowie
- die Lenkung der knappen → Ressourcen in optimale Verwendungen bewirken.

Dieser marktwirtschaftliche Anspruch kann bei den Preisen für landwirtschaftliche Produkte nicht aufrechterhalten werden. Hier gelten die im **gemeinsamen Agrarmarkt der EU** vom Ministerrat festgelegten → **Richtpreise**. Dies sind die Preise, die für Agrarprodukte der Union erzielt werden sollen. Von ihnen abgeleitet werden die sogenannten **Schwellenpreise**, zu denen die ausländischen Konkurrenzprodukte in die Union eingeführt werden dürfen. Sie sind für die Berechnung der variablen **Abschöpfungen*** und **Erstattungen**** beim Im- und Export von Agrarprodukten maßgebend.

Bei aller Zustimmung, die die EU als Freihandelsraum verdient, gilt es auch zu sehen, daß mit ihrer Errichtung über die Beseitigung der **Binnenzölle** (d. h. der Zölle zwischen den Mitgliedstaaten) lediglich eine Erleichterung der Handelsbeziehungen zwischen den Unionsländern bewirkt wurde, während gegenüber Drittländern bei gleichgebliebenem oder sogar gemeinsam erhöhtem **Außenzoll** die Handelsaktivitäten zumindest partiell eingeschränkt wurden. Dem mit einem erheblichen bürokratischen Aufwand erkauften Vorteil der Marktvergrößerung einschließlich der Wettbewerbsförderung in der europäischen Zollunion (EU) steht der Nachteil des Verzichts auf weltweite Zollsenkungen gegenüber. Allgemeine weltweite Zollsenkungen, wie sie beispielsweise das GATT/die WTO anstrebt(e), wären – zumindest aus marktwirtschaftlicher Sicht – weitaus erstrebenswerter als ein völliger Zollabbau innerhalb von Zollunionen, hier speziell der EU.

Zum 1.1.1995 wurde in der internationalen Handelspolitik die **Welthandelsorganisation (WTO)** neben der → Weltbank und dem → Internationalen Währungsfonds (IWF) zu einer dritten Säule. Als Kern einer neuen Welthandelsordnung wurde die WTO Verhandlungsforum, Instanz zur Schlichtung von Streitigkeiten und Verbin-

---

* **Bei der Einfuhr** von Marktordnungswaren in die Union zum Ausgleich des Unterschiedes zwischen den Preisen der Erzeugnisse auf dem Weltmarkt und in der Union **erhobene Abgaben**, um die höheren unionsinternen (Agrarmarkt-)Preise zu halten und zu schützen. Mit anderen Worten: Die niedrigeren Preise aus Drittländern werden auf das Niveau der Schwellenpreise hochgeschleust.

** Bei der Ausfuhr von unionsinternen teureren Marktordnungswaren zu einem niedrigeren Weltmarktpreis den Produzenten **gewährter** (Preis-)**Ausgleich**. Mit anderen Worten: Die Preise der Unionsgüter werden auf das Preisniveau der Weltmarktgüter heruntersubventioniert.

dungsstelle zu IWF und Weltbank. Der WTO (Sitz in Genf) gehören heute (2008) etwa 152 Mitgliedstaaten an; ihre oberste Instanz ist die Ministerkonferenz. Das GATT ging in der WTO auf.

2.3.1.4.2 Währungspolitik

Unter Währungspolitik verstehen wir die Gesamtheit der Maßnahmen zur Regelung des Zahlungsverkehrs mit dem Ausland*. Sie steht im Dienste des Außenhandels und ist hier vor die Aufgabe gestellt, „die internationale Arbeitsteilung in der Güterproduktion zu ermöglichen und zu verbessern" (A. Woll); sie trägt damit **instrumentellen** Charakter.

Eine dem freien Außenhandel verpflichtete Währungspolitik ist darauf angelegt, die internationalen Währungsbeziehungen möglichst umfassend zu ordnen. Eine solche internationale Währungsordnung ist an folgende Voraussetzungen gebunden:

- Konvertibilität der Währungen,
- unbeschränkter Kapitalverkehr,
- systemkonforme Mechanismen des Zahlungsbilanzausgleichs.

Konvertibilität der Währungen bedeutet die Möglichkeit, fremde Zahlungsmittel in heimisches Geld und umgekehrt heimisches Geld in fremde Zahlungsmittel umzutauschen. Diese Möglichkeit ist Voraussetzung dafür, daß ein Güteraustausch (Waren und Dienstleistungen) zwischen In- und Ausland praktiziert werden kann. Ein Importeur kann nämlich nur dann in beliebigem Umfang Güter aus dem Ausland einführen, wenn er die dafür in Auslandswährung (z. B. US-Dollar, japanischen Yen) zu entrichtenden Kaufpreise über den (unbeschränkten) Umtausch seiner Inlandswährung in die gewünschte Auslandswährung zahlen kann. **Freie Konvertibilität** ist nur dann gegeben, wenn diese Möglichkeit nicht durch Beschränkung oder zeitweiligen Ausschluß des Umtausches beschnitten wird.

Unbeschränkter Kapitalverkehr ist die Voraussetzung dafür, daß knappes Kapital an die Orte des dringendsten Bedarfs fließen kann. Nur wenn diese Möglichkeit gegeben ist, somit das Geldkapital (Investitionen) von den höchsten Ertragsraten angezogen wird, kann sich die internationale Arbeitsteilung durchsetzen. Freie Konvertibilität und unbeschränkter Kapitalverkehr bedingen sich gegenseitig.

Ein **mechanischer** → **Zahlungsbilanzausgleich** soll verhindern, daß anhaltende Zahlungsbilanzüberschüsse oder -defizite und daraus resultierende Rückwirkungen auf das inländische Preisniveau Beschränkungen des freien Güter- und Devisenverkehrs erforderlich machen. Die im Zuge dieser Zielverfolgung zu ergreifenden zahlungsbilanzpolitischen Maßnahmen bilden heute das Kernstück der Währungspolitik.

---

* Da mit der Verwirklichung der Europäischen Wirtschafts- und Währungsunion (EWWU) zum 1.1.1999 die Wechselkursgrenzen zwischen den Mitgliedsländern entfallen, stellt sich das Problem der äußeren Stabilität der gemeinsamen Währung, des Euro, lediglich gegenüber den Währungen der EU-Staaten, die nicht der EWWU angehören, und den Währungen der sogenannten Drittstaaten (so z. B. gegenüber dem US-Dollar und dem japanischen Yen).

IV Gesellschaft

Mit der Entscheidung für das Prinzip der Außenhandelsfreiheit ist in der EWWU der unbeschränkte Kapital- und Zahlungsverkehr bei freier Konvertibilität garantiert (Art. 56 EG-Vertrag in der Fassung v. 2. Oktober 1997 [Vertrag von Amsterdam]). Nach Art. 59 EG-Vertrag in der vorgenannten Fassung kann der Rat – falls Kapitalbewegungen nach oder aus dritten Ländern unter außergewöhnlichen Umständen das Funktionieren der Wirtschafts- und Währungsunion schwerwiegend stören oder zu stören drohen – mit qualifizierter Mehrheit auf Vorschlag der Kommission und nach Anhörung der EZB gegenüber solchen (dritten Ländern) Schutzmaßnahmen mit einer Geltungsdauer von höchstens sechs Monaten treffen. Dies allerdings nur, wenn ein solches Vorgehen unbedingt erforderlich ist.

Die Ordnung der internationalen Zahlungsbeziehungen ist – insbesondere hinsichtlich ihrer währungspolitischen Implikationen – für die Bundesrepublik Deutschland durch die Mitgliedschaften

- im Internationalen Währungsfonds (→ IWF, International Monetary Fund, IMF),
- im Zehnerklub (Gremium der zehn Hauptindustrieländer des Westens; mit dem Beitritt zahlreicher weiterer Länder ist das Gremium erweitert worden [Zwangziger-Klub bzw. später Gruppe 24]),
- bei der Weltbank (Internationale Bank für Wiederaufbau und Entwicklung, International Bank for Reconstruction and Development, IBRD),
- in der Europäischen Wirtschafts- und Währungsunion und
- im → Europäischen Wechselkursmechanismus II (WKM II)

bestimmt.

353 Im **IWF** haben sich heute (2008) 185 Staaten zusammengeschlossen. Die Bundesrepublik gehört dem IWF seit 1952 an. Als unabhängige Sonderorganisation der Vereinten Nationen besitzt er bedeutende Entscheidungsbefugnisse auf ordnungs- und währungspolitischem Gebiet. Seine Zielsetzungen lassen sich wie folgt umreißen:

- Förderung der internationalen währungspolitischen Zusammenarbeit,
- Ausbau des Welthandels,
- Abbau von Devisenbeschränkungen,
- Förderung der Währungsstabilität,
- Errichtung eines multilateralen Zahlungssystems zur Abwicklung der Finanzierungsgeschäfte unter den Mitgliedern und damit zum Ausgleich der Zahlungsbilanz,
- zentrale Bereitstellung von Fondsmitteln (Ziehungen beziehungsweise Sonderziehungsrechte) zur Überbrückung von Zahlungsbilanzstörungen und zur Vermeidung möglicherweise daraus resultierender Beschäftigungs- und Wohlstandseinbußen.

354,355,356 Der **Zehnerklub (Zwanziger-Klub, Gruppe 24)** bietet über einen Sonderkreditfonds Unterstützung bei Zahlungsbilanzschwierigkeiten und ist darüber hinaus bestrebt, die internationale Währungsunion stabiler zu halten.

357 In Zusammenarbeit mit heute (2008) 185 Mitgliedern gilt das Interesse der **Weltbank** unter anderem der Förderung privater ausländischer Investitionen durch Ga-

Gesellschaft **IV**

rantieübernahme oder Beteiligung an Darlehen sowie der Ausdehnung des internationalen Handels und der Aufrechterhaltung respektive der Wiederherstellung des Gleichgewichtes der Zahlungsbilanzen durch Entwicklung der Produktion, der Produktivität und damit des Lebensstandards in den Mitgliedsländern.

Das **Europäische Währungssystem EWS**, das 1979 in Kraft getreten ist und in der EG/EU eine Zone der Währungsstabilität schaffen sollte, wurde zum 1.1.1999 von der **Europäischen Wirtschafts- und Währungsunion (EWWU)** abgelöst. Nach diesem Zeitpunkt gibt es zwischen den EWWU-Teilnehmern und solchen Teilnehmern der Europäischen Union, die zwar der Wirtschaftsunion aber noch nicht der Währungsunion angehören (d.s. derzeit [2008] Dänemark, Estland, Litauen, Lettland u. Slowakei [Aufnahme in die Währungsunion zum 1.1.2009]), den sogenannten **WKM II** (Europäischer Wechselkursmechanismus II). In diesem praktizieren die Währungsunion-Teilnehmer und -Nichtteilnehmer ein System fester Wechselkurse mit Bandbreiten. Großbritannien und Schweden sind mit ihren Währungen vorerst nicht im WKM II. 358 359 360

Die Stichwortnummern 361 und 362 sind entfallen!

Zur schrittweisen Verwirklichung der **Europäischen Wirtschafts- und Währungsunion** (EWWU) nach den Vereinbarungen von Maastricht (9./10. Dezember 1991) siehe unter Punkt IV, 1.3.2.3).

2.3.1.4.3 Entwicklungspolitik

363

Die Entwicklungspolitik ist der jüngste Zweig der bundesdeutschen Außenwirtschaftspolitik. Sie umfaßt die Gesamtheit aller staatlichen Maßnahmen zur Verbesserung der wirtschaftlichen und sozialen Lage der Menschen in den Entwicklungsländern. Wenngleich eine verbindliche Definition des Begriffes „**Entwicklungsländer**"* fehlt, werden darunter im allgemeinen solche Staaten erfaßt, die folgende Merkmale aufweisen: ungenügende Versorgung mit Nahrungsmitteln, mangelnde Gesundheitsvorsorge, unzureichende Bildungsmöglichkeiten, hohe Arbeitslosigkeit, niedriger Lebensstandard bei häufig extrem ungleicher Verteilung der vorhandenen Güter und Dienstleistungen, unausgewogene Wirtschaftsstruktur (Landwirtschaft/Industrie), Kapitalmangel sowie vielfach hohe Verschuldung. Der Entwicklungshilfe-Ausschluß der **OECD** (Organization for Economic Cooperation and Development/Organisation für wirtschaftliche Zusammenarbeit und Entwicklung), das **DAC** (Development Assistance Committee), stuft in seinem Bericht 2008 folgende Staaten (siehe Übersicht IV, 9b) als Entwicklungsländer und -gebiete ein: 364 365 366

Die Bundesregierung teilt die aufgezeigte generelle Sicht des DAC. Es bleibt jedoch festzuhalten, daß der Begriff „Entwicklungsland" keine einheitliche Definition einschließen kann, da die Entwicklungsländer im einzelnen sehr heterogen sind.

Die Stichwortnummern 367 bis 371 sind entfallen!

Der Frage nach den **Ursachen** mangelhafter Entwicklung von Ländern wurde in einer Vielzahl von ökonomischen wie auch nichtökonomischen Erklärungsversu-

---

* Im politischen Sprachgebrauch werden die Entwicklungsländer häufig mit dem Begriff „**Dritte Welt**" belegt (i. G. zur **Ersten Welt** der westlichen Industriestaaten und zur **Zweiten Welt** des früheren kommunistischen Ostblocks). Als **Vierte Welt** werden die am wenigsten entwickelten Länder bezeichnet.

473

IV Gesellschaft

DAC-Liste der Entwicklungsländer und -gebiete

EUROPA		AMERIKA	ASIEN	
Albanien	Kamerun	**Nord-/ Mittelamerika**	**Naher/ Mittlerer Osten**	Thailand
Bosnien-Herzegowina	Kap Verde	Anguilla	Irak	Timor-Leste
Kroatien	Kenia	Antigua und Barbuda	Iran	Vietnam
Mazedonien	Komoren	Barbados	Jemen	
Moldau, Rep.	Kongo	Belize	Jordanien	**OZEANIEN**
Montenegro	Kongo, Dem. Rep.	Costa Rica	Libanon	Cookinseln
Serbien	Lesotho	Dominica	Oman	Fidschi
Türkei	Liberia	Dominikan. Republik	Palästinens. Gebiete	Kiribati
Ukraine	Madagaskar	El Salvador	Saudi-Arabien	Marshallinseln
Weißrussland	Malawi	Grenada	Syrien	Mikronesien
	Mali	Guatemala		Nauru
AFRIKA	Mauretanien	Haiti	**Süd- u. Zentralasien**	Niue
nördlich der Sahara	Mauritius	Honduras	Afghanistan	Palau
Ägypten	Mayotte	Jamaika	Armenien	Papua-Neuguinea
Algerien	Mosambik	Kuba	Aserbaidschan	Salomonen
Libyen	Namibia	Mexiko	Bangladesch	Samoa
Marokko	Niger	Montserrat	Bhutan	Tokelau
Tunesien	Nigeria	Nicaragua	Georgien	Tonga
	Ruanda	Panama	Indien	Tuvalu
südlich der Sahara	Sambia	St. Kitts und Nevis	Kasachstan	Vanuatu
Angola	São Tomé und Principe	St. Lucia	Kirgisistan	Wallis und Futuna
Äquatorialguinea	Senegal	St. Vincent und	Malediven	
Äthiopien	Seychellen	die Grenadinen	Myanmar	
Benin	Sierra Leone	Trinidad und Tobago	Nepal	
Botsuana	Simbabwe	Turks- u. Caicosinseln	Pakistan	
Burkina Faso	Somalia		Sri Lanka	
Burundi	St. Helena	**Südamerika**	Tadschikistan	
Côte d'Ivoire	Sudan	Argentinien	Turkmenistan	
Dschibuti	Südafrika	Bolivien	Usbekistan	
Eritrea	Swasiland	Brasilien		
Gabun	Tansania	Chile	**Ostasien**	
Gambia	Togo	Ecuador	China	
Ghana	Tschad	Guyana	Indonesien	
Guinea	Uganda	Kolumbien	Kambodscha	
Guinea-Bissau	Zentralafrikan. Republik	Paraguay	Korea, DVR	
		Peru	Laos	
		Suriname	Malaysia	
		Uruguay	Mongolei	
		Venezuela	Philippinen	

Stand: 2008 Quelle: OECD/DAC

Übersicht IV, 9 b

chen nachgegangen. Aus ihr sei zunächst ein Argumentationsmuster herausgegriffen, das in verschiedenen Ausprägungen immer wieder benutzt wird. Es ist die These vom **Teufelskreis der Armut**. Sie besagt in ihrer einfachsten Darstellung folgendes: Armut bedeute Unterernährung, diese führe zu Krankheit und diese wiederum verwehre über eine aus ihr resultierende geringe → Arbeitsproduktivität den Ausbruch aus der Armut beziehungsweise verstärke diese; mit anderen Worten: Die Armut der Entwicklung setze sich zwangsläufig fort (siehe Schaubild IV, 10).

Mehr ökonomisch akzentuiert lautet der Begründungszusammenhang: Das niedrige Produktionsniveau ließe nur geringe Einkommen zu; geringe Einkommen ermöglichten nur geringe Ersparnisse, und diese wiederum erlaubten nicht die als Voraussetzung einer Erhöhung des Produktionsniveaus erforderliche Kapitalbildung (siehe Schaubild IV, 11). Unterentwicklung erweise sich als eine (ökonomische) Falle, aus der eine Befreiung aus eigener Kraft nicht möglich sei.

Gesellschaft **IV**

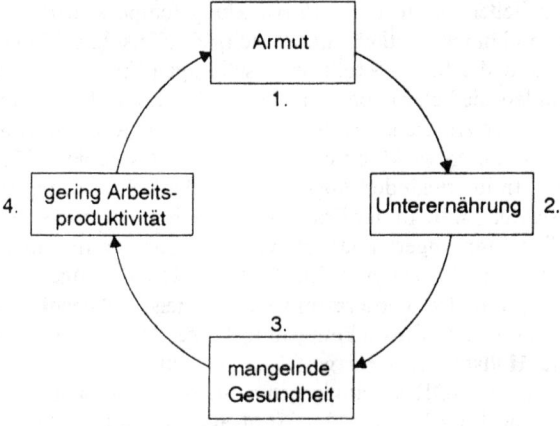

Schaubild IV, 10

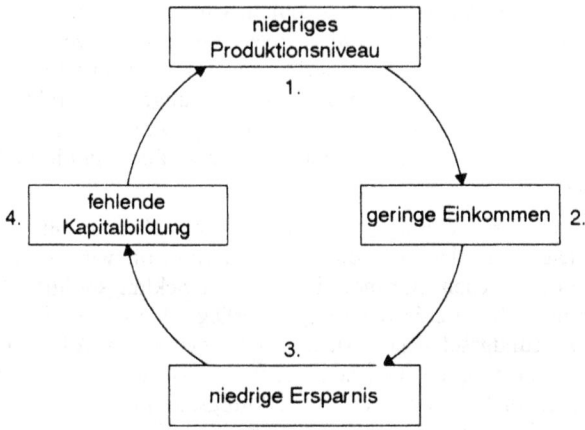

Schaubild IV, 11

So einleuchtend diese Teufelskreise in ihrer inneren Logik erscheinen mögen, so wenig können sie als **allgemeine** Begründung von Unterentwicklung und der Verharrung in dieser genügen. Die Ursachen von Unterentwicklung sind sicherlich recht unterschiedlich und bedürfen ebenso wie die Möglichkeiten ihrer Überwindung differenzierter Würdigung. Gerade in jüngerer Zeit zeigten Länder wie Südkorea, Taiwan, Hongkong, Singapur auf äußerst eindrucksvolle Weise, daß Ausbrüche aus der Unterentwicklung auch ohne große fremde Hilfe durchaus möglich sind. Mit Wachstumsraten zwischen 50 und 80% in den achtziger und frühen

IV Gesellschaft

neunziger Jahren ließen sie in ihrem Entwicklungstempo selbst wirtschaftlich erfolgreiche Industrieländer deutlich hinter sich. Zweifelsohne können und sollen diese Beispiele nicht die fatale Situation beschönigen, in der sich viele Entwicklungsländer befinden; sie liefern aber den Beweis dafür, daß Unterentwicklung sehr wohl im Wege eigener Anstrengungen zu begegnen ist. Keinesfalls aber kann aus der Tatsache der Unterentwicklung ein Anspruch auf staatliche Hilfe seitens der hochentwickelten Industrieländer abgeleitet werden. So ist die Rechtfertigung

373 staatlicher **Entwicklungshilfe** in der Praxis wohl auch weniger aus der Interessenlage der potentiellen Empfängerländer, als vielmehr aus der Interessenlage der potentiellen Geberländer abzuleiten. Wirtschaftliche Überlegungen rangieren dabei häufig im Hintergrund. Im Vordergrund stehen meist **außenpolitische Ziele**. Die Bundesrepublik hatte ihre Entwicklungshilfe lange Zeit (bis Mitte der sechziger

374 Jahre) unter die **Hallstein-Doktrin** gestellt, das heißt ihre Gewährung von der Nichtanerkennung der DDR abhängig gemacht. Auch die **längerfristige Friedens-**

375 **sicherung** durch eine Entschärfung des **Nord-Süd-Konflikts***, der von vielen aufmerksamen Beobachtern als eine die friedliche Zukunft des Menschen bedrohende Zeitbombe gesehen wird, wird von vielen Staaten als Grund für Entwicklungshilfe gesehen. Auch aus früherer **kolonialer Verbundenheit** wird entwicklungspolitisches Engagement abgeleitet. Nicht zuletzt wird **internationale Solidarität** als Motiv für Entwicklungshilfe genannt. In dieser sozialethischen Begründung wird Entwicklungshilfe ansatzweise als internationale Umverteilungspolitik gesehen. Wirtschaftliche Beweggründe, wie Arbeitsplatzssicherung durch verstärkte Exporte in die Entwicklungsländer, Sicherung von Rohstofflieferungen, Produktivitätsgewinne durch verstärkte weltwirtschaftliche Arbeitsteilung, sind im entwicklungspolitischen Kalkül sicherlich nicht unbedeutend, werden jedoch häufig in ihrer Bedeutung überschätzt.

Die bundesdeutsche Entwicklungspolitik ist erklärtermaßen am **Interessenausgleich** orientiert. So heißt es in den vom Bundesministerium für wirtschaftliche Zusammenarbeit herausgegebenen „Grundlinien der Entwicklungspolitik" (1986): „Die Entwicklungspolitik der Bundesregierung unterliegt ebenso wie die anderen Politikbereiche dem grundgesetzlichen Auftrag, dem deutschen Volke zu nützen und Schaden von ihm zu wenden. Entwicklungspolitik ist deshalb auf Interessenausgleich ausgerichtet. In der staatlichen Entwicklungszusammenarbeit respektiert die Bundesregierung die Interessen ihrer Partner und ihre Eigenständigkeit bei der Bestimmung ihres Entwicklungsweges, erwartet aber ebenso die Respektierung ihrer eigenen entwicklungspolitischen, wirtschaftlichen und außenpolitischen Ziele und Interessen." Diese entwicklungspolitische Grundaussage der Kohl-Regierung dürfte wohl auch heute (2008) noch unter Kanzlerin Merkel die wesentliche Problemsicht markieren.

376 Das wohl bedeutendste **Instrument** der Entwicklungspolitik ist die **Entwicklungshilfe**. Sie ist staatlich finanziert und wird den Entwicklungsländern bilateral (direkt) oder multilateral (indirekt über internationale Organisationen) zugeleitet.

---

* Der Begriff „Nord-Süd-Konflikt" hebt auf das Wohlstandsgefälle zwischen den meist auf dem nördlichen Teil des Globus liegenden (reichen) Industrieländern und den meist auf der Südhälfte liegenden (armen) Entwicklungsländern ab.

Gesellschaft **IV**

Im Rahmen der **bilateralen** Zusammenarbeit leistet die Bundesregierung ihre Hilfe unmittelbar an ein Partnerland und schließt mit diesem darüber entsprechende Verträge ab. Mit der Durchführung der jeweiligen Projekte beauftragt das **Bundesministerium für wirtschaftliche Zusammenarbeit und Entwicklung** (BMZ) in der Regel Organisationen und Institutionen, die in bestimmten Bereichen auf die Zusammenarbeit mit Entwicklungsländern spezialisiert sind. Die bilaterale Zusammenarbeit erstreckt sich im wesentlichen auf folgende Formen: 377

- **finanzielle Zusammenarbeit** im Wege günstiger Kredite und nicht rückzahlbarer Zuwendungen (Zuschüsse);
- **technische Zusammenarbeit** als Transfer von Wissen und Können (Entsendung oder Finanzierung von Beratern, Ausbildern, Sachverständigen und Fachkräften, Lieferung oder Finanzierung von Ausrüstung und Material u. a.);
- **personelle Maßnahmen** (als Teil der technischen Zusammenarbeit) wie Aus- und Fortbildung von Fach- und Führungskräften aus Entwicklungsländern, Unterstützung von Reintegration und Entsendung von Fachkräften;
- **weitere Maßnahmen** wie Nahrungsmittelhilfe und Ernährungssicherungsprogramme, Förderung der Zusammenarbeit der deutschen Wirtschaft mit Entwicklungsländern sowie des Exports aus Entwicklungsländern, der Informations- und Bildungsarbeit und anderer Vorhaben.

Der überwiegende Teil der Entwicklungshilfemittel fließt in Form von wirtschaftlichen Aufträgen an die Wirtschaft der Bundesrepublik zurück. So lag der deutsche Lieferanteil an den (nach Ländern aufteilbaren) Auszahlungen der finanziellen und technischen Zusammenarbeit bis in die Gegenwart (2008) bei zirka 80 Prozent.

Die **multilaterale** Zusammenarbeit umfaßt die Beiträge der Bundesrepublik Deutschland an internationale Organisationen, die ihrerseits Entwicklungsmaßnahmen durchführen und fördern. Im wesentlichen unterstützt die Bundesregierung die Vereinten Nationen (UNO) mit deren Sonder- und Unterorganisationen, internationale Finanzierungsinstitute (Weltbankgruppe, Regionalbanken, International Fund for Agricultural Development) sowie die EU. Finanziert werden die einschlägigen Projekte und Programme dieser Organisationen durch entsprechende Beiträge. Die Satzungen dieser Organisationen sehen entweder Pflichtbeiträge nach einem feststehenden Schlüssel oder freiwillige Beiträge vor. Diese Beiträge werden entweder in Form von Kapitalzeichnungen, Barzuweisungen oder durch die Hinterlegung von Schuldscheinen (die im Bedarfsfall eingelöst werden) geleistet. Darüber hinaus beauftragt die Bundesregierung diese Institutionen auch mit der Durchführung bestimmter Maßnahmen, für die sie besondere Mittel zur Verfügung stellt (Treuhandvorhaben). 378
Auch aus der multilateralen Entwicklungshilfe erwachsen der deutschen Wirtschaft Lieferaufträge. Sie sind häufig so groß, daß sie die deutschen Beiträge an die vermittelnden Institutionen erheblich übersteigen.

Neben den **öffentlichen** Leistungen umfaßt die Entwicklungshilfe auch Zuschüsse **nicht-staatlicher** Organisationen (z. B. von Kirchen, Verbänden, Stiftungen) aus Eigenmitteln und Spenden.

IV Gesellschaft

379 Der zentrale Grundsatz der bundesdeutschen Entwicklungspolitik lautet: **Hilfe zur Selbsthilfe**.* Über seine Befolgung soll den Entwicklungsländern insbesondere hinsichtlich ihrer Armutsbekämpfung eine – wirtschaftlich, sozial und politisch – tragfähige Grundlage für die Ingangsetzung des erforderlichen Entwicklungsprozesses vermittelt werden. Diese Absicht verspricht dort Erfolg, wo es gelingt, die Regierungspolitik der Entwicklungsländer dazu zu veranlassen, die **Eigenanstrengungen** armer Bevölkerungsgruppen zu **unterstützen** und die **Rahmenbedingungen** für deren schöpferische Entfaltung zu **verbessern**. Wie die einschlägige Erfahrung zeigt, sind diese Rahmenbedingungen am ehesten durch eine stabile rechtliche und institutionelle Ordnung mit marktwirtschaftlicher (Leistungs-)Orientierung gewährleistet. Hilfeleistung beim Aufbau dieser freiheitlichen, marktwirtschaftlichen Ordnung darf deshalb als vordringliches entwicklungspolitisches Anliegen gesehen werden. Die Argumentation, die Mentalität der Entwicklungsvölker lasse aus den verschiedensten ethischen, religiösen und sozialen Gründen die auf Unternehmerinitiative gründende Umsetzung marktwirtschaftlicher Ordnungen nicht zu, hält den diesbezüglichen empirischen Befunden nicht stand. Diese lassen vielmehr deutlich werden, daß in weiten Bereichen der → Dritten Welt unternehmerische Aktivitäten vom Staat unterdrückt werden und deshalb häufig vorschnell als nicht existent oder als in nicht ausreichendem Ausmaß entwickelt vermutet werden. Das überzeugendste Beispiel hierfür bildet die Volksrepublik China. Nachdem dort zunächst die Landwirtschaft und später auch die übrige Wirtschaft von der private (Unternehmer-)Initiativen unterbindenden Fessel der starren Zentralverwaltung befreit wurden, brach sich unternehmerisches Denken und Handeln umgehend auf breiter Front Bahn.

Der Export marktwirtschaftlicher Ordnungskonzepte als entwicklungspolitische Maßnahme kann nun aber nicht schon als hinreichend für marktwirtschaftlichen Entwicklungserfolg gesehen werden. Die extrem hohe Bevölkerungsvermehrung in den unterentwickelten Ländern läßt dort auch bei Übernahme marktwirtschaftlicher Ordnungen keine rasche Anhebung des allgemeinen Lebensstandards erwarten. Es gilt deshalb die Entwicklungshilfe mit Angeboten zur individuellen Geburtenkontrolle zu flankieren. Selbstverständlich kann es sich dabei immer nur um solche aufklärend-beratenden Charakters handeln, denn schließlich gilt es auch im Bereich der Familienplanung die Freiheit der persönlichen Entscheidung zu respektieren. Entwicklungshilfe in ihren verschiedensten Ausprägungen darf den Bedürftigen niemals verordnet werden (genauso wenig kann sie von diesen gefordert werden!), Entwicklungshilfe kann immer nur **angeboten** werden. Die Entscheidung darüber, ob ein solches Angebot in der jeweiligen Situation angenommen wird, hat im Ermessen des einzelnen Entwicklungslandes zu liegen.

---

* Ob diese Hilfe zur Selbsthilfe auch Entschuldungsprogramme einschließen muß, wie sie von den G8-Staaten, den führenden Industrienationen (USA, Deutschland, Kanada, Japan, Frankreich, Italien, Großbritannien) und Rußland 1999 in Köln und 2005 in London festgeschrieben wurden, wird aus ökonomischer Sicht recht kontrovers beurteilt! – Gleiches gilt für die HIPC (heavily indebted poor countries) – Initiative der →Weltbank und des →IWF zur Reduzierung der Schuldenlast sehr armer Staaten von 2008.

Gesellschaft **IV**

2.3.2 Neuere Instrumente der Wirtschaftspolitik

2.3.2.1 Sektorale Strukturpolitik

2.3.2.1.1 Strukturwandel und Strukturprobleme in der Bundesrepublik Deutschland

Wie alle wachsenden Volkswirtschaften, so ist auch die Wirtschaft der Bundesrepublik Deutschland in der gesamtwirtschaftlichen Zusammensetzung ihrer Produktion (= **sektorale Wirtschaftsstruktur**) durch tiefgreifende Wandlungen gekennzeichnet. Dieser **sektorale Strukturwandel** spiegelt sich in auffälliger Weise in der im Zeitverlauf erfaßten Zusammensetzung der Erwerbstätigen nach Wirtschaftszweigen wider. Waren 1950 noch knapp 25 v. H. der Erwerbstätigen in der Land-, Forstwirtschaft und Fischerei (**primärer Wirtschaftssektor**) beschäftigt, so waren es 2000 weniger als 3 v. H. Im gleichen Zeitraum stieg der Anteil der Beschäftigten im Dienstleistungsbereich (**tertiärer Wirtschaftssektor**) von 33 v. H. (1950) auf über 65 v. H. (2000). Damit hat sich eine umwälzende Verlagerung von der Waren- zur Dienstleistungsproduktion vollzogen (siehe hierzu Schaubild IV, 12).

Der Dienstleistungssektor wird zum dominanten Träger des wirtschaftlichen Wachstums. Die Bruttowertschöpfung in den drei Wirtschaftssektoren (**primärer Sektor**: Land- und Forstwirtschaft, Fischerei; **sekundärer Sektor**: warenproduzierendes Gewerbe [Handwerk u. Industrie]; **tertiärer Sektor**: Dienstleistungen) verdeutlicht diese Entwicklung in signifikanter Weise.

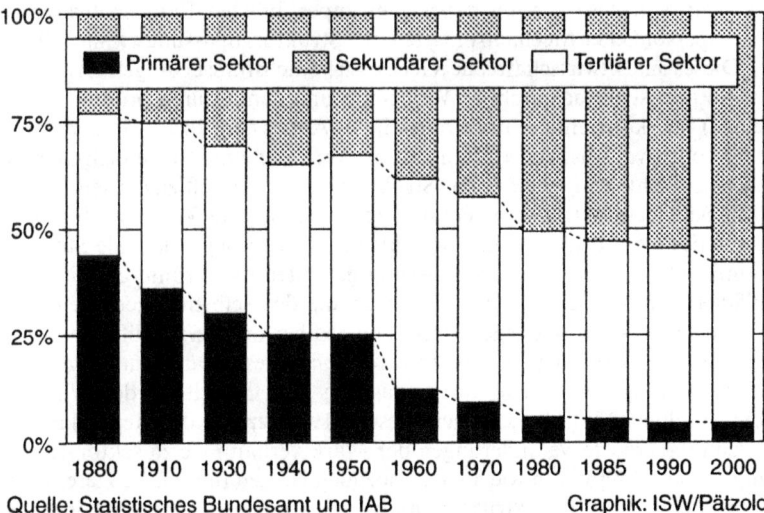

Tabelle IV, 12

IV Gesellschaft

Als markante Entwicklungslinien dieses Strukturwandels lassen sich ausmachen:

- der Abbau industrieller Arbeitsplätze an den traditionellen Industriestandorten (**Deindustrialisierung**),
- die fortschreitende Auflösung überkommener Branchenstrukturen (**Diversifizierung**)
- die Verlagerung von Produktionen ins Ausland (**Internationalisierung**),
- die Öffnung bislang (durch staatliche Regelungen) geschützter Märkte, insbesondere im Dienstleistungsbereich (**Deregulierung**).

Zu den herausragenden Gewinnern dieses Strukturwandels zählen die Finanzdienstleister, die Versicherungen sowie die sonstigen Dienstleistungen; zu den deutlichen Verlierern gehören die Landwirtschaft, der Steinkohlebergbau, das Baugewerbe und eine Reihe von Industriebranchen, so insbesondere der Schiffbau und die Eisen- und Stahlindustrie.

Die **Ursachen** dieses Strukturwandels in der bundesdeutschen Wirtschaft sind vor allem in der technischen Entwicklung, in den geänderten Konsumentenwünschen sowie in der veränderten internationalen → Arbeitsteilung zu suchen. Hinzu kommt die wachsende Bedeutung von Information als → Produktionsfaktor; sie begünstigt die Produktion und Vermarktung von Wissen.

Die aufgezeigte Umstrukturierung des Produktionspotentials kann nun aber keinesfalls als eine unheilvolle, der unternehmerischen Umsicht entratene Entwicklung gedeutet werden. Strukturwandel ist eine immanente Notwendigkeit wirtschaftlicher Entwicklung; Wachstum schließt typischerweise Neuerungen und Veränderungen ein. Diese Feststellung beinhaltet jedoch gleichzeitig die Einsicht, daß Wachstum immer auch Unsicherheit hinsichtlich der eingeleiteten Entwicklungen einschließt. Die Bereitschaft, sich dieser Unsicherheit und dem aus ihr geborenen Risiko zu stellen, kennzeichnet den Unternehmer in marktwirtschaftlichen Ordnungen. Der Markt ist für ihn dabei „ein unpersönliches Entdeckungsverfahren und ein unpersönlicher Mechanismus, der zur Strukturanpassung zwingt" (B. Gahlen). – Dieses marktwirtschaftliche Gebot, die wachstumsbedingten Änderungen der Produktionsstruktur durch → **Wettbewerb** und damit durch produktive (angebotsseitige) und konsumtive (nachfrageseitige) Anpassung zu bewältigen, wird bei uns recht kontrovers diskutiert. Während die Vertreter einer freiheitlich-marktwirtschaftlichen Sicht den sektoralen Strukturwandel am effizientesten in einem → **funktionsfähigen Wettbewerb** realisiert sehen (eine gute Wettbewerbspolitik ist für sie die beste sektorale Strukturpolitik!) und demzufolge sektorale Strukturpolitik primär als (auf Wettbewerbssicherung gerichtete) → Ordnungspolitik verstehen, plädieren Wissenschaftler und Politiker, die den selbstregulierenden Kräften des Marktes eher skeptisch gegenüberstehen, – über ordnungspolitische Maßnahmen hinaus – für strukturpolitische Interventionen des Staates und damit für ablaufpolitische Eingriffe. Solche auf Anpassung und Gestaltung der Wirtschaftsstruktur gerichtete Eingriffe scheinen diesen Skeptikern in der Regel dann angezeigt, wenn dauerhafte Veränderungen der Marktverhältnisse zu sektoralen Überkapazitäten oder Engpässen wie auch zu sozialen Härten führen. Letzteres ist meist dann gegeben, wenn der Strukturwandel traditionelle, regional konzentrierte Hochlohnbranchen erfaßt, wie dies beispielsweise im Schiffbau, in der eisenschaffenden Industrie und im Steinkohlebergbau geschah.

2.3.2.1.2 Ziele, Instrumente und Träger der sektoralen Strukturpolitik

Vor dem Hintergrund einer anhaltend geführten strukturpolitischen Diskussion hat sich die Bundesregierung bereits 1968 zu bestimmten „**Grundsätzen sektoraler Wirtschaftspolitik**" durchgerungen, die heute noch als verbindlich gelten. Sie beschreiben die strukturpolitische Aufgabe des Staates wie folgt: „Von der staatlichen Politik muß erwartet werden, daß sie den Strukturwandel erleichtert und fördert. Unvermeidliche Anpassungen aufzuhalten bedeutet, auf Wachstumsmöglichkeiten zu verzichten." Mit dieser Feststellung werden **Anpassung** (an Strukturveränderungen) und **Gestaltung** (Förderung zukunftsträchtiger Produktionen und Technologien) als die dominanten **Ziele** der sektoralen Strukturpolitik ausgewiesen. Das **Erhaltungsziel** wird deutlich relativiert, wenn es in den „Grundsätzen" weiter heißt, „jene finanziellen Hilfen (seien, d. Verf.) abzubauen, die ... lediglich die Aufgaben haben, den bestehenden Zustand zu erhalten". So einleuchtend diese erklärte Einschränkung der Erhaltung überholter Produktionsstrukturen auch ist, sie wurde bislang wenig praktiziert. Wie die nunmehr rund vierzigjährige Erfahrung zeigt, überwogen unter den → **Subventionen** eindeutig die auf Erhaltung gerichteten, so insbesondere in den Bereichen Landwirtschaft, Bergbau, Schiffbau und Stahlindustrie. Die Rechtfertigung für dieses Verhalten wurde unter Berufung auf die unverzichtbare **Sicherung der Eigenversorgung** (Landwirtschaft, Kohlebergbau) wie auch mit **regionalpolitischen Erwägungen** (Erhaltung der betroffenen wie auch der diesen vor- und nachgelagerten Arbeitsplätze in der jeweiligen Region) geführt. Ökonomische Gesichtspunkte traten bei dieser Argumentation weitgehend in den Hintergrund. Der Einhaltung des in den „Grundsätzen" verkündeten Prinzips der „**Hilfe zur Selbsthilfe**" wurde ebensowenig entsprochen wie den eben dort ausgewiesenen Richtlinien, wonach → Subventionen zeitlich befristet sein sollten und Hilfe nur dort zu leisten sei, wo die Wiederherstellung der Wettbewerbsfähigkeit der betreffenden Branche langfristig erwartet werden kann. Obgleich die Gremien der wirtschaftspolitischen Beratung (insbesondere die wirtschaftswissenschaftlichen Institute und der Beirat beim Bundesministerium für Wirtschaft) diese offensichtliche Mißachtung der strukturpolitischen Grundsätze immer wieder anmahnten, zeigte sich der Staat dem politischen Druck, bei Strukturkrisen zu intervenieren, nicht gewachsen. Erfahrungsgemäß ist die staatliche Protektion umso intensiver, je mehr Wählerstimmen mobilisiert werden können, je stärker einzelne Branchen in einer Region vertreten sind und je höher die Unternehmenskonzentration ist. Der Staat ersetzte so mit seinem nachgebenden Verhalten in weiten Bereichen den marktwirtschaftlichen Selektionsprozeß durch ökonomisch kaum zu rechtfertigende Regulierungen. Die notwendige Anpassung wird den privaten Unternehmen im Wege der staatlichen Subventionierung erspart. Ihre Verluste werden gleichsam sozialisiert (d. h. vom Staat und damit von der Gesellschaft getragen).

Ganz allgemein wird mit dem strukturpolitischen Ziel „**Anpassung**" die Absicht verbunden, den durch Strukturwandlungen betroffenen Wirtschaftszweigen die Umstellung durch entsprechende staatliche Hilfen zu erleichtern, so zum Beispiel durch Erhöhung der Mobilität der → Produktionsfaktoren, fiskalische (steuerliche) Interventionen, Beseitigung von Überkapazitäten und Produktionsengpässen. Die Notwendigkeit der Anpassung muß nach den „Grundsätzen der sektoralen Strukturpolitik" die gesamte Branche betreffen und nicht nur einzelne Unternehmen.

IV Gesellschaft

Außerdem müsse deutlich sein, daß die Anpassung langfristig erforderlich ist und daß sich die Struktur der Branchen grundlegend ändern wird. Dies sei durch objektive Daten zu belegen.

Zur **Gestaltung** (Förderung) zukunftsträchtiger Produktionen und Technologien sieht sich der Staat im Rahmen seiner strukturpolitischen Verantwortung in der Regel dort veranlaßt, wo hohe Kosten und hohe Risiken den privaten Unternehmern Zurückhaltung auferlegen und damit deren internationale Wettbewerbsfähigkeit zu gefährden drohen. Obwohl es marktwirtschaftlichem Verständnis entspräche, industrielle Forschung und Entwicklung primär als Aufgabe der Unternehmer zu sehen, weiß sich die staatliche Strukturpolitik somit der Grundlagenforschung und zukunftsweisenden Großprojekten verpflichtet. Darüber hinaus hat der Staat die Möglichkeit, die Rahmenbedingungen zu verbessern, unter denen der unternehmerische Innovationsprozeß abläuft; er kann Anreize geben, um Defizite auszugleichen, Entwicklungen zu beschleunigen und Strukturschwächen zu überwinden. Die sich aus diesem strukturpolitischen Verständnis eröffnende Gefahr besteht allerdings darin, daß vor allem Großunternehmen Begünstigungen erlangen. Dieser Entwicklung könnte dadurch begegnet werden, daß die Förderungen mit der Auflage verbunden werden, die Forschungsergebnisse der (unternehmerischen) Allgemeinheit zugänglich zu machen (und so von den begünstigten Großunternehmen nicht ausschließlich zum eigenen Vorteil genutzt werden könnten!).

Die **innerstaatlichen Träger** sektoraler Strukturpolitik sind neben dem Bund die Länder und Gemeinden. Auch den Kammern können durch Gesetze der Bundesländer bestimmte Entscheidungsbefugnisse zugewiesen werden. Darüber hinaus wurden in der Vergangenheit durch internationale Verträge bedeutsame Entscheidungsbefugnisse auf **supranationale Behörden** übertragen. So ist zum Beispiel die Entscheidungsbefugnis in der Agrarpolitik fast vollständig auf die Organe der EU (Ministerrat und Kommission) übergangen. Ähnlich verhält es sich im Bereich von Kohle und Stahl.

2.3.2.1.3 Bisherige Erkenntnisse und Schlußfolgerungen

Die Notwendigkeit staatlicher Strukturpolitik scheint im Prinzip immer dann gegeben, wenn es gilt, soziale Fragen abrupter Umstellungsprozesse abzufedern, eine Sicherung der Versorgung mit bestimmten Gütern durch inländische Produktion zu gewährleisten, unvertretbar hohe unternehmerische Forschungs- und Entwicklungsrisiken zu mindern und einzelne, politisch besonders attraktiv aber wenig profitabel erscheinende Forschungsprojekte zu fördern. Auch in den Bereichen, in denen die allgemeinen wettbewerbspolitischen Vorschriften nicht zu den gewünschten Ergebnissen führen, scheinen strukturpolitische Maßnahmen des Staates grundsätzlich angezeigt. Diese Feststellungen dürfen jedoch nicht die Einsicht verstellen, daß die sektorale Strukturpolitik immer nur **subsidiären** Charakter tragen kann. Es ist nämlich in erster Linie Aufgabe der Unternehmen, Strukturwandlungen rechtzeitig zu erkennen und sich darauf einzustellen. Dieser Zwang zur flexiblen Anpassung der Produktion an sich verändernde Marktverhältnisse kann jedoch durch staatliche Sicherung eines wirksamen Wettbewerbs positiv verstärkt werden. Durch ihn sollen die Unternehmen veranlaßt werden, Engpässe rasch zu beseitigen, Überkapazitäten abzubauen und Möglichkeiten des vorstoßenden Wettbewerbs zu nützen (W. Hamm). Die Sensibilität des Marktes hinsichtlich sich verändernder Verhältnisse zeigt sich in aller Regel gegenüber staatlichen Einschätzungen und Prognosen überlegen. Die Reagibilität der Unternehmen erwies sich bislang meist höher als die des Staates (mittels entsprechender Steuerungsmaßnahmen). In vielen Bereichen offenbarte sich die staatliche Strukturpolitik als höchst unsicher, was sich vor allem in den „wuchernden Folgeinterventionen" (W. Hamm) dokumentiert. Weniger Staat und mehr Markt wäre hier in der Bewältigung von Strukturveränderungen sicherlich oft zweckdienlicher gewesen.

2.3.2.2 Umweltpolitik

Der **Schutz** der **Umwelt** (seit 1994 in Art. 20a der Verfassung als Staatsziel festgeschrieben) ist in den letzten dreißig Jahren zu einer neuen, zunehmend an Bedeutung gewinnenden Aufgabe der Wirtschaftspolitik geworden. Umwelt wird in diesem neuen Aufgabenbereich **generell** als der „Komplex der Beziehungen einer Lebenseinheit zu ihrer spezifischen Umgebung" (Sachverständigenrat für Umweltfragen, 1987) gesehen. Umwelt ist in dieser Sicht „stets auf Lebewesen bezogen und kann nicht unabhängig von diesen existieren oder verwendet werden"; sie vereint diese gleichsam in spezifischen Teilsystemen (**Ökosystemen**). **Speziell** läßt sich Umwelt als Lebensraum des Menschen sehen. Als solchem kommen ihr vier zentrale Funktionen (**Umweltfunktionen**) zu:

- Die Versorgung der Gesellschaft mit Produkten und Gütern zur Befriedigung von Elementarbedürfnissen beziehungsweise zur Ermöglichung von Produktion (**Produktionsfunktion**);
- die Aufnahme der Aktivitäten, Erzeugnisse und Abfälle menschlichen Handelns (**Trägerfunktion**);
- der Austausch von Informationen (**Informationsfunktion**);
- der Ausgleich des durch den Menschen beanspruchten und belasteten Naturhaushalts (**Regelungsfunktion**).

2.3.2.2.1 Ziele und Instrumente der Umweltpolitik

Die Ausübung der Umweltfunktionen durch die Umwelt ist für den Menschen von **existentieller** Bedeutung. Sie gilt es zu schützen. Der Umweltschutz macht sich dies zur Aufgabe. Die **Hauptziele**, von denen er sich dabei leiten läßt, sind:

- Die Beseitigung bereits eingetretener Umweltschäden,
- die Ausschaltung oder Minderung gegenwärtig bestehender Umweltgefährdungen,
- die Vorbeugung gegenüber Umweltgefährdungen und -schäden.

Die Ursachen der über den Umweltschutz anzugehenden Umweltschäden und -gefährdungen werden in den menschlichen Umwelteingriffen gesehen.

In Wahrnehmung ihrer Schutzaufgabe konzentriert sich die Umweltpolitik im wesentlichen auf folgende **Aufgabenbereiche**:

- Naturschutz- und Landschaftspflege;
- Belastung und Schutz der Böden (insbesondere hinsichtlich land- und forstwirtschaftlicher Nutzung, Nutzung durch Überbauung, Abgrabung und Überlagerung sowie Nutzung als naturnahe Fläche);

IV Gesellschaft

- Luftbelastung und Luftreinhaltung;
- Gewässerzustand und Gewässerschutz;
- Verunreinigungen in Lebensmitteln und
- Lärm.

401 In Verfolgung seiner umweltpolitischen Ziele und zur Wahrnehmung der ihm daraus erwachsenden Aufgaben kann sich der Staat verschiedener **Instrumente** bedienen. Zunächst kann er mit wirtschaftlichen **Anreizen** (Steuervergünstigungen, Subventionen) das → Eigeninteresse von Unternehmern, Konsumenten und Kommunen an umweltschonendem Verhalten fördern. Soweit die auf diesem Wege erreichten Effekte nicht ausreichen, kann sich der Staat das gewünschte (umweltschonende) Verhalten durch Setzung von **Rahmenbedingungen** erzwingen. Hierfür gibt es prinzipiell zwei Möglichkeiten:

402,403,404 – Durch Vorgabe eines rechtlichen Rahmens werden die Bedingungen für die Inanspruchnahme von Umwelt in Form von **Auflagen, Geboten, Umweltverträg-**
405 **lichkeitsprüfungen** und **Umweltbewirtschaftungsplänen** festgelegt.
406,407 – Durch **Kompensations-** und **Zertifikationslösungen** wird der Marktmechanismus in Gang gesetzt. Danach können umweltbelastende Unternehmen in einer abge-
408 grenzten Region untereinander sogenannte **Umweltbenutzungslizenzen** (übertrag-
409 bare **Emissionsrechte**) handeln, die den maximalen Schadstoff festlegen.

Wie der Rat von Sachverständigen für Umweltfragen wiederholt betonte, wird in der bundesdeutschen Umweltpolitik den ökonomisch ausgerichteten Instrumenten bislang vergleichsweise wenig Gewicht beigemessen. Er empfiehlt deshalb der Bundesregierung künftig den verstärkten Einsatz **ökonomischer** und **flexibler** Instrumente (so insbesondere kooperative Selbstverpflichtungen der Verursacher, gezielter Einsatz von staatlichen Fördermitteln für umweltverträgliche Umstrukturierung von Produktionsprozessen, weitere finanzielle und steuerliche Anreize für umweltschonendes Verhalten, Benutzervorteile wie beispielsweise die Benutzung lärmarmer Fahrzeuge in Zonen, die aus Gründen des Lärmschutzes für den Verkehr gesperrt sind, Kompensationsregelungen, Abgabenlösungen, wie sie das Abwasser-
410 gesetz enthält u. a.). Der Rat sieht die auf dem → **Verursacherprinzip** (volkswirtschaftlicher Grundsatz, nach dem die Kosten der Umweltbelastung von den Wirt-
411 schaftssubjekten zu tragen sind, die sie verursacht haben) basierende **Gefährdungshaftung** als eine der Marktwirtschaft adäquate Lösung an. Er plädiert deshalb für eine Verschärfung der rechtlichen Sanktionen zur Abschreckung potentieller Umweltschädiger. Die strenge Überwachung der Eingriffsquellen mit ihren Emissionen und der von den Immissionen betroffenen Umweltsektoren gilt ihm als geboten.

Eine wirksame Umweltpolitik läßt sich nicht im nationalen Alleingang bewältigen; sie ist international zu betreiben. Die Bundesrepublik Deutschland bemühte sich deshalb in früherer Zeit sowohl innerdeutsch im Verhältnis zur DDR (Umweltvereinbarung vom 8. September 1987) wie auch auf europäischer Ebene (unter Einschluß von Ostblockstaaten wie CSSR, Ungarn, Rumänien), zu umweltpolitischen Abstimmungen zu gelangen. Diese Bemühungen wurden in jüngerer Zeit unter veränderten politischen Rahmenbedingungen verstärkt fortgesetzt. Besondere Bedeutung für den EU-Bereich erlangt die Einheitliche Europäische Akte (EEA vom 1. Juli 1987), die die Umweltpolitik der Gemeinschaft als eigene, originäre Aufgabe

Gesellschaft IV

zuweist und wichtige Grundsätze und Handlungskriterien für den gemeinsamen Umweltschutz im EWG-Vertrag festlegt. Eine umweltpolitische Zusammenarbeit zwischen der Europäischen Gemeinschaft und der → Europäischen Freihandelszone (EFTA) wurde am 25./26. Oktober 1987 in Noordwijk (Niederlande) beschlossen. Diese „Erklärung von Noordwijk" sieht vor, gemeinsame umweltpolitische Ziele und Strategien zu entwickeln. – Auch im Europarat, in der → Organisation für wirtschaftliche Zusammenarbeit und Entwicklung (OECD), der Wirtschaftskommission der Vereinten Nationen für Europa (ECE) und anderen internationalen Organisationen ist die Bundesrepublik bestrebt, ihre umweltpolitischen Vorstellungen zu verdeutlichen und länderübergreifend abzustimmen.

Umweltpolitik auf **globaler Ebene** erlebte ihre Geburtsstunde **1992** auf dem sogenannten Erdgipfel in **Rio de Janeiro**. Hier wurde erstmals von einer weltumfassenden Staatengemeinschaft, den United Nations (UN), eine Klimakonvention (UN-Klimakonvention [offiziell: Klimarahmenkonvention der Vereinten Nationen]) verabschiedet, deren Ziel es ist, die Konzentration der Treibhausgase zu stabilisieren. Die Industrieländer verpflichteten sich – mehr moralisch als verbindlich – ihren Kohlendioxyd-Ausstoß bis zum Ende des Jahrzehnts auf das Niveau von 1990 zu reduzieren. – **1997** in **Kyoto** wurden demzufolge im sogenannten Kyoto-Protokoll für die Industrieländer verbindliche Minderungspflichten und sogenannte flexible Mechanismen festgelegt, die es ihnen erleichtern sollen, die Vorgaben zu erreichen. – Im selben Jahr wird schließlich dieses Protokoll von der Staatengemeinschaft – trotz Ablehnung durch die USA* – zur Ratifizierung freigegeben. Die Regeln für die Reduzierung von Kohlendioxyd- und fünf weiteren Treibhausgas-Emissionen seitens der Industrieländer werden festgelegt. Sie hätten ihre Emissionen in der Zeit von 2008 bis 2012 um durchschnittlich 5,2 Prozent gegenüber 1990 zu senken. Für die Nichteinhaltung der Vorgaben werden Sanktionen normiert und ein Kontrollgremium eingerichtet. – Die Ratifizierung des Kyoto-Protokolls selbst wurde im Herbst **2001** in **Marrakesch** beschlossen. Die Delegierten aus rund 180 Ländern – ausgenommen die USA – einigten sich auf ein umfassendes Regelwerk zur Durchsetzung desselben. – Nach zwischenzeitlicher Ratifizierung des Kyoto-Protokolls auch durch die EU-Mitgliedsstaaten und Rußland (2004) – die USA haben ihre Ablehnung desselben auf dem UN-Klimagipfel in Buenos Aires im Dezember 2004 erneut bekräftigt – trat dieses am 16. Februar 2005 offiziell in Kraft.** Der weltweite Handel mit Treibhausgasrechten konnte damit seinen (wenn auch nur zögerlich aufgenommenen) Lauf nehmen!

Die Zukunft der Klimapolitik wird nach allgemeiner Einschätzung davon abhängen, ob Industrie- und Entwicklungsländer sich bis 2010 auf eine gemeinsame Strategie einigen können, den Ausstoß von Treibhausgasen bis zur Mitte des Jahrhunderts zu halbieren. Die Einhaltung dieses Zeitpunktes (2010) scheint erforderlich,

---

* Zur Begründung der amerikanischen Ablehnung siehe die äußerst aufschlußreiche Publikation von Singer, S. Fred, Gibt es eine wissenschaftliche Grundlage für die UN-Klimakonvention?, hrsgg. v. Centre for New Europe, Brüssel 2000.
** Vereinbarungsgemäß sollte das Kyoto-Protokoll erst in Kraft treten, wenn mindestens 55 Industrieländer, die mindestens 55 Prozent des Treibhausgasausstoßes der entwickelten Welt auf sich vereinigen, es ratifiziert haben.

IV Gesellschaft

um rechtzeitig vor Auslaufen des Kyoto-Protokolls (2012) zu klären, was danach geschehen soll. Ein solches Folgeabkommen müßte konsequenterweise die USA, Australien und China (und mit gewissen Abstrichen gegebenenfalls auch die Entwicklungsländer) mit einbeziehen.

Zwar gelang es anläßlich der Weltklimakonferenz auf **Bali 2007** Australien zu einer Ratifizierung des Kyoto-Protokolls zu bewegen, viel mehr wurde dort aber nicht erreicht. – So richten sich die Hoffnungen auf den Gipfel in **Kopenhagen 2009**.

Neben der globalen Umweltpolitik versucht sich in jüngster Zeit eine **europäische Klimapolitik** zu etablieren. Unter dem Europäischen Ratsvorsitz der deutschen Bundeskanzlerin Angela Merkel beschlossen die Staats- und Regierungschefs der Europäischen Union im Frühjahr **2007** bis zum Jahr 2020 EU-weit eine 20-prozentige Absenkung des CO_2-Ausstoßes anzustreben. Das hierfür wünschenswerterweise in Ansatz zu bringende Maßnahmenpaket („Energie- und Klimapaket") wurde Anfang 2008 unter anderem durch folgende Vorschläge grob umrissen: Der Anteil erneuerbarer Energien am gesamten Energieverbrauch soll von derzeit 9 Prozent auf 18 Prozent erhöht werden; ab 2013 sollen die Emissionsberechtigungen nicht mehr kostenlos abgegeben, sondern versteigert werden; im Jahr 2020 sollen 21 Prozent weniger CO_2-Zertifikate im Umlauf sein als 2005; neben der Industrie sollen auch die privaten Haushalte verstärkt in die umweltpolitische Verantwortung genommen werden. – Die Kosten des Klimapakets wurden vom Kommissionspräsidenten Barroso mit 0,5 Prozent der EU-Wirtschaftsleistung beziehungsweise mit durchschnittlich 3 Euro pro Woche je Bürger veranschlagt!

2.3.2.2.2 Ökonomie und Ökologie

Die Tatsache, daß Umweltschutz erhebliche Kosten verursacht, hält die Diskussion um mögliche Konflikte zwischen Ökonomie und Ökologie seit den Anfängen der Umweltpolitik im Gange. Der Kern der diesbezüglichen Auseinandersetzung ist die Feststellung, daß Umweltschutz den betroffenen Unternehmen – insbesondere im Zuge einer Intensivierung der staatlichen Umweltpolitik – Kosten verursacht und damit finanzielle Mittel bindet, die der profitablen ökonomischen Verwendung entzogen werden. Hinzu käme, daß bei gegebenen Lohnkosten die zusätzlichen Belastungen für den Umweltschutz – soweit sie nicht aus entsprechenden Gewinnen getragen werden können – Arbeitsplätze gefährden. Eine Belastung der Unternehmen mit zusätzlichen Kosten für Umweltschutz müßte deshalb – falls keine, beziehungsweise nicht noch mehr Arbeitslosigkeit entstehen sollte – durch langsamer steigende Löhne ausgeglichen werden. Dieser Argumentation kann aus einzelwirtschaftlicher Sicht kaum widersprochen werden; sie muß aber aus gesamtwirtschaftlicher Schau relativiert werden. Die zum Schutz der Umwelt dem einzelnen Unternehmen angelasteten Kosten finden nämlich ihre ökonomische Rechtfertigung in der Vermeidung/Verminderung **externer Kosten***, die ihrerseits – falls eine Vermeidung/Verminderung nicht erwirkt würde – vom Staat (und damit indirekt vom Steuerzahler) getragen werden müßten.

---

* **Externe Kosten** sind negative Nebenwirkungen, die von der Produktion eines Gutes ausgehen und die ein oder mehrere andere Güter beeinträchtigen, ohne vom Verursacher getragen zu werden (z. B. Luft-, Wasserverschmutzung).

Auch dem aus dem Umweltschutz resultierenden Nutzen einer verbesserten Umweltqualität sollte bei der Diskussion der Umweltschutzkosten die gebührende Beachtung geschenkt werden. Sicherlich stehen dem bislang noch gewisse Schwierigkeiten in der quantitativen Erfassung dieses Nutzens im Wege. Hierfür wäre die Kenntnis und ökonomische Bewertung von Umweltschäden unerläßlich. Diesbezüglich bestehen jedoch bis heute noch erhebliche Defizite.

Der Einwand, die umweltschutzbedingte Kostenbelastung der Unternehmer würde deren Wettbewerbsfähigkeit auf internationalen Märkten gefährden, ist sicherlich so lange nicht zu widerlegen, als die ausländische Konkurrenz solche Kosten in ihrer Produktkalkulation nicht berücksichtigen muß (da in ihrem Land vom Staat nicht erhoben!) und deshalb zu niedrigeren Preisen (als die bundesdeutschen Mitbewerber) anbieten kann. Wie die jüngere Erfahrung zeigt, sind den deutschen Unternehmern jedoch bislang aus Umweltkostenbelastung keine gravierenden Wettbewerbsnachteile erwachsen. Es darf vermutet werden, daß sie diese Kosten nur zum Teil weitergaben (also teilweise aus ihren Gewinnen trugen) und/oder die umweltschutzbedingten Preiserhöhungen gegenüber der Konkurrenz durch bestimmte Produkt- und/oder Liefervorteile (Qualität, pünktliche Einhaltung der Liefertermine, prompter Kundendienst, rasche Ersatzteillieferung u. a.) wettmachen konnten.

Auch wenn wir unterstellen, daß einzelne Unternehmen durch umweltschutzbedingte Kostenbelastungen zu (Arbeitskräfte-)Freisetzungen oder gar zu Betriebsstillegungen gezwungen werden, kann aus gesamtwirtschaftlicher Sicht angenommen werden, daß der Zuwachs an Arbeitsplätzen in der im Zuge eines verstärkten Umweltschutzes expandierenden Umweltschutzindustrie diese Arbeitsplatzeinbuße ausgleicht oder möglicherweise sogar übersteigt.

Eines jedoch bleibt zusammenfassend festzustellen: Die Bewältigung der umweltpolitischen Aufgaben ist teuer. Der für einen nachhaltigen Umweltschutz notwendige Übergang zu umweltschonenden, ressourcensparenden Produktionsverfahren und Produkten erfordert in der Regel einen verstärkten Einsatz von Kapital und → technischem Fortschritt. Sollten diese zusätzlichen Aufwendungen nicht zu Lasten der übrigen Produktion gehen, ist ein **insgesamt wachsendes Sozialprodukt/Nationaleinkommen** notwendig. Umweltschutz muß in wirtschaftliches Wachstum eingebettet sein.

2.3.2.2.3 Bilanz und Schlußfolgerungen

Der Umweltschutz in der Bundesrepublik Deutschland hat heute im internationalen Vergleich einen hohen Standard erreicht. Das Umweltbewußtsein unserer Bevölkerung ist stark ausgeprägt. Nicht zuletzt unter seinem Druck wurde und wird weiterhin den verschiedenen Umweltkrisen mit einem beträchtlichen finanziellen Aufwand begegnet. Dennoch, die bisher erfolgreiche Umweltpolitik stößt an konzeptionelle Grenzen.

Die umweltpolitischen Erfolge in der Bundesrepublik sind durch ein engmaschiges Netz ordnungsrechtlicher Regelungen fundiert. Sie bestimmen mehr oder weniger exakt, wie und in welchem Umfang die Umweltgüter Luft, Wasser und Boden durch wirtschaftliche Aktivitäten belastet werden dürfen. Dieser ökologische Ordnungsrahmen wurde seit den achtziger Jahren immer enger gefaßt und trug damit

IV Gesellschaft

fraglos zu einer relativ raschen Deckung des umweltpolitischen Nachholbedarfs bei. Ein in die Zukunft gerichteter Umweltschutz kann sich jedoch nicht in – über Auflagen, das heißt Gebote und Verbote – **erzwungenen** Unternehmensaktivitäten erschöpfen, er benötigt die Nutzung technischer Innovationen, die durch starre Auflagenregelungen eher gehemmt als gefördert werden. Staatliche Gebote und Verbote führen nämlich zwangsläufig dazu, daß administrative Instanzen und die Umweltschutzindustrie die einzuhaltenden Standards prägen. Der Umweltschutz wird hoheitlich verordnet. Innovative Initiativen zum Schutze der Umwelt durch die Verursacher selbst werden damit weitgehend überflüssig gemacht. Damit bleiben aber wertvolle Kenntnisse und Erfahrungen der spezifischen Praxis ungenutzt. Dieses starre ökonomisch wenig sinnvolle politische Verhalten müßte zugunsten einer neuen umweltpolitischen Konzeption aufgegeben werden, die den Verursacher von Umweltbelastungen bei der Entwicklung und Nutzung des umwelttechnischen Fortschritts angemessen einbezieht. Solchen, die unternehmerische Dynamik einbeziehenden, **flexiblen**, marktwirtschaftlichen Lösungen stellen sich derzeit jedoch zwei Entwicklungen entgegen:

– Die Umweltpolitik wird zunehmend von globalen Risiken (Klimaverschlechterungen durch Ausstoß von Kohlendioxyd, Ozonloch, wachsende Verschmutzung der Weltmeere) beherrscht, die sie international abgestimmten Vorgehensweisen (Vermeidungsstrategien) unterwerfen und damit wenig Raum für marktwirtschaftliche Steuerungselemente offenlassen.

– Das wachsende Umweltbewußtsein der Bürger und ihr nachdrücklicher Appell an die starke Hand des Staates zwingt diesen immer stärker zu vorsorgender Risikominderung durch ordnungsrechtliche Regelungen.

Trotz dieser ordnungsrechtliche Regelungen begünstigenden Entwicklungen sollte aus ökonomischen Effizienzerwägungen versucht werden, dort, wo die Suche nach integrierten Vermeidungstechniken vorangebracht werden soll, die marktwirtschaftlichen Anreize zu verstärken. Überall dort aber, wo Schutzansprüche der Bürger und ökologische Erfordernisse einen bestimmten Umweltschutzstandard verlangen, sollen auch weiterhin ordnungsrechtliche Regelungen Vorrang haben. Keinesfalls sollten bereits bestehende ordnungsrechtliche Normen aufgegeben werden; sie könnten allerdings durch marktwirtschaftliche Regelungen ergänzt werden. Diese marktwirtschaftlichen Regelungen sollten darauf abstellen, ordnungsrechtlich zulässige, genehmigte Emissionen beziehungsweise Einleitungen von vornherein zu vermeiden. Solche **marktwirtschaftlichen Ergänzungsregelungen** wären in der Umweltabgabe, der Umweltsteuer und der Umweltlizenz zu sehen.

414 Die **Umweltabgabe** hätte bei den Restemissionen anzusetzen. Sie wäre so zu gestalten, daß sie, ohne die Entwicklung des Ordnungsrechts zu gefährden, Anstrengungen zur weitergehenden Vermeidung von Emissionen (d. h. zur zusätzlichen Inanspruchnahme von Umweltschutz beziehungsweise zur Fortentwicklung von Umweltschutztechnik) auslöst.

415 Die **Umweltsteuer (Ökosteuer)** hätte den Verbrauch an Umwelt zu belasten. Es wären unter anderem in Erwägung zu ziehen: höhere Energiesteuern, Steuern auf Verpackungs- und Produktionsmittel, die bei der Entsorgung in besonderem Maße die Umwelt mit Schadstoffen belasten. Auch die privaten Haushalte könnten durch

solche spezifische Verbrauchssteuern zum sparsamen Umgang mit entsprechenden Gütern (z. B. Energie) veranlaßt werden.

Umweltlizenzen wären Berechtigungen zum Verbrauch von Umwelt. Sie sollten bewirken, daß Einleitungen von Schadstoffen in die Umwelt auf die vom Staat vertretbare Menge beschränkt werden. Es wäre beispielsweise für den Bereich der Landwirtschaft an Düngelizenzen zu denken.

Wenn Lizenzen, Steuern und Abgaben den erwünschten Effekt, nämlich eine deutliche Abnahme des Verbrauchs an Natur, erzielen sollen, dann müßte dieser Verbrauch empfindlich teurer werden. Sollte die damit einhergehende zusätzliche Bindung von Kaufkraft nicht zu entsprechenden Nachfrageausfällen in anderen (Nachfrage-)Bereichen führen und dort unerwünschte Beschäftigungseinbrüche zeitigen, müßte die bislang auf Arbeit (Arbeitseinkommen) und Kapital erhobene Steuer entsprechend gesenkt werden. Mit anderen Worten: Die drastische Belastung des Umweltverbrauchs wäre durch eine steuerliche Entlastung von Arbeit und Kapital zu kompensieren. Arbeit und Kapital würden verbilligt, Umwelt entsprechend verteuert. Dieser Tatbestand wäre geeignet, den Einsatz von Arbeit und Kapital (soweit dies möglich ist) verstärkt an die Stelle des Verbrauchs von Natur treten zu lassen.

Über die hier skizzierten marktwirtschaftlichen Ergänzungsregelungen in der Umweltpolitik wird im Umweltministerium schon seit geraumer Zeit eingehend diskutiert. Ob diese Diskussion, wie marktwirtschaftliche Denkansätze überhaupt, hier das erforderliche Verständnis erheischen, bleibt abzuwarten. Das Problem der bundesdeutschen Umweltpolitik ist wohl darin zu sehen, daß diese weder institutionell noch thematisch als Wirtschaftspolitik behandelt wird. Nachdem die Umweltpolitik bis 1986 **uneinheitlich** – je nach spezieller Umweltschutzaufgabe – von den Bundesministerien des Innern, für Ernährung, Landwirtschaft und Forsten sowie für Jugend, Familie und Gesundheit betrieben wurde, ist sie seither der Zuständigkeit eines wohl selbständigen, aber wenig ökonomisch orientierten Ministeriums (Bundesministerium für Umwelt, Naturschutz und Reaktorsicherheit) überantwortet. Umweltpolitik wird hier offensichtlich mehr als Umweltverwaltung denn als Teil der Wirtschaftspolitik verstanden. Eine solche Politik ist in ihrer Anlage bevormundend und wirkt deshalb lähmend auf private Initiativen. Eine in die Zukunft gerichtete Umweltschutzpolitik sollte jedoch viel eher bei Produzenten wie bei Konsumenten Anreize schaffen, aus **eigenem Interesse** Umweltschäden zu vermeiden und nach umweltverträglichen Verfahren und Produkten zu suchen. Solche Anreize schafft eine marktwirtschaftliche Umweltpolitik, die das → **Verursacherprinzip*** verfolgt und die Nutzung natürlicher Ressourcen in Rechnung stellt.

* Durch das Gesetz über die Umwelthaftung (Umwelthaftungsgesetz) v. 10.12.1990 ist eine **Gefährdungshaftung** für schädliche Umwelteinwirkungen eingeführt worden. Wird danach durch eine Umwelteinwirkung, die von einer bestimmten Anlage ausgeht, jemand getötet, an Körper oder Gesundheit verletzt oder wird eine Sache beschädigt, so ist der Inhaber der Anlage zum Schadensersatz verpflichtet (§ 1 Umwelthaftungsgesetz). Die betreffenden Anlagen sind im Anhang 1 (zu § 1 Umwelthaftungsgesetz) im einzelnen aufgeführt, so zum Beispiel Kraftwerke, Feuerungsanlagen, Zementwerke, chemische Fabriken u. a. Ein Schaden entsteht durch eine Umwelteinwirkung, wenn er durch Stoffe, Erschütterungen, Geräusche, Druck, Strahlen, Gase, Dämpfe, Wärme oder sonstige Erscheinungen verursacht

IV Gesellschaft

2.3.2.3 Bildungspolitik

420,421 **2.3.2.3.1 Bildungspolitik und Bildungsökonomie**

Auch die Bildungspolitik kann heute – zumindest innerhalb bestimmter Grenzen – als ein Bereich der Wirtschaftspolitik angesehen werden. Sie widmet sich hier der Abstimmung zwischen **Bildungs- und Beschäftigungssystem** und stützt sich dabei auf die Erkenntnisse der Bildungsökonomie. Ausgehend von der Feststellung, daß
422 Ausgaben (Investitionen) für Bildung (**Humankapital**) – wie auch für die diese fundierende Wissenschaft und Forschung – den → technischen Fortschritt und das → Wachstum von Produktion und damit auch das Ausmaß der Beschäftigung maßgeblich (mit-)bestimmen, versucht diese die Zusammenhänge zwischen Ausbildung, Forschung und Wirtschaftswachstum theoretisch zu klären und daraus wirtschaftspolitische Empfehlungen abzuleiten, so insbesondere welche Expansion des Bildungs- und Ausbildungssystems erforderlich ist, um bestimmte kultur-, sozial- und wirtschaftspolitische Zielsetzungen zu erreichen. Die Bildungsökonomie ist somit bestrebt, die künftig notwendigen Ausgaben für das Schul- und Hochschulwe-
423 sen zu prognostizieren und zur Grundlage einer konkreten **Bildungsplanung** zu machen.

424 **2.3.2.3.2 Berufliche Bildung als Schwerpunkt der Bildungspolitik**

Gesetzliche Grundlage der beruflichen Bildung bildet das Berufsbildungsgesetz (BBiG) in der Fassung vom 23. 3. 2005.

Nach den in der einschlägigen Diskussion vorherrschenden Vorstellungen gilt die
425 **Berufsbildungspolitik** heute als ein integraler Bestandteil einer zukunftsorientierten Wirtschafts-, Arbeitsmarkt- und Gesellschaftspolitik. Dabei geht es ihr vorrangig darum, ordnungspolitische und infrastrukturelle Bedingungen zu schaffen, die geeignet sind:

- ein System differenzierter Ausbildungsangebote zu erhalten und weiter auszubauen, das sowohl den unterschiedlichen individuellen Begabungen, Fähigkeiten und Neigungen Rechnung trägt, als auch dem Qualifikationsbedarf der Wirtschaft und Verwaltung entspricht;
- die Weiterbildung qualitativ und quantitativ zur „vierten Säule"* des Bildungssystems zu entwickeln;
- Weiterbildungsbereitschaft und Weiterbildungsfähigkeit bereits während der Ausbildungszeit und über das gesamte Berufsleben hinweg zu fördern;

---

wird, die sich in Boden, Luft oder Wasser ausgebreitet haben (§ 3 Abs. 1 Umwelthaftungsgesetz). Wenn eine Anlage geeignet ist, den entstandenen Schaden verursacht zu haben, so wird vermutet, daß der Schaden durch die Anlage verursacht worden ist (§ 6 Abs. 1 Umwelthaftungsgesetz). Diese **Ursächlichkeitsvermutung** wird dann nicht angestellt, wenn der Anlageninhaber nachweist, daß die Anlage bestimmungsgemäß betrieben wurde (§ 6 Abs. 2 Umwelthaftungsgesetz). Ein bestimmungsgemäßer Betrieb liegt vor, wenn die besonderen Betriebspflichten eingehalten wurden und auch keine Störung des Betriebes vorliegt (§ 6 Abs. 2 Umwelthaftungsgesetz).

* Die drei klassischen Säulen des Bildungssystems sind: das allgemeinbildende Schulwesen, die Berufsausbildung und die Hochschulen.

Gesellschaft **IV**

- in Aus- und Weiterbildung breit verwertbare fachliche und fächerübergreifende Fähigkeiten zu vermitteln und
- eine flexible Anpassung der Aus- und Weiterbildung an die sich rasch ändernden qualifikatorischen Anforderungen zu ermöglichen.

Die Verteilung der Verantwortlichkeiten auf Bund, Länder und Sozialparteien, der Vorrang individueller Bildungs- und Berufswahlentscheidungen, die Eigenverantwortung der (Ausbildungs-)Betriebe und anderer Träger der Berufsbildung, der Verzicht auf staatlich-bürokratische Bedarfslenkung sowie die Ausrichtung an den Prinzipien der → **Subsidiarität**, der **Pluralität** und des **Wettbewerbs** gelten als die maßgeblichen Orientierungspunkte dieser Berufsbildungspolitik.

Die Beibehaltung des **dualen Berufsbildungssystems** (die Berufsausbildung wird parallel im Betrieb und in der Berufsschule betrieben) gilt als unverzichtbare Voraussetzung einer qualitativ konkurrenzfähigen Berufsqualifizierung. Sie wird einerseits (in ihrem betrieblichen Teil) durch die mit den Sozialparteien (→ Sozialpartnern) erarbeiteten und vom Bund erlassenen → Ausbildungsordnungen (sie beinhalten: Bildungsziele, Bildungsinhalte, Anforderungsniveau, Bildungszeiten u. a.) und andererseits (in ihrem schulischen Teil) durch die Rahmenpläne der Länder bestimmt, die auf die Inhalte der Ausbildungsordnungen abgestimmt sind. Die Fortführung der bereits Anfang der 1970er Jahre begonnenen Neuordnung der → Ausbildungsberufe sowie die Aktualisierung der Ausbildungsordnungen gilt weiterhin als vordringlich.

426

Die Weiterbildung läßt sich im Verständnis des Bundesministeriums für Bildung und Wissenschaft (Berufsbildungsbericht 1989 und 1993) bzw. für Bildung und Forschung (Berufsbildungsbericht 2001) nicht durch Bürokratisierung, staatliche Bevormundung und Reglementierung erreichen. Sie soll vielmehr auf den **Wettbewerb** und die **Pluralität** der Träger, auf die **Freiwilligkeit** und **Verantwortung** des einzelnen, der Betriebs- und Tarifpartner und die → Subsidiarität staatlicher Regelungen und Förderung setzen. Hinsichtlich der notwendigen Abstimmung zwischen den Beteiligten kommt der **Konzertierten Aktion Weiterbildung** (KAW) besondere Bedeutung zu. Sie hat im Dezember 1987 unter Beteiligung von Bund, Ländern, Sozialparteien und Weiterbildungsträgern ihre Arbeit aufgenommen und ist bis heute (2008) tätig.

427

Zur Förderung und Unterstützung der beruflichen Bildung schlossen die Bundesregierung und die Spitzenverbände der deutschen Wirtschaft im Jahre 2004 den „Nationalen Pakt für Ausbildung und Fachkräftenachwuchs in Deutschland". Mit ihm verpflichten sich die Partner in enger Zusammenarbeit mit den Ländern jedem ausbildungswilligen und ausbildungsfähigen jungen Menschen ein Ausbildungsangebot zu machen. Die Spitzenverbände haben zugesagt entsprechende Ausbildungsplätze einzuwerben. Der Pakt wurde zwischenzeitlich bis 2010 verlängert.

Mit dem durch das Bundesministerium für Bildung und Forschung 2006 berufenen **Innovationskreis für berufliche Bildung** soll den zentralen Herausforderungen für Innovation im deutschen Berufsbildungssystem Rechnung getragen und konkrete Handlungsoptionen zur strukturellen Verbesserung der beruflichen Bildung erarbeitet werden. Folgende Leitlinien dieser Bildungsreform werden benannt:
- Mehr Schulabschlüsse erreichen – Ausbildungsreife verbessern;

491

IV Gesellschaft

- Ausbildungsvorbereitung für Benachteiligte optimieren – Förderstrukturen neu ordnen;
- Übergänge optimieren – Wege in betriebliche Ausbildung sichern;
- Berufsprinzip stärken – Flexibilisierung der beruflichen Bildung vorantreiben;
- Ausbildungsbasis verbreitern – Ausbildungskapazitäten effektiv nutzen;
- Durchlässigkeit verbessern – Anschlußfähigkeit beruflicher Abschlüsse sichern;
- „Zweite Chance" für Qualifizierung – Nachqualifizierung junger Erwachsener vorantreiben;
- Europäische Öffnung – Mobilität und Anerkennung verbessern;
- Duale Ausbildung im europäischen Vergleich stärken – Potenzial auf dem internationalen Bildungsmarkt sichern;
- Grundlagen für zukunftsorientierte Berufsbildungspolitik schaffen – Kooperation von Wirtschaft, Wissenschaft und Politik stärken.

Für den europäischen Binnenmarkt (ab 1.1.1993) läßt sich die Bundesregierung von folgenden Vorstellungen leiten:

- Abstimmung der berufsbildungspolitischen Ziele,
- Herstellung, Sicherung und Verbesserung von Freizügigkeit beim Zugang zu Bildung und Arbeit,
- Verbesserung des Informations- und Erfahrungsaustausches wie auch des Transfers von Wissen und Qualifikationen in der Berufsbildungspraxis und -forschung.

Es gilt allerdings zu betonen, daß die derzeitige europäische Berufsbildungspolitik keinesfalls eine Harmonisierung oder Vereinheitlichung der nationalen Berufsbildungsgänge und -systeme anstrebt, sondern allein eine **Abstimmung** berufsbildungspolitischer Ziele, die ihrerseits auf unterschiedlichen Wegen erreicht werden können. Der Wettbewerb und die Vielfalt der Berufsbildung in Europa gilt als wünschenswert und deshalb auch als förderungswürdig. – Auch darf die angestrebte → **Freizügigkeit** auf dem europäischen Arbeitsmarkt (abgesehen von den wenigen reglementierten meist akademischen Berufen) nicht als eine wechselseitige formelle Anerkennung von Bildungsgängen und Befähigungsnachweisen mißverstanden werden. Sie soll vielmehr durch Information über Bildungsgänge und die in ihnen vermittelten Qualifikationen auf der Grundlage gegenseitigen Vertrauens in die Qualität der nationalen Berufsbildungssysteme erreicht werden. Freizügigkeit der Arbeitnehmer in der Union wird somit durch den Abbau bestehender nationaler bürokratischer und gesetzlicher Hemmnisse beim Zugang zu Berufstätigkeiten angestrebt.

Aufgrund der EU-Richtlinie (2005/36/EG) über die Anerkennung von Berufsqualifikationen ist die Bundesrepublik Deutschland verpflichtet, bis 2010 nationale Qualifikationen im Bildungsbereich an europäische Standards anzupassen.

Die **Europäische Union**, die sich bislang über ihre Aktionsprogramme „Sokrates" und „Leonardo da Vinci" bildungspolitisch engagierte, setzt diese Bemühungen mit ihrem neuen Programm **„Lebenslanges Lernen"** (Laufzeit 2007–2013, Gesamtbudget rd. 7 Mrd. Euro) fort. Es umfaßt folgende Unterprogramme:
- Comenius – Schulbildung,
- Erasmus – Hochschulbildung,

- Leonardo da Vinci – berufliche Bildung,
- Grundtvig – Erwachsenenbildung,
- Jean Monet – europapolitische Bildung.

Hinzu kommen Querschnittsprogramme für Projekte, die sich nicht auf lebenslanges Lernen beschränken.

2.3.2.3.3 Die marktwirtschaftliche Herausforderung in der Weiterbildung

Seit der um die Mitte der 1980er Jahre von der Bundesregierung eingeleiteten Qualifizierungsoffensive hat sich die berufliche Weiterbildung hinsichtlich Qualität, Differenziertheit und Vielfalt betrieblicher und außerbetrieblicher Angebote erheblich weiterentwickelt. Das gemeinsame Interesse von Arbeitgebern und Beschäftigten an der beruflichen Weiterbildung zeigt sich auch deutlich an der steigenden Anzahl einschlägiger tariflicher Vereinbarungen. Die nach dem Arbeitsförderungs-Reformgesetz v. 1997 (siehe Sozialgesetzbuch III v. 1998 §§ 97ff.) mit Mitteln der Bundesagentur für Arbeit geförderte Fortbildung, Umschulung und Einarbeitung von Arbeitskräften haben sich in ihren Teilnehmerzahlen unter Einschluß der neuen Bundesländer fortlaufend erhöht. Es kann somit von einem gewissen Erfolg der staatlichen Berufsbildungspolitik gesprochen werden. Dennoch dürften diese staatlichen Möglichkeiten in der Zukunft wohl kaum ausreichen, die mit dem → technischen Fortschritt auf uns zukommenden arbeitsweltlichen Strukturveränderungen zu meistern. In der künftigen beruflichen Weiterbildungspolitik kann es weder um den Ausbau flächendeckender staatlicher Weiterbildungsinstitutionen gehen, noch um eine Vorrangstellung öffentlicher Träger und öffentlicher Finanzierung. Entscheidend für das staatliche Angebot beruflicher Weiterbildung durch Berufsschulen, Fachhochschulen und Hochschulen sollte jedoch sein, daß dieses marktmäßig und kostendeckend erfolgt. Nur so können Wettbewerbsverzerrungen vermieden und eine Orientierung am tatsächlichen Bedarf ermöglicht werden. Die Weiterbildung darf keinesfalls analog der Ausbildung total verrechtlicht oder gar verstaatlicht werden. Dieser Bereich persönlichen Engagements darf nicht durch unnötige Reglementierungen eingeschränkt werden, sondern hat sich vielmehr offen und reagibel der Vielgestaltigkeit individueller Bildungswünsche zu fügen. Hier muß der schwerfällige Staat dem flexiblen Markt und damit der ökonomisch sensiblen Privatinitiative stärker Einlaß gewähren. Private Initiative und staatliche Bildungsaktivitäten sollen in der Weiterbildung in fruchtbarer Konkurrenz stehen und mit der Qualität ihres Angebots um die Nachfrager werben müssen. Auch hier soll sich der Markt als effizientes Entdeckungsverfahren für neue Lösungswege bewähren können. Keinesfalls jedoch sollte der Bestand und die Weiterentwicklung einzelner Weiterbildungsangebote vom Staat garantiert werden. Dies wäre dem notwendigen Bewährungsdruck dieser Institutionen abträglich.

2.3.3 Sonstige Instrumente der Wirtschaftspolitik

Neben den traditionellen und speziellen Instrumenten der Wirtschaftspolitik läßt sich eine Reihe sonstiger Instrumente ausmachen, die in der Regel in den Dienst der mittels der traditionellen Instrumente betriebenen Politik gestellt werden. Hiervon seien nachfolgend kurz skizziert: die Geldpolitik und die Beschäftigungspolitik.

IV Gesellschaft

430 **2.3.3.1 Geldpolitik**

Die staatliche Geldpolitik befaßt sich mit der Gestaltung des Geldsystems und der Geldversorgung der Wirtschaft. In der Gestaltung des Geldsystems ist sie → Ordnungspolitik; als solcher obliegt ihr die Schaffung der Rahmenbedingungen und
431 Verhaltensregeln der **Geldverfassung** (Währungsordnung, Festsetzung der Währungseinheit, Regelung des Münz- und Notenwesens, Ordnung des Kreditwesens u. a.). Hinsichtlich der Geldversorgung der Wirtschaft ist die Geldpolitik → Pro-
432 zeßpolitik; als solche versucht sie über die Regulierung der **Geldmenge** das gesamtwirtschaftliche Gleichgewicht zu sichern und den Wirtschaftsablauf zu verstetigen. Die Regulierung der Geldmenge erfolgt direkt durch die Geldmengenpolitik und indirekt durch die Zinspolitik.

Die Zielvorgaben für die bundesdeutsche Geldpolitik formuliert das Gesetz über die Deutsche Bundesbank (Bundesbankgesetz), das durch das 6. Gesetz zur Änderung des Gesetzes über die Deutsche Bundesbank vom 22. 12. 1997 an die Vorga-

Die Stich- ben des Gemeinschaftsrechts für die Teilnahme (der Bundesrepublik Deutschland)
wortnummern an der Stufe III der Europäischen Wirtschafts- und Währungsunion angepaßt wor-
433 bis 437 den ist. (Ein Teil der Änderungen ist bereits am 31. 12. 1997 in Kraft getreten, die
sind
entfallen! übrigen am 1. 1. 1999.)

438 Die **Bundesbank** (Zentralbank) ist eine → juristische Person des öffentlichen Rechts. Sie ist durch das Gesetz über die Deutsche Bundesbank von 1957 in der Fassung von 1992, zuletzt geändert durch Gesetz vom 21. 12. 2007 geregelt. Ihr obliegt im wesentlichen die Regelung des Geldumlaufes und der Kreditversorgung der Wirtschaft unter dem übergeordneten Ziel der Währungssicherung (Geldpolitik) sowie die Abwicklung des Zahlungsverkehrs im Inland und mit dem Ausland. Mit der Verwirklichung der Stufe III der Europäischen Wirtschafts- und Währungsunion ging allerdings zum 1. 1. 1999 die Entscheidungskompetenz in der
439 Geldpolitik (von der Bundesbank) auf den **Europäischen Zentralbankrat** über. (Der Europäische Zentralbankrat setzt sich aus dem Europäischen Zentralbank-Direktorium und den Präsidenten der Zentralbanken der Euro-Länder zusammen.) Nach dem Maastrichter Vertrag obliegt nunmehr diesem als vorrangiges Handlungsziel die Wahrung der Preisniveaustabilität.

440 Zur Erreichung dieser komplexen Zielvorgabe stehen dem **Europäischen System der Zentralbanken** (ESZB) eine Reihe geldpolitischer Instrumente zur Verfügung. Es betreibt Offenmarktgeschäfte, bietet ständige Fazilitäten an und verlangt, daß die Kreditinstitute Mindestreserven bei ihm unterhalten.

Die **Offenmarktgeschäfte** umfassen traditionell den Kauf und Verkauf von Wertpapieren durch die Zentralbank auf eigene Rechnung am offenen, anonymen Markt. Der Handel erstreckt sich sowohl auf kurz- wie auch auf langlaufende Wertpapiere. Der Kauf beziehungsweise Verkauf dieser Wertpapiere kann bei/an Banken wie auch Nichtbanken erfolgen. Die Zentralbank kann die Wertpapiere „endgültig" (outright) oder aber nur für eine begrenzte Zeit ankaufen beziehungsweise verkaufen. Kauft die Zentralbank die Wertpapiere nur für eine begrenzte Zeit, das heißt befristet, so ist die verkaufende Bank verpflichtet, diese (Wertpapiere) nach einer bestimmten Zeit (z. B. nach 14 Tagen) wieder zurückzukaufen. Solche Offenmarktgeschäfte mit Rückkaufverpflichtung nennt man auch (Wertpapier-)

Gesellschaft **IV**

Pensionsgeschäfte (oder auch Repos bzw. Repogeschäfte). Die Wertpapiere werden quasi für eine bestimmte Zeitspanne „in Pension" gegeben! – Im Gegensatz zu einem „endgültigen" Ankauf von längerfristigen Wertpapieren werden bei solchen Pensionsgeschäften den die Wertpapiere verkaufenden Kreditinstituten nur für einen begrenzten Zeitraum Zentralbankguthaben zur Verfügung gestellt. – Da heute die Zentralbank bei befristeten Transaktionen die Wertpapiere nur noch zum Pfand hereinnimmt, spricht man diesbezüglich nicht mehr von Wertpapierpensionsgeschäften, sondern neutraler von **befristeten Refinanzierungsgeschäften**. Wirtschaftlich betrachtet ist diese Unterscheidung ohne Bedeutung!

Mit der Zurverfügungstellung von befristetem Zentralbankgeld (sogenannten befristeten Transaktionen) steuert das ESZB (gleichermaßen wie früher die Bundesbank) die Zinsen und die Liquidität am Geldmarkt. Den wöchentlich im Ausschreibungsverfahren durchgeführten 14-tägigen **Hauptrefinanzierungsgeschäften** kommt hierbei zentrale Bedeutung zu. Daneben wird – ebenfalls im Ausschreibungsverfahren – einmal im Monat ein Refinanzierungsgeschäft mit einer Laufzeit von 3 Monaten, der sogenannte **Basistender** angeboten. Dieser Basistender ermöglicht insbesondere kleineren Banken eine etwas längerfristige Zentralbankgeldversorgung.

Hinsichtlich der Ausschreibung der Hauptrefinanzierungsgeschäfte und der Basistender kann das ESZB zwischen zwei Verfahren wählen, dem Mengentender und dem Zinstender. Beim **Mengentender** legt das ESZB den Zinssatz fest und die Kreditinstitute nennen in ihren Geboten lediglich die Beträge, in deren Höhe sie Wertpapiere an das ESZB zu verkaufen wünschen. Die EZB bedient diese Wünsche entweder in vollem Umfang oder aber sie repartiert diese gemäß ihrer liquiditätspolitischen Vorstellungen.

Beim **Zinstender** nennen die Kreditinstitute in ihren Geboten nicht nur die gewünschten Beträge, sondern auch den Zinssatz, zu dem sie die Refinanzierungsgeschäfte abzuschließen bereit sind. Ist das Zinsgebot zu niedrig, wird es nicht bedient; je höher es ist, desto größer die Chance der vollen Bedienung. Gebote zu dem gerade noch zum Zuge kommenden Zinssatz werden auch hier erforderlichenfalls repartiert. Beim längerfristigen Refinanzierungsgeschäft wählt das ESZB in der Regel das Zinstenderverfahren. Es überläßt damit die Zinsfindung dem Markt und vermeidet die Setzung geldpolitischer Signale.

Neben dem Hauptrefinanzierungsgeschäft und dem Basistender verfügt das ESZB über sogenannte Feinsteuerungsoperationen und strukturelle Operationen. **Feinsteuerungsoperationen** erfolgen in der Regel von Fall zu Fall über befristete Transaktionen, um die Auswirkungen unerwarteter Liquiditätsschwankungen auf die Zinssätze zu mildern. So übernimmt beispielsweise beim sogenannten Devisenswapgeschäft das ESZB von Banken kurzfristig Devisen gegen Zentralbankguthaben oder das ESZB verkauft für einen befristeten Zeitraum Devisen an Banken.

Strukturelle Operationen sollen die Liquiditätsposition der Banken gegenüber dem ESZB langfristig beeinflussen. Ist beispielsweise das Liquiditätsdefizit der Banken aus der Sicht des ESZB zu gering, so daß diese nicht auf Refinanzierungsgeschäfte mit dem ESZB angewiesen sind und damit dessen geldpolitische Instrumente nicht greifen können, kann es dieses (Liquiditätsdefizit) zum Beispiel durch die Ausgabe

IV Gesellschaft

von Schuldverschreibungen erhöhen und damit die Banken wieder in die Refinanzierung zwingen.

Neben der Offenmarktpolitik gehören zum geldpolitischen Instrumentarium des ESZB zwei sogenannte **Ständige Fazilitäten**, die Spitzenrefinanzierungsfazilität und die Einlagefazilität.

Die **Spitzenrefinanzierungsfazilität** stellt „Übernachtliquidität" zu einem bestimmten Zinssatz bereit und begrenzt dadurch ein Ausbrechen des Tagesgeldsatzes nach oben. Mit entsprechenden Sicherheiten (auf Pfandbasis) können die Banken darauf praktisch unbegrenzt zurückgreifen. Sie müssen den Kredit allerdings am folgenden Tag wieder zurückzahlen.

Die **Einlagefazilität** ermöglicht es den Banken, überschüssige Zentralbankguthaben bei der Zentralbank bis zum banknächsten Geschäftstag zu einem festen Zinssatz anzulegen. Durch Inanspruchnahme dieser Möglichkeit soll ein zu starkes Abfallen des Tagesgeldsatzes vermieden werden. Der Zinssatz auf diese Einlagen ist verständlicherweise niedriger als der für die Spitzenrefinanzierungsfazilität beziehungsweise für das Hauptrefinanzierungsinstrument. Er bildet in der Regel die Untergrenze des Tagesgeldsatzes.

Vor dem Hintergrund der vorausgegangenen Darlegungen läßt sich feststellen, daß sich die Zinssätze am Geldmarkt innerhalb eines Korridors bewegen, der durch die Zinssätze für die Spitzenrefinanzierungs- und Einlagenfazilität begrenzt ist. Innerhalb dieses Korridors werden sie sich erfahrungsgemäß am Zinssatz für das Hauptrefinanzierungsgeschäft orientieren.

Die **Mindestreserve** ergänzt das gedlpolitische Instrumentarium des ESZB. Mit der Pflicht der Kreditinstitute, ein bestimmtes Guthaben (Mindestreserve) bei der (nationalen) Zentralbank zu unterhalten, soll eine Stabilisierung der Geldmarktzinsen begünstigt und eine strukturelle Liquiditätslücke des Bankensystems gewährleistet werden. Die Reservepflicht der Kreditinstitute richtet sich einerseits nach der Höhe ihrer Nichtbankeneinlagen und dem Volumen ausgegebener Schuldverschreibungen,* andererseits nach dem vom ESZB (einheitlich auf 2 Prozent) festgelegten Mindestreservesatz. Die Mindestreserve ist nur im Durchschnitt der Reserveerfüllungsperiode (diese beginnt am 24. eines jeden Monats und endet am 23. des Folgemonats) nicht aber täglich zu erfüllen. Die Kreditinstitute können so Liquiditätsausschläge über ihre Mindestreserveguthaben ausgleichen.

Während die geldpolitischen Entscheidungen ausschließlich im EZB-Rat getroffen werden, liegt die Umsetzung dieser Entscheidungen, das heißt die Durchführung der Geldpolitik, weitestgehend in der Verantwortung der nationalen Zentralbanken. Bei ihnen unterhalten die Kreditinstitute der jeweiligen Länder ihre Zentralbankkonten und auf diesen auch ihre Mindestreserven. Über diese Zentralbank-

---

* Mindestreservepflichtig sind: täglich fällige Einlagen, Einlagen mit einer vereinbarten Laufzeit beziehungsweise Kündigungsfrist von bis zu 2 Jahren und Geldmarktpapiere. Einlagen mit einer vereinbarten Laufzeit beziehungsweise Kündigungsfrist von mehr als 2 Jahren; ausgegebene Schuldverschreibungen mit vereinbarter Laufzeit von über 2 Jahren sowie Verbindlichkeiten aus Repo-Geschäften werden auch in die Mindestreservebasis einbezogen, sie werden jedoch derzeit mit einem Reservesatz von 0 Prozent belegt.

Gesellschaft **IV**

konten werden die Hauptrefinanzierungs- und langfristigen Refinanzierungsgeschäfte wie auch die strukturellen Operationen und größtenteils auch die Feinsteuerungsmaßnahmen abgewickelt. Die Ständigen Fazilitäten werden gleichfalls von den nationalen Zentralbanken besorgt.

Mit den vorgenannten geldpolitischen Operationen kann das ESZB nur bedingt Einfluß auf die Geldwertstabilität nehmen, da zwischen diesen und der Reaktion des Preisniveaus langwierige und zum Teil nur schwer voraussehbare Wirkungszusammenhänge bestehen. Hinzu kommt, daß statistisch feststellbare Inflationsraten lediglich Vergangenheitswerte repräsentieren, die nur bedingt Hinweise auf künftige Entwicklungen und diesen gemäße Maßnahmen geben. In diesem Bezug ist die **Geldmenge*** ein wichtiger Indikator; denn langfristig wird die Preisentwicklung durch die Entwicklung der Geldmenge bestimmt. Die Kontrolle der Geldmenge ist deshalb für eine der Preisstabilität verpflichtete Geldpolitik eine – notwendige, wenn auch nicht hinreichende – Bedingung. Die Geldpolitik des ESZB folgt in der Tradition der Deutschen Bundesbank dieser Erkenntnis, wenn auch mit gewissen Einschränkungen. Sie formuliert für die Geldmengenentwicklung lediglich einen **Referenzwert.**** Weicht die Geldmenge von diesem Referenzwert ab, so deutet dies in der Regel auf eine Gefährdung der Preisstabilität und veranlaßt das ESZB die Öffentlichkeit hiervon in Kenntnis zu setzen und nach den diesbezüglichen Gründen zu forschen wie auch die möglichen Konsequenzen aufzuzeigen. Liegt das Geldmengenwachstum über dem Referenzwert, wird das ESZB typischerweise mit einer Zinssatzerhöhung antworten; liegt es darunter, so ist eine Zinssatzsenkung angezeigt.

In der vorgenannten Ausstattung bietet die Geldpolitik ein beachtliches stabilitätspolitisches Potential.

Nach § 12 Bundesbankgesetz ist die Bundesbank bei der Ausübung ihrer Befugnisse von den Weisungen der Bundesregierung unabhängig. „Soweit dies unter Wahrung ihrer Aufgabe als Bestandteil des Europäischen Systems der Zentralbanken

---

* Bestand an Bargeld und Einlagen (d. s. von Kunden den Banken gegen einen Zins überlassene Gelder mit unterschiedlicher Fristigkeit) bei inländischen Nichtbanken (d. s. private u. öffentliche Haushalte sowie Unternehmen), der zur Nachfrage nach Gütern zur Verfügung steht. (Die Kassenbestände der Banken an Bargeld und Noten werden nicht zur Geldmenge gerechnet, da mit ihnen keine Nachfrage ausgeübt, sondern lediglich Giralgeld in Bargeld umgetauscht wird!)
Die Geldmenge läßt sich in 3 Teilmengen gliedern:
M_1: Bargeld und Sichteinlagen (d. s. täglich fällige oder mit einer Laufzeit unter einem Monat auf Giro- und Kontokorrentkonten geführte Einlagen) inländischer Nichtbanken;
M_2: M_1 plus Termineinlagen (d. s. befristete Einlagen, die für mindestens 30 Tage angelegt werden) inländischer Nichtbanken unter 4 Jahren;
M_3: M_2 plus Spareinlagen inländischer Nichtbanken mit 3-monatiger Kündigungsfrist, Geldmarktfondsanteile und kurzlaufende Bankschuldverschreibungen sowie Einlagenzertifikate bei Nichtbanken.
** Der Referenzwert gibt an, um wieviel Prozent die Geldmenge M_3 wachsen soll; er formuliert damit eine Zielvorstellung. Die Ableitung dieser Rate basiert auf Annahmen über den Preisanstieg, das reale BIP-Wachstum und den trendmäßigen Rückgang der Umlaufgeschwindigkeit des Geldes.

IV Gesellschaft

Die Stichwortnummern 441 bis 447 sind entfallen!

möglich ist, unterstützt sie die allgemeine Wirtschaftspolitik der Bundesregierung." Diese (Wirtschaftspolitik der Bundesregierung) findet ihre Zielvorgaben in § 1 Stabilitätsgesetz (→ Stabilität des Preisniveaus, hoher Beschäftigungsgrad, → außenwirtschaftliches Gleichgewicht, stetiges und angemessenes Wachstum).

Die Bundesbank mit Sitz in Frankfurt wird durch einen achtköpfigen Vorstand, an dessen Spitze ein Präsident und ein Vizepräsident stehen, geleitet. Je vier Vorstandsmitglieder werden von der Bundesregierung beziehungsweise den Ländern bestimmt. Neun, jeweils durch einen Präsidenten geführte Hauptverwaltungen (Berlin, Düsseldorf, Frankfurt, Hamburg, Hannover, Leipzig, Mainz, München, Stuttgart), sind der Bundesbank angeschlossen. Der Vorstand bestimmt die Geschäftspolitik der Bundesbank. Bei der Erfüllung der Aufgaben des Europäischen Systems der Zentralbanken handelt er im Rahmen der Leitlinien und Weisungen der Europäischen Zentralbank. Er erörtert die Auswirkungen deren Geld- und Währungspolitik unbeschadet der Weisungsunabhängigkeit des Präsidenten in seiner Eigenschaft als Mitglied des Rates der Europäischen Zentralbank sowie der für die Europäische Zentralbank geltenden Geheimhaltungsvorschriften (§ 6 Bundesbankgesetz).

448
449
450

Die Bundesbank ist **Notenbank**, Bank der Banken, Bank des Staates und (neben der Europäischen Zentralbank [EZB]) Hüterin der Währungsreserven. Als Notenbank verfügt sie über das Ausgabemonopol der Euro-Banknoten (der **gesetzlichen Zahlungsmittel**). (Die **Münzhoheit** liegt bei der Bundesregierung.) Als Bank der (Geschäfts-)Banken ist die Bundesbank deren letztmögliche inländische Refinanzierungsquelle. Sie versorgt die Geschäftsbanken mit Zentralbankgeld. Die Geld- und Kreditschöpfung ermöglicht die Bundesbank im Auftrag der EZB.

Als (Haus-)Bank des Staates (d. s. Bund, Länder und bestimmte öffentliche Sondervermögen) ist sie neben der EZB dessen Kassenhalter.

Darüber hinaus wickelt die Bundesbank den bargeldlosen Zahlungs- und Verrechnungsverkehr für alle inländischen öffentlichen Verwaltungen ab und wirkt maßgeblich beim Emissionsgeschäft (Ausgabe von → festverzinslichen Wertpapieren) des Bundes, der Länder und öffentlichen Sondervermögen sowie bei der Markt-/Kurspflege → öffentlicher Anleihen mit.

Als Hüterin der Währung schließlich verwaltet die Bundesbank die zentralen Währungsreserven (Gold, konvertible [d. h. unbeschränkt in beliebige Währungen eintauschbare] Devisen, Reservepositionen im → IWF, Sonderziehungsrechte, Forderungen an den Europäischen Fonds für währungspolitische Zusammenarbeit) und interveniert mit diesen zur Kursstabilisierung am Devisenmarkt.

451

Sowohl national (mit der Bundesregierung, dem Finanzplanungsrat, dem Ausschuß für Kreditfragen der öffentlichen Hand, dem Sachverständigenrat u. a.) wie auch international und supranational (→ IWF, Weltbankgruppe, Bank für Internationalen Zahlungsmittelausgleich [**BIZ**], Institutionen der → Europäischen Union, → Zehnerklub [Zwanzigerklub, 24erGruppe], Europäischer Fonds für währungspolitische Zusammenarbeit, Organisation für wirtschaftliche Entwicklung und Zusammenarbeit [→ OECD] u. a.) unterhält die Bundesbank mit verschiedenen Entscheidungs- und Beratungsgremien vielfältige Kooperationsbeziehungen. Diese

Kooperationsbeziehungen schränken die Unabhängigkeit der Bundesbank in gewisser Weise ein.

2.3.3.2 Beschäftigungspolitik

In der Bundesrepublik Deutschland ist der Staat durch das Gesetz zur Förderung der Stabilität und des Wachstums der Wirtschaft (Stabilitätsgesetz) von 1967 auf das → **Vollbeschäftigungsziel** verpflichtet. Danach haben Bund und Länder bei ihren finanzpolitischen Maßnahmen das gesamtwirtschaftliche Gleichgewicht zu beachten, das durch die vier Ziele, → Stabilität des Preisniveaus, → angemessenes und stetiges Wachstum, → außenwirtschaftliches Gleichgewicht sowie hoher Beschäftigungsstand, konkretisiert wird.

Wie der Staat einer Unterbeschäftigung (**Arbeitslosigkeit**) zu begegnen hätte, wie er das Vollbeschäftigungsziel zu verfolgen hätte, darüber gehen die Meinungen in Wissenschaft und Politik weit auseinander. Die beiden herausragenden Begegnungsstrategien (beschäftigungspolitische Konzeptionen) sind einerseits vom Keynesianismus (**John Maynard Keynes** 1883–1946, englischer Nationalökonom; nachfrageorientierte Wirtschaftspolitik) und andererseits von der Neoklassik (Neoliberalismus → **Liberalismus**; angebotsorientierte Wirtschaftspolitik) getragen.

2.3.3.2.1 Die keynesianische Beschäftigungspolitik

Der **Keynesianismus** führt Unterbeschäftigung auf eine unzureichende gesamtwirtschaftliche Nachfrage zurück. Es kann seiner Argumentation zufolge der Unterbeschäftigung deshalb nur über zusätzliche → **Nachfrage** begegnet werden. Für diese zusätzliche Nachfrage hätte der Staat zu sorgen, da der Markt von sich aus dazu nicht in der Lage sei. Konkret hätte dies über fiskalpolitische Maßnahmen zu erfolgen, begleitet von Zinssenkungen der Zentralbank (→ EZB). Gegebenenfalls seien auch außenwirtschaftliche Maßnahmen zur Belebung des Exports und zur Drosselung der Importe in Betracht zu ziehen.

Als **fiskalpolitische Maßnahmen** werden genannt:
- **Steigerung der öffentlichen Ausgaben.** Über sie soll nicht nur die gesamtwirtschaftliche Nachfrage erhöht werden; es werden von ihr auch Verstärkereffekte auf andere Nachfrage (so insbesondere der privaten Haushalte durch zusätzliche private Einkommen) erwartet.
- **Senkung der Steuersätze** (insbesondere bei der Einkommen- und Körperschaftsteuer) sowie **Verbesserung der Abschreibungsmöglichkeiten** zur Anregung der privaten Konsum- und Investitionstätigkeit.

Die durch die obengenannten Maßnahmen bewirkten Budgetdefizite sollen, soweit ihre Finanzierung über Rücklagen aus Zeiten der Hochkonjunktur (**Konjunkturausgleichsrücklagen**) nicht erfolgen kann, über staatliche Kreditaufnahmen (→ **Deficit spending**) ausgeglichen werden. Die Rechtsgrundlage für ein derartiges Vorgehen bietet das Stabilitätsgesetz (Gesetz zur Förderung der Stabilität und des Wachstums der Wirtschaft von 1967, zuletzt geändert durch Gesetz vom 31.10. 2006), das der Regierung in der Rezession erlaubt, zusätzliche (über die im Staatshaushaltsplan vorgesehenen Ansätze hinaus) Ausgaben zu tätigen und diese (falls erforderlich) bis maximal 5 Milliarden DM (entsprechend in Euro) über Kredit-

IV Gesellschaft

aufnahmen zu finanzieren (§ 6 Abs. 3 Stabilitätsgesetz). Darüber hinaus sieht das Stabilitätsgesetz die Möglichkeit vor, in Phasen der → Rezession die Einkommen- und Körperschaftsteuersätze um bis zu 10 Prozent für maximal 1 Jahr zu senken. Auch die Änderung der Abschreibungsmöglichkeiten ist durch das Gesetz gedeckt.

Mittels einer **expansiven → Geldpolitik der Deutschen Bundesbank** respektive des **Europäischen Zentralbankrates**, das heißt Erhöhung der Liquidität (Geldmenge und/oder Bankenliquidität) und Senkung des Zinsniveaus, soll nicht nur die Finanzierung der staatlichen Budgetdefizite erleichtert, sondern die Investitionstätigkeit der Wirtschaft belebt werden. Diese Hoffnung auf eine durch Niedrigzinsen stimulierte unternehmerische Investitionstätigkeit ist – wie die Erfahrung lehrt – nicht gerechtfertigt. Fehlende Aufträge (Nachfrage) lassen sich nicht durch niedrige Zinsen ersetzen!

Eine **Belebung des Exports** und eine **Drosselung des Imports** könnten im Verständnis des Keynesianismus über eine → Abwertung der heimischen Währung erreicht werden. Auch diese Maßnahme verspricht wenig Aussicht auf Erfolg. Es wär nämlich damit zu rechnen, daß das Ausland auf derlei aufgezwungene Produktions- und Beschäftigungseinbußen mit Abwertung der eigenen Währungen reagieren würde. Abwertungswettläufe und eine Zerrüttung des internationalen Währungssystems (→ Europäisches Währungssystem) verbunden mit einem zunehmenden **Protektionismus** (d. h. eine Außenhandelspolitik, die auf den Schutz inländischer Produzenten gegen die ausländische Konkurrenz gerichtet ist) wären die zu erwartenden Konsequenzen.

Die Stichwortnummern 460 und 461 sind entfallen!

462

Die Untauglichkeit der keynesianischen Beschäftigungs- respektive Konjunkturpolitik wurde besonders in den frühen 1970er Jahren offenkundig. Die von der Regierung großsprecherisch verkündete These, auf Grund des keynesianischen Instrumentariums (Stabilitätsgesetz) konjunkturelle Krisen jederzeit meistern zu können, schloß gleichsam eine „Vollbeschäftigungsgarantie" ein. Diese staatliche Garantie enthob die Gewerkschaften ihrer bislang geübten und ökonomisch gebotenen Zurückhaltung und führte zu (beschäftigungspolitisch weitgehend risikolosen) Verteilungsauseinandersetzungen (d. h. Lohnforderungen), die nicht nur zu hohen Preissteigerungen führten, sondern auch den erwarteten Aufschwung verhinderten (→ Stagflation).

463 **2.3.3.2.2 Die neoklassische Beschäftigungspolitik**

Im Gegensatz zur keynesianischen Beschäftigungspolitik, die das Beschäftigungsproblem über eine Belebung der Nachfrage anzugehen versucht, bemüht sich die neoklassische Beschäftigungspolitik, dieses Problem über eine Verbesserung der **Angebotsbedingungen**, das heißt der Produktionsbedingungen (insbesondere der Privatinvestitionen) zu meistern.

In der Bundesrepublik Deutschland war und ist es vor allem der Sachverständigenrat zur Begutachtung der gesamtwirtschaftlichen Entwicklung (SVR), der sich zu dieser Strategie bekannte und auch immer noch bekennt. Seiner Auffassung zufolge resultieren konjunkturelle Einbrüche und die in ihrem Gefolge auftretende Arbeitslosigkeit nicht aus einem Nachfragedefizit, sondern sind durch Störungen der Angebotsbedingungen bedingt. Unter Störungen der Angebotsbedingungen

Gesellschaft **IV**

fällt seiner Einschätzung nach alles, „was den individuellen Ertrag des Wirtschaftens beeinträchtigt und damit die Neigung oder Fähigkeit zu arbeiten, zu sparen und Risiko zu übernehmen und was die Flexibilität der Reaktionen auf Bedingungen einschränkt – beides mit dem Ergebnis, daß Produktion und Beschäftigung hinter dem zurückbleiben, was möglich und gewünscht ist" (SVR, Jahresgutachten 1981, Ziff. 296). Der SVR geht davon aus, daß die Arbeitslosigkeit seit 1974 weniger konjunkturell als vielmehr strukturell geprägt (gewesen) sei. Die Bewältigung dieses Strukturwandels erfordert nach seiner Auffassung eine mittelfristig orientierte Investitionspolitik, da das Aufspüren neuer Märkte sowie die Entwicklung neuer Produkte und Produktionsverfahren entsprechende Zeit verlangen. Der zentrale Ausgangspunkt dieser Politik ist die Förderung von Investitionsvorhaben. Darüber hinaus lassen sich deren Forderungen wie folgt umschreiben:

- Die → **Geldmenge** ist langfristig nur an der → Inflationsrate auszurichten. 464
- Staat und Gewerkschaften sollen sich so verhalten, daß die privaten Investitionen nicht behindert werden, sondern vielmehr die Investitionstätigkeit begünstigt wird; das bedeutet konkret: Keine die Investitionsneigung hemmende Unternehmenssteuern (auf Einkommen, Ertrag, Kapital) und keine überzogenen Lohnforderungen (d. h. Orientierung derselben am Fortschritt der → **Arbeitsproduktivität**), die die Wettbewerbsfähigkeit schmälern. Unternehmer zu sein, muß sich wieder lohnen und darf nicht durch (eine falsche Steuerpolitik) bestraft werden. 465
- Die Staatsausgaben sollen sich mittelfristig entsprechend dem Produktionspotential entwickeln. Eine weitere Rückführung der → **Staatsquote** wird als Voraussetzung dafür erachtet, daß der finanzielle Dispositionsspielraum für privatwirtschaftliche Aktivitäten (Konsum, Investition) erweitert werden kann. 466
- Die **Lohnabschlüsse** sollen **flexibler** gestaltet werden (→ **Öffnungsklauseln** in den → Tarifverträgen, sektoral differenzierte Lohnabschlüsse). Darüber hinaus wird für eine Lockerung der Regelungen am Arbeitsmarkt (→ Kündigungsschutzverordnungen, Rationalisierungsschutzabkommen, flexiblere Arbeitszeitregelungen) plädiert. 467

Die Erfahrungen mit der angebotsorientierten Wirtschafts- beziehungsweise Beschäftigungspolitik in der Bundesrepublik Deutschland haben insbesondere in der zweiten Hälfte der 1980er Jahre gezeigt, daß diese Strategie durchaus geeignet ist, die Wachstumsbedingungen zu verbessern. Es gilt jedoch auch zu sehen, daß von dieser „Politik des langen Atems" keine kurzfristigen Erfolge erwartet werden können. Diese Tatsache verführt die – insbesondere vor Wahlen – auf kurzfristige Erfolge angewiesenen Politiker leider allzu häufig dazu, (wider besseres Wissen!) Zuflucht bei nachfrageorientierten Strohfeuerprogrammen zu suchen.

IV Gesellschaft

3 Finanzen und Steuern

3.1 Einnahmen und Ausgaben des Staates

Der Staat, das sind Bund, Länder und Gemeinden, hat eine Vielzahl an Aufgaben zu erfüllen, um den → Kollektivbedürfnissen zu entsprechen. Dazu benötigt er finanzielle Mittel, **Finanzen**.

Die wichtigste **Einnahme**quelle des Staates zur Deckung dieses Finanzbedarfes sind die **Steuern**. Nach der Abgabenordnung (AO) von 1977 § 3 Abs. 1 sind Steuern „Geldleistungen, die nicht eine Gegenleistung für eine besondere Leistung darstellen und von einem öffentlich-rechtlichen Gemeinwesen zur Erzielung von Einnahmen allen auferlegt werden, bei denen der Tatbestand zutrifft, an den das Gesetz die Leistungspflicht knüpft; die Erzielung von Einnahmen kann Nebenzweck sein. → Zölle und → Abschöpfungen sind Steuern im Sinne dieses Gesetzes". (Siehe Schaubild IV, 13)

Neben den Steuern bezieht der Staat Einnahmen aus **Gebühren** (d. s. Vergütungen für Verwaltungshandlungen [z. B. Paßausstellung, Benutzung öffentlicher Einrichtungen, Kanalgebühren]) und **Beiträgen** (Abgaben zur Abgeltung besonderer Vorteile [z. B. Straßenanliegerbeiträge]). Darüber hinaus hat der Staat **Erwerbseinkünfte**, so insbesondere aus Grundstücksverkäufen und aus Unternehmertätigkeit. Zur

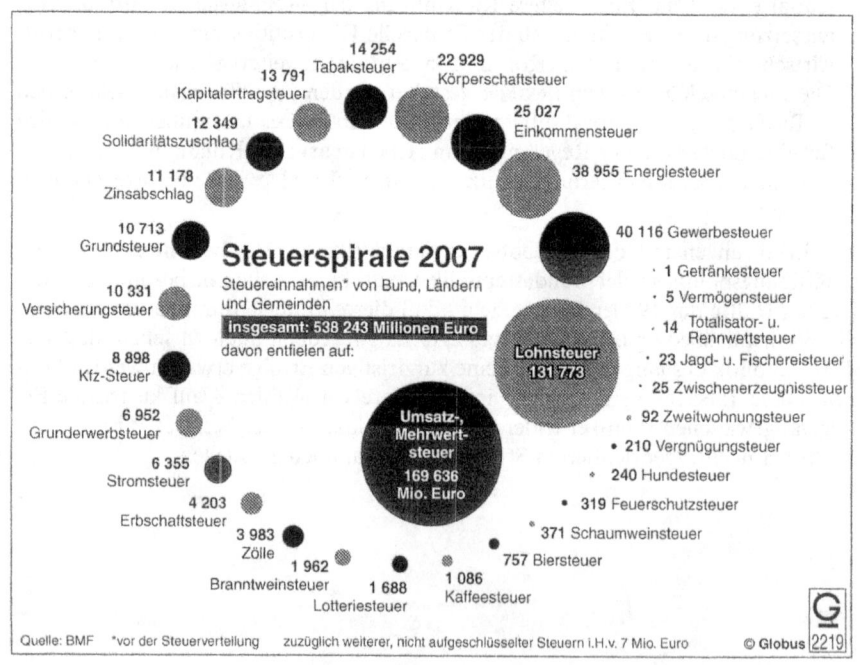

Schaubild IV, 13

Gesellschaft **IV**

Schließung von Finanzierungslücken verschafft sich der Staat Finanzmittel durch Kreditaufnahme am Kapitalmarkt.

Den (Staats-)**Einnahmen** stehen folgende (Staats-)**Ausgaben** gegenüber: **Sachaufwand** (z. B. Bau von Krankenhäusern, Schulen, Straßen etc.), **Personalaufwand** (Gehälter u. Löhne für Beamte, Angestellte und Arbeiter im öffentlichen Dienst), **Sozialleistungen** (→ Transferzahlungen), **Subventionen** (Zuschüsse an notleidende Unternehmen in einem förderungsbedürftigen Wirtschaftszweig). (Siehe Schaubild IV, 14)

Die Steuereinnahmen (**Steueraufkommen**) werden unter Bund, Ländern und Gemeinden aufgeteilt. Die Aufteilung orientiert sich dabei an der Aufgabenverteilung dieser Gemeinwesen. Soweit es sich bei dieser Mittelzuweisung um einen Ausgleich zwischen über- und untergeordneten Körperschaften (Bund, Länder, Gemeinden) handelt, spricht man von **vertikalem Finanzausgleich**. Fließen die Mittel von finanzstarken zu finanzschwachen Ländern, spricht man von **horizontalem Finanzausgleich**.

3.2 Steuerarten

Die Vielzahl der Steuern läßt sich nach verschiedenen Gesichtspunkten einteilen:

– Nach dem **Gegenstand der Besteuerung** in
  – **Besitzsteuern**: Sie werden vom Einkommen (Einkommen-, Lohn-, Körperschaftsteuern) oder vom Ertrag (Gewerbe-, Erbschaftsteuer) oder vom

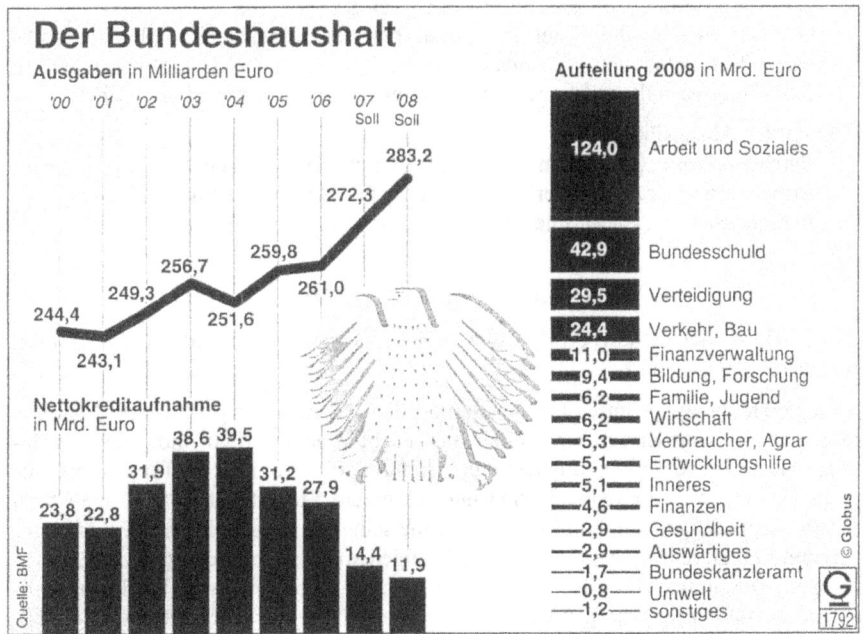

Schaubild IV, 14

IV Gesellschaft

Grundbesitz (Grundsteuer) erhoben; je nachdem, ob sich die Steuer nach den persönlichen Verhältnissen des Steuerpflichtigen richtet (z. B. Einkommensteuer) oder ob der Wert/Ertrag eines bestimmten Objektes die Bemessungsgrundlage abgibt (z. B. bei der Grundsteuer), spricht man von **Personen-** (Subjekt-) und **Real-(Objekt-)Steuern**.

- **Verkehrsteuern**: Sie knüpfen an Vorgänge des Wirtschaftslebens und des Verkehrs mit Gütern und Leistungen an (z. B. Umsatz-, Grunderwerb-, Kraftfahrzeugsteuer).
- **Verbrauchsteuern**: Sie werden auf den Verbrauch bestimmter Güter erhoben (z. B. Mineralölsteuer, Tabaksteuer).

- Nach den **Hoheitsträgern**, denen die einzelnen Steuern zufließen
  - **Bundessteuern** (Mineralöl-, Tabak-, Branntwein-, Kaffee- u. sonstige Verbrauchsteuern, Versicherungsteuer);
  - **Ländersteuern** (Erbschaft-, Kraftfahrzeug-, Grunderwerb- u. sonstige Verkehrsteuern [soweit sie nicht an den Bund fließen]);
  - **Gemeindesteuern** (Gewerbe-, Grund-, Getränke-, Vergnügungsteuer u. a.);
  - **Kirchensteuer**.

Steuern, die dem Bund und den Ländern gemeinsam zufließen, werden als **Gemeinschaftsteuern** bezeichnet (Einkommen-, Körperschaft-, Umsatzsteuer).

- Nach der Art der **Erhebung**
  - **direkte Steuern**: bei ihnen sind Steuerbelasteter und Steuerzahler dieselbe Person (so wird beispielsweise die Einkommensteuer vom Steuerpflichtigen getragen u. unmittelbar an das Finanzamt gezahlt);
  - **indirekte Steuern**: bei ihnen sind Steuerbelasteter und Steuerzahler nicht dieselbe Person (so wird beispielsweise die Umsatzsteuer dem Verbraucher in Rechnung gestellt und vom Unternehmer an das Finanzamt abgeführt).

- Nach der **Abzugsfähigkeit**
  - **Betriebssteuern**: Sie stellen abzugsfähige Betriebsausgaben dar, die den Gewinn mindern (z. B. Gewerbesteuer, Kraftfahrzeugsteuer für Firmenwagen).
  - **Personensteuern**: Sie können nicht vom Gewinn in Abzug gebracht werden.

3.3 Steuerverfahren

Die Erhebung der Steuern erfolgt über zwei Verfahren: das Veranlagungsverfahren und das Abzugsverfahren.

Beim **Veranlagungsverfahren** hat der Steuerpflichtige dem Finanzamt alle Angaben zu machen, die zur Errechnung seiner Steuerschuld erforderlich sind. Die **Veranlagung**, das heißt die Festsetzung der Steuerschuld, erfolgt dann vom Finanzamt aufgrund der eingereichten **Steuererklärung**. In einem **Steuerbescheid** erhält alsdann der Steuerpflichtige Aufschluß über die Höhe seiner Steuerschuld und die Art ihrer Berechnung. Bereits geleistete Vorauszahlungen werden von der Steuerschuld abgezogen. Die Steuerschuld ist binnen eines Monats zu begleichen. Über Vorauszahlungen zuviel gezahlte Steuer wird zurückerstattet (**Steuerrückerstattung**). Schließlich wird dem Steuerpflichtigen mitgeteilt, welche **(Steuer-)Vorauszahlungen** bei der jeweiligen Steuer er künftig vierteljährlich zu leisten hat.

Beim **Abzugsverfahren** wird die zu entrichtende Steuerschuld von dem zur **Abführung** Verpflichteten (z. B. Arbeitgeber: Lohnsteuer, Bank: Kapitalertragsteuer) errechnet, einbehalten und an das Finanzamt abgeführt.

Dem Steuerpflichtigen werden die einbehaltenen und abgeführten Steuerbeträge bescheinigt. Wird der Steuerpflichtige nach Jahresende veranlagt, so muß er diese Bescheinigung mit seiner Steuererklärung dem Finanzamt einreichen, damit die bereits abgeführten Beträge von der veranlagten Steuerschuld abgezogen werden können.

Nach dem Steueränderungsgesetz 2003 ist für jeden Steuerpflichtigen die Einführung eines bundeseinheitlichen Ordnungsmerkmals (steuerliches Identifikationsmerkmal) vorgegeben. → Natüliche Personen erhalten mit ihrer Geburt eine **Steueridentifikationsnummer** (Steuer-ID) und behalten diese bis 20 Jahre nach ihrem Tod; wirtschaftlich Tätige erhalten eine Wirtschafts-Identifikationsnummer. Diese neue, elfstellige Steuernummer (Zahlencode) wird vom Bundeszentralamt für Steuern zusammen- und – zunächst die natürlichen Personen betreffend – voraussichtlich bis Ende 2008 zugestellt.

3.4 Einzelne Steuern

3.4.1 Einkommensteuer

Die Einkommensteuer ist eine vom **Reineinkommen** (d. i. das Nettoeinkommen, das zum Verbrauch und/oder Sparen zur Verfügung stehende Einkommen eines → Wirtschaftssubjektes) der → natürlichen Personen (im Gegensatz zur → Körperschaftsteuer der → juristischen Personen) erhobene Steuer. Ihre Rechtsgrundlagen sind das Einkommensteuergesetz (EStG) von 2002 (zuletzt geändert am 17. 6. 2008) sowie die Einkommensteuer-Durchführungsverordnung von 2000 (zuletzt geändert am 20. 12. 2007).

Unbeschränkt einkommensteuerpflichtig, das heißt mit ihren sämtlichen Einkünften, sind natürliche Personen, die im Inland einen Wohnsitz und ihren gewöhnlichen Aufenthalt haben (§ 1 EStG, **unbeschränkte Einkommensteuerpflicht**). Andere Personen werden nur hinsichtlich ihrer inländischen Einkünfte besteuert (**beschränkte Einkommensteuerpflicht**). **Bemessungsgrundlage** für die Einkommensteuer ist das **zu versteuernde Einkommen**. (Siehe Schaubild IV, 15)

In das Einkommen gehen die **Einkünfte** (Einkunftsarten) ein aus:

- (1) Land- und Forstwirtschaft, auch aus Gartenbaubetrieb;
- (2) Gewerbebetrieb;
- (3) selbständiger Arbeit, so insbesondere auch von selbständig Tätigen, die keinen gewerblichen, land- oder forstwirtschaftlichen Betrieb haben, also von Ärzten, Architekten, Steuerberatern, Künstlern u. a.;
- (4) nichtselbständiger Tätigkeit (Löhne und Gehälter);
- (5) Kapitalvermögen, z. B. Zinsen, Dividenden, Gewinnanteile eines stillen Gesellschafters;
- (6) Vermietung und Verpachtung;
- (7) sonstige Einkünfte, z. B. wiederkehrende Bezüge.

IV   Gesellschaft

	Einkünfte						
1 Land- und Forstwirtschaft	2 Gewerbebetrieb	3 selbstständige Arbeit	4 unselbstständige Arbeit	5 Kapitalvermögen	6 Vermietung/ Verpachtung	7 sonstige Einkünfte

Gewinn = Erträge – Aufwendungen | Überschusseinkünfte = Einnahmen – Werbungskosten

Summe der Einkünfte

Altersentlastungsbetrag | Gesamtbetrag der Einkünfte

Sonderausgaben, außergewöhnliche Belastungen | Einkommen

Entlastungsbetrag für Alleinerziehende, Kinderfreibetrag | zu versteuerndes Einkommen

Entnommen aus: Europa-Lehrmittel, Betriebswirtschaftslehre der Unternehmung, 23. Aufl., Haan-Gruiten 2007, S. 284.

Schaubild IV, 15

506 Was nicht unter eine dieser sieben **Einkunftsarten** fällt, ist einkommensteuerfrei (so
507 z. B. Schenkungen, Erbschaften, Lotteriegewinne, Schadensersatzzahlungen). Spekulationsgewinne werden bei Grundstücken dann besteuert, wenn sie innerhalb von zehn Jahren, bei anderen Wirtschaftsgütern (z. B. Wertpapieren) innerhalb von 12 Monaten weiterveräußert werden (§ 23 EStG). – Ab 1. 1. 2009 entfällt die Spekulationsfrist auf Wertpapiere. Dies bedeutet, daß Kursgewinne aus Wertpapieranlagen, die bis zum 31. 12. 2008 erfolgten, nach einer Besitzdauer von mindestens 1 Jahr weiterhin steuerfrei bleiben. – Kursgewinne aus Wertpapieren und Fondsanteilen, die ab dem 1. 1. 2009 gekauft werden, unterliegen dann pauschal einer → **Ab-**
507a **geltungssteuer** von 25 v. H.

508 Einkünfte sind in der Land- und Forstwirtschaft, in Gewerbebetrieben und bei selbständiger Arbeit der → **Gewinn**; bei den anderen Einkunftsarten der **Überschuß** der Einnahmen über die → **Werbungskosten** (§ 2 Abs. 2 EStG). In land- und forstwirtschaftlichen Betrieben ist der Gewinn nach dem Wirtschaftsjahr zu ermitteln (in der Regel 1. 7. bis 30. 6.); bei Gewerbebetrieben nach dem Kalenderjahr, bei eingetragenen Firmen nach dem Bilanzierungszeitraum.

Steuerfrei sind unter anderem Sozialbezüge, Abfindungen wegen Entlassung aus dem Dienstverhältnis, Studien- und Ausbildungsbeihilfen, bestimmte Stipendien, Aufwandsentschädigungen und Reisekosten, bestimmte Zinsen und Gewinnanteile, Kindergeld, Ehrensold, Bergmannsprämien (§§ 3 ff. EStG).

509 Die **Summe der Einkünfte** ermittelt man durch Addition der verschiedenen Einkünfte und Subtraktion etwaiger Verluste bei einzelnen Einkunftsarten. Nach Abzug eines etwaigen **Altersentlastungsbetrages** (§ 24a EStG; d. i. ein Freibetrag, der allen lohn- und einkommensteuerpflichtigen Personen zusteht, die vor Beginn des maßgebenden Kalenderjahres das 64. Lebensjahr vollendet haben; er wird für alle

Gesellschaft **IV**

Einkünfte gewährt, die nicht Versorgungsbezüge [§ 19 Abs. 2 EStG] oder Leibrenten [§ 22 Nr. 1 EStG] sind) verbleibt der **Gesamtbetrag der Einkünfte**. Dieser wiederum, vermindert um → **Sonderausgaben** und → **außergewöhnliche Belastungen**, ergibt das **Einkommen**. Einkommen abzüglich etwaiger **Kinderfreibeträge** (§ 32 Abs. 4 bis 6 EStG; werden zur Abgeltung der laufenden Aufwendungen für den Unterhalt von Kindern gewährt) ergibt schließlich das **zu versteuernde Einkommen**.

513
Die Stichwortnummer 512 ist enfallen!
514

Gewinn: Der Gewinn ergibt sich nach Abzug der Betriebsausgaben von den Betriebseinnahmen. Betriebsausgaben sind die betriebsbedingten Aufwendungen (→ Kosten, wie z. B. Personalkosten, Raumkosten, Anschaffungskosten für Waren, → Abschreibungen auf Maschinen und Betriebsausstattung, Energiekosten).

Werbungskosten: Dies sind Aufwendungen zur Erwerbung, Sicherung und Erhaltung der Einnahmen (§ 9 EStG). Dazu gehören unter anderem Schuldzinsen, auf besonderen Verpflichtungsgründen beruhende Renten und dauernde Lasten, soweit sie mit einer Einkunftsart in wirtschaftlichem Zusammenhang stehen; ferner Grund- und Gebäudesteuern, einkommensbezogene Versicherungsprämien, Beiträge zu Berufsständen und Berufsverbänden, Aufwendungen der Arbeitnehmer für Fahrten zwischen Wohnung und Arbeitsstätte bis zum Höchstbetrag von jährlich 4500 Euro, unabhängig vom Fortbewegungsmittel (Entfernungspauschale/Pendlerpauschale)* sowie für Familienheimfahrten und notwendige Mehraufwendungen für doppelte Haushaltsführung, für Werkzeug und Berufskleidung, Absetzung für Abnutzung und für Substanzverringerung. Sofern nicht höhere Beträge nachgewiesen werden, sind folgende jährliche Pauschalbeträge abzuziehen (§ 9a EStG): von Einnahmen aus nicht selbständiger Arbeit 920 Euro; von Versorgungsbezügen 102 Euro.

515

516

Sonderausgaben: Die Abzugsfähigkeit der Sonderausgaben unterliegt sozial- und wirtschaftspolitischen Erwägungen. Sie ist **teils in unbegrenzter Höhe** gegeben, **teils auf bestimmte Höchstbeträge** (sogenannte Vorsorgeaufwendungen) beschränkt.

517

Bis zu bestimmten **Höchstbeträgen**, die vom Familienstand und vom Alter des Steuerpflichtigen abhängen, sind als **Vorsorgeaufwendungen** abzugsfähig:

518

– Beiträge zu gesetzlichen Rentenversicherungen oder berufsständischen Versorgungseinrichtungen, ferner Beiträge zu bestimmten Versicherungen auf den Erlebens- oder Todesfall, wenn die Laufzeit der Versicherung vor dem 1. Januar 2005 begonnen hat;
– Beiträge zu Bausparkassen zur Erlangung von Baudarlehen;
– Beiträge zum Aufbau einer eigenen kapitalgedeckten Altersversorgung.

Außerdem sind in **begrenzter Höhe** abzugsfähig: Aufwendungen für die eigene Berufsausbildung sowie Spenden zur Förderung mildtätiger, kirchlicher, religiöser, wissenschaftlicher und staatspolitischer Zwecke (§§ 10, 10b, 10d EStG).

In **unbegrenzter Höhe** sind abzugsfähig:

– Renten, die mit keiner Einkommensart in wirtschaftlichem Zusammenhang stehen, zum Beispiel eine Rente als Schadensersatz;

---

* Nach Urteil des Bundesverfassungsgerichtes vom 9. 12. 2008 gilt diese Regelung (in Korrektur der bis dahin für die Jahre 2007 u. 2008 geltenden) weiterhin bis zu einr Neuregelung.

IV Gesellschaft

- gezahlte Kirchensteuer;
- Zinsen, die in einer etwaigen Vermögensabgabe (d. i. ein einmaliger staatlicher Zugriff auf die Vermögenssubstanz aller Vermögensbesitzer zum Abbau staatlicher Überschuldung oder zur Behebung eines staatlichen Notstands [z. B. Lastenausgleich]) enthalten sind;
- Verluste bei den einzelnen Einkunftsarten dürfen ab dem Veranlagungszeitraum 2001 nur noch bis zu einer Höhe von 511 500 Euro auf das zurückliegende Jahr verrechnet werden (**Verlustrücktrag**). Verluste, die diesen Betrag übersteigen, dürfen auf die folgenden Jahre verrechnet werden (**Verlustvortrag**).

Werden keine Sonderausgaben nachgewiesen, so werden folgende Pauschalbeträge in Ansatz gebracht (§ 10c EStG):

- Sonderausgaben-Pauschbetrag von 36 Euro, bei Zusammenveranlagung 72 Euro;
- Vorsorgeaufwendungen jährlich 1500 Euro; bei Selbständigen, (die ihre Krankenkassenbeiträge allein zahlen) 2400 Euro.

Außergewöhnliche Belastungen: Erwachsen einem Steuerpflichtigen **zwangsläufig** größere Aufwendungen als der überwiegenden Mehrzahl der Steuerpflichtigen gleicher Einkommensverhältnisse, gleicher Vermögensverhältnisse und gleichen Familienstandes, so wird auf Antrag die Einkommensteuer dadurch ermäßigt, daß der Teil der Aufwendungen, der die dem Steuerpflichtigen zumutbare Belastung übersteigt, vom Gesamtbetrag der Einkünfte abgezogen wird (§§ 33, 33a u. 33b EStG).

Als **zwangsläufig** gelten Aufwendungen dann, wenn sich der Steuerpflichtige ihnen aus rechtlichen, tatsächlichen oder sittlichen Gründen nicht entziehen kann. Solche Gründe können sein: Krankheit, Körperbehinderung, Berufsausbildung von Kindern. Einen Teil der Aufwendungen hat der Steuerpflichtige in der Regel als **zumutbare Belastung** selbst zu tragen. Die Höhe der zumutbaren Eigenbelastung ist nach der Höhe des Einkommens und nach der Kinderzahl gestaffelt.

Für **außerordentliche Einkünfte** (z. B. bestimmte Veräußerungsgewinne, gewisse Entschädigungen) ist (soweit die Einkünfte 5 Millionen Euro nicht übersteigen) als ermäßigter Steuersatz die Hälfte des Durchschnittssteuersatzes anzusetzen. Diese Ermäßigung kann nur einmal im Leben in Anspruch genommen werden (§ 34 EStG).

Die Einkommensteuer wird in der Regel nach Ablauf eines Kalenderjahres (**Veranlagungszeitraum**) auf Grund einer Steuererklärung des Steuerpflichtigen (§ 25 EStG) vom Finanzamt veranlagt (**Einkommensteuerveranlagung**).

Eheleute, die beide unbeschränkt einkommensteuerpflichtig sind und nicht dauernd getrennt leben, können zwischen **getrennter Veranlagung** (§ 26a EStG) und **Zusammenveranlagung** (§ 26b EStG) wählen. Sie werden getrennt veranlagt, wenn nur einer der beiden Ehegatten dies verlangt. Bei getrennter Veranlagung sind jedem Ehegatten die von ihm bezogenen Einkünfte zuzurechnen (§ 26a EStG). Bei Zusammenveranlagung ist die Einkommensteuer in der Weise zu ermitteln, daß sie von der Hälfte des zu versteuernden Gesamteinkommens nach der amtlichen Einkommensteuertabelle errechnet und so der erhaltene Betrag verdoppelt (**Splitting-Verfahren**) wird.

Die Steuerpflichtigen werden nicht einheitlich besteuert. Es werden bei der Ermittlung der Steuerlast Alter, Familienstand und Leistungsfähigkeit berücksichtigt.

Steuerpflichtigen, die das 64. Lebensjahr vollendet haben, wird seit dem Jahr 2005 ein **Altersentlastungsbetrag** in Höhe von 40 vom Hundert – höchstens 1900 Euro – des Arbeitslohnes und der positiven Summe der Einkünfte, die nicht solche aus nichtselbständiger Arbeit sind, gewährt (§ 24a EStG). Der vorgenannte Höchstsatz sinkt bis zum Jahr 2040 kontinuierlich auf 0 vom Hundert. Ebenso sinkt der Höchstbetrag während des gleichen Zeitraumes auf 0 Euro. Bewohner von Altenheimen erhalten einen zusätzlichen Freibetrag von 624 Euro beziehungsweise von 924 Euro bei Unterbringung zu dauernder Pflege (§ 33a Abs. 3 Satz 2 EStG). 526

Der **Familienstand** findet vor allem bei den Sonderausgaben Berücksichtigung. So wird dem Steuerpflichtigen für jedes Kind ein **Kinderfreibetrag** (1920 Euro bzw. 3840 Euro bei Zusammenveranlagung der Eltern) sowie für jedes Kind, das das 16. Lebensjahr noch nicht vollendet hat oder behindert ist, zusätzlich ein **Betreuungsfreibetrag** von 1080 Euro bzw. 2160 Euro bei Zusammenveranlagung (§ 32 Abs. 6 EStG) in Anrechnung gebracht. Außerdem wird jedem Steuerpflichtigen, der einen Kinderfreibetrag oder Kindergeld erhält, ein **Ausbildungsfreibetrag** als Ersatz für Aufwendungen für auswärtig untergebrachte, in Berufsausbildung stehende volljährige Kinder von 924 Euro gewäh (§ 33a Abs. 2 EStG). 527 527a 528

Bei Einkünften aus Kapitalvermögen wird nach Abzug der Werbungskosten ein **Sparer-Pauschbetrag** von 801 Euro, bei Ehegatten, die zusammen veranlagt werden, ein gemeinsamer Sparer-Pauschbetrag von 1602 Euro gewährt. 529

Die **Leistungsfähigkeit** wird durch die höhere Besteuerung höherer Einkommen im sogenannten **Einkommensteuertarif** berücksichtigt. § 32a EStG und das Steuersenkungsgesetz von 2001 bestimmen hierzu folgendes: Bis zu einem **Grundfreibetrag** von 7664 Euro für Ledige bzw. 15328 Euro für zusammenveranlagte Ehegatten beträgt der Steuersatz 0 v. H. Danach beginnt die **Progressionszone**, die bei 52152 Euro/104304 Euro endet. In dieser Zone steigen die Grenzsteuersätze stetig und geradlinig (linear) von zunächst 15 v. H. bis 42 v. H. Mit diesem **Spitzensteuersatz** beginnt die **Proportinalzone**. (Siehe hierzu Schaubild IV, 16.) Ab einem zu versteuernden Jahreseinkommen von 250001 Euro bei Alleinstehenden und 500002 Euro bei Verheirateten erhöht sich der Steuersatz nach dem Steueränderungsgesetz 2007 um 3 Prozentpunkte (sog. **Reichensteuer**). 530 531 532 532a

Die **Grenzbelastung** (der **Grenzsteuersatz**) gibt an, mit wieviel vom Hundert jede zusätzliche Einkommenssteigerung besteuert wird. 533

Die **Durchschnittsbelastung** (der **durchschnittliche Steuersatz**) gibt an, mit wieviel vom Hundert das jeweilige Einkommen insgesamt belastet wird. 534

3.4.2 Lohnsteuer

535

Bei Einkünften aus nichtselbständiger Arbeit (Gehalt, Arbeitslohn, Sachbezüge, Ruhegeld u. a.) wird die Einkommensteuer durch Abzug vom Arbeitslohn erhoben. Die Lohnsteuer ist damit eine besondere Art der Einkommensteuer (§ 38 Abs. 1 EStG). Der Arbeitgeber hat die Lohnsteuer zu berechnen, einzubehalten und an das Finanzamt abzuführen (§ 38 Abs. 3 EStG). Die gesetzlichen Grundlagen der Lohnsteuer bilden die §§ 19, 38–42 EStG, die Lohnsteuer-Durchführungsverordnung (LStDV) von 1989, zuletzt geändert durch Gesetz vom 13.12.2006, die Lohnsteuer-Richtlinien von 2002 sowie die Lohnsteuer-Änderungsrichtlinien von 2005.

IV Gesellschaft

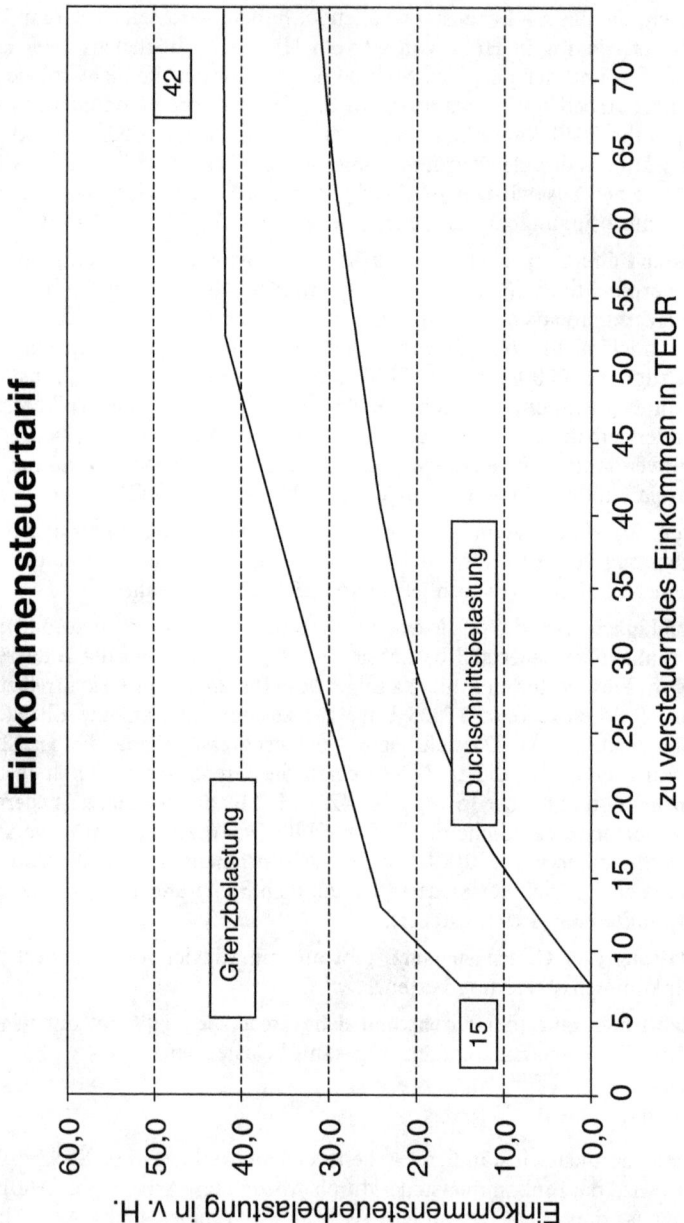

Schaubild IV, 16   Quelle: Bundesfinanzministerium

Gesellschaft **IV**

Nicht zum steuerpflichtigen Arbeitslohn gehören die nach §§ 3 ff. EStG steuerfreien Einkünfte des Arbeitnehmers, wie beispielsweise Reisekostenvergütungen, Abfindungen (bis zu bestimmten Höchstbeträgen), Wohngeldzahlungen, Jubiläumsgeschenke bis zu einer bestimmten Höhe, gesetzliche und tarifliche Zuschläge für → Sonn- und → Feiertags- sowie → Nachtarbeit (ebenfalls bis zu bestimmten Höchstgrenzen, § 3b EStG), **Trinkgelder, Bergmannsprämien**. Hinzu kommen bestimmte Aufwendungen des Arbeitgebers auf Grund gesetzlicher Verpflichtung für die Zukunftssicherung des Arbeitnehmers (§ 3a EStG). 536,537

Die **Höhe der Lohnsteuer** ergibt sich seit dem 1.1.2001 aus den Einkommensteuertabellen (Grund- u. Splittingtabellen) unter Zugrundelegung der Angaben in der **Lohnsteuerkarte**. Die Lohnsteuerkarte wird von der Gemeindebehörde ausgestellt und weist neben dem Namen, Geburtstag und Wohnort des Arbeitnehmers dessen Familienstand, Religionszugehörigkeit sowie gegebenenfalls Freibeträge für → Werbungskosten, → Sonderausgaben etc. aus. Eine **Sonderausgabenpauschale** in Höhe von 36 Euro für Ledige bzw. 72 Euro für Verheiratete sowie eine **Vorsorgepauschale** von 11 v.H. des Arbeitslohnes (höchstens 1500 Euro; § 10c EStG) sind bereits in der Steuertabelle berücksichtigt; desgleichen ein eventueller → Kinderfreibetrag und der tarifliche → Grundfreibetrag. Etwaige Pauschbeträge für Behinderte und Hinterbliebene werden auf Antrag beim Finanzamt durch die Gemeindebehörde eingetragen. Die Eintragung setzt voraus, daß die zu berücksichtigenden Beträge insgesamt 600 Euro übersteigen (§ 39 Abs. 2 EStG). 538 539 540

In der Lohnsteuerkarte wird der unbeschränkt einkommensteuerpflichtige Arbeitnehmer in **Steuerklassen** eingereiht. Dabei gilt folgende Ordnung (§ 3b EStG): 541

– Steuerklasse I: Unverheiratete (Ledige, Verwitwete, Geschiedene) und dauernd getrennt Lebende, wenn sie nicht mindestens ein Kind haben.
– Steuerklasse II: Unverheiratete und dauernd getrennt Lebende, wenn sie mindestens ein Kind haben.
– Steuerklasse III: 1. Verheiratete, wenn der Ehegatte
– keinen Arbeitslohn bezieht oder
– auf Antrag beider Ehegatten in Steuerklasse V eingereiht wird.
2. Verwitwete für das Kalenderjahr, das dem Todesjahr des Ehegatten folgt.
3. Geschiedene im Jahr der Ehescheidung.
– Steuerklasse IV: Verheiratete, wenn der Ehegatte ebenfalls Arbeitslohn bezieht.
– Steuerklasse V: Verheiratete, wenn der Ehegatte
– ebenfalls Arbeitslohn bezieht und
– auf Antrag beider Ehegatten in Steuerklasse III eingereiht wird.
– Steuerklasse VI: Arbeitnehmer, die gleichzeitig von mehreren Arbeitgebern Arbeitslohn beziehen, für die Einbehaltung der Lohnsteuer vom Arbeitslohn aus dem zweiten und jedem weiteren Dienstverhältnis.

IV Gesellschaft

Wenn sich die Steuerklasse **zu Ungunsten** eines Arbeitnehmers geändert hat oder die Voraussetzungen für einen eingetragenen Freibetrag wegfallen, ist die entsprechende Eintragung auf der **Lohnsteuerkarte zu berichtigen**. Die Berichtigung ist von der Behörde vorzunehmen, die die Eintragung vorgenommen hat.

542 Hat ein Arbeitnehmer höhere Werbungskosten und Sonderausgaben als die entsprechenden Pauschbeträge ausmachen, so kann er für das folgende Jahr einen **Antrag auf Lohnsteuer-Ermäßigung** beim Finanzamt stellen. Das Finanzamt hat den jährlichen Freibetrag durch Aufteilung in Monatsfreibeträge gleichmäßig über das Jahr zu verteilen und in der Lohnsteuerkarte vermerken zu lassen. Ist im abgelaufenen Jahr zu wenig Lohnsteuer erhoben worden, weil der auf der Lohnsteuerkarte eingetragene Freibetrag zu hoch war, darf das Finanzamt den Fehlbetrag – soweit er 10 Euro übersteigt – vom Steuerpflichtigen nachfordern.

543 Hat ein Arbeitnehmer sich keine oder zu niedrige Freibeträge auf der Lohnsteuerkarte eintragen lassen (weil die Höhe der tatsächlichen Werbungskosten/Sonderausgaben nicht abzusehen waren), so kann er nach Ablauf des Jahres einen **Antrag auf Einkommensteuerveranlagung** (Arbeitnehmerveranlagung → Veranlagungsverfahren) stellen, um die erhöhten Aufwendungen im Wege des Einkommensteuerbescheids vom Finanzamt zu bekommen. Ein **Antrag auf Einkommensteuerveranlagung** erscheint zweckmäßig, wenn

- der Antragsteller während des Jahres nur zeitweise gearbeitet hat (z. B. ein Student, Schüler),
- sich die Steuerklasse zu Gunsten des Arbeitnehmers geändert hat (z. B. durch Heirat oder Geburt eines Kinder, zusätzlicher → Kinderfreibetrag),
- → Werbungskosten, → Sonderausgaben etc. höher sind als die in den Steuertabellen eingearbeiteten Pauschalen/Freibeträge (z. B. wenn wegen hoher Fahrtkosten [Fernpendler] die Werbungskosten den Arbeitnehmer-Pauschbetrag von 920 Euro übersteigen).

Die Möglichkeit, einen Antrag auf Einkommensteuerveranlagung zu stellen, endet mit dem Ablauf des zweiten Jahres, das dem Jahr folgt, für das ein Antrag gestellt wurde.

544 Die **Lohnsteuerbescheinigung** (d. h. die Bescheinigung über die abgeführte Lohnsteuer) erfolgt am Jahresende durch den Arbeitgeber auf der Lohnsteuerkarte zusammen mit dem Ausweis der Dauer des Arbeitsverhältnisses und des Bruttolohnes.

545 3.4.3 Abgeltungsteuer

An die Stelle der bisherigen Kapitalertragsteuer tritt im Rahmen der Unternehmensteuerreform 2008 zum 1.1.2009 die Abgeltungsteuer für Kapitalvermögen (§ 20 EStG). Ihr unterliegen Zinsen, → Dividenden, Erträge aus Investmentfonds und aus Zertifikaten (soweit sie nicht mit einschlägigen Verlusten verrechnet werden können). Auch private Veräußerungsgewinne aus Wertpapieren werden dieser Gesetzesneuerung zufolge den Einkünften aus Kapital zugerechnet. Der Abgeltungsteuersatz beträgt 25 v. H. (zuzüglich Solidaritätszuschlag u. gegebenenfalls Kirchensteuer, zusammen höchstens 28 v. H.). Die inländischen Banken, bei denen die Kapitalanlagen gehalten werden, sind verpflichtet, den Steuerabzug vorzunehmen und an die Finanzverwaltung abzuführen. Wie bisher können auch weiterhin

Gesellschaft **IV**

Anleger **Freistellungsaufträge** an ihre Bank erteilen. Der diesbezügliche **Sparer-Pauschbetrag** (er ersetzt den bisherigen Sparerfreibetrag) beziffert sich für Alleinstehende auf 801 Euro, für Ehegatten auf 1602 Euro. – Unter der Voraussetzung, daß der Anleger eine **Nichtveranlagungsbescheinigung** (NV-Bescheinigung) erbringt, werden ihm die Zins-/Kapitalerträge, die über dem Freibetrag liegen, nicht besteuert. Eine NV-Bescheinigung ist vom Steuerpflichtigen mit besonderem Vordruck beim Finanzamt seines Wohnsitzes zu beantragen. Sie wird von diesem ausgestellt, wenn zu erwarten ist, daß für den (unbeschränkt einkommensteuerpflichtigen) Antragsteller eine Veranlagung zur Einkommensteuer nicht erfolgt (Grundfreibeträge für Alleinstehende 7664 Euro, für zusammenveranlagte Ehegatten 15328 Euro). Die Kreditinstitute, bei denen eine NV-Bescheinigung vorgelegt wird, sind von der Steuerabzugspflicht befreit. Es werden demzufolge dem betreffenden Anleger seine Zins-/Kapitalerträge ohne Abzug von Abgeltungsteuer ohne Betragsbegrenzung gutgeschrieben. Es empfiehlt sich deshalb, dem jeweiligen Kreditinstitut eine Ausfertigung der NV-Bescheinigung rechtzeitig einzureichen!

545a
546

547

Zins-/Kapitalerträge, von denen Abgeltungsteuer in Abzug gebracht wurde, müssen vom Steuerpflichtigen nicht mehr in der Einkommensteuererklärung aufgeführt werden; es sei denn, daß in seiner Einkommensteuerveranlagung ein niedrigerer persönlicher Steuersatz als 25 v. H. in Ansatz kommt (Veranlagungswahlrecht).

Ein Abzug der tatsächlich entstandenen Werbungskosten von den Zins-/Kapitalerträgen (analog zur früheren Ermittlung der Kapitalertragsteuer) ist bei der Berechnung der Abgeltungsteuer nicht zulässig. Derlei Kosten sind mit dem Sparer-Pauschbetrag abgegolten.

3.4.4 Körperschaftsteuer

548

Die Körperschaftsteuer ist die Einkommensteuer von **Körperschaften**, das heißt → juristischer Personen (d. s. **Kapitalgesellschaften** [→ Aktiengesellschaft, → Gesellschaft mit beschränkter Haftung, → Kommanditgesellschaft auf Aktien], Erwerbs- und Wirtschaftsgenossenschaften [→ Genossenschaften], → Versicherungsvereine auf Gegenseitigkeit, sonstige juristische Personen des privaten Rechts, nichtrechtsfähige → Vereine, Anstalten, Stiftungen u. Zweckvermögen sowie Betriebe gewerblicher Art von juristischen Personen des öffentlichen Rechts). Ihre Rechtsgrundlagen sind das Körperschaftsteuergesetz (KStG) von 2002, zuletzt geändert durch Gesetz vom 20.12.2007, sowie die Körperschaftsteuer-Durchführungsverordnung von 1994 in der Fassung von 1996.

549
550

Unbeschränkt körperschaftsteuerpflichtig sind Körperschaften, Personenvereinigungen und Vermögensmassen, die ihre Geschäftsleitung oder ihren Sitz im Inland haben (§ 1 Abs. 1 KStG).

Beschränkt körperschaftsteuerpflichtig sind diese, soweit sie ihre Geschäftsleitung oder ihren Sitz im Ausland haben, mit ihren inländischen Einkünften (§§ 1, 2 KStG).

Befreit von der Körperschaftsteuer sind unter anderen die → Bundesbank, bestimmte Vermögen des Bundes, kirchlichen, gemeinnützigen oder mildtätigen Zwecken dienende Körperschaften, Pensions-, Kranken- und Unterstützungskassen sowie die → Gewerkschaften (§§ 5, 6 KStG).

IV Gesellschaft

551 Die Körperschaftsteuer bemißt sich nach dem **zu versteuernden Einkommen** (Besteuerungsgrundlage, § 7 KStG). Dieses bestimmt sich nach den Vorschriften des Einkommensteuergesetzes (siehe unter Einkommensteuer) und des Körperschaftsteuergesetzes. Im Gegensatz zum Einkommensteuerrecht, das das zu versteuernde Einkommen allein aus den 7 Einkunftsarten ermittelt, fallen nach dem Körperschaftsteuerrecht bei buchführungspflichtigen Körperschaften alle Einkünfte als solche aus Gewerbebetrieb – auch Schenkungen, Erbschaften und andere einmalige Zuflüsse – unter die Steuerpflicht.

Die Stichwortnummern 552 bis 557 sind entfallen!

Das zu versteuernde Einkommen wird nach § 23 Abs. 1 KStG allgemein mit einem Steuersatz von 25 vom Hundert belegt.

558,559 ### 3.4.5 Erbschaftsteuer und Schenkungsteuer

Die Erbschaftsteuer beziehungsweise Schenkungsteuer besteuert den Übergang von Vermögenswerten von Todes wegen beziehungsweise die freigebige Zuwendung und Schenkung unter Lebenden. Die rechtlichen Grundlagen bilden das Erbschaftsteuer- und Schenkungsteuergesetz (ErbStG) in der Fassung vom 1.1.2009 (Erbschaftsteuerreform 2008).

Unbeschränkt steuerpflichtig sind Inländer (→ natürliche Personen u. Vermögensmassen) im Inland und zwar für den gesamten Vermögensanfall.

Beschränkte Steuerpflicht ist dann gegeben, wenn weder der Erblasser/Schenker noch der Erwerber Inländer ist; die Steuerpflicht erstreckt sich auf das Inlandsvermögen und auf das Nutzungsrecht an diesem (§ 2 ErbStG). Wurde im Ausland angefallenes Vermögen bereits dort mit (ausländischer) Erbschaftsteuer/Schenkungsteuer belegt, so wird diese im Inland auf Antrag angerechnet, sofern nicht ein
560 Doppelbesteuerungsabkommen Platz greift (§ 21 ErbStG).

Die Höhe der Erbschaftsteuer/Schenkungsteuer richtet sich zum einen nach dem **Wert des Erwerbs** (bewertet nach Bewertungsgesetz), zum anderen nach dem **persönlichen Verhältnis** des Erwerbers zum Erblasser/Schenker. Bezüglich dieses Ver-
561 hältnisses werden drei **Steuerklassen** unterschieden:

- Steuerklasse I: 1. der Ehegatte, der eingetragene Lebenspartner,
　　　　　　　　　2. die Kinder und Stiefkinder,
　　　　　　　　　3. die Abkömmlinge der unter 2. genannten Kinder und Stiefkinder (Enkel),
　　　　　　　　　4. die Eltern und Voreltern bei Erwerb von Todes wegen.
- Steuerklasse II: 1. die Eltern und Voreltern, soweit sie nicht zur Steuerklasse I gehören,
　　　　　　　　　2. die Geschwister,
　　　　　　　　　3. die Abkömmlinge ersten Grades von Geschwistern (Neffen/Nichten),
　　　　　　　　　4. die Stiefeltern,
　　　　　　　　　5. die Schwiegerkinder,
　　　　　　　　　6. die Schwiegereltern,
　　　　　　　　　7. der geschiedene Ehegatte.
- Steuerklasse III: Alle übrigen Erwerber und die Zweckzuwendungen.

Gesellschaft **IV**

Die Steuerklassen I und II Nr. 1 bis 3 gelten auch dann, wenn die Verwandtschaft durch Annahme als Kind bürgerlich-rechtlich erloschen ist.

Die reformierten Eckwerte unter Einbezug der persönlichen Freibeträge zeigt die Übersicht IV, 17:

	Steuerklasse I			II[1]	III[2]
	Ehe-/ Lebenspartner	Kinder	Enkel		
Freibetrag in Euro	500 000	400 000	200 000	20 000	20 000
Nachlassvolumen, in Euro, nach Abzug der Freibeträge	Steuersätze, in Prozent				
bis 75 000	7	7	7	30	30
bis 300 000	11	11	11	30	30
bis 600 000	15	15	15	30	30
bis 6 000 000	19	19	19	30	30
bis 13 000 000	23	23	23	50	50
bis 26 000 000	27	27	27	50	50
über 26 000 000	30	30	30	50	50

[1] Geschwister, Neffen und Nichten, Eltern, Großeltern, geschiedene Ehepartner, Schwiegereltern;
[2] Übrige Erben.

Übersicht IV, 17

Ehegatten und Kinder haben darüber hinaus folgende **Versorgungsfreibeträge**: Ehegatten 256 000 Euro, Kinder bis zu 27 Jahren gestaffelt zwischen 52 000 Euro und 10 300 Euro. **Sachliche Befreiungen** gelten nach §13 ErbStG für **Hausrat** (Steuerklasse I 41 000 Euro, Steuerklasse II und III 12 000 Euro), andere bewegliche Gegenstände, insbesondere Kunstgegenstände und anderes.

Das gesetzliche Zusatzviertel des überlebenden Ehegatten (siehe hierzu unter Punkt II, 8.4) beziehungsweise dessen Anspruch auf **Zugewinnausgleich** bei Beendigung des gesetzlichen Güterstandes der → **Zugewinngemeinschaft** unter Erben ist nach §5 ErbStG von der Erbschaftsteuer freigestellt.

Die verschiedenen Vermögensarten werden hinsichtlich ihrer steuerlichen Erfassung durchweg mit ihrem **Verkehrswert*** in Ansatz gebracht.

---

* Der Verkehrswert (auch Marktwert) eines Vermögensobjektes wird durch den Preis bestimmt, der in dem Zeitpunkt, auf den sich die Ermittlung bezieht, im gewöhnlichen Geschäftsverkehr zu erzielen ist.

IV Gesellschaft

Neuerungen ergeben sich durch die Erbschaftsteuerreform 2008 unter anderem inbezug auf die Vererbung von Wohneigentum und Familienbetriebe.

Wohneigentum: In unbegrenzter Höhe steuerfrei vererbbar ist selbstgenutztes Wohneigentum (vom Einfamilienhaus bis zur Eigentumswohnung), wenn dieses vom Ehepartner, eingetragenen Lebenspartner oder den Kindern (bei den Letztgenannten gilt eine objektbezogene Kappungsgrenze der Wohnfläche von 200 Quadratmetern) mindestens 10 Jahre weiter bewohnt wird. – Die Vermietung, Verpachtung oder der Verkauf einer solchen Immobilie vor Ablauf dieses Zeitraumes hebt die Steuerfreiheit auf. Auch ihre Nutzung als gemeldeter Zweitwohnsitz reicht für die steuerliche Begünstigung nicht aus!

Familienbetriebe: Bei einer Unternehmensnachfolge sind Erben dann von der Erbschaftsteuer freigestellt, wenn sie die einschlägigen Arbeitsplätze über 10 Jahre sichern und die diesbezügliche Lohnsumme in diesem Zeitraum insgesamt 1000 Prozent ausmacht. (Die Lohnsumme kann während dieser Zeitspanne durchaus schwanken!)

Alternativ zur vorgenannten Möglichkeit ist eine Besteuerung des erworbenen Vermögens mit lediglich 15 Prozent vorgesehen, wenn vom Erwerber eine 7-jährige Haltefrist desselben zugesichert wird. Die Lohnsumme muß dann für diesen Zeitraum 650 Prozent betragen!

3.4.6 Gewerbesteuer

Die Gewerbesteuer ist eine Betriebssteuer; der Betrieb, genauer der Gewerbebetrieb, ist Gegenstand dieser Besteuerung. (Die freien Berufe mit ihren Praxen unterliegen nicht der Gewerbesteuer.) Ihre rechtliche Grundlage bildet das Gewerbesteuergesetz (GewStG) in der Fassung von 2002, zuletzt geändert durch Gesetz vom 20.12.2007, nebst Gewerbesteuer-Durchführungsverordnung in der Fassung von 2002.

Die **Bemessungsgrundlage** für die Gewerbesteuer ist der Gewerbeertrag.

Gewerbeertrag: Ausgangsgröße für die Ermittlung des Gewerbeertrages ist der Gewinn aus Gewerbebetrieb, der nach dem Einkommen- oder Körperschaftsteuergesetz ermittelt wird (§ 7 GewStG). **Hinzuzurechnen** sind (§ 8 GewStG):

- Die Hälfte der Entgelte für Schulden, die wirtschaftlich mit der Gründung oder dem Erwerb des Betriebes (Teilbetriebes) oder eines Anteils am Betrieb oder mit einer Erweiterung oder Verbesserung des Betriebes zusammenhängen oder die der nicht nur vorübergehenden Verstärkung des Betriebskapitals dienen;
- Renten und dauernde Lasten, die wirtschaftlich mit der Gründung oder dem Erwerb des Betriebes (Teilbetriebes) oder eines Anteils am Betrieb zusammenhängen;
- die Gewinnanteile des → stillen Gesellschafters, wenn sie beim Empfänger nicht zur Steuer nach dem Gewerbeertrag heranzuziehen sind;
- die Gewinnanteile, die an die persönlich haftenden Gesellschafter einer → Kommanditgesellschaft auf Aktien auf ihre nicht auf das → Grundkapital gemachten

Einlagen oder als Vergütung (Tantieme) für die Geschäftsführung verteilt worden sind;
- die Hälfte der Miet- und Pachtzinsen für die Benutzung der nicht in Grundbesitz bestehenden Wirtschaftsgüter des Anlagevermögens, die im Eigentum eines anderen stehen;
- die Anteile am Verlust einer in- oder ausländischen → offenen Handelsgesellschaft, einer → Kommanditgesellschaft oder einer anderen Gesellschaft, bei der die Gesellschafter als Unternehmer (Mitunternehmer) des Gewerbebetriebes anzusehen sind.

Abzuziehen sind unter anderem (§ 9 GewStG): 1,2 v. H. des **Einheitswertes** (d. i. der einheitliche [durch Rechtsverordnung festgelegte] Substanzwert) des zum Betriebsvermögen des Unternehmens gehörenden Grundbesitzes und Anteile am Gewinn eines anderen Unternehmens.

Bei der **Berechnung der Gewerbesteuer** ist von einem **Steuermeßbetrag** auszugehen. Dieser ist (nach der Unternehmensteuerreform 2008) durch Anwendung eines Hundertsatzes von einheitlich 3,5 v. H. (Steuermeßzahl, § 11 Abs. 2 GewStG) auf den Gewerbeertrag zu ermitteln. Vorab gelten folgende **Freibeträge**: für Personenunternehmen (Einzelunternehmen u. Personengesellschaften) 24 500 Euro; für Vereine und juristische Personen des öffentlichen Rechts 3900 Euro. Kapitalgesellschaften erhalten keinen Freibetrag.

Die Gewerbesteuer wird von der Gemeinde auf Grund des Steuermeßbetrages mit einem Hundertsatz (**Hebesatz**) festgesetzt und erhoben, der von der hebeberechtigten Gemeinde zu bestimmen ist (§ 16 GewStG).

Die Gewerbesteuer ist zu je einem Viertel der für das Vorjahr veranlagten Steuer am 15. 2., 15. 5., 15. 8. und 15. 11 jeden Jahres zu entrichten.

3.4.7 Grundsteuer

Die Grundsteuer wird von landwirtschaftlichen, forstwirtschaftlichen, gewerblichen und Wohn-Grundstücken erhoben. Ihre rechtliche Grundlage bildet das Grundsteuergesetz (GrStG) von 1973, zuletzt geändert durch Gesetz vom 1. 9. 2005.

Befreiungen von der Grundsteuer sind nach §§ 3 u. 4 GrStG für Grundstücke der öffentlichen Hand, für gemeinnützigen, mildtätigen, wissenschaftlichen, religiösen Zwecken dienende Grundstücke, für Krankenanstalten und andere vorgeschriebenen. Das Finanzamt setzt auf Grund der → **Einheitswerte** der Grundstücke nach einem gesetzlich bestimmten Promillesatz (für Grundstücke zwischen 2,6 und 3,5‰; für Betriebe der Land- u. Forstwirtschaft einheitlich 6‰) den **Steuermeßbetrag** fest (§ 15 GrStG). Die Gemeinde bestimmt, mit welchem Prozentsatz des Steuermeßbetrages die Grundsteuer zu erheben ist (**Hebesatz**).

Die Grundsteuer ist zu je einem Viertel am 15. 2., 15. 5., 15. 8. und 15. 11. fällig.

IV Gesellschaft

3.4.8 Umsatzsteuer

Der Umsatzsteuer unterliegen alle **entgeltlichen Lieferungen** und **sonstigen Leistungen**, die ein Unternehmer im Rahmen einer selbständigen gewerblichen oder beruflichen Tätigkeit ausführt; darüber hinaus sind auch der **Eigenverbrauch** (Entnahme von Gegenständen für betriebsfremde Zwecke) sowie die **Einfuhr** in das Zollgebiet **(Einfuhrumsatzsteuer)** umsatzsteuerpflichtig. Ihre rechtliche Grundlage bildet das Umsatzsteuergesetz (UStG) in der Fassung von 2005, zuletzt geändert durch Gesetz vom 20.12.2007, und die Umsatzsteuer-Durchführungsverordnung von 2005, zuletzt geändert durch Gesetz vom 9.12.2004.

Von der Umsatzsteuer **befreit** sind nach §4 UStG unter anderem: Ausfuhrlieferungen und Lohnveredelungen an Gegenständen der Ausfuhr, Umsätze für die Seeschiffahrt und die Luftfahrt, grenzüberschreitende Beförderungen von Gegenständen, die Gewährung von Krediten, Umsätze im Einlagengeschäft wie auch im Zahlungs- und Überweisungsverkehr, die Vermietung und Verpachtung von Grundstücken, die Umsätze aus der Tätigkeit als Arzt, Zahnarzt, Heilpraktiker, Krankengymnast oder aus einer heilberuflichen Tätigkeit, die Umsätze der gesetzlichen Träger der → Sozialversicherung, die Leistungen der anerkannten Wohlfahrtsverbände, der staatlichen oder gemeindlichen Theater, Orchester, Museen, Archive und Büchereien, die Beherbergung sowie die Erbringung von Naturalleistungen in Einrichtungen, die überwiegend Jugendliche zu Erziehungs-, Ausbildungs-, Fortbildungs- oder Pflegezwecken aufnehmen.

Bemessungsgrundlage der Besteuerung sind in der Regel die zwischen dem Lieferer und Empfänger einer Ware oder Dienstleistung **vereinbarten**, nur **um die Umsatzsteuer gekürzten** Entgelte (§ 16 Abs. 1 UStG, Solleinnahme, Sollbesteuerung). Entgeltminderungen wie Rabatte, Skonti, Wechselzinsen, Nachlässe und Forderungsausfälle dürfen in Abzug gebracht werden. Nicht zum Entgelt gehören Beträge, die ein Unternehmer im Namen und für Rechnung eines anderen vereinbart und verausgabt, so zum Beispiel Umsatzsteuer, Versandfrachten, Versicherungsprämien, ferner Auslagen von Spediteuren, Frachtführern und Handelsvertretern für ihre Auftraggeber (§ 10 Abs. 1 UStG, sogenannte **durchlaufende Posten**).

Bei **Eigenverbrauch** werden als Bemessungsgrundlage herangezogen (§ 10 Abs. 4 UStG):
– bei Entnahme von Gegenständen: der gemeine Wert (d.i. der Einkaufspreis),
– bei Verwendung von Gegenständen: die → Kosten, Aufwendungen.

Bei **Einfuhr** gilt als Bemessungsgrundlage der Zollwert zuzüglich Zoll, Verbrauchsteuer und Beförderungskosten bis zum ersten inländischen Bestimmungsort (§ 11 UStG). Bei zollfreier Einfuhr tritt an die Stelle des Zollwertes das Entgelt.

Der **Steuersatz** beträgt (seit 1.1.2007) in der Regel 19 vom Hundert (§ 12 Abs. 1 UStG).

Ein **ermäßigter Steuersatz** von 7 vom Hundert gilt nach § 12 Abs. 2 UStG für:
– Lieferungen, Eigenverbrauch, Einfuhr und unionsinternen Erwerb bestimmter Gegenstände (die in einer Anlage zum UStG zusammengestellt sind), insbesondere landwirtschaftliche Erzeugnisse, Bücher, Zeitschriften, Noten;

- die Vermietung der in der Anlage zum UStG aufgeführten Gegenstände;
- die Tätigkeiten von Körperschaften oder Anstalten, die gemeinnützigen, mildtätigen oder kirchlichen Zwecken dienen, und andere mehr.

Jeder Unternehmer, der steuerpflichtige Lieferungen oder sonstige Leistungen nach § 1 Abs. 1 Nr. 1 u. 3 UStG ausführt, ist berechtigt und, soweit er diese Lieferungen und Leistungen an einen anderen Unternehmer für dessen Unternehmen erbringt, auf dessen Verlangen verpflichtet, Rechnungen auszustellen, in denen die Steuer gesondert ausgewiesen ist. Die Rechnungen müssen außerdem Namen und Anschrift des Lieferanten und des Empfängers, Gegenstand und Zeitpunkt der Lieferung sowie das Entgelt enthalten (§ 14 Abs. 1 UStG).

Von der geschuldeten Umsatzsteuer können in Abzug gebracht werden:
- die auf den Eingangsrechnungen ausgewiesenen Steuerbeträge (als **Vorsteuer,** **Vorsteuerabzug**),
- die entrichtete Einfuhrumsatzsteuer.

Vom **Vorsteuerabzug ausgeschlossen** ist nach § 15 Abs. 2 UStG die Steuer für Lieferungen, die Einfuhr und den unionsinternen Erwerb von Gegenständen sowie für die sonstigen Leistungen, die der Unternehmer zur Ausführung folgender Umsätze verwendet:
- steuerfreie Umsätze,
- Umsätze außerhalb des Erhebungsgebietes, die steuerfrei wären, wenn sie im Erhebungsgebiet ausgeführt würden;
- unentgeltliche Lieferungen und sonstige Leistungen, die steuerfrei wären, wenn sie gegen Entgelt ausgeführt würden.

Der Unternehmer hat nach § 18 Abs. 1 UStG bis zum 10. Tag nach Ablauf jedes Kalendermonats (Voranmeldungszeitraum) eine Voranmeldung nach amtlich vorgeschriebenem Vordruck abzugeben, in dem er die Steuer für den Voranmeldungszeitraum selbst zu berechnen hat. Gleichzeitig hat er die entsprechende Vorauszahlung zu leisten, die sich durch Abzug der Vorsteuer von der Steuerschuld ergibt. Übersteigt die Summe der abziehbaren Vorsteuer die Steuerschuld, wird dem Steuerschuldner der Überschuß erstattet.

Für das abgelaufene Kalenderjahr (oder für einen eventuell kürzeren Besteuerungszeitraum) hat der Unternehmer eine **(Umsatz-)Steuererklärung** abzugeben. Nach dieser (Selbst-)Veranlagung erhält er einen **(Umsatz-)Steuerbescheid** (§ 18 Abs. 3 UStG). Die monatlichen Vorauszahlungen bemessen sich nach der Jahres-(umsatz-)steuerschuld. Beträgt die letzte Jahressteuerschuld weniger als 6136 Euro, so ist der Unternehmer erst nach Vierteljahresschluß zur Voranmeldung verpflichtet (§ 18 Abs. 2 UStG).

Besondere Regelungen sieht das Gesetz (§ 19 UStG) für **Kleinunternehmer** vor. Falls bei diesen der Umsatz im Vorjahr 17 500 Euro nicht überstiegen hat und im laufenden Kalenderjahr 50 000 Euro voraussichtlich nicht übersteigen wird, wird von ihnen keine Umsatzsteuer erhoben. (Selbstverständlich können diese Unternehmen auch keine Vorsteuer in Abzug bringen!)

IV Gesellschaft

3.4.9 Grunderwerbsteuer

Die Grunderwerbsteuer wird erhoben, wenn die rechtliche und wirtschaftliche Verfügungsmacht an einem inländischen Grundstück übergeht. Gesetzliche Grundlage ist das Grunderwerbsteuergesetz (GrEStG) in der Fassung von 1997, zuletzt geändert durch Gesetz vom 20.12.2007.

Die Steuerpflicht entsteht in der Regel mit Abschluß des Kaufvertrages. Zur Vorbeugung gegen **Steuerumgehung** (d. i. der Mißbrauch von Formen und Gestaltungsmöglichkeiten des privaten Rechtsverkehrs zur Umgehung oder Minderung öffentlicher Abgaben) werden auch Abtretungsgeschäfte (→ Abtretung) besteuert, die die rechtliche oder wirtschaftliche Verwertung von (inländischen) Grundstücken (über Ansprüche) ermöglichen.

Die Befreiungen von der Grunderwerbsteuer sind im § 3 Nr. 1–8 GrEStG geregelt. Im einzelnen werden genannt:

- Schenkungen und Erwerb von Todes wegen,
- Erwerb eines zum Nachlaß gehörenden Grundstücks durch Miterben zur Teilung des Nachlasses,
- Erwerbe durch den Ehegatten,
- Erwerbe durch frühere Ehegatten im Rahmen der Vermögensauseinandersetzung nach Scheidung,
- Erwerb durch Verwandte in gerader Linie, Stiefkinder sowie deren Ehegatten,
- Erwerb eines zum Gesamtgut gehörenden Grundstücks durch Teilnehmer an einer fortgesetzten Gütergemeinschaft zur Teilung des Gesamtgutes,
- Rückerwerb eines Grundstücks durch Treugeber bei Auflösung des Treuhandverhältnisses.

Der **Steuersatz** beträgt einheitlich 3,5 vom Hundert (§ 11 GrEStG). Die Steuer bemißt sich nach dem Wert der Gegenleistung oder dem Wert des Grundstücks.

3.4.10 Kraftfahrzeugsteuer

Die Kraftfahrzeugsteuer regelt sich auf der Grundlage des Kraftfahrzeugsteuergesetzes (KraftStG) von 2002, zuletzt geändert durch Gesetz vom 20.12.2007, und der Kraftfahrzeugsteuer-Durchführungsverordnung von 2002 mit späteren Änderungen. Sie wird für das Halten (oder widerrechtliche Benutzen) sämtlicher im Straßenverkehr zugelassener Kraftfahrzeuge erhoben. **Steuerbefreiung** gilt unter anderem für: Fahrzeuge von Bund, Ländern und Gemeinden, der Bundeswehr, der Polizei, Straßenunterhaltungsfahrzeuge, Linienomnibusse, landwirtschaftliche Zugmaschinen, Feuerlöschfahrzeuge, Krankentransportfahrzeuge für Blinde und außergewöhnlich Gehbehinderte. Sonstige Schwerbehinderte, die in ihrer Bewegungsfähigkeit im Straßenverkehr erheblich beeinträchtigt sind, erhalten eine **Steuerermäßigung** von 50 vom Hundert. Die Steuervergünstigungen stehen den Berechtigten nur auf Antrag zu (§ 3a KraftStG).

Die **Steuerpflicht** besteht für die Zeit der Zulassung des Kraftfahrzeuges; sie wird unterbrochen durch freiwillige Abmeldung (z. B. im Winter) oder durch behördliche Zwangsabmeldung.

Gesellschaft **IV**

Besteuerungsgrundlage ist bei Krafträdern und Personenkraftwagen der Hubraum; bei den übrigen Kraftfahrzeugen (einschließlich Omnibussen) und Anhängern das verkehrsrechtlich höchst zulässige Gesamtgewicht und die Anzahl der Achsen.

Hinsichtlich des in Ansatz zu bringenden **Steuersatzes** unterscheidet das Gesetz drei Gruppen von Fahrzeugen: Krafträder, Personenkraftwagen und alle übrigen Fahrzeuge (§§ 8, 9 KraftStG). Die Steuer ist grundsätzlich im voraus zu entrichten.

3.5 Der Rechtsbehelf in Steuersachen 586

Gegen Steuerbescheide und ähnliche Verfügungen seines Finanzamtes kann der Steuerpflichtige binnen eines Monats nach Bekanntgabe derselben **Einspruch** bei 587 diesem (Finanzamt) einlegen (§§ 347, 355 ff. Abgabenordnung [AO] v. 2002, zuletzt geändert durch Gesetz v. 21.12.2007). Dieses prüft die Zulässigkeit des Einspruches und stellt gegebenenfalls weitere Ermittlungen an (bspw. durch Anhörung von Zeugen oder Sachverständigen). Das Finanzamt entscheidet darüber, ob der Einspruch als unbegründet zurückgewiesen oder als begründet anerkannt und damit der Steuerbescheid aufgehoben oder geändert wird. – Der Verwaltungsakt kann auch zum Nachteil des Einspruchsführers geändert werden, vorausgesetzt, daß dieser auf die Möglichkeit einer ungünstigeren Entscheidung unter Angabe von Gründen hingewiesen und ihm Gelegenheit gegeben wurde, sich hierzu zu äußern (§ 367 Abs. 2 AO). Gegen eine den Einspruchsführer ungünstiger stellende Entscheidung kann dieser **Klage beim Finanzgericht** erheben, wenn er geltend macht, in seinen 588 Rechten verletzt zu sein (§ 40 Abs. 2 Finanzgerichtsordnung [FGO] v. 2001, zuletzt geändert durch Gesetz v. 12.12.2007).

Das Finanzgericht würdigt den zu verhandelnden Steuerfall in sachlicher und rechtlicher Hinsicht. Gegen seine Entscheidung (den Gerichtsbescheid oder das verkündete Urteil) kann **Revision beim Bundesfinanzhof** eingelegt werden. Die Revision muß vom Finanzgericht oder auf Nichtzulassungsbeschwerde vom Bundesfinanzhof zugelassen worden sein (§ 115 FGO). 589

3.6 Die Vollstreckung im Steuerrecht 590

Falls der Steuerpflichtige seine Steuerschuld nicht rechtzeitig zahlt, kann diese zwangsweise eingezogen werden (§§ 249–346 AO). Die Vollstreckung im Steuerrecht gestaltet sich ähnlich wie die (zivilprozessuale) → Zwangsvollstreckung. Anstelle des Gerichtsvollziehers tritt ein Vollzugsbeamter des Finanzamtes, insbesondere bei → Pfändung beweglicher Sachen. Forderungen werden durch Pfändungsverfügung gepfändet. In das unbewegliche Vermögen wird nach den Vorschriften der Zivilprozeßordnung §§ 864 ff. vollstreckt. Das Finanzamt kann eine eidesstattlich versicherte **Vermögensoffenbarung** verlangen. 591

Die Finanzbehörden können Ansprüche aus dem Steuerschuldverhältnis ganz oder teilweise stunden (**Steuerstundung**), wenn die Einziehung bei Fälligkeit eine erhebliche Härte für den Schuldner bedeuten würde und der Anspruch durch die Stundung nicht gefährdet erscheint (§ 222 Abs. 1 Satz 1 AO). Die Stundung soll in der 591a

IV Gesellschaft

Regel nur auf Antrag und gegen Sicherheitsleistung gewährt werden (§ 222 Abs. 1 Satz 2 AO).

Für die Dauer der gewährten Stundung werden Zinsen erhoben (§ 234 Abs. 1 AO).
– Auf sie kann ganz oder teilweise verzichtet werden, wenn ihre Erhebung nach Lage des einzelnen Falles unbillig wäre (§ 234 Abs. 2 AO).

591b Wird eine Steuer nicht termingerecht entrichtet, so wird für jeden angefangenen Monat der Säumnis ein **Säumniszuschlag** von 1 v. H. auf den rückständigen Steuerbetrag erhoben (§ 240 Abs. 1 AO).

591c Steuern können niedergeschlagen werden (**Niederschlagung von Steuern**), wenn feststeht, daß die Einziehung keinen Erfolg haben wird, oder wenn die Kosten der Einziehung außer Verhältnis zu dem (Schuld-)Betrag stehen (§ 261 AO). Während der Niederschlagung ruht der Steueranspruch; er lebt wieder auf, wenn sich die Situation des Steuerschuldners verbessert hat.

591d Zur Sicherung gefährdeter Steuerforderungen kann die Finanzbehörde den dinglichen **Arrest** in das bewegliche (durch → Pfändung) und unbewegliche Vermögen (durch Eintragung einer → Sicherungshypothek) anordnen (§ 324 AO).

Auf Antrag der für die Steuerfestsetzung zuständigen Finanzbehörde kann das Amtsgericht auch einen persönlichen Sicherheitsarrest des Steuerschuldners anordnen (§ 326 AO).

592 **4 Volkswirtschaftliche Gesamtrechnung***

Die Volkswirtschaftliche Gesamtrechnung (VGR) verfolgt die Absicht, das wirtschaftliche Geschehen einer nationalen Wirtschaft (Volkswirtschaft) für eine abgelaufene Periode (in der Regel ein Jahr) wertmäßig zu erfassen und darzustellen und damit eine Aussage über die Wirtschaftsleistung eines Landes zu treffen. Diese zeitbezogene Feststellung dient den einschlägigen Politiken insbesondere der Wirtschaftspolitik, als wichtige Informationsquelle.

Das System der Volkswirtschaftlichen Gesamtrechnung ist international weitgehend vereinheitlicht, so daß länderübergreifende Vergleiche der nationalen Volkswirtschaftlichen Gesamtrechnungen möglich sind. Die Volkswirtschaftliche Gesamtrechnung für Deutschland orientiert sich am ESVG (Europäisches System Volkswirtschaftlicher Gesamtrechnungen), das selbst wiederum auf dem SNA (System of National Accounts) der UNO basiert. In Deutschland wird die Volkswirtschaftliche Gesamtrechnung vom Statistischen Bundesamt durchgeführt.

Die Volkswirtschaftliche Gesamtrechnung erfaßt das wirtschaftliche Geschehen in den wirtschaftlichen Aktivitäten aller Wirtschaftseinheiten (Personen, Unternehmen, staatliche Stellen). Um trotz der Vielzahl von Wirtschaftseinheiten und der

---

* Vgl. Albers, H.-J., Stichwort: Volkswirtschaftliche Gesamtrechnung, in: May, H. (Hrsg.), Lexikon der ökonomischen Bildung, 7. Aufl., München 2008.

Vielfalt deren wirtschaftlicher Aktivitäten einen klaren Überblick zu wahren, faßt (aggregiert) die Volkswirtschaftliche Gesamtrechnung gleichartige Wirtschaftseinheiten zu **Sektoren** und **Wirtschaftsbereichen** und gleichartige Aktivitäten zu **Tätigkeiten** zusammen. 593,594

Sektoren der VGR:
- Nichtfinanzielle Kapitalgesellschaften (AG, GmbH, oHG, KG u. a.),
- finanzielle Kapitalgesellschaften (d. s. Kreditinstitute u. Versicherungsunternehmen),
- Staat (Bund, Länder, Gemeinden, Sozialversicherung),
- private Haushalte (private Haushalte, Einzelunternehmen, Händler, Gastwirte, Freiberufler u. a.),
- private Organisationen ohne Erwerbszweck (politische Parteien, Gewerkschaften, Kirchen u. a.),
- übrige Welt (alle Wirtschaftseinheiten mit Sitz/Wohnsitz außerhalb des Wirtschaftsgebietes).

Wirtschaftsbereiche der VGR:
- Land-, Forstwirtschaft, Fischerei,
- produzierendes Gewerbe,
- Baugewerbe,
- Handel, Gastgewerbe, Verkehr,
- Finanzierung, Vermietung, Unternehmensdienstleister,
- öffentliche und private Dienstleister.

Die Volkswirtschaftliche Gesamtrechnung führt in jedem Sektor für jede Tätigkeit ein eigenes Konto.

Das **Inlandskonzept** erfaßt die Gesamtheit der wirtschaftlichen Aktivitäten im Inland; das **Inländerkonzept** diejenigen (Aktivitäten) von Personen und Institutionen, die ihren Sitz/Wohnsitz im Inland haben (= Inländer). 595, 596

Die Volkswirtschaftliche Gesamtrechnung arbeitet mit folgenden Begriffe:

Bruttoinlandsprodukt: Wert aller während der Zeitperiode im Inland hergestellten Güter. 597

Bruttonationaleinkommen (früher: Bruttosozialprodukt): Summe der von allen Inländern erwirtschafteten Primäreinkommen. 598

Volkseinkommen: Summe aller Primäreinkommen, die Inländern letztlich zugeflossen sind. 599

Primäreinkommen: Einkommen aus wirtschaftlicher Tätigkeit sowie Erwerbs- und Vermögenseinkommen (Arbeitnehmerentgelt + Unternehmens- und Vermögenseinkommen). 600

Sekundäreinkommen (abgeleitete Einkommen): Einkommen, die nicht aus wirtschaftlicher Tätigkeit resultieren (Transfereinkommen wie Renten, Kindergeld, Arbeitslosengeld II, Sozialhilfe u. a.). 601

Vorleistungen: Güterkäufe inländischer Wirtschaftseinheiten von anderen in- oder ausländischen Wirtschaftseinheiten. 602

IV Gesellschaft

603 Abschreibungen: Wertminderung des Anlagevermögens durch Verschleiß und technisches oder wirtschaftliches Veralten.

604 Investitionen: Aufwendungen der Unternehmen für Ersatz oder Erweiterung von Anlagen sowie Vorratsveränderungen.

605 Außenbeitrag: Ausfuhr von Waren und Dienstleistungen (→ Zahlungsbilanz).

In Abstimmung mit den vorgenannten Begriffen lassen sich Inlands- und Inländerkonzept wie folgt darstellen (siehe Schaubild IV, 18).

Die Volkswirtschaftliche Gesamtrechnung ist in eine Entstehungs-, Verteilungs- und Verwendungsrechnung gegliedert.

606 Entstehungsrechnung erfaßt das Produktionsergebnis der inländischen Wirtschaftsbereiche. Sie präsentiert das Bruttoinlandsprodukt (siehe Schaubild IV, 19).

607 Die **Verwendungsrechnung** zeigt auf, wo die erzeugten Güter verwendet wurden. Der Außenbeitrag ergibt sich als Differenz zwischern Exporten und Importen von Waren und Dienstleistungen; er repräsentiert den Nettogüteraustausch mit dem Inland (siehe Schaubild IV, 20)

608 Die **Verteilungsrechnung** zeigt die Verteilung des Volkseinkommens auf Arbeitnehmerentgelt sowie Unternehmens- und Vermögenseinkommen (siehe Schaubild IV, 21).

Die Stichwortnummern 609 bis 613 sind entfallen!

Die Verteilung des Volkseinkommens auf die Einkommen aus unselbständiger Arbeit und die Einkommen aus Unternehmertätigkeit und Vermögen (Unternehmens- und Vermögenseinkommen) und damit auf die → Produktionsfaktoren → Arbeit und → Kapital gibt allerdings kein exaktes Bild der tatsächlichen Verhältnisse. Es

Inlandskonzept	Inländerkonzept
Bruttoproduktionswert	
− Vorleistungen	
= **Bruttoinlandsprodukt** (zu Marktpreisen)	
↓ ↳	+ vom Ausland erhaltene Primäreinkommen − ans Ausland gezahlte Primäreinkommen
	= **Bruttonationaleinkommen** (zu Marktpreisen)
− Abschreibungen	
= **Nettoinlandsprodukt** (zu Marktpreisen)	= **Nettonationaleinkommen** (zu Marktpreisen)
	− Produktions- u. Importabgaben (indirekte Steuern) + Subventionen
	= **Nettonationaleinkommen** (zu Faktorkosten) = **Volkseinkommen**

Schaubild IV, 18

Gesellschaft **IV**

```
     Land- und Forstwirtschaft, Fischerei
   + Produzierendes Gewerbe
   + Baugewerbe
   + Handel, Gastgewerbe und Verkehr
   + Finanzierung, Vermietung und
     Unternehmensdienstleister
   + Öffentliche und private Dienstleister

   = Bruttoinlandsprodukt
```

Schaubild IV, 19

```
     Private Konsumausgaben
   + Konsumausgaben des Staates
   + Bruttoinvestitionen

   = Inländische Verwendung
   + Außenbeitrag (Exporte – Importe)

   = Bruttoinlandsprodukt
```

Schaubild IV, 20

```
     Arbeitnehmerentgelt
   + Unternehmens- und Vermögenseinkommen

   = Volkseinkommen
```

Schaubild IV, 21

werden nämlich den Einkommen aus Unternehmertätigkeit und Vermögen neben der Verzinsung des unternehmerischen Kapitals auch die Entlohnung der Arbeitskraft des Unternehmers zugerechnet, obgleich diese streng genommen dem Faktor Arbeit zugerechnet werden müßte.

525

IV   Gesellschaft

Die Einkommen aus Unternehmertätigkeit und Vermögen umfassen Zinsen, Pachten, Mieten, Einkommen aus immateriellen Vermögenswerten (z. B. Patenten), Dividenden, den Unternehmerlohn, die Verzinsung des Eigenkapitals, Risikoprämie und die eigentlichen Gewinne. Diese Einkommen aus Unternehmertätigkeit und Vermögen werden rechnerisch als **Restgröße** ermittelt, in dem von dem in der Entstehungsrechnung festgestellten Volkseinkommen die Einkommen aus unselbständiger Arbeit in Abzug gebracht werden. Zur Feststellung des Volkseinkommens und der Einkommen aus unselbständiger Arbeit werden umfassende und genaue Statistiken herangezogen. – Ganz anders gestaltet sich die Sachlage hinsichtlich der statistischen Erfassung des Einkommens aus Unternehmertätigkeit und Vermögen. Hier treten erhebliche Schwierigkeiten auf. So lassen sich vor allem der Unternehmerlohn, die Verzinsung des Eigenkapitals, die Risikoprämien und die eigentlichen Gewinne nur schwer getrennt ermitteln und isoliert ausweisen. Ein solcher Ausweis ist allenfalls für die Vermögenseinkommen (d. s. Einkommen für die Nutzung finanzieller Vermögensteile, des Grundes und Bodens und materieller Rechte) möglich. Eine originäre statistische Erfassung der Einkommen aus Unternehmertätigkeit ist somit bislang nicht möglich.

Die hier getroffene Feststellung läßt deutlich werden, wie problematisch es ist, die Einkommen aus Unternehmertätigkeit und Vermögen als Grundlage für die Berechnung der sogenannten **Gewinnquote** heranzuziehen und diese der **Lohnquote** (d. i. der Anteil der Löhne und Gehälter am Volkseinkommen) gegenüberzustellen (so insbesondere im Rahmen lohnpolitischer Auseinandersetzungen). Die Gewinnquote als Anteil der Einkommen aus Unternehmertätigkeit und Vermögen am Volkseinkommen enthält – wie oben dargelegt – Einkommensteile, die korrekterweise dem Produktionsfaktor Arbeit und damit der Lohnquote zuzurechnen wären, und gibt damit keine statistisch „saubere" Grundlage für die Fundierung sozialer/lohnpolitischer Forderungen ab. Hinzu kommt, daß heute ein großer Teil der Lohn- und Gehaltsempfänger auch Einkommen aus Vermögen bezieht und somit in Bezug darauf als Unternehmer zu klassifizieren wäre.

Exkurs:

Der Erfolg unternehmerischen Tätigwerdens kann nicht im vorhinein (etwa durch eine entsprechende Vorgabe in der Kalkulation) programmiert werden. Ob ein Unternehmer im Wettbewerb mit anderen Anbietern am Markt erfolgreich war oder nicht, kann in der Regel erst im nachhinein festgestellt werden und zwar über den realisierten Gewinn oder Verlust. Der Zeitraum, über den eine solche Feststellung zu erfolgen hat (Abrechnungsperiode), ist im allgemeinen ein Jahr. Dieses Geschäftsjahr deckt sich meist mit dem Kalenderjahr. Das Instrument der Erfolgsfeststellung ist die **Gewinn- und Verlustrechnung**. Sie stellt die Aufwands- und Ertragspositionen des Unternehmens einander gegenüber und ermittelt so als Saldo (Differenz) den Gewinn oder Verlust für das entsprechende Geschäftsjahr (siehe Schaubild IV, 22).

Gesellschaft **IV**

Gewinn- und Verlustrechnung einer Unternehmung (vereinfachte Darstellung)	
	Umsatzerlöse (= Menge x Preis)
./.	**Materialaufwand**, darunter – Aufwendungen für Roh-, Hilfs und Betriebsstoffe und für bezogene Waren – Aufwendungen für bezogene Leistungen
./.	**Personalaufwand**, darunter – Löhne und Gehälter – soziale Abgaben und Aufwendungen für Altersversorgung und für Unterstützung
./.	**Abschreibungen**
./.	**Zinsaufwand**
./.	**Steuern**, darunter – Steuern vom Einkommen, vom Vermögen und vom Ertrag – Sonstige Steuern
ergibt oder	**Jahresüberschuß (Gewinn)** **Jahresfehlbetrag (Verlust)**

Schaubild IV, 22

Gewinn und Verlust gehen in die **Bilanz** (Gegenüberstellung des Vermögens [Aktiva] und des Kapitals [Passiva]) eines Unternehmens ein (siehe Schaubild IV, 23). Ein Gewinn vergrößert das Eigenkapital, ein Verlust schmälert das Eigenkapital.

617

Aktiva	Bilanz	Passiva
Anlagevermögen Umlaufvermögen		Eigenkapital Fremdkapital
Summe des Vermögens		Summe des Kapitals

Schaubild IV, 23

Das **Anlagevermögen** umfaßt: Bebaute und unbebaute Grundstücke, Fuhr- und Wagenpark, Maschinenpark u. a. 618

Das **Umlaufvermögen** umfaßt: Rohstoffe, Warenvorräte, Forderungen, Bankguthaben, Kassenbestände u. a. 619

Das **Eigenkapital** umfaßt: Geschäftseinlage, Gesellschafterkapital, Gewinn. 620

Das **Fremdkapital** umfaßt: Kredite, Verbindlichkeiten. 621

Stichwortverzeichnis

Abbuchungsauftrag II 562
Abfindung III 272
Abfindung bei Betriebsänderung III 570
Abgeltungsteuer IV 507a, IV 545
abgestimmtes Verhalten IV 237
Abhandenkommen eines Sparbuches II 722
Abhören von privaten Telefongesprächen III 243
Ablaufhemmung II 237
Ablauforganisation III 19
Abmahnung II 410, III 221
Abnahme des Werkes II 232
Abnahme im Reparaturvertrag II 336
Abrufzeiten III 609c
Abschnittsreparatur II 330
Abschöpfungen IV 167, IV 343
Abschreibung I 28a, II 702b, IV 603
Abschwung IV 277
Abstandszahlung II 408
Abteilungsversammlung III 489
Abtretung des Herausgabeanspruches II 148
Abtretung von Forderungen II 239, II 508
Abzugsverfahren IV 499
Änderungskündigung III 174
–, außerordentliche III 296
–, ordentliche III 292
Agrarmarktordnung(en) IV 166, IV 246
Akkordlohn III 545
Akkordsatz III 117
Akkordsätze, Mitbestimmung des Betriebsrates III 549
Aktien II 105, II 757
Aktienfonds II 768
Aktiengesellschaft (AG) II 103
Akzept II 530
Alleineigentum II 167
Allgemeine Geschäftsbedingungen II 247f.
Allgemeines Gleichbehandlungsgesetz III 226a

Allgemeinverbindlichkeitserklärung III 414
Alterseinkünftegesetz II 818a, III 692a, III 692i
Altersentlastungsbetrag IV 509, IV 526
Altersrenten III 686
Altersteilzeitarbeit IV 158b
Altersvermögensgesetz III 692g
Altersversorgung, betriebliche III 539, III 394a
Altersvorsorge, betrieblich III 692h
Altersvorsorge, private III 692c
Andienungsrecht beim Leasing II 444
Aneignung einer herrenlosen Sache II 156
– eines herrenlosen Grundstückes II 165
Aneignungsvertrag II 155
Anfechtung II 195
–, (Krankenversicherung) II 841
Anfechtungsgründe II 196
Angebot II 191, II 251, IV 16
Angebot der Unternehmen II 638
Angebotsmonopol II 645
Angebotsoligopol II 647
Angestellter III 150, III 455
Angestellter, außertariflicher III 152, III 456
Angestellter, leitender III 151, III 457
Anhörung des Betriebsrates bei Kündigung III 297
–, Sprecherausschusses bei Kündigung III 298
Anlagevermögen IV 618
Anleihen II 735
Anleihen, öffentliche II 742
Anlernling III 371
Anmeldepflicht nach GWB II 677
Annahme II 193
Annahmeverzug II 282
Annahmeverzug des Arbeitgebers III 131, III 192, III 593
Annahmeverzugsrecht II 284

Stichwortverzeichnis

Annahmeverzug, Voraussetzungen
  II 283
Anschlußfinanzierung II 496
Antrag II 192
Anwesenheitskontrolle III 508
Anzeigepflicht des Arbeitnehmers III 207
– nach GWB II 676
– nach VVG II 778
Arbeit I 17, III 1
–, auf Abruf III 386
Arbeiter III 149, III 454
Arbeitgeber III 158
Arbeitgeberdarlehen III 542
Arbeitgeberverbände III 93, III 107
Arbeitnehmer III 142, III 453
Arbeitnehmer, gewerblicher III 145
–, kaufmännischer III 146
–, sonstige III 148
arbeitnehmerähnliche Person III 155
Arbeitnehmerabfindung III 126
Arbeitnehmerschutzrecht III 141
Arbeitnehmerüberlassung III 391
Arbeitsablaufstudien III 75
Arbeitsangebotsfunktion III 87
Arbeitsbedingungen III 4, III 726
Arbeitsbelastungen, besondere III 61
Arbeitsbereitschaft III 599, III 604b,
  III 604d
Arbeitsbeschaffungsmaßnahmen
  IV 147, IV 157
Arbeitsbewertung III 49
–, analytische III 58
–, summarische III 52
Arbeitsdirektor II 108, III 582, III 586,
  III 590
Arbeitsentgelt, siehe Arbeitslohn III 79,
  III 526
Arbeitsentgeltsicherung für Betriebs-
  ratsmitglieder III 474
Arbeitsförderung IV 158
Arbeitsfreude III 2
Arbeitsgemeinschaft der Verbraucher-
  verbände e. V. (AgV) II 32
Arbeitsgerichtsbarkeit III 140, III 655,
  IV 92
Arbeitsgruppe, autonome III 738
–, teilautonome III 737

Arbeitskampfrecht III 424
Arbeitskampfrichtlinien III 434
Arbeitskampf, Stellvertreter – III 445
Arbeitskleidung III 509
Arbeitleid III 3
Arbeitslohn III 79
–, Auszahlung III 526
Arbeitslosengeld I III 694
Arbeitslosengeld II III 697c
Arbeitslosenquote IV 101
Arbeitslosenversicherung III 693
Arbeitslosigkeit IV 115, IV 202, IV 453
–, friktionelle IV 206
–, konjunkturelle IV 203
–, mittelbare III 444
–, saisonale IV 205
–, strukturelle IV 204
Arbeitslosmeldung, persönliche
  III 270a
Arbeitsmarkt III 84
Arbeitsmarktordnung III 94
Arbeitsmarktparteien III 89, III 98
Arbeitsmarktpolitik IV 319
Arbeitsnachfragefunktion III 86
Arbeitsordnung III 507
Arbeitspapiere III 342
Arbeitspflicht des Arbeitnehmers
  III 170
Arbeitsplatzgestaltung III 727
–, Mitwirkung und Mitbestimmung des
  Betriebsrates III 577
Arbeitsplatzteilung III 387
Arbeitsproduktivität III 108b, IV 465
Arbeitsrecht III 136
–, individuelles III 137, III 159
–, kollektives III 138, III 395
Arbeitsschutz III 553
–, sozialer III 594
–, technischer III 648
–, Mitbestimmung des Betriebsrates
  III 533
Arbeitsschutzrecht III 139, III 237,
  III 591
–, staatliches III 650
Arbeitsschwierigkeit III 51
Arbeitsstrukturierung III 732
Arbeitsteilung I 32, III 21

Stichwortverzeichnis

Arbeitstugenden III 5
Arbeitsumgebung, Gestaltung III 729
Arbeits- und Sozialordnung IV 79
Arbeitsunfähigkeit III 228
Arbeitsunfall III 267, III 682
Arbeitsverbot an Sonn- u. gesetzlichen Feiertagen III 611
–, Ausnahmen vom III 611a
Arbeitsverhältnis III 143, III 162
Arbeitsvertrag III 161
–, befristeter III 164
– (Leiharbeitsverhältnis) III 394
Arbeitsvertragsrecht III 160
Arbeitswert III 50, III 59
Arbeitswertstudien III 76
Arbeitszeit III 597
–, außerbetriebliche III 600
–, betriebliche III 598
–, gleitende III 515, III 605, III 731
–, gleitende, für Jugendliche III 631
Arbeitszeitgesetz III 596
Arbeitszeitordnung III 513
Arbeitszeitregelung III 730
Arbeitszeitschutz III 595
–, besonderer, für Heimarbeiter III 639
–, besonderer, für Jugendliche III 626
–, besonderer, für Schwerbehinderte III 640
Arbeitszeitstudien III 66
Architektenvertrag II 351
arglistige Täuschung II 203
Arrest II 592, IV 591d
Arzthaftungsrecht II 372
Arztvertrag II 352
Arztzusatzvertrag II 371
Aufbauorganisation III 18
Aufhebungsvertrag III 271
– (Berufsbildungsvertrag) III 369
Aufklärung des Patienten II 374
Auflagen II 886, IV 402
Auflassung II 159
Auflösung des Arbeitsverhältnisses gegen Zahlung einer Abfindung III 319
Aufrechnung II 244
Aufschwung IV 273
Aufsichtsrat (Aktiengesellschaft) II 109

Auftragszeit III 67, III 74
Auktion II 297
Ausbeutungsmißbrauch IV 264
Ausbildung III 707
ausbildungsbegleitende Hilfen III 354a
Ausbildungsberufe, anerkannte III 348
Ausbildungsberufsbild III 351
Ausbildungsdauer III 350
Ausbildungsförderung III 713
Ausbildungsfreibetrag IV 528
Ausbildungsordnungen III 349
Ausbildungspflicht III 355
Ausbildungsrahmenplan III 352
Ausbildungsvergütung, Fortzahlung im Krankheitsfall III 362
Ausbildungsverhältnis, Beendigung III 366
Ausführungszeit III 72
Ausgleichszeitraum III 604a
Aushilfsarbeitsvertrag III 168, III 289
Auskunftserteilung des Arbeitgebers III 341
Auskunftspflicht des Arbeitnehmers III 204
Auslandsanleihe II 755
Ausnahmebereiche IV 242, IV 244
Ausschlußfristen für Ansprüche aus Arbeitsvertrag III 345
Ausschlußfrist, tarifvertragliche III 415
Ausschreibung von Arbeitsplätzen III 556
Außenbeitrag IV 605
außenwirtschaftliches Gleichgewicht IV 209
Außenwirtschaftsfreiheit IV 335
Außenwirtschaftspolitik IV 333
Außenzoll IV 346a
außergewöhnliche Belastungen IV 511, IV 521
Aussperrung III 426, III 441
–, Abwehr- III 442
–, Angriffs- III 443
Aussteller II 527
Austauschpfändung II 596
Auswahlrichtlinien III 560
Auszubildender III 154
–, Pflichten III 364

531

Bäckerei, Arbeitszeit III 643
BAföG III 713, IV 110, IV 161c
Bankcard ec II 575
Bankenkonsortium II 756
Bankschuldverschreibung II 748
Bardepot IV 352
Barscheck II 564
Barzahlung II 541
Baufinanzierung II 495
Baukindergeld IV 155
BAVAZ III 385
Bedarf I 3
Bedürfnisse I 1
Bedürfnisstruktur II 12
befristete Arbeitsverträge IV 158c
Beglaubigung, öffentliche II 185
Begünstigungsverbot für Betriebsratsmitglieder III 479
Behandlungsvertrag II 353
Behinderungsmißbrauch IV 263
Beihilfe, staatliche II 363
Beiträge IV 473
Beitragsbemessungsgrenze III 674
Belegschaftsaktie II 762
Benachteiligungsverbot für Betriebsratsmitglieder III 446, III 478
Benachrichtigungspflicht (Scheck) II 571
Benachrichtigung (Wechselprotest) II 539
Beratungspflicht II 332, II 777
Beratungsstellen, allgemeine II 68
–, spezielle II 59
berechtigtes Interesse (Vermieter) II 428
Bereichsausnahmen IV 241, IV 267
Bereitschaftsdienst III 516, III 604c, III 604e, III 609a
Bergmannsprämien IV 537
Berichtsheft III 356
Beruf III 714
berufliche Bildung IV 424
Berufsänderungskündigung III 330
Berufsaufklärung III 717
Berufsausbildungsverhältnis III 346
Berufsausbildungsvertrag III 347

Berufsbildung, Beratungs- und Mitbestimmungsrecht des Betriebsrates III 561
Berufsbildungsförderung III 712
Berufsbildungspolitik IV 425
Berufsförderung III 711
Berufskrankheit III 684
Berufs- und Arbeitsplatzwahl, freie III 97
Berufsunfähigkeitsrente III 688
Berufsunfähigkeits(zusatz-)versicherung II 817
Berufswahlreife III 719
Berufswahlunterricht III 718
Berufswahlvorbereitung III 716
Berufung II 588
– (Arbeitsgerichtsbarkeit) III 656, III661
– (Sozialgerichtsbarkeit) III 699
Beschäftigung in der Gleitzone III 390b
Beschäftigungsanspruch III 234
Beschäftigungsförderungsgesetz IV 158a
Beschäftigungsnachweis III 339
Beschäftigungspflicht III 233
Beschäftigungspolitik IV 308, IV 452
–, keynesianische IV 456
–, neoklassische IV 463
Beschaffenheitsgarantie II 292a
Beschlußverfahren (Arbeitsgerichtsbarkeit) III 665
Beschwerde (Rechtsmittel) II 587a
Beschwerde (Arbeitsgerichtsbarkeit) III 657
Beschwerderecht III 498
Besitz II 131
–, mittelbarer II 133
–, unmittelbarer II 132
Besitzdiener II 142
Besitzmittlungsverhältnis II 147, II 512
Besitzschutz II 138
Besitzsteuern IV 480
Besitzstörungsklage II 140
Besitzverlust II 141
bestätigter Landeszentralbankscheck II 567

Stichwortverzeichnis

Bestellung II 252, II 253
Bestellungsannahme II 254
Beteiligungsrechte (Arbeitnehmer)
  III 496
– (Betriebsrat) III 499
Betreuungsfreibetrag IV 527a
Betrieb I 13, III 28
betriebliche Altersversorgung III 394a
Betriebsänderung (Mitwirkung des
  Betriebsrates) III 568
Betriebsarzt III 652
Betriebsausschuß III 469
Betriebsbuße III 217, III 512
Betriebserkundung III 720
Betriebsferien III 253, III 530
Betriebsführung, soziale III 724
–, wissenschaftliche III 22
Betriebsgeheimnis III 195a
Betriebskosten II 423
Betriebsmittel III 10
Betriebspraktikum III 721
Betriebsrat III 448, III 464
–, Gesamt- III 481
–, Konzern- III 482
–, Amtszeit III 467
–, Geschäftsführung III 468
–, Sprechstunden III 473
–, Zusammensetzung III 466
Betriebsratssitzung III 470
Betriebsratswahl III 465
Betriebsräteversammlung III 491
Betriebssteuern IV 491
Betriebsstrafe III 218
Betriebsvereinbarung III 501
Betriebsverfassung III 447, IV 127
Betriebsverfassungsgesetz III 447a
–, Geltungsbereich III 449
Betriebsverfassungs- und Mitbestim-
  mungspolitik IV 320
Betriebsversammlung III 488
Betriebszweck III 9
Beugehaft II 601
Beurkundung, gerichtliche II 186
– notarielle II 186
– öffentliche II 186
Beurteilungsgrundsätze, allgemeine
  betriebliche III 559

Beweislast (Patient) II 379
– (Produkthaftung) II 461
Bezogener II 528
Bezugsleistung III 64
Bezugsquellentransparenz II 45
Bezugsrecht (Lebensversicherung)
  II 818
Bilanz IV 617
Bilanzierungsmethode IV 34
Bildung I 21
Bildungsökonomie IV 421
Bildungsplanung IV 423
Bildungspolitik IV 420
Bildungsurlaub III 262, III 529
Billigjobs siehe geringfügiges Beschäfti-
  gungsverhältnis III 390a
Binnenzölle IV 345
BIZ IV 451
Boden I 16
Böhm, Franz IV 68
Boom IV 276
Branchenzyklen IV 271
Brandt, Willy IV 301
Briefhypothek II 517
Bringschulden II 215
Bruttoeinkommen aus unselbständiger
  Arbeit IV 609
– aus Unternehmertätigkeit und Ver-
  mögen IV 612
Bruttoinlandsprodukt IV 215, IV 597,
  IV 599, IV 606
Bruttolohn- und -gehaltssumme IV 610
Bruttonationaleinkommen IV 598
Buchhypothek II 518
Bürgschaft II 504
–, gewöhnliche II 505
–, selbstschuldnerische II 507
Bundesamt für Umwelt IV 219
Bundesanleihen II 743
Bundesagentur für Arbeit IV 218
Bundesbank IV 216, IV 438
Bundeskartellamt IV 217, IV 247
Bundesministerium für Verbraucher-
  schutz, Ernährung und Landwirt-
  schaft II 28a
Bundesobligationen II 744
Bundesschatzbriefe II 745

533

Stichwortverzeichnis

Bundessteuern IV 484
Bundesvereinigung der Deutschen Arbeitgeberverbände III 108
Bußordnung III 219

Christlicher Gewerkschaftsbund Deutschlands III 102
COMECON IV 59

DAC IV 366
Darlehen II 466
Darlehensvertrag II 473
Datenschutz, betrieblicher III 240
Dauerarbeitsvertrag III 163
Dauerauftrag II 560
Dauererkrankung III 309
DBB Beamtenbund III 103
DDR IV 42
Debitkarte II 570
Deckungszusage II 806
Deficit spendung IV 284, IV 459
Delikthaftung II 457
Depression IV 280
Deregulierung IV 391
Desindustrialisierung IV 388
Deutscher Gewerkschaftsbund III 100
DGB III 100
Dienstleistungen I 7
„Dienst nach Vorschrift" III 428
Dienstverhältnis III 144
Dienstvertrag II 315
Dietze, Constantin von IV 66
Direktionsrecht des Arbeitgebers III 173, III 176
Direktversicherung (betriebliche Altersversorgung) III 394d
Direktzusage (betriebliche Altersversorgung) III 394b
Disagio II 498
Disagio-Splitting II 499
Disagioverrechnung II 497
Diskontierung II 531
dispositiver Faktor I 19
Diversifizierung IV 389
Dividende II 106
Doppelarbeitsverhältnis III 178

Doppelbesteuerungsabkommen IV 560
Dritte Welt IV 368
duale Berufsbildung IV 426
durchlaufende Posten IV 578

ec-Karte II 569
ECOFIN IV 179
ECU IV 172
Effektivlohn III 110
EFTA IV 182
EG-Binnenmarkt IV 169
EG-Strukturfonds IV 181
Eichel-Rente III 692e
eidesstattliche Versicherung II 586
Eigenbedarf II 429
Eigenbesitz II 134
Eigenheimzulagengesetz IV 162b
Eigeninteresse IV 7, IV 187, IV 331
Eigenkapital III 394o, IV 620
Eigenkapitalhilfeprogramm IV 140
Eigentümergrundschuld II 521
Eigentum II 143
–, gemeinsames II 168
–, treuhänderisches II 513
–, gutgläubiger Erwerb II 149
Eigentumserwerb an beweglichen Sachen II 144
– an Grundstücken II 158
Eigentumsverfassung IV 17
Eigentumsverlust an Grundstücken II 166
Eigentum zur gesamten Hand II 170
Eigenverbrauch IV 576
Eilüberweisung II 559
Einbruch- und Raubversicherung II 789
Einfuhrumsatzsteuer IV 577
Eingliederungsbeihilfe (Aussiedler) IV 156
Eingruppierung, Mitwirkung des Betriebsrates III 563
Einheitliche Europäische Akte IV 170
Einheitswert IV 568
Einigung II 145
Einigungsstelle III 493
Einigungsvertrag IV 131
Einkommen II 5

Stichwortverzeichnis

Einkommensteuer IV 500
Einkommensteuerpflicht, beschränkte IV 503
–, unbeschränkte IV 502
Einkommensteuertarif IV 530
–, durchschnittlicher Steuersatz IV 534
–, Grenzsteuersatz IV 533
Einkommensteuerveranlagung IV 524
– (Antrag) IV 543
Einkommensverteilung III 78
Einkommens- und Vermögensumverteilung IV 77
Einkommen, zu versteuerndes IV 504
Einkünfte IV 505
–, außerordentliche IV 522
Einkunftsarten IV 506
Einrede der Vorausklage II 506
Einspruch in Steuersachen IV 587
Einspruch gegen Vollstreckungsbescheid II 584
Einstellung, Mitwirkung des Betriebsrates III 562
einstweilige Verfügung III 302a
Eintragung (Grundbuch) II 160
Einwirkungspflicht III 403
Einzelkosten II 701
Einzelunternehmung II 93
Einzelversicherung II 813
Einzugsermächtigung II 561
Elterngeld III 264, IV 148a
Elternzeit III 263, III 328, IV 151a
Emission (Wertpapiere) II 738
Emissionsrechte IV 409
Energieausweis II 426a
Enteignungsbeschluß II 163
Entfernungspauschale IV 516
Entgeltfortzahlung bei Kuren und Heilverfahren III 230
–, im Krankheitsfall III 179, III 227, IV 113
–, im Krankheitsfall (Teilzeitarbeit) III 379
Entgeltfortzahlungsgesetz IV 162c
Entgeltschutz III 128
Entgeltsicherung III 132a
Entlohnungsformen III 112

Entscheidung, unternehmerische III 12
Entwicklungshilfe IV 373, IV 376
–, bilaterale IV 377
–, multilaterale IV 378
Entwicklungsländer IV 364
Entwicklungspolitik IV 363
Erbfolge, gesetzliche II 879
Erbrecht II 867
Erbschaftsteuer IV 558
Erbvertrag II 877
Erfindung, freie III 127
Erfüllung II 242
Erfüllungsgehilfe III 269
Erfüllungsgeschäft II 259
Erfüllungsort II 211
–, gesetzlicher II 214
–, natürlicher II 213
–, vertraglicher II 212
Ergonomie III 728
Erhard, Ludwig IV 81, IV 296
Erholungszeit III 69
Erkrankung im Urlaub III 257
Erlaß II 245
Erlöschen der Schuldverhältnisse II 241
ERP-Kreditprogramm IV 138
Ersatzruhetag III 611c
Erschwerniszulage III 538
Ersitzung II 150, II 161
Erstattungen IV 168, IV 344
Erste Welt IV 369
Ertragsgesetz III 35
Ertragskurve III 37
Ertragszuwächse III 36
Erwerbseinkünfte, staatliche IV 474
Erwerbsminderungsrente III 690
Erziehungsgeld IV 119, IV 152
Erziehungsjahr IV 120
Erziehungsurlaub IV 118, IV 151
ESZB IV 176, IV 179a, IV 440
Eucken, Walter IV 65, IV 233
EU-Lebensmittelbehörde II 28b
EURATOM IV 88
Euro IV 177
eurocheque (ec) II 568
eurocheque-Karte II 569
Europäische Aktiengesellschaft (Societas Europaea, SE) II 110b

Europäische Betriebsräte III 590a
Europäische Gemeinschaft IV 173a,
  IV 225
Europäische Genossenschaft (SCE)
  II 116a
Europäische Union IV 172a, IV 225
Europäische Wirtschaftsgemeinschaft
  (EWG) IV 87, IV 163
–, Wirtschafts- und Währungsunion
  IV 173, IV 359
–, Zentralbank IV 177
Europäischer Vollstreckungstitel
  II 592a
Europäischer Wechselkursmechanismus
  II IV 360
Europäischer Wirtschaftsraum IV 183
Europäischer Zahlungsbefehl II 616b
Europäisches Mahnverfahren II 616a
Europäisches System der Zentralbanken IV 176, 179a, IV 440
Europäisches Währungsinstitut IV 175
–, Währungssystem IV 171, IV 358
–, System der Zentralbanken IV 176
EWG IV 87
EWWU IV 173, IV 359
Expansion IV 274

Fachkraft für Arbeitssicherheit III 653
Fälschungsrisiko (ec-Verkehr) II 575
Fahrer-Rechtsschutz II 847
Fahrlässigkeit II 225, II 778c
Fahrzeug-Rechtsschutz II 846
Fahrzeugteilversicherung II 803
Fahrzeugversicherung II 802
Fahrzeugvollversicherung II 804
Familienangehöriger, mithelfender
  III 153
Familienpolitik IV 148, IV 322
Familien-Rechtsschutz II 848
Familien-Unfallversicherung II 822
Fehlen einer zugesicherten Eigenschaft
  (Mietsache) II 419
Feierschicht III 188, III 524
Feiertagsarbeit III 183
Feiertagsruhe (Jugendliche) III 638
Feiertagsvergütung (Teilzeitarbeit)
  III 381

Ferienhausvertrag II 394
Fernabsatzverträge II 294
Fertigungsgemeinkosten II 702c
Festpreise II 697
Festzins II 724, II 731
Finanzausgleich, horizontaler IV 478
–, vertikaler IV 477
Finanzen IV 468
Finanzierungskauf II 438
Finanzierungsschätze II 746
Finanzwechsel II 533
Firma II 70, II 97
Firmen-Rechtsschutz II 849
Fiskalpolitik IV 285, IV 292, IV 299,
  IV 304, IV 309
Flexibilität III 705
flexible Altersgrenze IV 114
Förderung der Vermögensbildung der
  Arbeitnehmer III 394j
Folgeschäden (Produkthaftung) II 462
Fonds Deutsche Einheit IV 135, IV 146
Fonds, gemischte II 770
–, geschlossene II 772
–, offene II 771
Forderungsabtretung II 239, II 508
Formfreiheit, formfrei II 181
Formulararbeitsvertrag III 558
Formularmietvertrag II 436
Formzwang II 182
Fragerecht des Arbeitgebers III 245
Freibeträge (Erbschaft- und Schenkungsteuer) IV 562
Freibetrag (Gewerbesteuer) IV 570
Freiburger Schule IV 64
freier Mitarbeiter III 157
freifinanzierter Wohnraum II 401
Freistellung (Betriebsratsmitglieder)
  III 476
– (Jugend- und Auszubildendenvertretungsmitglieder) III 477
Freistellungsauftrag (an Bank) IV 545a
Freistellung zur Arbeitsuche III 336
Freizeit, tägliche (Jugendliche) III 630
Freizügigkeit III 96, IV 428
Fremdbesitz II 135
Fremdkapital IV 621
Friedenspflicht III 401

Stichwortverzeichnis

Friedman, Milton IV 289
Frist zur Leistungserbringung (Handwerker) II 346
Frührente IV 687a
Frühstückskartell II 664
Fürsorgepflicht des Arbeitgebers III 236, III 247, III 248
Fund II 157
Fusion II 130, II 666, IV 235
Fusionskontrolle II 675, IV 102, IV 127, IV 239, IV 265

Galbraith, John Kenneth IV 186
Garantiekarte II 290
Garantiezertifikat II 290
GATT IV 84
Gattungsmängel II 264
Gebietskartell II 656, IV 252
Gebietsmonopol II 650
Gebote IV 403
Gebrauchswertransparenz II 43
Gebühren IV 472
Gebührenordnung für Ärzte (GOÄ) II 361
– für Zahnärzte (GOZ) II 362
Gefährdungshaftung II 796, IV 411, IV 418
gefährliche Arbeiten III 609
Gefahr II 228
Gefahr des zufälligen Untergangs (Werkvertrag) III 325
Gefahrengruppe (Unfallversicherung) II 825
Gefahrtragung (Werkvertrag) II 325
Gefahrübergang II 223
– (Werkvertrag) II 326
Gegenmachtprinzip II 27
Geheimhaltungspflicht III 196
– (Betriebsratsmitglieder) III 480
Geldfaktor III 551
Geldmenge IV 432, IV 464
Geldmengenpolitik IV 291
Geldpolitik IV 286, IV 308a, IV 430ff.
–, monetaristische IV 303
Geldverfassung IV 431
Gemeindesteuern IV 486
Gemeineigentum IV 19, IV 31, IV 190

Gemeinkosten II 702
Gemeinnutz IV 10a, IV 188
Gemeinsamer Agrarmarkt IV 165
Gemeinsamer Markt IV 164
Gemeinschaftskonto II 554
Gemeinschaftsteuern IV 488
Gemeinschaftswerk Aufschwung-Ost IV 137
Gemeinwohl IV 9, IV 28, IV 330
Generalbevollmächtigter II 79
Generalversammlung II 117
Genfer Schema III 60
Genossenschaft (eG) II 116
Gerichtsstand II 217
–, allgemeiner II 220
–, besonderer II 221
–, dinglicher II 222
–, gesetzlicher II 219
–, vertraglicher II 218
geringfügige(s) Beschäftigungsverhältnis(se) III 390a, IV 158e
Gesamtgut II 863
Gesamtkosten I 28, III 44
Gesamtkostenkurve III 43, III 47
Gesamtrechtsnachfolge II 164
Gesamtschuldner II 209
Geschäftsfähigkeit, beschränkte II 65
–, volle II 66
Geschäftsgeheimnis III 195
Geschäftskosten II 704
Geschäftsunfähigkeit II 64
Geschlechterdiskriminierung (Teilzeitarbeit) III 376
Gesellschaft II 86
– des bürgerlichen Rechts II 87
– mit beschränkter Haftung (GmbH) II 112
–, stille II 101
Gesellschaften, Kapital- II 102
–, Personen- II 95
Gesellschafterversammlung II 115
„gesellschaftliches" Eigentum IV 43
Gesellschaftsbild IV 3
Gesellschaftsunternehmung II 94
Gesetz der Massenproduktion I 31
– gegen den unlauteren Wettbewerb II 682

- gegen Wettbewerbsbeschränkungen
  II 662, II 670
Gesetz über die Drittelbeteiligung der
  Arbeitnehmer im Aufsichtsrat
  III 583
- vom abnehmenden Bodenertrag
  III 37a
- zur Regelung der Allgemeinen Geschäftsbedingungen II 248
- zur Regelung der Miethöhe (MHRG)
  II 411
Gesundheitsreform(en) 2007 III 679a,
  IV 126, IV 160a
Gesundheitsstrukturgesetz IV 160
Gewährleistungsansprüche II 269
Gewerbeertrag IV 567
Gewerbesteuer IV 566
Gewerkschaften III 92, III 99
Gewinn III 83, IV 508, IV 514
Gewinnbeteiligung III 125, III 394s
–, investive III 394t
Gewinnmaximierung I 10b
Gewinnquote IV 614
Gewinnschuldverschreibungen II 754
Gewinn- und Verlustrechnung IV 616
Girocard II 570a
Girokonto II 551
Gironetz II 550
Girovertrag II 552
Gläubiger II 207
Gläubiger, Gesamt- II 210
– (Sparverkehr) II 714
Gleichbehandlungsgesetz III 226a
Gleichbehandlungsgrundsatz, arbeitsrechtlicher III 224, III 380
Gleichberechtigungsgrundsatz
  III 225
Gleichgewichtspreis II 643, IV 26
gleitende Neuwertversicherung II 785
Gliedertaxe II 824
Globalsteuerung IV 283, IV 297
Gratifikation III 540
Grenzerträge III 36, III 39
grober Undank II 314c
Großmann-Dörth, Hans IV 69
Grundbuch II 522
Grunderwerbsteuer IV 583

Grundfreibetrg IV 531
Grundkapital II 104
Grundkündigungsfrist (Arbeitsverhältnisse) III 284
Grundpfandrechte II 514
Grundrente III 82
Grundschuld II 520
Grundsteuer IV 572
Grundzeit III 68
Gruppe 24 IV 356
Gruppenakkord III 123
Gruppenarbeit III 552a
Gruppen-Unfallversicherung II 823
Gruppenversicherung II 814
Günstigkeitsprinzip III 408
Güter I 5
–, öffentliche I 8a
Gütergemeinschaft II 862
Güterrecht, eheliches II 855
Güterstand, gesetzlicher II 856
–, modizfizierter II 866
–, vereinbarter II 858, II 859, II 861
Gütertransparenz II 42
Gütertrennung II 860
Güteverhandlung (Arbeitsgerichtsbarkeit) III 660
Gutachterstellen II 52a, II 61
gute Sitten (Kündigungsrecht)
  III 278

Händlergarantie II 291
Haftpflicht des Arztes, gesetzliche
  II 378
Haftpflichtversicherung II 842
Haftung des Arbeitgebers (Körperschaden) III 266
– des Arbeitgebers (Sachschaden)
  III 268
– des Arbeitgebers (Verletzung des
  Persönlichkeitsrechts) III 270
– des Arbeitnehmers gegenüber Arbeitskollegen III 215
Haftung des Arbeitnehmers gegenüber
  dem Arbeitgeber III 212
– des Arztes, vertragliche II 377
– des Arztes, verschuldensabhängige
  II 455

Stichwortverzeichnis

– des Arztes, verschuldensunabhängige II 458
Hallstein-Doktrin IV 374
Haltbarkeitsgarantie II 292 b
Handelsabkommen IV 339 a
Handelshemmnisse IV 336
–, nicht-tarifäre IV 338
–, tarifäre IV 337
Handelspolitik IV 334
Handelsregister II 68
Handelsverträge IV 339
Handelswechsel II 532
Handlungsbevollmächtigter II 77
Handwerkskammern IV 223
Hartz-Gesetze IV 158 f
Hauptversammlung (Aktiengesellschaft) II 110
Hauptvorstand (Gewerkschaften) III 106
Haushalt, privater II 1
Haushalte, private (Ausgabenstruktur) II 4
Hausratversicherung II 782
Haustürgeschäfte II 293
Hebesatz (Gewerbesteuer) IV 571
– (Grundsteuer) IV 574
Heimarbeiter III 156
– (Arbeitszeitschutz) III 639
Heizkostenverordnung II 425
Heizungsnebenkosten II 426
Hemmung der Verjährung II 236
Herausgabepflicht des Arbeitnehmers III 206
Herstellergarantie II 292
Hilfe zur Selbsthilfe IV 379, IV 395
Hilfspfändung II 610
Hinterbliebenenrente III 690 a
–, Erziehungsrente III 690 d
–, Waisenrente III 690 e
–, Witwenrente III 690 b
–, Witwerrente III 690 c
Hinterlegung II 243
Hinterlegungsverkauf II 285
Hinweispflicht II 331
Hochkonjunktur IV 275
Höchstarbeitszeit III 603
Höchstpreise II 693

höhere Gewalt II 387
Holding-Gesellschaft II 128
Honecker, Erich IV 56
Horten II 711
Humanisierung der Arbeit III 649, III 722
Humankapital IV 422
Hypothek II 515

IAA IV 231
IBRD IV 227
IMF IV 229
Immobilienfonds II 767
Improvisation III 16
Individualbedürfnisse I 1 a
Individualgüter I 8 d
Individualismus IV 5
Individualprinzip III 677, IV 36, IV 317
Individualversicherungen II 773
Individuum IV 6
Indossament II 534
Industrieobligation II 747
Industrie- und Handelskammern IV 222
Industrieverbandsprinzip III 412
Inflationsrate II 10
informationelle Selbstbestimmung III 241
Inhaberaktien II 758
Inkassobüro II 578
Input III 33
Insassenversicherung II 807
Insassen-Unfallversicherung II 820
Insolvenz III 133
Insolvenzabsicherung II 393 a
Insolvenzgeld III 133 a, III 697
Insolvenzordnung II 618
Insolvenzverfahren II 617
–, gerichtliches II 622
Institut für angewandte Verbraucherforschung II 46
Interessenausgleich (Betriebsänderung) III 569, III 576
Interessengemeinschaft II 126
Internationales Arbeitsamt IV 230
Internationalisierung IV 390

Internetauktion II 298
Intrablockhandel IV 60
Investitionen IV 604
Investitionskredite der Deutschen Ausgleichsbank IV 141
Investitionszulagengesetz IV 162f
Investivlohn III 394r
Investmentzertifikat II 765
Irrtum II 197
– im Beweggrund II 201
– in der Erkärung II 198
– in der Übermittlung II 199
– über wesentliche Eigenschaften II 200
Ist-Leistung III 63
IWF IV 86, IV 353

Jahressteuergesetze IV 161a
Job-Aqtiv-Gesetz IV 158d
Job Design III 733
– Enlargement III 735
– Enrichment III 736
– Rotation III 734
– Sharing III 388, III 521
Jugendarbeitsschutz IV 106
Jungendsparbriefe II 725
Jugend- und Auszubildendenversammlung III 490
Jugend- und Auszubildendenvertretung III 472, III 483
–, Gesamt- III 487
– (Aufgaben) III 485
– (Sprechstunden) III 486
– (Wahl) III 484
juristische Person des öffentlichen Rechts II 83
– des privaten Rechts II 84

Kalkulation II 699
Kalkulationskartell II 660
Kapazitätsgrenze III 48
Kapital I 18
Kapitalgesellschaften IV 550
Kapitalverkehr, unbeschränkter IV 350
Kapitalversicherung II 810
KAPOVAZ III 384, III 520
Kappungsgrenze II 413
Karenzentschädigung III 202

Kartell II 125, II 654
Kartellgesetz II 663
Kartellierung IV 234
Kartellpolitik IV 249
Kartellverbot IV 236, IV 250
Kassenärztliche Vereinigung II 359
Kassenarzt II 360
Kassenpatient II 358
Katalogisierungsverfahren III 57
Kaufkraft I 2
Kaufkraftverlust III 108a
Kaufmann II 67
Kaufvertrag II 250
– (Hauptpflichten) II 256
– (Leistungsstörungen) II 260
– (Nebenpflichten) II 257
Kaution (Mietvertrag) II 409
Kernzeit III 606
Kettenarbeitsvertrag III 165
Keynes, John Maynard IV 281a, IV 454
Keynesianismus IV 457
KfW-Investitionsprogramm IV 139
Kilometerleasing II 445
Kindererziehungszeiten IV 153
Kinderfreibetrag IV 150, IV 513, IV 527
Kindergeld IV 98, IV 111, IV 116, IV 149
Kinderzuschlag IV 150a
Kirchensteuer IV 487
Klage (Finanzgericht) IV 588, IV 591
Klagefrist nach VVG II 778b
Klageverfahren II 587
Klassifikationsverfahren III 56
klassischer Liberalismus IV 20
kleine Aktiengesellschaft II 110a
Knappheit I 9
Koalitionsfreiheit III 95, IV 90
Körperschaften IV 549
Körperschaft des öffentlichen Rechts III 675
Körperschaftsteuer IV 548
Kohäsionsfonds IV 174, IV 180
Kohl, Helmut IV 306
Kollektivbedürfnisse I 1b
Kollektivgüter I 8b

Stichwortverzeichnis

Kollektivismus IV 5
Kommanditgesellschaft (KG) II 98
Kommanditgesellschaft auf Aktien
  (KGaA) II 111
Kommanditist II 99
Kommunalobligationen II 750
Kommunalschuldverschreibungen
  II 751
Kompensationslösungen IV 406
Komplementär II 100
Konditionenkartell II 659
Konditorei (Arbeitzeit) III 644
Konjunkturausgleichsrücklage IV 458
Konjunkturpolitik, antizyklische
  IV 282
Konjunkturschwankungen IV 269
Konjunkturzyklen IV 270
Konkurs siehe Insolvenzverfahren
Konkursverfahren siehe Insolvenzverfahren
Konsum II 2
Konsumdiktat II 15
Konsumentensouveränität II 14, II 24
Konsumterror II 16
Kontenpfändung II 609
Kontensparen II 712
Kontrolle III 15
Konvergenzkriterien IV 178
Konvergenzthese IV 184
Konvertibilität IV 348
–, freie IV 349
Konzentration II 122
Konzern II 127, II 665
Konzernobergesellschaft III 588
„Konzertierte Aktion" IV 105
Konzertierte Aktion Weiterbildung
  IV 427
Kooperation II 121
Kooperationsabkommen IV 340
Kosten I 26
–, direkte II 700
–, externe IV 413
–, fixe I 27, III 42, III 45
–, variable I 29, III 41, III 46
Kostenfunktionen III 40
Kostenmiete II 406
Kostentransparenz II 44

Kostenvoranschlag II 344
Kraftfahrtunfallversicherung II 807
Kraftfahrtversicherung II 794
Kraftfahrzeug-Haftpflichtversicherung
  II 795
Kraftfahrzeugsteuer IV 585
Krankenhaustagegeldversicherung
  II 836
Krankenhausvertrag II 354
–, gespaltener II 369
–, totaler II 367
Krankenkasse, gesetzliche II 355
Krankenpflegeanstalt (Arbeitszeit)
  III 646
Krankentagegeldversicherung II 835
Krankenversicherung II 831
–, gesetzliche III 679
–, private II 357
Krankheitskostenversicherung II 833
Krankmeldung III 229
Kreditkarte II 576
Kreditsicherung II 500
Kreislauf, volkswirtschaftlicher I 34a
Kriegsopferversorgung IV 97
Krise IV 279
Kündigung III 273
–, außerordentliche III 293
–, fristlose III 293
–, fristlose (Leasingvertrag) II 448
–, fristlose (Mietvertrag) II 399, II 431
–, ordentliche III 282
– (Arbeitsplatzteilung) III 390
–, Anfechtung der – III 279
– (Kfz-Haftpflichtversicherung) II 801
– (Krankenversicherung) II 840
– (Lebensversicherung) II 815
– (Mietvertrag) II 427
–, Nichtigkeit der – III 277
– (Reisevertrag) II 388
–, Umdeutung der – III 281
– (Verbraucherdarlehensvertrag)
  II 476
– von Arbeitnehmern (Beteiligungsrechte des Betriebsrates) II 566
– von Versicherungsverträgen II 778a
– von Spareinlagen II 720
– wegen Dauererkrankung III 309

541

- wegen häufiger Kurzerkrankung III 311
- wegen Schlechtleistung III 211
-, Zugang der – III 274
Kündigungsbeschränkungen, vertragliche III 280
Kündigungsfristen (Arbeitsverhältnisse) III 283
-, einzelvertragliche III 287
-, Grundkündigungsfrist III 284
-, tarifvertragliche III 286
- von Arbeitern und Angestellten III 285
Kündigungsfrist (Mietvertrag), gesetzliche II 433
- (Sparvertrag), allgemeine II 716
- (Sparvertrag), vereinbarte II 717
- (Schwerbehinderte) III 288
Kündigungsgründe III 275, III 306
-, außerordentliche III 295
-, betriebsbedingte III 314
-, personenbedingte III 308
-, verhaltensbedingte III 312
-, Nachschieben von – III 276
Kündigungsrecht (Kassenpatient) II 366
- (Privatpatient) II 365
Kündigungsschutz III 303, IV 94
-, allgemeiner III 304
-, besonderer III 321
- (Änderungskündigung) III 320
- (Auszubildende) III 329, III 370
- (Betriebsräte) III 322
- (Erziehungsurlauber) III 328
- (leitende Angestellte) III 305
- (Massenentlassungen) III 331
- (Mietrecht) II 432
- (Schwangere und Mütter) III 327
- (Schwerbehinderte) III 326
- (Wehrdienstleistende) III 323
- (Zivildienstleistende) III 325
Kündigungsschutzklage III 301
- bei außerordentlicher Kündigung III 317
- bei ordentlicher Kündigung III 316
- wegen sonstiger Rechtsmängel bei Kündigung III 318
- (Wehrdienstleistende) III 324

Kündigungsschutzprozeß III 301a
Kündigungssperrfrist (Spareinlagen) II 719
Kunstfehler II 376
Kurzarbeit III 187, III 335, III 525
Kurzarbeitergeld III 189, III 695a
Kurzerkrankung, häufige III 311

Ladenöffnungszeiten III 518
Ladenschlußgesetz III 641
Ladenschlußzeiten, besondere III 642
Länderfinanzausgleich IV 145
Ländersteuern IV 485
Laffer-Theorem IV 295
Laissez-faire IV 73
Landesarbeitsämter IV 221
Landeskartellämter IV 220
Landwirtschaftskammern IV 224
Lean Production III 25a, III 704a
Leasing II 437
- (Hauptpflichten) II 440
- (Nebenpflichten) II 441
Lebenshaltungskosten II 7
Lebenshaltungskostenindex II 8
Lebensstandard II 11
Lebensversicherung II 809
Leiharbeitsverhältnis III 171, III 392
Leihe II 453
Leistungsgesellschaft IV 37
Leistungsgrad III 62
Leistungslohn III 548
Leistungsprinzip IV 46
Leistungszulage III 537
Leitkurse IV 360
Liberalismus IV 8, IV 455
Lieferungsverzug II 281
Lieferungsverzugsrechte II 281a
Limited Company (Ltd.) II 115a
Lohnabtretungsklausel II 510
Lohnabzüge III 134
-, privatrechtliche III 135
Lohndrift III 109
Lohnformen III 112a
Lohnfortzahlung bei Kuren und Heilverfahren III 230
- bei sonstigen persönlichen Hinderungsgründen III 231

Stichwortverzeichnis

– im Krankheitsfall III 179, III 227, IV 113
– im Krankheitsfall (Teilzeitarbeit) III 379
Lohngestaltung, betriebliche (Mitbestimmung des Betriebsrates) III 536
Lohngleichheit, Grundsatz der – III 226
Lohngruppe III 55
Lohngruppenverfahren III 54
Lohnminderung III 209
Lohnpfändung II 604
Lohn-Preis-Spirale IV 300
Lohnquote IV 615
Lohnsatz III 85
Lohnsteuer IV 535
Lohnsteuerbescheinigung IV 544
Lohnsteuer-Ermäßigung (Antrag) IV 542
Lohnsteuerkarte IV 538
Lohntarif III 88
Lohnzahlung III 129
–, bei Annahmeverzug des Arbeitgebers III 232
LPG IV 50
LZB-Scheck, bestätigter II 567

Maastricht-Kriterien IV 308b
Mängel, arglistig verschwiegene II 267
–, offene II 265
–, versteckte II 266
–, „weiterfressende" II 463
– (Mietsache) II 418
– (Reisevertrag) II 384
Mängelanzeigepflicht des Mieters II 421
Mängelhaftung (Leasing) II 446
„magisches Dreieck" IV 200
Mahnbescheid II 580
Mahnung II 576b
Mahnverfahren, außergerichtliches II 577
–, gerichtliches II 579
Mangelfolgeschaden II 341
Manko-Haftung III 216
Markt II 636
Marktbeherrschung II 678, IV 262
Marktformen II 639

marktkonform IV 80
Marktkonformität IV 198, IV 312
Marktmodelle II 640
Marktwirtschaft IV 12
Markttransparenz II 18, II 33, II 41, II 52, II 642
Marshall-Plan IV 89
Marxismus-Leninismus IV 30, IV 45
Massenentlassung III 332
– (Sperrfrist) III 334
– (Unwirksamkeit) III 333
Maßregelungsverbot (Betriebsratsmitglieder) III 446
Materialgemeinkosten II 702a
Mehrarbeit III 604
– (Teilzeitarbeit) III 378
Meister-BAföG IV 161c
Meldung als Arbeitsuchender III 342a
Mengenplanung IV 33
Menschenbild IV 2
Midijobs III 390d
Mietdatenbank II 416
Miete II 395
Mieterhöhung II 412
Mieterschutz II 432
Mietpreisüberhöhung II 403
Mietspiegel II 415
Mietzins II 396
Miksch, Leonhard IV 67
Mill, John Stuart IV 24
Minderentschädigung II 786
Minderheitenschutz III 581
Minderung II 272, II 322a, II 342
– (Miete) II 420
– (Reisepreis) II 390
Mindestanlegedauer II 718
Mindestkündigungsfristen II 285
Mindestlohn III 223
–, garantierter III 122
–, gesetzlicher III 88a
Mindestpreise II 696
Mindestruhezeiten III 607
Mindesturlaub, gesetzlicher III 250, IV 107
– (Unabdingbarkeit) III 260
Minijobs III 390c, IV 158e
Minimalkostenkombination III 27

543

Ministererlaubnis II 679, IV 240,
 IV 266
Mißbrauchsaufsicht II 680, IV 103,
 IV 128, IV 238, IV 243, IV 261
Mißbrauch von Marktmacht IV 262a
Mitbesitzer II 136
Mitbestimmung, betriebliche III 500
–, paritätische III 585, III589, IV 129
– der Arbeitnehmer III 495
Mitbestimmungsgesetz 1976 III 579
Miteigentum nach Bruchteilen II 169
Mitwirkung der Arbeitnehmer III 494
Mitwirkung und Mitbestimmung des
 Betriebsrates in personellen Angelegenheiten III 554
– in sozialen Angelegenheiten III 504
– in wirtschaftlichen Angelegenheiten
 III 567
Monetarismus IV 290
Monoberuf III 710
Monopol II 644, II 649
–, privates II 652
Monopolkommission IV 248
Montan-Mitbestimmungsgesetz 1951
 III 584
Montan-Mitbestimmungsergänzungsgesetz 1956 III 587
Montanunion IV 85
Müller-Armack, Alfred IV 74
mündelsicher II 729
Münzhoheit IV 450
Mutterschaftsurlaub IV 117
Mutterschutz IV 95, IV 108

Nachbesserung II 318, II 337
Nachbesserungsfrist II 338
Nacherbfolge II 881a
Nacherfüllung II 270 (Kaufvertrag),
 II 320 (Werkvertrag)
Nachfrage I 4, II 3, IV 15
– (private Haushalte) II 637
Nachfrist II 339, II 347
Nachmeldung (Kfz-Haftpflichtversicherung) II 798
Nachtarbeit III 184, III 610b
Nachtarbeitsverbot (Jugendliche)
 III 632

Nachteilsausgleich (Betriebsänderung)
 III 571, III 574
Namensaktien II 759
Nebenbeschäftigung III 177, III 200
Nebenpflichten (Handwerker) II 333
– (Kaufvertrag) II 257
Neoliberalismus IV 70
Nettoeinkommen aus Unternehmertätigkeit und Vermögen IV 613
Nettolohn- und -gehaltssumme IV 611
Neubeginn der Verjährung II 238
Nicht-Arbeitnehmer (BetrVG) III 463
Nichtigkeit II 194
Nichtzulassungsbeschwerde (Arbeitsgerichtsbarkeit) III 663, III 667
Niederschlagung von Steuern IV 591c
NÖS IV 48
NÖSPL IV 52
Notenbank IV 448
Nord-Süd-Konflikt IV 375
Normung III 23
Nottestament II 872
Nutzenmaximierung I 10a
Nutzentransparenz II 43

Obliegenheiten (Haftpflichtversicherung) II 843
– (Kfz-Haftpflichtversicherung) II 800
– (Reisegepäckversicherung) II 792
– (Versicherungsvertrag) II 779
Obliegenheitspflichten II 624, II 779
Obligationen II 736
Oder-Konto II 555
OECD IV 365
OEEC IV 83
öffentlich geförderter Wohnraum II 404
öffentliche Beglaubigung II 185
– Beurkundung II 186
– Güter I 8a
– Versteigerung II 598
Öffnungsklauseln III 407, IV 467
–, tarifliche III 502
Ökologie IV 412
ökonomisches Prinzip I 12
Ökosteuer IV 415
Ökosysteme IV 399
ÖSS IV 49, IV 54

offene Handelsgesellschaft (oHG) II 96
Offenlegungspflicht nach VVG II 778 a
Obligopol II 646
–, „enges" II 674
–, „weites" II 672
Optionsanleihen II 753
optische Überwachungseinrichtung
  III 244
Orderschuldverschreibungen II 730
Ordnung der Wirtschaft IV 1
Ordnungskonformität IV 197
Ordnungspolitik IV 194
Ordoliberalismus IV 63
Organisation III 17
Osterweiterung IV 179 b
Output III 32

Pacht II 449
Pachtzins II 450
Pächterpfandrecht II 452
Parentelensystem II 880
Partizipation, gestaltende III 725
Pauschalreise II 383
Pendlerpauschale IV 516
Pensionsfonds (betriebliche Altersversorgung) III 394 e
Pensionskasse (betriebliche Altersversorgung) III 394 e
Pensionszusage (betriebliche Altersversorgung) III 394 c
Persönlichkeitsrecht des Arbeitnehmers III 238
Persönlichkeitsschutz des Arbeitnehmers III 532
Personalakte III 239, III 497
Personalfragebogen III 557
Personaleinkauf III 543
Personalkredit II 501
Personalplanung (Mitwirkung des
  Betriebsrates) III 555
Personalrat III 450
Personengesellschaften II 95
Personensicherheiten II 502
Personensteuern IV 481, IV 492
Personenvereinigungen II 85
Personenversicherungen II 808
Personen, juristische II 80

–, des öffentlichen Rechts II 83
–, des privaten Rechts II 84
Personen, natürliche II 62
pfändbar, bedingt II 607
Pfändung II 585, II 593
–, fruchtlose II 599
Pfändungsbeschluß II 602
pfändungsfrei II 608
Pfändungsschutz II 605
Pfandbriefe II 749
Pfandmarke II 594
Pfandrecht (Handwerker) I 324, II 345
Pflegereform 2008 III 697 d
Pflegesatz, großer II 368
–, kleiner II 370
Pflegeversicherung III 697 a, IV 162
Pflichtteil II 878
PGH IV 51
Planung III 13, IV 14
–, dezentrale IV 191
–, zentrale IV 192
Politik der sozialen Sicherung IV 316
„Politik des billigen Geldes" IV 287
Postnachnahme II 548
Prämienlohn III 124, III 546
Prämiensätze (Mitbestimmung des
  Betriebsrates) III 550
Praktikant III 373
Praktikantenvertrag III 169
Preisbindung der zweiten Hand II 690
Preisempfehlung, unverbindliche III 691
Preisführer II 648
Preiskartell II 655, IV 251
Preispolitik, staatliche II 692
Preisstabilität IV 208
Preistransparenz II 44
private Güter I 8 c
Privateigentum IV 18, IV 29, IV 189
privater Verbrauch IV 603
Privatpatient II 356
Privattestament II 871
Probearbeitsvertrag III 167
Probezeit III 166
–, (Berufsausbildungsverhältnis) III 353
Produkthaftung II 454
Produkthaftungsgesetz (ProdHaftG)
  II 459

545

Produktinformation II 48
Produktinnovation IV 293
Produktion I 14, III 8
Produktionsfaktoren I 15
–, limitationale III 30
–, substitutive III 29
–, Kombination der – I 22
–, Substitution der – II 23
Produktionsfunktionen III 31
Produktionsfunktion vom Typ A III 34
–, vom Typ B III 38
Produktionsprozeß III 26
Produktivität I 25
Produktsicherheitsgesetz II 465a
Produzentenhaftung II 51
Prokurist II 78
Prolongation II 540
Protektionismus IV 462
Protest (Scheck) II 572
Prozeßinnovation IV 294
Prozeßpolitik IV 195

Qualifikation III 703
Qualitätsmängel II 262
Quantitätsmängel II 263
Quotenkartell II 657
Quotenregelung II 778c

Rangänderung II 524
Rangfolgeverfahren III 53
Rangvorbehalt II 523
Ratenlieferungsverträge II 295
Rat für gegenseitige Wirtschaftshilfe IV 58
Rationalisierung I 24, III 20
Rationalisierungskartell II 661
Rationierung II 695
Rauchverbot III 510
Realisation III 14
Realsteuern IV 482
Rechenschaftslegungspflicht des Arbeitnehmers III 205
Rechte I 8
Rechtsbehelfe in Steuersachen IV 586
Rechtsbeschwerde (Arbeitsgerichtsbarkeit) III 666
Rechtsfähigkeit II 81

Rechtsgeschäfte II 63, II 176
Rechtsgeschäfte, einseitige II 178
–, mehrseitige II 179
Rechtsmängel II 268 (Kaufvertrag), II 319 (Werkvertrag)
Rechtspersönlichkeit, eigene II 82
Rechtsschutz für Grundstückseigentum und Miete II 851
– für Vereine II 850
Rechtsschutzversicherung II 844
REFA-Studien III 65
Regelaltersruhegeld III 687
Regelungsabrede III 503
Reichensteuer IV 532a
Reineinkommen IV 501
Reisegepäckversicherung II 790
Reisemangel II 389
Reiserücktritt II 385
Reisevertrag II 381
Reisevertragsgesetz II 382
Rente, dynamische III 691, IV 99
Rentenfonds II 769
Rentenformel III 692
Rentenreform 2007 III 692b
Rentenreformen IV 159
Rentenversicherung, gesetzliche III 685
–, private II 811
Rente wegen verminderter Erwerbsfähigkeit III 690e
–, Berufsunfähigkeitsrente III 690f
–, Erwerbsunfähigkeitsrente III 690g
Reparaturkostenabrechnung II 343
Reparaturvertrag II 327
Ressourcen I 14a
Restschuldbefreiung II 619
Restwertleasing II 443
Restwertrisiko II 439
Revision II 589
– (Arbeitsgerichtsbarkeit) III 658, III 662
– (Bundesfinanzhof) IV 589
– (Sozialgerichtsbarkeit) III 700, III 702
Rezession IV 278
Ricardo, David IV 22
Richtpreise II 698, IV 341
Riester-Rente III 692d

Stichwortverzeichnis

Risikoausschluß (Unfallversicherung) II 830
Röpke, Wilhelm IV 72
Rückgriff (Scheck) II 572
– (Wechsel) II 537
Rückkaufswert II 816
Rücktritt des Käufers (Kaufvertrag) II 271, II 322 (Werkvertrag)
Rücktritt des Kunden (Werkvertrag) II 348
Rürup-Rente III 692f
Rüstow, Alexander IV 71
Rüstzeit III 71
Rufbereitschaft III 517, III 609b
Ruhepausen III 610
–, (Jugendliche) III 628
Ruhezeit III 608
–, im Straßenverkehr III 647, III 647a

Sachbezüge III 130
–, Berufsausbildung III 360
Sachdarlehen II 471
Sachen, bewegliche II 143a
–, unbewegliche II 143b
Sachgüter I 6
Sachmängel II 261 (Kaufvertrag), II 318 (Werkvertrag)
Sachsicherheiten II 503
Sachversicherungen II 781
Säumniszuschlag IV 591b
saisonale Schwankungen IV 270
Saison-Kurzarbeitergeld III 190, III 696
Samtagsarbeit, Verbot der – (Jugendliche) III 634
Samstagsruhe (Jugendliche) III 636
Say, John Baptiste IV 23
Schadenfreiheitsrabatt II 797
Schadensberechnung (Werkvertrag) II 340
Schadensersatz aus unerlaubtem Wettbewerg II 683
Schadensersatz des Arbeitnehmers III 212
– (Reisevertrag) II 391
Schadensersatz des Käufers (Kaufvertrag) II 273

Schadensersatz des Bestellers (Werkvertrag) II 322b
Schadensersatzansprüche des Patienten II 375
Schadenersatzpflicht des Ausbildenden III 358
– des Auszubildenden III 365
– des Handwerkers II 349
Schadenversicherung II 832
Scheck II 563
Schenkung II 314b
Schenkungsteuer IV 559
Schichtarbeit III 185, III 514, III 610a
– (Jugendliche) III 633
Schichtzeit III 601
– (Jugendliche) III 629
Schickschulden II 216
Schiedsstellen II 54, II 61a
Schiedsverfahren III 423
– (Arbeitsgerichtsbarkeit) III 669
Schiller, Karl IV 298
schlanke Produktion III 25b
Schlechtleistung III 210
Schlichtung, staatliche III 421
–, vereinbarte III 419
Schlichtungsabkommen III 402, III 420
Schlichtungsrecht III 417
Schlichtungsstellen II 53
Schlichtungsverfahren III 418
Schlüsselqualifikationen III 706
Schmerzensgeld II 392, II 464
Schmidt, Helmut IV 305
Schmiergeld III 198
Schnittker, Paul IV 329
Schönheitsreparatur II 422
Schriftform II 183
Schufa II 553
Schuldenbereinigungsplan II 621
schuldhafte Unkenntnis II 202
Schuldner II 208
Schuldübernahme II 240
Schuldverhältnis II 206
Schuldverschreibungen II 734
Schutz der Gesundheit II 49
– der Marktstellung II 50
Schutzprinzip II 26
„schwarze Märkte" II 694

547

Stichwortverzeichnis

Schwellenpreise IV 342
Schwerbehinderte (Arbeitszeitschutz) III 640
Schwerbehindertenvertretung III 471
Schwerbeschädigtenschutz IV 96
SED IV 44
Seeleute III 147
Sektoren, volkswirtschaftliche IV 593
Selbständiger III 6
Selbstbeteiligung (Fahrzeugversicherung) II 805
– (Krankheitskostenversicherung) II 834
Selbsteintrittsrecht des Arbeitgebers III 201
Selbsthilfeverkauf II 286
Selbstinteresse IV 61
Selbstvornahme II 321
Selbstvorsorge IV 38, IV 332
SEPA II 559a
Sicherheitsbeauftragter III 654
Sicherungshypothek II 519, II 611
Sicherungsübereignung II 511
Smith, Adam III 21a, IV 21, IV 27
Solidaritätsprinzip III 672
Solidaritätszuschlag IV 144
Solidarpakt IV 143
Sonderausgaben IV 510, IV 517
Sonderausgabenpauschale IV 539
Sondergut II 864
Sonderschicht III 523
Sonntagsarbeit III 182
–, Verbot der – (Jugendliche) III 635
Sonntagsruhe (Jugendliche) III 637
Sonn- und Feiertagsarbeit III 611a
–, Schutzregelungen für III 611b
–, Verbot von – III 611
Sonn- und Feiertagsruhe III 611
Sozialabgaben IV 326
soziale Auswahl bei Kündigung III 315
soziale Betriebsführung III 724
Sozialeinrichtungen (Mitbestimmung des Betriebsrates) III 534
soziale Gerechtigkeit IV 314
Soziale Marktwirtschaft IV 62
soziale Sicherheit IV 313
– des Arbeitnehmers III 670

soziale Sicherung IV 40
„soziales Netz" IV 311
Sozialgeld III 697b
Sozialgerichtsbarkeit III 698, IV 93
Sozialgesetzbuch III 677a
Sozialhilfepolitik IV 323
Sozialismus IV 10
Sozialklausel II 434
Sozialpartner III 91
Sozialplan bei Betriebsänderungen III 572, III 575
Sozialpläne, Erzwingbarkeit von – III 573
Sozialpolitik IV 310
Sozialprinzip IV 39, IV 318
Sozialunion IV 134
Sozialversicherungen III 671
Sozialversicherungsausweis III 678
Sozialversicherungspflicht III 676
Sozialwidrigkeit der Kündigung III 300
Sozialwohnungen II 405
Sparbriefe II 723
Sparen II 6, II 706
Sparer-Pauschbetrag IV 529, IV 546
Sparfähigkeit II 708
Sparförderung, staatliche III 394p
Sparkassenobligationen II 728
Sparmotive II 710
Sparobligationen II 727
Sparprämie III 394q
Sparquote II 707
Sparschuldverschreibungen II 726
Sparvertrag II 713
Sparwilligkeit II 709
Spekulatonsgewinne (steuerliche Behandlung) IV 507
Sperrfrist (Massenentlassung) III 334
Sperrung von Schecks II 574
Spezialisierung III 25
Spitzensteuersatz IV 532
Splitting-Verfahren IV 525
Sport-Unfallversicherung II 821
Sprecherausschuß III 458
–, Betriebs- III 459
–, Gesamt- III 460
–, Konzern- III 462
–, Unternehmens- III 461

Sprungrechtsbeschwerde (Arbeitsgerichtsbarkeit) III 668
Sprungrevision (Arbeitsgerichtsbarkeit) III 664
– (Sozialgerichtsbarkeit) III 701
Staatsausgaben IV 471
Staatseinnahmen IV 470
Staatsquote IV 104, IV 125, IV 142, IV 466
Staatsverbrauch IV 604
Staatsvertrag IV 130
Stabilität des Preisniveaus IV 207
Stabilitätspolitik IV 268
–, angebotsorientierte IV 288
–, nachfrageorientierte IV 281
Staffelmietvertrag II 417
Stagflation IV 302
Stammaktien II 763
Stammeinlagen II 114
Stammkapital II 113
Standortsicherungsgesetz IV 161
Stellungssuche, Freistellung zur – III 336
Steuerarten IV 479
Steueraufkommen IV 476
Steuerbescheid IV 496
Steuerentlastungsgesetz, dreistufiges IV 162d
Steuererklärung IV 495
Steueridentifikationsnummer IV 499a
Steuerklassen (Erbschaft- und Schenkungsteuer) IV 561
– (Lohnsteuer) IV 541
Steuermeßbetrag IV 569
Steuern IV 469
–, direkte IV 489
–, indirekte IV 490
Steuerpolitik IV 307
Steuerrückerstattung IV 497
Steuerreform IV 122
Steuerreform 2000 IV 162e
Steuerstundung IV 591a
Steuerumgehung IV 584
Steuerverfahren IV 493
Steuervorauszahlungen IV 498
Stiftung Warentest II 32, II 47
stille Gesellschaft II 101

Stornopauschale II 386
Straßenverkehr (Arbeitszeit) III 647
Streik III 425, III 427
–, Bummel- III 429
–, General- III 437
–, Sympathie- und Solidaritäts- III 439
–, Teil- oder Schwerpunkt- III 436
–, Vernichtungs- III 431
–, Voll- III 435
–, Warn- III 438
–, wilder III 432
Streikgeld III 440
Strukturhilfegesetz IV 123
Strukturpolitik, sektorale IV 380
Strukturprobleme IV 382
Strukturwandel IV 381
–, sektoraler IV 384
Stückelungsverbot III 254
Stückgeldakkord III 118
Stückgeldakkordsatz III 120
Stückkosten I 30
Stücklohn III 116
Stücklohnsatz III 114
Stückzeit III 73
Stückzeitakkord III 119
Stückzeitakkordsatz III 121
Stufenausbildung III 709
Substitution der Produktionsfaktoren I 23
Subventionen IV 328, IV 394, IV 475
Suchauftrag II 328
Summenversicherung II 812
Syndikat II 658
System der sozialen Sichedrung III 670a
System vorbestimmter Zeiten III 77

Tätigkeitsschutz für Betriebsratsmitglieder III 475
Tarifautonomie III 93a, IV 91
Tarifbindung III 410a
Tarifgebundenheit III 222, III 410a
Tarifhoheit III 104
Tarifkommission III 105
Tariflohn III 111
Tarifnormen (Geltungsbereich) III 411
Tarifregister III 409

Tarifvertrag III 396
–, Bundesrahmen- III 413
–, Firmen- III 397
–, Haus- III 399
–, Lohn- III 404
–, Mantel- III 405
–, Rahmen- III 406
–, Verbands- III 400
–, Werk- III 398
– (Laufzeit) III 410
Tarifvertragsparteien III 90
Tausch II 314a
Taylor, Frederick Winslow III 21b
Taylorismus III 723
technischer Fortschritt I 20, III 704
Teilarbeitslosengeld III 695
Teilbesitzer II 137
Teilrente wegen Berufsunfähigkeit III 689
Teilkaskoversicherung II 803
Teilkündigung III 290
Teilreparatur II 329
Teilurlaub III 255
Teilzahlungsgeschäfte II 296
Teilzeitarbeit III 256, III 519, IV 158c
Teilzeitarbeitnehmer, Verbot der unterschiedlichen Behandlung von – III 375
Teilzeitarbeitsverhältnis III 374
Telefondaten, Erfassung von – III 242
Tendenzbetriebe III 451, III 580
Tendenzschutz III 452
Testament II 184, II 868
Testament, Berliner II 876
–, eigenhändiges II 870
–, gemeinschaftliches II 875
–, öffentliches II 869
Testierfähigkeit II 873
Testierfreiheit II 874
Teufelskreis der Armut IV 372
Tilgung (Anleihen) II 737
Tilgungsverrechnung II 495a
Tinbergen, Jan IV 185
Torkontrolle III 511
Transfers IV 327
Transferzahlungen IV 78
Tratte II 526

Treuepflicht des Arbeitnehmers III 208
Treuhandgesellschaft IV 136
Trinkgelder IV 536
Trust II 129
Typung III 24

Überbringerklausel III 566
Übergabe II 146
Überlassungsvertrag (Leiharbeitsverhältnis) III 393
Überschußbeteiligung (Lebensversicherung) II 818c
Überstunden III 186, III 522
– (Teilzeitarbeit) III 377
Überstundenvergütung (Berufsausbildungsvertrag) III 361
Überwachungseinrichtungen, betriebliche III 531
Überweisung II 557
Überweisungsauftrag II 558
Überweisungsbeschluß II 603
Ulbricht, Walter IV 47, IV 55
Ultima-ratio-Prinzip III 430
Umgruppierung (Mitwirkung des Betriebsrates) III 564
Umlaufvermögen IV 619
Umsatzsteuer IV 575
Umsatzsteuerbescheid IV 582
Umsatzsteuererklärung IV 581
Umtausch II 269
Umverteilungspolitik IV 325
Umwelt IV 397
Umweltabgabe IV 414
Umweltbenutzungslizenzen IV 408
Umweltbewirtschaftungspläne IV 405
Umweltlizenzen IV 416
Umweltpolitik IV 396
– (Instrumente) IV 401
– (Ziele) IV 400
Umweltschutz IV 398
Umweltsteuer IV 415
Umweltverträglichkeitsprüfung IV 404
Und-Konto II 556
unerlaubte Handlung II 393, II 456
unlauterer Wettbewerb II 681
Unfallverhütungsrecht III 651

Stichwortverzeichnis

Unfallversicherung II 819
–, dynamische II 826
–, gesetzliche III 681
– mit Prämienrückgewähr II 827
ungerechtfertigte Bereicherung II 314d
Unmöglichkeit der Arbeitsleistung III 132
unpfändbar II 595, II 606
Unselbständiger III 7
Unternehmen II 91, II 120
Unternehmensmitbestimmung III 578
Unternehmergesellschaft II 112a
Unternehmerlohn III 80
Unternehmung II 92
–, Einzel- II 93
–, Gesellschafts- II 94
Unternehmungsformen II 90
Unternehmungszusammenschlüsse II 119
Unternehmungszusammenschluß, horizontaler II 123
–, vertikaler II 124
Unterstützungskasse (betriebliche Altersversorgung) III 394f
Untervermächtnis II 885
Untervermietung II 398
Unterversicherung (Hausrat- und Wohngebäudeversicherung) II 784
– (Reisegepäckversicherung) II 793
Urabstimmung III 433
Urlaub (Festsetzung) III 505
Urlaubsabgeltung III 259
Urlaubsanspruch III 180, III 249
– (Teilzeitarbeit) III 382
Urlaubsarbeit III 258
Urlaubsgeld III 261, III 541
– (Teilzeitarbeit) III 383
Urlaubsplan III 527
– (Mitbestimmung des Betriebsrates) III 528
Ursächlichkeitsvermutung IV 419
Urteilsverfahren (Arbeitsgerichtsbarkeit) III 659

Veranlagungsverfahren IV 494
Veranlagungszeitraum IV 523
Verarbeitung II 154
Verbesserungsvorschläge III 127a

Verbindung mit einem Grundstück II 151
– mit einer Sache II 152
Verbot der Verhaltensabstimmung IV 254
Verbraucher II 22a
Verbraucheraufklärung II 40, II 55
Verbraucherbewußtsein II 34
Verbraucherbildung II 57
Verbraucherdarlehen II 472
Verbraucherdarlehensvertrag II 474
Verbrauchererziehung II 21, II 39, II 56
Verbraucherfremdorganisationen II 29
Verbraucherinformation II 19, II 37
Verbraucherinformationsgesetz II 48a
Verbraucherinsolvenzverfahren II 620
Verbraucherpolitik II 22
– (Instrumente) II 36
– (Träger) II 28
– (Ziele) II 23
Verbraucherselbstorganisationen II 30
Verbraucherschutz II 38
Verbraucherverhalten, kritisches II 17
Verbraucherzentrale Bundesverband e. V. (VZBV) II 274
Verbrauchsteuern IV 483a
Verbundene Hausratversicherung II 787
– Wohngebäudeversicherung II 788
Verein II 88
–, nichtrechtsfähiger II 89
Vergleich siehe Insolvenzverfahren
Vergleichsmiete, ortsübliche II 402, II 414
Verhältnismäßigkeit, Grundsatz der –
 (Kündigung) III 307, III 310, III 313
Verjährung II 230
– (Ansprüche aus Arbeitsvertrag) III 343
– (Ansprüche aus Behandlungsvertrag) II 380
– (Ansprüche aus Reparaturvertrag) II 350
– (Gewährleistungsansprüche aus Kaufvertrag) II 274
– (Gewährleistungsansprüche aus Werkvertrag) II 322c

Stichwortverzeichnis

- (Honorarforderung des Arztes) II 364
- (Produkthaftungsansprüche) II 465
- (tarifvertragliche Ansprüche) III 416
- (UWG) II 684
-, Ablaufhemmung der - II 237
-, Einrede der - II 231
-, Hemmung der - II 236
-, Neubeginn der - II 238
Verjährungsfristen, besondere II 235
-, dreissigjährige II 234
-, regelmäßige II 232
-, zehnjährige II 233
Vergütungspflicht III 359
Verkaufskalkulation II 705
Verkehrshypothek II 516
Verkehrs-Rechtsschutz II 845
Verkehrssicherungspflicht II 334, II 460
Verkehrssitte II 255
Verkehrsteuern IV 483
Verkehrs- und Familienrechtsschutz II 852
Verkehrswert IV 565
Verlängerung von Versicherungsverträgen III 778d
Vermächtnis II 882
Vermieterpfandrecht II 397
Vermischung II 153
Vermittlungsverfahren III 422
Vermögen III 394k
-, Erwerbs- III 394l
-, Geld- III 394n
-, Produktiv- III 394m
Vermögensbeteiligungsgesetz, Drittes IV 161b
Vermögensbildung IV 109, IV 121
Vermögensoffenbarung II 600, IV 591
Vermögenspolitik IV 324
Vernunftprinzip I 11a, IV 196
Verpächterpfandrecht II 451
Verpflichtungsgeschäft II 258
Verpflichtung zur Arbeitsuche III 342b
Verrechnungsscheck II 565
Versandkosten II 229
Verschulden II 224
Verschwiegenheitspflicht des Arbeitgebers III 246
- des Arbeitnehmers III 194

Versetzung des Arbeitnehmers III 181
- (Mitwirkung des Betriebsrates) III 565
Versicherung auf Gegenseitigkeit II 775
Versicherungen, private II 773
Versicherungsdoppelkarte II 799
Versicherung nach Prämien II 774
-, private II 773
Versicherungspflichtgrenze III 680
Versicherungsprämie (Zahlung) II 780
Versicherungsschutz, eingeschränkter (Reisegepäckversicherung) II 791
Versicherungsverein auf Gegenseitigkeit (VVaG) II 118
Versorgungsanwartschaft (betriebliche Altersversorgung) III 394i
Versorgungsfall (betriebliche Altersversorgung) III 394h
Versorgungsfreibeträge (Erbschaft- und Schenkungsteuer) IV 563
Versorgungsprinzip III 676a
Versteigerung II 297
Verteilerschlüssel für Betriebskosten II 424
Verteilzeit III 70
Verträge II 180
Vertragsabschluß II 190
Vertragserfüllung II 205
Vertragsfreiheit II 246
Vertragsstrafe (Arbeitsvertrag) III 220
Vertretungspflicht (Arbeitsplatzteilung) III 389
Vertriebsgemeinkosten II 702e
Verursacherprinzip IV 410, IV 417
Verwahrungspflicht II 335
Verwaltungsgemeinkosten II 702d
Verwertung II 597
Verwertungsaufschub II 616
Verwirkung (Ansprüche aus Arbeitsvertrag) III 344
Verzinsung (Anleihen) II 739
- (Spareinlagen) II 715
Verzug II 576a
Vierte Welt IV 371
vinkulierte Namensaktien II 760
Volksaktien II 761
Volkseinkommen IV 598, IV 599

Volkswirtschaftliche Gesamtrechnung (VGR) IV 592
VGR, Außenbeitrag IV 605
–, Bruttoinlandsprodukt IV 597
–, Bruttonationaleinkommen IV 598
–, Entstehungsrechnung IV 606
–, Inlandskonzept IV 595
–, Inländerkonzept IV 596
–, Primärienkommen IV 600
–, Sektoren IV 593
–, Sekundäreinkommen IV 601
–, Verteilungsrechnung IV 608
–, Verwendungsrechnung IV 607
–, Volkseinkommen IV 599
–, Vorleistungen IV 602
–, Wirtschaftsbereiche IV 594
Vollamortisationsgarantie II 442
Vollbeschäftigung IV 100, IV 201
Vollkaufmann II 69
Vollkaskoversicherung II 804
vollständige Konkurrenz II 641, IV 25
vollstreckbarer Titel II 583, II 591
Vollstreckung im Steuerrecht IV 590
Vollstreckungsbescheid II 582
Vollstreckungsschutz II 615
Volontär III 372
Vorausvermächtnis II 883
Vorbehaltsgut II 865
Vorerbfolge II 881
vorläufiger Deckungsschutz II 806
Vorlegungsfristen, gesetzliche (Scheck) II 571
Vorsatz II 226
Vorschlagswesen, betriebliches (Mitbestimmung des Betriebsrates) III 552
Vorschußzinsen II 721
Vorsorgeaufwendungen IV 518
Vorsorgepauschale IV 540
Vorstand (Aktiengesellschaft) II 107
Vorsteuer IV 579
Vorsteuerabzug IV 580
Vorvermächtnis II 883
Vorzugsaktien II 764
VVB IV 53

Wachstumsrate IV 214
Wachstumszyklen IV 272

Währungspolitik IV 347, IV 439
Währungsunion IV 132
Wahlvermächtnis II 884
Wandelschuldverschreibungen II 752
Warenkorb II 9
Wartezeit III 252
–, allgemeine (Krankenversicherung) II 838
–, besondere (Krankenversicherung) II 839
– (betriebliche Altersversorgung) III 394g
Wechsel II 525
Wechselklage II 535
Wechselkurs IV 359
Wechselmahnbescheid II 536
Wechselnehmer II 529
Wechselprotest II 538
Wegeunfall III 683
Wegezeit III 602
Weisungsrecht des Arbeitgebers III 172, III 175
Weiterbeschäftigungsanspruch III 235, III 302
Weiterbildung III 708
–, berufliche IV 429
Weltbank IV 226, IV 357
Welthandelsorganisation IV 84a, IV 346b
Weltwährungsfonds IV 228
Werbung II 13
Werbungskosten IV 515
Werkmietwohnungen III 506
– (Mitbestimmung des Betriebsrates) III 535
Werkstoffe III 11
Werkvertrag II 316
Wert I 10
Wertpapiere, festverzinsliche II 733
Wertpapierfonds II 766
Wertpapiersparen II 732
Wettbewerb II 669, IV 392
–, dynamischer II 673
–, funktionsfähiger II 667, II 671, IV 76, IV 393
–, unerlaubter II 681
Wettbewerbsbeschränkungen II 653, IV 253

553

Wettbewerbspolitik II 668, IV 232
Wettbewerbsprinzip II 25
Wettbewerbsverbot III 199, III 354
–, bedingtes III 203
wichtiger Grund (Kündigung) III 294
widerrechtliche Drohung II 204
Widerrufsfrist (lebensversicherung) II 818b
Widerrufsrecht (Versicherungsvertrag) II 776
– (Verbraucherdarlehensvertrag) II 475
Widerrufsvorbehalt (Kündigung) III 291
Widerspruch gegen Mahnbescheid II 581
Widerspruchsrecht des Betriebsrates (ordentliche Kündigung) III 299
– des Mieters II 400, II 435
Willenserklärungen II 177
–, empfangsbedüftige II 189
–, nicht empfangsbedürftige II 188
–, Wirksamwerden der – II 187
Wintergeld III 191
Wirtschaften I 11
Wirtschaftsausschuß III 492
Wirtschaftskreislauf I 33
Wirtschaftsordnungen IV 35
–, gemischte IV 41
Wirtschaftspolitik IV 193
– (Ziele) IV 199
Wirtschaftssektor, primärer IV 385
–, sekundärer IV 387
–, tertiärer IV 386
Wirtschaftsstruktur, sektorale IV 383
Wirtschaftssubjekte I 34
Wirtschaftssysteme IV 11
Wirtschaftsunion IV 133
Wirtschaftsverfassung IV 75
Wirtschaftswachstum IV 213
„Wirtschaftswunder" IV 82
wissenschaftliche Betriebsführung III 22
WKM II IV 360
Wohlverhaltensperiode II 623
Wohnbeihilfe IV 112
Wohnberechtigungsschein II 407
Wohngebäudeversicherung II 783

Wohngeld IV 112
Wohnraum-Mietvertrag II 436
Wohnungsbauförderungsgesetz IV 162a
Wohnungseigentum II 171
–, Aufhebung von – II 175
– (Miteigentumsanteil) II 173
–, Sondereigentum bei – II 172
–, Übertragung von – II 174
Wohnungspolitik IV 321
WTO IV 84a, IV 346b

Zahlschein II 457
Zahlung, bargeldlose II 549
–, halbbare II 545
Zahlungsbilanz IV 210
–, aktive IV 212
–, passive IV 211
Zahlungsbilanzausgleich IV 351
zahlungshalber (erfüllungshalber) II 509
Zahlungskosten II 229
Zahlungsmittel, gesetzliches IV 449
Zahlungsverzug II 287
– (Leasingnehmer) II 447
–, Voraussetzungen II 288
Zahlungsverzugsrechte II 289
Zehnerklub IV 354
Zeitausgleich III 605a
Zeitlohn III 115, III 544, III 547
Zeitlohnsatz III 113
Zentralplan (Zentralverwaltungswirtschaft) IV 32
Zentralverwaltungswirtschaft IV 13, IV 57
Zertifikatslösungen IV 407
Zession II 239
Zeugnis III 337
–, einfaches III 338
–, qualifiziertes III 340
Zeugnispflicht des Ausbildenden III 363
Zielkonkurrenz IV 215a
Zielpräferenzen IV 215b
Zins III 81
Zinsscheine II 741
Zölle IV 345

Stichwortverzeichnis

Zufall II 227
Zugewinn II 858a
Zugewinnausgleich IV 564
Zugewinngemeinschaft II 857, IV 565
zumutbare Beschäftigung III 342c
Zurückbehaltungsrecht des Arbeitnehmers III 193, III 265, III 592
Zusatzurlaub III 251
Zusatzversicherung (Krankenversicherung) II 837

Zuschlag (Zwangsversteigerung) II 162
Zuschlagskalkulation II 703
Zustimmung (Heileingriff) II 373
Zwangshypothek II 612
Zwangsversicherungen III 673
Zwangsversteigerung II 613
Zwangsverwaltung II 614
Zwangsvollstreckung II 590
Zwanzigerklub IV 355
Zweite Welt IV 370